海原县林业志
编 委 会

海原县林业志

（上册）

苗吸旺 主编

黄河出版传媒集团
阳光出版社

图书在版编目（CIP）数据

海原县林业志：上下册 / 苗吸旺主编. -- 银川：
阳光出版社，2022.10
ISBN 978-7-5525-6609-3

Ⅰ.①海… Ⅱ.①苗… Ⅲ.①林业史－海原县 Ⅳ.
①F326.274.34

中国版本图书馆CIP数据核字（2022）第232521号

海原县林业志（上下册） 　　　　　苗吸旺　主编

责任编辑　马　晖
封面设计　石　磊
责任印制　岳建宁

黄河出版传媒集团
阳 光 出 版 社　出版发行

出 版 人　薛文斌
地　　址　宁夏银川市北京东路139号出版大厦 （750001）
网　　址　http://www.ygchbs.com
网上书店　http://shop129132959.taobao.com
电子信箱　yangguangchubanshe@163.com
邮购电话　0951-5047283
经　　销　全国新华书店
印刷装订　宁夏银报智能印刷科技有限公司
印刷委托书号 （宁）0024896

开　　本　720mm×980mm　1/16
印　　张　75.5
字　　数　1200千字
版　　次　2022年10月第1版
印　　次　2022年10月第1次印刷
书　　号　ISBN 978-7-5525-6609-3
定　　价　198.00元

时任县委书记金生平（右一）调研海原县枸杞产业

时任县委书记马鹏云（中）调研国有林场棚户区改造

时任县委书记王文宇（中）、县长马鹏云（右一）在海兴区凤凰山调研二期绿化工作

时任县委书记徐海宁（右一）参加义务植树活动

时任县委书记徐海宁（左二）、县长许正清（右一）调研林业工作

时任县委书记张存平（左一）参加义务植树活动

时任宁夏党委常委刘晓滨（中）调研海原县林业建设

时任宁夏党委副书记于革胜（右二）在县委书记王文宇（右一）、县长马新民（左二）陪同下调研海原县林业建设

时任宁夏党委书记陈建国（右二）在县委书记王学宽（右一）、县长马力（右三）陪同下调研海原县林业建设

时任宁夏林业局副局长平学智（右一）检查海原县昆虫标本

时任宁夏林业厅厅长孙长春（右三）检查指导海原县林业建设

时任自治区人民政府主席王正伟（前排右二）在中卫市委书记刘云（前右一）、县委书记王文宇（前左二）
视察海原县高崖红枣基地建设工程

时任自治区政府主席刘慧（女）调研海原县经济林建设

原林业部部长周生贤，时任自治区副主席和部分厅局有关人员调研南华山涵养林

宁夏林业局原副局长、现林业草原局局长徐庆林（左三）来海原县调研

全国人大常委会原副主任钱正英（左二）在县委原书记王正升（左一）、县长马存钰（右一）陪同下调研南华山水源涵养林工程

宁夏党委常委原宣传部部长李冬冬（中）在县委书记王正升（左）、县长王俭（右）陪同下深入南华山林区

宁夏党委原副书记于革胜（右二）在县委书记王文宇陪同下调研检查千亩经济林示范区

宁夏党委原书记陈建国（左二）在县长马存钰（左四）陪同下调研南华山建设

宁夏党委原书记毛如柏（前中）检查海原林业建设

宁夏党委原书记张毅（右三）、政府主席王正伟（右四）调研凤凰山造林

宁夏发改委原主任袁进琳（左三）调研海原县林业建设

宁夏林业厅原副厅长李月祥（右四）检查调研海原县林业建设

宁夏发改委有关处室调研海原荒漠化治理

宁夏原副主席郝林海（右二）在县委书记张存平（左二）、县长马新民（右三）陪同下调研凤凰山绿化

海原县委主要领导调研生态建设

集体奖

6 年生沙棘结果状（韩庄）

20 世纪 60 年代牌路山三北防护林工程

20 世纪 60 年代造九彩山杏林开花状

20 世纪 70 年代营造郑旗西沿道路防护林

20 世纪 90 年代牌路山营造的水土保持林

2009 年营造海兴区水土保持林

341 国道小河桥绿化

2012 年引进香花槐——红映蓝天

2013 年曹洼冶套移民区造林

2014 年引进钙果（史店乡）

2015 年牌路山造林

2018 年引种美国红枫

2019 年曹洼小南川造林

S202 线 2018 年营造护路林

西华山蒙古扁桃——艰苦卓绝

曹洼 36 年生榆树

曹洼堡子村绿化

曹洼洼子村 130 年古榆

国家林业局调研生态修复工作

时任县人大常委会党组书记李正虎（右一）带领有关人员调研林业产业工程

时任海原县人大常委会副主任（左三）带领有关人员调研林业生态建设

海原县政府主要领导调研生态林业建设

全县观摩林业工作

海原自然资源局局长对接植树造林工作

宁夏林业厅检疫站会同海原县技术人员
在拐洼调查松材线虫病

工程监理在造林现场

海原县林业局原局长会同林业技术人员现场进行林业规划设计

林业技术人员为退耕还林工程整地放线

"3·12"植树节海原县林业局上街宣传

海原县二中学生参加全县春季义务植树

宁夏发改委会同监理单位检查大六盘生态造林项目

林业技术人员进行山杏嫁接仁用杏

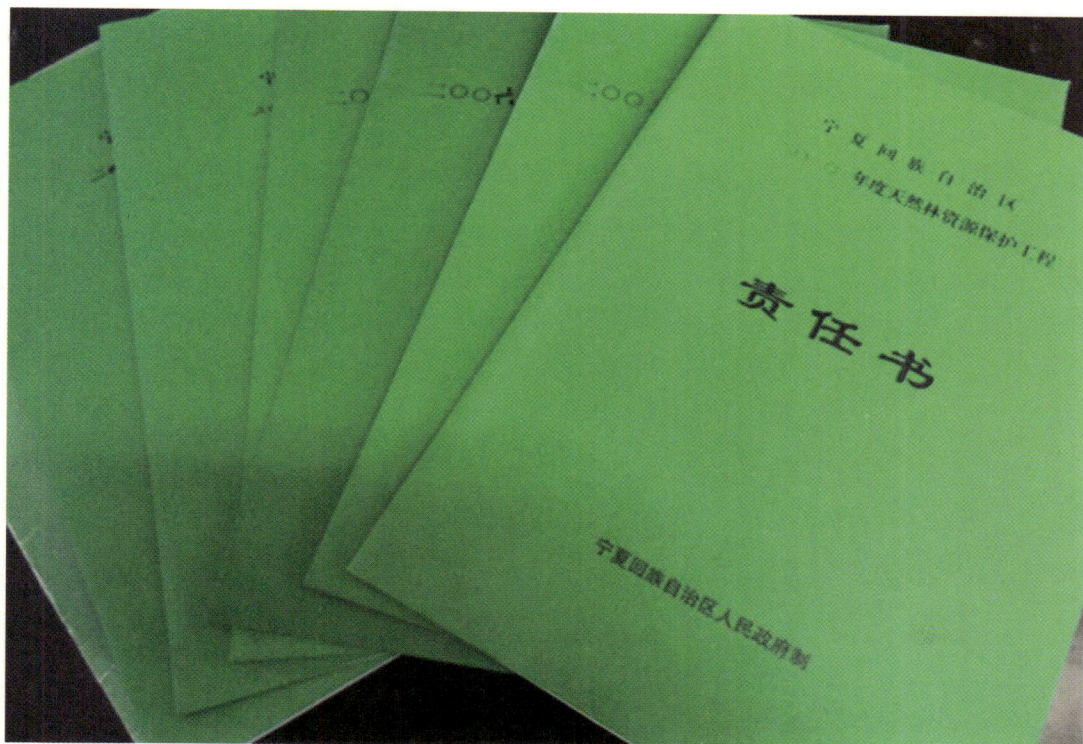

"天保工程"历年责任书

庆祝建党 90 周年林业职工把歌献给党

2011 年全县植树造林动员大会

2012 年南华山造林现场

李俊二百户造林整地现场

关庄乡庙儿村道路绿化造林现场

林业公安干警解救国家二级保护动物灰鹤

苗木病害诊断

林业技术人员进行林木虫害检查

高崖乡苹果套袋

林业技术人员在关桥乡方堡村进行果树春季修剪现场培训

李旺镇罗川村柠条雨季直播出苗情况

李俊乡团结村造林现场

造林前苗木假植

造林前假植的新疆杨苗木

西安镇白吉村柠条全面整地造林

曹洼乡白崖村生态移民区生态恢复造林

三河镇六窑村造林现场

关桥乡柠条造林前全面整地

海原县城绿化

县城绿化树木养护浇水

宁夏林业局专家指导红梅杏修剪

海原县城绿化树木养护除草

林业防火宣传

2014 年建成的南华山防火瞭望塔

2011 年中卫市森林防火演练在海原县西安镇举行，固原市、吴忠市派代表参加

2014 年国有林场棚户区改造海原县山门二期工程启动

国家林业局调研退耕还林工作

造林机械整地

收储柠条种子

第二轮退耕还林整地

林场负责人向资源局领导汇报林业管护工作

20 世纪 60 年代牌路山植树造林场景（一）

20 世纪 60 年代牌路山植树造林场景（二）

20 世纪 60 年代荒山荒坡治理

序

生命起源于大海，进化于陆地，成长于森林，最早的人类便诞生于此。森林物种变迁完美演绎了人类社会发展和进步，在历史车轮不断向前的推动下，人类逐渐走上了维护自然、修复自然的道路。岁月飞逝，时光荏苒，海原林业走过了艰难而曲折的70年。

海原县地处六盘山西北麓，属宁南山区。秦汉唐宋时期，也是"川绝衔鱼鹭，林多带箭麋"，这里水草丰美，曾被誉为"畜牧耕稼膏腴之地"。但自明清之后，耕垦加剧，毁林拓田，盲目砍伐，战火反复焚烧，使大片林地沦为荒阜。加之气候变化，风蚀、雨蚀、地震等人为因素，加剧了水土流失，成为生态恶化，干旱缺水、苦甲天下之地。

中华人民共和国成立70年来，质朴勤劳的海原人民，勤于稼穑，封山育林，植树种草，生态环境由恶化到平衡，由平衡开始正向演替；干事创业的林业人，默默无闻，沐浴节风，艰苦奋斗，生态林业从无到有，由弱变强，由低效到高质量，衍生出一个以南华山为中心，以月亮山、西华山为两翼独特的生态体系。所有这些，值得留墨记录。

海原县地处宁夏中部干旱带和黄土高原丘陵沟壑区，过去县域自然条件差，生态环境不佳，十年九旱，年300~500 mm的降雨常常会造成严重的水土流失。在这片广袤的土地上，生存着30多万回汉人民。

中华人民共和国成立前的1946年林地面积仅713亩。1949年后，在宁夏回族自治区党委、政府的大力关怀与支持下，在历届县委、县政府的领导下，海原人民艰苦奋斗、自强不息，植绿爱绿护绿。20世纪50年代国家开始实施"普遍护林，重点造林，合理采伐，合理利用"的林业建设方针，海原林业发展从此走上了新中国的历史舞台，随着土地改革的进行，农村土地、树木所有权确定，城乡掀起植树造林群众运动，全县林业发展步入新征程。林业管理机构从无到有，从少到多，从粗放到专业，组织结构得到不断加强，为全县林业发展提供了技术和管理支持。

进入20世纪90年代，国家开始高度重视生态环境建设，不断加大投资，海原县相继实施了"三北"防护林工程、天然林保护工程、退耕还林工程等重点生态工程，从实际出发，把握机遇，积极开展南华山水源涵养林工程建设和全民义务植树活动，使全县林业取得了飞速发展，生态移民迁出区生态恢复有效推进、城乡绿化提质明显、林业产业发展取得巨大进步，形成了生态林与经济林齐头并进，干旱造林技术推广、森林防火、病虫害防治、管护站等基础设施建设得到不断加强，棚户区改造工程进展顺利，国有林场改革和集体林权制度改革不断深化。到2019年全县森林覆盖率达到了9.3%。

编修《海原县林业志》，旨在发扬传统，眷念前辈，激励来者，是吾辈林业工作者不可推卸的责任。本志刊行于世，既可告慰林业精英，使其彪炳史册，又可弘扬海原林业精神，服务生态建设。

适逢中国共产党建党100周年，盛世修志。《海原县林业志》的编修与出版，是海原县林业史上一件盛事、这本志书既传承历史，又记述现状，是一本存史资政、承前启后的可鉴资料。希望海原林业工作者以此志为起点，以习近平新时代中国特色社会主义思想为指导，加快海原生态林业建设步伐，为建设黄河流域生态保护和高质量发展先行区添砖加瓦。

《海原县林业志》较为客观翔实地记述海原县林业建设事业的发展历程，成绩微不足道，失误必须改进。愿我的同事从这本志书中吸取经验教训，总结成败得失，树立"绿水青山就是金山银山"的理念，全力以赴，为海原县的生态林业建设事业做出新的贡献！

编 者

2020 年 11 月

关于成立海原县自然资源局《海原县林业志》
(1949—2019) 编写领导小组的通知

  海原县林业跟随共和国的脚步走过了风雨兼程的70年，在建党100周年，我国实现社会主义现代化的壮丽时刻，我们回顾历史、总结经验、继往开来，秉承"绿水青山就是金山银山"的思想，为早日实现海原县山川秀美而铭志。特成立海原县自然资源局林业志编写领导小组（下设办公室）：

  组长：罗成礼

  副组长：田建彪　李　静　田小武　苗吸旺

  办公室主任：田小武（兼）

  办公室副主任：蒲彦珍　田燕燕

  领导小组负责领导、协调、督导工作；办公室负责任务落实、后勤保障工作；编委会成员按各自工作范围完成材料收集、整理。望各尽其责，按时、保质保量完成编写工作，为建党100周年献礼。

海原县自然资源局

二〇一九年十二月十二日

凡　例

一、本志是资料性著述，广采博收，分类编排，力求全面记述海原县生态林业事业的历史与现状。

二、本志编写坚持实事求是的原则，以时叙事，以事系人，尽力做到文风朴实，语言准确，内容翔实，具有林业专业特点。

三、本志记事，力求横不缺项，纵不断线，详今略古。上限资料为1949年以后可考年代，下限至2019年年底，共70年。

四、本志采用章、节式，横排竖写，以横为主，纵横结合。体裁为语体文，配以图、表、录等。

五、凡地名、机构、职务、职业术语等名称按当时称谓记述。统计数字、百分比等均用阿拉伯数字。计量单位按国家规定标准书写，为保持原材料的准确性，单位不做统一要求（包括数据和名称）如面积单位没有统一到公顷，有亩、公顷（hm^2）、平方公里（km^2）、平方米（m^2）等表示。

六、本志资料来源于《海原县志》《宁夏林业志》《海原县统计年鉴》《海原县要情手册》和有关专著、项目报告、实施方案、工作总结、调查材料、实地影像、民间口碑等。

七、中国共产党宁夏回族自治区委员会简称"自治区党委"，宁夏回族自治区人民政府简称"自治区政府"，中国共产党海原县委员会简称"县委"，海原县人民政府简称"县政府"。

目　录

（上册）

第八章 林业工程 / 405

第一章

生态环境及
社会经济

第一节 自然与地理

海原县位于宁夏回族自治区南部山区，原为固原行署所辖六县之一，现属中卫市。地理位置：北纬36°06′40″~37°04′32″，东经105°09′45″~106°10′00″，东与同心、固原相连，南沿西吉接壤，西邻甘肃省辖靖远、会宁，北接本区中卫市区。南北最长97 km，东西宽113 km，2018年国土调查时土地面积为4 899 km²。全县有回族、汉族、东乡族、蒙古族、苗族、藏族、锡伯族、维吾尔族等8个民族。2018年全县常住人口为40.389 8万人（回族占总人口的71.78%），从事农业的有99 983户，计35.3万人，海原县辖5个镇12个乡，161个村委会。县人民政府驻海城镇，辖区包括海城镇、李旺镇、西安镇、三河镇、七营镇、史店乡、树台乡、关桥乡、高崖乡、郑旗乡、贾塘乡、曹洼乡、九彩乡、李俊乡、红羊乡、关庄乡、甘城乡，人口密度为92人/km²。海原县是以农业为主的农牧县。据2018年统计，有农耕地222.6万亩，农作物耕种面积182.9万亩。全年实现地区总值52.68亿元，同比增长1.5%；全社会消费品零售总额达10.75亿元，同比增长6.8%；地方一般公共预算收入实现2.42亿元，同比增长9.9%；城镇常住居民人均可支配收入24 047元，同比增长7.6%；农村常住居民人均可支配收入8 511元，同比增长11.1%。

本县地貌及林地立地条件自新生代以来，由于受气候变化，风蚀、雨蚀、地震以及严重的乱垦滥伐等自然和人为因素的影响，加剧了黄土丘陵地区的水土流失。致使生态环境遭到严重的破坏和失调，县境土地贫瘠，气候干燥，灾害频繁，水资源极其贫乏，分布不均，森林植被极为稀少，自然条件极差。地处黄土高原西北部，属黄河中游黄土丘陵沟壑区。境内丘陵起伏，沟壑纵横，六盘山余脉（南华山、西华山、月亮山等）由南向北深入境内，形成西南高、东北低的特殊地形。南部以南华山主峰马万山为最高，海拔2 955 m，是宁夏南部最高峰。这一地区地势高寒，雨量较多，有少量天然次生林零星分布。东部以清水河高崖乡河床最低，海拔1386 m，地形平坦、土层深厚、土质较好。中部为梁峁残塬地带，其间丘陵起伏，沟壑纵横交错，植被稀疏，水土流失严重。县城海拔1 860 m。总土地面积中，黄土丘陵占66%，土石山区占1.6%，塬地占4.4%，河谷川地占20.9%，山地占7.1%；天然林地4.36万亩，天然草地260万亩。

党中央、国务院深入实施西部大开发战略，为加快宁夏干旱带的生态建设提供了历史性的机遇。因此，必须抓住机遇，用足、用活、用好国家的有关政策，从战略的高度，全局发展的角度，重视和加强海原县境的生态环境建设，改变长期以来以种植业为主的局面，加快农业产业结构调整，及时把海原县境的发展重点转移到生态环境建设、促进经济可持续发展的轨道上。

第二节　海原县气候特点

海原县深居内陆，大陆性季风气候明显，特点是春暖迟、夏热短、秋凉早、冬寒长。年均气温7℃，1月平均气温 −6.7℃，7月平均气温19.7℃，≥10℃积温2 398℃，无霜期149~171 d。年降水量为320~450 mm。大多集中在秋季，年平均蒸发量为2 200 mm。年草面蒸发量878 mm。年干燥度2.17。年平均太阳总辐射量5 642 MJ/m²，年日照时数2 710 h。素有"十年九旱"之称，海原县地处宁夏中部干旱带。

据光绪海城县志记载，陇东地气最寒，海城尤甚。暮春草木始萌，初秋先已零落，故农务必及时。耕种早则不生，而迟则不实。入冬冰坚冻结，泉涧断流；首夏始解，四五两月，每苦干旱。雨即多雹，余则雪不及时，不为灾异。皮棉衣服，虽三伏不能离，纱葛蒲葵无所用焉。近年季夏稍热，殆天道西行之证欤。

一、气温

海原县气温随地形的变化而变化，沿山脉的走向、高低，呈东北暖、西南凉的趋势。

（一）平均气温

历年平均气温3.6~8.6℃，差异很大，以南华山为冷中心，年平均气温只有0.5~5.5℃。

在一年当中，以1月和12月温度最低，平均为 −6.9℃和 −5.1℃，降水主要在7、8、9三个月，平均为18.0℃、20.8℃和18.1℃。

极端最高温度在34.2℃（1972年8月9日测定，兴仁站），极端最低温度在 −24℃。北部地区平均气温为8.6℃，年较差32.9℃，最热7月为21.7℃，最冷1月为 −11.2℃。

气温的日变化较大，昼夜寒暖变化剧烈，日较差较大，但在1年内各月的日较差并不相同，一般在干燥晴朗的季节日较差大，潮湿多雨的季节日较差小。南部按月平均日较差为11.7℃，北部为15.3℃。

（二）农业界限温度（积温）

平均气温稳定通过0℃的初终期：南部从3月中旬至11月上旬，持续日数为236 d，北部地区从3月中旬至11月上旬，持续日数为238 d，两地温暖期相近。

平均气温稳定通过10℃的初终期：南部地区在5月中旬至9月下旬，持续日数为139 d，北部盐池在5月上旬至9月下旬，持续日数为158 d，比南部地区提早5 d，说明北部地区的作物生长期比南部长。因此在植树造林上南北有一定的小差别。

从积温来看，本区历年平均≥0℃的积温南部为3 097℃，北部为3 310℃，北部多213℃；≥5℃的积温南部为2 889.1℃，北部为3 065.9℃，北部多176.8℃；≥10℃的积温南部为2 329.3℃，北部为2 622.3℃，北部多293℃；≥15℃的积温南部为1 350℃，北部为1 845.3℃，北部多495.3℃，说明在整个农耕期，北部比南部时间长且积温高。

（三）地温

从调查统计资料来看，气温一般1月最低，7月最高，南部为 −8.2℃和23.2℃，相差31.4℃，地面极端最高温度为67℃（1971年7月18日测定），极端最低温度为 −33.8℃（1975年12月12日测定）；北部1月为 −9.4℃，7月为25.7℃，相差35.1℃，地面极端最高温度为65.2℃（1977年7月21日测定），极端最低温度为 −32.5℃（1975年12月22日测定），土层越深，土温变化越小。

土壤冻结时间较长，冻土层较厚。在5 cm处结冻时间：南部地区一般从11月20日开始，到来年3月25日解冻为126 d，最早在10月10日结冻，最迟在来年3月28日解冻。北部地区10 cm结冻：一般从11月24日开始，到来年3月13日解冻为111 d，结冻最早在11月11日，最迟在12月12日，解冻最早在2月24日，最迟在3月29日，冻土层最大厚度为150 cm（1977年3月9日测定）。北部地区结冻一般在12月4日，解冻在来年3月22日；结冻最早在11月22日，最迟在12月20日，解冻最早在3月5日，最迟在4月5日；冻土层最大厚度为143 cm（1960年3月测定）。

总之，海原县境内气温呈东北暖，西南凉的趋势。

二、日照

日照时间长。中部地区日照时数为2 716.6 h，日照百分率为61%。4月到9月日照时数为1 430.1 h，占总数的52.6%，各月比较，6月最长为265.4 h，9月最短为200.6 h，一般说，基本满足作物生长对日照的要求，也能满足当地树种生长发育对日照的要求。但是，在南部月亮山沿山有的乡村有些年份，因阴雨天多而日照不足，影响作物生长。在北部地区的日照时数为2 856.4 h，日照百分率为65%，4—9月日照时数为1 477.4 h，占总日照时数的49.8%，6月最长为245.9 h，9月最短为212.4 h，完全可以满足当地树种生长发育对日照的要求。

三、无霜期

有霜期一般从9月29日开始，到来年4月26日结束；最早在9月13日开始，最迟在5月20日结束；年平均无霜期146~169 d。

第三节　海原县降水与蒸发量

一、降水的基本特点

第一，雨量稀少，且由南向北递减，南北悬殊，东部较西部为少。

年降水量260~560 mm。降水量最多的是1964年，南部年降水量为706 mm，北部为417.4 mm；降水量最少的年份南部是1975年，年降水量为206.1 mm，北部是1980年，年降水量为132.2 mm。

第二，降水量的多少，常与地形的高低呈正相关，地形升高则降水量增多。

海原县境内地形复杂，往往形成高山多雨区，降水的垂直梯度大，以南华山为中心形成多雨区，年降水量大于500 mm，比北部中卫低洼地区将近高出1倍。地形与降水、气温的大致关系：地形每升高100 m，气温相对降低0.5℃左右，降水则多10~15 mm。由于山脉的屏障作用，迎风坡的降水大于背风坡，以海原县南华山北部的海城镇山门测点和南部红羊乡小南川测点的降水量为例，两地海拔高度虽然基本相同，但年降水量相差160 mm左右。

根据降水量和降水规律由南向北大体可分为两个不同等雨量区。

半干旱区：年降水量在400 mm以上，主要集中在海原县西安—关桥—三河以南。

干旱区：年降水量在270~390 mm，主要集中在海原县西安—关桥—三河—盐池。

第三，降雨月、汛期季节分配不均，且多以阵性降雨为主，年变率大。

降水量一年当中，夏季降水量为最多，秋季次之，春冬季降水量少。在海原县35年统计资料中，7、8、9这三个月的平均降水量为250 mm，占全年降水量的60%以上。

各地降水量变化幅度比较大，南部（7—9月降水量）占全年平均降水量的61.6%，北部占65.1%。在四季中以夏季降水量最多，南、北部分别占全年降水量的55.7%和55.8%，秋季南部占25%，北部占26.4%，冬春两季南部各占1.9%和17.4%，北部各占1.3%和

16.2%，除上述特点外，还具有局地暴雨强度大，有效降雨日数少的特点。据记载，1976年8月20日，兴仁王团农场（气象资料）一次过程降水量为120 mm；一日最大降水量在南部的杨明乡为120 mm（1959年7月20日）。

二、蒸发量与相对湿度

历年平均蒸发量2 136.0 mm，是降水量的5.3倍，一年中，12月和1月蒸发量为64.0~65.4 mm，随着气温的上升，蒸发量相应地增高，6月份蒸发量最大为309.0 mm，以后逐月降低。北部历年平均蒸发量为2 368.8 mm，是降水量的8.8倍，12月和11月份分别为58.2 mm和58.9 mm，6月份为374.3 mm。

相对湿度历年平均中部为54%，北部为51.9%。各月相对湿度不均，中部最大相对湿度在9月为65%，最小在1月为44%；北部最大相对湿度在8月为64.7%，最小在4月为43%。

第四节　海原县自然灾害

海原县所处的地理位置和自然条件的特点，降雨少、变幅大、蒸发强烈，植被覆盖率低，抗灾能力极弱。因而形成本地灾害性的天气有干旱、风沙、冰雹、暴雨、霜冻等危害较大。

一、干旱

干旱是本地的主要灾害性的天气之一，对农业生产危害极其严重，年年发生，造成的损失最大。中华人民共和国成立以来，大的灾害就发生过十多次，每次受灾面积都在200万亩以上，极端年份达250万亩以上。1973年所发生的一次大旱，粮食作物受灾面积多达250万亩，其中成灾面积204万亩以上，群众有"三年两头旱"和"十年九旱"的说法，不但春旱频繁，夏旱经常发生，而且秋旱甚至春夏秋连旱也有时发生。

此地的干旱及其规律有以下几个特点：

一是大多数年份有旱象发生。有资料记载的60年中，有旱情的是48年，占78%，其中大旱15次，一般性干旱33次。因此，群众讲"十年九旱"，也是符合本地干旱的灾害性天气规律。

二是春旱多于夏旱，夏旱多于秋旱。其概率分别为春旱57%、夏旱25%、秋旱18%，常有春夏连旱。

三是有资料记载的60年中，其中41年是春夏连旱，占68%，也就是说每2~3年就有一次春夏连旱。

二、风沙

海原县位于西北黄土高原北缘，腾格里沙漠和毛乌素沙漠南缘，常有冷空气入侵，形成大风沙及沙尘暴等灾害性天气。造成的危害是多方面的，农田地表土壤风蚀、墒情锐减，尤其是春季大风频繁，对树木发芽及正常发育都有很大的影响，严重者可造成树苗干枯死亡。

全年平均风速3.5 m/s，出现大风次数较多，据统计全年平均大风日数为31 d。春季是大风次数最多的季节，秋季最少。大风的强度，一般在17.0 m/s以上（七八级），以春季强度最大，风向多为西北、东南。

根据气象资料统计得知，历年的大风日数虽说无明显的变化规律，但总的趋势是20世纪80年代大于70年代和60年代，以海原县城为例，60年代为185次，70年代为372次，70年代比60年代多187次，因而大风日数年趋增多。近年大风日数明显减少。

大风天气一般随季节有所不同，春季（3—5月）是大风日数出现的高峰，一般还伴随着强烈的沙尘暴，致使天昏地暗，有时连续几天。因此，沙尘变化与大风基本一致。

受风害的程度还与下垫面状况密切相关，当下垫面植被良好，不致因风蚀而引起流沙，当下垫面植被遭受破坏，则由于强烈的风蚀作用很容易形成流沙。此外，春播后至作物生长前期，表土裸露植被疏松，也易引起风沙危害。

受风害的程度还与地形有关，本地地形复杂，山脉走向纵横交错，由于地形而造成的窄道作用，故大风较多，风力也大。

据调查统计，在本地几乎年年都有风沙灾害，受灾面积少则几十万亩，多则几百万亩。其主要危害及其特点如下：

第一、春季大风吹走地表土，引起土壤沙化。每年从解冻到雨季来临前一半耕地表土大部分裸露，而此时正是一年中大风最多时期，因而地表土容易被吹蚀，造成土壤肥力降低，水分急剧散失。

第二、春风对树木和农作物有直接的危害。每年春小麦播种一般在3月中下旬，出苗在4月中旬，主要是风沙埋压幼苗，或是根部外露，严重地影响作物的正常生长发育，造成减产。如1976年4月下旬至5月上旬，兴仁连吹7 d大风并伴有沙尘暴，60% 麦田受风沙危害，有的甚至吹走种子，造成毁种。又如1992年5月2日晚上八九点开始刮起风后，午夜后风沙风力达到10级，5月3日上午8点风才停止；不少高大的树木被刮断，好多很坚固的砖石结构围墙被风吹倒，许多房屋的瓦片也被揭起来，刚种上的马铃薯种块也被吹了出来，已经出苗的小麦、胡麻等被连根拔掉，当年树木成活只有48%。

总之，风沙是对本地树木和农作物生长有影响的主要灾害性天气之一。

三、霜冻

霜冻在本地各年均有发生，但受害的轻重不同。且在作物生长季节内其他各月都有发生霜冻的可能性，尤以春、秋两季的天气骤变使农作物受到巨大损失，春季出现的"倒春寒"，对于春小麦和豌豆的播种和出苗危害较严重，春季果树花期受冻，秋季早霜造成苹果果实不能成熟，其他如国槐等林木种子也不能成熟。

四、暴雨、冰雹

1. 暴雨

从60年暴雨资料来看，暴雨天气都出现在7—8月份，7月份共出现暴雨7次，8月份共出现暴雨19次，7月份占总暴雨的26%，8月份占74%。

暴雨的地理分布和冰雹的地理位置相同，一般在境内都是由南向西北减少，全年平均暴雨日为0.6日，约两年半遇一次。

2. 冰雹

冰雹是危害本地农业生产的主要自然灾害性天气之一，根据1958—1992年海原县资料统计，共出现冰雹70多次，平均每年出现2.14次，最多是1968年、1973年、1974年，各降冰雹3次，1963年、1965年、1970、1975年没有出现冰雹。

根据降雹情况分析，最早冰雹出现在3月18日，冰雹结束最迟在10月26日，一般降雹季节为4—10月，以6月出现的冰雹最多，占冰雹总次数的28%。全年降雹有两个高峰，6月下旬至7月下旬为一个高峰，8月中旬为第二个高峰。第一个高峰正在麦黄和收割期间，第二个高峰在大秋作物乳熟期（如荞麦、糜子、谷子、莜麦等）。

在一天内，降雹多发生在午后温度达最高点之后，地面也有强烈增温。70%~80%的冰雹都在14：00~16：00，降雹持续的时间一般只有几分钟到几十分钟，很少超过1 h，雹粒重一般不超过3 g，直径一般在5 mm左右。冰雹也极易造成树皮损失，有的严重影响生长发育。

第五节　海原县土壤

本地受地貌、生物、气候与人为活动的综合影响，海原县境内的土壤具有明显的地带性特征，共8个土壤类型。

一、黑垆土

黑垆土是分布于本地境内的主要地带性土壤，黑垆土疏松多孔，微团聚体较多，疏松易耕，宜耕期长。凋萎系数为7%~8%。黑垆土层田间持水量在20%以上，比熟化层和底土层都高。

黑垆土是在干旱生物气候条件下形成的，母质主要是第四系黄土和次生黄土，个别为第三季红土。熟化层和腐殖质层都曾经受淋溶，石灰含量较少，至淀积层可增加到15%以上，再下其含量差别不大，其中碳酸钙占90%以上，碳酸镁则低于10%。熟化层的有机含量与腐殖质层相近，为1%左右，淀积层和母质层渐少，含氮量0.3%~0.1%，全磷为0.15%~0.17%，但无机磷多为难溶性的磷酸钙，因此土壤含磷虽较多而作物仍有缺磷现象。土壤中含钾丰富，全钾含量为1.6%~2.0%，目前尚未见缺钾现象。阳离子代换量为9~14 mg/100 g（土）。

黑垆土有深厚的灰色或暗灰色的有机质层。心底土层具有明显的石灰石假菌丝体，质地均匀，以中壤土质为主，土壤肥沃，为本地主要农业土壤。一般水浇地亩产小麦200 kg，最高可达400 kg，旱地亩产50 kg左右。

黑垆土的荒地植被，主要是针茅、蒿属（如茭蒿、铁杆蒿等）、委陵菜、阿尔泰紫菀、赖草和黄花苦豆子等中旱生植被，局部地区生长有少量锦鸡儿等。

黑垆土在本地境内的主要亚类是普通黑垆土、浅黑垆土、侵蚀黑垆土（绵黄土）。

二、灰钙土

灰钙土属于干草原向荒漠草原过渡的一种地带性土壤，其南端与黑垆土相衔接。

灰钙土地区气候干旱，风大沙多，年气温较差大为30.9℃，≥10℃的活动积温为3 210℃，干燥度3.2，植被属荒漠草原类型，为多年生的丛生禾草，旱生小半灌木组成，其建群种以针茅为主，生长耐旱的蒿属、骆驼蓬等，在半灌木中有猫头刺、锦鸡儿和少量的柠条等，其盖度为20%~40%。主要成土母质为第四系黄土，局部地区因侵蚀严重，有小面积的第三系红土露出。由于灰钙土为弱季节性淋溶，可溶性盐、碳酸钙、硫酸钙（石膏）的淋溶较弱，一般碳酸钙在土壤刨面的30 cm以下开始淀积形成钙积层，出现的部位最高在20 cm左右，最低在70 cm以下，局部地区刨面（自然刨面）底部有石膏层发育。

灰钙土主要分布在黄土丘陵的梁峁、川、台、盆地上，以黄土梁峁分布面积最大。阴坡较缓，多为耕地。阳坡较陡，侵蚀严重，沟壑纵横，地形破碎，主要是荒地，多为牧场。川、台、盆地全部垦殖为农田，主要种植小麦、糜谷、马铃薯和油料等作物，因无灌溉条件，亩产仅20~40 kg。灰钙土分为普通灰钙土、侵蚀灰钙土及灰钙土性土三类。

三、草甸土

草甸土本地分布面积很小，由于地下水位较高，且升降频繁，土壤处于不断氧化还原的过程，在土壤刨面中有明显的锈纹锈斑，生长草甸植被冰草、芦草等。按其利用状况，可分为耕种灌溉草甸土和荒地盐化草甸土两个类型，主要集中在南华山、月亮山。

四、盐土

由于盐分布在表土大量积累，仅生长盐爪爪、红砂、芨芨草和白刺等盐生植物，一般不能利用。盐土可分为普通盐土、沼泽盐土等几个类型。

五、新积土

新积土是近代洪积、冲积或风积条件下在一定的范围内形成的，没有明显的成土过程，有明显的沉积层次，基本上保持母质的特性。土壤养分含量低，据测定有机质为0.71%，水解氮为30.0 mg/kg，速效磷为7.05 mg/kg，速效钾为135.66 mg/kg，一般亩产50 kg左右。产量不稳，多为撞田。按其形成条件可分为洪积新积土、冲积新积土和风积新积土三个类型。

六、山地灰褐土

山地灰褐土是海原县境内主要垂直地带性土壤，分布在南华山、月亮山和西华山一带。海拔高度在2 000~2 955 m之间，其下部与黑垆土衔接。成土母质为红色、紫红色的杂色砂岩，灰绿色云母岩等风化物，部分覆盖有黄土。气温低湿度大，年降水量在

500 mm 以上，气候湿润，植被生长茂盛，盖度70%～95%。主要生长植被有乔木类、灌木类、草本类。乔木有杨、桦、榆、松树等；灌木有绣绒菊、山桃、枸子、金丝桃叶绣线菊（兔儿条）等；草本植物有针茅、车前子、薹草、委陵菜、狼毒、胡枝子、蒿属及蕨类植物。

土壤肥沃，据测定：表层（0～20 cm）土壤养分平均含量有机质2.69%、水解氮116.0 mg/kg，速效磷含量低，仅4.03 mg/kg，亩产小麦35～50 kg。

七、山地灰钙土

山地灰钙土主要分布在兴仁北部的高泉山和石峡口水库的东南、庙山的西南山坡一带，海拔1 600～2 200 m，坡度大于30°。气候干旱，属荒漠草原类型，生长植被有酸枣、猫儿刺、锦鸡儿、针茅、蒿属等，盖度20%～30%。成土母质多为坡积堆积物和母岩风化物，少部分发育在黄土母质上。由于侵蚀严重，表土层很薄，一般厚度30～40 cm，少数地区大于100 cm。表土层位，灰棕色，其下有碳酸钙淀积层。土壤质地较轻，并与母质风化石砾表层内有石灰淀积，或在其周围有石灰斑点。在黄家洼及关桥的石头梁一带，发育在黄土母质上的灰钙土，在20 cm以下有明显的钙积层，厚度约40 cm。碳酸钙含量达15.5%，可溶性盐小于0.05%，有机质含量较高为1.35%，水解氮43.6 mg/kg，速效磷偏低，1.75 mg/kg，速效钾为40.0 mg/kg。

八、山地粗骨土

山地粗骨土多与山地灰钙土呈复区存在，坡度30°～40°，生长植被有稀疏的蒿属、针茅、刺旋花、猫头刺等，盖度为10%～15%。

山地粗骨土没有发育层次和结构，水土流失严重，土层很薄，厚度小于20 cm，并与50% 左右的母岩风化碎砾混合。在粗骨土区域内，往往在一些低洼处或山顶侵蚀较轻的地方，残存一层比较厚的土层，颜色灰棕。表层土壤有机质含量1.3%，可溶盐小于0.02%，酸碱度为8.5。

第六节　社会经济情况

一、人口

海原县辖海城、西安、李旺、七营、三河、树台、关庄、红羊、李俊、九彩、高崖、关桥、史店、贾塘、郑旗、曹洼、甘城17个乡镇，甘盐池、老城区2个管委会及南华山自然保护区管理处，165个行政村。

2019年年末全县常住人口103 046户406 001人。其中，城镇常住人口128 702人，乡村常住人口277 299人，城镇常住人口比重为31.70%。2019年全县出生率17.51‰，死亡率6.46‰，自然增长率11.05‰。

二、经济总体概况

2019年全县经济稳中有进的运行态势得到延续，民生福祉持续改善，"十三五"规划主要指标进度符合预期，为与全国同步全面建成小康社会奠定了坚实基础。

2019年全县实现地区生产总值76.17亿元，比上年增长7.0%。其中，第一产业增加值完成13.84亿元，增长2.9%；第二产业增加值完成13.54亿元，增长5.8%；第三产业增加值完成48.79亿元，增长8.7%。从三次产业看，全年三次产业增加值占 GDP 的比重分别为18.2%、17.8% 和64.0%。按常住人口计算，2019年全县人均生产总值18810元，同比增长7.5%。

三、社会发展

2019年，海原县农民人均可支配收入9 627元，比上年增长13.1%，农民人均生活消费支出8 719元，比上年增长15.6%。城镇居民人均可支配收入26 097元，比上年增长8.5%。全年城镇居民人均消费支出15 807元，比上年增长3.3%。

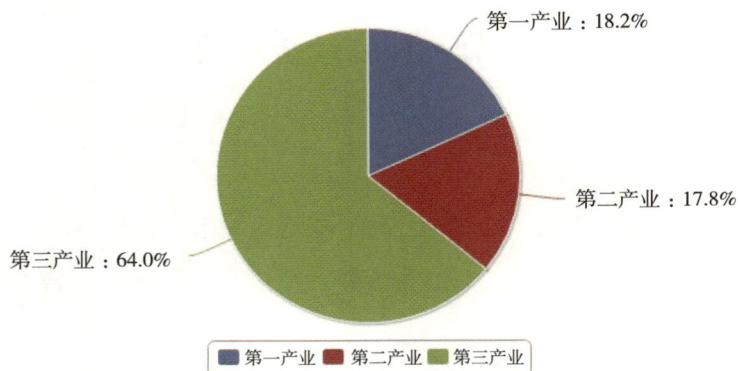

2019年全县实现农林牧渔业总产值28.11亿元，比上年增长3.0%。其中，农业产值17.20亿元，增长1.9%；林业产值0.37亿元，增长4.8%；牧业产值9.57亿元，增长6.5%；农林牧渔服务业产值0.97亿元，增长4.2%。实现农林牧渔业增加值14.47亿元，比上年增长2.9%。全部工业增加值6.72亿元，比上年下降6.1%，占地区生产总值比重8.8%；其中，规模以上工业增加值下降12.1%，规模以下工业增加值增长14.0%。

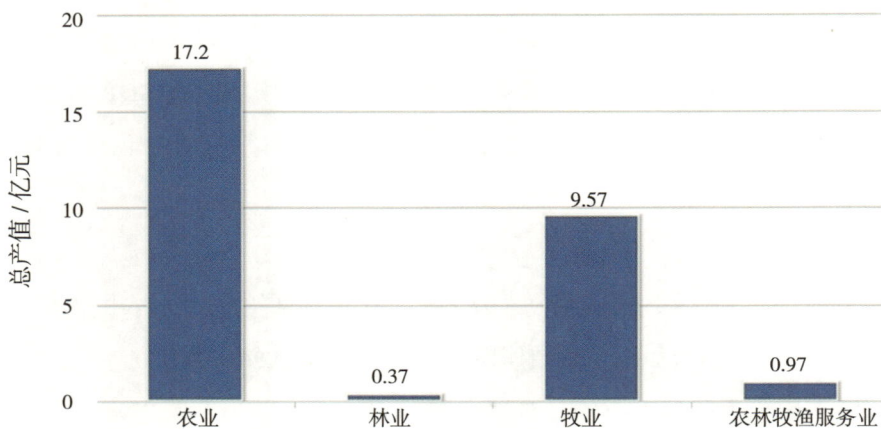

图1-1　2019年海原县农林牧渔业总产值

第七节 生态环境现存的几个问题

一、草场严重超载过牧

该区域90%以上的草场退化，草产量大幅度下降（相当于20世纪60年代的6%），以草场质量而论，6~7级居多，分别占草场总面积的37%和40%。目前，超载量是草场理论载畜量1倍以上。

二、乱砍滥挖，植被严重破坏

由于对天然灌草的砍伐，一部分天然林、草场植被难以恢复，造成林缘上移草场沙化，水土流失严重，干旱程度加剧。据统计1990—1999年，海原县年平均挖干草20 t，为此造成草原破坏面积每年超过15万亩。

三、人口超载严重

该区域20年人口较中华人民共和国成立初期增长了3.9倍，人口密度达到42人/km²，是联合国沙漠会议确定的干旱、半干旱地区人口密度临界值7人/km²的6倍。人们为了生存对草地无节制地开垦，尽管耕地面积增加，但由于自然灾害及投入不足，单位面积粮食产量下降，旱年弃耕现象十分严重。

四、经济发展落后

恶劣的生态环境是造成该区域人民脱贫的主要障碍，并造成区域经济发展速度缓慢。农民生产、生活水平低，农业生产设施差，基础不稳固，每年因风蚀损失土层1.5~2.0 cm，耕层内细粒物质损失1%~30%，一产比重过大，第二、三产发展缓慢；全年实现地区总值仅52.68亿元。对生态环境建设与修复投入较少。

五、草畜产业失衡

1. 种植分散形不成规模，新品种引进优化跟不上，管理机构不健全

种植牧草，特别是种植符合商品要求的牧草是一项技术要求相对较高的产业，但该区大部分都是分散种植，形成产业化的程度很低，随着种植牧草面积发展及产业化的要

求，种子的需求量上升，但由于社会化服务工作没有及时跟上，新品种引进优化跟不上，管理不善，同时不进行病虫害防治，不按技术要求收割、晒制，降低了牧草的营养价值和饲用价值。

2. 龙头企业规模小，技术落后，形不成产业链

草畜龙头企业由于资金技术人才等多方面制约，规模小，技术落后，难以起到一个龙头企业的带动作用，挫伤了农户的种草积极性，由于产销关系不明确，使农户对种植牧草有一定疑虑，加之退耕还草保存率低，致使有些政策不能落实，使得农户在退耕还草中得不到实惠，直接影响了草畜产业的发展。

3. 放牧习惯根深蒂固

人们几百年形成放牧的习惯难以改变，对种草养畜的科学理念难以接受，大量放牧仍然是生态恢复的主要瓶颈。草畜棚圈产业在农业总产值、农户收入中所占比重仍然较低，没有形成规模的圈养产业，放牧式的草畜发展仍以牺牲生态为代价。

六、生态林业建设存在的问题

1. 林业发展层次较低，市场竞争力弱，民众的生态意识淡薄

海原县林业受自然条件的限制，产业发展速度慢，林业产业化水平低，在国民经济中所占比重不高，只有3%，对经济增长的支撑力弱。广大人民对林业的生态性、社会性、公益性的认识不足。缺乏人与自然和谐相处的可持续发展意识，不注重自己的行为对环境所造成的影响，对于收益性较差的林木，无人种植，管护的积极性不高，偷牧现象严重，各种基础建设常占用林地现象较为普遍，近5年共占用林地0.8万亩，民众缺乏对林木、林地、古树的保护意识。

2. 林业发展条件差，基础建设落后，资金投入不足

海原县生态环境恶化、干旱少雨、林木资源严重匮乏，植树造林难度大，成活保存偏低，植被盖度不高。林业基础设施落后，防火道路不畅，全县护林防火道路万亩林地不足1 km，缺少护林监控设施，全县仅南华山一处。生态环境保护，是一个高投入、低产出的公益行业，财政投入与效益矛盾突出。海原县是国家级贫困县，GDP总量不大，投入到生态保护的经费更是有限，每年不足1 000万元。这将在很大程度上制约海原县生态文明建设的开展。

3. 林牧矛盾突出，重造林轻管护，草畜发展仍以牺牲生态为代价

近年，随着天然林保护、退耕还林、三北防护林、生态移民区生态恢复等林业重点

工程的相继实施，全县森林面积逐年增加，生态环境有所改善，但因管护不力，偷牧严重，虽然造林面积大，但成林面积不多。生态移民迁出区的放牧规模更大，这给生态和林业建设造成了严重影响。另外，由于对护林员缺乏有效、长效的管理机制，海原县1 000多名护林员大部分只领工资不护林，懒散现象十分突出。

4. 城市林业建设落后，缺乏总体规划，基础建设不注重绿化

海原县基础设施建设的一个特点是硬化面积大、绿化面积小。空闲地到处是水泥、石板，如文昌路，主路宽12 m，人行道宽4 m，边侧硬化面积宽达6 m。另外，预留绿化地往往高于主建平面，城市天然雨水得不到有效利用。

第八节　改善生态环境的对策

一、坚持生态优先

海原"十三五"生态林业建设规划提出，坚持生态优先，强化系统思维，让生态治理"一体化"。一体推进全流域生态保护和治理、一体建设山水林田湖草生命共同体。要大力实施生态立县战略，深入推进绿色发展。生态环境建设"必须立足海原县生态环境脆弱的实际，牢固树立尊重自然、顺应自然、保护自然的绿色发展理念，像保护眼睛一样保护生态环境，像对待生命一样对待生态环境，坚决摒弃损害甚至破坏生态环境的发展模式，坚决摒弃以牺牲生态环境换取一时一地经济增长的做法，让海原县的天更蓝、地更绿、水更美、空气更清新。"

二、坚持因地制宜

坚持因地制宜，科学规划，重点突破。鉴于气候、土壤和地形地貌在水平分布与垂直分布上的多标准化性，应宜林则林，宜草则草，宜灌则灌，宜农则农，林草结合，封造结合，走农林牧结合，草畜一体化的路子。对风沙危害严重的地区，划定"生态保护区"，实行生态移民。

三、分区治理

1. 风沙干旱区

风沙干旱区主要是海原县北部，以保护和恢复生态环境为主，大力发展草地畜牧业，

有计划地进行生态移民，大力开展封沙育林和治沙造林。

2. 黄土丘陵干旱区

海原县中部和南部，以保护和建设生态环境为主，实行农牧结合，发展草地农牧业。退耕还林还草，把15°以上的山坡实行以柠条、苜蓿为主的林草间作，实行草田轮作，把15°以下基本农田种草比例提高到50/%以上。大力发展特色农业，在种草以外的基本农田上，发展具有地域优势的特色农业。大力开展封山育林，开展水源涵养林和水土保持林建设。

3. 绿洲农业区

东部的引黄灌区和中部的库井灌区，发展高效节水农业，大力发展农田防护林和生态经济林。

第二章

海原县林业史略

第一节 古代林业

20世纪60年代，海原县关桥、关庄、罗山、郑旗、罗川及南华山五桥沟等地相继出土了一批古木。通过考查发现，古木两端有砸（折）断痕迹，部分古木残存根系或细枝条，证明非斧锯所致，为当地所产。出土的古木有的长达9.6 m，直径67.8 cm。经采集整理及鉴定，古木为云杉、冷杉、连香树、落叶松、圆柏、油松等树种。有些地方的群众甚至利用古木制作家具。经碳14测定，其中最长年代为6100年（±40年），最短为1800年（±40年）。在关庄祖厉河流域的一条冲沟中，近30 m垂直剖面上，可见大量枯枝落叶淤积层。因此断定，县境古代为森林覆盖区。

图2-1 南华山出土的古木化石

明清时期，境内南华山、西华山、月亮山（包括西吉县一部分）尚有森林覆盖，属杂木林种，主要树种有松、柏、槐、榆、柳、青杨、三春柳（野柳）、金刚树、龙柏等。

据海城厅志备目录产物一篇中仅有木属记载：松、柏、槐、榆、柳、青杨、三春柳（野柳）、金刚树、龙柏树。又据西北师范大学米寿祺撰文（海原县历史概貌考述）中记载："据西安菜园考古材料，早在新石器时代中晚期已有人类在海原县生活。周秦以来，这里是戎人居住的地方，戎人披发左衽，以逐草随畜，射猎禽畜为生，惯于马上生活，擅长骑射。"又说，"九百六十年，宋朝建立，西夏在夺取天都后，在那里建南牟会城，内建七殿，极壮丽，府库馆舍皆备。"到1227年夏亡的220余年间，除宋统治约28年外，西夏统治近200年之久，人类在海原县有这么长的时间的生产活动，生态环境多有变化，清盐茶同知朱亨衍（乾隆十四年既1749年）有诗为证（海城厅志）。

古寺天花

塞也名胜古灵光，见说奇花拥法王。

光似暂明还暂减，花如含笑又含香。

风生树抄襟怀爽，人向闻中日暑长。

欲部希夷无处所，华山一半郁苍苍。

这是对灵光寺优美环境的精练概括。

五泉竞冽

华山灵秀耸青莲，山麓幽深涌碧泉。

触石乱流来混混，兼风带雨响潺潺。

汇成巨浸知何地，汩没污泥已百年。

应解圣明西顾意，化为霖雨济岩边。

这是五桥沟的写照。

又据《全唐文》朱庆余《望萧关》说，萧关（今海原县李旺附近）"川绝衔鱼鹭，林多带箭麋"，按（辞海）"麋"可通眉，箭麋即是对松柏枝叶的形容，说明唐代时海原县的李旺附近树木多松柏。这并非望文生义和徒托空言，如李旺西北四十里的关桥，即有古木出土（圆柏）这些柏树入土的年代距今一千三百多年（±135年）。又据（固原县志）记载："……海原县李俊之东沙沟、元套子、官马套子、地湾、九彩坪、坟湾、红锦川、马圈沟有茂密的林木。"

第二节　近代林业

民国初期，县境内仅有柳、桦、辽东栎等树种为主的天然林3万余亩。其中，灵光寺林场有以白桦为主的乔灌混群次生林1.52万亩，水冲寺林场有以椴、辽东栎灌丛为主的椴灌混群次生林0.73万亩，拐涎林场有以山杨为主的乔灌混群次生林0.8万亩。民国二十八年（1939年），本县开始采种育苗。民国三十一年（1942年），在县城附近建立县苗圃，各保建立保苗圃，并依次将出土古木列册编号上报（树种不详）。在中华人民共和国成立前，由于遭历代大量的乱砍滥伐使本县的天然次生林及其他林业资源遭到严重破坏，11世纪初西夏李元昊，在天都山（今西华山）大修宫苑，所谓"南牟内有七殿"，可见规模宏伟，公元1081年宋军收复而焚毁，1082年夏使染乙埋迅即修复，现今童山濯濯的西华山，九百年前竟能承受如此巨大而反复的林木耗费，那么南华山、月亮山上的林木肯定会被大量砍伐（《续资治通鉴长编》卷106，319页等）。

根据民国《固原县志》：……南华山、西华山以至甘肃省屈吴山，断续相边，及古代森林草原北界也。沿此线向西斜上，这条线上的须弥山，曾是松涛之所在，现在还有天然油松子遗，再西乃海原县的杨明、李俊和西吉的火石寨等乡，1950年以前尚有杨、桦、辽东栎等天然林3万多亩，但详情树种分布面积均无详细文字记载。

人工植树造林在1941年以前查不到有关林业资料，海原县在民国时期归甘肃省管辖，1942年甘肃省政府指令各县、保都要建立苗圃，培育树苗，县苗圃面积不得少于20亩，保苗圃面积3~10亩。根据这一规定，海原县于1942—1943年先后在县城附近租地购地建立县苗圃，各保利用庙产公地或租用私人土地建立保苗圃，进行杨柳插条和椿、榆、杏等播种育苗，同时在县城附近设立县模范造林区，各乡镇在乡镇公所附近植树造林。从甘肃省政府民国三十七年（1948年）二月六日函送农林部三十六年（1947年）度造林成绩统计表中摘录汇总，海原县1946年原有造林和1947年当年造林统计表（表2-1）。

表2-1　1947年当年造林统计

地点	原有造林		本年造林		树种
	亩	株	亩	株	
海原县	713.85	108 506	9 115.9	385 610	杨、柳、榆、槐、椿

从表2-1说明：中华人民共和国成立以前，只有破坏森林，砍伐树木，仅有少量植树造林，南部山区没有人工林的说法，不符合海原县的历史事实。但有一段文字这样记载：造林统计表数字虚数太大，压减的根据又感不足，目前仍维持9 115.9亩。待进一步查清造林实有数字后再作一次性的纠正（摘录于周克、张淑贤撰文《宁夏解放前人工林面积考究》）。

据《海原县志》产物节中记载，木属：松、柏、椿、槐、榆、柳、青杨、白杨、三春柳、金刚树、龙柏树。

又据民国《固原县志》记载：海原县的南华山、西华山和西吉的火石寨有柳、桦、辽东栎三万余亩，也就是现在灵光寺、水冲寺。从中华人民共和国成立初期该地保存下来的树种和灌木类型群，从其林种林相、群落、结构、年龄的变化可以证实，灵光寺的白桦天然次生林当时的林种有白桦、柳、松、柏、椴、辽东栎，灌木丛多为刺玫、山楂、丁香、胡枝子等数十种，只是由于当时历代王朝广种粮的原始农业全盘继承和恶性发展毁了林草。据嘉靖三十六年（公元1557年）《庆阳府志·产物》按语曰："昔吾乡合抱参天之树木，麓边亘于五百里之外，虎、豹、獐、鹿之属，得以接迹于山蔽，据云归志（约指弘治或正德）才五十余年尔，而橡檩不具，且出薪子六七百里之远，狐兔之类亦无所栖矣，此又不可概耶。嗟夫！尽皆天时人事渐致哉，往往斧斤不时，已为无度，西野火之不禁，使百年地力，一旦成火尽，此其濯濯之由也"。本县与固原庆阳地相连，因此这也是海原县的当时变迁写照。

第三节　现代林业

一、林业的起步

中华人民共和国成立初期至十一届三中全会，是我国林业发展的第一阶段。这一阶段党和政府针对林业建设方针、林业权属界定、保护森林资源、防止森林火灾、禁止乱垦滥伐等问题先后出台了一系列政策，这一阶段又可分为两个时期。

（一）建设起步时期（1949—1958）

1949年中国人民政治协商会议做出了"保护森林，并有计划地发展林业"的规定。1950年党和政府提出了"普遍护林，重点造林，合理采伐和合理利用"的建设总方针。1964年为进一步完善这一方针，提出要"以营林为基础，采育结合，造管并举，综合利用，多种经营"。林业建设总方针的提出与完善，对保护发展、开发利用森林资源发挥了重要的指导作用。中华人民共和国成立前，我国林地权绝大多数为私有，林地可以自由买卖。1950年通过的《中华人民共和国土地改革法》，对林地权属问题做出了界定，确立了国有林和农民个体所有林。1949年中国人民政治协商会议做出了"保护森林，并有计划地发展林业"的规定。1950年第一次全国林业会议决定"护林者奖，毁林者罚"，各地政府积极组织群众成立护林组织，订立护林公约，保护森林，禁止乱砍滥伐。同年，政务院还颁布了《关于全国林业工作的指示》，指出林业工作的方针和任务是以普遍护林为主，严格禁止一切破坏森林的行为，在风沙水旱灾害严重地区发动群众有计划地造林。1958年4月，中共中央、国务院发出了《关于在全国大规模造林的指示》，同月，中共中央、国务院发出了《关于加强护林防火工作的紧急指示》等。林业建设总方针的确立与完善、森林权属界定、保护森林资源政策的出台与实施，有助于保护森林资源，推动了我国林业的发展。据相关统计资料，1949年前后，全国森林覆盖率仅为8.6%。海原县为0.6%，1950—1962年主要林区的森林资源调查显示，全国森林覆盖率为11.81%。森林覆盖率有了较快的增长。这一时期海原县造林15万亩，林地面积保存5.3万亩，森林覆盖率为0.69%。

（二）徘徊停滞时期（1958—1978）

这一时期，党和政府为推动林业的健康发展，曾出台过一些有效政策，如1958年9月，中共中央下发了《关于采集植物种子绿化沙漠的指示》；1961年6月，中共中央作出《关于确定林权、保护山林和发展林业的若干政策规定（试行草案）》；1963年5月，国务院颁布了《森林保护条例》(这是中华人民共和国成立以后制定的第一个有关森林保护工作的最全面的法规);1967年9月,中共中央、国务院、中央军委、中央文革小组联合下发了《关于加强山林保护管理,制止破坏山林、树木的通知》等。这些政策措施,都有利于森林资源的保护和合理开发。但就总体而言,这一阶段我国林业建设历经曲折。全国范围内出现了毁林种粮的现象,森林资源遭到了严重的破坏,水土流失严重,生态环境问题迅速凸显。1973—1976年,我国开展了第一次全国森林资源清查工作,结果显示,当时森林面积约121.9万 km^2,森林覆盖率为12.7%。海原县森林覆盖率为1.25%。1977—1981年第二次全国森林资源清查,我国森林面积为115.3万 km^2,森林覆盖率降至12.0%,海原县森林覆盖率为1.2%,覆盖率较第一次清查时有所下降。十一届三中全会前,党和政府为推动林业发展出台了一系列政策,就政策的实施效果来看,情况并不理想,林业建设一度停滞。这与以下几点因素密切相关:一是林业建设缺乏有利的社会环境。1958—1978年,我国先后经历了"大跃进""人民公社化运动""三年困难时期"和"文化大革命"。党和政府在思想和认识方面出现了偏差,"左"倾思想盛行。在急于求成思想指引下,全国人民"向自然界开战""以粮为纲",全国范围内出现了大规模的毁林种粮现象,这一时期森林资源的利用和开发,严重背离了林业可持续发展的要求。这一时期海原县在大炼钢铁的运动中天然林被严重砍伐,尤以西华山为甚,面积达320 hm^2。尽管20世纪60年代,党和政府采取了一些补救措施,如制止乱砍滥伐、恢复林业经济正常秩序等,但"文革"爆发后,"以粮为纲"的政策再度推行,林业建设依然艰难。二是以木材生产为中心的林业经营实践。受传统林业经营思想的影响,在林业经营实践中,"不管是森工企业,还是营林部门,实际上执行了一条以原木生产为中心的经营方针"。森林仅被作为一种经济资源,林业建设的首要任务被定位为生产木材。随着国民经济的恢复、发展,社会各条战线对木材等林产品的需求不断加大,木材年产量逐年增长,从1949年的567万 m^3,到1980年的3 507.8万 m^3,增长了6倍多。超指标采伐、超期采伐,甚至乱砍滥伐,给林业发展带来了严重危害。这一时期海原县的造林也以用材林和薪炭林为主,总面积超过25 300 hm^2。三是取之于林多,用之于林少,森林保护不到位。由于对森林保护和营造的重要性认识不足,林业建设的正确思想、方针、政策没能得到有效落实,如林业建设"以营林为基础",没能得到有效的贯彻。重砍伐,轻营造,"年年植树不见树,岁岁造林难成林"。据相关资料显示,从中华人民共和国成立至十一届三中全会前,我国每年平均造林315万 hm^2(4 725万亩),累计造林超过9 000万 hm^2(13 500万亩),但成林面积却只有2 800万 hm^2(42 000万亩),保存率不到1/3。这一时期海原县造林122万亩，林地面积保存29万亩，保存率仅23%。森林覆盖率为1.8%。

二、加强森林保护、强调可持续发展阶段

从20世纪70年代末到90年代后期，即从改革开放之初到20世纪末期，是林业发展的第二阶段。大力植树造林、加强森林保护、强调可持续发展，成为这一时期党和政府林业政策措施的重点。这一阶段又可分为3个时期。

（一）恢复发展时期（1978—1983）

十一届三中全会以后，伴随着党和国家工作重点转移，林业建设步入正常轨道。党和政府就植树造林问题，相继出台了一些政策，如《全国人大常委会关于植树节的决议》（1979）、《关于大力开展植树造林绿化祖国的通知》（1979）、《中共中央关于加快农业发展若干问题的决定》（1979）、《中共中央 国务院关于大力开展植树造林的指示》（1980）、《中共中央 国务院关于保护森林发展林业若干问题的决定》（1981）等。由于历史欠账太多，以上政策的出台、实施，也没能遏制住我国生态失衡的局面。1981年7—8月，我国四川、陕西等省先后发生了历史上罕见的特大洪水灾害。长江、黄河上游连降暴雨，造成洪水暴发、山体崩塌，给人民群众生命财产和国家经济建设造成巨大损失。专家学者以大量的数据和事实论证了森林植被遭到破坏、生态失去平衡是造成这次洪灾的主要原因。严峻的生态形势，使党和政府对森林生态效益的重要性的认识不断提升。邓小平对当时国务院副总理万里说："最近发生的洪灾涉及林业问题，涉及森林的过量砍伐。看来宁可进口一点木材，也要少砍一点树。"同时，他还建议全国人大通过议案，规定凡是有劳动能力的中华人民共和国公民每人每年都要种3~5棵树，包栽包活，多者受奖，无故不履行此项义务者受罚。这一建议得到了党和国家其他领导人的认同。1981年12月13日，第五届全国人大第四次会议审议并通过了《关于开展全民义务植树的决议》，从此，植树造林成为我国公民应尽的义务。在党和政府的领导下，全国人民掀起植树造林运动高潮，展开了一场规模浩大的生态建设运动。为了改变我国西北、华北、东北地区风沙危害和水土流失，减缓日益加速的荒漠化进程，党和政府决定在西北、华北北部、东北西部绵延4 480 km 的风沙线上，实施"三北"防护林体系建设工程。1986年后又陆续开展了绿化太行山、沿海防护林、长江中上游防护林、平原绿化、黄河中游防护林等生态工程。全民义务植树和大型生态工程的上马，体现出党和国家对生态建设的重视程度日益加强。这一时期海原县也开展了一系列的"种草种树、反弹琵琶"活动，种草种树35万亩，保存率18%。

（二）加强对森林的保护时期（1984—1991）

按照中央部署，为了保护森林，促进林业发展，我国农村广泛实行了林业"三定"政策。但随着经济体制改革的深入，木材市场逐步放开，在经济利益的驱动下，一些集体林区出现了对森林资源的乱砍滥伐、偷盗等现象，甚至一些国有林场和自然保护区的林木也遭到哄抢，导致集体林区蓄积量在300万 m^3 的林业重点市，由20世纪50年代的158个减少到不足100个，能提供商品材的县由297个减少到172个。这一时期的海原县林业也不例外，如杨明河的树木大部分是这时砍伐的。第三次森林资源清查（1984—1988）显示，较第二次清查，南方集体林区活立木总蓄积量减少了18 558.68万 m^3，森林蓄积量减少15 942.46万 m^3。在生产建设需要和人口生存需求的双重压力下，木材年产量居高不下，长期超量采伐、计划外采伐，对森林资源消耗巨大，远远超出了森林的承载能力。与人祸对应的是天灾。1986年春，我国多个省份又连续发生森林火灾1 200多起，烧林52万多亩，造成严重的经济损失。1987年北方大兴安岭林区又发生特大森林火灾，大火持续了近一个月。据统计，过火林地面积114万 hm^2，其中受害森林面积87万 hm^2，烧毁贮木场存材85万 m^3，死亡193人，受伤226人。这是中华人民共和国成立以来最严重的一次森林大火，损失非常惨重。面对森林资源出现的危机，党和政府高度重视，先后颁布了一系列林业保护政策。其中主要有《国务院关于坚决制止乱砍滥伐森林的紧急通知》（1980）、《中共中央　国务院关于制止乱砍滥伐森林的紧急指示》（1987）、《中华人民共和国森林法》（1987）、《中华人民共和国森林法实施细则》（1987）、《中共中央　国务院关于加强南方集体林区森林资源管理坚决制止乱砍滥伐的指示》（1987）、林业部《封山育林管理暂行办法》（1988）、《国务院关于保护森林资源制止毁林开垦和乱占林地的通知》（1988）、《中华人民共和国水土保持法》（1991）、《国务院办公厅转发〈林业部关于当前乱砍滥伐、乱捕滥猎和综合治理措施报告〉的通知》（1992）等。以上政策明确指出，保护森林、发展林业是我国社会主义建设中的一个重大问题，要正确处理当前利益和长远利益、经济效益和生态效益的关系。我国林业建设实行以营林为基础，普遍护林，大力造林，采育结合，永续利用。对森林的保护和管理必须加强，在任何时候都不能有丝毫放松。对乱砍滥伐应当随起随刹，绝不能手软。要彻底改变"木材生产为中心"的理念，坚决调减木材产量，给林业以休养生息的机会。这些政策措施对森林资源的保护，对林业的健康发展，起到了积极的促进作用。其中，《中华人民共和国森林法》及其实施细则的出台，标志着我国林业法治建设跨上了一个新的台阶。海原县这一时期造林50万亩，保存率为33%。

（三）向可持续发展转变时期（1992—1997）

1992年6月，巴西里约热内卢联合国环境与发展大会对人类环境与发展问题进行了全球性规划，会议通过的《21世纪议程》，使可持续发展这一模式成为世界各国的共识。会后，我国编制了《中国21世纪议程——中国21世纪人口、环境与发展白皮书》，成为中国可持续发展的总体战略。作为可持续发展战略的重要组成部分，党和政府把生物多样性资源保护、森林资源保护等放到了突出位置。在《国务院关于进一步加强造林绿化工作的通知》（1993）中，明确指出要坚持全社会办林业、全民搞绿化，总体推进造林绿化工作，切实抓好造林绿化重点工程建设。在随后制定的《中华人民共和国农业法》中明确指出，国家实行全民义务植树制度；保护林地，制止滥伐、盗伐森林，提高森林覆盖率。1994年10月通过的《中华人民共和国自然保护区条例》，强调要将生物多样性作为重点保护对象。在1996年9月出台的《野生植物保护条例》中，明确提出以严厉的措施，保护生物多样性，维护生态平衡。从20世纪50年代后期到70年代末，经过各方努力，林业建设中存在的毁林开垦、乱砍滥伐等现象，得到了一定程度的遏制，植树造林、封山育林等工作初见成效。1984—1988年第三次全国森林资源清查，我国森林面积为124.65万 km^2，海原县124.7 km^2，全国森林覆盖率12.98%，海原县森林覆盖率2.26%。1989—1993年第四次清查，全国森林面积133.70万 km^2，海原县森林面积94.9 km^2，全国森林覆盖率13.92%，海原县森林覆盖率1.22%。1994—1998年第五次清查，森林面积158.94万 km^2，海原县82 km^2，全国森林覆盖率16.55%，海原县森林覆盖率1.5%。我国森林面积出现增长的良好局面，林业发展取得了阶段性成果，海原县林业却经过了保存率最差时期。由于生产建设对木材的需求居高不下，林业发展形势依然严峻。

三、林业发展进入以生态建设为主的新阶段

从1998年至今是我国林业建设的第三个阶段。这一时期我国的林业建设初步实现了以木材生产为主，向以生态建设为主的历史性转变。这一阶段分别以1998年特大洪灾、《关于加快林业发展的决定》的出台和中央林业工作的召开为3个节点。

（一）1998年特大洪灾后，林业发展向以生态建设为主转变

1998年我国"三江"（长江、嫩江、松花江）流域发生了特大洪灾。此次灾害持续时间长、影响范围广，灾情特别严重，可谓百年洪灾。据国家权威部门统计，全国共有29个省（区、市）受到不同程度的洪涝灾害，农田受灾面积2 229万 hm^2，死亡4 150人，倒

塌房屋685万间，直接经济损失2 551亿元。有专家指出，洪灾与生态环境的破坏有着直接的关系。长期以来，长江流域上游无节制的森林采伐，致使植被减少，森林覆盖率急剧降低，导致流域内水土大量流失，泥沙淤积，河流蓄水能力降低。北方嫩江、松花江流域的洪灾成因也是如此。洪灾引发了党和政府对林业发展战略的深入思考。时任国务院总理朱镕基在考察洪灾时指出："洪水长期居高不下，造成严重损失，也与森林过度采伐、植被破坏、水土流失、泥沙淤积、行洪不畅有关。"在灾情还未结束时，国务院就下发了《关于保护森林资源制止毁林开荒和乱占林地的通知》，强调："必须正确处理好森林资源保护和开发利用的关系，正确处理好近期效益和远期效益的关系，绝不能以破坏森林资源，牺牲生态环境为代价换取短期的经济增长。"在此基础上，党和政府又出台了多项政策，如《国务院办公厅关于进一步加强自然保护区管理工作的通知》（1998）、《中共中央关于农业和农村工作若干重大问题的决定》（1998）等。在这些政策中党和政府反复强调保护和发展森林资源的重要性、迫切性。同时，党和政府果断采取措施，实行天然林保护工程。进入21世纪后，又相继实施了退耕还林还草工程、"三北"防护林建设、长江中下游地区重点防护林体系建设、京津风沙源治理、野生动植物保护及自然保护区建设、重点地区速生丰产用材林建设等工程。林业六大工程的实施，标志着我国林业以生产为主向以生态建设为主转变。

（二）中央《关于加快林业发展的决定》出台

中央《关于加快林业发展的决定》出台标志着我国林业以生态建设为主的发展战略基本确立。由于林业具有生产周期长、破坏容易、恢复难的特点，进入21世纪后，我国生态问题日益突显。2003年6月，中共中央、国务院出台了《关于加快林业发展的决定》，指出我国生态整体恶化的趋势没能根本扭转，土地沙化、湿地减少、生物多样性遭破坏等仍呈加剧趋势。乱砍滥伐林木、乱垦滥占林地等现象屡禁不止。气候异常、风沙、洪涝、干旱等自然灾害频发，严重制约了经济、社会等各项事业的发展。随后，在中共中央、国务院出台的一系列政策中，反复强调贯彻林业可持续发展战略的重要性。这些政策主要有：《中共中央　国务院关于促进农民增加收入若干政策的意见》（2003）、《中共中央　国务院关于进一步加强农村工作提高农业综合生产能力若干政策的意见》（2004）、《中共中央　国务院关于推进社会主义新农村建设的若干意见》（2005）、《中共中央　国务院关于积极发展现代农业扎实推进社会主义新农村建设的若干意见》（2007）、国务院《中国应对气候变化国家方案》（2007）等。这些政策体现出党和政府对林业建设、生态建设的认识进一步深化。党和国家对林业建设的认识，已经上升到事关国家发展全局、事关应对全球气候变化的战略地位。由此确立了"三生态"林业发展战略思想，即确立以生态建设为主的林业可持续发展道路，建立以森林植被为主体的国土生态安全体系，建设山川秀美的生态文明社会。这一阶段确定了林业建设的目标，力争到2010年使我国森林覆盖率达到19%，2020年达到23%，2050年达到26%，基本建成资源丰富、功能完善、效益显著、生态良好的现代林业，最大限度地满足国民经济与社会发展对林业的生态、经济和社会需求，实现我国林业的可持续发展。

（三）中央林业工作会议召开

中央林业工作会议召开，我国林业建设进入以生态建设为主的新阶段。为了促进传统林业向现代林业转变，2008年6月，中共中央、国务院出台了《关于全面推进集体林权制度改革的意见》，要求用5年左右时间基本完成明晰产权、承包到户的改革任务。2009年6月，中央召开了中华人民共和国成立60年来首次林业工作会议，研究了新形势下林业改革发展问题，全面部署了推进集体林权制度改革的工作。会上国务院总理温家宝明确指出，林业在贯彻可持续发展战略中具有重要地位，在生态建设中具有首要地位，在西部大开发中具有基础地位，在应对气候变化中具有特殊地位。国务院副总理、全国绿化委员会主任回良玉也指出，实现科学发展必须把发展林业作为重大举措，建设生态文明必须把发展林业作为首要任务，应对气候变化必须把发展林业作为战略选择，解决"三农"问题必须把发展林业作为重要途径。这说明党和政府对生态林业建设重要性的认识，达到了前所未有的高度。随着我国工业化、城镇化步伐的加快，毁林开垦和非法占用林地的现象日趋严重，社会经济发展需求与林地供给矛盾十分突出。为此，2010年6月9日，国务院审议通过了《全国林地保护利用规划纲要（2010—2020）》，这是我国第一个中长期林地保护利用规划。纲要从严格保护林地、合理利用林地、节约集约用地的角度，提出了适应新形势要求的林地分级、分类保护利用管理新思路，具有里程碑意义，体现了党和国家全面加强生态建设的决心和意志，也标志着我国林业发展政策，由以前摸着石头过河，在不断尝试中前进，逐步过渡到对林业发展规律有了深入认识，注重总体规划顶层设计的新的历史时期。随着以上政策的出台和实施，林业建设获得了健康的发展，森林资源的保护、发展取得了巨大成就。据第六次全国森林资源清查（1999—2003），全国森林面积为174.9万 km^2，海原县森林面积175.2 km^2，全国森林覆盖率18.21%，海原县森林覆盖率3.2%。第七次全国森林清查（2004—2008），森林面积已达195.45万 km^2，森林覆盖率20.36%。截至2010年，我国"三北"防护林工程造林2 400多万 hm^2，工程区森林覆盖率提高了1倍；天然林保护工程有效保护天然林9 500多万 hm^2，减少森林资源消耗4.26亿 m^3；退耕还林2 600多万 hm^2；全国沙化面积由20世纪末的年均扩展约3 436 km²，变为年均缩减约1 283 km²，总体上实现了从"沙逼人退"向"人逼沙退"的历史性转变。这为发展现代林业、建设生态文明、推进科学发展奠定了坚实基础。由于党和政府加强了对森林资源，特别是天然林资源的保护力度，我国木材产量攀升的趋势得到了控制。同时也应看到，随着我国经济社会的快速发展，原木的需求量有增无减，在自身供给能力不足，供需缺口矛盾加剧的情况下，对外依存度逐年提高。近10年来，原木进口量迅猛增长，2007年的进口量为3 709万 m³，是1996年的12倍。到2015年，我国生产建设用木材需求量约为4.8亿 m³，国内缺口将达1.9亿 m³，木材对外依存度越来越高。这对我国木材资源战略安全构成严重威胁，木材资源安全的保障问题愈发紧迫。

四、历史的经验与启示

回顾70年的建设实践，可以看出，党和政府对林业发展规律的认识不断深化，调控林业发展的政策更加科学。

（一）对林业建设的认识

随着党和政府对林业建设认识的不断深化，我国林业政策逐步走向成熟和完善。中华人民共和国成立初期，林业的首要任务被定位为生产木材，其原因是多方面的，首先这与我国传统的林业经营思想、模式有着密切的关系。传统林业以木材经营利用为基本原则，追求木材最高产量的持续性和稳定性。这一时期，党和政府的林业思想还不够成熟，只重视林业的经济效益，忽视了林业的生态效益和社会效益。木材生产量逐年攀升，森林资源却日益枯竭，我们赖以生存的环境面临很大的危机。一次次生态危机，印证了恩格斯的预言，"我们不要过分陶醉于我们人类对自然界的胜利。对于每一次这样的胜利，自然界都对我们进行了报复。"林业建设的经验教训，使党和政府对林业的认识不断深化。20世纪80年代以后，党和政府对此前的林业经营思想和模式进行了反思，"不再仅认为林业就是木材生产，开始普遍对林业在国民经济中的重要地位，特别是对保证和促进农业、牧业发展，以及森林在保持自然生态平衡，调节气候，改善环境等方面的多种功能和效益的认识有了新的提高"。进入21世纪以后，党的十六大更是将改善生态环境，促进人和自然的和谐，确定为全面建成小康社会的重要内容之一；党的十六届四中全会还指出，统筹人与自然和谐发展，是构建和谐社会的重要内容；党的十七大将科学发展观写入了党章，要求建设环境友好型社会，使人民在良好生态环境中生产生活，实现经济社会可持续发展；党的十八大把林业建设提升到生态文明建设，明确生态文明建设是关系人民福祉、关乎民族未来的长远大计。面对资源约束趋紧、环境污染严重、生态系统退化的严峻形势，必须树立尊重自然、顺应自然、保护自然的生态文明理念，把生态文明建设放在突出地位，融入经济建设、政治建设、文化建设、社会建设各方面和全过程，努力建设美丽中国，实现中华民族永续发展。党的十九大以习近平生态文明思想为指导，提出人与自然是生命共同体，人类必须尊重自然、顺应自然、保护自然。加大生态系统保护力度。实施重要生态系统保护和修复重大工程，优化生态安全屏障体系，构建生态廊道和生物多样性保护网络，提升生态系统质量和稳定性。

总之，党和政府的林业发展理念、政策不断调整，相继提出了生态林业、可持续林业、现代林业等发展新理念，由此前单纯注重林业的经济效益，向经济效益、生态效益和社会效益并重的方向发展。把生态林业建设，提升到关乎社会经济可持续发展的战略高度，确定以生态建设为主的林业发展方向，初步实现了以木材生产为主向以生态建设为主的历史性转变。从中华人民共和国成立初期单纯注重木材生产，到今天高度重视生态建设，是一次艰难的转变，也是一次具有开创性的转变，更是一次具有伟大历史意义的转变。这一政策的变迁，体现了中国共产党强烈的历史责任感，体现了中国共产党与时俱进、拼搏进取的政党特色。

（二）林业发展政策逐渐稳定

林业发展政策逐渐由应急性、临时性，向系统性、整体性转变，其科学性、针对性、可操作性逐步增强。十一届三中全会以前，我国政策被动应对、临时性色彩浓厚。政策的出台，多与灾害的发生密切相关。每当林业发展过程中出现了问题，就会针对特定的问题制定一些政策，出台一些应急措施，如乱砍滥伐严重了，就出台一些紧急通知、指示，严禁乱砍滥伐；森林火灾发生后，就会提出"预防为主、积极消灭"的方针；洪灾发生后，就号召民众植树造林。这些政策、方针、指示当然十分必要，但相对比较零散，系统性、整体性不够，超前性、预见性较弱。随着实践的发展，党和政府对林业发展规律的认识日益深刻，林业政策的科学性也不断增强。针对林业发展中出现的问题，相应的政策、措施由侧重事后补救转为注重事前预防，由被动应付，转向积极主动，科学性、指导性、预见性不断增强。同时，林业发展更加注重顶层设计和总体规划。1994年党和政府制定了《中国环境保护21世纪议程》，确立了保护生物多样性的行动方案和战略目标。1995年3月出台的《中国21世纪议程林业行动计划》明确提出，到21世纪中叶，我国将建立起比较完备的林业生态体系和比较发达的林业产业体系。21世纪伊始，国家林业局牵头，组织了近300名国内各领域的顶级专家，对我国未来半个世纪的林业发展进行了规划，确立

"生态建设、生态安全、生态文明"的"三生态"战略，制定了"严格保护、积极发展、科学经营、持续利用"的发展方针。针对我国目前生态恶化、林产品供需矛盾尖锐的现实，党和政府在深入调研、缜密论证之后，制定并颁布了《全国林地保护利用规划纲要（2010—2020年）》，以确保林业发展空间，缓解林地保护形势严峻的局面，为林地科学管理提供依据和手段。这体现了党和政府对林业发展规律认识的深化，体现了党和政府林业发展政策科学性、系统性的增强。

（三）林业政策受国际因素的影响日趋明显

20世纪下半叶以来，全球环境问题日益突出，气候问题即是其一。目前，世界气温不断增高，海平面日益上升，极端天气与气候事件频发，这对人类生存环境产生了严重影响。相关研究指出，全球气温21世纪可能上升1.1~6.4℃，海平面上升18~59 cm。如果气温上升幅度超过1.5℃，全球20%~30%的动植物物种将面临灭绝；如果气温上升3.5℃以上，40%~70%的物种将面临灭绝。气候变化成为各国共同的问题和人类共临的挑战。日益严峻的生态形势，需要各国政府采取行动，通力合作，共同面对。在此背景下，国际生态外交和环境外交空前活跃，甚至逐渐成为主流的外交形态。党和政府审时度势，积极参与旨在保护森林资源、改善生态环境的国际性事务。2009年9月，联合国气候变化峰会在纽约联合国总部举行，国家主席胡锦涛出席峰会，并向世界承诺，争取到2020年，单位国内生产总值 CO_2 排放量比2005年有显著下降，森林面积增加4 000万 hm^2，森林蓄积量增加13亿 m^3。中国作为负责任的大国形象，广受瞩目。为了实现这一承诺，党和政府出台了指导全国林地保护利用的纲领性文件《全国林地保护利用规划纲要（2010—2020）》。因此，可以预期，我国的林业政策受国际因素的影响将会越来越强。

通过对林业政策演变的分析，我们可以获取一些有益的启示：

一是林业政策的制订或修改需要严格遵循林业发展规律，把生态、社会、经济等多种因素结合起来，从整体出发，全面经营森林生态系统。林业建设具有周期性长的特点，破坏易恢复难。我们曾因急功近利，无视客观规律，导致了多年来的资源危机、经济危困、生态恶化的局面，这是极其沉痛的历史教训，我们必须牢牢记取。因此，林业政策的制订或修改必须遵循林业发展的内在规律，认真培育、严格保护、积极发展、科学经营、持续利用，不可杀鸡取卵、竭泽而渔。

二是林业政策必须始终坚持与时俱进，在实践中不断检验、改进、完善、创新，以顺应时代与社会发展的需要。同时，随着世界一体化进程的加快，林业政策的制定或修改需要以开放的心态，以世界性的眼光，总结世界各国一切有用的经验教训，为我所用，以更好地推动我国林业的建设与发展。

三是进一步解放思想，审慎处理经济效益和生态效益之间的关系。林业生态效益与经济效益之间存在着矛盾。就近期党和政府的政策导向来看，对林业的生态效益强调达到了前所未有的高度。我国长期以来以木材生产为中心，这在历史时期有其合理性，甚至有一定的必要性。由于受传统惯性思维的影响，在实践过程中，人们往往把林业的生态效益与经济效益对立起来，要生态效益就没有经济效益，要经济效益就没有生态效益，这似乎又陷入了一个误区。因此，今后党和政府政策调控的重点应该是：进一步解放思想，破除将林业的生态效益与经济效益完全对立起来的惯性思维，妥善处理林业建设中经济效益与生态效益的关系；在林业建设实践中，积极探索能够实现两者之间共赢的最佳切入点和载体，实现两者之间的良性互动；海原县在坚定以生态建设为主的林业发展战略的同时，推动林业经营方式改革，提高林业生产力水平，最大限度满足经济社会发展对木材及林产品的需求。

第三章

海原县林业资源

海原县森林资源包括动物、昆虫、植物（天然林、人工营造林）等。

第一节　森林动物

一、概述

经调查，县域内有脊椎动物24目51科157种和99个亚种，其中两栖类1目2科3种；爬行类1目5科10种；鸟类15目29科108种；哺乳类6目13科28种，鱼类有1目2科8种。有金雕（*Aquila chrysaetos*）国家级Ⅰ级保护动物；有草原雕（*Aquila rapax*）、猎隼（*Falco cherrug*）、岩羊（*Pseudois nayaur*）等18种国家Ⅱ级保护动物；有自治区级保护动物19种；有濒危野生动植物种国际贸易公约附录Ⅱ规定保护动物14种；有中日保护候鸟及其

图3-1　草原雕

栖息环境协定规定的保护鸟类24种；有中澳保护候鸟及其栖息环境协定规定的保护鸟类8种；有国家保护的有益的或者有重要经济、科学研究价值的陆生野生动物65种。

县内的动物区系属古北界的东北亚界和蒙新区，地跨东北区的黄土高原亚区和中亚界的蒙新区西部荒漠亚区，同青藏区的青藏南亚区和东洋界中印亚界的华中区西部山地高原亚区相接壤。地理位置特别重要，属过渡地带类型，自然条件复杂多样，过渡地带类型特别明显。全县从南向北由草甸化森林草原向干草原过渡、荒漠草原过渡。由于县内有三块森林地，给野生动物提供了良好的生存环境，因此，区内野生动物主要表现为蒙新区西部荒漠亚区的特征。

鱼类、两栖、爬行类：县内有鱼、两栖、爬行类3目9科21种。古北界鱼类1种，两栖类2种、爬行类8种，其余为两界兼有。两栖、爬行类分布型有东北－华北型、季风型、草原型和古北型4个分布型。

鸟类：经调查，县域内有鸟类15目29科108种和72个亚种。其中，留鸟42种，占鸟类总数38.89%；夏候鸟34种，占鸟类总数31.48%；冬候鸟6种，占鸟类总数的5.56%；旅鸟

26种，占鸟类总数的24.07%。留鸟在域内鸟类组成中占有优势，其次夏候鸟占有较大比例，冬候鸟类组成简单，种群单调。鸟类主要有东洋型、古北型、全北型、东北型、中亚型、季风型和高地型7个分布型。

哺乳类：有哺乳类6目13科28种和27个亚种。分为5个地理分布型，其中古北型占兽类地理分布型绝对优势，有9种，占兽类的32.14%；中亚型次之，有8种，占兽类的28.57%；草原型7种，占兽类的25%；全北型3种，占10.71%；东北－华北型最少，只1种，占兽类的3.57%。

二、海原县脊椎动物及地理分布型

1. 东北－华北型有花背蟾蜍（*Bufo raddei* Strauch）、丽斑麻蜥（*Eremias argus*）、黑线仓鼠（*Cricetulus barabensis*）。

2. 季风型有岷山蟾蜍（*Bufo minshanicus* Stejneger）、中国林蛙（*Rana chensinensis*）、黄纹石龙子（*Eumeces xanthi*）、大嘴乌鸦（*Corvus macrorhynchus*）、小嘴乌鸦（*Corvus corone*）。

3. 草原型有草原沙蜥（*Phrynocephalus frontalis*）、荒漠沙蜥（*Phrynocephalus przewalskii*）、荒漠麻蜥（*Eremias przewalskii*）、虎斑游蛇（*Natrix tigrina*）、达乌尔猬（*Mesechinus dauuricus*）、狼（*Canis lupus*）、狍（*Capreolus capreolus* Linnaeus）、黄羊（*Procapra przewalskii*）、达乌尔黄鼠（*Spermophilus dauricus*）、甘肃鼢鼠（*Myospalax cansus* Lyon, 1907）、达乌尔鼠兔（*Ochotona dauurica*）。

4. 古北型有黄脊游蛇（*Coluber spinalis*）、白条锦蛇（*Elaphe dione*）、双斑锦蛇（*Elaphe bimaculata*）、高原蝮（*Gloydius strauchii*）、凤头䴙䴘（*Podiceps cristatus*）、苍鹭（*Ardea cinerea*）、赤麻鸭（*Tadorna ferruginea*）、燕隼（*Falco Subbuteo*）、红脚隼（*Falco amurensis*）、红隼（*Falco tinnunculus*）、斑翅山鹑（*Perdix dauuricae*）、鹌鹑（*Coturnix japonica*）、稚鸡（*Phasianus colchicus*）、普通秧鸡（*Rallus inaicus*）、小田鸡（*Porzana pusilla*）、黑水鸡（*Gallinula chloropus*）、骨顶鸡（*Fulica atra*）、灰头麦鸡（*Vanellus cinereus*）、剑鸻（*Charadrius hiaticula*）、金眶鸻（*Charadrius dubius*）、红脚鹬（*Tringa totanus*）、林鹬（*Tringa glareola*）、乌脚滨鹬（*Calidris temminckii*）、岩鸽（*Columba rupestris*）、珠颈斑鸠（*Streptopelia chinensis*）、大杜鹃（*Cuculus canorus* Bakeri）、雕鸮（*Bubo bubo*）、黑枕绿啄木鸟（*Picus canus*）、角百灵（*Eremophila alpestris*）、山鹡鸰（*Dendronanthus indicus*）、黄鹡鸰（*Motacilla flaua*）、白鹡鸰（*Motacilla alba*）、红尾伯劳（*Lanius cristatus*）、灰伯劳（*Lanius excubitor*）、长尾灰伯劳（*Lanius sphenocercus*）、大山雀（*Parus major*）、树麻

雀（*Passer montanus*）、山麻雀（*Passer rutilans*）、小麝鼩（*Crocidura suaveolens*）、大棕蝠（*Eptesicus seroticus*）、香鼬（*Mustela altaica*）、黄鼬（*Mustela sibirica*）、虎鼬（*Vormela peregusna*）、狗獾（*Meles meles*）、大林姬鼠（*Apodemus peninsulae*）、褐家鼠（*Rattus norvegicus*）、蒙古兔（*Lepus tolai*）。

5. 东洋型有小䴙䴘（*Podiceps ruficollis*）。

6. 全北型有针尾鸭（*Anas acuta*）、鸢（*Miluus korschun*）、苍鹰（*Accipiter gentilis*）、雀鹰（*Accipiter nisus*）、松雀鹰（*Accipiter virgatus*）、秃鹫（*Aegypius monachus*）、白尾鹞（*Circus cyaneus*）、猎隼（*Falco cherrug*）、普通燕鸥（*Sterna hirundo*）、长耳鸮（*Asio otus*）、纵纹腹小鸮（*Athene noctua*）、楼燕（*Apus apus*）、小云雀（*Alauda gulgula*）、灰沙燕（*Riparia riparia*）、岩燕（*Hirundo rupestris*）、家燕（*Hirundo rustica*）、田鹨（*Anthus novaeseelandiae*）、水鹨（*Anthus spinoletta*）、北椋鸟（*Agropsar sturninus*）、喜鹊（*Pica pica*）、红嘴山鸦（*Pyrrhocorax pyrrhocorax*）、达乌尔寒鸦（*Corvus dauricus*）、棕眉山岩鹨（*Prunella montanella*）、红点颏（*Calliope calliope*）、贺兰山红尾鸲（*Phoenicurus alaschanicus*）、赭红尾鸲（*Phoenicurus ochruros*）、红尾水鸲（*Rhyacornis fuliginosus*）、山噪鹛（*Garrulax davidi*）、大苇莺（*Acrocephalue arundinaceus*）、褐柳莺（*Phylloscopus fuscatus*）、暗绿柳莺（*Phylloscopus trochiloides*）、戴胜（*Upupa epops*）、红喉姬鹟（*Ficedula parva*）、锡嘴雀（*Coccothraustes coccothraustes*）、灰眉岩鹀（*Emberiza cia*）、三道眉草鹀（*Emberiza cioides*）、田鹀（*Emberiza rustica*）、赤狐（*Vulpes vulpes*）、岩松鼠（*Sciurotamias davidianus*）、花鼠（*Tamias sibiricus*）。

7. 东北型有灰头鸫（*Turdus rubrocanus*）、赤颈鸫（*Turdus ruficollis*）、金翅雀（*Carduelis sinica*）。

8. 中亚型有大鵟（*Buteo hemilasius*）、草原雕（*Aquila nipalensis*）、金雕（*Aquila chrysaetos*）、石鸡（*Alectoris chukar*）、大石鸡（*Alectoris magna*）、毛腿沙鸡（*Syrrhaptes paradoxus*）、普通翠鸟（*Alcedo atthis*）、蒙古百灵（*Melanocorypha mongolica*）、小沙百灵（*Alaudala rufescens*）、凤头百灵（*Galerida cristata*）、沙䳭（*Oenanthe isabellina*）、穗䳭（*Oenanthe oenanthe*）、兔狲（*Otocolobus manul*）、岩羊（*Pseudois nayaur*）、长爪沙鼠（*Meriones unguiculatus*）、小毛足鼠（*Phodopus roborovskii*）、长尾仓鼠（*Cricetulus longicaudatus*）、灰仓鼠（*Cricetulus migratorius*）、小家鼠（*Mus musculus*）、五趾跳鼠（*Allactaga sibirica*）。

9. 高地型有褐头山雀（*Parus montanus*）。

三、保护物种

1. 国家重点保护动物

根据1988年12月10日国务院颁布的《国家重点保护野生动物名录》，海原县拥有国家重点保护动物19种，其中国家 I 级保护动物1种，国家 II 级保护动物18种。

国家 I 级保护动物，属鸟类金雕 *Aquila chrysaetos*。

国家 II 级保护动物

兽类3种：

兔狲 *Otocolobus manul*（食肉目，猫科）；

黄羊 *Procpra gutturosa*（偶蹄目，鹿科）；

岩羊 *Pseudois nayaur*（偶蹄目，鹿科）。

鸟类有12种：

鸢 *Milvus korschum*（隼形目，鹰科）；

苍鹰 *Accipiter gentilis*（隼形目，鹰科）；

雀鹰 *Accipiter nisus*（隼形目，鹰科）；

松雀鹰 *Accipiter virgatus*（隼形目，鹰科）；

大鵟 *Buteo hemilasius*（隼形目，鹰科）；

草原雕 *Aquila nipalensis*（隼形目，鹰科）；

秃鹫 *Aegypius monachus*（隼形目，鹰科）；

白尾鹞 *Circus cyaneus*（隼形目，鹰科）；

猎隼 *Falco cherrug*（隼形目，隼科）；

燕隼 *Falco subbuteo*（隼形目，隼科）；

红脚隼 *Falco dmurensis*（隼形目，隼科）；

红隼 *Falco tinnunculus*（隼形目，隼科）。

脊椎动物3种：

雕鸮 *Bubo bubo*（鸮形目，鸱鸮科）；

长耳鸮 *Asio otus*（鸮形目，鸱鸮科）；

纵纹腹小鸮 *Athene noctua*（鸮形目，鸱鸮科）。

2. 自治区级保护动物

海原县有19种动物属自治区保护动物，其中，两栖类2种，鸟类13种，兽类4种。

两栖类2种：

花背蟾蜍 *Bufo raddei* Strauch（无尾目，蟾蜍科）；

中国林蛙 *Rana chensinensis*（无尾目，蟾蜍科）。

鸟类13种：

凤头䴙䴘 *Podiceps cristatus*（䴙䴘目，䴙䴘科）；

苍鹭 *Ardea cinerea*（鹳形目，鹭科）；

赤麻鸭 *Tadorna ferruginea*（雁形目，鸭科）；

大石鸡 *Alectoris magna*（鸡形目，雉科）；

鹌鹑 *Coturnix coturnix*（鸡形目，雉科）；

雉鸡 *Phasianus colchicus*（鸡形目，雉科）；

黑水鸡 *Gallinula chloropus*（鹤形目，秧鸡科）；

骨顶鸡 *Fulica atra*（鹤形目，秧鸡科）；

大杜鹃 *Cuculus canorus* Bakeri（鹃形目，杜鹃科）；

黑枕绿啄木鸟 *Picus canus*（䴕形目，啄木鸟科）；

岩燕 *Hirundo rupestris*（雀形科，燕科）；

家燕 *Hirundo rustica*（雀形科，燕科）；

长尾灰伯劳 *Lanius sphenocercus*（雀形科，伯劳科）。

兽类4种：

香鼬 *Mustela altaica*（食肉目，鼬科）；

黄鼬 *Mustela sibirica*（食肉目，鼬科）；

狗獾 *Meles meles*（食肉目，鼬科）；

狍 *Capreolus capreolus* Linnaeus（偶蹄目，鹿科）。

3. 海原县共有14种动物属于"濒危野生动植物种国际贸易公约"，其中鸟类13种，兽类1种。

鸟类13种：

鸢 *Milous korschun*（隼形目，鹰科）；

苍鹰 *Accipiter gentilis*（隼形目，鹰科）；

雀鹰 *Accipiter nisus*（隼形目，鹰科）；

松雀鹰 *Accipiiter virgatus*（隼形目，鹰科）；

大鵟 *Buteo hemilasius*（隼形目，鹰科）；

草原雕 *Aquila nipalensis*（隼形目，鹰科）；

金雕 *Aquila chrysaetos*（隼形目，鹰科）；

秃鹫 *Aegypius monachus*（隼形目，鹰科）；

白尾鹞 *Circus cyaneus*（隼形目，鹰科）；

猎隼 *Falco cherrug*（隼形目，隼科）；

燕隼 *Falco subbuteo*（隼形目，隼科）；

红脚隼 *Falco amurensis*（隼形目，隼科）；

红隼 *Falco tinnunculus*（隼形目，隼科）。

兽类1种：

狼 *Canis lupus*（食肉目，犬科）

4. 海原县有属于《中日保护候鸟及其栖息环境协定》规定的保护鸟类24种。

凤头䴙䴘 *Podiceps cristatus*（䴙䴘目，䴙䴘科）；

赤麻鸭 *Tadorna ferruginea*（雁形目，鸭科）；

针尾鸭 *Anas acuta*（雁形目，鸭科）；

松雀鹰 *Accipiter virgatus*（隼形目，鹰科）；

白尾鹞 *Circus cyaneus*（隼形目，鹰科）；

燕隼 *Falco subbuteo*（隼形目，隼科）；

普通秧鸡 *Rallus aquaticus*（鹤形目，秧鸡科）；

小田鸡 *Porzana pusilla*（鹤形目，秧鸡科）；

黑水鸡 *Gallinula chloropus*（鹤形目，秧鸡科）；

林鹬 *Tringa glareola*（鹤形目，鹬科）；

大杜鹃 *Cuculus canorus* Bokeri（鹃形目，杜鹃科）；

角百灵 *Eremophila alpestris*（雀形目，百灵科）；

灰沙燕 *Riparia riparia*（雀形目，燕科）；

家燕 *Hirundo rustica*（雀形目，燕科）；

黄鹡鸰 *Motacilla flava*（雀形目，鹡鸰科）；

白鹡鸰 *Motacilla alba*（雀形目，鹡鸰科）；

田鹨 *Anthus richardi*（雀形目，鹡鸰科）；

水鹨 *Anthus roseatus*（雀形目，鹡鸰科）；

红尾伯劳 *Lanius cristatus*（雀形目，伯劳科）；

灰伯劳 *Lanius excubitor*（雀形目，伯劳科）；

大苇莺 *Acrocephalue arundinaceus*（雀形目，莺亚科）；

山麻雀 *Passer rutilans*（雀形目，雀科）；

锡嘴雀 *Coccothraustes coccothraustes*（雀形目，雀科）。

田鹀 *Emberiza rustica*（雀形目，雀科）。

5. 海原县有8种鸟类属中澳保护候鸟

金眶鸻 *Charadrius dubius*（鸻形目，鸻科）；

红脚鹬 *Tringa totanus*（鹤鸻形目，鹬科）；

林鹬 *Tringa glareola*（鸻形目，鹬科）；

普通燕鸥 *Sterna hirundo*（鸥形目，鸥科）；

家燕 *Hirundo rustica*（雀形目，燕科）；

黄鹡鸰 *Motacilla flava*（雀形目，鹡鸰科）；

白鹡鸰 *Motacilla alba*（雀形目，鹡鸰科）；

大苇莺 *Acrocephalue arundinaceus*（雀形目，莺科）。

6. 国家保护的有益的或者有重要经济、科学研究价值的陆生野生动物65种。其中两栖类2种，爬行类7种，鸟类56种。

两栖类2种：

花背蟾蜍 *Bufo raddei* Strauch（无尾目，蟾蜍科）；

中国林蛙 *Rana chensinensis*（无尾目，蛙科）。

爬行类7种：

荒漠沙蜥 *Phrynocephalus przewalskii*（有鳞目，鬣蜥科）；

黄纹石龙子 *Eumeces xanthi*（有鳞目，鬣蜥科）；

荒漠麻蜥 *Eremias przewalskii*（有鳞目，蜥蜴科）；

丽斑麻蜥 *Eremias argus*（有鳞目，蜥蜴科）；

白条锦蛇 *Elaphe dione*（有鳞目，游蛇科）；

双斑锦蛇 *Elaphe bimaculata*（有鳞目，游蛇科）；

高原蝮 *Agkistrodon strauchii*（有鳞目，游蛇科）。

鸟类56种：

小䴙䴘 *Tachybaptus ruficollis*（䴙䴘目，䴙䴘科）；

凤头䴙䴘 *Podiceps cristatus*（䴙䴘目，䴙䴘科）；

苍鹭 *Ardea cinerea*（鹳形目，鹭科）；

赤麻鸭 *Tadorna ferruginea*（雁形目，鸭科）；

针尾鸭 *Anas acuta*（雁形目，鸭科）；

石鸡 *Alectoris chukar*（鸡形目，雉科）；

大石鸡 *Alectoris magna*（鸡形目，雉科）；

斑翅山鹑 *Perdix dauuricae*（鸡形目，雉科）；

鹌鹑 *Coturnix japonica*（鸡形目，雉科）；

雉鸡 *Phasianus colchicus*（鸡形目，雉科）；

普通秧鸡 *Rallus aquaticus*（鹳形目，秧鸡科）；

小田鸡 *Porzana pusilla*（鹳形目，秧鸡科）；

黑水鸡 *Gallinula chloropus*（鹳形目，秧鸡科）；

骨顶鸡 *Fulica atra*（鹳形目，秧鸡科）；

灰头麦鸡 *Vanellus cinereus*（鸻形目，鸻科）；

剑鸻 *Charadrius hiaticula*（鸻形目，鸻科）；

金眶鸻 *Charadrius dubius*（鸻形目，鸻科）；

红脚鹬 *Tringa totanus*（鸻形目，鸻科）；

林鹬 *Tringa glareola*（鸻形目，鸻科）；

普通燕鸥 *Sterna hirundo*（鸥形目，鸥科）；

毛腿沙鸡 *Syrrhaptes paradoxus*（鸽形目，沙鸡科）；

岩鸽 *Columba rupestris*（鸽形目，鸠鸽科）；

珠颈斑鸠 *Streptopelia chinensis*（鸽形目，鸠鸽科）；

大杜鹃 *Cuculus canorus* Bokeri（鹃形目，杜鹃科）；

楼燕 *Apus apus*（雨燕目，雨燕科）；

普通翠鸟 *Alcedo atthis*（佛法僧目，翠鸟科）；

戴胜 *Upupa epops*（佛法僧目，戴胜科）；

蒙古百灵 *Melanocorypha mongolica*（雀形目，百灵科）；

小云雀 *Alauda gulgula*（雀形目，百灵科）；

角百灵 *Eremophila alpestris*（雀形目，百灵科）；

岩燕 *Hirundo rupestris*（雀形目，燕科）；

家燕 *Hirundo rustica*（雀形目，燕科）；

山鹡鸰 *Dendronanthus indicus*（雀形目，鹡鸰科）；

黄鹡鸰 *Motacilla flaua*（雀形目，鹡鸰科）；

白鹡鸰 *Motacilla alba*（雀形目，鹡鸰科）；

田鹨 *Anthus ricnarai*（雀形目，鹡鸰科）；

水鹨 *Anthus spinoletta*（雀形目，鹡鸰）；

红尾伯劳 *Lanius cristatus*（雀形目，伯劳科）；

灰伯劳 *Lanius excubitor*（雀形目，伯劳科）；

长尾灰伯劳 *Lanius sphenocercus*（雀形目，伯劳科）；

北椋鸟 *Sturnus sturninus*（雀形目，椋鸟科）；

喜鹊 *Pica pica*（雀形目，鸦科）；

达乌尔寒鸦 *Corvus dauricus*（雀形目，鸦科）；

棕眉山岩鹨 *Prunella montanella*（雀形目，岩鹨科）；

贺兰山红尾鸲 *Phoenicurus alaschanicus*（雀形目，鸫亚科）；

山噪眉 *Garrulax davidi*（雀形目，画眉亚科）；

大苇莺 *Acrocephalue arundinaceus*（雀形目，莺亚科）；

褐柳莺 *Phylloscopus fuscatus*（雀形目，莺亚科）；

暗绿柳莺 *Phylloscopus trochiloides*（雀形目，莺亚科）；

大山雀 *Parus major*（雀形目，山雀科）；

褐头山雀 *Poecile montanus*（雀形目，山雀科）；

树麻雀 *Passer montanus*（雀形目，文鸟科）；

金翅 *Carduelis sinica*（雀形目，雀科）；

灰眉岩鹀 *Emberiza cia*（雀形目，雀科）；

三道眉草鹀 *Emberiza cioides*（雀形目，雀科）；

田鹀 *Embriza rustica*（雀形目，雀科）。

四、动物种类及其分布

1. 两栖爬行纲

海原县栖爬行纲共有2目7科13种。其中两栖纲1目2科3种，属古北界的有花背蟾蜍（*Bufo raddei*）和中国林蛙（*Rana chensinensis*）2种；属东洋界的岷山蟾蜍（*Bufo minshanicus*）1种。常见的是花背蟾蜍，数量较多；岷山蟾蜍较少，它们在溪流、水库、湿地、草原上均有分布；中国林蛙分布在森林草原、山沟溪流等地，数量也较多。爬行纲有1目5科10种，属古北界的有8种，常见的有草原沙蜥（*Phrynocephalus frontalis*）、荒漠沙蜥（*Phrynocephalus praewalskii*）、荒漠麻蜥（*Eremias praewalskii*）、丽斑麻蜥（*Eremias argus*）、白条锦蛇（*Elaphe dione*）、双斑锦蛇（*Elaphe bimaculata*）、高原蝮（*Agkistrodon strauchii*）、虎斑游蛇（*Natrix tigrina*）。

2. 两栖爬行类种的地理分布型

花背蟾蜍 *Bufo raddei* Strauch 东北－华北型；

岷山蟾蜍 *Bufo minshanicus* 季风型；

中国林蛙 *Rana chensinensis* 季风型；

草原沙蜥 *Phrynocephalus frontalis* 草原型；

荒漠沙蜥 *Phrynocephalus przewalskii* 草原型；

黄纹石龙子 *Eumeces xanthi* 季风型；

荒漠麻蜥 *Eremias przewalskii* 草原型；

丽斑麻西 *Eremias argus* 东北－华北型；

黄脊游蛇 *Coluber spinalis* 古北型；

白条锦蛇 *Elaphe dione* 古北型；

双斑锦蛇 *Elaphe bimaculata* 古北型；

虎斑游蛇 *Natrix tigrina* 草原型；

高原蝮 *Gloydius strauchii* 古北型；

3. 鸟类种的地理分布型

小䴙䴘 *Tachybaptus ruficollis* 东洋型；

凤头䴙䴘 *Podiceps cristatu* 古北型；

苍鹭 *Ardea cinerea* 古北型；

赤麻鸭 *Tadorna ferruginea* 古北型；

针尾鸭 *Anas acuta* 全北型；

鸢 *Miluus korschun* 全北型；

苍鹰 *Accipiter gentilis* 全北型；

雀鹰 *Accipiter nisus* 全北型；

松雀鹰 *Accipiter virgatus* 全北型；

大鵟 *Buteo hemilasius* 中亚型；

草原雕 *Aquila nipalensis* 中亚型；

金雕 *Aquila chrysaetos* 中亚型；

秃鹫 *Aegypius monachus* 全北型；

白尾鹞 *Circus cyaneus* 全北型；

猎隼 *Falco cherrug* 全北型；

燕隼 *Falco Subbuteo* 古北型；

红脚隼 *Falco amurensis* 古北型；

红隼 *Falco tinnunculus* 古北型；

石鸡 *Alectoris chukar* 中亚型；

大石鸡 *Alectoris magna* 中亚型；

斑翅山鹑 *Perdix dauuricae* 古北型；

鹌鹑 *Coturnix japonica* 古北型；

雉鸡 *Phasianus colchicus* 古北型；

普通秧鸡 *Rallus indicus* 古北型；

小田鸡 *Porzana pusilla* 古北型；

黑水鸡 *Gallinula chloropus* 古北型；

骨顶鸡 *Fulica atra* 古北型；

灰头麦鸡 *Vanellus cinereus* 古北型；

剑鸻 *Charadrius hiaticula* 古北型；

金眶鸻 *Charadrius dubius* 古北型；

红脚鹬 *Tringa totanus* 古北型；

林鹬 *Tringa glareola* 古北型；

乌脚滨鹬 *Calidris temminckii* 古北型；

普通燕鸥 *Sterna hirundo* 全北型；

毛腿沙鸡 *Syrrhaptes paradoxus* 中亚型；

岩鸽 *Columba rupestris* 古北型；

珠颈斑鸠 *Streptopelia chinensis* 古北型；

大杜鹃 *Cuculus canorus* Bakeri 古北型；

雕鸮 *Bubo bubo* 古北型；

长耳鸮 *Asio otus* 全北型；

纵纹腹小鸮 *Athene noctua* 全北型；

楼燕 *Apus apus* 全北型；

普通翠鸟 *Alcedo atthis* 中亚型；

戴胜 *Upupa epops* 全北型；

黑枕绿啄木鸟 *Picus canus* 古北型；

蒙古百灵 *Melanocorypha mongolica* 中亚型；

小沙百灵 *Alaudala rufescens* 中亚型；

凤头百灵 *Galerida cristata* 中亚型；

小云雀 *Alauda gulgula* 全北型；

角百灵 *Eremophila alpestris* 古北型；

灰沙燕 *Riparia riparia* 全北型；

岩燕 *Hirundo rupestris* 全北型；

家燕 *Hirundo rustica* 全北型；

山鹡鸰 *Dendronanthus indicus* 古北型；

黄鹡鸰 *Motacilla flaua* 古北型；

白鹡鸰 *Motacilla alba* 古北型；

田鹨 *Anthus novaeseelandiae* 全北型；

水鹨 *Anthus spinoletta* 全北型；

红尾伯劳 *Lanius cristatus* 古北型；

灰伯劳 *Lanius excubitor* 古北型；

长尾灰伯劳 *Lanius sphenocercus* 古北型；

北椋鸟 *Sturnus sturninus* 全北型；

喜鹊 *Pica pica* 全北型；

红嘴山鸦 *Pyrrhocorax pyrrhocorax* 全北型；

达乌尔寒鸦 *Corvus dauricus* 全北型；

大嘴乌鸦 *Coruus macrorhynchus* 季风型；

小嘴乌鸦 *Coruus corone* 季风型；

棕眉山岩鹨 *Prunella montanella* 全北型；

红点颏 *Calliope calliope* 全北型；

贺兰山红尾鸲 *Phoenicurus alaschanicus* 全北型；

赭红尾鸲 *Phoenicurus ochruros* 全北型；

红尾水鸲 *Rhyacornis fuliginosus* 全北型；

沙䳭 *Oenanthe isabellina* 中亚型；

穗䳭 *Oenanthe oenanthe* 中亚型；

灰头鸫 *Turdus rubrocanus* 东北型；

赤颈鸫 *Turdus ruficollis* 东北型；

山噪眉 *Garrulax davidi* 全北型；

大苇莺 *Acrocephalue arundinaceus* 全北型；

褐柳莺 *Phylloscopus fuscatus* 全北型；

暗绿柳莺 *Phylloscopus trochiloides* 全北型；

红喉姬鹟 *Ficedula parva* 全北型；

大山雀 *Parus major* 古北型；

褐头山雀 *Poecile montanus* 高地型；

树麻雀 *Passer montanus* 古北型；

山麻雀 *Passer rutilans* 古北型；

金翅 *Carduelis sinica* 东北型；

锡嘴雀 *Coccothraustes coccothraustes* 全北型；

灰眉岩鹀 *Emberiza cia* 全北型；

三道眉草鹀 *Emberiza cioides* 全北型；

田鹀 *Embriza rustica* 全北型。

海原县共有鸟类90种，分布型有东洋型、古北型、全北型、东北型、中亚型、季风型和高地型7个。以全北型为最多，有37种，占鸟类种数的41.11%；其次是古北型，有35种，占鸟类种数的38.88%；中亚型12种，占13.33%；东北型3种，占3.33%；季风型2种，占2.22%；东洋型和高地型各1种，各占1.11%。

4. 兽类

经调查及历史资料记载整理，海原县共有兽类6目13科28种。在兽类中以啮齿目为最多，有3科13种，分别占兽类科的23.69%、种的46.43%；食肉目次之，有3科7种，占兽类科的20.08%和种的25%；偶蹄目和兔形目较多，偶蹄目2科3种，占保护兽类科的15.38%和种的10.71%，兔形目2科2种，占兽类科的15.38%和种的7.14%；翼手目最少，有1科1种，占兽类科的7.69%和种的3.57%。

达乌尔猬 *Mesechinus dauricus* 古北型；

麝鼠 *Ondatra zibethicus* 古北型；

大棕辐 *Eptesicus seroticus* 草原型；

狼 *Canis lupus* 全北型；

赤狐 *Vulpes vulpes* 古北型；

香鼬 *Mustela altaica* 古北型；

黄鼬 *Mustela sibirica* 古北型；

虎鼬 *Vormela peregusn* 古北型；

狗獾 *Meles meles* 中亚型；

兔狲 *Otocolobus manul* 中亚型；

狍 *Capreolus capreolus* Linnaeus 草原型；

黄羊 *Procapra przewalskii* 草原型；

岩羊 *Pseudois nayaur* 中亚型；

岩松鼠 *Sciurotamias davidianus* 全北型；

花鼠 *Tamias sibiricus* 全北型；

达乌尔黄鼠 *Citellus dauricus* 全北型；

甘肃鼢鼠 *Myospalax cansus* Lyon，1907草原型；

长爪沙鼠 *Meriones unguiculatus* 草原型；

小毛足鼠 *Phodopus roborovskii* 中亚型；

黑线仓鼠 *Cricetulus barabensis* 东北－华北型；

长尾仓鼠 *Cricetulus longicaudatus* 中亚型；

灰仓鼠 *Cricetulus migratorius* 中亚型；

大林姬鼠 *Apodemus peninsulae* 古北型；

褐家鼠 *Rattus norvegicu* 古北型；

小家鼠 *Mus musculus* 中亚型；

五趾跳鼠 *Orientallactaga sibirica* 中亚型；

达乌尔鼠兔 *Ochotona daurica* 草原型；

蒙古兔 *Lepus tolai* 古北型。

五、海原县野生动物生境类型及分布

海原县处于过渡地带，地质、地貌、植被类型相对复杂。在这个不同的生态环境中，栖息着不同的野生动物。经考察，划分为3个生境类型，即森林生境，灌丛、草原生境，居民区农田生境。

六、海原县的雉鸡与蒙古兔

随着国家许多林业工程的实施，特别是退耕还林工程、天然林保护工程的实施，海原县生态环境明显好转，许多野生动物种群数量不断增多，如雉鸡、石鸡、蒙古兔等，好景不长，伴随疯狂的各种猎杀全面展开，有电杀、枪杀、药杀、网捕、狗捕等等，各种捕杀随处可见，许多自然村出现一年四季的专业猎手，捕杀数量让人触目惊心。截至目前雉鸡、石鸡、蒙古兔等种群数量又急剧下降，特别是蒙古兔。给缓慢改善的生态又蒙上了阴影。

雉鸡（*phasianus colchicus*），又名野鸡，体形较家鸡略小，但尾巴却长。雄鸟羽色华丽，雌鸟的羽色暗淡，大多为褐色，尾羽也较短。栖息于低山丘陵、农田、地边、草地以及林缘灌丛和公路两边的灌丛与草地中，杂食性。所吃食物随地区和季节而不同。雉鸡脚强健，善于奔跑，特别是在灌丛中奔走极快，也

图3-2　雉鸡

善于藏匿。见人后一般在地上疾速奔跑，很快进入附近丛林或灌丛，有时奔跑一阵还停下来，边飞边发出"咯咯咯"的叫声。被列入中国国家林业局2000年8月1日发布的《国家保护的有益的或者有重要经济、科学研究价值的陆生野生动物名录》。列入《世界自然保护联盟》（IUCN）2012年濒危物种红色名录 ver3.1—低危（LC）。

图3-3 蒙古兔

蒙古兔（*Lepus tolai tolai*）又名野兔，体型较大，尾较长，为国内野兔最长的种类，其尾背中央有一条长而宽的大黑斑，其边缘及尾腹面毛色纯白，直到尾基。蒙古兔主要栖息于平原、荒草地、山坡灌丛、农田和苗圃等处。被列入《世界自然保护联盟》（IUCN）ver 3.1：2008年哺乳纲兔科红色名录——低危（LC）。

第二节　森林昆虫

经1988—1990年和2014—2016年两次系统普查已发现海原县各类昆虫15目64科194种。其中有害生物5目50科122种；非有害生物10目24科71种，包括天敌昆虫4目8科27种；资源昆虫3目5科6种，其他昆虫3目11科38种。

一、有害昆虫名录

（一）直翅目 Orthoptera

1. 螽斯科 Tettigoniidae

（1）暗褐蝈螽 *Gampsocleis sedakovii obscura*（Walker，1869）

2. 蝼蛄科 Gryllotalpidae

（2）东方蝼蛄 *Gryllotalpa orientalis* Barmeister（Palisot de Beauvois，1805）

3. 蚱科 Tetrigidae

（3）日本蚱 *Tetrix japonica*（Bolivar，1887）

（二）半翅目 Hemiptera

4. 大蚜科 Lachnidae

（4）柳瘤大蚜 *Tuberolachnus salignus*（Gmelin，1790）

5. 蚜科 Aphididae

（5）榆绵蚜 *Eriosoma lanuginosum dilanuginosum*（Zhang，1980）

（6）桃蚜 *Myzus persicae*（Sulzer，1776）

（7）桃瘤蚜 *Tuberocephalus momonis*（Matsumura）

（8）落叶松球蚜 *Adelges laricis* Vall

6. 毛蚜科 Chaitophoridae

（9）白毛蚜 *Chaitophorus populialbae*（Boyer de Fonscdombe，1841）

7. 瘿绵蚜科 Pempigidae

（10）榆四脉瘿绵蚜 *Tetraneura ulmi*（Linnaeus，1758）

（11）杨柄叶瘿绵蚜 *Pemphigus matsumurai* Monzen 宁夏新记录种

（12）杨枝瘿绵蚜 *Pemphigus immunis* Buckton 宁夏新记录种

8. 蜡蚧科 Coccidae

（13）朝鲜球坚蜡蚧 *Didesmococcus koreanus* Borchsenius，1955

9. 木虱科 Psyllidae

（14）槐豆木虱 *Cyamophila willieti*（Wu，1932）

（15）沙枣木虱 *Trioza magnisetosa* Log，1964

10. 角蝉科 Membracidae

（16）黑圆角蝉 *Gargara genistae*（Fabricius，1775）

11. 象蜡蝉科 Dictyopharidae

（17）伯瑞象蜡蝉 *Dictyophara patraelis*（Stal，1859）

12. 叶蝉科 Cicadellidae

（18）大青叶蝉 *Cicadella viridis*（Linnaeus，1758）

（19）褐盾短头叶蝉 *Bythoscopus dorsalis*（Matsumura）

（20）烟翅小绿叶蝉 *Empoasca limbifera*（Matsumura，1931）

13. 蝽科 Pentatomidae

（21）日本真蝽 *Pentatoma japonica* Distant

（22）北曼蝽 *Menida scotti*（Puton，1886）

（23）宽碧蝽 *Palomena viridissima*（Poda，1761）

（24）红足真蝽 *Pentatoma rufipes*（Linnaeus，1758）

（25）紫翅果蝽 *Carpocoris purpureipennis*（De Geer，1773）

（26）褐真蝽 *Pentatoma armandi* Fallou，1881

（27）西北麦蝽 *Aelia sibirica* Reuter，1884

14. 姬缘蝽科 Rhopalidae

（28）离缘蝽 *Adelphocoris melanocephalus* Reuter，1903

15. 缘蝽科 Coreidae

（29）棕环缘蝽 *Stictopleurus crassicornis*（Linnaeus，1758）

（30）欧环缘蝽 *Stictopleurus punctatonervosus*（Goeze， 1778）

（31）细角迷缘蝽 *Myrmus glabellus* Horv á th，1901

（32）点蜂缘蝽 *Riptortus pedestris* Fabricius

16. 同蝽科 Acanthosomatidae

（33）泛刺同蝽 *Acanthosoma spinicolle* Jakovlev，1880

（34）宽肩直同蝽 *Elasmostethus humeralis* Jakovlev，1883

17. 长蝽科 Lygaeidae

（35）桃红长蝽 *Lygaeus murinus*（Kiritschenko，1914）

（36）白边大眼长蝽 *Geocoris grylloides*（L.）

18. 盲蝽科 Miridae

（37）苜蓿盲蝽 *Adelphocoris lineolatus*（Goeze，1778）

（38）三点苜蓿盲蝽 *Adelphocoris fasciaticollis* Reuter，1903

（39）绿盲蝽 *Apolygus lucor* μ m（Meyer−D ü r.）

（40）诺植盲蝽 *Phytocoris nowickyi* Fieber，1870

（41）雷氏草盲蝽 *Lygus renati* Schwartz et Foottit，1998

（42）牧草盲蝽 *Lygus pratensis*（Linnaeus，1758）

19. 土蝽科 Cydnidae

（43）白边光土蝽 *Sehirus niviemarginatus* Scott

20. 盾蝽科 Scutelleridae

（44）黑皱盾蝽 *Phimodera laevilinea* Stal，1873

21. 异蝽科 Urostylidae

（45）黄壮异蝽 *Urochela flavoannulata*（Stal，1854）

（三）鞘翅目 Coleoptera

22. 花金龟科 Cetoniidae

（46）白星花金龟 *Potosia brevitarsis*（Lewis，1879）

23. 鳃金龟科 Melolonthidae

（47）云斑鳃金龟 *Polyphylla laticollis* Lewias，1895

（48）福婆鳃金龟 *Brahmina faldermanni* Kraatz，1892

（49）介婆鳃金龟 *Brahmina intermedia*（Mannerheim，1849）

（50）斑单爪鳃金龟 *Hoplia aureola*（Pallas，1781）

24. 隐头叶甲科 Cryptocephalidae

（51）绿蓝隐头叶甲 *Cryptocephalus regalis cyanescens* Weise

25. 肖叶甲科 Eumolpidae

（52）杨梢肖叶甲 *Parnops glasunowi* Jacobson，1894

26. 叶甲科 Chrysomelidae

（53）柳十八斑叶甲 *Chrysomela salicithroax*（Fairmaire，1888）

（54）柳蓝叶甲 *Plagiodera versicolora*（Laicharting，1781）

（55）毛胸钳叶甲 *Labidosiomis pallidipennis*（Gebler，1830）

（56）阔胫萤叶甲 *Pallasiola absinthii*（Pallas，1773）

27. 叩甲科 Elateridae

（57）宽背金叩甲 *Selatosomus latus*（Fabricius，1801）

（58）黑色锥胸叩甲 *Ampedus nigrinus*（Herbst，1784）

28. 天牛科 Cerambycidae

（59）大牙锯天牛 *Dorysthenes paradoxus* Faldermann，1833

（60）黄带蓝天牛 *Polyzonus fanciatus*（Faimaire，1781）

29. 象甲科 Curculionidae

（61）西伯利亚绿象 *Chlorophanus sibiricus* Gyllenhyl，1834

（62）红背绿象甲 *Chlorophanus solaria* Zumpt

（63）金绿尖筒象 *Myllocerus scitus* Voss，1942

（64）甜菜毛足象 *Phacephorus umbratus* Faldermann，1835

（65）蒙古土象 *Xylinophorus mongolicus* Faust，1881

（66）亥象 *Heydenia crassicornis* Tournier，1874

（67）沟眶象 *Eucryptorrhynchus scrobiculatus*（Motschulsky，1790）

（68）云杉叶象 *Phyllobius* sp.

30. 卷象科 Attelabidae

（69）梨卷叶象 *Byctiscus betulae*（Linnaeus，1758）

31. 芫菁科 Meloidae

（70）西伯利亚豆芫菁 *Epicauta sibirica* Pallas，1773

（71）绿芫菁 *Lytta caraganae* Pallas，1781

（72）大头豆芫菁 *Epicauta megalocephala*（Gebler，1817）

（73）西北斑芫菁 *Mylabris sibirica* Fischer von Waldheim，1823

（74）圆点斑芫菁 *Lamium maculatum*

32. 拟天牛科 Oedemeridae

（75）青蓝翅拟天牛 *Ditylus laevis*（Fabricius）

33. 拟步甲科 Tenebrionidae

（76）条纹琵甲 *Blaps potanini* Reitter，1889

（77）波氏栉甲 *Cteniopinus potanini* Heyd，1889

（78）红翅伪叶甲 *Lagria rufipennis* Marseul，1876

34. 跳甲科 Alticidae

（79）蓟跳甲 *Altica sirsicola* Ohno

35. 吉丁甲科 Buprestidae

（80）绿窄吉丁甲 *Agrilus viridis*（Linnaeus，1758）

36. 皮蠹科 Dermestidae

（81）白腹皮蠹 *Dermestes maculatus* Degeer

（四）鳞翅目 Lepidoptera

37. 眼蝶科 Satyridae

（82）白眼蝶 *Melanargia halimede*

（83）蛇眼蝶 *Minois dryas*（Scopoli，1763）

（84）牧女珍眼蝶 *Coenonysmpha amaryllis*

38. 粉蝶科 Pieridae

（85）暗色绢粉蝶 *Aporia bieti* Oberth ü r，1884

（86）斑缘豆粉蝶 *Colias erate*（Esper，1808）

（87）橙黄豆粉蝶 *Colias fieldi* Ménétriēs, 1855

（88）钩粉蝶 *Gonepteryx rhamni*（Linnaeus，1758）

（89）绢粉蝶 *Aporia crataegi*（Linnaeus，1758）

39. 蛱蝶科 Nymphalidae

（90）绿豹蛱蝶 *Argynnis paphia*（Linnaeus，1758）

（91）伊诺小豹蛱蝶 *Brenthis ino*（Rottemburg）

（92）小红蛱蝶 *Vanessa cardui*（Linnaeus，1758）

40. 灰蝶科 Lycaenidae

（93）婀灰蝶 *Albulina orbitula*

41. 卷蛾科 Tortricidae

（94）杨卷叶麦蛾 *Anacampsis populella*（Glerck）

42. 蛀果蛾科 Carposinidae

（95）桃小食心虫 *Carposina sasakii* Matsumura

43. 草螟科 Crambidae

（96）柠条坚荚斑螟 *Asclerobia sinensis*（Caradja）

44. 木蠹蛾科 Cossidae

（97）芳香木蠹蛾 *Cossus cossus*（Linnaeus，1758）

45. 天蛾科 Sphingidae

（98）沙枣白眉天蛾 *Celerio hippophaes*（Esper，1789）

（99）八字白眉天蛾 *Celerio lineata livornica*（Esper，1779）

（100）枣桃六点天蛾 *Marumba gaschkewitschi gaschkewitschi*（Bremer et Grey，1852）

（101）榆绿天蛾 *Callambulyx tatarinovi*（Bremer et Grey，1853）

46. 天蚕蛾科 Saturniidae

（102）合目天蛾 *Smeritus kindermanni* Leaerer，1880

47. 舟蛾科 Notodontidae

（103）杨剑舟蛾 *Pheosia rimosa* Packard，1864

48. 尺蛾科 Geometridae

（104）桦尺蛾 *Biston betularia*（Linnaeus，1758）

（105）春尺蠖 *Apocheima cinerarius* Ershoff，1874

（106）苹果似度尺蛾 *Phthonosema tendinosaria* Bremer 宁夏新纪录种

49. 夜蛾科 Noctuidae

（107）珀光裳夜蛾 *Ephesia helena*

（108）鹿裳夜蛾 *Catocala proxencta*

（109）柳裳夜蛾 *Catocala electa* Borkhauson

（110）苹刺裳夜蛾 *Mormonia bella*

（111）裳夜蛾 *Catocala nupta*（Linnaeus, 1767）

（112）庸肖毛翅夜蛾 *Thyas juno*（Dalman, 1823）宁夏新纪录种

（113）小地老虎 *Agrotis ipsilon*（Hüfnagel, 1776）

（114）皱地夜蛾 *Agrotis clavis*（Hufnagel, 1766）

（115）灰夜蛾 *Polia nebulosa*

（116）油松毛虫 *Dendrolimus tabulaeformis*（Tsai et Liu, 1962）

（117）黏虫 *Mythimna saparata*（Walker, 1865）

（118）三角鲁夜蛾 *Xestia triangulum*（Hüfnagel, 1766）

（119）大三角鲁夜蛾 *Xestia kollari*（Lederer, 1853）

（120）消鲁夜蛾 *Xestia tabida*（Butler, 1878）

（121）黄地老虎 *Agrotis segetum*（Denis et Schiffermüller, 1775）

（五）膜翅目 Hymenoptera

50. 叶蜂科 Tenthredinidae

（122）落叶松叶蜂 *Pristiphora erichsongnii*（Harting）

二、非有害昆虫名录

（一）天敌昆虫

1. 鞘翅目 Coleoptera

（1）虎甲科 Cicindelidae

①星斑虎甲 *Cicindela kaleea* Bates, 1866

（2）瓢虫科 Coccinellidae

②异色瓢虫 *Harmonia acyridis*（Pallas, 1773）

③华日瓢虫 *Coccubella ainu* Lewis, 1896

④七星瓢虫 *Coccinella septempunctata* Linnaeus, 1758

⑤横斑瓢虫 *Coccinella transversoguttata* Faldermann, 1835

⑥横带瓢虫 *Coccinella trifasciata* Linnaeus，1835

⑦多异瓢虫 *Hippodamia variegate*（Goeze，1777）

（3）步甲科 Carabidae

⑧赤胸长步甲 *Dolichus halensis*（Schaller，1783）

⑨麻步甲 *Carabus brandti* Faldermann，1835

⑩直角娄步甲 *Pterostichus gebleri*（Dejean，1831）

⑪考氏肉步甲 *Broscus kozlovi* Kryzhanovskij，1995

⑫瓦纹链步甲 *Carabus conciliator Fischer von* Waldcheim

⑬短翅伪葬步甲 *Pseudotaphoxenus brevipennis* Semonov，1889

⑭蒙古伪葬步甲 *Pseudotaphoxenus mongolicus*（Jedlicka，1953）

⑮黄鞘娄步甲 *Harpalus pallidipennis* Morawitz，1862

2. 双翅目 Diptera

（4）食蚜蝇科 Syrphidae

⑯长尾管蚜蝇 *Eristalis tenax*（Linnaeus，1758）

⑰黑带蚜蝇 *Episyrphus balteatus*（De Geer，1776）

⑱月斑鼓额蚜蝇 *Scaeva selenitica*（Linnaeus，1758）

⑲八斑长角蚜蝇 *Chrysotoxum octomaculata* Cutris，1837

⑳暗颊美蓝蚜蝇 *Melangyna lasiophthalma*（Zetterstedt，1843）

㉑羽芒宽盾蚜蝇 *Phytomia zonata*（Fabricius）

3. 半翅目 Hemiptera

（5）猎蝽科 Reduviidae

㉒大土猎蝽 *Coranus magnus*（Matsumura）

㉓蠋蝽 *Arma chinensis*（Fallou，1794）

（6）瘤蝽科 Phymatidae

㉔中国螳瘤蝽 *Cnizocoris sinensis* Kormilev，1968

（7）姬蝽科 Nabidae

㉕泛希姬蝽 *Himacerus apterus*（Fabricius，1798）

㉖淡色姬蝽 *Nabis palifer*（Seidenstucker，1954）

4. 脉翅目 Neuoptera

（8）蚁蛉科 Myrmeleontidae

㉗中华东蚁蛉 *Eurolcon sinicus*（Navds，1930）

（二）资源昆虫

5. 蜚蠊目 Blattaria

（9）地鳖科 Polyphagidae

㉘中华真地鳖 *Eupolyphaga sinensis* Walk.，1868

6. 膜翅目 Hymenoptera

（10）蜜蜂科 Apidae

㉙中华蜜蜂 *Apis cerana* Fabricius，1793

㉚红毛熊蜂 *Bombus sparadicus* Nylander

7. 鞘翅目 Coleoptera

（11）粪金龟科 Geodtrupidae

㉛粪金龟 *Geotrupes* sp.

（12）皮金龟科 Trogidae

㉜祖氏皮金龟 *Trox zoufali* Balthasar，1931

（13）埋葬甲科 Silphidae

㉝亚洲尸葬甲 *Necrodes asiaticus*

（三）其他昆虫

1. 直翅目 Orthoptera

（14）槌角蝗科 Gomphoceridae

㉞宽须蚁蝗 *Myrmeleotettix palpalis*（Zubovski，1900）

（15）斑腿蝗科 Catantopidae

㉟短星翅蝗 *Calliptamus abbreviatus* lkonnikov，1913

（16）斑翅蝗科 Oedipodidae

㊱亚洲小车蝗 *Oedaleus decorus asiaticus*（Bey−Bienko）

㊲红翅皱膝蝗 *Angaracris rhodopa*（Fischer−Walheim，1836）

㊳黄胫小车蝗 *Oedaleus infernalis* Saussure，1884

㊴黄胫异痂蝗 *Bryodemella holdereri holdereri*（Karuss，1901）

（17）网翅蝗科 Arcypteridae

㊵白纹雏蝗 *Glyptobothrus albonemus* Cheng et Tu，1964

㊶异色雏蝗 *Glyptobothrus biguttulus*（Linnaeus，1758）

（18）剑角蝗科 Acrididae

㊷中华剑角蝗 *Acrida cinerea*（Thunberg，1815）

2. 鳞翅目 Lepidoptera

（19）眼蝶科 Satyridae

㊸仁眼蝶 *Hipparchia autonoe*（Esper，1784）

㊹寿眼蝶 *Pseudochazara hippolyte*（Esper，1784）

㊺阿芬眼蝶 *Aphantopus hyperanthus*（Linnaeus）

㊻玄裳眼蝶 *Satyrus ferula* Fabricius 宁夏新记录种

（20）粉蝶科 Pieridae

㊼菜粉蝶 *Pieris rapae* Linnaeus，1758

（21）蛱蝶科 Nymphalidae

㊽大网蛱蝶 *Melitaea scotosia* Butler

㊾灿福蛱蝶 *Fabriciana adippe* Linnaeus，1758

㊿卵珍蛱蝶 *Clossiana euphrosyne* Linnaeus

(51)网密蛱蝶中朝亚种 *Mellicta dictynna erycina* Lederss

(52)云豹蛱蝶 *Nephargynnis anadyomene*（C. & R. Felder）

（22）灰蝶科 Lycaenidae

(53)伊眼灰蝶 *Polyommatus icarus*（Rottemburg，1775）

(54)中银灰蝶内蒙亚种 *Glaucopsyche semiangus peiktusani* Subsp 宁夏新记录种

（23）夜蛾科 Noctuidae

(55)霉裙剑夜蛾 *Polyphaenis oberthuri* Staudinger

(56)钩白肾夜蛾 *Edessena hamada Felder* et Felder

(57)克袭夜蛾 *Sidemia spilogramma*（Rambur，1871）

(58)麦奂夜蛾 *Amphipoea fucosa*（Freyer，1830）

(59)平影夜蛾 *Lygephila lubrica*（Freyer，1846）

(60)绒粘夜蛾 *Leucania velutina*（Eversmann，1846）

(61)清隘夜蛾 *Autophila cataphanes*（H ü bner，[1813]）

(62)碧金翅夜蛾 *Diachrysia nadeja*（Oberth ü r，1880）

(63)壶夜蛾 *Calyptra bicolor* Moore

(64)塞妃夜蛾 *Drasteria catocalis*（Staudinger，1882）

⑥白线缓夜蛾 *Eremobia decipiens*（Alph é raky，1895）

⑥旋岐夜蛾 *Discestra trifolii*（H ü fnagel，1766）

⑥缪狼夜蛾 *Ocnropleura musiva*（H ü bner，1803）

⑥黄条冬夜蛾 *Cucullia biornata Fishche de* Waldheim，1840

⑥灰褐狼夜蛾 *Ochropleura ignara*（Staudinger，1896）

⑦窄干纹夜蛾 *Staurophora tenuis*（Warren，1910）

⑦冬麦异夜蛾 *Protexarnis confinis*（Staudinger，1881）

3. 双翅目 Diptera

（24）虻科 Tabanidae

⑦牧村虻 *Tabnus makimyra*

三、近年林业为害严重有害生物

近年，有6种有害生物在海原县危害严重。南华山发现云杉叶象 *Phyllobius* sp. 和落叶松叶蜂 *Pristiphora erichsonii* Hartig。云杉叶象发生面积4 500亩，危害严重；落叶松叶蜂发生面积7 000亩。另外落叶松球蚜在拐洼林场落叶松上发现，发生面积不大。沙枣木虱在牌路山林场、水冲寺林场的沙枣树上发生，危害较重。沟眶象在全县绿化行道树椿树上发生，危害严重。芳香木蠹蛾在月亮山林场采集到。

表3-1 海原县全国林业危险性有害生物

全国林业危险性有害生物		
序号	中文名称	拉丁学名
1	云杉叶象	*Phyllobius* sp.
2	落叶松叶蜂	*Pistiphora erichsonii* Hartig
3	落叶松球蚜	*Adelges laricis* Vall.
4	沙枣木虱	*Trioza magnisetosa* Loginova，1964
5	沟眶象	*Eucryptorrhynchus scrobiculatus*（Motschulsky，1790）
6	芳香木蠹蛾	*Cossus cossus* Linnaeus

第三节　森林植物

一、概述

海原县共有维管植物64科218属429种（包括亚种和变种），其中蕨类植物2科2属4种，生于向阳山坡的杂草草甸中和山谷林下；裸子植物3科7属8种均为栽培种或人工造林树种，被子植物59科209属417种（包括亚种和变种）。

属于国家重点保护植物4种，蒙古扁桃（*Prunus mongolica* Maxim），短芒披碱草（*Elymus breviaristatus*（Keng）Keng f.），发菜（*Nostoc flagelliforme* Bom.et Flah），华北驼绒藜（*Ceratoidis arborescens*（Losindk.）*Tsien* et C. G.Ma）。有原生境植物3种，短芒披碱草，麦宾草（*Elymus tangutorum*（Nevski）Hand.–Mazz），披碱草（*Elymus dahuricus* Turcz.）。

重要药用植物75种，其中比较名贵的有党参（*Codonopsis pilosula*（Franch）Nannf.），枸杞（*Lycium chinense* Mill.），二色补血草（*Limonium bicolor*（Bunge.）Kuntze），夏至草（*Lagopsis supine*（staph.）lkonn.–GaI. ex Knorr），秦艽（*Gentiana macrophylla* PaII.）等。

图3-4　短芒披碱草

油料植物14种，如荠（*Capsella bursa–pastoris*（L.）Medic），西伯利亚杏（*Prunus sibirica* L.），苍耳（*Xanthium sibiricam Patrin* ex Widder）等。

淀粉植物4种，最著名的有蕨（*Pteridium aquilinum* var. *latiusculum*（Desv.）Underw. et HeIIer）。

纤维植物有5种如黄瑞香（*Daphne giraldii* Nitseche），宿根亚麻（*Linum Perenne* L.）等。

饲料植物24种如老芒麦（*Elymus sibiricus* Linn.），无芒雀麦（*Bromus inermis* Leyss.），细叶早熟禾（*Poa angustifolia* L.）等。

蜜源植物3种，芳香植物9种，果生植物10种，橡胶及染料植物6种，有毒植物6种。

海原县地处六盘山的外延水源涵养林区，共6个植被类型，21个群系、25个群丛；阔叶林以白桦林（Form.*Betula Platyphylla*）为主有两个群丛；白桦－峨眉绣线菊－黄花蒿群丛（Ass. *Betula Platyphylla-Rosa omeiensis-Artemisia annua*）和白桦 – 虎榛子 – 乳白香青群丛（Ass. *Betula Platyphylla-Ostryopsis daviana-Anaphalis Lactea*）。

落叶灌丛有虎榛子灌丛（Form. *Ostryopsis davidiana*）、华北丁香灌丛（Form. *Syringe oblata*）、沙棘灌丛（Form. *Hippophae rhamnoides*）、银露梅灌丛（Form. *Dasiphora mandshurica*）、峨眉蔷薇灌丛（Form. *Rosa omeiensis*）、蒙古扁桃灌丛（Form *Prunus mongolica*）、蒙古荕 – 绣线菊灌丛（Form. *Spiraca mongolics*）、灰栒子灌丛（Form. *Cotoneaster acutifolium*）、杂灌木灌丛、黄瑞香 – 高山绣线菊灌丛（Form. *Daphnre giraldii-Spiraea alpina*）。

干草原有大针茅草原（Form. *Stipa grandis*）、白羊草原（Form. *Bothrichloa lschaemam*）、菱蒿草原（*Artemisia giraldii Pamp partum*）、菱蒿铁杆蒿草原（*Artemisia giraldii Pamp-Arteemisia stechmanniana Besser pratum*）、荒漠草原分猫头刺草原（Form. *Qxytropis aciphylla*）和刺旋花草原（Form. *Convlvalus Bortschakovii*），草原草甸分为短叶羊茅、星毛委陵菜、中生杂类草草甸，黄花棘豆、杂类草草甸，石生蓼、杂类草草甸和蕨、杂类草草甸。

二、森林植物

海原县的森林植被，根据地形、地貌、土壤和气候等自然因素从东北向西南可分三个垂直带，即：北部干旱风沙黄土丘陵林地带——荒漠旱生植被，中部半干旱残塬林地带——半荒漠杂草植被，南部半阴湿温凉山地林地带——冷凉蕨、蒿植被。

1. 各垂直带的森林代表植物

（1）荒漠旱生植被　荒漠旱生植被带主要在海原县的北部：李旺、罗川、关桥、兴隆、兴仁、蒿川、徐套、高崖（后五乡已划转）等乡。主要植物有禾本科、菊科、藜科、豆科等代表植物。

禾本科（Gramineae）：冰草［*Agropyron cristatum*（L.）Gaertn.（Gramineae）.］、白羊草（*Bathriochloa ischaemum*（L.）Keng、拟金草（*Hedyotis consanguinea* Hance）、白草（*Pennisetum centrasiaticum* Tzvel.）、狗尾草（*Setaria viridis*（L.）Beauv.）、醉马草（*Achnatherum inebrians*（Hance）Keng）、芨芨草［（*Achnatherum splendens*（Trin.）Nrvski］、穗三毛（*Trisetum spicatum*（L.）Richt.var.*spicatum*）、长白山鹅冠草（*Roegneria nakaii* Kitag.Rep.Jnst.Sci.Res.Manch.）、碱朝鲜茅（*Puccinellia ParI kuIundensis* Serg）。

藜科（Chenopodiaceae）：华北驼绒藜［*Ceratoides arborescens*（Losinsk.）Tsien et C. G. Ma］、藜（*Chenopodium serotinum* L.）、碱蓬（*Suaeda glauca* Bunge）、灰绿藜（*Chenopodium glaucun* L.）、藜（*Chenopodium album* L.）、盐地碱蓬（*Suaeda salsa*（L.）Pall.）、小白藜（*Chenopodium iljinii* Golosk.）。

菊科（Compositae）：蒲公英（*Taraxacum mongolicum* Hand.-Mazz.）；阿尔泰狗娃花（*Heteropappus altaicus*（Willd.）Novopokr.）、紫苞风毛菊（*Saussurea purpurascens* Hance in Journ

图3-5　华北驼绒藜

Bot）、飞廉（*Carduus nutans* L.）、乳白香青（*Anaphalis lactea* Maxim.）、冷蒿（*Artemisia frigida* Willd.）、苍耳（*Xanthium sibiricum* Patrin ex Widder）。

豆科（Lequminosae）：草木犀［*Melilotus officinalis*（L.）Pall.］、山野豌豆（*Vicia amoena* Fisch.ex DC.）、荒漠锦鸡儿（*Caragana roborovskyi* Kom.）、红花岩黄芪（*Hedysarum multijugum* Maxim.）、达乌里胡枝子［*Lespedeza darvurca* auct.non（Laxm.）Schindl.］。

蔷薇科（Rosaceae）：蒙古扁桃（*Prunus mongolica* Maxim）、蒙古绣线菊（*Spiraea mongolica* Maxim.）、灰栒子（*Cotoneaster aculifolius* Turcz.）、峨眉蔷薇（*Rosa omeiensis* Rolfe）、花叶海棠［*Malus transitoria*（Batal.，Schneid.）］、金露梅（*Potentilla fruticosa* L.）、二裂委陵菜（*Potentilla bifurca* Linn.）。

（2）半荒漠杂草植被　海原县城关、树台、西安、贾塘、郑旗、史店等乡都属中部半干旱残源林地带，在这个带区内森林植被类、群落、盖度都比荒漠旱生植被有较大差异，植被群落组成比较丰富。分布海拔高度较低。处于中温带，气候从半干旱到半湿润。为中生草本植物的繁茂生长创造了条件，所以组成的群落种类很多，草层生长较茂密，盖度一般在40%以上。群落以蒿为建群外，伴生种类较多，其中主要常见的有黄花棘豆（*Oxytropis ochrocephala* Bunge）、淡味獐牙菜（*Swertia diluat*（Turcz）Benth et Hook. f.）、卷耳（*Cerastivm arvense* L.）、泽兰（*Eupetorium Japonicum* Thunb.）、苍耳（*Xanthium sibiricum* Patrin ex Widder）、大籽蒿（*Artemisia sieversiana* Ehrhart ex Willd.）、白莲蒿（*Artemisia sacrorum* Ledeb.）、披针叶野决明（*Thermopsis lanceolata* R. Br.）、多花胡枝子（*Lespedeza floribunda* Bunge）、鼠掌老鹳草（*Geranium sibiricum* L.）、牻牛儿苗（*Erodium stephanianum* Willd）、蒺藜（*Tribulus terrestris* L.）、二裂萎陵菜（*Potentilla bifurca* Linn.）。

（3）高寒蕨蒿草被　南部半阴湿温凉山地林带主要是指海原县南部地区的李俊、杨明、关庄、红羊、九彩等乡和南华的五桥沟、灵光寺、水冲寺林场以及李俊的拐洼林场等次生林区。这个植被带由于土层较厚，有机质含量丰富，植被层次较为明显，盖度也较大一般在80%以上。以菊科蒿属、蕨类植物建群外：其他伴生植被极其丰富。仅南华山调查就有木贼科、凤尾蕨科、松科、柏科、杨柳科、桦木科、榆科、荨麻科、檀香科、蓼科、藜科、马齿苋科、石竹科、毛茛科、小檗科、罂粟科、十字花科、景天科、虎耳草科、蔷薇科、豆科、牻牛儿苗科、亚麻科、蒺藜科、芸香科、大戟科、卫矛科、槭树科、鼠李科、藤黄科、瑞香科、胡颓子科、五加科、伞形科、山茱萸科、报春花科、蓝血科、木犀科、龙胆科、萝藦科、旋花科、马鞭草科、紫草科、唇形科、茄科、玄参科、车前科、

图3-6 风毛菊

茜草科、忍冬科、败酱科、川续断科、桔梗科、菊科、水麦冬科、禾本科、莎草科、灯心草科、百合科、鸢尾科以及苔藓植物等59科206属近427种。森林植物常见的有短芒披肩草（*Elymus breviaristatus*（Keng）Keng f.）；唐松草（*Thalictrum aquilegifolium* var. *sibircum* Linnaeus）；狗尾草（*Setaria viridis*（L.）Beauv.）；蕨〔（*Pterdium aquilinum*（L.）Kuhn var. latiuscuium（Desr.）Underw. ex Heller）〕、石竹（*Dianthus Chinensis* L.）、甘宁锦鸡儿（*Caragana maxmovuicziana* kom）、卫矛（*Euanymue alatus*（Thunb.）Sieb）、直立点地梅（*Anerosace erecta* Maxim.）、银州柴胡（*Bupleurum yinchowense* Shan et Y. Li）、香薷（*Elsholtzia* ciliata（Thund）Hyland.）、百里香（*Thymus mongolicum* Ronn.）、冷蒿（*Artemisia frigida* Willd）、风毛菊〔*Saussurea japonica*（Thunb.）DC〕、大蓟〔*Caphaionoplos Setosum*（Willd）Kitam〕、大针茅（*Stipa grandis* P. Smirn.）。

三、植物种的地理成分

据宁夏植物分类学者马德滋分析，海原县的植物区系的地区性差异远不如植物种反映明显。

海原县位于华北黄土高原的西部，县北部邻近蒙古高原，西南部邻近青藏高原，同时由于其生境与生态环境的多样，便成为多种地理成分相互渗透和汇集的地方，使该地区植物区系中地理成分多样，过渡性明显。

1. 亚洲中部草原成分

亚洲中部草原成分是指主要分布于亚洲中部半干旱和干旱草原地区的植物。在南华山出现的有草木樨状黄芪（*Astragalus melilotoides* Pall）、北芸香（*Haplophyllum dauricum*（L.）G.Don）、二色补血草（*Limonium bicolor*（Bunge）Kuntze）、火绒草（*Leontopodium leontopodioides*（Willd.）Beauv.）等。

2. 哈萨克－蒙古成分

哈萨克－蒙古成分是指哈萨克斯坦向东分布于蒙古高原、黄土高原地区，也可以理解为中亚成分。典型的有燥原荠（*Ptilotrichum canescens*（DC）C. A. Mey.）和灌丛成分的小叶忍冬（*Lonicera microphylla* Willd.ex Roem.et Schult）、金露梅（*Dasiphora fluticosa*（L.））等。

3. 亚洲中部荒漠成分

亚洲中部荒漠成分又称为戈壁成分，是指主要分布于新疆（除准噶尔西部）、青海、甘肃、内蒙古至蒙古国南部广大荒漠地区的植物。侵入的有蒙古扁桃（*Prunus mongolica* Maxim）、蒙古莸（*Caryopteris mongholica* Bunge）、华北驼绒藜〔*Caratoides arborescens*（Losinsk）Tsien et C.G.Ma〕等。

4. 古地中海成分

古地中海成分是一类构成荒漠植被的区系成分，分布于整个古地中海干旱、半干旱区的植物。有多裂骆驼蓬（*Peganum multisectum*（Maxiam）Bobr. in Schischk. et Bobrov）、芨芨草（*Achnathatherum splendens*（Trin）Nevski）等，分布于低山区和山前洪积扇地带。

5. 东亚成分与华北成分

华北成分是东亚成分的组成部分，它们有共同的起源和古老的历史，也都分布于亚洲东部，属于东亚成分有白莲蒿（*Artemisia sacrorum* Ledeb.）、小叶鼠李（*Rhamnus parvifolia* Bunge）、蒙古荚蒾（*Viburnum mongolicum*（Pall.）Rehder）、达乌里胡枝子

（*Lespedeza davurica*（Laxm.）Schindl.）等。

华北成分是指分布于我国暖温带夏绿阔叶林区和黄土高原森林草原区的植物。在海原县出现的有灰榆（*Ulmus glaucescens* Franch）、虎榛子（*Ostryopsis davidiana* Decne.）、华北紫丁香（*Syringa oblata* Lindl.）、单瓣黄刺玫（*Rosa xanthina* Lindl. from *normalis* Rehder. et E.H. Wilson.）、华北米蒿（*Artemisia giraldii* Pamp.）、花叶海棠、山丹（*Lilium pumilum* DC）。

6. 青藏高原成分

指青藏高原及其周围的附近地区，大多为多年生草本和一些矮灌木。有高原毛茛（*Ranunculus tanguticus*（Maxim.）Ovcz.）、西藏点地梅（*Androsace marica* Kanitz）、甘青针茅（*Stipa przewalskyi* Roshev.）等。

7. 泛北极成分

是指广泛分布于北半球温带与寒带的植物。有冷蒿（*Artemisa frigida* Willd.）、黄花蒿（*Artemisa annus* L.）、蓬子菜（*Galium verum* L.）、细叶早熟禾（*Poa angustifolia* L.）等。

8. 世界分布成分

广泛分布于世界的许多地方，多为水生植物、沼生植物和陆生杂草。海原县有藜（*Chenopodium album* L.）、田旋花（*Convolvulus arvensis* L.）、狗尾草〔*Setaria viridis*（L.）Beauv〕等。

由上述分析可以看出海原县植物种有许多地理成分相互渗透和汇集，使其地理成分复杂多样，并具有明显的过渡性。

四、植物群落

1. 阔叶林

阔叶林是由被子植物门的阔叶乔木树种为主的植物群落组成。阔叶林又分为常绿阔叶林和落叶阔叶林（又称夏绿阔叶林）。南华山、拐洼的天然阔叶林属后一种类型，是在原有森林破坏后的迹地上形成的次生先锋群落。

白桦林（Form. *Betula platyphylla*）

白桦林是寒温带和温带的山地次生林。在南华山、拐洼成片状分布于灵光寺、水冲寺、拐洼、永丰，海拔2 000~2 700 m的山地阴坡，均为白桦林，高5~12 m，胸径3~25 cm，每百平方米有8~12株。本群系有2个群丛。

白桦-峨眉蔷薇-黄花蒿群丛（Ass. *Betula platyphylla*-*Rosa omeiensis*-*Artemisia annua*），分布于灵光寺、拐洼海拔2 200~2 700 m的山地阴坡上，为白桦纯林。高

图3-7　白桦林

10~12 m，胸径15~25 cm，每百平方米样地中有10~12株。灌木层中峨眉蔷薇占优势，伴生种有疏毛绣线菊［*Spiraea hirsuta*（Hemsl.）C.K.Schneid.］，蒙古绣线菊、水枸子、甘肃山楂（*Crataegus kansuensis* E.H.Wilson）等。草本层有黄花蒿、乳白香青、龙牙草、紫花碎米荠、碱地风毛菊、康藏荆芥（*Nepeta pratti* H. Lévl.），东方草莓等，黄花蒿盖度最大。

白桦－虎榛子－乳白香青群丛（Ass. *Betula platyphylla*－*Ostryopsis davidiana*－*Anaphalis lactea*），分布于水冲寺、拐洼海拔2 000~2 500 m的山地阴坡上，亦为白桦纯林，高3~4 m，胸径4~7 cm，每百平方米样地中有6~8株。灌木层中虎榛子占优势，还有蒙古绣线菊、翅刺峨眉蔷薇、水枸子等，草木层缬草（*Valeriana officinalis* L. var. *latifolia* Miq）、龙芽草（*Agrimonia pilosa* Lab.）、乳白香青（*Anaphalis lactea* Maxim）、华北风毛菊等。

2. 灌丛

灌丛是由以灌木生活型类群为主的植物组成的植物群落的综合体。依建群种的生活型类群，可分为常绿与夏绿、针叶与阔叶灌丛，依生态学特征，又可分为旱生与中生、耐寒与适温等灌丛。南华山的灌丛均属落叶灌丛。

落叶灌丛是南华山的一个主要植被型，所含群系最多，依据其温度和湿度的关系又可分为山地耐寒落叶灌丛、山地及山前平原适温中生落叶灌丛和山地适温旱生落叶灌丛等三个植被亚型。

（1）银露梅灌丛（Form. *Dasiphora mandshurica*）　银露梅是蔷薇科耐寒中生落叶灌

木，分布在南华山五桥沟、黄石崖、冰沟；拐洼南山、永丰等处，海拔2 200~2 600 m 的山坡上，是在中生杂类草草甸上产生的次生灌丛。银露梅和高山绣线菊（*Spiraea alpina* Pall.）呈矮墩状生长，高60~70 cm，每百平方米样地中有银露梅7~9株，有高山绣线菊2~3株。在灌木墩之间为中生性杂类草草甸植被，有北方拉拉藤、葶苈子、卷耳、毛萼麦瓶草（*Silene repens* Patr.）、铃铃香青（*Anaphalis hancockii* Maxim.）、乳白香青（*Anaphalis lactea* Maxim）、湿生美头火绒草（*Lcalocephalum calocephalum*（Franch.）Beauv.var. uliginosum Beauv.in Bull.Bot.Gen.ser.）、火绒草、西北风毛菊（*Saussurea petrovii* Lipsch.）、华北风毛菊、藓生马先蒿、椭圆叶花锚（*Halenia elliptica* D. Don）等。

（2）华北丁香灌丛（Form. *Syringa oblata*）　分布于南华山、拐洼、西华山等地，海拔2100~2300 m 的山地阴坡，是在森林破坏后的迹地上形成的次生灌丛，华北丁香高低参差不齐，高度30~280 cm，每百平方米的样地中大小共有240株之多，除华北丁香之外，灌木层中主要有虎榛子、灰栒子、西北栒子（*Cotoneaster zabelli* Schneid），另外还有峨嵋蔷薇、绒毛绣线菊，小叶忍冬等。林下草本层有飞燕草，西藏点地梅（*Androsace mariae* Kanitz）、细叶柴胡、曲尖委陵菜、火绒草、麻花头、草木樨状黄芪、泡沙参（*Adenophor potaninii* Korsh）、费菜（*Sedum aizoon* L.）等，层外植物为短尾铁线莲（*Clematis brevicaudata* DC.）。

（3）沙棘灌丛（Form. *Hippophae rhamnoides*）　沙棘灌丛分布于南华山五桥沟、拐洼海拔2 420~2 480 m 的山地沟谷，水分条件较好，生长茂密高大，呈乔木状，高可达3 m，盖度均在90% 以上，一般都为沙棘纯灌丛，有时有少数银露梅混生，林下光照条件较差，林下草本层植物稀少，有高山地榆（*Sanguisorba Alpina* Bunge）、草莓、卷耳、北方拉拉藤、并头黄芩（*Scutellaria scordifolia* Fisch. ex Schrenk.）、香青、垂果大蒜芥（*Sisymbrium heteromallum* C. A. Mey.），展毛银莲花（*Anemone demissa* Hook.f. et Thomson）、麻叶荨麻（*Urtica cannabina* L.）、费菜等。

（4）灰栒子灌丛（Form. *Cotoneaster acutifolium*）　分布于南华山水冲寺和灵光寺，拐洼牛堡、李洼，西华山老爷寺、大南沟、金牛沟附近，海拔2 300~2 500 m 的山地阴坡上，据陈加良先生对南华山一带出土古木的考证，南华山的灰栒子灌丛是历史上的油松林破坏后，形成的次生灌。除灰栒子为主要成分外，还有虎榛子、高山绣线菊、华北丁香等混生，盖度50%~70%，面积106.5 hm²，占总面积的0.53%，草本层盖度20%~50%，有风毛菊、香薷、火绒草、细叶石头花（*Gypsophila licentiana*）、白莲蒿、细叶柴胡等。

（5）杂灌木灌丛　分布于南华山灵光寺、坟圈梁、石窑子、小山沟，拐洼等处较阴湿的沟谷及其边坡上，面积919.4 hm²，占总面积的4.57%，形成多种灌木丛生，无明显的优势种，灌丛茂密，盖度在95%以上。主要有峨眉蔷薇、水枸子（*Cotoneaster multiflorum* Bunge in Leaeb.）、甘肃山楂、高山绣线菊、短柄小檗（*Berberis brachypqda* Maxim.）、华北丁香、狭果茶藨子（*Ribes stenocarpum* Maxim.）、丝毛柳（*Salix luctuosa*. H Lev.）。草本层有东方草莓、掌叶橐吾（*Ligularia przewalskii*（Maxim.）Diels）、龙牙草、牻牛儿苗、香唐松草等。

（6）黄瑞香、高山绣线菊灌丛（Form. *Daphne giraldii-Spiraea alpina*）分布于南华山灵光寺、月亮山黑角湾海拔2 300~2 480 m 的山地阴坡。建群种黄瑞香高30~60 cm，茂密丛状，每百平方米的样地中分布有24~30株。优势种高山绣线菊高30~50 cm，每百平方米的样地中有20~25株，由于水分条件较好，草本植物极为茂密，无明显的分层显现，草本植物有蕨、黄花棘豆、紫苞风毛菊、小花风毛菊（*Saussurea paruiflora*（Poir.）DC）、华北风毛菊（*Saussurea mongolica* Franch.Franch.）、穗花马先蒿（*Pedicularis spicata* Pall.）、藓生马先蒿（*Pedicularis muscicola* Maxim.）、缘毛紫菀（*Aster souliei* Franch.）、湿生美头火绒草、乳白香青、瞿麦（*Dianthus superbus* L.）、小红菊［*Dendranthema chanetii*（Lévl.）Shih］、柴胡、小花草玉梅（*Anemone rivularis* Buch.-Ham. var. *flore-minore* Maxim.）、椭圆叶花锚、红轮千里光（*Senecio flammeus* Turcz ex DC.）、大籽蒿、褐苞蒿（*Artemisia phaeolepis* Krasch），另外还混生有垂穗披碱草、赖草等。由于多年的封山禁牧，这种群丛是在杂类草草甸恢复后，在中生杂类草草甸上近年来形成的次生灌丛。

（7）虎榛子灌丛（Form. *Ostryopsis davidiana*）虎榛子为我国特有植物，分布在南华山水冲寺，西华山大南沟、金牛沟，拐洼团结、永丰、拐洼，海拔2100~2400 m 的山地阴坡上，水分条件较好，是在过去森林破坏后的迹地上形成的。虎榛子根蘖能力强，丛状生长，常常形成单优势种群落，生长茂密，灌丛中光照条件较差，因而该群系中所包含的植物种类较少，草本和小半灌木稀疏，灌丛盖度75%~85%，面积约40 hm²，占总面积的0.2%，群丛内光照条件较好，因而在灌木层中有荒漠锦鸡儿、小叶忍冬、华北驼绒藜等旱生植物混生其中。灌丛下有半灌木西北蒿（*Artemisia pontica* L.）和多年生草本冷蒿，薹草等。

3. 草原

草原是在温带干旱、半干旱气候条件下形成的一类旱生草本植被，主要是由耐寒的旱生多年生草本植物为主组成，有时有中旱生的半灌木。旱生和强旱生小灌木可成建群种或优势种。

我国温带草原为欧亚大陆草原区亚洲中部草原亚区的组成部分。我国由东向西降水量递减，干旱程度逐渐加强，因而依次出现草甸草原，干草原和荒漠草原。

（1）干草原　大针茅草原（Form. *Stipa grandis*），分布于南华山东北部，月亮山大部，海拔2000 m 以上的低山山坡上，建群种为大针茅，植株高60~80 cm，伴生种为藨草（*Phalaris arundinacea*），另有赖草混生，草在群落中起优势作用。群落盖度在95% 以上，群落成明显的两个亚层，除上述第一亚层外，第二层有狭叶草原霞草、百里香、绒毛委陵菜、二裂委陵菜（*Potentilla bifurca* L.）、白花枝子花、火绒草等旱生植物。

（2）草甸　亚高山草甸是由多年生矮型禾草为建群种和中生杂类草组成，分布于亚高山地带。

短叶羊茅、星状委陵菜草甸（Form. *Festuca brachyphylla–Potentilla acaulis*）是由较耐寒的短叶羊茅为优势种，与中生杂类草组成的群落。分布于南华山、月亮山海拔2600 m 以上的山坡和山梁上。盖度在95% 以上，群落结构简单，草层低矮，无明显的成层现象。群落中优势较大的植物有百里香、狭叶丝石竹、短齿韭（*Allium dentigerum* Prokh.）、长柱沙参、蓬子菜、飞燕草，此外还有少量高不超过15 cm 的小叶金露梅混生于其中。

（3）山地适温中生草甸　分布在中山地带，是由中生的多年生草本植物组成的草甸植被。中山地带由于地形较高，故比低山带和水平带具有较好的水分条件。分布南华山、月亮山面积最大，在其植被景观中占有重要地位。

（4）杂类草草甸　是由中生的多年生杂类草本植物所组成，无明显的优势种，在南华山、月亮山植被中占面积最大的一类植被景观，分布最广，一般分布在海拔1 800~2 600 m 的中山地带。植物群落盖度85%~95%。种类有香青、乳白香青、火绒草、湿生美头火绒草、卷耳、蓬子菜、北方拉拉藤（*Galium boreale* L.）、白花枝子花（*Dracocephalum heterophyllum* Benth.）、多裂叶荆芥（*Schizonepeta multifida*（L.）Briq.）、碱地风毛菊、华北风毛菊、黄花棘豆、二裂委陵菜、飞燕草、藓生马先蒿等，此外还有狭叶柴胡、垂穗披碱草等混生。

（5）黄花棘豆、杂类草草甸　分布于南华山、月亮山，海拔2380~2560 m 的山坡上，黄花棘豆占有明显的优势，盖度30%~40%，其他杂类草有火绒草、湿生美头火绒草、蓬子菜、香薷、细叶柴胡、华北风毛菊、二裂委陵菜、乳白香青、蔓茎蝇子草（毛萼麦瓶草）（*Silene repens* Patrin）、小红菊、椭圆叶花锚、垂穗披碱草等。黄花棘豆是一种有毒植物。

（6）石生蓼、杂类草草甸　分布于五桥沟、马万山、冰沟、小山沟等海拔

2 600~2 700 m 的山坡上，面积303.3 hm²，占总面积的1.59%，石生蓼占绝对优势，在每平方米的样地中有50~60株之多，高40~70 cm。其他杂类草有香青、乳白香青、华北风毛菊、紫苞风毛菊、扁蕾（*Gentianopsis* barbata（Frol.）Ma）、二裂委陵菜、附地菜（*Trigonotis peduncularis*（Trevis.）Benth.ex Baker et S.Moore）、藓生马先蒿、瞿麦、葶苈（*Draba nemorosa* L.）、北方拉拉藤、细叉梅花草（*Parnassia oreophila* Hance）、褐苞蒿、狭苞紫菀（*Aster farreri* W.W. Smith. et Jeffrey）、毛连菜、缬草等。

（7）蕨、杂类草草甸　分布于五桥沟、灵光寺、月亮山等海拔2 300~2 700 m 的山地阴坡。蕨高40~50 cm，每平方米样地中有13~15株。其他中生植物有香薷、黄花棘豆、小红菊、香青、乳白香青、火绒草、湿生美头火绒草、康藏青兰、细叶柴胡、委陵菜、风毛菊、毛连菜、二裂委陵菜、牛尾蒿、赖草等。

（8）荒漠草原　建群种由旱生丛生小禾草组成，常混生大量旱生小半灌木各种锦鸡儿，群落中形成稳定的优势层片。这类草原年降水量一般只有250~300 mm，海原县主要分布在西华山、瓜瓜山。

第四节　海原县树木

一、综述

经野外采集、资料收集、辨认鉴定，海原县共有各种树木39科79属192种（包括亚种、变种、品种），其中裸子植物树种4科8属14种，分别占总科10.25%，占总属10.13%，占总种的7.29%；被子植物35科71属178种，分别占总科89.75%，占总属89.87%，占总种的92.71%。

常青针叶树2科6属12种，占总种6.25%；常青阔叶乔木1科1种，占总种0.5%；落叶乔木22科85种，占总种44.27%；灌木25科92种（含葡萄、五叶地棉），占总种47.91%，其中花灌木6科18种，占总种9.37%。

39科树木包括银杏科、松科、柏科、杨柳科、柽柳、胡桃科、桦木科、壳斗科、榆科、桑科、藜科、毛茛科、小檗科、虎尾草科、蔷薇科、杜仲科、豆科、卫矛科、芸香科、槭树科、苦木科、鼠李科、漆树科、葡萄科、锦葵科、瑞香科、胡颓子科、山茱萸科、木犀科、马钱科、茄科、夹竹桃科、忍冬科、紫葳科、无患子科、悬铃木科、苏铁科、蒺藜科、椴树科。

树种最多的是蔷薇科，有15属57种，占总属18.98%，占总种的29.68%；其次是杨柳科，有2属16种，占总种的8.33%。单科单属单种的有18科18属18种，分别是银杏科的银杏、柽柳科的柽柳、胡桃科的核桃、壳斗科的辽东栎、毛茛科的牡丹、杜仲科的杜仲、苦木科的臭椿、芸香科的花椒、漆树科火炬树、锦葵科木锦、瑞香科的黄瑞香、马钱科的互叶醉鱼草、夹竹桃科的夹竹桃、紫葳科的梓树、悬铃木科的法桐、苏铁科的苏铁、蒺藜科的白刺、椴树科的椴树，分别占总科的46.15%，占总属22.78%，占总种的9.37%。

二、人工栽培表现良好的树种（乡土树种）

人工栽培表现良好的树种有13科36种，占总种18.75%。针叶树4种，落叶乔木22种，灌木10种。分别是松科的青海云杉、华北落叶松、油松；柏科的侧柏；杨柳科的河北杨、新疆杨、旱柳、垂柳、馒头柳；柽柳科的柽柳；华木科的白桦；榆科的白榆；小檗科的紫叶小檗；蔷薇科的新疆野苹果、西府海棠、花红、秋子梨、玫瑰、月季、山桃、山杏、榆叶梅、紫叶李、李；豆科的国槐、刺槐、紫穗槐、柠条锦鸡儿；鼠李科的枣、酸枣；胡颓子科的沙棘、沙枣；木犀科的小叶华北丁香、白蜡、连翘；苦木科的臭椿。

三、近年引进的新种（不含果树）

近年引进的新种16科56种，分别是银杏科的银杏，松科樟子松、华山松、白皮松，柏科的圆柏、爬地柏、祁连圆柏，杨柳科红叶杨、辽河杨、金枝柳，榆科的大叶榆、垂枝榆、裂叶榆、圆冠榆、金叶榆，桑科的龙桑，蔷薇科的垂丝海棠、贴梗海棠、榆叶梅、碧桃、红叶碧桃、珍珠梅、稠李、麦李、樱桃、欧李，杜仲科的杜仲，豆科的合欢、金枝槐、蝴蝶槐、红花槐、多花胡枝子、皂荚，卫茅科的胶东卫矛、栓翅卫矛、冬青卫矛、丝棉木，槭树科的复叶槭、五角枫、茶条槭，漆树科的火炬树，锦葵科的木槿，山茱萸科的红瑞木，木犀科的探春、迎春、暴马丁香、水蜡，马钱科的互叶醉鱼草，忍冬科的蒙古荚蒾、香荚蒾、鞑靼忍冬、红花忍冬、金银忍冬、天目琼花，无患子科的栾树、悬铃木科的法桐。其中乔木35种，占引种树的62.5%，灌木21种，占引种树的37.5%。

所引树种中表现较好的有祁连圆柏、辽河杨、大叶榆、垂枝榆、裂叶榆、圆冠榆、金叶榆、贴梗海棠、榆叶梅、碧桃、珍珠梅、多花胡枝子、皂荚、栓翅卫矛、丝棉木、复叶槭、五角枫、火炬树、探春、迎春、暴马丁香、水蜡、互叶醉鱼草、鞑靼忍冬、红花忍冬、金银忍冬、天目琼花等26种。

所引树种中表现较差的有：①樟河柳，不耐干旱、易患褐腐病，不适宜在干旱地区栽种；②红花槐，当年新梢生长量不宜超过80 cm，尤其是秋季生长量不能太大，否则第二年全部抽干。

四、野生天然树种

野生天然树17科60种。其中，乔木3科5种，占野生总种的8.33%，主要是桦木科的白桦，壳斗科的辽东栎，蔷薇科的花叶海棠、木梨，椴树科的蒙椴；灌木15科55种，占野生总种91.66%，包括桦木科的虎榛子，杨柳科的丝毛柳、杯腺柳，榆科的灰榆，藜科的华北驼绒藜、盐爪爪，小檗科的黄芦木、短柄小檗，虎耳草科的无刺高山茶藨子、狭果茶藨子，蔷薇科的蒙古绣线菊、疏毛绣线菊、土庄绣线菊、高山绣线菊、灰栒子、西北栒子、甘肃山楂、峨眉蔷薇、翅刺峨眉蔷薇、单瓣黄刺玫、景泰蔷薇、华西蔷薇、蕤核、银露梅、华西银露梅、小叶金露梅、金露梅、蒙古扁桃、长梗扁桃、西伯利亚杏、甘蒙锦鸡儿、甘宁锦鸡儿、荒漠锦鸡儿、短角锦鸡儿、阿拉善锦鸡儿、细梗胡枝子、尖叶胡枝子，卫茅、纤齿卫茅、疣点卫茅，槭树科的细裂槭，属李科的小叶鼠李、甘青鼠李、圆叶鼠李，瑞香科的黄瑞香，山茱萸科的毛梾、梾木，木犀科的小叶丁香，茄科的宁夏枸杞，忍冬科的陕西荚蒾、小叶忍冬、葱皮忍冬、金花忍冬，蒺藜科的白刺。天然野生树种多分布于南华山、西华山、月亮山。

五、经济林树种

经济林栽培树种有6科12属81种。

1. 蔷薇科

（1）苹果属　红元帅、红星、短枝红星、金冠、富士系、皇家嘎拉、国光、花红、秦冠、青香蕉、王林、津轻、宁冠、宁秋、甜黄魁等15种。

（2）梨属　野梨子、牛奶头梨、长把梨、早酥梨、京白梨、巴梨、香水梨、平头梨、鸭梨、茄梨、五九香、锦丰、玉露香梨、黄金梨、紫酥梨、金花梨、砀山酥梨、丰水、红皮梨等19种。

（3）桃属　白凤、麦香、五九香、庆丰、黄桃、油桃等6种。

（4）李属　台湾李、寺田李、玉皇李、美丽李、黑宝石李、紫琥珀等6种。

（5）杏属　三原曹杏、金太阳、兰州大接杏、红梅杏、龙王帽、一窝蜂、优一等7种。

（6）山楂属　大金星山楂、大果山楂、山里红等3种。

（7）樱属　红灯、大紫等2种。

2. 葡萄科葡萄属

巨峰、新疆无核白、龙眼、红提、李扎马特、乍那、京亚等7种。

3. 胡桃科胡桃属

新疆薄壳、北方冠核1号等2种。

4. 芸香科花椒属

大红袍、伏椒、泰安1号等3种。

5. 茄科的枸杞属

宁杞1号、宁杞2号、宁杞5号、宁杞7号、宁杞9号、大麻叶、黑枸杞等7种。

6. 鼠李科枣属

中宁小枣、同心圆枣、灵武长枣、梨枣、晋枣、冬枣、靖远大枣等7种。

第五节　天然次生林

一、天然次生林的演变

海原县天然次生林只有四处即：灵光寺以白桦为主的桦灌混群次生林；水冲寺以椴、辽东栎灌丛为主的混群次生林以及李俊拐洼林场以桦树、山杨为主的杨灌混群次生林，西华山林场以枸子、虎榛子灌木混群次生林。20世纪80年代初总面积50 550亩（其中灵光寺15 230亩，水冲寺7 320亩，拐洼林场20 190亩、西华山林场7 810亩）。1949年后尽管对次生林改造和加强林木管护等方面采取了一定的措施。但天然次生林的恢复极其缓慢。有的比1950年有较大的萎缩。造成天然林萎缩的根本原因，在史念海《论泾渭清浊的变迁》（《河山集二集》189~213页）中表明是人类盲目性的开发利用自然所造成的，植被一经破坏，水土流失不断加剧。

1. 土地改革时期

当时除分掉地主的土地外，土地周围的林木也分到农民手中，由于薪炭紧缺，几乎把分到的林木全部砍光，仅保留寺院周围的少量林木。

2. "大跃进"时期

1958年开始的"大跃进"执行"以粮为纲"的方针，大炼钢铁，大量毁林、开荒，使次生林遭到严重破坏，尤其吃食堂时，把集体的林木，古老的树木乱砍滥伐，损失严重。

3. 土地责任制时期

随着土地到户，集体林地树木也分到户和个人，为了改善居住环境，大量砍伐树木。

随着人口急剧增长，开荒毁林时有发生，生态环境的失调，天然次生林面积逐渐萎缩减小，林相恶化。

二、天然次生林的现状（截至 2018 年年底）

截至2018年年底，海原县天然林依然分布在四大林班，即灵光寺天然次生林、水冲寺林区、拐洼林区、西华山林区，总面积57 805亩。比20世纪80年代初增加7 250亩，主要是拐洼林区的永丰、李洼等生态移民区增加了天然灌木林。

1. 灵光寺天然次生林

灵光寺林区坐落在南华山西南部，也是喜马拉雅山造山运动褶皱隆起的中低山。离县城约20 km，海拔2 448.6 m。最高峰庙咀山海拔2 504 m，土壤为荒山山地石灰性褐土，坡度15°~40°，植被盖度在70%~90%，土层深厚，有机质层含量深达50 cm以下，有机质含量5%~8%，水解氮140 mg/kg，速效磷为6.37 mg/kg，年平均气温0.5~1.0℃，最高月气温是7月为10.6℃，1月份平均温度 −11~7℃，≥0℃活动积温400~1 800℃，无霜期100~130 d。年平均降水量450~600 mm，最大年份为1 173 mm，最小年份仅319 mm。林区内有头道湾、二道湾、三道湾、老虎沟等沟道发育较好。

该林区总面积15 578亩，其中乔木林804亩，森林植被的垂直分布受土壤、坡向、坡度、降水、海拔等各种因素影响，从山麓到山顶大致可计分成下列几个类型。

（1）阔叶混交林　在海拔1 900~2 350 m，代表树种有白桦、山柳、辽东栎、椴木等落叶林所组成的群落，这个群落是该林区森林植被的主要类型，分布于山坡阴坡、半阴坡和半阳坡，树木年龄多为中、幼阔叶混交林，面积318亩。

（2）针阔混交林　海拔1 800~2 300 m，代表树种有落叶松、油松、白桦、山柳、椴树等针阔混交的群落。分布于山地阴坡、半阴坡，少见于半阳坡、阳坡，面积486亩。

（3）灌丛林　海拔2 100~2 300 m，代表灌木有华北丁香、小叶丁香、甘肃山楂、虎榛子、单瓣黄刺玫、花叶海棠、高山茶藨子、水栒子、金花忍冬、葱皮忍冬、蒙古荚蒾、小叶鼠李、纤刺卫矛等而形成的低矮次生林群落。分布在阴坡、半阴坡和半阳坡等林缘上部和边部，面积14 774亩。

2. 水冲寺林区

南华山东南角，面积4 981亩，以灌丛林为主而形成的低矮次生林群落，海拔

2 100~2 300 m，主要代表灌木小叶丁香、虎榛子、单瓣黄刺玫、水枸子、金花忍冬、蒙古荚蒾、纤刺卫矛等。分布在阴坡、半阴坡和半阳坡等林缘上部和边部。

3. 拐洼林区

拐洼林区在李俊乡境内，天然林总面积27 048亩。

（1）阔叶混交林　面积4 380亩（其中针阔混交林1 856亩），海拔1 900~2 350 m，是由白桦、山杨、辽东栎、椴木等落叶林所组成的群落，这个群落是该林区森林植被的主要类型，分布于山坡阴坡、半阴坡和半阳坡，树木年龄多为中、幼阔叶混交林。

（2）灌丛林　面积22 668亩，海拔2 100~2 300 m，代表灌木有华北丁香、甘肃山楂、虎榛子、单瓣黄刺玫、花叶海棠、高山茶藨子、水枸子、葱皮忍冬、蒙古荚蒾、小叶鼠李、纤刺卫矛等而形成的低矮次生林群落。分布在阴坡、半阴坡和半阳坡等林缘上部和边部。

4. 西华山林区

西华山林区位于西安镇境内，天然林总面积10 198亩。

（1）阴坡灌丛林　面积7 375亩，海拔2 100~2 300 m，代表灌木有华北丁香、虎榛子、单瓣黄刺玫、灰枸子、纤刺卫矛等而形成的低矮次生林群落。分布在阴坡、半阴坡和半阳坡等林缘上部和边部。

（2）阳坡蒙古扁桃林　面积2 823亩，海拔1 800~2 400 m，以蒙古扁桃、灰枸子为代表，以石质山地为主。

三、天然次生林的几个典型林相及分布

1. 阔叶混交林

阔叶混交林5 184亩，是海原县最主要的森林类型，占有林地面积57 805亩的8.96%，树种组成有白桦、油松、落叶松、山杨、辽东栎、椴树等两种以上的针、落叶阔叶混交林，分布在海拔1 800~2 400 m，坡向为阴坡和半阴坡，郁闭度在0.5~0.8，平均树高8m，林内生态环境较湿润，土壤类型为山地灰褐土和山地棕壤土，土层一般在50 cm以上。灌木层、草木层群落，结构明显，盖度较高，多随着林分郁闭度的变化而变化，在高海拔生境、阴湿处，有零星发育良好的苔藓植物。

2. 针阔混交林

海原县的针阔混交林是指人工落叶松、油松以及零星天然的油松、华山松与其他阔叶树混交的林分，面积2 342亩，占天然次生林成林面积的4.05%。天然华山松林主要零星分布在水冲寺高海拔地区的阴坡、半阴坡，林分郁闭度较低0.2左右，胸高直径6~8 cm，

树高8 m左右。主要混交树种有辽东栎、白桦、椴树等；伴生树种有柏、榛等，生境温湿；土壤为山地褐土，该森林类型极大部分是人工营造的落叶松林和油松林，成活率较高。灌木层有枸子、榛子、胡枝子等，盖度40%~50%，高1~2 m，常见的草本植物有糙苏、唐松草、玉竹等，盖度40%~50%。

3. 山杨林

山杨林分布在山地，海拔1700~2000 m的阴坡、半阴坡、半阳坡和阳坡。该林地类型主要集中分布在本县的拐洼林场，面积为285亩，占次生林成林地面积0.5%，多以零星伴随辽东栎、蒙椴相间分布或混交，其他伴生树种有榆、沙棘等，郁闭度0.2~0.4，胸围直径为4~6 cm，树高6~8 m，林龄多为中龄林，生境较温暖，土壤为灰褐土。

4. 山柳林

山柳林主要分布本县灵光寺、水冲寺两个林区，树种有小叶柳，杯腺柳，面积125亩，集中龄林，占次生林成林地面积的0.22%，主要在海拔2 000 m以上的山地阴坡、半阴坡和半阳坡，林分郁闭度为0.3~0.4，树高2~4 m，多属于白桦、辽东栎、椴树等森林类型被砍伐破坏后而形成的次生或海拔上缘部分的次生林，生境阴温，土壤为山地灰褐土和山地棕壤土。

5. 辽东栎林

辽东栎林主要分布在山地海拔1700~2300 m的阴坡和半阴坡，分别生长在较恶劣的陡壁和较为平坦的山脊地带，也是海原县次生林主要的森林类型之一，一般纯林较少，大部分系混交。海原县辽乐栎面积305亩，占次生林成林地面积的0.53%，混交树种有白桦、山杨、小叶柳、椴树等，伴生树种有山荆、杜梨等。林分郁闭度0.2~0.4。胸高直径8~10 cm，树高6~8 m，多属萌生林，喜温湿、耐旱、耐寒、耐瘠薄，繁殖能力强，是较为稳定的群落，林下天然更新较好，生境湿润。林下土壤灰褐土。灌木层有榛、山楂、胡枝子、枸子等，盖度30%~40%，高为1~2 m，

图3-8　辽东栎林

图3-9 拐洼蒙椴

林下草本植物常见有大叶糙苏、地丁、地榆、淫羊藿等，盖度5%~10%，高20~50 cm。

6. 桦树林

海原县的桦树林主要是白桦，有个别的红桦和棘皮桦，总面积为1 268亩，占次生林成林地面积的2.19%，是本县次生林主要的森林类型，并以灵光寺林区为代表。该类型分布在海拔1 900~2 500 m的阴坡和半阴坡，垂直分布位于红桦下部和辽东栎的上部，与山杨林零星交互分布，林分郁闭度0.4~0.6，胸高直径12~16 cm，树高8~12 m，混生树种有辽东栎、山杨；伴生树种有杯腺柳等。低海拔有椴树等，生境温湿，土壤为灰褐土。灌木层有山楂、绣线菊、蔷薇、忍冬等，盖度40%~60%；草本植物有草莓、淫羊藿、薹草等，盖度为10%~15%，高20~40 cm。

7. 椴树林

总面积65亩占次生林成林地面积0.11%，分页在山地海拔2 000 m左右的阴坡、半阴坡，林分郁闭度在0.2左右，主要混交树种有辽东栎、白桦，伴生树有枸子、槭树等，生境温湿，土壤为褐土。主要分布在林光寺和拐洼。

第六节　人工造林

一、综述

1949年前海原县人工造林保存面积仅207亩，占土地总面积的2/100000，分布范围极小，只有城关5亩、李俊148亩、杨明51亩、关庄1亩，其他各地均无造林记载。1949年后，造林事业才有了突飞猛进的发展，经过以下几个发展阶段即20世纪50年代的起步阶段，60年代的基础阶段，70年代的发展阶段，80年代的巩固提高阶段，90年代的保护阶段，2000年代快速发展阶段到2010年代的高质量发展阶段。截至2019年12月，70年来共完成人工造林面积446.13万亩，保存面积159.01万亩，保存率为35.6%。

二、1949—1959年人工造林

20世纪50年代是海原县造林起步阶段。真正开始人工植树造林是从50年代的初期1954年以控制水土流失、营造水土保持林为主的大规模植树造林工作，当时出现了很多的典型尤以营造牌路山水土保持林，更为突出的是在牌路山造林这个典型推动下，全县出现了造林高潮。

牌路山位于县城东，是南华山的一支余脉，海拔1 900 m，总面积2.7万亩，有三个小山，24座梁峁，2条大沟，从山顶到沟底有100多米，81条毛支沟，这些山和沟，把牌路山割裂得支离破碎，水土流失极其严重，据统计从1920—1949年光一条干沟冲走的泥土就达18万平方米之多。形成"种子光、肥料光、庄稼光"的三光，"旱灾、风灾、霜灾、雹灾、冻灾"的五灾俱全，"草料、肥料、燃料、木料"四料缺乏，"高山秃光头，沟里尽石头。翻山不小心，腿断性命丢。"这是当时牌路山的写照。

1954年海原县第一个农业合作社——先锋农业社成立。在县委的高度重视下，先锋农业社就开始着手牌路山的水土保持治理工作，在当时的党支部书记陈丕良的带领下成立了300多名社员组成年基建队，率领近千名社员开展治理牌路山工作，并积极运用外地经验贯彻"全面规划，因地制宜，综合治理，集中治理，连续治理，坡沟兼治，治坡为主"的水土保持方针，经过几年努力共植树22万株，采用因地制宜的整地方式如水平沟、鱼鳞坑、涝地、土坝沟坎，水簸箕，地埂，谷场、台阶地，初步控制水土流失面积3 700亩，到1958年，整个牌路山已营造杨、柳、杏、梨、沙枣、核桃、李等15个树种共60余万株，修带子田、梯田等10 200亩，培地埂24 839亩。基本上改变了牌路山的面貌，在牌路山的大面积植树造林工作的带动下，全县各地都开展了人工林营造工作，为海原县林业发展迈出了第一步。但因经验不足，缺乏管护，林种搭配不合理，树种选择，适地适树，全面规划，示范引领等一系列问题不到位，致使造林保存面积较低。1949—1959年累计完成人工造林17.04万亩，保存率3.2%，保存面积0.55万亩。

三、1960—1969年人工造林

20世纪60年代造林是基础阶段。在吸取前10年造林经验的基础上，全面规划，在营造水土保持林的同时大面积开展薪炭林的营造，以适应性强的灌木为先锋树种。初步拟定了全县造林立地条件的类型，以及林种的布局和配置，提出海原县发展林业的方向，

图3-10　秋景牌路山

应以营造各种防护林为主，重点发展薪炭林，重视水源涵养林，合理安排经济林和用材林，以灌木为主，适当种植乔木，促使海原县基本形成一个生态效益和经济效益显著的多林种林业。在营造方法上以集体为主，集中连片，社队考勤记工，国家补助的方法；在营造技术上坚持以适地适树的原则。

以黄土覆盖丘陵为主的川、塬、盆、塘和残塬，营造农田防护林，树木以乔木为主。以丘陵沟壑为主的地区梁峁顶，营造灌木水土保持林，在沟底营造乔木用材林。

海原县境内有园河、麻春河、贺堡河、杨坊河、马营河、苋麻河6条河流且均有小股长流水的河滩地，营造速生用材林，重盐河滩可发展灌木林，在平坡、背阴的沟岔可发展小片用材林。

红羊、李俊南部阴湿地区的几个乡重点发展水源涵养林，树种上适当配置油松、落叶松等针叶树种。

表3-2　1961—1969年海原县造林统计

单位：亩

项目	合计	1960	1961	1962	1963	1964	1965	1966	1967	1968	1969
造林面积	209 138	28 123	11 139	3 433	7 773	20 745	21 060	32 274	23 172	24 589	36 810
1. 用材林	68 205	6 200	925	714	971	5 043	5 759	10 962	12 163	12 368	13 100
2. 经济林	22 177	1 262	85	61	78	3 776	2 223	2 601	3 812	3 960	4 319
3. 防护林	118 756	20 600	1 049	2 538	6 156	10 801	12 455	15 505	5 400	7 261	8 100

这些措施为以后海原县人工林的发展打下了基础。据海原县统计局国民经济统计资料表3-2可以看出，1960—1969年完成人工造林面积20.91万亩，其中用材林6.82万亩；防护林11.87万亩；经济林2.22万亩。保存率20%，保存面积4.46万亩。

四、1970—1979年人工造林

表3-3　1970—1979年海原县造林统计

单位：亩

项目	总计	1970	1971	1972	1973	1974	1975	1976	1977	1978	1979
造林面积	1 010 901	38 429	39 683	43 429	50 148	64 744	90 873	117 002	143 131	162 487	260 975
1.用材林	307 343	14 016	14 341	14 716	16 934	16 704	23 445	30 186	36 928	41 927	98 146
2.经济林	94 893	4 716	—	—	—	9 453	13 267	17 082	20 897	23 672	5 806
3.防护林	478 369	9 824	13 864	15 242	17 599	29 652	41 621	53 588	65 554	74 402	157 023
4.其他林	130 296	9 873	11 478	13 471	15 615	8 935	12 540	16 146	19 752	22 486	—

20世纪70年代是海原县林业生产的一个高潮时期和发展阶段。不仅营造面积较大，保存率也较高，而且分布广，表3-3可以看出，这十年全县造林面积达到101万亩，是20世纪60年代的近4.8倍，1980年对70年代人工营造林面积保存率的全面普查，造林保存率为25%，保存面积24.63万亩（1982年海原县林业调查报告资料）。这十年不仅造林速度快、面积大，保存面积也比前20年大为提高，为海原县以后林业发展奠定了基础。

其特点一是国营、集体、个人都全面开展了植树造林，发展林业生产。国有林场在这十年共造林1.2万亩（海原县统计局1970—1979年国民经济统计资料）。二是乔灌结合、多样化树种搭配，组成结构紧密合理的混交林群体，配置树种已由单一树种向有榆、杏、沙枣、柠条、山桃、沙棘、小叶杨、臭椿多种乔灌树种发展。由于树种比例较为合理，很快提高了植被覆盖率。三是群众喜欢的"四旁"植树发展更快。20世纪70年代"四旁"植树达439万余株（海原县统计局国民经济资料统计），人均有四旁树20株。四是经济林发展迅速，仅这十年营造经济林面积达9.48万亩。不仅面积大而且经济林多以苹果为主，为海原县的林果业生产创出了路子。

五、1980—1989 年人工造林

20世纪80年代是海原县造林的巩固提高阶段。经过30年来的造林工作，已使海原县的林业生产初具规模，形成了较适合本县实际的林业体系。从1980年开始的林业建设向巩固、提高方向发展，如调整立地结构，林种群体的配置，发展以经济效益大、周期短的用材林、薪炭林和以苹果为主的经济林，以及坚持贯彻"以护为主，造护并举"的方针，巩固提高海原县的林业建设成果。从1980—1989年，全县造林面积为58.64万亩。其中，用材林8.23万亩，经济林1.13万亩，防护林17.65万亩，其他林31.63万亩。保存率22%，保存面积12.9万亩。从1980年开始，海原县正式启动三北防护林建设工程。

六、1990—1999 年人工造林

20世纪90年代，海原县林业建设以国有林场建设为主，拐洼、西华山、五桥沟、水冲寺、灵光寺林场确定管护面积，以护林管护为主；李旺、高崖、兴隆、西安、方堡园艺场兴建和扩建以苹果生产为主的果园；李俊、城关苗圃以育苗为主。1990—1999年完成造林0.54万亩。

七、2000—2009 年造林

2000—2009年是海原县林业生态建设的鼎盛时期，先后启动实施了国家级的退耕还林工程、三北防护林四期工程、天然林保护工程、中央财政造林补贴试点工程和自治区级的南华山水源涵养林工程、生态重点县建设工程等。10年累计造林170.09万亩，仅退耕还林138.6万亩（退耕造林61.9万亩、荒山造林76.7万亩），城市造林重点完成海兴开发区造林1.3万亩，36.91万株（含2010年）。

八、2010—2019 年造林

2010—2019年是海原县林业生态建设提质增效的时期，继续实施国家级的退耕还林二期工程、三北防护林四期工程（包括黄土高原综合治理）、天然林保护二期工程、中央财政造林工程和自治区级的南华山水源涵养林及外围提高工程等，工程单位投资乔木林国家每亩补助500元，灌木林国家每亩补助240元。规模性的生态造林多在生态移民迁出区的耕地上进行。10年累计造林67.94万亩（其中二轮退耕还林9.2万亩）。重点完成老县城周边造林绿化 10 620亩。

图3-11　九彩乡退耕还林一角

第七节　封山育林

一、封育历程

封山育林是以封山禁牧为基本手段，封禁、抚育与管理相结合，利用林木天然下种及萌蘖更新能力，促进新林形成的技术措施。它还是一种少花钱多办事，不花钱也办事的卓越政策和有效手段，在干旱地区尤为可行。陈大珂称"实行封山育林的林业政策，是我国林业史上的一大成就。"

封山育林在我国有悠久的历史与传统习惯，如以往各地群众封山的"风水山"或"龙山"，包括在村后封禁的"靠山"；在前村封禁的"照山"；在坟地封禁的"坟山"；以及在寺庙周围封禁的山场等。由于乡规民约的约束，群众在封禁范围内，不樵采、放牧，

图3-12　县城西山洼绿化

不随便用火，不开垦种庄稼，不砍伐树木，不采石取土。用这种办法培育的森林，对当地社会发挥了多重效益。中华人民共和国成立以来，党和人民政府对封山育林工作非常重视，封山育林成为扩大森林资源的重要手段之一。其间虽有波折，但取得了很大成就，封山育林面积逐年扩大。

回顾历史，根据陕西师大史念海教授研究记载，明清时期，海原县南华山、西华山以及甘肃崛吴山，全为森林覆盖，杂灌木丛生，并有竹子分布，面积约有30万亩，海原县范围内面积约有25万亩，由于历史变迁，森林资源屡遭破坏，面积日益缩小，特别是在国民党统治时期森林破坏更为严重，1949—2019海原县先后采取了一系列各种保护森林资源措施，使其面积和林相较快地得到了恢复与发展。为了加快森林资源的发展，对全县的天然林地和人工林地进行全面有计划的封山育林，特别是20世纪80年代，封山育林范围已有相当规模，到1990年全县封山育林面积达11万亩。

封山育林工作有很强的政策性和技术性，必须常抓不懈，贵在坚持，才能发挥封山育林的生态效益和经济效益。20世纪70年代以来海原县始终坚持贯彻封（封山育林）、抚（抚育）、改（次生林改造）、造（造林）、用（利用），以封为主，封造结合的封山育林方针，做好政策宣传工作，把具体措施落实到每个封山育林区，20世纪80年代中期收到显著的效果。1983年县林业局拟订了封山育林的具体措施，并以政府〔1983〕60号文件上报区林业厅、地区林业处，并又下发全县各乡镇和各单位，保证了海原县封山育林工作的开展，主要措施如下。

一是不论国营或集体所封护的天然次生林区在前5年一律封死，不准放牧和樵采。

二是根据面积大小管护难易设置固定的护林点，配备专职护林员。或承包给专业户，常年签订合同，并实行定面积、定管护时间、定责任、定报酬、定奖罚的"五定"承包责任制，仅1984年在国有林场封山育林区设置护林点18个，护林观测点7个。建护林墙17 000 m，配备佩戴护林员标志的护林员180人；在乡级封山育林区设置护林点6个，护林观察点4个，固定专职护林员6人，佩戴护林员标志240人，确保了封山育林区和森林植被的生长。

三是在交通要道和封山育林区附近的村庄都设有"封山育林区"的标牌，标牌上记有该封山育林区的面积，封造类型和期限，护林公约和负责管护人员名单等条款。宣传群众，教育群众自觉护林、爱林，扩大护林组织，达到封山育林的目的。

四是为尽快使封育地区取到效益，广泛积极开展人工林的营造和补造工作，国有林场在封山育林区，如1983年在拐洼营造补造针叶林24亩，其中，油松11亩，落叶松13亩，有效地改善提高了原有林相和生态效益。

进入21世纪，加大封山育林工程力度，2000—2019年每年有1万~3万亩封育，主要集中在有一定次生林基础的月亮山、南华山、西华山，20年累计封育31.5万亩。

表 3-4　2000—2019 年海原县封山育林情况

封育时间	封育面积 / 万亩	封育地点
2000	—	—
2001	2	南华山 1 万亩、西华山 1 万亩
2002	4	南华山 3 万亩、西华山 1 万亩
2003	—	—
2004	—	—
2005	2	南华山 1 万亩、西华山 1 万亩
2006	1	月亮山
2007	—	—
2008	2	西华山大沟门
2009	1	西华山
2010	1.5	南华山 1 万亩、西华山 0.5 万亩
2011	2.0	南华山 1 万亩、西华山 1 万亩
2012	1.0	南华山
2013	2.0	南华山 1 万亩、月亮山白露门 1 万亩
2014	1.0	李俊乡
2015	4.0	李俊乡东山
2016	2.0	西华山哨马营
2017	1.0	月亮山的拐洼
2018	2.0	月亮山的上窑、张元
2019	3.0	月亮山的李洼
合计	31.5	

虽然封育效果明显，但也存在许多问题，一是大规模的封山育林的组织还不能落实，各乡发展不平衡；二是对照地、样地缺乏长期观测资料，封育效果没有系统、完整数据，不利于林业资源的动态分析，影响封育区的改造和利用；三是对贯彻以封为主，封造结合的方针贯彻不力，没有把封山育林和人工造林严格区分开，经营管理也较粗放；四是护林工作仍是十分薄弱的环节，人畜破坏，进入封育区的毁林事件频繁发生。

二、封山育林的独特作用

封山育林在林业生态工程建设中具有独特的作用，主要表现在三个方面。

（一）封育成林见效快

一般说，具有封育条件的地方，经过封禁培育，少则3~5年，多则8~10年最多10~15年，就可以郁闭成林，不少封育起来的林分，单位面积的木材年平均生长量和总蓄积量，都可以达到一般人工林的水平。特别是在保留物种资源以及发展尚未掌握繁殖技术的珍稀树种方面，更是人工造林难以做到的。

（二）能形成混交林，发挥多种生态效益

通过封禁培育起来的森林，多为乔灌草结合的混交复层林分，有大量的枯枝落叶，能改善立地条件，形成良好的森林环境，给林木的生长发育打下良好的基础。在保持水土、涵养水源、改善气候环境，促进农牧业生产发展，增加群众经济收入等方面，都具有更为明显的作用。另外，由于林木结构好，适于鸟类、昆虫生存，处于平衡状态，森林害虫和天地之间形成相对的制约力，从而不会发生毁灭性的森林害虫。

（三）封山育林投入少、收益大

一般封育成林1 km²，用工45~75个，加上种苗等开支，每公顷封山育林成本比造林成本要低几倍。而且封育形成的混交林，能生产多种林副产品，有利于开展多种经营，增加群众收益。

总之，开展封山育林好处多，是一种最经济有效地扩大森林资源的措施，不断总结经验，长期坚持下去，必将在干旱地区林业生态建设上发挥更大作用。

三、封山育林的技术措施

封山育林技术包括封禁、培育两个方面。所谓封禁，就是建立行政管理与经营管理相结合的封禁制度，分别采用全封、半封和轮封，为林木的生长繁殖创造休养生息条件。所谓培育，一是利用森林本身具有的自然繁殖能力，通过人为管理改善生态环境，促其

生长发育；二是通过人为的必要措施，即封育初期在林间空地进行补种、补植，中期进行抚育、修枝、间伐、伐除非目的树种的改造工作等，不断提高林分质量。

（一）封禁方式及使用条件

根据不同的目的和条件，封禁方式可分为以下几种。

1. 全封

全封又叫死封，就是在封育初期禁止一切不利于林木生长繁育的人为活动，如禁止烧山、开垦、放牧、砍柴、割草等。封禁期限可根据成林年限加以确定，一般3~5年，有的可达8~10年。为了不影响林内幼树生长和群众获取"四料"，可隔3~4年割1次灌草（或割灌不割草）。全封方式适用于：①裸岩（包括母质外露部分）在30%以上山地，这类山坡土层瘠薄，水土流失严重，造林整地较难，生物量很小，目前宜全封养草种草。②坡度在35°以上的陡坡地。由于坡陡，造林整地困难，一旦封禁不严，植被遭到破坏，就难恢复。③土层厚度在30 cm以下的瘠薄山地。这类山地急需死封死禁，迅速恢复植被，以达到减轻或制止水土流失的目的。④新近采伐迹地。有残留母树，可以飞籽繁殖；或有萌蘖力强的乔灌木根株；或有一定数量的幼树。这类地区只有死封起来，大部分都能迅速成林，如果采取半封，就会损坏幼树。⑤分布有种源缺少或经济价值高的树种或药用植物的山地。⑥临近河道、水库周围的山坡，为了减少泥沙流入，实行全封。⑦国家和地方政府划定封禁防护林、保护区或风景林等。

2. 半封

半封又叫活封，有按季节封和按树种封两种。按季节封就是禁封期内，在不影响森林植被恢复的前提下，可在一定季节（一般为植被停止生长的休眠期）开山，组织群众有计划地上山放牧、割草、打柴和开展多种经营；按树种封，也就是一般所谓的"砍柴"或"割灌割草留树法"，把有发展前途的树种都留下来，常年都允许人们进山打柴、割草。这种方式适用于有封山育林习惯地区封禁培育用材林或薪炭林。缺乏封山传统习惯地区的封禁范围，除了上述全封的地方，都可以实行半封。但要防止仅留针叶树，消灭阔叶树，导致树种单一化、针叶化做法。

在确定全封和半封时，为了照顾以后管理方便，应把整条沟或大沟的一面坡，甚至连片集中几条沟划为一种封禁类型。如片内地段多数属于全封类型，则整片者要按全封禁对待。

3. 轮封

轮封是将整个封育区划片分段，实行轮流封育。在不影响育林和水土保持的前提下，划出一定范围暂时作为群众樵采、放牧，其余地区实行封禁。轮封时间期限有3~5年和8~10年不等。通过轮封，使整个封育区都达到植被恢复的目的。这种办法能较好地照顾和解决群众目前生产和生活上的实际需要，特别适于封育薪炭林，这一措施当前在海原县没有应用。

（二）培育措施

封山育林同人工育林一样，需要加强封禁后的培育。大体可以分为林木郁闭前和郁闭后两个阶段进行。郁闭前主要是为天然下种和萌芽、萌条创造适宜的土壤、光照条件，具体方法：间苗、定株、整地、松土、补播、补植等。郁闭后主要是促进林木速生丰产，具体方法有平茬、修枝、间伐等。

此外，封山育林培育起来的林木，绝大部分是混交复层林，有利于减免森林病虫的危害，但是，由于有些林木病虫的发生发展比较隐蔽，不易被人们发觉，一旦成灾，造成损失也是很大的。如落叶松的早期落叶病，被害林木一般年生长量要比健康林木减少30%左右。因此，还必须采取有效措施，加强病虫害的防治，要认真贯彻"预防为主"的方针，因地制宜地推广和采用先进的科学技术，把森林病虫害降到最低程度。

四、封山育林的技术管理

（一）封山育林的规划设计

封山育林和人工造林一样，也要搞好规划设计，其方法和步骤与人工造林相同。最后形成实施方案和作业设计。

1. 基本情况

（1）自然状况：主要叙述封育区自然状况。

（2）社会状况：主要叙述封育区社会状况。

2. 封育范围

3. 封育方式与封育类型

4. 标准地和样地设计

5. 封禁措施

（1）人工巡护。设专职护林人员进行巡护，在主要山口和人畜活动频繁的地方修护林公路，加强封育区管护。

（2）设置围栏。为了更好地对封育区管护，加快封育效果，在一些人畜活动频繁的地方进行围栏。

3. 设置标志

在封育区周界明显处竖立坚固标牌，牌上写明封育范围、年限及主要措施。

4. 制定封育公约

加强封育宣传，林业主管部门或护林员与周边村庄签订封山育林公约，制定出封育区管理办法，大力进行宣传，做到家喻户晓，广泛争取社会力量参加封育活动。

6. 育林措施

在封育期间，对经营价值高的树种可采用除草、松土、除蘖、间苗、抗旱等培育措施，灌木林地应根据情况进行平茬复壮，乔木林地内可进行补植。

7. 森林保护

根据"预防为主、因害设防、综合治理"的原则，对本地已发生或可能发生的病虫害制定相应防治措施；切实加强森林防火工作，在重点防火区域禁止携带火种进入林区，严禁在封育区吸烟、随意用火，违反规定造成严重后果者，按照《中华人民共和国森林法》有关规定处罚；禁止在封育区采石、取土、打柴、放牧等。

8. 投资概算（略）

9. 资金来源（略）

二、效益分析

（一）生态效益：主要叙述封育完成后项目区的生态效益。

（二）社会效益：主要叙述封育完成后项目区的社会效益。

（三）经济效益：主要叙述封育完成后项目区的经济效益。

三、检查验收

为了达到封育一片，成林一片，收效一片，每年秋末冬初，当地林业部门应组织力量，按照封山育林计划和承包合同，对当年计划完成情况和按封育期限达到封育成林成效的面积进行检查验收，并写出报告，逐级上报备查。

1. 封山育林计划完成情况检查

检查内容包括：封山育林地块、承包合同，护林队伍、乡规民约，林木保护和管理设施等方面的完成情况。检查中发现的问题，要责成有关单位或个人及时予以纠正或解决。

2. 封山育林成林成效面积检查

按封山育林计划完成年限，对封山育林成林成效面积进行验收。就是对以郁闭成林符合标准的，按有关规定，计算为有效面积、列入森林资源档案。

3. 封山育林成林成效标准

由于封育地区立地条件、林种、树种和封育类型不同，成效标准也不一样。林业部"三北"防护林建设局1983年拟定的封山育林成林成效标准为：①针叶树每公顷1 800株以上，且分布均匀；②阔叶林和针叶混交林每公顷1 650株以上，且分布均匀；③乔灌混交林和灌木混交林每公顷2 250株（丛）以上，且分布均匀。

4. 建立固定样地观测记录

为了积累资料，验收成效，探索规律，应在封禁区内设置固定标地，观测植被强度及生长情况。观测项目包括：树种及植被类型、树种平均高、地径或胸径、密度、郁闭度以及其他环境因子的变化。样地建设的数量应根据封禁区及其不同类型的面积大小确定。

第四章

经营保护

第一节　法律、条例、政策

70年来，在林政管理中，坚持以国家、自治区、海原县有关法律、法规、条例、管理办法为依据，在护林管护，林业区划，林木抚育，病虫害防治等方面做了大量的工作，使海原县生态林业建设更好适应自然规律和经济规律。

一、法律

1.《中华人民共和国森林法》

中华人民共和国第一部森林法规是1963年的《森林保护条例》，《中华人民共和国森林法》于1984年9月20日第六届全国人民代表大会常务委员会第七次会议通过，1985年1月1日起施行；1998年4月29日根据《全国人民代表大会常务委员会关于修改中华人民共和国森林法的决定》修订，2009年8月27日根据《全国人民代表大会常务委员会关于修改部分法律的决定》修订，自2009年8月27日起施行；共分为森林经营管理，森林保护，植树造林，森林采伐，法律责任，附则等5章49条。

根据《中华人民共和国森林法》森林分为以下五类。

（1）防护林　以防护为主要目的的森林、林木和灌木丛，包括水源涵养林，水土保持林，防风固沙林，农田、牧场防护林，护岸林，护路林；

（2）用材林　以生产木材为主要目的的森林和林木，包括以生产竹材为主要目的的竹林；

（3）经济林　以生产果品，食用油料、饮料、调料，工业原料和药材等为主要目的的林木；

（4）薪炭林　以生产燃料为主要目的的林木；

（5）特种用途林　以国防、环境保护、科学实验等为主要目的的森林和林木，包括国防林、实验林、母树林、环境保护林、风景林，名胜古迹和革命纪念地的林木，自然保护区的森林。

2.《中华人民共和国野生动物保护法》

《中华人民共和国野生动物保护法》于1988年11月8日第七届全国人民代表大会常务委员会第四次会议通过。　根据2004年8月28日第十届全国人民代表大会常务委员会第十一次会议《关于修改〈中华人民共和国野生动物保护法〉的决定》修正。根据2009年8月27日第十一届全国人民代表大会常务委员会第十次会议《关于修改部分法律的决定》修改，2016年7月2日第十二届全国人民代表大会常务委员会第二十一次会议修订。共分总则、野生动物及其栖息地保护、野生动物管理、法律责任、附则等5章58条。

3.《中华人民共和国种子法》

《中华人民共和国种子法》于2000年7月8日第九届全国人民代表大会常务委员会第十六次会议通过，根据2004年8月28日第十届全国人民代表大会常务委员会第十一次会议《关于修改〈中华人民共和国种子法〉的决定》第一次修正，根据2013年6月29日第十二届全国人民代表大会常务委员会第三次会议《关于修改〈中华人民共和国文物保护法〉等十二部法律的决定》第二次修正，2015年11月4日第十二届全国人民代表大会常务委员会第十七次会议修订。共分总则、种质资源保护、品种选育审定与登记、新品种保护、种子生产经营、种子监督管理、扶持措施、法律责任、种子进出口和对外合作、附则等10章94条。

4.《中华人民共和国防沙治沙法》

《中华人民共和国防沙治沙法》于2001年8月31日第九届全国人民代表大会常务委员会第二十三次会议通过。共分总则、防沙治沙规划、土地沙化的预防、沙化土地的治理、保障措施、法律责任、附则等7章47条。

二、条例

1.《林业工作站工作条例》

1963年6月22日中华人民共和国林业部颁发。

2.《植物检疫条例》

《植物检疫条例》于1983年1月3日国务院发布，1992年5月13日根据《国务院关于修改〈植物检疫条例〉的决定》修订发布，根据2017年10月7日中华人民共和国国务院令第687号公布的《国务院关于修改部分行政法规的决定》再修正。共42条。

3.《森林防火条例》

《森林防火条例》于1988年1月16日国务院发布，2008年12月1日国务院令第541号修订，共分总则、森林火灾的预防、森林火灾的扑救、灾后处理、法律责任、附则等6章56条。

4.《森林病虫害防治条例》

《森林病虫害防治条例》于1989年12月18日中华人民共和国国务院令第46号发布。

共分总则、森林病虫害预防、森林病虫害防治、奖励和惩罚、附则等5章30条。

5.《中华人民共和国陆生野生动物保护实施条例》

《中华人民共和国陆生野生动物保护实施条例》于1992年2月12日国务院批准，1992年3月1日林业部发布，2011年1月8日国务院令第588号修订，2016年2月6日国务院令第666号修订。共分总则、野生动物保护、野生动物猎捕管理、野生动物驯养繁殖管理、野生动物经营利用管理、奖励和惩罚、附则等7章45条。

6.《城市绿化条例》

《城市绿化条例》于1992年5月20日国务院第104次常务会议通过，根据2010年12月29日国务院第138次常务会议通过的《国务院关于废止和修改部分行政法规的决定》第一次修正，根据2017年3月1日国务院令第676号公布的《国务院关于修改和废止部分行政法规的决定》第二次修正。共分总则、规划和建设、保护和管理、罚则、附则等5章33条。

7.《中华人民共和国自然保护区条例》

《中华人民共和国自然保护区条例》于1994年10月9日中华人民共和国国务院令第167号发布，2011年1月8日国务院令第588号修订，根据2017年10月7日中华人民共和国国务院令第687号公布的《国务院关于修改部分行政法规的决定》修正。共分总则、自然保护区建设、自然保护区管理、法律责任、附则等5章44条。

8.《中华人民共和国野生植物保护条例》

《中华人民共和国野生植物保护条例》于1996年9月30日国务院令第204号发布，据2017年10月7日中华人民共和国国务院令第687号《国务院关于修改部分行政法规的决定》修正。共分总则、野生植物保护、野生植物管理、法律责任、附则等5章32条。

9.《中华人民共和国森林法实施条例》

《中华人民共和国森林法实施条例》于2000年1月29日中华人民共和国国务院令第278号发布，根据2011年1月8日国务院令第588号修订，根据2016年2月6日国务院令第666号修订。共分总则、森林经营管理、森林保护、植树造林、森林采伐、法律责任、附则等7章48条。

10.《退耕还林条例》

《退耕还林条例》于2002年12月14日中华人民共和国国务院令第367号公布，2016年2月6日国务院令第666号修订。共分总则、规划和计划、造林管护检查验收、资金和粮食补助、其他保障措施、法律责任、附则等7章56条。

11.《宁夏回族自治区禁牧封育条例》

该条例2011年1月7日宁夏回族自治区第十届人民代表大会常务委员会第二十二次会议通过。这个条例为宁夏的生态环境的改善起到了建设性的作用，现全文刊登。

第一章　总则

第一条　为了保护和培育林草植被，改善生态环境，维护生态安全，实现经济社会和生态环境的协调发展，根据《中华人民共和国草原法》《中华人民共和国森林法》和有关法律、法规的规定结合自治区实际，制定本条例。

第二条　自治区行政区域内的禁牧封育活动，适用本条例。

第三条　本条例所称禁牧封育，是指为了保护生态植被，在一定时期内对划定的草原（包括草山、草坡、人工草地、河滩草地）和林地等区域围封培育并禁止放养牛、羊等草食动物的管护措施。

第四条　禁牧封育工作应当遵循统筹规划、保护优先、封育结合、注重实效的原则。

第五条　县级以上人民政府负责组织实施禁牧封育工作，建立健全工作协调机制和目标考核机制，将禁牧封育工作纳入环境保护和生态建设规划，所需经费列入本级财政预算。

第六条　县级以上人民政府农牧、林业主管部门按照各自职责负责本行政区域内禁牧封育的监督管理工作。

发展和改革、财政、公安、环保、农垦等有关部门，应当按照各自职责，共同做好禁牧封育有关工作。乡（镇）人民政府具体负责辖区内禁牧封育和舍饲养殖的组织实施工作。

第七条　各级人民政府应当加强对禁牧封育工作的宣传，对在禁牧封育中做出显著成绩的单位和个人，给予表彰和奖励。

第二章　保护和管理

第八条　自治区人民政府应当根据草原、林地生态预警监测情况，决定在一定时期内对全区或者部分地区的草原放牧。具体禁牧的时间、范围及其解除办法由自治区人民政府决定。

第九条　在禁牧区域内禁止下列活动：

（一）放养牛、羊等草食动物；

（二）破坏、盗窃、擅自移动禁牧的标志、围栏设施；

（三）法律、法规规定禁止的其他活动。

第十条　禁牧区域内的草原、林地所有人和使用人应当遵守下列规定：

（一）遵守草原、林地保护的法律、法规，履行合同约定的管护义务；

（二）巡逻管护；

（三）建设、改良和培育草原、林地；

（四）制止放牧和破坏围栏设施等行为，并及时报告当地乡（镇）人民政府或者农牧、林业主管部门。

第十一条　县级人民政府农牧、林业主管部门和乡（镇）人民政府应当加强对禁牧区域的管理，制定管护制度，落实管护责任。

农牧、林业主管部门应当按照各自管理职责，在禁牧区域的主要出入口、围栏区域、人畜活动区域设立草原、林地保护标志和界桩、护栏、标牌等设施，公示禁牧要求。

第十二条　禁牧区域内，国有企事业单位管理的草原、林地，由国有企事业单位负责管护；集体经济组织管理的草原、林地，由村集体经济组织负责管护；通过承包、租赁、拍卖等形式获得使用权的草原、林地，由使用人负责管护。

第十三条　县级以上人民政府应当根据国家和自治区规定对禁牧区域内的单位和个人给予生态保护补偿和奖励。

第十四条　对禁牧区域内的牛、羊等草食动物实行舍饲养殖。县级以上人民政府对实行舍饲养殖的养殖户应当给予粮食、资金、技术等方面的补助和扶持。

第十五条　县级以上人民政府应当增加草原、林地建设投入，支持、鼓励单位和个人采取补播、补种、围栏等措施，改良、培育草原、林地，恢复生态植被。

第十六条　县级以上人民政府农牧、林业主管部门应当加强对禁牧区域内的草原、林地生态植被恢复效果的监测预报，并定期向本级人民政府报告监测结果。

第十七条　各级人民政府应当加强禁牧区域内农村产业结构调整，引导、扶持适宜当地发展的产业，帮助农民对得到有效恢复的草原、林地应当科学利用。具体办法由自治区人民政府制定。

第三章　监督和检查

第十九条　县级以上人民政府农牧、林业主管部门和乡（镇）人民政府应当建立禁牧区域的巡查制度、举报制度和情况通报制度，加强对禁牧封育工作的监督检查。对违反本条例的行为，公民有权举报，接到举报的农牧、林业主管部门或乡（镇）人民政府应当及时受理查处。

第二十条　农牧、林业主管部门和乡（镇）人民政府监督检查人员履行监督检查职责时，有权采取以下措施。

（一）要求被检查单位或者个人提供相关的文件和资料，并可以进行查阅或者复制；

（二）要求被检查单位或者个人对草原、林地权属等情况作出说明；

（三）进入违法现场进行拍照、摄像和勘验；

（四）责令停止违法行为；

（五）实施行政处罚。

第二十一条　有关单位和个人应当支持和配合农牧、林业和乡（镇）人民政府监督检查人员的监督检查工作，不得拒绝或者阻碍监督检查人员依法执行职务。

监督检查人员在履行监督检查职责时，应当向被检查单位和个人出示执法证件。

第四章　法律责任

第二十二条　违反本条例第九条第一项规定，在禁牧区域内放牧的，由县级以上人民政府农牧、林业主管部门或乡（镇）人民政府责令改正，给予警告，可以并处每个羊单位五元以上三十元以下的罚款；对林木造成毁坏的，除依法赔偿损失外，由县级以上人民政府林业主管部门责令补种毁坏株数一倍以上三倍以下的树木；拒不补种树木或者补种不符合规定的，由林业主管部门代为补种，所需费用由违法者支付。

第二十三条　违反本条例第九条第二项规定，破坏、擅自移动禁牧标志、围栏设施的，由县级以上人民政府农牧、林业主管部门或者乡（镇）人民政府责令限期恢复原状，并处一百元以上二千元以下的罚款；逾期不恢复的，由农牧、林业主管部门按照各自职责代为恢复，所需费用由违法者承担。

第二十四条　农牧、林业主管部门和乡（镇）人民政府工作人员在禁牧封育管理过程中，对在禁牧区域内放牧的行为不依法查处或者玩忽职守、滥用职权、徇私舞弊的，依法给予处分。

第二十五条 阻碍监督检查人员依法执行职务的，由公安机关依法处理；构成犯罪的，依法追究刑事责任。

第二十六条 当事人对农牧、林业主管部门和乡（镇）人民政府作出的具体行政行为不服的，可以依法申请行政复议或者提起行政诉讼。

第五章 附则

第二十七条 本条例自2011年3月1日起施行。

三、有关林业技术规程

（一）种子

1. 林木种子贮藏（GB/T 10016—1988）；

2. 林木良种审定规范（GB/T 14071—1993）；

3. 林木种质资源保存原则与方法（GB/T 14072—1993）；

4. 主要造林阔叶树种良种选育程序与要求（GB/T 14073—1993）；

5. 林木引种（GB/T 14175—1993）；

6. 林木采种技术（GB/T 16619—1996）；

7. 林木育种及种子管理术语（GB/T 16620—1996）；

8. 母树林营建技术（GB/T 16621—1996）；

9. 林木种子质量分级（GB 7908—1999）；

10. 林木种子检验规程（GB 2772—1999）；

11. 主要针叶造林树种优树子代遗传测定技术（LY/T 1304—1999）；

12. 主要针叶造林树种优树选择技术（LY/T 1344—1999）；

13. 主要针叶造林树种种子园营建技术（LY/T 1345—1999）。

（二）苗木

1. 育苗技术规程（GB/T 6001—1985）；

2. 容器育苗技术（LY/T 1000—1991）；

3. 林业苗圃工程设计规范（LY J128—1992）；

4. 裸根苗（DB45/T 628.1—2009代替 DB/450000B6101—1993）

5. 国有林区标准化苗圃（LY/T 1185—1996）；

6. 主要造林树种苗木质量分级（GB/T 6000—1999）；

7. 林木组织培养育苗技术规程（LY/T 1882—2010）；

8. 主要造林树种苗木质量分级容器苗（DB45/T 628.2—2009）；

9. 林木种苗工程管理办法（国家林业局2001年）；

10. 宁夏南部山区退耕还林整地技术规程（DB64/T 285—2003）；

11. 林木种苗工程项目建设标准（试行）（国家林业局 2004）；

12. 宁夏黄土丘陵区梨树栽培技术规程（DB64/T 420—2005）；

13. 宁夏黄土丘陵区杏树栽培技术规程（DB64/T 422—2006）；

14. 宁夏主要造林树种苗木质量分级（DB64/T 423—2013）。

（三）生态公益林及林业生态工程建设

1. 生态公益林建设 导则（GB/T 18337.1—2001）；

2. 生态公益林建设 规划设计通则（GB/T 18337.2—2001）；

3. 生态公益林建设 技术规程（GB/T 18337.3—2001）；

4. 防沙治沙技术规范（GB/T 21141—2007）；

5. 低效林改造技术规程（LY/T1690-2007）。

6. 森林生态系统定位观测指标体系（LY/T 1606—2003）；

7. 生态公益林建设 检查验收规程（GB/T 18337.4—2008）；

8. 人工造林质量评价与指标（LY/T 1844—2009）；

9. 沙化土地监测技术规程（GB/T 24255—2009）；

10. 退耕还林工程检查验收规则（GB/T 23231—2009）；

11. 退耕还林工程建设效益监测评价（GB/T 23233—2009）；

12. 退耕还林工程质量评估指标与方法（GB/T 23235—2009）；

13. 天然林资源保护工程建设评价技术规程（LY/T 1818—2009）。

（四）造林经营

1. 速生丰产用材林检验方法（LY/T 1078—1992）；

2. 速生丰产用材林培育技术规程（LY/T 1706—2007）；

3. 飞机播种造林技术规程（GB/T 15162-2005替代 GB/T 15162—1994）；

4. 封山（沙）育林技术规程（GB/T 15163-2004替代 GB/T 15163—1994）；

5. 造林技术规程（GB/T 15776-2006替代 GB/T 15776—1995）；

6. 森林抚育规程（GB/T 15781-2009替代 GB/T 15781—1995）；

7. 主要造林树种林地化学除草技术规程（GB/T 15783—1995）；

8. 营造林总体设计规程（GB/T 15782—2009 替代 GB/T 15782—1995 集约经营用材林基地造林总体设计规程）；

9. 营造林工程建设项目文件组成及深度要求（试行）（LY 5141—1999）；

10. 低产用材林改造技术规程（LY/T 1560—1999）；

11. 公益林与商品林分类技术指标（LY/T 1556—2000）；

12. 国有林区营造林检查验收规则（LY/T 1571—2000）；

13. 造林作业设计规程（LY/T 1607—2003）；

14. 森林采伐作业规程（LY/T 1646—2005）；

15. 中国森林可持续经营标准与指标（LY/T 1646—2005）；

16. 中国森林认证 森林经营（LY/T 1714—2007）；

17. 中国森林认证（LY/T 1715—2007）；

18. 三北防护林退化林分修复技术规程（LY/T 2786—2017）。

（五）自然保护区与生物多样性保护

1. 自然保护区总体规划技术规程（GB/T 20399—2006）；

2. 自然保护区生态旅游规划技术规程（GB/T 20416—2006）；

3. 自然保护区名词术语（LY/T1685-2007）；

4. 湿地生态系统定位观测指标体系（LY/T 1707—2007）；

5. 自然保护区土地覆被类型划分（LY/T 1725—2008）；

6. 自然保护区有效管理评价技术规范（LY/T 1726—2008）；

7. 湿地分类（GB/T 24708—2009）；

8. 国家湿地公园评估标准（LY/T 1754—2008）；

9. 国家湿地公园建设规范（LY/T 1755—2008）；

10. 自然保护区功能区划技术规程（LY/T 1764—2008）；

11. 自然保护区自然生态质量评价技术规程（LY/T 1813—2009）；

12. 自然保护区生物多样性调查规范（LY/T 1814—2009）；

13. 珍稀濒危野生植物保护小区技术规程（LY/T 1819—2009）；

14. 野生植物资源调查技术规程（LY/T 1820—2009）；

15. 自然保护区生态旅游评价指标（LY/T 1863—2009）。

（六）森林保护

1. 森林火灾扑救技术规程（LY/T 1679—2006）；

2. 中国森林火灾代码（LY/T 1679—2006）；

3. 全国森林火险区划等级（LY/T 1063—2008）；

4. 松材线虫病检疫技术规程（GB/T 23476—2009）；

5. 松材线虫普查监测技术规程（GB/T 23478—2009）；

6. 松材线虫病检疫技术（LY/T 1123—1993）；

7. 林业检疫性有害生物调查总则（GB/T 23617—2009 ）；

8. 检疫性有害生物疫情报告、公布和解除程序（GB/T 23618—2009）；

9. 林业植物产地检疫技术规程（LY/T 1829—2009）；

10. 森林火灾成因和森林资源损失调查方法（LY/T 1846—2009）。

（七）花卉及园林绿化

1. 中国森林公园风景资源质量等级评定（GB/T 18005—1999）；

2. 鲜切花（GB/T 18247.1—2000）；

3. 盆花（GB/T 18247.2—2000）；

4. 盆栽观叶植物（GB/T 18247.3—2000）；

5. 花卉种子（GB/T 18247.4—2000）；

6. 花卉种苗（GB/T 18247.5—2000）；

7. 花卉种球（GB/T 18247.6—2000）；

8. 草坪（GB/T 18247.7—2000）；

9. 城市绿地草坪建植技术规程（GB/T 19535.1—2004 ）；

10. 城市绿地草坪管理技术规程（GB/T 19535.2—2004 ）；

（八）地理信息系统与林业制图

1. 地理信息 质量原则（GB/T 21337—2008/ISO 19113：2002）；

2. 基础地理信息标准数据基本规定（GB 21139—2007）；

3. 地理信息 质量评价过程（GB/T 21336—2008）；

4. 森林资源非空间数据标准（LY/T1662.1—2008）；

5. 林业数字矢量基础地理数据标准（LY/T 1662.2—2008）；

6. 卫星遥感影像数据标准（LY/T 1662.3—2008）；

7. 林业社会经济数据标准（LY/T 1662.4—2008）；

8. 林业政策法规数据标准（LY/T 1662.5—2008）；

9. 林业文献资料数据标准（LY/T 1662.6—2008）

10. 林业地图图式（LY/T 1821—2009）；

11. 公共地理信息通用地图符号（GB/T 24354—2009）。

四、政策及管理办法

1. 1950—1959年

《关于全国林业工作的指示》，1950年。

《森林管理暂行规定》，1950年中华人民共和国国务院颁发。

《关于在全国大规模造林的指示》，1958年4月，中共中央、国务院。

《关于采集植物种子绿化沙漠的指示》，1958年9月中共中央下发。

2. 1960—1969年

《关于确定林权、保护山林和发展林业的若干政策规定（试行草案）》，1961年6月中共中央作出。

《加强林木管护工作的指导》，1963年国务院颁发。

《森林保护条例》，1963年5月国务院颁布。

《关于加强山林保护管理，制止破坏山林、树木的通知》，1967年9月中共中央、国务院、中央军委、中央文革小组联合下发。

3. 1970—1979年

《关于认真贯彻执行护林布告的通知》（固原革发〔1972〕40号）。

《全国人大常委会关于植树节的决议》，（1979）。

《关于大力开展植树造林绿化祖国的通知》（1979）。

《中共中央关于加快农业发展若干问题的决定》（1979）。

1979年6月自治区党委、革委会联合颁发了《关于当前农村若干政策问题的补充规定》，其中第九条对林业作出了具体规定。

4. 1980—1989年

1980年12月5日中华人民共和国国务院颁发的《坚决制止乱砍滥伐森林的紧急通知》。

《中共中央、国务院关于大力开展植树造林的指示》（1980）。

《中共中央、国务院关于保护森林发展林业若干问题的决定》（1981）。

1980年固原行署颁发的《关于认真贯彻执行国务院关于坚决制止乱砍滥伐森林的紧急通知》。

1980年固原行署颁发的批授《固原地区林业检察工作会议纪要的通知》。

1981年10月13日自治区人民政府颁发了《贯彻执行中共中央、国务院关于保护森林发展林业若干问题的决定》。

《国务院关于开展全民义务植树运动的实施办法》于1982年2月27日国务院常务会议通过，国发〔1982〕36号。

《宁夏回族自治区天然林区保护暂行办法》，（1982年7月1日宁夏回族自治区第四届人民代表大会第四次会议通过）。

1982年10月3日海原县人民政府颁发了《关于加强林木管护的暂行规定》。

1983年海原县人民政府颁发的《关于重点林区实行封山育林的紧急通知》。

1984年宁夏回族自治区人民政府颁发的《关于宁夏回族自治区植物检疫实施办法》的通知。

1985年自治区绿化委员会颁发的《全区城镇绿化标准（试行）》的通知。

1985年宁夏回族自治区人民政府转发林业部关于《森林和野生动物类型自治区管理办法的通知》。

1985年11月1日海原县人民政府颁发的《关于保护森林树木严禁乱砍滥伐的布告》。海原县人民政府自60年代开始至今每年结合本县实际对植树造林作出相应具体政策法令，坚决贯彻"谁造谁有"的政策，在党的改革政策不断深化年代，县人民政府作出过大量的关于开展植树造林的有关规定，鼓励广大农民群众开展植树造林，绿化海原县的积极性。

1985年海原县人民政府颁发的《关于保护森林树木严禁乱砍滥伐的通知》。

1987年宁夏回族自治区林业厅颁发的《果树苗木、种子管理暂行办法》的通知。

1987年宁夏回族自治区林业厅颁发的《严防森林、草原火灾的紧急通知》。

《森林采伐更新管理办法》于1987年8月25日国务院批准，1987年9月10日林业部发布，根据2011年1月8日国务院令第588号修订，共分总则、森林采伐、森林更新、罚则、附则等5章27条。

林业部《封山育林管理暂行办法》（1988年）。

5.1990—1999年

《宁夏回族自治区人大常委会关于〈进一步加强造林绿化工作的决议〉》（宁人大

〔1990〕6号）。

《全国绿化委员会〔关于进一步加强全民义务植树工作的意见〕》（〔1992〕2号）。

《中华人民共和国林地管理暂行办法》（林业部1993年8月30日）；

《森林公园管理办法》（林业部1994年1月22日）。

《国务院关于进一步加强造林绿化工作的通知》（国发〔1993〕15号）。

《全国绿化委员会关于进一步推进荒山荒地造林绿化工作的通知》（〔1994〕6号）。

《林业部关于切实加强林木检查管理的通知》（林资通字〔1995〕5号）。

《国务院办公厅关于进一步加强自然保护区管理工作的通知》（1998）。

《中共中央关于农业和农村工作若干重大问题的决定》（1998）。

6.2000—2009年

财政部关于印发《天然林保护工程财政资金管理规定》的通知，（财农〔2000〕151号），2000年12月7日。

宁夏《关于加快推进林业建设机制创新的意见》（宁政办发〔2001〕106号）。

《中共中央 国务院关于加快林业发展的决定》（2003年6月25日）。

《关于大力推荐科技创新的意见》（宁政发〔2003〕24号）。

2002—2003年海原县先后出台《海原县标准化造林技术规程》《海原县退耕还林草工程建设林木种苗管理办法》《海原县退耕还林草工程检查验收技术细则》《海原县封山禁牧暂行规定》。

《自治区党委自治区人民政府关于加快林业发展的决定》（2004年2月20日）。

《自治区人民政府关于加强湿地保护管理的通知》（宁政发〔2004〕98号）。

《关于进一步加强林业有害生物防治工作的意见》（宁政办发〔2005〕148号）。

《宁夏回族自治区林地管理办法》于2005年8月1日施行。共分总则、林地登记管理、林地保护利用、林地征收征用和占用、罚则、附则等46条。

财政部、国家林业局关于印发《中央财政森林生态效益补偿基金管理办法》的通知，财农〔2007〕7号。

《关于宁夏回族自治区〈天然林保护工程财政资金管理规定〉实施细则的通知》（宁财（农）发〔2007〕626号）。

财政部关于印发《完善退耕还林政策补助资金管理办法》的通知（财农〔2007〕339号）。

财政部关于印发《巩固退耕还林成果专项资金和管理办法》的通知（财农〔2007〕327号）。

中共中央、国务院出台了《关于全面推进集体林权制度改革的意见》（2008年6月）。

《宁夏回族自治区完善退耕还林政策补助资金管理办法实施细则》（宁财农发〔2008〕273号）。

《国务院办公厅关于进一步推进三北防护林体系建设的意见》（国办发〔2009〕52号）。

《国家级公益林区划界定办法》（林资发〔2009〕214号）分总则、区划范围和标准、区划界定、建档与核查、附则5章26条。本办法自2010年1月1日起施行。

7.2010—2019年

《森林抚育补贴试点管理办法》（国家林业局林造发〔2010〕20号）。

关于印发《宁夏回族自治区森林生态效益补偿基金管理实施细则》的通知（宁财（农）发〔2010〕507号）。

国务院审议通过了《全国林地保护利用规划纲要（2010—2020）》（2010年6月9日）。

《国有林场管理办法》（国家林业局林场发〔2011〕254号）。

《宁夏天然林资源保护工程财政专项资金管理实施细则》（宁财（农）发〔2011〕560号）。

《天然林资源保护工程森林管护管理办法》（国家林业局林天发〔2012〕33号）。

《三北防护林体系建设工程"十三五"规划》（发改农经〔2012〕2576号。

《三北防护林体系建设工程重点项目检查验收办法》（国家林业局林防核字〔2012〕26号）。

《陆生野生动物疫源疫病监测防控管理办法》已经2012年12月25日国家林业局局务会议审议通过，现予公布，自2013年4月1日起施行。国家林业局令第31号。

自治区人民政府印发《关于加强生态移民迁出区生态修复与建设意见》的通知（宁政发〔2013〕109号）。

《宁夏生态移民迁出区生态修复工程规划（2013—2020年）》（宁政发〔2013〕110号）

《国家林业局关于切实加强三北防护林五期工程建设的通知》（国家林业局林北发〔2013〕159号）。

《三北工程黄土高原综合治理林业示范建设项目管理暂行办法》（国家林业局林防造字〔2013〕22号）。

《海原县绿化树木管理暂行办法》（海政发〔2013〕215号）。

《海原县造林质量管理暂行办法》（海政发〔2013〕235号）。

《国家林业局关于切实加强天保工程区森林抚育工作的指导意见》（国家林业局林天

发〔2013〕6号）。

《中央财政林业补助资金管理办法》（财政部财农〔2014〕9号）。

《森林抚育检查验收办法》，国家林业局2014年9月29日印发。2012年5月20日印发的废止。

《全国营造林综合核查办法》，国家林业局2014年印发。

《国家林业局关于深化三北防护林体系建设改革的意见》（国家林业局林北发〔2014〕171号）。

《国家林业局三北防护林体系建设工程计划和资金管理办法》（国家林业局林规发〔2014〕123号）。

《三北防护林工程退化林分改造试点管理办法》（国家林业局2015年）。

五、自治区、海原县影响林业发展的重要文件

（一）宁夏回族自治区人民政府关于开展全民义务植树运动的实施细则

为了切实贯彻执行第五届全国人民代表大会第四次会议《关于开展全民义务植树运动的决议》和国务院《关于开展全民义务植树运动的实施办法》，根据宁夏实际情况，特制定如下实施细则：

1. 自治区和各行政公署、各市、县（郊区）人民政府成立绿化委员会；各镇、人民公社和造林绿化任务较大的厂矿、学校、企业、事业单位成立绿化领导小组。

各级绿化委员会（领导小组）应由各级主要领导同志任主任，有关单位的负责同志参加组成，下设办公室承办日常工作。自治区绿化委员会由自治区和宁夏军区主要领导同志、建委、科委、计委、农村工作部、宣传部、林业局、水利局、农业局、交通局、财政局、煤炭局、团委、总工会、妇联、科协和银川铁路分局的负责同志组成，自治区绿化委员会设办公室，下设城市组（设区建委），农村组（设区林业局），部队组（设宁夏军区）。

各级绿化委员会（领导小组）统一领导本地区义务植树运动及整个绿化工作。

全区各级领导，要把绿化宁夏山川的责任放到自己的肩上，并以表率行动参加和领导好义务植树与整个造林护林。

2. 义务植树是一种法定的、无报酬的、为国家和集体服务的社会公益性劳动。凡是中华人民共和国公民，男11岁至60岁，女11岁至55岁，除丧失劳动能力的以外，均应承担义务植树的任务。

从1983年起，每年3月下旬至4月下旬为宁夏城乡开展义务植树的活动月。在活动月

里，各级绿化委员会（领导小组）要通过各种形式宣传绿化祖国的伟大意义，全区大、中小学、农村文化夜校，城镇工人俱乐部等，都要安排绿化课。在城镇或居民集中区，可专门辟立一块绿化用地，提倡在结婚、纪念性节日、有纪念意义的时期（如入党、入团、入队、大中专学生入学、学生毕业等），进行纪念性植树。

3.每人每年义务植树3至5株，是指栽活、成林而言，其劳动量包括育苗、整地、栽植、浇水、抚育和管护等。农村一般义务植树用工，每人每年以3个工日计算；11岁至17岁的青少年，应根据他们的实际情况，就近安排力所能及的劳动，一般以一个工日计算，对于免除此项义务的老病残人员，自愿通过各种可能的方式，为绿化祖国献计献策，支持或参加义务植树活动的应当受到鼓励和尊敬。

义务植树用工只能由县、社两级统一安排，严格控制，不能层层放到大队或生产队，不得层层加码，不得挪作他用，正常性的造林、育苗、管护用工，应和义务植树用工明确分工，不准以义务植树为名，无限度地给群众分摊任务。

4.城市或农村，应以市区、郊区、县为单位，制定出三至五年的统一规划，逐年分段实施，城市要优先安排公共场所和风景游览区的绿化，机关、团体、部队、企事业单位、学校等都要服从当地绿化委员会的安排，积极参加重点规划地区的绿化，按包干地段，负责到底，农村要由县、社统一组织，优先营造农田林网和发展县、社级林场。

5.义务植树是为国家或集体服务的，林权归国家而后集体所有。使用义务植树用工，在国有公路、铁路、渠道、林场等土地上栽植树木，林权归集体所有。个人、机关、团体、厂矿、学校、企事业单位在自己驻地种树、种花、种草；农民在房前屋后栽植的树木，不属于义务植树的范畴，不能动用义务植树用工，也不能作为完成义务植树的任务统计上报，只能作为正常性的林业生产任务统计。

6.为持久地开展义务植树运动，必须抓好苗木的培育。国家、集体、个人，各行各业都要大力培育树苗。在积极发展国营和集体育苗的同时。提倡有条件的单位和农户自办苗圃，提倡城镇居民开展容器育苗。为义务植树提供优质苗木的单位或个人，可以算作义务植树劳动量。

7.各级林业和城市园林部门，要努力做好规划设计、技术指导、人员培训、苗木培育、技术普及工作，植树造林、种草栽花要讲究科学，保证质量，注重实效，不搞形式主义，不搞一刀切。各行署、市、县林业局要充实加强，公社应尽快恢复建立林业工作站机构。

8.对义务植树完成数、成活率、保存率，每年都要进行检查评比。成绩优异的，要给予表扬和奖励。年满18岁的成年公民无故不履行此项义务的，当地绿化委员会（领导小组），要严肃追究领导责任，并按所欠任务罚缴绿化费；顶住不栽不缴的，应加重处置。

9.要加强林木抚育保护，严防人畜损坏，确保成活成材，义务植树的护林经费，由林权所有单位承担，城市公共绿地，由园林部门管理或指定邻近单位义务管护，要坚决执行《中华人民共和国森林法》和自治区《护林布告》，要遵守各地制定的地方性护林法规和乡规民约，严肃法制和纪律。要经常整顿和健全林木管护组织，确定专职护林员与兼职护林员，明确护林人员的职责、报酬和奖罚。

10.义务植树是带动整个造林绿化工作的火车头，必须同整个造林绿化工作有机地结合起来，全面规划、统筹安排，既要搞好义务植树，又要完成年度造林绿化计划。对于一个地方来说，只完成了义务植树任务，而整个造林、育苗、四旁植树和管护工作没有完成的，不能给予表扬和奖励。

11.各级政府和财政部门，要从资金上给绿化事业以支持，各单位也要拿出一点经费，各级绿化委员会要有专项活动经费。

12.为使人人履行义务植树任务，县级绿化委员会在每年林事活动季节之前二十天，要按照义务植树的规划设计，向所辖范围内的一切单位和农村，发出全民义务植树任务通知单，任务通知单内容包括：法定人数折合劳动工日、植树地点、植树株树、栽植树种、造林成果评定等项目，并根据通知单所定任务，进行数量、质量检查验收与评比。将其成果上报自治区绿化委员会，并建立绿化档案。

13.本实施细则已经宁夏人民政府一九八三年三月十日第七次常务会议通过。各行署、市、县（郊区）人民政府可以结合当地实际情况，制定具体规定执行。

（二）关于加强林木管护的暂行规定（海原县人民政府文件（海政发〔1982〕）84号）

为坚决贯彻执行中共中央、国务院《关于制止乱砍滥伐森林的紧急指示》，制止毁林歪风，以促进林业的发展，根据《中华人民共和国森林法（试行）》和中共中央、国务院《关于保护森林发展林业若干问题的决定》有关规定，特制定本规定。

一、加强党和政府的领导

1.我县森林资源缺乏，森林覆盖率仅占2%左右，保护好现有林木，促进林业的发展，是全县各级党政领导的重要职责，也是全县回汉人民的光荣义务。各级党政领导要把林业管护工作列入重要议事日程，切实加强领导，落实责任，实行逐级负责制。公社书记、主任要亲自抓林木管护工作，大队支书、大队长与生产队长要承担本队林木管护的主要责任。对于破坏林木事件，如制止不力，不及时处理或顶着不抓不管，要层层追究责任。

2.广泛、深入宣传贯彻《中华人民共和国森林法》，中共中央、国务院的有关决定、紧急指示，大力加强爱林护林与林业法治的宣传教育，做到家喻户晓，人人皆知，组织与发动广大群众订立护林制度与乡规民约，要把提倡人人爱林护林作为建设社会主义精神文明的重要内容。

各级领导要严格执法，对破坏林木事件要根据有关规定，及时认真处理，情节严重触犯刑律的，要报政法部门依法处理。

二、认真建立和落实林业生产责任制

3.根据中共中央、国务院《关于保护森林发展林业若干问题的决定》第三条规定，国有林场和社队要认真落实林业生产责任制，林木的管护要实行专业承包责任制，因此要求做到：

（1）国家和集体的林木不论用材林、防护林、薪炭林或四旁树都必须做到：每株树、每片山林、每块林地、每个林区都有专人管护，新造一片林，新栽一片树都必须事先研究而后确定管护办法和管护人员，把管护工作作在前头。

（2）要认真落实责任，对护林人员要签订合同，即定面积、定地段、定株数、定责任、定奖罚，坚决兑现。

（3）坚决贯彻护林制度，公正严明，不徇私情，处理及时，反对拖拉。

（4）建立定期的检查评比制度，兑现奖罚，发现问题，及时解决。

（5）生产队的成片林应一律收归集体管理，实行专业或专人管护不允许把成片林平均分给各户管护，形成事实上的林权下放，造成破坏。

（6）护林人员的报酬问题原则上由社队自行解决，确有困难的由国家适当补助。

三、林木管护

4.灵光寺、西华山、水冲寺为海原县仅存的三处天然次生林区，五桥沟流域为我县水源涵养林建设重点区，为保护不再继续遭到破坏，一律实行封山育林，严禁放牧，严禁打柴割草，严禁炸山采石，严禁侵占林区土地开荒种地，毗邻西吉县黄家庄林场天然林区的李俊、杨明部分社队应认真遵守林区的有关规定，自觉爱林护林，严禁破坏。

5.全县十二个国有林场、苗圃是社会主义全民所有，林木是国家和人民的宝贵财富，邻近社队有责任和义务协助、支持和配合林场搞好管护工作。并在力所能及的范围内参加林场的建设任务，对于积极协助、支持和配合国有林场搞好管护工作，无破坏事件发生，有显著成绩的，应给予表扬或奖励。

6.社队集体林木和社员个人树木均受法律的保护，严禁乱砍滥伐，偷砍盗伐。社队集体林木不准无证采伐。要采伐利用时应按县人民政府〔1981〕57号文件规定执行，在限额以上的应报县人民政府批准，由林业部门发给采伐证，凭证采伐，无证采伐以乱砍滥伐论处。

7. 凡有条件的地方要认真落实社员的自留山，动员和鼓励社员积极种树、种草、种灌木，以逐步解决牲畜饲草、烧柴与用材的困难，要坚决制止牲畜、羊只进入林区林地放牧。没有放牧条件的地方要提倡圈养，对于无人管理与夜不收圈的牲畜羊只进入林区林地或封山育林区，啃食破坏林木，护林人员可以收圈，如无人认领而造成牲畜、羊只死亡的，损失由畜主自负。

四、奖罚

8. 违反《中华人民共和国森林法》和本规定，根据有关规定，按情节轻重，分别给以罚款、拘留或行政处分，情节特别严重，构成犯罪的，要依法追究刑事责任。

（1）乱砍滥伐不成材的幼树，收回原物，每株罚款3元，栽树3株，包栽包活。

（2）乱砍盗伐椽材，收回原物，每株罚款5元，栽树3株，包栽包活。

（3）乱砍滥伐檩材，收回原物，每株罚款30元，栽树3株，包栽包活。

（4）牲畜养只进入林区林地，不听劝阻的，大牲畜每头罚款1元，羊每只0.5元，猪每头2元，如树被啃食践踏，每株罚款1元，破坏苗圃苗木的，按苗木价格一倍赔偿。限期不交罚款的，加倍处罚，情节特别严重的交政法部门处理。

（5）毁林开荒在半亩以下除限期造林外，要给以罚款或拘留处罚。

（6）进入封山育林区打柴割灌，采取砂石，但尚未造成严重损失的，应给以罚款或拘留处罚，割一根灌木罚款0.5元，采砂石一方罚款10元。

（7）不听劝阻，拒绝、阻碍护林人员执行任务，甚至殴打护林人员，但未造成人身伤害的，应给以罚款或拘留。

（8）凡有上述行为之一，数量大，情节严重，或属屡犯重犯，构成犯罪的，要依法追究刑事责任。

9. 护林人员工作积极认真，责任心强，模范执行林业政策、法令，敢于同破坏林木的各种不良现象作斗争，承包的林木管护好，无破坏事件发生，或虽有发生，但能及时发现、报告，并积极配合破案，成绩显著的，由社队推荐，林业部门审查，报县人民政府批准，给以精神和物质奖励。

如因工作不负责任，使国家和集体林木遭受损失的，应按情节给以罚款，如有内外勾结，贪污受贿，破坏国家和集体林木的，应从严处理，直至追究刑事责任。要鼓励和发动群众护林，对积极检举揭发破坏林木事件的，要坚持保护，并奖给罚款的30%~50%。

10. 公社书记、主任，主管林业的负责同志，承担管护主要责任的大、小队干部，热爱林业工作，模范地贯彻执行林业方针、政策、法令，敢于同危害林业建设的各种违法行为作斗争，宣传工作深入，林业生产责任制落实，各种制度健全，处理问题及时，全年无重大破坏事件发生，或虽有发生，但能迅速破案，及时严肃处理，林木管护好，成绩显著的，由社队或林业部门推荐，经县人民政府批准，给以精神和物质奖励。

如因工作不负责任，贯彻党的林业政策、法令不力，对严重破坏林木事件不处理，不制止，不报告，对国家和集体林木造成重大损失的，要按情节轻重，追究责任，如有指使、纵容违反《中华人民共和国森林法》和本规定行为的，要严肃处理，直至追究刑事责任。

一九八二年十月三十日

报：区人民政府、区林业局、固原行署。

发：各公社、农牧场、生产大队、生产队、各国有林场、县直各单位。

（三）海原县退耕还林草办法（海党发〔2003〕17号）

第一章　总则

第一条　根据国务院《退耕还林条例》和自治区人民政府有关退耕还林草工程建设方面的规定和要求，为了规范退耕还林草工程，保护退耕还林者的合法权益，加快建设进度，巩固建设成果，优化农业产业结构，改善生态环境，结合本县实际，特制定本办法。

第二条　本办法适用于全县范围内的退耕还林草工程。

第三条　严格按照"退耕还林草、封山绿化、以粮代赈、个体承包"的方针，贯彻"严管护、慎用钱、质为先"的工作要求，切实把握"林权是核心、给粮是关键、种苗要先行、干部是保证"四个主要环节，认真搞好退耕还林草工程建设。

第二章　基本原则

第四条　坚持统筹规划、分步实施、突出重点、保证质量、注重实效的原则。

第五条　坚持政策引导和农民自愿相结合的原则，谁退耕、谁造林（还草）、谁所有、谁经营、谁管护、谁受益。

第六条　坚持遵循自然规律，因地制宜，宜林则林，宜草则草，以生态效益为主，兼顾经济效益的原则。

第七条　坚持按规划设计、按设计施工、按标准验收、按验收兑现的原则。

第八条　坚持以小流域为单元，山、水、田、林、路、草综合治理的原则，把退耕还林草同防治水土流失、建设基本农田、实施生态移民、调整农业结构、发展种草养畜主导产业和农民脱贫致富结合起来，做到农田、林草、水保工程同部署，生物、工程、农艺措施齐安排，科学布局，确保建设质量，提高治理水平，改善退耕者生产、生活条件。

第九条　坚持基本农田不退的原则，确保退耕户人均留足3亩基本口粮田，防止"全退户"和"退耕大户"的出现（每户退耕面积一般应控制在50亩以内）。对规划区内退耕面积大的农户，由乡、村两级协调引导邻里、户族之间相互对换调整耕地，使退耕区域内基本上户户受益。

第十条　坚持治理与保护、建设与管理并重的原则，建立健全监督管理体系，强化管理措施，确保建设一片、成功一片、见效一片。

第十一条　坚持目标管理责任制和"一把手"负总责的原则。把退耕还林草纳入各乡镇和业务部门年度工作考核的主要内容，作为领导干部政绩考核的重要指标，逐级签订责任书，严格考核，奖惩兑现。

第十二条　坚持公开、公正、公平的原则，增加工作透明度，自觉接受社会监督。

第三章　政策措施

第十三条　国家无偿向退耕户提供粮食和现金补助，补助标准为每亩退耕地每年补助粮食100公斤、补助现金20元，补助年限为：草2年、经济林5年、生态林暂补8年。退耕地要依法变更土地登记手续，及时发放林草权属证明。

第十四条　国家向退耕地和荒山造林地每亩补助种苗费50元。退耕地当年所需种苗、草籽由林业、畜牧部门统一组织调配，无偿供应。对因自然灾害造成林草成活率达不到规定标准的地块林（草）补植（种）所需种苗继续由林业部门提供，草籽由畜牧部门提供；退耕户人为造成林草成活率达不到规定标准需补植（种）的种苗和草籽由退耕户承担。

第十五条　退耕地还林草后的承包经营权期限可以延长到70年，允许依法继承、转让，到期后可按有关法律和法规继续承包。

第十六条　凡开垦的荒地和未承包到户的坡耕地，在退耕还林草中，纳入宜林荒山荒地造林种草范围，只提供所需种苗、草籽，不享受粮食和现金补助优惠政策。

第十七条　退耕还林草后的耕地，在粮食补助期间不征收农林特产税，继续按农业生产用地标准征缴农业税。停止粮款补助之后，不再对退耕地征收农业税，按国家有关税收优惠政策执行。

第十八条　退耕户享受补助粮款期间必须在全县统一规划的区域内完成匹配的宜林荒山荒地整地造林任务。为了确保荒山造林任务的完成，各乡镇可通过村民代表会议或乡人民代表大会决议，建立荒山造林基金制度。荒山造林基金作为荒山整地造林、栽（补）植、林区道路、护林点等基础设施及管护的专项费用，实行乡镇统一管理，专户储存，专款专用，纪检、监察、审计、林业、畜牧、农经等部门监督使用。荒山整地造林采取以粮代赈的办法施工，劳务费按水平沟长度（m）或面积、鱼鳞坑按个数或整地面积与补助粮款挂钩，栽植或补植按面积挂钩兑现。

第十九条　退耕地造林工程整地原则上采取户退户还的方式。若因劳力不足，按期完不成整地造林任务的，由乡、村统一组织劳力整地，整地费用从退耕户当年和第二年补助粮中提取（每亩最多不超过100 kg），劳务费按水平沟长度（m）或面积、鱼鳞坑个数或面积进行兑现。

第二十条　鼓励县内外企事业单位、社会团体和各界人士，在协商自愿的情况下，通过承包、拍卖、租赁、股份合作等多种形式进行造林和种草，其利益分配等问题由双方协商解决，政府将在项目上优先安排，资金上协调扶持，政策上倾斜照顾。

第二十一条　在退耕区域内县上优先安排机修农田、井窖、道路、舍饲养殖等配套建设，实行综合治理，退耕户必须接受，以提高退耕区域内农户的生产生活水平和可持续发展能力。

第四章　建设管理

第二十二条　退耕还林草工作实行县委、县政府统一领导下的分工负责制，县退耕还林草工作领导小组负责综合协调，组织相关部门和项目乡镇依据国家和自治区的有关规定研究制定政策、办法，协调总体规划的落实；各乡镇人民政府负责辖区内退耕还林草的组织实施，粮款的兑现和发放，落实各项建设措施和管理；环林局（环境保护与林业局）负责编制总体规划、年度计划、作业设计和工程建设的检查验收及监督管理；计经局负责总体规划的审核、汇总和年度计划的综合平衡以及参与计划下达；财政局负责中央财政补助资金的核拨管理和监督管理；畜牧局负责间作种草的技术指导、监督管理和退耕区的舍饲养殖；水务局、扶贫办负责退耕区域小流域配套治理等相关工作的技术指导和监督检查，农发行负责兑付粮食资金的拨付和监督管理；粮食局负责退耕补助粮源的协调和组织供应；组织部、民政局负责乡镇对土地丈量面积和兑付粮款情况进行张榜公布的监督检查；监察局、审计局、财政局、环林局、计经局和农经中心成立联合监督组，负责对补助粮款的兑现及工程实施全过程进行定期不定期的监督检查。

第二十三条　县退耕还林草工作领导小组办公室（以下简称退耕办）和计经部门要根据总体规划，主动与自治区有关部门联系，争取建设任务，于上年秋季造林前预先下达本年度退耕还林草部分计划，提前组织施工。

第二十四条　年度退耕面积的分解和流域的确定，根据各乡镇编报的规划和年度计划，由县退耕还林草领导小组统一安排部署。县环林局与乡镇组织林业技术人员及时做好各点作业设计。

第二十五条　各乡镇是实施项目的主体，乡镇政府要与退耕农户签订退耕合同，按照批准的作业设计，组织劳力按时保质保量完成任务。要做好退耕前政策宣传，界定退耕造林区域面积丈量、登记造册、张榜公布。

第二十六条　退耕还林草工程建设实行行政和技术双轨管理负责制，工程实施区域确定项目责任人和技术负责人，并签订责任书。县政府与乡镇政府，乡镇政府与村委会，村委会与退耕农户层层签订行政责任书，林业、畜牧等部门负责人与工程技术人员签订技术责任书。

第二十七条　退耕区域内承包地的界定及退耕面积丈量工作实行村级界定、乡级核查。首先由林业技术人员采用地形图和GPS核定退耕区域面积，其次以村为单位成立7~9名乡村干部和群众代表参加的工作小组，逐户逐地块丈量退耕面积，反复调查核实，把退耕还林草面积落实到地块，落实到农户，最后由乡级核查上报。

第二十八条　乡镇组织所属林业、畜牧、水务、农业技术人员严格按照《海原县标准化造林技术规程》进行作业设计测设、工程整地、施工，并按设计树种和密度规范栽种。

第二十九条　退耕还林草所需种苗、草籽的生产要以县内国有场圃和草籽基地为主，育苗、草籽专业户为补充，种苗、草籽管理执行《海原县退耕还林草工程建设林木种苗管理暂行办法》，所调购的种苗和草籽必须具备"一签三证"（产地标签、质量检验合格证、检疫证和生产经营许可证）。种苗供应要就近调拨，减少中间环节。林业、畜牧部门指定种苗、草籽供应地点，乡镇按计划指定专人直接到供应点拉运，严格交接手续，做到保质保量及时供应到户，对质量不合格的种苗、草籽，责任人和退耕农户有权拒收。

第三十条　退耕还林草检查验收采取随机抽查和全面检查相结合的办法。县退耕还林草领导小组在施工期间，随机抽查，发现问题及时纠正。每年分两次进行全面检查，春、秋两季造林种草工程完成后，乡镇组织全面自查自验，登记造册，申请县级验收。县退耕办组织有关工程技术人员严格按照《海原县退耕还林草工程检查验收技术细则》进行全面验收，并申请区级主管部门验收后，出具验收合格证明。

第三十一条　乡镇政府根据县退耕办提供的验收结果，认真核实，登记造册，张榜公布，出具粮食供应证，通知粮食供应单位发放补助粮。补助粮由县粮食局统一调配，就近供应，组织到乡，依据区人民政府规定的暂按60%小麦、30%玉米、10%稻谷（按69%折合大米）的品种比例及质量要求直接兑付到户。当年退耕补助粮分两次兑现，第一次在签订退耕还林草合同、完成整地并经县退耕办检查验收合格后，在上半年预先兑付50%；第二次在造林结束后，经退耕办对退耕还林草成活率、抚育管护率、水毁工程修复验收合格，并经区林业局复核后年底再兑付50%，历年退耕地的补助粮食在对林草成活率、保存率、抚育管护率、水毁工程修复检查合格后，年底前一次性兑付。兑付的补助粮，不得折算成现金或代金券。供应粮食的企业不得回购退耕还林草补助粮。现金补助待自治区下达指标后，县财政局要及时拨付到环林局，经环林局审核后拨付到各乡镇财政所，乡镇政府在规定的时间内直接兑付到退耕户手中。并将发放现金花名册上报环林局，建档备查。

第三十二条　工程建设期间项目实行动态信息管理。乡镇政府必须于每月月底前将工程进展情况及时上报退耕办，由退耕办汇总上报区林业局，并抄报县计经局。

第三十三条　县、乡、村三级要建立健全管理网络，完善管理制度，明确管理职责，重点加强对林草复垦、防牧、防毁、防火的管理。林业部门管理国营场圃和与国营场圃相连的已治理的荒山和退耕地，其余由所辖乡镇管理，县森林公安、林政人员和草原警察要经常巡回检查、严肃查处各种毁林毁草事件，及时消除各种隐患。

第三十四条　严格执行《海原县封山禁牧暂行规定》，全面实行封山禁牧，发展舍饲养殖，严禁牲畜、羊只放牧，践踏林草，保护建设成果。

第三十五条　在工程建设完成后，乡镇要及时申请，核发林草权属证，建立健全退耕还林草合同、粮款发放花名册和各种图、表、卡等档案，组织专人负责整理留存，并及时上报县退耕办，有条件的乡镇要对退耕档案实行微机化管理。

第三十六条　退耕还林草工程验收结束后，依据《海原县退耕还林草工程验收奖惩办法》对完成任务的乡镇、村组织、技术人员给予奖励，每亩合格面积奖励4元（乡镇人员1元、部门村组织1.5元、部门技术人员1.5元），乡镇、村组织奖励资金由乡镇筹措，技术人员由环林局筹措。

第五章　基金管理

第三十七条　荒山造林实行基金管理，荒山造林基金是指2002年（含2002年）以后，应该按自治区下达还二还三（退一亩耕地，荒山造林二至三亩）任务义务完成荒山整地、植树任务，没有完成或无法完成的，从退耕农户第一年补助粮中每亩提取30公斤的粮食。

第三十八条　荒山造林基金实行乡镇政府统一管理，基金核算统一归口到乡镇财政所。

第三十九条　荒山造林基金必须设立专账、专人管理，专户储存，专款专用，只能用于荒山整地造林、补植和林区道路、护林点修建、病虫害防治等设施费用及管护费用。

第四十条　荒山造林基金建立专账包括总账、明细分类账、实物账，按会计制度的规定进行会计核算。会计凭证和其他会计资料必须单独装订。

第四十一条　粮食收入以乡镇政府核定的数额记入实物账，收入时记贷方、支出时记借方。粮食由供应单位代管。

第四十二条　各乡镇在支付荒山造林基金时，先由包村干部、乡林业技术人员对荒山造林逐块检查验收，再上报县退耕办，县退耕办上报区级主管部门验收后，出具验收证明，村委会根据验收结果登记造册（一式三份），验收人员和村级负责人共同签字认定，并加盖村委会公章，经主管乡镇长审核签字后，到指定的粮食供应单位集中向投工者兑现，并将兑现底册移交乡镇财政所结算。

第四十三条　乡镇要加强退耕地的管护，按照《海原县退耕还林草及封山育林区管护暂行办法》聘任专职护林员（村级干部不能兼任），从退耕农户每亩每年20元现金补助中抽取管护费1~2元，乡管村用，按点定员，按面积定报酬，实行分片包干，长年监管，工效挂钩，严格奖惩。退耕农户要严格按乡镇的要求及时松土除草、修枝扶壮、防治病虫鼠害、修复水毁工程。

第六章　违规责任

第四十四条　违反作业设计要求，在施工过程中出现随意扩大退耕范围、变动退耕区域、调整林草布局、变动整地方式和造林密度等问题，其退耕面积不予验收，限期纠正，并相应扣减责任人奖励工资，情节严重的，给予党纪、政纪处分。

第四十五条　在承包地界定和开荒地清理上弄虚作假，虚报冒领、优亲厚友、工作不力、监管不严，造成面积不实，兑现不准的，一经发现，除限期纠正并追回补助粮款外，对相关责任人将给予党纪、政纪处分，并处以冒领金额2倍以上、5倍以下的罚款。

第四十六条　林业、畜牧部门在种苗、草籽采购中，要严把质量关，对作业点拒收的不合格种苗、草籽，必须立即更换，不得影响建设进度。如果不合格种苗、草籽数量较大，造成一定损失的，要严肃追究有关人员的经济责任。因运输管理不善、栽植不及时，造成成活率低的，要追究相关责任人员的经济责任。在供应过程中，出现克扣、倒卖种苗、草籽现象的，一经发现，纪检、监察、林业、畜牧部门要严肃查处，除追回损失外，对直接责任人处以克扣、倒卖种苗、草籽总价款2倍以上、5倍以下的罚款。

第四十七条　乡镇、行政村在荒山造林基金使用管理和补助粮款兑现中，出现挤占、截留、挪用、克扣或贪污补助粮款的，一经查实，责令限期纠正，并对相关人员给予党纪、政纪处分，情节严重的，要追究刑事责任。对基金发放过程中把关不严、手续不全、责任不清，造成一定后果的，对相关人员给予党纪、政纪处分。

第四十八条　退耕还林草工程验收人员若不严格按照检查验收办法操作，在工作中弄虚作假，徇私舞弊，造成面积不完成，质量不达标的，由有关部门视其情节和造成的后果给予党纪、政纪处分或追究刑事责任。

第四十九条　粮食供应部门如出现向退耕户供应不符合国家质量标准粮食的情况，由县粮食局责令改正，并处非法供应的补助粮食乘以标准口粮单价一倍的罚款。将补助粮食折价成现金或代金券支付的，或回购补助粮食的，责令其限期改正，并处折算现金额、代金券额回购粮款一倍的罚款。

第五十条　把退耕还林草补助粮款同经营管护相挂钩，对松土除草不及时、水毁工程不修复、林带隔坡不种草、栽植补植不达标，灭鼠除害不积极，造成林草成活率、保存率、抚育管护率达不到要求的，要按比例暂扣补助粮款，并限期补救完善，其费用由退耕户承担。对于擅自复耕或林粮间作，故意损坏林草，滥采、乱挖乱垦破坏植被等行为的，由林业、畜牧、水务部门依照《中华人民共和国森林法》《中华人民共和国草原法》《中华人民共和国水土保持法》的有关规定处理，情节严重的要追究刑事责任。

第五十一条　退耕还林草工作要建立监督举报制度，公布举报电话、设立举报信箱，接受社会监督。任何单位和个人都有权检举、控告破坏退耕还林草的行为和退耕还林草工作中的违法违纪行为，对群众反映的问题，有关部门要及时严肃查处。

第五十二条　在实施退耕还林草工程中，违规的领导干部要严格按照《中共海原县委关于加强领导干部管理的九条规定》进行处理。

第六章　附则

第五十三条　本办法由县退耕办负责解释。

第五十四条　本办法自发布之日起施行，原《海原县退耕还林草项目管理暂行办法》同时废止。

二〇〇三年四月二十八日

（四）海原县城市园林绿化管理办法

第一章　总则

第一条　为了加强城市园林绿化的规划、建设和管理，提高绿化覆盖率和绿地面积，保护和改善城市生态环境，美化市容，满足市民对优美生态环境的需要，根据国务院《城市绿化条例》和《宁夏回族自治区城市绿化管理条例》等有关法律法规的规定，结合本县实际，制定本办法。

第二条　本办法适用于本县城市规划区的园林绿化规划、建设、保护和管理。

第三条　本办法所称城市绿地，是指公共场所绿地、居住区绿地、单位附属绿地、生产绿地、防护绿地和风景林地。

第四条　城市园林绿化实行统一领导，分级负责，群众和专业队伍相结合的管理办法。

县林业局会同住建局负责全县城市园林绿化的规划、建设、保护和管理，指导、监督、检查各单位的园林绿化工作。

各单位负责其用地范围和责任地段的绿化管护工作，并接受县林业局和住建局的监督检查和技术指导。

发改、财政、公安、国环、交通运输等部门，在各自职责范围内，配合林业局做好县城绿化工作。

第五条　加强对城市园林绿化工作的领导，把城市园林绿化建设作为城市基础设施建设的重要组成部分，纳入城市建设总体规划，并在年度财政预算中安排相应的投资和养护管理经费。

鼓励、支持企业、组织和个人投资、捐资、合资建设城市园林绿化项目，并保护其合法权益。

第六条　凡在城市园林绿化规划、建设、保护、管理和科研工作中做出显著成绩的单位和个人，由县人民政府或林业局给予表彰和奖励。

第二章　规划与建设

第七条　本县城市园林绿化建设规划，由住建局会同林业局、国环局共同编制，并纳入县城建设总体规划，制定出分期实施计划，经县人民政府审定批准后组织实施。

第八条　县住建局和林业局应当根据国家有关规定和本县实际，依据城市绿化规划建设指标，报市、区住建局核准，并据此审核、审批各类开发区、建设项目的绿地规划和建设计划，依法监督城市绿化各项规划指标的实施。

第九条　城市园林绿化工程的设计与施工，必须由具有相应资质的单位承担。各单位附属绿地的绿化规划和设计，由该单位自行负责，林业局给予技术指导。

第十条　县城新建、扩建、改建工程和开发区、住宅区建设项目中的绿化工程设计方案，由县林业局备案审查；建设项目工程概算中必须包括绿化所需费用；绿化工程应与主体工程同时规划、同时设计、同时施工，并在规定的期限内完成绿化任务。

建设项目竣工验收，必须有林业局参加。绿化工程验收不合格的，由建设单位重新施工或由绿化专业单位代为施工，代施工的费用由建设单位承担。绿化建设工程竣工资料送交县林业局存档。

建设单位必须按批准或审定的绿化规划建设指标进行建设。因特殊情况不能按规定指标进行绿化建设的，必须经县林业局批准，并将所缺面积的建设资金交由县林业局作为统一安排城市绿化建设的补偿。

第十一条 城市新建、扩建、改建工程必须安排一定的绿化用地，其所占建设用地面积的比例为：

（一）新建居住区不低于30％，旧城改建区不低于25％；

（二）新建城区主干道不低于20％，次干道不低于15％；

（三）新建学校、医院、疗养院所、公共文化设施和机关团体等单位不低于30％；

（四）新建经济技术开发区不低于30％，工矿企业不低于25％，产生有毒有害物质，污染环境的工厂不低于35％，并在其周围营造卫生防护林带；

（五）城市商业区不低于20％；

（六）其他工程建设项目地处城市建成区的，不低于25％，地处城市建成区以外的不低于30％。

第十二条 敷设通信、输电、燃气、给排水管线和架设公安、公交指示信号、标牌等公用设施需占用城市绿地的，应当采取避让办法妥善解决。无法避让的，在施工前，施工单位应当和县林业局商定保护措施和补偿事宜。

第三章 保护与管理

第十三条 本县行政区域内的单位和个人都有责任和义务保护城市绿地、树木花草和园林设施，参加绿化、美化城市的活动，有权制止、检举和控告侵占、危害、破坏城市绿地、树木花草和园林设施的行为。

县城主次干道沿街各机关单位、学校、商铺、经营摊点、建筑工地、居民住户等均有门前绿化树木的监管义务和责任，任何单位和个人不得以任何理由拒绝。

第十四条 下列城市绿地、树木和园林设施的管理责任分别是：

（一）县城公共场所绿地、生产绿地、防护绿地、森林公园的树木及设施，由林业局负责管理，采取购买社会化服务养护管理；

（二）单位附属绿地的树木及设施，由该单位负责管理；单位管界内防护绿地的绿化和养护，由该单位按国家有关规定管理；

（三）居住区绿地的树木及设施，由产权单位（物业公司）管理；

（四）铁路、公路两侧的绿化，由铁路和公路主管部门按国家有关规定负责建设和管护。

第十五条　本办法适用范围内所种的树木，均不得擅自砍伐、移植。确需砍伐、移植的，必须向县林业局提出申请，按照审批权限，经县林业局或县人民政府批准后，方可移植、砍伐，应当对树权所有者给予补偿，并按"伐一栽三"的原则予以补栽。原地无法补栽的，可缴纳树木补栽所需费用，由林业局异地补栽。

第十六条　百年以上树龄的古树和珍稀、名贵树木及具有历史价值和重要纪念意义的树木，应列为古树名木，建立档案和标志，划定保护范围，加强养护管理，严禁砍伐和擅自迁移。如遇特殊情况确需迁移时，必须经县林业局审查同意，并报县人民政府批准。

第十七条　任何单位和个人都不得擅自占用城市绿化用地，改变用地性质，或者破坏其地形、地貌、水体和植被。擅自占用的，应当限期归还，并补偿占用绿地费。改变用地性质或者破坏其地形、地貌、水体和植被的，责令恢复原状；确实无法恢复原状的，按所占面积绿化建设的实际造价和生态效益等综合价值进行补偿。

第十八条　禁止将城市公共场所绿地、生产区绿地、防护区绿地出租或者用作抵押；禁止侵占公共绿地搞其他建设项目。

第十九条　因建设需要或特殊原因占用城市绿化用地的，用地单位应持有关文件及规定比例的平面定位图，向县林业局申请，经审核同意并落实补偿措施后，依法向有关部门办理审批手续。

需临时占用城市绿化用地的，应向县林业局提出申请，报县人民政府审批。经批准临时占用绿地的单位和个人，必须服从绿地管理部门的管理，与其签订《绿地恢复保证书》，缴纳临时占用绿地费，并在临时用地期满后按原样恢复绿地。

第二十条　县林业局对行道树和街道绿带的树木适时修剪，其他单位和个人不得擅自处置。为保证架空线路、地下管线安全使用需要修剪或移植的，由申请单位向县林业局提出申请，经审查同意后按要求进行修剪或移植，费用由申请单位承担。

因抢险救灾和处理事故等紧急情况需要砍伐树木的可先行处理，事后须及时向林业局及县政府报告并补办手续。

第二十一条　相关单位要做好管辖范围内城市绿地、树木花草的养护管理工作，适时松土、浇水、施肥、修剪，清除死树、枯枝。对遭受意外伤害的树木及时采取救护措施，并查明原因和责任。要加强病虫害的预测预报及防治工作。各种树木、花卉和种子未经检疫或检疫不合格的,不得调入、调出本县。

第二十二条 在城市绿地及其保护范围内,任何单位和个人都不准有下列行为:

(一)攀树折枝,伤害树木、绿篱,践踏绿地草坪;

(二)依树搭棚盖房,或在行道树冠范围和距绿地、绿篱、花坛1.5m范围内设置煎、烤、蒸、煮等摊点;

(三)在树上钉钉、拴绳挂物、拴系牲畜、倚靠车辆;

(四)放牧捕猎,焚烧枯枝落叶,生火取暖或野炊;

(五)倾倒垃圾、污水和热水;

(六)设置影响园林景观的标牌等;

(七)堆放物料,硬化树坑;

(八)驾驶车辆等作业撞伤、撞倒树木,损坏园林设施;

(九)其他损坏城市园林绿地、树木花草的行为。

第四章 法律责任

第二十三条 有下列行为之一的单位或个人,由县城市管理综合执法局依据《宁夏回族自治区城市绿化管理条例》予以处罚:

(一)违反本办法第十条规定,擅自改变园林绿化建设设计方案或未按批准的设计方案施工的,责令其停止施工、限期改正或者采取其他补救措施;

(二)违反本办法第十七、十九条规定,擅自占用城市规划绿地或者城市中已有绿地的,由城市绿化行政主管部门责令限期退还城市绿地,恢复绿地原状,并处占用绿地面积应当缴纳占用绿地费五至十倍的罚款;造成损失的,应当负赔偿责任;已形成的非法建筑物或者其他设施限期拆除,逾期不拆除的,依法强制拆除、没收或申请人民法院强制执行。

临时占用城市绿地期满后未及时按原样恢复城市绿地的,由城市绿化行政主管部门责令限期恢复;逾期不恢复的,处以应缴占用绿地费五倍以下罚款。

违反本办法第十五、二十条规定,擅自砍伐、移植、修剪树木的,责令其停止侵害,要求补栽或采取补救措施,并处以二百元至一千元的罚款。

违反本办法第十六条 擅自砍伐或者迁移古树名木的,责令其停止砍伐或者迁移,并处以五千元至五万元的罚款。

(五)违反本办法第二十二条 第(一)、(三)、(四)、(五)项规定的,责令其停止侵害；情节较重的，可处五十元至一千元的罚款。

（六）违反本办法第二十二条 第（二）、（七）、（八）、（九）项规定的，除责令其采取救护和补偿措施外，可处五十元至两千元的罚款。

上述行为造成损失的，应负赔偿责任，赔偿标准由县人民政府规定；应当给予治安处罚的，由公安机关依照《中华人民共和国治安管理处罚条例》的有关规定处罚；构成犯罪的，依法追究刑事责任。

第二十四条 妨碍城市园林绿化管理部门及其工作人员依法执行绿化管护任务的，应当给予治安处罚，由公安机关依照《中华人民共和国治安管理处罚条例》的有关规定处罚；构成犯罪的，依法追究刑事责任。

第二十五条 城市园林绿化管理部门及其工作人员必须忠于职守，秉公执法，及时受理人民群众的举报，制止和查处有损城市绿地和园林设施的违法行为。对管理工作中玩忽职守、滥用职权、徇私舞弊的，由所在单位或其上级机关给予行政处分；构成犯罪的，依法追究刑事责任。

第二十六条 当事人对行政处罚决定不服的，可以依法申请行政复议或提起行政诉讼，逾期不申请复议也不起诉，又不履行处罚决定的，由做出处罚决定的机关申请人民法院强制执行。

第五章 附则

第二十八条 本办法所称县城绿化是指县城规划区内进行的植树、种草、栽花、育苗和园林设施建设、保护和管理活动。

第二十九条 本办法自2018年1月1日生效，有效期至2023年12月31日。

第二十七条 本办法具体应用中的问题，由县林业局负责解释。

第二节 造林组织形式

海原县70年来，人工造林取得了一定成绩，累计营造面积为1 921 017亩，森林覆盖率由1950年0.3%净增9.1%，为了发展林业生产采取了多种组织形式，积极开展大面积的植树造林工作，几十年来，主要采用了国营造林，集体、群众个人造林、以工代赈工程、招标造林工程和全民义务植树造林的6种组织形式，组成了一个比较完整的林业建设体系。

一、国有林场造林

国有林场是完成国营造林主要而唯一的组织形式。从发展林业生产需要，海原县从解放初期至1987年，先后共建立蒿川林场、灵光寺林场、牌路山林场、水冲寺林场、郝集林场、五桥沟林场、谢家沟林场、西华山林场、拐洼林场、瓜瓜山林场、凤凰山林场、月亮山林场等12个国营造林管护林场，满足不同时期开展国有人工林营造工作，这些林场职工不但是技术员，也是造林的主力军。国有林场造林有三个发展时期，一是20世纪70年代，在这十年中共造林1.2万亩（海原县统计局1970—1979年国民经济统计资料）；二是南华山水源涵养林建设的1993—2015年，南华山共造林31.45万亩（保存21.41万亩）；三是2010—2019年，全县国有林场共造林13.14万亩。

二、集体造林

集体造林是以集体宜林地为主，林业主管部门供种子种苗，通过村组出工出劳（力）整地造林的方式进行造林。海原县集体造林开始于20世纪50年代，兴盛于90年代。50年代以兴仁青龙寺林场造林611亩、西安付套林场154亩、树台二百户林场584亩，他们是先进典型代表。进入20世纪80年代，以九彩万亩林场、贾塘黄坪万亩林场为代表，这些都

图4-1　曹洼乡曹洼西河村

是海原县集体造林的典范。2002—2010年的集体造林是在集体宜林地上的退耕荒山配套工程68万亩，多以工程造林为主，由于与草原交叉管理，保存率较低。不足30%。

三、个体造林

海原县个体农户造林历史悠久，素有"前人栽树后人乘凉"的传统美德。清左宗棠"新栽杨柳三千里"，海原县就有柳树栽植的记录。从清朝开始，大户人家在庄前院后就有树木花草栽植。中华人民共和国成立后，农民在房前屋后都有种树的习俗，这句"前榆后柳，不苦自有"就是最好的佐证。另外，人们也喜欢在房前屋后或园地栽一些苹果、梨树（海原县有香水梨）、杏树、桃树等果树，20世纪70年代开始，引进李子、葡萄等果树栽培。一是可观花赏景、改善环境，二是可水果自给、送亲赠友。现走进曹洼乡曹洼西河村，树木参天、绿道成荫。

四、个体造林典型

1. 马振宇

20世纪80年代初，马振宇整地45亩，其中修带子田30亩，水平沟15亩，打坝8条。淤地15亩，种草5亩，种树2 000株。流域内生产杨树4 000株。榆树苗1 500株。树苗收入450元。出售牛2头，收入600元。再加上油料作物、治理补助费。副业及羊毛皮张收入全年总收入4 300元，粮食总产量6 000 kg。1986年治理40亩，打坝4条，种杨树2 000株，榆树4 500株。年收入5 200元，人均口粮超千斤。

五年来，马振宇带领全家在沟里打坝、拦洪，淤泥造田。沟岔修谷坊，荒坡修带子田，营造灌木水保林，挖鱼鳞坑，水平阶，使工程和生物措施有机地结合起来，用工1 150个，国家补助2 000元，自筹3 400元，共打大小淤地坝26条，打地埂300 m，修复坎地30亩，新坝地50亩，种杨树11 000株，榆树4 500株，挖鱼鳞坑2 500个，修水平阶和带子田100亩，并种植了榆、柠条、杞柳、沙柳等乔灌木，组成了乔灌草三结合的主体防护体系。同时还封山育林、草，恢复了天然植被，使盖度达70%以上，控制了水土流失，为发展农林牧生产创造了良好的生态环境。

在流域治理中，马振宇还非常重视把当前利益和长远利益相结合起来，做到当前有效益，长远有盼头，以短养长。为了解决饲料和燃料问题，他先后退耕种10亩紫花苜蓿和草木栖。他家曾养羊50只，大家畜6头（牛5头，驴1头），他特别重视管理，对已治理的流域，不管刮风下雨，经常加固维修，他治理的小流域经几次较大暴雨考验，完好无损。

1987年旱情严重，但流域治理和种草种树显示了威力，他仍出售羊10只，收入700元，牛2头，收入600元，树苗1 000株，收入500元，搞"三田"建设国家补助费300元，以及羊毛、副业等共收入3 800元，人均达422元。

随着经济收入的增加，20世纪80年代，他盖新房三间，购买自行车两辆，缝纫机一台，还添了几件新式家具。马振宇手里有钱，家里有粮，日子越过越富裕，为山区脱贫致富树立了典型。

2. 撒有仁

曹洼乡老虎行政村撒家梁自然村回族农民撒有仁，自1963年以来，年年坚持在自己房前屋后、路边、沟岔植树造林。1982年年底种树8 400余株。党的十二届三中全会以后，在党的富民政策正确指引下，撒有仁种树的积极性更高了。1983年他积极承包荒山330亩，扩大了种树面积，迄今共植树58 000余株。成为远近闻名的植树能手，他家靠辛勤劳动大搞植树造林走上了致富之路。受到区、地、县的表彰奖励，被选为宁夏五届人大代表。

多年来，为了种好树，造好林，绿化荒山。撒有仁带领全家人坚持不懈地进行整地造林，付出了辛勤的劳动。共整修带子田、鱼鳞坑、水平台共计300亩，移动土方达810 m³，栽植柳树、榆树、杏树、杞柳、柠条等54亩，约10 300余株，加上沟岔庭院零星补栽杨树5 700株，共有各种树木28 000株。其中部分杨树已成椽材。1986年他盖的12间新房所用的木材，除门窗外，其余都是自产，每年可产椽材200余根。平均收入900元，育杨、榆苗出售，平均收入550元。

在1987年干旱的情况下，撒有仁栽植在较干旱的山坡上的150亩杨树、榆树濒临旱死的危机，在困难面前他没有退步，带领全家6口人往返两里多山路，靠肩挑、驴驮运水浇树，为了节约用水，使有限的水能够充分利用，他又在每株树的根部用钢针钻孔，然后把一壶壶水灌入树苗根部，经两个月的苦战，终于使干旱山坡上的树木全部成活，之后他又对幼树进行了两次松土、除草和其他抚育措施，在大旱之年新栽的1 200株杨树无一死亡。

在抓好林业的同时，他积极搞好多种经营。他家饲养5头大家畜，羊60只，出售皮毛收入1 300元，粮食收入1 500 kg，油料250 kg，人均口粮250 kg，出售椽材270根，收入950元。出售杨、榆树苗8 400余株，收入650元，总收入3 350元，人均达558.3元，成为林业承包户先进典型。

3. 康健斌

遵照习近平总书记关于"绿水青山就是金山银山"的思想，为扩大海原县三河镇的绿化，开发未利用土地，合理利用农民手里的闲置耕地资源，以个人出资的方式，自

2009—2019年，10年时间在三河镇六窑村共投资1 000万左右，绿化小荒山4座面积400亩左右，主要种植的是耐旱耐寒的樟子松、云杉、油松、垂柳、刺槐、国槐，其中樟子松、云杉3万株，樟河柳、榆树2万株，其他树木1万多株。

合理利用农民闲置耕地资源约300亩，增加了六窑村几十户农民的收入。在相对平坦、水资源方便利用的土地上种植果树、修建蓄水池、盖大棚。其中红梅杏树5 000株，枣树1 000株，大棚2 000多 m²。在杏园和枣园内养殖鸡、鸭、鹅等家禽，降低了化学肥料的使用，延长了土地的使用年限，提高了土地资源的使用率；在大棚内种植蔬菜、葡萄等；改造废弃的砖窑做冷库，将夏季多余的果蔬冷藏起来冬季继续食用，实现了自给自足，节约了成本，实现了低成本高收益。

另外，还对周围农民手中的闲置耕地，以租赁的方式种植牡丹树、芍药、木瓜树、火炬树、金银花、玫瑰花、金叶榆等等观赏性植物，合理地利用了耕地资源，并为农民创造了财富，美化了周围的环境。

今后，计划以家庭农场与合作社的形式，带领六窑村村民打造1个集采摘、观赏于一体的牡丹园，实现共同富裕，和党的政策相辅相成。

上述三个典型充分说明了林业承包专业户的这种组织形式是海原县发展林业生产，使广大农户群众在短期内脱贫致富的极好的组织形式。

图4-2 南华山以工代赈造林

五、以工代赈造林

国家投资建设基础设施工程，受赈济者参加工程建设获得劳务报酬，以此取代直接救济的一种扶持政策。以工代赈林业项目就是国家安排的造林经费，由当地农民群众出劳力通过整地造林以工代赈，获得劳务报酬，直接增加收入。1993—2013年海原县南华山水源涵养林工程主要通过以工代振形式完成。通过工程建设，累计造林23.2万亩，实际保存18万亩。

六、招标工程造林

为了提高造林的成活、保存率，提高资金的使用效率，海原县从2008年开始，对一些重点林业工程，造价50万元以上的全部实现招标造林。中标企业（林业合作社）要有绿化资质、一定的资金基础、丰富的造林经验，工程实行1次招标、3年管理，按工程招标清单和合同要求的成活保存率，通过3次验收，分3年（3次）付款，第一年付工程款的40%，第二年付工程款的30%，第三年付工程款的30% 次。海兴开发区、县城及周边绿化就是成功范例，通过近10多年的招标林业工程建设累计完成造林绿化58万亩，造林绿化取得了良好的生态效益和社会效益。

七、全民义务植树

全民义务植树是根据五届全国人大四次会议《关于开展会民义务植树运动的决议》发布后，才以法定形式作为开展植树造林发展林业生产建设中的一种形式。海原县义务植树早在1958年就开始，60年来，坚持不懈，起到了植绿、爱绿、护绿的良好的社会效果。1958年县委、县政府领导曾带领机关近千人在牌路山林场苦战20多天，因地制宜，综合治理，集中治理，坡沟兼治，治坡为主的水保工程共植树22万多株，开创了海原县第一片大面积的人工造林基地。1982年为了认真贯彻中央关于开展全民义务植树的指示精神，县上成立了绿化委员会，切实加强对这项工作的领导，先后多次调整绿化委员会的组成人员，并抽调1~2名负责常年义务植树工作，各乡镇和县级各机关单位也相应成立绿化委员会领导小组，负责本地区本单位的义务植树工作。县绿化委员会由县委、人大、政府、人武部领导组成。并制定了1982—1987年义务植树规划与实施办法，确保海原县全面开展全民义务植树工作。

海原县义务植树工作最好的是1982—1987年，这6年按法定人数规定每人5株应完成全民义务植树441.462万株，其中，县直机关及单位在牌路山、五桥沟、城关苗圃完成

26.15万株，乡村250.59万株。

表4-1　海原县义务植树人数任务统计

单位	义务植树法定人数/人	其中/人		按每人每年5株计算应完成数/万株	按相应劳动量折算应按劳动日/个
		11~17岁	男18~60岁 女18~55岁		
合计	147 154	50 747	96 307	73.6	243 361
城关	17 861	6 546	11 315	8.93	29 176
杨坊	3 287	1 012	2 275	1.64	5 562
关桥	12 521	4 580	7 941	6.26	20 462
西安	10 229	3 340	6 889	5.11	17 118
树台	9 493	3 333	6 160	4.74	15 653
盐池	3 219	1 013	2 206	1.6	5 425
蒿川	3 920	1 326	2 594	1.96	6 514
兴仁	3 718	3 017	5 701	4.35	14 419
徐套	4 780	1 763	3 017	2.39	7 797
兴隆	5 561	2 148	3 413	2.73	8 974
高崖	6 520	2 158	4 362	3.26	10 882
李旺	9 755	3 183	6 572	4.87	16 327
罗川	3 603	1 033	2 750	1.80	6 533
郑旗	10 153	3 774	6 379	5.07	16 532
贾塘	10 836	3 980	6 856	5.41	17 692
红羊	5 677	1 898	3 779	2.83	9 456
杨明	4 078	1 325	2 753	2.03	6 331
关庄	4 568	1 578	2 990	2.28	7 558
李俊	4 424	1 436	2 988	2.21	7 412
九彩	4 312	1 215	2 300	2.15	7 112
城关镇	3 559	791	2 768	1.77	6 327

表4-2　1982—1987年海原县历年义务植树完成情况统计

单位：万株

时间	合计	县级单位完成	乡村完成	林业系统完成	其他完成	
合计	277.679	41.8455	234.77	0.6335	0.43	
1982年	16.190	15.951	0.139	0.100	—	
1983年	28.740	0.586	27.783	0.141	0.23	甘盐池羊场0.08，水利系统0.15
1984年	78.700	11.18	67.295	0.025	0.20	甘盐池羊场0.20
1985年	72.000	0.965	70.935	0.100	—	
1986年	71.000	12.135	58.854	0.011	—	
1987年	11.049	1.0285	9.764	0.2565	—	

表4-3　海原县级各单位历年义务植树完成情况统计

单位：万株

时间	义务植树点	完成数量	树种	参加人数
合计		41.8455		14318
1982年	—	15.9510	—	3315
1983年	牌路山林场	0.5860	油松	1228
1984年	牌路山林场	11.1800	油松	3372
1985年	五桥沟	0.9650	油松落叶松	2339
1986年	城关苗圃植树点	12.1350	杨树榆树	1930
1987年	城关苗圃植树点	1.0285	杨树榆树	2134

　　为了确保全民义务植树造林工作真正落到实处，改变以往一哄而上，造后不管收效甚微、质量不高的现象，县人民政府制定了开展全民义务植树的具体办法：

　　一是按单位、按人口落实任务。划定地点分片包干，从购苗、种植、管护、成林一包到底。 二是按每人5株任务计算劳动量。根据劳动量分配承包造林植树任务，每栽植一株树苗从育苗、整地、栽植抚育管理成材均需0.4个劳动日，则5株树为2个劳动工日，11~17岁的未成年公民承担一个劳动工日，成年公民承担2个劳动工日。用此标准给各乡村下达任务。全面开展义务植树造林工作，各乡村也可按此任务用于本地区的重点林业建设工程。发展自己林业生产建设。三是为了解决全民义务植树的种苗不足，要求农民群众、机关职工每人每年至少育苗15株。四是开展全民义务植树的地点划分。县级各单位及乡村要求统一选定地块集中连片，不能年年变动，乡村还可在乡村林场经营范围内开展。不论是县级或乡村均应由专人管护。达到保证成活的原则。特别是乡村义务植树护林人员应3~5年不变。以利加强管护。实行分片包干责任制。

1. 乡村级全民义务植树特点

1982—1987年乡村完成全民义务植树250.5926万株。但保存的只有约145万株，其原因：一是没有按人数完成任务。1982—1987年全县各级乡村应完成全民义务植树470.785万株。实际完成只有58%。二是部分乡村对义务植树认识不够，组织不力，没有能坚决贯彻县人民政府制定的对开展义务植树的措施。三是种苗无保证。四是没有很好全面规划，游击式地开展义务植树造林工作，没有规划出植树地点。五是管护组织不落实，不健全，造后不管，人畜破坏严重。六是宣传不力，对中央关于开展全民义务植树的意义不加宣传，不动员群众，形成不了气候。部分乡村领导没有把此项工作纳入议事日程。

2. 县级各单位义务植树特点

县级各单位1982—1987年完成全民义务植树26.1518万株。（按每年1.7795万株任务计算，6年应完成10.677万株。）占任务的244.9%，县级机关搞得比较好的原因：一是领导重视，以身作则。每年开展义务植树时县级各单位的领导全部深入到第一线。把此项工作作为主要的中心工作来抓，工作做得扎实。二是有规划，有固定的造林地，方向明、决心大，能使全民义务植树造林工作顺利开展。三是县林业局为了认真搞好每年全县义务植树，从分配任务、落实地块、准备种苗和技术指导等方面都做了大量的扎实的基础工作。每年春季义务植树季节几乎抽调了局里和下属场圃的全部技术员和林业工程师分片到现场负责技术指导，确保了植树造林的质量。据统计1986年县级各单位义务植树造林成活率在90%以上，是海原县历史最高水平。四是植树造林开始前负责县级单位植树造林的林业局下属五桥沟林场和城关苗圃以及林业局领导多次到实地调查，确定树种，提出不同树种不同的营造技术要求，使各单位在造林时有章可循，栽后又及时评比，对不合规格的做到及时返工，确保了植树造林质量。

总之，这一时期县级各单位义务植树的特点：有规划，方向明，有固定的造林地，责任到地块。

另外，1997—1998年的县直部门单位的义务植树也成效明显。1997年采用"88542"整地模式在谢家沟林场义务整地600亩，1998年春栽植山杏，成活率、保存率在75%以上。

第三节　林地权属

党的十一届三中全会后，随着经济体制的改变海原县林地权属也发生了较大的演变，20世纪50至70年代一贯执行谁造谁有的政策，国造国有，社队集体造林归集体所有，社员个人在房前屋后，自留地造林归社员个人所有。自20世纪80年代初实行各种形式生产承包责任制后，总的政策还是贯彻谁造谁有的政策。由于实行生产责任制后，生产基本条件——土地承包给农民个人，因此林跟地走较为普遍，大片林木划归个人所有，特别是地埂林、防护林和经济林权属变化较大，部分荒山山林也承包给个人经营。所以不论其用材林、防护林、经济林或是灌木林的集体权属相应减少，但随着2001年退耕还林工程的实施，集体权属比例有较大增长。表4-4是海原县不同时期的林地权属。

表 4-4　不同时期林地权属

时间	总面积	国有		集体		个体	
		面积/亩	占总面积比/%	面积/亩	占总面积比/%	面积/亩	占总面积比/%
1985 年	475 642	116 435	24.5	336 954	70.8	22 253	4.7
1990 年	135 919	43 832	32.2	78 144	57.5	13 943	10.3
2000 年	138 543	95 945	69.3	28 168	20.3	14 430	10.4
2019 年	1 642 000	536 500	32.7	1 038 300	63.2	67 200	4.1

进入20世纪80年代后期，把大量的国有、集体荒山草地划归草原管理，因此1990年调查数据，林地面积有较大减小。第一轮退耕还林工程实施后，海原县集体林地增加69万亩。2013年生态移民工程实施以来，把靠近国有林场的移民迁出区21万亩耕地纳入国有林地。

图4-3　曹洼乡冶套移民迁出区生态恢复造林

第四节　林业"三定"和林权证

一、20世纪80年代的林权工作

林业"三定"工作是从1982年开始实施。"三定"即：稳定山权、林权，划定自留山，确定生产责任制的形式。

在此期间完成林业"三定"的有20个乡（公社），162个行政村（大队），1 547个自然村（生产队），发放林权证37 000张，涉及34 812户；划定自留荒山9 220亩，4 092户，当时已定林权和发放林权证的林业用地面积为52.03万亩，定权林木472万株。

确定生产责任制主要在国营场圃中实行，1980—1981年海原县国营场圃实行的是定期管理的责任制，1982年实行"三定"后，各国营场圃开始全面实行生产责任制；苗圃实行定育苗面积，定产量，定质量的"三定"，封山林场实行造林面积、定成活率、保存率的"三定"的承包生产责任制，均为一定三年不变；有收益的园艺场实行除规定上交任务外，实行全面承包责任制。

由于林政管理是一门科学，涉及政策性强，缺乏经验，组织不健全，后因多种原因，除了国营场圃实行的现行生产责任制外，其他"三定"都已中止。

二、21世纪的集体林权制度改革

（一）2012年全县集体林权制度改革

海原县集体林权制度改革工作自2012年3月全面启动以来，在县委、县政府的正确领导下，认真贯彻落实自治区党委、人民政府《关于全面推进集体林权制度改革的意见》（宁党发〔2011〕59号）和《自治区人民政府印发关于深化集体林权制度改革工作的意见》（宁政发〔2013〕106号）文件精神，按照县政府的统一安排部署，精心组织、稳步实施、扎实推进，深入开展了以"明晰产权、放活经营权、落实处置权、保障收益权"为主要内容的集体林权制度改革，经过全县广大干部群众的共同努力，主体改革按时完成，配套改革逐步展开，取得了积极的效果。至2014年10月全县林改涉及17个乡镇2个管委会，179个行政村，1 146个自然村，6.53万户，33万人。林改的乡镇落实经营主体面积为218.7万亩（含草原），确权率为100%，其中均山到户面积133万亩，到户率100%；集体统一管理面积82万亩；大户承包3.7万亩。办证面积218.7万亩，办证本数6.89万本，林权证合格率为100%。形成林改档案1 979盒（其中县级890盒，乡镇村1 089盒），档案管理合格率100%。未发生林权纠纷案件，群众满意率为100%。

1. 主要做法

成立组织，加强领导。县委、县政府高度重视集体林权制度改革工作，成立了以县委副书记任组长，人大、政协和分管林业的副县长为副组长，各相关部门主要负责人为成员的县集体林权制度改革领导小组，领导小组下设办公室于林业局。分别从林业局各股室抽调骨干力量参与开展工作。同时，各乡（镇）也成立了集体林权制度改革工作领导小组和林权纠纷调处小组，明确了责任，确保林改工作扎实推进。

广泛宣传，全面发动。为了使林改工作深入人心，得到广大干部群众的理解与支持，县乡两级通过有线电视、黑板报、公开栏、标语等宣传渠道和发放林改材料、入户动员讲解等宣传，把林改政策法规、目的意义、改革内容等宣传、讲解到位。全县共印发《致林农朋友的一封公开信》10万余份、《海原县集体林权制度改革政策解答及相关文件》宣传手册1万本、宣传彩页10万份；悬挂横幅200余幅、张贴标语4 600余条、制作永久性固定宣传牌和橱窗20块、编制宣传简报30期。通过宣传发动，进一步统一了全县干部群众对林改工作认识。

制订方案，规范程序。海原县林改工作按照"成立机构、宣传发动、组织培训、调查摸底、制订方案、组织实施、加强领导"的总体工作程序，逐项落实。制订了《海原县全面推进集体林权制度改革工作的实施方案》《海原县集体林权制度改革工作实施细则》《海原县集体林权制度改革宣传工作方案》《海原县关于全面开展深化集体林权制度改革工作的通知》等文件。确保了全县林改工作依法依规、协调有序开展。林改中始终坚持因地制宜，充分尊重群众意愿，做到了程序、方法、内容、结果四公开，保障了林农的知情权、参与权、决策权和监督权。始终把改革质量作为关键环节来抓，严把政策措施、操作程序和技术质量关，全面提高了林改工作的质量。

严格确权，统一关口。集体林权制度改革重点和核心是林地和林木权属的确定。吸取过去林业"三定"和"四荒地"拍卖的经验教训，严把政策法规关、方案制订关、外业调查关、质量督查关和确权发证等关口，认真开展确权工作。特别是在外业调绘、勘界确权时，坚持做到记载的地块、地类、面积和四至界线统一；实际面积、承包合同、林权证面积和确权卡面积相符；承包面积、承包位置、承包合同、确权卡面积和林地林木标注到户。从而保证了林改工作稳步推进。

化解矛盾，加强督查。县领导小组制定下发了《海原县集体林权制度改革纠纷调处工作程序》和《海原县集体林权制度改革突发事件应急处置预案》，乡镇、村组均成立矛盾纠纷调处工作机构，实行分级包案责任制，对纠纷未解决的山林暂不进行确权。同时，高度重视林改督查反馈工作，始终把督查反馈与推进林改相结合，建立了"进度服从质量"的督查跟踪制度，要求各乡镇按时定期报告林改工作情况，县林改办定期向区林改办，县委、县政府上报全县进展情况，并适时进行林改进度和质量的通报。

严核登记，细致建档。为稳步推进林改内业工作步伐，海原县从认真审查申请人提交的申请材料，依法及时进行林权登记，严把林权申请登记审核关，做到人、地、证、图、表、册相一致。县级审核具体按五个步骤进行：一是审核外业勘察登记是否准确无误；二是审核内业资料是否准确完善；三是审核申请表内容及附图是否准确；四是审核三榜公示是否到位；五是审核签订的家庭承包合同书是否完整。

2. 配套改革

这次改革工作的总体思路是巩固主体改革成果，推进配套改革工作，加强林权管理服务机构建设，规范林权流转管理，完善林权抵押贷款，引导农民林业专业合作组织建设和林下经济发展，为海原县生态文明建设、林农增收做出贡献。

集体林权制度配套改革直接关系到林改的成败、关系到农民的自身利益，没有综合配套改革，主体改革就是空架子，为此已经做了和正在做的有以下六个方面的工作：

（1）深化改革思路，完善配套政策　为了进一步深化集体林权制度配套改革工作，不断完善林改配套政策措施，已经制定出台了八个配套政策性文件：即《海原县集体林权制度配套改革工作实施意见》《海原县林权管理服务平台建设实施方案》《海原县林权抵押贷款管理办法》《海原县集体林地生态补偿管理办法》《海原县森林保险实施办法》《海原县林权流转操作规程》《海原县关于加快林下经济发展的意见》《海原县关于促进农民林业专业合作社发展的意见》等林改配套政策措施。

（2）发展林下经济，开辟增收渠道　根据《宁夏林下经济发展规划》等文件精神，现已编制了《海原县2013—2020年林下经济发展规划》、正在拟定《海原县林下经济发展扶持政策》，引导林农大力发展林下种植和养殖业，大力发展生态旅游业，鼓励有条件的林农或合作社发展农家乐文化旅游项目，不断丰富森林旅游的文化内涵，切实增加农民的收入。2014年在西安镇胡湾村、白吉村完成林下及林边中药材种植3 500亩和500亩，争取中央财政良种补贴资金55万元。

（二）2018年完善集体林权改革

1. 集体林权权益保护

积极开展集体林地所有权、承包权、经营权"三权分置"试点，探索经营权的登记颁证工作。编制了"三权分置"改革试点方案，安排部署了"三权分置"改革试点工作，做到提前安排部署，积极开展组织实施。

2. 落实国家级公益林生态效益补偿政策

对区划界定为国家级公益林的集体林地，按照国家政策规定，依据确权面积将生态效益补偿资金直接兑付到户，共计9.6万亩。

3. 引导集体林地适度规模经营

一是大力发展林下经济，完成宁夏老庄福源农牧旅游开发有限公司县级林下经济示范基地评定工作，该基地发展林下养殖围栏300亩，养殖品种柴鸡5 000只，产值50万元；林下种植、生态旅游开发正在建设之中。

二是开展林权抵押贷款，拓宽融资渠道，积极创新林业金融产品，健全林业投融资机制，促进林业发展和林农增收。2018年完成470万元的林权抵押贷款工作。

4. 落实森林资源管护情况

按照国家及宁夏有关文件精神，县林业局、财政局、扶贫办2017年年底联合编制了《关于认真做好海原县2016年建档立卡贫困人口生态护林员续聘工作的通知》《海原县2017年新增建档立卡贫困人口生态护林员选聘实施方案》（海林发〔2017〕275号）、《海原县2018年天保二期及国家级公益林管护实施方案》等文件，各乡镇根据当地森林资源状况及实际情况，严格按照选聘条件及选聘程序，严格按照"县建、乡管、村用"管理机制，坚持"精准自愿、公正公开、稳定持续，统一管理"的原则，认真地完成了护林员选聘及管理工作。

落实生态护林员管护面积97万亩。选聘生态护林员900名，签订合同900份。落实天保工程管护面积66.8万亩，聘用天保护林员362名，签订合同362份。落实国家级重点公益林管护面积8.9万亩，聘用护林员42名，签订合同42份。

5. 森林资源管护培训

积极开展森林资源管护培训工作，每年开展森林资源管护护林员培训20场次，培训人员2 000~2 500人次，培训内容主要有护林员岗位职责、森林防火知识、病虫害防治知识、《中华人民共和国森林法》和《森林防火条例》等法律法规，通过各种方式的宣传培训，既调高了护林人员的业务素质，也增强了广大林农的森林防火意识，做到家喻户晓，人人皆知。

为了加强护林员的管理，县林业局、财政局、扶贫办联合制定了《海原县建档立卡贫困人口生态护林员选聘实施细则》《海原县2018年天保二期及国家级公益林管护实施细则》，修订完善了《海原县公益林管理考核办法》，下发了《关于开展护林员整改的通知》（海林改（办）发〔2018〕5号），严格护林员选聘及管理工作。

第五节　国有林场

一、国有林场发展史

（一）方堡园艺站（场）

中华人民共和国成立后，方堡与全国一样，开始实行土地改革，这一带的地主果园也通过抓阄的方式包树到户，剩下了三小块分布在不同地段的小果园，约8亩。其中最大的一块有5亩，即现方堡园艺站（场）的前身。当时由农会管辖。1957年开始筹建，1958年正式成立了方堡园艺试验站，有临时工5人，对这8亩杏、梨园进行管理，1959年上级拨款10 080元，买大骡子2头，并开始购置土地，建造场部。对没有多大收益的青土岗进行平整，改造。1962年海原县从外省调入了近十万株苹果苗，其中在该站定植了40亩，株行距5 m×6 m，主要品种有国光、红玉、青香蕉等。当时由于技术力量薄弱，果苗保存率较低。为了保护好现存的幼苗遭受兔子的危害，他们采用了报纸缠根，涂畜血等方法，最后他们从外地购进大量向日葵秆，挖去芯部捆绑在幼树主干上。每株果树通过精心护理才活下来。在1962—1968年，广大职工充分发挥主人翁精神，每天坚持拾粪积肥，并通过开展养殖业、种植业，进行多种经营，年均收入5 000多元，既调节了市场，稳定了菜价，又增加了经济收入，随着时间的推移，一些专业技术干部被先后分配到方堡园艺站工作，使该站的生产方式有了转机，纳入了科学管理的轨道，1967年他们对产量低的小老头树和缺株进行了更换和补植。1968年在北台子新定植果树15亩，1974年又引进了部分桃接穗及部分新品种，当年定植7亩。并开始大量培育桃苗。短短十几年，共为社会提供了2万株桃苗，4万多株花红和梨苗。成为全县经济林的科研，生产和培训中心。几十年来共引进栽培20多个桃树品种，3个李子品种，举办嫁接，修剪、培训班多期，培训人员近300名，并且带动了关桥乡经济林的快速发展，成为全县重要果品产区。30年来，该果园共为社会提供各类果品近60万 kg，平均每斤按0.3元计算，实现产值72万元。做出了巨大贡献。

（二）李旺园艺场

前身李旺林场，1974年筹建，1975年正式成立，当年新建职工宿舍340 m²，1975—1985年，该场是全县以培育阔叶良种壮苗为主的育苗基地之一，在此期间他们共培育新疆杨、八里庄杨、紫穗槐、榆树、木瓜等苗木360亩，产苗309万株，其中出售苗木273万株，折合人民币28万元。栽培四旁树8 200株，出售椽材收入约3万元，生产青饲料2万多斤，发展绵羊100只。随着引黄工程的建成，林业科抓住有利时机，适时调整产业结构。开展多种经营。1986年打围墙1 540 m，建房192 m²，当年栽植苹果846棵，计23亩，1987年维修农渠270 m，定植果树130亩，并且建成了长1 500 m、宽3 m的防风林带，1988年又建立了25亩苹果密植园。该场在生产中推行了场长负责制和职工联产承包责任制，场子的精神面貌发生了很大变化。他们将果园全年管理任务分为10个项目，确定负责人，实施时间，用工量，为保证任务的完成制定了一系列规章制度。成立验收小组、加强检查督促，并严格奖罚。每年举办各类培训班，理论学习15 d，现场实习修剪30 d，使全场职工的业务素质得到了很大提高，1988年他们的自筹资金嫁接苹果苗2万多株，义务为50多户群众修剪果树，帮助一户果农建起了40多亩密植园。并引进草莓、长富1号、艳红等近十个新品种进行试验。成为该乡科研、传播果树栽培技术的中心。1991年他们没伸手向国家要1分钱，在园内义务修建4 m 宽，0.4 m厚，长200多米的中心主干路一条，修农渠1 000多米。2008年后，因腐烂病的影响，苹果树大面积死亡，果园变农田，正式职工被陆续调离到各封山育林场场部。

（三）高崖园艺场

1986年，固海扬水工程建成通水后，给兴隆、高崖、李旺地区带来了生机，产业结构也发生了巨大变化，经济林有了飞速的发展，为了在高崖乡建立一个以点代片，传播科学管理知识，提高经济林栽培水平的基地，县林业局利用调整土地的时机，征购了高崖乡高湾行政村积水洼坑地400亩。并进行了可行性论证，在此基础上完成了全园规划设计，当年开始了大规模的平田整地，渠道配置和场部建设。完成平整土地300多亩，渠道配备600多米，并盖了砖木结构的房屋2幢12间，1987年职工增加到12人。由于管理水平较低，场效益一直较差，2000年尝试育苗，后因苗木滞销而停止。2010年后，果园变玉米地，除场长留守外其他正式职工被陆续调离到各封山育林场场部。

（四）兴隆园艺场

1958年以前是兴隆国营农场，1959年撤销交给社队管理。兴隆高崖公路以西部分土地由社队耕种，公路以东是大片荒滩。1975年筹建，1976年正式成立兴隆机械化林场，经营管理面积2 700亩，1984年又从社队购买部分耕地，1985年该场经营管理面积达到3 245亩，1988年由于种种原因，2 376亩已整好宜林地和林地调给社会搬迁户耕种，后仅有土地869亩。建场初期，该场主要任务是育苗、整地、造林及场部建设，在1976—1985年的10年中，共育苗1 400多亩，为社会提供榆树、柠条、木瓜、刺槐、杨树等各类苗木达1000多万株。1978年新建刺槐、新疆杨混交林带7条，其中东西走向林带3条，南北走向林带4条。1979年营造杨树速生丰产林200多亩。1980—1983年，4年整地634.5亩。该场大的场部基本建设有5次，1976年盖土木结构简易平房8间，1977年盖土木结构房屋2幢18间，1978年盖土木结构房屋1幢8间，1985年盖砖木结构房屋2幢18间，1989年盖职工单人宿舍1幢12间，人畜饮水池2个并建成了米面加工、榨油厂、开展多种经营，1984年该场定植果树32亩，1986年改名为兴隆园艺场，并打墙圈入土地572亩，当年定植果树320亩，1987年定植110亩，由于建园初期缺乏全面规划，致使土地、道路、排灌系统比例失调，给生产和管理带来了很多困难，因此1988年年底对渠道进行规划，1989年进行了大规模的水渠、道路改造建设，1990年又在该场北面打墙圈入土地约288亩，计划1991年上马，主栽树种有葡萄、梨、苹果等。果园建成后，由于投资不够，管理水平较低，园艺场效益较差。2008年区划调整，场部土地及人员编制整体划归同心县。

（五）西安园艺场

该场经过两次场址迁移，1974年春迁到现在的场部。当年平整土地修建住房。场内有任湾队的5亩杏苗，夏天嫁接大扁杏，品种有龙王帽、白玉扁等，1977年产杏仁40~50 kg，1984年伐出。1975—1985年，主要任务是育苗，其中，1976—1980年苗木产量最高，每年出圃杨树苗20万~30万株。1976—1977年组织专人种菜，其中，菜豆、西红柿、莲花白、胡萝卜获得丰收，茄子、黄瓜产量较低。1976—1983年场内养羊80多只，发展到120多只，基本保证了育苗、种菜的基肥。1984年羊只分包给职工，由于职工调动频繁而自由处理，最后只有30多只，积粪少，果树基肥不足。1986年该场生产转向，由苗圃改为园艺场，主栽苹果，次为梨。全场土地面积343亩，林业用地289.5亩，其中，有林地224.8亩，蓄积127.6 m³（果树206亩，防护林14亩，用材林4.8亩）宜林地64.7亩。农地37.5亩，其他占地16亩。由于风大、积温不够，生产的苹果品质较差，效益较低。2000年转型育苗，为一期退耕还林工程供应沙棘等苗木1200多万株。后因苗木供大于求，场部停止发展。2010年划归西华山林场管理，正式职工上西华山护林。

（六）城关苗圃

中华人民共和国成立初，海原县建设科曾在县社队企业局附近搞了4亩育苗地，首先开始苗木的培育工作，1953年成立了县林业站，接管了这4亩苗圃地，并在县石油公司西南角黎庄村内建立了苗圃（叫小苗圃）约12亩地，其中育苗地有8亩。有一些杏树、花红。土壤肥沃，灌水方便，主要培育桃、杏、榆、核桃、花椒苗，并开始了杨树（北京杨、小叶杨）扦插和小叶杨落水播种。1958年前后，在黎庄南面开荒整地约百亩，进行旱地育苗，1962年开明渠引水灌溉，约有水地10亩，进行杨树、榆树育苗，即现城关苗圃的前身。1964年用小苗圃对换了该苗圃北面黎庄旱地约百亩。又在该苗圃南面新开荒几百亩，同年共圈入土地487亩，即成了现在城关苗圃。几十年来广大职工发扬自力更生，艰苦奋斗的精神，取石挖土平整土地，1975年开始了较大规模的职工宿舍建设。并新建苹果园31亩，1976年营造护路林、防护林9.8亩，1983年营造用材林53亩。1982—1985年是该场发展的鼎盛时期，由于水源充足灌水方便，管理措施得力，该苗圃年产杨树苗约30万株，苹果1万多 kg，产值近5万元。近些年来，由于县城人口的急剧增加，用水日趋紧张，苗圃生产用水无法解决，导致林场生产基本处于瘫痪状态。

1999年打机井一眼，苗圃又焕发生机，把苗圃地重新划分给职工育苗，为第一轮退耕还林育沙棘等苗木2 000多万株，2000年后，机井出水量变小，育苗成本变大，育苗工作没有再发展。职工以护场为主，1995年以后，人员编制调整，职工全部调离，2018年机构调整，苗圃划归牌路山林场管辖。

（七）李俊苗圃

中华人民共和国成立初，在二百户村有三户地主庄园，土地改革后，归国家所有，其中两个庄园为县亚麻场所拥有，进行生产。1956年，县林业站在中间的一个地主庄园筹建了李俊苗圃，共有土地50~60亩，其中水浇地20亩左右。广大职工发扬自力更生，艰苦奋斗的精神，在没有种条的情况下，每年从老杨树上采集插条进行小青杨育苗5~6亩，为全县初期林业的发展，提供了树苗，做出了贡献。1962年，县亚麻厂下马撤销，土地移交给了李俊苗圃。同时苗圃职工迁入亚麻厂厂部，即现李俊苗圃场部的原址。1975年，广大职工发扬"愚公移山"的精神，开始了大面积的平田整地，短短几年，配置渠道发展水浇地100多亩，新开垦、复整河床地20多亩，同时开始了大面积的人工造林。1982年前后，该厂生产进入兴旺时期，年产新疆杨等苗木约30万株，建房用材千余株，年产值达5万多元。并发展新果园10亩。20世纪八九十年代，坚持育苗生产，2000年随着退耕还林工程在海原县的实施，苗圃育苗工作迎来新的发展时期，2001育沙棘苗15亩，沙棘育苗也在海原县获得成功。2002—2010年，苗圃以育沙棘、新疆杨、河北杨、杞柳为主，累计出苗3 000多万株，取得了较好的经济效益。近10年苗圃又跌入低谷。2018年场圃改革划归拐洼林场管理。

（八）五桥沟林场

该场是全县最好的天然牧场，县南华山马场就在那里放牧，每年夏季，特别是大旱之年的夏季，同心和海原县两县的牛羊纷纷赶来南华山，特别是五桥沟林场成为度荒度暑之地。牛羊云集南华山，草场超载，植被受损害，水源受污染。随着海原县城人口的增加，生活和生产用水日趋紧张。1979年4月，县委为保护县城水资源和治理水污染，决定在南华山二桥到五桥之处封山育林，人工营造水源涵养林，从而建立了五桥沟林场。吴维新同志是首任场长。

由于建场目的明确，筹建林场的同时，就进行造林整地，第二年开始拱棚容器育苗，1982年从六盘山林管所买苗百万株，开始大面积造林。据统计，建场以来造林作业面积19 700余亩、育苗356万多株。其中，容器苗280万袋，一般育苗作业面积68.5亩。育苗树种以落叶松、油松为主，其次有云杉、华山松、水曲柳、沙棘等。造林树种，主要是落叶松、油松，其次是沙棘、白榆、新疆杨、八里庄杨、沙柳、山桃；近年试栽青海云杉。1984—1988年，进行了大规模灭鼢鼠工作。1993年划归南华山水源涵养林指挥部管理。

（九）西华山林场

1981年，为了保存仅有的一些灌木林，经县人民政府研究，撤销了盐池羊场牧羊点，县林业局在大沟门设立西华山林场，并勾画地界，划定封山育林区，使现有天然林资源得到了保护，该林场进入了有史以来最兴旺的时期，职工以场为家，房前屋后栽满了杨树约有3000多株，园子里种满了各种鲜嫩蔬菜，绿绿葱葱呈现出一派生机勃勃的景象。据"六五"森林资源清查资料表明，20世纪80年代前期该场人工造林面积已达4000多亩，但是由于近几年来，管理粗放，职工纪律松弛，不坚守岗位、再加上干旱、放牧，使这些人工林、天然次生林遭受到严重破坏，部分地区水土流失严重。宜林地面积迅速增加，森林覆被率呈下降趋势。2000年以后，林场逐步走向规范化管理。

（十）灵光寺林场

中华人民共和国成立前该场尚有天然次生林千余亩，因滥肆砍伐，所剩无几。1960年海原县林业局在该地构绘地界，设置林场，使有限的山林获得新生。当时林场仅有正式职工1人，临时工3人，住在山边挖出的窑洞中，对仅有的千余亩天然林进行封护，随着时间的推移，先后修建了场部至小刺沟的简易公路，建成了土木结构的职工宿舍两幢，职工人数也有增加，生产有了较大的发展，1971年进行松树全光育苗获得成功，1974年开始大面积营造针阔叶林，至今人工林累计造林面积达9000亩。宜林地条件较好的地段基本进行了鱼鳞坑整地，经过30年来的封育，天然次生林资源也得到迅速恢复，马场湾，黑牛掌等原来没有林的地段，出现了灌丛青杨，山基本被灌丛覆盖，甚至有些地段还出现了大片的白桦乔木幼林，但是近年来，特别是1987年以后，由于天气大旱，使全县各乡的羊只云集于此，再加上管理粗放，农民进山采蕨菜等原因，使人工林遭到严重破坏，天然林木被盗现象严重，仅1990年秋—1991年春，被盗胸径6 cm以上的桦木、柳树达800余株。1993年划归南华山水源涵养林指挥部管理。

（十一）拐洼林场

该林区长期以来，由于气候的变迁，特别是人为的破坏，使林地面积日渐缩小，生态环境逐年恶化。1961年，宁夏在该地建立了黄家庄林场，隶属于六盘山林管局。1973年，该局将黄家庄林场的一部分交海原县由李俊苗圃代管，1979年冬，六盘山林管局收回管护，以后移交给西吉县林业局。1983—1984年，为了便于管理现有林木，固原地区和西吉县要求海原县范围内的林地由海原县管理，经与海原县几次协商，1985年10月，海原县林业局接管了本县范围的天然次生林，在该地设立拐洼林场，增加人员，进行封山育林。河道地由西吉县林业局经营，主要进行针叶树育苗。经过近40年来的封育，局部的白桦、椴树、辽东栎已形成林分。以刺梅、沙棘（*Hippophae rhamnoides L.*）、虎榛子（*Ostryopsis davidiana* Drcne.）、水枸子（*Cotoneaser multiflorum* Bunge in Ledeb.）为主的天然灌木林有了很大的扩展，并营造了1246亩落叶松、油松用材林。原来的荒山出现了灌丛、林缘，溪边出现了白桦幼苗。截至2019年，林地管护面积扩大到11万亩。

（十二）水冲寺林场

1972年10月，宁夏林建师五团建场。建场目的是，封育次生林、育苗和造林。当时林建师建制场为连级，有职工60多名，除连长外，设一名政治指导员。1973年职工们边整地边育苗，当年育苗10亩，1974年40亩，以后发展到60多亩。造林本着先易后难，主要在地硬和四旁营造防风林带。1975年，新修500 m³的蓄水池，苗圃地增加到70多亩，每年出圃苗木20万株左右，每年兼种牲畜饲料。1984年，该场人员减到20多名，育苗减少。1988年，全县杨树苗紧缺，以后各年都从外县调进，而该场不能恢复原有生产能力，每年新育苗不到10亩，种粮140亩，每亩上交10元，实际种多种少盈亏归属职工个人，全场仅是维持现状，没有多大发展。1993年，划归南华山水源涵养林指挥部管理。

（十三）牌路山林场

牌路山从1953年开始到1955年由副县长亲自组织指挥县级机关职工和个体工商户上山造林，不预整地，直播杏核为主。1956年，该场是县水保站和城关乡共同的水保点。城关乡组建20人的水保基建队，常年在牌路山整地造林，县水保站和自治区有关单位派出了技术员进行技术指导。1958年，城关乡水保专业队扩大到300多人，坚持在牌路山整地造林，县级机关干部也坚持上山造林，1960年，全山基本绿化，城关乡将牌路山林场交给县林业站管理，开始建立国营牌路山林场。1964年8月，该场下放给城关乡政府管理，原干部职工归回县林业站，1969年又交县林业站管理至今，现部分林地划归牌路山公园管理。

（十四）谢家沟林场

该场原为县104干校，有职工9名（男6名、女3名）文化程度较低，初中六名，小学三名，每年以种植粮食作物为主。1974年前属谢家沟林管所，1976年交林业局建为林场。全场总面积2940亩，其中林地面积168亩，苗圃地17亩，非林业用地及场址占地共452亩。建场后到1978年，主要工作是填造谢家沟坝地，用于育苗和整地造林。1979—1985年主要工作是大面积造林和育苗。1986年后主要工作是护林。1976年育苗20亩，其中杨树苗15亩，杞柳苗5亩；以后每年新育苗10亩，1976—1982年，旱地撒播榆树苗70亩。建场以来造林成林面积1746亩，其中榆杞混交林166亩，杞柳60亩，榆树林682亩，杨树264亩，柠条514亩，山桃60亩。现划归牌路山林场管理。

（十五）蒿川林场

场部位于原蒿川乡政府对面，南起朱家井，面积4 500亩，造林以柠条为主。1968年建场，1974年撤销，1972年有职工23人。

（十六）郝集林场

场部位于兴仁郝集七队，总规划面积5 000亩，1969年建场，1979年撤销。共造林500亩，树种以榆树、柠条为主，间有杨树，当年由林建三师管理。

（十七）青龙寺林场

1999年，在原王团林场原有柠条地的基础上成立了青龙寺林场。青龙寺林场位于县城以北，经营管理面积104 600亩。2000年，完成退耕还林（草）9.5万亩，全部种植柠条，当年共有职工17人。从1999年建场以来，在区、市县业务部门和县委、县政府的大力支持和指导下，经过全场职工的艰苦努力，林场由昔日的荒山、荒滩、沙丘变成了如今的柠条采种基地。2007年区划调整从海原县划出。

（十八）六窑林场

2008年年初，因县城区划调整，六窑林场由原州区划归海原县林业局管辖。

六窑林场位于清水河冲积扇上，海原县东南部的三河乡境内，地处北纬36°7′~36°12′，东经106°45′~105°51′，六窑公路从场前通过，距银平公路5 km，距海原县新区8 km，交通便利。六窑林场年平均气温8℃，多年平均降水量300 mm，无霜期145~160 d，光照充足。

六窑林场有灌溉机井2眼，单井出水量50~80 m³/h，地下水矿化度0.9~1.1 g/L，地区动储量为644万 m³，水质较好，灌溉条件方便，能满足700亩水地灌溉，只是灌溉渠系没有配套，具备发展林木良种的优越环境条件，有着多年育苗经历的中心苗圃，2008年在职人员33人，退休职工22人，林场总人口128人。该场林地总面积85 715亩，有林地1.5万亩，可耕地面积710亩，场圃、道路、渠道等约占227.3亩。有办公室四间，职工至今没有住房也没有护林点。20世纪90年代以育苗为主，年出圃各种苗木30多万株，进入新世纪，林场以农业生产为主。现划归凤凰山林场管理。

二、不同时期的国有林场

（一）1972年

海原县的国有林场从1957年的牌路山林场开始建起，到1972年发展到6个国有林场，分布在4个公社（城关、关桥、蒿川、李俊），其中有牌路山、蒿川2个林场，有李俊、城关两个苗圃，1个方堡园艺站，1个谢家沟林管所，共有总土地面积40 090亩，其中林地

8 605亩，苗圃地700亩，宜林荒山地28 765亩，沟壑2 000亩，其他20亩。

（二）1974年

海原县国有林场发展到10个，林场同时确定了编制。城关苗圃18人，牌路山林场13人，方堡园艺站9人，李俊苗圃12人，灵光寺林管所14人，水冲寺林场19人，郝集林场24人，李旺林场13人，西安林场11人，谢家沟林场6人。当年撤销蒿川林场。

（三）1979年

海原县国有林场发展到12个，在1974年的基础上增加了五桥沟林场和兴隆林场。当年完成造林2 270亩，育苗172.7亩，四旁植树34 489株，出圃各种苗木527 438株。其中牌路山造林500亩，育苗4.1亩，四旁植树300株；城关苗圃育苗88.4亩，四旁植树5 000株；灵光寺林管所造林447亩，育苗5.7亩，四旁植树2 450株，兴隆林场造林205亩，四旁植树14 856株；西安林场造林15亩，育苗6亩；李旺林场造林40亩，四旁植树1 500株；水冲寺林场育苗23.8亩，四旁植树5 260株；谢家沟林场造林591亩，育苗1.4亩，出圃各种苗木526 100株；李俊苗圃育苗43.3亩，四旁植树5123株；方堡园艺站出圃各种果树苗木1 338株，五桥沟林场造林917亩；郝集林场造林55亩（当年撤销编制）。

（四）1985年

到1985年增加了西华山林场、青龙寺林场，海原县保存国有林场13个，经营管理面积178 435亩，当年完成造林4 342亩，育苗518.7亩，封山育林30 100亩，幼林抚育42 094亩，补植补造18 835亩，四旁植树4 000株。职工总数423人。具体见表4-5。

表4-5 1985年国有林场基本情况

场圃名称	场圃经营面积／亩	其中果园／亩	当年造林／株	育苗面积／亩	幼林抚育育面积／亩	补植补造／株	四旁树植树／亩	封山育林／亩	职工数人数／人
牌路山林场	6 110	20	—	179.0	2 000	170	—	—	34
五桥沟林场	22 000	—	3 000	7.5	28 000	14 828	—	—	111
西安林场	358	—	—	9.4	124		—	—	17
谢家沟林场	2 797	—	265	20.0	2 125	300	4 000	—	15
灵光寺林场	15 000	—	1 000	7.5	5 350	1 605	—	12 000	35
李俊苗圃	338	3	—	50.0	30		—	—	30

场圃名称	场圃经营面积/亩	其中果园/亩	当年造林/株	育苗面积/亩	幼林抚育育面积/亩	补植补造/株	四旁树植树/亩	封山育林/亩	职工数人数/人
李旺林场	280	—	—	120.0	—	—	—	—	15
城关苗圃	500	42	—	48.5	120	—	—	—	33
水冲寺林场	8 550	—	—	26.8	—	—	—	2 500	16
兴隆林场	2 200	—	—	50.0	482	—	—	—	43
方堡园艺站	102	65	—	—	—	—	—	—	18
西华山林场	15 600	—	77	—	3 863	1932	—	15 600	39
青龙寺林场	104 600	—	—	—	—	—	—	—	17
合计	178 435	130	4 342	518.7	42 094	18835	4 000	30 100	423

（五）1991年

1985年10月接管了拐洼林场，1986年增加了高崖园艺场，到1991年海原县国有林场发展到15个，至此经营管理总面积204 342亩。职工总数438人。当年，林业局赵建国、瞿仰高等人对国有林场进行了系统的调查研究。

1. 概况

海原县林业局下属15个国有林场，其中：东北部有兴隆、高崖、李旺、方堡四个园艺场，中部有城关苗圃、灵光寺林场、五桥沟林场、牌路山林场、谢家沟林场、西华山林场、青龙寺林场等7个林场和一个西安园艺场，南部有李俊苗圃（代管东大山）和拐洼林场、水冲寺林场。分布在全县9个乡镇之中，经过了漫长艰辛的发展道路。老一辈和新一代林业工人为本县林业的发展付出了辛勤的劳动。几十年来，他们共为社会提供了上亿棵杨、榆、槐等阔叶树苗和油松、落叶松等针叶树苗。近十万株建房用材。一百多万斤各类果品。并且带动了方堡、贺堡、西安等老果区和兴隆、高崖、李旺等新果区的飞速发展，成为传播林业科学管理和栽培技术的中心。在生态方面，封育的28 725亩天然林和12 202亩人工林，是海原县众多水系的源头，在保持水土、净化空气、涵养水源等多种功能方面发挥了很大的作用，浇灌了近十万亩土地，解决了十几万人的饮水问题。但是由于对林业产值计算得不合理以及社会对森林生态效益认识不足等原因，林业的社会地位一直很低，林业工人待遇差，近似或不如农民。因此尚未形成一个社会重视林业的风气。国家用于造林的经费也很少。再加上我们本身在生产经营策略中的一些失误，客观因素的限制，抓林业经济效益的措施不力，使几十年来国家用于国有林场的资金没能在生产和再生产的运行机制中发挥出应有的作用。林业商品经济低下，森林资源贫乏。至今经济危困的严重局面仍没有得到根本改变，林业生产滑坡的现象没有得到有效的制止。面对这种形势，我们通过国营场圃现状调查，在认真回顾和反思林场生产和建设中正反两方面经验教训，为本县国有林场今后的发展方向、目标、措施、经营方针等提供参考。

2. 农业自然资源概况

（1）气候条件　海原县属典型的大陆性季风气候，其基本特征是春暖迟，夏热短，秋凉早，冬寒长，气温年日较差较大，太阳辐射强烈，日照时间长。无霜期短而多变，少雨，蒸发强烈，并有干旱、霜冻、洪水、冰雹、大风等气象灾害。各场所属乡镇农业气象要素如表4-6。

表 4-6　国有林场气象要素

场部	年太阳总辐射 /（kJ·cm^{-2}）	日照时数 /h	1月均温 /℃	7月均温 /℃	均气温较差 /℃	≥ 10℃积温 /℃	年均温 /℃	年降水量 /mm
兴隆园艺场	619.65	3 019	−8.4	23.2	11	3 214	8.6	277.6
李旺园艺场	—	—	−8.6	22.5	11.1	2 991	8.1	373.7
高崖园艺场	—	—	−8.6	22.7	11.1	3 100	8.2	—
方堡园艺场	—	—	−9.7	22.1	11.2	2 927	7.6	—
城关苗圃	—	—	−6.9	19.6	11.7	2 400	7	409.4
牌路山林场	566.85	2 706	−6.9	19.6	11.7	2 400	7	409.4
五桥沟林场	—	—	−11.1	10.6	—	—	0.5	495.5
灵光寺林场	—	—	−11.1	10.6	—	1 638	0.5	632.6
水冲寺林场	—	—	−6.9	19.8	11.4	2 277	7.1	—
西安园艺场	—	—	−6.7	20.5	13.8	2 621	7.7	—
西华山林场	—	—	−10.6	12.4	—	—	0.9	350
拐洼林场	—	—	−8.9	19.1	—	—	6.3	420
李俊苗圃	—	2 701	−8.9	19.1	11.3	2 262	6.3	—
谢家沟林场	—	—	−6.8	19.5	—	—	6.4	415

※ 方堡园艺站1990年更名为方堡园艺场。

由表4-6可以看出，一是海原县光能资源丰富，年太阳总辐射为566.89~619.65 kJ/cm²，日照时数2700~3000 h，日照百分率61%~68%。日照时数以年变化率较为稳定。二是热量资源较丰富，积温有效性高，但分布极不平衡，就全县年平均气温而言，最高是北部的清水河流域气温达8.6℃，最低是西南的关庄气温达3.6℃，南华山主峰仅0.5℃，气温沿地形等高线分布的特点非常明显。三是降水量少，雨季集中，降水受地形影响明显，县城年降水量为409.4 mm，南华山可达632.6 mm，北部兴仁、徐套一带只有270 mm，南北相差200~300 mm。

（2）水利条件　海原县年平均径流量为8 396万 m³，长流水年径流量2 577万 m³，地下水动储量估算为3 807万 m³。水资源相对贫乏，且分布不平衡，水质含盐量高，水质差。但从国有林场所处地理位置来看，灌水条件较好。北部兴隆、高崖、李旺地区有引黄灌溉。水冲寺、谢家沟、李俊苗圃等可以引泉水浇灌。南部拐洼、灵光寺等位于南华山、西华山山脉，降雨较丰。中部方堡、西安园艺场一直利用"库水"灌溉。近年与农地争水矛盾突出。城关苗圃因没生产用水，生产处于瘫痪状态。但这三个场又处于西安洼地，南华山古洪积扇等相对富水区，地下水动储量高，水质好，适宜机井开采，有发展机井灌溉条件。

（3）土地资源　海原县国有林场占地面积204 342亩，其中林业用地面积198 881亩，占97.33%；非林业用地面积5 461亩，占2.67%。苗圃地708亩，宜林地53 612亩。土地资源丰富，潜力较大。

川台地1 838亩，占土地总面积的1.83%，主要包括兴隆、高湾、李旺、方堡园艺场和李俊苗圃，土壤多为灰钙土，土层厚，较肥沃，保肥水和透气性良好，是经济林和育苗基地。

丘陵面积9 463亩，占总土地面积的9.4%，主要包括牌路山、谢家沟林场。土壤为浅黑垆土，土层深厚，较肥沃。沟底，阴坡地发展杨树用材林潜力较大。近些年，水土流失基本控制，森林覆盖率较高。

山坡地约有87 540亩，占土地总面积的86.92%，土壤主要为山地灰褐土及黑垆土，包括拐洼、灵光寺等林场及水冲寺林场的大部分。该区雨多，湿度大，植被盖度在70%~80%，土壤含丰富腐殖质。宜林地面积大，有发展针叶树用材林的巨大优势，是海原县天然次生林的主要分布地。

山麓洪积扇面积1 867亩，占土地总面积的1.85%，主要包括安园艺场、城关苗圃和水冲寺林场的部分，土壤为黑垆土，该区土层薄，平均40 cm，有机质含量低，土壤透气性良好，保肥保水性能差。

（4）生物资源　森林资源：国有林场林地面积204 342亩，活立木总蓄积6 948.9 m³。其中天然林面积28 726亩，活立木蓄积3 628.04 m³（灌木林面积27 181亩，林分面积1 545亩，蓄积3 628.04 m³）。人工林面积12 202亩，活立木蓄积3 321 m³（人工灌木林3 299亩，用材林97亩，蓄积166.01 m³，疏林地252亩，防护林6 431亩，蓄积3 153.85 m³，未成林造林地2 105亩）。

表 4-7　国有林场林地资源统计表

| 单位 | 林地 | | | | | | 天然林 | | | 人工林 | | |
| | 小计 | 林地 | | 其他林地 | | | 面积/亩 | 蓄积/m³ | 灌木 | 面积/亩 | 蓄积/m³ | 灌木 |
		面积/亩	蓄积/m³	苗圃	宜林地	非林地						
兴隆园艺场	869	489	—	—	329	51	—	—	—	489	—	—
高崖园艺场	361	236	—	66	12	46	—	—	—	236	—	—
李旺园艺场	260	187	41	—	22	52	—	—	—	187	41	25
西安园艺场	343	225	128	—	65	54	—	—	—	225	128	—
方堡园艺场	103	82	238	—	—	20	—	—	—	82	238	—
牌路山林场	6 649	5 045	88	—	568	1 036	—	—	—	5 045	88	1 767
谢家沟林场	2 814	2 343	6	10	450	10	—	—	—	2 344	6	986
西华山林场	12 800	1 074	—	—	11 426	300	1 074	—	1 074	179	—	—
拐洼林场	33 958	2 366	4 577	—	7 999	2 303	21 929	2 207	21 009	—	237	286
水冲寺林场	9 700	2 331	78	220	6 804	345	2 239	—	2 084	92	78	216
灵光寺林场	15 000	3 609	1 442	9	11 715	633	3 484	1 421	3 014	125	21	—
五桥沟林场	15 966	1 404	25	24	14 003	534	—	—	—	1 404	25	—
城关苗圃	674	179	321	243	206	47	—	—	—	1 727	321	—
李俊苗圃	246	67	5	136	12	32	—	—	—	67	5	20
青龙寺林场	104 600	—	—	—	—	—	—	—	—	—	—	950 000
合计	204 342	19 637	6 949	708	53 611	5 463	28 726	3 628	27 181	12 202	3 321	98 300

动物及昆虫资源：由于森林少，植被稀疏，野生动物资源贫乏，主要有狼、狐、兔、锦鸡、野鸡以及其他一些鸟类。全县约有2 000个昆虫物种。其中灵光寺、水冲寺和拐洼是昆虫的富集地，是海原县的天然昆虫标本馆，大量昆虫的目、科为这些地方独有。许多宁夏珍贵的昆虫如碧凤蝶、蒙夜蛾等在这里分布。

3. 存在的问题

（1）自然因素。个别年份的不利气候条件（霜冻、干旱、冰雹、大风）对海原县林木特别是果树的生长发育带来了一定的影响，如1981年10月7—9日，出现的一次强寒潮，使没有采收的苹果遭受到严重冻害。1987年大旱使我们营造的近万亩人工林毁于一旦。1991年全区降温，使兴隆、高崖、李旺地区经济林几乎绝产，同年7月，冰雹又使方堡园艺场的果品产量损失4成。

（2）经济条件。各林场普遍存在着底子薄，条件艰苦，职工年龄结构老化，基础差的问题。如近10年来，各场柴油机、拖拉机、桌、椅等基本设施添置很少。职工住房紧张，有50%的宿舍和近10 km的水渠，道路亟待维修，35%的林场没有生活用电，职工生活艰苦，文化生活单调，60%的林场生活用水设施需要维修和建设，近千亩果园急需肥料、农药、器械的投入。护林点、果窖、生产用水池的建设迫在眉睫。面对森林资源贫乏，经济危困的林业系统而言，这些问题将成为限制国有林场发展的重要因素。

（3）社会效益。由于海原县地处黄土高原沟壑区，在治理水土流失的实践中，广大干群已深深认识到，工程措施和生物措施（造林）要双管齐下这是对的，但忽视了综合利用。因此，20世纪五六十年代综合治理的小流域（如牌路山、谢家沟），沟谷工程完整，坡上林木茂盛，措施布局合理，控制水土流失效益显著，但因缺乏合理开发利用，资源的经济效益得不到充分发挥，林区周围群众生活水平提高缓慢，林场本身经济贫困，其在林业建设中的骨干示范带头作用也不能充分地体现。

（4）领导频繁变动。不同程度地影响了基层人员的稳定，削弱了对森林资源的管理，使营林工作缺乏科学性、计划性和长期性，同时遗留问题较多，给正常工作的开展带来了困难。

（5）林业职工素质普遍较差。职工热爱林场，献身林业的思想淡漠。近五年来，通过各种途径从新疆、煤矿和农村进入林业系统的人员增加了1倍，文化结构发生了很大的变化，15个国有林场中，高中以上文化程度的占7%，初中文化程度的占36%，小学和文盲占57%。工人中懂业务和掌握其他技能的人员少，对开展林业生产和具有一定技术要求的多种经营项目带来了一定的困难。

（6）承包制度不健全。管理干部素质低下，没能充分调动起广大技术人员的工作热情，应有的潜力没能得到充分的发挥，再加上承包期限过短，职工相对不稳定，使大多数职工的兴趣多集中在种植、养殖等短期见效快的项目上，对培育林木缺乏热情。在投资投劳方面缺乏积极性。

（7）在林业生产上存在着设计和施工，育苗和造林，任务和资金，责任和权力的脱节。管资金的不直接管生产，而管生产的又无权使用资金，造成任务、资金、权力无法挂钩，形成了谁也负责而实际上谁也不负责的局面。

4. 有利因素

（1）自然条件 兴隆、高崖、李旺3个园艺场，年均气温8.1~8.6℃，≥10℃积温较高为2 991~3 214℃。全年日照3 019 h，日照百分比达68%，年太阳辐射总量619.65 kJ/cm^2，均接近全国（山东，郑州等）主要果产区。昼夜温差大，且有引黄灌溉条件，气候优越，为发展以苹果为主的商品基地提供了保障。拐洼、水冲寺、五桥沟、灵光寺、西华山5个林场土地资源丰富，占国有林场总面积的87.8%。这些林场土地肥沃、降水量相对较多，为喜光、适应干冷及温暖湿润气候，对土壤条件要求不严的云杉、落叶松、油松等针叶树提供了生长场所。新疆杨、河北杨、刺槐、臭椿等阔叶树均为干旱大陆性气候的乡土树种，对土壤要求不严、喜光、耐旱、生长快、寿命长是海原县中、北部林场进行四旁植树、保持水土、改良土壤及营造果园防护林的优良树种。此外，国有林场土地资源丰富，宜林地面积多，有较大的发展潜力。

（2）劳动力资源丰富 据我们对管理水平最高的李旺园艺场估算，工人年完成的工作量不足应完成工作量的60%，其他林场不足40%，职工剩余劳动力潜力还很大。

（3）林业局技术人员集中，技术力量相对场圃较强。如深入生产第一线，就会为开展科技兴林提供技术保证。

（4）具有一定的生产基地，林木资源和林业生产能力。国营园艺场经济林面积1 181亩，产量52 760 kg，其中，老果园面积115亩，进入初果期面积160亩，幼龄果园面积906亩。各树种所占总面积比例依次为苹果97.97%、梨1.32%、桃0.71%，所占总产量比例依次为苹果69.09%、梨14.8%、桃16.11%。

表 4-8　国营园艺场果树生产基本情况

单位	果树面积/亩					苹果/亩	梨/亩	桃/亩	总产/kg	苹果/kg	梨/kg	桃/kg
	小计	幼龄	初果期	盛果	老园							
兴隆园艺场	471.7	471.7	—	—	—	471.7	—	—	—	—	—	—
高崖园艺场	228.2	228.2	—	—	—	228.2	—	—	—	—	—	—
李旺园艺场	150	—	150	—	—	150.0	—	—	1 250	1 250	—	—
西安园艺场	206.1	206.1	—	—	—	192.0	14.1	—	—	—	—	—
方堡园艺场	73.7	—	—	—	73.7	63.8	1.5	8.4	20 755	12 600	3 905	4 250
城关苗圃	31	—	—	—	31	31.0	—	—	3 750	3 750	—	—
李俊苗圃	10	—	10	—	—	10.0	—	—	625	625	—	—
牌路山林场	10	—	—	—	10	10.0	—	—	—	—	—	—
合计	1 180.77	906	160	—	114.7	1 156.7	15.6	8.4	26 380	18 225	3 905	4 250

5. 各国有林场情况

（1）方堡园艺场

①地理位置　方堡园艺场位于海城镇以北，关桥乡方堡行政村境内，距县城约16 km。地处北纬36°46′，东经105°47′，海拔1 630 m，该场北面靠近团结水库，其余三面与农田接壤。有简易公路与海原—同心公路相连（中间约500 m），交通方便。

②自然条件　根据海原县农业气候区划，本场属第一大区北部干旱温暖牧、林、农气候区的第二亚区，即油料经济气候亚区。按本县热量分区标准属温和区。年均气温7.6℃，无霜期146~169 d，≥0℃有效积温3 200~3 400℃，计232 d。≥10℃活动积温2 600~2 900℃计159 d。全年最高气温出现在7月份，平均22.1℃。最低气温出现在1月份平均9.4℃。平均气温年较差31.8℃，日较差11.2℃。年降水量267~372 mm，主要集中在7、8、9、三个月，干燥度2.8~3.2，干旱严重，但每年可利用水库水进行灌溉、基本能满足果树生长期的需要，土壤为灰钙土，偏碱性，pH7.5以上。主要树种有红、黄元帅、国光、红玉、青香蕉、香水梨、长把梨、花红、黄桃、台湾李子等。已知全园杂草66种，

隶属于17科48属。其中以苣荬菜、大蓟、小蓟、宽叶独行菜、苍耳、灰绿藜、西伯利亚蓼、冰草、冬葵、田旋花、箭叶旋花、皱叶酸模等14种杂草危害较多。

③社会经济条件　全场现有职工18人，其中，男职工8人、女职工10人。文化程度高中1人，占5.6%；初中13人，占72.2%；小学3人，占16.6%，文盲1人，占5.6%。该场土地总面积102.7亩。根据林种等共划分6个小班，其中有林小班5个。林业用地82.3亩，其中，用材林1.7亩、防护林6.9亩、经济林73.7亩（苹果63.8亩、桃8.4亩、梨1.5亩）。非林业用地20.4亩。该场历年各类果品产量最高年份是1981年，达到8.5万kg，平均亩产1 150 kg。近几年产量一直徘徊在5万kg左右，年产值近5万元。该场现拥有工农－36型汽油喷雾器、背负式喷雾器各2台，手推式高压喷雾器3台。12 hp（马力）手扶拖拉机、10 kw电动机和6寸（6英寸，约等于15.24 cm）潜水泵各1台。

④主要存在问题　承包期限过短，职工在投资、投劳方面缺乏积极性，出现了追求短期经济效益的掠夺性经营。

管理粗放，技术力量薄弱，果品质量，产量过早呈现下降趋势，腐烂病，食心虫危害严重。

由于社队水浇地的增加果园用水与农田用水矛盾日益尖锐。

肥料的投入严重不足。

⑤经营方针和目标　近几年该场的经营方针是"加强科学管理，增加投入，充分发挥现有果树资源的生产潜力，增加经济收入。有计划地进行老果园更新改造，以实现果树生产和产值的稳定发展"。

制订果园更新方案，选配优质品种进行科学布局。力争在"八五"期间完成桃树，部分衰老果树，病死树和树间空地的更新和补植，十年内完成全园更新改造。

完善承包责任制，延长承包期限，提高现有管理人员的政治和业务素质，明确职工的责、权、利。切实落实好现有果树资源的经营与衰老果树的更新改造计划。

加强技术力量，开展技术培训，推广老果树的修剪技术及疏花疏果病虫害防治技术，延长果树的经济寿命年限，提高整体果园的产量和品质。

减免近几年内该场对林业局的上交任务，用于购买肥料、农药、果苗增加投入扩大再生产，加快果园更新步伐。

根据该场地下水丰富，投资少（预计2万元）的条件，争取每年由水利部门安排用于社会的机井指标。打一眼井，进行井灌，以解决果园与农地争水的矛盾。

（2）李旺园艺场

①地理位置　李旺园艺场位于海原县城以东李旺乡二道行政村境内，地处北纬36°40′，东经106°06′，银平公路和宝中铁路从林场门口经过，交通极为便利。

②自然条件　根据海原县农业气候区划属第一大区，北部风沙干旱丘陵牧、林、农区的第二亚区，清水河川台麦、糜，经济作物亚区。

温度：年平均气温8.1℃，1月平均气温−8.6℃，7月平均气温22.5℃，气温年较差31.1℃，日较差11.1℃，无霜期179~185 d。≥0℃有效积温3 400~3 600℃；>10℃积温3 000~3 200℃。

水分：年降水量370 mm，其中春（3—5月）100.1 mm，冬（12~翌年2月）7.4 mm。干燥度2.4~3.2，极端最大降水量出现在1964年为699.5 mm，最小为229.5 mm，出现在1960年。引黄水从林场西边经过，灌水极为方便。

土壤：为黑垆土，土层厚平均150 cm，土壤疏松多孔，透气性良好。

植被：主要树种有新疆杨、八里庄杨，经济树种有秦冠、国光、富士、新红星、金矮生、红矮生、鸡冠等。

③社会经济条件　有职工21人，其中，男职工11人、女职工10人。文化程度，大专1人、高中3人、初中6人、小学8人、文盲3人。该场土地总面积260亩，根据林种、地类等划分9个小班。其中有林小班6个。林业用地208.5亩，活立木总蓄积40.67 m³，其中，防护林11.7亩、蓄积40.67 m³、经济林150亩（产量1000 kg，产值近1000元）、灌木林地25亩、宜林地21.8亩。非林业用地51.5亩，其中农地28.6亩。森林覆盖率80.19%，该场现有15 hp（1 hp=745.700W）四轮拖拉机1台。全年除工资外，年拨事业费千余元，间作收入中的2000元上交林业局。该场近几年由于狠抓业务技术培训，因此，职工的果树修剪、嫁接技术都有很大提高，是目前林业局管理水平最高的场子。

李旺园艺场苹果面积130亩，1988年他们的自筹资金嫁接苹果苗2万多株，义务为50多户群众修剪果树，帮助一户果农建起了40多亩密植园。并引进草莓、长富1号、艳红等近十个新品种进行试验。成为该乡科研、传播果树栽培技术的中心。

④经营方针、目标　强化经营管理，增加肥料投入，推广果树栽培新技术，走集约经营的道路。生产目标是"八五"末实现果品产量3.5万 kg，产值3万元，并建成苹果育苗地3亩，营造"围界林"4亩。

⑤存在的主要问题

一是资金短缺、肥料投入严重不足；二是护林点，果窖、生产用水池、人畜饮水池，亟待建设；三是二十间土木结构的房屋亟待维修。

（3）高崖园艺场

①地理位置 高湾园艺场位于高崖乡西南、庙山脚下洪积扇上，地处东经105°09′，北纬36°06′~36°07′，海拔1 375 m，面积360亩。它西靠固海扬水八干渠，其余三面与农田接壤，有简易公路直通银平公路，相距约2 km。交通条件较便利。

②自然概况

温度：根据海原县热量分区标准属温暖区，年均气温8.2℃，7月平均气温22.7℃，1月平均气温−8.6℃，年均相差31.3℃，地温日较差11.1℃，≥10℃积温3 600~3 700℃，生长季（4~10月）平均气温为16.4℃，日平均气温大于或等于5℃的日数不少于209 d，干燥度2.4~3.2。6—8月平均温度20.7~22.7℃，平均地面温度10.9℃。年最高地温31.4℃，最低0.4℃。

降水：年降水量237~297.8 mm，相对湿度为51%，蒸发量2 257.9 mm，一般春季干旱、秋季多雨，与苹果生长期需水规律有一定矛盾，但利用引黄浇灌，4次/a，能满足果树生长发育的需要。

土壤：该场原为旱作农田，熟化层在30~50 cm，土壤类型为普通灰钙土，pH为7.8，有机质平均含量为1.49%，水解氮48.3 mg/kg，速效磷2.9 mg/kg，明显偏低。质地疏松，通气排水性良好，土层厚度大于250 cm。果园东南面部分小区黄土层在100~150 cm。

地形：场内总的地形呈现由西北向东南倾斜，坡降东西为25%，南北为6%，苹果栽培区呈台阶式，高差较大，最大3 m，平均1.5 m。每个小区土地不平整，灌水不便。

其他：该地日照时数年平均为3 053.8 h，光照强，光质好，有利于树体吸收。全年主要风害方向为西北偏北，平均大风日数为27.6 d，平均风速3.3 m/s，风害天气4—5月份最多，秋季较少。该地各年均有不同程度的霜冻，早霜期在9月下旬至10月上旬，晚霜期4月下旬至5月上旬。据对附近成年果园调查，除灾害性年份外，轻霜冻对提高果品产量、质量，克服大小年有一定作用。该地年均降暴雨0.4次，一般常出现在7—8月份，山洪对园艺场构成了一定威胁。

③历史 1986年，固海扬水工程建成通水后，给兴隆、高崖、李旺地区带来了生机，产业结构也发生了巨大变化，经济林有了飞速的发展，为了在高崖乡建立一个以点代片，传播科学管理，提高经济林栽培水平的基地，县林业局利用调整土地的时机，征购了高崖乡高湾行政村积水洼坑地400亩。并进行了可行性论证，在此基础上完成了全园规划设计，当年开始了大规模的平田整地，渠道配置和场部建设。完成平整土地300多亩，渠道

配备600多米，并盖了砖木结构的房屋2幢12间，1987年职工增加到12人。挖定植坑220亩，引进了秦冠、黄元帅、红富士、新红星、国光、艳红、短枝国光等品种进行栽培、试验。但是，由于新建场资金缺乏，再加上场长频繁变动（5年内换了4位场长），致使职工思想混乱，纪律松弛，不坚守工作岗位。果树保存率不足60%，树势衰弱。县林业局每年从上交的间作收入中拿出4 000元左右用于扶持场内平整土地。但由于领导变动，场里也没有得力措施，致使平整土地这项工作从未进行彻底，截至目前，果树作业区平整的土地不足30%，其他土地高低不平，在同一块作业区内，有的高差甚至达到70 cm左右，给果园生产和管理带来了很大困难。

④社会经济条件　现有职工28名，男职工5人，其中长期临时工7人。文化程度，大专1人、高中1人、初中15人、小学9人、文盲2人。该场总土地面积360亩，林业用地306.6亩，其中，林地有236.2亩（经济林228.2亩、农防林8.0亩）、苗圃地66亩、宜林荒地12.4亩。非林业用地45.4亩，森林覆盖率61%。该场现有15 hp（1 hp=745.700W）四轮拖拉机1台，全年除工资外，拨事业费1000元，间作收入1万多元，30%上交林业局。70%归职工。场子底子薄，基础较差。

⑤主要存在问题　职工素质差，以场为家的思想淡漠、管理粗放、树势衰弱，因偷盗、管理等原因造成的缺株现象严重。

果园各作业区土地不平整，水渠质量差。资金缺乏，肥料投入不足。护林点、果窖、生产用水池，亟待建设。

⑥经营方针　强化管理，增加投入，完善生产设施，提高土地利用率，搞好果园基本建设，走集约经营道路。

⑦目标　"八五"期间，完成全园农田基本建设，对没有定植果树的作业区和缺株作业区应及时补植齐。1995年年末实现年产量1.5万～3.0万 kg，产值3万元。并新建育苗地30亩，营造"围界林"7亩。

（4）兴隆园艺场

①地理位置　兴隆园艺场地处北纬36°55′，东经105°51′。位于海原县东北部，东与同心县城毗连，相距约4 km，东有清水河。从南到北依次与兴隆乡兴隆大队的马家湾、王家石岗、张家套子、兴隆堡等四个自然村接壤。本场靠近银平公路与海同（海原至同心）公路。兴高（兴隆至高崖）公路从场部门口经过，交通便利。

②自然条件　根据海原县农业区划，该场属于第一大区，"北部风沙干旱丘陵牧、林、农区的第三亚区即清水河川台麦、糜经济作物亚区"。根据宁夏苹果经济栽培气候分

区指标和宁南山区果树气候分区标准，通过灰色聚类分析得知，兴隆园艺场属于苹果栽培适宜气候区的晚熟品种种植区，本区年平均气温8.6℃，年降水量250 mm，≥0℃积温3 700℃；>10℃活动积温3 214℃，无霜期185 d，干燥度3.2，海拔1 500 m，土壤为侵蚀性灰钙土，大部分红土露出地表，发育不明显，且无明显有机质层，表层有机质含量低平均0.8%，可溶性盐分较高达1.8%左右，根据海原县土壤养分含量分区标准，属于中度缺氮、极度缺磷区，水解氮30 mg/kg，速效磷5 mg/kg，本场地处清水河和引黄灌区，灌溉方便。

③现状 兴隆园艺场1958年以前是兴隆国营农场，1986年改名为兴隆园艺场，并圈入土地572亩，当年定植果树320亩，1987年定植110亩，由于建园初期缺乏全面规划，致使土地、道路、排灌系统比例失调，给生产和管理带来了很多困难，因此1988年年底对渠道进行规划，1989年进行了大规模的渠、道改造建设，1990年又在该场北面圈入土地约288亩，计划1991年建园，主栽树种有葡萄、梨、苹果等。

④社会经济条件 现有职工人48，其中男职26工名，女职22工名。文化程度大专2人，中专2人，高中6人，初中5人，小学、文育33人。该场总土地面积869亩，林业用地816.5亩，其中经济林471.7亩。全年除工资外，年拨事业费千余元。资金极度短缺。

⑤存在问题 资金极度短缺，缺肥严重；护林点、果窖、生产用水池亟待建设；管理较粗放，修剪水平低。

（5）西安园艺场

①地理位置和自然概况 西安园艺场位于西安乡园河村任湾队境内。土地为西华山洪积扇。海拔平均1 770 m。全场西南高、东北低，呈阶状地。场东部较平坦，为灰褐土，质地黏硬、含盐碱量比较大；西部为砾石滩。土壤属黑垆土，质地为砂壤土。年均气温约7.2℃，无霜期约146 d。历年平均降水量350 mm，年蒸发量1 440.1 mm。空气湿度较大。大风日较多，易使果树、树木偏冠。

②生产情况 该场经过两次场址迁移，1974年春迁到现在的场部。全场土地面积343亩，林业用地289.5亩，其中，有林地224.8亩，蓄积127.6 m³（果树206亩，防护林14亩，用材林4.8亩）宜林地64.7亩。农地37.5亩，其他占地16亩。场有手扶拖拉机和20 hp 柴油机各一台，无钱修理不能用，有10 kW 电动机一部和喷雾器等。1986年该场生产转向，由苗圃改为园艺场，主栽苹果，次为梨。

③有利因素 果树定植已五年，即将进入结果期。

杨、榆、刺槐生长好，年高生长量在1 m以上；有多年育苗经验，目前杨树等苗销路好；具有一定的养羊、养猪条件。交通方便，汽车可直达场院。

④存在的问题　提灌园河水库水与西安农民争水矛盾突出严重影响生产。果树缺水、缺肥，气温偏低，果树生长不旺，发枝少而短，乔冠苹果新梢生长量40~60 cm，5年生树冠幅不到3 m²。晚熟苹果多的年份不能完全成熟后采收。场资金困难，没有生产基金。附近农民对林业不够重视。

⑤该场发展意见　该场今后的发展方向，应以苗、果并举，充分利用土地栽植四旁树和牧草。但在选择苹果品种时要考虑适应气候条件和市场竞争能力。具体做法是：

开发水肥资源。场东部地下水资源丰富，水质较好、建议在场东南部打井，继续养羊养猪。

改农地为苗圃，增加场圃近期经济收入，积累生产基金。每年育苗10亩，苗圃面积达到20亩，每年出圃苗7万株左右，可收入1万元。

提高果园管理水平。果园渠道占地面积大，应整修，增加果树株数；增加肥水；给果树地增温，如喷洒增温剂或树盘覆盖地膜，提高果树修剪水平，试验少剪、多拉枝的办法，喷施叶肥和生长素；防治病虫害的大发生。

宜林地栽植沙柳等林木，间种饲草和饲料。沙柳编筐。

营造"围界林"7.0亩。

（6）城关苗圃

①地理位置　城关苗圃位于海原县城西南，城关乡境内，地处北纬36° 33′，东经105° 38′，距县城中心约2.5 km，海原—西吉公路从苗圃门口经过，交通便利。

②自然条件

气温。根据海原县农业区划，属第二大区，中部干旱温和牧、农、林气候区的第三小区即中部丘陵牧、油、粮旱作物气候亚区。年均气温6.9~7.1℃，1月平均气温 −5.9℃，7月平均气温19.6℃，无霜期145~165 d，≥0℃有效积温3 100℃，≥10℃活动积温2 400~2 600℃，气温年相差26.5℃，日相差11.7℃。全年日照时数平均达2 706 h，日照时数最多的是1965年达2 973.2 h，最少的是1960年为2 373.9 h。年日照百分率为61%，日照充足。全年太阳总辐射为3 079.14 kJ/cm²，生理辐射为280.52 kJ/（cm²·a）。年降水量330~400 mm，蒸发量2 136 mm，干燥度1.8~2.3，生长期4月—10月中旬，190 d左右，平均降水量370 mm，各月平均降水量为4月21.7 mm，5月38.3 mm，6月36.8 mm，7月84.0 mm，8月103.6 mm，9月60.7 mm，10月上中旬23.0 mm，远不能满足果树和林木生长的需要，近年由于县城用水紧张，苗圃没有灌溉水。

土壤。该场在洪积扇上，土壤为侵蚀黑垆土，土层薄，平均50 cm，土壤有机质含量低，漏水、漏肥严重，其中有40%左右的土地，土层仅有10 cm，鹅卵大的石头随处可见。

植被。主要树种有新疆杨、青杨、榆。苹果有红、黄元帅、倭锦、青香蕉、红玉，草本植物主要是针茅、冰草等。

③社会经济条件　现有职工42人，其中，男职工6名、女职工36名。林业工程师1人（任场长）、高中生2人、初中生9人、小学生19人、文盲11人。该场土地总面积674亩。活立木总蓄积321.16 m³。林业用地627.3亩，其中，用材林52.88亩，蓄积89.91 m³；防护林57.84亩，蓄积231.25 m³；经济林31亩（产量7 500 kg）。未成林造林地1.5亩、疏林地36亩、苗圃地242.07亩、宜林地206.02亩。非林业用地46.69亩，其中农地17亩。森林覆盖率21.25%。全年除拨入的工资外，年拨事业费千余元，苹果由于无水灌溉，品质较差，基本上没有商品价值。

④存在问题　没有生产用水。人员多，任务少。

⑤措施　争取由国家投资安排于社会的机井指标，进行打井，实行井灌，以恢复其生产。

利用现有苗圃地进行旱地育苗。每年育苗40亩。

宜林地挖坑填土营造阔叶用材林。"八五"期间，共营造用材林200亩。3月份或10月中旬以后，争取灌溉。

每年林场按照林业局下达的任务安排生产，没有安排到任务的职工，去五桥沟营造针叶林。

（7）李俊苗圃

①地理位置　李俊苗圃位于海原县城东南方，李俊乡境内，地处北纬36°13′，东经105°52′，它一面靠近红星行政村的二百户自然村，其余三面与农田接壤，距乡政府约1.5 km。

②自然条件　根据海原县农业区划，该区属第三大区南部半干旱山地丘陵林、牧区。第三亚区即李俊河林木麦类亚区。年均气温6.3℃，1月平均气温-8.9℃，7月平均气温19.1℃，气温年较差26.5℃，日较差11.3℃，无霜期128~132 d，≥0℃积温2 500~2 700℃，持续222 d，>10℃积温平均2 000~2 300℃，持续143 d。年均降水量为400~500 mm，湿度较大。干燥度1.6~1.8，杨明河自西南向东北方向从林场中间穿过流经寺口入清水河，灌溉方便。该场为河滩地，土壤为黑垆土，有机质含量较高，一般平均为2.32%，土壤疏松多孔，质地轻中壤，但由于气温低，养分释放慢，有效性差，土层一般都大于100 cm。

植被主要树种有杨、柳、榆、苹果、梨等。

③社会经济条件 全场现有职工14人，其中，男职工10人、女职工4人。中专文化程度的1人、初中文化程度的4人、小学6人、文盲3人。该场土地总面积246亩（林业用地面积214.1亩、活立木总蓄积5.3 m³），其中，用材林36.9亩，灌木林19.7亩，苗圃地135.9亩，宜林荒山、荒地11.6亩，非林业用地31.35亩。四旁树360株，折1.35亩。经济林10亩。森林覆盖率31.69%。该场现有10 kW 电动机、四寸（1英寸=2.54 cm）潜水泵各1台。全年除工资外，拨事业费千余元，每年产苗12万株，苗款全部上交林业局。故资金缺乏。

④经营方针 加强科学管理，增加投入，根据宁夏下达给海原县的造林任务和市场需求调整树种比例，积极培育良种壮苗，增加经济收入。

⑤目标 "八五"期间，苗圃地扩大到120亩，实行2年轮作。完成5年一个周期。

新育苗198亩。出圃二年生苗木138万株，种条28万株（剪接穗100万条）。

⑥主要存在问题 管理粗放、职工素质低，育苗成活率相对较低，病虫害较严重；肥料投入严重不足；现有生产设施亟待维修；职工人员少，土地资源得不到充分利用。

（8）五桥沟林场

①地理位置和自然概况 该场位于海城镇与南华山马场交界之处，坐落在南华山中，从县城沿海原县至西吉公路向西南行走10 km 即到林场。全场平均海拔2 550 m，海原县最高峰马万山海拔2 954.6 m，在场的东南部，高差约680 m。山高气候寒冷，年均气温约0.5℃，十有八年，在5月下旬至6月上旬还是雪盖南华山，植物生长期短。年降水量500~600 mm。场内四桥有大股泉水，夏旱时流量还有0.018 m³/s，供县城2.37万人的生活和部分生产用水。场内土石山交错，以土山为主。土壤属山地暗灰褐土和荒山侵入山地灰褐土，土壤有机质含量较高，比较肥沃。植被盖度85% 左右。

②现有森林资源 1979年建场造林。全场土地总面积23 000亩，经营面积15 966亩。据"七五"森林资源调查，有水源涵养林林分46亩，未成林926.2亩，疏林216.1亩，散生木林地约1 000亩（以上大都是落叶松），灌木林215.6亩（主要是沙棘），造林保存面积1403.9亩，有苗圃地24亩，宜林地14 000亩。

林木生长情况：1983年造油松高2 m，胸径1.6 cm，1982年栽的落叶松平均胸径3.3 cm，高2.9 m，生长最好的落叶松小班，平均胸径6.6 cm，高3.5 m。1984年春在泉水边撒播的沙棘现在高4 m，沙柳扦插造林的树高4 m，直播山桃树高3 m。1982年栽的白榆胸径5 cm，高4.2 m，八里庄杨和新疆杨粗高生长近白榆，但腐烂病严重。所育幼苗生长慢，3年生油松苗高12 cm，根径0.15 cm。

③影响造林成败的原因 严格按技术要求进行的植苗造林成活率可达到80%，最高为90%，其中营养袋苗较差。针叶树造林成活率在50%左右，如1991年春季，县级机关职工所造落叶松成活率为49.6%，所栽沙棘成活率为93.5%，城关苗圃职工在五桥沟林场栽植的华山松成活率52.6%，牌路山林场职工栽植的落叶松成活率64.4%。1984年4月五桥沟在雪地上撒播沙棘种子，凡在泉水旁都能出苗成林，在荒山坡上每亩有苗1~2株。该场造林作业面积是19 700亩，而现在有林地面积2 404亩（包括散生木的1000亩在内），造林保存面积只有12.2%，若按有成林希望的面积1 403.9亩计算，保存面积仅有7.1%。为什么保存率低到如此程度？其原因一是造林成活率大部分不高，只在50%左右。二是鼢鼠危害严重，据1985年五桥沟鼢鼠综合课题组调查，鼠口密度每亩1.5只左右，鼠害一年，造林保存率降低14%~18%、50%成活率的幼林在4~6年内就可能毁灭。事实上经过灭鼠后，鼠害程度大大下降。三是牛羊踩踏严重损害幼林，容器苗受害重。每年6—8月牛羊满山，林场职工无法管护。1987年连续大旱，林木遭受了特大损失。四是造林检查验收不严。

④该场今后建设意见 改革开放以来，海城城市人口猛增，农村人口增加迅速，赶集和经商的流动人口每天有5 000~10 000人，比改革开放前增加约5倍。海城工业虽不多，所上项目和规模将是改革开放前的5~10倍。工业生产和城市建筑用水猛增。所以五桥沟水源涵养林必须迅速建成，该林区的发展，不但保护水资源，也有较大的经济效益。如果在阴坡、半阴坡造林10 000亩落叶松，20年后，每亩间伐50~80根椽材，可收入500~800元，全场可收入500万~800万元，扣除造林投资和30名管理人员25年的工资，可余250万~550万元。另外，6 000亩的阳坡荒山还可营造灌木林，如沙棘、沙柳等。

如何迅速将山林建成，我们的意见是。

第一、全面灭鼠。鼢鼠是针叶树的大敌，必须防治，先治鼠后造林。

第二、全面禁止牛羊牲畜入林，幼林高3 m后开放。禁止农民入林采蕨菜。蕨菜是林场的资源，应由林场组织采收加工。若要放开采收，也应规定蕨菜采收地点，入场采收路线和采收年限。

第三、适地适树，水边栽柳、榆、桦、水曲柳阔叶树，坡地阴坡、半阴坡以落叶松、云杉与沙棘混交，白桦和沙柳作为防火隔离带。阳坡缓坡栽油松、沙棘混交林，陡坡栽植沙棘、沙柳等适生灌木林。

第四、制定五年规划，全面实行造林和管护一体的承包责任制。

第五、开展以短养长的多种经营增加职工收入，如建池养鱼，开辟牧草基地养乳牛、养蜂、种药材等。

（9）西华山林场

①概况　西华山、又名西山、天都山，位于海原县城西30公里处，西安乡境内，属黄土丘陵水源涵养林区，地处北纬36°26′，东经105°23′，海拔2 000~2 703 m，整个山势呈东南—西北走向，长约30 km，宽25 km，总面积850 km²，其西北连黄家洼山，东南与南华山对峙，西南与甘肃的崛吴山接壤。是一个辽阔的天然牧场。盐池羊场曾在大沟门设立牧羊点。该区地势高寒，年平均气温1.9℃，1月气温最低月均−10.6℃，7月气温最高月均12.4℃，年降水量400 mm左右，主要集中在7、8、9三个月。西华山20世纪50年代前期尚有少量天然油松及桦木等乔木分布，20世纪50年代末期均遭到破坏。全部退化为灌木林，其呈团状镶嵌分布于阳坡和半阴坡。

②社会经济条件　全场现有职工7人，其中男职工7人。高中文化程度2人、初中2人、小学程度3人。该场土地总面积12 800亩，林业用地面积12 500亩，其中天然灌木林1 073.6亩，主要树种有丁香、枸子、虎榛子等。宜林荒山荒地11 426.4亩、非林业用地300亩，森林覆盖率8.39%。该场每年除工资外，仅有400多元的事业费。经营水平低下，仅能维持简单的护林工作。

③存在问题　场部距林区较远，最近处约3公里，给职工护林带来了很大的困难；职工宿舍长期没有维修，林场无生活用电，活动资金极度短缺，职工生活艰苦，不安心在本场工作；管理粗放。

④经营方针和措施　该场的经营方针是：以封为主，封造结合，增加森林资源，发挥森林的多种生态效益，增强森林自我调控能力。

⑤措施　加强管理，增加投入，改善职工生活环境，在林区建立护林点。

根据该场阴坡坡度小，水分条件较好，1982年进行的鱼鳞坑整地工程基本完整的有利条件，争取宁夏每年的飞播项目，进行造林。实现10年内天然更新和人工造林面积达1万亩的目标。

利用房前屋后20亩空闲地发展"四旁"植树，培育建房用椽材。实现在"八五"期间，完成人均植树500株。全场植树3 500株的任务。

（10）灵光寺林场

①地理位置　灵光寺林场地处北纬36°30′，东经105°32′，海拔2 000~2 504 m，位于海原县城以南，城关镇、树台乡、西安乡三乡（镇）交界地带，距县城约12 km，中间有简易公路相连，道路崎岖险峻，交通极为不便，遇到暴雨或大雪封山，林场就会与外界隔离几周至几个月，职工生活艰辛，文化生活单调。

②自然条件

温度：据南华山气象哨观测，该地区气温低年平均气温3.4℃，生长期短，无霜102 d，初霜期9月上中旬，晚霜期5月下旬，1月气温 −11.1℃，年绝对最低温 −28.7℃，7月平均气温10.6℃，≥0℃积温2 400℃，≥10℃积温1 600℃。

降水：年降水量500~600 mm，湿度大，干燥度2.0，水分供应充足，基本无干旱发生，林区泉眼密布，泉水流出量较大的有刺儿沟、野狐坡等地。

土壤：林区母岩为沙质页岩，土壤主要为山地灰褐土，林内枯枝落叶层厚，土壤含丰富的腐殖质。

植被：主要乔木树种有白桦、落叶松、油松、柳、榆、杨，林下灌木种类很多，主要有花楸、山杏、毛樱桃、西北枸子、水枸子等，林区上下高差不太大，植被垂直分布亦不明显。植被区划属温带草原亚带区。

③社会经济条件　该区牧草茂盛，是辽阔的天然牧场，夏秋之季，山花争艳千奇百异，前人对此曾有"四时花不断，十生水犹香"的赞咏。过去曾以"华山叠翠"列为海原县八景之一。

全场现有职工20名，男职工14名、女职工6名。其中，初中以上文化程度7人、小学文化程度9人、文盲4人。该场土地总面积15 966亩，林业用地面积15 333.2亩，其中防护林594.3亩（白桦469.6亩，蓄积1 421.3 m³；落叶松31.9亩，蓄积20.76 m³；榆树92.8亩，林木胸径在4 cm以下）、灌木林3014.3亩、苗圃地9.4亩、宜林荒山荒地1175.2亩；非林业用地632.8亩，包括农地362.8亩。森林覆盖率22.6%。全场每年除工资外，拨事业费千余元，种植业收入两千多元（全部上交），因此林场资金极度缺乏，经营水平低下，仅维持简单的林业生产。

④有利条件　该场土地资源丰富，宜林地面积大，土壤肥沃，水分条件好，适合针叶树生长，落叶松20年应能长成椽材，只要加强封育措施，天然更新效果异常明显。

⑤经营方针、目标

方针：以护为主，封造并举，加快针叶林用材林基地建设和天然更新，积极扩大森林面积，利用现有资源开展多种经营，搞活林场经济。

目标："八五"期间完成针叶树造林2 000亩，人工促进天然更新，争取飞播灌木林5 000亩，开展多种经营，实现年收入1万元，建立针叶树苗圃地24亩，营造"围界林"218亩。

（11）拐洼林场

①地理位置　拐洼林场属于六盘山余脉，位于海原县最南部的李俊乡、杨明乡境

内与西吉火石寨乡交界处。属黄土丘陵水源涵养林区，地处北纬36°7′~36°12′，东经105°45′~105°51′，李俊至西吉公路从林区通过，交通便利。

②自然条件

温度：该区地势高寒，气候温凉，年平均气温5.5~6.3℃，≥10℃积温为2700~2900℃，无霜期100~125 d。1月平均气温 −8.9℃，7月均温19.1℃，年平均气温日较差11.3℃。

降水：年降水量400~600 mm。相对湿度较大，干燥度1.2~2.0。在林区内分布着许多大大小小的泉眼，汇成溪流，清澈见底。

植物：该场是海原县最大的天然次生林区，主要天然树种有白桦、椴树、辽东栎、山杨、枸子、蔷薇、丁香、沙棘、山杏、山柳、山定子等，草本植物主要有冰草、白蒿、黄蒿、草莓等。

生物：拐涧林场已知昆虫达170种，隶属于9目50科148属。其中，鳞翅目昆虫111种，同翅目2种，鞘翅目42种，脉翅目8种，直翅目3种，蜻蜓目和蜚蠊目昆虫各1种；动物主要有狼、狐、兔、锦鸡等。

③社会经济条件　全场现有职工27人，其中，固定职工8人、雇佣工19人。固定职工中，初中文化程度的3人、小学文化程度的3人、文盲2人。林区内坐落着2个乡5个行政村的近20多个村庄，群众生活艰苦。该场土地总面积33958.2亩，林业用地31 655.5亩，活立木总蓄积5 584.4 m³，其中防护林2 185.4亩（白桦813.2亩，蓄积2 195.4 m³，山杨105.9亩，蓄积366.2 m³，人工杨树195亩，蓄积11.3 m³，落叶松、油松1246亩，蓄积2 003.6 m³）；天然灌木林21 295.7亩，宜林荒山荒地8 000亩，非林业用地2 302.7亩。森林覆盖率69.7%。林场现有手扶拖拉机和无线电通信机各1台。固定职工特别是雇佣工待遇极低，月收入仅60元。县林业局年拨事业费不足千余元，林场利用编筐等年收入500多元，因此，总的资金缺乏，经营水平低下，维持着简单的林木看护。

④存在的主要问题　资金缺乏，雇佣工待遇较低；护林点危房亟待维修；管理较粗放，盗伐林木现象时有发生。

⑤经营方针　以封为主，封、造、育结合，充分利用现有灌木林资源，开展多种经营，搞活林场经济。

⑥措施　增加投资，维修危房，改善生活条件；对次生林区进行封育，促进桦树等乔木天然下种，利用林木资源有计划地进行编织加工，增加收入；加强管理，完善护林承包责任制，明确奖罚。

在立地条件较好的宜林地中，将自治区下达的针叶树造林任务，每年安排500亩，经费由国家投资，年底按标准验收，兑现造林经费用于提高临时工待遇。

⑦目标　"八五"期间，完成针叶树造林2 000亩，人工抚育促进天然更新2 000亩，开展多种经营实现年收入1 000元。

（12）水冲寺林场

①基本情况　水冲寺林场坐落在曹洼乡境内，在乡政府驻地西南3 km处。由南华山群的一部分和山前洪积扇构成，全场总面积9 700亩，其中，陡坡山地约8 850亩（内有石山约1 000亩）、山前洪积扇缓坡地850亩（内有乱石滩和沟壑约250亩），山地平均海拔2 350 m，最高2 641 m，洪积扇海拔2 080 m，全场高差540 m。山地土壤属山地石灰性灰褐土，土壤有机质含量较高约4%，洪积扇为新积土。

植被盖度70%~85%，山上有桦木天然次生林233亩，天然灌木有虎榛子、丁香、枸子等2 084亩。草本有针茅、蒿属等植物。年平均气温约6.6℃、≥0℃的日数约128 d，积温2 125℃。年平均降水量390 mm。

②该场的有利因素和存在的问题

有利因素：土地资源丰富，有宜林荒山8000多亩，农耕地500多亩，土地比较肥沃；有独有的一股泉水可灌地70多亩，山里洪水也可引灌山前农地；有育苗经验，苗木可销往附近的郑旗、贾塘、杨明、红阳、曹洼、九彩等乡；有饲养牲畜的经验，有一定的牧羊条件，现有羊80多只，育苗肥料有保证；曹洼农民生活水平一般，副业门路少。如果林场发展副业，竞争力强。

存在的问题：职工素质较低。共有9名职工，其中，初中文化程度的3名、小学的2人、文盲的4名，没有技术人员。资金十分贫乏，没有生产资金，生产工具少而缺。交通不便，需要修3 km的公路才能与海原县到李俊、杨明的公路相接。

③今后林场建设意见　林场的基本宗旨是搞好育苗、造林、改造次生林，充分发挥林场的示范作用。搞好这些工作，林场需要做到以下几点。

第一，增派技术员和创业能力较强的职工，以启动全场的生产工作。

第二，加强林场两个方面的基本建设。一是提高职工素质，进行艰苦奋斗，以林业生产为己任的思想教育和学文化、技术的职能教育；二是全面修复苗圃地、农地、和水利等基础设施，为发展生产铺平道路。

第三，恢复育苗，育适销对路的苗木，育苗品种要多样化，根据社会需求而变化，不搞单一的杨树苗，可经营本场必需的落叶松，油松、沙棘、榆、刺槐和社会急需的杨树、花椒、杏、花红、李等，以增加近期生产资金。

第四，全面开展造林，增强林场后劲。制定造林计划、分年实施，盯着目标，坚持到底。本着先易后难的原则，首先在场址周围800亩土地上营造防护兼用的速生用材林100亩，逐年间伐补栽，平均每年砍椽1500根，可得净收入0.5万元。山上7000亩山地营造针阔叶混交林，争取5~10年完成、30~40年受益，若每年每亩间伐40根椽材，每根价10元，将获得35万元，为林场奠定物质基础。

第五，围绕林业的发展和改善职工生活，开展多种经营，如种粮、种菜、种豆、养羊、养鱼、养蜂、养鸡、养兔或搞面向社会的大型副业，以增加职工收入，扭转职工外迁的思想。

（13）牌路山林场

①自然概况　牌路山林场位于海原县城东南，距城中心约2.5 km，北纬36°23′，东经约105°38′。坐落在两梁夹一沟上，地形东南高西北低。海拔1860~1948 m。土壤属黑垆土。平均气温7℃，>0℃的气温从3月19日开始至11月12日，积温3099.6℃，≥10℃的积温从5月6日开始到9月20日止，积温2352℃。年降水量420 mm，其中60%的集中在7、8、9三个月。

1956年到1960年造林整地方式有水槽、水簸箕、谷地坝、水平梯田、水平带子田。主要树种配置是梁坡地栽杏、沙枣、山桃、沟谷栽种旱柳、小叶杨、青杨，大谷坝地和台地试栽了海棠、梨、苹果、核桃、国槐、杨、臭椿等，林场路边试栽了枫树、白蜡、复叶槭、刺槐。20世纪70年代，造林整地方式改为反坡梯田和鱼鳞坑两种，有计划地坚持中耕抚育和补植，梁坡地造林树种改为柠条为主，次为山桃、白榆并试栽河北杨，进行了杨树旱地扦插育苗和油松、侧柏育苗试验，小面积均获全苗。20世纪80年代主要工作仍然是中耕抚育，按适地适树要求进行小老树改造，扩大柠条、山桃覆盖面积。由于只种不伐，在一定程度上形成乱补乱栽，致使树种杂、密度大、林龄乱。为了克服柠条直播造林成活率低，进行了柠条植苗造林，认真栽植的成活率都比较高。试栽了油松，由于栽后管理不力，成活率和生长量比较低。20世纪80年代后期，该场毁林现象日趋严重，工作重点以护林为主。

30多年来，林场沟底谷地所栽旱柳、小叶杨都能长成檩材，台地上的小叶杨、白榆、臭椿，只要坚持每年中耕抚育都能成材，杨树有15年即长成大椽材，缓坡洼地所栽河北杨均可生产椽材，梁坡地白榆、杏、沙枣只能长成灌状小乔木，如20年生的榆树平均高4.2 m、杏4.3 m、沙枣4.4 m，而柠条、沙棘生长茂盛，柠条高1.2 m、沙棘2~3 m。山桃生长量较小高1.2 m。五角枫，复叶槭、白蜡等都栽植于陡坡地，生长为灌丛状，苹果、梨虽开花结果，但果个小纤维多，场现有果树经多次拉水浇灌施肥，最高年产量约2 000 kg。林场全面修筑了水保工程，森林覆盖率已达76.9%，水土流失基本控制。

②林场资源现状　全场总面积5 613.2亩。保存林地面积4 996亩，其中，水保林3 147亩，蓄积86.7 m³（白榆907.7亩、山杏1 741亩、沙棘498.3亩）；灌木林1 767.1亩（柠条17 250亩、山桃42.1亩）、经济林10亩。但是，这些有限的资源经常遭到严重破坏。

林场面积逐年缩小。牌路山林场号称万亩，实际造林占地7 000多亩，"文革"期间场边缘宜林地和保存率较低的林地被周围农民蚕食为农地。1973年经县政府解决，维持当年土地现状界，以后场边缘土地继续被蚕食，现有5 649亩土地中，包含徐家沟和海城镇农户侵占的耕地900.5亩，林场实际有地4 749亩，近年来海城农户侵占了一个半山头，徐家沟向林场中心侵入，如此严重的问题竟没有人出面呼吁解决。

森林资源破坏严重。林场周围的农民视林场为草山，马、牛、羊群终年在林中放牧。20世纪80年代更甚，不但放牧割草，冬季将林内枯枝落叶全部刮走；偷砍林木，成材的不成材的都砍，"文革"期间沟谷成材杨柳几乎被偷尽。当时，每天从清早到傍晚，由放牧的孩子折上几股树枝带回家，天长日久，人次多，就把300多亩沙枣、杏树林破坏成光杆而死亡，林场有一台手扶拖拉机，为职工拉水打粮。

③今后的建设意见　牌路山林场是县城的南大门，地处交通要道，又是县城人民唯一的游览之地。应该具有绿化、美化、香化和林业生产示范与教育的多种作用，也要考虑经济效益。本着这个指导思想，提出今后建设意见。

保护土地和森林资源，保证林相整齐。由县政府出面迅速制止和退回部分被农民侵占的林场土地，向相邻村民布告林场界限和《中华人民共和国森林法》有关条款。严禁村民在林中放牧割草，攀折树枝和砍树。林场职工40多名，巡回护林。

绿化林场空地，在公路旁空地栽植玫瑰，刺梅、月季等花卉灌木，烽火台建设小型草地花坛，让县城人民游览。在黑洼梁两面坡规划营造常绿树带，如油松、云杉等。

为达到林业教育目的，新的造林整地和植树都必须规格化、严要求。在沟栽植多个树种，建设小型树木园，树种挂牌以达到群众和中小学生识树认树的目的。

在职工宿舍到杨家沟一带栽植大沙枣和嫁接优良品种杏，以增加经济收入，沟底和谷地栽植用材树如杨、柳、刺槐、臭椿树等。

建立柠条种子基地1800亩。种植小片牧草和粮食饲养鸡、兔、蜂等以改善职工生活。

（14）谢家沟林场

①自然概况　谢家沟林场位于县城正南7 km处。地形是三条沟平行夹两条窄梁的丘陵区，海拔2 040 m，土壤为黑垆土，植被盖度50%左右，主要植物有白草和冰草，其次是蒿类和针茅等。该场紧靠南华山，年均气温较县城低，约6.8℃，植物生长期比县城延迟约5 d，年降水量400 mm，在谢家沟脑有一股泉水，1978年筑坝蓄水，并供徐家沟自然村人畜用水，除此尚可灌溉15亩坝下苗圃地。

②树木生长情况　1978年新栽的白榆胸径达4 cm，平均树高4 m，因受榆小囊虫的危害，有2%~5%的树木死亡，1983年有直播柠条平均高60 cm，生长量较小；1984年栽的山桃最高株1.5 m，平均高0.7 m，生长缓慢；杞柳生长量大，虽在坡地上，平茬当年地径1.0~1.5 cm，株高2.5~3.5 m。地径0.5~1.0 cm的高生长2 m左右，每丛有0.5~1.5 cm粗的条10~30根，两年或三年平茬一次；杨树都种在水分条件较好的沟沿上，生长也较好；8年生的山楂生长呈灌丛状，最高1.5 m，杏和花红产量较高，品质好，但成熟较迟，现有的酥梨风味好，也有一定产量。试栽的水曲柳生长量高低不等，顶梢受冻害严重。

③社会经济条件　林场处在海城镇和史店乡交界处，周围2 km范围内有芦子沟，徐家沟等5个自然村，约1 500人。这些村的农民温饱问题已解决，但不稳定，经济收入主要靠农业，仅有为村民服务的米面加工业，没有什么致富项目，经济收入接近于脱贫指标，林业只有一些四旁树，文化教育比较落后，牧场面积较小。为此，林牧矛盾也日趋严重，在一定程度上影响了林场的林业发展。

④今后建设意见　充分发挥水资源优势，扩大坝地面积，培育优质壮苗，以增加近期收益，聚集经济；灭杀白草和冰草，大力发展杞柳与沙棘的混交林，开发杞柳编织业，解决职工冬闲问题，增加职工收入；在场址附近的坡地上种植晚熟杏。搞销售、加工一条龙产业，为林场扩大再生产增加经济收入。

（六）1995年

1995年海原县国有林场仍然是15个，经营管理面积增加到219 075亩。当年完成造林9 765亩、育苗683亩、封山育林99 000亩、幼林抚育20 775亩、四旁树30 000株。职工总人数346人，职工年人均工资3 343.6元。

表 4-9 1995 年国有林场基本情况

场圃名称	场圃经营总面积/亩	当年造林/亩	育苗面积/亩	幼林抚育面积/亩	四旁植树/株	封山育林/亩	职工人数/人
牌路山林场	6 648	—	—	—	15 800	—	40
五桥沟林场	30 000	3 690	24.5	16 185	—	30 000	29
西安园艺场	343	—	—	—	2 300	—	20
谢家沟林场	2 814	225	10.0	—	300	—	8
灵光寺林场	15 763	4 950	9.5	3 690	—	15 000	28
李俊苗圃	338	—	136	—	4 100	—	11
李旺园艺场	280	—	—	—	900	—	26
城关苗圃	500	—	273	—	4 700	—	35
水冲寺林场	9 700	—	220	—	—	9 000	10
兴隆林场	869	—	—	—	—	—	75
方堡园艺站	102	—	—	—	—	—	15
西华山林场	12 800	—	—	—	200	12 000	5
拐洼林场	33 958	900	—	900	—	33 000	24
高湾园艺场	360	—	10	—	1 700	—	20
青龙寺林场	104 600	—	—	—	—	—	—
合计	219 075	9 765	683	20 775	30 000	99 000	346

（七）2000 年

1999 年成立了月亮山林场，2000 年把水冲寺、灵光寺、五桥沟林场合并为南华山总场，其他林场没有变化，经营管理面积 564 052 亩，其中，苗圃面积 993 亩、果园面积 1 164 亩；当年完成造林 40 435 亩、封山育林 192 000 亩、幼林抚育 56 406 亩、四旁植树 40 000 株。职工总人数 332 人。

表 4-10　2000 年国有林场基本情况

场圃名称	场圃经营总面积/亩	苗圃/亩	果园/亩	当年造林/株	幼林抚育/株	四旁植树/株	封山育林/亩	职工数/人
李旺园艺场	280	—	160	—	—	900	—	21
兴隆园艺场	869	198	524	—	—	—	—	67
方堡园艺场	102	—	38	—	—	—	—	10
高湾园艺场	360	10	257	—	—	1 700	—	23
西安园艺场	343	139	185	—	—	2 300	—	10
西华山林场	200 000	—	—	11 048	11 048	200	72 000	8
谢家沟林场	2 814	191	—	—	—	300	—	7
牌路山林场	6 648	—	—	1 240	1 240	15 800	—	16
拐洼林场	53 024	—	—	—	—	—	49 000	30
月亮山林场	24 000	—	—	312	624	—	21 000	6
李俊苗圃	338	136	—	—	—	4 100	—	7
城关苗圃	674	259	—	—	—	4 700	—	54
青龙寺林场	104 600	—	—	—	—	—	—	—
南华山总场	170 000	60	—	27 835	31 206	10 000	50 000	73
合计	564 052	993	1164	40 435	56 406	40 000	192 000	332

（八）2019年

2016年《中共中央　国务院关于印发国有林场改革方案和国有林区改革指导意见的通知》（中共发〔2015〕6号）文件精神，根据宁夏国有林场改革领导小组的统一安排部署，自2016年启动实施以来，海原县高度重视，将国有林场改革列入全县深化改革的一项主要改革任务事项，在区、市国有林场改革领导小组的大力支持和指导下，按照"以人为本、转型定位、稳定权属、解决社保、化解债务、整合资源、做大做强"的总体思路，扎实开展国有林场改革工作。截至2018年，已全面完成国有林场改革各项工作任务，并通过宁夏国有林场改革领导小组验收。

改革后海原县设置1个南华山自然保护区（正处级）、1个国有林场建设管理服务中心（副科级）及6个国有林场分别为牌路山林场、西华山林场、月亮山林场、拐洼林场、凤凰山林场、瓜瓜山林场。国有林场全部为全额公益一类事业单位，2018年调整核定事业编制155个，其中，管理岗10个，专技岗109个，工勤岗36个。现有在编在岗职工143人，自收自支35人。全县国有林地总面积为98.11万亩，其中县属国有林场67.93万亩，南华山自然保护区30.18万元，其中，国有林场林地21.59万亩，乔木林0.496万亩、灌木林地13.14万亩、其他林地7.954万亩。

1. 西华山林场

2016年国有林场改革时把西安林场划归西华山林场管理。全场现有正式职工13人，设置管理岗位1名（场长1人），设专业技术岗位9人、工勤技能岗位3人，全部实行编制实名制管理。截至2018年年底雇佣护林员24人，其中，天保护林员21人、重点公益林护林员3人。

林场经营总面积31.69万亩。其中，林地面积12.68万亩、草地1.59万亩、非林地面积17.42万亩。

2. 拐洼林场

2016年国有林场改革时把李俊苗圃划归拐洼林场管理。全场现有正式职工10人，管理岗位1人、专业技术岗位8人、工勤技能岗位1人，全部实行编制实名制管理。截至2018年年底雇佣护林员18人，其中，天保护林员14人、重点公益林护林员4人。

林场经营总面积12.27万亩，其中，林地面积4.65亩、草地2.27万亩、非林地面积5.35万亩。

3. 月亮山林场

月亮山立场始成立于1999年，位于宁夏回族自治区南部海原县、西吉两县交界地带，距海原县城58 km。东南连接六盘山主脉的西峰岭，西北与南华山相接，山体呈窄鱼脊状。行政区划在红羊乡境内。地势高寒，海拔高度1 850~2 633 m，南坡山势陡峭，岩石裸露，植被稀疏；北坡山势一般较缓，植被茂密，盖度60%~95%。年降水量一般为420~550 mm，年均气温3.6~6.3。蒸发量小，空气湿度较大，无霜期为125 d。土壤多为黑垆土和灰褐土，有机质含量高，但土层较薄。植被以草本植物为主，主要有无芒雀麦草、垂穗披碱草、鹅冠草、硬质早熟禾、黄花野苜蓿等；主要树种有沙棘、柠条、落叶松、云杉等。

全场现有正式职工7人，管理岗位1人、专业技术岗位5人、工勤技能岗位1人，全部实行编制实名制管理。截至2018年年底雇用护林员12人，其中，天保护林员11人、重点公益林护林员1人。

林场经营总面积6.82万亩，其中，林地面积5.02万亩、草地0.07万亩、非林地面积1.73万亩。

4. 牌路山林场

2016年国有林场改革时把城关苗圃和谢家沟林场划归牌路山林场管理。全场现有正式职工18人，其中，管理岗位2人、专业技术岗位15人、工勤技能岗位1人，全部实行编制实名制管理。截至2018年年底雇用护林员40人，其中，天保护林员26人、重点公益林护林员14人。

林场经营总面积1.27万亩，其中，林地面积1.02万亩、草地0.1万亩、非林地面积0.15万亩。

5. 瓜瓜山林场

瓜瓜山林场始成立于2010年，位于海原县郑旗乡，北毗李旺镇，西靠贾塘乡，东临三河镇，南接郑旗乡。林场内大面积以人工造林柠条为主，因其气候干燥，降水量少，从而导致造林的成活率低，生长量低，造林树种单一。2016年国有林场改革时，将原来李旺林场、高崖林场合并到瓜瓜山林场，另外将石峡口红柳基地及"十二五"生态移民迁出区的双河八斗村也划归林场管理。

全场现有正式职工13人，设置管理岗位1人（场长1人），设专业技术岗位12人，全部实行编制实名制管理。截至2018年年底雇佣护林员2人，其中天保护林员2人。

林场经营总面积10.33万亩，其中，林地面积3.61万亩、草地3.06万亩、非林地面积3.66万亩。

6. 凰山林场

凤凰山林场始成立于2010年，2016年国有林场改革时把六窑林场划归管理。原场位于海原县新区北侧，纬度36°27′32.028″N~36°33′21.205″N，经度105°59′54.165″E~106°15′38.574″E。南靠黑海高速，东临G70福银高速与101省道，北侧以下套子村北侧的山脉为界；原六窑林场，北侧以盘甘公路为界，南侧局部以302乡道为界，交通极为便利。西北侧有盘河水库一处，临近101省道。年均气温7℃，1月均温−6.7℃，7月均温19.7℃，≥10℃积温2 398℃，无霜期170 d左右。年降水量多年平均280 mm，年蒸发量870 mm。年干燥度2.17。年平均太阳总辐射量5 642 MJ/m²，年日照时数2 710 h。

全场现有正式职工14人，设置管理岗位1人（场长1人），剩余全部实行编制实名制管理。截至2018年年底雇佣护林员2人，其中天保护林员2人。

林场经营总面积5.54万亩，其中，林地面积1.54万亩、草地1.69万亩、非林地面积2.31万亩。

第六节 集体林场和集体林地

一、集体林场

1976年，海原县队办林场发展到了顶峰，达到120个。完成当年全县造林56640亩的87.7%，为49637亩；育苗7232亩，为全县育苗9643亩的75%；四旁植树113万株，为全县159万株的71%。大队兴办林场由77个增加到120个。

1985年调查，海原县有乡、村办林场7个，经营面积12811亩。

1. 兴仁王团林场

年降水量仅200mm左右，在气候十分干燥的自然条件下，从1966年开始，通过不懈努力，营造防护林约200亩、成片用材林1115亩（每人平均2亩），长势很好（平均高5m，胸径5cm），零星植树也初见规模，每户有树近百株，还营造了以柠条为主的水保林100余亩。至1986年林地面积10310亩。

2. 杨明老庄林场

林场（前身为农场）位于红羊乡杨明村老庄西南山口，始成立于1974年，第一任场长尹保珍，林场有林农22人（5户）。经过20年的发展，到1986年，造林保存面积120亩，树种以杨树为主。20世纪90年代初在沟口打坝防洪，林场解散，林农转入杨明村老庄自然村管理。

3. 树台二百户林场

始建于1954年，总面积584亩。

4. 郑旗公社林场，37亩。郑旗公社西沟沿生产队71户社员中就有49户有小块苗圃地，所育杨树苗规格整齐，生长苗壮，每亩有苗5000株以上。

5. 西安公社林场154亩。

6. 罗山公社麻春大队林场180亩。

7. 九彩万亩林场。

二、保存较好的集体林地

1. 九彩万亩林场

林场位于九彩南山村，该林场始造林于1983年，当时，正值农村改革责任田到户时期，周边农民在此大量垦荒造地，乡政府为保存这片荒山，抽调全乡农民先在周边挖水平沟，圈住林地，然后分年度造林，以雨季直播柠条为主，总面积2000亩（号称万亩林场），2013年又进行了补植补造，现保存面积1426亩，柠条长势较好。

2. 贾塘黄坪集体林地

该林地建于20世纪80年代，造林面积9800亩，后经农田开垦，现保存686亩。

3. 九彩坪拱北造林绿化

这片有林地从1981年开始营造，拱北人经过40年不懈努力，成林面积760亩，以油松、云杉、侧柏、新疆杨、榆树、刺槐为主，油松胸径已有20多厘米。远远望去，好一块绿色明珠，是海原县干旱造林的样板工程。

4. 西安镇小河村庙山柠条地118亩。

三、2016—2019集体林地森林资源管护

2016—2019年聘用生态护林员公益性岗位1270人，其中2016年800人，2017年100人，2018年80人，2019年290人。安排生态护林员补助资金5220万元。完成林草资源管护188611hm²，其中林地52229hm²，草原136382hm²。

2016—2019年安排集体林地天保管护面积67.8万亩，聘用天保护林员367人，安排管护资金2118.5万元，建设史店、关桥、西安、三河管护站共4个。

2016—2019年安排集体林地国家级公益林管护面积15.22万亩，聘用国家级公益林护林员65人，安排管护资金833万元，兑付森林生态效益补偿资金479万元。

2016—2019年完成集体林地林权流转2000亩。完成林权抵押贷款1235万元。完成林下经济示范基地4个，经营面积10891亩。

第七节　林政管理

由于林业生产建设周期性较长，连续性强的特点决定了"造林容易，成林难"的局面。"三分造，七分管"充分说明了管护在林业环境建设中的长期性、艰巨性和重要性，毁林与护林是海原县林业的两大难题，也是直接影响海原县林业建设的主要环节。

一、护林管护

护林是生态林业建设中一项至关重要的林政管理措施，林业的发展不能没有护林，

要搞好护林，必须持之以恒，常抓不懈，才能保证林业资源的持续发展。

1950年，海原县还属甘肃省管辖时，甘肃省人民政府曾颁发过《森林管理暂行规则》。1963年，国务院颁发了《森林保护条例》，宁夏人民委员会也颁发布了《加强林木管理工作的批示》；1972年，固原地区革委会发布了《护林布告》；1981年，中共中央、国务院又发布了《关于保护森林发展林业问题的若干决定》；1982年，海原县人民政府发了海政发〔1982〕84号《关于加强林木管护的暂行规定》；2003年，海原县委下发《海原县退耕还林办法》(海党发〔2003〕17号)。这些政策法令法规，对林木管护的具体办法、措施、奖罚制度都做了明确规定。

海原县的护林工作盛期是"文革"前，全县各公社、大队、生产队都有护林组织，队队有护林员，县林业部门为了把护林组织真正落到实处，还帮助社队建立健全护林组织和制度并给护林员发放护林员统一袖章。全县掀起了护林高潮。"文革"时期，护林组织被破坏，"文革"后期，各乡护林组织又渐渐开始恢复，1982—1983年全县建立护林组织154个，有护林员1 210人，由于管理经费较少，到1986年全县护林员减少到360人，能拿到报酬的只有60多人，护林员还常受气，造成林业资源大量减少。随着生产承包责任制深入发展，乡村护林组织和护林员基本解除。

1995年，应管护林地13.83万亩，由专门机构管护的3.74万亩占27%，其中，专人管护2.66万亩占19%，一般管护7.06万亩占51%，无人管护0.38万亩占3%。

在县人民政府海政发〔1981〕3号文件中就规定，偷砍檩条一根，罚款30元，并收回赃物，罚栽树10株，损坏幼树一株，罚款3元，罚栽树3株。牲畜羊只践踏损坏的树木由放牧人员赔偿，私人羊只损坏由私人赔偿。

对村队成片林和四旁树需要间伐利用的，椽材不超过50根，檩条不超过5根，由大队审批，杨树椽材超过500株，檩条超过30根由县林业局审批。

1982年县政府又签发了〔1982〕84号《关于加强林木管理的暂行规定》提出，对五桥沟流域及灵光寺、西华山、水冲寺三处天然次生林和李俊蝉塔山、永丰，城关的野狐坡，西安的菜园等继续执行封山育林，严禁放牧、打柴、割草、采石、挖药，促进林木的培育与天然次生林的更新。并决定从国家投资中拿出部分资金作为护林补助费。

县林业局于1986年下设林政股并配备专职工作人员4人，负责处理全县林木保护及林权纠纷问题，为了增强广大农民护林意识，组织了一个《中华人民共和国森林法》普法宣传队带上电影到各乡村巡回宣传，宣传《中华人民共和国森林法》及实施细则，取得了较好的效果，为全县更好建立健全护林组织创造了条件。

二、1986年调查林地损失情况

随着海原县生态林业生产的发展，造林和成林面积逐年扩大，林木的利用率也越来越显著，但毁林的广度和深度也日益递增，乱放牧，毁林开荒，偷盗、乱砍滥伐的事件遍及全县各乡林地，林业资源遭受严重的损失。越穷越毁，越毁越穷。破坏了生态环境，造成恶性循环。据"六五"林业资源清查和县林业局1987年对全县毁林情况的调查统计数字显示，1977—1987年，海原县毁林面积102 682亩，其中用材林面积4 761亩，防护林31 362亩，其他灌木林66 559亩，占37年来造林累计保存面积405 334亩的25.3%。这一时期林地损失主要原因如下。

1. 干旱

干旱是海原县林业资源减少的主要原因。如1982—1986年干旱，使兴仁三道沟林场的沙枣、红枣1982年变成无叶树；关庄乡1982年杨树死亡4.7万株；1984年蒿川乡直播柠条，当年成活率85%以上11875亩，到1986年保存率85%以上只有135亩，仅占1.1%。1984年罗川乡直播柠条，当年成活率85%以上6388亩，到1986年保存率70%~84%只有530亩，仅占8.3%，85%以上为零。海原县1986—1988年大旱，致使23万亩林地受损。

2. 牲畜羊只破坏

1981年牲畜羊只啃吃幼林2.7万亩，1982年、1987年由于干旱，致使牲畜（羊只）破坏林木极为严重，根据县林业局的调查和各林场有关毁林的报告数据统计，全县因牲畜羊只啃吃、践踏毁林地面积为61 774亩，占毁林总面积的60.1%。

1982年兴仁乡（公社）牲畜（羊只）毁林339亩，啃吃幼树18 100余株；1987年数以千计的羊群及其他牲畜进入五桥沟林区和牌路山林场，毁林面积超过万亩；1982年关桥乡（公社）的方堡、张湾、冯湾三个大队和西湾水库因牲畜、羊只啃吃破坏柠条幼林2 791亩，榆树165亩。

3. 人为乱砍滥伐

这一时期，土地联产承包责任制开始，但对林地联产承包没有很好的保护政策，随着农村经济的发展，许多防护林被盖房修院、乱砍滥伐、毁林盗卖，破坏林木事件不断发生并日益剧增，据统计1982—1992年海原县毁坏各种防护林30 887亩，占毁林总面积的30%。

1980年牌路山林场调查，仅一年内被盗伐各种用材林1 803株，地径10~30 cm 的杨树822株、柳树270株、榆树445株、沙枣265株、椿树1株。1981年又被盗各种用材树360余株，地径8~28 cm 的杨树160株、柳树13株、榆树123株、沙枣40株、椿树34株，两年内被偷盗各种树木2 163株。1981年树台乡（公社）仅相桐村（大队）东西两个生产队偷盗、抢伐杨、榆檩材10株，椽材142株，未成林幼树1 450株，参与偷盗的11人，抢伐的35人。1982年关庄乡（公社）下套生产队在队长支持下，偷砍成材树979株，毁林面积13.4亩。20世纪80年代打庄修院毁林案件亦趋日增，仅1982—1984年统计毁林面积600余亩。1986—1987年公路两旁的防护林时有盗伐，如罗川乡九道村盗伐185株、李旺乡韩府村502株、贾塘乡曹洼村289株。高崖乡、兴仁乡、西安乡将200多条林带砍伐殆尽。杨明河流域的遮天杨树近10年几乎被砍光。据统计1980—1990年，灵光寺林场发生较大的偷盗（砍）次生林的案子30余起，累计偷砍的桦树500余株；拐洼林场多达52起，偷砍桦树680余株。

4.毁林开荒

实行生产承包责任制后，毁林开荒曾一度遍及全县，尤为严重的中南部各乡村，据调查毁林面积10 295亩，占毁林总面积的10%。1981—1987年西安乡薛套村的4 073亩林地被毁3 257亩，其中有2 000直接变为耕地。20世纪90年代，随着人口的增加，新婚另立门户较多，海原县有15.8万亩未成林灌木林地被复耕。

第八节　森林防火

1990年以前的森林防火材料无处查找。1991—1998年，本县发生森林火灾两次，因火灾均为荒山，未造成损失。

1999年1月，南华山四桥发生火灾，县委、县政府组织公安、县中队、林业等部门100多人，进行及时灭火，火灾面积只达到12亩。同年12月，全县森林防火会议在县招待所召开，参加会议的有县防火指挥部成员，各林场场长和李俊、海城、西安等各乡（镇）负责人及护林员代表。此后，由于森林防火工作责任重大，本县每年必须由森林防火指挥部领导小组组织召开一次全县森林防火工作会议，总结经验部署工作，签订防火双向责任书。县防火领导小组与有关乡镇长、有关乡镇长与村主任层层签订责任书；林业局局长与各林场场长、场长与职工签订责任书，严防死守，杜绝火源进入林区。并多方筹

图4-4　森林防火

集资金，安装无线电机基地台1部，对讲机19部，购置12台风力灭火机，加强森林防火。

2000年3月，灵光寺林场黑牛掌发生火灾，着火面积134亩。2003年元月24日，牌路山林场赵家山梁顶发生火灾，过火面积30亩；2003年3月10日，瓜瓜山林场瓜瓜山大掌、梁顶发生火灾，过火面积24亩；2005年4月10日，西华山林场水岘子发生火灾，过火面积75亩；2007年11月10日，史店乡徐家沟村发生火灾，过火面积11亩。2001—2008年共发生较大火灾4次，因火灾均发生在荒山，未造成损失。

本县在每年的森林防火期间，充分利用广播、电视、宣传标语等新形式，对防火知识进行宣传。截至2000年，发放材料4万余份，刷出标语700多条。2001—2008年，海原县森林防火工作成立了以政府副县长为总指挥，县公安局局长、政府办公室主任、林业局局长为副总指挥，县发改局局长、财政局局长、安检局局长、交通局局长、广电局局长、民政局局长、卫生局局长、气象局局长、电信局局长、人武部指导员、县中队队长、消防大队队长为成员的防火指挥部。

2001—2008年，海原县修防火道路221 km，修建防火检查站11处，建防火瞭望塔2座。配备2号工具250把、3号工具926把、灭火水枪102支、风力灭火机22台、干粉灭火机10台、油锯9个、点火器3个、水泵1台、割灌机12台、GPS1台、扑火服装200套、帐篷12顶、睡袋9套、普通运兵车1辆、摩托车28辆、电脑1台、打印机1台、传真机1台、复印机1台、对讲机17部、铁锹106把。

第九节　森林资源清查

一、海原县人工林调查

（一）前2次普查

1.1949年前，海原县林地总面积207亩。

2.1963年普查

本次普查全县林地总面积16 059亩，其中，用材林1 726亩、防护林10 801亩、经济林327亩、四旁树53.5235万株（3205亩）。

3.1973年普查

本次普查全县林地总面积43 423亩，比10年前增加2.7倍。其中，用材林14 176亩、防护林19 242亩、经济林3491亩、薪炭林111亩、四旁树138.1万株（6403亩）。

（二）1980年人工林调查

1. 调查方法和要求

本次调查以宁夏林业局制定的《人工林调查细则》为准，主要调查了林种、树种、面积、蓄积以及四旁树株数。成片林采取按片调绘、逐块清查、分权属统计。

2. 调查结果

本次普查全县23万人，人工林总面积19.055万亩，其中，乔木林17.222 8万亩，占90.4%；灌木林1.832 2万亩，占9.6%。乔木林中幼龄林16.301万亩、中龄林7 031亩、成熟林2 187亩，总蓄积2 998 m³。

按林种分：用材林3.309 1万亩，占总面积17.4%；防护林12.483 4万亩，占总面积65.5%；经济林9713亩，占总面积5.1%；薪炭林1.832 2万亩，占总面积9.6%；四旁树4 590亩，占总面积2.4%。

按树种分：乔木，榆树7.727 8万亩，杨树6.437 3万亩，山杏7 369亩，苹果2 057亩，梨1 346亩，桃5 011亩，红枣、木瓜、桑树等1 169亩；灌木，柠条1.312 6万亩、沙柳4 948亩、山桃96亩、沙棘52亩。

3. 人工林发展特点

28年来，海原县人工林发展较快，面积较实，面积是1949年前的920倍；但保存率不高，综合效益不显著。1953—1962年造林22万亩，保存率只有7.2%；1963—1972年保存率20%；1975—1980年保存率提高到70%。1953—1962年重点营造农田防护林，如兴仁王团农村1966年一次营造三条防护林，保护了3700的农田，使得十种九不收的田地亩产小麦75 kg。这一时期农田防护林占60%以上。另外，20世纪50年代牌路山水保林的示范效应也最为突出，1958年牌路山林场被国务院授予造林先进集体。70年代中期，为解决农村薪炭短缺问题，开始发展以柠条、沙柳为主的薪炭林，1980年普查薪炭林是1973年的165倍。

4. 造林树种及技术

20世纪50年代以山杏为主，60年代以沙枣为主，70年代逐步确立了乔木以榆树、杨树为主，灌木以柠条、沙柳为主。杨树以新疆杨、八里庄杨、北京杨为主，适当发展河北杨。另外油松、落叶松、侧柏、云杉等针叶林在有条件的地方开始栽植，尤其是油松、落叶松在五桥沟栽种成功。先整地、后造林，截干造林，秋季造林覆土，抢墒播种等造林技术全面应用。

二、"五五"林业资源清查

1980年清查结果表明：全县历年人工造林累计面积为234 589亩（内有林地190 550亩，占历年造林面积1 223 702亩的15.6%），活立木蓄积量5 132.4 m³。其中，用材林面积37 681亩，活立木蓄积1 688.7 m³；防护林面积24 834亩，活立木蓄积量1 209.7 m³；经济林面积9 713亩，产果量49.10万 kg。

灌木林18 322亩，疏林地4 111亩，未成林林地39 928.4亩，苗圃地8 852.7亩，四旁植树758.6万株；人均34株；活立木蓄积量为2 227.3 m³。

三、"六五"森林资源清查

根据宁夏林业厅〔1986〕29号文件《关于开展全区"六五"森林资源调查工作的通知》精神，海原县于1980年6—10月，按照区林业厅"六五"森林资源调查办公室颁发的《"六五"森林资源调查技术细则》的要求，对全县范围内的林业资源进行了全面清查。

（一）准备工作与质量

1. 基础工作

在宁夏"六五"森林资源调查（以下简称"森调"）领导小组的指导下，海原县于6月成立了"六五"森调领导小组，由主管林业工作的副县长翟履渊同志任组长，农建办主任马俊吉、林业科科长马福龙任副组长，共7名同志组成。抽调县林业科、站和各乡林业专干共56人，组成森调工作队伍。外业调查人员分四片12组，外业工作从6月26日开始到9月3日结束。

为更好地执行区森调技术细则，统一口径，经县林业科技术人员讨论，将森林资源调查工作中的一些具体问题草拟了具体规定，如森林种类按县林业区划意见划分。文冠果产量低划为灌木林，山坡地的杏树划分为水保林；村庄附近和川台地的杏树划为经济林，仁果类果树每亩有16株的就作为成片果树林；面积在5亩以上，每亩不足16株的则折算面积。

2. 外业调查质量

这次外业调查质量比较好，外调人员工作扎实，都赴现场实测调查。经过调查，发现个别乡和少数村搞估计的情况都进行了返工和纠正，对面积、植树保存率、郁闭度、树高按调查精度进行了分片检查，基本上都达到了90%以上。但是也存在一些问题，如外业填表有空栏，林相杂乱情况下处理不一致，航片求积后转绘到地形图上的误差大等。

（二）调查成果

本次调查海原县土地总面积827.4万亩，其中，农业用地327.3万亩、林业用地47.6万亩、牧业用地40.2万亩、其他412.3万亩。全县43 826户263 202人，其中，回族178 794人、农村人口251 885人、劳动力87 413人。

1. 林地现状

（1）林地面积　截至1985年秋季造林前，全县林业用地面积47.5643万亩。其中，天然林5.055 5万亩、人工林31.978 7万亩、其他林地10.5301万亩；全县林业用地中，有林地面积7.056 7万亩、灌木林地5.043 4万亩、未成林造林地24.209 8万亩、疏林地0.724 3万亩、苗圃地0.136 5万亩，已划定的宜林地10.393 6万亩，另有四旁树1 254.9万株，折合面积6.605 1万亩。林业用地面积占全县总土地面积的5.75%，有林地、灌木林地和四旁树面积合计18.705 2万亩。

（2）森林覆盖率　森林覆盖率达到5.18%。森林覆盖率较高的乡依次为李俊乡17.1%、城关乡7.7%、贾塘乡5.03%、西安乡4.90%、杨明乡3.7%、关庄乡3.6%。

（3）各地类面积与权属组成

①主要地类面积及其权属　海原县林业用地面积中国营占24.4%、集体占70.8%、个体占4.6%，这说明海原县集体造林是主体，国营造林是重要组成部分，个体造林在萌芽状态。树台乡从1982年开始小流域治理后，造林发展很快，到1985年年底，全乡有82户个体造林，保存面积3638亩，占全乡造林面积的10.9%。

②人均林地　全县现有造林面积31.978 65万亩，人均1.21亩。造林面积按人均较多的乡依次为王团农场10.54亩、蒿川乡3.84亩、李俊乡2.4亩、罗川乡2.4亩、树台乡1.88亩。

③"六五"时期人均人工林　"六五"时期造林较多的乡依次为王团农场人均8.88亩、蒿川乡人均3.8亩、徐套乡人均1.63亩。较少的乡依次为史店乡人均0.04亩、西安乡人均0.13亩、城关乡人均0.23亩、杨明乡人均0.29亩。

④国有林场林地面积　全县13个国营林业场圃，经营面积11.6483万亩，林分蓄积量13 925.5 m³。其中，人工林分蓄积量3 473.2 m³；四旁树34 445株，折面积181.2亩，蓄积量390.96 m³。

（4）主要地类和各林种面积分析　有林地、灌木林地和未成林造林地的面积，占林业用地面积比例分别为14.84%、10.60%、50.90%。未成林造林地占比例最大，其次是有林地。未成林造林地中，有乔木面积8.204 1万亩，占33.9%；灌木林地面积16.005 6万亩，占66.1%。这表明灌木林地发展迅速，这是海原县林种结构调整的结果。

用材林面积占有林地的18.25%，防护林占78.32%，这与海原县地貌，气候条件相适应，与林业规划原则一致。只是经济林占比例太小。防护林、水保林面积占本林种的

64.6%，比例最大，这与海原县必须迅速控制水土流失的要求相符合。农田防护林占比例4.4%，与海原县川塬农地面积基本吻合，护路林的建设与道路之长之比不相适应，并且新建道路速度快，营造护路林必须加快步伐。

（5）各树种面积和布局分析　这次调查全县主要人工造林面积31.978 6万亩。其中，灌木柠条比例最大为17.687 3万亩，占造林总面积的55.3%，是符合适地适树和规划要求的；其次乔木榆树7.994 6万亩，占造林总面积的25%，榆树是比较抗旱的用材树种，也是海原县的乡土树种；杨树作为速生用材树种列第三位3.591 1万亩，占造林总面积的11.2%，为榆树的一半；其他12个树种共2.705 3万亩占8.45%。

有林地乔木14.291 3万亩，其中榆树占比例最大为55.9%，杨树占第二位占25.1%，其他10个树种占19%。所以，海原县树种配置比例是合理的。

2. 森林资源蓄积

（1）活立木总蓄积量　本次清查全县活立木总蓄积量为141 471.55 m³，人均0.55 m³。在总蓄积量中天然林蓄积量10 521.4 m³，占总蓄积量的7.15%；林分蓄积量66 976.97 m³，占总蓄积量的45.5%，其中用材林24 580.6 m³占总蓄积量的16.7%，防护林蓄积量42 396.4 m³占总蓄积量的28.8%，疏林地蓄积量4 053.1 m³，占总蓄积量的2.75%；四旁树蓄积量76 106.3 m³，占总蓄积量的51.72%。

在总蓄积量中，国有18 030.4 m³，占总蓄积量的12.25%；集体48 421.4 m³，占总蓄积量的32.70%；个体81 074.9 m³，占总蓄积量的55.1%。个体的蓄积量主要由房前屋后的四旁树构成，占个体蓄积量的93.3%。

（2）林种的蓄积量　用材林蓄积量占林分29 134.5 m³的43.5%，防护林37 841 m³的56.5%。

人工林分蓄积量平均每亩为1.08 m³。其中，幼林面积占林分的73.3%，蓄积量占57.9%，平均每亩0.85 m³；中龄林面积占林分的23.6%，蓄积量占35.7%，平均每亩1.63 m³；成熟林面积占林分的3.1%，蓄积量占6.4%，平均每亩2.26 m³。

从权属看，林分蓄积中，国有8 707 m³占13.0%，集体52 844 m³占78.9%，个体5 425 m³占8.1%。

（3）经济林　这次调查经济林总面积2 418亩，其中，"六五"时期仅新栽苹果130亩。

国有经济林面积235亩占总面积的9.7%，集体经济林面积1 011亩占41.8%，个体经济面积1 172亩占48.5%。经济林中，栽培面积最大的是苹果，占36.8%，梨占33.7%，其次是杏占16.3%，枣占5.8%，其他果树占7.4%。

（4）四旁树资源　全县有四旁树1 256.58万株，折合面积6.605 1万亩（每亩按190株折算）。其中，果树13.29万株，占总株树的1.06%，人均0.5株。这些果树总产116.59万 kg，平均株产852.50 kg，占全县果品总产量339.43万 kg 的34.25%。在四旁果树中，苹果有87 450株，产苹果89.69万 kg，平均株产10.25 kg。

四旁树蓄积量76 106.3 m³，平均每163.4株构成1 m³蓄积量，其中杨树1 172.53万株，占四旁树总株数的93.4%，蓄积量67 751 m³，占四旁树蓄积量的89%，平均每173株构成1 m³蓄积量；榆树20.63万株占1.66%，蓄积量2 643 m³，平均每78株构成1 m³蓄积量，说明四旁榆树中大树较多。

四旁树中，国有9.51万株，蓄积量307.6 m³，309株成1 m³；集体27.59万株，蓄积量150.5 m³，1 333株成1 m³。个体1 217.87万株，占四旁上总树的97%，蓄积量75 648.2 m³，占四旁树总蓄积量的99.4%，161株成1 m³。

四旁树的发展随自然条件的好坏而变化，差异很大。在林木资源极为贫乏的半荒漠的北部乡发展很慢，人均9.4株，只为全县平均水平的1/5。如徐套乡，人均2.4株，蒿川乡人均2.5株，高崖乡人均6株，而在南部阴湿山区的乡人均有树都超过全县平均水平，李俊乡人均158株，树台乡人均93株，关庄乡人均82株。水资源丰富的兴隆乡、关桥乡发展很快，兴隆乡人均110株。

3. 资源动态分析

（1）林地面积分析　"六五"森林调查全县有林地面积比1980年森调减少9.679 0万亩，以经济林减少比例最大，为74.4%，其次是用材林，为61.07%，防护林减少幅度较小。

减少的主要原因：第一，用材林改变了过去占山的不合理布局，现都改为灌木林。第二，这次调查，防护林面积中的灌木林被剔除，列入灌木林地中。第三，采伐和损失面积大。第四，果树面积减少，有下列四个因素。①化整为零。土地承包到户后，有部分果园品种杂乱，老幼一堂，分布稀疏，不便管理，在落实承包管护时，被分散搬迁到各户院落。如关桥乡方堡村，一次性就移散200多亩。②淘汰劣树。如西安乡西安村有60亩宛宛梨，因果瘦小，树体遭病害衰老而淘汰。徐套乡的桑树因经济价值不大，被伐除，部分杏树被淘汰。③统计要求之差。过去将木瓜算作经济林。1980年统计果类，杏有3 629亩，这次只有394亩。④重视不够。管理权限农业科与林业科扯皮，两家都缺乏技术人员指导，经济林经营管理差，收益不高，与粮食争水，发展不快。

随着经济体制的改革，对发展经济林认识提高了，经济林受益早，收入高，是以短养长，发展林业的一项措施，是群众致富的一个门路，所以从1985年开始，已部署从快发展。

"六五"清查人工灌木林地面积比1980年清查的1.832 3万亩减少1 483.2亩。现有未成林造林地是1980年清查的3.992 8万亩的6倍，可见"六五"时期的造林速度之快。

疏林地面积比1980年清查的4 111亩增加3 131.8亩。其中天然疏林地反而减少147亩，这就是说，人工疏林地增加3 278.8亩，属人工林分转化。

天然林面积比1980年清查的增加3.294 68万亩，其中，增加防护林分面积6371.3亩，灌木林地面积2.657 55万亩，而减少疏林地147亩。增长的主要原因，一是接管了原黄家庄林场海原县境内的部分，其次是灵光寺、水冲寺部分次生林经封育后，已变成林分或灌木林地。

（2）造林保存率分析　本次清查人工造林保存面积31.978 7万亩（包括有林地、灌木林地、未成林造林地），为历年累计上报造林面积120.424 2万亩的26.55%，本次清查1981年前的造林保存面积10.402 7万亩，为历年累计上报造林面积82.054 5万亩的12.67%。造林保存率较低的原因：一是自然灾害毁林；二是管护不力，盗伐严重；三是农村经济责任后，林业体制改革没有紧紧跟上，对森林保护措施不力，毁林复耕严重；四是林业技术指导不力。

（3）活立木蓄积量分析　"六五"森调林木的蓄积量比1980年清查的12 822.8 m³增长13 438.4 m³，即10.4倍，其中，天然林比1980年清查的7 697.2 m³增加2 824.2 m³；人工用材林比1980年清查的1 688.65 m³增加2 2 392 m³，即13.5倍；人工防护林的蓄积量比1980年清查的增加30 711.7 m³，即25.4倍；四旁树蓄积量比1980年清查的2 227.3 m³增加73 879 m³，即37倍；疏林地蓄积量1980年清查的净增4 041.1 m³。

人工林中幼龄组蓄积量占林分的57.9%，比1980年的32.5%提高25.4%，单位面积0.85 m³比1980年清查的0.006 m³提高141倍。

林木蓄积量增长是由于"五五"期间海原县引进杨树和榆树品种多，推广发展迅速；另一方面这次计算蓄积量的起始径阶由1980年清查的6 cm降为4 cm。天然林分布区的李俊和杨明两乡的白桦蓄积量2 315 m³，减少2 307 m³；辽东322.1 m³，减少684.9 m³。这主要是黄家庄林场在交接前后，放松了管理，盗伐严重，砍大留小，砍优留劣，造成蓄积量下降。

（4）四旁树资源分析　本次"森调"全县四旁树株数比1980年清查的758.62万株增加479.96万株，增加65.64%；人均株数由1980年清查的34株增加到47株，蓄积量也比1980年清查增加73 879 m³，增加33倍。

现有四旁树为历年累计上报3 265.39万株的34.48%，砍伐和死亡2 008.8万株。

（三）小结

不论林分或灌木林地的乔木或灌木，生长量普遍较低。杨树林分在水浇地，年均高生长在南部阴湿山区不到1m，胸径不到1cm；在中部和北部地区，树高、胸径年均生长量只有0.5 m 和0.5 cm 左右。杨树在旱平地，树高、胸径年均生长量都在0.3~0.5 m 和0.3~0.5 cm。榆树林分在旱平地，不论是中部或北部地区，树高、胸径年均生长量分别为0.2~0.3 m 和0.2~0.3 cm，所以现有用材木蓄积生长都较慢。

灌木柠条，2年生高生长只有0.12~0.20 m，被杂草覆盖就看不见了，3年生高生长只有0.2~0.3 m，5年生以上高生长在0.5~1.0 m。

从这次调查的林分主要树种生长看，杨树上山是没有价值的。北部水地的杨树较中部快，海原县北部地区旱地栽杨树不如栽榆树生长快。灌木树种中柠条、怪柳、山毛桃长势较好。

林分树种组成虽然是混交林，但有相当大的部分是无规律的乱交。由于长期年年补栽，有啥树苗就补啥树，致使同一个林分内，树龄有十年几十年之差，树种多在五六个，栽植规格不严，有的株行距难分，密度不匀，造成混交树种之间促进生长有限，抑制生长难免，经营管理困难。

从郁闭度和盖度看，绝大部分低于0.2和40%，只有杨树林分郁闭度较高，因为杨树的栽植密度普遍较高，最低株行距有0.7 m×0.7 m 的，一般为1.0~1.2 m×1.5~1.8 m，亩栽300~500株，群众认为密度大，生长快，干通直。而其他树种的林分或灌木林地的每亩保存率都较低，未成林造林地中，保存率在41%~84% 的就占69.85%，占造林面积的46%，这说明海原县的林分或灌木林地质量很低，今后补植任务也很大。

四、"七五"森林资源清查

根据宁夏林业厅于1991年5月在全区开展"七五"森林资源清查的安排，在区"七五"森调领导小组的指导下，海原县于7月成立了"七五"森林资源清查领导小组，由主管林业工作的副县长虎彦彪同志任组长，林业局书记田风义、副局长田宗明、赵建国任副组长，抽调县林业局、林业站和各乡林业专干共78人，组成森林资源清查工作队，分外业调查、内业汇总与制图3个组。外业以乡为单位分26组，外业工作从7月开始到9月结束。

（一）森林资源现状

1. 基本情况

海原县共辖23个乡1个镇1个牧场，167个行政村，1 104个自然村，县境内盐池乡设有区属甘盐池羊场,在陶乐县月牙湖、贺兰县的南梁台子设有海原县吊庄。1990年年底全县有55 602户,303 833人,其中,农业人口285 490人,劳动力117 556个(其中乡村实有劳力101 370个)。全县总土地面积826.56万亩,其中,农业用地402.98万亩,牧业用地374.43万亩,林业用地20.34万亩,其他28.81万亩。"七五"期间,海原县国民经济有了较大的发展,工农业总产值1989年达到9 901万元,农业总产值由1985年的3 733.7万元上升到1989年的4 707万元,粮食总产达到71 781t,农民人均收入由1985年的132.39元上升到1989年的195元。1989年林业总产值234.6万元,占农业总产值的4.98%。

2. 森林面积

截至1990年年底,全县总人口303 833人,全县林业用地面积20.340 5万亩,其中,林地面积13.591 9万亩,苗圃地763亩,宜林地6.672 3万亩。

林地面积13.591 9万亩中有林地2.956 4万亩,疏林地6 083亩,灌木林地7.120 2万亩,未成林造林地2.907 0万亩。

有林地2.956 4万亩中,用材林5 997亩,防护林1.637 7万亩,经济林7 190亩。

有人工防护林1.324万亩,其中水土保持林和水源涵养林8 948亩,农田防护林3 566亩,护路林726亩。

天然林3.911 9万亩。另有四旁树9 434 706株,折合面积4.169 9万亩。

3. 森林覆盖率、人均林地面积、人均四旁树

有林地、灌木林地和四旁树面积合计14.246 5万亩。森林覆盖率为1.72%。森林覆盖率较高的乡依次为:关庄乡3.43%,依次李旺乡3.11%、兴仁乡2.5%、李俊乡2.44、高崖乡2.22%、兴隆乡2.11%,最低盐池乡0.12%、蒿川乡0.23%。

全县人均林面积0.45亩。人均较多的乡依次为:蒿川乡0.57亩、关庄乡0.55亩、九彩乡0.53亩、罗川乡0.49亩、树台乡0.47亩、郑旗乡0.46亩,最低的是盐池乡0.05亩(罗山乡0.07亩)。

全县人均四旁树31株,四旁树人均最多的乡依次为:李俊乡96株、关庄乡74株、树台乡57株、高崖乡54株、李旺乡51株,最少的是徐套、蒿川乡不到5株。

4. 蓄积资源

全县活立木总蓄积为264 298.4 m^3,其中,林分蓄积5 580.8 m^3、疏林林蓄积2 599.8 m^3、四旁树蓄积190 278.1 m^3、未成林蓄积15 619.7 m^3。林分蓄积中用材林24 580.6 m^3、防护林蓄积31 363.3 m^3。全县人均0.63 m^3。

在总蓄积中天然林蓄积4 373.6 m^3。

人工林蓄积259 924.8 m^3,其中,林分蓄积51 427.2 m^3、用材林24 437.5 m^3、防护林

26 989.7 m³。防护林中水源涵养林25.5 m³、水保林15 365.7 m³、防护林4 140.6m³、护路林7 457.9 m³。

5. 经济林产量

全县年果品总产量681.5 t，其中枸杞15 t。

（二）森林资源现状分析

1. 面积分析

（1）权属组成 全县林地面积中国营4.383 2万亩，占31.8%；集体7.850 6万亩，占57%；个体1.551 1万亩，占11.2%。有林地面积中国营占35.8%，集体占39.8%，个体占24.4%。人工林地中国营占12.8%，集体占71.6%，个体占15.6%。全县仍以集体林为主。

（2）林种结构 人工林的成林和未成林面积中，各林种用材林7.1%，经济林8.3%，防护林23.3%，灌木林61.3%。在1.324万亩防护林中，水保林和水源涵养林8 948亩，占67.6%；农防林3 566亩，占26.9%；护路林726亩，占5.5%。这个比例符合海原县降水少、水资源贫乏、水土流失严重和适地适树原则。

（3）林种布局 海原县灌木林分布在梁、峁、沟、坡上，防护林分布在丘陵坡地、农田地埂、渠路旁，用材林主要分布在降水量较多的南部山区的沟谷、滩地，经济林主要分布在东北部灌区。分布符合海原县实际情况。

（4）树种组成 这次清查，海原县主要造林树种有18个，其中，柠条占57.02%，杨树占17.96%，榆树7.57%，果树占7.42%，山杏占4.13%，油松、落叶松占2.77%，柳树占1.53%，沙枣占1%，其他山桃、沙棘、沙柳、杞柳占1.24%。可见，柠条面积最大，杨树、榆树次之。

（5）林相 由于多年补植，海原县林分林相很不整齐、林龄差异大。

（6）苗圃面积 1991年全县苗圃地763亩，比"六五"减少602亩，主要是集体苗圃减少516亩。集体、个体几乎不育苗，国有苗圃虽然育苗，但也仅有"六五"期间的30%，造林用苗多从外地调入，林木成活率较差，林业发展受到影响。

2. 蓄积分析

（1）蓄积权属 全县林木蓄积总量264 298.4 m³，国有2.5%、集体15.3%、个体82.2%。人工林蓄积，国有5.6%、集体70.9%、个体23.5%。天然林蓄积，国有85.1%、集体10.7%、个体4.2%。四旁树蓄积个体占99.9%。

（2）蓄积林分构成 全县林木总蓄积，人工林蓄积98.3%、天然林蓄积1.65%、林分蓄积21.1%、四旁树蓄积72%。这反映海原县有林地面积太少，但农民在房前屋后栽树的积极性很高。

人工林分蓄积69646.7m³，其中，防护林38.8%、用材林35.1%、未成林地22.4%、疏林3.7%。

（3）蓄积的树种组成　杨树占全县林木蓄积95.41%，但天牛危害在加剧。

3. 经济林产量分析

全县果品产量681.5 t，其中，国有占16.2%、集体占82.3%、个体零星果树占1.5%，人均2.25 kg。国有、集体果园产量，苹果占94.4%，梨2.4%，桃、李2.6%，杏0.5%，枣0.1%。

（三）森林资源消长情况

1. 面积消长

"七五"期间比"六五"林地面积减少35.379 9万亩，其中，用材林减少1.644 8万亩、防护林减少11.137万亩、经济林减少1.292 2万亩、疏林地减少1 196亩、灌木林减少13.982 5万亩、未成林地减少7.203 8万亩。林地保存率为28%，有林地只有18.5%。国有保存率稍高为31%。

2. 蓄积消长

全县林木总蓄积264 298.4 m³，比"六五"期间增加117 127.2 m³，增长79.58%，主要是四旁树、未成林地和个体林地。其中，四旁树增加了114 171.8 m³、未成林地增加了15 619.7 m³、个体林地增加了8 373.4 m³。

3. 森林资源减少的原因

（1）旱灾　1986—1988年连续21个月大旱，损失近23万亩。

（2）管护不力　"七五"期间，护林经费严重短缺，护林员和管护措施无法落实，林牧矛盾尖锐，林地践踏严重、林地林木保存率下降。比如，西华山林场"六五"期间8 000多亩的次生灌木林，本次调查仅剩1 073亩。

（3）病虫危害　针叶林鼢鼠危害严重，防护林天牛、腐烂病危害严重。

（4）其他　如造林技术要求不严、验收面积不实、县、乡、村分管领导责任不明、调动频繁等也是林地减少的成因。

五、"宁夏三北防护林二期工程"资源调查

根据宁夏林业厅于1995年6月5日在银川召开的"宁夏三北防护林二期工程"（以下简称"三北二期工程"）建设验收工作会议，海原县成立了三北防护林二期工程建设成果验收领导小组，林业局局长田宗明任组长，副局长张智生、南华山水源涵养林副指挥韩志荣任副组长，技术指导工程师姜昌，成员有马明祥、任进文、李希慧、陈亚萍、马安义、高敏、高启平以及乡镇林业站站长等20人组成，从6月25日开始，10月15日结束。

（一）验收成果

1986—1995年"三北二期工程"建设时期，宁夏林业厅下达海原县10年计划49万亩，林业厅逐年验收29.7645万亩。本次验收实有13.8345万亩，其中，人工造林10.1865万亩，封山育林3.648万亩。验收面积占林业厅下达计划的29%，保存率为47%。森林覆盖率为2.04%。

1. 按林种分

防护林12.879万亩，占总数的93%，其中，农田防护林1.005万亩，占防护林8%；水保林7.965万亩，占防护林62%；水源涵养林3.7935万亩，占防护林29%；防风固沙林、其他林1155亩，占防护林1%；用材林1590亩，占总数的1%；经济林7725亩，占总数6%；薪炭林、特用林240亩。水土保持林多在荒山荒坡，与农业矛盾不太尖锐，保存面积较多；经济林有一定的经济效益，也有稳定的面积。

2. 按权属分

国有4.9575万亩，占总数的36%；集体6.5325万亩，占总数的47%；个体2.3445万亩，占总数的17%。国有林场造林占了30%，是500多林业人的建设成果，国有林场也是海原县林业建设的主要力量。

3. 按树种分

"三北二期工程"主要营林树种有9种，依次为柠条45%、杨树14%、落叶松8%、苹果5%、枸子5%，沙棘4%、山杏2%、桦树2%、油松2%。可见，"三北二期工程"主要造林树种仍然是柠条。

4. 按郁闭度分

乔木郁闭度≥0.2的3.63万亩，林分郁闭一般；灌木林盖度≥30%的6.663万亩，盖度一般。

5. 按林木蓄积分

胸径≥5cm林地面积4.728万亩，蓄积69 700 m³，其中，林分1.6485万亩，蓄积43 400 m³，每公顷20.005 m³；零星植树面积3.0795万亩，蓄积53 700 m³，占总蓄积44%。可见零星植树蓄积在海原县占重要地位。

6. 经济林

幼龄果树1 350亩，占经济林的18%；已结果面积6 375亩，占经济林的82%，亩产246 kg。前期建设的经济林基本结果，但产量很低。

（二）小结

海原县"三北二期工程"期间只完成计划任务61%，保存率仅为47%。究其原因，主要是干旱1986—1988年，1991—1995年连续两次大旱致使造林任务未完成，保存率较低；

其次是从1986年开始资金短缺，种苗、整地造林、管护资金无法兑现，严重挫伤了林业生产的积极性；三是人们对林业的认识不足，重视程度不够。

六、"九五"资源清查

（一）自然、社会、经济情况

海原县历年平均气温3.6~8.6℃，北高南低。极端最高温度34.2℃，极端最低温度−24C。气温日较差11.7~15.3℃；年平均≥0℃活动积温3 097.6~3 210℃，≥10℃有效积温2 329.3~2 622.3℃，无霜期125~169 d。年平均降水量268.4~450 mm，从南到北递减，且集中于7、8、9月份。年平均蒸发量2 136~2 868.8 mm，干燥度1.8~3.2。年日照时数2 716 h，日照率61%。年平均太阳总辐射量5 642MJ/m²。

海原县隶属固原行政公署，下辖24个乡镇166个行政村1 104个自然村。全县土地总面积821.361万亩（《海原县土地资源》）。1997年年底，全县总人口35.6万人，其中农业人口33.4万人。社会劳力18.5万人，其中农林牧渔劳动力12.4万人，占92%。以农立县，农业生产方式靠旱作为主。表现为粗放经营，广种薄收。粮食单产水平60~100 kg/亩。受人口压力驱使，土地垦殖率居高不下，且呈上扬趋势。水土流失严重，表层沃土渐耗而土壤肥力趋于贫瘠。"八五"期初，全县土地利用结构：耕地268.7万亩，占总土地面积32.72%；林业占地23.43万亩，占总土地面积2.84%；牧业占地398.22万亩，占总土地面积48.48%。农林牧用地面积比23：2：34，与"六五"森林资源调查时的17：2：15相比，林业用地呈萎缩趋势。1997年全县国民经济生产总值3.36亿元，其中林业产值467.96万元，占总值的1.4%，农村农民人均纯收入717.5元。"八五"期间，中宝铁路建成投运，109国道及银平省道路况不断加以改善，乡村公路全面开通，使海原县交通运输状况有了明显改观，为工农业生产发展创造了有利条件。

（二）"九五"森林资源开展情况

1. 组织领导

专门成立海原县"九五"森林资源调查领导小组，着重抽调林业站业务骨干，培训后分3个外业调查组分赴24个乡镇及2个吊庄移民区开展调查，设1个综合组进行技术指导、检查。同时，固原地区林业局林勘队也参与了技术指导、检查。前后有63人参加了调查工作。

2. 主要调查方法及执行标准

实行全面调查。1亩以上片林在1：2.5万比例尺地形图上圈点或勾绘小班界线并量取面积。小班内设样地，目测与实测结合进行林木因子调查。四旁树以庄点为基本统计单位，逐户清查，分经济树种和不含经济树种造册。调查执行《宁夏回族自治区"九五"森林资源调查技术细则》。

3. 调查范围与进度

调查范围为全县24个乡及2个吊庄辖区的林地林木分布区域。以行政区划为基本单元，行政村统一编林班号。但吊庄移民区森林资源调查后归其土地辖区所在县汇总，不再计入海原县森林资源数量内。外业调查工作始于1998年5月20日，8月20日结束，内业汇总于8月21日开始，10月5日结束。

4. 主要调查成果

（1）绘制出1∶10万比例尺海原县"九五"森林资源分布图及1∶2.5万比例尺各乡镇"九五"森林资源分布图。

（2）统计汇总出全县各类土地面积统计表、各类蓄积统计表、林分各林种按龄组面积蓄积统计表、人工林面积蓄积统计表、天然林面积蓄积统计表、林分、各林种按龄级蓄积统计表、经济林面积统计表。

（三）"九五"森林资源现状分析

1. 各类林地面积

全县林地总面积19.983 2万亩，其中，森林2.807 4万亩、疏林地2 553亩、灌木林地7.761 9万亩、无立木林地9.092万亩（采伐迹地1291亩、未成林造林地3.029 7万亩、预备造林地5.933 2万亩）、苗圃地666亩。有林面积13.854 3万亩。

2. 四旁树株数

（1）全县四旁树总株数1 451 392株，约合1.735 5万亩。其中，用材树种类四旁树1 095 008株，约合6 556亩（167株折1亩）；经济树种类四旁树356 384株，约合1.079 9万亩（33株折1亩）。

（2）活立木总蓄积及经济林结实量　全县活立木总蓄积量11 827 m³，其中，林分蓄积85 614 m³、疏林蓄积1 430 m³、散生木蓄积99 m³、四旁树蓄积31 084 m³。经济林总结实量7 556.5 t，其中，片园结实量2 980 t、零星树结实量4 576.5 t。

（3）森林覆盖率　森林、木林及四旁树覆盖面积12.304 8万亩，森林覆盖率1.50%。

（4）起源结构　全县天然林面积4.358 1万亩，其中，林分面积5 831亩，蓄积26 718 m³；疏林面积13亩，灌木林面积3.773 7万亩。人工林面积9.496 2万亩，其中，林分面积1.339 3万亩，蓄积58 901 m³；疏林面积2 540亩，蓄积1 430 m³；未成林造林地面积3.029 7万亩；灌木林面积3.988 2万亩；经济林面积8 850亩。

（5）权属结构 全县国有林面积9.594 5万亩，蓄积39 865 m³；集体林面积2.816 8万亩，蓄积7 369 m³；私有林面积1.443万亩，蓄积26 718 m³。

（6）林种结构 防护林面积12.950 5万亩，其中，林分面积1.903 6万亩，蓄积83 806 m³；疏林面积2 558亩，蓄积1 430 m³；未成林地3.029 7万亩；灌木林地7.761 9万亩。特用林面积188亩，主要为风景林，蓄积1 808 m³。

（7）经济林 面积8 850亩，结实量2 980 t（1998年数据）其中，国有面积1 208亩，产量302 t；集体面积102亩，产量5.2 t；私有面积7 540亩，结实量2 672 t。

（8）二级防护林面积与蓄积 防护林总面积12.950 5万亩，蓄积85 236 m³，其中，林分面积1.903 6万亩，蓄积83 806 m³；疏林面积2 558亩，蓄积1 430 m³；未成林地3.029 7万亩；灌木林地7.761 9万亩。

A. 水保林面积6.149 8万亩，蓄积28 023 m³，其中，林分面积1.033 9万亩，蓄积27 074 m³；疏林面积1 668亩，蓄积949 m³；未成林地278亩；灌木林地4.921 3万亩。

B. 水源涵养林6.231 1万亩，蓄积22 268 m³，其中，林分面积3 911亩，蓄积27 074 m³；疏林面积1 668亩，蓄积949 m³；未成林地278亩；灌木林地4.921 3万亩。

C. 农田防护林4 945亩，蓄积27 646 m³，其中，林分面积4 210亩，蓄积27 401 m³；疏林面积190亩，蓄积245 m³；未成林地49亩；灌木林地496亩。护路林面积545亩，蓄积6 440 m³，其中，林分面积394亩，蓄积6 411 m³；疏林面积5亩，蓄积29 m³；未成林地100亩；灌木林地46亩。

D. 护岸林面积197亩，蓄积711 m³，其中，林分面积173亩，蓄积711 m³；灌木林地24亩。

E. 防风固沙林面积9亩，蓄积148 m³，其中，林分面积9亩，蓄积148 m³。

（9）树种结构 天然林主要组成树种栎类面积2 863亩，蓄积5 927 m³。属幼龄林。桦类面积2 720亩，蓄积20 127 m³。近熟林面积达2 495亩。椴类面积248亩，蓄积659 m³。属中龄林。枸子面积3.557 7万亩。丁香面积1 880亩。

人工林主要组成树种杨树类面积6 937亩，其中，林分面积6 461亩，蓄积44 502 m³；落叶松面积1.450 7万亩，其中林分面积1 512亩，蓄积2 914 m³；油松林分面积1 394亩，蓄积7 486 m³；云杉面积15 885亩；榆、沙枣等阔叶类面积3 942亩，蓄积2 977 m³；柳、椿等软阔类面积84亩，蓄积1 022 m³；柠条面积2.744 9万亩；山毛桃面积3 641亩；沙棘面积8 579亩；苹果面积8 340亩，产量2 837 t；枣面积204亩，产量6 t。

（10）四旁树主要树种 杨树类985 282株，蓄积25 966 m³；榆树96 900株，蓄积4 208 m³；柳树7 192株，蓄积773 m³；椿树2 175株，蓄积76 m³；苹果260 339株，产量

3 214 t；梨15 698株，产量195 t；杏29 031株，产量772 t；枣28 626株，产量164 t。

（11）林分林龄结构 林分总面积1.922 4万亩，蓄积85 614 m³。其中，幼龄林面积1.079 4万亩，蓄积33 219 m³；中龄林面积2 673亩，蓄积20 413 m³；近熟林面积4 481亩，蓄积2 890 m³；成熟林面积1 204亩，蓄积2 086 m³；过熟林面积72亩，蓄积993 m³。

（12）林分林相结构 林分林木密度70~1 000株/亩，但167~222株/亩的密度区居多。林相表现参差不齐，树种混杂，树龄一致性小，多代同林现象普遍，但龄组跨度不大。

（13）现状分析

①人均森林资源量很低。全县森林资源人均量化有林面积0.4亩/人，四旁树4株/人（其中有1株是经济树种），立木蓄积量0.03 m³/人。这一组数据显然很低，与人口大县生态环境和社会经济发展对森林资源的要求相距甚远。

②灌木林面积比重大。分别地类排序，灌木林占56%，未成林地占22%，森林占20%，疏林占2%。灌木林比重超过有林面积的一半，其中国营灌木林51 786亩，占灌木林总面积66.7%。从不同起源有共同的发展趋向来分析，生态适应性强的灌木林在海原县的发展前景最大，切实具有易造利管的优势。但同时可以看到，目前阶段灌木林在私有林中的立足空间尚小。

③社会对林业防护效益需求明显。防护林占有林面积的93.4%，经营性商品林仅占6.4%，可以说，防护效益是现阶段林业生产所追求的首要目的效益。防护林内，水源涵养林和水土保持林面积占绝大部分，这一结构与水源不足，水土流失严重的县情吻合。

④国有林面积、私有林蓄积处在森林资源量的峰值位置。国有林面积占总量的69.2%，国有林分蓄积占林分总蓄积的46%；集体林面积占总量的20.3%，集体林分蓄积占林分总蓄积的7.9%；私有林面积占总量的10.3%，其林分蓄积却占林分总蓄积量的46.1%。国有、集体、私有林面积比为7：2：1。说明私有林经营水平高于国有高于集体林，同时反映出集体林经营中存在着严峻而需迫切解决的管理问题。

⑤林分平均蓄积水平偏低，同林内相比，人工林蓄积水平高于天然林。全县林分平均蓄积量4.45 m³/亩，分别起源：天然林4.58 m³/亩，人工林4.40 m³/亩。幼龄林内相比：天然林分平均蓄积水平2.09 m³/亩，人工林分平均蓄积水平3.52 m³/亩，人工林蓄积水平高于天然林。这一结果与人工林分多分布于水肥条件较好的川台地且栽植多用速生树种有关。同时反映出，海原县天然林区具有优越的立地条件优势。

⑥桦类、杨类单位蓄积量最高，榆、沙枣等树木却很低。主要树种平均单位面积蓄积量分别为：桦类7.40 m³/亩，杨类6.89 m³/亩，油松5.37 m³/亩，椴树2.66 m³/亩，栎

类2.07 m³/亩，落叶松1.93 m³/亩，榆树、沙枣等硬阔类0.76 m³/亩。桦类单位蓄积量居首位与其大面积进入近熟林阶段有关。

⑦林地分布不均衡，呈明显大区域格局。县内有林面积集中分布于南部土石山区，约1.5万亩，占其总数的83.2%。其中，南华山系有林面积8.2577万亩（所涉术台、高台、海城、史店、曹洼等5乡），蓄积30 517 m³；月亮山系有林面积2.886 3万亩（含李俊、杨明、红阳等3乡），蓄积37 138 m³；西华山系有林面积3 974亩（含西安、盐池二乡），蓄积783 m³，占总土地面积60%以上的广袤黄土丘陵区，水土流失严重而有林面积小，森林覆被率低。

⑧河川、灌区林分单位面积蓄积量高于其他区。按单位蓄积水平排序：双河、高崖、杨明3乡居首，依次为21.16 m³/亩，13.44 m3/亩，13.43 m³/亩。曹洼10.13 m³/亩，红羊7.49 m³/亩，盐池6.42 m³/亩，贾塘5.98 m³/亩，九彩5.68 m³/亩，树台5.43 m³/亩，史店5.28 m³/亩，李俊3.79 m³/亩，高台3.46 m³/亩，李旺、兴仁2.75 m³/亩，兴隆2.62 m³/亩，关庄2.1 m³/亩，郑旗1.78 m³/亩，关桥1.72 mm³/亩，蒿川0.82 m³/亩，海城0.77 m³/亩，西安0.22 m³/亩，徐套、罗川、罗山无林分蓄积。排序位居前列的乡镇林木多分布于河滩、灌区内，位次在后面的乡镇多为干旱区。

（四）"九五"森林资源消长动态及结果

1. 消长动态分析

1991—1997年（含1997年，下同），全县造林生产增加有林面积4.983 1万亩，封山育林增加天然林4 462亩，将这两项增量与"七五"期末值累加，"九五"期末全县有林面积应为19.021 2万亩。与实际调查值比较，7年中全县有林面积减少5.166 9万亩，也就是说有5.166 9万亩林受损消失掉。

2. 消长结果分析

（1）森林面积及四旁树株数消长结果 从表3—11反映出，1991—1997年，全县林地面积净减3 573亩。有林面积却净增2 624亩，在其内森林、疏林面积减少，而灌木林和未成林地面积却增加。总体趋势是，林地面积消长平稳，无大的起伏变化。但四旁树则不然，7年中锐减7 983 324株，减幅竟高达84.6%。出现这一态势的直接原因是天牛类蛀干害虫成灾后砍伐所致。

从起源、权属、林种做进一步消长分析，1991—1997年，森林资源总体消长平稳，但内部发生了很大变化。其一是国有林面积剧增而集体林面积锐减。7年内，国有林面积净增5.211 3万亩，增长118.9%；主要因南华山水源涵养林工程造林增加。集体林面积减少4.995 8万亩，减少64.9％，减少的原因在于集体林场经费无着落而护林不到位，林地毁垦、林木盗伐所致。私有林面积变化不大。其二是用材林资源消耗过快，"七五"末储备的5 997亩用材林到"九五"末已不复存在，除林种划分引起的变化，至少说明用材林存在消耗过快的问题。其三是经济林面积增幅明显，净增经济林1 660亩，增长23.1％；增长最大的是私营经济林，增长66.0％。其四是天然林面积有增而人工林面积略减。

表3-11　"九五"森林面积及四旁树株数消长结果

单位：万亩

时序	林地面积	其中					苗圃	四旁树/株数
		有林	森林	疏林	灌木	未成林		
"七五"	20.340 5	13.591 9	2.956 4	0.608 3	7.120 2	2.907 0	0.076 3	9 434 706
"九五"	19.983 2	13.854 3	2.807 4	0.255 3	7.761 9	3.029 7	0.066 6	1 451 382
增量	−0.357 3	0.262 4	−0.149 0	−0.353 0	0.641 7	0.122 7	−97.00	−7 983 324

（2）林分林木蓄积消长结果　从表3-12可以看出，1991—1997年，全县活立木蓄积减少146 071 m³，减少55.3％。出现这一情况的直接原因是四旁树大量减少。但林分总蓄积在增长，增长19.9％。1991—1997年全县天然林蓄积净增加22 339 m³，增长511％，主要是国有天然林增加。人工林蓄积减少9 315 m³，减少13.4％，主要是集体林蓄积减少较大。

表3-12　"九五"森林资源蓄积消长结果

单位：m³

时序	活立木蓄积	其中		
		林分蓄积	疏林蓄积	四旁树蓄积
"七五"	264 298	71 420	2 600	190 278
"九五"	118 227	85 614	1 430	311 83
增量	−146 071	14 194	−1 170	−159 095

（五）"九五"森林资源管理及效果评价

1. 营林生产活动效果

（1）森林资源在改善地方生态环境中发挥着重大作用。河谷川台区农田林网在遏制风沙危害，调节局部农牧业生产小气候，抵御自然灾害等方面发挥了很好的屏障作用。中北部灌木林在以下方面发挥着重要作用，一是能挡风阻沙，阻止腾格里沙漠在海原县南移；二是能覆盖黄土丘陵，控制水土流失面积和流失量，延长基础设施骨干工程使用寿命；三是能为十年九旱的干旱年份确保供给牲畜羊只度灾饲草及村民薪柴；四是在冬春漫长枯草、大片耕地裸露期保持植被覆盖景观等方面发挥很大作用。南部土石山区，是海原县河流水系源头地，南华山系，月亮山系、西华山系水资源解决了海原县一半土地以上的人畜饮水，全县的重点林区也分布在这一带，汨汨流水来源于草木一点一滴的涵养。

（2）森林资源在改善人们居住环境条件和促进地方经济发展中起到了不可低估的作用。对用材林和四旁树的经营采伐，加之防护林间伐出材，7年中全县木材产量达2 000 m³以上（统计数，实际数高于这一值）。利用本地产木材，80%以上的农户盖起住房，逐渐结束世代居住窑洞的历史。河谷川台星罗棋布的经济林，年产值接近500万元，成为农民生活收入的来源之一。林分净增活立木蓄积13 023 m³，顺差实现后备资源的储备过程。

2. 森林资源管理评价

1991—1997年，森林资源管理基本实现资源量稳定增长的永续利用这一管理目标。在取得这一结果的管理过程中，尽管存在不可回避的林地毁垦和过量消耗蓄积问题，但不难看到，新增林地和蓄积增长速度正常，净增有林面积2 624亩，净增林分蓄积13 024 m³；林分单位面积蓄积水平由"七五"末的2.42 m³/亩提高到3.05 m³/亩。资源管理成效显著。

3. 存在的问题

（1）森林资源管理形势严峻。随着垦荒种粮普遍发生而无节制发展，林牧、林农争地问题日益突出，林业用地萎缩。加之人为盗伐滥砍、乱牧，森林资源管理面临挑战，护林形势日益严峻。长此以往，森林资源将受到重创，生态危机加剧。

（2）集体林消失速度过快。"六五"森林资源调查，全县集体林面积26.145 5万亩，"七五"时降至7.814 4万亩，"九五"时仅存2.816 8万亩，几乎是直线下滑态势。

（3）虫鼠害严重影响到林业资源发展。在天牛危害下，兴仁、西安农田林网遭到毁灭性破坏，并直接导致四旁树锐减798万株，减幅高达84.6%；与此同时，这一疫情波及兴隆、高崖、李旺扬黄灌区林网并威胁全县杨树。苹果小吉丁虫把兴隆苹果基地果树蛀食得千疮百孔，中华鼢鼠危害使南部土石山区针叶造林成果受到很大影响，年年需进行灭鼠补植。

（4）造林绿化产生的森林资源净增率低。1991—1997年，全县造林绿化投资319.98万元，累计造林17.105 1万亩，而保存下来进入储备森林资源的面积仅4 981亩，资源转化率29.1%，也就是说，7年中的造林保存率仅29.1%。

（5）苗圃地减少，育苗工作滞后限制到森林资源增长。

七、海原县2019年森林资源变更（资源清查）

（一）前言

本次调查依据《中华人民共和国森林法》《中华人民共和国森林法实施条例》等有关法律、法规，在全面收集国土、农牧、水利等规划和有关参考资料，加以分析论证。以本年度自治区林业和草原局下发的数据为本底，区划后的数据经宁夏林业和草原局检查验收通过后下发的数据作为基础数据，利用2018年的造林、建设项目使用林地等方面的资料对前期基础数据进行补充完善和必要的补充调查，为科学构建海原县林地"一张图"，坚守林地红线，严格林地用途管制，建设生态林业提供科学决策依据。

本次调查根据中共中央办公厅印发的《关于统筹规范督查检查考核工作的通知》和国家林业和草原局印发的《关于开展2019年森林督查暨森林资源管理"一张图"年度更新工作的通知》林资发〔2019〕30号文的工作、技术要求，在海原县2017年林地"一张图"和2017年国家级公益林区划落界成果基础上，开展森林资源管理"一张图"年度更新。为推进森林资源管理"一张图"年度更新工作，海原县自然资源局成立了海原县2019年森林资源管理"一张图"年度更新工作领导小组，组建了森林资源管理"一张图"年度更新的技术队伍，依据自治区林业和草原局下发的基础数据和政区界，对2018年1月至2018年12月森林资源管理"一张图"年度更新政区界内17个乡镇2个管委会6个国有林场林地的范围、面积、地类、权属、保护等级等林地属性因子进行认真细致的调查核实，以本年度宁夏林业和草原局下发的2017年林地"一张图"和2017年国家级公益林区划落界为本期基础数据，经更新形成了本期林地数据库和林地变化数据。

（二）工作概况

1. 工作基本情况

（1）工作组织 根据宁夏林业和草原局对全区2019年森林资源管理"一张图"年度更新工作的要求，海原县自然资源局制订工作方案，进行全面部署，明确任务责任。按照宁夏林业和草原局统一安排部署，成立了海原县2019年森林资源管理"一张图"年度更新工作领导小组。

组 长：罗成礼 海原县自然资源局局长

　　副组长：田小武　海原县自然资源局副局长

　　成　员：李玉宝　高级林业工程师

　　　　　　刘亚珺　高级林业工程师

　　　　　　张　荣　高级林业工程师

　　　　　　黄　斌　林业工程师

　　本次森林资源管理"一张图"年度更新领导小组下设办公室，由成员李玉宝同志负责具体工作事务，组织海原县2019年森林资源管理"一张图"年度更新工作，包括组织技术指导队伍、准备技术资料、制订工作方案、海原县卫星遥感影像和其他基础数据处理、质量检查及组织协调等工作。

　　为如期保质完成海原县2019年森林资源管理"一张图"年度更新工作，海原县自然资源局将森林资源管理"一张图"年度更新、内业制图建库的任务委托给具有林业调查设计规划资质的单位：北京中林国际林业工程咨询有限责任公司（以下简称"公司"）。

　　接受委托后，公司成立了海原县2019年森林资源管理"一张图"年度更新项目组"，由林业工程师李涛任项目组长，公司总工程师、高级林业工程师苏东岩为项目技术质量负责人，配置4名林业技术人员（李涛、牛继亮、王伟、姚旭同），具体负责内业区划、外业验证、数据库构建及主要成果生成工作。海原县自然资源局负责落实林地变化地块资料的收集整理和相关部门、单位的协调工作。海原县自然资源局森林资源管理"一张图"年度更新工作完成后，在进行自查自纠工作基础上，申请宁夏林业调查规划院对海原县2019年森林资源管理"一张图"年度更新成果进行全面核查，并按国家林业和草原局要求以2%~3%的比例，组织外业质量检查工作。最终提交的成果数据和成果报告合格标准以宁夏林业和草原局验收合格和西北林业调查规划设计院抽查合格为准。

　　（2）工作开展情况　项目组自2019年6月份开展工作以来，首先将本期遥感影像图叠加到前期林地数据图上，对前期数据依据影像纹理以及明显的地物线进行修正，将修正的数据提交至宁夏林业和草原局后经检查验收通过后下发至海原县，然后在此基础上进行森林资源管理"一张图"年度更新工作。在森林资源管理"一张图"年度更新期间，海原县自然资源局和技术单位先后利用15 d进行了外业调查、3个月进行了内业汇总整理。于2019年12月结束此项工作，向宁夏林业和草原局提交了调查数据库。宁夏林业和草原局对海原县自然资源局提交的数据库在2019年10—11月，先后组织专家进行了多次评审。我局按照专家评审会提出的修改意见进一步修改和完善，于2019年12月15日正式提交了最终成果数据库。

①资料收集阶段 项目组自8月1日至8月10日，收集了由海原县自然资源局提供的历年退耕还林等资料，同时还收集了海原县地形、地貌、气候、土壤、生态林业建设等相关资料，并对上述资料进行认真研究与分析。

②影像判读阶段 8月11日—9月15日，完成了室内影像图判读。主要是将本期遥感影像图叠加到前期林地数据图上，建立林地5种类型判读标志。经对比分析，判读林地发生变化的行政界、图斑，根据发生变化的行政界、图斑，制作林地变化工作底图和记录表。

③现场核实调查阶段 9月16日—9月30日，进行现场核实调查。在海原县自然资源局技术人员带领和指导下，按照核实调查程序逐一进行。根据室内制作的林地变化底图和记录表，对林地发生变化的图斑做现场核实调查。包括新增的林地以及因工程建设减少的林地、错划、漏划的林地进行现场核实调查，确定图斑的属性因子。

④内业整理制图阶段 利用本期高分辨率遥感影像图（2018年）和前期林地图数据，依据现场核实调查的结果，利用 ArcGIS 软件勾绘图斑，确定现状各图斑变化的位置、面积、四至、类型及图斑边界等基本属性，并将林地变化情况及时反馈给海原县自然资源局确认。

⑤编制成果阶段 根据外业核查所得以及林业部门反馈的意见，重新修改小班属性，形成本期林地数据库、林地变化数据库及行政界线数据库。制作森林资源管理"一张图"年度更新成果统计表、编制森林资源管理"一张图"年度更新成果报告、质量自查报告并审查、提交。

（3）有关情况说明

①技术标准规范

《土地利用现状分类》（GB/T 21010—2017）；

《森林资源规划设计调查技术规程》（GB/T 26424—2010）；

《林地分类》（LY/T 1812—2009）；

《森林资源调查卫星遥感影像图制作技术规程》（LY/T 1954—2011）；

《林业地图图式》（LY/ 1821—2009）；

《林地保护利用规划林地落界技术规程》（LY/T 1955—2011）；

《县级林地利用保护规划制图规范》（LY/T 2009—2012）；

《林业数据库更新技术规范》（LY/T 2174—2013）；

《林地变更调查技术规程》（LY/T 2893—2017）；

《国家级公益林区划界定办法》（2017年）。

②森林资源管理"一张图"年度更新结果　海原县2019年森林资源管理"一张图"年度更新流程分为：底图制作、调查核实和森林资源管理"一张图"数据更新三部分。其中底图制作是通过GIS软件将林地变化斑块情况进行分析，建立解译标志，区划疑似变化林地斑块，并制作林地调查底图。之后根据林地变化斑块进行现地调查核实，在核实中采用人工踏查与无人机拍摄相结合的方法，对林地的现状及其变化情况进行详细调查记录。再通过内业工作结合海原县2019年森林资源管理"一张图"年度更新基础数据，生成本期森林资源管理"一张图"年度更新数据库，并对林地数据库进行更新完善，最终形成本期成果。

③数据标准

A. 数学基础　平面坐标系统采用"2000国家大地坐标系"，高斯－克吕格投影3°分带，中央子午线为东经105°；高程系统采用"1985国家高程基准"。

B. 计量单位　面积汇总单位为hm²，小数点后保留2位。

④调查方法　以本年度宁夏林业和草原局下发的2017年林地"一张图"和2017年国家级公益林区划落界数据作为海原县2019年森林资源管理"一张图"年度更新基础数据，按照《宁夏2019年度森林督查和森林资源管理"一张图"年度更新操作细则》中的林地分类标准，对本年度的林地类型和面积发生变化的区域（包括林地类型和边界变化，新增林地和减少林地的位置、范围、面积和分布等）开展调查和分析。主要采用内业判读和外业验证相结合的方式，重点调查人为活动影响林地变化的区域，将变化情况落实到每一个林地斑块，对林地变化较大区域结合现地调查核实。

⑤资料收集

A. 文字资料收集　海原县自然条件资料，包括地形地貌、气象、水文、土壤等资料。

B. 图件资料收集　海原县高分遥感影像图、行政界线矢量数据、2018年新增造林数据、2018年建设项目使用林地数据等。

⑥内业判读

A. 人机交互判读　人机交互判读是在判读人员正确理解林地分类定义的情况下，依据建立的解译标志，参考有关文字、地面调查资料等，在计算机GIS软件支持下，将相关地理图层叠加显示。将计算机屏幕放大到1∶3 000比例以上。全面分析遥感图像数据的色调、纹理、地形等特征，将判读类型与其所建立的解译标志有机结合起来，准确区分判读类型。

判读勾绘图斑界线须与遥感影像图上不同类型变更线相吻合，并且闭合。相邻景

（幅）应自然接边，线要素与面要素既要进行几何位置接边，又要进行属性接边。

数据应具有严格的拓扑结构，不能存在拓扑错误。必填属性数据不能为空值，相关图层的空间关系必须正确。

B. 图斑判读　林地判读最小面积为1亩，变化斑块最小面积也为1亩。采用计算机屏幕上直接勾绘判读为主，GPS野外定位点为辅，按判读单位逐一填写判读因子，生成属性数据库。

C. 双轨制作业　要求一人按图斑区划因子进行图斑区划与判读，另一人对前一人的区划结果进行检查，发现区划错误时经过协商进行修改；区划确定后第二人进行"背靠背"判读，判读类型一致率在90％以上时，可对不同图斑进行协商修改，达不到时重判。

利用卫星遥感图像进行森林资源管理"一张图"年度更新，不同的调查人员会因理解、经验等方面的差异，在遥感调查图像判读过程中容易出现漏判、错判的现象，通过双轨制作业，提高目视判读的一致率，对有异议的图斑类型通过协商取得一致意见，并可以及时发现存在的问题，不断积累经验，将解译标志与影像特征（色彩、色调、纹理、形状、分布等）有机结合起来，准确区分判读类型。

⑦数据统计

A. 面积求算　遥感影像判读完成后，在GIS软件中，将林地变化判读图、新增造林图、建设项目使用林地图进行叠加分析，求算各图斑的面积，面积单位为hm^2，输出的数据保留至小数点后两位。

B. 数据记录和统计　遥感判读林地变化斑块的记录内容：

林地类型：按照《林地保护利用规划林地落界技术规程》进行填写。

变化面积（hm^2）：按照遥感影像判读的数据填写。

C. 数据库拓扑质量　数据库各空间要素应满足基本的拓扑质量。

图层内拓扑质量，图层内要素是否重叠或自重叠、相交或自相交、是否闭合、要素间是否有缝隙。

图层间拓扑质量，林地图层要素是否超出对应的行政区范围。

碎片多边形质量，面层是否存在不符合上图要求的碎片多边形。

D. 内业数据汇总　林地类型和面积汇总：根据遥感解译结果、外业调查成果和相关资料，将林地数据进行更新，并通过汇总统计，得到林地类型、林地变化原因、面积等数据。各林地类型间的相互转化及面积变化汇总统计。对新增、消失的林地斑块汇总统计。

⑧外业验证　外业调查前，结合前期在室内对林地变化的判读结果，对疑似新增、

消失的林地斑块，依据海原县2019年森林资源管理"一张图"年度更新技术规程全部进行核实。

A.验证使用室内制作的高分影像图的工作底图、用 GPS 现地定位，并将现状地形地物拍摄成图像资料，对数据库中疑似新增、减少的林地斑块等进行现场验证。

B.验证林地变化斑块的四至界限、现状地类、变化情况、面积等信息，并现场登记记录。

⑨森林资源管理"一张图"年度更新调查结果 以本年度宁夏林业和草原局下发的2017年林地"一张图"和2017年国家级公益林区划落界为本期基础数据作为海原县2019年森林资源管理"一张图"年度更新基础数据，收集掌握截至2018年年底的林地范围、地类和管理属性变更资料，应用前后期高分辨率卫星遥感影像进行对比分析，判读区划变化图斑，结合林业经营管理资料，通过现场调查核实后，确定林地变化情况，并将历年造林、退耕还林、森林督查矢量数据更新至林地一张图中，并对国家公益林进行更新，同时将林地数据与国土数据衔接，编制本期森林资源管理"一张图"年度更新成果，经逐级汇总，更新海原县林地"一张图"数据库。

A.行政界限 本期海原县行政界线未发生变化，继续沿用上一期海原县林地变更界线。

B.林地概况 根据本期海原县2019年森林资源管理"一张图"年度更新结果，截至2019年12月31日，海原县行政界线内（不含南华山）国土面积477 739.18 hm²（716.61万亩），海原县共有各类林地面积109 464.34 hm²（164.19万亩）。其中，有林地1 096.64 hm²（1.65万亩），国家特别规定灌木林地37 350.24 hm²（56万亩），未成林地26 727.43 hm²（40.09万亩），苗圃地116.07 hm²（0.17万亩），无立木林地35 685.82 hm²（53.53万亩），宜林地8 377.76 hm²（12.56万亩），林业辅助生产用地110.39 hm²（0.17万亩）。本期森林面积38 446.87 hm²（56.67万亩），森林覆盖率为8.05%（具体见表4-13）。

（1）减少林地面积 截至2019年12月31日海原县减少林地面积11 017.10 hm²（16.53万亩），净减少林地面积310.78 hm²（4 662亩），其中，有林地净减少1 387.61hm²（2.08万亩），疏林地净减少4.14 hm²（62.1亩），国家特别规定灌木林地净增加1074.99 hm²（1.61万亩），未成林地净增加9 627.62 hm²（14.44万亩），苗圃地净减少2.13 hm²（32亩），无立木林地减少3 147.06 hm²（4.72万亩），其他林地（宜林地和林业辅助生产用地）减少6 476.16 hm²（9.71万亩）。

表 4-13　　各类林地面积统计

单位：万亩

统计单位	土地权属	林地合计	有林地		灌木林地		其他林地				
			小计	乔木林	小计	国家特别规定灌木林	小计	未成林地	无立木林地	苗圃地	其他地类
海原县	合计	164.19	1.65	1.65	56.00	56.00	106.53	40.09	53.53	0.17	12.73
	国有	53.65	1.26	1.26	12.78	12.78	39.6	11.62	21.58	0.13	6.27
	集体	110.54	0.39	0.39	43.22	43.22	66.91	28.47	31.95	0.04	6.46

（2）错划、漏划情况　　上期林地落界数据规划中由于影像图精度不高，调查人员对技术细则理解得不透，存在一定的误判，本期通过与2017年林地变更影像以及国土影像进行比对，发现存在一些错划、漏划的情况。本期因调查因素引起的地类变化共计661.67 hm^2（0.99万亩），全部为人为调查因素。

（3）工程建设使用林地情况　　本期海原县2019年森林资源管理"一张图"年度更新数据中，各类工程建设使用林地面积共计394.99 hm^2（0.59万亩），其中，经审批使用林地面积153.41 hm^2（0.23万亩）；未经审批使用林地面积241.58 hm^2（0.36万亩）。本次更新过程中将年代久远未找到使用林地审批手续的建设用地小班以及没有充分依据确定该建设用地小班是合法的，全部按照未经审批使用林地进行变更。

（4）非林业部门管理的林地情况　　经本期调查界定，海原县非林业部门管理的林地面积为4 478.59 hm^2（6.72万亩）。其中，有林地457.11 hm^2（0.69万亩），灌木林地651.92 hm^2（0.98万亩），未成林地2 749.21 hm^2（4.12万亩），苗圃地9.29 hm^2（139亩），宜林地1.13 hm^2（17亩），无立木林地608.77 hm^2（0.91万亩），林业辅助生产用地1.15 hm^2（17亩）。

（5）调查成果质量

①内业成果质量控制

A. 数据的完整性、规范性、有效性　　数据是否符合森林资源管理"一张图"年度更新技术的要求，是否存在丢漏项、数据文件是否能够正常打开、是否符合技术规程中对文件格式的要求。

B. 空间数据规范性、标准性、符合性

a. 图层完整性检查。必选图层是否齐备，是否满足数据库规范的要求。

b. 数学基础是否正确，平面坐标系是否采用"2000国家大地坐标系"，高程系统是否采用"1985国家高程基准"，投影方式是否采用高斯－克吕格投影。

c. 图层空间位置是否相同。

d. 图层名称、数据结构是否符合数据库建库要求。

C. 属性数据

a. 属性表字段名称、数据类型是否符合数据库建库要求。

b. 属性表字段长度、小数位数是否符合数据库建库要求。

c. 属性表中要素代码是否与数据库标准中设置的代码一致。

D. 逻辑一致性

a. 林地斑块界线是否与县、乡镇（林场）、村行政界线统一。

b. 林地变化原因填写是否正确，林地面积增加的斑块变化原因不能出现减少原因，林地面积减少的斑块变化原因不能出现增加原因。

c. 成果数据库中林地斑块面积应大于或等于森林资源管理"一张图"年度更新规范中要求的最小面积。

②外业调查质量控制

A. 斑块验证　外业验证对疑似减少、增加的林地斑块全部验证。

B. 现场记录表　现场登记记录表必须是统一制定的规范表格，对这些变化的林地斑块的行政区名称、范围、坐标、现状地类、面积等调查因子须填写正确。

③成果质量检查　为保证本调查成果质量，我单位专门成立项目质量检查小组，质量检查小组及时检查校对内外业资料及成果文件。

项目采取自检、互检和专检三级质量检查制度，严格执行"项目组内自检、项目组之间互检、质量检查小组专检"的质量保障制度。做到分工责任明确，层层把关。要求项目组严格按照技术规范、规程和技术方案的规定执行，保证各项成果准确无误。

A. 项目组检查

内业检查：室内判图采用双轨制作业，要求一人按图斑区划因子进行图斑区划并进行判读，另一人对前一人的判读结果进行复查，发现判读错误时经过协商进行修改；对当日外业调查数据、记录、底图、表格等进行自检，达到查缺补漏，纠正错误的目的，使各项指标全部达到规范要求。同时对图斑的空间拓扑和属性数据逻辑性、图斑和属性数据的关联性、面积等检查项目完全合格。

外业检查：针对变化图斑，逐个进行了外业核实调查。

B. 质量检查小组检查

内业检查：图斑的空间拓扑和属性数据逻辑性、图斑和属性数据的关联性、面积等检查项目完全合格。

外业检查：按细则规定进行了外业检查。经检查，小班地类与现地检查地类一致，质量检查结果合格。

C. 海原县级检查验收　海原县自然资源局抽调人员对完成自检和互检的项目进行专门检查与核查，按细则规定进行了内业、外业检查。经检查，小班地类与现地检查地类一致，质量检查结果合格。并对文字成果、图件成果、数据成果等检查验收，均符合质量要求。

2. 工作量及资金使用情况

（1）投入工作量　本次海原县2019年森林资源管理"一张图"年度更新调查工作，共涉及17个乡镇2个管委会6个国有林场，累计投入工作量300人日。根据项目需求，统计项目投入工作量如下（表4-14）。

（2）资金使用情况　本次海原县2019年森林资源管理"一张图"年度更新工作累计投入经费10.5万元。根据项目需求，统计项目投入工作量如下（表4-14）。

表 4-14　投入工作量一览表

序号	工作内容	工作单位	工作量 /（人·d⁻¹）	经费 / 万元
1	前期准备及技术培训	技术单位	18	1.8
2	林业经营管理资料收集	技术单位 海原县自然资源局	9	0.3
3	资料扫描、矢量化、入库整理	技术单位	9	0.2
4	前期林地数据库检查、纠错	技术单位	9	0.2
5	遥感判读区划及内业检查	技术单位	90	3.0
6	外业核实调查	技术单位：海原县自然资源局	45	1.5
7	本期林地数据库生成、检查	技术单位	20	0.5
8	本期林地变化数据库生成、检查	技术单位	10	0.5
9	成果分析和统计	技术单位	30	0.5

序号	工作内容	工作单位	工作量 / （人·d⁻¹）	经费 / 万元
10	报告编写	技术单位	30	1.0
11	自查验收	技术单位 海原县自然资	15	0.5
12	省级数据检查	自治区林业和草原局	15	0.5
合计			300	10.5

3. 主要经验和问题与建议

（1）主要经验

①主管部门高度重视　宁夏林业和草原局、宁夏林业调查规划院、海原县自然资源局等主管部门高度重视海原县2019年森林资源管理"一张图"年度更新工作，成立了领导小组，制订了工作方案，明确了工作开展的具体目标和相关单位及人员职责，认真安排部署，协调各部门、单位全力配合，对工作的顺利推进奠定了良好的组织基础。各级领导深入现地督促检查工作，了解实情，使参加的工作技术人员受到极大鼓舞。

②现场技术指导，监督检查到位　海原县自然资源局高度重视森林资源管理"一张图"年度更新工作，全程参与森林资源管理"一张图"年度更新工作的实施，在组织协调和技术指导方面提供了大力支持和帮助。

海原县自然资源局技术人员对全区的林地分布、现状、边界地形、林地的各类情况非常熟悉，在具体调查工作中能够统领全局，合理安排工作开展进度并在整个森林资源管理"一张图"年度更新工作中随时纠正错误及遗漏之处，严格监督检查，保证了本次森林资源管理"一张图"年度更新工作质量。

③强化人员培训，统一技术标准　森林资源管理"一张图"年度更新工作是一项技术性和专业性很强的工作，对具体负责实施的人员有较高的技术、专业知识等方面的要求，为保障工作完成质量，在本次森林资源管理"一张图"年度更新工作开展之前，宁夏林业和草原局就对参加森林资源管理"一张图"年度更新工作的技术人员进行了多次相关政策法律、森林资源管理"一张图"年度更新技术规程、技术细则、工作方案等方面进行了系统全面的培训。调查工作启动后，受委托的咨询单位又按照《宁夏2019年森林督查和森林资源管理"一张图"年度更新操作细则》的具体要求，对参加项目的调查人员进行了调查软件等方面的系统培训，提升了人员队伍的技术水平，保障了本次森林

资源管理"一张图"年度更新工作的质量和进度。

④开展技术创新，提高工作效率　本次海原县2019年森林资源管理"一张图"年度更新调查工作应用了国家森林资源管理一张图软件，极大地提高了电脑与平板之间矢量数据、卫星影像图、成果数据生成的工作效率。尤其是采取GPS现地测量定位，平板电脑带到田间地头，利用专业调查软件现场勾绘GIS小班电子图，极大地减轻了外业工作强度，节省了更多的时间，让调查人员能收集到更多的调查信息，实现了对林地图斑信息的全面准确掌握，提高了林地斑块现场勘测的精度和工作效率。

（2）存在问题和建议

①森林资源管理"一张图"年度更新软件问题　本次森林资源管理"一张图"年度更新软件还不够完善，存在着如闪退、卡顿影响了区划及统计汇总进度，增加了森林资源管理"一张图"年度更新调查工作量。

建议在工作开展前完善应用软件，确保森林资源管理"一张图"工作顺利开展。

②林业经营管理资料电子化问题　森林资源管理"一张图"工作所需资料较多，涉及工程造林、建设项目使用林地、森林火灾及森林病虫害等，资料矢量化工作任务量大，而且和其他项目存在工作量重叠。

建议相关部门及时整理档案资料，及时矢量化，形成电子档案，为后续更新提供基础数据支持，提高工作效率。

③与国土数据衔接问题　与国土调查成果衔接时，由于平差等因素导致总面积不一致，由于调查标准、地类认定标准等不一致导致林地面积相差较大，建议国土和林业主管部门协调规范调查标准，缩小差异，实现海原县基础数据一张图。

（三）调查成果

1. 林地资源现状

（1）自然概况　海原县地处宁夏南部山区，归中卫市管辖，东与固原、同心县相连，南与西吉县接壤，西邻甘肃会宁、靖远两县，北濒中卫市沙坡头区，总土地面积477 739.18 hm²（716.6万亩，不含南华山）。

海原县地貌为黄土高原丘陵沟壑区，地形以黄土梁峁为主，残塬次之，沟壑展布其间，水土流失严重，土壤肥力低，植被稀疏。

海原县境内水资源匮乏。河流多为间歇河，水量小，季节性变化大，遇到暴雨即发洪水，雨后流量猛减，直至干涸断流。

海原县深居内陆，大陆性气候特征明显。形成春暖迟、夏热短、秋凉早、冬寒长的特点，四季分明，干旱少雨，风大沙多，年平均气温7℃；无霜期135~165 d，年平均降水量268.4~450.0 mm，降水量集中于7、8、9月份。自然灾害频繁，旱、风、雹、冻、涝五害俱全。

（2）林地资源现状　本期海原县2019年森林资源管理"一张图"年度更新结果显示，截至2018年12月31日，海原县各类林地总面积为109 464.34 hm²（164.197万亩）。

①按地类分　有林地（乔木林）1 096.64 hm²（1.64万亩）、特殊灌木林地37 350.24 hm²（56.02万亩）、未成林地26 727.43 hm²（40.09万亩）、苗圃地116.07 hm²（0.17万亩）、无立木林地35 685.82 hm²（53.53万亩）、宜林地8 377.76 hm²（12.57万亩）、林业辅助生产用地110.39 hm²（0.17万亩）。

表 4-15　林地面积按地类统计

项目	地类							
	合计	有林地	灌木林地	未成林地	苗圃地	无立木林地	宜林地	林业辅助生产用地
面积 /hm²	109 464.34	1 096.64	37 350.24	26 727.43	116.07	35 685.82	8 377.76	110.39
比率 %	100	1.00	34.12	24.42	0.11	32.60	7.65	0.10

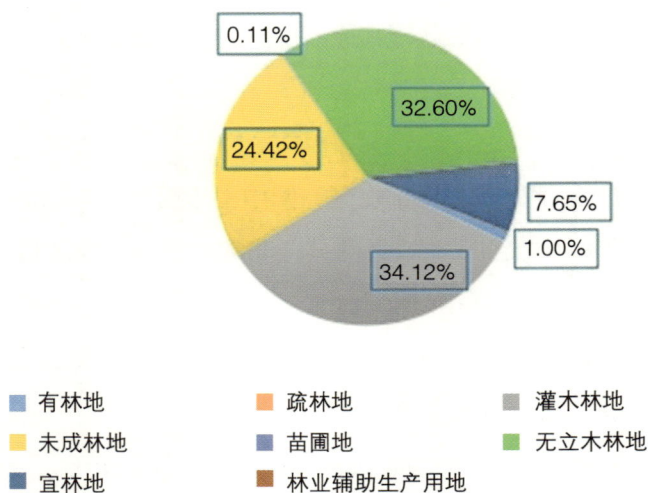

图4-6　海原县林地地类面积占比

②按权属分　国有林地35 766.32 hm²（53.65万亩），占比32.67%。其中，有林地839.33 hm²（1.26万亩）、灌木林地8 526.94 hm²（12.79万亩）、未成林地7 748.71 hm²（11.62万亩）、苗圃地87.64 hm²（0.13万亩）、无立木林地14 383.88 hm²（21.58万亩）、宜林地4 089.31 hm²（6.13万亩）、林业辅助生产用地90.52 hm²（0.14万亩）。

集体林地73 698.02 hm²（110.55万亩），占比67.33%。其中，有林地257.31 hm²（0.39万亩）、灌木林地28 823.30 hm²（43.23万亩）、未成林地18 978.72 hm²（28.47万亩）、苗圃地28.43 hm²（426亩）、无立木林地21 301.94 hm²（31.95万亩）、宜林地4 288.45 hm²（0.73万亩）、林业辅助生产用地19.87 hm²（298亩）。

③按林地管理类型分　林业部门管理104 985.76 hm²（157.47万亩）、非林业部门管理4 478.58 hm²（6.72万亩）。

④按经营类型分　生态公益林107 872.61 hm²（161.8万亩）、商品林1 591.73 hm²（2.39万亩）。

⑤公益林按事权等级分　国家级公益林17 298.56 hm²（25.95万亩）、地方级公益90 574.05 hm²（135.86万亩）。

⑥林地资源按林地保护等级分　II级保护林地19 546.29 hm²（29.32万亩），占比17.86%。其中，有林地335.88 hm²（0.50万亩）、灌木林地17 180.11 hm²（25.77万亩）、未成林地205.94 hm²（0.31万亩）、无立木林地1 806.24 hm²（2.71万亩）、林业辅助生产用地18.12 hm²（272.80亩）。

III级保护林地88 326.31 hm²（132.49万亩），占比80.69%。其中，有林地625.62 hm²（0.94万亩）、灌木林地19 732.87 hm²（29.59万亩）、未成林地25 769.74 hm²（38.65万亩）、苗圃地68.31 hm²（0.1万亩）、无立木林地33 659.96 hm²（50.49万亩）、宜林地8 377.76 hm²（12.57万亩）、林业辅助生产用地92.05 hm²（0.14万亩）。

IV级保护林地1 591.74 hm²（2.38万亩），占比1.45%。其中，有林地135.13 hm²（0.2万亩）、灌木林地437.26 hm²（0.66万亩）、未成林地751.75 hm²（1.13万亩）、苗圃地47.76 hm²（716亩）、无立木林地219.62顷（0.33万亩）、林业辅助生产用地0.22 hm²（3亩）。（具体见表4-16，图4-7）

表 4-16　林地面积按保护等级统计

单位：hm²

保护等级	地类								
	合计	有林地	林地	灌木林地	未成林地	苗圃地	无立木林地	宜林地	林业辅助用地
合计	109 464.34	1 096.63	—	37 350.24	26 727.43	116.07	35 685.82	8 377.76	110.39
Ⅱ级	19 546.29	335.88	—	17 180.11	205.94	—	1 806.24	—	18.12
Ⅲ级	88 326.31	625.62	—	19 732.87	25 769.74	68.31	33 659.96	8 377.76	92.05
Ⅳ级	1 591.74	135.13	—	437.26	751.75	47.76	219.62	—	0.22

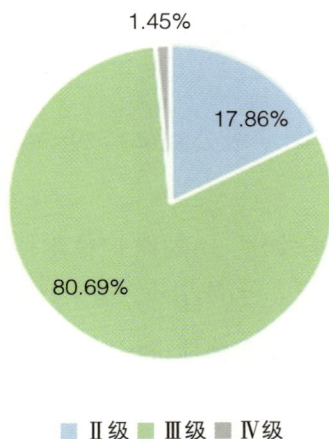

图4-7　海原县林地保护等级面积占比

（3）国有林场林地资源现状　海原县国有林场面积45 287.73 hm²（67.93万亩），其中，牌路山林场面积845.83 hm²（1.27万亩）、凤凰山林场面积3 692.98 hm²（5.54万亩）、瓜瓜山林场面积6 886.37 hm²（10.33万亩）、拐洼林场面积8 182.86 hm²（12.27万亩）、西华山林场面积21 130.91 hm²（31.69万亩）、月亮山林场面积4 548.78 hm²（6.82万亩）。

海原县国有林场林地总面积31 512.09 hm²（47.27万亩），其中，有林地面积330.61顷（0.49万亩）、灌木林地面积8 759.67 hm²（13.14万亩）、未成林地面积5 246.15 hm²（7.87万亩）、苗圃地面积63.38 hm²（951亩）、无立木林地面积9 622.32 hm²（14.43万亩）、宜林地面积4 339.52 hm²（6.51万亩）、林业辅助生产用地面积86.08 hm²（0.13万亩）。

国有林地22 156.17 hm²（33.23万亩），占比77.88%。其中，有林地324.44 hm²（0.49

万亩）、灌木林地7 045.89 hm²（10.56万亩）、未成林地3 410.75 hm²（5.12万亩）、苗圃地52.28 hm²（780亩）、无立木林地7 950.63 hm²（11.93万亩）、宜林地3 297.89 hm²（4.95万亩）、林业辅助生产用地74.29 hm²（0.11万亩）。

集体林地6 291.56 hm²（9.44万亩），占比22.12%。其中，有林地6.18 hm²（93亩）、灌木林地1 713.77 hm²（2.57万亩）、未成林地1 835.40 hm²（2.75万亩）、苗圃地11.10 hm²（165亩）、无立木林地1 671.69 hm²（2.51万亩）、宜林地1 041.63 hm²（1.56万亩）、林业辅助生产用地11.79 hm²（180亩）。

2. 林地动态变化分析

（1）林地范围变化

①林地范围变化　本期海原县2019年森林资源管理"一张图"年度更新数据中由非林地转为林地增加的林地面积为8 732.84 hm²（13.09万亩），由林地转为非林地减少的林地面积9 043.63顷（13.56万亩），林地净减少面积310.79 hm²（0.46万亩）。按地类分：

有林地现有1 096.64 hm²（1.64万亩），其中，新增8.68 hm²（130亩），减少27.59 hm²（420亩），净减少18.91 hm²（284亩）。

疏林地现有0 hm²，减少0.55 hm²（8亩），净减少0.55 hm²（8亩）。

灌木林地现有37 350.24 hm²（56.02万亩），其中，新增984.70 hm²（1.48万亩），减少133.16 hm²（0.19万亩），净增加851.55 hm²（1.27万亩）。

未成林地现有26 727.43 hm²（40.09万亩），其中，新增7 711.97 hm²（11.56万亩），减少18.50 hm²（277亩），净增加7 693.47 hm²（11.54万亩）。

苗圃地现有116.07 hm²（0.17万亩），其中，新增27.49 hm²（405亩），减少40.28 hm²（600亩），净减少12.79 hm²（192亩）。

无立木林地现有35 685.82 hm²（53.53万亩），其中，无新增，减少4 084.29 hm²（6.13万亩），净减少4 084.07 hm²（6.13万亩）。

其他林地（宜林地和林业辅助生产用地）现有8 488.15 hm²（12.73万亩），其中，无新增，减少4 738.87 hm²（7.11万亩），净减少4 738.87 hm²（7.11万亩）。

②变化原因分析　海原县变化林地总面积35 113.47 hm²（52.67万亩），其中，造林更新面积7 100.73 hm²（10.65万亩）［人工造林23 38.07 hm²（3.51万亩）、人工更新4 762.65 hm²（7.14万亩）］、规划调整面积17 302.83 hm²（25.95万亩）、建设项目使用林地面积394.99 hm²（0.59万亩）、经审批使用153.41 hm²（0.23万亩）、未经审批使用241.58 hm²（0.36万亩）、开垦林地面积1.01 hm²（15亩），因灾害因素发生的变化

4 826.12 hm² （7.24万亩）、因自然因素发生的变化4 826.12 hm²（7.24万亩）、因调查因素发生的变化661.67 hm²（0.99万亩）。

（2）地类变化　海原县本期森林资源管理"一张图"年度更新中，共新增林地10 704.72 hm²（16.05万亩），减少林地11 015.50 hm²（16.52万亩），净减少林地面积310.78 hm²（0.47万亩）。其中，有林地减少了1 387.61 hm²（2.08万亩）、疏林地减少了4.69 hm²（70亩）、灌木林地增加了1 074.99 hm²（1.61万亩）、未成林地增加了9 627.62 hm²（14.44万亩）、苗圃地增加了2.13 hm²（32亩）、无立木林地减少了3 147.06 hm²（4.72万亩），其他林地（宜林地和林业辅助生产用地）减少了6 476.16 hm²（9.71万亩）。各林地地类变化见图4-8。

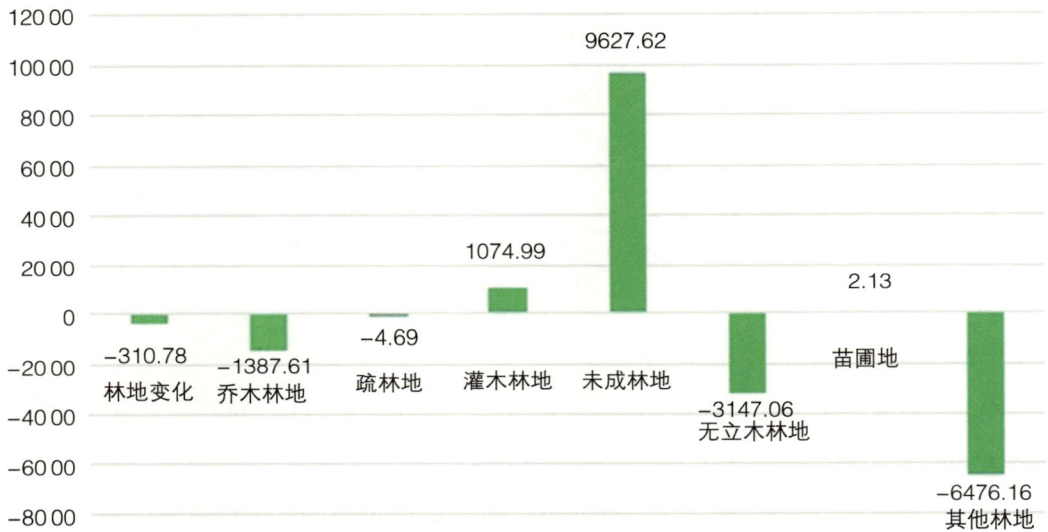

图4-8　海原县各林地地类变化情况（单位hm²）

①有林地变化情况　在更新期限内，海原县有林地面积净减少1 387.61 hm²（2.08万亩）。（具体见表4-17）

有林地面积减少了1 402.38 hm²（2.10万亩）。其中，有林地变为灌木林地986.24 hm²（1.48万亩），变化原因为造林更新932.25 hm²（1.39万亩），变化原因为调查因素53.99 hm²（810亩）；有林地变为未成林地271.28 hm²（0.41万亩），变化原因为人工更新；有林地变为苗圃地7.97 hm²（119亩），变化原因为调查因素；有林地变为无立木林地105.64 hm²（0.16万亩），其中，变化原因为项目建设占用林地11.09 hm²（165亩）[经审批使用林地0.79 hm²（12万亩）、未经审批使用林地10.30 hm²（150亩）]、灾害因素94.55 hm²（0.14）；有林地变

表4-17 有林地变化统计

单位：hm²

变化类型	前期地类	后期地类	合计	造林更新 小计	造林更新 人工造林	造林更新 人工更新	规划调整	建设项目使用林地 小计	建设项目使用林地 经审批使用林地	建设项目使用林地 未经审批使用林地	灾害因素	调查因素
减少	有林地	合计	1402.38	1203.53	74.38	1129.15	12.11	17.37	7.07	10.30	94.55	74.82
减少	有林地	灌木林地	986.24	932.25	74.38	857.87	—	—	—	—	—	53.99
减少	有林地	未成林地	271.28	271.28	—	271.28	—	—	—	—	—	—
减少	有林地	苗圃地	7.97	—	—	—	—	—	—	—	—	7.97
减少	有林地	无立木林地	105.64	—	—	—	—	11.09	0.79	10.30	94.55	—
减少	有林地	宜林地	3.66	—	—	—	3.66	—	—	—	—	—
减少	有林地	其他林地	27.59	—	—	—	8.45	6.28	6.28	—	—	12.86
增加	合计	有林地	14.77	6.09	6.09	—	8.68	—	—	—	—	—
增加	疏林地	有林地	4.14	4.14	4.14	—	—	—	—	—	—	—
增加	未成林地	有林地	1.86	1.86	1.86	—	—	—	—	—	—	—
增加	其他林地	有林地	0.09	0.09	0.09	—	—	—	—	—	—	—
增加	非林地	有林地	8.68	—	—	—	8.68	—	—	—	—	—
净增			-1387.61	-1197.44	-38.29	-1129.15	8.68	—	—	—	—	—

为其他林地（宜林地和林业辅助生产用地）3.66 hm²（55亩），变化原因为规划调整；有林地变为非林地27.59顷（405亩），其中，变化原因为规划调整面积8.45 hm²（127亩），经审批使用林地6.28 hm²（94亩），调查因素12.86 hm²（193亩）；

有林地面积增加了14.77 hm²（222亩）。其中，疏林地转变为有林地4.14 hm²（62亩），变化原因为造林更新；未成林地转变为有林地1.86 hm²（28亩），变化原因为造林更新；其他林地（宜林地和林业辅助生产用地）变为有林地0.09 hm²（1亩），变化原因为造林更新；非林地变为有林地8.68 hm²（130亩），变化原因为规划调整。

②疏林地　在更新期限内，海原县疏林地面积净减少4.69 hm²（70亩）。（具体见表4-18）

疏林地面积减少了4.69 hm²（70亩），由疏林地变为有林地4.14 hm²（62亩），变化原因为人工造林或飞播造林；疏林地变为非林地0.55 hm²（8亩），变化原因为经审批使用林地。

表4-18　疏林地变化原因分析统计

单位：hm²

变化类型	前期地类	后期地类	合计	造林更新			建设项目使用林地			调查因素
				小计	人工造林	人工更新	合计	经审批使用林地	未经审批使用林地	
减少	疏林地	合计	4.69	4.14	4.14	—	0.55	0.55	—	—
		有林地	4.14	4.14	4.14	—	—	—	—	—
		非林地	0.55	—	—	—	0.55	0.55	—	—
净增			−4.69	−4.14	−4.14	—	−0.55	−0.55	—	—

③灌木林地变化情况　在更新期限内，海原县灌木林地面积净增加1 074.99 hm²（1.61万亩）。（具体见表4-19）

灌木林地减少4 139.16 hm²（6.21万亩），由灌木林地变为未成林地203.92 hm²（0.31万亩），变化原因为人工更新；由灌木林地变为无立木林地3 783.02hm²（5.67万亩），其中，变化原因为项目建设占用林地93.94 hm²（0.14万亩）[经审批使用林地16.65 hm²（250亩）、未经审批使用林地77.28 hm²（0.12万亩）]、林地开垦1.01 hm²（15亩）、灾害因素3 688.07 hm²（5.53

表4-19　灌木林地变化统计

单位：hm²

变化类型	前期地类	后期地类	合计	造林更新			规划调整	建设项目使用林地			开垦林地	灾害因素	自然因素	调查因素
				小计	人工造林	人工更新		小计	经审批使用林地	未经审批使用林地				
		合　计	4139.16	203.92	—	203.92	104.87	110.72	33.43	77.28	1.01	3688.07	—	30.57
减少	灌木林地	有林地	—	—	—	—	—	—	—	—	—	—	—	—
		灌木林地	—	—	—	—	—	—	—	—	—	—	—	—
		未成林地	203.92	203.92	—	203.92	—	—	—	—	—	—	—	—
		无立木林地	3783.02	—	—	—	—	93.94	16.65	77.28	1.01	3688.07	—	—
		苗圃地	—	—	—	—	—	—	—	—	—	—	—	—
		其他林地	19.07	—	—	—	19.07	—	—	—	—	—	—	—
		非林地	133.15	—	—	—	85.80	16.78	16.78	—	—	—	—	30.57
		合　计	5214.15	3161.44	2303.57	857.87	984.70	—	—	—	—	—	1008.28	59.73
增加	有林地	灌木林地	986.24	932.25	74.38	857.87	—	—	—	—	—	—	—	53.99
	未成林地		1008.28	—	—	—	—	—	—	—	—	—	1008.28	—
	无立木林地		1862.55	1857.22	1857.22	—	—	—	—	—	—	—	—	5.33
	其他林地		372.38	371.97	371.97	—	—	—	—	—	—	—	—	0.41
	非林地		984.70	—	—	—	984.70	—	—	—	—	—	—	—
净增			1074.99	2957.52	2303.57	653.95	879.83	−110.72	−33.43	−77.28	−1.01	−3688.07	1008.28	29.16

万亩）、调查因素30.57 hm²（459亩）；由灌木林地变为其他林地（宜林地和林业辅助生产用地）19.07 hm²（286亩），变化原因为规划调整；由灌木林地变为非林地133.15 hm²（0.19万亩），变化原因为规划调整85.80 hm²（0.13万亩）；建设项目使用林地16.78 hm²（252亩）[经审批使用林地16.78 hm²（252亩）]，调查因素30.57 hm²（459亩）。

灌木林地增加5 214.15 hm²（7.82万亩），由有林地变为灌木林地986.24 hm²（1.48万亩），变化原因为造林更新932.25 hm²（1.39万亩），调查因素53.99 hm²（810亩）；由未成林地变为灌木林地1 008.28 hm²（1.51万亩），变化原因为自然因素；由无立木林地变为灌木林地1 862.55 hm²（2.79万亩），变化原因为人工造林或飞播造林1 857.22 hm²（2.78万亩），变化原因为调查因素5.33 hm²（80亩）；由其他林地（宜林地和林业辅助生产用地）变为灌木林地371.97 hm²（0.56万亩），变化原因为人工造林或飞播造林371.97 hm²（0.56万亩），调查因素0.41 hm²（6亩）；由非林地变为灌木林地984.70 hm²（1.47万亩），变化原因为规划调整。

④未成林地变化情况　在更新期限内，海原县未成林地面积净增加9 627.62 hm²（14.44万亩）。

未成林地面积减少2 114.94 hm²（3.17万亩），未成林地变为有林地1.86 hm²（30亩），变化原因为造林更新；未成林地变为灌木林地1 008.28 hm²（1.51万亩），变化原因为自然因素；未成林地变为无立木林地1 071.67顷（1.61万亩），变化原因为建设项目使用林地28.17 hm²[（423亩）（其中经审批使用林地4.52 hm²（68亩）]，未经审批使用林地23.65 hm²（355亩），灾害因素1 043.50 hm²（1.56万亩）；未成林地变为苗圃地7.01 hm²（105亩），变化原因为调查因素；未成林地变为其他林地（宜林地和林业辅助生产用地）7.62 hm²（114亩），变化原因为规划调整；未成林地变为非林地18.50 hm²（278亩），变化原因为规划调整38.19 hm²（573亩），经审批的使用林地3.63 hm²（55亩），调查因素14.87 hm²（223亩）。

未成林地增加11742.56 hm²（17.61万亩），有林地转化为未成林地271.28 hm²（0.41万亩），变化原因为人工更新；灌木林地变为未成林地203.92 hm²（0.31万亩），变化原因为人工更新；无立木林地变为未成林地2178.00 hm²（3.26万亩），变化原因为造林更新2080.60 hm²（3.12万亩）；其他林地（宜林地和林业辅助生产用地）变为未成林地1377.39 hm²（2.07万亩），变化原因为造林更新；非林地变为未成林地7711.97 hm²（11.57万亩），变化原因为规划调整。（表4-20）。

表4-20　未成林地变化统计

单位：hm²

变化类型	前期地类	后期地类	合计	造林更新 小计	人工造林	人工更新	规划调整	建设项目使用林地 小计	经审批使用林地	未经审批使用林地	开垦林地	灾害因素	自然因素	调查因素
减少	未成林地	合　计	2114.94	1.86	1.86	—	7.62	31.80	8.15	27.28	—	1043.50	1008.28	21.88
		有林地	1.86	1.86	1.86	—	—	—	—	—	—	—	—	—
		灌木林地	1008.28	—	—	—	—	—	—	—	—	—	1008.28	—
		未成林地	—	—	—	—	—	—	—	—	—	—	—	—
		无立木林地	1071.67	—	—	—	—	28.17	4.52	23.65	—	1043.50	—	—
		苗圃地	7.01	—	—	—	—	—	—	—	—	—	—	7.01
		其他林地	7.62	—	—	—	7.62	—	—	—	—	—	—	—
		非林地	18.50	—	—	—	—	3.63	3.63	3.63	—	—	—	14.87
增加		合　计	11742.56	3933.19	28.41	3904.78	7711.97	—	—	—	—	—	11.80	85.60
	有林地	未成林地	271.28	271.28	—	271.28	—	—	—	—	—	—	—	—
	灌木林地		203.92	203.92	—	203.92	—	—	—	—	—	—	—	—
	无立木林地	未成林地	2178.00	2080.60	—	2080.60	—	—	—	—	—	—	11.80	85.60
	其他林地		1377.39	1377.39	28.41	1348.98	—	—	—	—	—	—	—	—
	非林地		7711.97	—	—	—	7711.97	—	—	—	—	—	—	—
净增			9627.62	3931.33	26.55	3904.78	7704.35	-31.80	-8.15	-27.28	—	-1043.50	-996.48	63.72

⑤苗圃地变化情况

在更新期限内，海原县苗圃地面积净增加2.13 hm²（32亩）。苗圃地减少40.35 hm²（605亩），苗圃地变为无立木林地0.07 hm²（1亩），变化原因为经审批使用林地；苗圃地变为非林地40.28 hm²（604亩），变化原因为调查因素。

苗圃地增加42.28 hm²（634亩），其中有林地变为苗圃地7.97 hm²（117亩），变化原因为调查因素；未成林地变为苗圃地7.01 hm²（105亩），变化原因为调查因素；非林地变为苗圃地27.49 hm²（412亩），变化原因规划调整。

⑥无立木林地变化情况　在更新期限内，海原县无立木林地面积净减少3 147.06 hm²（4.72万亩）。（具体见表4-21）

无立木林地面积减少6 259.97 hm²（9.39万亩）。无立木林地变为灌木林地1 862.55 hm²（2.79万亩），变化原因为造林更新（人工造林或飞播造林1 857.22 hm²（2.78万亩）），调查因素5.33 hm²（80亩）；无立木林地变为未成林地2 178.00 hm²（3.27万亩），变化原因为人工更新2 080.60 hm²（3.12万亩），变化原因为灾害因素11.80 hm²（177亩），变化原因为调查因素85.60 hm²（0.13万亩）；无立木林地变为无立木林地197.15 hm²（0.29万亩），变化原因为建设项目使用林地119.67 hm²（0.18万亩）（其中经审批使用林地15.4 hm²（231亩），未经审批使用林地104.27 hm²（0.16万亩））；无立木林地变为其他林地（宜林地和林业辅助生产用地）面积18.18 hm²（270亩），变化原因为规划调整；无立木林地变为非林地4 084.69 hm²（6.13万亩），变化原因为规划调整3 690.36 hm²（5.53万亩），经审批使用林地74.34 hm²（0.11万亩），调查因素319.99 hm²（0.48万亩）。

无立木林地新增5 193.51 hm²（7.79万亩）。有林地变为无立木林地105.64 hm²（0.16万亩），变化原因建设项目使用林地11.09 hm²（165万亩）［其中经审批使用林地0.79 hm²（12亩），未经审批使用林地10.3 hm²（155亩）］，变化原因为灾害因素94.55 hm²（0.14万亩）；灌木林地变为无立木林地3783.02 hm²（5.67万亩），其中变化原因为建设项目使用林地93.94 hm²（0.14万亩）（其中经审批使用林地16.65 hm²（250亩），未经审批使用林地77.28 hm²（0.12万亩）），变化原因为林地开垦1.01hm²（15亩），变化原因为灾害因素3 688.07 hm²（5.53万亩）；未成林地变为无立木林地1 071.67 hm²（0.16万亩），变化原因为建设项目使用林地28.17 hm²（423亩）［其中经审批使用林地4.52 hm²（68亩），未经审批使用林地23.65 hm²（355亩）］，变化原因为灾害因素1 043.50 hm²（1.56万亩）；苗圃地变为无立木林地0.07（1亩），变化原因为经审批使用林地；无立木林地变为无立木林地197.15 hm²（0.29万亩），变化原因为建设项目使用林地119.67 hm²（0.18万亩）［其中

表4-21　无立木林地变化统计

单位：hm²

变化类型	前期地类	后期地类	合计	造林更新				建设项目使用林地				灾害因素	自然因素	调查因素
				小计	人工造林	人工更新	规划调整	小计	经审批使用林地	未经审批使用林地	林地开垦			
		合计	8 340.57	1 857.22	1 857.22	2 080.60	3 708.54	194.01	89.74	104.27	—	11.80	—	488.40
减少	无立木林地	有林地	105.64	—	—	—	—	—	—	—	—	—	—	—
		疏林地	—	—	—	—	—	—	—	—	—	—	—	—
		灌木林地	1 862.55	1 857.22	1 857.22	—	—	—	—	—	—	—	—	5.33
		未成林地	2 178.00	—	—	2 080.60	—	—	—	—	—	11.80	—	85.60
		苗圃地	—	—	—	—	—	—	—	—	—	—	—	—
		无立木林地	197.15	—	—	—	—	119.67	15.40	104.27	—	—	—	77.48
		其他林地	18.18	—	—	—	18.18	—	—	—	—	—	—	—
		非林地	4 084.69	—	—	—	3 690.36	74.34	74.34	—	—	—	—	319.99
		合计	5 193.51	—	—	—	—	288.90	47.30	241.59	1.01	4 826.12	—	77.48
增加		有林地	105.64	—	—	—	—	11.09	0.79	10.30	—	94.55	—	—
		灌木林地	3 783.02	—	—	—	—	93.94	16.65	77.28	1.01	3 688.07	—	—
	无立木林地	未成林地	1 071.67	—	—	—	—	28.17	4.52	23.65	—	1 043.5	—	—
		无立木林地	197.15	—	—	—	—	119.67	15.40	104.27	—	—	—	77.48
		苗圃地	0.07	—	—	—	—	0.07	0.07	—	—	—	—	—
		其他林地	35.96	—	—	—	—	35.96	9.87	26.09	—	—	—	—
		净增	-3 147.06	-1 857.22	-1 857.22	-2 080.6	-3 708.54	94.89	-42.44	137.32	1.01	4 814.32	—	-410.92

经审批使用林地15.40 hm²（231亩），未经审批使用林地104.27 hm²（0.16万亩）]，调查因素77.48 hm²（0.12万亩）；其他林地（宜林地和林业辅助生产用地）变为无立木林地35.96 hm²（539亩），建设项目使用林地35.96 hm²（539亩），其中经审批使用林地9.87 hm²（148亩），未经审批使用林地26.09 hm²（391亩）。

⑦其他林地（宜林地和林业辅助生产用地）变化情况　在更新期限内，海原县其他林地面积净减少6 476.16 hm²（9.71万亩），（具体见表4-22）。

其他林地面积减少6 531.49 hm²（9.79万亩）。其他林地变为有林地0.09 hm²（1亩），变化原因为造林更新；其他林地变为灌木林地371.97 hm²（0.56万亩），变化原因为人工造林或飞播造林；其他林地变为未成林地1 377.39 hm²（2.07万亩），变化原因为造林更新；其他林地变为无立木林地35.96 hm²（539万亩），变化原因为建设项目使用林地35.96 hm²（539亩），其中经审批使用林地9.87 hm²（148亩），未经审批使用林地26.09 hm²（390亩）；其他林地变为其他林地6.80 hm²（102亩），变化原因为规划调整6.66 hm²（100亩），变化原因为调查因素0.14 hm²（2亩）；其他林地变为非林地4 738.87 hm²（7.11万亩），其中变化原因为规划调整4 730.18 hm²（7.09万亩），变化原因为经审批使用林地4.52 hm²（68亩），调查因素4.17 hm²（63亩）。

其他林地新增55.33 hm²（830亩）。其中有林地变为其他林地3.66 hm²（55亩），变化原因为规划调整；灌木林地变为其他林地19.07 hm²（286亩），变化原因为规划调整；未成林地变为其他林地7.62 hm²（114亩），变化原因为规划调整；无立木林地变为其他林地18.18 hm²（273亩），变化原因为规划调整；其他林地变为其他林地6.80 hm²（102亩），其中变化原因为规划调整6.66 hm²（100亩），变化原因调查因素0.14 hm²（2亩）。上述其他林地新增且变化原因为规划调整的，主要是将各个国有林场里面的防火通道等辅助生产用地区划出来，规划调整为林业辅助生产用地。

（3）林地权属变化　本期森林资源管理"一张图"年度更新中由于林地范围增加或减少林地权属发生了变化，国有林地新增1 844.22 hm²（2.76万亩），减少1 213.86 hm²（1.82万亩），净增加630.36 hm²（0.95万亩）；集体林地新增6 888.55 hm²（1.03万亩），减少7 829.77 hm²（11.74万亩），净减少941.22 hm²（1.41万亩）。

（4）公益林地和商品林地变化

①公益林地变化　海原县现有公益林地面积107 872.61 hm²（161.8万亩），公益林面积净增加416.99 hm²（0.63万亩）。其中，国家公益林面积17 298.56 hm²（25.95万亩），地方公益林面积90 574.05 hm²（135.86万亩）。此次森林资源管理"一张图"年度更新中国

表 4-22　宜林地变化统计

单位：hm²

变化类型	前期地类	后期地类	合计	造林更新			封山育林	森林采伐	规划调整	建设项目使用林地				开垦林地	灾害因素	自然因素	调查因素
				小计	人工造林	人工更新				小计	经审批使用林地	未经审批使用林地					
	合计		6 531.49	1 749.45	400.47	1 348.98	—	—	4 736.84	40.48	14.39	26.09	—	—	—	4.72
		有林地	0.09	0.09	0.09	—	—	—	—	—	—	—	—	—	—	—
		灌木林地	372.38	371.97	371.97	—	—	—	—	—	—	—	—	—	—	0.41
		未成林地	1 377.39	1 377.39	28.41	1 348.98	—	—	—	—	—	—	—	—	—	—
减少		苗圃地	—	—	—	—	—	—	—	—	—	—	—	—	—	—
	其他林地	无立木林地	35.96	—	—	—	—	—	—	35.96	9.87	26.09	—	—	—	—
		其他林地	6.80	—	—	—	—	—	6.66	—	—	—	—	—	—	0.14
		非林地	4 738.87	—	—	—	—	—	4 730.18	4.52	4.52	—	—	—	—	4.17
	合计		55.33	—	—	—	—	—	55.19	—	—	—	—	—	—	0.14
		有林地	3.66	—	—	—	—	—	3.66	—	—	—	—	—	—	—
		灌木林地	19.07	—	—	—	—	—	19.07	—	—	—	—	—	—	—
增加		未成林地	7.62	—	—	—	—	—	7.62	—	—	—	—	—	—	—
	其他林地	无立木林地	18.18	—	—	—	—	—	18.18	—	—	—	—	—	—	—
		其他林地	6.80	—	—	—	—	—	6.66	—	—	—	—	—	—	0.14
		非林地	—	—	—	—	—	—	—	—	—	—	—	—	—	—
	净增		−6 476.16	−1 749.45	−400.47	−1 348.98	—	—	−4 681.65	−40.48	−14.39	−26.09	—	—	—	−4.58

家公益林面积净减少175.62顷（0.26万亩），地方公益林面积净增加592.61 hm²（0.89万亩）。

②商品林地变化　海原县现有商品林1 591.73 hm²（2.39万亩）［一般商品林 1 591.73 hm²（2.38万亩）］，其中，经济林572.39 hm² 0.86万亩），其他商品林1 019.34 hm²（1.53万亩）。与上期相比本期商品林净减少733.74 hm²（1.1万亩）。

③林地保护等级变化　根据森林资源管理"一张图"年度更新结果，海原县现有林地总面积109 464.34 hm²（164.19万亩），其中，Ⅱ级保护林地19 546.29 hm²（29.32万亩），Ⅲ级保护林地88 326.31 hm²（132.49万亩），Ⅳ级保护林地1 591.74 hm²（2.38万亩）。林地总面积中，Ⅱ级保护林地净增2 073.95 hm²（3.11万亩），Ⅲ级保护林地净减1 425.64 hm²（2.14万亩），Ⅳ级保护林地净减965.06 hm²（1.45）。

3. 林地变化原因分析

（1）变化原因

表 4-23　林地变化原因划分标准及代码

一级变化原因	二级变化原因	代码	说明
造林更新	人工造林	11	前期地类为非林地，由于间隔期内人工造林，本期地类变更为有林地、未成林造林地、疏林地、人工灌木林地
	人工更新	12	前期地类为迹地（火烧迹地、采伐迹地），由于间隔期内人工造林，本期地类变更为有林地、疏林地、未成林造林地、人工灌木林地。或者，前期地类为有林地、疏林地、未成林造林地、人工灌木林地，由于间隔期内采伐和更新，本期地类又变更为有林地、疏林地、未成林造林地、人工灌木林地
林木采伐	经审批	21	前期地类为有林地，由于采伐，地类变更为疏林地或采伐迹地；前期地类为疏林地，由于采伐，地类变更为采伐迹地或灌木林
	未审批	22	

一级变化原因	二级变化原因	代码	说明
	规划调整	30	包括退耕还林、经县级以上人民政府批准的规划实施后引起地类变化，以及未规划为发展林业的土地上农民自主经营引起的农林种植结构的地类变化
建设项目使用林地	经审批使用林地	411	依法办理审核审批手续的建设项目永久使用林地
		412	依法办理审核审批手续的临时占用林地
		413	依法办理审核审批手续的直接为林业生产服务项目。
	未审批使用林地	421	未办理审核审批手续的建设项目永久使用林地
		422	未办理审核审批手续的临时占用林地
		423	未办理审核审批手续的直接为林业生产服务项目
	开垦林地	51	非法侵占各类林地，开垦种植农作物的
	土地整理	52	
	森林抚育	60	森林抚育等经营活动引起林相变化的
灾害因素	火灾	71	
	地质灾害	72	由于自然灾害引起的林地地类发生变化
	其他灾害因素	73	
自然因素	封山育林	81	由于封山育林使林地中非有林地地类变更为有林地、灌木林地或未成林封育地
	其他自然因素	82	以上自然因素不能包括的自然因素
调查因素	人为调查因素	91	人为调查原因导致的地类发生变化
	标准调整	94	因采用的地类分类标准调整引起的变化
调查因素	行政界线和其他管理界线变化引起的因素	95	因国家级公益林区划成果、二类调查成果等数据进行数据库整合过程中引起的图斑发生变化
		96	因行政界线改变而引起图斑发生变化
		97	因国有林场等管理界线改变而引起图斑发生变化
		98	因自然保护区、森林公园等管理界线改变而引起图斑发生变化
		99	地类未发生变化，管理因子发生变化的

（2）原因分析

①造林更新　根据本次森林资源管理"一张图"年度更新结果，截至2018年年底，海原县通过对城区内外进行改造美化提升、绿地建设工程、封山育林工程、退耕还林等一系列林业工程以及农户自主栽植经济林等造林措施，新增未成林地3 933.19 hm²（5.89万亩），其中，人工造林28.41 hm²（426亩），人工更新3 904.78 hm²（5.86万亩）。

②规划调整　根据本次森林资源管理"一张图"年度更新结果，因规划调整变化面积17 302.83 hm²（25.95万亩）。其中，林地变成非林地面积为8 514.80 hm²（12.77万亩），非林地变为未成林造林地面积7 711.97 hm²（11.57万亩），非林地变为灌木林地面积984.70 hm²（1.47万亩）。非林地变成苗圃地面积27.49 hm²（412亩），非林地变成有林地面积8.68 hm²（130亩）。因规划调整变为林业辅助生产用地面积55.19 hm²（828亩）。

③建设项目使用林地　根据本次森林资源管理"一张图"年度更新结果，海原县建设项目使用林地面积共394.99 hm²（0.59万亩），其中，经审批使用林地153.41 hm²（0.23万亩），未经审批使用241.58 hm²（0.36万亩）。

④开垦林地　根据本次森林资源管理"一张图"年度更新结果，海原县林地开垦面积共543.55 hm²（0.36万亩）。开垦林地变更主要依据以下原则进行变更：

将生态移民迁出区的开垦林地规划调整至非林地（耕地）。

将前期管理类型为非林业部门管理的开垦林地规划调整至非林地（耕地）。

将前期森林类别为商品林的开垦林地规划调整至非林地（耕地）。

将占用国土基本农田的开垦林地规划调整至非林地（耕地）。

⑤灾害因素　根据本次森林资源管理"一张图"年度更新结果，海原县因灾害因素变化面积共4826.12 hm²（7.24万亩）。因灾害因素导致有林地变为无立木林地94.55 hm²（0.14万亩），因灾害因素导致灌木林地变为其他无立木林地的面积为3 688.07 hm²（5.53万亩），因灾害因素导致未成林造林地变为其他无立木林地的面积为1 043.50 hm²（0.16万亩）。

⑥自然因素　根据本次森林资源管理"一张图"年度更新结果，海原县因自然因素发生的林地变化共1 020.09 hm²（1.53万亩），因封山育林无立木林地变为未成林地11.80 hm²（177亩）、因其他自然因素未成林地变为灌木林地1 008.28 hm²（1.51万亩）。

⑦调查因素　根据本次森林资源管理"一张图"年度更新结果，海原县因调查因素发生的林地变化面积共有661.67 hm²（0.99万亩），主要原因为上期由于影像图精度不高，调查人员对技术细则理解得不透，所引起的规划地类与现状地类不符。其主要变化为有

林地1.00 hm²（15.00亩），灌木林地59.73 hm²（895.95亩），未成林地85.60 hm²（0.13万亩），苗圃地14.99 hm²（224.85亩），无立木林地77.48 hm²（0.12万亩），其他林地（宜林地和林业辅助生产用地）0.14 hm²（2.10亩），非林地422.73 hm²（0.63万亩），具体见表4-24。

4. 典型事例分析

本期森林资源管理"一张图"年度更新依据2019年森林资源管理"一张图"年度更新技术细则与要求更新后海原县林地总面积109 464.34 hm²（164.19万亩），较上期林地面积减少310.78 hm²（0.47万亩）。主要原因有以下几点。

（1）本次将部分宜林地（现状为耕地）规划调整至非林地，面积为共计4 738.18 hm²（7.11万亩）。

（2）基础数据中开垦林地面积4 545.98 hm²（6.82万亩），按照宁夏林业和草原局要求对开垦林地进行变更后开垦林地面积为543.55 hm²（0.82万亩）。

根据本次森林资源管理"一张图"年度更新结果，海原县建设项目使用林地面积共394.99 hm²（0.59万亩）。在森林资源管理"一张图"年度更新过程中，将建设项目使用林地情况以及森林督查数据更新到森林资源管理"一张图"中。

经核实未经审批使用林地主要有以下几种类型。

①未经审批使用林地，如海原县西安镇胡湾村水务局新建净化水池项目，该项目未办理使用林地相关手续，项目建设涉及违法使用林地0.62 hm²（9亩）。

②超审核使用林地。如森林督查38号图斑，该项目已办理使用林地相关手续，属于超审核使用项目，涉及违法使用林地0.79 hm²（12亩）。

除上述外，还存在村民私建墓地，水库输电线路等无林地审批手续。部分企业及群众缺乏相关法律知识，对林地不重视，部分工程的建设在未取得林业部门许可的情况下擅自使用林地，对海原县林地资源造成了一定的破坏，所以林业部门应该加强监管力度，严禁林地遭受严重破坏。

5. 林地保护利用规划实施成效

综合分析林地保护利用的相关措施（包括林业重点工程）与取得的主要成效，分析评价林地保护利用规划实施情况、国家级公益林地保护情况、规划目标指标完成情况。

（1）海原县林地保护利用规划主要成效

①林地保护利用规划的实施，森林资源得到有效保护，林地面积净减少310.78 hm²（0.47万亩）。

②确立林地用途管制制度，强化了依法使用林地的意识。通过加强占用林地审查申

表4-24 海原县林地变化原因统计

（单位：hm²）

本期地类	造林更新				建设项目使用林地				灾害因素				自然因素			调查因素			
	小计	人工造林	人工更新	规划调整	小计	经审批	未审批	林地开垦	小计	火灾	地质灾害	其他灾害因素	小计	封山育林	其他自然因素	小计	人为调查因素	标准调整	行政界线和其他管理界线变化引起的因素
合计	7 100.73	2 338.07	4 762.65	17 302.83	394.99	153.41	241.58	1.01	4 826.12	—	—	4 826.12	1 020.09	11.80	1 008.28	661.67	661.67	—	—
乔木林	6.09	6.09	—	8.68	—	—	—	—	—	—	—	—	—	—	—	1.00	1.00	—	—
竹林	—	—	—	—	—	—	—	—	—	—	—	—	—	—	—	—	—	—	—
红树林	—	—	—	—	—	—	—	—	—	—	—	—	—	—	—	—	—	—	—
国家特别规定灌木林	3 161.45	2 303.58	857.87	984.70	—	—	—	—	—	—	—	—	1 008.28	—	1 008.28	59.73	59.73	—	—
其他灌木林	—	—	—	—	—	—	—	—	—	—	—	—	—	—	—	—	—	—	—
疏林地	—	—	—	—	—	—	—	—	—	—	—	—	—	—	—	—	—	—	—
未成林地	3 933.19	28.41	3 904.78	7 711.97	288.89	47.31	241.58	1.01	—	—	—	—	11.80	11.80	—	85.60	85.60	—	—
无立木林地	—	—	—	—	—	—	—	—	4 826.12	—	—	4 826.12	—	—	—	77.48	77.48	—	—
苗圃地	—	—	—	27.49	—	—	—	—	—	—	—	—	—	—	—	14.99	14.99	—	—
其他	—	—	—	55.1	—	—	—	—	—	—	—	—	—	—	—	0.14	0.14	—	—
非林地	—	—	—	8 514.8	106.10	106.10	—	—	—	—	—	—	—	—	—	422.73	422.73	—	—

报管理，国家批准153.41 hm²（0.23万亩）建设项目占用林地，保障了国家、自治区及地方各类重点项目对建设用地的合理需求，增强了依法使用林地的意识。对开垦林地等违法行为加大了打击力度，使全县形成了保护林地的观念。

（2）海原县林地保护利用规划目标完成情况

①林地保有量指标　《宁夏回族自治区林地保护利用规划大纲》下达的规划指标是至规划期末，海原县林地保有量达到138 228.28 hm²（207.34万亩），较初期增加11 425.00 hm²（17.14万亩）。本次海原县2019年森林资源管理"一张图"年度更新截至2018年12月31日，海原县林地总面积109 464.34 hm²（164.19万亩），尚未达到本轮林地保护利用规划指标。

②森林保有量指标　《宁夏回族自治区林地保护利用规划大纲》下达的规划指标是至规划期末，海原县森林保有量达到77 300.00 hm²（115.95万亩），森林覆盖率从8.88%到15.4%的区规划目标。本次森林资源管理"一张图"年度更新截至2018年12月，海原县森林总面积38 446.88 hm²（57.67万亩），森林覆盖率为8.05%，尚未达到2020森林保有量指标。

③重点公益林和重点商品林指标

A.重点公益林指标　《宁夏回族自治区林地保护利用规划大纲》下达的重点公益林规划指标是至规划期末增加生态公益林地面积8 092.00 hm²（12.14万亩），达到104 984.99 hm²（157.47万亩）。本次森林资源管理"一张图"年度更新截至2018年12月，海原县公益林面积107872.61 hm²（161.8万亩），达到《宁夏回族自治区林地保护利用规划大纲》下达的公益林规划指标。

B.重点商品林指标　《宁夏回族自治区林地保护利用规划大纲》下达重点商品林规划指标是至规划期末调整增加到8 020.03 hm²（12.03万亩），较期初增加3 333 hm²（4.99万亩）。本次森林资源管理"一张图"年度更新截至2018年12月，海原县商品林面积1 591.73 hm²（2.39万亩），尚未达到《宁夏回族自治区林地保护利用规划大纲》下达的商品林规划指标。

④建设项目使用林地定额　《宁夏回族自治区林地保护利用规划大纲》未下达海原县建设项目使用林地定额。

根据各部门规划的用地分析，海原县在规划期间（2010—2020年）建设项目对林地的需求为379.54hm²（0.57万亩）。本次森林资源管理"一张图"年度更新截至2018年12月，海原县经审批使用林地面积153.41 hm²（0.23万亩），未经审批使用林地面积241.58 hm²（0.57万亩），已经超过规划期间海原县拟建设项目使用林地总量的指标。

6. 存在问题和建议

（1）存在的问题

①未经审批使用林地面积已经超过规划期间海原县拟建设项目使用林地总量的指标。林业部门应该对林地加强管护，同时多与国土等其他部门的行政审批对接，林业部门对建设用地审批环节的参与不足，致使林业部门无法及时掌握建设项目使用林地情况，无法利用林地保护利用规划进行林地资源保护。

②现阶段海原县各类城镇和道路建设活动加快实施，各类规划也相继出台，以及各类林业工程的大力实施，致使林地动态变化加快，本次林地更新时间跨度较大，致使较长时间内林地保护利用规划与现实林地情况有诸多不符，降低了林地保护利用规划的准确性和实用性。

③本期森林资源管理"一张图"年度更新工作中，按照宁夏林业和草原局的要求，在森林资源管理"一张图"年度更新数据库中对2018年度国家级公益林区划成果数据进行了更新，发现国家公益林面积与下达的补偿资金面积并不一致，并且部分国家级公益林不符合区划要求，所以本次对国家公益林进行了补进与调出，使各市县最终国家级公益林区划数据面积与以往享受资金补贴的面积保持一致。

（2）管理措施及建议

①应由县政府牵头，加强林业部门与其他部门的对接，将林地保护利用规划作为国土部门进行建设用地审批的依据之一，使林业部门能够参与到建设用地审批的程序中，充分利用林地保护利用规划进行林地资源保护。

②林业部门在制定林业发展规划前应与县政府及其他部门进行充分沟通，确保林业规划用地与其他部门的规划用地不会产生冲突，提高林业建设规划的科学性和合理性。

③海原县自然资源局在日常工作中应注意搜集和整理建设项目使用林地及林业工程建设等林业资料，用地范围及造林小班应尽量形成矢量数据，并建立统一的数据库进行管理，方便林业部门及时掌握各类林地动态变化情况，同时也能大大提高森林资源管理"一张图"年度更新工作的效率。

第五章

海原县林业种苗

海原县多年来林业种苗建设发展速度、面积的大小总是随造林高潮起伏不定。总之育苗建设总是落后于造林，出现了有时种苗奇缺，有时种苗过剩，严重影响了广大农户、群众个人的育苗积极性，也很大程度上影响海原县造林事业的发展。

民国二十八年（1939年），海原县就开展采种育苗工作。民国三十一年（1942年），甘肃省政府指令各县建立苗圃，海原县在县城附近建立苗圃。

1951年，苗圃主要育苗品种有山杏、柽柳、紫穗槐、毛条、沙棘、海棠、杜梨、各种杨树及针叶树等。

20世纪60年代，海原县林业部门开始进行良种引进和选育工作。70年代，本县开始从外省、市调入树种、树苗。70年代后，县林业部门开始林业种苗基地建设。

20世纪80年代，地膜育苗和针叶树容器育苗技术得到推广。80年代中期，先后建成苗木、种子、采条三大生产基地。1990年以后，海原县受育苗经济效益和管理等原因的影响，育苗面积仅为763亩，集体和个人苗圃基本上不再育苗，国营苗圃的出圃苗量明显减少，所需苗木和种子大部分从外县购买。

但这一时期育苗技术有所提高，在李俊、西安、城关等育苗场圃根据造林任务，每年育苗100～500亩，主要以沙棘、山杏、山桃、榆、云杉、落叶松、新疆杨、河北杨、小叶杨等抗旱和适应性强的树种。重点进行云杉移植苗和柠条、蒙古扁桃容器苗的培育。

第一节　海原县育苗历程

一、1951—1974年

24年育苗累计面积26 663亩，平均每年育苗1 111亩，从统计资料显示，1966年是育苗最多一年，面积为4 719亩。主要育苗树种有山杏、小叶杨、钻天杨、沙枣、榆树、核桃、白蜡、复叶槭、旱柳等。由于当时育苗技术水平较低、质量差，经济效益甚微。为不影响造林时对苗木的需求，每年只能花大量资金从外省区调进种苗造林。由于种苗长途运输造成脱水凋萎影响造林质量，造林效果较差。

1973年，海原县林建五团已总结出华北落叶松育苗经验。①选择好苗圃地，有水源、土层深厚、土壤肥沃。②细致整地，苗床一般宽1 m、长10 m。③选择优良新种子。④最好雪藏催芽处理。⑤适时适量播种，每亩用种15 kg。⑥出苗后加强田间管理。

二、1975—1984年

10年累计育苗面积为46 896亩，平均每年育苗4 689亩，这期间1976年是育苗面积最多一年，面积9 653亩，其次1984年面积为6 064亩。这10年除了育苗面积有了扩大，并对育苗树种作了结构调整。主要发展以用材林、速生林的杨树为主，如北京杨、八里庄杨、新疆杨、合作杨、河北杨，另外还进行沙枣、国槐、刺槐、柠条、紫穗槐、臭椿、榆树、杞柳、旱柳、沙柳和经济林木瓜、海棠、杜梨、新疆野苹果等以及华北落叶松、油松为主体的针叶树种育苗。根据资料统计，各树种占的比例：杨树类占42%、榆树占41.56%、柳树占0.6%、针叶林占0.02%，经济林占0.3%，柠条灌木类占4.32%，其他类占11.2%。

20世纪70年代中期提出县、社、大队、生产队"四级"育苗并广泛动员群众个人育苗，要求做到"四舍得"育苗，即"舍得水地、舍得施肥、舍得劳力、舍得资金"。出现了海原县育苗面积、苗木品质的黄金时期，为全县建立育苗基地创造了基础条件。

三、1985—1987年

3年累计育苗面积为2 087亩。平均每年育苗695.6亩。1985年是这3年育苗最多的一年，育苗面积为842亩，育苗主要以八里庄杨、新疆杨、合作杨为主。随着育苗技术的引进，经营管理水平的提高，苗木的质量有了新的提高，所出圃的苗木均能符合造林要求。

1987年，苗木生产规模和生产水平都创海原县历史最高水平，杨树、榆树、怪柳除能满足本县造林需要外，同时还有剩余可支援兄弟县乡。据统计1985—1987年全县出圃各种树苗9 080万株，其中，针叶林树苗605万株，杨树苗2 774万株，榆树苗5 208万株，其他树苗493万株；国营苗圃出苗3 391万株，占9 080万株总数的37.3%。据统计1987年造林用苗600万株，占当年出圃苗木2 111.32万株的28.4%。

四、2000—2006年

几个苗圃、园艺场围绕退耕还林工程每年育苗1 000亩左右，城关苗圃以沙棘、山杏、山桃为主，李俊苗圃以沙棘、杞柳、新疆杨、河北杨为主，兴隆园艺场以刺槐为主，李旺园艺场、西安林场、方堡园艺场以山杏、山桃为主。每年2 000万左右的沙棘苗全部自给。除国有林场育苗外，也出现了许多育苗大户，海原县年产苗量在3 000万株以上。在这之后，海原县集体育苗面积逐渐减少，但个体育苗面积较为稳定，据统计截至2000年年底有苗圃地1 700亩，其中以移植培养针叶树云杉为主苗圃面积110亩。另外在李俊团结生态移民迁出区育云杉、油松苗930亩，现长势良好。

五、前40年推广选育的树种

良种壮苗是造林的特质基础，选育速生、抗性强的林木种苗对海原县发展林业生产尤为重要。为了加快林业建设步伐，海原县林业部门从20世纪60年代中期就开始种苗引进、选育工作。当时用材林偏重杨、柳，种条多半采自于区内兄弟县市（泾源、隆德等）。经济林主要是从山东引进少量苹果苗，经栽培发现从区内引进杨、柳种苗品质差（杨树系小叶杨、柳树系旱柳），退化现象严重，但苹果苗在海原县表现良好。

1949—1989年，海原县推广选用的树种有20种，84个品种，具体有云杉、油松、落叶松、侧柏、刺柏、楸、梓、白榆、山楂、酸梨、杜梨、南果梨、苹果梨、鸭梨、茄梨、莱阳梨、冬果梨、巴梨、长十郎、碣山梨、博多青、三马梨、山定子、海棠、新疆野苹果、祝光、红玉、红星、大国光、小国光、红元帅、黄元帅、青香蕉、倭锦、新红星、早生旭、秦冠、红富士、山桃、接桃（五月鲜、大烟代夹、庆丰）、东北杏、李（台湾李、玉皇李）、国槐、紫穗槐、刺槐、柠条（*Caragana korshinskii* Kom）、花椒、臭椿、枸杞、核桃、枣、怪柳、复叶槭、木瓜、沙枣、沙棘、白蜡、葡萄（巨峰、龙眼、无核白、玫瑰香）、火炬树、新疆杨、北京杨、群众杨、八里庄杨、钻天杨、合作杨、河北杨、银新杨、大官杨、沙柳、杞柳、龙爪柳、黑皮柳等。

六、1949—1987年育苗特点

1.国营场圃育苗

20世纪50年代时全县只有城关、李俊两个国营苗圃，面积仅有50余亩，当时主要以直播山杏和小叶杨扦插为主育苗。60年代又相继建立了石峡口、西安苗圃，面积由50年代的50亩增加到500亩，育苗生产的重要性越来越被人们所认识。根据就地造林，就地育苗的方针，70年代又建立了李旺、郝集、水冲寺、谢家沟、五桥沟等国营场圃。育苗面积由60年代的500亩猛增到1 500亩，据1987年资料统计有国营场圃（站）14个，育苗用地达2 000亩，仅1975—1987年累计育苗面积为7058.8亩，占全县同期累计育苗面积48 684亩的14.5%。1987年当年新育苗892亩，占全县当年育苗面积的9.4%，不仅如此，育苗树种上也发生了较大变化，由过去的山杏、小叶杨、榆树直播育苗，发展到杨树等短穗扦插和直播育苗，共有40多个品种，如新疆杨、八里庄杨、合作杨以及榆树、油松、落叶松、云杉、黑刺、毛桃、毛条等其他育苗。

根据林业政策适时调整了林业内部结构，为了深化林业改革的需要，改变苗木过剩的现象，1986年及时将以育苗为主的李旺、西安、兴隆三个苗圃改为园艺场。

截至1987年统计全县有国营场圃14个，其中以育苗为主的苗圃只有3个，育苗用地566亩，并配备了专业技术人员，苗圃职工也有增加，苗圃的设施都有了新的发展，年产量逐年增加，品质也有很大提高，苗圃的经济效益有了显著提高。

2.集体育苗

海原县集体育苗在20世纪70年代才真正得到发展，当时政府提出的"县、社、大队、生产队"4级育苗的要求，每个公社育苗60亩，每个大队育苗70亩，每个生产队育苗10亩，随即全县范围内掀起了育苗高潮。据1978年林业普查资料表明，完成50亩育苗任务的公社4个，完成70亩育苗任务的生产队146个，完成5~7亩育苗任务的生产队135个，没有育苗的大队仅15个。1978年社办林场苗圃11个，占全县公社总数的55%，育苗面积514.5亩，专业人员160个，大队办林场苗圃123个，占全县大队总数的32%，专业人员500人，育苗5 195亩，截至1978年社办林场苗圃累计育苗面积5 303亩，占同期全县历年育苗12 540.5亩的45.5%。其中树台公社阴窝沟林场，二百户、龚湾大队苗圃，李俊公社苗圃，城关公社苍湾苗圃，武原团结、史店大队大梁山苗圃，杨坊公社米湾大队苗圃，关桥公社罗川、麻春大队苗圃，红羊公社林场，为海原县集体育苗做出了贡献，是20世纪70年代至80年代初的先进典型。

3. 个体育苗

海原县群众育苗有组织地开展是从20世纪50年代初开始的。随着林业生产的日益发展，群众育苗的积极性越来越高，据统计1975—1987年累计农户育苗面积41 797亩。仅1985年为造林提供苗木7 236万株，其中杨树苗2 635万株、榆树苗4 335万株、其他树苗266万株。

从实行农业生产责任制后群众个人育苗生产又有了新的发展。出现很多林业专业育苗户，据1984年统计全县有育苗专业户125户，育苗2 745亩。占全县育苗任务的45.3%。群众个人育苗的特点：集中、连片、舍得水地及投资，培育种苗品种好、质量高。树台公社龚湾大队李绅绅育苗50亩，兴仁王团农场退休干部段清海育苗20亩，贾塘公社曹洼大队二队农民群众户户都育苗，1984—1985两年时间育苗140亩。李俊团结行政村群众1983—1984年两年育苗276亩，出圃树苗1 953万株，除满足本地区造林用苗外，还支援兄弟村树苗70万株，收入5.7万元。他们为海原县的造林绿化事业做出了重大贡献，但由于缺乏计划性，各社队办林场苗圃和承包专业户的育苗，没有销售渠道，均出现苗木过剩现象，严重影响了他们育苗的积极性。

七、种苗基地区域建设

20世纪50至60年代中期，海原县没有自己的种苗基地，造林所需种苗均靠外调，形成调什么树，就种什么树，有什么苗就造什么林，根本没有选择，违背了造林"六项技术"措施的原则，严重影响了海原县林业生产建设的发展。20世纪70年代开始县林业部门狠抓了育苗基地建设，改变了这种被动的局面。明确要使海原县林业生产迅速发展，必须要有一定生产能力和一定规模的种苗基地，才能使林业生产纳入正常轨道。

1. 苗木生产基地建设

海原县苗木生产基地以生产杨树和榆树为主、针叶林为辅。

海原县杨树苗生产基地主要分布在城关、曹洼、西安、史店、高台、树台、李俊、关桥、罗山等乡以及国有李俊、城关、水冲寺、西安、李旺等场圃。

榆树苗生产基地主要分布在县境内的关庄、树台、兴仁、徐套、贾塘、罗川等6个乡以及国营李旺、水冲寺、牌路山、城关、谢家沟等5个场圃。

针叶林树苗基地主要集中分布在国有灵光寺、五桥沟、水冲寺3个场圃，主要生产油松、落叶松、云杉、侧柏。1974—1987年生产针叶树苗面积为120.3亩，产苗1 390.3万株，其中容器育苗19.5亩，产苗500万株；全光育苗100.8亩，产苗881.3万株。

2. 采条基地建设

海原县采条基地建设主要分布在西安、罗山、高台、史店及国有谢家沟林场，采条主要有怪柳、沙柳、杞柳，基本上能满足海原县对这三种柳造林需求。

八、育苗的技术演进

随着林业生产迅速发展，对种苗的要求也越来越高，传统落后的育苗方法、育苗观念和育苗技术，已经远远不能适应海原县林业生产发展的需要，几十年来的生产实践总结出一套较完整的适合本县实际的育苗技术措施，育苗技术也在不断地提高。从种子育苗、扦插育苗，阔叶林育苗、针叶林育苗，用材水保林育苗、经济林果树育苗，单一树种育苗、多树种育苗，春季单季节育苗、春夏秋三季育苗。苗圃从粗放管理到科学管理。这些育苗技术的演进对发展海原县育苗生产起到积极的推动作用。海原县育苗技术演进基本上分三个时期。

1. 20世纪50年代—60年代中期

这个时期育苗主要是以种子直播育苗为主，树种也只限于山杏、小叶杨两种。

（1）山杏育苗　犁开沟，后点播，就算完成育苗，一般都在深秋季进行。对不同地区点播深度很少研究探讨，播前也不用种子纯度、发芽率等测试，因而对下种量各地不一，出苗后管理更差，因而产苗量较低。

（2）小叶杨育苗　普遍采用小叶杨树种落水育苗法。由于小叶杨种子质量差、较小，直播育苗要求难度大。苗地整地费工等原因，这种育苗方法当时只有在国有城关苗圃内进行。据当时调查年生长只有20 cm左右。苗木普遍较小细弱，根本不能适应当时造林对种苗需要，60年代中期小叶杨直播育苗工作停止。

2. 20世纪60年代中期—70年代

这期间是海原县林业较快发展时期，绿化造林所需种苗骤增。在这种情况下，育苗技术、方法、季节、树种等方面也随之有了很大的改变和较快的发展和提高。

（1）扦插育苗　为了在短期内很快培育良种壮苗，这期间广泛采用了杨树短穗扦插，种条采用区内外调来的北京杨、八里庄杨、大官杨、新疆杨以及本县的钻天杨，剪成长约20 cm穗条。根据种苗的失水情况，用清水浸泡后，在事先整好的苗地上扦插育苗，为出苗整齐，扦插时均在苗地上拉上线使株行距一致（过去采用铁锹一踏，在铁锹两边放上插穗的粗放法），育苗后普遍能做到及时灌水、松土除草、抹芽施肥、防治病虫害等一系列管理措施。由于育苗技术的提高、方法的改进，出苗量大幅度增加，种苗品质逐步提高，据调查杨树扦插当年平均生长高度1.2~1.5 m，一般当年就能出圃。

（2）多树种育苗　改单一树种育苗为多树种育苗。这一时期海原县育苗品种已由20世纪50年代的山杏和小叶杨两个品种发展到新疆杨、八里庄杨、旱柳、垂柳、白榆、刺槐、国槐、沙枣、山桃、山杏等20多个品种，有种子育苗，也有扦插育苗。树种结构向多元化发展，扩大了各乡镇造林绿化种苗的供应范围，加速了海原县林业生产的全面发展。

（3）经济林果树育苗　20世纪70年代庭院经济林快速发展，广大群众对果树苗需求量日益增加，靠外调苗木已经不能满足群众的要求，县林业局组织林业技术人员在县内各乡镇举办果树栽培技术培训班，向广大农民群众传授果树育苗的方法，从播种到嫁接以及苗圃管理等技术，培训了一大批农民技术人员，为全县范围内开展果树育苗创造了条件，每年育苗80~90亩。

（4）针叶林育苗　20世纪70年代针叶林育苗获得成功，标志着海原县育苗技术又有了进一步提高，以往育苗只局限于阔叶树种，品种比较单一，针叶树造林用苗只能靠外调，如起苗、假植、运输各个环节注意不当，造林成活率往往较低，为了加大海原县南华山、水冲寺一带的水源涵养林的建设和灵光寺天然次生林的改造。从20世纪70年代末期开始，灵光寺林场在场长单文礼同志带领下，经过全体职工几年的共同努力，成功地培育了油松、落叶松、华山松、黑松、侧柏等针叶林树苗，并在针叶林育苗技术上有了新的突破。改传统遮阴育苗为大面积全光育苗。这一育苗新技术很快在全县得到推广，仅五桥沟、西华山、水冲寺、牌路山和灵光寺等几个国有场圃，5年累计育针叶树120亩，产苗13 930万株。

（5）三季育苗　20世纪五六十年代一般采用秋季直播育苗，这种方法简便无须种子处理，但极为粗放。这一时期直播育苗也逐步向春季扦插育苗过渡。另外，种子经催芽处理，也在春季育苗。70年代中期，县林业部门根据本县实际，依据全年降水量多集中在夏秋季的特点，总结出了柠条、榆树雨季抢墒播种育苗技术；秋末冬初山杏、山桃等大粒种子直播育苗技术；春季杨树、柳树扦插和国槐、刺槐等小粒种子直播育苗技术。以上三季育苗方法，加快了海原县育苗生产速度。

3.20世纪八九十年代育苗

进入20世纪80年代，海原县育苗新技术得到了广泛的普及和推广，其间以新疆杨、河北杨地膜育苗，嫁接苗用塑料绑扎和针叶林全光育苗3项技术被普遍推广。

（1）地膜育苗　随着地膜在大农业生产中得到广泛应用并取得了显著的经济效益后，20世纪80年代地膜在林业生产中同样取得了良好的经济和社会效益。

1983年国营李俊苗圃、谢家沟林场在固原地区林业处的大力支持下，开展了发芽率较低的新疆杨和河北杨地膜覆盖育苗技术研究。经过两年的试验，解决了新疆杨、河北杨以往出苗率低的难题，由1983年21亩发展到1984年255亩，成活率由过去40%左右提高了70%~90%，高平均生长1.5 m，最高可超过2 m，成活率、生长量与原有裸露育苗分别提高34.2%和63.3%，每亩增加净收入470元，缩短了育苗周期。这一育苗技术很快在全县范围内普及和推广。

（2）果树嫁接技术的改进　1980年国营方堡园艺站推出以塑料膜代替麻皮绑扎果树"接眼"的技术后，大大提高了果树嫁接的成活率，因塑料膜有良好的保水、保温的优良特性，这对干旱地区的果树育苗嫁接有着极为重要的意义。用塑料膜代替麻皮绑扎，不仅可节省大量的麻皮材料，降低成本，更重要的是提高了嫁接成活率，据该场统计成活率达95%以上。这一简便材料代替技术很快被广大群众接受，并在全县普及和推广应用。

（3）针叶林容器育苗　海原县针叶林育苗经过遮阴育苗、到玻璃温室育苗、塑料大棚与小拱棚育苗，发展到20世纪80年代的容器大面积全光育苗。

早在20世纪70年代，灵光寺林场曾修建一座面积50 m²的玻璃温室培育油松苗，因成本投资高，加上温室供暖无法解决而告失败。1980年五桥沟林场先后建塑料大棚一个面积为24 m²，8个小拱棚面积为40 m²，经三年育苗生产实验，共生产苗木5.43万株。1983年在灵光寺、五桥沟林场开展了纸容器和塑料容器的油松全光育苗技术，到1984年培育油松苗260万株，1985年又生产塑料容器油松、沙棘苗30 000株，取得了显著的经济效益。

（4）2002—2008年开始的沙棘规模育苗　随着海原县大规模退耕还林工程的开展，抗逆性较强的沙棘苗用量大增。为了提高造林成活率、降低造林成本，海原县开始在李俊、城关、西安等苗圃大量繁育沙棘苗木，每年出圃苗木2 000多万株。

沙棘种子一般冬季采集，将晒干的种子装在麻袋中，放在干燥通风的仓库，沙棘种子在适宜的环境中2~3年仍可育苗。苗圃选择地势平坦、土壤肥沃，有灌溉条件、排水良好的沙质壤土，播种前结合深翻土地每亩施有机农家肥5 000 kg，起垄高10 cm、宽1.2 m。播前精选种子，去除杂质、秕粒、虫害种子。为了出苗整齐，播前种子需催芽处理，催芽前先用0.5%高锰酸钾水消毒2 h，然后将种子倒入70℃的热水中浸泡并用手搓揉，除去表层油蜡层，1 d后捞出，放在向阳处或室内，下铺塑料布，堆5~10 cm厚，上用麻袋或草帘遮盖，保持温、湿度，每隔一天翻动一次，干时要洒水，7~8 d发现有30%~40%的种子裂嘴时，及时播种，亩播量3~4 kg。在整好的苗床上用开沟器开沟宽10 cm、深5 cm的沟，沟底要平，行距25 cm，每床播4行，将种子均匀地撒在沟内，然后覆1 cm干净细河砂（有土易板结），轻轻镇压，最后小水漫灌，播后要经常检查，以防板结。出苗后苗距5~8 cm，密度过大要间苗，每亩出苗量控制在10万~15万株，管理较好的苗木地径0.3 cm时当年秋季即可造林。

第二节　海原县造林绿化育苗品种

一、落叶乔木

1. 新疆杨

新疆杨树体高大，抗热耐寒，耐大气干旱的能力强，耐一定程度的盐碱，喜光。根系较深，抗风力强，在水分条件好的地方生长迅速、苗壮。适合于农田边、沟边、渠边、路边及村庄附近。

2. 河北杨（又名串根杨，串白杨）

河北杨适应性强，能生长于瘠薄干旱的梁、峁、坡、沟等地，用来荒山造林比其他杨树生长好，是黄土高原区重要的用材树种。群众多将其根蘖苗移栽在农田附近、房前屋后、水渠边，在这些地方生长更好。河北杨木材洁白，树干通直，可供建筑、家具、农具等用。河北杨是天牛严重危害地区最理想的更替树种，在宁夏南部山区及中部干旱带是一种有很大发展前途的树种。

落叶乔木，高可达20多米。树皮青白色。树冠广圆形，树姿优美。河北杨耐干旱、耐瘠薄、喜湿润，但不耐涝，所以天然林多分布在沟壑及阴坡、半阴坡。有发达的水平根系，串根萌蘖极强，一株树可串生出百株以上小树，绿化效果好。

适应性强，上山造林比其他杨树适宜。抗性强，病虫害少，在天牛严重危害地区基本不受其害。黄土高原地区的荒坡、荒沟造林及低湿滩地、阶地造林。因串根性强，不宜栽于农田埂边。适合在村庄、宅旁栽植。

3. 毛白杨

落叶乔木，树干通直高大，喜温暖、湿润气候，具有一定的抗旱性，适合于农田边、沟边、渠边、路边及村庄附近。

4. 辽河杨

辽河杨是宁夏引进种，速生，喜肥水，适宜于农田防护林。

5. 八里庄杨

八里庄杨是山东泰安县八里庄苗圃选出的小叶杨和欧美杨的自然杂交种。海原县从1966年引种，经几年的实践证明，八里庄杨适应性强，病虫害少，优质速生。

6. 北京杨

高可达25 m。树干通直，光滑，皮孔密集，树冠卵形或广卵形。芽细圆锥形，先端外曲，黏质。短枝叶片卵形，长7~9 cm，先端渐尖或长渐尖，基部圆形或广楔形至楔形，边缘有腺锯齿，叶柄侧扁，苞片淡褐色，裂片长于不裂部分，4月开花。

7. 小叶杨

小叶杨（*Populus simonii* Carr），别名南京白杨，河南杨、明杨、青杨。为落叶乔木，高达20 m，胸径50 cm以上。树皮呈筒状，厚1~3 mm，幼树皮灰绿色，表面有圆形皮孔及纵纹，偶见枝痕；老皮色较暗，表面粗糙，有粗大的沟状裂隙。内表面黄白色，有纵向细密纹。质硬不易折断，断面纤维性。味微苦。花期3—5月，果期4—6月。

8. 旱柳

旱柳是喜光树种，不耐庇荫，耐寒性强，喜湿润，最适宜在肥沃疏松的土壤，一般在河岸、河滩、沟谷、四旁栽植。

9. 垂柳

垂柳发芽早，落叶迟，年生长期长。喜光，不耐阴，耐水湿，多生长在湿润砂壤土及水旁，如水库周边、湖边，池塘公园、道路两侧。

10. 国槐

国槐为深根树种，根系发达，比较耐盐碱，稍耐阴，适宜肥沃、湿润的砂壤土，是常见的绿化树种。

11. 臭椿

臭椿生长快，抗干旱及盐碱，抗烟尘及病虫害，是农田防护林良好树种，在海拔2 000 m以下也可作为水保林树种。

12. 白蜡

白蜡喜光、耐侧方庇荫、适温湿气候，在中性、酸性、石灰性及盐碱地上均可生长，较耐干旱，抗烟尘。深根性，萌蘖能力强，耐修剪，生长快，是城市、园林绿化的好树种，一般在海拔1 700~2 000 m生长良好。

13. 刺槐

刺槐又名洋槐，喜光，耐干旱，不耐阴和水湿，耐寒力较弱，怕风，在山顶和迎风面栽植生长不良。是很好的水保林，适宜背风向阳坡及沟岔。

14. 沙枣

沙枣又名桂香柳，生长迅速，繁殖容易，适宜性强，喜光，耐寒、耐旱、耐高温，亦耐盐碱，是营造防风固沙林和农田防护林的主要树种。

15. 榆树

榆树喜光及凉爽气候，具有耐寒、耐旱、耐瘠薄、耐盐碱，不耐水湿，主侧根发达，是优良的水保林、用材林和防护林树种。

16. 水曲柳

水曲柳是一种用途较广的优良用材树种，树干端直、材质坚韧细密，纹理通直，有弹性，油漆性能较好。水曲柳树形圆阔，高大挺拔，适应性强，具有耐严寒、抗干旱、抗烟尘和抗病虫害能力，是优良的绿化和观赏品种，造林中常与许多针、阔叶树种组成混交林，形成复合结构的森林生态系统，具有涵养水源、保持水土、提升环境质量等作用。

17. 山杏

山杏是一种生长较快，节省资金的造林树种，具有耐寒、耐旱、耐瘠薄，耐高湿等特性，根系发达，对土壤的要求不严，无论高山、平原、沙荒、丘陵、盐碱地，山杏都能生长结果，但以土层深厚、光照充足的向阳山坡为好，是干旱山区造林的先锋树种。

二、针叶树

18. 云杉

云杉较喜光、耐阴、喜凉润气候、耐寒性强，适偏酸性土壤，是半干旱地区营造水源涵养林的最佳树种，适于海拔2 000 m以下的阴坡。

19. 油松

油松是高大的乔木树种，阳性喜光、具有深根性、耐寒，无论是石质山地、黄土丘陵、风蚀沙地均能生长，不耐盐碱。在半阴湿地可营造水源涵养林，也可用于城市、公园风景林，适合于干旱、半干旱地区的荒山丘陵、沟壑地的阴坡、半阴坡栽植。

20. 华北落叶松

华北落叶松（*Larix principis-rupprechtii* Mayr）是华北地区高山主要树种，多在海拔1 600~2 800 m处组成纯林或混交林。宁夏六盘山在20世纪70年代进行了引种造林，营造了大面积的人工林，目前生长旺盛，已郁闭成林。

华北落叶松为喜光、耐寒性强的树种。喜深厚湿润的酸性土壤，也耐干旱、瘠薄，不宜在微碱土或平原地造林。可用于城市、公园风景林。

华北落叶松生长迅速，寿命长，具有高耸而挺拔、透光性能又好的树冠和根系强大等特点，因此是水源涵养林、防护林、观赏、防污染的优良树种。木材淡黄色，材质坚韧，纹理细密，耐腐朽，可供建筑，桥梁，电杆、舟车、家具、木纤维工业原料等用。树干可割取树脂，树皮可提取栲胶。

图5-1　五桥沟1976年华北落叶松造林

21. 侧柏

侧柏适宜性强、喜光，干冷暖湿气候及干旱、半干旱地区山川均能栽培，不耐涝，适合中性土壤，阴、阳坡都能造林，但不宜栽在迎风坡和盐碱地。

22. 樟子松

樟子松，又名蒙古赤松，是优良的针叶用材和防风固沙树种，耐瘠薄干旱，抗风沙。

三、灌木

23. 山桃

山桃根系发达，抗旱、耐寒、耐瘠薄，适合在干旱山区的梁峁、山坡、沟岔、田边地埂造林，不耐积水。

24. 沙棘

沙棘又名黑刺，喜光耐旱、耐水湿、耐盐碱，适宜庇荫和在低湿地生长，根系发达，串根萌蘖能力强，适应性广，常分布在河滩、山坡等各类型土地，阴、阳坡均可，是营造水保林、水源涵养林的好树种。

25. 柠条

柠条（Caragana Korshinskii kom）又名柠条锦鸡儿，又叫牛筋条。耐寒、耐旱、耐瘠薄，能适应各种条件，根系发达，萌蘖能力强，平茬再生能力强，是黄土丘陵沟壑区营造水保林、防护林、薪炭林的好树种。

26. 毛条

毛条又叫大柠条，比柠条生长快，树身比柠条高大，是营造防风固沙林、水保林及薪炭林的好树种。

27. 紫穗槐

紫穗槐丛生、生长快、萌蘖能力强，喜光，耐一定程度的盐碱、耐寒，适栽于沟岔、河旁、低湿地、盐碱地，适合造农田防护林、防风固沙林。

28. 花棒

花棒又名花柴，生长快、萌发力强、根系发达、耐旱、喜光、抗热性强、不耐盐碱，适栽于流动、半流动沙地，是营造防风固沙林的好树种。

29. 柽柳

柽柳又名红柳、三春柳，喜光不耐阴，根系发达耐盐碱和水湿，适宜于荒滩、荒沟及盐碱地。

四、经济林

30. 苹果

干旱地区有补水灌溉条件，年平均气温7.5℃（≥10℃ 3 000℃）的地方均可栽培。可发展的品种主要有红元帅系、黄元帅、富士、国光、澳洲青苹等。适宜本地发展的主要苹果优良品种如下。

（1）红富士　母本国光，父本元帅。树冠高大，幼树树姿直立，结果树树姿扩张，树势健壮。果实个大，平均单果重约200 g，最大果重350 g，果实呈圆形或近圆形，果面光洁，有光泽、无锈，充分着色时，全面被鲜红条纹。果皮厚、果肉黄白色，肉质细、致密。果汁多，酸甜适度，可溶性固形物含量15.0%以上，品质极上。果实耐贮性强。今后应重点发展烟富1、烟富2等新选的着色优系红富士品种。

（2）金冠　别名黄元帅。树势强健，树冠半开张，枝条细而充实，易形成花芽。早果丰产，果形端正，品质优良，适应性强。果实长圆锥形，平均单果重180 g。品质极上，果实9月中旬成熟，冷藏条件下可贮至次年二三月，贮后易皱皮。是宁夏苹果外销的拳头产品。

（3）宁秋　为宁夏育成，是金冠与红魁杂交育成的品种。树姿开张，幼树生长旺盛。果面被鲜红晕或鲜红色条纹，平均单果重170 g，最大单果重302 g。肉质细、紧脆，风味酸甜适口，多汁，品质上等。室温下可贮藏30 d。定植后4年开始结果，以短果枝结果为主，耐寒性强，坐果率高，含可溶性固形物13%。果实8月上中旬成熟，是一个很有前途的早熟品种。

（4）嘎拉　由新西兰选育，亲本为红基橙×金帅。果实近圆形或卵圆形，顶端5棱较明显，果个偏小，单果重140 g左右，香气浓，品质上等。可溶性固形物含量13%~15%。8月下旬成熟，果实耐贮性较强，是优良的中晚熟品种。新西兰相继从中选出几个着色系芽变，如新嘎拉、帝国嘎、丽嘎拉等，这些优系在海原可作为授粉树种或适度规模栽培。

31. 梨

梨的抗性较强，一般气温≥10℃日数不小于140 d为栽培区界限，可发展的品种主要有鸭梨、砀山酥、早酥梨、雪花梨、锦丰、五九香、香水梨、丰水、黄金梨、玉露香梨等。

32. 桃

桃喜光，一般在海拔2 200 m以下生长结果良好。现发展的主要品种有白凤、大久保、岗山白、玉露、五月鲜、麦香等。

33. 李子

李子对光的要求不如桃严格，但也需良好的光照条件，一般栽在阳坡，栽培和发展的主要品种有台湾李、美丽李、小核李、玉皇李、寺田李等。

34. 枣树

要保证枣树高产，栽植地年均气温必须在8℃以上。现发展的品种有同心圆枣、中宁小枣、冬枣、梨枣等。

（1）地方枣树优良品种

①灵武长枣　树势强壮，树姿直立，发枝力强，易发枣头。果实中大，长椭圆形。平均单果重16 g，最大单果重40 g。果梗长0.3~0.6 cm，梗洼深广，果肩平整。果皮紫红色，果点红褐色，不太明显。果皮薄，肉绿白色，质致密酥脆、汁液多、酸甜适口，品质极上。鲜枣含糖量30%，含酸0.5%。核尖长尖，无核仁。可食率95%，制干率37%。

该品种抗旱性强，耐盐碱，喜水肥，遇雨裂果轻微。是鲜食、加工兼用优良品种。最适宜生食，加工酒枣别有风味。适于引黄灌区重点推广品种。适宜成片和庭院栽植，加强水肥管理，更能提高该品种产量和质量。

②中宁小枣　又叫圆枣，树势中庸，树冠自然圆头形，树姿较开张，发枝力强，易萌发枣头，枝条均匀。果实中大，圆筒形，表面光滑。平均单果重10g，最大单果重15g，果实大小均匀。皮薄、深红色，果点小，密而明显。果柄长0.4~0.5cm。肉绿白色，质地松脆。汁液多，甜中带酸，品质上等。鲜枣含糖35%。核中大，圆锥形，可食率96%，制干率45%。

该品种抗寒抗旱，耐水湿、耐盐碱，适应性强，结果早、稳产，品质可与金丝小枣媲美，是生食优良品种。

③大武口枣　树势较强，树姿开张，外围枝下垂，树冠圆头形。果实中大，近圆形，平均单果重16g，最大单果重20.6g，果实大小均匀。果面光滑，皮薄，深红色，果点中大明显。梗长0.5cm。果肉厚，绿白色，质致密酥脆，叶甜，汁液中多，鲜枣含糖量29%，核中大，纺锤形，无种仁。可食率95.6%，制干率36.3%。

该品种适应性强，抗寒抗旱，刺小，结果早，果实大，丰产稳产，遇雨裂果较轻，是生食、加工蜜枣的优良品种。

④同心圆枣　树势强健，树冠圆头形，树姿开张，干性强。果实中大，圆筒形。平均单果重19.04g，最大单果重26g。果实大小均匀，果面光滑，果点大而少，明显。皮较厚，深红色，梗长0.4cm。肉厚、绿白色，质疏松酥脆。汁液较多，味苦甜，品质上等。鲜枣含糖量35%，核中大，纺锤形。可食率95.5%，制干率34.8%。

该品种极抗干旱，耐寒、耐瘠薄土壤，结果早，丰产稳产，是生食制干两用优良品种。适应范围广，可在新灌区及山区推广。

（2）引进枣树优良品种

①梨枣　树势中庸、树体中大，树冠呈乱头形或自然圆头形，枝量少，枝条粗壮，干性弱，树姿下垂。果实极大，近圆形，大小不均匀。平均单果重26.9g，最大单果重39g，果面不光滑、皮中厚、淡红色，果点大而明显，果柄长0.6cm。果肉厚，绿白色，质地酥脆，汁多味甜，鲜枣含糖28%。核中大，长纺锤形。可食率97.2%。

该品种结果早，丰产稳产，枣头结实性强。果实品质上等，为生食或加工蜜枣的优良品种。但植株不耐干旱，对肥水条件要求高，果实成熟期不一致，采果前遇风易落果，遇雨易裂果。适宜靠近城市周围水肥条件好的土壤连片栽培和庭院零星栽培。

②赞皇大枣　是目前我国发现的唯一三倍体枣树品种。树势中庸，树冠较稀，呈圆头形，树姿开张，干性强。果实中大，长圆形或椭圆形。平均单果重18.8g，最大27.8g。果梗长0.4cm。果面光滑，皮较厚，暗红色。果点中大，稀少。果肉厚，绿白色，质地致密松脆、

汁液多、味浓甜，鲜果含糖量34%。核中大，长纺锤形。可食率95%，制干率43.2%。

该品种结果早，坐果率高，丰产稳产，品质上等，为优良鲜食制干两用品种，有"金丝大枣"之称。遇雨裂果较轻，植株耐瘠薄土壤，抗旱性和抗涝性强。但自花结实性差，栽植时必须配置授粉树。

③骏枣　树冠圆头形，树姿半开张，干性强，树势强健，树体高大。果实极大，圆柱形或倒卵形，大小不均匀。平均单果重29.5 g，最大单果重42.0 g。有"八个一尺，十个一斤"之说。果面光滑，皮薄，深红色。果点大而显著。果肉厚，绿白色，质致密松脆，味甜，汁液较多，鲜枣含糖量33%。核中大，纺锤形。

该品种生长快，结果早，抗寒抗旱，耐盐碱，是生食、制干、加工蜜枣兼用优良品种。

35. 葡萄

葡萄对土壤的要求不严，但年平均气温必须在≥7.8℃。葡萄秋后必须埋土越冬。栽培和发展的主要品种有巨峰、红提、无核白、美人指等。

36. 花椒

花椒是喜温暖、喜光性树种。在整个生长发育过程中都需要较高的温度。一般幼树或幼苗较大树易受冻害，一年生幼苗在自然生长的情况下，在−18℃时，枝条冻害，15年以上的大树在−25℃会被冻死。因此，幼苗幼树要埋土越冬。

花椒喜深厚肥沃且湿润的沙质土壤，在中性和酸性土壤上生长良好，在石灰质土壤上，生长优良。

花椒最忌强风，在山口、风口不宜栽植。花椒萌蘖能力强，能耐强度修剪。可进行更新复壮，促进萌发新枝。

花椒生长快，结果早，栽后3~4年就开始结果，10~12年达到产椒盛期。寿命短，一般生长三四十年，但采伐后萌芽更新，还可继续生长15~20年。

37. 仁用杏

（1）龙王帽（又名大杏扁、大王帽）　树冠较大、树势强健、树姿半开张。老树皮灰褐色，有黄褐色宽而浅的丝状裂纹。多年生枝为灰褐，一年生枝呈紫褐色，新梢红褐色，叶片长椭圆形，叶片锯齿粗而钝。萌芽率高，成枝力低。短果枝、花束状果枝结果好，长枝坐果率低，4月下旬开花，花期7 d，7月中下旬成熟，果实生育期90 d。果实长扁圆形、果皮黄色，缝合线浅而明显，果梗洼有3~4条沟纹，果尖、离核、果肉薄、金黄色、汁多、粗纤维多、味酸不宜生食。果实较大，平均单果重20~25 g。充分成熟时杏呈金黄色，无红晕，果皮无红点。100 g鲜杏出核300~350粒，出仁率为27%~30%。杏仁 扁平较肥大，呈圆锥形，基部平整或稍斜，呈等腰三角形。杏仁是仁用杏品种中最大的，平均单仁重0.80~0.85 kg，每千克仁数1 100~1 200粒，果仁皮黄色，仁肉乳白色，味香甜而脆，生食略有苦涩味，无毒，脂肪含量58.13%，蛋白质含量20%以上，品质极佳。

综合表现为品种树势强健、生长旺盛，结果早，寿命长。以短果枝和长束状果枝结果为主，果实7月下旬成熟，果实发育期90 d左右。耐寒、耐旱、耐瘠薄，适应性强，杏仁品质极优，经济价值最高，丰产性强，是目前仁用杏中最优良品种，适宜做主栽品种。但花期和幼果期抗寒能力较差，低于−2℃时易发生冻害，发展时要注意当地花期温度。另外授粉树宜选用白玉扁、优一或鲜食杏，但一窝蜂不能作为该品种的授粉树。

（2）一窝蜂（又名次扁、小龙王帽） 树冠比龙王帽小，树势中等呈开张形，枝条细密，萌芽率高，光秃少，不舒展，紧凑，适合密植。间节短易形成串花枝。枝干为褐紫色，表皮粗糙，枝条灰白色。叶片呈心脏形，叶色深绿。花期同龙王帽，坐果率高，故名一窝蜂。果实长扁形，果皮黄色，阳面有红晕，基部有1~4条深沟，单果重平均为10~15 g，果实较龙王帽小，顶端稍尖，果皮薄，肉质粗、味酸涩不宜生食，可加工制干。果实成熟期7月下旬，发育期为90 d左右，果实成熟时缝合线易裂开、离核，一般100 g鲜果出核20~25 g，出核率20%~25%。杏核较龙王帽小，壳薄、基部平，顶端稍尖，杏核凸鼓，核壳为棕黄色，每千克核粒数为520~600粒，单核重平均为1.9 g，出仁率为33%~35%。杏仁呈心脏形，仁皮棕黄色，仁肉乳白色，味香甜，每千克粒数740粒，单仁重0.7 g，含脂肪59.5%，品质好。

综合评价：该品种树势中庸，树冠小，紧凑，适于密植，结果早，以短果枝和花束状果枝结果为主，适应性强，耐干旱、耐瘠薄，抗寒性强，丰产性能最好，出核出仁率高、品质优，经济价值高。适于山地栽植培，但花期抗冻力较弱。和龙王帽不能互相授粉。发展时应注意配置白玉扁、山杏或鲜食杏作授粉树。

（3）白玉扁（又名大白扁） 树冠高大，树姿开张，树干褐色，有细碎纵裂。多年生枝灰紫色，一年生枝紫褐色，生长粗壮而旺盛，易发生二次枝，二次枝也可以成花。叶大而圆，锯龄尖而中深。果实扁圆形，果皮黄绿色，果肉较薄，肉质绵、多纤维，汁少味酸涩，不宜生食，成熟时果尖自然开裂，核自然脱落。出核率达22%。核中大，近圆形，核壳厚而坚硬，土黄色。单核重2.6 g，每千克核粒数为380粒，出仁率30%。杏仁扁心脏形，端正饱满。

综合评价：该品种树势强，生长旺盛，适应性强，花期抗寒力较强，丰产性能良好。可作为龙王帽、一窝蜂的授粉树，缺点是易受杏仁蜂危害。

（4）优一　从甜山杏的无性系中选出，树势强健，树姿开张。果实长圆形，核壳薄，出仁率高达42%~43%。杏仁长圆形，稍凸鼓，单仁重0.7 g。该品种最明显的一个特征是花期抗冻性强。花在花蕾期遇 -6~-7℃的低温持续2.5 h，冻花率仅为24%，而对照品种龙王帽冻花率达94%。幼果在 -2.0~-2.5℃条件下遇冷冻，冻害指数为14.3%。1989年经河北省确定为新品种，是一个抗冻花的新品种，适于海原地区栽培。

第三节　海原县造林绿化苗木培育技术

一、大田苗木培育

（一）新疆杨

新疆杨常用扦插繁殖，枝条比一般杨树生根难，要提高成活率，必须掌握好扦插时期和插穗处理。扦插时期应比其他杨树迟，在宁夏灌区为4月上旬，海原县山区为4月中旬。插穗在插前浸水5~7 d，或用湿沙沙藏25~30 d。在土壤墒情好的情况下，插后出苗初期不要灌水。为提高育苗成活率，并促进苗木生长，可采用地膜覆盖育苗，即在苗床先覆盖地膜，保湿保温。

1. 种条的选择与贮藏

种条质量好坏是决定新疆杨扦插成活率高低的关键。种条最好是采穗圃或苗圃中健壮的一年生苗干或萌条。以芽苞饱满，木质化程度较好，无病虫害，粗度在1.5~2.0cm 的壮条最好。

采条时间最重要，秋季采条要早，以10月中旬为好；春季采条宜迟，以4月初最适。采下的种条剪成插穗后，用清水浸泡6 d 左右即可扦插。秋季采下的种条，因不立即扦插，需要混沙埋藏越冬。第二年春4月10日左右扦插最好。

越冬埋藏的方法：选择土层深厚灌过冬水的砂壤土地，挖一个深1.2 m，宽2~3 m（长度按种条多少决定）的假植坑，把铺放种条的一面挖成30°~40° 的斜面，在斜面上先均匀的铺一层种条，撒一层湿沙，再放一层种条，再撒一层沙，边埋边向后退，最后在上层再盖上30 cm 厚的沙土即可。3月中旬，逐步清除上层覆沙，露出种条梢部，如沙地水分不足时，可于3月中旬灌一次水，以增加沙层湿度和种条含水量。总之，通过湿度的调节，要保证在扦插时种条皮部有突起状小点（根原体），但芽不能萌动。

2. 整地与做垄

新疆杨以无盐碱的砂壤土地上育苗成苗率最高。育苗地选定后，应在秋收后冬灌前平整翻犁耙糖收墒，2月下旬镇压保墒，做到土壤上暄下实，3月做地垄。

3. 扦插时间与方法

新疆扬春插比秋插成活率高。清明节后是新疆扬扦插的最好时机，此时气温和土壤温度、湿度基本可以满足插条生根和发芽的需要。扦插过早，地温不足，会出现发芽展叶不生根的假活现象。过晚，土壤解冻后，土壤含水率逐渐减少，影响插条生根。因此，严格掌握新疆杨扦插时间也是提高新疆杨育苗成苗率的关键措施。

扦插方法：在做好整地等准备工作的基础上，将种条切成上端平、下端马耳形，长18 cm左右的插穗。切口要平滑无劈裂，将剪成的插穗放在清水中浸泡6 d，或将插穗倒埋于湿沙中，地点选在背风向阳处，要注意浇水，让沙子保持湿润，待露出白芽点（不定根），然后按粗细分开，插在垄上，每垄可插4行。插穗上端高于地面2~3 cm、1~2个芽，行距30~40 cm，株距20 cm，每亩插8 000~10 000根。

4. 苗期的抚育管理

新疆杨扦插育苗对水分的要求敏感，注意适时灌水，对提高新疆杨成活率相当重要。新疆杨喜水又怕水，土壤墒情不足的地方，有条件的扦插后可立即灌水，使插穗与土壤密接。土壤墒情好的，扦插后可不灌水。到5月上旬幼苗长3~5 cm高，插穗中下部皮部生出嫩根时，切忌灌水。5月中旬，若苗地墒情好，可不急于灌水，应反复松土保墒、提高地温，进行蹲苗，促使其根条迅速生长壮大，增强抗性。过早灌水或大水漫灌，会骤然降低地温，引起幼苗新生根腐烂，会发生出叶后有枯死的现象。5月下旬，当幼苗高达10 cm左右时，即可结合追施化肥灌足第一水。灌水时要沿垄沟细水浸灌，切忌泥沙淤沾在幼苗嫩叶上。以后随着气温的升高，每半月到20 d灌水一次。结合灌水追施化肥，追肥量可先少后多，每次5~15 kg。每次灌水后，地皮发白时，结合除草及时进行中耕松土，中耕时要先浅后深。新疆杨幼芽韧性不强，容易碰掉，因此，中耕时要特别细心。7月下旬以后，生长进入高峰，为防止徒长，安全过冬，应停止灌水和追肥。11月上旬，灌足冬水，确保安全过冬。

（二）河北杨

育苗多用插条法，方法和程序与新疆杨相同。因枝条生根困难，插条育苗时要实行插穗沙藏处理，而且扦插期要迟（4月下旬至5月上旬），这样可以提高成活率。

也可用根蘖繁殖法，秋季或早春在大树周围翻松土壤20 cm深，以切断一些树根，促使萌生许多幼苗，幼苗生长1~2年挖出移栽。

1. 育苗地选择

要选择地势较高，黄土或中性砂壤土做育苗用地。

2. 选条

苗条选用生长健壮，腋芽饱满，木质化程度高，粗度在1.2 cm的萌发条，剪条时间以3月中旬至4月中旬为宜。

3. 剪穗及处理

剪截插穗长20 cm，上剪口下10 cm保障有一个健壮芽，按种条上、中、下三个部位分段剪取插条，然后把同一部位的种条放在一起捆绑，用湿沙埋好。

4. 浸水催根

4月上旬将插穗取出用清水泡7 d，每天换水，捞出后用100 mg/kg ABT1号溶液将下部3~4 cm处浸泡6~8 h，或用100 mg/kg萘乙酸，将浸泡好的插条放在有湿沙的热土炕上（土炕上覆塑料膜），或铺有湿沙的电热丝上，加热催根，待有70%的插条产生愈合组织即可扦插。

或用湿沙倒埋好，地点选择背风向阳处，沙子要保持湿润，待露白芽点时及时扦插。

（三）柳树

柳树生长快，抗性强，繁殖易；在河滩、沟渠边等低湿的地方栽上就活，是护堤、防风固沙和四旁绿化的好树种。柳树 种类多，分布广，海原常见的乔木柳有旱柳、垂柳、龙爪柳、樟河柳；灌木柳有沙柳、毛柳、杞柳、黄柳。

现以旱柳为例介绍柳树的育苗方法。

旱柳繁殖容易，因此有"无心插柳柳成荫"之说。繁殖方法主要有播种育苗和插条育苗两种。

1. 播种育苗

旱柳由于长期采用插条育苗的无性繁殖方法，致使树木衰老退化，寿命减短，心腐病重，生长衰弱，木材利用价值下降。因此，用种子进行复壮势在必行。

种子处理：采得的旱柳种子播前用凉水润种，待种子吸足水分以后，掺拌3~5倍细沙即可播种。

选地、整地与施肥：育苗地应选择灌溉方便、排水良好的沙质壤土田。4月中旬翻田，深度20~25 cm，结合深翻施入腐熟的厩肥3 000~4 000 kg，同时掺施辛硫磷1.5~2.5 kg。

做床：旱柳种子微小，但生命力强。播种育苗采用平床即可。方法是在经过翻耕、耙耱的土地上，于5月中旬做床，规格：宽1.5 m，长10 m，床的中间开一条深20 cm、宽

30 cm 的灌水、排水沟，在沟的两侧床面上进行育苗。床面要平坦，土壤要松软，灌水后即可育苗。

播种方法：5月中下旬，旱柳开始飞絮时，即可采种。采到种子后，播种前给育苗床先灌一次水，待水渗透后察看床面有不平坦、润水不均匀的地方，再用刮板重新细致刮平，然后趁湿进行播种，播后覆以薄薄一层细沙，厚度以使种子似露没露为宜。每亩播种量为1.0~1.5 kg。

抚育管理：旱播后3 d即可出齐苗。出苗后，管理的主要任务就是适时灌水，保持床面湿润。细苗出土20 d以后，灌水次数可逐渐减少，灌水量应逐次加大。7月下旬时，柳幼苗生长旺盛，根系发展很快，此时需水量较大，应掌握量多次少，一次灌透的方法。结合每次灌水，进行除草、松土和追肥。追肥要适时适量，应在7月中旬幼苗旺盛生长到来之前进行。每亩撒施尿素5.0~7.5 kg，第二次追肥应在8月上旬，亩施氮磷复合肥7.5~10 kg。

2. 扦插育苗

选择育苗地：旱柳虽然耐水湿，但用作育苗的土地要选择灌溉方便、排水良好和肥沃的土地。插前要浅耕，结合耕地施足底肥，整平耙糖后即可扦插。

选择插条：3月上中旬，旱柳萌芽之前，选取生长健壮、无病虫，径粗1.5 cm左右的一、二年生枝条作为种条。

扦插和管理：将选取的种条，剪成长18 cm左右，上平下斜的穗材，于3月下旬插入准备好的育苗地上，插穗上端要微露出地面。行距为40 cm，株距为20 cm，每亩插8 000多株。5月中旬灌第一次水，灌水后，结合松土进行除草。5月下旬追施一次化肥，每亩施尿素2.5~5.0 kg。以后结合灌水都要及时松土除草和施肥，随着苗木的长大，追肥量可增加到每亩5~15 kg。7月下旬以后，气温高，湿度大，秋雨多，可停止灌水，以防苗木徒长，越冬抽干。旱柳扦插一般2~4年即可出圃造林。

（四）刺槐

1. 种子处理

刺槐种子皮厚而坚硬，透水性能差，不易吸水膨胀。为了发芽整齐迅速，播前要进行催芽处理。采取热水多次浸种分批选种的方法。处理的方法：将种子倒入70℃的热水中，用木棒充分搅拌，5~10 min掺入凉水，使水温降到30~40℃。然后将浮在上面的杂质和坏种捞掉，好种子继续浸泡一昼夜后捞出，稍干时，用细眼铁筛筛去未泡涨的硬粒种子，再进行烫水浸种。已吸水膨胀的种子用湿沙混拌，待出芽后播种。4月下旬播种。旱地育苗可不进行催芽，只用热水浸种，待种子膨胀后，即可播种。

2. 选地、整地和施肥

刺槐对土壤要求不高，但幼苗期不耐寒，过早播种易遭晚霜冻害，所以播种宜迟不宜早。以5月上旬灌水后播种较为合适。由于一年生幼苗畏寒、怕涝、怕碱，因此，育苗最好应选择地势较高，便于灌溉，排水良好的肥沃砂壤土地。刺槐不宜连作，切忌在黏重土壤上育苗。

整地是苗木生长过程中一项必须进行的技术措施。凡在灌水前，靠春墒进行播种的，均要求秋季整地施肥，春季耙糖保墒；5月上旬灌水以后播种的，可以结合整地施肥，然后灌水育苗。

3. 播种方法

刺槐一般采用大田式育苗。播前将育苗地糖平，再开沟条播，行距30 cm，沟深1.0~1.5 cm，沟底要平，深浅要一致，将种子均匀地撒在沟内，然后及时覆土，覆土厚度2 cm左右，覆后轻轻镇压，使土壤与种子密接，从播种到出苗6~8 d。刺槐是喜光、速生树种，一年生苗出现分化较早，比一般树种突出。因此，播种量要适中，每亩播种4~6 kg。

4. 抚育管理

在刺槐育苗中，掌握它幼苗耐旱、喜光而忌涝的特点，是保证育苗成活的关键。

灌水：播种后到幼苗出齐以前不能灌水。出苗后，土壤湿度适中时，要及时松土中耕，提高地温，有利发苗。灌水过早，土壤湿度过大，地温低，容易"坐苗"或出现黄叶病。在反复中耕松土的基础上，6月初可以灌第一次水。以后在正常的情况每隔20 d灌水一次。7月上旬灌水后暂停灌水，促进苗木提高木质化程度，以便增强越冬能力。11月下旬最后灌一次冬水。

松土除草：育苗地要在每次灌水后或雨后及时中耕，经常保持疏松无草。7、8月幼苗生长旺盛期，更应做好松土除草工作。

追肥：追肥要在苗木生长初期进行。当刺槐定苗后，结合第一次灌水进行第一次追肥，每亩施入尿素2.5~5.0 kg。6月底刺槐幼苗生长即将进入旺盛期，结合灌水追肥两次以氮磷为主的复合肥，每亩5~15 kg。8月初要停止施肥。

防寒越冻：刺槐一年生苗木易遭秋霜冻及春风干的危害，致使苗木地上部分干枯，甚至两年生苗也发生干枯现象。一年生刺槐苗应在秋后挖出，进行越冻假植，第二年春天提供造林或移植培育大苗。

移植培育大苗：刺槐播种育苗的当年生幼苗平均苗高可达80~150 cm，根径

0.5~1.0 cm，这样规格的苗木既可造林又可进行移植。培育道路、庭院、城市绿化等需用的大苗，一般在4月中旬进行。

移植密度主要决定苗木培育的规格和年限，一般2~3年移植苗的株行距以60 cm×40 cm比较合适，每亩2 500~3 000株。培育苗木年限愈长，则苗木移植的株行距愈大。

移植方法：刺槐移植多采用穴植，以便根系充分舒展，与土壤密接。移植前，应将劈裂损伤的根条剪掉。根系长度应保持在20 cm左右。栽植前苗根要蘸浆，保持根系湿润。栽苗深度应使根颈部与地表平。

移植后的苗木要及时浇水追肥，加强松土除草、防寒越冬等抚育工作。

（五）国槐

1. 种子处理

采回的果实，放在水中浸泡，待发软后，搓去果肉，用水淘洗，即得净种，阴干贮藏备用。第二年春季5月上旬播种前，将种子用温水浸泡2~3 d，等吸水膨胀后播种；或用温水浸种1 d后，取出放入筐中，每天冲洗一次，等露出白芽后播种；如果急于下种，也可先用70℃的热水浸泡3~5 min，再掺入凉水搅拌，浸泡1 d后，然后捞出种子，像生豆芽一样进行催芽，待种子裂嘴后播种。

2. 选地

国槐育苗对土壤要求不严，但要做到苗齐苗壮，必须选择灌水、排水良好的肥沃沙壤土地。播前进行翻犁、施肥、耙耱、平整，然后灌水播种。

3. 播种方法

多采用大田式条播法育苗。既在准备好的育苗地上，灌水后待土壤能操作时，按行距30 cm的要求画线开沟，沟深2 cm，顺沟放入种子，然后立即覆土，每亩播种取皮的净种10.0~12.5 kg，带果肉的种子40~50 kg。经过处理的种子，播后5~7 d即可出苗。

4. 抚育管理

幼苗出土初期切忌灌水，要反复中耕松土，深度先浅后深，靠近苗的地方要浅锄，行间宜深锄。到6月初，当苗高达到15 cm左右时，结合中耕除草，拔除过密、弱小的幼苗，然后每亩施入尿素2.5~5.0 kg，立即灌水。灌水宜用小水慢灌，防止冲倒或埋淤幼苗。国槐当年播种苗的追肥灌水均应在7月底以前进行；7月底以后，不再灌水和追肥，以防苗木徒长，越冬时抽干。

5. 培育大苗

把一年生的国槐播种苗，经过一次或几次移植到其他地块继续培育，使其长成苗干端直粗壮、有一定高度、树型美观、根系发达的大苗，才能满足城市园林和四旁绿化的用苗要求。

移植的时间在春季苗木尚未萌动前进行。这时移植，损伤的根系容易愈合，移植后成活率较高。在3月下旬至4月上旬土壤化冻深达30cm时移植最合适。过早土壤化冻浅，移植深度不够；过晚土壤化冻后墒情差，因此过早过晚都影响成活。

用于城市园林绿化的大苗，一般5年以上才能出圃，必须进行两次以上的移植培育。第一次移植密度以株距40 cm、行距70 cm 较为合适。

移植前，苗木要适当修剪，将过长的主、侧根剪短。根长一般保持20 cm 左右，以免移植时窝根。对劈裂根、无皮根都要剪掉。

移植时，要按苗木大小分级、分区移栽，可提高成活率。栽植的方法以穴植为好。按照确定的株、行距，定点挖坑。坑的深度和宽度，以苗木放入后，苗根系舒展，不窝根为适。栽植深度比苗木原土痕迹稍深2~3 cm，栽后踏实、扶直、截干。有条件的栽后灌一次定根水效果更好。

5月底6月初，当苗木进入生长旺盛期后，每隔10~15 d 灌水一次。结合灌水，每亩追施化肥7.5~15.0 kg。7月下旬以后，控制灌水，不要追肥，以利提高苗木木质化程度，防止越冬抽干。

通过以上措施，移植3年后，基本可以达到树干通直、粗壮光滑的要求。当苗木胸径达到5 cm 左右时，即可提供城市绿化栽植。

国槐易遭蚜虫危害，养干期间，保护顶芽极为重要，发现病虫要及时除治。

（六）臭椿

1. 种子处理

播种前将种子浸泡一昼夜，捞出后拌以湿沙，待种子微露白芽时，即可播种。处理后的种子出土快而整齐。

2. 整地与施肥

臭椿对土壤要求不严，可采用大田式条播育苗。育苗地选好后，要翻犁整平，施足底肥，每亩施有机肥3 000~4 000 kg。

3. 播种方法

臭椿播种一般在5月中旬左右，播前要灌足底水，待地皮发白、土壤变松时，将田面耙平磨面，以利播种后保墒。采用大田式开沟播种，行距30~40 cm，开沟深2 cm 左右，覆土厚3~4 cm，每亩播种量5.0~7.5 kg。播种后，幼苗出土前，不能灌水。幼苗出土后，如土壤墒性好，可不急于灌水。反复中耕除草，半月后在苗高10 cm左右时定苗，株距10 cm左右。定苗后结合灌水追施尿素，每亩5 kg左右。灌水追肥以后，要加强松土除草等田间管理。当年苗高达80~100 cm，即可出圃造林，每亩产苗2万株左右。

臭椿的萌蘖能力很强，也可用插根法育苗。春天挖取粗根3~5 cm的侧根，剪成17cm（5寸）长的插穗，然后将插穗大头朝上，放置沟内，埋土踏实，随之灌水即可成活。

（七）沙枣。

1. 播种育苗

沙枣，又叫桂香柳。品种较多，不同品种的果实品质、产量、材质、生长特性及耐盐、抗旱的能力都不同，且播种后遗传品质变异较大。因此，育苗用种要选用优良品种。

种子处理：沙枣种子的休眠期较长，约150 d。种子在保存良好的情况下，贮存5年后，发芽率仍在70%左右。秋季播种可免去种子催芽处理程序，下年春很快就能破土生长。春季播种的种子必须进行催芽处理。催芽的方法又分低温处理和高温处理两种。低温处理是在土壤结冻前，将种子浸入水中泡48 h后捞出，然后将种子与湿沙混合坑藏，坑深80 cm，宽1 m，长度根据种子多少而定，坑底铺一层细沙，将种子放入坑内埋好，上边用土堆成土丘。待播种前10 d取出，放在室内进行催芽。当种子裂口吐露白尖时，即可播种。高温处理是在春播前20 d左右，将种子放入60℃温水中浸泡48 h后捞出，拌马粪与湿沙，摊开成30 cm厚的一层于地上，室内温度保持在20~25℃。根据马粪失水程度，及时酌量洒水，保持其湿润，但不能洒水过多，过量洒水不利于种子发芽。当部分种子显露白芽时即可播种。

两种处理结果：低温处理虽费工、时间长，但播种后出芽齐；高温处理省工，可播种后出苗不齐不均，甚至缺苗断垄。

由于沙枣种子发芽时内含物质的转化时间长，因此，最好简便的方法是在秋季选好田，整好地，施足肥，于10月下旬或11月上旬播入地内，灌足冬水，春节前后耙糖破除板结，有利收墒出苗。春季播种也应早做准备，种子以低温处理为最好。

选地、整地与施肥：沙枣树虽然耐寒、耐旱、抗盐碱、不怕风沙，但幼苗抗性差，需要较良好的条件。因此，育苗地要选择排水良好、灌水方便、土质松软肥沃的壤土田。

整地一般都是在秋收后、冬灌前进行，准备育苗的地块，不论是秋播或春播，均要耕犁、耙糖、镇压保墒措施基本上与种小麦是一样的。

播种方法：沙枣一般采用大田式平床条播育苗的方法。在整好的地上，用开沟锄开沟，沟深2~3 cm，行距30 cm，覆土厚2 cm，覆土后要进行镇压。每亩播种量：带果肉的种子每亩播种40~50 kg，去果肉的种子每亩播种20~25 kg。每亩产苗2万株左右。

抚育管理：沙枣幼苗出土前，一般不能灌水，因灌水后土壤坚实，温度降低，出苗困难，易造成断条；过早灌水，对幼苗生长也不利。秋播的沙枣在4月上中旬，幼苗顶土盛期，应注意及时破除板结，促进幼苗顺利出土。春播的沙枣，要注意及时镇压收墒，保证种子生根发芽所需水分。幼苗出土后，及时松土除草，注意先浅后深，只要幼苗不觉旱，就不要急于灌水。反复中耕是提高地温、保墒、促进苗根发育的有力措施。到5月下旬或6月上旬，随着气温升高，根据天气情况，进行第一次灌水，同时每亩追施尿素5.0~7.5 kg。6月底、7月初灌第二次水，追施尿素或二铵10.0~15.0 kg。每次灌水后，要及时进行中耕松土和除草。在第一次灌水前，要把过于稠密的丛状苗及时间稀。第一次灌水后，本着去劣留优、疏密适中的要求，结合中耕定苗，定苗的株距以5~8 cm为宜，每亩留苗2万~3万株。只要管理得当，当年秋后沙枣苗即可长到1m以上，地径达到0.5 cm以上，第二年春天即可出圃供造林使用。

2. 扦插育苗

为了繁殖大果类型的优良品种，采取扦插育苗的方法可保持其母本的优良性状。插条要选择果大饱满的优良母树上二、三年生的枝条，在春季发芽前剪成长20 cm左右的插穗，插入润湿的苗床上，插穗上端露出地面2~3 cm。干旱风沙区或苗圃地土质过沙的，播后要灌水。苗期注意抚育管理，一、二年生苗均可出圃栽植。

（八）白蜡

1. 种子处理

白蜡种子休眠期较长，春播必须进行种子催芽；晚秋播种则不做处理。引黄灌区春播秋播均可，干旱地区则以春播为好。春播种子的催芽方法：将种子用温水浸泡24 h，捞出后混以湿沙，干湿度以用手捏能成团，但挤不出水为适中。种子和湿沙比例按1：3掺配，而后在不冻冰的屋内放60~80 d，根据播种日期，再提高室温促进发芽，待有40%~50%的种子显露白芽时即可播种。

如果种子不能在育苗前几个月准备好，而错过了处理期，亦可采取高温催芽的方法，即在播种前20~30 d，将种子用40~60℃温水浸种，待水温自然下降后，浸泡2~3 d，每天换清水1次，然后按种子1份，湿沙3份的比例充分混合，堆放在室温15~20℃的屋内，每天翻动1~2次。为防止表层种沙干燥，上面要盖湿草帘，在翻动时经常注意种沙的湿度，适时补充水分。这样经过20~30 d，有20%~50%的种子开始扭嘴吐露白芽时即可播种，每亩下种量4~7 kg。

2. 选地、整地与施肥

白蜡喜肥沃土壤，育苗地必须选择在土层深厚、排水良好、灌水方便的砂壤土地上，结合翻犁耙糖，每亩施基肥2 500 kg，同时还要适当掺入磷肥，才能促进幼苗早发快长。

3. 播种方法

白蜡播种育苗可采用大田式平床开沟育苗方法。5月上旬，最后一次霜冻过后，在整好的地上先灌一次大水，待水下渗，地皮微发白时，即可播种。按照行距30 cm的距离开沟，深为1~2 cm，均匀落种，而后覆土。育苗地土质沙性大时，可在当天或第二天下午轻轻镇压，以利保墒。

4. 抚育管理

幼苗出土前的管理：白蜡幼苗顶土力弱，播种后幼苗出土前不进行灌溉，防止土壤板结，造成出苗困难。在风沙大的干旱地区，亦可顺沟覆沙培垄，厚5~6 cm，当种子开始扎根顶土时，及时将沙垄铲平，4~6 d即可出苗。

苗木出土后的抚育：白蜡幼苗生长缓慢，出苗后要适时灌水、松土和除草，7月以后主要是粗生长期，在抚育管理中，要特别加强六月底以前的中耕、追肥和灌水以促进当年播种苗有一定的高度。在管理良好的情况下，当年苗可高达50~70 cm，可出圃造林，也可供移植培育大苗。移植的时间、方法和移植后的管理与国槐相同。

（九）花椒

花椒是喜温暖、喜光性的树种。在整个生长发育过程中都需要较高的温度。一般幼树或幼苗较大树易受冻害，一年生幼苗在自然生长的情况下，在 −18℃时，枝条易受冻害，15年以上的大树在 −25℃会被冻死。因此，幼苗幼树要埋土越冻。

花椒喜深厚肥沃且湿润的沙质土壤，在中性和酸性土壤上生长良好，在石灰质土壤上，生长优良。

花椒最忌强风，在山口、风口不宜栽植。花椒萌蘖能力强，能耐强度修剪。可进行更新复壮，促进萌发新枝。

花椒生长快，结果早，栽后3—4年就开始结果，10—20年达到产椒盛期。寿命短，一般生长30~40年，但采伐后萌芽更新，还可继续生长15—20年。

1. 采种

应选择生长健壮、结实多、品质好、无病虫害，树龄在10—15年的优良母树上采种。花椒果实因品种和地区不同成熟期也不一样，一般自8月中旬至10月上旬成熟。当果皮由绿色变为红褐色或紫红色，个别果皮开裂，种皮变为黑色时要及时采收。采下的果实，不能在太阳下暴晒，应放在通风良好的室内，或干燥的棚内摊开晾干。注意经常翻搅，防止发热；待果皮裂口后轻打，使种子脱出，再去掉果皮、杂质，即得干净种子。

2. 育苗

秋季采收的花椒种子，只能在当年秋播或第二年春播。一般以秋播为好，来春发芽早，出苗整齐。秋播的种子经水洗去掉空粒后，要脱脂处理。方法：用50%的碱水浸泡15~20 min，水温30~40℃，捞出后用清水冲洗几次，再用草木灰或粗沙反复揉搓，直到种子表面呈灰白色为止，然后用清水洗净，稍晾干后播种。

春季播种，如用干藏的种子，必须用开水烫种或沙藏催芽。

开水烫种：将种子倒入体积为种子2倍的沸水中，搅拌2~3 min，取出后，每天用温水浸泡，3 d后捞出放到温暖处，盖上草袋或麻袋，待一部分种子裂嘴后就可播种。沙藏催芽：将种子与倍湿沙混合，堆放在背风向阳温暖处盖上草袋或麻袋，洒水保湿，每天翻一次，待种子大部分裂嘴后就应播种。

育苗要选择背风向阳、土层深厚、土壤肥沃、不易积水的中性或酸性砂壤土。用条播，每床播4行，行距20 cm，覆土1~2 cm，轻轻拍实，每亩播种量4~5 kg。秋播后要进行冬灌，无灌溉条件时，早春解冻后要镇压保墒。春播要尽量少浇水，防止土壤板结，并保持土壤湿润。

（十）枣树

枣树育苗以根蘖苗繁殖较多，近年来，多利用酸枣接大枣。现分别介绍如下。1. 根蘖苗的培育：利用根蘖苗繁殖，方法简便，分株栽植容易成活，并能保持枣树母株的优良性状。

为促进根蘖苗的发生，4—5月或9—10月，沿枣树行间或枣树树冠外围，开宽30~40 cm，深50~60 cm的沟，切断部分2 cm以下的水平根，并结合施基肥，促使发根蘖苗。也可用深耕犁在枣树行间深翻，效果也好。利用根蘖苗繁殖，为使枣苗健壮，根系完整，移栽后容易成活，最好是将根蘖苗归圃培育1—2年出圃。海原因春旱少雨，枣树开沟断根工作，最好在秋季进行。

2. 酸枣接大枣：利用野生酸枣苗嫁接优良品种或播种酸枣培育砧木苗，嫁接优良枣品种的方法主要有以下几种。

①劈接　又称大接。此法嫁接成活率高，生长迅速健壮，少数植株还能当年开花结果。嫁接时间可在4月中下旬枣树发芽前。砧木酸枣苗，距地面3~4 cm处短截，并削平横断面，纵切砧木，切口长3 cm。选用生长健壮的1—2年生枣头，或3—4年生二次枝，截

成5~10 cm长，并带有1~2个枣股做接穗。接穗上端距顶部枣股0.5 cm处剪平，下端削成两面长2.5~3.0 cm的斜面，削面应光滑平直。嫁接时要撬开砧木切口，插入接穗，砧木的形成层必须对准接穗的形成层，再用塑料条从上往下把接口绑紧，捆绑时千万不能碰动接穗。绑好后轻轻覆土埋住。接后1个月左右清除部分覆土，抹除砧木上的萌芽，促使接穗健壮生长。

②皮下接　又叫袋接，是酸枣接大枣的主要方法。嫁接时间是5—8月。接穗应选2~4年生健壮的二次枝或枣头，从母树上采下后，立即将叶片除去，只留叶柄，脱落性枝在基部0.5 cm处剪除。接穗应截成5~10 cm长，带有1~2个芽，顶芽上端留0.5 cm。接穗下端削3 cm长的斜面，再在斜面背面末端另削0.5 cm的斜面，然后放入水中或把削面含在嘴里。砧木（酸枣）离地面10 cm左右锯断，用力削平断面。在砧木皮厚光滑处，由上到下直划一刀约3 cm长，深达木质部，向左右两边挑开皮层，插入接穗长斜面紧贴砧木，一直到接穗与砧木密接为止，然后自上而下塑料条绑紧后覆土。管理与劈接相同。

③芽接　芽接一般在5—7月枣树生长旺季进行。选2年生健壮枣头上的饱满枣芽，在主芽上部1 cm处横切一刀，再在芽下1.5 cm的地方，由上向下削下主芽。另在酸枣苗5~10 cm背阴光滑处，先横切一刀，在横切口中间向下纵切2 cm，向两侧挑开皮层，将削好的主芽带木质部或削下芽片，随即插入接口中，使接芽紧贴砧木，接芽顶端的皮层与砧木的皮层对齐，包好砧皮，然后用塑料薄膜条由下而上扎紧，使主芽外露。接后15 d左右检查，若接芽新鲜，证明嫁接已经成活，此时要在接芽1 cm以上剪砧，并及时抹去砧木上的萌芽。未接活的，可在适当部位补接。越冬季节，注意保护接芽和嫩枝。

（十一）山杏及仁用杏

仁用杏用山杏或普通杏的实生苗做砧木嫁接而成。

1. 山杏苗的培育

①沙藏种子　杏核种壳坚硬，吸水困难，不经沙藏处理，发芽迟，出苗不齐。种子后熟期需100~120 d，一般沙藏处理办法：选择地势高燥、背风、阴凉排水良好的地块挖坑或沟，深1 m，宽1.0~1.5 m，沟长依种子量而定。挖好后凉1~2 d，沙藏前一天将杏核种子洗净浸泡，去掉霉烂及杂质，先在坑底垫10 cm厚的湿沙，沙的湿度以用手握即成团，不流水，手松后沙即开为好。在沙上铺一层种子，然后再覆5 cm厚的湿沙，其上再铺一层种子，这样交互层积起来，直到离地面25 cm时，其上再盖上10 cm湿沙、沙上用土堆成屋脊状，以防积水。沙藏种子量大时，每隔1m在沟内插上草秸秆，以利通气，防止种子沙藏期发生霉烂。在沙藏期间要经常检查鼠害及沙子湿度，发现干燥时及时加水。沙

藏后要翻动沙子两次。

②催芽　到播种前20 d，将种子取出，放在背风向阳处日晒，保持湿度，每隔3~5 d翻一次，当有50%的种壳裂开即可播种。

少量种子可在木箱，瓦盆内沙藏放入窖内，窖内贮藏期为120~150 d。

③播种　做1.2 m宽的畦，浇足水，亩施农家肥6 000 kg，为防止地下虫害可结合施肥撒施粉状杀虫剂。土壤解冻后尽量早播种，采用条播或穴播方法。按宽行40 cm、窄行20 cm开沟撒播，沟深10 cm，沟内撒播后覆土镇压。播种量一般每亩20~25 kg。

最好简便的方法：在秋季选好田，整好地，施足肥，秋播在10月下旬进行，可用单犁耕作进行播种。播种深度8~10 cm为宜，株行距5 cm×20 cm，灌足冬水，春节前后耙糖破除板结，有利保墒出苗。播种量每亩30~40 kg。

④幼苗管理　播种后到出苗前不要大水漫灌。苗木出齐后，及时浇水松土，移苗补植。苗2~4片叶时喷200倍硫酸亚铁，防止立枯病。苗高10 cm时定苗，每亩留苗8 000~10 000株，将弱苗间掉，同时每亩追尿素10 kg。山杏造林可用1年生苗，也可用2年生苗。砧木苗高30 cm时摘心，促苗加粗生长，同时将距离地面10 cm以内的分枝剪掉，以利嫁接，注意防止病虫害。

2. 嫁接苗的培育

夏季采取"丁"字形芽接。取当年生梢上的盾形芽片进行嫁接，时间比苹果早半个月，以7月上中旬为好，过晚砧木和接穗不易起皮，成活率低。第二年春季嫁接多采用带木质芽接或嵌芽接法，群众称为搭接。芽接时为利于砧木离皮，在嫁接前一周对砧木苗进行灌水。

①接穗的准备　选择抗性强、优质高产的优良品种接穗，选择树冠中上部生长旺盛、发育充实、芽体饱满、无病虫害的一年生枝做接穗，夏季芽接所用的接穗最好是随用随采，采后留2 cm长的叶柄将叶片剪掉，放在湿草袋中；春季嫁接所用的接穗，在冬季或早春树木休眠期采，然后立即蘸蜡或沙藏在窖内，温度控制在1~2℃，到嫁接前1~2 d将接穗下端剪成马蹄形，捆成小捆，立即放在清水中浸泡一昼夜，也可用0.5%的食糖液浸泡24 h，有利成活。

杏扁树枝条少，为培养接穗，春季要对选好的良种壮树。进行重剪，并加强土、肥、水管理，促进营养枝生长。

②嫁接时期　以从嫁接到成活所需的时间最短、成活率最高为嫁接适期。一般以砧木开始萌动、而接穗尚在休眠状态下进行为好，由于此期砧木生理活动旺盛，空气温度

和土壤温度又比较高，嫁接后砧木能不断供应愈合所需要的养分和水分，能很快形成愈合组织，嫁接成活率高，若在气温、土温都比较低的情况下进行嫁接，砧木活动微弱，伤口不能迅速分生愈合组织、接穗也因温度低，不能很快地活动，接口愈合慢，天气干旱接穗干枯造成死亡。

③嫁接方法　杏扁嫁接分为枝接和芽接两种。枝接常用的方法有劈接、插皮接、腹接、舌接（搭接），芽接法有"丁"字形芽接、带木质芽接和嵌芽接。

A. 劈接　适用于在中等粗度的砧木上进行，一般在砧木不离皮时进行。主要在萌芽前后进行，萌芽后树液开始流动，伤口愈合快、成活率高。方法是选择2年生以上的砧木苗（大树高接选择直径2 cm 以上的枝），距地面5~10 cm 处，从较光滑处锯断，用刀将锯口削平，由横断面中间用劈接刀劈开，然后选一段带有2~3个芽的接穗，在距下部1 cm 处下刀，两侧各削一长3~4 cm 的长削面，削面外侧厚里侧薄，削好后将接穗后面向外，薄面向里，插入砧木接口，使接穗形成层和砧木形成层对齐。一般经验是"靠外不靠里"，即接穗的形成层宁可与砧木形成层外面的韧皮部相接，也不要和砧木形成层里面的木质部相接，接穗的削面部分不要全部插入劈口，要外露0.3 cm，以利愈合，接穗插好后、将接合部分用塑料条绑扎严即可。

B. 搭接（舌接）　对较细的砧木，在不离皮或刚离皮时应用。

方法：将接穗和砧木各削一马蹄形的斜长削面，各在削面的1/3处纵切一刀，深1cm左右，嫁接时用手将斜削面贴在一起，砧木和接穗一侧的形成层对齐即可，接好后，用塑料条将接口绑紧扎严。

C. 腹接　这种方法操作简单，容易成活，只用一把剪枝剪即可进行，在萌芽后4—5月进行。

方法是把接穗用剪子削成大面长4 cm 左右，小面长2 cm 左右，一面宽一面窄的斜面，在砧木距离地面5~10 cm 处用剪子斜剪30° 角的剪口，用手掰开插入接穗，使形成层对准，绑紧扎严，成活后15 d 剪除砧木。此法如砧木接穗较细时，削面应稍短些，按刀削面下留2~3个芽为宜。

D. "丁"字形芽接　适用于当年幼嫩的砧木上进行嫁接，一般在7—8月进行。在砧木距地面5cm 处，选平面光滑处，横竖各切一刀，使切口呈"丁"字形然后用芽接刀尾部的骨片将切口皮层剥离，以便插入芽片。

削取芽片：剪取当年生长充实的枝条，选枝条中部饱满芽，在芽的上方0.5 cm 处横切一刀，然后在芽的下方1.0~1.5 cm 处用刀向上斜推至横切口，用手捏住将芽片取下，去掉木质部。

嫁接：将芽片插入"丁"字形切口中，使芽片的上部与砧木"丁"字形横切口对紧，然后用塑料条扎严。芽接后10 d检查成活率，如接芽新鲜、皮绿、叶柄未干缩，触之易掉，证明已经成活，否则应立即进行补接。

E. 嵌芽接　一般对较细的砧木在春季末离皮时采用。

砧木处理：在距地面5 cm处，用刀呈30°角由浅入深向下斜切一刀，切口长3~4 cm，深度不超过砧木直径的1/3，然后在切口的下端斜切一刀，取下削掉的部分，露出舌头状切口，以待嫁接。

削取芽片：在接穗上选一饱满芽，在芽的上方1 cm处用刀呈30°角由浅入深向下削切，深度为接穗直径的1/3，再在芽的下方0.5 cm处斜向下削切一刀，取下带木质的盾形芽片，芽片的长宽与砧木切口的长宽基本相等。

嫁接：将削好的带木质盾形芽片嵌入砧木切口，使接芽与砧木形成层对齐，用塑料条捆紧扎严。

F. 带木质部芽接　杏树皮薄、芽片软、"丁"字形芽接取芽片易把芽的维管束丢下成活率低。采用带木质部芽接，芽的输导组织不受损坏，可提高成活率。砧木处理和"丁"字形芽接相同。削取芽片时在接穗的下方1.5 cm处下刀，向上推削，然后在芽的上方0.5 cm处横切一刀，取下带木质部的芽片，嫁接时将带木质的芽直接插入"丁"字形切口中，方法与盾形芽接方法相同。

⑤嫁接注意事项

A. 检查接穗　接穗的质量和贮存的好坏直接影响成活率。在嫁接前要对接穗进行认真的检查和挑选，春季嫁接的接穗应具备表面不抽皮、皮色光亮且光滑；剥开皮层，韧皮部呈淡绿色，没有离皮、变色即可使用。夏季用的接穗应具备表面新鲜、用手剥皮能离皮。如接穗含水量低，嫁接前一天将接穗放在水桶中，水深3 cm使其吸足水分，可提高成活率。

B. 砧木要健壮　生长健壮的砧木嫁接后成活率高，新梢生长旺盛，接口易愈合，因此嫁接前要对砧木加强管理，促其加快生长，以提高嫁接成活率。

C. 适时嫁接　不同的嫁接方法有不同的嫁接时期，一定要适时选择正确的方法嫁接，达到嫁接后愈合时期短，成活率高。

D. 嫁接部位要低　嫁接部位低接近于根部，皮层厚，含水量高，容易成活，嫁接后新梢生长旺盛，寿命长，并且可避免风害。

E. 结合部位要保湿　嫁接后半个月左右，接穗和愈合组织才基本连接起来，在这段时间内，接穗是"无本之木"，所以这段时间内要十分注意接合部的保湿工作。

F. 嫁接技术要熟练　嫁接时动作要迅速、刀要快、削面要平滑、尽量缩短削面在空气中暴露的时间，嫁接时要先处理砧木、因砧木有根系可不断供应水分，后削接穗、严防接穗失水而影响成活。

G. 增大形成层接触面　接穗削面长，接穗和砧木接触面大，愈合良好，成活率高。适当多插一些接穗，也可提高嫁接成活率。

3. 苗木的管理

①芽接苗的管理　嫁接后10~20 d检查成活率，已经活的可立即解除绑缚物，以防后期加粗生长造成缢痕。

到第二年春季萌芽前、在芽接上方0.5~1.0 cm处将砧木剪除。接芽萌发后，将萌蘖及其他萌芽全部剔除（一般抹芽3~5次），对未接活的可采取带木质芽或嵌芽接法进行补接。待接芽长到10 cm高时追肥灌水，亩施氮素肥料（尿素）10 kg。同时做好病虫害防治工作。新梢长到40~50 cm时摘心，促进加粗生长和分枝。

②枝接苗的管理　当接穗萌芽后选留一株壮苗，其余剔除，苗高30 cm时支柱引缚，以免被风吹折。其他土、肥、水、植保管理同芽接苗。

4. 苗木出圃

①起苗　一般在落叶后起苗。起苗要注意保护根系，避免损伤过重，起苗前先浇一次水，这样有利成活。

②苗木分级　起苗后要对根系适度修剪，将过长根和伤根剪断，然后按苗木分级标准进行分级。

③苗木包装和运输　外运苗木应按50~100棵捆成一捆，根部用湿草袋或麻袋片包好，内填湿锯末或湿稻草、用绳捆好、挂上品种名称等级标签，在运输过程中要注意防止苗木失水、受冻、霉烂等，确保苗木完好。

④杏扁苗的假植贮藏　选择背风排水良好的地块挖沟假植贮藏，沟深、宽各1 m，长度依苗木多少而定。将苗木斜放在沟内，内培松散细沙土或湿沙、稍露苗梢或全部埋上，如沟内土太干，要先洒水、再进行假植贮藏。

（十二）苹果

1. 种子储藏

（1）装种子用通风容器，不能用塑料袋长时间装种子。种子在冬季贮藏期间虽然处于休眠状态，但呼吸尚未停止。用塑料袋长时间装种子会妨碍种子堆内空气与外界空气的交换，影响种子呼吸，甚至使种子发霉变质。

（2）储藏室温度在 −15~15℃ 为宜。

（3）不能与农药、化肥共同贮存。因有些农药、化肥有挥发性，如果和种子贮藏在一室，会使种子受伤害而降低发芽率。

2. 层积处理

天气大冷到冻季节时，先把种子用清水冲洗，将绒毛、杂质与秕种漂除，选留饱满成熟的种子。用50℃左右的温水浸泡24 h后捞出沥水。将浸泡过选纯的湿种子与湿沙混合，混合前先把沙子用清水洗净，并用0.5%的多菌灵消毒，湿度保持以手攥成团、松手即散为宜，种沙体积比例为1∶1，并充分搅拌均匀。将混沙的种子放于透气的容器或木箱中，并置于室外阴凉处或地窖越冬，也可将混合好的种沙直接放入地窖中，使种子和沙子完全冻实。或是装箱后浅埋阴凉处地下，使种子和沙子完全冻实。翌年4月，解冻后种子会自然发芽。发芽后可以连同沙子一起按种子含量比例计算地面亩数播种。

3. 播种

苹果砧木种子春播一般在4月上旬进行。根据苹果砧木品种、种子纯度、发芽率、播种方法的不同播种量不同。一般平畦条播，山定子每亩播1.5 kg，海棠2 kg，新疆野苹果3 kg。采用宽窄行选南北向条播，宽行50 cm，窄行30 cm，沟深约2 cm，若墒情好可直接播种，覆土厚1.5 cm，随后盖农用地膜。浇水方便的地块最好先提前2 d大面积浇水灌溉。也可以采用大面积的种植方法，手播种子撒均匀，每亩播种纯种4 kg左右，种子上覆土厚1.5 cm，随后盖农用地膜。

4. 砧木培育

（1）透孔炼苗　播种后7~10 d，90%的种子发芽破土，当芽长出2片真叶时，开始透孔放风，以免温度过高烧苗。

（2）间苗与移栽　4月中下旬，当砧木苗长出3片真叶时，需进行间苗和移植，间苗一般坚持留壮、留齐的原则，株距大约留16 cm为宜，保持每亩2万~3万株苗，苗疏的地方从苗密地方结合间苗进行移栽，尽量使根系多带土，随栽随浇水，以利成活。

（3）综合管理　当苗高15~20 cm时即可浇水施肥，采用漫灌方法浇水，施肥量每亩施尿素10 kg左右，6、7月份再各施一次尿素，用量各为15 kg，每次施肥后必须灌水，其间需要及时抹除侧芽，以减少养分消耗。苗期注意防治病虫害，主要病害有立枯病，可用0.1%的甲基托布津药液喷雾或灌根；主要虫害以苹果黄蚜危害严重，发生时用吡虫啉可湿性粉剂喷雾防治。

最好在5~7片真叶时有一个蹲苗期，多中耕、除草，少浇水，促使根系生长。

5月份以后，幼苗进入迅速生长期，用水量增大，要结合浇水进行追肥。一般在5月下旬至7月上旬追肥两次。前期每次每亩追施尿素5~10 kg，后期每次每亩追施复合肥8~10 kg。

叶面喷肥可结合病虫害防治进行，前期可喷300倍尿素液，后期可喷300倍磷酸二氢钾液。

为加大基茎粗度，提早嫁接，应在夏季旺盛生长停止前摘心。此外，还要及时防治病虫害，砧木苗在4片真叶时易染立枯病，土壤黏重时易染白粉病。

5. 嫁接与嫁接苗的管理

（1）接穗的采集与贮藏　接穗的选择要按照品种区域化的要求，选择品种纯正，优质丰产，树体健壮，无病虫害，适宜当地栽培的壮年果树作为采集接穗的母树。为保证新品种嫁接苗的质量，对选定的母树要做出标记并加强肥水管理。夏季和秋季用的接穗应选取发育充实，芽饱满的当年生春梢。

（2）嫁接　苹果嫁接多在春、夏、秋三个季节进行，春季砧木发芽前可用头年贮藏的接穗做腹接、切接等枝接，砧木已经发芽，但贮藏的接穗仍处于休眠状态时可采用带木质部芽接。夏季接穗和砧木都离皮，可采用"一横一点"式芽接，秋季不离皮时，又可采用嵌芽接，这样春季3月下旬至5月上旬，夏、秋6—9月都能嫁接。

一般7月上旬以前的接芽，当年能萌发，如果加强肥水管理，1年可出成苗，7月中下旬的接芽，苗木生长弱，8月上旬后的接芽，一般当年不萌发，第二年春季剪砧，育出成苗。

（3）嫁接苗的管理　主要是检查成活，解除绑缚，补接、剪砧、除蘖、立支柱、土肥水管理和病虫害防治等项工作。

6. 快速育苗

快速育苗也叫"三当"育苗，即当年播种，当年嫁接，当年成苗出圃。这种育苗方法是20世纪50年代提出的，但一些具体问题当时并未解决。近年来，随育苗技术的发展，特别是激素和薄膜的应用，创造了不少快速育苗新途径，"三当"育苗才被重新提出来，但由于"三当"育苗生长期短，苗木不充实，适应性较差，对定植条件要求较高应用范围也受到一定的限制，常贻误生产。快速育苗应抓好以下几个环节。

（1）选用生长快的砧木海棠　如西府海棠根系发达，幼苗生长迅速，当年夏季就能达到嫁接的粗度。

（2）秋季播种快速育苗　可采用苗床集中的育苗法，以秋播为宜，播后随即覆膜，春播则要提早播种。这样才能早出苗，早生长，延长前期生长日数，达到提早嫁接，当年成苗的目的。

（3）采取保护措施　春播提早就得做好防寒保护，因此，采用保护措施与提早播种，延长生长期是紧密相关的。常见的保护措施有抗寒风障、阳畦、温床、地膜覆盖，地膜加棚是地膜小洪棚覆膜盖床集中育苗，然后移栽到露地嫁接圃。这种方法播种期能够提前，但必须等到晚霜过才能移栽，否则嫁接圃还得采取保护措施。为了解决这个矛盾，生产上也有用的双覆盖直播育苗的，但成本较高，管理不太方便，有待进一步改进提高。

（4）提早摘心，提早嫁接　砧苗长到30 cm左右即可摘心，促使其加粗生长，基径0.5~0.6 cm时可嫁接，并在6月底以前接完。只有这样，嫁接苗才有较长的生长时间。

（5）折砧或高位接芽　成活后不要立即剪砧，而是在接芽以上1~2 cm将砧木折伤不折断，促使接芽萌发，待接芽长到5~6片真叶时再行剪砧。此外，提高嫁接部位，接芽下边留5~7片功能叶，以供给接芽所需要的养分，接芽成活后可以剪砧。

（6）加强肥水管理　选择肥沃地块作苗圃，并加大底肥用量，一般一亩施粪10 000 kg。定苗后到嫁接前，结合浇水每亩追肥尿素10~15 kg，嫁接成活后，每亩施尿素8~10 kg，8月上旬和9月上旬，每次每亩追施复合肥8~10 kg，叶面喷肥每15 d一次，前期喷300倍尿素，后期200倍磷酸二氢钾。

总之，快速育苗除采取上述措施外，还应考虑当地自然条件，如温湿度、降水量、无霜期、实际生育天数以及水利条件和技术水平等综合因素，才能获得成功。

（十三）山毛桃

1. 特性

山毛桃主要分布在河北、山西、内蒙古、河南、陕西、甘肃、四川、云南及宁夏海原等地，生于海拔800~3 200 m的坡地、沟谷或疏林及灌丛中。宁夏六盘山及外围的原州区、隆德、径源等林区有天然分布，为宁南山区的乡土树种。

该树为落叶灌木或小乔木，山毛桃适应性强，喜温暖性气候，阳光充足之地。能耐−20℃低温，具有很强的抗旱、抗寒性能，对盐碱也有较强的抗性，在瘠薄的土壤中生长较好，但不耐水湿，是海原人工营造水土保持林和水源涵养林的树种之一。

山毛桃也是嫁接桃的砧木，为重要经济树种。桃仁、花、枝、树胶和根均可入药。叶捣烂后，用其汁液可作为杀虫剂。

2. 育苗方法

（1）种子采集　花期4月底，果实8月成熟。采收后堆放数日，取出种核，洗净残肉，再阴干贮藏。

（2）种子处理　在室外选高燥向阳的地方挖沟埋藏催芽。沟深1 m。

①将种核与3倍湿沙混合填入沟内，上面覆土盖草，以防种核结冻。沙中也可以掺一些马粪，促进通气。一般需埋藏120 d。

②种核与2倍马粪混合，加水后倒入沟内压实埋藏。一般处理2个月。

（3）选地、整地　苗圃地应选在地势较高且平坦，活土层厚50 cm以上，地下水位1.5 m左右，排水通畅的地方。育苗地以含盐量小于0.2%、pH8.5以下，病虫害少的沙性土壤为宜。

育苗的前一年秋季，施足底肥，机械耕翻30 cm，平整耙匀，并灌足冬水。翌年3月上旬再耙糖保墒。

（4）播种　秋播在10月下旬进行，可用单犁耕作进行播种。播种深度8~10 cm为宜，株行距5 cm×20 cm，隔30 cm播两行，预留30 cm，以便于松土除草，提高耕作效率。

春播在3月进行，采用开沟点播。在整好的苗床上，按行距40 cm，开4~8 cm深的条状沟（深度依土壤质地、湿度而定）。每10 cm放1粒种子，用细湿土覆盖，沟顶堆土成小垄状，以利保墒。

（5）抚育管理　种子发芽出土前，用钉齿耙抓平苗床，破除板结。苗出齐后松土除草，及时灌水。肥力差的土壤，要在6—7月追肥，施氮肥和复合肥料各1次。当年秋季可芽接良种桃树或造林。

（十四）紫穗槐

1. 特性

落叶灌木，高2 m左右，丛生。原产北美洲。我国长江、黄河流域有广泛栽培。枝叶含丰富的氮、磷、钾成分，有根瘤，是优良的绿肥植物。嫩枝叶还可作饲料。枝条细长可供编织。花期长，是良好的蜜源植物。

适应性很强，耐干旱、耐瘠薄、耐盐碱、耐涝。根蘖性强，能改良土壤，是荒山荒地、碱滩、沙滩、湖边、渠边良好的经济灌木。

2. 育苗方法

（1）种子采集　宁夏6月中旬盛花期，9月底种子成熟。成熟种子棕褐色，短期不脱落。可在10月间采收，采集后的种子应摊放晾干后收藏。

（2）种子处理　种皮革质，有隆起油腺点，不易吸水，播前种子需催芽处理。

将种子放在碾子上，像碾谷子一样，随碾随添，约15 min，种子破皮后用30℃温水浸种1昼夜，混沙堆放向阳处。

（3）选地、整地与做床　育苗地应选择地势平坦，土质肥沃，浇灌便利的砂壤土为好。整地应在前一年7月进行深耕25~30 cm。此时是压青季节，也是降雨集中的季节。深耕有利于接纳大量雨水渗入土壤，不仅能保墒而且加厚土壤疏松层，促使下层土壤熟化。头年深耕后，翌春解冻即可耙耱着床，也可做垄。一般采用大垄育苗为好。

在耕整耙耱过的地段上做床或做垄。做床规格是起埂10 cm，床宽2 m、长10 m，行距为20 cm，播幅3~5 cm。做垄时，垄底80 cm、垄顶平面50 cm、垄高15 cm，垄长应根据具体情况决定。垄要直，地要平坦，土壤细碎，上下疏松。

（4）播种　播种期在3月上中旬。床、垄播种方法采取宽幅条播，播沟深度2 cm左右，覆土厚度为1cm，然后进行镇压。经催芽处理的种子，如土壤湿润，1周左右即可出苗。

（5）抚育管理　紫穗槐播后发芽和温度关系极为密切。温度为23℃左右为最适宜，15 d左右可大量出苗。为了提高地表温度，在幼苗未出土前不进行灌溉，以利种子萌芽出土。

当幼苗有两个叶子时，它的根长1~2 cm。这时如表层干土厚度达1 cm时，就需进行第1次灌水。出土后10 d左右，主根长2.5~3.0 cm。这时表层干土厚度达到1.5 cm时，可进行第2次灌水。再经10 d当幼苗长出5~6个针叶时（苗高3cm，主根长度10~12 cm）可进行第3次灌水。出土后40 d左右，苗木进入生长旺盛期，这时可进行第4次灌水。雨季来临停止浇灌。后期仍需灌1~2次。要适时松土、除草。

（十五）柠条

1. 特性

柠条为落叶灌木，是黄河中游黄土高原重要水土保持树种。宁夏干旱山区及海原大量分布。它的枝叶茂密，可以覆盖地表；根系发达，有根瘤菌，能改良土壤。

柠条既耐旱又耐寒，对土壤要求不严，石质山地，黄土丘陵地、沙地、荒漠均能生长。生长迅速，萌芽力强，水土保持效果显著。枝干中含微量油质，适宜营造薪炭林。花多期长，也可庭院绿化。

2. 育苗方法

（1）种子采集　5月开花，6月中旬至7月初种子成熟。成熟特性是荚果变硬呈灰白色或绿红色，种粒无浆质，此时应立即采收，否则3~5 d荚果开裂收集困难。采后晒干，除去夹杂物，即得净种。

（2）选地、整地　育苗地应选择交通方便、地势平坦、通风好、排水方便、pH小于8.5、含盐量低于0.2%、土层深厚肥沃的沙性土壤。切忌低洼地和盐渍土壤上育苗。

按苗木育苗年限可在春季（4月中下旬培育1年）或夏季（7月上中旬培育1.5年）育苗。对于春季育苗地，前一年入冬前灌足冬水，播前整地。首先结合整地施足基肥，然后采用起垄覆膜育苗，垄底80 cm、垄顶平面50 cm、垄高15 cm，垄长根据具体情况决定。垄要直，地面平坦，土壤细碎，播种后覆膜；对于夏季育苗地，5月份施肥翻晒，在雨季适时抢墒播种。

（3）播种　播前种子用30℃温水浸泡1昼夜，开浅沟条播。对于起垄做床育苗，每床播3行；对于大田雨季育苗，行距为30 cm。覆土1.5~2.0cm。一般6~7 d即可出土。

（4）抚育管理　春季起垄覆膜育苗，根据出苗情况适时进行破膜放苗、压膜，生长季节不宜多灌水，夏季过于干旱时沿垄沟适当浅灌。夏季雨后育苗，在过于干旱时，可在苗高超过5 cm时适当进行浅灌。

加强生长期管理。适时除草，除草时做到除小除了，同时注意苗圃地白粉病的防治。1年生苗木高在30 cm以上，当年秋季或次年春出圃造林。1.5年生苗木可在第2年秋季或第3年春季出圃造林。

（十六）花棒

1. 特性

花棒为落叶灌木。主要分布于内蒙古、甘肃、宁夏的沙漠地带，生长于流动和半固定沙丘上，戈壁滩上也见生长。

花棒生长快，根系发达。萌蘖力极强。耐寒，能耐地表50~60℃的高温，耐瘠薄沙土，不怕风蚀沙压，是很好的干旱荒漠先锋树种之一，也可营造薪炭林。

2. 育苗方法

（1）种子采集　花棒花期很长，一般从7—10月不断开花。10月份当荚果由绿变黄时采收。因种子易脱落，所以要抓紧采种时机。采种时，先清除树下杂草，或在地上铺布，用木棒敲打树枝，种子即落在地上，收集起来，除去杂物，即得净种。种子要立即晒干，装袋放在通风室内。只要贮藏得当，5年后发芽率仍可达80%以上。

（2）种子处理　播前种子用40℃温水浸种1 d，然后混沙堆放催芽。催芽时气温最好保持在18℃，待50%种子裂嘴时播种。

（3）选地、整地　沙土、砂壤土宜作育苗用地，绝不能在低洼潮湿黏土上育苗。圃地播前淌足底水，稍干时耧平播种。

（4）播种　大田式开沟条播。播后覆沙土2 cm，轻加镇压。7 d左右即可出圃。

（5）抚育管理　幼苗阶段土壤不要过于干燥，也不要多浇水，以免死苗。当年苗高达80 cm，地径0.5 cm，可出圃。

（十七）沙棘

1. 特性

沙棘落叶灌木。枝叶茂盛，根系发达，有根瘤，是固沙造林、水土保持的优良树种，分布于华北、西北等省（区）。沙棘喜光，生长快，适应性强，对土壤要求不严，耐干旱瘠薄，抗风耐沙，抗寒耐水湿。天然生长于六盘山、固原市各县及中卫市的海原县（海原县五桥沟高达9 m如乔木），生于向阳山坡、阴坡、林缘或河滩地。

沙棘果富含维生素、氨基酸、脂肪酸及黄酮类化合物，是保健饮料、美容化妆品及治疗心脏病的上好原料，如心达康片、沙棘黄铜片、沙棘黄酮口服液等药品。沙棘植株平茬后的枝条，是很好的燃料。

2. 育苗方法

（1）种子采集　沙棘果9月下旬成熟，熟果在树上数月不落，采集种子一般在9月下旬和10月份进行，将果实打落收集或果枝剪下后，用石碌子将果实碾破，浸水后搓揉，去掉果肉，再用清水冲去杂物，淘洗，即得净种，晒干贮藏。

（2）种子处理　沙棘种子皮厚而硬，常附油脂状棕色胶膜，妨碍吸收水分，因此在播种前应做好浸种催芽。催芽时间为播种前1周左右，催芽时先用0.5%的高锰酸钾水溶液消毒2 h，然后再用40~60℃温水浸种1昼夜后搓揉，捞出摊放于塑料上覆盖麻袋催芽；也可用1份种子与3倍湿沙混匀后，放在温暖处催芽，温度保持在20℃左右，每天翻动1次，并用冷水淘洗1次，一般5 d左右便有30%的种子裂嘴露白，即可播种。

（3）选地、整地　沙棘种子虽小，但皮厚而硬，并附有油质状胶膜，吸水难，顶土力差，所以育苗宜选择地势相对平坦，排灌水方便，土质疏松的砂壤土，应尽量选择在交通方便或造林地附近。

育苗前要深翻整地，要做到地平土碎、上松下实，结合整地施足基肥和土壤进行消毒。做床规格为苗床宽2 m，步道宽0.3 m，床长依田块大小而定，一般为20 m。

（4）播种　沙棘抗寒性强，一般春播土壤化冻后即可进行。播种时间采用开沟条播的方法，行距20~25 cm、沟深1.5~2.0 cm、宽10 cm左右。因沙棘1年生苗无侧枝，叶片又小，所以加大播幅可提高产量。将催好芽的种子均匀地撒在播种沟内，一定要覆上筛沙土，最好用细沙，覆沙厚度1 cm，盖住种子即可。

（5）抚育管理　播种后1周左右即可出苗，2周出齐苗。播种后较湿润的地区，在出苗期不用浇水，土壤干旱影响幼苗出土的，要及时喷水，不能漫灌。注意松土和除草，进入速生期（6—7月）后要结合浇水施肥，促进苗木生长。生长后期要停水停肥，促进苗木木质化。

1年或2年生沙棘播种苗高大于40 cm后、地径0.3 cm以上即可出圃造林。起苗时要尽量保持完整的根系，有利于提高造林成活率。

（十八）柽柳

1. 特性

柽柳为落叶灌木或小乔木，原产我国，分布以黄河中下游及淮河流域为主。常着生于平原、沙丘间和盐碱地。在干旱戈壁荒滩与胡杨混生成天然林。宁夏黄河两岸、海原石硖口有大面积的天然林，在排水沟旁、盐碱地上亦有人工林。耐寒、耐旱、极耐盐碱，又耐修剪，可栽植为观赏树或绿篱。

2. 育苗方法

（1）种子育苗

①种子采集　夏季开花，花期长，从6—10月初。育苗用种以采集7月初第一批成熟的种子最好。种子细小，熟时黑色，连同花序一齐采下，晾干后，放在竹帘上用柳条抽打，除去细枝、絮梗等杂物即可。因种子细小，花瓣很多，不易理成净种。

②选地　整地与做床　柽柳喜欢在阴湿的河滩和冲积砂壤土上生长。育苗地应选择水分条件好的地方，也可以选择湿地和轻盐碱地育苗。

柽柳在发芽期和幼苗期要求有湿润的土壤环境。柽柳种子极小，播种育苗时应采用开沟式的平床最好。先画宽2 m、长8 m的床，在床中间开宽、深各20 cm的进水沟，四周做埂。

③播种　柽柳播种应在8月上旬进行，在做好的苗床上灌水，待水下渗后即趁湿播种，随采集、随播种。然后在床面上撒上薄薄一层细土，使种子似露非露。

④抚育管理　柽柳播后24 h幼苗出齐。第3天后可生根。第10天后，主根扎入土中1 cm左右。这一阶段要经常保持床面湿润，干者就会死亡。幼苗生长非常缓慢，不进行松土除草。翌年生长才逐渐加快。根据苗木生长的不同时期应做好浇灌。翌年做好松土、除草、灌溉工作。2年生的苗木可出圃造林。

（2）扦插育苗　插穗要选1~2年生的枝条。采集时间在开始落叶到树液流动前进行。

秋插应随采随插，春插应用细沙将原条埋入窖内贮藏。插穗的长短要适中，穗长度以20 cm为宜，穗直径0.6~1.0 cm。

桎柳插条育苗以大田式为宜。顺垄开沟进行直插。垄距为40 cm，株距为15 cm。插前将插穗浸泡1昼夜，插穗顶端在地表外露2 cm。外露过长，表土含盐量多，侵蚀幼芽；缺水地区，插穗顶端与地表平。插后要加强抚育管理，1年生苗即可出圃造林。

（十九）油松

1. 种子采集

油松种子在9月上中旬成熟。当球果由绿色变为黄绿色，就应及时采收。采种前母树要选择树龄20年以上，发育健壮、干形好、抗性强、无病虫害的树木作为采种母树。采下来的球果放在通风良好的场地摊开晾晒，每天翻动一次。几天后球果鳞片卷曲自行裂开，再用木棍轻轻敲打并来回翻动，种子就自动脱出。将收集起来的种子经过搓揉取翅，筛选去杂，晒干后即可贮藏。

2. 选地、整地

油松育苗地要选择在排水良好、灌溉方便、土壤肥沃、土层深厚的砂壤土或壤土为宜，盐碱地不宜育苗。山地要选择地势平缓的阴坡半阴坡，土层深厚的荒地和腐殖质含量多、病虫害少的地方。以东北坡、北坡为好，地势应选山腹或较平坦的地方，坡度小于30°为佳。

整地在前一年雨季进行，深耕20~25 cm，第二次深秋浅耕15~18 cm，浅耕后立即耙糖，使耕后表土层平坦而疏松。

3. 做床

海原多采用大田式垄作育苗。优点是保持土壤湿润，垄面疏松，通风良好，浇水时省水，苗木根系发育良好，同时利于机械操作。作垄的规格：垄底80 cm，垄顶平面50 cm，垄高15~20 cm，垄的方向以南北为宜，垄面搂平，每垄开沟3行。山地水平阶面梯田上筑床，宽1.0~1.5 m，长度根据地形决定。

4. 种子处理

油松种子处理有两种方法：温水浸种快速催芽和冷冻雪藏。一般多用温水浸种快速催芽，在播种前10 d进行种子催芽处理。即先用1%~2%浓度的硫酸亚铁浸泡1 h，再用1%浓度的高锰酸钾浸泡1 h，用清水淘洗两次，然后用45℃温水浸种24 h，捞出放在温暖的地方，摊放在湿麻袋或草袋上，覆盖，每天洒水和翻拌一次，当种子裂口达70%以上即行播种。

5. 播种

油松播种分为春播和秋播。一般春播为好,应尽力早播种;秋播应在结冻前进行,可免去种子催芽程序。播前灌足底水,播种方法以条播为主,播幅3~7 cm,行距15~20 cm,覆土1 cm左右。催过芽的种子播后7~10 d即可发芽出土。大棚育苗要提前1个月播种,但要注意通风,防苗木立枯病。

6. 抚育管理

播种后不进行灌溉也不覆盖,以保持适宜的地温,促进种子迅速发芽出土。在保水性能差的沙地,播后及时镇压,有条件的可用土壤增温剂喷洒床面,以利保温保水,加速发芽。如土壤水分不足,可进行灌溉,但会使床面土壤板结,降低地温,延迟出苗期,幼苗生长不良。

油松幼苗耐干旱,春季不宜多灌,以免影响地温,使幼苗生长缓慢。6—7月可增加灌溉量,在雨季要注意排水,防淤忌涝。

油松幼苗性喜密生,因此,间苗不宜过早,以利庇荫,促使生长旺盛,6—7月间苗为宜。间苗工作可在雨后或灌溉后用手拔除,间苗后及时进行灌溉或松土。

油松全部出土后,种壳脱落前应注意防止鸟害,同时要进行降温,防止立枯病的发生。当地表温度达到36℃时,立枯病就会出现,造成苗木大量死亡。因此,立枯病与温度有很大关系,育苗地有碱性死亡严重,要及时喷洒50%的800~1 000倍的可湿性退菌特或1.5%的硫酸亚铁溶液,每隔10 d进行一次,至7月份苗木基部木质化和不见病害蔓延为止。喷药后要灌溉冲洗苗木。

油松防寒应在封冻前进行。用土覆盖苗木,覆土厚度以看不见苗木为止,翌春4月下旬晚霜后将土撤掉。

7. 移植苗木的培育技术

油松苗木一般是1.5~2.0年生的苗出圃造林,中间不经过移植。如需要2.5年以上的苗木造林应进行移植培育。要选用顶芽饱满、根系发达、针叶浓绿、无病虫害的苗木,在早春进行移植。油松栽植以穴栽为主,要求做到穴大根舒、深埋、实扎,使土壤与根系紧密接触。油松移植多采用带宿土蘸浆丛植的方法(每丛2~4株)每丛植株的株数因不同培育目的有所不同。提高油松的成活率,在起、选、包、运、植的操作过程中,保持苗木水分是非常重要的。实践证明,苗木裸根4 h,栽植成活率大大下降。因栽前水分的损失严重,即使成活,生长量明显下降。油松移植后要加强抚育管理,做好除草松土与蓄水保墒,给移植苗木的成活创造条件,达到定向培育的要求。

（二十）华北落叶松

1. 种子采集

华北落叶松天然林一般第13年开始结实，人工林结实较早。5月开花，9—10月（白露前后）成熟。球果成熟后容易开裂使翅果飞散，所以一旦球果成熟要及时采收。采回后经日晒鳞片裂开，再轻轻敲打脱出种子，去掉种翅及夹杂物。种子在干燥、密闭、凉爽条件下，发芽力可保持3年。

2. 种子处理

（1）混沙低温处理　播前2个月将1份种子与2倍湿沙混合（沙子要充分淘洗去泥土消毒），使含水量达60%。装入木箱中，放在0~5℃的冷室内。如种子较多，可选背阴处挖1 m深的坑，底部垫沙，将混沙种子放入坑内，上面覆草并盖草袋。播前1周取出，筛出混沙，置于气温20℃室内催芽。每天翻动2次，洒温水保湿，待种子大部分裂口时播种。

（2）温水浸种　用40℃温水浸种，搅拌到20℃左右时放置浸种2昼夜，换凉水1次，捞出混以少量湿润锯末，摊放在气温20℃的室内向阳处，盖薄草帘，每天翻动2次，洒温水保持湿润。10 d左右，种子萌动播种。

3. 选地、整地与做床

平地育苗应选择地势平坦、灌溉方便、土层深厚、肥沃、湿润、排水良好的砂壤土或黏壤土上进行。山地育苗应选择阴坡或半阴坡中下部，坡度40°较宜。土壤湿润、土层肥厚、排水良好的荒坡、疏林地，采伐迹地。土壤以砂壤土或黑垆土为宜。沟谷育苗应选择背阴坡角，有水源的地方，具有湿润、肥沃、排水良好的砂壤土，但不能在潮湿的低洼地上，以免发生根腐病。

平地整地应在前一年雨季进行，深耕25 cm，耙糖平整，在封冻前进行一次浅耕，深度为20 cm左右。早春及时耙地能够保墒。浅耕前要进行施肥与土壤消毒。山地育苗要进行带状整地。沟谷整地提前一年做好深耕压青，深耕25~30 cm，以接纳大量的雨水，增加土壤肥力和湿润度，加厚土壤疏松层，促使土壤熟化。同时应做好施肥、灭菌、杀虫。

平地做床多采用开心式平床，床宽10 m。在床面上开深20 cm，宽30 cm的纵水沟，床四周埂高15 cm，埂子要踩实，在水沟两侧床面上育苗。床面要求平、细、松、软。在播前灌足两次底水。山地苗床可按不同的自然地形，一般床宽1.0~1.5 m，长度应沿等高线，根据具体情况而定。

4. 播种

华北落叶松的播种多在早春，晚秋亦可进行。一般掌握早播种浅覆土的原则，海原播种期在4月下旬（谷雨前后）。播种前对床面土壤喷水，使湿层达5 cm，第2天开沟条播。行距20~25 cm，沟深1 cm，播幅10 cm（宽幅播种苗木可相互庇荫，防治日灼病）。均匀撒种，覆沙土0.2~0.3 cm，或覆盖锯末0.4 cm，然后再盖上一层薄草，立即喷透水1次。如不覆草，可盖塑料薄膜。

5. 抚育管理

华北落叶松播种育苗成功的关键是采取保证种子出土，防止日灼、病虫害、冻害等一系列综合措施。

华北落叶松在干旱地区的出苗期在5月上旬。保持苗床充足的水分，保持表土松软，改善土壤中的通气条件，是保证早出苗、出齐苗的重要条件。所以出苗前土壤要保持湿润，并防止表土板结，顶土期可轻轻揭去土盖，再用细土覆盖，以防嫩苗死亡。

播后半月开始出土，约1个月出齐。出苗期分次揭草。幼苗期苗茎嫩弱纤细，每隔3~5 d喷水1次，保持床面湿润即可。为防日晒，床面上可搭阴棚。

幼苗出土后，注意防止鸟害与日灼。在苗床地温36℃时发生日灼，同时发生苗期猝倒病，此时及时灌水降低地表温度。为防止病虫害的发生，用1%~3%的硫酸亚铁和硫酸铜液每隔10 d喷洒1次，落叶松猝倒病应立足于治的原则，此外，发现少量病苗要立即拔出。

幼苗出土后，要加强水、肥、土的管理。雨季期间要注意排水。10月初用行间土就地将苗压埋越冬。冬灌水量要少。第2年春将覆土揭除，继续留床培育1年，加强水、肥管理，即可出圃移植或用于造林。

6. 移植苗的培育技术

为了绿化所需大苗，可将一年生苗进行移植，移植苗区的整地方法和播种地的整地相同，不同处是床的宽度较大。移植时间在早春的4—5月。培育第2年生的移植苗时，株行距采用20 cm×40 cm为好。移植采用开沟移植法。先开成20~25 cm的沟，将苗木放在沟内，翻土回填，扶植苗木，踏实即可。从针叶树移植的成活情况来看，以落叶松最差。这可能是落叶松根部水分消失较快的缘故。如在春季根系暴露2 h后就有50%的死亡。因此，要做到深挖苗、带宿土、轻提苗、不伤根。栽植时应深埋（比原根部多埋5 cm）挤紧扎实。二年生苗木管理比较简单，必要时也可灌水、追肥。

（二十一）樟子松

1. 种子采集

樟子松15年后结实，60~70年大量结实。种子9月中下旬开始成熟，即可进行采集，但成熟球果在树上能保留6—7月之久，因此可长时间进行采种。球果坚硬，采回后短期不会开裂，需放置露天暴晒，或在干燥室内调制。鳞片开裂后，敲打使种子脱落，搓去果翅，筛去夹杂物。干燥种子在密闭条件下可较长时间保存。

2. 种子处理

种子在催芽前用0.2%硫酸铜水溶液或0.5%高锰酸钾水溶液浸种2 h（陈种子可浸种3~4 h），再用清水冲洗。

（1）雪藏法　11月初，土地尚未冻结前，选背阴处挖1 m深、0.6 m宽的长坑备用。待下雪积雪后，将种子与雪混合装入木箱或草袋中压实，放入雪坑内。坑的四周及上部再用雪封住压实，坑底覆草和草袋。播前1周取出，放在室内，待雪融化后，淘洗种子，摊在草帘上催芽。室内温度可在20℃左右，翻动时洒些温水，待种子有一半裂口时播种。如冬季无雪，也可将冰块打碎与种子混合。

（2）混沙催芽法　可于播前15~20 d，将种子用温水浸种1昼夜，捞出混合少量湿沙或锯末，平铺在草帘上，放在20℃的室内，盖塑料薄膜。每天翻动1~2次，洒适量温水，待种子多半裂口时播种。

3. 选地、整地与做床

樟子松育苗地应选在地势平坦、土层深厚、排水良好、空气流通的地方。对土质虽不苛求，但必须是松软的沙质土壤为宜。如质地较黏需要铺沙改良，使表土层含水量达50%。在降水量少、干旱、风沙大、蒸发量大、水源较缺乏的海原可采用低床。低床规格是床宽1m，床面低于步道15~20 cm，步道宽30 cm。一般情况下还可采用开心平床。土壤务必细碎，搂平和消毒。

4. 播种

引黄灌区播种期可在4月上旬。播前在床面喷水，使表土层湿润达5 cm，稍干开沟条播。因樟子松属小粒种子，宜浅播。行距20~25 cm，播幅10 cm。撒种后覆盖沙土，厚度0.3~0.5 cm。轻加镇压，覆草或塑料薄膜。

5. 抚育管理

播后6~7 d幼苗大量出土。出苗期内要分次揭去覆草，注意防止土壤板结影响出苗。苗期浇水是一项重要的管理措施，适时适量浇水，可以合理供给苗木各生长阶段的水分，调节地表土壤温度、湿度，减少病虫害，但以喷灌为宜，忌灌蒙头大水。幼苗期需湿润土壤，此时也易染猝倒病和发生蝼蛄危害，一般每周喷水1次，水量要少。7—8月苗木生长旺盛，气温高，可在上午10点喷水。次数可以增多，起到降低地表温度防治日灼的作用。8月以后不再浇水。出苗后1个月前及夏末秋初是猝倒病、立枯病易感染期。每5~6 d

交替喷洒500倍的敌克松水剂、0.5%的高锰酸钾，或1%硫酸亚铁1次（喷后半小时洒清水洗苗），并随时拔除病苗。11月上旬就地埋土越冬，免受风冻。

据育苗试验，播后采用覆盖塑料薄膜，2 d大量出苗，4 d出齐。不必用遮阴棚，用喷水来调节地表温度。

6. 移植苗的培育技术

樟子松一般在苗圃培育2年，第2年换床培育。移植时间可根据不同地区的气候条件决定，在4月上旬为宜。株行距不宜太密或太稀。一般为每平方米200株左右。苗木换床后要进行田间管理，促进全苗、壮苗。在移植前要进行截根。这不仅避免主根过长，还可以促进幼苗侧根根系的生长。截根用锋利铲刀插入苗床下把幼苗的主根切断，应在苗木停止生长前的一个半月左右进行。切根深度15 cm左右，以促进根系发育、幼苗木质化。切根后将土压实并灌水。

（二十二）云杉

1. 种子采集

云杉10~20年开始结实，种子成熟期一般在10—11月上旬。注意采种期，观察种子成熟情况，当球果变为褐色时，显示种子成熟，球果鳞片向外弯曲，种子就自行脱落。因此，采集种子要在球果开裂前进行采集。将采集回的球果散放吹晒，几天后果球鳞片开裂，轻力翻动，种子脱落。经风选、水选，去掉鳞片、针叶、空粒种子即得纯种。

2. 种子处理

在播种前两个月左右，将种子用0.5%高锰酸钾溶液消毒2 h，然后用温水浸种6~8 h。注意云杉种子不耐高温，故浸种时间不能长，浸种水温必须在50℃以下，一般浸种时间在8 h左右。然后1份种子混拌2~3倍的湿沙，在温室为18~25℃的室内放3~5 d。然后放置背阴坑内，用碎冰覆盖种子。在播种前取回室内，经常翻动，保持沙种湿润，待种子露白吐芽即可播种。

3. 选地、整地

海原育苗要选择在海拔较低的阳坡地下缘或低山与中山地带。选择地势开阔，避免冷气团聚集，利于排水的部位。土壤应选择肥沃、深厚、含石量少的黏壤土为宜。

整地一般进行2次。在前一年雨季前进行，平原在土壤结冻前进行。耕翻深度25~30 cm。翌春结冻后再进行浅耕18~20 cm，结合施入基肥和土壤消毒。

4. 做床、做垄

山区缓坡做床，要注意排水。多雨地区应做高床，少雨地区做平床或低床。山地苗床宽1.5 m、长5~10 m。平原地区一般用开心式平床或做垄。平床床面与周围地表平。地埂高于平面10 cm、床宽2.3 m、长10 m，中间开水沟深20 cm、宽30 cm，水沟两侧床面各1 m，行距为15~20 cm，每侧床面条播5行。做垄时，垄宽80 cm、垄顶平面50 cm、垄高15 cm、垄距30 cm、垄长20~30 cm。每垄条播3行，行距20 cm。

5. 播种

云杉一般在春季播种。大部分地区在4月中旬播种。过早受晚霜危害，晚则遭日灼。山区播种，要宁早勿晚，顶凌条播，覆土厚度为1.5~2.0 cm，播后镇压，并在苗床上覆盖一层枝梢。平原地带用床播、垄播、宽幅密播。播前灌足底水，选择无风之日进行条播，播幅8~10 cm。床播行距25 cm，垄播行距20 cm。播后用过筛消毒的砂壤土与锯末混合覆土。床播覆土厚度1 cm，垄播覆土厚度1.5 cm。覆土后，轻轻镇压。

6. 抚育管理

云杉播种到幼芽出土，一般需15~20 d。如种子用冷冻雪藏处理，出土前不进行灌溉，出苗快而整齐，苗茁壮。

云杉出苗后要及时灌水，保持床面湿润，防止升温。浇灌原则是次多量少，适时进行。雨季期间，应停止灌溉。后期如天气特别干旱，仍应灌水1~2次。云杉出苗后耐阴怕热。为了防止云杉根茎部受到日灼，可洒水降低地表温度。如气温升高到30℃左右时，每日喷洒2次，幼苗长出两轮针叶为止。

松土、除草一般同时进行。松土必须在雨后或灌水后进行。在生长前期每15 d进行1次，后期每月1次，全年6~8次。松土原则：小苗松土宜浅，大苗松土深；床面干燥时浅，湿润时深。

云杉幼苗喜湿耐阴，当年播种苗木生长迟缓。又因为鸟害、立枯病、日灼、冻拔为害严重。所以当年生苗不进行疏苗，2年生苗可适当间苗。

7. 移植苗的培育技术

为了培育城市绿化所需大苗，要进行移植换床，否则密度大而生长不良，一般在3年时进行换床移植。

移植区在移植前必须进行整地，并施入无机肥料与有机肥料。整地应尽力加深。移植应在早春进行，一般地区在4月上旬为好。移植密度3年生移植苗株行距以30 cm×60 cm最宜。云杉苗移植，因苗龄不同采用的方法也不相同。3年生移植苗栽植时要进行分级，选用1级苗进行移植。移植苗要深埋2~3 cm，根部要舒展，不能弯曲。苗木移植后在1个月内保持苗木有充足水分。在生长期内要经常进行中耕、除草，第一年3~5次，追肥2~3次，灌溉可根据具体情况而定。

（二十三）侧柏

1. 种子采集

侧柏6~7年生树开始结实。4月开花，9月底至10月上旬成熟。当果实由绿变黄时应立即采收，以防果实开裂种子脱出，不易收集。采回的果实日晒4~5 d，待鳞片裂开，用木棒轻打，种子脱出，除去杂物即可。种子在一般温室条件下，3年内仍可保持较高的发芽率。

2. 种子处理

侧柏种子空粒约占25%，需经水选漂除。先将种子放入0.5%高锰酸钾水溶液浸泡2 h消毒后，再浸入40℃温水中一昼夜，捞出平铺在草帘上，厚5 cm，上盖塑料薄膜，置于向阳处或室内。温度保持在20℃，每天用20℃温水淘洗1次，并翻动2~3次。约1周种子有一半露白吐芽时立即播种。

3. 选地、整地与做床

育苗地应选择肥厚湿润的土壤和肥沃适中的轻微碱土，忌在有病虫害的土壤，地势低洼和泛碱严重的土壤育苗。

侧柏播种要深耕细作，秋季深耕25~30 cm，耕后不进行耙糖，以大量接纳雨水，经冬季风化加深土壤的肥沃度，达到积雪保墒与消灭杂草。翌春解冻后，提前耙地，进行浅耕15~20 cm，同时进行施肥和土壤消毒。

浅耕耙糖后的土地，可进行做床。侧柏育苗一般采用平床，床宽1.5 m、长10 m，埂高20 cm，筑埂时踩实。床面平整，土壤松软。播种前引大水灌溉1次，待床内水分渗干后，用耙搂平，准备播种。

4. 播种

侧柏播种一般春播为好，最适宜的时期是在3月下旬至4月上旬。根据实践经验表明，播种愈早愈好，早播可以延长生长期，是侧柏育苗的关键；晚播则苗木质量、产量均有显著下降。播前打碎土块，细致整地，床面要反复用钉耙搂平。浇足底水，地表稍干时再抓1遍，开沟条播。行距25~30 cm，播幅5~7 cm。覆沙土1~2 cm，轻轻镇压，土质较黏的育苗地，以随后覆盖纯沙为宜。

5. 抚育管理

播后约10 d出土，15 d大量出苗，20 d基本出齐。幼苗出土期间，土壤要保持湿润。幼苗生长期间虽然在土壤湿润时可大量生根，但要适当控制水量，以防土壤太湿时发生病害。7月以前，15~20 d浇水1次。并及时松土除草、追肥。8月以后，雨水较多，注意排水。

深秋要就地埋土越冬，防止风冻。可留床培育1~2年，方可移植培育或栽绿篱。城市园林绿化用苗须经过2~3次移植，移植期以4月上旬为宜。

6. 移植

侧柏移植的主要任务培养多年生的大苗。移植时间应在4月上旬为宜，此时苗木成活率较高。移植密度应根据绿化需要培育年限而定。培育年限愈长，株行距愈大。培育3年生移植苗的株行距以30 cm×60 cm 为宜。但也考虑土壤的肥沃度与管理措施，可加大也可缩小。移植的方法应根据苗龄而定。一年生苗可采用窄缝移植法。移植前定出株行距。把锹放在移植点上前后摇动即成窄缝，将苗放入缝内，向上提一下，舒展根部，踏实。移植2~3年生的苗木可采用开沟移植法。移植苗的培育，移植1个月后要勤浇水，一般浇灌3~4次水，才能保证移植苗的成活。以后要加紧除草、松土、追肥等抚育管理措施，才能培育出绿化所需要的优良苗木。

二、温室育苗

（一）概述

近几十年来，随着塑料工业的发展，林业上常采用塑料大棚温室进行育苗。塑料大棚是用塑料薄膜建成的温室。它的优点是保温保湿、延长苗木生长期、缩短育苗年限、提高种子发芽率、苗木生长量大、幼苗免受风、霜、干旱等危害，同时杂草也少，特别在干冷地区显得更为重要。但温室育苗成本高，技术要求比一般露天育苗高。

（二）大棚育苗

1. 棚址选择

大棚应选择在靠近村镇、居民点附近或国有林场，地势平坦、排水良好、背风向阳、空气流通，且有灌溉条件的地方。

2. 大棚构造

目前采用的大棚多成圆形，棚顶半圆形，多为轻型角钢构架，上覆耐老化的聚氯乙烯塑料薄膜。大棚规模一般以长30~80 m、宽10~16 m、高2.0~2.5 m 为宜，大棚过长，腰门设置过多，不利于增温、保湿；过宽，通风降温效果不佳；过高，不利于抗风保温。因此，高度在不影响苗木生长和人工作业的情况下，尽量降低为好。

3. 大棚育苗

塑料大棚温室育苗与露天育苗的方法和步骤基本相同，但在大棚内进行容器育苗时，应注意对生长缓慢当年不出圃的苗木要更换较大的容器，以利于苗木生长。

4. 大棚管理

利用塑料大棚育苗，关键是控制好棚内的温度和湿度。通常大棚内的温度靠门窗的开闭或搭遮阴网来调节。在白天大棚内的温度应控制在25℃以上，但最高不超过40℃，夜间控制在15℃左右。出苗前棚内相对湿度保持在80%左右，出苗后棚内相对湿度保持在50%~60%。

大棚内育苗时，棚内病菌繁殖快，一定要防治病虫害，坚持"预防为主，综合防治"的原则。

5. 撤棚与苗木锻炼

苗木出棚前应逐渐撤棚和进行苗木锻炼，因为苗木生长在条件比较优越的棚内，对外界条件的适应性较差，如果苗木直接出棚，对苗木生长极为不利。撤棚的时间要根据棚内外的自然条件而定，撤早了容易造成温度低而影响苗木生长，撤晚了会因棚内温度高使苗木徒长而降低抗病力。所以，只有正确地安排撤棚程序，进行苗木锻炼，才能促进苗木木质化程度，提高苗木质量，以适应造林地环境。

在苗木锻炼过程中，开始时将大棚周围的薄膜卷起，逐步增加通风能力，逐渐再将上部薄膜撤除1/4~1/2，最后彻底撤出薄膜。

三、容器育苗

在容器中培育苗木称为容器育苗。用这种方法培育的苗木称为容器苗。容器苗起源于20世纪50年代后期，60~70年代得到迅速发展。海原开始于20世纪70年代，但直到80年代才有了现代化的温室容器育苗。

（一）概述

1. 优点

（1）提高造林成活率　容器苗带着未伤根的根团造林，栽苗后没有缓苗阶段，并且运输过程中不易失水，所以造林成活率高，一般都在85%以上。在干旱地区更有推广价值。

（2）造林季节不受限制　由于是带土栽植，根系未损伤，栽植时苗木还是靠营养土生长，对苗木正常生长过程干扰不大，所以在春、夏、秋三季都可以造林。这样就延长了造林时间，便于劳力的安排。但由于造林地和苗圃地环境毕竟不一样，因此，在苗木生长最旺盛时期，最好不进行造林。

（3）节省种子　由于营养土体积、光照、肥力、水分基本一致，每个容器只需2~3粒种子，即可培育出健壮、整齐的苗木，这对缺种地区和种子少的珍贵树种育苗具有重要意义。

（4）育苗周期短　营养土经过精心配制，适于苗木生长，而且容器苗大多在大棚或温室内培育，温度、水分、光照等生长环境可调控到苗木生长的最佳状态，因此，苗木生长迅速，成苗周期短，3~6个月即可出圃造林。但有时由于苗木生长过高，木质化程度低，易遭冻害或杂草欺压。

（5）便于育苗全过程机械化　从制杯、装土、播种、覆盖管理等工艺流程都可机械化自控作业，即工厂化育苗，大大提高了劳动生产率。

2. 缺点

（1）育苗成本高　这是容器苗不能大规模应用的主要原因之一。据报道，它比裸根苗成本费一般高60%左右。

（2）育苗技术比较复杂　营养土的配置，需根据苗木的特性、营养土种类来配置，技术复杂。例如裸根苗灌水，由于根系占据面积广而灌多影响不大，但容器苗就不行。容器苗施肥由于比较集中而易造成苗木的伤害。因此，一般容器苗需在棚内培育，这样致使水、气、热等因素的调节和病虫害的防治复杂化。

（3）造林成效问题　由于容器苗根系弯曲，苗木一般小，存在造林后窝根（造林时苗木根系在栽植穴中未舒展开，呈卷曲状。这种现象会影响苗木的正常生长和成活），小苗易被杂草欺压，出现林木生长慢的问题。

（4）运输费用高　带土运输成本高，山地造林大量采用容器育苗较为困难。

根据容器苗的优缺点分析，容器苗主要用于干旱、土壤瘠薄，裸根造林不易成活的地区，以及种子珍贵、缺乏的树种和补植等。它不能代替裸根造林，而是起补充作用。另外，在不同地区，容器苗的应用范围是不一样的。

（二）容器育苗与管理

1. 育苗容器种类

（1）穴盘　穴盘按照制造材料不同分聚苯泡沫穴盆和塑料穴盆，通常多为塑料制的长方形盘，上有形状、大小各异的穴孔。

（2）网袋容器（无纺布容器）　网袋容器一般为采用可降解纤维材料为容器包被，以轻型基质为育苗基质的新型育苗容器。

（3）硬质塑料容器　用硬质塑料制成六角形、方形或圆锥形，底部有排水孔的容器。

（4）软质塑料容器　用软质塑料制成的杯状容器。

（5）塑料薄膜容器　一般是用厚度为0.02~0.06 mm的无毒塑料薄膜制成的容器。

（6）基质型容器　指由基质直接凝结成的容器。

（7）其他容器　因地制宜使用竹篓、竹筒、泥炭以及木片、牛皮纸、树皮、陶土等制作的容器。

2. 育苗容器选择

育苗容器的选择取决于育苗树种、育苗期限、苗木规格、运输条件以及造林地的立地条件等。在保证造林成效的前提下，宜采用小规格容器。干旱地和立地条件恶劣、杂草繁茂的造林地或在林冠下造林，则应选择大规格容器。

3. 育苗基质种类、配比和消毒

（1）育苗基质种类

①泥炭　又称泥煤、草煤或草炭，是煤化程度最低的煤，由水、矿物质和有机质三部分组成。不同产地的泥炭其组成成分变化较大，具有不同的理化性质。

②火烧土　指利用铲起带土草皮，经晒干后，加入部分杂草、稻、麦、油菜秸秆等，收拢成堆，用火焖烧而成，其含有氮、磷、钾和一些微量元素。可就地取材，烧熟碾细，并用孔径0.5~0.6 cm的细筛过筛后，堆放备用。

③黄心土　选择表土层以下的无污染、无病虫源的新鲜黄泥土。所取土壤须经细碎过筛后使用。

④锯屑　木材加工的锯屑或经过碎化的下脚料和林木采伐废弃物，按8∶2的比例与牲畜粪等混合，并经沤制腐熟后使用。

⑤蛭石　又叫水云母，为水合镁铝硅酸盐，是由云母无机物加热到800℃至1000℃时形成的。孔隙度大、透气，保水、保肥能力强，能提供一定量的钾、钙、镁等营养元素。

⑥珍珠岩　一种火山喷发的酸性熔岩，通常指经高温膨化的磷、钾和一些微量元素。可就地取材，烧熟碾细，并用孔径0.5 cm~0.6 cm的细筛过筛后，堆放备用。

（2）育苗基质的pH　pH应调整到育苗树种的适宜范围。一般针叶树种的pH以4.5~6.5为宜；阔叶树种的pH以6.0~8.0为宜。调高pH一般可用生石灰或草木灰，降低pH用硫黄粉、硫酸亚铁或硫酸铝等。

4. 营养土的配置

营养土的配置比例应根据树种特性、材料特性和容器条件等决定。营养土的配置是容器苗成败的关键，因此，一定要精细选择配置营养土。选择营养土配置可参考表5-1。

表 5-1　常用的营养土配制

营养土配置	培育树种
沙土 65%，腐熟马、羊粪 35%	油松、樟子松
黄土 56%，腐殖质土 33%，沙子 11%、（1：80福尔马林溶液消毒）	油松
杨树林土（黄心土）60%，腐殖质土 30%，沙子 10%，每 50 千克土加过磷酸钙 1 kg（3% 硫酸亚铁消毒，每立方米土喷药液 15 kg）	油松、樟子松、华山松、侧柏
森林土 95.5%，过磷酸钙 3%，硫酸钾 1%，硫酸亚铁 0.5%	油松、侧柏、白榆、臭椿、刺槐
黏土 80%，沙土 10%，羊粪 10% 或黏土 80%，沙土 20%	花棒、杨柴、梭梭、柠条
森林表土（黑褐色森林土）80%，羊粪 20%	云杉、落叶松
黑钙土 90%，羊粪 10%，加少量氮、磷、钾复合肥	云杉、落叶松
墙土 70%，沙子 20%，羊粪 10%	梭梭、沙枣、蒙古扁桃
肥沃表土 60%，羊粪 30%，过磷酸钙 8%，硫酸亚铁 2%	油松、华山松、侧柏、落叶松
草灰土 50%，蛭石 30%，珍珠岩 20%	油松、华山松、侧柏、落叶松

营养土按以下步骤配置：

（1）将营养土基质材料粉碎、过筛；

（2）按一定比例将基质材料混合；

（3）将营养土调至一定的湿润状态。湿润的程度以装杯后不致从容器的排水孔漏出、握成团后不变形为宜。

5. 圃地选择和育苗设施

（1）圃地选择　育苗圃地应选择交通方便，地势平坦，灌溉、排水良好，便于管理的地方，忌选在地势低洼、排水不良、雨季积水和风口处。

（2）育苗设施　容器育苗需要有调控光、温、水、气等设施，如温室、大棚、遮阴棚、喷灌、喷雾、滴灌等。

6. 苗木培育

（1）容器苗培育通常分为芽苗移栽和容器直接点播育苗两种方式。芽苗移栽是指先在苗床培育芽苗而后将芽苗移栽到容器中，容器直接点播育苗是指把种子直接播种到容器中。对粒小、发芽率低的树种，宜采用芽苗移栽方式育苗，而粒大、发芽率高的树种可采用容器直接点播方式育苗。

（2）整地作床

①芽苗苗床　在温室大棚内做床，芽苗苗床可用砖块等砌成，高30 cm、宽100 cm，长则依地形与播种量而定。若在棚外做床还应选背风向阳、东西走向的地形。芽苗苗床内用干净新鲜清水沙或其他基质铺平，厚度在20 cm左右。播种前须对苗床进行灭菌消毒。

②容器苗床　要求清除杂草、石块、平整土地，分苗床与步道，床高10 cm，床宽100~120 cm，长度依地形地势而定，步道宽40 cm，四周开排水沟，床面覆盖地布或地膜。若利用温室大棚培育容器苗，可在其内做普通苗床或高架苗床。

（3）装填基质和摆放容器

①装填之前将基质湿润，以手捏成团、摊开即散为度。

②穴盘容器装填时须将基质装实，以装平容器上口为宜。装后容器直接放置在普通苗床或高架苗床上，高架苗床高度70~80 cm、宽度100~120 cm，长度依据育苗场地大小和穴盘育苗数量而定。

③网袋容器不用人工装填，由专门机器生产。容器排放在专门的托盘上架空，利用空气自然修根。

④硬质塑料容器装填时须将基质装实，以装平容器口为宜。装后容器放置在专用的苗床上，容器底部离开地面10 cm，利用空气自然修根。

⑤软质塑料容器、塑料薄膜容器装填时须将基质装实，以装平容器口为宜。装后容器整齐靠紧地排放在苗床上，容器上口要平整一致，苗床周围用土培好，容器间空隙用细土填实。

（4）播种和芽苗培育

①种子选择　种子品质应达到国家有关标准要求。

②种子消毒　针叶树种和一些易感病的阔叶树种子，催芽或播种前应进行种子消毒。

③种子催芽　对休眠期长、发芽迟缓的种子，播种前需经催芽处理。

④播种　播种期的确定：根据树种特性、当地气候条件、育苗方式、培育期限、造林季节等因素确定播种时间。

播种量：根据种子大小、种子质量、催芽程度和所需芽苗数量等确定种子播种量。采用容器直接点播育苗的每容器播种1~2粒即可。

播种和管理：培育芽苗的，将经过消毒催芽的种子均匀地撒播在芽苗苗床上，覆盖厚度以不见种子为宜，覆盖后随即喷洒广谱型杀菌剂水溶液。冬季或早春须上盖拱形塑料薄膜棚，以提高温度、保持湿度。

容器直接点播育苗的，播种前，将容器内基质用水淋透，然后将经过消毒催芽的种子点播在容器中间，及时覆盖，覆土厚度为种子横径的1~3倍，小粒种子以不见种子为度。覆盖后随即喷洒广谱型杀菌剂水溶液。早春低温时播种，要有保温设施。

播种后要保持苗床和基质湿润，经常喷洒广谱型杀菌剂水溶液，第1个月1星期1次，以后可10~15 d喷洒1次，并交替使用各种杀菌剂，其间苗床和基质温度不宜超过30℃。种子萌动、子叶伸展、种壳开始脱落时，要将拱形塑料薄膜棚白天保持通风，晚上覆盖保温，进行炼苗。

（5）芽苗移植

①待芽苗长到2叶1芽或高度3~5 cm时，及时移植到容器中，每个容器内移苗1株。

②选择阴天移植，晴天移植应在早、晚进行，夏季高温移植应在阴棚内进行，做到随起随栽。芽苗移植前一天将容器内基质用水淋透，起苗时先淋透苗床，用楔形竹签轻轻撬起芽苗，放入盛有少量清水的盆内。移栽前可剪去芽苗主根顶端，保留根长2 cm左右，以促进根系生长。用竹签在容器中央打一小孔，孔的深度略深于芽苗根长，然后将芽苗放入孔中，苗根不宜弯曲，再用竹签在孔旁2 cm处斜插压紧，使基质与芽苗根充分接触，移植后随即浇透水。

（6）扦插育苗　扦插容器苗培育分容器直接扦插育苗和扦插苗移栽容器培育两种方式，扦插的技术要求与一般的圃地扦插育苗基本相同。

（7）嫁接育苗　嫁接容器苗培育分以容器苗作砧木进行嫁接和嫁接苗移栽容器培育两种方式，嫁接的技术要求与一般的圃地嫁接育苗基本相同。

（8）苗期管理

①间苗与补苗　对于容器直接点播育苗的，幼苗出齐一周后，间除过多的幼苗，对缺株容器要及时补苗。补苗和间苗后要随即浇水。

②湿度控制　在出苗期和幼苗生长初期或芽苗移植初期要多次适量勤浇水，保持苗床和基质湿润；速生期浇水应量多次少，在苗床和基质达到一定的干燥程度后再浇水；生长后期要控制浇水。

浇水宜在早、晚进行，严禁在中午高温时进行。为便于水分管理，容器育苗应配置喷雾、喷灌设施。

③追肥　容器苗的追肥时间、次数、肥料种类和施肥量要根据树种的营养生理需求和基质肥力而定。对于容器直接点播育苗的，当针叶树出现初生叶，阔叶树出现真叶，进入速生期前开始追肥。对移植苗而言，在苗木移植成活后开始施肥。培育雨季造林的容器苗，适当增加追肥次数或施肥量，促进苗木生长，以达到出圃规格；培育用于秋季补植、冬季或次年春季造林的容器苗，在苗木生长中后期应控制使用氮肥，以控制苗高生长。追肥应根据苗木各个发育时期的要求，结合浇水进行，前期用高氮肥，中期用平衡肥，后期用高磷、钾肥。若施化肥须配制成0.2%~0.5%的水溶液施用，前期施肥浓度要稀，后期浓度稍浓，严禁干施。根外追肥浓度为0.1%~0.2%。追肥宜在早晚进行，严禁在午间高温时施肥，追肥后要及时用清水冲洗幼苗叶面。配比基质中已施用缓释肥的可不用追肥。

④遮阳　根据各树种的生物学特性以及苗木的发育阶段确定，一般出苗初期、芽苗移植初期和夏季高温期间需对苗木进行遮阳，遮阳透光率为全光照的50%~60%，对于喜阴树种，则需适当增加遮阳度，降低遮阳透光率。

⑤病虫害防治　本着"预防为主、科学防控、依法治理、促进健康"的防治方针，做好容器苗的病虫害防治。如有病害发生，及时清除病株，并使用相应的农药喷洒灭菌，如有虫害发生，及时防治。

⑥除草　要掌握"除早、除小、除了"的原则，采用人工拔草，做到容器内、床面和步道上无杂草。

⑦炼苗　对用于秋季补植、冬季或次年春季造林的容器苗，要在出圃前1~2个月进行炼苗；对雨季造林的容器苗，要在出圃前1~2周进行炼苗。

⑧添加基质　苗期发现容器内基质下沉，须及时添加基质，防止根部裸露。

⑨育苗容器更换　当年不出圃的，一般应更换容器。

7. 出圃

（1）苗木出圃　苗木出圃前须进行检测，合格苗方可出圃造林。出圃应与造林时间相衔接，做到随起、随运、随栽植。出圃前1~2 d要浇透水，起苗当天不浇水。起苗和苗木搬运过程中，要轻拿轻放，注意保持容器内根团完整，防止容器破碎。

（2）苗木检疫　苗木出圃前须进行病虫害检疫，检疫合格后方可包装。

（3）包装与运输　容器苗运输前应进行包装，不同容器应选择相应的包装方法，可采用容器苗专用箱包装。每批容器苗应系上注有苗木类别、树种名称、苗龄、数量等标签。

四、ABT 生根粉在育苗中的应用

ABT 生根粉处理方法有4种，即速蘸、浸泡法、粉剂处理法和叶面喷施法。

（一）速蘸法

将插条浸于 ABT 生根粉含量为500~2 000 mg/kg 溶液中30 min 后再扦插。

由于此法处理的插条药液仅在其浸泡部位表面附着，扦插后随着水分放入淋洗而逐渐消失，因此难以保证插条不定根形成过程中对生根物质的需要。在扦插育苗中，只有在单芽扦插或重复处理时才用此法。

（二）浸泡法

浸泡法是将 ABT 生根粉配成低含量溶液（50~200 mg/kg），然后将插条下部浸泡在溶液中2~12 h。这种处理方法对休眠枝条特别重要，因此它有利于休眠枝内部抑制物质的洗脱，不受外界环境条件的影响，并能保证插条吸收的药液全部用于不定根的形成。处理时根据枝条的规格、成熟度而定，一般来说大枝条用50 mg/kg 或100 mg/kg 的药液全枝浸泡4~6 h 或只泡具有潜伏不定根原基的部位，1年生的休眠枝用50 mg/kg 或100 mg/kg 药液全枝浸泡2 h，嫩枝根据所采用枝条木质化程度及插条的大小，可浸泡1~2 h，浸泡深度2~4 cm。

硬枝种条一般用1年出苗干或幼树1年生枝条或萌蘖条；嫩枝采自幼龄树或大树当年萌芽条。在采条和运送过程中要注意保湿，减少水分损耗。硬枝插条长15~20 cm，每枝条穗上留芽3~4个，剪口要平滑，上剪口在芽上0.5~1.0 cm 处，下剪口在芽附近，经 ABT 生根粉处理后进行沙藏或随处理随扦插，嫩枝长8~15 cm，每枝穗上保留2~3个侧芽，同时除去基部叶片，上部还保留叶片0.5~2.0个，针叶树留叶1/3~1/2。

插床冷床包括直插大田、营养袋、遮阴冷床、全光育苗间歇喷雾冷床等。温床包括发酵温床、电热温床、火炕温床等，控制相对湿度85%~95%，保持基质湿润，温度控制在18~25℃为宜，其他除草、松土、病虫防治、追肥、炼苗等按常规要求进行。ABT 生根粉能提高多种植物插条生根率。ABT 生根粉处理后的插穗生根早、生根多，苗木叶色深绿，光合作用强度和吸收作用增强，代谢产物增多，不仅成活率高，苗木生长量也显著提高。

（三）粉剂处理法

扦插前将 ABT 生根粉涂于插条基部，然后进行扦插。处理时先将插条基部蘸湿，插入粉末中，使插条基部切口充分蘸匀粉末即可，或将粉末用水调成乳状涂于切口。在扦

插时，要小心不可使粉末落下。此种处理优点是方法简便，缺点是插条下切口黏附的粉末易随着喷雾或落水消融在扦插基质中。

（四）叶面喷施法

此法常用于扦插或播种育苗，在农作物中应用也很广。将ABT的稀释溶液（10~40 mg/kg），喷洒于植株的叶面上。扦插育苗时将其喷洒在叶面上，对生根时间长的五针松、南洋杉等树种来说效果极佳。因此，生根过程中，能源源不断喷洒药液就可以充分补充满足生根所需要的ABT，同时，施法简便易行，在生产中使用十分广泛。

第四节　近年海原县林木种苗种子生产情况

一、2016 年林木种苗建设

育苗面积21 531亩，苗木产量12 466.2万株；采种基地采集林木种子29 t，主要是柠条、沙棘、山杏；实际用苗木687.4万株；造林用种主要是柠条，实际用种45 t；育苗新增400亩，投资500万元，育苗树种为云杉、油松、落叶松、樟子松、桦树、复叶槭等，均为移植苗。

二、2017 年林木种苗建设

育苗面积11 432.5亩，苗木产量近8 434.5万株；采种基地采集林木种子18 t，主要是柠条、山杏；实际用苗木494万株；实际用柠条种子34.3 t。

三、2018 年林木种苗建设

全年育苗总面积1 762.4亩，其中新育面积181亩；全县采集柠条种子量50 t，其中，牌路山采种基地13.5 t，各乡镇零星散户采种量36.5 t。实际用柠条种子88.6 t，实际用苗量395.14万株；主要用于生态修复、退耕还林工程及其他项目。

四、2019 年林木种苗建设

2019年全年育苗总面积1720.4亩，苗木产量4 444万株；实际采种88.724 t，其中，柠条采种43.104 t，山杏采种45.620 t。实际用柠条种子38.41 t，实际用苗量188.423 4万株；主要用于生态修复、退化林分改造、未成林补植补造及其他项目。

2019年全年育苗总面积1 720.4亩，其中新育面积200亩；较2018年育苗面积减少了42

亩2.4%，苗木产量减少了112.1万株。

　　根据近两年数据分析结果，对比以往苗木生产高峰期，自2018年以来苗木产业发展趋于平缓，主要以枸杞、新疆杨、漳河柳、河北杨、刺槐、榆树等常规造林品种为主，苗木市场仍然趋于饱和，销售价格低廉，各育苗主体还在等待观望市场的变化。枸杞育苗留床面积1 027亩，其中新育200亩，相对于高峰期育苗面积24 000亩，回落幅度较大，市场趋于理性，随着全县城乡绿化建设的深入推进和标准的提高，对苗木的要求越来越高且品种多样化，一些彩叶树种和花卉苗木市场销售十分火爆，M9T337自根砧等高端经济林苗木及大果榛子等特异性经济林苗木很畅销。综观海原县育苗现状，以生产常规造林苗木为主，彩叶、花卉、高端经济林及大规格精品苗木较少，苗木管理跟不上，质量差，育苗户缺乏技术，市场预测能力弱，缺少规模企业的示范带动，发展仍落后。

第六章

海原县经济林栽培

第一节　海原县经济林发展历程

一、面积和品种

海原县土地资源丰富，也有一些适宜栽培的果树，城乡群众栽培果树的习惯由来已久，早在一百多年前就由甘肃靖远县引进香水梨、长把梨、冬果梨、花红、酸青、楸子、杏、桃、葡萄、李子等树种开始在海原县栽培。由于自然条件和社会制度的限制，当时栽培果树仅在关桥前河富户人家中，至今方堡行政村几个自然村，还保留着早期引种的香水梨和花红树。目前这些果树树体已衰老，产量较低。

中华人民共和国成立后，果树生产发展较快，水果产量大幅度上升，1962年县林业部门从山东烟台引进第一批3.2万株苹果苗。国营、集体、个人均有少量发展，20世纪60年代中期，随着农村经济政策的变化，砍伐了大量的果树，面积和产量急剧下降，果树发展受到抑制，70年代才开始得到发展和恢复。特别是到20世纪80年代一个以苹果为主要体系的经济林基地已在海原县形成并初具规模，据县统计局国民经济资料统计，截至1985年全县果树面积27 708亩，但"六五"林业资源清查（1986年）表明经济林保存面积为2 417亩。其面积保存不高的原因有三个方面：一是在"六五"林业清查和近几年的调查落实对经济林面积计算按林业部门规定一亩不足15株的果树，不列为面积统计；二是原有一部分山上杏树也不作经济林面积统计而作为水保林计算；三是由于农村实行生产责任制后，一部分经济林遭到破坏使其面积减少。

截至1987年各类果品产量2 235 000 kg，平均单产925 kg/ 亩。（表6-1）

表 6-1　海原县 1950—1987 年经济林保存面积和产量统计

项　目 时　间	总　计		其中：国营	
	面积 / 亩	产量 /kg	面积 / 亩	产量 /kg
中华人民共和国成立前	8	—	—	—
20 世纪 50 年代	439	46 975	8	—
20 世纪 60 年代	2 458	12 065	120	2 804

项　目 时　间	总　计		其中：国营	
	面积 / 亩	产量 /kg	面积 / 亩	产量 /kg
20 世纪 70 年代	2 491	2 267 300	90	405 167
20 世纪 80 年代	3 349	2 235 000	1 163	1 102 855

根据海原县农业区划报告、"六五"林业资源清查数据，国有面积中20世纪50年代8亩在方堡实验站，60年代120亩包括方堡园艺站80亩、城关苗圃40亩，70年代90亩包括牌路山林场10亩、城关苗圃80亩，80年代1 163亩包括兴隆园艺场460亩、西安园艺场146亩、李旺园艺场207亩、高湾园艺场288亩、谢家沟林场20亩、李俊苗圃10亩、城关苗圃2亩、甘盐池羊场30亩。

表 6-2　1982 年经济林树种、面积、株数、产量统计

林种	面积		总株数				结果总株数					年产量	
	亩数 /亩	占总面积 /%	株数 /株	占总株数 /%	其中零星 /株	占总株数 /%	株数 /株	占总株 /%	占全部株数 /%	其中零星 /株	占结果总数 /株	产量 /kg	占总产 /%
苹果	1 274.8	31.46	76 508	35.52	49 189	64.3	416 193	54.5	26.56	19 330	46.5	1 863.5	4.26
梨	888.0	21.92	11.385	4.84	5.196	5.6	59.7	2.0	3.77	2 541	42.9	7 103.3	16.25
桃	292.4	6.97	38 465	16.35	10.465	7.2	3 189	86.3	21.15	5 360	16.1	3 205.5	7.3
杏	1490.9	36.8	99.793	2.42	42 669	7.7	68166	68.3	43.43	18 842	27.6	13 503.1	31.9
李子	0.1	0.002	5	0.002	4	80.0	3	60.0	0.002	2	6.7	0.8	0.002
枣	109	2.69	8 696	3.7	7 551	86.8	5764	66.3	3.67	4 969	86.2	602.5	1.38
葡萄	0.2	0.005	164	0.07	163	99.0	82	50.0	0.05	81	98.8	23.5	0.05
核桃	0.2	0.15	880	0.37	5	0.6	4.0	4.5	0.03	1	2.5	4.0	0.01

表6-3 1987年国营经济林面积、产量统计

项目	总计		苹果		梨		其他	
	面积/亩	产量/kg	面积/亩	产量/kg	面积/亩	产量/kg	面积/亩	产量/kg
合计	1 285	229 320	1 244	171 500	5	12 000	26	45 820
方堡园艺场	80	108 700	65	78 000	5	12 000	10	18 700
城关苗圃	42	42 000	42	42 000	—	—	—	—
兴隆园艺场	460	—	460	新建	—	—	—	—
李旺园艺场	207.7	—	207.7	新建	—	—	—	—
高湾园艺场	288.3	—	288.3	新建	—	—	—	—
牌路山林场	10	24 800	2.5	11 000	—	—	7.5	13 800
西安园艺场	146	—	146	新建	—	—	—	—
李俊苗圃	10	15 300	2.5	3 000	—	—	7.5	12 300
谢家沟林场	11	1 020	—	—	—	—	1	1 020
甘盐池羊场	30	37 500	30	37 500	—	—	—	—

表6-4 海原县经济林2000—2019年面积及产量

果树	2000年	2005年	2010年	2015年	2019年
面积合计/hm²	847	790	1 521	13 113	6 325
新增面积/hm²	218	—	—	—	—
产量合计/t	2 988	3 113	4 266	8 468	15 630
1.苹果					
面积合计/hm²	566	570	1 311	1 715	1 433
新增面积/hm²	—	—	—	—	—
产量合计/t	2 878	2 816	3 826	3 456	5 320

果树	2000 年	2005 年	2010 年	2015 年	2019 年
2. 梨					
面积合计 /hm²	14	33	202	335	426
新增面积 /hm²	—	—	—	—	—
产量合计 /t	18	111	400	186	1 590
3. 葡萄					
面积合计 /hm²	1	—	—	—	—
新增面积 /hm²	—	—	—	—	—
产量合计 /t	2	—	—	—	—
4. 红枣					
面积合计 /hm²	93	197	4 300	4 987	—
新增面积 /hm²	54	—	—	—	—
产量合计 /t	50	115	196	100	—
5. 枸杞					
面积合计 /hm²	86	419	5 016	6 021	—
新增面积 /hm²	—	405	—	—	—
产量合计 /t	12	142	4 650	4 686	—
6. 其他					
面积合计 /hm²	172	8	8	55	920
新增面积 /hm²	164	—	—	—	—
产量合计 /t	42	71	40	40	2 600

海原县是我国温带干旱落叶果树带，据1982年农业区划果树资源调查统计全县栽培果树品种约有10科25种，近60个品种，主要分布在河湾地带的兴隆、高崖、李旺扬黄灌区，其树种以苹果、梨、花红、杏为主，其次有枣、葡萄、李子、酸青、樱桃、桃、山楂、核桃、枸杞，还有少量的花椒、文冠果、大杏扁、桑树等经济树种。（表6-2、表6-3、表6-4）

1. 苹果

中华人民共和国成立前苹果在海原县无栽培历史，20世纪60年代初县林业部门从山东烟台地区开始引种、栽培，集中种植在国营方堡园艺站、县林业工作站和西安公社白吉大队，后逐渐扩大到县级机关和城关苗圃，关桥公社、西安公社、西安大队、李俊大队等，当时县林业部门指派林业工程师陈来勤负责西安大队的成片果树的种植技术，现存的100亩苹果园在面积上居全县首位，20世纪70年代林业生产建设在全县迅速发展，果树的栽培也随之而普及，据调查主要品种有国光、青香蕉、红元帅、黄元帅、倭锦、红玉、红星、红奎、黄奎、祝光、旭、伏花皮、紫云、金塔恩、绯子衣、金花等。20世纪八九十代先后引进富士（长富2、6，岩富10，青富13，短枝富士、早生富士）、乔纳金、津轻、王林、新红星、华冠、华帅、宁富、宁冠、嘎拉、新世界、红王将等。1980年宁夏林业厅授予海原县扬黄灌区黄元帅优质称号。

虽说在海原县中南北地区均有不同数量苹果的栽培，但不同地区、不同品种的果实和产量、果型和品质差异很大。如红羊公社凤凰山有两亩苹果园以青香蕉为主，由于气温低，日照不足，无霜期短，树龄15年仍无多少产量，仅有几株零星挂果，且果型很小，质硬味酸。在中部和北部生长良好，产量较高，质脆味甜，结果早，如白吉马湾队的30亩苹果园结果比较好。海原县苹果栽培在清水河流域表现较为稳定，高崖乡栽培的品质较好。

2. 花红

花红是海原县果树的主要乡土树种之一，也是群众喜爱的果树，有一百多年的栽培历史，目前在海原县有两个品种：一个是花红，另一个是沙果。花红集中分布在县境内史店的杨坊、关桥的方堡、贺堡、罗山、麻春及城关黎庄等地，均系小片栽植和农户零星栽植。花红抗旱、抗寒、少病虫害、抗逆性强，大小年差异性较小，果品味甜，但不耐贮藏，近几年来树苗繁殖较少，供需矛盾突出，县林业局技术人员曾经帮助农民育种，嫁接扩大花红的栽培面积。

花红最好的砧木是楸子，也有用海棠的。用楸子做砧木的花红树冠高大，产量高，如县城城关粮库院子有一棵25年生的花红，树高6.3 m、杆高1.35 m、杆径58.7 cm、冠径11.8 m，年产量250 kg。

楸子、海棠也和花红一样在海原县栽培历史悠久，产量高，但味酸少甜也不耐贮藏，分布面积也不广，现存的楸子、海棠多系中华人民共和国成立前的老树，至今很少有人栽培种植。

3. 梨

梨在海原县和花红一样有悠久的栽培历史，品种主要有香水梨、长把梨、冬果梨、平头梨、酥梨等，尤为香水梨是本县的梨属中主要的乡土果树。其产量基本稳定，主要分布在关桥的前后河、城关、杨坊、西安等地。香水梨不仅产量稳定，寿命也较长，产量高，管理要求不严，抗性强，果品汁多，甜酸适口，特别是越冬后的果汁味甜清凉，有消炎解毒，对辅助治疗喉咙发炎疼痛有较好的功效，是本县群众最喜爱的果树之一。

20世纪60年代开始，县林业部门从河北、山东、安徽兄弟省区陆续引进梨的新品种有：雪花梨、沙梨、香蕉梨、苹果梨、莱阳梨、茄梨、博多青等四个品系十多个品种，新品种梨都能挂果上市，深受群众欢迎，如香水梨、长把梨、冬果梨、雪花梨、博多青、沙梨、香蕉梨、鸭梨、酥梨、茄梨、苹果梨、南果梨。20世纪八九十年代又先后引进、京白梨、五九香、锦丰、黄金梨、金花。近年又引进了玉露香梨，表现良好。

4. 桃

海原县当地桃的品种有两个：山毛桃、普通桃（群众也叫毛桃）。山毛桃耐旱性强，一般作砧木嫁接用或作薪炭林、水保林用，不能食用。毛桃产量低，寿命短。病害严重，在本县境内高崖、兴仁、李旺有小片栽植。城关、关桥、杨坊等地群众院内有零星种植。海原县于20世纪60年代，李玉鼎教授开始在方堡园艺场引进桃树品种，做了大量的引种研究工作。海原县先后引进橘早生、玉露、冈山10号、白凤、六月鲜、麦香、五月鲜、大九宝、沙子早生、西农水蜜、新瑞阳、京红、庆丰等。

5. 杏

杏是海原县分布最广的一种乡土果树，适应性强，抗旱、抗寒、耐瘠薄。杏在海原县大体有三大类：一个为野生供砧木的山杏品系，果实小而味苦，没食用价值，杏核可作发展绿化荒山水保林之用。另一类普通栽培品系果大味甜，产量也较高，本县境内农民院子有零星分布，近几年来由于杏的病虫害严重，树势衰退老化，产量下降，留存较少，1973年县林业部门从张家口引进大杏扁栽培，曾在关庄、牌路山、大梁山、西安林场等地嫁接繁殖，曾挂果，果形大，味美，由于种种原因现基本灭迹或退化。第三类是海原县先后引进三原曹杏、兰州大接杏、华县大接杏、白梅杏、沙金红、临香白、红梅杏，还引进一串红、优一、大扁杏等仁用杏，当前，最受欢迎的属红梅杏。

6. 李子

李子主要分布在城关、关桥、高崖、李旺、杨坊等地，当地品种只有小园李子一种，目前几乎很少见到，20世纪60年代曾引进了台湾李子和玉皇李子主要定植栽培方堡园艺站，台湾李个大味甜，深受本县群众喜爱。目前只是有少量零星栽培。还未大面积推广。海原县先后引进台湾李、小核李、玉皇李、美丽李、寺田李。目前，还是台湾李表现较好。

7. 枣

枣在县境内高崖、李旺、关桥、甘城等乡镇有小面积分布，中部地区有零星栽植。面积最大的是高崖乡的联合、张家树湾，李旺镇的李果园，关桥乡的脱场。枣树具有栽植适应性强、耐干旱等特点。海原有两个推广品种，是中宁小枣和同心圆枣，这两个品种适应性强、早结果、丰产。另外，海原还引进了金丝小枣、赞黄大枣、冬枣、晋枣、骏枣、绥德大枣、灵武长枣等，都产量较低，表现一般。

8. 核桃

地方品种仅有核桃一种（原农业区划报告果类资源调查误为山核桃），在海原县城关、关桥方堡均有零星分布，比较成片的是牌路山林场有124株（现已遭到较大破坏，保存不多）。

1976年县林业局从外地引进了新疆核桃和薄壳核桃，在高崖、城关、大梁山等地育苗，后因管护问题不能越冬而告失败。近年、李旺、高崖农民有引种栽培，但表现不佳。

9. 葡萄

葡萄是一种适应性强，结果早，产量高，用途广，营养价值高的经济树种之一，亦是海原县北方三大（苹果、梨、葡萄）栽培果树的一种，在海原县中北部地区庭院均有零星栽培，没有连片种植。品种单一，品种是紫葡萄，品质较差，主要受自然条件因素限制。多数地区气温低，降霜早，不能充分成熟，管理上要求较严，这些原因都妨碍了海原县葡萄发展。海原县20世纪90年代引进了巨峰、先锋、早生高墨、京超、立扎马特，乍娜、凤凰51号、新疆无核白。近些年又引进美国红提，美国红提在海原表现一般，主要是果穗不紧密、产量较低。

10. 枸杞

枸杞是我国特种经济作物，既是传统中药材，又是药食两用的保健食品。在我国栽培的药食两用枸杞中，目前只有宁夏枸杞（*Lycium barbarum* L.）。宁夏枸杞最古老的原产地在宁夏回族自治区中宁县。宁夏枸杞在海原县李旺韩府村栽培历史最少有400多年。在漫长的栽培过程中，劳动人民从诸多野生种群中选择驯化而培育出许多栽培种群；引进地方优良品种"大麻叶""小麻叶"等品种；总结出包括栽培密度、水肥管理、修剪技术和枸杞病虫害防治等一套传统栽培经验。这些传统栽培经验对20世纪50—70年代海原县各乡引种枸杞栽培起到了积极的指导作用。

枸杞始载于汉代成书的《神农本草经》，在此书中把枸杞列为上品，但未说明来源。

此后历代名医、文人、农学家对枸杞的功效、产地、种植方法均有许多记载和叙述。历史上枸杞的产地大致分为四个产地：一是甘肃省的张掖（古称甘洲），产品称"甘枸杞"；二是宁夏回族自治区的中宁县，产品称"西枸杞"；三是天津静海，产品称"津枸杞"；四是新疆北疆，产品称"古城子枸杞"。枸杞按植物分类属于茄科（Solanaceae）枸杞属（Lycium L.），这一属有80多种，主要分布于南、北美洲，以美国的亚利桑那州和阿根廷，形成两个分布中心，但以南美洲为最多，欧亚大陆有10种，中国有7种3个变种，多数分布在西北和华北。

中国的7种枸杞，传统药用价值的有3种，分别是宁夏枸杞（又称中宁枸杞，山枸杞）（*Lycium barbartum* L.）、枸杞（*L. chinense* Mill.）、新疆枸杞（*L. dasystemum* Pojark）。按照植物分类学考证产地，"甘枸杞"和"古城子枸杞"属新疆枸杞，"西枸杞"和"津枸杞"属宁夏枸杞。1963年版的《中国药典》已明确规定宁夏枸杞的成熟果实为正品药物，有传统药用价值。目前，全国各地栽培的枸杞种全部为宁夏枸杞。

枸杞栽培历史悠久，诗经《小雅》上说"陟彼北山，言采其杞"。虽是野生枸杞，但至今已有2000多年的历史了。隋末唐初名医孙思邈在《千金翼方》中云："枸杞甘州者为真，大体出河西诸郡。"文中河西诸郡泛指黄河上游地区。唐代诗圣杜甫在《长树》诗写道："枸杞因我有，鸡栖奈如何"。可见在唐代枸杞已有家种。唐代中叶，距今约1210年前陕西西安郊区农民郭秦驼在他的《郭橐驼种树书》中就记载了枸杞的栽培方法。当时的陕西包括现在的宁夏黄河以南，甘肃东部及山西南部地区。陕西人经常来到宁夏洪广营一带做买卖，从中学习了一些务农技术。因此，《郭橐驼种树书》中所描述的种枸杞的地方很可能就是现在宁夏黄河以南的中宁及清水河海原一带。

在北宋，科学家沈括在《梦溪笔谈》中记载："枸杞陕西极边者生，高丈余，大可作柱……甘美异于他处者"。他指的"极边"可能就是现在的宁夏。按照枸杞的自然属性，野生枸杞是灌木，多干丛生，不进行修剪、灌水、施肥，不可能成为高丈余的大树。1925年冯玉祥将军宁夏之行，在《我们的生活》一书中记载了栽种的枸杞树高一二丈，小的也有五六尺。记载宁夏出产枸杞现存最早的志书有1429年明宣德年间的《宣德宁夏志》，其物产部分载有枸杞。1501年的《弘治宁夏新志》已把枸杞作为地方特产，进献朝廷。对宁夏枸杞种植和种植区域记载最详细的是清朝。1754年成书的《银川小志》这样写道："枸杞宁安堡产者极佳，红大肉厚，家家种植。"

宁夏枸杞原生长于中国北方，河北、内蒙古、山西、陕西、甘肃、新疆、青海等省、海原都有野生种，而中心分布区域是甘肃河西走廊、青海柴达木盆地及青海至山西的黄河沿岸地带。常生于土层深厚的沟岸、山坡、田埂和宅旁。枸杞约在17世纪中叶引种到法国，后来在欧洲、地中海沿岸国家以及北美洲国家都有栽培。

宁夏枸杞有600多年的栽培历史，但宁夏枸杞种植范围在20世纪60年代以前主要集中在原产地中宁县，80年代海原县规模栽培。

海原县枸杞的发展基本上有两个大的过程：第一个过程是1973—1983年。在这期间枸杞的经营管理全部为农户的房前屋后，所种植的苗木全部为种子繁殖的苗木和根蘖苗，管理技术除了枸杞病虫害防治引进化学防治技术外，其他栽培技术主要是推广中宁传统的栽培经验，尤其是一些刚开始引种的地方不能改变枸杞自然生长习性，多干丛生，产量上升很慢。第二个过程是从1983以后到现在。20世纪80年代枸杞作为经济林得到较大幅度的增长。枸杞原是本县乡土树种之一。后因种种原因破坏绝迹，自80年代提出枸杞"回娘家"后，在本县李旺韩府、二道全面恢复发展了枸杞生产，截至"七五"林业资源清查时统计，仅李旺韩府已有枸杞350亩，年产果量2 000 kg，发挥了较大的经济效益。在这期间枸杞的经营管理在农村全部实行了一家一户管理，这一时期在品种方面，宁夏农科院在传统优良品种大麻叶的基础上新育成宁杞1号、宁杞2号新品种；宁夏中宁县在大麻叶品种基础上，通过群体选择，选择出大麻叶优系。育苗方法普遍推行了无性扦插育苗技术。栽培技术上，改进了栽植密度，由传统的每亩栽植100~166株提高到220~330株。在栽植当年增设主干支撑棍，增加主干支撑能力，多留枝，利用枸杞枝条在一个生长季节多次生长的习性，把传统的修剪重点以秋剪为主变为以夏剪为主，充分发挥夏季修剪作用，多次对强壮枝，徒长枝进行修剪，加速了骨干枝的培养，催生出大量的结果枝，实现快速成型，保证了幼龄早果丰产。在树冠培养上淘汰了"一把伞"，普遍推广了"三层楼"和圆柱形优质高产树形。1995年枸杞面积4 515亩，2008年7.1万亩，产值6 500万元，2015—2018年面积稳定5.3万亩左右，产值1.2亿~1.5亿元。这一时期也是海原县枸杞面积发展最快，质量提高最好，产量上升最快的时期。七营、李旺、三河、高崖目前已成为海原县的枸杞生产基地。

11. 海原县香水梨

海原县香水梨，蔷薇科梨属乔木，主要分布于关桥、羊坊、麻春沿河流域。香水梨的特点是色变而味愈佳，宜久存不易腐烂，不怕严寒冷冻。摘下来后，可随便置放，少则置于箱篓瓶罐之中，多则堆放在室内空地之上。入冬后，或入箱存于冷室，或在院内、房上打麦草盛装。食用时拿出置于冷水之中，浸泡30 min，果外褪出一层厚厚的冰壳，打碎冰壳果子解冻即可食用。到春天冰雪融化之时，冻硬的香水梨开始融化，其颜色转为棕黑色，果瓤全化成了果汁，只留下一些果皮和残核。存放时必须放进缸或盆罐

图6-1　史店杨坊120年香水梨树

里。这时的香水梨最好吃不过，喝一口果汁，甘凉透心，可润肺止咳、清胃泻火，亦能醒酒，是馈赠亲友的珍品。

香水梨，又名香水、老香水、老梨。主要产地集中于关桥沿河流域，其他地方亦有少量出产。

香水梨树一般为金字塔形，虽不似冬果梨树那样高大挺拔，但枝干强韧，生长旺盛，香水梨不逊于其他梨树，属高产长寿树种。果实呈圆形，单个直径4~6 cm，个体重130 g左右。株产量一般在500 kg以上，有树龄长达200年以上者，仍然结果不衰。据测定分析，香水梨含18种氨基酸、24种微量元素，每千克中维生素含量200 mg以上。

12. 其他

其他经济林树种如木瓜、阿月浑子、花椒、山楂，过去在海原县历史上都有栽培。近些年，又陆续从外地引种试验，都还未取得成功的经验。有待今后进一步探讨研究。

二、经营体制

随着社会的发展，海原县的经济林经营体制也随之而改变，从中华人民共和国成立前的富商、个人种植到1949年后发展到集体，国营经营，特别是农村实行生产承包责任制后，群众个人种植果树的面积、果品产量和收益上都已成为本县经济林经营体制中的主流。

（一）国营经济林

1958年以前海原县没有1亩国营经济林，仅有8亩还是没收地主栽有花红、香水梨、杏的果园，园子还属农会所有。1958年6月海原县才成立了第一个国营经营的果园——方堡园艺试验站，并把由农会管辖的8亩果园移交给园艺站，与此同时又划拨土地70余亩，从此开创了海原县国有经济林的历史。

到1989年统计有9个国有林场，园艺站、苗圃和一个国营海原甘盐池羊场都有规模不一的苹果园，总面积为1 163亩，果品总产量达1 139 t。

海原县国营场圃的经济林在20世纪50年代其经营管理都是极其粗放，根本没有一套专门关于果树科学管理的办法，在品种上也只是一些花红、香水梨、杏、毛桃、酸青、楸子等当地品种。经济林的生产没有地位，自60年代县林业部门从外地引进苹果试栽后有了一定效益，至70年代各国营场圃都纷纷种上苹果，特别是到了80年代先后成立了规模较大的西安园艺场、高湾园艺场、李旺园艺场和兴隆园艺场，尤以兴隆园艺场面积达460亩，全部是优良红、黄元帅、新红星等苹果品种。从定植、幼树管护、修剪、结果形成了比较科学的管理技术。县林业局为了切实搞好全县经济林的发展，抓住国营场圃都有1至2名果树技术人员优势，大力发展以苹果为主的国营经济林。与此同时国营场圃在发展苹果基地建设中还注重品种多样化，培育新品种以满足本县群众对果品需求。如方堡园艺场以李玉鼎教授为主的科研技术人员从1972—1975年先后从北京林科所引进40多个优良桃的品种，1977年这些桃树都陆续开始结果，1980年单株产量达100 kg。这些优良品种桃通过宁夏园艺学会鉴定，得到了专家们的一致好评，深受本县群众喜爱，为海原县果树引种奠定了基础。

（二）集体、群众个人的经济林

在20世纪50年代末到60年代初，海原县各公社和社员群众都曾种植过桃、梨及其他树种的经济林，但到60年代中期农村经济政策的变化，致使大量的果树遭到砍伐与破坏，经济林的发展也与整个林业建设一样，停滞不前，面积剧趋下降。现有的经济林都是在70年代末80年代初才逐步恢复与发展的。党的十一届三中全会后农村形势发生了根本的变化，集体和群众个人的经济林种植发展速度较快。仅1986年、1987年两年时间，群众个人种植果树面积达850亩，占全县经济林面积的25.4%，成为海原县经济体系中的主流，据资料统计，截至1989年年底属集体所有的经济林面积1 016亩，占全县经济林总面积的30.3%。这一时期集体所有制的经济林经营体制有两种形式，一是林权仍属集体所有，长期或定期承包给个人经营的方式；二是完全转让给个人经营的方式。这一时期个体经济林之所以发展迅速，主要是实行了生产承包责任制，其次是群众尝到了甜头，见到了效益。如史店乡下狼春行政村原支书宋福林老汉年果树苗平均收入近万元，在他的带领下，该村户均果树达3亩；兴隆乡王团行政村自扬黄工程结束后，家家户户都开展了庭院经济建设，这两个村都已成为海原县旱地庭院经济和灌区庭院经济开发的模式。乡村广大群众对果树栽培的科学要求也越来越高，经常要求林业部门为他们开办"定植""果树越冬""修剪""防病""施肥""灌溉"等方面的技术培训班，仅1986年、1987年两年县林业局开办各种类型果树实用技术培训班11期，培训1 210人次，为海原县培养一大批的农民果树技术人员。截至1989年，农民个体果树面积1 178亩，占全县经济林总面积的35.2%。

第二节 海原县经济林"十三五"成就

一、"十三五"成就

2016—2019年，紧紧围绕宁夏大力发展枸杞产业和海原县林业产业发展总体思路，把发展枸杞、苹果、香水梨等作为调整产业结构、增加农民收入的重要途径，通过政策扶持、土地流转、引进企业等措施，使海原县的枸杞等产业得到迅速发展，经济林面积达到9.2万亩，其中枸杞5.8万亩，主要分布在三河镇、七营镇、李旺镇、高崖乡、郑旗乡、关桥乡；苹果1.2万亩，主要分布在高崖乡、关桥乡；香水梨0.8万亩，主要分布在关桥乡；红梅杏1.4万亩，主要分布在史店乡、贾塘乡、树台乡、甘城乡。

（一）经济林种植规模稳步增加

全县增加枸杞面积15 600亩，增加红梅杏6 700亩，增加香水梨5 300亩，增加苹果1 400亩。

庭院经济林：全县采购供应红梅杏、梨、苹果等庭院经济林苗木38万株，折合面积7 000亩。

（二）枸杞服务体系不断完善

1. 新优品种育苗及推广

积极引导培育宁夏杞宏缘枸杞商贸有限公司、海原县沁禾枸杞苗木繁育基地、宁夏杞祥苗木繁育基地等枸杞苗木繁育基地，大力繁育宁杞5号、宁杞7号等良种苗木，通过老茨园（枸杞园）改造等措施使全县枸杞种植良种化率不断提高。同时积极推进院企合作，在宁夏农科院支持下，宁夏杞宏缘枸杞商贸有限公司在繁育基地繁育科杞1号、科杞2号、608、蒙杞等枸杞新品种（系）10余个。在该基地试验枸杞立架栽植30余亩，展示海原县枸杞高产栽培技术及新品种。

2. 枸杞设施制干能力

2016—2019年，海原县枸杞制干由自然晾晒向设施制干逐步转变，全县设施制干从无到有，通过政策扶持、引进企业等措施，全县建设枸杞烘干设备114 t，日烘干鲜果能力114 t，使全县枸杞设施制干能力大幅提高。

3. 枸杞病虫害信息化监测预报

在宁夏枸杞产业中心和宁夏农业科学院组织领导下，海原县枸杞病虫害信息化监测预报能力迈出步伐，共建立枸杞病虫害信息化监测预报基地面积8 000亩，培训兼职测报人员9人，通过病虫害监测预报能及时准确开展枸杞病虫害防治，三河镇金红园枸杞专业合作社监测预报工作获全区第四名。

4. 枸杞（统防统治）绿色防控

2015年以前海原县枸杞受黑果病等危害，茨农（枸杞种植户）束手无策，种植枸杞积极性受到严重打击。"十三五"期间，海原县探索枸杞（统防统治）绿色防控，通过鼓励合作社、引进企业等途径，全县共开展枸杞（统防统治）绿色防控12000亩，提振了企业、合作社、农户的发展信心，提高了枸杞的品质，减少阴雨天枸杞损失，为枸杞可持续发展打下了坚实基础。

5. 枸杞提质增效

由于长期重茬种植枸杞，大量使用化肥，海原县部分枸杞基地产量低、效益低。"十三五"期间，通过开展技术服务指导、政策扶持引导等，进行病虫害绿色防控，增施有机肥、生物菌肥，加强修剪管理、订单回收等措施，提高海原县枸杞种植户种植技术水平，及时有效防控病虫害，实现枸杞提质、农户增收、企业增效，共完成枸杞提质增效6 000亩。

（三）示范基地建设及培训不断加强

1. 2016—2019年全县完成示范修剪20余万株，手把手教农户管理经济林，培训农户2 000人次。

2. 开展香水梨绿色防控，利用黏虫板、杀虫灯、挂赤眼蜂卵卡、挂迷向器、绑防虫胶带等进行香水梨病虫害防控。

3. 鼓励支持史店乡田拐村种植养殖专业合作社流转本村红梅杏近2 000亩，指导积极开展病虫害防治、抚育管理、杏果的采摘销售等，为该村合作社建设红梅杏管护管理房屋160 m²，采购机械喷药设备一套，投资20万元。

4. 自全县开展秋冬季植绿增绿大会战以来，成立4个技术服务组，编制《秋季植绿增绿乡村绿化栽植技术要点》《秋季植绿增绿庭院经济林栽植技术要点》，技术服务组严格按照技术要点扎实服务植绿增绿大会战。

二、2019年经济林面积及产量

2019年海原县特色林枸杞9.4万亩，产量6 120 t，产值24 480万元；苹果1.2万亩，产量5 370 t，产值1 074万元；梨（含香水梨）0.8万亩，产量1 590 t，产值477万元；红梅杏、仁用杏1.4万亩，产量2 000 t，产值2 000万元；其他果树0.2万亩，产量600 t，产值240万元。总产值2.62亿元。

第三节　海原县经济林栽培技术

一、枣树栽培

枣树在宁夏栽培历史悠久，适应性强，结果早，寿命长，果实营养丰富，用途广泛，被称为"铁杆庄稼"。为改变红枣生产中长期管理粗放，产量低的传统栽培技术，走集约化栽培之路，发展立体复合型、节约灌溉农业，宁夏100万亩红枣，主要在中部干旱带。为实现经济、生态、社会三大效益兼顾的奋斗目标，应大力发展枣粮间作、地埂红枣栽植。

（一）栽植

枣树对土壤要求不严，应选背风向阳的地方发展。栽植前必须认真整地，特别是山区，应先把地整成梯田、水平沟或鱼鳞坑，防止水土流失。栽植时间，俗话说"枣栽芽"，枣树刚萌芽时栽植最好。海原县可于4月底起苗，5月初栽植，结合灌水，成活率高。外地运来的枣苗，应先泡水2~3 d，栽植后覆土或套袋，出芽后放出（去覆土或取袋）。

枣树有根蘖苗和嫁接苗两种繁殖方法，应选生长健壮，2年生以上的枣苗，起苗时注意多带须根和部分拐根（母根）。长途运输的枣苗，必须截干剪枝，严格包装。枣苗留60~80 cm截干，侧枝留1~2 cm剪除，每100株扎成一捆，泡水后，根部裹一层湿草，装入塑料薄膜袋内，外套麻袋运输。

枣树栽植密度，肥沃地略稀，瘠薄山地适当密植。一般行距4~5 m，株距2~3 m。根据干旱区栽植试验，应采用3 m×4 m、4 m×4 m的密度为宜。挖穴，土层深厚的地方可以小些，土层薄的地区应挖大些，一般要求深宽各80 cm。栽植深度不一，有水补灌区栽植可与起苗前埋土深度相同，使嫁接苗接口外露；无水补灌栽植应略深10 cm。栽植时要使枣苗根系舒展，然后覆土踏实、灌水。再将枣苗轻轻按倒覆土，梢部外露1~2外芽。从5月中旬开始检查，如发现枣苗发芽，应清除部分覆土，使嫩芽稍稍露出。待这些芽由黄白色变绿时，可将整株枣苗放出。定植后覆土，特别是在干旱地区，可提高枣苗成活率。枣苗成活后，应注意中耕除草，灌水追肥，促使枣苗健壮生长。

（二）抚育管理

1. 合理间作

首先是留足保护带，定植当年保护带不小于1.5 m，随树冠扩大逐年增宽。其次是选好间作物，以矮干冠小、需水时间与枣树相似、成熟早、无共同病虫的豌豆、蚕豆、花生、黄豆等。切忌种植玉米、高粱等高秆作物。无灌水条件的枣园严禁间作，实行清耕。根据灵武园艺场对2002年春定植的1 500亩（2~3 ）m×（3~4 ）m 的灵武长枣示范园的调查看，间作物的选择和保护带的宽窄对幼树生长影响极大。高秆作物和保护带不足1m 的其新梢生长量仅为合理间作园中的15%~20%，部分甚至没有生长量。

2. 灌水

有灌水条件的定植当年灌水可适当多些。栽植半个月后紧灌第二水。以后每40 d 左右灌水一次，第二年后每年灌水四至五次，即于发芽前、开花前，幼树膨大期分别结合追肥灌水一次，雨季少灌或不灌，果实成熟期注意水分供应的平衡，以免引起裂果。于11月份灌足冬水。灌水条件差的，栽后第一水一定要灌足，封冻前最后灌一水。无灌水条件的，栽后要拉水补灌。

3. 施肥

基肥每年或每两年一次，以秋施为好，成龄树每年亩施腐熟的有机肥3 000 kg，穴状培肥的采用环状沟扩穴施入，沟状培肥的采用扩沟方式施入。采用大穴培肥的可于第三年开始施肥。追肥：定植当年于新梢15 cm 时，结合灌水，每亩冲施碳铵50 kg，第二年以后可于发芽前结合灌水冲施碳铵50 kg，树龄增大后可增至75 kg、混合肥50 kg/ 株，环状沟施入，随树龄增大施肥量增加，幼树膨大期再追肥一次，用量及方法同花前。

4. 叶面追肥

幼树5月中旬开始，每15天喷布0.3% 尿素 +0.3% 磷酸二氢钾一次；结果树在花期加喷0.3% 硼砂或微肥，也可结合病虫害防治与农药混合喷施。

5. 土壤管理

土壤管理主要有全部清耕、行间间作行内清耕和全园覆盖三种方式。清耕即于每次灌水后浅耕，除草保墒。特别是在无灌溉条件下的地区必须采用这种方法。中宁县喊叫水乡、贺家口子村枣农贺兴旺与其叔叔同年栽植的同心圆枣。前者采用清耕保墒，大旱之年果实累累；后者不松土、除草，树势弱结果寥寥。覆盖即在树盘下覆15~20 cm 厚的杂草或作物秸秆以保持水分，稳定地温，秋后可作肥料与基肥一并施入。

（三）枣树整形修剪

枣树的整形修剪是诸多果树中是最不受重视的，传统栽培习惯中几乎没有整形修剪的观念，加上枣树独特的生物学特性，整形修剪的方法与其他果树明显不同，因此在修剪中不能沿用已知的苹果树的修剪方法。

枣树整形修剪是枣树丰产优质的一项重要措施。通过修剪可以加速枣树树冠形成，使枝条配置合理，主从分明，平衡对称，骨架牢固，提高负载力。正确的修剪，可调节养分水分的分配方向，控制营养生长与结果这一对矛盾双方向有利人们所需要的方向转化，即树要长得好，结果结得早，产量高，质量好，衰老期来得晚，经济结果年限长。这就要通过疏除过密枝、改变枝条方向使各种枝密度适宜，搭配得当，透风透光，增强光合作用，通过结果枝组更新，提高坐果能力，增加产量，提高质量。

因此，枣树整形修剪在海原不是可有可无的而是必不可少的措施，在生产中必须引起足够重视。

1. 海原枣树整形修剪的主要特点

（1）萌芽力强，成枝力极弱，单枝生长量大，在自然生长条件下，前期枝条稀疏，树冠形成晚。因此，整形修剪前期的任务核心是扩大树冠，增加枝量，培养良好的树形。

（2）生长结果转化快，叶幕形成快，结果早。枣树的绝大多数副芽当年都能萌发，形成二次枝、枣股、枣吊。枣树花芽是当年分化，当年开花结果，分化时间短，速度快，表现为边抽枝、边开花、边结果，结果稳定。修剪时不考虑花芽的留量和第二年结果的问题。

（3）对修剪反应不敏感。枣头短截后一般不发枝，必须把剪口下的第二次枝剪去才能使主芽萌发，即常讲的"一剪枝出"。整体修剪量小，简便易行，容易掌握。

（4）结果枝组生长量小，连续结果能力强，有利于养分积累和开花结果，不必每年更新。

（5）隐芽（不定芽）多、数量大、寿命长，受刺激后极易萌芽，更新复壮容易。

2. 枣树枝芽特性

（1）枣树枝的种类

①枣头 俗称滑条，是枣树当年的发育枝，由主芽萌发而形成。由于枣头生长力强，加粗生长快，是形成骨架的主要枝条，枣树的扩大树冠、更新衰老枝条、维持树势都靠枣头来完成。枣头一次枝上副芽萌发长成的永久性二次枝，简称二次枝，呈"之"形生长，是形成结果枝（枣股）的基础，故又称结果基枝。

②枣股　是二次枝和枣头一次枝上的主芽萌发形成的短缩结果枝，每年的生长量很小，仅1~2 cm，但寿命很长，一般可达10~20年。

③枣吊　也称结果枝。由枣股上的副芽萌发而成。每条枣股可达2~8条或更多，枣头基部和当年生二次枝的每一节也能抽生一条。它具有开花结果和承担光合效能的双重作用，因每年都要脱落，又称脱落性果枝。枣吊的长度一般10~30 cm，10~18节。

（2）枣树芽的种类

①主芽　也称正芽或冬芽，为晚熟性芽，着生在枣头、枣股的顶端和侧生在一、二次枝的基部，外被褐色鳞片，当年一般不萌发。翌年春自然生长幼树期除枣头顶芽继续抽生外一般也不萌发，通过修剪可促进主芽萌发，形成新的枣头和枣股。

②副芽　又称为夏芽，是早熟性芽，着生在主芽的左或右的上方，当年萌发形成二次枝和枣吊。

③隐芽　枣树的主芽可以潜伏多年不萌发称为隐芽或休眠芽，当受到刺激后容易萌发成健壮的枣头。

④不定芽　这种芽的萌发既没有一定的时间，又没有一定的部位。萌发后可形成枣头。

3. 枣树修剪的时期

（1）冬春修剪　指落叶后萌芽前的修剪。海原县气候干燥，冬剪易风干，不利伤口愈合，因此以3月上旬至4月上旬为宜。

（2）夏季修剪　即生长季节的修剪。在枣头生长高峰期过后进行，一般6月下旬为宜。过早易使枣股主芽萌发加大营养消耗，影响坐果；过晚由于营养枝量过大，营养生长旺盛，造成落花落果，影响产量。

4. 枣树修剪的主要方法

（1）短截　主要是对一年生枣头和二次枝的剪截。作用是刺激主芽萌发，增加枣头数量，加速扩大树冠。对枣头短截促发新枝时，剪口下的第一个二次枝必须疏掉。控制枣头生长时短截后，剪口下二次枝不能疏除。二是对二次枝留1~3节短截，可促发枣股主芽萌生枣头，培养骨干枝或更新复壮衰老枣股。

（2）回缩　主要用于多年生枝的更新复壮。先端长势减弱下垂时，为了恢复其长势，选择在生命力强的向上生长的壮枝、壮芽处缩减叫回缩。剪口下的二次枝从基部疏掉，促萌新枣头。

（3）疏枝　即将过密、交叉、重叠、衰老、病虫害等无用枝条从基部剪掉叫疏枝，目的是集中营养、减少营养物质消耗，改善通风透光条件，促进生长和结果。疏枝时剪口要平滑，不要留橛。

（4）刻芽　幼树培养树冠时，在需要发枝部位的主芽上方0.5 cm处横切一刀，深达木质部，刺激萌芽。刻芽的最佳时期是在枣树萌芽前，过早过晚效果都不太好。二次枝短截加刻芽会使枣股萌发率明显提高。

（5）抹芽　春季萌芽后对没有空间、生长过旺的新萌枣头从基部抹去，以减少营养消耗，控制营养保持良好的通风透光条件。

（6）摘心　在枣树生长季节，对新生枣头和二次枝的短截。摘心的目的是控制营养生长，培养结果枝组，增加枣股数量，减少落花落果，提高产量。枣头摘心的方法有两种；一种是轻摘心，一般在开花期对不能用来扩大树冠的新枣头留2~4个二次枝摘心，以提高坐果率，对选留为主枝的在50 cm左右时摘心，以促进主枝增粗，提高负载能力；另一种是重摘心，目的是培养木质化枣吊，当春季新枣头长15~20 cm时，从第一个二次枝处摘除枣头，促使下部隐芽萌发，形成木质化枣吊。对二次枝视其长势在6~8节时摘心以提高枣股质量。

（7）拿枝　当枣头半木质化时，拿枝调整枝向和角度。

5. 枣树的树形

枣树的树形可根据栽植密度和栽植方法来选择，主要树形为纺锤形，小冠疏层形，主干疏层形。

（1）纺锤形　在中央领导干上均匀着生10~12个主枝，主枝下长上短，树高2.5~3.0m，同侧主枝间距不小于40 cm，适宜（2~3）m × 4 m的密植枣园。

（2）小冠疏层形　树高3.5 m左右，有中央领导干、干高50 cm左右，全树主枝5~7个，分三层。第一层3~4个，层内距20 cm左右，第二层2个，第三层1个，主枝上配1~3个侧枝，下层多配，上层少配。层间距1~2层1 m左右，2~3层80 cm左右，树高4 m时落顶，适宜于株行距3 m×5 m以上以制干为主的枣园。

6. 幼树的整形

从多年的实践看定干宜低不宜高，低定干有利于提高成活和增加生长量。根据海原高崖乡对高1.2 m以上、粗度1 m以上的枣苗定干40~70 cm处理结果看，符合上述结论。

表6-5 不同截干高度对新植枣树当年生长发育的影响

处理	平均杆径 /cm	树高 /cm	成枝率 /%	冠径 /cm	当年新枣头 /cm	当年二次枝 /cm
定干 50 cm	158.6	112.7	41.4	70	长 47.3 粗 0.88	长 26 粗 0.41
定干 70 cm	152.2	115.2	30.0	59	长 38 宽 0.76	长 22 粗 0.37

（1）定干 枣树定植后即可定干，一般为50~70 cm。当苗木过弱时可在苗木基部1~2个二次枝处重短截。定干后二次枝全部剪掉，用枣头上的主芽抽生枣头，培养中干和主枝。对重截后形成主干的除对剪口下的二次枝疏除外，对选定做主枝的二次枝留1~2节短截，利用枣股上的主芽萌发形成主枝，这种剪法，修剪量少，伤口小，角度适宜，成形快，结果早。（表6-5）

（2）整形（以纺锤形为例）

①第二年春剪 选留一个生长健壮直立枝作中央领导干，在整形带内选3~4个分布均匀、角度适宜的枝培养为主枝，其余枝缓放结果。选留的主枝留40~50 cm 短截，并疏除剪口下的二次枝，促新生枣头扩大树冠。利用二次枝培养主枝时，若出现枣股主芽不萌发抽枝，可将枣吊从基部掰掉刺激主芽萌发。夏剪时对枣萌发的枣头在50 cm 左右处摘心、控长，保持主枝间的平衡。

②第三年春 剪时中心干留50 cm 左右，剪除剪口下二次枝，继续利用剪口下主芽抽生枣头培养中心干。选择部位适宜、生长健壮的二次枝2~3个，留一个枣股短截，培养主枝，若不萌发时，仍采取掰取枣吊的办法。对上年选留的主枝留40~50 cm 进行短截，并疏去剪口下的二次枝，利用主芽萌发抽生新枣头，当株间新枣头长度超过1.5 m 时注意摘心，控制枝长，对小主枝上有空间的二次枝留1个枣股短截，促发枣头扑空，当空间补满时进行摘心控制生长。

③第四年春剪 中心干上部的选留及修剪方法同上年。对已选定的主枝按自下而上、依次渐短的原则进行修剪，长度达到要求的短截后保留剪口下二次枝，控制生长，长度尚未达到要求的，短截后疏去二次枝，继续扩大树冠，当年达到长度要求时及时摘心。同时加强结果枝组的培养。当树高达2.5 m 时对主干延长枝进行摘心。至此，幼树整形基本完成。

（3）结果枝组的培养与配置　枣树结果枝组的培养比较容易。首先采用主枝的培养方法，刺激有空间的枣股萌发为新枣头，然后按空间大小摘心或短截（不疏除剪口下的二次枝），控制生长，促进下部二次枝和枣股，培养成各类结果枝组。结果枝组在小主枝的配置上以两侧为主，同侧枝组相距60 cm左右为宜，中下部以大中型为主，中上部以中小型为主，每立方米树冠有100~120个二次枝为宜。

7. 盛果期树的修剪

枣树完成整形后，进入盛果期。此期的修剪任务主要是调节营养生长与生殖生长的关系，改善通风透光条件，更新结果枝组，保持健壮树势，长期维持良好的结果能力，以求稳产优质。

（1）骨干枝的修剪　此时树冠已经形成，主要是对控制骨干枝的延伸、保持骨干枝健壮的生长势和平衡主枝间的长势。一是对中心干主枝顶芽萌发的枣头从基部疏除，严格控制生长范围，避免交叉影响通风、透光条件，对下垂的主枝要及时回缩到背上有壮枝壮芽的分枝处，抬高角度，增强树势，当主枝间的生长强弱不平衡时，采用抑强促弱的手法进行平衡。对强旺枝采用加大角度、疏除旺枝、多留果实、基部环剥（割）；弱者采用多留枝叶、少留果实、抬高角度等办法加以调整，使之达到相对平衡。当小主枝枝粗度超过中心干1/2时要及时更新。

（2）疏除无用枝　枣树进入结果期后成枝力量有所提高，枝量增加较快，要及时将过密枝、竞争枝、交叉枝、重叠枝、无利用价值的徒长枝、病虫枝疏除。

（3）枝组修剪　枝组的修剪原则是有空就留，无空就堵，及时更新。以保证枝组分布合理、生长健壮、结实良好。枝组上部二次枝枣股萌发的枣头，一般生长衰弱，不宜保留利用，而枝组基部二次枝枣股萌发的枣头一般生长健壮，可用来更新枝组。衰老枝组下部潜伏萌芽的枣头，是更新枝组的宝贵资源，应注意培养利用。枝组后部没有新枝的可利用回缩或刻伤的办法促生枣头，进行更新。重点是更新8年以上的枝组，提高结果能力，保证连年丰产。

8. 衰老树的更新复壮

（1）重更新　适用于长势极度衰弱，光秃严重，有效枣股不足500个的树。方法是锯去骨干枝总长的1/2~2/3。

（2）中更新　据去骨干枝长的1/4~1/3，适用于长势较弱，光秃现象明显，有效枣股500~1 000个的树。

（3）轻更新　锯去骨干枝总长的1/7~1/5，适用于生长势轻度衰弱，有光秃现象，有效枣股1 000~1 500个的树。

枣树更新应注意以下事项：一是锯口尽量选用在有生命力，向外生长的分枝处，以促生分枝角度好、生长健壮的新枣头；二是要注意平衡各主枝间的从属关系；三是骨干更新要一次完成，不能分批进行，否则达不到更新的目的；四是保护好锯口，促进愈合；五是加大水肥管理，促进新枣头的萌发与生长，加速树冠形成；六是及时对更新萌发的新枣头进行调整，培养合理的树形和理想的结果枝组，达到更新复壮的目的。

（四）花果管理

1. 环剥（割）

环剥主要是对三年生以上，干径4 cm以上，树冠基本形成生长偏旺的树进行，树势旺时可连年进行，第二年于上年环剥口上10~20 cm处进行。通过环剥可控制树势，提高坐果，促进成熟。

2. 摘心

摘心于花前至初花期进行，具体指标是于新枣头长处4~5个二次枝时进行，壮枝留3~4个二次枝，可提高坐果率，减少小果。

3. 叶面喷肥（水）

干旱区气候干燥，花期相对湿度较低，往往因"焦花"而影响坐果，因此采用于初盛花期喷硼砂、尿素、磷酸二氢钾各0.3%的混合液，干旱时三天后再喷一次清水，可明显提高坐果率。

4. 疏果

对鲜食枣进行疏果以保证枣果个大均匀。一般旺枝，每枣股留果15个左右，壮枝留12个左右，弱枝留5个左右，疏果时应疏去小果和生长较弱的枣吊上的果。

5. 果实的采收分级包装

适时采收可根据用途确定：白熟期（蜜枣）、脆熟期（鲜食乌枣、酒枣）、完熟期（制干）。鲜食枣果必须用手采摘，逐步走山西梨枣分级包装优质优价的路子，提高采摘质量和果实贮运能力，增强市场竞争力。制干果要适时采收不能早采，可采用乙烯催落，篷布收果等先进办法，杜绝用棒敲，减少树体和枣果损失。并尽可能将自然晾晒制干改变为烘道烘干，减少晾晒污染，制干后分级包装。

二、梨树栽培

（一）栽培技术

1. 密度

密植是获得早期丰产，提高单位面积产量的有效栽培方式，它可以增加叶面积，有效地利用光能，经济利用土地。目前常用的栽植密度有三种。

（1）普通栽植　株行距为4 m×5 m，每亩栽植33株。

（2）中度密植　株行距3 m×4 m，每亩栽植66株。

（3）高度密植　株行距1 m×4 m，每亩栽植167株

2. 确定栽植密度的原则

（1）品种特性　不同品种生长势不同，生长势强的树冠大。成枝力也有差别，成枝力强的品种分枝较多，容易造成树冠郁闭，成枝力弱的品种在密植条件下光照容易控制。以中长果枝结果为主的品种较短果枝结果为主的品种树冠透光差。因此，树体小，成枝力弱，枝条角度自然开张，以短果枝结果为主的品种，如鸭梨、长十郎、矮香等品种栽植密度可大些。树势强、树冠大，成枝力强的品种，如慈梨、锦丰梨、苹果梨等品种栽植密度可小些。

（2）砧木类型　利用乔化砧木，如杜梨、山梨、沙梨等嫁接品种，进行乔化密植栽培，株行距可大些。利用矮化砧木，如榅桲、S2、S3、PTR54等进行密度栽植，株行距可小些。

（3）整形方式　根据不同的栽植密度，相应地采用不同的整形方式，如中冠整形修剪法用于普通密植；小冠整形修剪法用于中度密植；篱壁式整形修剪法用于高度密植。

（4）土壤肥水条件　土壤肥沃，土层深厚，肥水条件好，树体生长高大，可以作为确定栽植密度时的参考。但不能作为主要条件，因此密植栽培必须有足够的肥水条件做保证，靠群体结果丰产。早期丰产、连年高产也能控制树体增长。

（5）栽培年限　乔化密植栽培，可以获得早期丰产的效果是明显的，但随着树体的增大，后期树冠郁闭，产量会有下降。但是如果充分利用最佳丰产期，精细管理，连年丰产，到一定年限则分期分批进行更新更换，其经济效益是高的。因此，栽植密度可根据要求和连年丰产的年限来确定，普通密植栽植年限在20~25年，高度密植年限12~15年。

（二）栽植技术

1. 栽植时期和方法

栽植时期要根据当地的气候条件确定。有小气候环境的地区适于秋栽，从苗木落叶

后进入休眠至土壤冻结前均可栽植。秋栽能使土壤与栽植的苗木根系充分密结，促进根系伤口愈合并能长出新根，发芽后能及时吸收土壤中的水分和养分，供应苗木生长，缓苗时间短，生长良好。气候寒冷、干旱和风大的地区多采用春栽，以防苗木冬季冻害和抽干。春栽一般在土壤化冻后至发芽前进行，一般越早越好。

栽植前要按规定的道路、小区和株行距，测定好栽植点，挖好定植穴或定植沟，穴和沟的直径不小于1 m、深1 m，将表土和心土分别堆放在两侧。土层薄、土质差的地块要换肥沃的田土。栽植穴和栽植沟挖好后，每株以25~50 kg厩肥与表土混合均匀后填入坑内，随填随踏实，填至距地表30 cm时，将苗木放进栽植穴或沟内，使苗木根系自然舒展横竖行对齐，边填土边摇动苗木，使根系与土壤充分密接，随填土随踏实。苗木栽植深度以芽接口与地面平齐为准。填土后在穴的周围或沟的两侧做成土埂，充分灌水，待水渗下后用土封穴或封沟，并在树干周围培一土堆，如春季干旱，于发芽前再浇水1次，浇后松土保墒。

2. 提高定植成活率的措施

第一、选择符合质量规格的苗木定植，对那些伤根太大或苗干被擦伤的苗木不宜定植。

第二、秋栽时，挖苗后立即定植，如从远地运输苗木，根系蘸泥浆，必须用塑料布覆盖，保持苗木根系湿润。栽植前将苗木伤口剪去一段，使伤口平滑，以利于伤口愈合。最好把苗木根系在清水中浸泡1夜，第二天定植。春栽地区最好在春季起苗，起苗后立即栽植，如果必须秋季起苗，要做好苗木贮藏，防止冻害和抽干，以提高苗木栽植成活率。

为提高苗木成活率，栽后要充分浇水，要覆盖地膜，盖膜不仅可以保墒，还可以提高土壤温度，有利于苗木根系恢复。

（三）整形修剪

整形修剪是树冠的一种管理措施。按照栽培目的要求，通过人为整修，逐年把树冠培养整理成合理的树形结构叫作整形。实行树形整修的方法叫修剪。两者概念各有特定的含义，因为整形是用各种修剪的方法来实现的，而修剪又是在先定下树形的前提下进行的。两者相伴而行，相互作用，密不可分，故合称整形修剪。

正确地整形修剪，能使树冠中的大枝构成牢固合理的树形骨架；使各类结果枝组得到合理的安排。通过修剪可调节树势、光照、树冠大小及产量多少，从而达到光照良好，树势稳壮，利于成花，生长结果协调，丰产优质，方便作业管理，低耗高效的栽培目的。正确的整形修剪可使幼树快成形、早结果，使成年树生长结果平衡稳定，延长盛果期年限，使老年树更新复壮，延续经济栽培寿命。所以整形修剪是重要栽培技术之一，需要年年进行。

但是，整形修剪不是万能的，也不是孤立进行的。它必须以梨的生长结果特性为基础，与土、肥、水以及树下管理条件紧密配合，才能充分发挥其作用。如果不顾梨的自身规律特性，或忽视其他条件和管理，把修剪同其他条件孤立起来，机械地进行修剪，把主观意志强加于果树，则会起相反的作用。生产中常会看到，有的梨园虽然年年修剪下功夫不少，却只爱长树不爱结果，除了其他原因外，常常是与修剪技术运用不当有关。

1.梨树生长结果的特性及修剪的特点

梨树树体高大，极性强，角度小，萌芽力高，成枝力低，干性强，层性明显。树冠稀疏，透光好。短枝比例大，易早结果，新梢停止生长早，顶芽、侧芽发育充实饱满。潜伏芽寿命长，生命力强耐更新。这些生长结果的特性是整形修剪的主要依据。梨的生长结果的特性，不全是符合人类栽培目的的，要通过修剪充分发挥有利的特性，转化不利的特性，变害为利，或加以限制。

（1）乔冠与控冠　梨树大多数品种是高大的乔木树体。如青海贵德有一株150年生的长把梨树，高16 m、树冠13.6 m，占地146 m²。在暂无理想的梨矮砧情况下，我国栽培的梨树，基本都是乔砧梨树，在没有解决控冠手段以前，几百年来一直采用大冠稀植的栽培制度。海原亦然。

树冠过高过大有很多弊病：①修剪、打药、疏果、收果等树上管理十分不便；②费工、费力、效率低，管理上不去，难得高产优质的商品果实；③冠高径大不透阳光，冠内缺光无效冠区大，仅树顶和外围表面结果，所以结果前扩冠，结果后控冠，是梨树整形修剪的重要特点之一。特别是密植梨树，控冠尤为重要，密度越大，越要控冠。控制不及时、不得当，会造成全园郁闭，不但产量质量锐减，甚至造成密植的失败。为此，要根据栽植密度选择冠形。即稀植树用大冠形（如三挺身、开心形、改良扇形）；密植树选小冠形（如纺锤形、单层高位开心形、圆柱形、扇形）。还要按株行距允许的范围进行控冠。一般要求树高小于行距，行间不能封死，要有1.5~2.0 m宽的光道，株间可有10%~20%的交接。超高要落头，超宽要回缩。用放放缩缩的修剪方法把树冠控制在应占的范围内。早期采用促花早果措施，以果压冠。

（2）极性强与开张角度　梨树的多数品种由于分枝角度太小，直立生长，位置处于高处，故极性很强。这种直立向上的生长力，是生命力旺盛的表征。这可能是梨树寿命长和抗逆性强，适栽地域广的原因。

极性也叫顶端优势，即一棵树或一个枝处于顶端（最高点）的枝或芽，生长势最强往下依次递减。极性强弱与枝、芽角度及所处位置有关。角度小则直立,直立则处于高点,高则极性强。

极性在修剪中有利弊双重作用。有利方面,在幼树期,可利用极性这个生长力促进快长树、快扩树、快成形,通过加大主枝角度使树冠向横向扩展,占领更大空间,争夺更多光能,为早产丰产打好基础。对衰弱的树或枝,可抬高角度,在高位点的方向上枝芽处缩截,促其更新复壮,延长结果寿命。不利方向,极性过高易造成中心干与主枝,主枝与侧枝间生长势差太大。产生干强主弱、主强侧弱、前强后弱、上强下弱等弊病。这些弊病只利于长树,不利于结果。解决这些问题就得采取转移极性的修剪方法。如变角、变位、变高、变向、分散等修剪手法。

(3)防治和克服中心干过粗过强、上强下弱　可多留下层主枝及把门侧和层下空间辅养枝,使中心干处于多枝轮生,截留水分和养分。同时对中心干上部的强盛枝及时疏缩,抑上促下。或者采取中心干多曲上升,树形超高时落头开心,把势力压到下部枝上。

(4)克服主强侧弱和主枝前强后弱　主要办法是加大主枝角度,降低枝头高度,用弱枝、弱芽、外枝、外芽当头。开张角度要从幼树1~2年生龄做起,用拉、弯、别、剥、压、坠枝等方法变位、变角。枝龄大、粗硬的,只好用棍支撑,有条件的可转主换头,用外生枝做头。

(5)成枝力与骨干枝选留　成枝力即1年生枝萌发长枝的能力。发长枝多为成枝力强,少为弱。梨树多数品种成枝力弱,一般只发1~2个长枝,个别发3个。如秋子梨系统中的京白梨成枝力为11.9%,白梨中的酥梨为9.1%,慈梨为11%,早酥梨为9.6%,沙梨中的晚三吉为10.4%,洋梨中的早巴梨为11.5%。针对这种特性,整形修剪中应注意做到:①成枝力低树冠稀疏,主侧枝可适当多留。为了多发枝,可在整形期于中心干需要发枝的芽上方,刻伤促萌。②注意延长枝头,剪口第三、四芽,留在两侧,同时刻芽,促发侧芽。③由于成枝力低,加大主枝角度后,树冠宽松空荡,所以梨树整形原则是轻剪多留枝,要多留辅养枝和各类小枝。前4年基本不疏枝。结果以后渐渐给骨干枝让路,疏去或缩剪成大小枝组。

(6)萌芽力高与长留长放　萌芽力也叫萌发力,即1年生枝条萌芽百分率。梨多数品种萌芽力高。京白梨剪截后萌芽率为100%,长放枝为95%;酥梨萌芽率分别为75%和84%,早酥梨分别77%和为88%,长把梨为80%和90%。

梨树萌芽力高,但成枝力低,短枝比例大,定植后3~4年就可形成相当多的短枝花芽,这是梨树能早结果早丰产的基础。修剪应促进增生短枝,提早结果。

梨树的枝条对长放反映效果非常好。特别是在肥水条件好的情况下，把直立强旺枝经过弯枝、拉、坠、剥、压、变向后，再配合叶面喷肥，很容易成花。在轻剪多留枝的原则下，长留长放、先放后缩或先放后截，是梨树培养结果枝组的重要方法。如早酥梨缓放效果调查表明：枝条总长度108~148 cm，发芽25.9个，其中短枝21.6个，花芽12.1个。短枝花芽占萌芽数的46.7%。早酥梨2年生树做弯枝并缓放处理后，3年生平均株产5.2~6.2 kg。

梨树成枝力低，往往呈单轴延伸，后部是成串短枝结果。连放几年结果后，易造成早衰和结果部位迅速外移，甚至披散下垂。因此，长放到一定程度和年限时，要及时回缩复壮。

（7）短果枝群结果与枝组年轻化　成年梨树80%~90%的果实是在短果枝和短果枝群。如何做好短枝及短果枝群的细致修剪，是梨树修剪的重要特点之一。

短果枝是由壮长枝条缓放后，当年或第二年形成的一长串短枝花芽而来的；或由中短枝顶花芽结果后，下部形成短果枝。对这两类已具备短枝花芽的枝进行截缩修剪，只留后部2~3个花芽结果，即成为小型短果枝组。短果枝组上的果台枝或果台芽，再连续或隔1年成花结果，经3~5年即形成短果枝群。对这类短果枝群，要疏去过多的花芽，去前留后去远留近，使之经常保持年轻化状态，做到树老枝不老，高产稳产。

（8）潜伏芽寿命长与更新复壮　潜伏芽寿命长，也是梨树非常有利的特性。即使几十年甚至百年老树，在后部光秃无枝的情况下进行重回缩，并配合地下肥水管理仍可发出徒长枝，更新2~3年又可形成新的树冠结果，这对弱枝弱树更新复壮很有利。

2. 修剪的基本方法及应用

修剪按照时期的不同，大体可分为冬剪和夏剪两大类。冬剪即落叶后至萌芽前休眠期的修剪。夏剪是生产中的一种习惯叫法，实际上它包括夏剪和秋剪，即生长季节带叶期的修剪。由于修剪的时期不同，方法和作用也不同，冬、夏修剪相互不可替代，但有互补作用。近些年来，生产上采取冬剪、夏剪相配合，各有侧重，取长补短，比只用单一剪法效果好。

冬剪的主要目的：一是整形，调节或维持树形骨架结构，培养各级骨干枝，扩大树冠体积；二是培养安排各类结果枝组，维持其合理状态和更新复壮；三是疏除病害枝，回缩过长、过弱、过高的枝，使树冠在株行距限定的范围内，正常地生长结果。

夏剪是针对某一种单一目的，进行促或控。例如，为提高坐果率，进行花前疏花复剪，或盛花期环剥；为了削弱旺树势力，进行发芽后晚剪或2次剪；为了促进花芽分化在5—6

月份环剥、环割等；为了促进秋季叶片光合作用，进行秋季拉枝和疏除旺枝，打开光路等。

"冬剪长树，夏剪结果"的说法，大体概括了冬剪与夏剪的不同作用。

冬剪的主要方法与运用：冬剪做起来似乎很复杂，但所使用的基本方法只有4种：即短截、回缩、疏枝、甩放。每种剪法对树的整体和局部枝条的生长和结果，都产生不同的影响，而且这种影响都是有规律的。只有掌握每种修剪方法和剪后的作用效果，特别是修剪对局部枝的作用规律，才能使修剪达到预想的效果。

（1）短截的运用　短截只在1年生枝条上应用，即把1年生枝条截去一部分，留下一部分的剪法叫短截。按照截去的长短，可把短截分为轻、中、重3种程度。轻轻截去枝上部一小段叫轻截，在枝条中部饱满芽附近剪截叫中截，剪去枝条的绝大部分（剪去饱满芽，留下秕芽处）叫重截。随着修剪的精细，又衍生出另外两种方法，即"戴帽"和"留橛"。戴帽即时在春或秋交界或两年生交界的秕芽处剪截，也叫打盲节。留橛是指几乎把全枝剪掉，只留基部有皱纹的瞎芽部位，也叫极重短截。

短截的最主要作用是对被剪截枝剪口下芽子有刺激萌发和抽生长枝的促长作用。产生这种局部刺激作用的生理原因有两个：

①芽的异质性　在1年生枝条上处在不同部位的芽子质量（饱满程度）是不同的。枝条中部的芽最饱满，所以在饱满芽处进行中短截，能发出较好的壮长枝；枝条下部、基部的芽最瞎秕，因此，在枝下部秕芽处重截或极重截后发枝最弱。枝条上端多为半饱满芽或秋梢芽，在此处轻截后，发枝中等，不过长或过弱。

②顶端优势　处于高处的枝或芽比低处的枝芽能优先得到较多的水分、养分，因而生长势强旺，这种特性叫作顶端优势或极性。由于短截后，使剪口芽处于留下这段枝条的顶端，所以剪口下第一芽最优势，能发出长枝，其次是剪口下第二芽，往下依次递减。

此外，由于短截是把枝条截去一段，使养分集中给留下的少数芽，这也是对剪口下芽起刺激作用的原因。

所谓刺激大小，就是看短截后剪口下芽发壮长枝的多少与长度及下部芽萌发率高低。

各种短截的具体作用：一是中短截发长枝最多最强，其下部还能萌发数量较多的中枝、短枝。所以，为了促进生长扩大树冠，在整形期间要对中心干枝头和主侧枝头进行中短截；二是轻短截及戴帽，发枝中等、不过长，发出中短枝多而壮，利于成花。所以为了缓和树势、枝势，增加中短枝比例，促进多成花时对辅养枝和结果枝组，可多用轻短截或戴帽等缓势剪法；三是重短截后只发1~2个较弱的中枝。为了控制强条生长或培养短壮小结果枝组，例如对竞争枝、背上直立枝，在有空间欲培养枝组时，可行重短截或极重短截。若再发强条，下年去强留弱，去直立留平斜，控制长势或留橛上橛。

（2）缩剪的运用　缩剪是在多年生枝上使用的一种剪法。对长放多年的过长枝、交叉枝，结果多年的过弱枝、下垂枝等，在多年生的适当部位（2年或几年生处）剪去或锯除一部分，留下一部分，叫缩剪或回缩。缩剪与短截是两个不同的概念，短截是对1年生枝而言，缩剪是对多年生枝而言，其作用与用法各异。

缩剪对全树和分枝有减少生长量的作用，而对剪锯口以下留的分枝，有局部促进生长的作用，其作用大小程度与回缩轻重、去枝伤口大小有关。回缩越重，去枝伤口越大，刺激作用越明显，特别是在伤口较大的情况下更为突出。

缩剪常用于：①对老树及长弱枝组更新复壮；②串花枝的堵花修剪，提高坐果率，增大果个；③枝头直立的主枝转主换头，加大角度和改变伸展方向；④中心干枝头的落头；⑤辅养枝的控制改造，由大变小、由强变弱，由长变短，改造成结果枝组；⑥交叉重叠枝关系的调整归位；⑦超过高度、宽度的树冠控制调节光照和树势等。这些进入结果期后出现的问题，可用缩剪法来解决。但运用缩剪法时要注意程度适当，不要忘记回缩有双重作用。实际运用中往往强调了局部的正作用而忽视了对整体的副作用。要根据具体情况解决回缩程度的轻重。譬如，刚进入结果期的树，回缩枝组不要全面堵缩，不给出路，造成返旺，破坏了树势的稳定。要有缩有放，分年分次进行。而对老树弱枝更新时应加重回缩程度，不然不足以刺激潜伏芽和弱枝更新，但要配合地下肥水。

（3）疏枝的运用　把部分1年生或多年生枝从基部剪（或据）掉的剪法，叫疏枝。疏枝也有双重作用，一是由于疏掉了一些枝叶和造成伤口，对全树和母枝有削弱和缓势的作用。其削弱和缓势程度与疏去的枝叶量、去枝大小、强弱、伤口大小成正比。即疏枝越大、越强、量越多，对全树和母枝的削弱和缓势作用越明显；反之则小。疏枝过量过急，易打破地上、地下平衡关系造成返旺徒长。二是对局部有抑前促后的作用。疏枝后，对伤口上部（特别是同侧）的枝有削弱作用（即抑前）。伤口越大，越靠近伤口的枝条削弱作用越明显。而对伤口以下的分枝（同侧）有助长作用（促后），伤口越大，越靠近伤口的分枝，促长作用越明显。伤口下部常促发出徒长枝。离伤口越远处的分枝，抑和促的作用均逐渐减小。

如果把过密过挤的辅养枝、串膛的徒长枝、直立枝骨干枝头势均力敌的竞争枝、拖地无光照的寄生枝、纤细的无效枝、病虫枝等及时疏除，就可改善光照，减少养分消耗，使旺树转化成中等树能促进多成花和平衡枝与枝间的势力，起到良好的作用。疏枝要防止过急，掌握适量、适度、适时，正确运用。

（4）甩放的运用　甩放也是一种修剪方法。即1年生枝条不剪截，又叫放条、长放、缓放。不剪并不是全树的枝条都不剪，而是指某一部分枝条不剪。甩放的单枝，由于没有受到剪截的刺激，是用顶芽延伸的，所以延伸力量弱，不易发强枝，发短枝量最多增加了全树中短枝比例。停止生长早、养分积累多成花多。尤其对萌芽力高的品种，甩放促花效果十分明显。

不能把甩放误解为乱放，任其自由生长。甩放的枝条是有选择的，而且不同的枝条有不同的做法。例如，在有空间的情况下，对中等斜生、水平、下垂枝进行甩放，很容易放出短枝和花芽。而对直立、强旺枝甚至竞争枝，也要甩放培养结果枝组时，必须弯倒、压平，或配合扭、拿、伤、环等夏季手术，才能收到效果。否则，任其直立甩放，就会长成"枝上枝""树上树"，破坏树冠枝间关系和树形。

幼旺树多用甩放，可缓和树势，增加早期枝叶量，加粗快、成花多，是快长树、早结果的重要修剪措施。大年树宜多甩放，能多形成花芽，下年多结果，使小年不小。但弱树和小树不宜多甩放。甩放和回缩要配合使用，在1年中每棵树每个大枝上，要有放有缩。甩放几年后，枝条过长过弱了，就要及时回缩归位，更新复壮。出了新枝后再次甩放。放与缩是不可分开的一对措施。

2. 夏剪的方法与运用

夏剪包括夏、秋剪。广义的夏剪，除了用剪子、锯子外，还包括刀割、绳拉、棍撑、手拿、伤、坠、别、压等各种做法。夏剪的特点：一是有明确的目的性；二是有专一的针对性；三是有严格的时间性；四是有灵活技巧性。

夏剪的方法很多，归纳起来，可分伤、变两大类：一是伤。包括环割、环剥、目伤、多道刻芽、绞缢、大扒皮、倒贴皮、异皮接、折枝、摘心、抹芽、晚春剪、秋剪、扭梢、拧枝、拿枝、"连三锯开角"等。都是在干、枝、皮、芽造成不同方式的伤害，暂时阻碍养分的输导，促进枝芽局部养分积累，以达到控长、增枝、促花或提高坐果率等目的。二是变。包括拉枝、撑枝、别枝、压枝、"挑扁担"、坠枝、圈枝、反弓背弯枝等。这一类做法基本不伤枝，只改变枝条原来的自然生长姿态。多用于旺、立、直、大的枝条及方向、位置不当，角度小的枝条上。利用极性转位的原理，使其按照整形的要求，改变角度、方向、方位，造成合理的树体结构，达到透光、缓势、增枝、促花、坐果的目的。

3. 夏剪的几种主要方法

（1）拉枝、拿枝　拉枝，即在生长季，用麻袋线绳、塑料绳把1~2年生壮长枝条，按树形和树冠结构的合理方位、方向、角度、向四面八方插空拉开。主枝角度70°左右，辅养枝80°以上，越是粗的、强大的临时枝，角度应越大些。时间虽无限制，但6—7月份最好。此期拉枝后，背上不冒条，枝条软不易折断，又可利用叶片的重量易于开张角度。拉枝要注意几个要点：①绑绳不能过紧，防止当年加粗生长后夹进枝内。②拉枝必须从幼树做起，主要用于1~4年生幼树整形的1~2年生枝。枝条粗大后，角度拉不开，绳易断，枝易折，费工费力。整形期把主要枝条方位角度固定后，以后就没多大问题了。③枝条角度小于30°或上部最后两个对生大枝，用反弓弯拉枝法（即向相反的方向拉）不易劈裂，又稳势结果。④拉枝要从基部张开角度，不能基角不变，在枝条腰部拉成大弯弓形。

拿枝为了使拉枝既容易又有效，最好在拉枝前先进行拿枝软化，即从枝子开角的着力点部位，用手把枝拿软（可听到响声，伤筋动骨不伤皮），然后再拉，可减少绳的撑拉力，不易断，要拉成多大的角度，变换什么方位都易办到。拉枝与拿枝配合使用，是幼树整形修剪的主要措施。

（2）环割、环剥　该法只能在生长过旺不爱结果的树或枝上使用，弱树弱枝上不可用。环剥即在枝或干上某个部位，用钝刀割透树皮两道，深至木质部（切透皮而不伤木质部），剥去两刀之间的树皮。剥口宽度为枝干直径的1/10，环剥时期，依目的而定，为提高坐果率，可在盛花期环剥；为促进成花可在花芽分化前（海原县5月下旬至6月上旬）环剥；为兼顾两者的效果，可在落花当日至5 d内环剥完。环剥时的注意点：①环剥道口去皮要利落，不能用手涂抹剥口的黏液（形成层细胞）。剥皮后用纸或塑料绑缚保护不晒干。②剥口在20 d内涂抹波尔多液、福美胂等杀菌药，否则易杀死形成层的细胞，造成死树死皮。直接用塑料膜包裹的也可不涂药。③视枝干的粗度和长度决定环剥口宽度和次数，一般剥后25~30 d愈合，如果一次仍控制不住旺长，可在1个月后剥或割第二次。环割部位和环剥相似，但只割透树皮，而不是剥皮。割后20多天即愈合，一般割1次达不到效果，可割2或3次。但要1次1道，不可2~3道同时进行，尤其在主干上，1次多道易出毛病。环剥和环割对梨树促花是最可靠的好措施，可以做到让哪个枝结果哪个枝就结果。

（3）春抹芽、秋疏枝　由于拉枝使极性转位，必须抹去在拉枝后背上突起处冒出直立枝、"骑马枝"及锯口处长出徒长枝。这些新冒出的枝条，长势很猛，不但耗去大量养分，使被拉的母枝长不好，又扰乱树形。拉枝不抹芽等于白拉。为此，在萌芽初期刚冒出小红芽时，及时抹除，1周内要绕树巡视3~4次，及时除萌。以后还要随时检查漏掉的和后发的徒长枝，对旺树，秋季要认真疏除遗漏的徒长枝，以利光照，促进秋季光合作用，增加树体养分贮藏。抹芽、疏枝不是把背上枝一律抹除，在有空间的缺枝部位，或要求培养预备枝更新的部位，有计划地留1~2个，但要在7月份按要求伸展的方向，把它拉倒、压平。尤其对成枝力低的早酥梨、鸭梨之类的品种，要留心选这类枝。

（4）目伤、多道刻芽　梨的多数品种成枝力弱，栽植当年定干后很少能发出3~5个长枝，一般只发2~3个，不够整形需要的下层枝数目。为此，在定干后，对剪口下3~5个芽，在芽上方用剪刀目伤二道，促发长枝，作为下层主枝用。

在幼树整形期，对发枝少长放后易出现光杆枝品种和粗壮枝条（粗1 cm以上、长70 cm以上），于萌芽前做多道刻芽，每15 cm刻割一道，深至木质部，可促发大量中短枝，当年成花。工具可用剪子，嫁接刀，也可用废钢锯条。

（5）其他的夏剪方法　只要因树、因时制宜，正确运用，也是有效的。

以上冬、夏修剪方法，虽是逐个介绍的，但在具体修剪1株树时，绝不是单用一种方法，而是多种修剪法配合交叉使用，即冬剪时疏、截、缩、放配合；夏剪时拉、拿、刻、环、抹配合；冬剪与夏剪配合，相对各有侧重，因而1株树或1个枝修剪后的作用，是多种修剪法的综合作用效果。符合修剪目的的作用叫正作用；反之叫副作用。两种作用同时存在，有时是正正相加，则正作用最明显；有时是负负相加，则副作用最明显；有时是正负相减或相抵，则作用不明显。修剪效果是决定修剪程度与方法的主要依据。不会判断和预测修剪的效果，就难以作出正确的修剪。所谓修剪水平，就是针对具体的树（枝）的具体情况，按预想的目标，会采取对症的修剪方法和修剪程度。

观察不同修剪方法的修剪效果，不能仅从一枝一芽着眼，而要注意整体和局部的辩证关系。例如，对全树整体轻剪缓放，而对局部枝条虽剪截较重，也不一定能促发旺枝；反之，如对整体采用多截重剪，而对局部枝条甩放，同样也收不到减缓树势的效果。

一种剪法就局部（某一条枝）的效果来看，在一定条件下起主导作用，而其他修剪方法也有一定的影响。例如，采用环剥可以促进成花，但在环剥前，若先行拉枝开张角度或环剥后配合叶面喷肥，改善剥口以上叶子的碳／氮比，则环剥效果更佳。又如，当回缩一个多年生枝组时目的使其更新复壮，但又从枝组中疏去一些枝条，减弱了缩剪的效果，则更新效果不明显。若在良好的地下肥水及树上保叶基础上进行的修剪，会得到加倍的效果。

三、山杏及仁用杏栽培

山杏是干旱地区绿化荒山、保持水土、经济价值较高的先锋树种。山杏适应性强，根系发达深入地下，具有耐寒、耐旱、耐瘠薄的特点。能在其他一些树种不易生长的荒山荒坡上生长。也不怕高温，在中性、石灰性的轻壤土和沙质壤土上也可生长。春秋两季都可造林。山杏可以嫁接，不但能早结果，多结果，还可以把苦杏仁改为甜杏嫁接。嫁接方法与其他果树相同。下面重点介绍仁用杏的栽培和管理。

（一）园地选择

大扁杏为仁用杏中的优良品种，抗旱、抗寒、耐瘠薄对土壤要求不严，山地、丘陵、平地、沙荒地均可建园，但肥水条件好的地块建园经济效益高。山地建园应选在阳坡或半阳坡，坡度在25°以下为好，切忌在阴坡栽杏扁。

（二）密植大扁杏园的栽植方法

1. 严格整地

建大扁杏园有三种方法：一是栽成品苗建园；二是栽实生苗建园；三是直播杏建园。无论哪种方法建园都必须事先在整好地的基础上进行。山地可修水平梯田或围山转工程，增加土层厚度，提高土壤肥力，防止冲刷，有利于灌溉，对大扁杏生长结果有利；平地建园整地挖大坑、施底肥，肥水配套为早期丰产创造条件，一般坑大小为$1\,m \times 1\,m \times 1\,m$。地形复杂的陡坡，不适于修梯田，应以定植穴为中心，由上部取土修成外高里低的半月形鱼鳞坑。良田建密植杏园可进行挖沟整地，沟深$1\,m$，宽$80\,cm$，沟内施有机肥料，于前一年秋季整地、肥水配套，土下沉后第二年春季栽植。

2. 栽植形式

山地丘陵多采用高栽植法，有利于水土保持。一般平地栽植形式以长方形为好，通风透光便于耕作。为增加密度，便于操作管理，多采用带状栽植，以两行或几行为一带，带与带之间距离加大，带内栽植为长方形。

3. 栽植密度

栽植密度与当地条件、品种和砧木特性、树冠大小、整形修剪方法及管理水平有关。在一定范围内密度大可以增产，但密度过大产量反而降低，因此，栽植密度必须合理。目前常用的密度有小冠密植，株行距为$2\,m \times 3\,m$，亩栽111株；$2\,m \times 4\,m$，亩栽83株；或带状栽植，宽行$4\,m$，窄行$2\,m$，株距$2\,m$，2行一带，每亩栽82株。中冠密植有$2\,m \times 3\,m$，亩栽55株；$3\,m \times 5\,m$，亩栽44株。

4. 栽植时期

栽植时期分为春栽和秋栽。春栽在发芽前栽植，苗木通过冬季假植，有利于安全越冬。秋栽从落叶后即可进行，栽植时间较长，有利于伤根愈合，但严冬干旱多风地区及时埋土防寒，否则发生冻害抽条，不宜成活。

5. 栽植方法

按设计株行距在上年秋季挖好坑，肥水配套，土壤下沉后，第二年春季栽植为好。春季土壤解冻后即可栽植，栽前将苗木根系修剪后放入清水中浸泡1昼夜，栽时将苗木放在坑中央、根系舒展开，目测对直树行。用行间表土埋根，将苗轻轻上提，根系与土壤密接，边埋土边踩实，栽植深度应使苗木根茎略高于地面或接口与地面相平即可。栽后浇水，水渗后覆一层土，并在树干周围培成一个土堆，以利保墒、防止苗木动摇而影响成活。

6. 栽后管理

春季发芽前将所培的土堆扒开、整平，发芽前灌一次水、促芽萌发。新梢10 cm时再浇一次水，追氮肥一次，亩追10 kg尿素，以保幼苗健壮生长。

7. 直播杏核建园的管理

直播杏核建园称之为坐地苗，在干旱丘陵区定植苗成活率低，可在修好的梯田或围山转整地的基础上，按规划的株行距直接播种已经过沙藏处理的杏核种子。出苗后加强田间管理，待实生苗够嫁接粗度时进行田间嫁接，栽植方法同嫁接苗。

坐地苗建园，根系好，避免移栽时因旱缺水造成死亡的损失，但必须加强田间管理，尤其是嫁接后的田间管理更为重要。

8. 移植实生苗建园的管理

在当地条件差、水肥条件不足的地区，采用栽植实生苗建园可提高苗木成活率。实生苗根系发达，地上植株小，蒸发量低，栽后易成活。

栽植方法：多采用秋季整地，立冬前后定植，栽植方法同成品苗，栽后截干仅留基部10~15 cm高，截后立即埋土，第二年清明前后将土堆扒开，同时进行嫁接，然后再埋小土堆，待嫁接芽萌发，如果嫁接未成活，到夏季再进行补接，这样建园也比较快，一般嫁接后三年即可投产。

（三）密植大扁杏园的土、肥、水管理

1. 土壤管理

（1）深翻扩穴　一年春、夏、秋三季均可进行，但以秋季为好，此时树体接近休眠期，土壤经一冬冻融、熟化较快。方法是从原定植穴外侧开始向树冠外延伸挖沟，沟宽1 m、深60~80 cm，长度依树冠大小而定。挖沟是将表土和心土分开放置，将沟内石头取出，遇到较大的根系要轻轻提起，防止切断根、沟挖好后把肥料与表土混合填入，填一层踩一层，直到略高于地面为止，注意防止露出的根系被风吹日晒。填土过程中如遇黏重土可掺一些河沙，缺磷、缺锌等元素的地块加些过磷酸钙、硫酸亚铁、硫酸锌等微量元素。深翻扩穴要分年进行，一般分东、西、南、北4个方向，每年搞1~2面即可。

（2）中耕除草、刨树盘　为除草保墒，进行中耕除草，对树盘要进行锄刨。春刨在早春土壤解冻后进行，夏刨在花芽分化期进行，秋刨在落叶前后进行。刨树盘的深度为20~30 cm，要注意不要刨伤根，经过刨树盘后，使根系吸收能力增强，生长结果良好。

2. 合理间作

新建大扁杏园在全冠封行前进行间作，以种低秆作物如豆类、薯类为好，防止间种高秆及秋季需水较多的菜类。间作时一定要留出营养带。

3. 合理施肥

（1）施肥方法　有机肥一般采用环状沟施，即在树冠垂直投影外沿挖一宽40~50 cm、深50~60 cm的环状沟，将粪肥与表土混合撒入沟内踩实即可。追肥一般采用穴施，长宽30~40 cm，将化肥撒入穴沟后填土覆盖踩实即可，也可采用放射状沟施，条状沟施等方法。

（2）施肥时期和施肥量　基肥：以早秋施（8月下旬至9月上旬）为好，施肥量按树龄、树势、结果量、土壤情况而定，一般幼树株施肥25~30 kg，成龄树株施肥50~100 kg农家肥，3~5 kg果树专用肥。

追肥：生长季节追肥以无机肥为主，一般每年追肥2次，第一次追肥在萌芽期，以氮肥为主，有利于新梢生长和提高坐果率；第二次追肥在谢花后，以复合肥或果树专用肥为主，有利于果实膨大和花芽分化。追肥量3~4年生幼树每次株追尿素0.1~0.2 kg，成龄树每次株追尿素5~10 k g，或2~3 kg果树专用肥。

叶面喷肥：也叫根外追肥，把固体肥料溶于水中成一定浓度的液体，喷到叶片、新梢和幼树上，提高树体内营养水平。使用浓度为：尿素0.3%，过磷酸钙1%~3%，磷酸二氢钾为0.2%，硼砂为0.1%。喷肥的时期从展叶后开始，到采收前均可进行，前期以氮肥为主，后期以磷钾肥为主。

4. 浇水与保墒

（1）灌水时期　一年2次水即可，第一次于春季开花前进行，第二次在秋季落叶后结合施肥进行。

（2）灌水方法　依水源远近及水量多少而定，水源近、水量大的可全园浇灌；水源远、水量少的可进行穴灌或沟灌。无水源的要注意蓄水保墒或覆草。

（四）密植大扁杏树的整形修剪技术

1. 整形

（1）多主枝自然圆头形　其特点是：定干高度70~80 cm，生长一年后，留主枝5~6

个，干高保持在50~60 cm，每个枝上每隔30~50 cm选一个侧枝，侧枝上直接着生结果枝组。树冠大，此树形适于中冠密植园。

（2）小冠疏层形　定干高度50~60 cm，留中心干，第一层留3~4个主枝，第二层留2~3个主枝，层间距60~70 cm，全树共分两层，以后中心干落头开心。主枝上不配备侧枝，直接着生各类枝组。主枝的基角为50°~60°，腰角为70°~80°，3~4年即可形成，该树形适于小冠密植园。

2. 修剪

（1）冬季修剪

①幼树的修剪　定植后立即定干，定干高度依采用的树形而定。剪口下留有5~8个饱满芽，选3~5个定位刻芽。生长一年后，冬剪时选留长势好、方向合理的枝条为主枝进行短截，一般截去枝条的1/3，留外芽，芽要饱满；对其余长枝进行轻截（仅剪去梢尖部分），短枝不要短截，这样经过2~3年冬剪即可成形。主枝配齐后，每年对营养枝要有1/3的枝进行轻短截，以培养结果枝组。

②初果期树的修剪　对各级延长枝进行短截，一般剪去枝条的1/3，剪口芽留饱满外芽；对芽枝重短截，以保证枝头的生长势力，为配备结果枝组打下基础；两侧或外围长枝适当缓放，利于饱满顶芽单轴延长，促下部芽萌生短枝，以后回缩成大中结果枝组。

对中果枝进行中度短截，截去枝条的1/2，促发2/3个分枝，培养成中小型结果枝组。对这样的枝不要缓放，否则容易形成串花枝，结果后不能提出新枝而枯死。短果枝不短截，要以疏为主，如侧芽有叶芽时可留1~2个叶芽进行中截，二年生弱枝要回缩。花束状果枝过密时可疏间，不短截。结果期树的修剪以适度短截为主，疏枝为辅，缓放的枝不宜过多。

③盛果期树的修剪　大扁杏树大量结果后，树势逐渐变弱，要加重修剪，多短截、多回缩、少疏枝、促新生枝。延长枝中截（截去1/2）促顶端发壮枝，下部萌发中短枝，保持树的长势。对下部较弱光秃枝要回缩到2~4年生的部位，促生新枝。对冠内的细弱枝，基部留4~5个芽重截，留1~2个叶芽促生壮果枝。对发育枝和冠内发生的徒长枝要进行中度短截，以形成新的结果枝组。大枝多的树要去掉部分大枝改善冠内光照、促进结果。

盛果期树修剪原则是维持健壮树势，合理留花、留果量、延长盛果期限。

④衰老期树的更新修剪　衰老期表现为长势衰弱，骨干枝中下部光秃、新梢生长量小、结果部位外移、内膛小枝枯死、落花落果严重、产量下降、质量低，鉴于此要及早进行更新复壮。

更新时间：在发芽前1~2个月进行。

更新方法：对中干、主枝、侧枝均进行重回缩，回缩到3—5年生部位，留60~80 cm长，细弱枝要留得短些。对更新后留下的枝上一年生枝不要疏间，可进行中截，更新锯口下有一年生壮枝时应回缩到靠近骨干枝的好芽处，以促进剪口下光秃带部位潜伏芽萌发新枝。对内膛的徒长枝进行中截，培养新的结果枝组。更新注意事项：要一次更新完才有明显结果，对较大的锯口要涂抹保护剂。更新后要加强土肥水综合管理。更新后抽生的新枝长到30~40cm时摘心，利于二次培养新的主侧枝，在各更新树上从顶端斜生的枝条中选留一个健壮的枝条做主枝，从主枝上选侧枝，这样3—4年即可形成新的树冠。

（2）夏季修剪

①夏剪时期　大扁杏树的夏剪时期以芽萌动到落叶前整个生长期的树体修剪均称为夏剪。夏剪主要是控制长势，促进花芽形成，早期结果；通过夏剪改变养分的消耗，增加积累，减少无效枝叶，提高光合效能，平衡树势、调节生长与结果关系。

②夏剪方法　夏剪是密植大扁杏园不可缺少的技术措施，方法主要有拉枝、刻芽、拿枝软化、疏枝、折梢等。

③拉枝开角　大扁杏幼树枝条角度小、枝条生长直立，必须及时拉枝开角。时间一般在萌芽后进行，此期树液已开始流动，枝条软不易拉断。一般定梢当年对已长够长度的新枝进行拿枝软化，从第二年开始拉枝开角，对骨干枝（主枝）开角50°~60°，其他抚养枝一律拉成水平。拉枝时要把各类枝条摆布均匀，使受光充分，有利于花芽形成。

④摘心　大扁杏的芽具有早熟性，通过摘心促其多发枝，利用早熟芽发出二次枝，增加分枝级次，从而增加枝量。第一次摘心在新梢长到10 cm时去掉6 cm的嫩梢，留下的新梢叶腋内早熟芽萌发出第二次枝，当二次枝长到30~40 cm时，即秋末进行第二次摘心，促枝条成熟。选留的主枝和中心枝头长到60~70 cm时摘心或把嫩梢部分折伤，促枝芽成熟，有利于安全越冬和花芽形成，对骨干枝、辅养枝和徒长枝都要通过摘心控制，以利早成形、早结果。

⑤刻芽　也叫刻伤或目伤。大扁杏枝条生长直立、分枝小，顶端优势强，易出现枝条下部光秃现象。为提高萌芽率，萌芽期在芽的上方0.5 cm处用快刀割一半月牙形伤口，刺激伤口下芽萌发抽枝，有利于培养树形和结果枝组。

⑥拿枝软化　两种枝条可以进行拿枝软化，一是1~3年生硬枝软化，二是带叶的绿枝软化、使木质部受伤，从而改变枝条方向，极性变缓和，促进枝条生长短枝；对当年新梢（绿枝）软化，一般在新梢长到40 cm后进行。方法是用双手拿枝，从枝条基部挪动

到梢部，改变枝条角度，由直立变倾斜，使养分运输缓和下来，有利于芽的成熟。

⑦疏枝　结果期树枝条过密时影响光照和通风，内膛结果不良，花芽不易形成，夏剪时将过密的重叠枝和细弱枝疏除，以打开光路，但一次性不可疏枝过重。

四、红梅杏栽培

红梅杏具有耐寒、耐旱、耐瘠薄的特性，平原、山地都可栽植，其引种适应性强，成活率高；定植后第3年结果，第4至第5年进入盛果期，每亩产量可达1 000 kg。红梅杏果实个不大、味道甜、色泽好、品种纯、存放时间长。在海原县7月上旬成熟，属中早熟品种。近年来，在退耕还林工程后续产业项目、优势特色林果业项目的带动下，海原县红梅杏产业已具规模。目前全县种植红梅杏面积达20 000亩，经济效益较为可观。

（一）引种栽植区域

根据海原县气候及立地条件，海原县引种栽培红梅杏的区域主要包括清水河川塬区、河谷沟道及台塬区，涉及七营、三河、李旺、高崖、关桥、贾塘、史店、曹洼、郑旗乡镇的部分区域。该区域全年日照时数为2 540 h，年均气温为7 ℃以上，≥10年积温2 373 ℃，无霜期135~150 d，多年平均降水量420 mm。区域内土层深厚、土壤肥沃，土壤类型为黄壤土。

（二）栽植技术

1. 园地选择

应种植在地势平坦、土层深厚、土质良好、排灌方便的土壤上。建园时，应根据选定的地形、面积和周围环境，以因地制宜、相对集中、节约用地、便于管理为原则，进行合理规划。

2. 苗木规格

选用嫁接苗，嫁接处地径为0.8 cm以上，定杆高度70 cm，无损伤、无病虫危害的优质苗木。

3. 整地

采用穴状或节水槽整地方式，节水槽规格为宽1 m，深20 cm。具体方法：先按行距3 m，株距3 m的标准打点放线，然后开挖口径80 cm，深80 cm的栽植穴，将挖出的土在两侧培埂，形成节水槽，要求所培埂底宽30 cm，顶宽20 cm，埂高20 cm，埂面光滑平整，宽度一致，节平行线型排列。培埂时，如小坑穴内土不够用则在埂外围两边取土，保留栽植行内表层肥土。

4. 栽植

（1）栽植时间　春季土壤解冻时即可栽植，一般为3月20日至4月15日。

（2）栽植密度　74株／亩。

（3）栽植行向　南北行向。

（4）栽植技术　将苗木放入穴中央，舒展根系，扶正苗木；栽植深度比苗木原土要高2~3 cm，提苗舒根踏实，并及时灌足水。

5. 抗旱造林技术

海原县气候干旱，降水稀少，水资源短缺，为保证引种栽植成活率高、生长势好，须推广应用抗旱造林技术，使造林成活率达95%以上，保存率达90%以上，果树生长旺盛，果实产量高、质量优。

（1）生根、保水剂蘸根技术　引种栽植时，将生根、保水剂与水调成糊状，将苗木的根系全部蘸浆，然后栽植。

（2）浇水　有浇水条件的，栽后每株浇水50~100 kg。

（3）树盘覆膜技术　实行地膜覆盖，可增温保墒，对提高造林成活率、促进幼树生长具有明显作用。具体方法是：在苗木栽植后，及时灌足水，待土壤不沾时将苗木扶正，然后覆膜。覆膜时，在膜正中剪一小洞，将膜从苗木顶端覆盖到树盘，然后把膜四周盖实封严。要求覆膜后树盘呈锅底形，严禁出现树盘"凸"形。

（4）塑筒套杆技术　塑筒套杆抗旱技术，可保证树体在干旱少雨的环境中不失水分，提高苗木造林成活率。其技术规程是：苗木栽植后在40~50 cm处截干，用稍大于40~50 cm的塑筒套在树干上，并埋入树根部的土中2 cm，再把湿土灌入筒中10 cm左右，上部用线绑扎在杆顶。

（三）土肥水管理

1. 中耕除草

要加强果园中耕、除草、松土工作。每年中耕除草工作4次以上。

2. 施肥

基肥：在9月下旬深翻果园时施入，以厩肥、堆肥、人粪尿为主混施速效氮素化肥。幼树每株施基肥15~30 kg，大树每株施基肥30~50 kg。

3. 灌水

红梅杏虽耐瘠薄的土壤，但对肥水的反应也很敏感。在肥水充足的情况下，可以减少退化花芽的数量，并表现出产量高、品质优、树势强、结果寿命长。春季萌芽前灌1次大水，浇水后及时划锄。花期尽量少浇水，根据墒情而定。5月中下旬果实硬核期，可适当多浇水，促进果实膨大，采收前要控水，防止裂果。基肥秋施为好，固海扬黄灌区可灌一次封冻水。

（四）花果管理

花谢了2周以后，疏除发育不良的瘦果、小果、畸形果及病虫果，着生挤密的果，一般短果枝留1个果，中果枝留2~3个果，长果枝4~5个果，每亩产量控制在3 000 kg 左右。

（五）整形修剪

红梅杏幼树期修剪主要以促进分枝，扩大树冠为目的。以短截为主，冬剪时对主侧枝中央领导干进行短截，一般留50 cm。红梅杏如果放任不管，树体较大结果枝外延。一般本地的红梅杏以自然开心形多主枝较好，一般干高60~70 cm，树高3 m。幼树树势较旺，对主枝延长枝及较直立的发育枝要短剪，徒长枝应疏剪。整个修剪过程以轻为主，中后期注意对衰弱的结果枝更新，保护基部的徒长枝，避免空膛。

（六）病虫害防治

1. 防治原则

按照"预防为主，综合防治"的原则营造无公害生产的生态环境，维持生物多样性和生态平衡的环保方针。

2. 严格病虫害管理措施

在选用生理抗性较强的优良苗木的基础上，以合理的水肥管理培育壮苗，达到提高抗病能力，降低病害的发生和危害程度，减少喷药次数。使用生物或高效低残留杀菌剂、杀虫剂，确保果品达到绿色标准化产品。

3. 主要病虫害及防治措施

主要的病虫害有细菌性穿孔病、流胶病、褐腐病、炭疽病、球坚蚧、杏疗病等。冬季需要刮除流胶，树干涂白，使用5°Bè石硫合剂消毒伤口，抹蜡保护伤口；发芽前需要喷5°Bè石硫合剂，防止褐腐病、炭疽病、球坚蚧、杏疗病等；5月中旬，喷1遍多菌灵或退菌特400倍液或用65%的代森锰锌400~500倍液，防治褐腐病、炭疽病、杏疗病等。

（七）防霜冻

红梅杏开花较早，易遭霜冻。园地要求选在防风向阳处；结果枝适当重剪，促发副枝，延迟开花时间；用青霉素1 000 mg/kg 在花膨大期喷施可延迟开花4~8 d，并使10%~20% 的花免受霜冻；春季喷白色素（如石灰）等以防霜冻；花期熏烟、喷水也有一定效果。

（八）采收

红梅杏不耐贮运。如远地运销（电商），可在七八分熟时采收。采收时不可用杆打落，以免打伤果实和枝叶，影响当年的收成和来年的产量。

五、苹果栽培

（一）适宜发展的苹果优良品种

1. 红富士

红富士母本国光，父本元帅。树冠高大，幼树树姿直立，结果树树姿扩张，树势健壮。果实个大，平均单果重200 g，最大果重350 g，果实呈圆形或近圆形，果面光洁，有光泽、无锈，充分着色时，全面被鲜红条纹。果皮厚、果肉黄白色，肉质细、致密。果汁多，酸甜适度，可溶性固形物含量15.0%以上，品质极上。果实耐贮性强。今

图6-2 红富士

后应重点发展短枝富士、烟富1、烟富2、烟富3等新选的着色优系红富士品种。（图6-2）

2. 金冠

金冠别名黄元帅。树势强健，树冠半开张，枝条细而充实，易形成花芽。早果丰产，果形端正，品质优良，适应性强。果实长圆锥形，平均单果重180 g。品质极上，果实9月中旬成熟，冷藏条件下可贮至次年2—3月，贮后易皱皮。是宁夏苹果外销的拳头产品。

3. 宁秋

宁秋为宁夏育成，是金冠与红魁杂交育成的品种。树姿开张，幼树生长旺盛。果面被鲜红霞或鲜红色条纹，平均单果重170 g，最大单果重302 g。肉质细、紧脆，风味酸甜适口，多汁，品质上等。室温下可贮藏30 d。定植后4年开始结果，以短果枝结果为主，耐寒性强，坐果率高，含可溶性固形物13%。果实8月上中旬成熟，是一个很有前途的早熟品种。

4. 嘎拉

嘎拉由新西兰选育成，亲本为红基橙 × 金帅。果实近圆形或卵圆形，顶端5棱较明

显，果个偏小，单果重140g左右，香气浓，品质上等。可溶性固形物含量13%~15%。8月下旬成熟，果实耐贮性较强，是优良的中晚熟品种。新西兰相继从中选出了几个着色系芽变，如新嘎拉、帝国嘎、丽嘎拉等，这些优系在海原县可作为授粉树种或适度规模栽培。

（二）建园技术要点

1. 设计株行距，配置授粉树

应加大行距，行距应比株距大1m以上。适于海原县的株行距一般为2m×4m、2m×5m、3m×4m、3m×5m等。具体采用哪种株行距，应根据品种习性、砧木类型、土壤条件、管理水平等综合情况而定。

2. 提高成活率的关键

提高成活率的关键是栽树应掌握深深的（坑1m见方）、浅浅的（栽时应和苗圃深度相同）、实实的（填土要实）、松松的（表土松防蒸发）、透透的（浇水灌透，根土密接）、干干的（表土干、切断土壤中的毛细管、利于保水）、地膜覆盘苗木套袋严严的（增温保湿）、树苗长得快快的（利于发根、缓苗快）。

3. 幼树安全过冬

（1）埋土越冬　目前海原县新定植苗木一般埋土越冬2年。要先灌水后埋土，埋土厚度应在30~35cm。

（2）幼树露地安全越冬　3~4年幼树，特别是无病毒幼树年生长量大，2年后埋土越冬很困难。为了确保幼树安全越冬，一是搞好全年的综合管理，前促后控，7月份不再施氮肥和灌水；二是8月下旬开始摘心；三是国庆节后人工落叶；四是搞好大绿浮尘子的防治工作；五是要于12月中下旬树体喷防冻剂或涂凡士林加猪油混合物（比例为1∶1）。

（三）果园土肥水管理

1. 果园的土壤管理

管理措施应用最广泛的是清耕法，也即海原县沿用的清耕休间（间作）土壤管理制度。此外还有果园生草法、免耕法、覆草法等。

2. 果园施肥

（1）基肥

①早施基肥，加速腐熟　适于海原县的秋施肥时间为8月中下旬至9月上旬。

②秋施基肥不宜过深　海原县早秋施基肥的深度以50cm左右为好，把有机肥和土充分混合后施入。如施秸秆，最好把秸秆粉碎和土混合使用。

③秋季积肥 应加入微量元素，施用量占全年用量的20%为宜。

④施肥量 幼林果树，定植第二年亩施有机肥1000~2 000 kg，同时配合施用果树专用肥50~60 kg。以后每年每亩增施500~1000 kg有机肥。盛果期果树，为获得连年优质、用肥100~200 kg。

⑤施肥方法 一是轮状沟和树冠两侧施肥法；二是放射施肥法；三是穴施。

（2）追肥 幼树期，为了促使枝条生长，应在新梢生长前（4月中旬）和生长期进行追肥，每次每株追肥0.3~0.5 kg尿素或1.5 kg果树专用肥。压冠期为了促使花芽形成，提高坐果率，达到以果压冠的目的，应于开花前（宜早不宜迟）、花芽分化前（春梢生长时）进行追肥，应适度控制氮肥施入，增加磷钾肥施入，每次株施2.5 kg果树专用肥。盛果期果树结果量逐年增多，应在开花前、花后、春梢停长前各追肥一次，增加磷、钾肥施入，每次株施果树专用肥3.0 kg。

3. 果园灌水

海原县幼树、初结果树灌水应遵循、"前多后少""前促后控"的原则，于4月底5月初、5月下旬、7月上旬各灌水一次。6月份花芽分化时要控水，使中、短梢及时停止营养生长，促进花芽分化。7月份以后不再灌水，以控制幼树旺长，确保安全过冬。越冬前灌足冬水。

沙荒地由于保水性差，8—9月份的生长后期应酌情灌水。

盛果期树，每年于花期、花后二周、幼果膨大期、采果前灌水4~5次，越冬前灌冬水。

（四）纺锤形整形修剪要点

1. 定植

定干：定干高度决定于栽植密度、品种、土肥和地形等要素。密度大、苗壮、地力肥、树势旺时，定干宜高，反之应低些。对栽植优质无病毒壮苗的，一般定植高度为80 cm，剪口芽留在迎风面，距地面40 cm以上整形带内芽体饱满无损。

刻芽：发芽前两周刻芽，从剪口下第4芽开始每隔3~5个芽定位刻一个芽。刻芽方法是用钢锯条在芽体上方0.5 cm处刻伤，深达木质部，以促发强旺枝，便于次年冬剪时选留主枝。剪口下第2芽应在刻芽时剔除，第3芽由于顶端优势作用可自然萌发，以后用作抚养枝。

2. 幼树期苹果树的修剪方法

春季修剪时中干延长枝留40~50 cm在饱满芽处短截，中干上继续选留2~4个主枝。对上年选留主枝和抚养枝上过大、过密的分枝适当梳除，同时梳除离主干20 cm以内的直立枝、竞争枝，如有空间可通过春刻芽，秋拉枝改造利用。萌芽前一周对主枝和抚养枝两侧及背后的饱满芽刻芽，在中干延长枝选留主枝的部位刻3~5个芽。5月下旬至6月上旬对基径超过1 cm的抚养枝环割1~2道；多余抚养枝必须拿枝，控制其长势，促进成花。背上新梢生长量15~20 cm时留5~6片大叶短截，促发短枝。8月中旬秋拉枝，抑制生长势，加速木质化，以利于安全过冬。

3. 初果期苹果的修剪方法

培养骨干枝：根据适宜树形树体结构的要求，继续选留、培养好各级骨干枝。延长枝的剪留长度，稍短于幼树期。

调整辅养枝：临时性辅养枝为永久性骨干枝让路。以疏缩为主，逐年完成。开始调整年限：多数品种6~7年生，旺长品种（元帅系等）8~9年生。疏除密集，缩剪交叉，控制长势，单轴延伸。

培养结果枝组：枝组类型以中、小型为主，大型为辅。中冠型树体，小型枝组宜占枝组总量的60%~70%，中型枝组占20%~30%，大型枝组占10%以下。主枝上以背上斜生为主，两侧为辅；侧枝上以两侧为主，背上、背下为辅；第1层骨干枝上的枝组，占全树枝组总量的70%左右；以上各层骨干枝上的枝组，占全树枝组总量30%左右。中庸斜生营养枝，先缓放，待前部成花后再逐步缩剪，促生分枝，培养为结果枝组。适于元帅系、富士系品种。斜生中庸枝条，先短截促生分枝，开花结果，培养为结果枝组。适于乔纳金、金冠、宁冠等品种。

树冠调整：平衡树势本着"抑强扶弱，以扶弱为主"的原则，分别处理。强枝开角，疏枝，多留花果。弱枝轻短截促生分枝，少留花果。达到或超过适宜树高时，缓放中干延长枝，或重缩剪在其下适宜分枝上。

4. 盛果期修剪

根据适宜树形树体结构的要求，培养和配备齐各级骨干枝。疏除过密大枝，打开叶幕间距，改善冠内通风透光条件。减少树冠外围枝数量，促壮内膛枝长势。超过树冠适宜高度时，将中央领导干回缩在一个着生部位适宜的分枝上。落头枝开张角度30°左右。结果部位过渡由辅养枝结果为主过渡到以骨干枝结果为主，重点是培养、维持好骨干枝上的结果枝组。中庸偏弱枝条带头，单轴延伸生长；"三套枝"修剪：调整结果枝组内各类枝的比例，部分枝条当年结果，缓放部分枝条当年成花，短截部分枝条次年成花。枝组中留壮枝、壮芽，去弱枝、弱芽；在有生长能力的分枝处缩剪。

旺树：轻剪、长放，多留枝、疏旺枝。少采用中、重短截，或不用中、重短截。

中庸树：修剪量中等，枝组有缩有截，促使交替结果。

弱枝：修剪量大，采取以短截、缩剪更新骨干枝和枝组为主的修剪方法，注意疏弱、留强。

大年后：冬剪尽量多保留花芽。多短截中、短营养枝，促生分枝，增加枝量，促使次年少成花。

小年后：冬剪要在留足结果所需花量的前提下，适当剪去部分短枝顶花芽，中、长果枝轻轻截去花芽。适当缓放中、短营养枝，促使次年成花。外围枝条稍重短截。

（1）修剪时期　冬剪：自秋季落叶后到翌春萌芽前进行。海原县"抽干"严重，不宜冬剪。幼树修剪量占总枝量10%～20%，盛果期树为30%左右。幼树缓放枝与短截枝的比例，为10∶1；宜重剪品种为10∶2。结果树缓放枝与短截枝的比例为10∶3，最多不超过10∶4。

夏剪：萌芽后至7月下旬以前进行。夏剪枝量占总枝量10%～20%，最多不超过30%。根据修剪目的，可分别采用摘心、扭梢、环剥、环刻、拿枝、疏梢等方法。旺树、旺枝的冬剪，推迟至萌芽后进行，以顶端新梢长3～5 cm时为宜。宜轻剪，修剪量占总枝量的10%～20%。修剪方法与冬剪相同。

秋剪：侧芽进入夏季休眠后1个月（8月上中旬）为宜。

（2）修剪方法　疏梢：疏梢数量不宜过多，以改善冠内光照为度。摘去梢端长度3～5 cm，最多不超过15 cm。

短截：轻剪品种如国光等，内膛枝短截量占10%，最多不超过20%。重剪品种如金冠等，中、重短截的发育枝占20%～30%。盛果期中、重短截量，不超过40%。小年树中、重短截量，宜为30%左右。

疏枝：幼树疏枝量不超过总枝量5%。盛果期疏枝量壮树5%～10%，弱树20%～50%。培养永久性结果枝组时，中、重缩剪枝占10%左右。盛果期缓放2～3年的枝条，轻缩剪枝占30%～50%。弱枝组缩剪量占10%左右。重剪品种中枝缓放量为80%～90%，轻剪品种100%中枝缓放（或轻剪）。大年树中枝缓放量为50%左右，小年树占30%左右。

拉枝：一层主枝开角60°以上，侧枝开角70°以上。冠形越小，开角越大，纺锤形可开张至水平。辅养枝拉至水平或大于90°。

环剥：5月下旬至6月底进行，剥环宽度1～2 mm，以枝粗的1/10为宜。环剥枝数占总枝量的20%～30%，最多不超过30%。环剥宽度6～10 mm，要进行适当保护。

刻伤：萌芽前于芽上或枝上0.3～0.5 cm处，横向刻成月牙形，深达木质部，长0.8 cm，以钢锯刻伤效果好。

拿枝（捋梢）：幼旺树直立旺长新梢，在7—8月将其角度捋拿压至水平。

摘心：摘去新梢端5~10 cm。春季摘心量不超过新梢总量的5%。

（3）整体与局部的相关修剪　正确剪截延长枝：中庸长枝在长枝中部外向优质芽处短截，疏除其他竞争枝、过密枝。过旺长枝一般轻截在秋梢中部外向饱满芽处，并连环刻芽3~4道促萌，疏去背上长枝，利用伤口削弱枝势。交接树延长枝甩放不截，结果后缩头转向培养新头。弱枝截在中部饱满芽处，在其下留有侧枝，但必须枝位错落，枝距明显，避免附近疏枝造伤。过强长枝选壮长枝换留，也可在其下疏枝，削弱枝势。过弱枝选其下壮中枝不打头，改变位势，减少梢头花果和避免疏枝造伤培养，也可在3~5年生部位选壮枝缩剪更新。

（4）"乱枝"清理　"乱枝"指过多大枝、竞争枝、丛生枝、纤细枝以及病虫枝和无效枝等。清理原则以疏为主、回缩为辅，一次疏枝不要太多，大枝疏除一年不可超过3个。

大枝的处理：对影响光照、破坏主从关系的大枝，如过渡层枝、鱼刺状的多余侧枝，二层主枝基部的出门侧枝等，要及时锯除，疏除大枝后，尽量多保留小枝，少截少缩，以缓和长势。

竞争枝的处理：在梢头的竞争枝多一次处理，如若量多，可采取疏枝和极重短截方法尽量避免一次疏枝伤口过多。

临时枝的处理：严格选留角度大、枝质芽质好的软性枝做临时枝；临时枝不要丛生、对生和轮生；要多呈单轴延伸，尽量减少侧生分枝；不能影响永久性的生长和光照。凡不符合上述条件的临时枝，均应适当疏除或回缩。

冠内小枝的处理：冠内枝多紊乱，交叉冗长，强弱不一时，要及时清理。清理的原则是除强疏细扶弱甩中庸，单轴冗长枝轻度回缩。强旺枝或强旺枝组疏除强旺直立枝和徒长枝。对骨干枝中、外部的直立强旺大枝组也应及时疏除。中下部的直立大枝组可回缩改造。当冠内枝多紊乱，要及时疏除细嫩毛多的中枝和多年生锥形无效短枝。按枝组紧凑、枝枝见光原则，对冗长单轴多年生枝，选优去劣，适当轻回缩和逐年回缩。疏除密集的过旺、过弱枝组，避免形成过强中心，逐年达到枝组势力均衡。

（5）优质转化　修剪后，保留的枝、芽和再抽生的新枝（芽）比原有的枝、芽质量更好。

先养后更：枝（芽）能否转优，主要决定其贮藏养分多少和芽的分化优劣，枝、芽质量差的小枝，贮藏养分少，如短截、回缩，再生枝更弱，短截、回缩越重越弱，枝质、芽质更差。为此，对具有一定营养水平和芽原基础上的小枝，应立足于先养后更，即先缓放、后轻回缩，使其枝质、芽质转优。

疏弱留壮：弱树、弱枝组上的弱中短枝过多，为使枝质芽质转优，要疏去弱中短枝，占总枝量的30%~40%。

强扶弱甩中庸：冠内枝组或枝之间有强有弱时，疏掉强枝组和旺长枝，甩放中庸枝，促进弱枝生长。

截枝不截"芽"：弱枝上侧芽瘦弱，顶芽质量较好。为使发枝更壮，可回缩至优势部位的壮枝处，带头枝不短截，保持顶芽优势。

冗长单轴枝组回缩：冗长单轴枝组，多年不能形成花芽，应适当轻回缩，促使转壮。

（五）海原县苹果发展存在的技术问题

海原县苹果大部分定植于20世纪80年代，树形主要采用小冠疏层形、自由纺锤形和改良纺锤形。由于管理粗放，修剪手法相互借鉴，树体结构不合理，出现单株郁闭和全园郁闭，通风透光恶化，产品质量下降，效益降低。果园群体和个体之间的矛盾，营养和生殖的矛盾，枝量和光照之间的矛盾进一步激化。分析其原因，主要存在以下问题。

1. 三大主枝过低

主干过低在苹果园中最为常见，往往在10~40 cm。主干过低，主枝离地面太近，一是不利于中耕除草、施肥等田间操作；二是基部主枝上的果实容易接触到地面，影响品质；三是不利于病虫害的防治；四是距离地面1.0~1.2 m高度范围内又容易遭受霜冻危害；五是主干低使基部主枝距离地面近，枝展长，相互之间交叉打架现象严重，通风透光条件恶化，营养生长和生殖生长矛盾突出，也是一个高消耗低产出区域。

2. 单株留枝量过多

海原县苹果小冠疏层形树形大枝留量一般在12~16个。层间抚养枝过多过大，背上枝很密集，树冠内部出现大量无效枝叶，结果部位迅速外移，树体结构不合理，单株郁闭严重。

3. 树冠过高过大

树冠过高是果园中存在的问题之一。果园树高普遍为4 m，有的树甚至在5 m以上，冠径5 m左右。树冠过高过大，一是操作管理极不方便，对树冠上层主枝疏花、授粉、蔬果、套袋、采收、剪枝等操作工作效率低；二是在树冠上部，虽然光照充足，果品着色好，果个大，但由于采收不方便，裂果多，日灼多，果品商品不高；三是由于极性生长，消耗了大量的营养进行营养生长，严重影响下部光照，是一个高消耗低产出区域。

4. 主枝角度不开张，光腿现象严重

由于主枝过多过大，给拉枝造成一定困难，主枝基角多小于50°，梢角几乎和主干平

行，极性生长快，光腿现象多。

5. 果园郁闭

由于上述原因，造成果园全园郁闭，通风透光条件恶化，无效空间增大，无效枝叶增多，果品质量、产量迅速下降，经济效益降低。苹果园郁闭后，树体在平面无空间发展，只能向上发展，极易形成上强下弱树势，造成"森林"果园。

（六）高干疏层形适应海原县发展的新树形

20世纪80年代初期，海原县苹果大部分应用乔砧密植栽培技术，株行距分别为5 m×4 m、5 m×3 m 和4 m×2 m，树形主要采用小冠疏层形、改良纺锤形和自由纺锤形。由于管理不到位，在盛果期出现单树郁闭和全园郁闭，通风光照条件恶化，产品质量下降，经济效益低。造成上述问题的主要原因是树体结构不合理，它已成为阻碍苹果生产的主要矛盾和急需解决的问题。从2006年开始，海原县各乡对小冠疏层形树形进行改造。一是大胆遵循"提升主干，落下树头，打开天窗，迎接阳光"的修剪方案，去大枝解决光照，提升主干高度；二是拉、刻、缓促发小枝，平衡树势，促花增产；三是落头开心，减少叶幕层厚度；四是疏除多余的主枝，解决个体之间的矛盾，研究出符合海原县对环境条件的"苹果高光效高干疏层形"优良树形。解决了群体之间、个体之间、营养生长与生殖生长之间的矛盾，果园通风透光良好，果品质量明显提高，经济收入直线上升。通过三年的实验推广，在高崖乡成效十分显著。

1. 树形特点及改良后的树形标准

（1）改良后的树形标准　主干高度1.5 m，主枝4~6个，主枝角度90°~110°，叶幕层厚度1.5 m，树高3 m；树体枝组丰满，以松散细长和下垂类型为主，背上斜生枝组占2/3，大中小搭配合理，长中短相互交错，高中低错落有序，形成下垂立体结果枝组；做到整体通风透光，个体枝组丰满，叶片高效见光，果实下垂向阳；亩产优质果3 000 kg，亩收入6 000元。

（2）高效用光，提高质量和产量　高效用光是果树形成经济产量的前提，整形修剪的实质就是为果树的光合作用创造良好的通风透光环境。这种环境要使较多的有效枝叶最大限度地沐浴阳光，即做到树树枝组丰满，叶叶高效用光，果果下垂向阳，以保证果树产量和质量同步提高。

（3）简化管理，顺其自然　苹果是人类长期驯化和栽培的经济林，它和环境条件及树体各部位有着相互依存、相互制约的关系。在果树栽培中，如修剪不当，就会出现"冬剪一地条，夏长一树梢"，造成生长季节性光照恶化，有效育花中短枝少，生产的果品质量差。高光效高干疏层形简化管理的整形修剪方法，强调遵循科学，利用果树自身形成的动力缓放育花规律，"少动剪子，多动手"。在改形初期，去大枝解决光照，拉、刻、缓促发小枝，形成树上树下管理简化省工。

2. 改形的方法步骤

（1）提升主干高度　高干疏层形主干高度在1.2 m以上，最高1.7m，原则上是一次性疏除基部三大主枝，但也可根据主枝大小和多少分1~2年进行。主干提升后园内通风通光良好，能充分利用行间、树下反射光。提升主干是改造高光效高干疏层形树形的关键。

（2）落头开心　纺锤形、小冠疏层形在幼树时期，光照能从树体侧面直达树冠内膛，当进入盛果期后，树冠较大，如不及时落头开心，树头就像一把伞，严重影响下部光照。落头依树体情况可一次到位，也可分年逐次进行。一般1~2年完成，树高控制在2.5~3.0 m。

（3）分步骤疏去主枝　高干疏层形树形完成后，主枝数量由原来的10~16个减少到6个。主枝选留越多，技术水平要求越高；反之则要求较低，简便容易操作，管理方法省工，能获得较高的效益。

（4）拦平主枝　分步骤去主枝后，最关键的一环是拉平主枝，使主枝角度达90°~110°，以缓和树势，使中后部萌发新枝。这里应注意：一是拉枝时间，应在5月中旬树液流动、树体开始变软后进行；二是拉枝的方法，对基角比较开张的主枝应用紧丝钳慢慢拉动，至所需角度；对基角小、硬度大的主枝，则需要保护基角，防止裂缝，必要时应在主枝背后用连三锯。

（5）降低叶幕层厚度　高干疏层形树体改造完成后，树体变化比较平面化，树冠和地面平行，叶幕层的厚度减小，叶、果、枝可全面见光。而小冠疏层形和纺锤形树体层数较多，从树体顶端透射到下部的光少，树冠下部的光照条件差。

（6）培养下垂立体结果枝组　高干疏层形树形以主枝两侧培养的下垂结果枝组为主，除延长枝外，一律不短截，使其自然缓放，形成下垂立体结果枝组。结果部位多、产量高、质量好。

（7）减少亩留枝量，改善光照条件　传统的整形修剪方法首先考虑树体的骨架，修剪时剪小枝留大枝，结果枝组少。而高干疏层形亩留枝量在8万~12万，主枝少，结果枝组多，光照条件好，产量高。

3. 改形的技术要点及技巧

树形改造要在打开光路、简化管理程序的前提下因地、园、树而异，要在改形的基本要求和总体方案基础上，具体分析，灵活运用，决不可一刀切和完全照搬。

（1）改形树密度确定 首先应根据砧木、品种、肥水管理水平和自然条件确定成形后树冠的大小，确定改造园永久株的密度。改造后的密度一般为5 m×3 m、5 m×4 m，对于栽植密度4 m×2 m、3 m×3 m的果园，改造前采用隔株挖密的办法，去劣留优，拓展树体发育的合理空间，提升优质品种的比例。

（2）主枝选留 主枝选留分三步：第一步逐年锯除基部主枝，最终干高提升到1.2 m以上；第二步分年逐次落头，树高控制在2.5~3.0 m；第三步，也就是到成形时只保留4~6个主枝。树形改造不可急于求成，一般分三年完成。

（3）注意枝组培养 充分利用斜生的果台副梢和斜生健壮枝从主枝两侧距主干30~40 cm处开始培养大中小型搭配的下垂结果枝组，应注意的是背斜枝应占总枝量的2/3。

（4）伤口保护 树形改造后由于去大枝数量多，必须及时做好伤口保护工作。首先主枝锯口要平不留桩；二是将主枝锯口用刀削成光滑面，选择高效苹果伤口愈合剂涂抹伤口；三是选用消毒纸密封伤口；防止雨水、病菌侵入，促进伤口愈合。

（5）保护桩的选留 在中心干落头时要求留30 cm左右的保护桩，防治腐烂病的侵染危害。待主干粗度大于主枝粗度时，再从基部去除，锯口要留斜口，避免雨水淤积，有利于伤口愈合。

（6）负载要合理 改形后，由于改变了树体的郁闭状况，光合效率和营养积累水平显著提高，形成大量优质花芽。这种情况下一定要做好疏果定果工作，一般负载量控制在3 000 kg/亩，350~400果/株，合理负载不要过分追求产量，应该追求稳产和优质，避免大小年现象产生。

六、花椒栽培

（一）栽植

花椒是喜温暖、喜光性的树种。在整个生长发育过程中都需要较高的温度。一般幼树或幼苗较大树易受冻害，一年生幼苗在自然生长的情况下，在 −18℃时，枝条易冻害，15年以上的大树在 −25℃会被冻死。因此，幼苗幼树要埋土越冻。

花椒喜深厚肥沃且湿润的沙质土壤，在中性和酸性土壤上生长良好，在石灰质土壤上，生长优良。

花椒最忌强风，在山口、风口不宜栽植。花椒萌蘖能力强，能耐强度修剪。可进行更新复壮，促进萌发新枝。

花椒生长快，结果早，栽后3—4年就开始结果，10—20年达到产椒盛期。寿命短，一般生长30—40年，但采伐后萌芽更新，还可继续生长15—20年。

根据花椒的生态习性，栽植地应选择在山坡下部背风向阳、土层深厚疏松的地方，少量的可在院内或其他零星地方进行栽植。栽植前要细致整地，在山坡以水平梯田、反坡带子田为好。

花椒植苗栽植春、秋两季都行。春栽宜在苗木芽苞开始萌动时进行；秋栽在土壤封冻前进行。为防冻害，可截干栽植，栽后培土堆，来春化冻后扒去培土。成片栽植，一般行距2 m、株距1.5 m，每亩栽222株。另外，在苗圃、果园、机关、学校周围，用花椒树栽成绿篱，既美化环境，又可获得收益。

花椒根系浅，杂草与花椒的争水争肥现象比较严重，群众总结的经验是：花椒不除草，当年就枯老。因此，每年应在春季、结果期及采收后，各除一遍草。

（二）整形修剪

花椒的主要特点是喜光、发枝力强，壮枝坐果好。合理整形修剪，可使骨架牢固，层次分明，枝条健壮，分布合理，光照足，通风好，树长势好，果穗大，既可提高产量，又可增延树龄。修剪时期，因树势强弱而定。幼树、旺树以秋天修剪为好，弱枝老树以休眠期修剪为宜。树形一般有自然开心形、丛状形和圆头形等形状。海原县多采用自然开心形。方法：定植后定干30 cm左右，当年或第二年选留好主枝，短截其1/3，并在离主干30 cm左右处留第一侧枝，4~5年完成整形，最后去掉中心即成。这种培养有30 cm左右的主干，3~5个主枝，基角50°~60°，每个主枝上有侧枝2~3个，结果枝均匀分布在主侧枝上。这种树形光照好，是高产优质树形。

花椒树对修剪有良好的效果。修剪时要按不同生长阶段，采用相应的方法。幼树要培养好树形，疏除密挤枝、细弱枝、病虫枝、长放壮条枝。结果树以疏为主，疏除多余大枝、病虫枝、交叉枝、密生枝、徒长枝，使树冠内通分透光。对结果枝要去强留弱，培养结果枝组。老树以更新复壮为主，去老养小，疏弱留壮，交替更新，既保证产量，又可复壮树势。

七、桃树栽培与管理技术要点

1.园地选择

桃不像苹果和梨喜肥沃土壤，较耐瘠薄，适宜土质轻松、排水通畅的沙质壤土，在过于肥沃的土地上易徒长。

2.品种选择

固海扬黄灌区以西的郑旗、贾塘、城关以及清水河以东的甘城，适宜栽培溶质品种如桔早生、玉露、冈山10号、白凤、麦香等。而扬黄灌区及清水河两岸的三河（原黑城）、七营、李旺、高崖除栽培适量的溶质品种外，还应栽培一些耐贮运的品种如五月鲜、大久保、冈山白、砂子早生等。

3.施肥灌水

桃树也以秋施基肥为好，幼树尽量少用化学肥料多用农家肥，成龄后根据情况进行叶面追肥，一般在5月下旬至6月上旬，以氮肥为主。桃树多栽于沙质土，因而易缺乏棚和锌，可于花前喷0.3%硼酸和4%的硫酸锌。桃树从开春到果实成熟如灌溉方便可灌3~4次水。

4.整形修剪

桃树极喜光，因此树形最好是开心形。一般干高50~60 cm，主枝角度不宜过大，主要骨干枝以6~9个为好。桃树结果枝易外延，6~7年生树每个结果枝组每年有1/3的被短截。盛果期的修剪特点是稀疏树冠，注意更新。因海原县干旱风沙大，致使桃树干性直立，易上强下弱，侧枝早衰，下部光秀。在整形修剪中注意矮留主干，适当减少主枝数量，多疏先端枝。另外，桃树有个基本的修剪方法——双枝更新法：春剪时在一个结果枝的下部附近重剪，另一果枝（称预备枝，弱枝留1~2个节，壮枝留3~5个节。）则不让结果，只让它在生长季节抽生壮实新梢，于下年春剪时将已结过果的结果枝、预备枝剪除，预备枝抽生的新梢留一个作结果枝，另一个重截作预备枝。

5.桃树的适时采收

桃耐贮性较差，因而要把好采收关。桃成熟期分成以下几个等级：七分熟，底色绿，果实充分发育，果面基本平展，无坑洼；八分熟，绿色开始减褪（本地叫发白），果面丰满，黄毛减少，果肉较硬，着色品种阳面有少量红色；九分熟，绿色基本褪尽，不同品种呈现该品种应有的底色，阴面仍有淡绿色，茸毛少，果肉稍有弹性、芳香；十分熟，果实茸毛易脱落，无绿色。溶质桃柔软多汁、皮易剥离；软溶质桃稍压即流汁破裂；硬溶质桃不易破裂，肉质开始变软，弹性较大。远地运销可在七八分成熟采收，就地鲜销可在八九分成熟采收。

八、葡萄栽培管理技术要点

1.架式与株行距

架式以篱架和小棚架为主，株距1.0 m、行距2.5~3.0 m。

2. 整形修剪

（1）扇形　新栽葡萄树发芽后选留2~4个健壮新梢留作主蔓，主蔓长到60 cm时摘心，促发副梢，在副梢中选留侧蔓，每个主蔓每隔20 cm左右培养结果枝组，一般2~3年可完成整形。

（2）水平整形　以单臂多层水平整形为主，发芽后培养3~4个主蔓，于第二年和第三年按同一方向分别水平引缚于第一到第四道铁丝上，每个主蔓均从50~60 cm以上每20 cm左右选留结果枝组，一般2~3年可完成整形。

葡萄应适时适量地进行夏季修剪。一般只留主芽发出的枝（冬芽发出的枝），副梢全部抹除。在新梢出现并能分辨出花序大小时对枝蔓过多的进行间疏，一般每平方米架面留10~15个枝。一些大粒葡萄易成花，往往因结果过多使树体早衰，品质下降。以巨峰为例，3年生每株按5 kg计，海原县一般可留16个花序。若花序过多则疏除延长枝和弱枝上的。花序出现以后应根据新梢生长强弱进行摘心，以调节营养生长。一般留5~8片叶摘心。

冬季修剪于10月中旬埋土前进行。主蔓第一年在成熟枝条饱满芽处下剪，第二年留0.8~1.0 m，第三年留1.0~1.5 m。结果母枝幼树以中长梢（即留8~10个芽）修剪，盛果期一般采用中短梢（即留4~7个芽）修剪。大粒葡萄应注意更新。

3. 肥水管理

大粒葡萄应多施基肥，以优质农家肥为主。花期追肥以氮肥为主，后期以磷钾肥为主。果实成熟期不要灌水，灌水会裂果。而冬水应灌足。

4. 埋土防寒

海原县栽培葡萄冬季必须埋土防寒。一般埋土厚度20~30 cm，根部稍厚些。取土应距根系50 cm以外，埋时应拍实，不得留有缝隙。

九、李的栽培管理技术要点

1. 土壤管理

李园的土肥水管理可参照桃园进行。若有条件可加大施肥量。因李花量大，果个小数量多，较桃需要更多的养分。注意早施（9月份）基肥。

2. 整形修剪

整形以自然开心形、多主枝圆头形为主，李幼树趋光性强，直立枝粗壮，下垂枝和背后枝少且弱，因而幼树修剪仍以轻为主，适时回缩，多留大的辅养枝。盛果期后应经常换头，控制树体大小，调整先端角度，维持适宜的生长势。上层枝和外围枝疏放结合，保留的枝条缓放不剪，结果枝组去老留新。

3. 采收

生食用李最好分批分期选择采收成熟较充分的。近年海原县的李大部分未熟就上市，在一定程度上影响了其品质。

第四节　海原县林下经济

一、天都老庄休闲康体生态与林下经济

天都老庄休闲康体生态旅游村位于宁夏海原县红羊乡杨明村老庄，地处南华山东南麓杨明河谷地，天都老庄休闲康体生态旅游村于2018年6月正式开业接待游客，经营面积1万亩，其中建筑面积40亩。现有生态餐厅2 000 m²，窑洞住宿9间，KTV娱乐包间两间、自行车骑行项目、休闲垂钓项目及林下生态养殖基地。共有工作人员25人，其中，管理人员5人、服务人员20人，持证上岗人数8人。生态餐厅占地面积2 000 m²，包间7间，可同时容纳144人就餐。年接待游客10 000人次以上。

天都老庄休闲康体生态旅游村将继续保持生态恢复、环境重建，同时积极融入国家推进农业供给侧结构性改革和宁夏精准扶贫和建设全域旅游示范区的重大工程，开展绿色有机农业及地理标志农畜产品电商平台建设、乡村旅游经营、升级生态恢复项目和内容、创新移民后乡村与全域旅游的融合；创新低碳旅游建设项目、传承农村生活、生产和加工设施、限制建设规模以及整饬美丽乡村风貌等，以适应海原县是国家重点生态功能区和宁夏开展全域旅游的发展趋势和要求。

1. 天都老庄创建林下经济主要模式

（1）发展林下生态散养殖基地　天都老庄旅游村林下生态养殖占地350亩，散养土鸡10 000只左右，每年将分三期投放鸡苗，1999年已完成第一期鸡苗投放，总计投放3 000只，第二期将于7月中旬之前完成鸡苗投放，第三期于7月下旬完成投放。通过林下牧放散养土鸡模式，充分利用天然生物饲料资源，实行生物循环养殖，保持生态平衡；通过捕食昆虫杂草有利于果、林除草灭虫，既抑制了野草、虫类的生长，又节省了饲料，就地利用鸡粪等有机肥料改善和提高了林下土壤肥力（成年鸡每年可排粪便40~50 kg），节约化肥的投入；通过规范管理减少粪便垃圾对水质和环境的污染，不仅提高了农业生产的科技含量和生产效率，还提高林地利用率，减少环境污染，促进环境保护，实现零占用、

图6-3　天都老庄旅游村林下生态养殖

图6-4　林下土鸡散养

零排放、零污染，保持耕地面积，促进生态循环和环保养殖。发展林下散养，改善农业生产基础设施和生态环境，为当地生态农业的发展起到了积极的推动作用，保障城乡人民健康生活做出了积极贡献。（图6-3）

林下土鸡散养，为当地12户建档立卡户提供了就业机会，通过专业培训，将带动48人参与入股分红，从事土鸡散养产业，从而更大力度地带动了土鸡散养业的发展，同时提高了当地土鸡养殖业生产的科技含量、生产效率和农户的劳动技能，促进当地农村经济的发展，拓宽农户的增收渠道，有效增加了当地贫困农户的经济收入，社会效益显著。通过发展林下土鸡散养，年产值约达到268万元。（图6-4）

（2）发展经果林和景观林的建设　天都老庄是移民迁出地带，为了有效遏制环境的恶化，减少人为对环境的破坏，按照天都老庄旅游基地的总体布局和规划，在该区发展经果林和景观林基地5 000亩左右，将经济果林引入居住区园林景观建设，在绿化上充分引入和合理配植观果树种，发挥其观赏价值和保健功能，不仅能丰富秋季景观，还可为居住区景观增添趣味。

基地的建设，将进一步扩展旅游区生态经济林带，形成花果飘香的绿色屏障，并可有效阻挡风沙的侵袭，为旅游区的生产、生活环境创造有利的条件。每年可为市场提供大量人们生活所需的水果，另一方面，水果的生产及加工将带动包装、运输、中介服务等相关行业的发展，拓宽就业渠道，转移社会剩余劳动力，增加财政收入，壮大县域经济，促进当地各项社会事业的全面发展。同时，将培养出一大批懂技术、善经营、会管理的高素质人才，为当地经济发展注入新的活力。随着特色经果林基地的建成，将会对巩固移民搬迁、退耕还林成果等起到重要的作用。

（3）发展林下牧草种植　为充分利用林下土地和空间，提高单位面积土地产出，结合旅游基地面积及分布情况，重点发展林下牧草种植，通过林下种草，能有效地促进树木生长，调节地面温度，有利于树木根系对水分、肥料的吸收转化作用。林下种植优质牧草，除牲畜利用外，还有大量的根系和老叶掉落腐烂在土壤中，通过微生物利用转化成有机肥料，为树木生长增加肥源，促进树木快速生长。林下种草可建立林草复合植被，能有效的缓解水分流失，起到防风固土，减少水蚀，抵御自然灾害的作用，从而增加农业整体抗灾能力。

经果林地种草，也是发展生态畜牧业的一种途径，它不仅可促进苗木生长，提高果蔬产量，而且可促进畜禽的发展，林下种草为散养物提供了简便优质的食材，是家禽的天然"氧吧"，通风降温，便于防疫，十分有利于家禽的生长，而放牧的家禽吃草吃虫不啃树皮，粪便肥林地，与林木形成良性生物循环链。在林地建立禽舍省时省料省遮阳网，投资少；远离村庄没有污染，环境好；禽粪给树施肥营养多；林地生产的禽产品市场好、价格高，属于绿色无公害禽产品。该模式特点是在退耕还林的速生林下种植牧草或保留自然生长的杂草，牧草对树木的生长影响不大，同时1亩林地能够收获牧草600 kg，可增加300元左右的经济收入。建立健全林下小动物科普土鸡，即本地鸡，有的叫草鸡、柴鸡、

图6-5　经果林地种草

笨鸡。市场消费也不一样。土鸡是指国内地方鸡种。若与国外肉鸡杂交后，通常称为"仿土鸡"，如体形较大，则不能称作真正意义上的土鸡了。土鸡和野鸡有些区分。它们在育雏的时候有些差别，但其他方面基本差不多。野鸡能起飞的距离远，而土鸡起飞的距离近一些而已。野鸡的体重比土鸡的轻。鸡的体系品种多，各种鸡体型大小不一样。由于其肉质鲜美、营养丰富、无公害污染，肉、蛋属绿色食品，颇受人们青睐。

土鸡蛋在城乡市场上非常畅销，且土鸡蛋价也高于普通鸡蛋，营养价值高。鸡肉口味鲜美、蛋品质优良、营养丰富，市场需求前景广阔。且由于大多数是在林间或果园内放养，更贴近绿色环保的要求，故而更受消费者的青睐。

从外观上看，土鸡的头很小、体型紧凑、胸腿肌健壮、鸡爪细；冠大直立、色泽鲜艳。仿土鸡接近土鸡，但鸡爪稍粗、头稍大。快速型鸡则头和躯体较大、鸡爪很粗，羽毛较松，鸡冠较小。

图6-6　土鸡饲养状

土鸡性成熟时间较晚，受季节影响大，春天饲养的土鸡性成熟早，秋季饲养的土鸡开产晚，一般开产日龄为150~180日龄。自然条件下，土鸡的产蛋性能具有极强的季节性，主要受营养、温度和光照的影响，每年春、秋季是其产蛋率较高的时期。而在光照时间缩短、气温下降、营养供应不足的冬季会停止产蛋。所以，土鸡的年产蛋量低，一般只有100~130枚。

二、关桥梨花小镇林下经济

"梨花淡白柳深青，柳絮飞时花满城"。关桥乡是海原县香水梨种植的核心区，种植香水梨已有100多年历史。每当开花时节，绵延近百里的梨树长廊瞬间变成花的海洋，如涛如怒，落英缤纷。"关桥梨花小镇"正是基于这样的产业基础，孕育而生，旨在依托关桥乡依山傍水的自然景观和丰富的香水梨资源，深度挖掘其文化内涵，通过大力发展休闲农业和乡村旅游，打造"关桥梨花小镇"品牌效应，促进当地产业转型升级，带动当地农民增收。

目前，"关桥梨花小镇"一期建设主要以关桥乡方堡村为核心。关桥乡现有香水梨合作社、销售部6个，其中5个就聚集在方堡村。村内200年以上的梨树现有数十棵，百年以上及几十年的梨树在村庄有数百亩的种植面积。为了打造"关桥梨花小镇"，关桥乡根据村庄原有面貌，重新规划道路，划分打造功能区。目前已建成了百年梨园风情区、留影互动区、主题星光漫步道、梨花半岛等观景互动点。同时匹配了游客服务中心、农夫驿站、梨花邮局、"微风好货"本来味道消费扶贫特色馆及村民就创联办的"梨园人家"农家乐等服务区。"关桥梨花小镇"已初步成为一个集游览、体验、休闲、娱乐、研学于一体的特色乡村旅游小镇。（图6-7）

图6-7 梨花小镇

1. 梨花小镇发展林下经济主要模式

（1）巩固香水梨种植基地　梨花小镇现有香水梨种植面积约5 000亩，年产香水梨约20万 t，以1.5元 /kg 的价格可产值约60万元。

在现有香水梨种植基地上，邀请专业人员对树木进行修剪、杀虫、枯枝等进行处理。保证树木正常繁殖结果。

（2）发展林下蔬菜种植　套作、间作是农业生产上很常用的一种方式，可以在同一块土地上的高中低空间上种植不同的作物，最大化土地的利用率，提升单位土地的综合生产力。在林果中间种蔬菜的技术就叫作林下蔬菜种植技术，但不是所有蔬菜都适合在林下种植，只有对阳光需求量不高、耐阴的蔬菜品种才能种出效益。在梨花小镇林果园套作韭菜种植，韭菜在水肥充足，温度高的情况下长势极旺，适宜夏天在林下种植。韭菜本身不适宜日照过多，有树荫遮蔽更宜生长，产量更高。（图6-8，图6-9）

图6-8　林下种植韭菜

图6-9　林下白菜种植

（3）林下经济与林下休闲相结合 林下休闲娱乐与林下经济的有机结合，被誉为生态型的"黄金产业"，不仅成为促进林业可持续发展的一个新方向，更是协调长期与短期矛盾、生态与经济关系的一篇大文章，变"单"为"混"，打造休闲观光农业新亮点。（图6-10）

图6-10 林下休闲

第七章

海原县林木
有害生物防治

第一节　林木病害控制与检疫技术

一、林木有害生物的概念

有害生物作为生态系统的重要组成部分，对生态系统中物质循环和能量流动起着非常重要的作用。但对于人类来说，由于有害物质与人类共同竞争林业资源，引起了林业生产的损失，被视为人类的"敌人"。"有害"是相对的、动态的，在整个生态系统中，"有害"生物是正常的组成成员，在干旱的生态系统中有不可替代的地位。但当数量、种群超出一定程度，则对生态系统的稳定造成损害，必须通过人来调节其种群密度以便恢复生态系统的稳定性。林木有害物控制的原理、策略正是基于此种理念。

二、有害生物的综合治理

由于有害生物造成林产品的巨大损失（如松材线虫病、杨树光肩星天牛害虫），因此，人类与有害生物十分密切。从人类防治有害生物的历史来看，已由原始防治、化学防治进入有害生物综合治理阶段和有害生物的可持续治理。有害生物的综合治理作为有害生物管理系统，它是根据有害生物的种群动态及其环境的关系，尽可能地使用各种适当的技术和方法，使有害生物种群控制在积极允许水平之下。近年来，随着可持续发展的需要，有害生物的综合治理更强调以生态学为基础的有害生物生态调控。

三、化学防治引起的生态问题

化学防治是指应用化学农药（杀虫剂、杀菌剂、除草剂）防治有害生物的一种方法。作为防治有害生物的一个重要手段，在有害生物治理中发挥着重要作用。但随着化学农药使用量的剧增，以及不合理地使用化学农药，引起一系列的生态问题，主要表现：一是有益生物被杀伤，引起有害生物再猖獗、发生频率增加；二是有害生物抗药性日趋严重；三是污染大气、土壤和水体。

四、林木生物灾害的控制策略

大规模的生态环境建设工程往往带来一些不可预测的生物灾害，生物灾害反过来又严重制约生态环境建设。目前干旱地区森林生物灾害严重性的主要表现：一些重大有害生物（如杨树天牛）现对于"三北"防护林的毁灭性威胁尚未解除；一些重大疫情的病虫害如落叶松叶蜂在海原县南华山正在向潜在疫区扩散；鼠害如甘肃鼢鼠和生态性生物灾害对退耕还林工程危害加剧；基础研究薄弱，预防和控制的盲目性较大。

其主要原因是人工林生态系统的组分过于单一，稳定性差异造成大规模病虫鼠害的流行；未能适地适树，导致生长势差，抗生物灾害能力低下；建立大规模人工林木生态系统的技术和经验不足；经济和科技相对落后，使灾害得不到及时有效的监测、预防和控制。

第二节　海原县植物检疫技术

一、植物检疫性线虫的鉴定

在植物线虫中，许多种类极具危害性，是林业上非常重要的病原，如松材线虫、相似穿孔线虫等。以线虫的形态学特征和有关测记值为重要依据的，理论上可以通过线虫的形态差异，将线虫鉴定到种的水平。

二、生物化学辅助鉴定方法

从20世纪70年代发展起来的生物化学分类法，如蛋白质、同工酶和血清学分析等方法，在某些植物线虫类型的鉴定中起辅助作用，主要是孢囊线虫与根结线虫。

三、杂草种子检验检疫技术

形态鉴定法

形态学方法是检验人员借助放大镜、解剖镜等工具，依据某一植物品种不同于其他品种的特定的外观形态特征来进行鉴定的方法。

（1）种子外表形态鉴定法　根据种子粒形（圆形、椭圆形、长椭圆形等）、果实和种子颜色（深褐色、褐色、红色、黄色、白色、黑褐）、种子大小（长、宽、厚、千粒重等）、色泽、质地以及种子外表各部位的脉纹、芒的特征来加以鉴别，以区分近似种，如苍耳种子的表面有刺；皱叶酸模、田旋花等种子为三棱三面体；旋覆花、刺儿菜等种子顶端平截或斜截；棱球芥与球芥表面有网状纹；圆叶锦葵与冬葵表面的脊棱等区别，毒麦的芒的着生位置等。该法简单、经济、快速，但准确性较差。

（2）种子形态解剖法　对于一些镜检有怀疑，或靠外观鉴定难以判断的种子，除了剥离外颖、外壳等观察种子的形态、颜色、种脐及种胚的位置等以外，还可以根据种内胚的形态来区别，因为不同种类的胚在种内的状态是各不相同的。如菊科的胚是直形的；锦葵科、茄科、十字花科许多种类的胚是弯曲形的；藜科、苋科、石竹科等许多种类的胚呈环状形；十字花科的疣果匙荠、藜科的猪毛菜、旋花科的菟丝子属的胚是螺旋状。同时，不同种的胚在着生位置和形状、大小、颜色等也不尽相同，所以，采取纵剖和横剖的方法进行观察鉴定，力求鉴定的准确性。

（3）幼苗形态鉴定法　该法根据不同品种幼苗的独特形状进行检查，对杂草种进行萌发后，根据幼苗各部位的形态特征进行鉴定。如根据幼苗胚芽鞘、芽鞘颜色、幼苗生长锥、初生叶的形态大小、子叶的数目、形状、颜色、大小、脉纹等，该法简便、省时，但受环境条件影响大（如温度、湿度、光照条件），检查结果会受一定的影响。

（4）植株形态鉴定法　将杂草种子进行萌发种植，成株后进行分类鉴定。成株期的形态检验法主要根据株形、株高、叶片数、叶色、叶片宽窄、花序和花药形状、颜色等作出评判。但此法所需的时间长，不适合于口岸杂草的快速准确鉴定要求，而且这种方法也受环境条件影响颇大，使得鉴定结果的准确性受到一定程度的影响。

第三节　海原县地上苗木害虫防治

海原县苗木害虫可分为地上和地下两类。地下害虫种类较多，分布广，食性杂，危害重。主要包括蛴螬、蝼蛄、金针虫、拟步甲等。地上种类主要包括金龟甲成虫等。

一、主要种类

1. 黑皱鳃金龟

成虫体椭圆形，黑色略有光泽。触角10节，黑色，端部3节常叠合为椭圆柱状。杂食性，为害多种草本植物，如花棒、柠条、沙蒿、苜蓿、棉蓬等。2年1代，成虫4月出现，4—5月大量出现，5月、6月为成虫活动盛期，亦是交尾产卵盛期，成虫期约350 d。6月下旬幼虫大量孵化，幼虫期400 d。10月下旬以3龄幼虫过冬。来年3月幼虫开始活动。

2. 大黑鳃金龟

成虫椭圆形，黑褐色有光泽。头部小，胸部腹面被淡褐色细长毛。触角棕褐色，10节。前足胫节外侧有3个锐齿，后足有爪1对，爪有1齿。是苗圃内主要害虫，主要为害落叶松、樟子松、榆、杨等苗木根部。

2年1代，以成虫和幼虫在土下60~180 cm 土层越冬。次年4月中下旬成虫出土活动，5—7月是危害盛期，取食树木芽、叶、花、果实等，白天潜伏，夜晚活动。幼虫为害当年幼苗和2—3年幼树根部。10月开始越冬。以成虫、幼虫交替越冬。成虫体长7.0~10.0 mm，黑褐色，密被灰褐色短绒毛。幼虫为害幼苗根部，为害各种阔叶树种的叶，如榆树、落叶松、小叶杨、旱柳等的苗木、叶片和芽，为害苹果、梨等果树的花器，是海原县人工林、固沙林、防护林及果园苗圃重要害虫。

二、为害

金龟类对苗木为害主要是幼虫取食苗木根茎、幼苗，可以咬断幼苗根茎，造成幼苗死亡。成虫食害葡萄、苹果等果树的嫩芽、嫩叶，常将芽叶食光，影响果树生长，特别是对刚定植的幼树为害更为严重。金针虫和拟金针虫主要蛀食作物根茎，造成小孔。蝼蛄主要在沙性土壤的苗圃的地表层掘隧道，穿行，造成缺苗断垄。

三、防治

（一）苗圃金龟类幼虫防治

1. 加强苗圃管理，中耕除草不施用未腐熟的有机肥料。

2. 11月前后冬灌，5月上中旬适时浇灌水。有条件可实施水旱轮作。

3. 每亩用50%辛硫磷乳油250 ml，兑水10倍稀释，喷洒在25~30 kg 细土上，搅拌，施在苗床上，随即浅锄。

4. 苗木生长期蛴螬危害，用20%甲基乙硫磷乳油，或50%辛硫磷乳油250 g，加水1 000~1 500 kg，或50%对硫磷乳油兑水1 000倍液，爱卡士5%颗粒剂拌种或25%爱卡士乳油1 000倍液喷洒或灌根。灌注苗木根际，药剂要达到蛴螬活动处。

5. 移栽或扦插幼苗时，用25%对硫磷微胶囊剂3%~4%浓度蘸根。或3%米乐尔颗粒剂，每亩2~6 kg，混细土50 kg，均匀撒在土表。

（二）成虫防治

1. 4—5月人工捕杀成虫，成虫上树为害时，利用其假死习性，人工振落，使之中毒死亡。幼树可套袋防治金龟为害。

2. 于幼虫为害期使用奥力克水剂800倍灌根。5月下旬至6月下旬，果醋液或黑光灯诱杀成虫；40%乐果乳油（或40%氧化乐果乳油）800倍液，或50%辛硫磷乳油、50%杀螟松乳油、60%双硫磷乳油2000倍液，喷洒幼苗或树叶；应用粉剂，须在无风之日15∶00~19∶00，可用1.5%乐果、2.5%敌百虫粉，每亩用量1~2 kg，间隔20 d喷粉毒杀；成虫发生期喷5%甲氨基阿维菌素苯甲酸盐可溶粒10000倍液或3%高渗苯氧威乳油3000倍液。喷施8%绿色威雷微胶囊剂300倍液。

用氧化乐果、久效磷等内吸剂涂抹树干。距地表1.5 m环刮约15 cm老树皮1圈，在刮皮处涂抹药剂。40%氧化乐果乳油或50%久效磷加水1~2份稀释，涂干。药枝诱杀，取30~100 cm长的杨榆等树枝，插入40%氧化乐果或50%久效磷30~50倍液中，浸泡8~10 h时，捞出阴干，傍晚插入苗圃地，每亩10~15枝，2~3 d换1次。

成虫盛发期及越冬成虫出土期，用80%敌敌畏乳油500~800倍液，喷洒地面，或用2.5%敌百虫粉剂1份对40份细土撒施地面毒杀。树冠喷药可用50%杀螟松乳剂1500倍液，或50%对硫磷乳剂1500倍液或2.5%敌杀死乳剂等合成菊酯类农药3000倍液。

第四节　海原县食叶害虫及其防治

海原县林木食叶害虫种类繁多，主要有鳞翅目的枯叶蛾、毒蛾、尺蛾、舟蛾、刺蛾、蓑蛾、潜叶蛾、斑蛾、鞘蛾、卷叶蛾等，鞘翅目叶甲、鳞翅目叶蜂等。

食叶害虫发生特点：①不少种类繁殖力强，产卵集中，发生量大，主动迁移扩散，迅速传播，猖獗发生时，吃光树叶，削弱树势，常招引天牛、小蠹等害虫相继发生。特别是对萌发力弱的针叶树，危害更大，常造成林木大面积死亡。②大多数食叶害虫因裸露生活，易受气候、天敌等外界环境条件影响，因而虫口密度变动幅度大，表现具有一定突发性和潜伏性。

一、舟蛾（*Miltochrsta sanguinea*）

鳞翅目舟蛾科，分布广泛，又称天社蛾。特征为成虫前翅后缘有束状毛，幼虫体背有瘤。蛾体粗壮，有毛，前翅稍窄，夜间活动。舟蛾成虫体中型，多为褐色或暗灰色，少数洁白或具鲜艳颜色。幼虫大多体色鲜艳并具有斑纹，体型较特异，体背面平滑，胸足一般正常，少数种类中厚足特别长，臀足退化或特化成两个较长而可翻缩的尾角。静止时常靠腹足固着，头部翘起；受惊时不断摆动，形如龙舟荡漾。

舟蛾幼虫大多取食阔叶树树叶，常发生在森林、防护林、行道树和苗圃，如杨扇舟蛾、杨二尾舟蛾、榆掌舟蛾、槐掌舟蛾等，部分种类为害果树。

1. 杨二尾舟蛾 *Cerura menciana* Moore

杨二尾舟蛾，又名双层天社蛾。为害杨柳科树种，有时暴发成灾，幼虫结茧咬伤枝干，常造成风折。影响树木正常生长和绿化美化效果。特征为成虫体灰白色。胸背部有成对的8或10个黑点。前后翅脉纹黑色或褐色，上有整齐的黑点和黑褐色波纹。前翅基部有黑点两个，中室有个新月形黑环纹，外有数排齿状黑点波纹，外缘排列有8个黑点。后翅白色，外缘排列有7个黑点。

幼虫老熟时体灰褐色到灰绿色，略带有紫色光泽。体背部有紫红色三角形斑纹，体侧各有一条黄色纹带，臀足退化成1对尾须状，故名双尾舟蛾，蛹褐色。在海原县1年2代，以蛹在茧内越冬。越冬代成虫于4月下旬出现，成虫有趋光性。

2. 杨扇舟蛾 *Clostera anachoreta*

分布与为害：除新疆无分布记录外，西北、华北、东北均有分布。为害多种杨、柳。

形态特征：成虫灰褐色。翅顶有1块近三角形褐斑，斑下有1黑色圆点，翅上有灰白色波状横带立条。后翅灰白色较浅，中央有1条 色泽较深的斜线。

生物学特征：每年发生代数因地而异。海原县3~4代。以蛹在薄茧内于土中、树皮缝和枯树卷苞内越冬。

初孵幼虫有群集性，常数10头或者上百头集于叶面剥食叶肉，使叶片呈网状。3龄以后1~3头分散缀叶成包，在其中躲藏，夜间出包取食，7~8月为害最重。

二、春尺蛾 *Apochima cinerarius* Erschoff

在海原县主要为害沙枣、枣树。发生严重时能把大面积林木嫩芽吃光，为早期发生型爆发性的食叶害虫，对林木生长影响很大。雌成虫体长 7~15 mm，无翅；体灰褐色，胸部密被灰白色与灰褐色的毛丛。触角丝状，其主要特征为后胸及腹部第 1~2 节有两排刺。腹末有较长的产卵管。其上有短刺毛，雄成虫灰白色，触角羽状，胸部密被黑白混杂的鳞毛。前翅灰白，从前缘至后缘有 3 条不太明显的黑色波状纹。腹部也有成排的刺列。卵长椭圆形，初产淡黄绿色，后变紫红色，孵化前灰蓝色。老熟幼虫头橙黄色，胸部淡黄褐色，体色变化很大，多在体背、体侧与腹面具有墨绿色不规则花纹。蛹长，赤褐色，有光泽。头顶前端有1柱状突起。腹末有1根臀棘。1年1代，以蛹在树下30~40 cm深的土壤内越冬。小幼虫能吐丝下垂随风飘荡转移，老熟时多选择干湿度适宜的土壤中化蛹。

防治：①早期成虫出土盛期，人工捕杀集中于树干基部的雌虫，以降低虫口密度。②阻止雌虫上树产卵。成虫羽化出土前于树干基捆1塑料薄膜阻止雌虫上树。其宽度不少于20 cm。将不能上树的雌虫集中杀灭，此法适用于被害面积不大的林分。③大面积受害严重的林分幼虫期可喷洒50%马拉硫磷乳液、25%杀螟松1 000倍液，4.5%高效氯氰菊酯1 000倍液或80%敌敌畏乳油800倍液，将其消灭在3龄前。一般郁闭度大的林分也可施放烟剂，稀疏的林分也可在成虫羽化出土前于树干基部撒粉剂，均有良好的效果。④黑光灯诱杀成虫。

三、毒蛾（*Liparidae*）

毒蛾有几种会破坏林木，如舞毒蛾（*Lymantria dispar*）、雪毒蛾（*Stilpnotia salicis*）和模毒蛾（*L. monacha*）。幼虫大而多毛，有些种类毛螫人。多食树叶。用丝卷叶为巢。幼虫在巢中越冬，或以卵越冬。在树枝或树干上作茧化蛹。

1. 雪毒蛾 *Stilpntia salicis*（Linnaeus）（多危害园林观赏树木）

雪毒蛾又名柳毒蛾，俗称毛毛虫。属鳞翅目，毒蛾科。全国分布。幼虫为害多种杨、柳及白蜡、泡桐、白桦、榛子和槭树等。成虫体长21 mm左右，翅展为45 mm左右。体白色，足和触角主干为黑和白色相间斑纹。卵呈块状，上面覆盖白色泡塑状物。幼虫老熟时体长为45 mm左右。头棕色，上有黑斑2个。体背深灰色混有黄色，背中线褐色明显，两侧有黑褐色纵线纹。体各节有瘤状突起，其上生有黄白色长毛。腹部第6、7节背部有翻缩腺。蛹纺锤状，黑褐色，体表有毛。1年发生1代，以2年幼虫群聚在树缝中或枯枝落叶层中越冬，翌年5月上旬幼虫开始活动，5月下旬分散为害，6月上中旬为危害盛期，6月下旬老熟幼虫于树皮裂缝或树下土内结茧化蛹，6月上旬成虫出现，7月中旬为羽化盛期，产卵于树干、嫩枝或树叶背面，8月上旬、中旬越冬代幼虫开始孵化。幼虫多在白天为害，成虫有趋光性。

在海原县北部分布于东南缘的防护林，为害箭杆杨、小叶杨、合作杨，尤其以箭杆杨为重。被害树木叶片被蚕食一光，整株、整片杨树似火烧一般。

2. 灰斑古毒蛾 *Orgyia ericae* Germar

分布与为害：又称花棒毒蛾、沙枣毒蛾。国内分布于河北、黑龙江、吉林、辽宁、青海、甘肃、陕西、宁夏等地；主要为害花棒、沙冬青、柠条、杠柳、沙拐柳、沙棘、梭梭、沙枣、榆、杨、旱柳、豆类等多种植物，以幼虫食害多种林木及沙生植物的叶片、花苞及嫩枝皮层，常将叶片全部吃光造成树势减弱，影响沙地林木生长，是沙漠地区灌木林危害严重的害虫之一。

雄蛾头、胸、腹部黄褐色。前翅赫褐色，前缘有1块清晰白斑，缘毛淡黄色；后翅深褐色，缘毛浅黄色。雌蛾翅退化，足短，爪简单，体密被白色短毛。幼虫红黄色，背线黑色，头部黑色；前胸背面两侧各有1束由羽状毛组成的长毛；第2~4腹节背面中央各有1浅黄色毛刷，第8腹节面有1束黑色虫羽状毛组成的长毛，足黑色；瘤黄灰色。1年2代，以卵在树上越冬。在沙坡头，分布于保护区大部分防风固沙林地区。主要为害花棒、沙枣、柠条等固沙植物。历年发生都较严重，花棒被害株均达85%以上。

3. 蜀柏毒蛾 [（*Parocneria orienta* Chao，1978）]

一年发生两代，以卵或初孵幼虫越冬，次年3~4月幼虫大量取食，5月下旬至6月下旬第一代幼虫孵化；9月中下旬至10月上旬第一代成虫羽化、交尾、产卵。

防治方法：①消灭虫源 结合树木养护管理，刮除卵块，消灭虫源。②人工防治 春季利用幼虫的上下树习性，在树干部围捆报纸或秸草阻集幼虫，每天上午清理。A. 可利用黑光灯诱捕成虫，或晚上燃火堆诱杀成虫。B. 用2亿孢子/ml青虫菌液喷雾防治雪毒蛾，效果良好。C.80% 敌敌畏乳油1 000~1500倍；5% 辛硫磷乳油1 200倍，喷雾。D. 雪毒蛾在取食、化蛹等活动过程中，常沿树干迁移，在树干适当部位喷涂毒环，可收到良好的阻杀作用。春季在树干周围撒5% 西维因粉剂，触杀上下树的幼虫。E. 烟剂防治 每年的5月下旬至6月上旬，在舞毒蛾幼虫3龄期左右进行化学烟剂防治，放烟时间一般掌握在清晨或傍晚时出现逆温层时进行，烟点之间的距离为7 m，烟点带间的距离为300 m，如果超过300 m，则应补充辅助烟带。

四、叶甲

1. 榆绿叶甲 *Pyrrhalta aenesceus* Fairm

榆绿叶甲又称榆蓝叶甲。主要为害榆树。成虫、幼虫取食叶片，世代多，发生期长，为害重，分布广，它是榆树的重要食叶害虫。

成虫体长椭圆形，体黄色，翅鞘黄绿色。头部略窄于前胸前缘，复眼黑色，头顶上有1黑色三角形斑点。1年发生1~3代，成虫在屋檐、墙缝等隐蔽场所越冬。初孵幼虫群集卵壳外因剥食叶肉呈网状，2龄后咬叶成孔洞，3龄后食量大增。幼虫第1代，历时21 d；第二代17 d，老熟后集中于主干分权处或伤疤、粗皮缝内群集化蛹，蛹期约1周。

防治：①6月上旬及7月中旬当1~2代幼虫在伤疤、树权群集化蛹时，人工捕杀虫蛹。②5月上旬至5月下旬及6月下旬或8月中旬3代幼虫发生期，用40%乐果乳剂原液涂树干，内吸杀虫效果良好。杀虫率可达100%，残效期30 d。方法：大树需先将涂药部分老皮刮除，刮至近韧皮部为止，药带宽度根据树的大小而定，一般5~10 cm即可，距地面高度1.5~1.6 m为宜或危害期喷施3%高渗苯氧威乳油3 000倍液。

2. 柳条萤叶甲 *Diorhabda elongita deserticola* Chen

成虫采食柽柳，受害率达90%，单株最高虫量168头。成虫常集结树梢啃食，被害树枝梢枯黄弯曲，其形状似火燃一般。幼虫主要取食植株嫩枝和嫩茎皮，被害处呈现马蹄状凹陷，使植株脱水干枯。

1年发生3代，以成虫在柽柳枯枝落叶层下或土中越冬。柳条萤叶甲食性狭窄，为寡食性。其分布、发生量与寄主的多寡有直接的关系。在寄主单一、分布面积广而密集的情况下为害重，植被复杂、寄主稀疏、通风透光、植株健壮的情况下发生量较少，为害也轻。8月份多暴雨，常使虫口数量剧减。

防治：可采用2.5%溴氰菊酯乳剂5 ml/亩、20%杀灭菊酯乳油100 ml/亩、50%马拉硫磷80 ml/亩、40%氧化乐果乳油100 ml/亩进行超低量喷雾，防效90%以上。防治时期为越冬代成虫全部出蛰和第1代3龄幼虫前为宜。大发生时，可采用烟剂熏杀或危害期喷施3%高渗苯氧威乳油3 000倍液。

第五节　海原县蛀干害虫

多数蛀干害虫，常为害由于各种因素的影响树势衰弱的林木，称为"次生性害虫"。也有少数种类为害生命旺盛的树木。蛀干害虫的种类很多，包括鞘翅目的小蠹、天牛、吉丁虫、象鼻虫；鳞翅目的木蠹蛾、蝙蝠蛾；膜翅目的树蜂等。其中以小蠹和天牛为害最为严重。

蛀干害虫的特点：①生活隐蔽。除成虫期进行补充营养寻找繁殖场所及交配等活动，裸露生活外，大部分时间均在树皮下，韧皮部、木质部营隐蔽生活。为害初期常不易被发现，一旦表现出明显的被害状，则已失去防治的有利时机，给防治工作带来一定的困难。②虫口稳定。蛀干害虫的一生绝大部分时间生活于寄主组织内部，受外界影响较小，天敌也少，虫口数量波动不大，虫口稳定上升。③危害严重。由于这类害虫蛀食韧皮、木质部等，严重地破坏了输导系统而导致树势衰弱或死亡，尤其是活立木，一旦遭受侵害后很少能恢复生机。④发生基地明显。蛀干害虫并非出现在任何林分，其发生发展往往是从个别林分开始，在某一林分经常保持一定的虫口密度，然后逐步扩大蔓延。这种林分被称为害虫的发源地或称发生基地。

一、黄斑星天牛（*Anoplophora nobilis* Ganglbauer）

天牛科，海原县林木最主要蛀干虫害是黄斑星天牛，曾为害成片的杨树面积达3 000余亩，尤为四旁杨树危害严重。有的虫株率70%，据牌路山林场调查，杨树受黄斑星天牛危害占所有虫害的54%。单日株虫孔数达56个。黄斑星天牛分布在海城镇、西安、高台、红羊、李旺、贾塘、史店、李俊、罗川、曹山等乡。为害八里庄杨、小叶杨、北京杨、钻天杨、青杨和加拿大杨、新疆杨，其次是柳树、榆树和白蜡等。

黄斑星天牛在海原县两年发生一代，跨三年头，第一年以初孵幼虫，卵内小幼虫和卵在树皮下越冬；第二年以不同龄幼虫在木质部内越冬天，被孵幼虫在产卵部位取食，以后向上蛀入木质部为害。为害期长达22个月。幼虫老熟时用粗的木丝堵住虫道下部，在虫道末端开始化蛹，成虫于7月上旬开始羽化盛期。8月下旬进入末期。根据对45株天牛虫害木的室内观察，成虫一天当中多在12：00—16:00羽化，羽化后在树干上做短时爬行，阴雨天或早晚湿度较大时多不活动，成虫羽化受温度影响较大，日平均温度高，羽化数量多，反之则少。

黄斑星天牛成虫飞翔力弱。敏感性差，易于捕捉，且无明显趋光性，雌成虫一生可交配数次，交配后喜欢在树皮较为粗糙的孤立树上产卵。所以行道树、孤立木、林缘木往往受害严重。卵通常产于一月牙形刻槽中，早产的卵可于当年卵化。聚集密度随树高的增加而逐渐上升，随树木的地径粗度加大危害加重，就一株树来说，阳面的排粪孔数量明显高于阴面，说明天牛喜光性。

成虫：形似光肩黑天牛，体黑色略带紫色或蓝色光泽，体长24~36 mm，体宽8~12 mm，腹部有白色短绒毛，触角12节，从第10节起，每节基部有灰白色毛环，每一翅上有15个左右的黄色斑点，鞘翅古铜色光泽，近肩部有明显的凹陷。雄虫触角一般为体长的一倍，雌虫触角均为身长的1/3。卵长圆形，5~6 mm，乳白色；幼虫：体长50 mm

左右，13节黄白色，前胸背板后半有一褐色凸斑，中间有一裂缝；蛹：黄白色裸蛹，长30~35 mm。

防治方法：①重蒸毒签防治法是防治黄斑星天牛幼虫的理想方法，具有高效、安全、操作方便等优点，透孔沿蛹道方向插入毒签是投毒的最佳方法。用泥封孔与否对杀虫效果影响不大。为了将幼虫杀死在树枝内，毒签投放最佳时间在成虫羽化前，成虫捕杀也是较为实用的方法之一。20世纪80年代末，县林业局组织学生、群众捕捉天牛达21万多只，对消灭天牛危害起到积极作用。80年代，由县林业局林业工程师赵建国主持的星天牛防治课题，整理了一套比较完整、有效星天牛防治方法。为当时的天牛防治起到了积极的作用。②化学农药防治，从7月初开始每隔15~20 d喷药一次、至8月中旬共3~4次，对成虫毒杀效果显著。成虫产卵期喷8% 绿色威雷微胶囊剂300倍液。③砸卵法：根据树皮表面卵痕标志，用斧锤等工具敲击即可，其方法简便效果好。④药剂熏蒸法：挖一长方形地槽，根据虫害的程度放入50% 磷化铝1~3粒，后用塑料膜覆盖，四周用湿土埋实，熏蒸期一般3 d，也能取得良好效果。⑤水浸法：将砍伐的虫立木投入水中浸泡3~6 d，即可常用来消灭天牛幼虫及木蛾幼虫。⑥营造混交林，改变寄主对象，选择抗性强的新疆杨、银毛杨、河北杨或沙枣等树种。

二、光肩星天牛［*Anoplophora glabrripenis*］

光肩星天牛，危害杨、柳、榆。此虫尤其在海原县防护林建设区广泛发生。严重为害杨树，受害的木质部被蛀空，树干风折或整株枯死。

成虫体黑色，有光泽。触角鞭状。前胸两侧各有1个刺状突起，鞘翅上各有大小不等的由白色绒毛组成的斑纹20个左右。卵乳白色。长椭圆形，两端略弯曲。将孵化时，变为黄色。幼虫初孵化为乳白色，取食呈淡红色，头部呈褐色。老熟幼虫身体带黄色。蛹全体乳白色至黄白色。1年发生1代或2年1代。成虫一生进行多次交尾和多次产卵。产卵前，成虫先用上颚在树干上咬1圆形刻槽，然后把产卵器插入韧皮部与木质部之间产卵，每刻槽产卵1粒，产卵后分泌胶黏物封塞产卵孔；每产1粒卵，便在树干上造成约1 cm²韧皮层坏死。

光肩星天牛对林木的严重为害，是其种群连续为害的结果。由于虫道集中分布，常使树干局部中空，外部膨大呈长30~70 cm的"虫疤"。树上"虫疤"的多少与林木被害期呈正相关，连续受4代天牛为害的林木，树干上常出现1~2段"虫疤"；受6代天牛为害的林木，树干上呈现2~5段"虫疤"；如受害时间再长，则树木的枝干上"虫疤"累累，小枝稀疏，树叶凋零，材质低劣，经济效益和生态效益均受到严重影响。

防治：①加强林业措施，提高林木抗性。A.选择适宜于当地气候、土壤等条件的树种造林；B.营造混交林；C.选用抗性树种和抗性品系，如营造毛白杨、臭椿、刺槐等抗性树种，以阻止天牛的扩散；D.改进林木管理措施，阻止成虫产卵，如在光肩星天牛产卵期，及时施肥浇水，使树木生长迅速，可使刻槽内的卵和初孵幼虫大量死亡；②人工震落、捕杀。③药剂防治：根据成虫有取食补充营养习性，在羽化期向主树冠或枝干，喷洒40%氧化乐果乳油500~1 000倍液；或用80%敌敌畏乳油800倍液喷雾，毒杀成虫；向树干蛀孔灌药，或成虫产卵期喷8%绿色威雷微胶囊剂300倍液。④保护天敌。

三、吉丁虫

1. 杨十斑吉丁虫（*Melanophila decastigma* Fabri）

鞘翅目吉丁虫科。此虫为害小叶杨、钻天杨、箭杆杨、黑杨、新疆杨和旱柳等。

成虫，雄虫体型瘦小，鞘翅褐色，每个鞘翅上有明显纵线4条，黄色斑点多为5个（少数6个），两翅区有10个斑点，故名十斑吉丁虫。卵椭圆形，初为淡黄色，孵化时为灰色。老熟的幼虫黄白色。前胸为腹部中间体节宽的2倍，蛹为黄色。在海原县1年发生1代。以老熟幼虫在树干木质部虫道内越冬。树皮下的虫道大而不规则，多似"L"形。虫口密度大时，树皮翘裂，树干输导组织被破坏，长势变弱，甚至死亡。吉丁虫的发生以孤立木、疏林和林缘为重。郁闭度大的成林受害较轻。

防治：①选抗虫树种，营造混交林，加强抚育管理，增强树势，提早郁闭，减轻危害。②及时伐除虫害木，消灭虫源，不用带虫苗木造林。③6月初幼虫孵化时，用50%1059乳油和柴油混合液（1∶40），涂抹为害处，10 d涂1次，连续3次。

2. 白杨透翅蛾（*Poranthrene tabaniformis* Rottenbrg）。

白杨透翅蛾属鳞翅目透翅蛾科，是国内检疫对象。为害加拿大杨、银白杨、小叶杨、小青杨、毛白杨及旱柳等杨柳科树种。以幼虫钻蛀枝干，受害后枝梢枯萎下垂，抑制顶芽生长，徒生侧枝，形成秃梢。苗木主干受害形成虫瘿，易遭风折。成虫，体青黑色，外观似胡蜂，头顶有一束黄色毛簇，头、胸部有一圈橙黄色鳞片，中、后胸肩板各具2簇橙黄色鳞片；前翅窄长，覆褐色鳞片，中央及后缘略透明；腹部圆筒形，有5条橙黄色环带，雌虫腹部末端有1簇黄褐色鳞片。卵，椭圆形，黑色。幼虫，圆筒形，初为淡红色，老熟幼虫淡乳黄色，臀节背面有2个深褐色略向前方翘起的刺。蛹，纺锤形，褐色，腹末具臀刺。白杨透翅蛾在海原县1年发生1代。以幼虫在枝干虫道内越冬。来年4月越冬幼虫开始活动取食，5月上旬蛹化，5月中旬至7月中旬羽化为成虫。成虫多产卵于1~2年生幼树叶柄基部有绒毛的枝干上、伤口、树皮缝、旧虫孔内。卵期13 d左右。孵化后的幼虫有的直接侵入树皮下，钻入韧皮部与木质部之间，围绕枝干钻蛀虫道，被害处形成虫瘿。枝干细者，常将周围咬通，造成枝干折断；枝干粗者，幼虫仅蛀食半周，即钻入木质部，在髓部向上钻蛀成纵的虫道。9月幼虫在虫道末端做茧越冬，来年继续钻蛀危害。羽化时，蛹体穿破堵塞的木屑，将躯体的2/3伸入羽化孔，遗留下的蛹壳经久不掉，极易识别。

防治：①苗木检疫。调入调出的苗木必须严格实行检疫。起苗、割条、剪条、插条、栽苗时，拣出带虫瘿的苗木，将虫瘿剪掉烧毁。②加强经营管理。适当进行幼树修剪抚育，成虫产卵和幼虫孵化期停止修枝，以免造成伤口利于产卵和侵入。③药剂防治。A. 在6、7月份喷洒50%沙蟆松乳油1 000倍液，毒杀成虫、卵和初孵化而未侵入的幼虫。B. 在夏秋季节，用50%杀螟松乳油30~50倍液点涂幼虫侵入孔，在幼虫化蛹前用注射器在虫瘿上边3指远处注入1.6%敌敌畏乳油（用50 g的80%敌敌畏乳油兑水2.5 kg），堵死羽化孔，毒杀羽化成虫。C. 用50%磷胺乳剂40倍液，在幼虫侵入孔、虫瘿或虫瘿以上5~8 cm处涂成环状药带，亦可收到良好的效果。

3. 苹果小吉丁虫（*Agrilus mali* Mats）

吉丁虫科，主要寄主苹果、沙果、海棠、花红。为害皮层，隧道内被褐色虫粪堵塞，皮层枯死、变黑、凹陷。成虫体长5.5~10.0 mm，全体紫铜色，有光泽。头部短而宽，前端呈截形，翅端尖削，体似楔状。　幼虫：体长15~22 mm，体扁平；头部和尾部为褐色，胸腹部乳白色；头大，大部入前胸，前胸特别宽大，中胸特小；腹部第七节最宽，胸足、腹足均已退化。　卵：长约1 mm，椭圆形，初产时乳白色，后逐渐变成黄褐色；卵产在枝条向阳面、粗糙有裂纹处。一般1年1代，以幼虫在被害处皮层下越冬。第二年，3月中下旬幼虫开始串食皮层，造成凹陷、流胶、枯死等为害状。5月下旬至6月中旬是幼虫严重为害期，7—8月为成虫盛发期。成虫咬食叶片。成虫产卵盛期在7月下旬至8月上旬，卵产在枝条向阳面，初孵幼虫立即钻入表皮浅层，蛀成弯曲状不规则的隧道。随着虫龄增大，逐渐向深层为害。11月底开始越冬。（图7–1）

防治方法：①苗木检疫。苹小吉丁虫是检疫对象，可随苗木传到新区，应加强苗木出圃时的检疫工作，防止传播。②保护天敌。苹小吉丁虫在老熟幼虫和蛹期，有两种寄生蜂和一种寄生蝇，在不经常喷药的果园，寄生率可达36%。在秋冬季，约有30%的幼虫和蛹被啄木鸟食掉。③人工防治。利用成虫的假死性，人工捕捉落地的成虫；清除死树，剪除虫梢，于化蛹前集中烧毁；人工挖虫，冬春季节，将虫伤处的老皮刮去，用刀

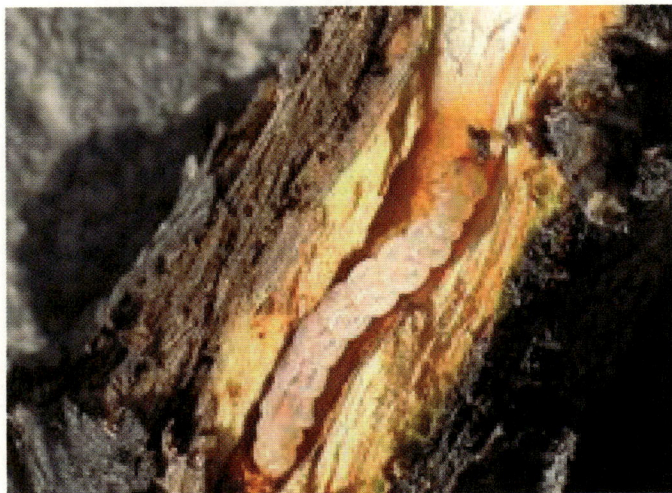

图7-1 苹果小吉丁虫

将皮层下的幼虫挖出，然后涂5波美度石硫合剂，既保护和促进伤口愈合，又可阻止其他成虫前去产卵。④涂药治虫。 幼虫在浅层为害时，应反复检查，发现树干上有被害状，就在其上用毛刷一刷即可。药剂可用80%敌敌畏乳油10倍液；80%敌敌畏乳油用煤油稀释20倍液。⑤成虫羽化盛期树上喷药杀成虫，在苹小吉丁虫发生严重的

果园，单靠防治幼虫往往还不能完全控制其为害，应在防治幼虫的基础上，在成虫发生盛期连续喷药，如20%杀灭菊酯乳油2000倍。

三、沙柳木蠹蛾 [*Holcocerus arenicola*（Staudinger）]

沙柳木蠹蛾，为害沙柳、柠条。以生在沙丘顶部主根或根茎在外露的多年生长老沙柳受害严重，为害后期，整个根内可被蛀空，充满紫红色木屑和虫粪，致整株枯死。

成虫触角丝状、扁平，全体灰黑色而略带褐色。卵，初产灰白色，椭圆形，其上有褐色短纹，横排成纵行。幼虫，初孵幼虫体淡红色，每节背面有两道桃红色斑纹。老熟幼虫，头小，黑褐色，冠缝及额的两侧为紫红色；体黄白色；前胸盾较硬，其上具长方形黄红色斑；前胸背板横列淡红色斑3个。蛹深褐色。该虫4年1代，以幼虫在被害沙柳根部的蛀道内越冬。5月份老熟幼虫出蛀道入沙化蛹。5月底6月初成虫开始羽化，6月中旬达盛期。初孵幼虫于6月底7月上旬开始见到，10月下旬幼虫越冬。

四、臭棒沟眶象 [（*Eucryp torrhynchus brandti*（Harold）]

该虫属象甲科，为害臭棒、千头棒，为宁夏检疫害虫。幼虫蛀食树皮和木质部边材部分，特别是根部，严重时造成树木枯死。成虫体长约11.5 mm，黑色，头部刻点小而浅，前胸背板几乎全部白色，鞘翅坚硬，肩部和后端部几乎全为白色，刻点粗大而密。幼虫体长约12 mm，乳白色；1年发生1代。幼虫在干内或成虫在树干周围2~3 cm 的土层内越冬。以成虫越冬者4月下旬出土为害，以幼虫越冬5月化蛹。6—7月成虫羽化，8月产卵、孵化。

成虫有假死性，产卵前取食嫩梢、叶片补充营养。产卵前先用口器咬破树皮，卵产于其中，并用喙将卵推到树皮内层，幼虫孵化后咬食皮层，稍大后钻入木质部内为害，蛀孔为圆形，老熟后在坑道内做蛹。

防治方法：①严格检疫，不得调运和栽植带虫苗木；②及时伐除受害严重的植株，减少虫源；③成虫期人工捕杀成虫或树干喷施3%绿色威雷微胶囊剂300倍液；④树干涂药环，其上用塑料膜上紧下松捆绑防治成虫。

第六节　海原县嫩枝嫩杆害虫与防治

嫩枝幼杆害虫大多发生于幼株、苗圃和防护林的幼树上。种类繁多、分布很广，危害隐蔽，习性复杂。

一、沙枣木虱（*Trioza magnisetosa* Log.）

沙枣木虱的为害：半翅目木虱科。成虫、若虫主要为害沙枣，但成虫羽化后至越冬前尚可迁入果园为害梨、枣、沙果等多种果树或杨、柳等乔灌木树种。沙枣被害，常引起梢叶卷曲干枯，不能形成花蕾。

体为蚜虫大小，外表像微小的蝉。雌雄均具口器，触角10节，翅2对，前翅骨化程度较后翅高，翅脉简单。若虫体长2.0~3.4 mm，椭圆形，扁平，开始白色，后变淡绿色，老熟时灰绿色，复眼红色，体躯和翅芽上密被刚毛。1年发生1代，以成虫在树上卷叶内、老树皮下或落叶中及田边草丛内越冬。初孵若虫，群集嫩梢叶背取食，使叶片逐渐向背面卷曲成长筒状。此时若虫隐蔽生活，常分泌白色蜡状物于卷叶内。受害严重的林地常成一片雪白。

防治：①3月用50%敌敌畏乳油+40%乐果乳油混合水溶液（药物与水比例为15∶15∶1000）喷雾，每公顷252.5 kg，或40%乐果乳油500倍液，地面撒施，防治成虫。②5月中旬施放杀虫烟剂防治若虫，每公顷22.5~37.5kg；或用40%乐果乳油500倍液，97%磷胺500倍液喷雾；若虫期喷施甲氨基阿维菌素苯甲酸盐可溶粒剂或3%高渗苯氧威乳油3 000倍液防治。

二、槐花球蚧 [Eulecanium Ruwanai（Kanda）]

该虫属同翅目蚧科，又名皱大球蚧、皱球坚蚧。为害国槐、刺槐、紫穗槐、柳、枣、酸枣、柿、核桃、苹果、梨、桃、白榆、刺玫等。雌成虫和若虫于枝干上刺吸汁液，排泄蜜露诱致霉病发生，影响光合作用，削弱树势。

成虫，雌虫半球形8~18 mm，状似钢盔。成熟时体背红褐色，有整齐的灰黑色斑纹，体面有毛绒状蜡被；产卵后体呈半球形，硬化为黑褐色，花纹或绒毛状蜡被均消失。雄虫，橙褐色，前翅发达白色透明；后翅特化为平衡棒，触角与足均发达；交尾器针状较长。卵，长椭圆形，初淡黄渐变淡粉红，孵化前紫红色；附有白色蜡粉。若虫，初龄淡黄白色，扁长椭圆形，前端宽钝，向尾端渐窄；2龄越冬期在扁平白色棉状茧内。雄蛹裸蛹，淡青黄色。茧白色棉毛状，长椭圆形。

1年发生1代，以2龄若虫于枝干皱缝、叶痕处群集越冬，以1~2年生枝上较多。次年春季树液流动后开始活动，多转到枝条上固着为害，4月中旬、下旬迅速膨大，5月间成熟并产卵，产于母壳下。5月中下旬开始孵化，6月大量孵化，分散转移到叶、果上固着为害，秋季8月间陆续由叶、果转回到枝条上寻找适当处所固定越冬，至10月上旬全部转到枝条上越冬。

防治：夏季虫体膨大期至孵化期前，人工刷抹虫体。

三、大青叶蝉 [Cicadella viridis（Linnaeus）]

该虫属同翅目叶蝉科。为害杨、柳、榆、槐等多种果树及农作物。成虫、若虫不但群集幼嫩枝叶上吸食液汁，同时也在成虫产卵时可引起机械损伤，导致病虫发生，因而对树木生长有一定影响，尤其对幼树影响更大。成虫（图7-2），体长8~12 mm，体绿色，头部呈三角形黄色，复眼暗绿色，单眼间有2黑点。若虫，初孵化若虫为白色，渐变淡黄色，腹部中间及两侧有4条褐色纵纹直达腹端，老熟若虫长6~7mm。 1年发生3代，各代成虫发生期分别为6月、7—8月、9—10月。第二年4月中旬至5月初孵化，成虫趋光性强，遇惊动快速飞逃。10月上旬雌虫开始将枝干嫩皮刺割成月牙形伤痕，稍鼓，产卵期内，每伤痕内产卵约10粒，每头雌虫产卵约100粒。初孵若虫群集为害，往往十多个或数十个在同一寄主叶片上，以后逐渐分散在矮小植物及农作物上为害。2~3龄后开始分散，爬行灵活，能横行。9月下旬，雌虫开始迁到果树、杨、柳等树枝枝条上去产卵越冬，雄虫仍留在矮小植物上。雌虫蛹锯状产卵器刺破树木的表皮产卵，卵疤如月牙，每卵块有卵3~15粒或稍多，一般为10粒左右整齐地排列于弧形隆起的伤痕内产卵。

防治：①人工捕杀越冬卵。②树干涂白防治雌虫产卵，或进行灯光诱杀。③秋季清除林内杂草。④在初孵若虫或雌成虫产卵前，可喷洒50%敌敌畏乳油1 000倍液、或40%乐果乳油2 000倍液，均可收到良好的效果。⑤若虫期喷施3%高渗苯氧威乳油3 000倍液防治。

图7-2　大青叶蝉

四、槐豆木虱（*Cyamnophila willieti*）

该虫属木虱科，主要为害槐树。成虫体长约4 mm，浅绿至黄绿色，冬型深褐至黑褐色；触角基2节绿色，鞭节褐色，第4~6节端、第7节大部分及第8~10节黑色；胸背具黑色条纹，前胸背板长方形；后足胫节具基齿，端距5个；前翅透明，长椭圆形，中间有主脉一条，3分支，外缘及后缘有黑色缘斑6个。若虫体略扁，初孵化体黄白色，后变绿色，复眼红色，腹部略带黄色。1年发生2~3代，以成虫在树洞、冠下杂草、树皮缝处越冬。4月中旬开始活动。卵多产于嫩梢、嫩叶、嫩芽、花序、花苞处，产卵量约110粒。5月上旬卵开始孵化，若虫刺吸植物叶背、叶柄和幼枝的幼嫩部分，并在叶片上分泌大量黏液，诱发煤污病。6月成虫大量出现，干旱和高温季节发生严重，雨季虫量减少，9月虫口量又回升，10月后越冬。

防治方法：①发生初期向幼树根部喷施3%高渗苯氧威乳油3 000倍液毒杀成虫。②若虫期喷施3%高渗苯氧威乳油3 000倍液防治。

五、槐蚜（*Aphis labumi* Kait）

该虫属蚜科，主要为害国槐、刺槐、紫穗槐等。无翅胎生雌蚜卵圆形，长2 mm左右，较肥胖，漆黑色或黑褐色，少数为黑绿色。有翅胎生雌蚜长卵圆形，长1.6 mm左右黑或黑褐色。翅长2.8 mm左右，透明；腹管较长，腹部色淡，有黑色横斑纹。若蚜黄褐色或黑褐色，腹管较长。1年发生20余代，主要以无翅胎生雌蚜在地丁、苜蓿等杂草的根际等处越冬，少数以卵越冬。翌年3—4月在杂草等越冬寄主上大量繁殖，5月中旬迁飞到槐树上为害，并胎生小蚜虫，随气温增高，虫量猛增，5—6月份在槐树上为害最严重。喜为害嫩梢和花穗，在叶和梢上排泄油状蜜露，易引起黑霉病。6月上旬迁飞至杂草，8月下旬又迁飞至槐树上为害一段时间，然后过冬。

防治方法：①花絮上蚜虫严重时可人工剪除花序集中烧毁。②初发生期喷施10%吡虫啉药液3 000倍液防治。

第七节　海原县种子、豆荚害虫

一、柠条豆象（*Kytorhinus immixtus* Motschulsky）

柠条豆象危害小叶柠条等棉鸡儿属植物的种子。成虫长椭圆形，体黑色，触角、鞘翅、足黄褐色；头密布细小刻点，背灰白色毛；触角11节。雌虫触角锯齿状，约为体长的1/2；雄虫触角栉齿状，与体等长。卵，椭圆形，初产卵时淡黄色，孵化前变为褐色。老熟幼虫时，头黄褐色；多皱纹，弯曲呈马蹄形。蛹淡黄色。1年发生1代，以老熟幼虫在种子内越冬。翌春化蛹，4月底至5月上中旬羽化、产卵，5月下旬孵出幼虫，8月中旬幼虫即进入越夏过冬期。老熟幼虫还有滞育现象，长达2年之久。成虫出现与柠条开花、结荚相吻合。成虫飞翔力较强。柠条种子采收后在阳光下暴晒时，常见有带虫种子向上跳动。

该虫发生危害的规律是，纯林重于混交林，疏林重于密林，未平茬林重于平茬林。

防治：参考刺槐种子小蜂。

二、刺槐种子小蜂（*Bruchophogus philorobinae* Liao）

刺槐种子小蜂主要危害刺槐种子。刺槐种子被害率可达80%以上。由于老熟幼虫在种子内越冬，近年来，随着种子调用而使其分布区不断扩大，为害日趋严重。成虫体黑色具光泽，头额宽于胸部，复眼大，椭圆形，呈红褐色，触角鞭状呈膝状弯曲。幼虫，乳白色，头小，有棕色上额1对，常弯曲呈"C"形。蛹，乳白色。此虫的发生，随着林分郁闭度的增大，虫口密度逐渐减小；相反，在疏林孤立木，虫口密度大，种子被害率高，同样，阳坡比阴坡虫口密度要大。

防治：①检疫措施。严格实施森林植物种子害虫的产地和调用检疫，把住种子采收、入库、调用关。②营林措施。营造乔灌混交林，结合割条生产有计划地大面积进行柠条、紫穗槐林的平茬更新复壮；或全面采收当年的荚果加以处理。③种子处理。采收种子后，用0.5%~1.0%食盐水漂选，将带虫种子去除并歼灭其中害虫。④药剂防治。A. 林内喷洒50%硫磷乳油1 000~1 500倍液或50%磷胺乳油1 000倍液毒杀成虫；50%杀螟松乳油500倍液毒杀幼虫和卵。B. 种子入库前，用25%敌百虫粉剂拌种，种子药剂的重量比为400：1，拌种均匀后装袋库存。C. 熏蒸。常温下每麻袋种子用磷化铝片剂1.5%，袋内密闭熏蒸6 d。用溴甲烷或硫酰氟每立方米用量为30~35 g，密闭熏蒸2~3 d。地温条件下，每立方米用磷化铝12 g、或用溴甲烷或硫酰氟35~40 g，熏蒸3~4 d，杀虫效果良好，对种子发芽率无不良影响。

第八节　海原县地下害虫

一、中华鼢鼠

中华鼢鼠（*Myospalax fontanierii* Milne — Edwards），仓鼠科（Cricetidae）鼢鼠亚科（Myospalacinae），别名原鼢鼠、瞎瞎、瞎老鼠等。主要为害云杉、油松、华山松、栎类、山杏等树种及牧草、农作物。中华鼢鼠在林地开穴挖洞，啃食林木根系，使幼树枯萎以致死亡，对人工幼林危害甚大，是干旱带造林保存率低，甚至屡遭失败的一个主要原因。并破坏自然植被，引起水土流失。

中华鼢鼠在海原县的南华山、月亮山地区广为分布。

根据海原县林业局普查结果显示，截至2007年，中华鼢鼠在本地发生面积已有15万亩，寄主植物面积达到8.1万亩，其中，轻度发生7.35万亩，中度发生5.85万亩，重度发生2.4万亩。

中华鼢鼠体型粗壮，毛色呈灰褐色。成年鼠体长180~250 mm，一般雄鼠大于雌鼠，四肢较短，前肢粗而有力，前足生有镰刀状的长爪。眼睛退化，极小。尾细长，约50~60 mm，被有稀疏的毛。 中华鼢鼠喜栖于土层深厚、土质松软的荒山缓坡、阶地及乔木林下缘的疏林灌丛、草原地、高山灌丛。 中华鼢鼠在林区食性广而杂，主要有豆类根、马铃薯块茎、玉米及幼苗、大葱和其他的蔬菜根，油松、华山松、沙棘、小叶杨、刺槐等根及幼苗，也食一些杂草的根，易造成人工林大片死亡。中华鼢鼠在1年内有两个取食高峰，一是3—6月初，随着生殖季节的到来，取食逐渐频繁，且雌鼠的食量大于雄鼠，约为雄鼠的3倍；二是雨季过后的9—10月，主要为越冬贮存食物，也是1年内危害林木的第二次高峰。

中华鼢鼠终生隐蔽生活，有避风怕光习性，冬季栖于窝巢中，除取食外基本不活动；春季地表解冻后开始为害。

鼢鼠的洞穴复杂但结构大致相似，雄鼠和雌鼠的洞道略有差别。洞道按作用和层次，可分为草洞、常洞、备用（逃跑）洞道、粪洞、贮食洞、窝巢六部分。草洞是取食时所掘的洞道，距地面5~10 cm；常洞比较固定，洞径较大，一般距地面20 cm左右，是鼢鼠经常活动的通道，窝巢分布比较深，距地面50~180 cm，一般雄鼠的较浅，雌鼠的较深。中华鼢鼠雌雄分居，每个洞系只居住一个成年个体，只在生殖发情期因交配而同居。

防治措施：造林前，要结合鱼鳞坑整地进行深翻，破坏鼠群栖境，将造林地内的枝丫、梢头、倒木等清理干净，以改善造林地的卫生条件。

造林设计时，坚持适地适树原则。根据不同的林地条件，树种特征，和宜林地鼢鼠的密度选择造林树种。退耕林地应选择高抗性的树种；在鼢鼠密度较低的荒山造林时，可选择中抗性的树种或者低抗性的树种；林下更新，天然林改造的宜林地造林，可选择落叶松、油松、樟子松等易害树种。

营造混交林。很多研究结果表明，造多树种的混交人工林比造单一树种的人工林受鼢鼠的危害较轻，造不同目的树种的混交林，林分的组成以目的树种为主，同时造非目的树种，作为害鼠的食物提供者。针对中华鼢鼠的预防，推广刺槐和油松的混交林，能抑制林地害鼠的发生蔓延，减少鼠的危害，提高林木的保存率。

中华鼢鼠的最佳防治时机是春季大地解冻后至5月中旬，用毒饵进行诱杀，选用的药物有鼢灵（原鼢鼠灵）、双杀剂、磷化锌等。毒饵一般一个洞系只投放一处，在危害严重的地区，往往土丘成群，无法分清洞系，可每隔10~15 m投放一处。目前，在海原县推广使用鼢灵，其防治效果可以达到85%以上。

对于害鼠种群密度较低、不适宜进行大规模灭鼠的林地，可以使用鼠铗、地箭、弓形铗等物理器械，开展群众性的人工灭鼠。也可以采取挖阻隔沟，破坏鼢鼠的洞道，以保护树体。

通过林区几年的防鼠经验，放置"T"形弓箭是目前灭鼠较为先进的方法，它具有出箭速度快，准确率高，操作简便等优点，在海原县广泛采用，与药物防治同步进行时，效果更显著。近年，推广使用防鼠铁丝网，网高60~80 cm，网孔小于1cm，造林时将防鼠网放在土球外围，直径一般40~50 cm，防治效果较好。

根据自然界各种生物之间的食物联系，大力保护利用鼠类的天敌，对控制害鼠的增长和鼠害的发生，具有积极作用。首先，林区内要保持良好的森林生态环境，实行封山育林，严格实行禁猎、禁捕，保护鼠类的一切天敌动物，最大限度地减少人类对自然生态环境的干扰和破坏，创造有利于鼠类天敌栖息、繁衍的生活条件。其次，在人工林内堆积石头堆或枝柴、草堆，招引鼬科动物；在人工林缘或林中空地，保留较大的阔叶树或悬挂招引杆及安放带有天然树洞的木段，以利于食鼠鸟类的栖息和繁衍。有条件的地区，可以人工饲养繁殖黄鼬、伶鼬、白鼬、苍鹰等鼠类天敌进行灭鼠。

二、甘肃鼢鼠，又名瞎鼢子（*Myospalax cansus* Lyon，1907）

甘肃鼢鼠外形似中华鼢鼠，体长180 mm左右，尾较短，稍超出后足长。吻钝，眼小，耳壳退化，仅留外耳道，且被毛掩盖，尾不甚长，除被稀疏短白毛外，几全裸露，前肢爪强。第3趾爪最长。后肢细而爪较小，但也与体长成比例。被毛短密。头自鼻吻基部斜向眼前为白色块斑，此斑在眶前束缢，向后扩大与中央映灰、边缘毛尖白的椭圆形斑相结合，外形似较大的哑铃状，或像鸟类骨丁鸡的额板状；尾几乎裸出，散生稀疏短白毛；额基斜向眼前白色，束缢后复向上至头顶为中间暗褐，周边白色块斑相连构成不对称的哑铃形白色块斑；颊棕褐色，颈背至尾基为带光泽的棕褐色；耳区暗棕褐，触须黑白相杂，较其他鼢鼠形长而数多；眼后偶有须状长毛一或二根；体腹、喉部石板灰色，喉以下胸腹部至肛毛色暗灰，具霜样棕白或淡棕褐色毛尖。头骨，头后枕骨区较低，颅后部向外突不呈截切状，眶骨边缘不向外突，鼻骨后端不尖，与前额骨前端平直相接。（图7-3）

甘肃鼢鼠的生活习性与其他鼢鼠类同，在地理分布方面高限同其他鼢鼠，而低限较其他鼢鼠要低。栖地主要为农田、草原、河谷草甸。洞道较为复杂，有住室，粮仓、便所。住室较深，为洞道扩大部分，内有由枯草茎、叶做成的窝室。有贮粮食习性。冬不蛰眠。从贮食判断，大多数是就地取食，而贮粮又与栖所附近所见粮食作物一致，有豆类、小麦、青稞、马铃薯等。5—9月为繁殖期，6—7月为生育高峰。年繁殖2次，每次2~4仔，最高为8仔。

海原县群众捕捉鼢鼠时，常用地箭、弓箭法。地箭、弓箭必须安放在直的常洞上。洞口要切齐，

图7-3　甘肃鼢鼠

洞顶的地面要铲平。弓距洞口约15 cm；箭头不要露入洞中，箭射下之后，要恰在洞道的正中位置。弓形夹捕打法：常用1、2号鼠夹，效率较高。方法是先通开食眼，留作通风口。顺着草洞找到常洞，在常洞上用铁铲挖一洞口。再在洞道垂直，使两边来的鼠均能被夹住，再在鼠夹上轻轻撒些松土，把夹子用细铁丝固定于洞外的木桩上。最后，用草皮将洞口盖严。若鼠被夹住，夹上的铁丝就绷得很紧，容易发现，也不被鼠或其他动物将鼠夹拖走。用毒饵杀鼢鼠时，各种杀鼠药物均可使用。诱饵法毒杀鼢鼠的关键是投饵方法。在鼢鼠的常洞上，用铁铲挖一上大下小的洞口（下洞口不宜过大），把落到洞内的土取净，再用长柄勺把毒饵投放到洞道深处，然后将洞口用草皮严密棚住。这种方法在较紧实的草地上使用较好。插洞投饵法：用一根一端削尖的硬木棒，在鼢鼠的常洞上插一洞口。插洞时，不要用力过猛，插到洞道上时，有一种下陷的感觉。这时不要再向下插，要轻轻转动木棒，然后小心地提出木棒。用勺取一定数量的毒饵，投入洞内，然后，用湿土捏成团，把洞口堵死。这种方法在松软的草地上使用较好。毒杀鼢鼠的时间，最好在5月中旬以前，最迟也不能超过6月中旬。在水源较近的地方，用喷洒法消灭鼢鼠，效果较好。检查灭鼠效果时，常用开洞封洞法。灭鼠前后的间隔5~10 d。由于这种方法的自然灭洞率很高，应设对照区来校正杀灭效果。

第九节　海原县林木病害

一、苹果腐烂病（*Valsa mali* Miyabe et Yamada）

苹果腐烂病，俗称烂皮病，臭皮病，是海原县苹果树重要病害。该病主要为害结果树，造成树势衰弱、枝干枯死、死树，甚至毁园。苹果腐烂病菌是弱寄生菌，凡是能够导致树势变弱的因素都能诱发苹果腐烂病。此病一年有两个扩展高峰期。即3—4月和8—9月，春季重于秋季。当树势健壮、营养条件好时，发病轻微。当树势衰弱，缺肥干旱，结果过多，冻害及红蜘蛛大发生后，腐烂病大发生，造成水果水分减少。苹果腐烂病防治方法如下。

1. 加强管理，提高树势

防治腐烂病的根本是培养壮树，要按照果树营养需求，平衡施肥，增施有机肥。春季要加强速效肥、复混肥和微肥的施用，提高树体贮藏养分的能力。结合春剪合理剪除多余枝条，使树势平衡，同时搞好果园卫生，清除病菌滋生场所，剪除病死枝条，刮除老翘皮。另外，早春应树干涂白防止冻害，涂药保护剪锯口和伤口。

2. 合理负担，稳产壮树

要严格控制大年的挂果量，争取小年产量不小。按间隔20~25 cm留1个果的标准疏果。管理水平一般的果园亩产量应控制在2 500 kg左右；管理水平较高的果园应控制在3 000 kg左右，克服大小年现象，提高树势，增强树体对腐烂病菌的抗侵染能力。

3. 增施有机肥，实行测土配方施肥

按每生产100 kg果需纯氮1 kg、五氧化二磷0.5 kg、氧化钾1 kg的要求，足量补充氮磷钾肥，喷施微肥，控制氮肥施用量，提高树体贮备营养水平，控制腐烂病的危害蔓延。

4. 合理灌排水

秋冬枝干含水量高，易受冻害，诱发腐烂病；早春干旱，树皮含水量低，有利于腐烂病斑的扩展。因此，果园应建立良好的灌水及排水系统，实行"秋控春灌"，对防治腐烂病很重要。

5. 定期检查，及时刮治，适时防治

从2月上旬至5月下旬、8月下旬至9月上旬，要定期检查，发现病疤及时刮治。刮治时要彻底刮尽病部组织（带菌木质部），在其周围刮去0.5~1.0 cm宽的好皮，病斑刮成梭形，刮面要光滑。刮后随即在病部涂药，涂药超出病疤外5~8 cm，1个月后再涂1次药。病皮及时收集，带出果园烧毁。

6. 树干涂白

冬前和早春树干涂白，有降低树皮温差，减少冻害和日灼的作用，对防治腐烂病有很好的作用。

7. 桥接复壮

为了促进树势恢复，应该及时搞好桥接。取一年生嫩枝，两端削成马蹄形，而后插入病斑上下的"T"环形切口的皮下，用小钉钉牢，涂以接蜡或稀泥贴糊，并包塑料薄膜。

二、苗木猝倒病

该病在海原县多在苗圃发生。种子或幼芽未出土时遭受浸染而腐烂，在幼苗期发病，地表或地表下的茎基部呈现水渍状病斑，病部黄褐色、缢缩，可向植株上、下部扩展，呈线状。病势发展迅速，组织崩解，幼茎即萎蔫倒伏，但短期内叶边呈绿色，如果环境潮湿时，在病部及其附近土面还会长出白色棉毛状霉。病原为腐霉属中一些真菌。腐霉菌是土壤习居菌，在土壤中长期腐生，并形成卵孢子渡过不良环境，为土传性病害，主要以卵孢子在土壤中、菌丝体在土壤中的病残体或其他有机物上腐生，混入堆肥中越冬，病菌主要由水和人的园艺操作传播。高湿度是幼苗发病的主要条件。另外，阳光不足、连作、整地质量差，施用未经高温腐熟混有病原体的堆肥，播收不当等均会导致发病。

苗木猝倒病防治：

（1）选择地势较高，排水较好，不黏重，无病地或轻病地作苗圃，不用旧苗床土。

（2）精细整地，深耕细整，施用净肥。

（3）土壤消毒。用福尔马林熏蒸，即在播种三星期以前，耙松土壤表层，每平方米苗床土上用360 ml 福尔马林溶液加水9~27 kg（加水量据床土干湿而定），均匀喷洒稀释药液后，用塑料薄膜覆盖严密，覆盖一星期后揭膜，并耙松土壤，让药充分挥发，至少两星期后才能播种。

（4）适期播种。在可能条件下，应尽量避开低温时期，同时最好能够使幼苗出芽后一个月避开多雨季节。

（5）药剂。在发病初期，先拔除病苗集中处理，然后向幼苗基部喷洒70% 甲基托布津可湿性粉剂1 000倍液或25% 百菌灵800~1 000倍液。

三、林木根癌病

该病主要为害桃、李、杏、苹果、碧桃、紫叶矮樱、山楂等。此病主要发生在根颈处、主根和侧根。在树干、枝条上有时也有发生，称干癌病。在发病部位长有大小不等、近圆形的瘤，后变为深褐色，质地坚硬，海原县常见园林植物。病虫害防治表面粗糙并有龟裂，最后外皮脱落，露出许多小木瘤，在多年生毛白杨病株干基附近地面处常有许多露出地面的大瘤。病原菌为细菌致瘤农干菌（Agrobactariu mtumenfaciens），病原菌在已死的被害植物瘤内或在土壤中的病瘤残体上可存活1年以上，2年内得不到侵染，就失去了致病能力和生存能力。病菌在土壤中借水流、地下害虫或人为耕作进行传播，通过机械损伤、虫伤、嫁接口等各种伤口侵入根内。因此，植物伤口多发病重。土壤含水量高，微碱性的土壤中易发病。

防治方法：①做好产地检疫，禁用病苗造林。②在苗圃中实行3年以上轮作。③培养无病健苗。④利用生物制剂K84防治，采用浸根后定植、切瘤灌根或生长期浇根等方法。

四、林木根朽病

该病为害针、阔叶树200余种，包括云杉、杨、柳、榆、臭椿、刺槐、梨、苹果桃、杏、枣、樱桃等，也为害牡丹。病害来得早而且严重，该病发生后发病时间长；降雨期推迟且降水量小，苗木木质化程度高，则发病轻。病原属真菌，以担子菌的蜜环菌（*Armillariella metlea*）为主，其次为发光蜜环菌（*A. tabestens*）。病树枝叶变黄、枯萎，干基处树皮腐烂开裂，有的杨树病株干基处用脚踢有咚咚声，后期此处树皮剥落。针叶树干基处常有大量树脂凝结成块。干基及根部皮层与木质部之间有白色扇形膜及深褐色绳索状物（菌索）。病树根部的边材和心材呈海绵状腐朽，边缘有黑色线纹。秋天，在病树干基部或其附近地面上有时甚至在树干下部，出现丛生状的、蜜黄色的蘑菇，为伞状、肉质，可食，此为病原菌的繁殖体，内有大量白色圆形或椭圆形的孢子。

防治方法：①在苗床上搭阴棚或覆盖稻草降低苗床土壤表层温度，可遮阴。②育苗时多施腐熟的有机肥，促进苗木生长，提高抗病能力。

五、苗木紫纹羽病

苗木紫纹羽病别名紫色根腐病，为害多种林木、果树及农作物，如松、柏、杉、刺槐、榆、杨、桑、柳等。从小根开始发病，逐渐蔓延至侧根及主根，甚至到树干基部，皮层腐烂，易与木质部剥离，病根及干基部表面有紫色网状菌丝层或菌丝束，有的形成一层质地较厚的毛绒状紫褐色菌膜，如膏药状贴在干基处，夏天在上面形成一层很薄的白粉状孢子层。在病根表面菌丝层中有时还有紫色球状的菌核。病原真菌。担子菌的紫卷担子菌（*Helicobasidiu mpur-pureum*）。该病菌的菌丝体阶段为半知菌的紫纹羽核菌（*Rhizoctonia crocor*）。4月下旬开始发病，6—8月为发病盛期，有明显的发病中心，靠菌丝束在土壤中蔓延，或通过病根与健根的相互接触传播。地势低洼，排水不良的地方容易发病。

防治方法：①选择排水良好，土壤疏松的地方育苗和造林。②严格检查，防止带病的苗扩散，病株进行销毁，用20%石灰水浸根30 min。③林地中轻病株切除病根后，浇灌20%石灰水或25%硫酸亚铁，或用多菌灵；重病株拔除销毁，并进行土壤消毒。

六、杨树腐烂病

杨树腐烂病又称杨树烂皮病，为害杨属的多个品种，还为害柳、榆等多种树木。该病为害树干、枝条各部位，病斑形状不规则，大小不等，有的开裂达数米。发病初期病斑为暗褐色，水渍状，后失水干缩下陷，有时病斑开裂呈丝状，粗树皮杨树感病后病斑不明显。后期在病斑上密生许多小黑点，是病菌的繁殖体。潮湿时，从病斑的小黑点中挤出卷曲的、橘黄色的丝状物，烂皮病的病斑每年向外扩展，当包围枝干一圈时，上部枝、干全部死亡。病原性真菌。每年春秋两季发病，春季发病重于秋季。海原县5月初开始发病，5—6月为发病高峰，8—9月第二次发病。烂皮病菌为弱寄生菌，在死树枝干上仍可长时间存活。因干旱、冻害、日灼、低洼积水、火烧、土壤盐碱化、蛀干害虫为害或管理粗放等导致树势衰弱，或造林中苗木伤根过多，长途运输或未认真假植而失水过多，定植后来不及时灌足水，均易造成烂皮病发生。

防治方法：①根据造林地的特点，选用抗逆性（抗寒冷、耐干旱、耐盐碱、耐日灼、耐瘠薄、耐污染等）及抗病性强的杨树品种造林。②培育健康壮苗。③避免苗木长途运输，认真假植，造林前水浸根24 h以上或蘸泥浆。④造林后立即灌足水，加强抚育管理。⑤发病时涂50倍液40%福美砷或40%退菌特可湿性粉剂等药剂。⑥秋天或春天在树干下部涂生石灰乳剂。

七、杨树溃疡病

几乎所有杨柳树都能受此病侵害，还为害榆树、核桃、苹果等多种果树。病斑主要出现在树干的中下部，根茎及大树枝条上也常有发生。有水渍状和水泡状两种病斑，圆形或椭圆形，直径约1 cm。水渍状斑褐色，常有紫红色液流出；水泡状斑多在秋天发生，病斑与树皮同色，凸起呈泡状，用手压有树液挤出。病斑后期干缩下陷，表面有黑色小点，是病菌的繁殖体。病原性真菌，有性型为子囊菌的茶子葡萄座腔菌（*Botryo-sphaeria ribis*），无性型为半知菌的聚生小穴壳菌（*Dothiorella gregaria* Sacc.）。每年有两个发病高峰，第一次在5月底至6月上旬，第二次在8—9月，春天比秋天发病重。溃疡病菌是弱寄生菌，由于移植时伤根太多，苗木长途运输或未及时栽植而失水过多，栽后不及时灌水等造成树势衰弱而诱发病害。溃疡病菌具有潜伏浸染现象，树皮内有病菌潜伏，但树干外表没有病斑，移植后很容易发病。溃疡病发生后，杨树腐烂病常接踵而来，导致枯梢或死亡。杨树与苹果树相邻种植时，苹果轮纹病及杨树溃疡病均重。

防治方法：①适地适树，依据造林地特点选用适生抗病树种。②培育健康壮苗，做好产地检疫，不用带菌率高的苗木造林。③造林时苗木水浸根1 d或用泥浆蘸根，增强抗病性。④定植后必须及时灌足水，并加强抚育管理。⑤必要时辅以化学防治，喷洒200倍液45%代森锰锌或70%甲基托布津可湿性粉剂200倍液等药剂。

八、松材线虫病

该病为害赤松、白皮松、油松、樟子松等。松树被松材线虫侵染后，约经2个月针叶开始失去原有的光泽，松脂分泌开始减少，此后针叶很快变为黄褐色至红褐色，萎蔫，树脂停止分泌，全株死亡。枯死针叶当年不脱落。一般春季感病，秋冬前死亡。有些树感病晚或树木抗病性强，可能延迟至冬春后死亡，也有一两年后死亡的。枝、干、根各个部位的木质部中均有大量细长、蠕动的线虫，长约1mm。病原为圆虫动物门线虫纲的松材线虫（Bursa phelenchusxylophilus）。松材线虫靠松墨天牛传播，从感病松树上出来的松墨天牛身体各个部位都带有大量松材线虫，当松墨天牛啃食松树嫩皮时，将所携带的松材线虫传给了松树，致使松树很快衰弱，而衰弱的松树又是天牛侵入为害的对象。因此，没有松墨天牛的传播媒介，就不会发生松材线虫的为害，夏季持续高温、干旱则虫害发展迅速。松墨天牛为害松树致死一般需要很长时间，而松材线虫为害当年很快将松树致死。

防治方法：①严格检疫，严禁疫区松苗。未经处理的松木及其产品不从疫区运出，严禁车辆等交通运输工具及人为因素携带松墨天牛出境。②严格控制松墨天牛，在天牛飞散前砍伐和处理被害木，伐根尽量低，树皮、枝条要烧毁，但在城镇郊区不许烧毁，须用不污染环境的方法处理；原木用溴甲烷熏蒸（40~60 g/m³）或水浸。

第十节 对海原县林木为害严重的病虫害

一、中华鼢鼠

因受降雨等因素影响，海原县云杉、油松栽培多集中在南华山、月亮山这两个山系。而中华鼢鼠则主要分布于南华山、月亮山，这对海原县水源涵养林保存是致命的。如20世纪80年代初在五桥沟造云杉、油松1.8万亩，1986年调查亩保存株数41%以上的仅0.58万亩。又如2001—2005年在月亮山造云杉、油松2.4万亩，亩栽植74株，2007年调查，因中华鼢鼠危害亩保存12株，保存率16%。另外在树台、关庄、红羊、李俊、曹洼、九彩等乡镇的退耕还林"88542"水平沟整地造林中，山杏林的危害也较为严重，保存率低于55%。2018年，海原县开始在油松栽植中采用防鼠隔离网。2019年推广到云杉栽培中。

二、黄斑星天牛

海原县林木最主要蛀干虫害是黄斑星天牛，为害成片的杨树面积达3 000余亩，尤为对四旁杨树为害严重。有的虫株率70%，据牌路山林场调查，杨树受黄斑星天牛为害占所有虫害的54%。单日株虫孔数达56个。黄斑星天牛分布在海城、西安、高台、红羊、李旺、贾塘、史店、李俊、罗川、曹洼等乡。为害八里庄杨、小叶杨、北京杨、钻天杨、青杨和加拿大杨、新疆杨，其次是柳树、榆树和白蜡等。

二、光肩星天牛

该虫为害杨、柳、榆。此虫在海原县农田防护林区广泛发生。20世纪80年代严重为害海原县农田防护林、村庄周边的各种杨树，尤以新疆杨为重，受害的木质部被蛀空，树干风折或整株枯死。据调查统计，海原县光肩星天牛首发于20世纪70年代，成灾于80年代，进入90年代虫口密度下降。海原县一代农田防护林中的杨树，危害率98%。

三、苹果小吉丁虫

该虫3月中下旬幼虫开始串食皮层，造成凹陷、流胶、枯死等为害状。5月下旬至6月中旬是幼虫严重为害期，成虫产卵盛期在7月下旬至8月上旬，卵产在枝条向阳面，初孵幼虫立即钻入表皮浅层，蛀成弯曲状不规则的隧道。随着虫龄增大，逐渐向深层为害。11月底开始越冬。成虫易随交通工具传播，海原县20世纪80年代在高崖苹果小吉丁虫首发，成灾于20世纪90年代，主要集中在李旺、七营、三河，许多小果园被毁灭，现全县都分布，但虫口密度较低。

四、大青叶蝉

该虫为害杨、柳、榆、槐等多种果树及农作物。成虫、若虫不但群集幼嫩枝叶上吸食液汁，同时也在成虫产卵时可引起机械损伤，导致病虫发生，因而对树木生长有一定影响，尤其对幼树影响更大。初孵的若虫喜群居，往往十多个或数十个在同一寄主叶片上。9月下旬，雌虫开始迁到果树、杨、柳等树枝枝条上去产卵越冬，雄虫仍留在矮小植物上。雌虫蛹锯状，产卵器刺破树木的表皮产卵，卵疤如月牙，每卵块有卵3~15粒或稍多，一般为10粒左右整齐地排列于弧形隆起的伤痕内产卵。在海原县管理粗放的果园、苗圃发虫率很高，对1~2年栽果树危害极其严重。

五、苹果腐烂病

苹果腐烂病，俗称烂皮病，臭皮病，是海原县苹果树重要病害。管理粗放的果园容易发病，海原县较大的高崖园艺场、李旺园艺场、兴隆园艺场的800多亩苹果树，20世纪90年代几乎都毁于此病。

2004—2019年常发性及造成为害的林业有害生物有中华鼢鼠 *Myospalax cansus* Lyon、落叶松红腹叶蜂 *Pristiphora erichsonii*（Hartig）、云杉叶象 *Phyllobius* sp.、臭椿沟眶象（*Eucryp torrhynchus* brandti）、光肩星天牛 *Anoplophora glabripennis*、桃蛀果蛾 *Carposina niponensis* Walsingham 等，发生面积为631.15万亩，其中轻度发生474.51万亩，中度发生124.98万亩，重度发生31.613亩。食叶害虫发生8.4815万亩，枝干害虫发生面积14.9865万亩。鼠（兔）害发生面积602.665万亩。根据海原县近些年发生实际情况，结合气象等因素，预测2020年海原县林业有害生物发生合计为34.22万亩。

第十一节 海原县检疫有害病虫

一、苹果蠹蛾 *Laspeyresia pomonella*（Linne）

苹果蠹蛾，鳞翅目卷叶科。成虫体长8 mm，体灰褐色而具紫色光泽，前翅臀角处的肛上纹呈深褐色椭圆形，有3条青铜色条斑。翅基部色较浅，其外缘呈三角形，有较深的波状纹。后翅褐色，基部颜色较淡。卵椭圆形，扁平，中央略突出。初龄幼虫黄白色。成虫体长14~18 mm，头黄褐色，体呈红色。蛹黄褐色，体长7~10 mm。

海原县1年发生代数不同，少则1代多则3代。成虫有趋光性。黄昏至清晨交尾，卵单产。树冠上层卵量多，叶上卵多于枝条和果实上，喜产在背风向阳处。1头幼虫能咬几个苹果，从蛀果到脱果通常需1个月左右，幼虫老熟后脱果爬到树干裂缝处或地上隐蔽物以及土中结茧化蛹，也有在果内、包装物及贮藏室化蛹。部分幼虫有滞育习性。

该虫原产欧洲东南部。1987年苹果蠹蛾随旅客携带水果传入甘肃，在敦煌市立足，而后迅速扩展。到1992年已遍布全市，30多个大中型果园受害，年均损失40多万元。成虫可近距离传播，主要以幼虫或蛹随运输果品和繁殖材料远距离传播。主要为害苹果、沙果、梨、桃、杏、石榴等果树。幼虫一般从果梗部蛀入，可转果危害，造成果实脱落，影响品质，甚至不能食用。

控制方法：严密监测，严禁发生区虫果外运，加强调运检疫。发现害虫及时清除，可采用刮树皮、树干上束草环等办法消灭、诱杀幼虫。成虫期在果树上悬挂卫生球，阻止其交尾，采用性诱剂诱捕，也可使用药剂喷洒。

二、美国白蛾 [*Hyphantria cunea*（Drury）]

美国白蛾又名美国灯蛾、秋幕毛虫、秋幕蛾，鳞翅目灯蛾科白蛾属昆虫。初产卵浅黄绿色或浅绿色，后变灰绿色，孵化前变灰褐色。老熟幼虫体长28~35 mm，头黑，具光泽，体黄绿色至灰黑色。成虫白色，体长13~15 mm，复眼黑褐色，胸部背面密布白色绒毛。雄成虫触角黑色、栉齿状，雌成虫触角褐色、锯齿状；翅通常为纯白色。美国白蛾是世界性检疫害虫，主要为害果树和观赏树木，尤其以阔叶树为重。对园林树木、经济林、农田防护林等造成严重的危害。已被列入宁夏海原县检疫害虫。

三、红棕象甲（*Rhyncophorus ferrugineuss*）

红棕象甲又名椰子甲虫、亚洲棕榈象甲、印度红棕象甲等，是新近引起人们重视的对棕榈科植物具有较大危害的外来入侵害虫。该虫是国家林业局2005年3月1日开始实施的新发布的19种林业检疫性有害生物之一，同时也是国家林业局2003年公布的233种林业危险性有害生物之一，也是海原县的检疫害虫。

四、松突圆蚧（*Hemiberlesia pitysophila* Takagi）

松突圆蚧属同翅目（Homoptera）盾蚧科（Diaspididae）。我国对内、对外的森林植物检疫对象。此虫1982年5月首先在广东省珠海市邻近澳门的马尾松林内发现，传播蔓延速度很快，据广东省森林病虫害防治与检疫总站2000年调查，分布面积已近2 000万亩，其中受害枯死或濒死已更新改造的达数十万亩。该蚧群栖于松针基部叶鞘内，吸食松针汁液，致使受害处变色发黑、缢缩或腐烂，从而使针叶枯黄、脱落。严重影响了树木的生长，连续几年受害，可造成松树枯死。是海原县的检疫对象。

五、杨干象 *Cryptorhynchus lapathi*（L.）*Cryptorrhynchus lapathi*（L.）

杨干象属鞘翅目象虫科，分布在中国、日本、西班牙、荷兰、加拿大、美国。寄主多为杨柳科树种，以杨树为主，主要有甜杨、小黑杨、北京杨等。幼虫先在韧皮部和木质部之间蛀食，后蛀成圆形坑道，蛀孔处的树皮常裂开呈刀砍状，部分掉落而形成伤疤。成虫产卵时可在枝痕、休眠芽、皮孔、棱角、裂缝、伤痕或其他木栓组织留下针刺状小黑孔。海原县检疫对象。

六、松包锈病菌（*Cronartium ribicola* J.C.Fischer ex Rabenhorst）

该菌属锈菌目，松疱锈病多发生于松树树干薄皮处，因而刚定植的幼苗和20年生以内的幼树及在杂草丛生的幼林内，或林缘、荒坡、沟渠旁的幼龄松树易感病。转主寄主多的林地病害也严重。病原以担孢子和锈孢子靠风吹雨溅的方式自然传播；远距离传播主要靠感病松苗、幼树、小径材及新鲜带皮原木的调运。海原县检疫对象。

七、冠瘿病菌

冠瘿病菌是为害植物的土壤习居菌，分布于中国、日本、朝鲜、马来西亚、英国、苏联、澳大利亚、新西兰、加拿大、美国等国。冠瘿病又称根癌病、根瘤病、黑瘤病、肿根病等，通过携带 Ti 质粒的菌株侵染植物的根茎部引起过度增生而形成瘿瘤。冠瘿病菌为土壤习居菌，寄主范围广泛，可侵染331个属的640多种植物。受害苗木或树木生长衰弱，如果根茎和主干上的病瘤环干一周，则生长趋于停滞，叶片发黄而早落，甚至死亡。近年来，随着林果业和花卉业的迅速发展，苗木调运频繁，病害扩散加剧，给花农和林农造成严重经济损失。1996年被列入国内森林植物检疫对象名单。海原县检疫对象。

八、杨树花叶病毒［*Poplar mosaic* virus （PopMV）］

主要形态特征：受害叶片初生褪绿小点，进而变为不规则黄绿花斑，常沿小叶脉分布，叶脉呈半透明状，随高温有隐症现象。有些杨树无性系病叶发绉、变厚、变硬、变小，甚至畸形。有的叶脉和叶柄上有紫红色坏死斑，病斑中心组织枯死，是系统侵染病害。发病规律：该病病毒可以通过嫁接传染，林业生产中主要是随带毒插条传播。目前，已知杨树花粉种子不带病毒，杨黑毛蚜和桃蚜不传病，菟丝子也不传病，其他昆虫是否传病尚待进一步研究。杨树因品种差异，其抗病性的差异也很大，杨树花叶病毒主要危害杨树，杨树感病后叶片上出现褪绿黄色坏死斑，叶片皱缩、变厚、变硬、变小，顶梢或嫩茎皮层长破裂，发病严重植株枝条变形，分枝处产生枯枝，使幼苗高、径生长受阻，幼树生长量降低。严重发病的树木，木材强度降低，结构发生异常。远距离传播主要靠杨树苗木、接穗、杨树花叶病毒插条的调运。检疫时发现带病苗木等繁殖材料就地集中销毁。海原县检疫对象。

九、青杨脊虎天牛［*Xylotrechus rusticus*（Linnaeus）］

鞘翅目天牛科绿虎天牛属的一种昆虫。国内分布黑龙江，吉林；国外分布朝鲜，日本，西伯利亚，欧洲。青杨脊虎天牛是多种阔叶树的重要蛀干害虫，主要为害杨树、柳树、榆树等，在东北地区的防护林区危害十分严重，以幼虫在寄主的木质层钻蛀危险，被害林木轻则影响生长，降低成林、成材比率，重则折枝断头，林网被毁。可通过携带有越冬幼虫、蛹、卵的木材、原本和其他木制品的调运进行远距离传播。杨脊虎天牛检疫时发现带虫的木材及其制品，可采用熏蒸或高温加热处理。海原县检疫对象。

十、松材线虫（ *Bursaphelenchus Xylophilus* ）

常见的松树寄生虫。成虫体长约1 mm。雌虫尾部近圆锥形，末端圆；雄虫尾部似鸟爪，向腹面弯曲。它通过松墨天牛等媒介昆虫传播，从而引发松材线虫病。被其感染的松树，针叶呈黄褐色或红褐色，整株干枯死亡，最终腐烂。海原县检疫对象。

十一、臭椿沟眶象 [*Eucryp torrhynchus brandti* （Harold）]

臭椿沟眶象为鞘翅目，象甲科。成虫体长11.5 mm左右，宽4.6 mm左右。臭椿沟眶象体黑色。额部窄，中间无凹窝；头部布有小刻点；前胸背板和鞘翅上密布粗大刻点；前胸前窄后宽。前胸背板、鞘翅肩部及端部布有白色鳞片形成的大斑，稀疏掺杂红黄色鳞片。卵长圆形，黄白色。该虫分布于北京、山东、东北、河北、山西、河南、江苏、四川等地。主要蛀食危害臭椿和千头椿。初孵幼虫先为害皮层，导致被害处薄薄的树皮下面形成一小块凹陷，稍大后钻入木质部内为害。沟眶象常与臭椿沟眶象混杂发生。幼虫主要蛀食根部和根际处，造成树木衰弱以至死亡。臭椿沟眶象食性单一，是专门为害臭椿的一种枝干害虫，主要以幼虫蛀食枝、干的韧皮部和木质部，因切断了树木的输导组织，导致轻则枝枯、重则整株死亡。成虫羽化大多在夜间和清晨进行，有补充营养习性，取食顶芽、侧芽或叶柄，成虫很少起飞、善爬行、喜群聚危害，为害严重的树干上布满了羽化孔。臭椿沟眶象飞翔力差，自然扩散靠成虫爬行。海原县检疫对象。

第十二节　海原县天敌昆虫

一、天敌名称

对海原县昆虫调查显示，全县有天敌昆虫82种。

1. 中华螳瘤蝽（ *Cnizocoris sinensis* Kormilc ）

2. 双环真猎蝽（*Haepaetor dauricus* Kiritchenko）

3. 普姬蝽（*Nabis Scmiferus dazricoes* Hsiao）

4. 西伯利亚原花蝽（*Anthocoris sibiricus* Reuter）

5. 小花蝽（*Orius similis* Zheng）

6. 白尾灰蜻（*Orthetrum albistylum* Selys）

7. 黄蜻（*Pantala flavescens* Fabricius）

8. 橙胸赤蜻（*Sympetrum* sp.）

9. 碧伟蜓（*Anax parthenope*）

10. 黄衣（*Pantala flavescens* Fabricius）

11. 小翅张蚈螋（*Anechura japonica* Bormans）

12. 日本蠼螋（*Lasidura japonica* De Haan）

13. 云纹虎甲（*Cicindela elisae* Motschulsky）

14. 月斑虎甲（*Cicindela lunulata* Fabricius）

15. 散纹虎甲（*Cicindela specularis* Chevrolat）

16. 多型虎甲（*Cicindela hybrada nitida* Lichtenstein）

17. 双狭虎甲（*Cicindela* (cylindera) *aracilis pallas*)

18. 金星步甲（*Calosoma chinense* Kirby)

19. 星步甲［*Calosoma*（*Campalita*）*auropunctatum*］

20. 粘虫步甲（*Carabus granulatus* Linnaeus）

21. 黄绿青步甲（*Chlaenius spoliatus* Rossi）

22. 亦胸步甲［*Calathus*（*Dolichus*）*halensis* Schall］

23. 大头娄步甲（*Harpalus vicarius* Harold，1878）

24. 毛娄步甲［*Harpalus griseus*（panzer）］

25. 黄缘心步甲（*Nebria Livida* Linnaeus）

26. 大黑葬甲（*Nicrophorus concolor* kraatz）

27. 大红斑葬甲（*Necrophorus japonicus* Harold）

28. 红斑葬甲（*Nicrophorus vespilloides* Herbst）

29. 双红斑葬甲（*Ptomascopus plagiantus* Menctries）

30. 埋葬甲（*Silphidae penforata* Gebler）

31. 脊瘤葬甲（*Thanoto philus auripilosus* Portevin）

32. 多脊瘤葬甲（*Thanoto philus* sp.）

33. 麻脊瘤葬甲（*Thanoto philus* sp.）

34. 中华郭公虫（*Trichodes sinae* Chevr）

35. 二星瓢虫（*Adalia* bipunctata）

36. 奇变瓢虫［*Aiolocaria hexaspilota*（Hope）］

37. 纵条瓢虫（*Coccinella* longifasciata）

38. 十二星褐瓢虫（*Henosepilachna* pusillanima）

39. 红点唇瓢虫（*Chilocorus kuwanae* Silvestri）

40. 黑缘红瓢早（*Chilocorus rubidus* Hopc）

41. 李斑瓢虫（*Coccinella gemino punctata* Liu）

42. 双七瓢早（*Coccinella quatuordecim* pustulata）

43. 横斑瓢虫（*Coccinella transversoguttata* Faldermann）

44. 华日瓢虫（*Coccinella ainu* Lewis）

45. 七星瓢虫（*Coccinella septompunetata* Linnacus）

46. 异色瓢虫［*Harmonia axyridis*（Pallas）］

47. 多异瓢虫［*Hippodania variegata*(Goeze)］

48. 六斑显盾瓢虫（*Hyperaspis gyotokui* Kamiga）

49. 红斑小毛瓢虫（*Scymnus(Scymnus)* sp.）

50. 四斑毛瓢虫［*Scymnus（Scymnus）frontalis* Fabricius］

51. 菱斑和瓢虫［*Oenopis conglobata*（Linnaeus）］

52. 深点食螨瓢虫（*Stethorus panctillum* Weise）

53. 丽草蛉（*Chrysopa formosa* Brauer）

54. 多斑草蛉（*Chrysopa intima* Mclachlan）

55. 叶色草蛉（*Chrysopa phyllochroma* Wesmael）

56. 中华草蛉（*Chrysopa sinica* Tjeder）

57. 、条斑次蚁蛉［*Deutoleon lineatus*（Fabricius）］

58. 中华东蚁蛉［*Euroleon sinicus*（Navas）］

59. 全北褐蛉（*Hemerobius humuli* Linnaeus）

60. 爪齿泥蜂蒙古亚种（*podalonia affinis ulanbaatoensis* Tusneki）

61. 西伯利亚熊蜂（*Bombus sibiricus* Fabricius）

62. 黑尾熊蜂（*Bonbus* sp.）

63. 意蜂（*Apis mellifera* Ligustica）

64. 中蜂（*Apis cerana cerana* Fabricius）

65. 紫木蜂（*Xylocopa s.str valga* Gestaecker）

66. 白带廻条蜂（*Habropoda* sp.）

67. 紫光条蜂（*Anthaphora* sp.）

68. 黑腹条蜂（*Anthophoa* sp.）

69. 夜蛾瘦姬蜂［*Ophion Luteus*（Linnaeus）］

70. 中华长脚胡蜂（*Polistes chinesis antennalisz* Pirez）

71. 黄斑胡蜂（*Vespula mongolica* Andre）

72. 强力蛛蜂（*Butozone lacerticida* Pallas）

73. 巨斑边蚜蝇（*Didea fasciata* Macquort）

74. 黑带食蚜蝇（*Episyrphus balteatus* De Geer）

75. 梯斑黑食蚜蝇（*Melanostoma Scalare* Fabricius）

76. 大灰食蚜蝇（*Syrphus corollae* Fabricius）

77. 凹带食蚜蝇（*Syrphus nitens* Zetterstedt）

78. 斜斑鼓额食蚜蝇（*Lasiopticus pyrastri* Linnaeus）

79. 黄翼蝇（*Scathophaga stercoraria* Linnaeus）

80. 厩腐蝇（*Muscina stabulans* Fallen，1823）

81. 急钩亚麻蝇（*Parasarcophaga portschinkyi* Rohdendorf）

82. 蚕饰腹寄蝇（*Blepharipa zebina* walker，1849）

二、天敌利用

海原县害虫天敌种类虽多，但利用却很少。利用天敌防治虫害是一门较深的生物学科。由于条件的制约，目前还不可能对这项工作开展深入的研究，只是停留在生产实践中观察记载阶段。对天敌的生活史、习性、防治效益以及培养等方面的工作还有待今后进一步深入研究。

三、有害生物防治典型数据

"八五"期间，海原林木病虫害发生率为29%，防治率为55%，监测覆盖率为50%，苗木产地的检疫率为60%。

1992年，全县各乡镇、国有林场组织劳力对杨树天牛病虫害进行彻底清理，在西安、树台两乡清理病虫害树木5万株。"九五"期间，全县林木病虫害发生率为18%，防治率为68%、监测率为54%，苗木产地的检疫率为95%，并对落叶松球蚜、中华鼢鼠的综合防治技术进行推

图7-4　专家检查林木虫害

广，在南华山总防治面积4.6万亩（图7-4）。

1997年，海原县设立农林技术咨询服务中心，在兴隆、李旺、高崖、李俊、兴仁、城关6个乡（镇）主要经果林栽培区，设立"果树庄稼医院"，配备专职森保员1名。并对苹果吉丁虫进行防治，兴隆园艺场防治率达95%以上。1998年，完成"宁夏森林植物检疫对象"在全县的普查。普查发现3个检疫对象的病虫害，其中，1个国家检疫对象，即黄斑天牛；2个省级检疫对象，即苹果吉丁虫（图7-5）、落叶松枯梢病。而且，苹果吉丁虫已在兴隆乡发生为害，落叶松枯梢病在拐洼林场发现为害。其间，完成1985—1998年采集昆虫标本的归类整理。2001—2008年期间，全县林业有害生物监测覆盖率达到90%，测报准确率达到80%，无公害防治率达到75%，种苗产地检疫率达到90%，成灾率控制在15‰。加大鼢鼠防治力度，从生态角度出发，遵循"预防为主，综合治理"方针，积极采取以流域划片、因地制宜、分类指导、科学布局、综合防治的技术措施；采取监测、预防、减灾、救灾统管齐抓，以营林措施为主，药剂防治为辅，

图7-5　苹果吉丁虫进行防治

协调运用人工、物理等措施，降低被害株率和鼠密度，进而逐步压缩发生面积和范围，达到综合防治的目的。

2001—2008年累计监销鼢鼠43.2万余只，捕杀野兔4.9万只。

1998年南华山首次发现落叶松叶蜂，2003年起开始防治，每年防治作业面积8 000亩，截至2008年该虫的为害已经得到全面控制。

2006年设立南华山、西华山、拐洼、月亮山四个区级林业有害生物测报点。

2007年南华山自然保护区首次发现象鼻虫为害，至2008年为害面积达到1 000亩。通过连续监测，基本摸清了该虫生活史。同时，通过积极开展防治试验，初现防治效果。

第十三节　海原县林业主要有害生物防治

一、有害生物发生面积统计

7–1表　2004—2008年海原县林业主要有害生物发生统计

单位：亩

年份	有害生物名称	发生合计	发生轻度	发生中度	发生重度	寄主总面积	监测面积
2004年	有害生物合计	0	0	0	0	—	500 000
	鼠害合计	0	0	0	0	—	500 000
	中华鼢鼠	0	0	0	0	—	500 000
2005年	有害生物合计	806 300	402 400	270 600	133 300	—	2 046 500
	虫害合计	2 300	1 400	600	300	—	46 500
	落叶松红腹叶蜂（落叶松叶蜂、落叶松红腹叶蜂、红环桤缘叶蜂）	2 300	1 400	600	300	—	46 500
	鼠兔害合计	804 000	401 000	270 000	133 000	—	2 000 000
	塔里木兔（南疆兔、莎车兔）	455 000	227 000	154 000	74 000	—	1 020 000
	中华鼢鼠	349 000	174 000	116 000	59 000	—	980 000

年份	有害生物名称	发生合计	发生轻度	发生中度	发生重度	寄主总面积	监测面积
2006 年	有害生物合计	0	0	0	0	—	1 380 000
	虫害合计	0	0	0	0	—	300 000
	石刁柏木蠹蛾（芦笋木蠹蛾）	0	0	0	0	—	300 000
	落叶松红腹叶蜂（落叶松叶蜂、落叶松红腹叶蜂、红环槌缘叶蜂）	0	0	0	0	—	2 000
	鼠害合计	0	0	0	0	—	1 080 000
	中华鼢鼠	0	0	0	0	—	1 080 000
2007 年	有害生物合计	96 800	49 600	33 200	14 000	—	1 291 000
	虫害合计	800	600	200	0	—	191 000
	沙棘木蠹蛾	0	0	0	0	—	160 000
	石刁柏木蠹蛾（芦笋木蠹蛾）	0	0	0	0	—	0
	落叶松红腹叶蜂（落叶松叶蜂、落叶松红腹叶蜂、红环槌缘叶蜂）	800	600	200	0	—	31 000
	鼠害合计	96 000	49 000	33 000	14 000	—	1 100 000
	中华鼢鼠	96 000	49 000	33 000	14 000	—	1 100 000
2008 年	有害生物合计	87 700	40 500	35 200	12 000	—	6 267 500
	虫害合计	700	500	200	0	—	767 500
	沙棘木蠹蛾	0	0	0	0	—	640 000
	阿佛腮扁蜂	700	500	200	0	—	127 500
	鼠害合计	87 000	40 000	35 000	12 000	—	5 500 000
	中华鼢鼠	87 000	40 000	35 000	12 000	—	5 500 000

表 7-2 2009—2013 年海原县林业主要有害生物发生统计

单位：亩

年份	有害生物名称	发生合计	发生轻度	发生中度	发生重度	寄主总面积	监测面积
2009 年	有害生物合计	211 200	91 900	72 300	47 000	—	375.5
	虫害合计	1 200	900	300	0	—	40.5
	沙棘木蠹蛾	0	0	0	0	—	33
	阿佛腮扁蜂	1 200	900	300	0	—	7.5
	鼠害合计	210 000	91 000	72 000	47 000	—	335
	中华鼢鼠	210 000	91 000	72 000	47 000	—	335
2010 年	有害生物合计	264800	126700	98100	40 000	—	2 955 000
	虫害合计	800	700	100	0	—	95 000
	阿佛腮扁蜂	800	700	100	0	—	95 000
	鼠害合计	264 000	126 000	98 000	40 000	—	2 860 000
	中华鼢鼠	264 000	126 000	98 000	40 000	—	2 860 000
2011 年	有害生物合计	108 825	57 510	39 315	12 000	—	6 446 505
	虫害合计	1 815	1 500	315	0	—	97 515
	沙棘木蠹蛾	0	0	0	0	—	0
	落叶松红腹叶蜂（落叶松叶蜂、落叶松红腹叶蜂、红环槌缘叶蜂）	1 815	1 500	315	0	—	97 515
	鼠害合计	107 010	56 010	39 000	12 000	—	6 348 990
	中华鼢鼠	107 010	56 010	39 000	12 000	—	6 348 990

年份	有害生物名称	发生合计	发生轻度	发生中度	发生重度	寄主总面积	监测面积
	有害生物合计	37 300	36 300	1 000	0	—	9 481 000
	虫害合计	300	300	0	0	—	977 000
	沙棘木蠹蛾	0	0	0	0	—	782 000
2012 年	落叶松红腹叶蜂（落叶松叶蜂、落叶松红腹叶蜂、红环槌缘叶蜂）	300	300	0	0	—	195 000
	鼠害合计	37 000	36 000	1 000	0	—	8 504 000
	中华鼢鼠	37 000	36 000	1 000	0	—	8 504 000
	有害生物合计	291 000	278 000	13 000	0	—	11 138 400
2013 年	虫害合计	0	0	0	0	—	707 500
	沙棘木蠹蛾	0	0	0	0	—	480 000
	落叶松红腹叶蜂（落叶松叶蜂、落叶松红腹叶蜂、红环槌缘叶蜂）	0	0	0	0	—	227 500
	鼠害合计	291 000	278 000	13 000	0	—	10 430 900
	中华鼢鼠	291 000	278 000	13 000	0	—	10 430 900
	有害生物合计	71 500	56 500	15 000	0	—	7 376 700
	虫害合计	8 000	6 000	2 000	0	—	194 400
	沙棘木蠹蛾	0	0	0	0	—	0
2014 年	落叶松红腹叶蜂（落叶松叶蜂、落叶松红腹叶蜂、红环槌缘叶蜂）	8 000	6 000	2 000	0	—	194 400
	鼠害合计	63 500	50 500	13 000	0	—	7 182 300
	中华鼢鼠	63 500	50 500	13 000	0	—	7 182 300

表 7–3　2015—2019 年海原县林业主要有害生物发生统计

单位：亩

年份	有害生物名称	发生合计	发生轻度	发生中度	发生重度	寄主总面积	监测面积
2015 年	有害生物合计	801 250	455 150	276 600	69 500	—	11 413 750
	虫害合计	0	0	0	0	—	32 000
	落叶松红腹叶蜂（落叶松叶蜂、落叶松红腹叶蜂、红环槌缘叶蜂）	0	0	0	0	—	32 000
	鼠害合计	801 250	455 150	276 600	69 500	—	11 381 750
	中华鼢鼠	801 250	455 150	276 600	69 500	—	11 381 750
2016 年	有害生物合计	204 700	189 500	11 700	3 500	—	15 031 000
	虫害合计	0	0	0	0	—	1 048 500
	沙棘木蠹蛾	0	0	0	0	—	889 000
	落叶松红腹叶蜂（落叶松叶蜂、落叶松红腹叶蜂、红环槌缘叶蜂）	0	0	0	0	—	159 500
	鼠害合计	204 700	189 500	11 700	3 500	—	13 982 500
	中华鼢鼠	204 700	189 500	11 700	3 500	—	13 982 500
2017 年	有害生物合计	401 895	358 125	33 970	9 800	2 294 330	13 609 301
	虫害合计	1 245	825	270	150	2 294 330	431 750
	光肩星天牛（黄斑星天牛）	915	595	200	120	17 000	15 600
	沟眶象	330	230	70	30	430	430
	沙棘木蠹蛾	0	0	0	0	237 000	384 840
	落叶松红腹叶蜂（落叶松叶蜂、落叶松红腹叶蜂、红环槌缘叶蜂）	0	0	0	0	32 500	30 880
	鼠害合计	400 650	357 300	33 700	9 650	2 294 330	13 177 551
	中华鼢鼠	400 650	357 300	33 700	9 650	2 209 000	13 177 551

年份	有害生物名称	发生合计	发生轻度	发生中度	发生重度	寄主总面积	监测面积
2018年	有害生物合计	386 970	209 980	149 860	27 130	2 324 830	1 697 260
	虫害合计	29 530	23 320	6 180	30	2 324 830	34 260
	光肩星天牛（黄斑星天牛）	400	400	0	0	2 000	2 000
	沟眶象	330	120	180	30	430	860
	桃蛀果蛾（桃小食心虫、枣桃小食心虫）	28 800	22 800	6 000	0	526 400	31 400
	鼠害合计	357 440	186 660	143 680	27 100	2 324 830	1 663 000
	中华鼢鼠	357 440	186 660	143 680	27 100	1 973 600	1 663 000
2019年	有害生物合计	358 130	184 290	161 740	12 100	2 324 830	1 848 590
	病害合计	0	0	0	0	2 324 830	51 360
	松材线虫病	0	0	0	0	109 500	51 360
	虫害合计	21 830	18 190	3 640	0	2 324 830	23 630
	光肩星天牛（黄斑星天牛）	0	0	0	0	2 000	1 800
	沟眶象	430	190	240	0	430	430
	桃蛀果蛾（桃小食心虫、枣桃小食心虫）	21 400	18 000	3 400	0	526 400	21 400
	鼠害合计	336 300	166 100	158 100	12 100	2 324 830	1 773 600
	中华鼢鼠	336 300	166 100	158 100	12 100	1 973 600	1 773 600

　　从表7-1、表7-2、表7-3中可以看出，海原县有害生物发生统计从2004年开始进行准备，2005年正式产生数据，2005年有害生物发生总面积80.63万亩，其中，虫害0.23万亩，鼠害80.40万亩；2006年无为害监测数据；2007年有害生物发生总面积9.68万亩，其中，虫害0.08万亩，鼠害9.6万亩；2008年有害生物发生总面积8.77万亩，其中，虫害0.07万亩，鼠害8.7万亩；2009年有害生物发生总面积21.12万亩，其中，虫害0.12万亩，鼠害21万亩；2010年有害生物发生总面积26.48万亩，其中，虫害0.08万亩，鼠害26.4万亩；2011年有害

生物发生总面积10.882 5万亩，其中，虫害0.181 5万亩，鼠害10.701万亩；2012年有害生物发生总面积3.73万亩，其中，虫害0.03万亩，鼠害3.7万亩；2013年有害生物发生总面积29.1万亩，其中虫害未监测，鼠害29.1万亩；2014年有害生物发生总面积7.15万亩，其中虫害0.8万亩，鼠害6.35万亩；2015年有害生物发生总面积80.125万亩，其中，虫害未监测，鼠害80.125万亩；2016年有害生物发生总面积20.47万亩，其中，虫害未监测，鼠害20.47万亩；2017年有害生物发生总面积40.189 5万亩，其中，虫害0.124 5万亩，鼠害40.065万亩；2018年有害生物发生总面积38.697万亩，其中，虫害2.953万亩，鼠害35.744万亩；2019年有害生物发生总面积35.813万亩，其中，虫害2.183万亩，鼠害33.63万亩；松材线虫寄主面积10.95万亩，病害寄主面积232.48万亩。

二、有害生物防治

从表7-4可以看出，2004—2019年有害生物发生面积最多的是2018年，为2.953万亩；监测面积最多的是2016年，为104.85万亩；监测覆盖率最多的是2013年，为132.24%；防治面积最大的是2009年，为0.84万亩。从2016年开始，加大了无公害防治力度。

三、2004—2019年鼠害发生情况

从表7-5可以看出，2004—2019年海原县鼠害发生最严重的是2005年，面积80.4万亩；监测面积最大的是2016年的139.825万亩；监测率最高2016年，为96.81%。

表 7-4 2004—2019年海原县林业有害生物面积发生与防治情况

年份	区划等级	发生面积合计/亩	寄主总面积/亩	监测面积/亩	成灾面积/亩	成灾率/‰	应监面积/亩	监测覆盖率/%	发生率/%	预计成灾面积/亩	防治面积合计/亩	无公害防治作业率/%	无公害防治率/%	挽回灾害面积/亩	防治率/%
2004	3	700	—	767 500	0	—	2 777 600	27.63	—	—	700	0	—	—	100
2005	3	2 300	—	46 500	0	—	139 500	33.33	—	—	3 100	0	—	—	100
2006	3	0	—	300 000	0	—	670 000	44.78	—	—	0	100	100	—	100
2007	3	800	—	191 000	0	—	4 119 000	4.64	—	—	7 000	0	—	—	100
2008	3	700	—	767 500	0	—	2 777 600	27.63	—	—	700	0	—	—	100
2009	3	1 200	—	40.5	0	—	1 522 200	0	—	—	8 400	0	—	—	100
2010	3	800	—	95 000	0	—	195 000	48.72	—	—	400	0	—	—	50
2011	3	1 815	—	97 515	0	—	875 010	11.14	—	0	0	0	100	0	0
2012	3	300	—	977 000	0	—	1 077 500	90.67	—	0	0	0	100	0	0
2013	3	0	—	707 500	0	—	535 000	132.24	—	0	0	0	100	0	100
2014	3	8 000	—	194 400	0	—	332 500	58.47	—	0	0	0	100	0	0
2015	3	0	—	32 000	0	—	32 500	98.46	—	0	0	100	100	0	100
2016	3	0	—	1 048 500	0	—	1 584 500	66.17	—	0	0	73.81	100	0	100
2017	3	1 245	2 294 330	431 750	0	0	452 030	95.51	0.05	150	420	100	100	70	33.73
2018	3	29 530	2 324 830	34 260	0	0	53 860	63.61	1.27	30	6 210	100	100	0	21.03
2019	3	21 830	2 324 830	23 630	0	0	26 930	87.75	0.94	0	3 670	75.48	75.48	0	16.81

表 7-5　2004—2019 年海原县林业鼠害发生情况

年份	区划等级	发生面积合计/亩	寄主总面积/亩	监测面积/亩	成灾面积/亩	成灾率/‰	应监面积/亩	监测覆盖率/%	发生率/%	预计成灾面积/亩	防治面积合计/亩	无公害防治作业率/%	无公害防治治率/%	挽回灾害面积/亩	防治率/%
2004	3	0	—	500000	0	—	2359400	21.19	—	—	0	100	100	—	100
2005	3	804000	—	200000	0	—	2298500	8.7	—	—	750000	0	—	—	93.28
2006	3	0	—	108000	0	—	2640000	40.91	—	—	80000	0	—	—	100
2007	3	96000	—	110000	14000	—	1027350	10.71	—	—	91500	0	—	—	95.31
2008	3	87000	—	550000	48000	—	2170560	25.34	—	—	327000	0	—	—	375.86
2009	3	210000	—	335	0	—	1085280	0	—	—	189000	0	—	—	90
2010	3	264000	—	286000	0	—	1085280	26.35	—	—	257000	0	—	—	97.35
2011	3	107010	—	634899	0	—	765243	82.97	—	0	87000	0	378.72	0	81.3
2012	3	37000	—	850400	0	—	1176630	72.27	—	0	37000	0	758.65	0	100
2013	3	291000	—	1043090	10000	—	1026490	101.6	—	10000	0	0	100	0	0
2014	3	63500	—	718230	0	—	1054350	68.12	—	0	0	0	100	0	0
2015	3	801250	—	1138175	0	—	1204880	94.46	—	0	403500	0	138.72	0	50.36
2016	3	204700	—	1398250	0	—	1444320	96.81	—	0	0	81.79	100	0	0
2017	3	400650	2294330	1317755	13150	5.73	1695020	77.74	17.46	35650	174130	83.46	82.19	0	43.46
2018	3	357440	2324830	166300	9930	4.27	367560	45.24	15.37	26000	194880	89.16	88.25	9870	54.52
2019	3	336300	2324830	177360	9100	3.91	186230	95.24	14.47	12100	90700	12.4	17.42	0	26.97

第八章

林业工程

纵观海原县林业，无论是高速发展期、还是稳步提高期，都离不开国家林业政策和林业工程的支持。现将海原县实施的有影响力的林业工程分述如下。

第一节　"三北"防护林工程

　　"三北"防护林工程是指在中国三北地区（西北、华北和东北）建设的大型人工林业生态工程。中国政府为改善生态环境，于1979年决定把这项工程列为国家经济建设的重要项目。工程规划期限为70年，分7期工程进行，目前正式实施第五期工程。

　　"三北"防护林体系东起黑龙江宾县，西至新疆的乌孜别里山口，北抵北部边境，南沿海河、永定河、汾河、渭河、洮河下游、昆仑山，包括新疆、青海、甘肃、宁夏、陕西、山西、河北、辽宁、吉林、黑龙江、北京、天津等13个省、自治区、直辖市的559个县（旗、区、市），总面积406.9万 km^2，占我国陆地面积的42.4%。从1978—2050年，分三个阶段、七期工程进行，规划造林5.35亿亩。到2050年，"三北"地区的森林覆盖率将由1977年的5.05% 提高到15.95%。

　　海原县于1979年启动实施该项工程。1978—1985年一期人工造林24.64万亩；1986—1995年二期人工造林16.15万亩，总投资263万元，1995年成果验收实际保存13.8万亩，其中防护林12.8万亩，主要是防止水土流失；1996—2000年三期人工造林4.32万亩；2001—2010年四期工程人工造林22.03万亩，其中经济林0.49万亩；2011—2019五期工程（2013年为黄土高原综合治理）人工造林18.61万亩，其中黄土高原综合治理人工造林17.34万亩，主要在杨明河流域完成，该工程造林质量、保存率都较高、效益明显。1~5期共完成人工造林85.75万亩。占40年所有总造林334.34万亩的26.6%。

第二节　"三西"林业建设工程

　　"三西"扶贫工程指1982年12月国务院启动实施的甘肃河西地区、定西地区和宁夏西海固地区的农业建设扶贫工程。共涉及47个县（市、区）（1992年扩大到57个）。三个地区，主要表现为干旱缺水，土地贫瘠，水土流失严重，生态环境恶劣，群众生活困难，俗称"苦瘠甲天下"，是改革开放初期全国集中连片最贫困的地区之一。该项目对西海固实行以工代赈，扶助生产建设；组织西海固人口密度过大、生产生活条件极端困难地区的群众，采取自愿"拉吊庄"（先由青壮年劳动力到外地开荒种田，逐步安家）的办法，有计划地搬迁到当地新灌区和河西、河套地区，实行"山川共济，统一规划；互相促进，共同发展"。目标：三年停止生态破坏，五年基本解决温饱，两年巩固提高；经过18年的努力，到2000年，彻底改变定西、西海固的贫困面貌，河西、河套两个灌区年提供商品粮达到22.5亿kg左右。"三西"扶贫在我国扶贫开发历程中具有开创性、先导性、示范性意义。它实施区域性扶贫开发之先河，在改革单纯救济式扶贫为开发式扶贫、集中力量实施片区开发、易地扶贫搬迁、扶贫开发与生态建设相结合等方面所做的成功探索，积累了丰富经验。"三西"林业建设工程是其中的一部分。

林业是改善生态环境的主体，又是农业和水利的屏障，1983年以来，海原县从林业生产底子薄、森林覆盖率低、植被破坏严重的实际情况出发，在林草建设上，坚持"以灌为主、乔灌结合"和"保护草原为主，种草养畜相结合"的方针，退耕还牧16.1万亩，种草种树、绿化山川、恢复植被，改善生态环境。为了提高林业生产的经济效益，在兴隆、高崖、李旺灌区，主要发展果树，在南部山区大面积种植耐寒的杏树，北部山区以红枣为主，其他地方发展用材林。

全县水土流失面积1982年前为5 607 km²，占总土地面积的81.3%。经过十多年对100多条小流域进行工程措施和生物措施相结合的综合治理，造林10.1万亩，修基本农田10万亩，塘坝2 540座，中小型水库1 807座，其他工程设施1 557个。控制水土流失面积达1 454 km²，占水土流失面积的26%左右，基本上控制了这一地区的水土流失，改善了生态环境，提高了抗御自然灾害的能力。同时，狠抓了草原的科学管护，对乱开山荒、乱砍林木案件从严查处，破坏植被的现象基本停止。

截至1992年，人工造林44万亩，累计存活面积达到22万亩，森林覆盖率2.1%，人工种草面积20万亩，比1982年增长10倍多；经济林面积由1982年的1.76万亩增加到2.2万亩，农民的庭院经济发展到1.3万亩，户均收入800元以上，既改善了生态环境，又提高了经济效益。

第三节　南华山水源涵养林工程

水源涵养林是指以调节、改善水源流量和水质的一种防护林，也称水源林。其主要功能是涵养水源、改善水文状况、调节区域水分循环、防止河流、湖泊、水库淤塞，以及保护可饮水水源。对于调节径流，防止水、旱灾害，合理开发、利用水资源具有重要意义。历史上的海原县翠草青青、树茂林丰、山泉潺潺、鸟语花香、牛羊塞道，后经战乱及垦边移民，生态环境逐渐退化。

海原县也是宁夏南部山区生态环境最脆弱的地区之一。长期以来，由于人们对自然植被的不合理开发利用，导致该区域植被盖度低，水土流失严重，生态环境脆弱，加之严重干旱缺水，人口增长过快，产业结构单一，经济发展缓慢，人口、资源、环境间的关系严重失衡，不仅制约了该区域的脱贫致富，而且影响到整个宁夏全面建成小康社会的进程。

作为六盘山向北延伸的一支余脉，南华山是海原县乃至宁夏南部地区的重要生态屏障，其涵养水源、调节气候、保持水土、稳定区域生态环境的作用不可替代，是区域经济社会发展的重要基础。建设以南华山为核心的水源涵养林基地，对于贯彻科学发展观，加快山区经济发展，缩小地区发展差距，构建和谐社会和全面建成小康社会，具有重要的现实意义和长远的战略意义。

水源涵养林的经济效益主要体现在林地上林木的木材储备效益。针叶林按60年一个经营周期，蓄积量按15 m^3/hm^2、出材料率70%，木材价格按600元 $/m^3$ 计；阔叶林按20年一个经营周期，蓄积量4.5 m^3/hm^2、出材率30%，木材价格按200元 $/m^3$ 计。本项目共营造针叶林约10 000 hm^2、阔叶林50 000 hm^2。针叶树木材储备效益约为6 300万元 $/hm^2$，平均每年105万元；阔叶树为1 350万元，平均每年67.5万元。

森林植被可以涵养水源。据测定，每公顷森林可以涵养降雨1 000 m^3，1.98万 hm^2的森林的蓄水量相当于1980万 m^3的水库。据统计资料显示水库建设投资为0.5元 $/m^3$，由于土壤贮水和从水库取水不同，加0.85的修正系数，为0.43元 $/m^3$。则工程区土壤年涵养水源效益值为851万元。

南华山被海原县人民称为"母亲山"，是海原县人民赖以生存的生态屏障，总面积42万亩。主峰马万山海拔2 955 m，年降水量400~600 mm，有流量的泉眼18余处，供给着周边4乡2镇及县城5万人的饮水。

1993年9月，海原县南华山水源涵养林工程正式立项。10月，成立海原县南华山10万亩水源涵养林基地建设指挥部。1994年1月，"海原县南华山水源涵养林一期工程项目"经宁夏计委批复正式实施。一期计划造林5万亩，总投资400万元，投入劳力7万人次。1995年6月，南华山涵养林指挥部首次从甘肃迭部林业局引进云杉苗栽培并获成功。1997年，"海原县南华山水源涵养林二期工程项目"被宁夏计委批复实施，二期计划造林5万亩，投资400万元，投入劳力6.5万人次。2000年8月，对两期项目进行验收，项目共投资565万元，实际完成造林地面积10.4万亩，其中8.27万亩的造林地，成活率达70%，占两期总任务的87.2%；育苗420亩，占总任务的88%；修生产路45 km；建护林点4处，总面积180 m²。南华山水源涵养林工程的建设，极大地改善了南华山的生态环境，为周边乡镇和县城人民的生活用水提供了有力的保障。2000年，南华山水源涵养林三期工程立项，计划到2005年造林（包括月亮山）10万亩，总投资3 200万元。实际完成营造林10.08万亩、修建林区道路80公里，护林点10处，场部1处，为护林点安装光伏电源20套，建马万山瞭望塔1处，架设油坊院护林点、山门护林点、关门山护林点输电线路3 km，生态移民111户540人，完成投资651万元。

通过工程建设，累计造林43.2万亩，实际保存34万亩。水源涵养效益日趋明显，现有流量18处泉眼，年新增水量3 241万 m³，保证供给着周边4乡2镇及县城7万人的生产生活用水。

第四节 "两杏一果"工程

1996年，海原县开始实施"两杏一果"工程，工程建设以经济林为主。"两杏"指山杏、仁用杏，"一果"指以仁果类的果树如梨、苹果等为主。工程由宁夏财政厅、计委和林业厅组织实施。计划总任务3万亩，其中，山杏、仁用杏各1万亩，梨0.7万亩，苹果0.3万亩。是年，全县完成"两杏一果"工程3 408亩，其中山杏2 791亩，仁用杏320亩，苹果297亩。1997年，完成梨树183亩。1998年，完成枣树332亩。1999年，完成李子树30亩。

截至2000年，全县完成"两杏一果"工程13 477亩，其中山杏7 032亩、仁用杏733亩，梨335亩，苹果3 537亩，葡萄20亩，枣1 820亩。合格面积5 171亩。

表 8-1 1996—2000 年海原县"两杏一果"工程完成情况统计

单位：亩

树种	1996 年	1997 年	1998 年	1999 年	2000 年
山杏	2791	471	295	—	3475
仁用杏	320	—	413	—	—
梨	—	183	57	95	—
苹果	297	—	567	—	—

树种	1996 年	1997 年	1998 年	1999 年	2000 年
葡萄	—	—	—	20	—
枣树	—	—	332	38	1450
桃李	—	—	—	30	—
合计	3408	654	1664	183	4925

说明：表内"—"为无统计数据。

第五节　旱作生态林业工程

海原县"八五"末期，在关庄乡实施集林业技术推广、示范、试验为一体的旱作生态林业示范区建设工程。计划投资173万元。

1997年3月，在关庄乡对旱作林地示范区进行了全面的调查分析，并完成《海原县生态林业示范区规划设计方案》。示范区建设内容为造林7 792亩，其中地埂林3 002亩（柠条2 308亩、山杏107亩、仁用杏587亩），水保林3 058亩（柠条1420亩、山杏1 615亩、护坝林山杏23亩），四旁树828亩，庙宇绿化特用林160亩，护路林总长62 km，折合造林面积744亩。总计造柠条3 728亩、山杏1 745亩、仁用杏1 415亩、新疆杨744亩、侧柏160亩。水保林采用"88542"整地模式，其他林采用穴状整地。1998年春季，对100亩仁用杏进行套袋造林，提高成活率21%。该技术的使用，开创了本县苗木套袋造林的先河。

2000年10月，关庄乡旱作生态林业示范区建设工程经宁夏林业局验收结束，累计造林面积为7 792亩，保护农田24 167亩，水土保持面积30.18万亩，保护村庄13个（面积3 460亩）。绿化覆盖率提高9.46%。

该工程实施为全县抗旱造林，提供许多可借鉴经验，如山杏秋栽采用截干、深栽、覆土，提高成活率17%。

第六节　生态重点县建设工程

1999年，海原县申请立项国家计委在生态较为恶化地区，实施改善生态环境、综合水保、林业、能源建设的生态重点建设工程项目。

2000年，生态林业工程项目开始实施，主要包括月亮山封山育林1万亩，建护林点200 m²，修封育公路31 km；中（卫）静（宁）公路海原县段绿化4.16 km，种植油松、桧柏树2 300株，垂柳2 300株，国槐2 500株；完成经济林4 500亩，其中，兴仁镇种植枣树1 400亩，关桥乡种植梨树1 000亩，李旺镇栽培枸杞500亩，瓜瓜山、牌路山种植杏树1 600亩。西安、高台2个乡建农田防护林1 600亩，城关苗圃、西安林场育苗500亩；总投资152万元。

第七节　退耕还林工程

退耕还林是党中央、国务院从中华民族生存和发展的战略高度出发，为合理利用土地资源，增加林草植被，再造秀美山川，维护国家生态安全，实现人与自然和谐共处而实施的一项重大生态工程，是党和国家着眼于经济和社会可持续发展全局，审时度势，面向21世纪作出的重大战略决策。退耕还林工程是迄今为止我国政策性最强、投资最大、涉及面最广、群众参与程度最高的一项生态建设工程。通过近十年的实践证明，退耕还林对改善生态环境、改变不合理生产方式、加快贫困地区农民脱贫致富、优化农村产业结构、促进农村经济发展发挥了积极的作用，被群众称为"民心"工程、"德政"工程。实施退耕还林，加强生态环境保护和建设，对带动农村产业结构调整、增加农民收入、加快农民脱贫致富奔小康起到了重要作用。

海原县自2000年实施第一轮退耕还林工程以来，10年共完成国家退耕还林任务138.6万亩，其中，退耕地造林61.9万亩、荒山荒地造林76.7万亩。封山育林3万亩。工程覆盖17个乡（镇）1个自然保护区2个管委会1个国有林场138行政村，惠及3.6万退耕农户19万人。实践证明，退耕还林对实现西部生态修复与环境改善发挥了重要作用，通过退耕还林工程的实施，有效增加了森林植被，改善了生态环境；合理调整了产业结构，促进了产业发展；

增加了农民收入，有力地推进了新农村的建设。退耕还林工程已成为海原县"最合民意的德政工程，最得民心的惠民工程，最牵动人心的社会工程，影响最深远的生态工程。"

退耕还林工程整地方式主要采用鱼鳞坑、"88542"、水平畦、反坡带子田，营造林模式有纯林、行间混交、带状混交、针阔混交，主要造林树种有柠条、山杏、山桃、沙棘、云杉、落叶松等。

该工程的实施，实现了由毁林开垦向退耕还林的历史性转变，全县造林绿化率提高了14%，取得了显著的成效。

一是良好的生态效益。实施退耕还林工程前，海原县林地面积39.6万亩，森林覆盖率1.5%；自2000年实施退耕还林工程以来，共完成营造林核实合格面积138万亩，相当于"九五"期间的8倍，森林覆盖率达8.1%。退耕还林工程的实施，使海原县的林草植被盖度明显增加，极大地增强了该县抗御自然灾害的能力。

二是显著的经济效益。退耕还林工程实施以来，海原县退耕农户累计享受到国家退耕粮款补助70亿元，全县退耕户人均累计受益15 878元，使全县近50%的退耕户稳定解决了温饱，彻底摆脱了贫困。特别是在大旱之年，通过兑现退耕补助粮款，农民人均转移性收入达271元（退耕户人均受益523元），有效解决了农民吃饭和生计问题。耕地退耕还林后，减轻了农民劳动负担，有4.5万劳动力走上了外出务工之路，年创收在1.6亿元左右。

三是明显的社会效益。实施退耕还林工程社会效益也十分明显。特别在大旱之年，退耕还林补助粮款的兑现不但解决了全县70%的农村人口吃粮和生计问题，还有力地保障了社会的稳定。大面积的农田退耕还林后，减轻了农民的繁重劳动，解放了大批劳动力，通过有组织的技术培训及劳务输出，使广大退耕农户掌握了新的技能，开阔了眼界，增长了见识，转变了观念，农民素质有了很大的提高，有效地促进了当地社会稳定。

2016年启动第二轮退耕还林，截至2019年已实施9.2万亩，累计投资13 800万元。

第八节　天然林保护工程

1998年发生在长江流域和东北地区的两次特大洪灾后，中共中央　国务院提出全面停止长江、黄河流域上中游的天然林采伐。根据《中共中央　国务院关于灾后重建、整治江湖、兴修水利的若干意见》（中发〔1998〕15号）关于"全面停止长江黄河流域上中游的天然林采伐，森工企业转向营林管护"的精神，国家林业局编制了《长江上游、黄河上中游地区天然林资源保护工程实施方案》和《东北、内蒙古等重点国有林区天然林资源保护工程实施方案》。经过两年试点，2000年10月国家正式启动了天然林资源保护工程，简称"天保工程"。

工程建设的目标主要是解决天然林的休养生息和恢复发展问题，最终实现林区资源、经济、社会的协调发展。工程建设任务：一是控制天然林资源消耗，加大森林管护力度。为了遏制天然林资源不断锐减的趋势，实行木材停伐减产，全面停止长江上游、黄河上中游地区天然林的商品性采伐，东北、内蒙古等重点国有林区的木材产量由1997年的1 853.6万 m^3 调减到2003年的1 102.1万 m^3。停伐减产到位后，整个工程区年度商品材产量比工程实施前减少1 990.5万 m^3，减幅62.1%。二是加快长江上游、黄河上中游工程区宜林荒山荒地的造林绿化。到2010年规划新增森林面积867万 hm^2，森林覆盖率由原来的17.5%提高到21.2%，增加3.7个百分点。三是妥善分流安置国有林业企业富余职工。工程区在职职工144.6万人，由于木材停伐减产，需要分流安置的富余职工76.5万人，其中，东北、内蒙古等重点国有林区50.9万人（其中2002年新增一次性安置人数2.5万人），长江上游、黄河上中游地区25.6万人。

天然林资源保护工程是我国正在实施的六大重点林业工程之一，主要是解决天然林的休养生息和恢复发展问题。2001年10月经国务院批准实施。海原县也作为工程建设区，累计已有24万亩荒山、迹地、未成林造林地、灌丛地、疏林地纳入了封育建设范围，其中西华山林场16万亩、南华山林场2.5万亩、拐洼林场4.5万亩、关桥1万亩，完成任务的100%；完成生态公益林界定160万亩，其中纳入天然林保护工程管护面积146.7万亩。南华山、月亮山、拐洼、瓜瓜山、牌路山安排富余人员225人；完成申报南华山区级自然保护区工作，并经宁夏人民政府批准实施，对有效涵养水源、改善生态环境起到了积极的促进作用。

1. 富余职工分流安置情况

2001年，海原县天保工程区各场圃共有225个富余人员需要分流，当年全部安置完毕，其中，从事森林管护103人、育苗76人，其他岗位46人。

2. 政社性人员情况

海原县现有政策社会性人员7人，全部为森林公安干警，在资源管护及林政案件查处方面发挥了积极作用。

3. 职工养老保险社会统筹情况

海原县根据各国有林场实际，采取国家补助、职工分担的办法，积极筹措资金，为工程区林场职工解决基本养老保险问题。截至目前，各国有林场共有在职参保职工143人（其中享受工程补助的为127人），缴纳养老保险金37.2万元（其中工程补助为23.1万元），参保率为100%，为省级统筹形式。纳入社保统发的离退休职工254人。

4. 职工参加基本医疗、失业保险情况

目前海原县各国有林场应参加医疗保险240人，实际参加医保人数为240人，参保率为100%，每年缴纳保险金额11.6万元；在职职工应参加失业保险168人，实际参保人数168人，参保率为100%，每年缴纳保险金额2.7万元，全部为省级统筹。

5. 在岗职工年平均工资增减情况

2008年，海原县各国有林场在岗职工人数为225人，年人均平均工资为1.3万元；2009年，在岗职工平均人数为208人，年人均工资为1.6万元，2019年林场职工年平均工资6.8万元，比2009年增加了3.9倍。

6. 工程管理情况

为加强工程建设领导，做好管护工作，确保工程顺利实施，海原县上成立了工程建设领导小组，并设立了办公室，配备了专门的档案管理人员，在编专职人员3名。对管护任务实行了目标管理责任制，责任到人，并签订了责任书，制定了《海原县天然林保护工程管理办法》《海原县天保工程财政资金管理办法》，做到项目组织管理到位。

第九节　小流域综合治理生态工程

实施小流域综合治理生态项目是根据宁夏政府提出的"目标统一，部门协作，整合项目，突出重点"，抓好山区小流域综合治理的战略方针，紧密结合试点工作的有关要求，把经济发展和生态建设有机地结合，促进地区全面、协调和可持续发展的重要战略举措，由财政部门牵头，相关部门配合的小流域综合治理项目，是为促进当地自然环境和农民生活在短时期内得以全面改善和提高。

海原县从2004年开始，先后实施了徐家沟、大沟门、捞塘、菜园、栾家大沟等流域治理工程，取得了良好的生态、社会、经济效益。

一、徐家沟小流域

2003年徐家沟小流域荒山造林8 000亩（靠牌路山）、退耕1 500亩、沟道水保林200亩、林相改造1 100亩、补造林4 000亩、道路绿化200亩、村庄绿化400亩、地埂林600亩、庭院经济林300亩。投资125万元。

二、捞塘小流域

2004年捞塘小流域建设总规模4 508亩，其中，荒山灌木林4 216亩、道路乔木林178亩、经济林114亩。项目总投资165万元。

（1）荒山灌木林围绕荒山荒沟进行，采用鱼鳞坑整地，规格60 cm×80 cm；树种主要有山桃、柠条、沙棘，其面积比例为2∶4∶4。

（2）道路乔木林在新修的生产道路两旁绿化，穴整整地，规格80 cm×80 cm，每侧栽植两行，行间混交，株行距为3 m×3 m，内行栽国槐，外行栽新疆杨。

（3）经济林栽植于房前屋后，株行距为4 m×4 m。品种为大接杏。

三、菜园小流域

2005年，根据宁发改地区〔2005〕595号《关于海原县菜园流域综合治理项目总体设计方案的批复》，项目在西安镇菜园行政村完成荒山造林3 150亩，树种为沙棘、云杉；沟道水保林3 000亩，树种为沙棘、柠条；退耕还林3 000亩，树种为山杏、沙棘；道路绿化300亩，树种为臭椿、旱柳；庭院经济林210亩，树种为香水梨；地埂防护林800亩，树种为黄花。投资181万元，其中中央财政119万元。

项目规划以后，海原县高度重视，认为这是改变菜园流域干燥气候条件，防止水土流失，改变恶劣的生态环境，改善落后的基础设施和农业生产条件，提高群众的生活水平，建设和谐社会主义新农村的重大举措，为此，县上多次召开会议，专门部署研究工作方案，并且成立了项目建设领导小组，力争使项目建设取得预期的目标，海原县林业局于3月下旬开始退耕还林、荒山、沟岔的工程整地，9月上旬基本完成工程整地，11月初开始工程造林，并于同月下旬顺利竣工。

为完成好此项工程，确保建设质量和效益，海原县林业局本着生态优先，综合治理，流域治理与扶贫开发相结合，合理规划，科学治理的原则，对工程进行科学的规划，在项目建设中，实行领导责任制，明确了相关责任人在项目管理、执行程序和工程监理等方面的责任，并且制订了切实可行的工作方案，安排施工进度及组织核查，使工程任务到位，措施到位，领导到位。为确保设计的严肃性，科学性，在施工过程中按照设计的地点、规模及内容进行施工，在整地、造林、种苗的调运过程中，按照各个环节的技术要求，严把质量关，确保建设成效。在工程施工中，林业局在技术、后备物资支持方面都做了充分的准备，抽调了有丰富施工经验的工程技术人员深入一线，驻守施工地点，确保了工程的质量。

四、栾家大沟小流域

海原县地处宁夏中部干旱带，自然条件恶劣，生态环境脆弱，造林成活率、保存率低。由于县内分布有优良的抗旱林木种质资源，如榆树、蒙古扁桃等，是当地主要造林树种。为此，通过在恋家大沟流域凤凰山对榆树等其他乡土树种、适生树种进行选育、开发、繁育，同时引进外地优良树种驯化、推广利用，建设抗旱优良乡土树种基地，为海原县生态林业建设及中部干旱带提供优质适生树种，改善区域生态环境，促进经济社会可持续发展，项目建设十分必要。

建设规模及内容及时间

1. 凤凰山林场

种子园5 hm²、引种区20 hm²、示范区5 hm²、试验区3 hm²、采穗圃8 hm²、良种繁育圃20 hm²、繁育生产工程62 hm²等。

2. 南华山林场

该林场有母树林疏伐及封育200 hm²、储存室100 m²、良种繁育园5 hm²、种子晾晒坪2 000 m²、病虫害防治200 hm²等。

项目建设期限2011—2012年。总投资355万元，其中，国补资金320万元（含劳务报酬50万元）、地方配套35万元。

五、大沟门小流域

2013年3月开始在西华山及西安镇大沟门建设，营林总规模6 603亩，其中，荒山灌木林5 090亩、荒山乔木林及老爷寺沟道补植1 000亩、道路乔木林288亩、经济林225亩。

荒山灌木林围绕天都山周围荒山荒沟进行，采用鱼鳞坑整地，2013年春季整地，柠条雨季直播造林。荒山乔木林在老爷寺阴坡，面积966亩，穴状整地。老爷寺河道补植34亩，穴状整地。道路乔木林从天都山经古墩子至西华山林场新修的硬化道路两旁绿化288亩，每侧栽植两行柳树。在天都山项目区大沟门村户均2亩连片种植红梅杏225亩。投资128万元。

第十节　海原县大六盘生态经济圈建设工程

为缩小区域发展差距，改善生态环境，促进地区全面、协调和可持续发展，从2006年开始，宁夏人民政府决定启动宁夏大六盘生态经济圈建设项目，海原县大六盘水源涵养林工程就是其中之一，海原县大六盘生态经济圈覆盖总面积823万亩，包括月亮山、南华山、西华山及全县18个乡镇。建设期限11年，从2005—2015年，分两期完成，近期6年从2005—2010年，远期从2011—2015年。规划水源涵养林人工造林50万亩，封山育林20万亩；通过加强森林管护措施，对生态工程建设区内的10万亩有林地和灌木林地进行有效管护。退耕还林6.5万亩，采取工程措施完成治理7万亩。完成生态移民1.5万人，完成优势特色农业种植50万亩；年产草粉（块）50 000 t，牛羊肉1 700 t，马铃薯加工100万 t。2015旅游人数5万人，收入50万元。总投资57 500万元，其中，国补46 000万元、地方配套11 500万元。通过营造水源涵养林，年新增水量3 241万 m³。新增林地年产值4.5亿元，生产经济产业产值20亿元。本项目有巨大的生态效益、经济效益和社会效益，将对海原县生态环境改善、经济发展、社会进步起到巨大的推动作用。2006—2008年实际完成荒山造林14.5万亩，修建林区道路95 km；共完成投资1 522万元。

大六盘生态经济圈林业生态工程建设前期工程主要包括荒山造林20.7万亩（其中重点6.8万亩）、退耕还林10.3万亩、封山育林5万亩、森林资源保护42.8万亩、建护林点10处、瞭望塔3座、修林区道路71 km、供电线路44 km及其他基础设施建设。项目建设范围包括月亮山、南华山、西华山、拐洼4个林场和红羊、西安两个乡镇，项目总投资12 000万元，计划从2006—2010年完成。项目实际只进行了3年，其余计划未能完成。共完成荒山造林10.85万亩，占总任务52.4%；退耕还林1.37万亩，占总任务13.3%；封山育林5万亩，占总任务100%；林区道路71 km，占总任务100%；投资1 802万元，占总投资15%。

2006年完成荒山造林2.35万亩，退耕还林1.37万亩，封山育林4万亩，林区道路32 km，项目投资520万元；2007年完成荒山造林4万亩（重点示范2万亩），林区道路39 km，项目投资766万元。2008年完成荒山造林4.5万亩（重点示范2万亩），封山育林1万亩，项目投资516万元。

第十一节　生态移民迁出区造林工程

为切实做好生态移民迁出区生态修复工作，推进全区生态文明和美丽宁夏建设，宁夏人民政府先后出台《自治区人民政府关于加强生态移民迁出区生态修复与建设的意见》（宁政发〔2013〕109号）和《宁夏生态移民迁出区生态修复工程规划（2013—2020年）》（宁政发〔2013〕110号）立足生态移民迁出县（区）的实际，按照《规划》确定的目标、任务，坚持自然修复与人工修复相结合、生物措施与工程措施相结合，因地制宜，分区施策，统筹重点工程建设，合理安排工程进度，规范工程建设管理，确保工程建设质量效益，切实改善生态移民迁出区生态环境，为建设开放、富裕、和谐、美丽宁夏做出积极贡献。

海原县地处宁夏中部干旱带，是集干旱山区、革命老区、回族聚居区于一体的农业人口大县、国家级贫困县。当年，全县仍有近15.7万贫困人口生活在重点生态脆弱区、生态核心区、地质灾害区、地震断裂带和偏远山区，且干旱缺水，居住分散，生产生活条件十分恶劣，一方水土养活不了一方人。改善这一地区群众的基本生存条件，事关全县科学发展、跨越式发展的全局，事关全县全面建成小康社会的全局。县委、县政府始终把这一地区群众的脱贫致富作为促进全县发展的重中之重，尤其是将移民工作作为解决条件恶劣地区群众生存和发展问题的一项重要扶贫举措。自1989年以来，先后通过吊庄移民、红寺堡灌区移民、自发移民，累计搬迁移民5.5万人，在改善群众生存条件方面发挥了重要作用。实践证明，依靠传统的扶贫方式，投入成本大，难以从根本上摆脱贫困，而采取生态移民，能挖掘发展潜力，从根本上解决贫困问题。根据宁夏生态移民迁出区生态修复工程年度实施方案，海原县计划到2020年营造乔木林3.39万亩，营造灌木林30.93万亩，人工种草10.45万亩，营造经果林1万亩，营建种苗基地0.57万亩，实施封育1万亩。

项目实施年度计划：2014年实施面积90 027亩，2015年实施面积76 573亩，2016年实施面积78 297亩，2017年实施面积86 679亩，2018年实施面积75 211亩，2019年实施面积79 850亩，2020年实施面积71 105亩。

截至2019年共完成生态移民区生态恢复造林30.25万亩，其中，乔木林4.83万亩、灌木林25.42万亩、育苗628亩。

2012年完成造林20 826亩，集中在李俊瓦房村，其中，柠条灌木林20 566亩、以新疆杨为主的乔木林260亩。

2013年完成造林48 357亩，乔木林8 618亩、灌木林39 739亩。曹洼乡14989亩，其中冶套村云杉、新疆杨为主的乔木林1403亩，白崖村柠条灌木林13 586亩；甘盐池白丰沟柠条灌木林13 120亩；西安镇10 280亩，白吉村柠条灌木林3 005亩，范台村柠条灌木林7 275亩；红羊乡9 968亩，老庄村云杉、新疆杨为主的乔木林285亩，北渠沟山杏、榆树主的乔木林2 234亩，湾湾崖村以新疆杨为主的乔木林300亩、柠条灌木2 753亩，郑脑以山杏、榆树为主的乔木林4 396亩。

2014年完成造林54 314亩，其中乔木林4 668亩、灌木林49 646亩。曹洼乡南川村柠条灌木林14 147亩；西安乡薛套村柠条灌木林9 142亩；郑旗乡后山村柠条灌木林9 642亩；李旺乡九牛村柠条灌木林1 823亩，树台乡7 050亩，阴窝沟柠条灌木林5 250亩，灰条沟山杏乔木林1 800亩；红羊乡12 510亩，刘套村柠条灌木林9 642亩，黑角湾村云杉、油松为主的乔木林2 868亩。

2015年完成造林45 900亩，其中乔木林18 500亩、灌木林27 400亩。曹洼乡南川村、老虎村柠条灌木林14 200亩；李俊乡永丰、黑岭、木头沟村以云杉、桦树为主乔木林12 000亩；九彩乡2 700亩，套子村山杏、仁用杏1 500亩，灌木林柠条1 200亩；树台乡17 000亩，石沟山杏乔木林5 000亩、柠条灌木林12 000亩。

2016年完成造林59 069亩，乔木林13 069亩、灌木林46 000亩。

红羊乡郑山、槐木沟云杉、桦树、山杏乔木林4 905亩；李俊乡永丰、联合、马儿山乔木林云杉、桦树、山杏8 164亩；九彩乡马套村柠条灌木林5 800亩；树台乡舒家后沟、大咀村、大湾村柠条灌木林10 870亩；曹洼乡老虎村柠条灌木林13 130亩；郑旗乡西沿村柠条灌木林10 000亩；贾塘乡贺川村柠条灌木林7 000亩；关桥乡八斗村柠条灌木林5 000亩。

2017年完成造林40 088亩，乔木林3 228亩、灌木林36 860亩。

红羊乡安堡郑山、张元村、谢套上脑村乔木林云杉、榆树3 228亩；九彩乡灌木22 600亩，其中马湾村柠条灌木林5 006亩，黑林村柠条灌木林10 856亩，马圈村柠条灌木林6 738亩；甘盐池管委会邵南湾柠条灌木林3 880亩；曹洼乡老虎村柠条灌木林3 045亩；李旺镇中川、北梁村柠条灌木林7 335亩。

2018年完成造林21 776亩，全部为灌木林。

九彩乡新庄村柠条灌木林2 380亩；贾塘乡贺川村柠条灌木林4 024亩；李旺镇罗塘、中川、北梁等柠条灌木林10 140亩；西安镇白轱辘柠条灌木林4 332亩。

2019年完成造林12 179亩，全部为灌木林。李旺镇九道、中川、罗川等柠条灌木林12 179亩。

第十二节　绿色通道建设工程

加强生态建设，维护生态安全，建设生态文明是21世纪人类面临的共同主题，是经济社会可持续发展的重要基础，是建设资源节约型、环境友好型社会的重要内容。森林是陆地生态系统的主体，具有调节气候、净化空气、涵养水源、保持水土、减少污染等多种功能，对改善生态状况、优化人居环境、保护人类生存和发展具有不可替代的作用。为了进一步增强全民生态意识，引导民众关心、支持、参与生态建设，大力弘扬生态文明，海原县自2000年开始，就对县内银平公路（银川—平凉）、黑海公路（海原—三河）、中静公路（中卫—静宁）、海西路（海原—西吉）进行造林绿化，总里程147 km，植树44万株，总面积6 600亩，主要树种有国槐、刺槐、旱柳、新疆杨、垂柳、臭椿等。2013年，为加快推进生态文明建设，促进宁夏经济社会和生态环境协调发展，营造宁夏对外开放良好形象，宁夏人民政府决定，在全区范围内开展主干道路（含公路、铁路）大整治、大绿化工程。依据《自治区主干道路大整治大绿化工程实施方案》，海原县在银平（银川—平凉）、黑海（黑城—海原）、中静（中卫—静宁）、海西（海原—西吉）等6条路段筹资2272万元进行绿化造林和补植补造100万株，并印发了《海原主干道路大整治大绿化工程工作方案》，召开了全县主干道路大整治大绿化工程工作安排部署会议。

自主干道路大绿化大整治工作开展以来，海原县以主干道路绿化美化为重点，结合小城镇建设、"美丽村庄"建设和残膜污染专项治理行动，狠抓环境卫生治理和道路隐患排查整治，各项工作行动早、重视程度高、资金投入大、标准质量高、累计植树近100万株，取得了明显的生态、社会效益。

第十三节　南华山水源涵养林外围提升工程

规划区位于宁夏中部干旱、半干旱带，气候干旱，水土流失严重，水资源短缺，这不仅制约着当地经济社会的健康发展，同时也严重影响了城乡居民的正常生产生活。月亮山、南华山、西华山土石质山区为六盘山余脉，地处海原县中西部，西吉县西北部，该区域为海原县境内主要河流的发源地。特别是南华山翠草青青、树茂林丰、山泉潺潺、鸟语花香，以其独特的涵养水源效果，被亲切地称为"母亲山"，是当地城乡居民生活的主要水源。

为了改善日益恶化的生态环境，解决南华山、月亮山周边群众的吃水问题，多年来，海原县委、县政府一直致力于保护这块"旱塬绿岛"，实施了"三北"防护林、退耕还林、天然林保护等国家重点工程，南华山、月亮山水源涵养林一期至四期工程，各项生态建设工程的实施，使南华山森林植被得到一定程度的恢复，生物多样性显著改善，截至目前，月亮山—南华山—西华山土石质山区及其外围已完成水源涵养林工程造林4万多亩，区域内森林保有量31万亩，森林覆盖率达到22.75%。但由于该区域内生态系统本底过于脆弱，要实现"植被良好、生态功能稳定"还需要付出更大的努力。2016年，习近平总书记考察宁夏时发表了关于建设西部生态屏障的重要讲话，国务院总理李克强在宁夏调研时提出中央重点支持宁夏生态建设，宁夏第十二次党代会提出生态立区战略，明确提出构筑西北生态安全屏障。把山水田林湖作为一个生命共同体，统筹实施一体化生态保护和修复，全面提升自然生态系统稳定性和生态服务功能。为落实习近平总书记、李克强总理重要讲话精神和宁夏第十二次党代会精神，提升南华山及其周边土石质山区水源涵养林的建设质量与水平，宁夏林业厅，海原、西吉县委县政府决定在月亮山、南华山、西华山实施新一轮的水源涵养林工程建设。

规划范围涉及海原县南华山国家级自然保护区、西华山林场、月亮山林场、拐洼林场及树台乡、西安镇、红羊乡、李俊乡的土石山区，西吉县月亮山林场、扫竹岭林场、火石寨丹霞地貌景观国家级自然保护区，总土地面积140万亩。工程规划期限5年，即2018—2022年完成。通过南华山、月亮山、西华山水源涵养林提升工程的实施，加快海原县、西吉县主要河流源头的生态修复步伐，达到缓解水资源压力、改善生态环境、促进区域经济社会环境的协调发展的目的。

通过新造林以及改造提升，以月亮山—南华山—西华山主山脉为中心，沿河流、山脊向两侧辐射，将规划区打造成结构稳定，景观多样，功能完备的水源涵养林基地。工程完成后，规划营造林40万亩，至2022年，规划区新增森林面积16万亩，森林覆盖率由目前的22.75%提升至34.18%以上，提高11.43个百分点，为全区森林覆盖率贡献0.2个百分点。其中海原县35万亩。人工造林16万亩，每年3.2万亩；封山育林8万亩，每年1.6万亩；改造提升11万亩（未成林补造6.8万亩，每年1.36万亩；退化林修复4.2万亩，每年0.84万亩）。估算总投资30 720万元，其中，人工造林投资24 000万元、封山育林投资960万元、改造提升投资5 760万元（其中未成林补造投资4 080万元，退化林修复投资1 680万元）。总投资中，中央投资

8 600万元，占总投资的28%；自治区投资11 060万元，占36%；县投资11 060万元，占36%。

工程建成后，将大力改善规划区水源涵养林体系质量，完善林地结构，增加林地郁闭度和盖度，可以进一步增加水源涵养能力、缓解土地沙化、防止土壤侵蚀、净化水质、减缓水土流失，增加土壤肥力，改善小气候条件，对当地生态效益将起到极大的改善作用，推进当地旅游业快速发展，对区域经济社会发展起到重要的推动作用。

截至2019年完成人工造林8万亩，占总任务50%；封山育林5.6万亩，占总任务70%；改造提升7.6万亩，占总任务69%；（未成林补造3万亩，占总任务44%；退化林修复4.6万亩，占总任务109.5%）。完成投资16 312万元，占总投资53%。

第十四节　海原县抗旱树种种植资源建设项目

2010年，为加强对蒙古扁桃、枸子、锦鸡儿、丁香、虎榛子、桦树、椴树等其他珍稀、濒危野生植物资源的保护，扩大繁育工程，使得这些树种得到保护、发展和可持续利用，实施了该项目。

1. 工程任务下达情况

宁夏中部干旱带抗旱树种种质资源保护工程以对蒙古扁桃、枸子、锦鸡儿、丁香、虎榛子、桦树、椴树等及其生境加大就地保护力度为重点，项目下达海原县林业局建抗旱树种种质资源圃450亩、工程示范园3 500亩、技术推广15 000亩，建管理站（点）8处、生态监测站2处、指示牌3块。

2. 工程实施情况

（1）工程管理情况　本项目建设位于宁夏海原县的中南部，主要包括西华山和月亮山，区域总面积56 000 hm²，行政区域包括术台、西安、海城、曹洼、红羊、李俊、史店7个乡镇和西华山、月亮山2个国有林场。

为加强工程建设领导，做好种质资源圃建设工作，确保工程顺利实施，海原县林业局成立了工程建设领导小组，并设立了办公室，配备了专门的档案管理人员。并严格按照《宁夏回族自治区以工代赈管理实施细则》的要求，严格执行基本建设程序，对造林任务实行了项目法人责任制、招投标制、监理制和合同制管理，并积极推行工程建设公示制度。

（2）任务完成情况　2010完成了基础设施及保护设施。在抗旱树种生存区域周围按每500 m设置一个水泥界桩，划定保护区域共2 000个；主要道路设立警示牌，分别在西华山、月亮山竖立一块大碑，出入口设立指示牌起到保护宣传作用，共12块；建管理站8处，其中，西华山4处、月亮山2处、牌路山2处，一方面起到管护作用，另一方面开展一些简单的抗旱树种野外生长调查、监测工作。生态监测站2处，西华山、月亮山各1处；完成3 500亩的抗旱树种移栽定植作业设计方案，确定15 000亩示范林建设具体地点，签订了合同并实施完成。

2011年，在前几年工作基础上，扩大各树种苗木繁殖工作，为完成抗旱树种移栽定植准备充足的苗木资源。选择抗旱树种生境异地的地区，开始引种栽培实验，拟在不同海拔、土壤、坡度、植被、水热条件等5个小区进行异地栽植试验，研究抗旱树种在新生境中的变异与适应，揭示迁地保育规律，开辟新的发展地域。积极开展抗旱树种无性繁殖工作。在县城牌路山林场建抗旱种质资源圃450亩。

（3）资金管理和使用情况　项目总投资315万元，其中，国家以工代赈179万元，区、市、县配套136万元。

本项目建设资金筹集坚持多渠道的办法，主要以以工代赈为主，实际到位资金为国家以工代赈资金179万元。到位的资金实行了专款专用，建立专户，未出现挤占挪用，资金使用实行先建设后付款的报账制，提升了资金的使用效率和建设质量。

第十五节　牌路山林场林木采种基地建设工程

一、工程项目实施情况

2012年海原县开始实施由宁夏林业局批复的林木种苗工程项目牌路山林场林木采种基地建设。

（一）项目建设情况

2001年申请上报海原县牌路山林场林木采种基地建设项目，2002年由宁夏林业局批复实施（宁林发〔2002〕64号《自治区林业局关于海原县牌路山林场采种基地总体规划设计方案的批复》）。具体项目建设情况如下。

1. 生产工程

新建种子混凝土硬化晒场1 000 m²，新建砖木、砖混结构种子仓库100 m²，种子精选室50 m²，种子检验室50 m²，种子熏蒸室20 m²，烘干机房100 m²，维修生产管护用房250 m²，新建生活用水池60 m²，购置种子检验设备、种子精选设备、种子干燥设备、防火设备、办公自动化设备各1套，购置药械2套，购置种实集运车1辆，修建道路5 km。

2. 培育工程

疏伐91 hm²，卫生伐124 hm²，病虫害防治400 hm²，基地林分管理400 hm²，山杏、沙棘等造林153 hm²。

（二）项目建设及资金使用情况。

项目计划总投资156.5万元，其中，国家投资115万元、县配套资金41.5万元，实际到位资金85万元。在项目建设中，海原县林业局按照基本建设程序和有关规定，按设计组织施工，严把设备购置和施工质量关，确保了高标准建设林木种子繁育基地。同时加强资金管理，确保了项目资金使用到位。在接受区林业局竣工验收后，根据《海原县牌路山林场林木采种基地建设项目验收意见》提出的整改问题，海原县林业局认真落实整改意见，解决和规范了有关工程遗留问题，被评为合格工程。

二、工程项目效益发挥情况

牌路山林场林木采种基地建成后，有效缓解了海原县主要林木种子奇缺的局面，解决了海原县40%的柠条、毛条直播种子和沙棘、山杏育苗的大部分种子，在退耕还林工程实施期间发挥了极其重要的作用。同时，牌路山邻近县城，种子基地的建设不但改善县城周边的生态环境，而且有效保护、保存了海原县的柠条、毛条、山杏等树种种质资源，也为全县生态建设和林业可持续发展树立了典型。

第十六节　中央财政造林补贴试点工程

一、建设的背景及要求

为进一步提高全社会植树造林积极性，加快我国造林绿化步伐，推进现代林业又好又快发展，实现2020年我国森林面积比2005年增加4 000万 hm²，森林蓄积量比2005年增加13亿 m³的奋斗目标，根据《中共中央　国务院关于全面推进集体林权制度改革的意见》（中发〔2008〕10号）、《中共中央　国务院关于加大统筹城乡发展力度进一步夯实农业农村发展基础的若干意见》（中发〔2010〕1号）和中央林业工作会议精神，财政部和国家林业局决定2010年开展造林补贴试点工作。

造林主体的人工造林和更新，经验收合格后均可享受补贴。中央财政造林补贴试点资金与中央基本建设造林投资在地块上不重复安排。充分尊重林农等造林主体意愿，对自愿申请并按规定程序和相关标准等要求完成造林任务的造林主体，经检查验收合格，兑现中央财政造林补贴资金。试点省区（含森工集团）应对外公布中央财政造林补贴试点政策、试点县（包括县级试点单位）、补贴对象和补贴标准；试点县应对外公布中央财政造林补贴试点政策，以行政村（林场）为单位公示各造林主体的造林面积、树种、地点以及质量要求等情况，做到家喻户晓，接受社会和农民群众、职工的监督。试点省（区）对中央财政补贴造林试点工作负总责，实行目标、任务、资金、责任"四到省（区）"。

二、试点范围、补贴对象、补贴标准

（一）试点范围

2010年中央财政造林补贴试点选择在西南、西北造林任务重，已经完成集体林权制度主体改革，以及地方政府支持造林力度大的三类省（区），包括河北、山西、内蒙古、辽宁、黑龙江、浙江、福建、江西、河南、湖北、湖南、广东、广西、四川、云南、陕西、甘肃、青海、宁夏、新疆等20个省（区）。

（二）补贴对象

使用先进技术培育的良种苗木在宜林荒山荒地、沙荒地人工造林和迹地人工更新，面积不小于1亩（含1亩）的林农、林业合作组织以及承包经营国有林地的林业职工。

（三）补贴标准

中央财政造林补贴试点资金包括造林直接补贴和间接费用补贴。

1.造林直接补贴：指对造林主体实施造林所需费用的补贴

（1）人工造林　乔木林每亩补助200元，灌木林每亩补助120元，木本粮油经济林每亩补助160元，水果、木本药材等其他经济林每亩补助100元，新造竹林每亩补助100元。

（2）迹地人工更新　每亩补助100元。造林直接补贴应全部落实到造林主体。享受中央财政造林补贴营造的乔木林，造林后10年内不准主伐。

2.间接费用补贴：指对试点县组织开展补贴造林工作必要的经费的补贴。

间接费用补贴按照中央财政造林补贴总额5%的比例安排，主要用于试点县组织开展政策宣传、作业设计、技术指导、监督检查、档案管理等方面工作的支出。省、地（市）两级组织开展造林补贴工作所需经费，分别由同级财政部门预算安排。

三、海原县建设情况

2010年

2010年，在海原县三河镇的凤凰山和高崖乡三分湾分别进行了中央财政造林试点工程，其中，凤凰山栽植乔木林6 000亩、三分湾种植苹果2 000亩，项目总投资1 486万元。

经过项目乡镇广大群众和林业工作者的共同努力，圆满完成了各项造林任务。凤凰山完成乔木种植6 000亩，造林树种为油松、云杉2个常绿树种和榆树、沙枣、刺槐、旱柳、山杏5个落叶树种。造林平均成活率为95%。造林完成后连续抚育了3年，每年2~3次，主要包括除草、松土、修硬等。三分湾完成经济林2 000亩，全部为苹果（富士），造林平均成活率91%，保存率87%。项目总投资1 486.47万元，其中，凤凰山工程造林1 456.97万元、三分湾种苗费22万元（整地、造林、管护费由农户承担）、造林间接费7.5万元（包括作业设计，检查验收，档案管理等）。

2011年，人工造林13 302亩，其中，南华山10 694亩，以云杉为主；月亮山1 605亩，以云杉为主；西华山1 003亩，以柠条为主。总投资307万元。

2012年，人工造林23 000亩，其中，李俊瓦房柠条11 000亩，高崖红枣、苹果各1 000亩，南华山造林10 000亩（乔木1 000亩）。中央投资305万元。

2013年，人工造林14 000亩，分布在红羊老庄、甘盐池白丰沟、曹洼冶套，牌路山黑洼。中央投资293万元。

2014年人工造林18 500亩，分布在西安白古路灌木9 750亩、树台阴窝沟灌木5 250亩、树台种田沟乔木3 500亩。中央投资189.5万元。

2015年造林任务3万亩，树台韩庄、郑旗后山为柠条，贾塘马营为乔木。投资540万元。

2016年造林任务5万亩，李俊乡李俊村、郑旗西沿、九彩马套、三河六窑、关桥八斗、曹洼老虎完成以柠条为主的灌木林3.7万亩；在扬黄灌区完成苹果1.3万亩。中央投资998万元。

第十七节　黄土高原综合治理林业示范县建设工程

黄土高原地区生态脆弱，经济发展相对滞后，加快黄土高原地区生态建设步伐，是保护和修复黄土高原地区生态系统的迫切要求。黄土高原地区综合治理林业示范县建设以改善生态、促进农民增收、实现可持续为目标，以小流域治理为单元，以森林植被保护和建设为主要措施，大力开展营造林，为黄土高原综合治理创建模式。海原县2013年被纳入该项目建设。截至2019年共造林16.13万亩，中央每年投资500万元。

2013年，在红羊郑脑、湾湾崖、老庄等造乔木林1.7万亩，投资500万元。2014年，在红羊刘套、黑角湾、曹洼小南川造林2.84万亩，投资500万元。2015年，完成造林2.01万亩。其中在李俊、红羊乡的刘套、建国、谢套、永丰完成乔木林14 400亩，在红羊刘套造灌木林5 700亩，中央投资500万元。2016年，造林3.75万亩，在红羊、李俊造乔木1.75万亩，在树台、曹洼造灌木林2万亩，中央投资500万元。2017年，造林1.78万亩，在红羊、李俊造乔木1.2万亩，在九彩造灌木林0.55万亩，中央投资500万元。2018年，造林1.65万亩，在红羊月亮山林场造乔木1万亩，在九彩、西安造灌木林0.65万亩，中央投资500万元。2019年，造林2.4万亩，在红羊、李俊造乔木1万亩，在树台、三河、七营造灌木林1.2万亩，中央投资500万元。

第十八节　农业综合开发林业工程

海原县自2011年被列为国家农业综合开发县以来，大力实施农业综合开发土地治理中低产田改造项目、高标准农田建设项目、产业化经营项目、水土保持小流域综合治理项目、水利设施配套项目，新修生产路项目，实现了山、水、田、林、路综合治理发展模式等，为全县改善农业生产基本条件，优化地域产业结构，提高农业综合生产能力和综合效益，促进农民增收，助推精准扶贫等方面都起到了积极作用。

2011年在实施高崖乡农业综合开发土地治理高效节水示范项目，高崖草场村种植旱柳、新疆杨400亩，投资48万元。

2012年，在贾塘乡马营中低产田改造项目种植700亩生态经济林同心圆枣，投资44万元，保存率较低，种植旱柳、新疆杨55亩，投资10万元。

2013年在曹洼乡脱烈村中低产田改造项目，种植防护林100亩，其中，新疆杨8 000株、旱柳4 000株，投资22万元。

2014年在甘盐池管委会盐池村中低产田改造项目种植防护林100亩，树种为新疆杨，投资20万元。

2015年海原县王丼村高标准农田建设项目，种植防护林旱柳和新疆杨900亩，投资36万元。

2016年在三河镇团庄村种植旱柳24 000株，新疆杨86亩，投资20万元。

2017年在史店米湾流域治理项目种植防护林60亩、经果林300亩，香水梨13 500株、旱柳8 000株、新疆杨2 000株，投资73.8元。

第十九节 国有林场扶贫工程

一、国有林场基本情况

海原县国有林场始建于1949年，至20世纪80年代中期，历经30余年，先后建成15个林场，全县东西南北中均有分布，主要包括蒿川、灵光寺、牌路山、水冲寺、郝集、五桥沟、谢家沟、西华山、拐沣9个封山育林林场；城关、李俊2个苗圃；方堡、兴隆、高崖、李旺4个园艺场。这些林场的建立对该地区的林业生产都起到了示范典型的作用。后经几度行政区划调整、机构改革及2016年《中共中央 国务院关于印发国有林场改革方案和国有林区改革指导意见的通知》（中共发〔2015〕6号）文件精神，根据宁夏国有林场改革领导小组的统一安排部署，自2016年启动实施以来，海原县高度重视，将国有林场改革列入全县深化改革的一项主要改革任务事项，在区、市国有林场改革领导小组的大力支持和指导下，按照"以人为本、转型定位、稳定权属、解决社保、化解债务、整合资源、做大做强"的总体思路，扎实开展国有林场改革工作。截至2018年已全面完成国有林场改革各项工作任务，并通过宁夏国有林场改革领导小组验收。

改革后海原县设置1个南华山自然保护区（正处级）、1个国有林场建设管理服务中心（副科级）及6个国有林场（分别为牌路山林场、西华山林场、月亮山林场、拐沣林场、凤凰山林场、瓜瓜山林场），国有林场全部为全额公益一类事业单位，2018年调整核定事业编制155个，其中，管理岗10个、专技岗129个、工勤岗36个。现有在编在岗职工143人，自收自支35人。全县国有林场经营面积为146.7万亩（含南华山自然保护区30.18万元），其中，林地86.14万亩、非林地60.56万亩；国有区域96.08万亩，代管集体区域50.62万亩。

二、国有林场扶贫现状分析

（一）立地条件差，林场被边缘化

由于海原县地处宁夏中部干旱带，为京津冀风沙源头治理的重点区域，生态区位重要，林场定性为公益一类。全县所属国有林场主要分布在全县最为偏远的山区乡镇，土壤瘠薄、环境恶劣，与农民为邻，大山为伴，忍受着孤独寂寞，虽为正式职工，但被社会普遍认为只是看山护林人员。林场已处于社会边缘，成为社会经济状况最差的单位，其职工成为当地社会生活最困难的群体之一。

（二）发展动力不足，缺乏造血功能

由于海原县国有林场全部为公益一类事业单位，其主要职责为保护培育森林资源，提供生态公益服务，维护国家生态安全，公益性、保护性尤为重要，林地使用的经济功能受限，林场自我发展能力弱，除职工工资由财政负担外，林场无其他经济收入和资源优势。同时，林场既代表政府行使国有森林管理权，又要开展各种生产经营活动，致使林场内部经营机制粗放，规模效益不明显，林业生产力水平不高。

（三）科技化水平低，信息化建设急需加强

自国有林场扶贫项目实施以来，尤其近年来，宁夏每年安排海原县国有林场扶贫资金项目用于建设国有林场基础设施建设，有效改善了林场生产生活条件，对于林区稳定起到了较大作用。但由于海原县林场经营面积大，管护人员少，科技化、信息化管理水平严重不足。为了适应新形势发展需求，需要大力支持林场科技化、信息化管理水平的扶持力度。

（四）专业技术人才匮乏，林场工作主动性不够

由于主客观原因，各林场人员多为20世纪90年代以前招录的工人，大多长期工作生活于林区，接受新事物、新观念的机会少，学习的机会少，知识和观念的更新缓慢，导致林场职工总体素质不高，业务技能和劳动能力不足。知识层次低、思想观念陈旧，缺乏"新鲜血液"，同时由于人事制度改革，人员编制限定和地理位置、经济等诸多条件限制，专业技术人才严重匮乏，干部职工工作积极性、主动性、创造性不够，缺乏自我造血功能。

（五）机制不健全，扶贫效益发挥有限

海原县属重点贫困县，国有贫困林场底子薄，自筹资金能力差，而国家对扶贫项目的投入大多为一次性投资，无法保证后续资金，致使许多基础设施和生产设备无钱维护，发挥不出预期的经济效益。

三、国有林场扶贫取得的主要成绩

（一）林场基础设施建设焕然一新，职工生产生活条件得到进一步改善

自1998年以来，国家启动实施国有林场扶贫项目建设，从2002年陆续开始实施国有林场扶贫项目工程，随着每年投入的增加，各国有林场基础设施得到了有效改善，职工住房、办公条件全部改善到位，截至2018年，累计投资1 520.5万元，新建改造维修房屋面积4 343 m²，新建维修改造林区道路10 km，完成林场电、暖、水（水窖）等配套设施工程，完成国有林场棚户区（危旧房）改造215户。通过这些项目的实施，贫困林场生产生活设施和社会形象得到很大改善，林场和职工精神面貌焕然一新。

（二）积极实施公益性造林，不断拓展造林绿化成果

全县国有林场在积极履行森林资源管护主体功能的同时，依托"天保""三北"、中央财政造林等林业重点工程，创新造林机制体制，不断拓展造林绿化战场，成效显著。截至2018年，全县国有林场累计营造林19.59万亩、封山育林14.1万亩，全县国有林场生态环境得到有效改善，为全县林业生态建设做出了重要贡献。

（三）积极适应形势变化，全面加强森林资源保护

全县国有林场紧紧抓住天保工程实施机遇，积极转变发展思路，将工作重心逐步向生态建设和保护为主的转变，全面落实天然林保护政策，不断探索国有森林资源管理的新办法、新举措，有效维护了林业生态安全，实现了国有林分资源全面恢复性增长。全县国有林场按照属地管理原则，由各国有林场负责本辖区内的森林资源管护管理工作，护林员具体承包到片到人，明确责任分工的"三包"管理机制，签订管护协议，落实管护人员215名，细化和夯实了管护责任，对全县96万亩国有林实施了有效管护，维护了国有林区秩序稳定。

（四）全力履行防火救灾职责，努力维护森林资源安全

随着全县生态移民迁出区的不断扩大，森林草原资源不断增加，森林防火的职责任务异常繁重。各国有林场在全面履行国有森林资源管护职责中，始终把森林防火作为日常工作的重点，在全面建立防火分区守护责任制，开展防火巡查工作的同时，以各国有林场职工为主体，护林员为辅，组建了7支森林防火扑救半专业队。近年来，累计参加森林草原火警应急扑救30余次，成功扑救森林草原火警30多起，为守护全县森林资源安全做出了贡献。

（五）不断完善内部管理，推进林场自身建设

多年来，各国有林场结合自身实际，一是不断深化人事管理体制改革。积极探索内部人事管理，开展分配制度改革，落实岗位职责，完善竞争激励机制，全面建立了岗位绩效量化考评体系，推行能者上、庸者下的管理机制。二是建立健全管理制度。制定和完善了《内部管理规定》《财务管理制度》《考核考勤制度》等一系列管理规定，用制度管人管事，推进规范化管理。三是推行场务、政务公开。大力推行阳光用人、阳光办事，接受广大职工监督。四是积极倡导"精诚团结、互助友爱"之风，努力营造林场文化环境、工作环境和人居环境；大力开展文明创建，积极营造朝气蓬勃、积极向上的工作氛围；大力发扬求真务实、开拓创新和自力更生、艰苦奋斗的精神，有效推进了国有林场全面发展。

四、国有林场扶贫工作的主要经验总结

（一）统一思想，加强领导

国有林场扶贫是全县扶贫工作的一部分，海原县林业局把国有林场脱贫作为一项重点工作来抓，列入全局重要规划之中，成立由分管局长主抓，国有林场建设管理服务中心具体抓，各国有林场具体承办实施的工作机制，每年海原县林业局将全县国有林场的发展改革情况和存在问题、工作建议汇报政府，通过不懈努力，整合统筹多方资金，使海原县国有贫困林场贫困现象明显缓解，基础设施建设得到改善，职工生活质量得到提高。

（二）多方借力，协同推进

国有林场扶贫工作涉及面广、政策性强，需要形成合力积极推进，才能取得成效。为此，海原县林业局多次与有关部门沟通、协调，积极争取他们的关心和支持。通过努力，政府在棚户区（危旧房）改造项目中，无偿划拨地块，整合配套路、水、电等基础设施。完成国有林场危旧房屋改造215套，投资455万元。积极争取将林场重点林区道路、电网改造、通信网络建设等纳入相关规划之中，正因为有各级部门的协同配合，国有林场的基础设施条件正在逐步得到改善。

（三）强化指导，科学规划

深入开展国有林场大调研活动，认真修编扶贫发展规划，分项目、分阶段实施，逐步实现脱贫致富。在此基础上，组织有关人员编制林场基础设施规划、安全饮水、道路建设、信息化建设等一系列规划，指导全县国有林场的建设发展工作。

（四）创新机制，加强监管

近年来，随着国有林场扶贫力度的加大，项目及资金量也不断增加。为此，要求项目实施单位加强项目管理，实行项目法人责任制，有条件的地方实行监理制，同时，在每年项目检查中，海原县林业局对国有林场项目的实施情况进行重点检查。严格按照《国有贫困林场扶贫资金管理办法》的要求，做到项目资金专款专用，严格会计核算，无挤占、挪用及截留情况，保证项目资金全部真正落到实处，并实行先施工验收、后付款结账的办法，确保了工程建设质量和资金使用效益。

五、国有林场发展方向与潜力展望

海原县国有林场全部为公益一类全额事业单位，其性质决定了林场今后发展的方向主要以生态资源型国有林场为主，以森林培育及保护为主要内容，提升森林健康水平、生态承载力。

（一）继续加大基础设施建设力度

国有林场地处偏僻，信息不畅，设施条件差，严重影响国有林场发展。出台相关政策由各级地方政府将国有林场的交通、电力、电视、人畜饮水、通信等基础设施建设与当地乡镇同等对待，使国有林场享受到国家的各项惠农政策。国有贫困林场的扶贫工作由单一林业主管部门抓转变为政府行为，加快国有贫困林场的发展步伐。逐步使林场向信息智能型国有林场转变，提高林场资源信息化管理、林业灾害监测预警水平。

（二）理顺体制机制，保障职工待遇

根据公益型事业单位规定，按照精简、协调、高效的原则，根据国有林场的经营规模，理顺经营体制和财政保障体制，将国有林场人员经费和机构经费纳入同级财政预算予以全额保障，以促进国有林场事业健康发展。同时，积极探索研究，采取切实措施，巩固扶贫成果，要通过转换经营机制，进一步深化国有林场人事、劳动、分配制度改革，全面建立收入与效益、工作业绩挂钩等分配制度。要针对返贫的主要原因和林场自身资源特点来制定措施，实行分类指导和实施不同项目，抓典型、创精品、重实效，抓好示范带动，做到以点带面、点面结合、扎实推进。

（三）优化外部环境，稳定和完善扶持国有林场发展的经济政策

落实当前适用于国有林场的有关农业、林业和农村经济发展各项政策，减轻税费负担，各级政府和有关部门要给予国有林场"高看一眼、厚爱一分"，对国有林场予以全方位的支持。将林场纳入当地发展计划，帮助其快速发展。实施分类经营后，生态性林场的森林生态补偿需要各级政府财政的资金和政策倾斜。

第九章

林业生态文明

第一节 海原县古树名木

一、榆树（*Ulmus pumila* L.）

榆树又名白榆，榆科，榆属；落叶乔木，高达15 m；树皮深灰褐色，纵裂，翅果近圆形。海原县多地栽培。

1号榆树

此树位于红羊乡张元村元龙山，树龄1 000年左右，树高6.5 m、胸围345 cm，平均冠幅8.7 m，其中，东西9.8 m，南北7.5 m。海拔1 750 m，坡向东，坡度25°，土壤为风化石质。树体生长势一般，树根1/3外露，并悬空，保护较好。据传，清康熙帝巡游宁夏路过该山，随从奉水，味咸，康熙帝问为什么不放茶，答曰茶已用完，康熙帝随指门外榆树，把那树叶摘几片就是茶叶。从此，当地人把该山榆树称为茶树。每年农历六月六日，周边群众便去该山把榆树叶摘回家，经熬煮晾晒，藏于干燥处，水烧开后放几片，凉后水色鲜红，清凉解渴。（图9-1）

图9-1　1号榆树

2号榆树

图9-2　2号榆树

此树位于海城镇王井村西队，传说树龄200年左右，估测树龄180年左右，树高17.2 m、胸围355 cm，平均冠幅19.2 m，其中，东西19.1 m、南北19.3 m。海拔1 760 m，砂壤土，生长旺盛，枝条柔软下垂。传说这棵树已成"阴"，"阴"在陕西一家人的水缸中。由于该树位于庙门，每逢初一、十五都有人敬香、挂红。此树主干西侧有一直径2 cm的小孔，如有清水从该孔流下，天必下雨，此水还能医治各种眼疾。2000年电影《苦泉记事》在该树下取景。（图9-2）

图9-3　3号榆树

图9-4　4号榆树

图9-5　5号榆树

3号榆树

此树位于海城镇王井东队，传说树龄300年左右，估测树龄270年左右，树高15.4m、胸围440cm，平均冠幅17.35 cm，其中，东西17.4m、南北17.3m。海拔1820m，坡向西，坡度15°，砂壤土。树势较弱，树体三大主枝中间有一直径35cm、深50cm的坑，降雨必有积水。据说，每逢降雨树坑必然潮湿，因此当地群众称该树为雨树。（图9-3）

4号榆树

此树位于海城镇五源三组的捞坝沿，传说树龄300年左右，估测树龄280年左右，树高19.1 m、胸围460 cm，平均冠幅20.6m，其中，东西18.5 m、南北22.6m。海拔1 800 m，砂壤土。树势较弱，树上挂红布，村上人供祭。（图9-4）

5号榆树

此树位于关桥乡罗山村东坡自然村的巷口子庙台，树龄110年左右，树高13.7m、胸围355cm，平均冠幅8.9m，其中，东西8.8m、南北9.0m。海拔1680m，砂壤土。树势中等，保护较好，树干取汁可治眼疾。今年76岁的田志江说，此树是他们田家祖先所栽，到他父辈时已200多年。他大叔40多岁时因砍此树而家

图9-6　5号榆树

破人亡，一个月内死了7口人，还说，此树早已成"阴"，"阴"在3 km以外的肖家水缸内，肖家曾中状元。现在看到的是砍后再发出的。（图9-5、图9-6）

6号榆树

此树位于西安镇胡湾村胡湾自然村的庙门口，树龄180年左右，树高11.3 m、胸围305 cm，平均冠幅17.0 m，其中，东西16.2 m、南北17.8 m。海拔1 700 m，砂壤土。树势中等，有时用井水灌溉，保护得较好。据81岁的王要清老人讲，他17岁逃荒来此地，该树胸围就1米多，

图9-7　6号榆树

当年树长在小土包上，生长缓慢，后因修路取了小土包，易积水生长较快。（图9-7）

图9-8　7号榆树

7号榆树

此树位于西安镇下小河村三组，树龄130年左右，估测树龄120年左右，树高17 m、胸围320 cm，平均冠幅17.6 m，其中，东西18.3 m、南北16.9 m。海拔1 720 m，坡向西，坡度10°，砂壤土。树势一般。据百岁老人曹万珍讲，此树是芦家祖先立祖坟时所栽，自他记事时此树已有30~40年了。由于地势陡，不积水，生长缓慢。（图9-8）

8号榆树

此树位于树台乡树台村条子沟自然村吴寿柏家坟地，树龄130年左右，估测树龄120年左右，树高15.5 m、胸围251 cm，平均冠幅16.7m，其中，东西15.2 m、南北18.1 m。海拔1 810 m，砂壤土。树势中庸。个别枝有枯死。（图9-9）

图9-9　8号榆树

9号榆树

该树位于史店乡米湾村米湾自然村王正芳家坟地，树龄120年左右，树高12.3 m、胸围466 cm，平均冠幅14.6 m，其中，东西15.5 m、南北13.7 m。海拔1 780 m，灰钙土。树基部被泥淤2 m左右。树势中庸，个别枝有枯死现象。（图9-10）

图9-10　9号榆树

10号榆树

该树位于曹洼乡曹洼村西河自然村何志勋家门口，树龄600年左右，树高13.2 m、胸围390 cm，平均冠幅13.9 m，其中，东西14 m、南北13.8 m。海拔1 790 m，灰钙土。树基部40 cm处分叉，树冠圆满，基部西侧有一直径40 cm的节疤，树势中庸。（图9-11）

图9-11　10号榆树

图9-12　11号榆树

11号榆树

该树位于贾塘乡马营村秦湾自然村崖背梁贾生孝家坟地，树龄140年左右，树高13.7m、胸围340cm，平均冠幅17.8m，其中，东西18.7m、南北16.9m。海拔1810m，坡向西，坡度15°，灰钙土。树势较弱。（图9-12）

12号榆树

该树位于贾塘乡马营村秦湾自然村崖背梁扬同林家坟地，树龄140年左右，与贾生孝家坟地榆树同时代。树高13.6m、胸围278cm，平均冠幅17.6m，其中，东西16.9m、南北18.2m。海拔1810m，坡向西，坡度15°，灰钙土。树势较弱。（图9-13）

图9-13　12号榆树

图9-14　13号榆树

13号榆树

此树位于贾塘乡马营村秦湾自然村秦成祥家院内，树龄120年左右，树高20.7 m、胸围298 cm，平均冠幅18.9 m，其中，东西18.2 m、南北19.6 m。海拔1 800 m，灰钙土。树势较旺。（图9-14）

14号榆树

此树位于黑城乡红城村三组苗志林家门口，树龄120年左右，树高19.6 m、胸围320 cm，平均冠幅20.2 m，其中，东西20.2 m、南北20.1 m。海拔1 600 m，黄湘土。树势旺盛。（图9-15）

15号榆树

此树位于黑城乡红城村四组林和义家坟地，树龄150年左右，树高15.3 m、胸围310 cm，平均冠幅15.3 m，其中，东西14.5 m、南北16.0 m。海拔1 600 m，黄湘土。树势旺盛。据林和义说，他爷爷5岁时（1918年），此树遭雷击主干一分为三。（图9-16）

图9-15　14号榆树

图9-16　15号榆树

二、柳（旱柳 *Salix matsudana* Koidz）

杨柳科，柳属；落叶乔木，高达15 m；枝细长，直立或开展，幼时黄绿色，后变为棕褐色，叶披针形，蒴果2瓣裂。海原县旱柳栽培历史悠久。

1号柳树

图9-17　1号柳树

震柳，位于西安镇园河的哨马营河床，属哨马营四大怪柳之首，树龄400年左右，树高9.8 m、胸围560 cm，平均冠幅13.3 m，其中，东西13.2 m、南北13.4 m。海拔1 870 m，坡向西，坡度5°。该树海原县人称"震柳"，1920年海原县大地震，地震断层逆时针旋扭造成山体错位，将这棵古柳撕成了两半，但这棵柳树还是活了下来，现依然生长旺盛，成为人类研究地震的活化石。（图9-17）

2号柳树

五指柳，位于西安镇园河的哨马营河床，树龄140年左右，树高14.7 m、胸围460 cm，平均冠幅15.5 m，其中，东西16.1 m、南北14.8 m。海拔1 870 m，坡向西，坡度5°。当地人称"五指树"，该树有一主枝形似人脚，前端又似人手五指。据王万珍老人讲，该树和3号、4号柳树清朝同治年间就有。（图9-18）

图9-18　2号柳树

图9-19　3号柳树

3号柳树

睡柳，位于西安镇园河的哨马营河床，树龄140年左右，树高14 m、胸围460 cm，平均冠幅12 m，其中，东西10 m、南北14 m。海拔1 860 m，坡向西，坡度5°。当地人称"睡柳"，该树有一主枝向下与河床相接好似睡觉。（图9-19）

4号柳树

断臂柳，位于西安镇园河的哨马营河床，树龄140年左右，树高15.3 m、胸围420 cm，平均冠幅18.1 m，其中，东西20.0 m、南北16.2 m。海拔1 870 m，坡向西，坡度5°。当地人称"断臂柳"，该树西南方向有一主枝从5 m处折断，故称断臂柳。（图9-20）

图9-20　4号柳树

图9-21 5号柳树

5号柳树

花瓶柳，位于树台乡树台村条子沟的上庄子河道。树龄200年左右，树高13 m、胸围400 cm，平均冠幅9.5 m，其中，东西9.1 m、南北9.9 m。海拔1 820 m，坡向南，坡度5°，灰钙土。树体西部中空，可容1人避雨，主干2.5 m处有一南北方向直径30 cm的小孔。透过小孔从南向北望是一座如来佛庙。传说，观世音菩萨在参拜如来佛祖时不小心将花瓶柳枝上的一片叶子和一滴水落下，此处便水丰草茂，且长出一棵大柳树。（图9-21）

6号柳树

此树位于树台乡韩庄村相安自然村李朴家坟地，树龄200年左右，树高9.5 m、胸围370 cm，平均冠幅16.4 m，其中，东西15.3 m、南北17.4 m。海拔1 840 m，坡向北，坡度5°，灰钙土。树形似伞，树势中庸，保护较好。（图9-22）

图9-22 6号柳树

图9-23　7号柳树

7号柳树

此树位于树台乡龚湾村下水沟自然村河畔，传说树龄500年左右，树高7.5 m、胸围517 cm，平均冠幅10.3 m，其中，东西11.6 m、南北8.9m。海拔1870 m，坡向北，坡度5°，灰钙土。树基部0.5 m处呈"V"形分开，内堂中空。树势中庸，保护较好。（图9-23）

8号柳树

此树位于树台乡龚湾村下水沟自然村河畔，与7号相距15 m，传说树龄500年左右，树高12.5 m、胸围450 cm，平均冠幅9.4 m，其中，东西9.3 m、南北9.5 m。海拔1870 m，坡向北，坡度5°，灰钙土。树势中庸，保护较好。（图9-24）

图9-24　8号柳树

图9-25　9、10号柳树

9、10号柳树

9、10号柳树位于贾塘乡马营村上马营自然村，树龄均在100年左右。树高9号12.3 m、10号11.6 m，胸围9号286 cm、10号276 cm，平均冠幅9号13 m、10号11 m。海拔1 850 m，坡向南，坡度5°，灰钙土。树势较弱。当地人称夫妻树。（图9-25）

11号柳树

此树位于贾塘乡马营村上马营自然村古城西边，树龄300年左右。树高11.0m、胸围左310 cm，平均冠幅5 m，其中，东西4.5 m、南北5.5 m。海拔1 750 m，坡向南，坡度5°，灰钙土。树势较弱。当地群众将树干四周用砖砌护。（图9-26）

图9-26　11号柳树

图9-27　12号柳树

12号柳树

此树位于贾塘乡马营村秦湾自然村花路蹦子秦尚鹏家坟地，树龄140年左右。树高12.1 m、胸围左300 cm，平均冠幅18.6 m，其中，东西17.4 m、南北19.7 m。海拔1 760 m，坡向东，坡度10°，灰钙土。树势中庸，保护较好。（图9-27）

13号柳树

此树位于李俊乡蔡祥村白湾扬再兴家门口，树龄110年左右。树高17.1 m、胸围400 cm，平均冠幅18.4 m，其中，东西17.6 m、南北19.1 m。海拔1 720 m，黏壤土。树势中庸。（图9-28）

图9-28　13号柳树

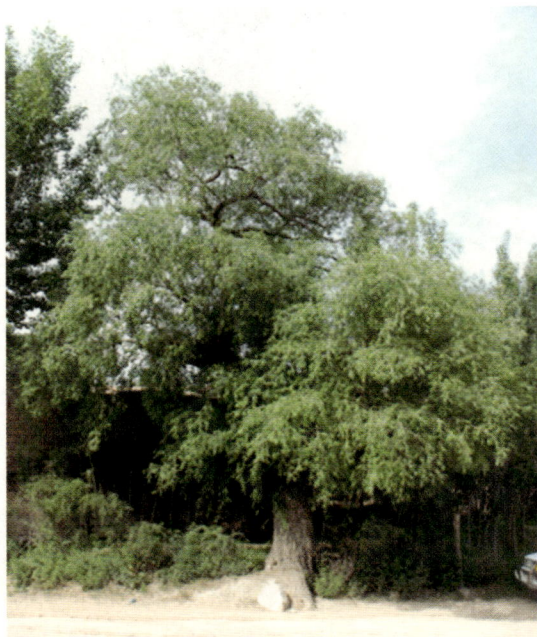

图9-29　14号柳树

14号柳树

此树位于李俊乡团结村梁家庄小河口路旁，树龄150年左右。树高12.2 m、胸围280 cm，平均冠幅10.4 m，其中，东西11.0 m、南北9.8 m。海拔1 750 m，黏壤土。树势强旺，保护较好。（图9-29）

15号柳树

此树位于九彩乡九彩村九彩自然村扬生仓家坟地，树龄200年左右。树高11.8 m、胸围310 cm，平均冠幅14.3 m，其中，东西14.4 m、南北14.2 m。海拔1 780 m，灰钙土。树势强旺，保护较好。（图9-30）

图9-30　15号柳树

三、杨（小叶杨 *Populus simonii* Carr）

杨柳科，杨属；落叶乔木，高达20 m；树皮灰褐色，老树皮粗糙，具沟裂，小枝光滑，蒴果狭圆卵形。

1号杨树

此树位于树台乡龚湾村龚湾自然村白杨树滩现存1株，传说树龄300年左右，实际树龄200年左右，树高18.2 m、胸围360 cm，平均冠幅22.6 m，其中，东西20.1 m、南北25.1 m。海拔1 890 m，坡向南，坡度15°，黑垆土。树势中庸，保护较好。据85岁的龚宏老人讲，他们的先人（1705年左右）就栽了这片树。（图9-31）

图9-31　1号杨树

图9-32　2号杨树

2号杨树

此树位于树台乡龚湾村王坡自然村白杨树腰岘，传说树龄200年左右，实际树龄180年左右，树高11.6m（一株较小）、胸围201cm，平均冠幅13.6m，其中，东西14m、南北12.7m。海拔1860m，坡向西，坡度25°，黑垆土。三主枝呈杯状，树势中庸，保护较好。据当地人讲，他们的村庄正对西山上的一个腰岘，祖先为了平安而栽这两棵树。（图9-32）

3号杨树

此树位于红羊乡安堡村上甘自然村，传说树龄150年左右，实际树龄130年左右，树高26.6m、胸围480cm，平均冠幅17.1m，其中，东西17.9m、南北16.3m。海拔1800m，河滩沙砾土。树势较弱，树干两枝，2007年东南一枝被一场大雪压断。据当地人讲，此树属清朝年间（1869年）董福祥率军经过此地所栽。（图9-33）

图9-33　3号杨树

四、杏（*Armeniaca valgaris* Lam.）

蔷薇科，李属，落叶乔木，小枝红褐色；叶宽卵形至近圆形；花粉红色；果实多橘黄色。海原县多栽培。

1号杏树

此树位于黑城镇苋麻村，树龄210年左右，树高6 m、胸围210 cm，平均冠幅3.5 m，其中，东西3 m、南北4 m。海拔1 620 m，砂壤土。树势较弱。（图9-34）

2号杏树

此树位于红羊乡安堡村马场自然村的南山洼，树龄150年左右，树高8 m、胸围220 cm，平均冠幅9 m，其中，东西8.9 m、南北9.1 m。海拔2 020 m，黄湘土。树势一般。据考证，此树栽于晚清时期（1850—1860年），该村安、苗两姓人家在南山栽了100多株杏树，每当杏成熟时，满地金黄（人少吃不完）。后因人为破坏和自然死亡，仅存此1株。（图9-35）

图9-34 1号杏树

图9-35　2号杏树

3号杏树

此树位于树台乡条子沟自然村，树龄130年左右，树高14.2 m，胸围285 cm，平均冠幅10 m，其中东西8.9 m，南北11.1 m。海拔1810 m，壤土灰钙土。三主枝呈杯状，树势中庸，能少量结果，保护较好。（图9-36）

图9-36　3号杏树

五、枣（*Zizyphus jujube* Mill.）

鼠李科，枣属，乔木，高8~10 m，小枝具细长刺。该枣树位于七营乡张堡村张尚和家小枣园的这株枣树，树龄180年左右，树高6.4 m、胸围110 cm，平均冠幅7.5 m，其中，东西8.1 m、南北6.9 m。海拔1610 m，砂壤土。树势中庸，产量较高，每年结果60~80 kg。（图9-37）

图9-37　1号枣树

图9-38　1号香水梨

六、香水梨

蔷薇科，苹果属，落叶乔木，高7~15 m；老枝紫褐色，花白色，果实黄色卵形，海原县有许多变种。

该树位于史店乡苍弯村马福财家果园的这株香水梨，树龄120年左右，树高5.6 m、胸围105 cm，平均冠幅4.9 m，其中，东西4.5 m、南北5.3 m。海拔1 830 m，砂壤土。树势中庸，1981年前树干中空，经刮皮保护后，现主干基本愈合，有明显的愈合线，每年有100 kg左右产量。（图9-38）

七、枸杞（*Lycium chinense* Mill.）

茄科，枸杞属；灌木，高1 m；枝条细弱，弓状弯曲或俯垂；浆果红色。宁夏普遍分布。

该枸杞位于七营乡七营村赵新民家院墙外，树龄100年左右，属野生种，树高1.5 m，干径40 cm，平均冠幅2.8 m，海拔1 620 m，砂壤土。树势强旺。（图9-39）

图9-39　1号枸杞

图9-40　1号刺槐

图9-41　1号海棠

八、刺 槐（Leguminosae. Robinia. pseudoacacia）

刺槐别名洋槐，豆科，刺槐属。乔木，高10~20 m。树皮灰褐色，深纵裂；小枝棕褐色，无毛；奇数羽状复叶；花萼钟形，花冠白色；荚果线状长椭圆形；木材坚硬耐水湿。

该树位于树台乡条子沟自然村，树龄105年左右，树高18.4 m、胸围208 cm，平均冠幅15.3 m，其中，东西15.4 m、南北15.2 m。海拔1 810 m，壤土为灰钙土。树势强壮，结实率高，保护较好。（图9-40）

九、海棠 [Malus spectabilis （ ait. Borkh ）]

海棠别名楸子，蔷薇科，苹果属。乔木，高7~9 m；小枝直立；叶片卵形或椭圆形；花白色或粉红色；果实黄色近球形。

该树位于树台乡条子沟自然村郭春杰家院外的这株海棠属栽培种，树龄130年左右，树高8.5 m、胸围280 cm，平均冠幅7.8 m，其中，东西7.5 m、南北8.1 m。海拔1 800 m，壤土为灰钙土。树势中庸，能结实，保护较好。（图9-41）

十、侧柏 [*Piatyczadus orientalis*（L.）Franco]

裸子植物门，柏科，侧柏属。常绿乔木，高达20 m。树皮浅灰褐色，条状纵裂。小枝细，向上直伸或平展，扁平，排成一个平面。叶鳞形，长 1~3 mm，先端稍钝。该树位于九彩坪拱拜院内的这两棵古侧柏，据调查考证已有 150 年左右。东边的一棵稍大，高 7.48 m、胸径 55.1 cm，冠幅 9 m；西边的一棵稍小，西边的一棵稍小，高 7.38 m、胸径 38.2 cm，冠幅 5.96 m。两棵树均为海原县重点保护的古树名木。（图 9-42）

图9-42　1号侧柏

十一、核桃（*Juglans regia* L.）

核桃又名胡桃，胡桃科，胡桃属，乔木，高20~25 m，树皮浅灰色，幼时平滑，老时纵裂，奇数羽状复叶。

此树位于海原县招待所院内，栽于1936年，高14.8 m、胸围158 cm，平均冠幅17.1 m，其中，东西18 m、南北16.1 m。海拔1 850 m，壤土黄湘土。树势强旺，结实良好，保护较好。（图9-43）

图9-43　1号核桃

图9-44　1号梓树

十二、梓（*Catalpa ouata* G.Don）

梓树又名吊吊树，紫葳科，梓树属。乔木，高10 m以上，树皮灰褐色，小枝疏被长硬毛，蒴果深褐色，长15~30 cm。

该树位于海原县城招待所院内，于20世纪50年代从南方移植而来，树龄72年，树高17.6 m，胸围193 cm、平均冠幅9.8 m，其中，东西10.5 m、南北9.1 m。海拔1 850 m，壤土为黄湘土。树势强旺，结实良好，保护较好。1995年编入《中国树木奇观》。（图9-44）

图9-45　1号梓树开花状

第二节　海原县古树村

海原县条子沟隶属树台乡，张湾水库以西，四面环山，海波1 700~1900 m，年降水量320 mm，沟脑有一股清澈甘甜的流水，祖祖辈辈人畜饮用、河台两面的果园菜地全靠它，远的不说，1920年就有许多树木，如今，走进村落，参天树木比比皆是。有70年左右新疆杨86株，其中，最大1株高36 m、胸径2.12 m；有70年以上臭椿23株，最大1株树龄78年，高26 m、胸径1.66 m；有70年以上小叶杨16株，最大1株树龄82年，高24 m、胸径1.36 m；保存1株国槐树龄100年以上，高22 m、胸径2.3 m；有120年以上杏树6株，最大1株平均冠幅16.2 m；有100年以上的核桃树3株，最大1株冠幅21 m（结实较好）；有树龄130年左右海棠1株，树高8.5 m、胸围280 cm，平均冠幅7.8 m。

第三节　公园建设

构建和谐社会，首先要实现人与自然和谐。随着社会经济的不断发展，人们回归自然的心理要求愈来愈迫切，森林公园的筹建无疑是让人们在工作之余享受到较高的森林产品和文化产品。因此，公园的建设是社会发展的必然要求，海原从2006年开始，起步县城公园建设。

一、牌路山森林公园

2006年开始，海原县城利用牌路山40多年的已有绿化，通过坚持不懈地林相改造进行公园建设。牌路山位于县城东南与县城接壤，自南向东北方向倾斜，是典型的黄土丘陵地貌，海拔1 896—1 937 m，县城段自杨家沟延伸至股家山全长6.25 km，以牌路山口为界分两段，北至股家山，长2.6 km；南到杨家沟，长3.65 km。总面积7 000亩。总体绿化较好，有建设生态公园的良好基础。

利用牌路山的地形和地貌，结合现有的人工林，经过10年时间，在规划区域内加大造林力度，提高绿化覆盖率，在山坡地种植耐旱、易活的园林景观树种。同时建设亭廊、小道、园林小品，修筑石阶、椅凳、铺路搭桥等。总投资2 800万元。

图9-46　牌路山森林公园建设前

　　牌路山生态公园建设主要以改善县城生态环境，提高城市品位，体现山城特色风貌，增加旅游景点为目的，实现生态、经济、社会的协调发展。

　　现已初步建成春有花、夏观果、秋赏叶、四季常青的县城森林公园，牌路山生态公园的建设是海原县增加绿化面积、改善人居环境、提升城市品位、凸显特色风貌的一项重要举措，也是海原县新农村建设的一部分。

二、南苑公园

（一）背景

　　海原县南苑公园位于海原县城老城区中心，处在文联路和万福路相交三角地带，占地面积约36 000 m²（54亩）。地块南侧紧邻文化产业园，北接居民区；东临城市主要干道文联路，交通十分便利，是展现海原县精神文明与经济建设的主要窗口。

　　在满足《海原县城市园林绿地系统规划》的前提下，与城市总体发展规划相协调，规划紧紧围绕以"中心广场"为中心，以"实用、精致"为目标，以市民需求为前提，以景观设计、建设为手段，创造具有良好生态环境的城市户外休憩空间，促进城市、社会、公园、经济和环境的全面进步。

（二）规划设计

从使用者的需求出发，景观尺度、场地尺度符合人的行为和心理要求，景观构架和小品符合人体工程学的要求。

尽可能运用乡土植物，落叶树种和常绿树种、慢生树种与快生树种、乔灌草有机结合，形成层次丰富的植物景观，

由于公园的开放性，本规划必须合理规划公园环境、经济、社会三方面的综合效益。

公园内各景点的设计坚持人的参与性原则，增强活动的趣味性。公园内设有平台、广场等休闲娱乐场所，以满足人们的休闲需求。

根据公园主体设计，绿化部分分为4个区。

1区：突显平原广阔。

1区为主要路口，海原县地处山区，人们向往视野广阔为主题，适当栽植一部分草坪，并点缀少量大规格乔木、花灌木及常青树。

花灌木：连翘、丁香、榆叶梅。

常青树：桧柏、樟子松、白皮松。

大规格乔木：国槐、垂柳、沙枣等；以"冠幅"为美，以"独、孤"成景。

2区：突出绿树成荫、宁静祥和。

2区北临居民区乡间小道以高大乔木为主，背景林以绿树成荫、安静祥和、整洁大方为主题。

乔木：以刺槐、香花槐、国槐为主，密植成林成景。

3区：突出企业百花共鸣。

3区临近工业园以体现企业万年常青、百花共鸣为主题，配置少量大乔木，以常青树、果树、花灌木为主点缀搭配达到和谐相伴。

常青树：桧柏、樟子松、油松。

果树（小乔木）：山杏、山桃、红叶碧桃、美人梅、紫叶李。

花灌木：丁香、榆叶梅、红刺玫、连翘。

地被：美国石竹、金叶榆等。

4区：突出和谐协调。

4区：广场靠近居民区以休闲娱乐为主题。以小型景观为主要特点，高低搭配、错落有致、三季有花、四季常青，观花、观叶完美和谐。

南苑公园于2014年3月开工建设，2014年11月竣工并交付使用。公园虽然面积不大，

但在县城中心，由于建设精巧，树木、花草品种较多（89个），很受市民欢迎。项目总投资890万元，绿化投资280万元。建设内容有园区道路、铺装、给排水管网、绿化、亮化、亭子等景观设施。

三、海城公园

海城公园位于政府东街以北、中静路以东，占地面积50亩，于2015年10月开工建设，2018年8月竣工并交付使用。项目总投资636万元，建设内容有广场、园区道路、铺装、给水管网、绿化、亮化、亭子等景观设施。

四、西湖公园

西湖公园位于北坪路以西、富民街以北，于2015年4月开工建设，2016年10月竣工并交付使用。建设内容有广场、水景、假山、园区道路、铺装、给排水管网、绿化、亮化、亭子等景观设施。西湖公园位于县城西北侧，其南北长1 038 m，宽230~350 m，占地面积470亩，总投资3 700万元，其中，绿化投资1 700万元，广场、园路、给排水等基础设施建设投资2 000万元。

公园净绿化面积435亩，占公园总面积的92%以上，共栽植各类乔木33种，21 000株；各类花灌木19种，6.5万株；各类色块组团及地被花卉17种，6.7万 m²；种植草坪11万 m²。公园建设有3个广场，占地20亩；铺设园路3.4 km、石墙砌护1.1 km；铺设地下供水管道1.5 km，安装微喷和小管出流435亩，建1 000 m³地下式蓄水池1座；铺设排水管道3.4 km，建有公厕及管理用房2处146 m²。

公园建设以硬质铺装、植物色彩搭配等优美的曲线分隔出流畅的线型布局，通过《海原县赋》展现海原县源远流长的民族发展和历史变迁，通过二十四节气石刻来反映海原县农耕文化背景。首次引进海绵公园的设计理念，按照给水高效化、排水海绵化、观景四季化的设计思路，结合原有地形、地貌特征，用现代景观手法进行修复建设，增加绿坡、花田、坡林等多种景观，形成具有地域特色的城市景观带。

公园建成后，极大改善了居民的生活质量，培育居民的生态意识，提高县城品位，推动民生林业的健康发展。

五、休闲公园

休闲公园位于育才路南侧、东盛路西侧，运才巷东侧、金汇巷北侧，占地面积96亩。

于2017年10月开工，2019年5月竣工并交付使用，项目总投资约1 200万元。建设内容有园路、假山、广场铺装、木栈道、凉亭、绿化、亮化等内容。

六、华山公园

华山公园位于政府西街与华山路交会处，占地面积44亩，于2018年9月开工建设，2019年9月竣工并交付使用。项目总投资1 028万元，建设内容有土方、园林绿化、景观小品、广场、园路、地景、亮化照明、给排水、管理用房及电信设施等内容。

七、文体广场

文体广场位于文昌路以北、黎明路以东，占地面积97亩，于2015年7月开工建设，2016年8月竣工并交付使用。项目总投资1 800万元，建设内容有沥青混凝土道路、停车场、场地石材铺装、网球场、篮球场、羽毛球场、园林小品、绿化、景观照明、给排水等工程内容。

八、运动广场

运动广场位于育才路以南、中靖路以东，占地面积65亩，于2017年7月开工建设，2019年8月竣工并交付使用。项目总投资8 000万元，建设体育馆11 973 m²，新华书店2 195 m²，规划展示馆1 997 m²。外网建设有广场铺装、停车场、绿化、景观照明、给排水等工程内容。

第四节　建设中的海兴开发区湿地公园

海兴开发区湿地公园依托现有绿化工程，项目于2017年5月批复，9月13日完成招投标，总投资3 243.84万元，占地面积800亩。2017年10月开工建设，2018年7月底竣工并投入运行。为满足深度处理海兴开发区污水，促进水资源综合利用，建设了一级A标尾水污水处理厂。本项目采用水平潜流人工湿地深度处理工艺，建设日污水处理规模为10 000 m³/d，人工湿地及相关附属工程，其中水平潜流人工湿地分两期建设，每期污水处理规模为5 000 m³/d，一期建设内容：一体化泵站一座，1 254 m²曝气氧化塘一座，20个800 m²水平潜流人工湿地处理单元及相关配套设施，5.3万 m²现状湖泊修整；二期建设内容：1 254 m²曝气氧化塘一座，20个800 m²水平潜流人工湿地处理单元及相关配套设施。其中，包括建设道路4.8 km共计24条〔沥青道路1.84 km（7 340 m²），彩色压模砼路面3.13 km〕，广场1处、管理用房227 m²、景观亭1座、亲水平台20 m²、栈桥670 m²、土方开挖25万 m³。该项目建成后，可减少清水河污染，有效解决森林公园水源、污水处理厂尾水处理的问题，对水资源保护起到了积极作用，能保持该湿地的生态稳定性，同时更好地改善周边的生态环境，为加快海兴开发区生态文明建设和可持续发展提供了有力保障。

第五节　海原县林业与生态文明实践

一、创新进取抓防治　防沙治沙奏凯歌

为了改善生态环境，优化现有生态建设布局，通过机制创新、科技创新、模式创新，积极探索新时期防沙治沙的有效形式，以点带面，加快区域经济发展，推动和谐社会建设步伐。海原县北部地处腾格里沙漠南缘，是典型的干旱半干旱地区。由于干旱等自然灾害和人为过度经济活动的双重作用土壤沙化现象比较严重。给农业、牧业和农村经济发展增加了压力。据统计，到1987年，全县土壤沙化面积已达67万亩，占全县总幅员的8.1%，特别是海原县北部的兴仁、蒿川、徐套、兴隆4乡镇，由于土壤沙化程度的加剧，导致风沙四起、干旱频繁，自然灾害时有发生，农业减产减收，每年都有一定的脱贫人口返贫。针对这种情况，海原人深刻地感到，要实现生态环境的根本性好转，必须加大沙化土壤的治理力度。为此，从2000年开始就在兴仁进行退耕还林试点，因地制宜，采取植树种草等综合措施，取得了明显成效。到2006人工造柠条21万亩，封山育林2万亩，治理面积占总面积31.3%，2001年成立了青龙寺林场，管理面积8万亩，做到林有人造、山有人管。林草结合，生物措施和工程措施相结合，采用模拟飞播（耧播）等形式，因地制宜、综合治理，全面搞好防沙治沙建设。通过以点带面，逐步建立起了完善的青龙寺山防沙护林体系和川台沙区西沙瓜产业体系，海原县兴仁硒砂瓜有了自己的地理商标。实现了生态、社会和经济效益协调发展。

二、干部苦帮促增收　林业经济谱新篇

目前，枸杞、苹果、香水梨、红枣、山杏、山桃作为海原县重点打造的特色优势产业，已经成为当地县域经济发展与农民增收的支柱产业，特色林业产业的发展，使海原

县的经济得到了发展，也使海原县的农民尝到了甜头。"十一五""十二五"期间，是海原县经济发展较快、变化较大、群众得实惠较多的时期，全县充分挖掘当地资源优势，把优势转化为效益，用特色打造海原县经济林产业的发展，使特色经济林产业从小变大、从弱渐强，取得了显著成就。特色经济林也是海原县林业最重要的组成部分，是实现海原县"林业生态建设产业化，产业发展生态化"的关键连接点和重要抓手。2004年，宁夏人民政府出台了《关于加快枸杞产业发展实施意见》，海原县在其中。2008年，宁夏人民政府通过并启动实施"六个百万亩"生态经济林业发展战略总体规划也有海原县。为了进一步促进特色经济林产业发展，要求特色产业要按照"一个产业一个规划、一套扶持政策、一支中介经纪人队伍、一个物流营销平台"来发展，对有良好的生态效益、显著的经济效益，又能节约用水、安置农村富余劳动力的枸杞、红枣、香水梨等特色经济林产业发展起到了积极的促进作用。2006年至今，宁夏人民政府每年出台《推进特色优势产业促进农业产业化发展的若干政策意见》，明确了特色产业补贴标准，全面加快了海原县经济林产业发展步伐。在县委、县政府的高度重视下，海原县努力推进生态建设产业化，产业发展生态化，大力发展集一、二、三产业于一体，集生态、经济、社会三大效益于一体的特色林业产业，发挥自然条件优势，科学规划、区域布局、规模发展，特色经济林现出良好的发展态势。截至2013年海原县经济林总面积达到了18.46万亩，其中，苹果、香水梨2.95万亩，枸杞8.32万亩，山杏、红枣7.48万亩，其他0.29万亩，年产值达到1.2亿，占全县农民总收入11%。特色经济林产业在海原县生态建设、新农村建设、农民增收、县域经济壮大等方面发挥着重要作用。现已有各种经济林协会38家。30多年来，海原县林业主管部门以突出地方特色品种为重点，积极培育并大力开发以香水梨地方名优品种，大力推广宁杞1号、宁杞4号等枸杞硬枝扦插育苗技术，使良种率达到100%；大力推广酸枣嫁接育苗技术，解决了红枣产业发展苗木不足的瓶颈问题。政府鼓励多种经济成分参与特色经济林产业发展。"十一五"期间，在特色经济林产业建设方面，海原县人民政府制定了一系列优惠政策，坚持谁造谁有、谁经营、谁受益、长期不变，允许继承转让，不分国有或非公有制企业，一个标准同样扶持的林业政策，鼓励各行各业有志有识者和龙头企业参与林业优势产业的开发。

三、科技创新促发展 科技兴林增活力

几十年来，海原县广大林业科技人员紧盯科技兴林不放松。先后完成了海原县树木新品种的引进，海原县苹果防霜冻研究，果树病虫害防治，节水造林技术，封山育林研

究，社会林业工程创新体系研究，抗旱造林新技术引进，抗旱造林树种选育等工作，先后在《宁夏农林科技》《干旱地区农业研究》《西北园艺》等刊物上发表了《多菌灵防治金冠苹果早期落叶病效果》《宁夏固海扬黄灌区苹果冻害调查》《海原县大粒鲜食葡萄引种初报》《多效唑在锦平梨上的应用》《克服营养障碍提高枸杞坐果率之研究》《防止宁南干旱地区苹果抽条的技术措施》《干旱山区滴灌育苗初探》《宁夏海原县林业可持续发展模式研究与探讨》等近二百篇论文。

1991—2000年参与了国家"八五""九五"旱农攻关项目。85-007-01-08和96-004-04-07项目的林业工作。96-004-04-07项目获宁夏回族自治区科技进步奖二等奖。先后主持完成"海原县南华南山水源涵养林三期工程论证""海原县天然林保护工程总体规划"、"海原县三北防护林四期规划""国家重点生态县建设项目规划"并主持实施、"海原县野生动物保护及其自然保护区总体规划""海原县林业科技支撑建设十年规划""海原县'九五''十五'林业建设规划""海原县森林公园建设规划""海原县森林防火建设规划""海原县枣树基地、枸杞基地、仁用杏基地建设规划"。完成了宁夏海原县"社会林业工程创新体系的研究与实施"并获宁夏回族自治区科技奖进步奖三等奖，完成了海原县南华山区级自然保护区的申报工作；出版了《南华山自然保护区综合科学考察报告》（宁夏人民出版社）、《干旱半干旱地区抗旱造林技术》（阳光出版社）。

几十年来，海原县林业科技人员实际解决了当地许多林业技术难题，比如较好地解决金冠苹果早期落叶病。金冠苹果在引黄灌区出现早期落叶病，通过使用40%的多菌灵成功解决了金冠苹果的早期落叶病。枸杞是海原县的优势特色产业之一，但落花落果是一直困扰着该产业发展的一大难题之一，参加"八五"旱作攻关项目利用50 mg/kg赤毒素对提高枸杞有明显成效。梨树幼树生长旺，不易成花，为解决这一难题，通过多效唑不同浓度的使用，选出500~1 000 mg/kg的多效唑在梨幼树上作用，能明显抑制新梢生长，提早成花。宁南山区苹果树易抽条，通过多年试验，提出立体间作，加强越冬管理等措施，较为成功地解决了这一问题。海原县造林成活率较低，大面积整地易造成新的水土流失，2000年，提出通过封山育林适当补植办法，即提高了造林成活率，又解决了因大面积整地造成新的水土流失，2000—2004年对月亮山进行封山育林效果明显。海原县地处宁夏中部干旱带，造林树种单一、干旱少雨、造林成活率低下。为提高全县造林成活率，经过反复实践提出，林木种苗栽前必须严格分级，要求起苗时根系齐全，并随起挖、随压土假植，苗木装车运输前一律蘸泥浆，对没有蘸泥浆的苗木一律不得运往造林地。据调查，就这一传统的技术，可使海原县每年的造林成活率提高8%~10%，每年挽回损失30多万元。海原县柠条的种植历来都是以雨季的直播为主，2003年首次实行育苗造林，实践证明，柠条育苗造林，不但节省财力，而且造林成活率提高、生长较快。总结提出柠条育苗7月断根。因柠条直根系发达，7月雨季断主根，有利于侧根的生长。秋季或第二年春季起苗时侧根发达，这样更有利于造林成活率的提高。

为提高造林成活率，截干造林、树干缠膜、树盘覆膜、生根保水剂等林业技术被广泛应用。

几十年来，海原县积极致力于林木引种工程。共引进果树新品种136个，其中，苹果有红乔纳金短枝富士、旱生富士、长富2、岩富10、王林、津轻等21个品种，桃有中华寿桃、油桃等66个品种，引进梨品种锦丰、五久香等18个品种，引进李子品种9个，葡萄14个，草莓3个，核桃5个品种；引进杨树新品种（系）三倍体毛白杨、中林系列杨5个及辽河杨等，这些品种的引进丰富了海原县林木种质资源，为推动林业生产做了积极贡献。

四、严格执法抓管护　四位一体保安全

由于森林防火工作责任重大，本县每年必须由森林防火指挥领导小组组织召开一次全县森林防火工作会议，总结经验、部署工作，签订防火双向责任书。县防火领导小组与有关乡镇长、有关乡镇长与村主任层层签订责任书；林业局局长与各林场场长、场长与职工签订责任书，严防死守，杜绝火源进入林区。海原县每年在森林防火期间，充分利用广播、电视、宣传标语等形式，对防火知识进行宣传。35年来，发放材料14万余份，刷出标语4000多条。对森林防火做到常抓不懈。截至2013年，海原县没有发生森林火灾。2001—2013年，海原县森林防火工作成立了以政府副县长为总指挥，县公安局局长、政府办公室主任、林业局局长为副总指挥，县发改局局长、财政局局长、安检局局长、交通局局长、广电局局长、民政局局长、卫生局局长、气象局局长、电信局局长、人武部指导员、县中队队长、消防大队队长为成员的防火指挥部。

1999年海原县累计修防火道路1221km，修建防火检查站31处，建防火瞭望塔2座。配备2号工具1250把、3号工具1926把、灭火水枪1102支、风力灭火机122台、干粉灭火机110台、油锯119把、点火器113个、水泵11台、割灌机112台、GPS1540台、扑火服装1200套、帐篷82顶、睡袋89套、普通运兵车1辆、摩托车85辆、电脑25台、打印机11台、传真机11台、复印机3台、对讲机47部。

几十年来，林木病虫害工作从无到有。"八五"期间，全县林木病虫害发生率为29%，防治率为55%，监测覆盖率为50%，苗木产地的检疫率为60%。

1992年，全县各乡镇、国有林场组织劳力对杨树天牛虫害进行彻底清理，在西安、树台两乡清理病虫害树木5万株。

"九五"期间，全县林木病虫害发生率为18%，防治率为68%、监测率为54%，苗木产地的检疫率为95%。本县还对落叶松球蚜、中华鼢鼠的综合防治技术进行推广，在南华山总防治面积4.6万亩。

1997年，海原县设立农林技术咨询服务中心，在兴隆、李旺、高崖、李俊、兴仁、城关6个乡（镇）主要经果林栽培区，设立"果树庄稼医院"，配备专职森保员10名。并对苹果吉丁虫进行防治，兴隆园艺场防治率达95%以上。1998年，完成"宁夏森林植物检疫对象"在本县的普查。普查发现3个检疫对象的病虫害，其中，1个国家检疫对象，即黄斑天牛；2个省级检疫对象，即苹果小吉丁虫、落叶松枯梢病。而且，苹果吉丁虫，已在兴隆乡发生危害，落叶松枯梢病在拐洼林场发现危害。其间，完成1985—1998年采集昆虫标本的归类整理。2001—2008年，全县林业有害生物监测覆盖率达到90%，测报准确率达到80%，无公害防治率达到75%，种苗产地检疫率达到90%，成灾率控制在15‰。加大鼢鼠防治力度，从生态角度出发，遵循"预防为主，综合治理"方针，积极采取以流域划片、因地制宜、分类指导、科学布局、综合防治的技术措施；采取监测、预防、减灾、救灾统管齐抓，以营林措施为主，药剂防治为辅，协调运用人工、物理等措施，降低被害株率和鼠密度，进而逐步压缩发生面积和范围，达到综合防治的目的。

2001—2013年累计监销鼢鼠48.2万余只，捕杀野兔4.9万只。1998年南华山首次发现落叶松叶蜂，2003年起开始防治，每年防治作业面积8 000亩，截至2008年该虫的危害已经得到全面控制。2006年设立南华山、西华山、拐洼、月亮山四个区级林业有害生物测报点。2007年南华山自然保护区首次发现疑似象鼻虫危害，至2013年危害面积达到1 300亩。通过连续监测，基本摸清了该虫生活史。同时，通过积极开展防治试验，初现防治效果。

五、精益求精创精品　环城绿化享美誉

随着社会、经济的可持续发展，人们回归自然的心理需求愈来愈迫切，休闲之余，人们更愿意亲近自然、亲近绿色，更渴望健康的绿色风情和绿色产品。城市森林是城市实现人与自然和谐的关键纽带，是提高人类文明，实现生态和谐的有效载体，因此，尽快实施森林县城生态绿化工程，是社会发展的需要。当今时代，城市绿化空间建设已成为衡量一个城市文明进步和可持续发展的重要标志。《中共中央关于构建社会主义和谐社会若干重大问题的决定》指出，人口资源环境压力是影响社会和谐的最突出矛盾，实现

生态环境明显好转是构建社会主义和谐社会的主要目标，实施林业生态建设和环境治理工程，是推进社会主义和谐社会建设的重要举措。这为我们在新时期加快城市森林建设，促使人与自然和谐发展指明了方向。

绿化水平的高低，能显示一个城市的发展水平和文明程度，海原县新区作为海原县的又一政治、经济、文化、教育发展中心，因此新区绿化建设必须高标准，要把生态文明建设和新区建设紧密结合。统筹人与城市、自然的和谐发展，是构建和谐社会的重要标志之一，是实现全面建成小康社会宏伟目标的必然选择，是生态良好的文明之路，也是构建和谐社会赋予林业最主要、最根本的时代任务。县城绿化，能够提升城市品位，改善人居环境，能为社会提供广阔的休闲、度假和文化教育的空间场所，使人们不必花费太多的精力和资金，享受到美好的自然环境，达到亲近自然，陶冶情操，修身养性之目的，使人们在回归绿色、回归自然的过程中培育热爱生活，热爱文明的美好品德，增强自觉保护生存环境的意识。绿化建设是生态公益林业，属于社会公益事业，它的建设与海原县的社会、经济相辅相成。生态建设质量和标准的高低，能直观地反映当地的生态面貌，精神素养和文化底蕴。因此，绿化建设具有重要的现实意义和长远的战略意义。因此，历届政府真抓实干，咬定青山不放松，一任接着一任干。海原县先后在新老县城进行了高规格的造林绿化。

海原县城利用牌路山40多年的已有绿化成果，通过10多年的林相改造，现已初步建成5 000亩春有花、夏观果、秋赏叶、四季常青的县城森林公园，成为县城7万多人休闲娱乐的好去处。

海原县西山洼绿化是海原县环城绿化的主要组成部分，总绿化面积1 595亩，总投资1 033万元。2015年绿化面积750亩，树木主要有油松、云杉、刺槐、旱柳、香花槐、红叶李、山杏、山桃，共计13.14万株，投资670万元；2016年绿化面积380亩，树木主要有油松、云杉、河北杨、沙枣、山杏、山桃，共计8.3万株，投资760万元（含土地整理）；2017年绿化面积465亩，树木主要有云杉、新疆杨、山杏等，共计5.4万株，投资273万元。

海原县新区（海兴开发区）建设是宁夏党委、政府对海原县可持续发展提出的战略决策，是顺应民意，抢抓国家实施西部大开发战略的历史机遇的重要举措，是贯彻落实《国务院关于进一步促进宁夏经济社会发展的若干意见》的重要举措。其建设过程林业首先要走在前面。坚持以人为本，生态优先战略，以创建生态园林城市为目标，营造良好的城市形象。2008—2013年，完成新区一期规划的造林绿化任务28 205亩，其中，27条道路共计绿化植树8600亩；苋麻河景观带绿化植树3 030亩；新区凤凰山山体绿化总面积

15 000亩（其中重点绿化工程5 000亩）；大转盘绿化植树208亩；小转盘绿化植树47亩；行政中心广场绿化植树300亩；森林公园绿化植树540亩；城市公园绿化植树480亩。使新区的森林覆盖率达到了30%以上。走进海兴开发区，绿树成荫，一个现代化的森林城市初具规模。

县城森林公园、海兴开发区造林绿化建设是一项影响面广，工程任务艰巨，工作难度大，公众参与性很强的工作，充分利用电视、广播、学校、农村党员活动室、黑板报、宣传标语等各种场所和媒体，进行广泛的宣传，切实提高公众的参与意识。深入宣传《中华人民共和国森林法》《中华人民共和国野生动物保护法》，从而提高了干部群众依法保护生态的法治意识。严肃查处各类乱砍滥伐、乱垦滥牧、乱捕滥猎、破坏公共设施的违法行为。发现一起严肃查处一起。做到有法必依，执法必严，违法必究，切实保护了造林绿化成果。

建立领导目标责任制，强化组织领导，成立项目建设领导小组，组长由主管县长担任，下设办公室于林业局，局长兼办公室主任。层层落实任期目标责任制，每个项目责任到人。项目建设依靠宁夏发改委、科技厅、林业局并在其指导下工作。并成立绿化建设技术专家组，每项工程实施前，必须由专家组论证审定。制订技术方案，严把技术关。培训专业管理人才，参与绿化的建设与管理。工程建设针对性地引进一些适用于工程建设和区域特点的先进技术，增加工程建设科技含量。科技支撑要紧紧围绕工程建设的重点、难点问题，突出重点，筛选了一批如截干造林、缠膜造林、节水灌溉等技术成熟、适用面广、投资少、见效快、效益好的科技成果为工程建设服务。

六、多措并举求突破 湿地保护显成效

湿地是地球上水陆相互作用形成的独特生态系统，是自然界最富生物多样性的生态景观和人类最重要的生存环境之一，在蓄洪防旱、调节气候、控制土壤侵蚀、促淤造陆、降解环境污染等方面起着极其重要的作用。人类社会和湿地在长期的相互作用中已形成了紧密的联系，即使未排水的沼泽湿地也已经为区域经济的发展提供了重要的物质基础。在过去的几个世纪，人类对湿地的利用主要集中在湿地排水和围垦上。如沼泽排水发展农业和畜牧业；森林湿地排水发展林业；围湖造田、造地发展农业和建筑业；深挖库塘灌水来发展养殖，吸引野生水禽；泥炭被开采作燃料，发展园艺业。这些开发形式目前在许多地区仍在进行。湿地面积的减少、湿地水质的改变、湿地生物多样性的降低已成为湿地退化的主要过程。为防止这些过程的进一步恶化，保护现有湿地，恢复退化湿地，

几十年来，海原县多措并举、湿地保护成效显著。

截至2013年，海原县湿地总面积稳定在6.1万亩左右，占全县总土地面积6.8%。其中，李俊海子1.1万亩、郑旗苋麻1.3万亩、石硖口库区1万亩、关桥河1.9万亩、甘盐池盐湖湿地2.9万亩。这些湿地，已成为海原县重要的"心肺"。

近代，由于干旱日趋加剧、过度垦荒、滥牧，海原县湿地环境质量下降。受全球自然变化的影响和人为破坏，海原县自20世纪60年代开始逐年干旱，十年九旱，三年两头旱，现已纳入中部干旱带，致使土地产出效率低下，林源萎缩、面积萎缩，水功能萎缩，湿地生态环境恶化，湿地环境质量下降。水土资源植被破坏严重，湿地功能衰退，由于湿地沿岸开荒种地、毁泉开荒，水土资源植被遭到严重破坏，严重影响了流域生态，使得河流来水量不均匀，河流中泥沙含量增大，造成河床不断淤积，并使湿地面积不断减小、功能衰退。水资源的不合理利用已严重威胁着湿地的存在，随着水资源市场化的不断进展而有不断加重的趋势。农业生产和生活用水不关心生态、环境用水；过度从湿地取水、或开采地下水等。由于水资源的不合理利用，导致下游缺水，大量植被死亡。湿地保护管理体制及法律法规不完善。湿地的保护与管理所涉及的部门较多，政令不统一，再加上相应的法律法规也不完善，没有专门的湿地立法，导致不同部门，在湿地开发利用方面各行其是、各取所需，利益矛盾突出，而出现问题又难以协调，无法把湿地作为一个完整的生态系统来对待，这对湿地的保护和合理开发利用影响很大。

湿地保护，一贯坚持的原则是正确处理好资源保护与合理开发的关系；当前利益与长远利益的关系；局部利益与全局利益的关系。按照自然地带的递变规律，在不同的自然地带内选择有典型性和代表性的湿地区域建立湿地保护的示范区。根据湿地的特殊功能，对湿地生物多样性的保护，使在湿地生活的国家重点保护的动植物都能够得到就地保护，使湿地成为遗传多样性、物种多样性、生态系统多样性和景观多样性。

海原县湿地保护采取的主要措施：在石硖口设置机械围栏，由围栏柱和铁丝网片组成。围栏柱是长方柱体，高1.7 m，宽、厚各为10 cm，埋深60 cm，柱上共加4道铁丝网，每6 m栽一个围栏柱，围栏柱由钢筋水泥浇注。总围栏76 km。其他湿地根据封禁范围大小和人、畜活动及危害程度，设专职和兼职护林员进行巡护，并在沟口及交通要塞设卡，加强封育区管护，每5 000～6 000亩雇用1个管护员进行巡护。在苋麻河区域的西北面栽防护林1.88万亩，在离水域较近的地方栽桎柳，远点栽新疆杨、柳树等。对李俊海子水库进行了加固维修，新修了关桥方堡水库，为湿地保护奠定了坚实基础。

第六节　"十三五"海原县生态文明建设

21世纪是生态文明的时代，这已成为全球的共识。随着人类经济社会、科学技术和生产工艺的不断发展，人类对地球资源的开发力度远远超出了资源和环境的承载范围，全球环境资源的有限性决定了国际冲突发生的必然性，为占有更多环境资源，各国在方方面面进行着激烈博弈，环境问题已成为一个国际问题。为解决环境问题，就必须创新人类社会文化价值观，改变传统经济增长方式与消费方式，调整和协调社会各主体间的利益关系，改革宏观政治决策的机制，革新传统技术体系，将这一系列的变革融合到一个统一的发展观框架中，就必须进行一场综合的环境革命。这场综合环境革命的结果，就是建设生态文明。"十三五"规划编制在即，为此，针对"海原县生态文明建设"提出以下观点。

一、生态文明特征与海原县生态文明建设的意义

（一）生态文明的概念

生态，指生物之间以及生物与环境之间的相互关系与存在状态，亦即自然生态，自然生态有着自在自为的发展规律。所谓生态文明，是人类改造生态环境、实现生态良性发展成果的总和；它是人们在对工业文明的反思中提出的一种新的文明形式，是工业文明发展到高级阶段的产物；它以尊重和维护生态环境为主旨，以可持续发展为根据，以未来人类的继续发展为着眼点，强调自然界是人类生存与发展的基础，人与自然环境共处共融等。

我国提出加强生态文明建设，是实现全面建成小康社会奋斗目标的内在需要，是深入贯彻落实科学发展观的重要内容。建设生态文明，不同于传统意义上的污染控制和生态恢复，而是克服工业文明弊端，探索资源节约型、环境友好型发展道路的过程。在思想上，要正确认识环境保护与经济发展的关系；在政策上，应从国家发展战略层面解决环境问题；在措施上，应实行最严格的环境保护制度；在行动上，要动员全社会力量共同参与保护环境。

党的十六届五中全会提出了建设社会主义新农村的重大战略任务，并明确了建设社会主义新农村的目标和要求是"生产发展、生活宽裕、乡风文明、村容整洁、管理民主"，这一要求体现了经济建设、政治建设、文化建设、社会建设和生态文明建设"五位一体"

的发展布局。党的十七大报告进一步要求深入落实科学发展观，"坚持生产发展、生活富裕、生态良好的文明发展道路，建设资源节约型、环境友好型社会，实现速度和结构质量效益相统一、经济发展与人口资源环境相协调，使人民在良好生态环境中生产、生活，实现经济社会永续发展"。党的十八大报告也着重提出把生态文明建设放在突出地位，融入经济建设、政治建设、文化建设、社会建设各方面和全过程，努力建设美丽中国，实现中华民族永续发展。党中央提出的这些理论为我们确立了农村建设的新目标，表明了在全面建设社会主义新农村过程中，不仅要发展物质文明、精神文明和政治文明，还要促进农村的生态文明建设，生态文明是新农村建设的合理内涵，也是全面提升新农村软实力的有效途径。

（二）生态文明的特征

综合众多学者对生态文明的描述，可以把生态文明归纳为生态理念、生态行为、生态制度以及生态产品等层面。

1. 人与自然和谐相处的生态文明理念

在生态文明语境下，要认识到人与自然是一个有机整体，人的生存发展依赖于人类所生存的自然界所提供的物质、能量和信息。人类既有利用自然的权利，也有保护地球免受人类活动威胁的义务，人类利用和改造自然的程度不能超过生态系统的承载能力，人类有责任为子孙后代留下一个清洁干净和健康的地球。

2. 人类的行为要有利于实现经济社会可持续发展

建立生态经济模式，要实现产业结构的生态化，发展循环经济，实现物质的多次循环利用，要进行生态化技术创新，为发展生态经济提供技术支撑。

3. 建立有利于地球生态系统稳定的生态消费方式

建立这种消费方式就要求摒弃过去的"消费理念至上"的消费主义、享受主义价值观，建立从资源环境实际出发的适度消费、绿色消费等生态消费观。

4. 公正合理的生态制度

从国内层面来看，主要是指建立生态化的法律、法规和制度以及生态化的考核评价体系。从国际层面来看，主要是指建立应对生态危机的全球治理机制，倡导全球治理和世界公民理念。

5. 建设生态文明最终要落实到生态产品的生产与消费上，生态产品是生态文明的物质形态和实体保障。县级生态文明是实现上述目标的有效载体。

（三）生态文明的内涵

1. 理论内涵

建设生态文明包括生态意识文明、生态制度文明和生态行为文明，同时要推进生态民主建设，发挥人民群众在生态文明建设中的主体作用，即保证人民群众的生态文明建设知情权、参与权和监督权。

2. 实践内涵

生态文明观的核心是"人与自然协调发展"。在政治制度方面，环境问题、生态文明要进入政治结构、法律体系，成为社会的中心议题之一；在生产方式（经济建设）方面，生态文明建设要不断创新生态技术，改造传统的物质生产领域，形成新的产业体系，如发展循环经济、生态农业和绿色产业等；在生态环境保护方面，生态文明建设要治理受污环境、优化生态功能，着力构建自然主导型还原体系；在社会生活方面，生态文明建设要构造自然和谐的人居环境，培育节约友好的生活方式和消费意识；在精神文化领域，生态文明建设要创造生态文化形式，包括环境教育、环境科技、环境伦理等。这几个方面相互影响、相辅相成、紧密联系。

（四）海原县生态文明建设的意义

1. 生态文明建设是海原县实践科学发展观的基础

建设中国特色社会主义，必须建立符合社会发展要求的文明形态。生态文明与科学发展观在本质上是一致的，都是以尊重和维护生态环境为出发点，强调人与自然、人与人以及经济与社会的协调发展；以可持续发展为依托；以生产发展、生活富裕、生态良好为基本原则；以人的全面发展为最终目标。海原县生态文明建设必须以科学发展观为指导，反过来生态文明建设是海原县实践科学发展观的内在要求和坚实基础。

2. 生态文明建设是解决海原县当前面临突出问题的客观需求

海原县长期以来生态环境恶劣，靠天吃饭现象严重。随着工业化的发展和人口的增加，资源制约加剧、能源瓶颈凸显等问题在很大程度上制约着海原县经济社会发展，同时面临着人与自然如何和谐发展，如何加强环境教育，增强生态文明意识，改变公众生产、生活和消费观念等新的问题。生态文明建设将给予海原县新的发展机遇和提出更高的发展目标，是促进解决当前面临的突出问题，实现和谐、持续、健康发展的重要的保障。

3. 生态文明建设是海原县构建和谐社会的内在要求

和谐社会是指社会内部诸要素之间处于一种相互协调、稳定，并互相促进的状态，它包括社会结构的和谐、社会阶层结构和谐、人与社会的和谐、人与人之间的和谐以及人与自然之间的和谐。其中人与自然的和谐是指人与自然环境和谐共处、共同演进，人类尊重自然、保护自然、合理开发利用自然资源，自然资源更好地为人类服务，人们在良好的环境中生存和发展。近年来海原县一直就构建和谐社会而努力，体现了生态文明建设是海原县建设和谐社会的内在要求。

4. 生态文明建设是海原县可持续发展的战略基础

生态文明理念将对指导海原县未来的可持续发展，最终实现人与自然的和谐，尤其在海原县城市化进程和小康社会建设中，将起到举足轻重的作用。在未来城市化建设中，生态文明建设可以促进海原县真正成为社会安定文明、生态环境优美、文化生活繁荣、社会风尚良好、人民安居乐业的现代文明社会。同时，海原县把生态文明建设同招商引资、发展生态旅游业有机结合，又可以有效缓解其资源制约矛盾，克服其面临的资源和环境瓶颈，实现经济发展与资源环境的良性互动。

5. 海原县是实施国家"两屏三带"生态文明建设的重要区域

全国生态保护与建设规划（2013—2020年）中将我国划分为几个区，宁夏海原县既是黄河中上游地区防护屏障又是"三北"风沙综合防治带，所以海原县在宁夏和我国西部地区乃至国家生态文明建设中有着举足轻重的作用。海原县大部分地区是限制开发区，南华山是国家级禁止开发自然保护区，提供生态产品，绿水青山、美丽家园、清洁空气。海原县生态文明建设关系到国家生态文明的整体建设。

二、海原县概况

（一）自然概况

1. 地理位置

海原县位于宁夏中南部，地处宁夏中部干旱带，隶属宁夏中卫市，地理坐标为东经105° 09′ ~106° 10′，北纬36° 06′ ~37° 04′。县境东与固原市原州区相连，南与西吉县接壤，西临甘肃靖远县、会宁县，北濒中卫市沙坡头区、吴忠市同心县，总面积4 989.55 km²，总人口47.03万人。海原县是集干旱山区、革命老区、回族聚居区于一体的农业人口大县，是国家扶贫工作重点县。

2. 地形、地貌及气候

海原县的地势是由西南向东北方向倾斜，海拔1 336~2 955 m，最高点是南华山的马万山首峰2 995 m，最低点是兴隆乡的李家湾。海原县位于黄河中游丘陵山区，地貌属陇中山地与黄土丘陵区，按其形成条件、分布规律和主要特征可将全县城地貌分为山地、黄土丘陵、山间川—塘—盆地和河流冲积平原四种类型，其中丘陵面积占全县总面积的70%以上。

海原县地处黄土高原鄂尔多斯盆地过渡带，年降水量300~450 mm，年蒸发量2 000~2 700 mm，温热的不同步常常导致"十年九旱""三年两头旱"、风大沙多。全年平均大风日数29 d，水土流失严重，流失面积4 406.8 km²，占总土面积的89%，每年流失地表土1 417万 t。水资源短缺，地下水动储量3 807万 m³，人均仅102 m³。据测算，干旱地区人口密度临界值7~12人 /km²，而到2003年年底海原县的人口密度已超过了50人，造成土地垦殖居高不下，土壤退化，植被稀疏，生态环境脆弱。受地理位置和生态环境制约，自然植被盖度只有26%~60%，主要有针茅类、蒿类、刺旋花、锦鸡儿等，呈干旱草原和荒漠草原景观特征。天然林具有植物地理温带性质鲜明，植被区系成分及群落结构简单，植被群落单一，旱生生态特征显著，植被分布规律明显等基本特点。

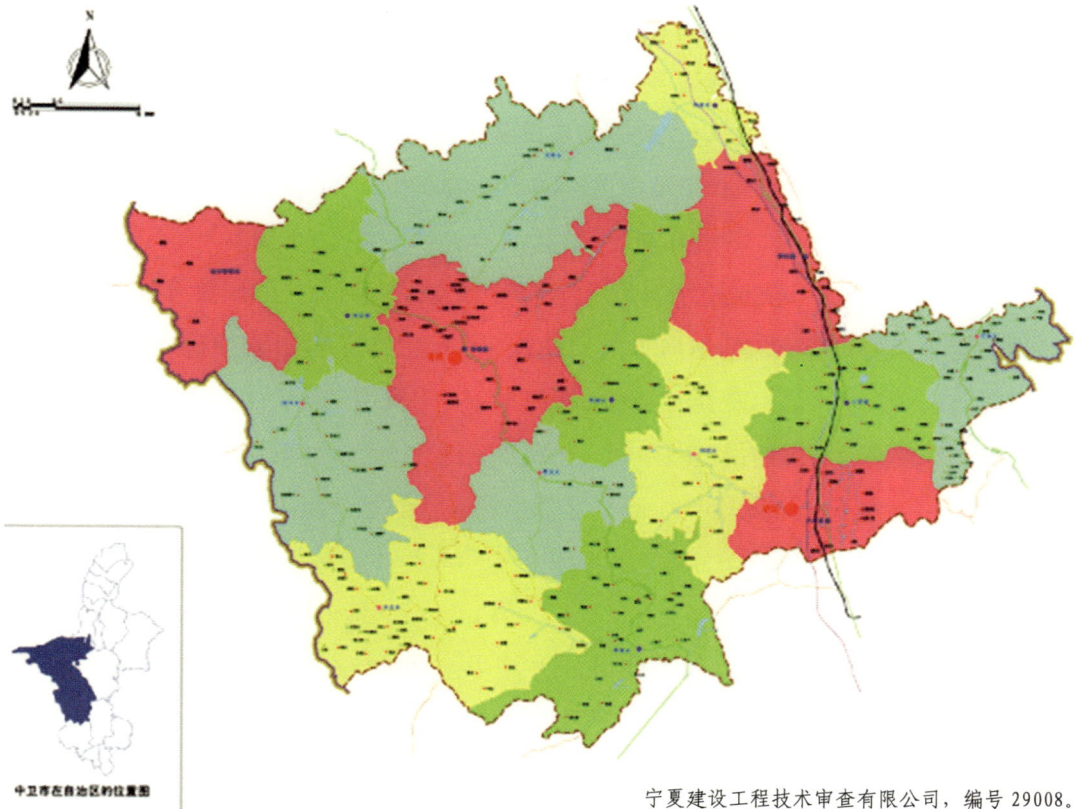

宁夏建设工程技术审查有限公司，编号 29008。

图9-47　海原县镇村规划图

3. 水文地质

海原县水文地质区域可分为三大区，即北部风沙干旱丘陵区、中部干旱黄土丘陵区和南部半干旱山地丘陵区。共有水资源1.22亿 m^3，其中年平均地表径流量0.839 6亿 m^3，地下水储量3 807万 m^3。水资源贫乏，且时空、地区分布不均，降雨大部分集中在7、8、9三个月和南中部地区。北部水源奇缺，地表水量少，水质差；地下水埋藏深，灌溉利用价值很低。南部山区虽有水量和大小不同的河流水系，但实际利用率较低。

（二）资源概况

1. 矿产资源

海原县的矿藏有金属和非金属。金属主要是铜，其次是锰和铁，其中铜矿的分布面积比较集中，主要分布在南、西华山，共有14处，距县城海城镇25~45 km，各处储量均不上万吨，开采价值不高，锰和铁量更少，不便开采。

非金属矿藏主要有石膏、白云岩、陶土、砖瓦黏土、砂砾石、池盐等。石膏在海原县的储量最多，在25 000万 t 以上，主要位于海城镇35 km 处。硫酸钙含量在80% 以上，具有较高的开采价值。冶镁白云岩地质储量达5 900万 t，氧化镁品位在21% 以上，主要分布在兴仁、曹洼、史店、海城镇等乡镇。

海原县地下煤资源十分贫乏，鸭儿沟煤矿藏量还不到0.1亿 t，硫铁矿储量5.9万 t 左右，甘盐池的原盐矿储量大约0.02万 t。整体来看，金属和非金属矿藏资源贫乏。

2. 水资源

海原县地处黄河一级支流清水河西岸，水资源短缺，除兴仁平原属黄河右岸诸沟外，其余地区皆属黄河一级支流清水河水系。清水河沿东北部县界过境。麻春河、苋麻河、中河自西而东注入清水河。麻春河上的石峡口水库是宁夏南部最大中型水库。西华山北麓有盐池。李俊南分布地震滑坡堰塞湖。共有水资源1.22亿 m^3，其中，年平均地表径流量0.839 6亿 m^3、地下水储量3 807万 m^3，北部水源非常缺乏，而南部水源相对丰富，但利用率很低。

3. 农业资源

土地资源：全县土地总面积4 989 km²，其中，耕地1 667 km²、园地14 km²、林地697 km²、草地2 059 km²、城镇村及工矿用地164 km²、交通运输用地44.7 km²、水域及水利设施用地34.8 km²、其他用地308.5 km²。其中项目区可利用土地约36 km²。

林业：主要树种有落叶松、油松、云杉、杨树、臭椿、刺槐、柠条、山杏、山桃、沙棘等。全县栽培果树品种共有10科25种58个品种。主要以苹果、梨、花红、杏为主，其次有红枣、葡萄、李子等。

养殖业：主要养殖牛羊和对牛羊肉进一步的深加工。

4.旅游资源

海原县有较丰富的自然、人文资源。1920年海原县8.5级"环球大地震"遗迹，距今5 000多年的"菜园文化"遗址，西夏李元昊避暑行宫遗址、九彩坪拱北等，具历史和科考价值。公元1042年，西夏王李元昊携爱妃没移氏栖居之地灵光寺，行宫依山而建、亭水相映、飞檐斗拱、绵延数里。境内五泉竟冽、华山叠翠，自然景观奇丽壮观。公元1081年被宋将李宪烧毁，但遗址尚存。民间称为西华山的天都山石窟位于天都山东麓腰部，共6窟。宋庆历二年，西夏天授礼法延祚五年（1042）前后，夏主李元昊在天都山削壁筑台凿窟（今祖师洞）为游猎避暑宫，即石窟之始。宋夏后期，石窟逐渐演变为佛、道信徒朝拜、上香寺庙。石窟在明万历年间、清和民国年间曾重修。因自然侵蚀和人为破坏，窟内原塑及窟外建筑均毁，尚存清至民国修缮洞窟碑记。山上建有庙祠佛像，有祖师洞、玉皇洞、三宫殿、土地洞、法王阁、观音洞等6窟，为宁夏重点文物保护单位。另外还有西安州古城、菜园文化、始建于清代的九彩坪拱北等。

（三）社会经济概况

2014年实现地区生产总值38亿元，增长9.1%；地方公共财政预算收入1.58亿元，增长25.9%；固定资产投资58.7亿元，增长27.9%；城镇居民人均可支配收入17 570元，增长8.3%；农民人均可支配收入5 766元，增长12.2%；社会消费品零售总额8.3亿元，增长11.8%。

三、海原县生态文明建设的基本原则

（一）总体思路

到2020年，海原县生态环境得到改善，国家级南华山禁止开发自然保护区生态服务功能增强，重点治理水土流失，生态系统的稳定性明显加强，防灾减灾、净化空气和应对气候变化能力明显提升，生态保护与建设和区域经济发展协调推进，做好国家"两屏三带一区多点"的国家生态安全屏障区域，努力建成生态环境良好县城。

（二）指导思路

1.生态为基，协调发展

正确处理经济发展、社会进步与生态环境保护的关系，毫不动摇地坚持生态为基、环保优先方针，坚定不移地把生态文明建设放在更加突出的战略位置，将生态文明建设全面贯穿和深刻融入经济、政治、文化和社会建设各方面和全过程，实现人口资源环境相均衡、经济社会生态效益相统一，促进经济、社会、环境协调可持续发展。

2. 环保倒逼，优化发展

充分发挥资源节约和环境保护工作对经济发展转型升级的倒逼、促进作用，切实做到在保护中发展，在发展中保护。把调整优化结构、强化创新驱动和生态环境保护结合起来，从生产、分配、流通、消费的全过程入手，更加突出资源环境在发展中的基础性、约束性作用，制定从严从紧的环境经济政策，倒逼和促进经济发展方式转变，实现绿色发展、循环发展、低碳发展。

3. 以人为本，民生为先

把以人为本作为生态文明建设的出发点和落脚点，切实解决损害群众健康的突出环境问题，努力提供更多优质生态产品，打造美丽、宜居、幸福家园，最大限度地满足人民群众对良好生态环境的热切期盼，让人民群众共享生态文明建设成果。

4. 标本兼治，科学施策

把转变发展方式作为生态文明建设的核心，不断提升全民生态文明意识，从源头上解决生态文明建设深层次矛盾和问题。综合运用行政、法律、经济、技术等手段，着力破解生态文明建设面临的突出矛盾与紧迫问题，促进生态文明建设工作整体推进。

5. 党政主导，社会参与

把生态文明建设提上各级党委政府的重要议事日程，放到更加突出的位置，切实发挥组织领导、规划引领、资金引导的作用。坚持走群策群力、群防群控的群众路线。着力强化企业生态意识和社会责任意识，加强环境保护，减少污染排放。普及居民生态文明意识，倡导公众积极参与，引导全民共建共享，形成生态文明建设的强大合力。

（三）发展目标

到2020年，森林覆盖率、蓄积量继续实现双增长，森林生态功能显著提高；遏制水土流失和土壤沙化程度，主要河湖生态水量得到基本保证；重点生态区农田基本实行保护性耕作；城市建成区绿化覆盖率稳定并有所提升；生态脆弱区贫困人口生产生活水平明显提高。

表 9-1　海原县生态文明建设的主要指标

主要指标	2010 年	2015 年	2020 年
森林生态系统			
森林覆盖率 /%	8.1	9.38	10.5 以上
森林蓄积量 /km²	11 827		
林地保有量 /km²	697	697	700 以上
草原生态系统			
"三化"草原治理率 /%	7	8	14
荒漠生态系统			
可治理沙化土地治理率 /%	18	21	27
湿地与河湖生态系统			
自然湿地保护率 /%	45	48	55
重要河湖水功能区达标率 /%	83	84	86
农田生态系统			
农田实施保护性耕作比例 /%	51	52	58
城市生态系统			
城市建成区绿化覆盖率 /%	22	30	35
防治水土流失			
水土流失治理率 /%	58	62	64
年土壤流失量 / 万 t	1417	1417	1350

四、20 年海原县生态文明建设的成效

海原县近些年非常重视生态环境的保护和建设，生态建设、生态修复、节能减排、水土流失治理、防沙治沙、生态林业、园林绿化、湿地保护和生态移民等方面取得了一定的成效。

（一）生态建设成效较好

编制完成了《海原县林地保护利用规划（2013—2020年）》。扎实推进林权制度改革，林地确权发证面积217万亩。南华山国家级自然保护区晋升工作顺利通过国家林业局、环境保护部报部评审。以"三山五流域"（即南华山、西华山、月亮山，清水河流域、园河流域、苋麻河流域、杨明河流域、贺堡河流域）为重点，大力开展春秋季植树造林，严把标准、严格质量，建设苗圃2 000亩，完成营造林12万亩、退耕补植补造13万亩，苗木成活率达到95%以上。征用道路两侧绿化用地2 264亩，平整绿化带7 163亩，补植树木

13.8万株。按照"宜草则草、宜林则林、宜封则封"的原则，加快生态移民迁出区生态修复，恢复生态70万亩。森林覆盖率由8.1%提高到了9.38%。加大树木管护力度，出台了《海原县绿化树木管理暂行办法》《海原县造林质量管理暂行办法》，抚育树木5.3万亩394万株。建成南华山等森林防火远程视频监控系统，安装监测报警器7处，配套森林防火器材3 700套，森林防火能力进一步提高。围绕银平、黑海等6条主干道路，全面开展大整治大绿化工程和农田水利基本建设，拆除违章建筑、破旧房屋16.6万 m²，清理五堆3.2万 m³，粉刷墙面24.1万 m²，整理土地4万亩，治理水土流失面积32 km²。

（二）生态修复步伐加快

坚持宜林则林、宜草则草、宜灌则灌、分类治理的原则，以"三山五区"为重点，加大造林绿化力度，重点启动3 000亩城市森林公园和南华山国家级自然保护区建设，全面绿化城市街道和6条主干道路，打造福银高速10 km绿化景观长廊，完成封山育林3万亩、人工造林7.5万亩、主干道路绿化补植5 700亩。按照"山顶绿草戴帽、山坡绿树缠腰、山下绿色种植"的愿景，采取生态修复和工程治理相结合，大力实施"坡改梯"工程，修复、保护生态植被。积极鼓励企业、个体承包造林，努力形成多渠道、多元化的生态造林新模式，提高群众造林、护林、养林和保护生态的积极性。

（三）国家级南华山自然保护区获批

2002年，宁夏已将南华山列入区级自然保护区重点建设范围，在"十二五"期间获批国家级自然保护区。保护区北起海原县的园河，南至曹洼乡的水冲寺，南北长35 km，东西宽25 km，总面积87 500 hm²，保护区面积20 100 hm²，其中核心区6 800 hm²，占总面积33.83%；缓冲区6 700 hm²，占总面积33.33%；试验区6 600 hm²，占总面积的35%。南华山共有维管植物59科206属426种，其中，被子植物59科199属416种，裸子植物2科5属6种全部为人工栽培种，有国家Ⅱ级保护植物蒙古扁桃、短芒披碱草、华北驼绒藜，发菜等4种；尤其是蒙古扁桃的发现，将该植物在我国的分布区域向南移了近300 km，另外，南华山还是短芒披碱草、麦宾草、短芒草等三种植物的原生境。有脊椎动物23目49科131种和92个亚种，两栖类3种，爬行类10种，鸟类15目19科90种，有国家Ⅰ保护动物金雕，Ⅱ级保护动物有岩羊、草原鹛等18种。有昆虫18目104科323种。

（四）节能减排顺利开展

着力推进了绿色发展、循环发展、低碳发展，建立严格的节能减排制度，坚决淘汰落后产能。加强环境监测和执法检查。关闭县城小锅炉，有条件的全部实行集中供热。推进污水、生活垃圾、废弃物等环保设施建设，实施七营、李俊农村环境集中连片综合整治项目，强化农村面源污染治理。严守耕地保护红线，确保耕地保有量229万亩、基本农田183万亩。大力开展全民节水活动，实施县城供水精细化管理，筹措开工建设中南部饮水安全联通工程海原县受水区项目，完善新、旧水厂设施，改造供水管网，保证供水安全。实施西河、贺堡河道治理和海子、下堡子等扬水灌区节水配套工程，全面完成土地整理项目，改善灌溉面积1.8万亩，新增基本农田3万亩。

（五）水土流失综合治理有成效

海原县总土地面积4 989 km²，其中，水土流失面积4 406.8 km²，占总面积的89%；其中，水力侵蚀面积达到4 387.8 km²，风力侵蚀面积达到19 km²，多年平均侵蚀模数1 000~7 600 t/km²。海原县通过坡耕地改水平梯田、未平整的坡耕地种植紫花苜蓿，建设养殖园区，除实施坡改梯以外，其余坡耕地实施退耕还林工程，改善生态环境，增加群众收入。通过坡改梯工程的实施，使土壤流失量大幅度降低，地表径流大量就地渗透或转化为地下水，变过去的跑水、跑土、跑肥的"三跑田"为保水、保土、保肥的"三保田"。

五、海原县生态文明建设存在的问题

虽然经过全县人民的努力，生态文明建设取得了一定的成效，但仍然存在诸多问题。

（一）单位 GDP 综合能耗高

2013年全县能源消费总量为37.8万 t 标准煤，单位 GDP 能耗（2010年不变价）为1.29吨标准煤 / 万元，完成小康目标的46.5%。海原县域经济发展基本还处于"工业化"初级阶段，随着工业化水平的不断提高，此项指标要达到小康目标0.6 t 标准煤 / 万元，任重道远。"十三五"期间要在招商引资方面提高引进标准，着重引进低能耗、低污染、劳动密集型、科技含量高的产业，同时，继续推进节能降耗工作，单位 GDP 综合能耗要继续控制在国家下达的基数内。

（二）农药、化肥使用不合理

农药在农业生产中防治效果好，使用见效快，可以降低劳动强度，节约费用；化肥在农作物增产方面起到很大作用。正因为如此，农药、化肥的使用量和种类都不断增多，而对农药、化肥的不合理使用，盲目使用毒性强的农药、化肥等行为则严重影响了生态平衡。农药本身产品结构造成的污染，化肥、农药使用过量及利用率低下等，正在成为海原县农村环境污染中的突出问题。一些农药虽然急性毒性较低，但却有较高的慢性毒性或三致毒性（致畸形、致突变、致癌变），施用后会造成更严重的潜在危害。长期对农药和化肥使用不当会使其大量残留在土壤、农作物、水体中，造成土壤板结，水体富营养化等问题，此外还会造成对环境及农产品的污染。以氮肥为例，在中国化肥生产消费中，氮肥占的比例最大（约占生产总量的80%，消费总量的70%），我国耕地施用氮肥量已名列世界前列。而施入土壤中的氮素却只有30%~40%被作物利用，约20%被作物的根、茎及土壤微生物固定在土壤中，而40%~50%被水流失或分解进入空气中。一些农药经雨水冲刷等有一部分落入土壤中，造成土壤的农药污染，使土壤结构变差，土壤板结，肥力下降，残存于土壤中的农药还对生长的作物和土壤生物有不利的影响。大量的农药、化肥还会随着雨水、灌溉及地表径流被冲刷到江河湖海中污染水源，造成水体的富营养化。不合理使用化肥和农药还会造成农作物中硝酸盐或重金属含量超标以及农药残留量增加，特别是蔬菜、水果如果残留大量农药将会对人们的身体健康造成威胁。

（三）能源利用方式落后，生态破坏严重

在农村很多地方，利用的能源主要是薪材和煤炭，液化气、沼气、电气等清洁能源利用率则不高。随意焚烧秸秆、稻草等农作物的现象屡禁不止。农作物秸秆利用极不合理，40%未被有效利用，大量被作为燃料焚烧，在产生大量的二氧化碳的同时，也给环境中带来了大量烟尘，不仅资源没有得到有效合理的利用，而且对环境造成了污染。除此之外，许多乡镇没有建立起沼气系统，未能有效利用人畜粪便、秸秆等转化为照明、燃料能源。

（四）对生态环保的投入不足

生态环境保护，是一个高投入，低产出的公益行业，财政投入与效益矛盾突出。环保工作无疑需要资金的大力支持，发达国家环境治理的经验表明，要控制环境恶化的趋势，环保投入须达到 GDP 的1.5%，要使环境改善须达到 GDP 的2.5%。环保资金要超过国内生产总值的1.0%~1.5%，才能有效控制环境污染。资金的大量投入可以相应地使人力和科技的状况得到转变，从而使农村的生态状况得以改善。海原县是国家级贫困县，GDP 总量不大，投入到生态环保的经费更是有限，这将在很大程度上制约海原县生态文明建设的开展。

（五）民众的生态意识淡薄

生态环境意识是调节、引导和控制人们环境行为的内在原因，公民的环境意识状态如何将直接影响到生态环境的维护和治理。目前海原县民众普遍生态意识淡薄，在生产方式上追求产量的最大化和劳动的最小化，缺乏人与自然和谐相处的可持续发展意识，不注重自己的行为对环境所造成的影响，在利用能源时不是想怎样能使其得到高效有效的利用，而只是想怎样才能使利益最大化；在运用化肥、农药时不是想怎样能减少其对周围环境所造成的污染，而只是想怎样使产量达到最高。对于收益性较差的林木，无人

种植，积极性不高；对于生态环境问题的基本态度有严重偏差，即只顾眼前，不讲长远，重实际问题而轻环境教育，没有真正认识到环境保护的紧迫性。

（六）旧村改造实施难度大

海原县辖区范围内有相当部分的村庄建设存在建筑陈旧、道路狭窄、社会服务设施简陋不全、居住环境差、建设品位不高的现象。海原县急需旧村改造的村庄可分为两类，一类是县城城中村及近期建设区域的城边村，因其与县城地区景观反差明显，影响城市整体景观与功能的改善与完整性；另一类是村庄发展具有一定的实力，但各项设施较为落后，需通过改造增强集聚能力的村庄。在海原县空间布局和城镇化过程中，目前由于缺乏行之有效的村庄建设规划，政策配套尚未全面推行，改造资金困难等诸多因素，新农村建设中，旧村改造难以实施。

（七）村庄环境保护形势严峻

村庄环保存在的问题主要表现在村庄农副产品加工业、养殖业与居民生活造成的环境污染逐年增加，畜禽粪便污染呈加剧趋势，与农业生产相关的化肥、农药以及农膜污染危害加剧。同时村庄排污设施相当薄弱，因此环境污染和生态破坏日益严重，农村生态环境的总体状况不容乐观，并对城市造成了较大的影响。

（八）草畜产业发展规模有限

草畜业是海原县农业循环经济的核心，是农业县域建设生态文明的主攻方向。草畜产业的发展能有效解决畜牧业和生态文明之间的矛盾。近些年来，海原县虽然建成三河镇红城村、贾塘乡王塘村、九彩乡新庄村、海城王井村万亩优质牧草生产示范基地4个，千亩以上连片种植点32个，但草畜产业在农业总产值、农户收入中所占比重仍然较低，没有形成规模的草畜产业龙头企业和养殖大户带动。

六、"十三五"期间海原县生态文明建设的重点任务

在"十二五"生态文明取得重大成效的基础上，海原县仍然要多方动员、多管齐下，争取在"十三五"期间，生态文明建设上一个新台阶。

（一）大力建设生态产业体系

1. 大力发展现代生态农业

（1）通过建立科技示范基地扩大优质农产品生产规模，积极推进"双城带动"战略，大力推进生态农业生产基地、无公害农产品、绿色食品和有机食品种养殖基地建设，为城乡居民提供优质、安全的农产品，切实保障"米袋子""菜篮子"的有效供给和质量安

全。进一步扩大香水梨、红葱、独头蒜、压砂瓜等经济作物的生产规模，产生规模经济，提高农民的生产积极性。在"十二五"期间这些经济作物的规模很小，没有产生规模效益，在"十三五"期间要重点依托科技示范基地，加强科技研发，带动农户，改进品种、提高产量。

（2）实施农业清洁生产　加强农业面源污染防治，大力推广土壤改良技术，提升土壤有机质含量和养分水分保蓄能力。抓好传统农业向现代农业的转变，大力推广多种生态种养模式，建立生态种植模式，坚持土地用养结合，扩大绿肥种植面积，采用配方施肥技术，改善土壤肥力。推广使用高效、低毒、低残留农药及生物农药，全面推广测土配方施肥，鼓励使用有机肥或有机无机复混肥，实施农药化肥减施工程，减少农药化肥使用量。

（3）建立生态循环农业模式　进一步拓展农业循环产业链，探索种养结合、生态养殖、农业废弃物资源化利用等生态循环农业模式。大力推进大中型沼气工程、秸秆育菇基地及政策鼓励生物有机肥厂建设。推广规模化养殖场污染达标排放发展模式。加强农作物秸秆综合利用，提高农业废弃物综合利用率。

2. 大力发展生态旅游

重点保护建设菜园遗址、西夏李元昊避暑行宫遗址、西安古城遗址、蒙元文化中心、民俗文化中心、海原县城地震地质公园与地震博物馆。着力打造以"花儿、口弦、剪纸、刺绣"等为主题的非物质文化遗产及红色文化游和西华山老爷寺、南华山水冲寺、天都山石窟生态休闲游两条旅游线路。海原县域旅游线路应结合自治区、中卫市和固原市规划建设的旅游线路相结合。规划远期海原县重点开发建设的线路有两条。

（1）文化旅游线路　银川市旅游区—工业物流园区—菜园遗址、西夏李元昊避暑行宫遗址—海原县城—西吉将台堡—六盘山长征纪念馆—六盘山旅游区（丝绸古道）。

（2）生态旅游线路

沙湖—贺兰山国家森林公园—沙坡头旅游区—海原县城—南华山—月亮山—须弥山石窟、丹霞地貌—六盘山国家级自然保护区—崆峒山。

（3）休闲度假旅游的开发　依托湖泊、乡村资源与环境，大力开发多样化的休闲度假旅游产品。加强休闲度假与生态农业、休闲体育、房地产、会展、文化等产业的联合互动。如利用三叉河现有的香水梨基地，在三叉河、北城梁东侧再发展小杂果、香水梨1700亩连片栽植，形成海原县独具特色的香水梨观赏采摘园区。

3. 大力发展草畜产业

发展草畜产业是建设生态文明的有效举措。草畜业是农业循环经济的核心，是农业县域建设生态文明的主攻方向。建设生态文明不仅是植树种草，保护环境，而是从根本上转变发展方式，调整产业结构，实施粮草轮作，全面改造和提升传统农业、高产、高效、优质型农业，以生态文明的理念大力发展循环经济。把草畜产业作为调整农业结构的重点。因此，大力发展草畜产业不仅是海原县农业结构调整，转变发展方式的需要，也是打造农业循环经济示范区的需要。"十三五"期间，建设高产优质苜蓿示范基地1万亩，扶持饲草生产加工企业及合作组织3家；标准化牛羊养殖场100个，牛羊规模养殖户600户，牛、羊饲养量分别达到25万头、175万只。

4. 加快发展新能源产业

依托现有华电集团、华润集团开发风电项目的重大机遇，加快风电场建设，充分开发南华山、西华山、呱呱山等重点区域风能资源，在2015年建成的2个百万千瓦风电场的基础上，加快风能的利用力度，切实减少其他能源的消耗量。依托振原光伏发电专案，加快招商引资，建成工业物流园区、曹洼等区域120 MW太阳能光伏发电厂，进一步扩大太阳能的利用力度。

5. 提升发展现代生态物流业

依托海兴开发区2010年建成的工业物流园区，招商引资，大力发展生态物流业，实现对各种物流功能、要素的整合，改善物流环境，降低物流成本，做大物流产业。加快培育一批现代物流重点企业，发展一批拥有自身核心业务能力的本地骨干型物流企业，形成以第三方、第四方物流企业及供应链服务企业为主体的物流产业群，促进企业内部物流社会化水平提高。加强运输工具的噪声和尾气管理，建立绿色运输模式。

（二）建设生态人居体系

1. 强化生态移民村庄的建设与发展

海原县全县有近15.7万贫困人口生活在重点生态脆弱区、生态核心区、地质灾害区、地震断裂带和偏远山区，且干旱缺水，居住分散，生产生活条件十分恶劣，一方水土养活不了一方人，依靠传统的扶贫方式，投入成本大，难以从根本上摆脱贫困。采取生态移民，挖掘发展潜力，从根本上解决贫困问题。

全面完成"十二五"剩余4 093户16 348人的移民搬迁任务。突出后期扶持和管理，以改善移民生产生活条件、发展移民经济、维护社会稳定为主要任务，统筹整合项目资金，全力抓好海城山门等6个县内移民安置区后续产业培育，重点扶持发展特色种养业，大力开展技能培训，努力让移民群众有稳定的收入来源、有增收致富的产业和技能。进一步完善安置区基础设施，提高医疗、教育等公共服务水平，加强村级组织和社会治安管理，确保移民"搬得出、稳得住、管得好、逐步能致富"。

2. 推进美丽家园建设

坚持以人为本的发展理念，以绿色海原县、美丽乡村、绿色交通、清洁家园和宁静家园建设为重点，大力改善人居环境，加强基础设施投入，建设幸福宜居家园。

（1）建设绿色海原县　首先，大力植树造林。深入实施绿色海原县战略，继续提升海原县绿化水平。继续加大绿化造林扶持力度，推进生态防护林、景观林和村庄绿化建设，加强高标准农田林网建设，大力推进造林绿化工程。2013年全县城市建成区绿化覆盖率为10%，完成40%小康目标的25%。自2010年以来，全县城市建设规划面积逐年扩大，但绿化面积并未增加，因此4年间下降了近8个百分点。2013年全县城市规划面积为3.27万亩，依此推算绿化覆盖面积为3270亩。根据"三规合一"建设用地预测，到2020年全县城镇建设用地为4.6万亩，绿化面积要达到1.84万亩才能完成小康目标，此指标根据规划预测已确定无法完成。"十三五"期间，要加强牌路山森林公园的扩展建设，切实改善县城绿化覆盖面积。

第二，优化绿地系统。在"十三五"期间对县城的主干道环城路和穿越县城的中静公路、海西公路绿化全部补植，树种有国槐、垂柳、白蜡、刺槐、云杉。对黎庄、南门、西门的农田、荒山，营建县城防护林。在南华山的山门队，沿南华山东北坡营建水源涵养林。县城主干路绿化带面积占道路用地的比率不得低于25%，次干路和支路不得低于20%。中静路、永乐街两侧绿化带宽30 m，外环路、北坪路、政府东西街两侧绿化带宽20 m。绿化带每株苗木距离不小于5 m，每段有丁字路口的绿化带要留相应的路口，"丁"字形路口两侧路沿石要统一按45°角设计。树种选择以"适地适树"为原则，首选当地生长的乡土灌木树种山杏、山桃、柽柳、海棠等景观树种。行道树宜按"一路一树"方式栽植，首选适合当地生长的旱柳、河北杨、刺槐等树种。为防止病虫害，又能取得较好的绿化景观效果，宜搭配适当的其他乔木和灌木，广场、公共绿地可选择适量观赏树木或名贵树种。

如若项目完成后既有环县城的防护林，有清洁水源的涵养林，有休闲娱乐的生态公园，也有香水梨采摘观赏园，从而使县城生态公园的面积达到8.25万亩，占县城总面积的20%；水源涵养面积为1.37万亩，占县城总面积3.3%；城市防护林面积2.76万亩，占县城总面积6.7%；特色果品观赏园区0.17万亩，占总面积的0.04%；使绿化面积由现在的2.25

万亩增加到6.48万亩，森林覆盖率由现在的4.2%增加到15.7%，年大风扬沙天数由30 d减少到15~20 d。

第三，建设生态公园。海原县生态公园，尤其是牌路山生态公园的建设，能够提升城市品位，改善人居环境，能为社会提供广阔的休闲、度假和文化教育的空间场所，使人们不必花费太多的精力和资金，享受到美好的自然环境，达到亲近自然，陶冶情操，修身养性之目的，使人们在回归绿色、回归自然的过程中培育热爱生活，热爱文明的美好品德，增强自觉保护生存环境的意识。计划生态公园建设东西长10 km，南北宽5.5 km，占地5.25万亩，主要建设内容为牌路山生态公园7 873亩，城市防护林27 600亩，水源涵养林14 800亩，经济林1 700亩，苗圃600亩。

在"十三五"期间按照规划，对城区9处市级公园绿地进行建设。利用海原县城区周围三面环山的有利地形，将城市西边西山公园和东边、南边的牌路山公园规划为城市森林公园，满足居民休闲度假的同时，为城市环境提供环城生态屏障，为城市输送"绿氧"，是城市的呼吸通道。

"十三五"期间继续完善"一二三四五"的绿地系统，即，一条环县城绿化带宽度50 m，二座山（牌路山和西山）生态绿化，三个广场绿化（人民广场、文体广场、北部商业广场），四个公园绿化（城市森林公园、南苑公园、海城公园、西河坡地公园）；五条主道路绿化（北坪路、中静路、政府街、永乐街、防洪渠）；从而形成点、线、面相结合的生态绿化景观于一体的绿地系统，呈现出一派"绿"在城中，城在"绿"中的环境效应，绿化率达到20%以上。

（2）建设美丽乡村　第一，开展美丽乡村示范村创建。2009年海原县海城镇的王井村、2011年海原县三河镇黑城村、2013年海原县高崖乡三汾湾村、2014年海原县李旺镇红圈村先后被自治区评为生态村；2010年海原县海城镇被评为优美乡镇。利用示范村的示范效应，鼓励其他乡村积极学习示范村，积极创建美丽乡村，在"十三五"期间，争取有5个乡村再获此殊荣，从而提高乡村的生态建设。

第二，全面开展村庄环境整治。全面推进村庄环境整治和农村环境连片整治，扩大整治范围，提升整治效果，实现农村环境连片整治全覆盖，彰显"自然山水美、田园风光美、乡村环境美"的生态品牌。"十三五"期间重点整治生活垃圾、生活污水、乱堆乱放、工业污染、农业废弃物。加快农村无害化卫生户厕改造步伐，有条件地区实施无害化户厕和农村生活污水处理设施一体化建设。村容整洁是减少城乡收入差别，实现共同富裕的必要步骤。

第三，实施村庄美化绿化工程。"十三五"期间加强村旁、宅旁、水旁、路旁以及零星闲置地块的绿化工作，营造通村道路两侧绿色长廊，建设一批成片林和集中绿地，构建高标准农田防护林体系。完善村内道路、水系、基础设施和公共服务配套，实现道路硬化、路灯亮化、沟渠净化、环境美化。

第四，加强文明和谐乡风建设。"十三五"期间加大居（村）务公开力度，完善民主议事机制，拓宽农民利益诉求表达渠道。全面推行"一委一居（村）一站一办"的"网格化"社会服务管理模式，开展社会主义核心价值观教育，加强社会公德、生态道德、职业道德、家庭美德和个人品德建设，开展新农村、新家庭、新文化创建活动。完善村规民约，引导农民群众遵纪守法，诚实守信，倡导健康生活方式，融洽村社邻里关系，树立文明和谐新风。深入开展和谐社区、平安社区创建活动，努力提升农民群众的幸福感和满意度。

（3）建设绿色交通　第一，完善公交基础设施建设。贯彻落实公交优先战略，构建方便快捷的公共交通网络体系。加快公交基础设施建设，增加公交线路和公交密度，让人们出行更加便利，从而减少自驾车对环境和道路的压力。海原县现有的公交线路太少，交通管理部门组织人员进行合理的科学的规划，增加线路的同时优化公交车线路。

第二，倡导绿色出行。优化城市功能和布局规划，推广智能交通管理，缓解城市交通拥堵。合理确定公共交通出行费用，鼓励城乡居民选择公共交通工具出行。是否可以建设自行车交通系统，发展城市公共自行车。大力发展新能源、清洁能源交通，倡导购买小排量、新能源等节能环保型机动车。

（4）推进生活垃圾无害化处置　2013年，全县城市生活垃圾无害化处理率为100%，已完成85%的小康目标。"十三五"期间，要继续提高城市生活垃圾的无害化处理能力，提高生活废品的回收水平和城市生活垃圾分类能力，建立完善的城市垃圾收运系统。具体来说，应重视垃圾处理厂的建设，改进垃圾焚烧技术，完善农村生活垃圾"村收集、镇转运、县处理"的处理模式，同时积极开展垃圾分类行动。推广生活垃圾分类收集和分类处理，扩大垃圾分类覆盖面，提高生活垃圾减量化、资源化和无害化处理能力。建立生活垃圾、餐厨垃圾产生单位排放登记制度，研究制定垃圾分类处理收费政策，探索推行垃圾计量收费。推进餐厨废弃物资源化利用和无害化处理，完善餐厨废弃物收运体系，基本实现城区餐厨废弃物集中处理设施全覆盖。建设完善的生活垃圾无害化处置系统，达到并保持100%的无害化处置率。城市生活垃圾近期统一运送到海城镇三岔河村北侧的垃圾填埋场（现状垃圾容量21万 m^3）卫生填埋，实现垃圾无害化处理。

（5）建设宁静家园 第一，加强施工噪声控制。严格建筑施工噪声申报审批制度，加强建筑工地管理，建设噪声自动监测系统，对建筑施工进行实时监督。以噪声环境敏感区域与敏感时段为重点，加强市政建设、建筑工地、道路施工等噪声污染防控。严格审批夜间施工作业，减少夜间噪声污染。强化相关职能部门配合，实施联合防控，有效减轻噪声污染。

第二，加强交通噪声控制。进一步加强车辆噪声的防治管理。完善城镇道路系统，改善路面状况，开展降噪渗水路面建设。在噪声敏感区路段采取声屏障、绿化防护带、隔声窗等降噪措施。严格控制机动车机械噪声，倡导车辆低噪使用。调整优化城市机动车禁鸣区，全面落实禁鸣措施。

第三，加强社会生活噪声防治。加强社会生活噪声源的监督管理，突出对饮食业、宾馆、饭店、娱乐场所等服务业噪声源的监管，使其边界噪声达到国家规定的环境噪声标准。禁止商业经营活动在室外使用音响器材招揽顾客。加大生活噪声社会化管理力度，对室内装修进行严格规范。加强宣传教育，做好社区的噪声污染控制。

（6）建立绿色能源 在"十三五"期间县城全面开通天然气管道，让家家户户用上天然气，能够有效降低燃煤带来的环境污染；对于离县城较近的乡镇可以进行天然气管道的铺设，逐步全面地推进绿色能源的使用。

（三）部分基础设施的完善

1. 水源地的改造

供水水源按近、中、远三个阶段予以考虑，以地表水为主，地下水为辅。"十三五"期间保留城区南北的两个水厂，一个位于黎明路的老水厂，一个位于万福街和永和巷的交叉口，占地面积为1.4 hm²。对位于万福街和永和巷的交叉口的水厂进行扩容改造，以满足城区的供水。

2. 污水处理厂改造

"十三五"期间将城区内污水集中送入城市东北方向东盛路以东的现状污水处理厂处理，远期在王井村建一污水处理厂，城区污水以西河路为界，西河路以西由南向北排向新规划的王井村污水处理厂，西河路以东由南向北排向新规划的王井村污水处理厂。王井村污水处理厂处理污水规模为3.4万 m³/d。污水经二级生化处理后，作为城市再生水水源或者就近于农灌及其他生态用水。生活污水应先经化粪池等预处理设施进行处理后方可排入市政污水管网。

3. 县城排水管网建设

（1）排水体制采用雨污合流制。城区规划控制面积1 448.5 hm²，以西河路为界，西河路以西汇水面积349 hm²排向西河，西河路以东汇水面积1 099.5 hm²雨水汇入城市排水管网。

（2）传统加工业生产区应优先引进具有工艺和环保设施的企业，远期规划用水循环利用率达到92%以上。工业企业处理后的污水须符合《城市污水处理厂污水水质排放标准》（GB8978—88），方可接入排水管网。

（3）沿城区东侧东盛路敷设 d1000 mm 污水主干管，其他污水干管以及支管在区内呈枝状形式沿场地内较低处的道路敷设。区内最小污水管径为400 mm。

4. 供热工程建设

本着远近结合、逐步完善的原则，根据近期和远期供热面积的不同，使用相应的设施标准，分期建设。

为了节约土地、节约利用能源，规划从分散式供暖转向集中供暖。城区按北、中、南、西四个区域布置集中供热设施。"十三五"期间保留现有的两处集中供热锅炉房，一处位于惠民路与中靖路交叉口，规模为120 MW，配置3台40 MW 热水锅炉，用地面积1.1 hm²，主要解决城区中部公共建筑和居住建筑采暖问题；一处位于万福街与文萃路交叉口，规模为160 MW，配置4台40 MW 热水锅炉，用地面积1.9 hm²，主要解决城区南片区公共建筑和居住建筑采暖问题。在城区西边靠近产业园区新建一处供热站，规模为80 MW，配置2台40 MW 热水锅炉，用地面积0.8 hm²，主要为产业园区和周围用地供热；在中静路与运通路的交叉口规划一处供热站，规模为120 MW，配置3台40 MW 热水锅炉，用地面积1.3 hm²，主要为城区北边供热。

供热方式为不间歇供暖，供热系统采用机械循环、闭式双管系统。供热管网干管采用无缝钢管直埋敷设，埋深不应小于最大冻土深度。供热站分两支沿次干路敷设，满足公共建筑与居住建筑的供热需要，主干管最大管径400 mm。为提高集中供热设施的利用率，规划地块新建集中供暖住宅应按分户设置热量表的热计量方式进行设计；公共建筑宜采用集中供热分户计量方式进行设计或设置单独的室外系统。

（四）建设其他环卫设施

1. 公共厕所的修建

按《城市环境卫生设施规划规范》（GB 50337—2003）设置公共厕所，每平方公里设置不少于5座公共厕所。除工业用地和村庄建设用地外，到2030年需再设置30座。公共厕所独立设置时每处用地面积100 m²，建筑面积不小于60 m²。设在其他建筑内部时每处建筑面积不得小于40 m²。

2. 垃圾箱及废物箱的设置

废物箱的设置应满足行人生活垃圾的分类收集要求。在道路两侧的废物箱，其间距按道路功能划分：商业、金融业街道每50 m 一个，主干路、次干路每80~100 m 设一个，支路每100~200 m 设一个，公园及公共绿地内沿路每60~80 m 设一个废物箱。

3. 购买环卫车辆及环卫停车场扩建

现有小型垃圾车4辆，按海原县城人口2辆／万人配置，近期需增设20辆，远期增至40辆。环卫停车场按每辆大型车用地面积不少于150 m²计算，在富民路西侧需建大型停车场，用地面积6 000 m²。

4. 增加环卫人员

根据要求环卫人员按海原县城人口的千分之二配备，近期需300人，远期需500人。现有环卫人员116人，还不满足城市环卫需求。

（五）大力弘扬生态文化

1. 拓宽生态文明宣传渠道

创新生态文明宣传的形式，扩大生态文明宣传展示基地，实施丰富多彩的环境培训项目，开展群众喜闻乐见的环境宣传活动。在报纸、广播电视台、政府门户网站开辟生态文明专栏，及时发布环境质量信息，投放环境公益广告，普及生态文明知识，树立生态文明先进典型，曝光大环境违法和生态破坏事件。利用环保政务微博、社交网络、手机短信平台等新媒体，不断创新生态文明宣传教育形式。采取专题讲座、研讨会、成果展示会等形式，组织生态文明理念宣传活动和科普活动，将生态文明观念融入每个人的生活中，形成爱护生态环境的良好风气。

2. 开展生态文明主题宣传活动

围绕生态文明建设的目标任务，结合世界环境日、地球日、世界水日、无车日、湿地日、植树节、低碳日等重要时间节点，广泛开展主题鲜明、形式多样、生动活泼的宣传教育活动。加强生态环保法治专题宣传教育，不断提升全社会的生态环保法律意识。开展"生态文明使者""生态文明社区""生态文明学校""生态文明单位"等评选活动，激发社会各界的生态文明建设热情，树立生态文明建设模范。

3. 倡导生态文明行为

倡导生态文明行为，树立人与自然和谐理念，构建生态文明价值体系。党政机关带头开展反浪费活动，严格落实各项节约措施。全面推广政府绿色办公与绿色采购，政府部门和新建政府投资项目强制使用节能节水节材产品，降低各级党政机关人均综合能耗，扩大通过低碳认证、环境认证的政府采购范围。引导企业自觉遵守环保法律法规，节约资源，预防和减少环境污染，建设企业生态文化。鼓励和支持企业实行产品绿色设计和绿色制造，使用绿色材料和环保包装材料，建立健全绿色产品质量监督体系。在全社会大力倡导节水、节能、节电等低碳生活方式，全面推广绿色消费，倡导绿色出行，引导公众选购节能节水型产品，抵制高能耗、高排放产品和过度包装，自觉进行垃圾分类，减少垃圾产生。

（六）建设生态文明的制度体系

生态文明的制度体系是同政治建设的结合点。生态文明的投入机制、建设机制、考核机制都应该通过制度的形式规范。首先，可否试着通过基金的形式增加生态文明的投入，改变政府单一投入模式。其次，政府领导班子的考核不能只考核 GDP 的增加，更应该注重生态环境建设的成就，我们既要金山银山，更要青山绿水。

（七）重中之重的任务

1. 南华山国家自然保护区的进一步建设。

2. 强化水土流失的综合治理。

七、海原县加强生态文明建设的途径

（一）加强污染防治工作

首先，建议海原县出台政策，鼓励建立"有机肥厂"，政府给予补贴，从而能够降低农业面源污染，也能够提供有机绿色的产品。其次，要求加强污染防治工作，将污染对环境的影响降到最低。要严格禁止和惩治化肥、农药、地膜等对农村环境造成的污染问题。制定政策鼓励使用有机肥，对农药、化肥等化学品的使用要有明确的标准和规定，要制定农田施肥的限量指标，即根据不同土壤、作物、气候、水文与农业生产条件等制定防止产生污染的农田施肥限量。第三，要加强农药环境安全管理，减少不合理使用造成的危害，鼓励开发利用高效、低毒和低残留的化学农药。积极推广深施、包膜、缓释、配方施肥、测土施肥、农业防治、物理防治等技术，要积极推广增产和防治效果明显、对环境安全、对人畜低毒、低残留的先进技术，提高农药、化肥的利用率，降低流失率。第四，定期对农田施肥对环境的影响进行监督与评价，根据考察结果对农药、化肥的用量与种类进行相应的调整。第五，对农村畜禽粪便以及生活垃圾的处理也是建设生态文明所需做的努力，对一些畜禽养殖业的污染物排放要制定标准，此外还要促进秸秆、沼气等的综合利用，以减少其对环境所造成的污染。要从饲料、肥料、燃料和工业原料等领域开拓秸秆综合利用渠道，大力推广秸秆还田、秸秆气化技术和其他综合利用措施，开发工业利用秸秆新途径，提高秸秆的综合利用率。对乡镇企业的污染要在产前、产中、产后等各个环节进行控制，从源头上减少污染，在生产环节的末端高效地处理污染，着重发展污染物排放少的产业，对污染物要进行高效的处理。对未达到有关标准、不符合国家规定的企业要对其征收排污费，对其进行限期整治。到2020年化肥农业零增加率。

加强饮用水源地保护，确保农民饮水水质达到国家规定标准。积极引导科学施用农药、化肥，加强污水灌溉管理，防治农村面源污染。加大规模化畜禽养殖污染防治工作力度，实现畜禽养殖污染物的资源化综合利用，建立有机肥加工厂，大力推进环境优美乡镇建设，带动农村环境保护工作达到一个新水平。

（二）发展高效、生态的集约型农业

建议农业生产实行规模化生产，具体可鼓励农业大户、外地农商承包土地集中经营，从而降低成本，提高效率。过去海原农业实行的是传统的、粗放型经营模式，为了改善生态环境，达到建设农村生态文明的目标，要使农业向着高效、生态的集约型现代农业方向发展，变粗放型为集约型，变传统型为现代型，要充分认识这是一场革命。集约经营是解决资源有限和经济发展矛盾的根本途径，是改善海原县农业生态环境的必由之路。在农村实行集约型的增长方式是指主要依靠提高农业要素生产率（土地生产率、劳动生产率、资本生产率）来增加农业产出，而不是依靠投入生产要素的增加来实现其增长。由粗放型向集约型转化是农业生产发展的客观必然，为了改善目前海原县农村严重的环境污染和生态问题，海原县农业必须走集约经营的路子，实现农业增长方式的转变。对于传统的耕作方式和耕作制度，要进行科学合理的改进，提高土地利用率和产出率，在提高单位面积产量上下功夫；对于资源，要对其进行科学开发、利用，提高其综合效益。集约型农业应该是低投入、低消耗、低污染与高产出、高质量和高效益的农业，为了达到这个目标，循环经济理念应运用到海原县整个农业的建设中，它对于改善农村生态环境、提高资源利用率会起到很大的作用。

循环经济是一种物质闭环流动型经济，它以资源的高效利用和循环利用为目标，以减量化（Reduce）、再利用（Reuse）、再循环（Recycle），以低消耗、低排放、高效率为基本特征，达到物质资源的有效利用，实现社会经济和环境的可持续发展，对于改善海原县农业的现状有很大的作用。发展循环经济还要求转变当前不合理的生产方式。传统

的生产方式对资源进行的是掠夺性开发，只顾眼前而不顾长远；对资源进行的是浅层次加工，利用率低；对环境的污染大，严重破坏生态。要对海原县生产方式进行彻底的改变，实行绿色文明的现代生产方式，大力发展循环经济，努力形成有利于节约资源、减少污染的生产模式、产业结构和消费方式，走一条科技含量高、经济效益好、资源消耗低、环境污染少的农业现代化路子。

（三）培养生态意识，加强生态宣传教育

建议对公众进行生态文明的"养成"教育，提高生态文明的养成素质。公众的生态意识水平是衡量一个国家和民族文明程度的重要标志，也是实施可持续发展的社会思想基础。只有生态文明观的发展和成熟，才能为生态文明建设提供持久的动力支持和价值导向。提高广大农民群众的生态意识和综合素质，是搞好社会主义新农村生态文明的关键。生态意识是重视和爱护生态以达到人与自然和谐共生的自觉意识和责任意识，是生态文明建设的重要内容，是物质文明和精神文明建设的基础性工程，对树立科学发展观和构建社会主义和谐社会起着非常重要的作用。

要改变海原县过去农民视自然为"原料厂"、为"垃圾场"的错误意识，停止盲目开发、破坏生态的行为，应充分认识人在自然中的地位，与自然和谐相处。生态文明的意识包括节约能源的意识、保护环境的意识等内容。树立生态文明的意识，要求在人们心目中树立崇尚自然、保护环境的生态伦理道德精神。生态文明的意识还要求人们改变片面追求 GDP 增长而忽视资源和环境问题的倾向，要在海原县全县形成人人尊重自然、敬畏自然，爱护自然、崇尚自然的良好的社会道德风尚。

树立生态文明观要求唤起农民的生态忧患意识、强化其生态道德意识。自然界是人类赖以生存和发展的家园，当前的农村生态问题日益严峻，在帮助农民树立生态文明观的过程中，首先要使他们认识到当前环境问题的严重性，树立忧患意识和危机意识，使其意识到如果不对环境加以保护，对当前的破坏置之不理只能最后威胁到自身的生存与发展，因此激发其保护自然环境的责任心，确立人与自然和谐共生的生态观。

此外还要强化生态道德，使全县人民自觉承担农村生态文明建设责任，树立起生态文明方面的意识，在实践和思考中认识和了解自然规律，从小养成尊重环境、善待环境和呵护环境的习惯。另一方面，要在社会教育中也纳入生态教育的内容，以作为对学校教育的延续和补充。农民科学文化素质的高低，从整体上影响着农民的资源观、环境观和发展观，因此要不断提高海原县农民的科学文化素质，这是提高农民生态文明水平的重要基础。科学文化素质较高的农民，有正确的生态环境意识，在推进新农村建设的同时，就能重视环境保护工作，形成人口、环境与发展的良性循环。特别是对党政机关各级干部要带头宣传环境保护和生态建设的重要性，使全县上下充分认识到加强农村环保工作的紧迫性，引导人们自觉培养健康文明的生产、生活方式，增强他们的生态环境意识，要加强生态环境保护方面的培训，全面提升生态环境保护与社会经济发展的综合决策能力和实践能力。

（四）加大资金投入和政策扶持

建议开发新型投资模式，如采取基金的形式将政府、农民、第三方的资金集中在一起进行生态文明的建设。在建设社会主义新农村的伟大事业中，建设生态文明需要加大资金的投入力度，不断加大对农村基础设施和社会事业投入，在资金上支持农村生态环境保护的有关管理、监测、科研机构建设等，要千方百计争取国家对新农村建设的资金投入，逐步提高财政预算中的农村生态环境建设的支出比例，并优先纳入国民经济社会发展规划和新农村建设规划中。要研究制定支持发展农村循环经济和节约型新农村建设的财税和收费政策，加大公共财政对农村资源节约管理和农村节能改造的支持。此外，海原县政府和财政部门在进行预算时，要有一定的政策倾斜和措施保证生态文明建设，把财政投入的方向转向环保技术与清洁生产技术领域，要加大新农村生态建设的科技投入。支持开发节约资源与保护环境的农业新技术，努力突破发展农村循环经济和生态环保产业的技术瓶颈，提升农业生产技术和装备水平。

除此之外还要通过多渠道筹集资金，加大社会投入的力度，通过制定优惠政策等吸纳社会、企业和个人对新农村生态文明建设的资金投入，鼓励和引导工商资本、民间资本和县外资本参与生态农村基础设施和公共事业建设，建立和完善政府引导、企业推进、公众参与的多元化投入机制，对这些资金要保证专款专用，确保足额到位，提高利用率。对一些污染大户，要督促其缴纳税金、罚款，还要坚持"谁污染、谁付费，谁受益、谁负担，谁开发、谁保护"的原则，保证稳定有效的环保资金投入。

生态建设绝非一蹴而就，而是一个长期的动态过程。但随着全县各界人士的共同努力和公众生态意识的不断增强，生态文明建设也将日臻完善。

第七节　南华山自然保护区

一、南华山自然保护区申报背景

南华山翠草青青、树茂林丰、山泉潺潺、鸟语花香，以其独特的水源涵养效果正被越来越多的人所熟知，被海原县人亲切地称之为"母亲山"；山间的地震遗迹，人类历史遗迹更被世人注目。

2002年，宁夏已将南华山列入区级自然保护区重点建设范围；2004年，宁夏人大代表在宁夏回族自治区第九届人民代表大会第二次会议代表议案上提出了关于建立南华山区级自然保护区的议案，目的在于保护该地区的自然环境，自然资源和生物多样性，维护生态平衡，保护南华山水源涵养林工程的建设成果。因此，建立南华山区级自然保护区是一项造福当代，惠泽子孙的千秋功业。

2004年批复成立南华山区级自然保护区。这次南华山区级自然保护区聘请区内著名的植物、动物、土壤专家带领海原县林业、农业、畜牧、水利、统计、气象、土地、文化等单位的20多名技术人员经过现场详尽的调查、取证、分析认为，南华山植物地理成分相互渗透、汇集，使其地理成分复杂多样，并具有明显的过渡性，南华山从南向北位于草甸化森林草原到干草原向荒漠化草原的过渡地带。

这次还被纳入保护区的有菜园新石器文化遗存，南华山、西华山区域内海原县1920年大地震遗迹。

二、保护区地理位置

南华山自然保护区位于宁夏中部的中卫市海原县，位于县域中心部位，其地域范围分别包括海城镇、史店乡、曹洼乡、红羊乡、树台乡和西安镇的部分区域。其地理坐标为东经105°31′~105°44′，北纬36°20′~36°33′，呈西北—东南走向，长约26.4 km，宽约19.2 km，总面积为20 100.5 hm²。

按照自然保护区功能区划要求，保护区被区划为实验区、缓冲区和核心区三个功能区。保护区周边与海原县的四乡二镇接壤，东南以乱堆子、洼里、老虎崾岘、柳树湾、黄麻湾、石塘为界，西部以种田沟、水担沟、新庄子、崾岘、阳洼、王坡、龚湾为界，北部以菜园、野狐坡、刺儿沟、安桥堡、小山、山门、芦子沟、油坊院为界。四至界限以标牌、宣传栏、巡护道路及铁丝围栏为明显标志。

三、南华山自然保护区评价

南华山自然保护区是海原县人热爱大自然的基地。我们知道中国许多古刹名山、皇家园林、富家宗祠和历史园林，由于有专人管理，实行封山护林，广植树木、为当今保存下来了，许多完好的山林，也同样保存了很多在自然状态生存的珍禽异兽、名花奇树，以及丰富的文化历史遗迹，客观上都是自然保护区的巨大作用，也成为人们热爱大自然的最好基地。

建立自然保护区，能有效保护海原县现有的动、植物资源，建立自然保护区，能提升海原县的知名度。因为自然保护区是反映一个地方精神文明，经济繁荣和社会进步的重要标志。

1. 生物资源评价

（1）典型性　南华山属半干旱地区山地森林、灌丛、草原和草甸等多种类型的生态系统和重要的水源涵养地，植物区系多样，由于许多地理成分相互渗透和汇集，使其地理成分复杂多样并具有明显的过渡性。南华山是海原县人民的"母亲山"，其具较大的水源涵养效应，养育着海原县十几万人口，具有一定的典型性。

（2）多样性　南华山属六盘山外围，全县第一主山，这里山高坡陡，有灵光寺、水冲寺、五桥沟等特殊气候环境。经调查，保护区有维管植物59科206属426种、5个植被类型及14个区系成分；有野生动物23目49科131种和93个亚种，因此具有生物多样性和复杂性。2002年开始实施天然林保护工程，进行了人工围栏，并加强了巡山管护，保护区有灵光寺、水冲寺较大的天然林次生林地，动物、植物数量较大，生态系统多样和结构复杂，具有物种的多样性，遗传多样性和生态多样性。

（3）脆弱性　海原县自然环境严酷，干旱少雨、植被稀疏、风大沙多、水土流失严重，地下水资源严重短缺。生产力发展水平较低，人均年收入不足1 300元，因此，人为活动对自然环境的影响极大；南华山处在干草原植被带，周围环境严酷，极易受周围环境的影响和干扰，生态系统依然很脆弱。

（4）稀有性　自然保护区有生长良好的国家级保护植物蒙古扁桃，南、西华山有1920年海原县大地震的遗迹，这在国内外也比较罕见；南华山又是短芒披碱草、麦宾草、披碱草的原生地和较大面积的中生杂类草草甸，由此可见，该保护区具有独特的中生草地景观。

（5）完整性　作为海原县典型的南华山峰，这里有比较丰富的动、植物资源，自然状态保存完好，生态系统多样且具有自然完整性。

（6）自然性　自然保护区的核心区是落叶阔叶林、灌丛和多种草甸集中分布区，也是多种鸟类和动物栖息和繁殖的场所，这里无人居住，自然状态保存良好。

总之南华山不同的地理环境和适宜的生物小气候，造就了该自然保护区物种多样性，古老远久的天然性、南北生物分布过度的典型性，生态系统地完整性，科学研究的前瞻性。

2. 经济价值评价

（1）水源涵养效果 自然保护区森林、草原资源丰富、对这一区域的保护和建设，能加速改善周边的生态环境，使保护区周边的农业生产环境得到有效的改善，可直接增加农民收入。自然保护区的一大功能就是涵养水源，森林及其草原被誉为"绿色海洋"，森林、草原中的土壤像"海绵"一样可以吸收大量的降水。据测定，每公顷森林涵蓄降水约1 000 m³，10 000 hm²的蓄水量相当于1000万 m³的水库，自然保护区的核心区近6 182.1 hm²，其水源涵养效果可见一斑。

（2）水土流失防治效果 水是生命之源，土是生存之本，林是大地之衣，三者都是人类生存和发展基础资源，水土流失是人们破坏生态环境的严重后果。自然力作用下形成1 cm厚的土壤需要100~400年的时间，林地是土壤最有效的保护层。据测定，在340 mm 降水的情况下，每公顷林地的土壤冲刷量仅为60 kg而裸地高达6 750 kg，流失量比有林地高出110倍，仅核心区6 182.1 hm²，一年可保护土壤冲刷4.2万 t。

（3）保护区资源的价值 保护区资源丰富，据调查，南华山自然保护区内共有维管植物58科203属426种（包括亚种和变种）仅次于贺兰山、六盘山，其蕨类2科2属4种，裸子植物为栽培种有2科5属6种，被子植物59科199属416种，蒙古扁桃属于国家保护植物，有短芒披碱草、麦宾草，披碱草等三种原生境植物，有油料植物14种，淀粉植物4种，纤维植物5种，蜜源植物3种，芳香植物9种，果生植物10种，橡胶及染料植物6种，有毒植物6种。

保护区有脊椎动物23目49科131种和93个亚种，其中两栖类2种，爬行类10种，哺乳类6目13科28种，有国家Ⅰ级保护动物金雕，有岩羊、草原鹛等18种Ⅱ级保护动物，有区级保护动物19种。保护区内有鸟类15目29科90种和72个亚种，其中留鸟41种，夏候鸟31种，冬候鸟5种、旅鸟13种。

这些动植物在宁夏中部干旱带内生存，具有极其重要的经济价值和研究价值。

保护区有昆虫18目104科323属，有森林昆虫139种，有天敌昆虫82种。

四、功能区划

按照区划原则与有关标准，在实地踏查、广泛调研和充分分析的基础上，根据保护区内自然条件、资源特点、科学价值、地貌特征等把南华山自然保护区划分为核心区、缓冲区和实验区三个功能区。保护区南北宽19.2 km、东西长26.4 km，总面积

20 100.5 hm^2，其中，核心区 6 182.1 hm^2、缓冲区 5 235.3 hm^2、实验区 8 683.1 hm^2。

1. 核心区

核心区是保护区的主体和核心。根据宁夏南华山自然保护区生态系统的自然资源、保护对象的集中程度、面积的适宜性以及尽可能避开人为活动频繁区域的原则，划分核心区面积 6 182.1 hm^2，占保护区总面积的30.75%。核心区东南以柳树湾、狼儿子沟、黄石崖、香黄沟为界，西部以鹿角湾、头岔沟、二岔沟、阳凸沟为界，北部以马场梁、水泉子沟、冰沟、狼洞沟、五桥沟、水岔岘、石窑子为界。核心区外围均被缓冲区包围，大部分是林地，包括天然林地和人工林地，有一小部分是草甸，没有人为活动干扰。核心区将完全不受人为因素的干扰和影响，其生态环境会在自然状态下演进和繁衍，最终成为宁夏干旱半干旱地区生物的遗传基因库。

2. 缓冲区

缓冲区分布在核心区外围，形成环状区域，缓冲区面积 5 235.3 hm^2，占保护区面积的26.05%。东南以臭水湾、黄蒿湾、白石头梁、华沟子河、白山头为界，西部以关门山以南盐场窝梁、后沟、路沟湾、石凸里、银洞沟为界，北部以填涝坝掌、马场、石沟、疙瘩山沟、白水河、庙梁为界。一部分为人工林地，另一部分为坡耕地，随着退耕还林还草工程的实施，已经或将要改变为林地或牧草地。

3. 实验区

实验区主要分布在缓冲区外围，位于保护区边界以内、缓冲区界限以外的区域，外围以保护区四至为界，大多位于保护区西南、西北部。实验区总面积为 8 683.1 hm^2，占保护区总面积43.20%。这一区域是对缓冲区有效保护，是自然保护区必不可少的一部分，同时，实验区也是保护区内人为活动相对比较频繁的区域，区内可以在国家法律、法规允许的范围内开展科学试验、教学实习、参观考察、生态旅游、野生动植物引种繁殖等活动。

五、综合评价

2015年，南华山区级自然保护区晋升为国家级自然保护区。对保护区的功能进行了调整。南华山自然保护区是黄土高原西部的重要湿岛和绿岛，是黄土高原周边山地与青藏高原边缘带物种传播廊道上的踏脚石；不仅是黄土高原温带草原地带的典型山地，而且具有一定的原始性，拥有森林、灌丛、草甸、草原等植被型（组），同时还有国家保护植物蒙古扁桃、华北驼绒藜、短芒披碱草和发菜等，有国家保护动物等分布。在区域层面上具有地带性的生态表征，而且因地形起伏和自然人为影响，形成多样化的小生境和一定的垂直分异与植被动态演化，造就了群落和物种的多样性，也使该自然保护区成为中国北方地区研究气候变化生态响应的绝佳地点。

1. 过渡性与复杂性

从气候上看，其地处我国夏季风作用尾闾区，也是半干旱气候向半湿润气候的过渡区。在地貌上，南华山坐落在宁夏南部的黄土高原上，是宁南黄土丘陵区北段的一座土石山地；从构造上看是六盘山、月亮山、南华山、西华山弧形山地的一部分，为侵蚀构造的中山山地地貌，相对高差700~900 m，具有生态环境的复杂性和多样性。

从植被区划来看，南华山自然保护区地处我国温带草原区向荒漠区的过渡地带，位于黄土高原西北边缘。其南与六盘山森林草原区、西南与兴隆山森林草原区逶迤相连接；东与云雾山典型草原区遥相呼应；北接海原县盆地典型草原而后过渡到蒿川、兴仁的荒漠草原和卫宁平原的荒漠区，具有很强的边缘效应。

南华山自然保护区发育了森林、灌丛、草甸、草原等植被型（组），具有以白桦、少脉椴为建群种的乔木群落，由黄瑞香、蒙古扁桃、灰枸子、虎榛子、高山绣线菊、华北丁香、银露梅、沙棘等组成的各类灌丛，由三叶羊茅、黄花棘豆、石生蓼、蕨及其他中生杂类草组成的草甸，由大针茅、铁杆蒿（*Artemisia giraldii* Weber ex Sstechm）、中旱生杂类等为建群种的各类草原，共同组成了南华山自然保护区具有过渡性和复杂性的生态系统。而疏林草原、草甸草原、灌丛草甸带等过渡性植被类型和植被垂直带的存在，更是过渡性的体现。

在植物的区系组成上，植物科属组成虽以北温带成分为主，但热带广布成分、旧世纪温带分布、中亚分布和地中海、西亚至中亚分布等都有分布；种的组成则更是表现出与华北森林地区、西北草原和荒漠地区、青藏高原地区程度不同的联系。也正是这种区系上的过渡性，才造就了其生物组成上的复杂性。

2. 水土保持与水源涵养功能

南华山所在的宁夏南部山区是宁夏水蚀荒漠化的集中发生区，水土流失面积为126.6万 hm²，占区域总面积的75%，其中23.7%的面积年侵蚀模数达5 000~10 000 t/km²，属严重流失区。严重的水土流失带走大量的有机土壤有机组分，会诱发滑坡、崩塌、泥石流等自然灾害。南华山主分水岭南侧的苋麻河是清水河一级支流，属于年内多变的间歇河，其流域是年侵蚀模数在5 000 t/km²以上的严重水土流失区，由于20世纪以来宁夏南部山区的生态建设，尤其是南华山自然保护区建设保护，雨季洪峰已有所削弱，水土流失程度也有所减轻。

南华山分水岭北侧的园子河流域是海原县城及其周边的唯一的饮用水源地，园子河还是清水河的二级支流，其入流的西河是清水河中段的主要补给水源。南华山自然保护区201 km²范围内，林草茂盛，其水源涵养功能对于保障海原县城及周边乡镇供水和黄河支流清水河的水量，都有着非常重要的作用和价值。

3. 科研价值和扩繁基地作用

南华山物种多样性丰富，植被类型多样，多种地理成分互相渗透汇集，过渡性显著，具有重要的科研价值，是一个很好的教学与科研基地和种质资源库。保护区内分布的森林、灌丛、草甸、草原等植被类型之间，无论在时间上还是空间上，都有深刻的关联关系和变化规律，既是气候和自然环境变化的结果，也是人类长期干扰破坏的直接后果。该区域还是气候和环境变化的敏感区域。研究这一区域生态系统类型的分布规律和退化过程，总结群落恢复演替途径和生态恢复技术，既能揭示诸如黄土高原历史时期环境变化的深层原因、群落退化的生境特征等等科学问题；也有助于跟踪研究未来气候变化的生态响应，探索温带生态系统恢复技术和模式，是开展多层次（从景观、生态系统、群落、种群、个体、组织等）生态学研究的典型区域。

南华山过渡性的地理位置加上独特的地形条件，营造了多样性的小生境，提供了独特的生存繁衍、进化空间，对物种的保存、延续具有重要作用。在这样的过渡性区域生活的植物，保留了特有的抗逆性基因，变种和变型多样，是不可多得的宝贵遗传资源，是黄土高原独特山地生态系统重要的物种遗传基因库。保护区非常适合作为临界物种的扩繁栽培基地，使之更大程度地发挥出物种传播的"踏脚石"作用。

4. 必要性

南华山是黄土高原上的土石山地，其所处的政区亦称"西海固"（西吉、海原和固原）地区，是我国西北山区水土流失最严重的地区之一，气候干旱、降水的时空变率大以及土壤的疏松多孔等决定了其非生物环境的易变性和生态系统整体的脆弱性。由于历史和现实的原因该地区的过度开垦种地，超载放牧、战争和人为活动等造成区域的水土流失严重，生态环境恶化、人地关系严重失衡，经济落后和生活贫困，有"苦瘠天下"著称。加之由于干旱，大风等自然灾害的影响，生态环境恶化的趋势非常突出，南华山一带也存在着植被退化、鼠患猖獗、泉眼干枯、水土流失加剧等生态问题，森林和草甸、草原等生态系统自我修复能力下降，稳定性差，脆弱性强。

在我国主体功能区划中，黄土高原丘陵沟壑水土保持生态功能区是国家级限制开发区。南华山自然保护区所在宁夏南部黄土高原丘陵沟壑区无论在国家级还是自治区级的主体功能区划中均为限制开发区，进行生态修复和保护，维护生态安全和保障区域可持续发展，是其建设方略。

提升南华山自然保护区保护层次，提高其管护水平，既体现了国家强化限制开发区生态恢复与保护的大政方针，也是保护典型过渡区生态系统复杂性、珍稀动植物，维护生态廊道的连续性和生态系统完整性，强化重要水源涵养功、能防止水土流失，保留生态研究实验地和科普基地的重要举措。

第八节　树木与节日

一、关桥乡梨花节

关桥乡种植香水梨的历史已100多年，近年来坚持把培育壮大特色优势产业作为促进农业增效农民增收、加快脱贫攻坚步伐的主攻方向，应积极培育壮大香水梨产业。到2019年面积达到了9 000亩。建基地、提品质、拓市场、树品牌，香水梨产业规模和层次不断壮大提升，助推精准脱贫的优势进一步显现。方堡村通过新建果蔬保鲜库等措施，加快推进香水梨等农副产品反季节销售、深加工包装等工作，延伸农产品产业链条，提升农产品附加值。2019年关桥乡梨花节中，每个冻香水梨市场价格定为5元，2 000 kg冻香水梨销售一空。关桥乡贺堡河流域是传统的香水梨种植区，全乡香水梨种植主要分布在贺堡、方堡、马湾、张湾等村，以方堡村为中心，辐射带动其他各村。

香水梨，又名香水、老香水、老梨、软儿梨、消梨，属波斯梨科果实，栽植历史悠久。主要产地分布于甘肃兰州、靖远，宁夏关桥、羊坊、麻春沿

图9-48　香水梨

河流域，以甘肃靖远保留面积最大，其他地方亦有少量出产。既可秋收季节食用，也可在冬季后熟后食用，由秋季采摘时的石细胞多酸爽，变得甜美可口的过程。

香水梨的特点是色变而味愈佳，宜久存不易腐烂，不怕严寒冷冻。摘下来后，可随便置放，少则置于箱篓瓶罐之中，多则堆放在室内空地之上。入冬后，或入箱存于冷室，或在院内、房上打麦草盛装。食用时拿出置于冷水之中，浸泡30 min，果外褪出一层厚厚的冰壳，打碎冰壳果子解冻即可食用。到春天冰雪融化之时，冻硬的香水梨开始融化，其颜

图9-49 香水梨树

图9-50 梨文化小镇

色转为棕黑色，果瓤全化成了果汁，只留下一些果皮和残核。存放时必须放进缸或盆罐里。这时的香水梨最好吃不过，喝一口果汁，甘凉透心，可润肺止咳、清胃泻火，亦能醒酒，是馈赠亲友的珍品。也有治疗感冒咳嗽的药用价值。

据史料记载，1636年3月，农民起义军首领李自成从甘肃环县出发占领固原后，翻越南华山，向西北攻打元军，驻扎在今天的海原县关桥乡贺家堡，休整队伍，补充粮草。当时李自成得了感冒，咳嗽不止，高烧不退，老军医连配了几服药都不见好转。老军医只好去拜访当地一位李姓回医。李氏回医开了药方抓了药，后又送他一罐香水梨果汁说："药吃完后半个时辰再把这些水喝下，就好得快些。"果然，几天之后李自成精神焕发地率领起义军出发了。

关桥的香水梨产业之所以能够得到长足发展，深受广大顾客青睐，最重要的一个原因就是关桥香水梨有独特的品质优势。近年来，海原县委、县政府借助当地资源品质优势，通过"农业＋旅游"线上线下深入融合，促进特色产业转型升级，发展乡村旅游，决战决胜脱贫攻坚，引领乡村振兴。坚持把培育壮大特色优势产业作为促进农业增效农民增收、加快脱贫攻坚步伐的主攻方向，积极培育壮大香水梨产业。建基地、提品质、拓市场、树品牌，香水梨产业规模和层次不断壮大提升，助推精准脱贫的优势进一步显现。

关桥香水梨是独具地方特色的优良经济树种。极耐寒、抗旱、耐涝、抗盐碱，坐果早，坐果率高，是适宜海原县中北部大面积发展的优势经济树种，其品种风味好，富含糖、酸及维生素C、铁、锌等。经过发展，在县林业局的大力支持下，目前全乡香水梨种植面积9 203亩约23.5万棵（其中百年老梨树约332亩），涉及种植户数共计2 512户，户均种植面积达3.66亩93棵。全乡香水梨年产量约为1 021 kg，每公斤按4元计算，年产值约4 084万元，年户均纯收入增加约16 257元。百年古树立在梨园，绿叶生姿，风韵卓绝。尤其是方堡村种植香水梨历史悠久，核心区300亩梨园内，百岁古树428棵，"果树注入新科技，重新焕发了青春，去年百年老树发新枝，平均挂果3 000 kg，一棵树带来收益超过6 000元。"

近年，关桥乡利用香水梨的独特资源优势，发展起了梨文化产业。2018年，关桥乡在方堡村建起了梨花小镇，4月20日，举办了第一节海原县关桥梨花节，梨花小镇"白锦无纹香烂漫，玉树琼葩堆雪景"的梨花美景，四面八方的众多游客慕名而至，踏春赏花。徜徉于百年梨园，十里梨花之中，吸一口香气让您忘掉生活的繁杂与纷扰。

二、史店乡红梅杏采摘节

海原县经过反复论证，县林业局通过工程招标的办法于2014—2016年在史店乡田拐村先后栽植红梅杏10 300亩。田拐村位于海原县中部史店乡，地域面积25.8 km²。红梅杏适于海拔1 200~1 800 m、年均气温6.5~9.0℃、年降水量500 mm（低于500 mm应有补灌措施）地区栽植。栽植苗主要选择一至二年生山杏苗作良好砧木、采取芽接或枝接嫁接而来，根系发达，具有耐寒、耐瘠薄的特性，在山地、川地都可栽植，适应性较强，容易成活，定植后第3年结果，第4~5年进入盛果期，亩产1 000 kg左右，海原县8月上旬成熟，味甜、色好、品种纯、营养丰富，用途广，经济价值高，含有多种有机成分和人体所必需的维生素及无机盐类，是一种营养价值较高的水果。同时，也是一种很好的绿化、观赏树种及改善生态环境的优先树种，是县域经济林发展的主要方向。

海原县积极通过"云节庆＋旅游""网红＋网货""农业＋旅游"等线上线下深度融合的网络平台化旅游活动宣传方式，推介海原县特色农业和旅游资源，为创建全域旅游示范县，打造靓丽海原县名片打下坚实的基础。同时，通过不断促进农民就业增收，推动休闲农业和乡村旅游发展，也真正实现了"农区变景区、田园变公园、农房变客房"，让农业成为有奔头的产业，让农村成为安居乐业的美丽家园。

过去的田拐村荒山野岭，到处都是土坯房烂土路，现如今青山绿水，红瓦白墙的新村居整齐划一。来这里春赏杏花、夏摘杏子，这里还有充满地域特色的农家乐，玉林花儿农庄、桃杏园山庄等，吃农家饭、住农家民宿，感受独特的农家风情！

当年7月，走进田拐村万亩红梅杏基地，阵阵果香扑鼻而来，低矮粗壮的杏树上，一个个红彤彤的杏子挂满枝头。游客穿梭在果园中，品味尝鲜、挑选佳果、拍照留影，大家纷纷表示，在这里既享受了一次采摘的乐趣、和家人一起度过了愉快的时光，而且还

图9-51　红梅杏

图9-52　红梅杏果实

体验了乡村旅游带来的快乐。近年来，海原县积极响应乡村振兴战略，致力于休闲农业和乡村旅游发展道路。2018年至今已连续举办三届乡村文化旅游节，活动期间，吸引了众多游客来海原县观光旅游、采摘住宿。

第九节　名人、学者、记者笔下的海原县生态林业

一、光绪海城县志

（一）南华山五桥沟

五桥山，在县南十四里，自华山来脉，由西而东，互起互伏，石土间杂，五峰耸峙如桥形。高二里许，长三十里，横亘五十余里。山下五泉环列，如五星然。泉水北流，城市皆仰给之。山北里许即山门口。

（二）华山叠翠

山在城南十五里，层峦耸翠，秀出离南，宛然图画。登临远眺，但觉重霄云近，心旷神怡，虽非华岳洞天，亦边方胜境（光绪海城县志）。

（三）天山积雪

山即天都山，在县西南四十里，高出群峰，延袤百里。冬春之季，六出常飞，至夏及秋，积冰不解。卷帘遥望，俨似玉宇琼楼，恨不得振衣，第一峰也。

（四）灵寺散花

寺名灵光，在县西南十五里，系华山西南隅，独居群山之胜，奇花异木，讳不能名。传寺成之日，山成莲花，人称灵异，讵真天女散花所致欤。

二、海城八景诗

（一）盐茶厅（海城）同知

1. 华山积翠

太华昭晓不可亲，城头姑射寓形真。

千岩万壑当窗见，翠霭清阴入座频。

野戍寒泉新物色，天云施雨旧精神。

累累冈阜谁伦比，略许天都向主宾。

2. 龙冈夕照

海国阴多却晚凉，东林偏喜得余光，

云容霞彩常千叠，川媚山辉自一方。

顾影此时悲老大，负暄何日献君王。

衰年剩有登高屐，应趁斜晖一望乡。

3. 古寺疏钟

古殿荒台尽棘丛，何来钟韵到城东。

凄凉夜逐凄凉月，断续声随断续风。

旅客乍闻悲饭后，蓬闺频听泣宵中。

我无木铎徇浇俗，正藉西山一片铜。

4. 清池皓月

一鉴团团十亩余，四时云物共清座。

东风暖处春生浪，明月来时夜有珠。

凝眺乍疑天路近，澄怀渐与世情疏。

倩谁更落徐熙墨，绘作清江独钓图。

5. 天山积雪

漫漫朔雪作春阴，肃肃寒威逼锦琴。

莫讶东风消不尽，都缘积翠力能任。

牛羊路杳千峰合，星月光联一气深。

坐捲书帏看未足，凝从南阁醉披襟。

6. 灵寺散花

塞边名胜古灵光，见许奇花拥法王。

光似暂明还暂灭，花如含笑又含香。

风生树杪襟怀爽，人向闲中日晷长。

欲问希夷无处所，华山一半郁苍苍。

7. 五泉竞冽

华山灵秀耸青莲，山麓香深涌碧泉。

触石乱流来混混，兼风带雨响潺潺。

汇成巨浸知何地，泪没污泥已百年。

应解圣明西顾意，化为霖雨济三边。

8. 双涧分甘

水波分道矫龙游，泽润山城历几秋。

得雨骤流花片片，因风时送韵悠悠。

南郊烟霭春无景，西岭膏腴岁有收。

掉尾莫同清浊泳，白云深处近龙湫。

（二）海城知县　朱美燮

1. 华山叠翠

山翠层层叠，撑空不肯低。

峰连苍碧合，天并蔚兰齐。

绿树藏禅院，青云拥石梯。

探奇临绝顶，放眼陇东西。

2. 龙冈夕照

眼前添暮景，返照入东冈。

晖挂山腰树，烟横谷口庄。

归林喧鸟雀，越墅下牛羊。

晚眺情何限，诗心画意长。

3. 古寺疏钟

何处钟声起，飞空渡水涯。

敲沉边塞月，撞散晓天霞。

乡梦回千里，尘心醒万家。

隔城听断续，霜叶落如花。

4. 有池皓月

月向地中照，池圆月亦圆。

当头光皎洁，澈底影澄鲜。

玉镜虚涵水，冰轮倒映天。

蟾辉沉不没，空色悟渊然。

5. 天山积雪

天都千万仞，瑞雪满岑峣。

玉笋峰谁琢，琼林树不凋。

久经明月照，几见冻云消。

上有神仙府，楼台尽琼瑶。

6. 灵寺散花

奇花漫地散，山寺绕灵光。

佛欲拈来笑，风随落处扬。

四时春不断，十里水犹香。

谁识莲峰里，天教绣谷藏。

7. 五泉竞列

源头何活泼，涌出五泉来。

异派藏龙窟，分潭养蚌胎。

柳浓齐润色，谷熟普滋培。

况自山根滴，莲花瓣瓣开。

8. 双涧分甘

绕郭来双涧，分甘食利多。

桃花沿岸放，棠阴夹堤过。

四野皆流泽，千家各饮和。

膏腴滋稼穑，到处起田歌。

（三）海城知县　杨金庚

1. 华山叠翠

华山千丈峙秦中，蓦地嘉名肇锡同。

黛鬟凝青含宿雨，螺髻滴翠动微风。

层峦痕湿朝烟碧，列嶂光余夕照红。

应许峰头重九作，画图点染属天公。

2. 龙冈夕照

漫说南阳起卧龙，此间胜地气灵钟。

孤城徙倚空尘障，斜照分明入远峰。

掩映余晖迎月上，纵横成势讶云从。

清池近在山坡下，剑化飞腾到九重。

3. 古寺疏钟

萧疏祠宇历沧桑，夜半钟敲韵短长。

音送苍凉惊白鹤，声闻悲壮话红羊。

秦砖汉瓦浑难认，苦雨凄风欲断肠。

禅坐老僧应解识，唤醒尘梦悟黄粱。

4. 清池皓月

春草离离结梦缘，池形月影共团圆。

近人皓魄如相对，证我前身总解禅。

流澈源头三径辟，光凝水底一轮悬。

梯云何许蟾宫取，始信林泉别有天。

5. 天山积雪

天外飞来幻异形，登临且自叩禅扃。

奇峰秀削超尘境，瑞雪纷铺透曲棂。

冻解光明千嶂碧，夜深影闪一灯青。

玉龙戏罢梅争放，应有高人卧未醒。

6. 灵寺散花

名山会集地游仙，幻作奇峰五色莲。

看遍千岩皆竞秀，拈时一笑欲参禅。

佛心正果宜神会，世界繁华谢俗缘。

莫谓簪来须美女，是空是色妙真诠。

7. 五泉竞冽

紫霞宫里戏游仙，倒泻琼浆化石泉。

星影巧联魁宿聚，水泡动宕夜珠圆。

励清品欲争廉让，分派符疑合地天。

试向山中花马驻，应教一饮一投钱。

8. 双涧分甘

在山泉水出山清，一派分流入郭城。

草影迷离春涨腻，瓜香袭取暖风生。

奇峰耸峙形相对，秋月高悬色自平。

遣我鲤鱼夸远客，含饴儿女谱欢声。

（四）海城训导 陈廷珍

1. 华山叠翠

名山游历兴无穷，耸翠层峦造化工。

共羡峰尖成笋绿，将来井内幻莲红。

三周指点青烟润，千丈眸凝碧雾笼。

借问希夷曾隐否，骑驴小驻画桥东。

2. 龙冈夕照

千里来龙脉转长，纵横势结自非常。

余晖曲径侵青藓，返景深林照绿杨。

侠客剑飞谈逸事，牧童鞭拂趁斜阳。

振衣千仞胸襟阔，日近攀鳞沐宠光。

3. 古寺疏钟

古寺荒疏不记年，梵钟犹自挂楼边。

九州错铸成陈迹，五夜声敲谢世缘。

断续余音惊旅梦，凄凉往事向高禅。

绕梁不绝浑如诉，应悟民生解倒悬。

4. 清池皓月

城市山林乐趣寻，烹茶池上涤烦襟。

波光清澈空尘障，月影团圆照古今。

玉鉴平开悬水面，银河倒泻认天心。

灌缨试奏沧浪曲，应解前身寄托深。

5. 天山积雪

天开异境出尘寰，五岳归来买此山。

忽看岚遮连碧落，漫将雪拥认蓝关。

冰凝岩角深千尺，月挂峰头照一弯。

疑是大罗相逼近，玉龙酣战戏仙班。

6. 灵寺散花

世上花花未了缘，灵山灵寺独超然。

奇芬散处开香国，碎锦飘时养佛天。

碧玉削成空色相，红尘谢绝即神仙。

拈来一笑头应点，始信菩提界是莲。

7. 五泉竞冽

试访名泉过五桥，登山览胜马蹄骄。

红芳洒润歌桃叶，绿野分流灌菜苗。

石罅源探如鼎列，波心雨打任珠跳。

品评一味称廉让，弦谱熏风治化调。

8. 双涧分甘

溪涧双分夹镜明，流甘滋味试量评。

彩虹桥接迷朝雾，乳燕襟轻舞晚晴。

水畔投钱推项子，社中割肉说陈平。

使君清洁应同许，雨润随车起颂声。

（五）杂诗

1. 游灵光寺　　　　　　　（朱亨衍）

深花密叶隐鸣蝉，霁影明霞媚远天。

忙里久忘身是客，闲中翻讶日如年。

野云岭外离还合，飞鸟枝头去复还。

解脱莫论参天觉，暂时物外已悠然。

2. 爱山堂即事　　　　　　（朱亨衍）

官闲未比解官闲，春日迟迟漫启关。

夜雨暗流池畔水，晓云新拥树头山。

垂杨拂砌柔堪折，细草侵门懒不删。

杯酒此时谁可语，一钩新月共回环。

3. 海城春日杂咏　　　　　（朱美燮）

出郭徐行策短筇，郊游何必待花秾。

官桥晴带春风度，野径寒留夜雪封。

傍岭炊烟陶穴屋，穿云送响隔林钟。

同人鸦会随蝴蝶，红柳城头性未慵。

4. 花山寻灵寺故址　　　　（朱美燮）

花山寻胜迹，古寺访灵光。

境僻烟霞古，林幽草木香。

泉声和佩玉，云色湿衣裳。

峭壁能骑马，禅关径未荒。

到此无尘虑，山空寺亦空。

珠林消劫火，室相化祥风。

钟卧残花里，碑摩乱棘中。

灵光终自在，归路夕阳红。

三、世纪之握与西海固

——马天堂

清冷很长时间的本地木材市场骤然火热，几乎每天都能碰到载木头的大小车辆小心地从市场拥挤的人流中通过。一打听才知道，每方木材涨了两百元，坐在木垛上的主人还在高声说："还涨呢！总理说了，不采伐木材了！"首次在偏僻的家乡感知这"世纪之握"的撼动时虽然不免掺入了商贩们的街市噱头和寻常人的盲目趋利，可我们是高兴的。朱总理和林业劳模握手意义太大了！不久，我便从海原县新闻上看到，县政协召开专门会议讨论海原县委、县政府关于发展种草养畜业及生态农业的实施意见等事宜，并组织部分政协委员视察了解水源涵养林工程建设情况。这使我又想起，年初海原县人民代表大会、政协会上的两个热点：一是围绕政府换届"选官"；二是围绕水源涵养林工程"议山"。可谓既要好官更要好山。可以说，人口、资源、环境、可持续发展已成为越来越多的西海固人日益关注的话题。可以说，这瞬间的"世纪之握"使我们西海固人心中对绿色的渴望再度升腾，多少年来我们总在梦想：天蓝云白，山青水碧。

几十年来，当我们在一次次干旱中执拗地想摆脱贫困发家致富而挥汗如雨，挖山不止，可播种希望收获失望，好苗结不出好果，肥料还成了庄稼尽快枯死的催化剂……"回首盼尧舜，苍梧正凝愁。"失误在山——我们对此有着切肤之痛：几十年来，西海固农业发展的主要途径和手段，概言之：一是靠尽可能地"广种"达到"多收"，二是靠工具的改良等手段最大可能地实现"广种多收"。由于人口的迅速增加，不以意志为转移地造成以无休止破坏生态、牺牲植被为代价来满足人口所需粮食的事实。就这样，我们步入了以广求多，单足独蹰的胡同。物极必反，一是干旱出现的频率剧增。特大旱灾从19世纪末的16.4年1次，到20世纪五六十年代的10年左右1次，再到80年代以来的6年左右1次，十年一大旱已上升为五年一大旱；三年一小旱已发展为三年一中旱，小旱则年年出现，且以危害很大的季节"卡脖子"旱形式出现。数季连旱、年接年旱、数年连旱，旱象加剧。二是降水量出现锐减，400 mm 等降水量线由海原县中部向南移至固原中北部地区。雨水分配表现得更集中，天越来越"不遂人愿"，无效降水或低效降水占80% 以上。三是草原干枯、草株矮化、草种变异，土层裸露、山塬褴褛、地表破碎、水土流失日趋严重。"重取轻予"的农业格局导致了干旱。于是，水贵如油，为解决水，我们不得不花巨大的财力、物力、人力去引水、蓄水、汲水、扬水以兴水治旱。但是由于没有从根本上解决稳定的水源问题，这一切都注定是杯水车薪。比如固海扬水工程、兴徐嵩蓄引水工程等，十年后，因受制于黄河水源日趋紧张，效益欠佳，20世纪90年代初的持续数年大旱，再一次告诫我们：失误在山，治水为标，治山为本，为有源头活水来。

形势逼人，脱贫攻坚任务异常艰巨。终于，在80年代中期至90年代初期，西海固的各级决策者认识到——要让旱魔不拦路，必须赤地变青山。随之，各地先后掀起一场绿化山林、退耕种草、重塑生态的群众性运动。截至1997年年底，西海固人工造林面积388万亩，森林覆盖率由20世纪70年代的5.1% 提高到10.4%，活立木蓄积400万 m³，人工种草及退耕还草670万亩。针叶林基地建设成效尤其显著，总面积已达70余万亩。

同样，我们也欣喜地看到越来越多的群众的绿化美化意识增强，他们积极退耕还草还林，在承包的大片荒地上造林，在房前屋后、田间道旁植树。泾源的"于姓三农户"联合承包荒山1 700亩，三年造针叶林1 050亩，30万株；彭阳县"海氏三老人"，老当益壮，挥锹不止，平田整地，种草种树，被当地人誉为"三个老愚公"；固原有个上黄村，1993年以来在中国科学院专家的指导帮助下，短短数年，5 000亩绿荫荫的水保林出现在山顶上，森林覆盖面由原来的2.1% 提高到18.4%。

但是，我们应该清醒地认识到：我们毕竟欠大山的太多！这一切还都只能说是"小荷才露尖尖角"，"新竹高可逾千尺"那还只是我们的期冀，形势还不容我们过分乐观。

四、百年震柳

——梁衡

1920年12月16日，宁夏海原县发生了一场全球最大的地震。是日晚8时，风暴大起，四野尘霾，大地颤动，山移、地裂、河断、城陷。黄土高原经这一抖，如骨牌倒地，土块横飞。老百姓惊呼："山走了！"有整座山滑行三四公里者，最大滑坡面积竟毗连三县，达两千平方公里。山一倒就瞬间塞河成湖，形成无数的大小"海子"。地震中心原有一大盐湖，为西北重要的产盐之地。湖底突然鼓起一道滚动的陡坎，如有人在湖下推行，竟滴水不漏地将整个湖面向北移了一公里，称之为"滚湖"。所有的地标都被扭曲、翻腾得面目全非。大地瞬间裂开一条237 km长的大缝，横贯甘肃、陕西、宁夏。裂缝如闪电过野，利刃破竹，见山裂山，见水断水，将城池村庄一劈两半，庄禾田畴被撕为碎片。当这条闪电穿过海原县的一条山谷时，谷中正有一片旺盛的柳树，它照样噼噼啪啪，一路撕了下去。但是没有想到，这些柔枝弱柳，虽被摇得东倒西歪，断枝拔根，却没有气绝身死。狂震之后，有一棵虽被撕为两半，但又挺起身子，顽强地活了下来，至今仍屹立在空谷之中，这就是那棵有名的震柳。

我不知道这株柳，该称它是一棵还是两棵。它同根，同干，同样的树纹，头上还枝叶连理。但地震已经将它从下"一撕为二"，现在两个半边树中间可穿行一人，而每一半也都有合抱之粗了。人老看脸，树老看皮。经过百年岁月的煎熬，这树皮已如老人的皮肤，粗糙，多皱，青筋暴突。纹路之宽可容进一指，东奔西突，似去又回，一如黄土高原上的千沟万壑。这棵树已经有500年，就是说地震之时它已是400岁的高龄，而大难后至今又过了100岁。

看过树皮，再看树干的开裂部分，真让你心惊肉跳。平常，锯开一根木头，无论从哪个方向切入，那剖面上的年轮图案都幻化无穷，美不胜收，以至于木纹装饰成了我们生活中不可或缺的风景，木纹之美也成了生命之美的象征。但是现在，面对树心我找不到一丝的年轮。如同五马分尸，地裂闪过，先是将树的老根嘎嘎嘣嘣地扯断，又从下往上扭裂、撕剥树皮，然后再将树心的木质部分撕肝裂肺，横扯竖揪，惨不忍睹。但是这棵树并没有死。地震揪断了它的根，却拔不尽它的须；撕裂了它的躯干，却扯不断它的连理枝。灾难过后，它又慢慢地挺了过来。百年来，在这人迹罕至的桃源深处，阳光暖暖地抚慰着它的身子，细雨轻轻地冲洗着它的伤口，它自身分泌着汁液，小心地自疗自养，生骨长肉。百年的疤痕，早已演化成许多起伏不平的条、块、洞、沟、瘤，像一块凝固的岩石，为我们定格了一段难忘的岁月。

柳树这个树种很怪。论性格，它是偏于柔弱一面的，枝条柔韧，婀娜多姿，多生水边。所以柳树常被人作为多情的象征。唐人有折柳相送的习俗，取其情如柳丝，依依不舍。贺知章把柳比作窈窕的美人："碧玉妆成一树高，万条垂下绿丝绦。不知细叶谁裁出，二月春风似剪刀。"但在关键时刻，这个弱女子却能以柔克刚，表现出特别的顽强。西北的气候寒冷干旱，是足够恶劣的了，它却能常年扎根于此。在北国的黄土地上，柳树是春天发芽最早、秋天落叶最迟的树，它尽力给大地最多的绿色。当年左宗棠进军西北，别的树不要，却单选中这弱柳与大军同行。"新栽杨柳三千里，引得春风度玉关。"柳树有一种特殊的本领，遇土即根，有水就长，干旱时就休息，苦熬着等待天雨，但绝不会轻生去死。它的根系特别发达，能在地下给自己铺造一个庞大的供水系统，远远地延伸开去，捕捉哪怕一丝丝的水汽。它木性软，常用来做案板，刀剁而不裂；枝性柔，立于行道旁，风吹而不折。我想，海原县大地震的震波绕地球三圈，移山填河，夺去了28万人的生命，而这一株裂而不死的古柳却能够存活下来，它肯定是要对后人说点什么。

五、奋进中的海原县林业

几十年来，海原县林业走过了艰难曲折的历程，是一个森林资源经受破坏、恢复和发展的过程，是一个对林业地位、作用性质不断深化认识的过程，也是一个由追求经济效益到追求生态效益转变的过程，分析海原县林业的变化和发展，引人思考。

（一）森林资源现状

海原县地处宁夏中部干旱带，植被稀少，水资源奇缺，水土流失严重，生态环境恶化，社会、经济发展速度缓慢，正如前文"回首盼尧舜，苍梧正凝愁"。如何实现社会经济的可持续发展，首先要改善生态环境，林业是生态系统的主体，因此只有紧紧围绕这一主题，围绕国家实施的六大林业工程，才能实现海原县社会林业可持续发展的目标。

海原县属六盘山大生态圈北延地带，历史上这里"森林浩潮水淼草茂"。西安乡菜园新石器文化遗存证明新石器时代人就定居在这里，秦汉时期，"斧正斤入山，伐木取道，山多林木，以板为屋"。唐时朱庆余《望萧关》诗云"川绝衔鱼鹭，树多带箭麋"景象就描写今海原县高崖乡一带。后曾出现"牛马衔尾，群羊塞道"的盛世人文景观。西夏李元昊也曾在西华山营造避暑行宫。后历经战乱和人类农业生产活动，这里的森林遭到破坏退化，林缘收缩渐升，呈南华山、西华山、月亮山仅残存天然次生林现状。"九五"森林资源清查，全县林地总面积19.96万亩，其中，森林2.8万亩、疏林地0.25万亩、灌木林地7.76万亩、天然林地4.35万亩、苗圃0.06万亩，有林地面积13.85万亩。

（二）海原县林业的可持续发展

1. 近年海原县林业的建设

海原县干旱少雨，植被稀少，森林覆盖率低。由于过度载牧，荒山滥开乱垦，加剧了生态恶化的趋势。近几年在国家的大力支持和帮助下先后启动了天然林保护工程、退耕还林工程、三北防护林四期工程、生态重点县建设等生态林业工程，特别是退耕还林工程为海原县生态环境的治理和改善提供了有力的支持。

5年累计完成人工造林104万亩，退耕还林97万亩（其中，退耕造林44万亩、荒山造林53万亩），三北防护林工程4.5万亩，生态重点县建设2.5万亩，义务植树200万株，封山育林15万亩，绿色通道140 km，国家累计投资5 100万元。由于林业建设的速度不断加快，使海原县水土流失，土地沙漠化的趋势得到有效遏制。但我们必须清醒地认识到，"小荷才露尖尖角"，"新竹高可逾千尺"。

2. 海原县林业的奋斗目标

3年完成退耕114万亩，5年完成荒山造成林133万亩，平原绿化、河道治理7万亩，绿色通道280公里，5年后森林覆盖率达到15%；10年后林地和林业用地总和增加到400万亩，10年后森林覆盖率达到25%、植被盖度达到56%。

3. 海原县林业发展积累的经验

一是有县委、县政府高度重视。县领导抓住林业的大好机遇认真履行职能，他们对林业认识很高，思路清晰，决心很大。今年全县7月1日至4日直播柠条61万亩，县上抽调2000多名乡镇、县直机关工作人员由县级领导带队到山头地块，帮助种植柠条，这一措施不但加快了速度，播种质量也达到了要求，目前柠条出苗整齐，长势良好。他们把林业已经不看作是一种产业，而是把林业作为促进经济社会可持续发展赋予重要地位，提高人民生活水平，树立良好的地方形象，作为西部开发的切入点，改善投资环境，促进对外开放的重要环节来抓。二是抓机遇。抓住国家实施六大林业工程的机遇，特别是退耕还林工程。今年自治区下达海原县退耕还林51万亩，这一任务，比全县过去20年林业建设任务的总和还多，不但有2 000多万元的种苗费、还给4万多户12万多人补助粮食1 900万公斤，补助现金440万元。另外，天然林保护工程、三北防护林四期工程正在实施，野生动植物与自然保护区建设工程、森林公园建设工程也将相继启动，这些都将给海原县林业增加资金投入。三是借农村产业结构调整的东风。全县地域广阔，能发展林业的空间很大，当前海原县正在推广以种植紫花苜蓿为主的战略性结构调整，通过林草间作，利用幼树闲置的空间，达到以草养林的目的，不仅把退耕还林草生态林业项目当生态工程来看待，而是作为拉动内需，促进农民增收和经济社会可持续发展的一项战略性措施来考虑，这对农民来说，是增加收入的一个重要渠道，而对海原县林业来说，也是一次扩大发展空间的极好机遇，全县的林业用地由退耕还林前的不到100万亩增加到200万亩。四是加大宣传力度。加大宣传力度，使工程建设深入人心。海原县林业跨越式发展已经迈出了实质性的步伐。随着天然林保护工程，三北防护林四期工程，退耕还林在全县的相继启动，进一步激发了社会各界和广大人民群众对林业建设的积极性，大家越来越关注工程实施的内容，政策的"含金量"，自身权益的保障，并且以饱满的热情投身工程建设，全县今年参加生态工程建设达19万人。也是全县的林业建设由林业部门一家办到林业工程社会办的一次重大转变。五是调动积极因素。通过各种措施，使得林业主管部门的工作热情空前高涨。广大务林人员放弃了节假日，精神面貌焕然一新。过去曾有一段时间林业到了散摊子的地步，极大地挫伤了广大林业职工的积极性。现在我们有了自己的"航空母舰"，使社会生产要素正在加速地向林业这个财富基数大、流动快的地方聚集，从而再造了林业发展的新优势，呈现出蓬勃向上的盎然生机，整个行业精神面貌为之一新，广大林业职工正在以昂扬的斗志为海原县林业奉献自己的心血和汗水。

4.海原县林业建设存在的问题

海原县林业发展具有她的优势与机遇，但仍然存在着一些不容忽视的问题，阻碍着全县林业跨越式发展的进程。一是干旱少雨，致使造林时间集中且造林成活率较差；二是造林面积大，造林质量难以完全保证；三是林地面积逐渐扩大，管护资金短缺；四是森林防火，森林病虫害防治，林木种子、种苗管理难度大；五是林业后续产业发展模式的培育亟待摆上重要日程，这些都需要我们在今后的工作中认真加以解决，否则可持续发展就会受到严重影响。

通过以上经验总结与存在问题的分析，当前林业形势喜人，形势逼人，林业正在经历着一次深刻的历史性变革，面对这样的形势，我们如何抓住机遇，与时俱进，乘势而上，正如国家林业局提出的大力推进"由以采伐天然林为主向以采伐人工林为主，由毁林开荒向退耕还林，由无偿使用森林生态效益向有偿使用森林生态效益，由部门办林业向社会办林业的重要转变"。

5. 今后海原县林业建设需处理好以下四个关系

（1）加快速度与提高质量的关系 林业的跨越式发展，必须依靠超常规的速度，海原县今年63万亩造林就说明了这一点，如不加快各项生态工程建设速度，就难以早日实现海原县山川秀美。但是，加快速度，必须以确保质量为前提，没有质量的速度是无效的速度，是劳民伤财的速度。造林任务越是增加，越要重视和加强质量管理工作，总结多年造林质量管理工作的经验和教训，我们认为应该坚持把好以下五个关口。一是把好作业设计关。作业设计是科学造林的载体，也是施工、验收和兑现政策的依据，同时科学的规划是保证造林质量，有计划地培育和扩大森林资源，改善生态环境，提高林木三大效益的重要环节。海原县地域广阔，地貌类型多样，我们在规划设计时，根据降水等自然条件，把全县分为四个大区，北部风沙干旱区，年降水量300 mm 以下，以种植柠条为主的防风治沙林；中部水土流失区，年降水量300~360 mm，以营造沙棘、山杏、山桃为主的水土保持林；南部土石山区，年降水量400 mm 以上，以栽培沙棘、山杏、针叶类的水源涵养林；东部荒漠绿洲区，年降水量360 mm 左右，以培植新疆杨、臭椿、刺槐为主的农田防护林。近年来，为规范林业工程管理，国家把作业设计关作为造林质量的一项内容进行考核，因此，我们把作业设计关作为造林质量的第一道工序，组织林业技术人员将规划、设计落实到山头地块，落实到小班，做到图、表、卡齐全。各乡镇在实施中不得随意变更，必须按作业设计进行施工验收。在作业设计中大力推广运用生态效益与经济效益最佳结合的造林模式，如林草间作，加大项目的科技含量。严禁实施无造林设计的生态项目。二是把好整地关。干旱地区整地是提高造林成活率的重要措施和手段。因此，我们利用不同的地形，合理安排"88542"水平沟、鱼鳞坑、反坡带子田等整地模式。水土流失严重区多采用"88542"模式，注意保护现有植被。北部地区退耕还林采用模拟飞播——楼播柠条。三是把好种苗关。种苗种子是造林工程的核心，因此，要把良种繁育，壮苗培育，种子精选作为一个系统工程来抓，严格执行林木种子种苗的一签三证制度，开展多层次的种苗检测工作，把好种苗生产、贮存、调拨和使用几个环节的质量关，坚决杜绝级外苗、人情苗、劣质苗，要大力提倡就近育苗，合同育苗，苗木运输必须分级、蘸泥浆包装。要按照适地适树和适品种加大混交林比例，务求适宜树种的多样化。四是把好栽培关。乡镇是林业项目实施的主体，因此，要组织群众对苗木进行及时假植、及时栽培，严禁苗木栽前长期风吹日晒。林业主管部门要加强培训，进行全方位的指导和服务工作，建立完善的检查验收制度，积极推行"林权不落实不栽，整地不合格不栽，技术人员不到场不栽，荒山造林无专业造林队不栽"

和"栽培责任要到位，技术人员要到位，栽植标准要到位，管护措施要到位"的"五不栽""四到位"的栽培措施。五是把好检查验收关。检查验收是搞好林业生态建设特别是退耕还林工程的可靠保证，是政策兑现的依据，又是进行工程建设速度规模决策的依据。海原县每年8—10月份要组织专业技术人员对所有林业工程进行逐地逐块、逐小班的县级验收，实行严格监督机制，严肃检查纪律，确保工程验收公开、公平、公正。总之要健全造林质量管理体系，严格按规划设计施工，按标准检查验收，按验收结果兑现政策。加强实施过程的质量监控，努力提高林业生态工程建设质量，确保建设成效。

（2）生态优先与经济效益、社会效益统一关系　林业是一项兼具生态、社会、经济三大效益的事业，当前在海原县大规模实施的退耕还林工程，必须坚持生态优先的原则，把生态目标放在首位，否则就偏离了国家以粮食换生态建设方向。海原县今年雨季直播61万亩的柠条就是最好的例证。但是强调生态效益，并不是不要经济效益，没有经济效益的林业缺乏后劲。要在改善生态的同时，利用林草间作，林药间作，林旅结合，采用合理林种，植被配置模式，找到生态、经济、社会效益的最佳模式。

（3）整体推进与重点突破的关系　要在统筹规划、协调推进的同时，突出重点，选准突破口，海原县今年各乡都有生态建设项目，但重点建设主要围绕在南华山水源涵养林周边，三年累计造林49万亩。将水利、农业、畜牧等部门的项目资金进行捆绑做到山、路、水、田、林、草、畜、综合治理，贾塘乡三塘流域综合治理，树台乡3万亩退耕还林点就是突出重点的集中体现。

（4）造林与管护的关系　"一分造林九分管"，因为造是一时的，管护是长期，过去几十年，我们往往是年年造林不见林，治理的速度赶不上破坏的速度，海原县自1949年以来，累计完成造林240万亩，可到"九五"森林资源清查时，仅有林地13.8万亩，其保存率低的主要原因是重造轻管，它也是海原县林业可持续发展的瓶颈所在。为此，在今后的林业建设中不但要注重造林的速度和质量，更要注重管护工作，要对新造林进行补栽、松土、除草、培土、扶植。认真落实幼林管护责任制，克服管护资金短缺的困难，建立健全县、乡、村三级林木管护体系，国有林木林地严格实行分管包干，责任到人。积极推行"种苗下地，管护制度出台，护林员上岗"制度，实行"谁造、谁管、谁收益"的政策，颁发林权证，明晰产权。采取行政的、技术的、法律的手段，坚持多管齐下，综合治理。大力实行封山禁牧，确保造一片，活一片，成一片。要下大力气抓好森林防火工作，要将各种防范措施落实到山头、地块。在林木病虫害防治上做好群众的参谋，要健全病虫害的预测预报系统，以预防为主。

6. 海原县林业可持续发展模式

退耕还林模式。海原县自2001年实施退耕还林以来，累计完成退耕造林44万亩，荒山造林53万亩，总结经验：在生态效益优先的原则下，兼顾经济效益，同时带动海原县支柱产业种草养畜业的发展。一是山、水、田、林、草综合治理模式。这种治理模式追求整体推进，连片治理，它主要集中在海原县中部黄土丘陵的各乡镇。荒山荒沟，谁治理，谁造林，谁所有，退耕谁退谁所有。山头、沟岔造林以山杏、山桃、沙棘为主，山腰林草间作，山下在留足口粮田的情况下，人工种植紫花苜蓿，小流域打坝蓄水。使得工程措施，生物措施优化组合，生态、社会、经济效益统筹兼顾，10年实现生态环境的根本好转；5年实现农民人均收入1 500元。二是乔、灌、草模式。这种治理模式适宜于年降水量在400 mm左右，虽有草植被但质量较差。主要集中在海原县南部土石山区，实行上林下灌中间草，合理密植，每亩165~200株，5 m林、5 m草，林带2行乔木，以云杉、落叶松、山杏为主，下部栽种2行以沙棘为主的灌木，中间5 m的隔带暂种紫花苜蓿，从而达到以草养林的目的，10~12年成林，实现生态效益、经济效益双丰收。5年后使该地区农民人均收入达到1 600元。三是灌草结合、全面封育模式。这种治理模式适宜于海原县300 mm降雨以下、土壤沙化的北部地区，实行人工模拟飞播（楼播），以柠条和紫花苜蓿为主，行距仍然采用5 m，退耕还林后，采用全面封山禁牧，力争5年林草茂盛，使这里的生态环境得到明显改善，农民人均收入达到1 400元。四是绿色通道模式。凡在县境内的国道、省道、县道，力争5年内全部绿化。道路两侧的耕地纳入退耕还林。建设要求宽林带，道路两侧各25 m；栽植穴要求在80 cm，树种选用国槐、刺槐、旱柳、垂柳、新疆杨、河北杨、榆树等，胸径3 cm，采用根系蘸泥浆，树盘覆膜，树干套袋等措施，力争成活率当年达到95%以上，三年绿道成荫。

天然林保护工程管理模式。一是小林场管理模式。截至2000年，海原县天然林、各种人工林保存最好的全部在国有林场，因此，自2000年实施天然林保护工程以来，全部的人力、物力大部分集中在国有林场。海原县现有国有林场14个，这在全区乃至全国也是少有的。林场最大的面积20万亩，最小的只有0.2万亩，国有林场虽小，但分布在海原县的东南西北10多个乡镇，他们是林业建设的窗口。林场职工不但是林业建设的主力军，也是林业政策的宣传员。通过2001年的森林分类经营区划，已经全部领到了林权证，这些国有林场将承担着海原县40%的荒山造林和40多万亩现有林地的管护任务。我们将林地、森林给每个护林员分片分山头包干，从整地造林、抚育管护到森林防火。通过近三年的实施，效果明显。因此，海原县林业的可持续发展能否取得进展，关键在国有林场。二是非公有制管理模式。"十五"期间，海原县林业要跨越式发展，必须建立以非公有制林业发展体系。过去海原县集体林保存较差的主要原因是管理体制不顺。从2000年开始，根据谁造谁有，谁投资谁受益，谁管护的林业政策，我们引导有能力的个体户，承包集体林地进行植树造林，从天然林保护经费中抽出一部分用于私有林地的管护，另外，积极鼓励国有林场职工在所管理的荒山荒地内进行植树造林，林木产权归个人所有。截至2002年年底共有私营林地2.2万亩，这个数字虽小，但是我们看到了海原县私有林业发展的未来和希望。三是统一管理，分户经营的管理模式。退耕还林后如何管护已成为林业建设的一大难题，海原县通过雇用护林员的形式，从目前来看，基本解决了这一问题，其具体做法是各退耕自然村组选热爱林业事业，具有较强责任心的青壮年男性1~2人，担任村组护林员。护林费由退耕户出资。林业主管部门、乡镇、行政村与护林员签订多级管护合同，明确各自的责任和义务。这样可达到统一规划，统一设计施工，统一管护，分户经营。乡政府、行政村负责退耕后各项政策的落实，林业主管部门负责各种管护技术的上门服务，为退耕户及时提供各种病虫危害信息；护林员负责责任区林地的看护，防止人畜破坏，农户负责林地的抚育管理，病虫防治以及经营。

7. 经营模式

一是生物经济圈模式。海原县地处黄土高原，农户的庭院一般较大，因此，建立以林为主的生物经济圈完全可行。经济圈10~20亩，四周栽植杨柳树、臭椿、刺槐、沙棘等多行乔木和灌木林带，中间种枣树，香水梨，建立四位一体温棚，树、草、菜结合，林、牧、农多业并举，10年计划在海原县发展花园式的生物经济农庄1万~2万个。二是森林旅游经营模式。随着社会经济的不断发展，人们崇尚自然，回归自然的心理越来越迫切。西部大开发，尤其是四通八达、方便快捷的交通运输，使所有希望绿色、迷恋古迹的人得到满足，同时增加了地方经济收入和就业机会。海原县今后计划开发以灵光寺、天都山、南华山、五桥沟，西安州宋夏老城，菜园新石器遗迹等旅游景点。三是以草养林经营模式。林和草是一对孪生子，对于处在宁夏中部干旱带的海原县来说，通过各种方式种植紫花苜蓿，发展舍饲畜牧业和草产业具有一定基础和条件，也是退耕还林，封山禁牧的必然选择，其发展方向是先草后林，先次生，后次改，先灌木，后乔木。这也是海原县生态建设以草养林的最终结果。四是绿色食品业经营模式。随着封山育林，退耕还林的实施，绿色食品业将有一个大的发展，现代人生活水平在不断地提高，无污染的绿色食品愈来愈受到人们的青睐，海原县干旱少雨，没有工业污染，因此，发展红枣、香水梨、苦苦菜、蕨菜为主的绿色食品，一定会成为本县林业具有市场竞争力的经营模式。

（三）转变职能，谋求创新

由部门办林业向社会办林业转变，特别是林业主管部门由项目实施的主体向规划、培训、检查验收等管理工作转变，由单纯的技术指导向全方位的技术服务转变，要做好病虫害的测报工作，健全测报体系，为群众提供及时准确信息与防治措施。

党的十六大报告强调"创新是一个民族进步的灵魂，是一个国家兴旺发达的不竭动力，也是一个政党永葆生机的源泉。"林业建设也不例外，要在资金管理上大胆创新，树木、种子、种苗不但要实行招标制，就连荒山造林也要采用招标的形式，增强项目管理的透明度，提高项目的科学性。要在工程管理上创新，实行质量跟踪制和项目监理制，变事后监督为现场检查。能否在经营机制上效仿美国纽约州的《休依特法案》，把那些坡度大、土壤贫瘠、粮食产量在50公斤以下的山地，政府用粮食一次换下，变为国有林地。

实践"三个代表"，与时俱进，促进海原县新时期林业跨越式发展，努力实现再造秀美山川的战略目标，才能不负历史赋予我们重大使命。

2003年8月1日《宁夏日报》（韩志荣）

六、水土流失得治理，生态环境趋改善，农民收入有增加
—— 海原县退耕还林草工程凸显综合效益

本报讯（宁夏日报记者张晓勇）海原县自2000年以来，按照"生态建设产业化，产业发展生态化"的思路，坚持退耕还林、退耕种草、改善生态、林草间作、调整结构、增加收入相结合，逐步走上了治理水土流失，改善生态环境，农民增收致富的路子。目前，全县累计完成退耕还林（草）工程合格造林面积146.1万亩，占宁夏下达计划133.4万亩的110%，工程惠及全县18个乡（镇）138个行政村3.6万户19万人。

国家实施退耕还林（草）工程，在贫困山区既是一项生态工程，又是一项增收致富工程。退耕还林（草）工程的实施，使海原县境内的林草植被覆盖率明显增加，工程区的生态环境得到初步改善，涵养水源能力逐步增强，水土流失得到局部控制，风沙危害明显减轻。特别是工程区域内的河流输沙率下降了17个百分点，年均土壤侵蚀量由退耕前的年每平方公里3 600 t，减少到年每平方公里3 100 t，极大地增强了抗御自然灾害的能力。退耕还林（草）工程实施5年来，海原县退耕农户累计享受到国家退耕粮款补助2.37亿元，全县农民人均受益669元，全县近50%的退耕户稳定解决了温饱。特别是在今年持

续大旱之年，通过退耕补助粮款的兑现，农民人均转移性收入达408元，极大地缓解了群众生活困难。更为重要的是，退耕还林（草）还为农民致富找到了新的出路，每年约有4.5万名农村劳动力外出务工，创收1.4亿元左右，有效地推动了劳务产业发展。

七、创建绿色家园 建设生态文明

——宁夏日报海原县林业局3·12宣传专版

2008年是深入贯彻党的十七大精神、全面落实科学发展观、建设生态文明、深入开展全民义务植树活动的重要一年。为了进一步激发全民义务植树热情，充分调动广大群众及社会各界的积极性和主动性，迅速在全县范围内掀起春季植树造林绿化活动高潮，为春季义务植树活动营造良好社会氛围。

3月12日，根据县委、县政府的安排，林业局组织职工和县绿化委成员单位在县城南门广场开展了声势浩大的以"创建绿色家园，建设生态文明"为主题的宣传活动。本次宣传活动的内容丰富，形式多样，重点是宣传全国人大关于开展全民义务植树的决议、《中共中央 国务院关于加快林业发展的决定》,《城市绿化条例》（国务院）,《城市绿化管理办法》（建设部）、《宁夏回族自治区城市绿化管理办法》《城市全民义务植树暂行条例》以及特色林产业栽培技术、森林防火等林业法律法规。宣传方式以各成员单位为主体，设置宣传台、制作展板、悬挂横幅、发放宣传材料、播放专题片等。共设置宣传咨询台8个、制作展板26块、悬挂横幅20条、播放专题片4篇，散发宣传单8类20 000余份。在宣传过程中，各咨询技术人员热情接受群众咨询，向过往群众认真讲解全民义务植树的重大意义、特色林产业栽培技术以及林业法律法规知识。

通过此次活动的宣传，加深了广大人民群众对全民义务植树重要性的认识，提高了广大人民群众关爱林业的意识，增强了广大人民群众植绿、爱绿、护绿、兴绿的责任心，为建设和谐海原县、建设生态文明，加快城乡园林绿化建设营造了良好的舆论氛围。

八、海原县新区：半城楼房半城绿

4月17日，海原县新区花红柳绿。阳光，成为2008年种的云杉抽芽争取的对象；春风，剪出2009年栽的垂柳翠绿盛装，今春刚刚移植的国槐吸水盘根……放眼望去，海原县新区一半是楼房，一半是绿化树，绿色包围着楼房，楼房引领着绿色。据海原县住房和城乡建设局局长杨树春介绍，海原县新区规划面积为30.6 km²，森林覆盖率要求达到39.2%，加之新区的凤凰山绿化，森林覆盖率将在50%以上。自2008年建设以来，海原县新区建成面积为16.9 km²，建筑占地面积为6.9 km²，以三至四层、灰白相间、坡屋顶的楼房为主要建筑风格，绿化面积为10平方公里，森林覆盖率已达58%以上。

避免"活人栽死树"成为大面积绿化的关键。海原县林业局局长徐虎说，为了保证成活率，海原县新区绿化工程一律进行招标。中标单位养护苗木三年，成活率达到98%，全额领取工程造价；成活率低于98%，按实际成活的树木量拨付工程款。

160万株云杉、油松、侧柏、国槐、刺槐、山桃、山杏等本地产苗木，已铺绿了海原县新区的凤凰山、街道两侧、企事业单位及住宅庭院、广场、公园、苋麻河水道等，累计完成投资9 200万元。今年，海原县新区绿化以凤凰山为重点，造林2 km²。新区绿化建成后，将形成四季有绿、三季有花、层次分明、寓意丰富的山水园林城市景观效果，营造出城在绿中、绿在城中的人居环境。

（记者王玉平）

2010年4月20日《华兴时报》

九、海原县山川大地绿起来

近年来，海原县林业工作以"创建森林县城、再建园林新区、构建产业体系、共建绿色家园、促进生态文明"为目标，坚持生态立县，走"生态建设产业化、产业发展生态化"的路子，抢抓发展机遇，先后启动实施了三北防护林、退耕还林、天然林保护、特色林产业以及大六盘生态经济圈等工程项目建设，全县林业建设取得了显著成效，截至目前，海原县林地面积达到217.7万亩，全县造林绿化率达到8.8%，森林覆盖率为8.1%

退耕还林工程成效显著。海原县已累计完成退耕还林135.3万亩，其中退耕造林56.72万亩，荒山造林76.58万亩。封山育林2万亩，工程涉及全县17个乡（镇）3.75万户19.75万农民，截至2008年年底，海原县补助退耕农户粮款51 161.428万元，全县农民人均累计受益1 234元，退耕农户人均累计受益2 734元。

三北防护林工程初具规模。全县累计完成三北防护林工程建设6.14万亩，工程建设主要以水源涵养林和小型生态公益林为主，采用乔灌草相结合的方式，优化林种树种，坚持生态优先，工程的实施对有效保护南华山起到了积极的促进作用。

绿色通道工程效果明显。自2000年起，海原县紧抓西部大开发的历史机调，以自治区建设千里文明长廊为契机，把绿色通道纳入退耕还林工程项目，累计建设绿色通道157 km，使全县重点公路网络全部实现绿化。

牌路山森林公园建设深入人心。牌路山森林公园前期总面积3 390亩，南北长6 025 m，东西宽400 m，由南至北分为历史文化区、观光游览区、休闲活动区、纪念观瞻区、科普教育区五大景区。截至目前，共完成公园山体绿化和广场绿化1 000.5亩，共栽植各类苗木24.08万株，新增绿化草坪5.1万 m²，整修林区道路8 100 m，完成林区整地1 668亩，公园的建成，优化了海原县城人居环境。

大六盘生态经济圈项目稳步推进。全县累计完成大六盘生态经济圈造林24万亩，其中退耕造林2.3万亩，荒山造林15.7万亩，封山育林6万亩。项目区涉及南、西华山和月亮山，工程的顺利实施，进一步改善了这一地区生态环境。

特色林业产业建设持续健康发展。全县累计完成特色经济林9.9万亩，预期产值2 503.4万元。种植枸杞5.95万亩，年产干果9 500 t，实现预期产值26 500万元；种植红枣2.45万亩，年产量500 t，实现预期产值175.7万元；种植苹果1.26万亩，年产量2 626 t，实现预期产值85.5万元；种植香水梨0.243万亩，年产量133 t，实现预期产值39.9万元。目前，海原县已建成了高崖万亩枸杞，关桥万亩红枣和香水梨等特色产业基地，进一步拓宽了农民增收渠道。

记者张晓勇

2009年6月25日《中卫日报》

十、旱源上的绿色风景线

国家退耕还林政策实施以来，海原县累计退耕还林146.1万亩，享受国家补助粮款2.37亿元，全县一半农户受益。小流域治理区基本上实现了水不下山，泥不出沟，林和草的社会效益、经济效益日益显现。

借实施工程的机遇，海原县大力开展退耕还林草后续产业开发，特色林产业建设及生态林业建设项目，在旱源上打出了林业工作的新亮点。

1. 稳步开发退耕还林后续产业

海原县树台乡韩庄村是该县首批实施项目区之一，目前，这个点的面积达到了10 057亩，当年栽植的山杏、柠条、沙棘、杞柳等树木郁郁葱葱，绿草成茵。当地退耕户在享受项目补助粮款的同时，还从林草间作的苜蓿草、成熟后的柠条籽上找到了增收之路。退耕还林5年来，韩庄村村民充分感受到了退耕还林给整个村子带来的变化。更让村民感到高兴的是，为让退耕还林项目效益能够延续，从2005年起，县林业部门开始在项目区开展了仁用杏和肉用杏的嫁接换优示范项目。今年，山上的3 000亩山杏就通过嫁接完成了品种改良，预计明年就可取得初步效益。为解决好群众退耕8年后的生计问题，县林业部门积极探索和开展了仁肉用杏嫁接、林草间作、药草间作等项目的试验和后续产业的培育。特别是今年以来，县上积极争取项目，先后在树台乡韩庄村、贾塘乡贺川村等地的退耕区完成了仁肉用杏枝接6 000亩，芽接2 000亩，完成了兴仁、树台、贾塘3个乡（镇）柠条饲草加工点示范项目的建设准备工作。

2. 大力发展特色林业

海原县加大生态建设力度的同时，大力推进特色经济林的培育和发展。今年上半年投资522.4万元，分别在兴仁、高崖等乡（镇）完成枸杞种植7 000亩、红枣种植4 000亩；建成关桥乡香水梨基地2 000亩，实施当地的果树双改项目1 000亩。关桥乡果树种植历史已有上百年，是海原县果树栽植最早的乡（镇）之一，也是全县最大的果产品主产区，现有果树栽种面积1 600亩，主要品种有香水梨、红元帅、金冠、青香蕉等。但关桥乡果品品种老化、商品率低，严重影响了果农的种植积极性。为提高果树产果量，提高果农收入，今年，海原县林业部门积极争取项目资金，扩建香水梨基地2 000亩，使香水梨基地面积达到了4 000亩。县林业主管部门还对老化果树进行高接换头，实现了果树品种改良，目前，关桥乡的苹果青香蕉等老品种已全部换成了红富士，提高了果农种植的积极性。

枸杞、红枣是近年来自治区、市政府着力培育的产业，因抗旱、抗寒、易生长等特性，受到了山区农民的欢迎。为培育壮大"双红"产业，拓宽农民增收路子，今年，海原县在兴仁、高崖等乡发展红枣、枸杞11 400亩，红枣面积增加到4 000亩。

（记者张晓勇　彭红兵）

2009年9月8日《中卫日报》

十一、旱源绿梦

海原县地处宁夏中部干旱带，农民群众历来靠天吃饭，全县常年降水量不足400 mm，植被稀少，生态环境十分脆弱。就是在这样的自然条件下，海原县委，县政府大胆提出了"生态立县"的构想。

市委常委、海原县委书记李学文说，海原县环境已经严重恶化，到了非修复不可的地步，宁夏要和全国同步实现小康，海原县不能拉后腿，因而必须狠抓生态建设，实现生态、经济双赢。

2008年，面对持续的干旱，心系海原县群众未来，中卫市有关领导经过一周调研，提出建设大南华水生态造林工程的构想，工程计划利用5年时间，以南华山为中心，月亮山、西华山为两翼，在红羊、李俊、关庄等9个乡（镇）完成造林150万亩，总投资15亿元。

2008年秋季，大南华水生态造林工程正式启动，在市委、市政府的大力支持下，海原县发动各方力量，历时60天完成造林20.3万亩，植树1 350.5万株，完成投资2 100万元，创造了海原县造林工程建设历史上的奇迹，为"生态立县"奠定了坚实基础。与此同时，海原县按照自治区党委和市委、市政府的要求，提出建设新区、打造西部生态园林城市的构想。2008年，海原县新区绿化方案出台，规划绿化总面积33 000亩，总投资1.3亿元。当年，海原县新区完成绿化面积1 136亩、植树40万株，完成投资500万元，并在核心区建成清水河流域综合治理荒山造林示范基地、中部干旱带抗旱节水造林示范基地和公安林基地，栽植了一批云杉、油松、侧柏、山桃、山杏、榆树等。

2009年年初，"生态立县"的县域发展战略正式写入海原县政府工作报告，海原县开始全面实施绿化工程，同时将绿化工程建设任务分解到有关乡（镇）、单位，并与责任单位签订目标责任书，明确任务、目标和奖惩措施，落实一把手负责制，严格考核，兑现奖惩，形成生态建设全社会参与的良好局面。

2009年，海原县相继开工建设大南华水生态造林工程、退耕还林补植造林工程、福银高速公路两侧产业带绿化工程、城乡造林绿化工程、新区绿化工程在内的5大造林工程，完成植树造林43.3万亩、25 02.5万株，全力打造宁南亮丽山城县、生态修复县。去年春秋季，海原县以南华山为核心、辐射其周边乡（镇）及月亮山和西华山，完成造林30.2万亩、植树2 040万株，投资2 850万元。

2009年，新区绿化完成总面积19 300亩、植树156.5万株，总投资9 200万，老城区绿化近1万亩，植树2 000多万株，这是令人叹服的数字，这是海原县城市建设历史上从来没有过的造林绿化力度！

海原县新区绿化按照规划一步到位，分年度实施的原则，充分选用当地乡土树种，做到适地适树，合理搭配树种，形成层次感，突出一街一品，一街一特色，一街一个主栽树种，一街一个园林小品的景观效果，绿化完成后，森林覆盖率将达到39.2%，形成四季有绿、三季有花、层次分明、寓意丰富的山地园林城市景观效果，将成为新区一道亮丽的风景线，对提升城市品位，改变新区面貌、人居环境，促进新区和谐发展具有十分重要的战略意义。

绿色梦想、彩绘旱源。大南华水水生态工程建设的逐年实施，海原县新区和老城的大手笔绿化，让生活在海原县的人们看到了绿色的希望……

（记者张晓勇）

2010年1月20日《中卫日报》

十二、南华山 2011 年秋季完成造林 86 万株

人民网银川11月21日电（记者李　良）记者近日从宁夏回族自治区林业局获悉，中卫市海原县南华山水源涵养林建设项目2011年秋季共栽植新疆杨、榆树、云杉、山杏、沙棘等各类树木86万株。

据了解，南华山是海原县城及其周边地区的蓄水库，也是海原县南部、西吉县西北部地区地下水的补给站，在解决人畜饮水，发展农业、林业以及工业方面具有十分重要的作用。自治区林业局规划在未来10年投入资金4.36亿元，在南华山完成营造林70.75万亩，把南华山建成中部干旱带上一座新的"绿岛"。项目完成后，海原县南华山森林生态系统将得到重建和恢复，能够缓解人畜饮水紧张局面，进而从根本上解决海原县南华山周边居民饮水问题。

2011年11月21日　人民网宁夏视窗

十三、宁夏海原县相关单位立"军令状"保植树成活率

海原县在今年的植树造林工作中，植树单位、造林工程队、苗木供应方以及林业技术人员都立下了"军令状"，确保造林树木成活率达到95%以上。

今年，海原县计划新增造林10万余亩、退耕补植13.04万亩，预计今年林业总投资达6 460.6万元。"海原县生态相对脆弱，缺林少绿，植树造林修复生态任务艰巨。"海原县委书记马鹏云说，为确保造林成活率，县委、县政府出台了一系列硬措施。

据了解，海原县针对影响树木生长的地形、土壤、坡度等立地条件，详细规划了各项目工程建设的造林树种、苗木规格等。造林严格按照"六不准"进行，即规划不到位，不准整地；整地不标准，不美观，不准供苗；苗木适宜当地栽植条件，达不到规格，不准栽植；栽植达不到技术要求，不准浇水；浇水不标准，不准进行自验或综合验收；验收不合格，不准兑付资金。同时，对造林项目实行工程造林，一包三年，第一年成活率

达到95%，第二年补植5%，第三年就只是抚育除草浇水管护，不允许补植，按实际成活数量验收，实行4∶3∶3付款方式。苗木供应付款也实行一包三年，第一年付苗木款的50%，第二年付30%，第三年付20%，根据成活率付款。

"要严把树木挖坑、栽植等各个关口，确保树木的成活率。"自春季植树造林工作启动以来，海原县领导几乎每天都要去造林点，对造林工程队和蹲点的技术人员反复强调这句话。今年，海原县对植树造林工程实施精细化管理，可以说是县领导盯着干，林业技术人员守着干。在造林过程中督促造林工程队必须严格按照工程造林项目建设设计标准施工，造林工程队不尽责的，要责令整改并进行罚款，直至停止履行工程合同。

2013-04-09《中卫日报》

十四、宁夏海原县奋力推进生态移民迁出区生态恢复建设

国家林业局政府网5月15日讯　近年来，宁夏海原县深入贯彻落实自治区第十一次党代会精神，抢抓国家实施新一轮西部大开发战略和自治区党委、政府高度重视生态移民工作的机遇，大力实施生态移民工程，同时，将生态移民迁出区生态恢复建设作为改善区域生态环境，提高人民生活幸福指数，打造"生态文明海原县"的重要工作来抓。

在今年的生态移民迁出区生态恢复建设中，海原县坚持"宜林则林、宜草则草"的原则，把乔、灌、草和自然恢复有机结合起来，加快生态修复步伐，努力实现生态、经济、社会效益三赢。规划在红羊乡、李俊乡、西安镇、郑旗乡、曹洼乡生态移民迁出区生态恢复造林4.4万亩，投资636万元。其中在坡度平缓的地带选用胸径3cm的榆树、新疆杨、1.5 m的云杉、2 m的侧柏与山杏、刺梅等树种进行合理配置，采取工程造林，通过高标准建设、高强度推进，现已完成郑脑、弯弯崖、老庄、冶套4个移民点0.4万亩的建设。在坡度较大的区域，将在雨季完成柠条直播造林4万亩，同时，规划在南华山、红羊、李俊半阴湿地区移民迁出区完成封山育林4万亩，投资280万元，计划于8月30日前完成。

目前，移民迁出区的耕地、院落地上，榆树、新疆杨、云杉等树苗竞相抽枝吐芽。春季造林工程受到了区市各级领导的充分肯定，并在《宁夏日报》头版刊登。（宁夏回族自治区林业局）

国家林业和草原局政府网 http：//www.forestry.gov.cn/2013-05-15

十五、海原县生态建设这些年

近日，海原县九彩乡新庄村的村民欢喜不已，该村党支部书记马明贵逐户奔走相告，村里的荒坡地要绿化了。村民杨万仓感慨："这一天我期待了好久，如果绿化后政府给予补贴，我这撂荒多年的土地又值钱了。"

而在史店乡田拐、徐坪村，周边7 000余亩红梅杏格外显眼。田拐村村民李德旺闲暇之余经常欣赏着这片红梅杏林，憧憬多年后这片林子带来的效益。近年来，海原县把生态建设工程与民生工程实施有机衔接，生态建设逐步走生态效益与经济效益相结合的道路，史店乡红梅杏基地正是这一转变的缩影。

海原县生态建设正在走"既要绿色树，又要摇钱树"的路子。反观海原县生态建设的历程，走生态效益和经济效益相结合的思路日益明朗。据《海原县志》记载：至2000年，全县造林12.3万亩，其中经济林只有0.7万亩，绿化造林以改善生活环境、控制水土流失、营造各种防护林为主。此后，海原县实施了天然林保护、三北防护林四期等林业工程建设，至2008年，新增人工造林面积168.8万亩，其中经济林7.2万亩。生态经济林逐年增加并初具规模，但其效益甚微。

不断探索，走生态惠民的思路逐渐清晰……

2014年，海原县紧扣生态林业和民生林业两大核心任务，以生态经济林建设为重点，全年完成生态建设120 676亩，其中生态经济林种植6 500亩、枸杞及中药材特色经济林35 500亩、柠条饲料种植1 000亩，实现了生态经济林建设的新跨越。

关桥乡作为海原县最有名的香水梨基地，目前有香水梨3 000亩，挂果产生经济效益的香水梨有2200亩。该乡方堡村村民张汉银告诉记者，从2013年开始，当地大多数村民从香水梨种植上获利颇丰。他说："我家有5亩香水梨，2014年林下经济收入约4万元。一家人农闲时外出打工，每人一年也能挣1万元左右，比种地收入高多了。"

实践证明，生态经济林建设既美化了环境，又解放了劳动力、发展了生产力、提高了农民收入。成功的案例让海原县的决策者在生态经济林建设上信心满满。2015年，海原县推进生态文明建设，加快了林业产业化发展，全年完成生态林业建设125 275亩，其中以红梅杏、香水梨、苹果、枸杞为主的生态经济林1.8万亩。

今年，海原县以打造扶贫开发示范县统揽全局，将生态建设作为全县7项重点工作之一，把生态建设与扶贫开发工作有机结合起来，计划投资12 506.95万元造林130 070亩，其中生态经济林22 899亩、退耕还林3万亩。生态建设优先考虑贫困地区，走退耕还林脱贫、生态修复脱贫、经济林建设脱贫的生态林业脱贫道路。

"鱼逐水草而居，鸟择良木而栖"生动地反映了生态建设和经济发展之间的关系，海原县正在努力通过生态工程建设提高经济效益，推进美丽富裕海原县建设。

2016-04-22《宁夏日报》

十六、绿染西海固 ——宁夏西海固生态建设及修复见闻

采访行程1000多公里，每天都穿行在绿色里。山坡上刺槐、山杏树、杨树等"高低搭配"，梯田层绿，沟洼成荫。乡村公路上不时有野兔、野鸡蹦跳横穿。一些村庄山溪环绕，仿佛置身江南。不少外地游客反问："这是宁夏的西海固吗？"

是的，这与史料中有"苦瘠甲天下"之称的西海固，与上百年"十年九旱、生态焦黄"的西海固，与诗人笔下"我至今羞于启齿，您干涸的肌肤仍衣不蔽体"的西海固，反差太大。这与自治区党委、政府在西海固持续实施生态移民工程，大力推进生态建设和迁出地生态修复，并精准发展生态产业息息相关。

这就是一个全新的、绿染的、入画的西海固！

退耕封山种树，造就"旱塬绿洲"

西海固是革命老区、贫困山区和少数民族聚居区，是国家确定的14个集中连片特困地区之一，包括固原市的原州区、西吉县、隆德县、泾源县、彭阳县，中卫市的海原县，以及吴忠市的同心县、盐池县、红寺堡区，人口200多万，占宁夏人口三分之一。

15年的退耕还林还草，13年的封山禁牧，羊回圈、树上山，占宁夏总面积65%的西海固脱胎换骨，变为"旱塬绿洲"。目前，固原市林业用地总面积为668万亩，森林覆盖率达到22.2%，比宁夏平均水平高出8.4%，年降水量达到450 mm，是10年前的2倍。固原市市长马汉成高兴地告诉记者："现在的西海固，下雨就是下 GDP！"

毛乌素沙漠边缘的盐池县曾经沙害严重，只要一场大风，上了房顶的沙子和沙漠连成一片，村民晚上回家沿着沙坡走上了自家房顶。

实施生态移民，自然休养生息

过去的西海固，最多承载22人的每平方公里土地却要养活142人，一方水土养不活一方人。农民为了吃饭穿衣只能乱垦滥伐，以生态换粮食。同心县扶贫办主任马希丰痛心地说："越垦天越旱，越垦人越穷。"

为让老百姓放下手中乱砍滥伐的锄头，为了让他们过上好日子，20世纪80年代起，宁夏先后实施吊庄移民、生态移民等移民工程，将西海固100多万贫困群众搬迁到近水、

沿路、靠城的区域。特别是近年来，西海固还将35万生态移民的迁出区土地全部收归国有，目前已完成生态修复182万亩，让精华殆尽的土地休养生息。

海原县一条土路的尽头便是背靠大山的曹洼乡冶套村。曹洼乡"十二五"期间共移民5 038人，占全乡人口三分之一。搬出的人口让这片贫瘠的土地有了喘息的机会，不到5年，原先的村庄仅剩推平的宅基地和残砖破瓦，搬迁时遗留的紫花苜蓿四处蔓延，退出的农田已种上了松树、山杏，山高野阔、多彩渲染，一片生机勃勃。而谁能想象这里以前到处是干山秃岭、一片荒凉？

西海固是宁夏脱贫攻坚的主战场，尽管尚有贫困人口40余万，但多年生态建设延伸出的旅游、蜂产业、林下养殖等绿色产业已为当地带来生态红利，仅固原市林业总产值就达到20.48亿元。竭泽而渔的发展方式已成为历史，青山绿水正变成"金饭碗"，祖祖辈辈在大山里受穷的困难群众对未来充满无尽希望。

（作者：陈晓虎　邹欣媛）

2016-09-09《宁夏日报》

十七、宁夏海原县南华山火灾明火已被扑灭

截至19日上午6时许，燃烧了近9个小时的宁夏海原县南华山火灾明火已经全部扑灭。经初步测算，火灾过火面积5 000多亩，其中大部分为茅草丛，少量为灌木。参与灭火的公安、消防、武警以及森林专职灭火人员400余人。目前，森林专职灭火人员约180人正在进行第二次火场排查，以防发生其他意外和次生灾害。

2月18日20时54分许，海原县南华山二岔沟发生一起草山火灾。火情发生后，宁夏党委、政府主要领导立即安排部署，要求在确保人员安全的前提下，全力做好火灾扑救工作。宁夏回族自治区副主席、公安厅党委书记、厅长许尔峰，宁夏林业厅厅长马金元、副厅长陈建华等第一时间赶往火灾现场，详细询问灭火情况后，与参战的人员一道研究制订了详细的扑火方案，并组织调集中卫市武警、公安、消防、林业、南华山管理处及同心县森林防火应急队、固原六盘山森林防火应急专业救援队等周边市县的专业灭火人员400余人现场扑救。及时掌握火场天气变化，根据风向、风速等情况，科学合理组织全面开展灭火工作，在短时间内控制了火势。消防队在火灾现场两侧设立水龙隔离带，首先组织武警官兵专业灭火队伍使用防火弹进行扑救，其次组织专业单位人员进行扑救，再次组织半专业队伍进行扑救，利用凌晨气温低、风小、火弱的有利时机，采取直接扑

打和开设隔离带相结合的方式组织重兵出击。同时，严控进入火灾现场道路，严禁社会车辆进入，确保救援车辆、人员、物资等运输畅通。

今天上午6时许，大火被扑灭。初步估计过火面积5 000亩左右，大部分为草本植物，小部分为灌木林。火灾未造成人员伤亡。起火原因还在核查中。（《中国日报》宁夏记者站）

2017-02-19《中国日报网》

十八、海原县计划完成生态建设 9 万余亩，项目预算总投资 1.3 亿元

近日，海原县林业局召开2017年林业工作安排部署动员会，对今年造林绿化工作进行全面安排部署，动员广大干部群众抢抓机遇、真抓实干，为海原县生态建设作出积极贡献。据了解，2017年，海原县生态林业建设以"生态建设走在前"为统领，以生态扶贫为抓手，以打造美丽海原县为目标，实施生态优先发展战略。该局坚持生态效益与经济效益相结合的原则，因地制宜，适地种树。依托实施天然林保护、新一轮退耕还林、经济林建设、主干道路绿化等生态工程，全年计划完成生态建设任务9.65万亩，其中，各种营造林8.65万亩、封山育林1万亩，项目预算总投资1.3亿元。此外，海原县将继续抓好今年造林前的准备工作，严格按照相关标准和要求，做好苗木采购、检疫等工作，坚决杜绝不合格苗木进入造林现场；抢前抓早，迅速行动，施工单位要及早进入现场施工，采用合适机械作业，严格栽种标准，认真抓好栽后管理，确保造林成果，提高林草成活率和覆盖率；严把造林栽植质量关，技术人员要第一时间前往栽植现场进行技术指导、服务和监督；加大造林绿化的宣传力度，在全县营造浓厚的造林绿化氛围，广泛发动群众主动参与到植树造林活动中去。

2017-03-28《中卫日报》

十九、看宁夏海原县生态之美

如今，生活在宁夏海原县的人无不感受到海原县的发展变化，变得更美、更漂亮了！这主要得益于近几年海原县全面加快推进城市建设步伐，着力打造生态宜居新县城所取得的成效。

近年来，宁夏海原县围绕"绿化、美化、亮化、净化"四化建设，抢抓大县城建设和旧城棚户区改造机遇，按照"规划引领、彰显特色、生态优先、产城融合、改造提升、

建管并重"的思路，实施了棚户区改造、市政基础设施建设、生态绿化建设、社会公共事业建设和产业园区建设"五大工程"，县城框架拉开，功能分区基本形成，环境面貌得到明显改善。2017年计划实施大县城建设项目23个，总投资21.6亿元。

尤其是海原县把城市生态绿化建设工程作为重中之重，因地制宜，启动并实施了"一绿地四公园一广场"建设，高标准实施西山洼绿化、牌路山森林公园绿化工程，建成南苑公园、西湖公园、文体广场、海城公园。完成城市绿化面积7 554亩，县城绿化率达24.7%。2017年，计划围绕西山洼、牌路山、县城街道及黑海高速绿化4 000亩。如今，不论从哪个方向进入县城，道路两旁都会有黄、绿、红等各色组成的美丽景色迎接八方宾朋来到海原县——这座美丽而富有诗情画意的山城。

在县城文体广场，有打篮球、羽毛球、乒乓球的，也有在健身器材上健身的，也有跳健身操的，甚是热闹。在海城公园，美丽的花海吸引了市民驻足拍照，更有坐在亭子里聊天谈心的。在西湖公园，一座假山屹立在公园门口，水从假山上飞流而下，给人带来盛夏中一丝凉意；也有市民在林间小道休闲散步、享受大自然的气息。海原县通过实施城市生态绿化建设工程，逐渐被生态美所环绕。通过树木、假山、流水的装饰，海原县这座城市变得更加具有生机。相信，未来的海原县会更美！

（作者：马彦军　李洋）

2017-07-12《中卫日报》

二十、宁夏海原县林业局开展绿化树木抗旱工作

近日，宁夏中卫海原县持续高温干旱，无有效降雨，严重影响了绿化树木茁壮生长，导致部分树木出现叶片灼伤、枯枝，乃至枯死的现象。为巩固绿化成果，县林业局提前安排部署，积极开展绿化树木抗旱补水工作。

据了解，海原县及时开展抗旱工作，对已竣工的造林地段，由海原县林业局负责及时开展抗旱服务措施；对未交工的绿化区域，督促绿化企业进行抗旱工作，否则不予验收。针对当前严峻抗旱形势，海原县按照突出重点、全面抗旱的原则，从树体补水、减少蒸腾、健康生长等方面考虑，主要采取对缺水严重区域或树种及时补水、在绿化区域内开展除草和修穴松土、对绿化树木开展夏季修剪、开展病虫害防治等措施，进行全方位抗旱管理工作。

此外，海原县组织督察人员，深入各抗旱工作区域进行检查，要求责任领导和技术人员全过程跟踪抗旱工作，留有影像资料，监督抗旱工作质量。对抗旱措施落实不到位或质量不合格，坚决不予验收和付款。对工作人员不作为、渎职等将严肃追责。

2017-07-27《中卫日报》

二十一、宁夏海原县大绿化为乡村振兴"添彩"

为深入贯彻落实乡村振兴战略要求，打造美丽宜居乡村环境，今年，海原县围绕美丽村庄、脱贫销号村及主干道路开展大绿化行动，助推乡村振兴发展。

海原县按照乡镇（部门、单位）实施，县林业局供苗的方式，动员全县人民共同参与造林绿化工作，累计为各乡镇、部门、学校、医院等单位提供绿化苗木14.69万株，完成绿化1300余亩。为了起到示范带动、效果凸显的作用，海原县将高崖乡红岸村、西安镇付套村及西安镇文化广场等3个美丽村庄建设项目确立为高标准绿化示范点，完成示范绿化73亩，栽植各类苗木5万余株。

同时，海原县以县、乡、村三级道路为载体，完成主干道路绿化工程2 650亩，其中海同高速公路两侧绿化900亩，王井至麻春公路两侧绿化510亩，黄坪至马营公路两侧绿化240亩，小红公路两侧绿化900亩，中静公路两侧绿化100亩。结合实际，今年海原县出台农村人居环境整治三年行动实施方案，确定了2个农村人居环境整治示范乡（镇）和5个以上农村人居环境整治示范村，从推进农村生活垃圾治理等6个方面全力推进农村人居环境整治，确保在2020年年底实现全县农村人居环境明显改善，村民环境与健康意识普遍增强，村庄环境基本实现干净、整洁、有序的工作目标。

（马彦军）
2018-07-30《中卫日报》

二十二、海原县加强森林管护筑牢绿色生态屏障

人民网银川8月9日电 据《中卫日报》消息，今年以来，海原县牢固树立"绿水青山就是金山银山"的发展理念，深入实施"生态立县"战略，切实加大依法治林力度，强力推进森林防火、林业执法、有害生物防控、封山禁牧工作，着力提升森林资源管护能力，巩固造林绿化成果，筑牢绿色生态屏障。

海原县突出抓好森林防火工作，印发了《海原县森林防火预案》《关于做好今冬明春森林草原防火工作的紧急通知》等文件，并层层签订责任状，实行最严格的森林防火管护机制。同时，加大森林防火宣传，严格开展防火巡查。

按照"执法必严、违法必究"的原则，海原县加大对破坏动植物资源违法行为的查处力度。截至目前，共受理林业行政案件9起，处理违法行为人5人，罚款9 600元，通过严厉打击形成强力震慑。针对有害生物防治，在全县建立病虫害监测预报点20个，对疫源疫病实施动态监测，一旦发现疫情，及时进行防治。对调入绿化苗木进行全覆盖式检疫检查，确保了森林资源健康、安全。

与此同时，海原县制定了禁牧封育管理办法，发布《海原县人民政府关于进一步加强禁牧封育工作的公告》，大力开展禁牧封育政策法规宣传，加大巡查力度，切实提高广大养殖户对实施禁牧封育、发展舍饲养殖、加快生态建设重要性的认识。对封山禁牧开展定期不定期督察，对督察发现的问题责令各乡（镇）及时整改并在全县范围内通报。（记者马彦军）

2018-08-09 人民网——宁夏频道

二十三、海原县生态建设超额完成营造林任务

9月4日，记者从海原县林业部门获悉，截至目前，该县累计完成造林任务15.8万亩，完成率109%，超额完成了今年的营造林任务。其中，南华山外围区域水源涵养林建设提升工程9.6万亩，新一轮退耕还林3万亩，移民迁出区生态修复1.6万亩，枸杞、苹果、核桃等经济林1万亩，城乡绿化及主干道路绿化0.57万亩。（记者 王文革）

2018-09-05《宁夏日报》

二十四、《海原县开展森林防火业务培训》

人民网银川10月18日电 据消息，近日，海原县森林防火指挥部在县委党校开展了森林防火业务培训及演练，海原县林业局、海原县南华山自然保护区管理处、各乡镇管委会森林防火主管负责人、林业站站长等138人参加了培训演练。

培训通过集中授课、实际操作、防火演练等方式，使培训人员进一步掌握国家和区

市县森林防火政策法规以及相关规定，了解森林火灾发生的特点和规律，熟练掌握森林火灾扑救组织指挥的基本要求、森林火灾扑救的方法以及火场紧急避险的相关知识。

2018-10-18《中卫日报》

二十五、海原县抓好冬季树木养护工作

近日，工作人员正在给县城绿化带树木剪枝。临近冬季，海原县林业局着力抓好冬季树木养护工作，积极组织工作人员对县城树木进行修剪、刷漆，防止树木水分流失，确保园内树木安全过冬。

（记者马彦军）

2018-10-24 人民网——宁夏频道

二十六、海原县持续加强森林资源保护

2018年以来，海原县持续加强森林资源保护，不断巩固造林绿化成果，有效保障和提升全县生态建设成果。

为加强防火责任落实，海原县印发《关于做好今冬明春森林防火工作的紧急通知》《森林草原防火禁火令》等文件，与各责任单位签订目标管理责任书，明确防火任务和责任。同时，加强宣传教育引导，积极开展森林防火宣传，教育引导全民积极参与森林防灭火工作。去年累计发放各类宣传资料5万余份；开展森林防灭火培训及演练1次，培训人数150余人，开展防火巡查48余次，出动车辆48余次，人员144人次，不断提升防火应急处理能力。

为有效巩固提升生态建设成果，海原县加大违法行为查处力度。去年受理林业行政案件27起，查处违法毁坏林地面积750亩，处理违法行为22人，罚款79.5万元。同时，加强林木检疫防治，完成鼢鼠防治面积16万亩，沟眶象防治面积380亩，松材线虫监测面积3.4万亩，经济林防治面积5000亩；开展苗木产地检疫3000亩，检疫各类苗木3500万株，复检苗木21.18万株，把林业有害生物和森林病虫害损失降到最低程度，确保森林资源健康、安全。

（记者马彦军）

2019-03-14《中卫日报》

二十七、30公里梨树花海绽放海原县关桥

4月，海原县关桥乡百年梨园梨花绽放，长达30公里的梨树长廊不仅美景醉人，也成为当地开展文化旅游活动的新亮点。

在关桥乡方堡村百年梨园，远远望去，绽放的梨花堆满了枝头，一簇簇、一团团，如雪如云，晶莹剔透，不仅给海原县大地增添了美丽色彩，也成为当地农民增收的新亮点。该乡种植香水梨的历史已100多年，近年来坚持把培育壮大特色优势产业作为促进农业增效农民增收、加快脱贫攻坚步伐的主攻方向，积极培育壮大香水梨产业。不遗余力地建基地、提品质、拓市场、树品牌，香水梨产业规模和层次不断壮大提升，助推精准脱贫的优势和效应进一步显现。目前，关桥乡已成为海原县最大的优质香水梨种植基地，种植面积达到8200多亩，年产值近亿元。房前屋后、集中连片的种植格局，不仅绿化美化了乡村环境，而且成为富民强乡的主导产业、精准脱贫的重要支撑和贫困群众致富奔小康的"摇钱树"。

4月23日至5月3日，海原县将在关桥乡方堡村举办主题为"魅力海原县，多彩关桥，美丽乡村，方堡梨园"的第二届文化旅游节系列活动暨2019年"关桥梨花节"。届时将有"梨花旅游小镇"自行车环行赛、"梨园争霸"戏曲擂台赛、"乡里乡亲"篮球赛、梨园灯会等精彩赛事集中上演。活动中，还将举办农夫市集，大力推介海原县各类特色农产品，现场烹饪农家特色美食，让广大游客共同品尝"海原县味道"。（大雅）

2019-04-23《宁夏日报》

二十八、海原县绘就绿水青山新画卷

——海原县人有了休闲之处

数年前，海原县城没有可供居民游览休闲的公园，闲暇时人们只能"压马路"。

日前，记者在海原县城南的牌路山森林公园看到，整个公园依山而建，山花烂漫、绿树成荫。下午3时的公园里，游人三五成群，有人专注地观看文化墙，有人在林间小道拍照留影，有的游客则登上山顶的亭子，俯瞰县城，欣赏美景。

以前，牌路山森林公园所在区域不少地方都是乱坟岗。2013年开始，海原县改善生态环境和人居环境、提高城市品位，重点打造规划总面积3 348亩的牌路山森林公园。该公园分为休闲游览区和生态观瞻区，于2017年竣工，总投资7 000余万元。

除牌路山森林公园外，海原县还先后建成了南苑公园、西湖公园和海城公园，公园

内配套建设了宣传广场等，当地群众休闲娱乐、跳广场舞有了去处。

在生态治理方面，海原县依托国家天然林保护、三北防护林建设及新一轮退耕还林等重点林业工程，完成营造林16.211万亩，其中，南华山外围区域水源涵养林建设提升工程10万亩，移民迁出区生态修复工程1.6万亩，新一轮退耕还林工程3万亩，经济林建设工程1万亩，城乡绿化及主干道路绿化6 110亩，完成投资11 771.7万元。

在南华山外围区域水源涵养林建设提升工程中，完成人工造林3.4万亩，包括月亮山林场1.4万亩、红羊乡白渠沟0.2万亩、瓜瓜山林场1万亩、西安镇白轱辘0.4万亩、贾塘乡贺川村0.4万亩；完成未成林补植补造1万亩，包括红羊乡郑脑0.6万亩、湾湾崖0.4万亩；完成退化林分改造2万亩，包括凤凰山林场0.5万亩、红羊乡刘套村0.9万亩、中静路0.1万亩、瓜瓜山林场0.5万亩；完成封山育林3.6万亩，建设地点为西华山林场。项目总投资4760万元。

——护林员享受林业发展红利

5月21日一大早，海原县李俊乡团结村的杨生入就出门巡山了，3年来，这是他雷打不动的一项工作。

杨生入的妻子患有原因不明的眩晕症，儿子是严重的高血压患者，无法正常工作，平均每10天就要吃80多元的药，儿媳也没有工作，55岁的杨生入是全家的"顶梁柱"。

3年前，杨生入被选聘为海原县林业局护林员，每年有1万元的工资。这极大地缓解了家庭经济状况，杨生入格外珍惜这份工作。

护林员选聘是海原县林业扶贫的一项政策，选聘的生态护林员均为建档立卡贫困户。

截至目前，全县已选聘护林员980名，共享受补助980万元。

海原县按照"生态脱贫一批"总体要求，围绕经济林建设与护林员选聘不断释放林业发展红利。县自然资源局在扬黄灌区和库井灌区乡镇完成以枸杞、苹果、香水梨及核桃为主的经济林种植1万亩，其中枸杞0.7万亩，包括三河镇0.3万亩、七营镇0.2万亩、高崖乡0.2万亩；苹果0.2万亩，包括李旺镇700亩、七营镇700亩、高崖乡600亩；关桥乡香水梨200亩，三河镇核桃800亩。

为了使海原县"十二五"以来移民迁出区生态环境得到有效治理，在今年的生态移民迁出区生态恢复中，该县按照"因地制宜、适地适树"的原则，在李旺、九彩2个乡镇完成生态恢复造林1.6万亩，投资384万元。

2017年海原县在关桥、西安、海城、红羊等乡镇完成退耕还林任务1.58万亩，2018年完成剩余的1.42万亩，投资568万元。

——美丽村镇绿化行动扮靓乡村

走进海原县三河镇富陵村，只见村道两边种植的云杉、金叶榆、新疆杨绿意盎然、生机勃勃。

今年，三河镇在美丽村镇绿化行动中共种植国槐、云杉等行道树1.7万株，并种植葡萄、苹果等，大力发展庭院经济。

按照"产业兴旺、生态宜居、乡风文明、治理有效、生活富裕"的总体要求，海原县以"三大行动"为抓手，去年累计完成城乡绿化6 110亩。以杨家沟防洪坝、西山洼及海兴开发区等区域为重点，完成城市园林绿化1 150亩，投资1 604万元；在美丽村镇绿化行动中，完成苗木供应14.69万株，面积1 300亩，完成西安镇付套村、高崖乡红岸村、西安镇文化广场、小河桥三角地带及四季鲜蔬菜基地等重点项目配套绿化110亩，投资350万元；在主干道路绿化行动中，完成主干道路绿化3 550亩，涉及海同高速两侧绿化1 800亩，王井至麻春公路两侧绿化510亩、马营至黄坪公路两侧绿化240亩、小红公路新建及补植补造绿化900亩，中静公路补植补造100亩，投资1 845.7万元。

与此同时，海原县加大对破坏森林资源违法行为的查处力度，并出动警力对封山禁牧责任片区进行定期巡查和不定期督查，对发现偷牧、放牧行为及时上报并通报。

2019年，海原县将累计完成营造林11.63万亩。实施南华山外围区域水源涵养林建设提升工程10万亩，其中，人工新造林3.4万亩、退化林分改造1万亩、未成林补植补造4.1万亩、封山育林1.5万亩；实施城乡绿化工程0.22万亩，其中，县城及周边绿化300亩、乡村绿化1220亩、县内主干道路绿化680亩；实施经济林建设工程0.41万亩，包括枸杞、香水梨、庭院经济林等。积极推进全民义务植树，确保义务植树尽责率不低于85%。

（记者王文革）

2019-05-24《宁夏日报》

二十九、海原县奋楫谱华章　与国同梦启新程——环境优美生态宜居绿色屏障

海原县国土总面积6 463 km²，干旱少雨、水资源匮乏，生态环境极为脆弱。改革开放以来，随着国家西部大开发战略的实施，党的十八大、十九大以及自治区第十二次党代会的陆续召开，海原县生态建设迎来了前所未有的机遇。海原县人民攻坚克难，奋力谱写海原县生态林业建设新篇章。截至目前，先后实施天然林保护、三北防护林建设及新一轮退耕还林等国家重点林业工程181万亩，全县森林面积由1949年以前的一无所有变为现在的71万亩，森林覆盖率达到9.44%。

海原县按照"县城融入森林、森林环绕县城"的大绿化格局，先后完成包括西山洼绿化、牌路山森林公园、南苑公园、西湖公园、海城公园、杨家沟防洪坝、荣德大寺及海兴开发区等区域的城市园林绿化项目，提升了县城园林绿化景观效果，绿化总面积达6 000余亩。同时，按照"一街一品、一居一特色"的绿化思路，对县城内"四纵八横"街道及海盛国际、四季花城、育才小区等居民小区以及万福路北延伸段、西河路南延伸段等城内街道进行绿化，绿化总面积达1 800亩。

经过多年不懈努力，全县共完成移民迁出区生态修复造林32.8万亩。自2000年以来，累计完成退耕还林工程71.1万亩，投资额10.7亿元。使生态环境明显改善，出现了环境优美、生态宜居的可喜局面。

为打造生态宜居环境，海原县以福银高速、黑海高速、同海高速、国道341海兴开发区段以及县、乡、村三级公路为载体的绿色通道防护林全部贯通。以乡镇机关、中心学校、卫生院、农户房前屋后等区域为重点，实施乡村绿化，面积达7 720亩。以西安镇付套村、史店乡田拐村、高崖乡红岸村、甘盐池管委会、曹洼乡脱烈村等为代表的美丽村庄示范点绿化效果明显。

2019-09-29《宁夏日报》

三十、 海原县生态建设"改天换地"

"那时候一刮风天就昏黄，生生把白天吹成黑夜。"82岁的田风荣说起过去海原县的气候，直摆手。

5月3日，在自家院子里沐浴着温暖的春光，这位精神矍铄的老人微微扬起头望向湛蓝的天空，"如今你看看天有多蓝。"

海原县曾经荒山秃岭，风沙肆虐。多年来，一辈辈海原县人在与恶劣自然环境的艰难抗争中播种着希望。前人种树，后人乘凉。如今，海原县已实施天然林保护、三北防护林建设及新一轮退耕还林等国家重点林业工程170万亩，全县森林面积由一无所有变为71万亩，森林覆盖率达9.44%。

"我当了一辈子林业工人，年轻时候做梦都希望能生活在现在这样的山清水秀的环境里。"田风荣介绍，他从1959年开始在海原县参加植树造林建设，"一个山头一个山头地种，风很大，没有水浇，我们年年种、树年年死，成活率很低。"

随着退耕还林还草国策的实施，曾被严重破坏的林地、草场一步步得到恢复。全县累计投资10.7亿元，完成退耕还林工程71万亩。地表植被盖度明显增加，生态环境显著改善。

5月4日清晨，海原县居民刘凤霞与姐妹们相约来到南苑公园跳广场舞。这里鲜花盛开、树木青翠。刘凤霞说："以前这里是县城有名的脏乱差片区，改造成风景优美的公园之后，周围居民休闲健身就有了地方。"

在生态建设中，海原县不仅抓住荒山造林的大工程、大手笔，同时也紧抓关乎群众生活质量的城市风貌精致化建设，努力提升城市园林绿化水平，打造休闲宜居的绿色家园。按照"县城融入森林、森林环绕县城"的大绿化格局，先后完成牌路山森林公园、南苑公园、西湖公园、海城公园等市民休闲场所高标准绿化。筑牢县城"一绿地四公园"园林绿化景观效果，绿化总面积达6 000余亩。同时，按照"一街一品、一居一特色"的绿化思路，对县城内"四纵八横"街道及海盛国际、四季花城等居民小区进行绿化，绿化总面积达1 500亩，绿化率全部达标。

海原县为打造产业兴旺、生态宜居、乡风文明、治理有效、生活富裕的乡村生活环境，按照"道路林荫化、庭院林果化"的思路，坚持基础设施修到哪，绿化苗木栽到哪，以乡镇机关、中心学校、卫生院、农户房前屋后等区域为重点，加大乡村绿化力度。截至目前，乡村绿化面积达6 500亩，筑起了以村镇绿化为点、道路绿化为线的绿化格局。以西安镇付套村、史店乡田拐村等为代表的美丽村庄示范点绿化效果明显，不仅助推乡村振兴建设，同时也培育了群众"植绿、爱绿、护绿"的生态文明意识。

（记者王文革）

2020-05-05《宁夏日报》

三十一、海原县生态建设让旧貌换新颜

6月1日，新鲜的空气，沐浴着清晨的阳光，家住海原县文昌廉租楼的李成万起床后，直奔附近的南园公园锻炼身体。到公园散步、锻炼身体，几乎是李成万每天早晚的"必修课"。精神矍铄的李成万老人微微扬起头望着云淡风轻的天空说："现在，环境美了，树绿了、天蓝了，真好！"

海原县深处大山，曾经风沙肆虐，环境恶劣。一辈辈海原县人发扬艰苦奋斗坚韧不拔的"愚公"精神，在这座旱塬上，与自然艰难抗争中播种着希望。多年来，海原县积极响应国家号召，坚持人与自然和谐共生，努力保护生态环境，奋力推进生态文明建设。如今，海原县已实施天然林保护、三北防护林建设及新一轮退耕还林等国家重点林业工程170万亩，全县森林面积由一无所有变为71万亩，森林覆盖率达到9.44%。昔日"黄天"早已变蓝天，当年荒山已披上绿装，海原县干部群众用勤劳的双手"改天换地"，创造了美好的生活。

"以前是年年栽树，年年死，由于风沙大，浇水不及时，成活率低。"从1959年开始参加海原县植树造林搞生态建设的林业工人田风荣说，通过海原县干部群众的多年努力，从黄沙肆虐到山清水秀，真是不易。

海原县随着退耕还林还草政策的实施，曾被严重破坏的树木、草场等一步步得到恢复，累计完成退耕还林工程71万亩，投资额10.7亿元。全县地表植被盖度明显增加，部分退耕区域树木郁郁葱葱，长势良好，生态环境得到有效改善。

在生态建设中，海原县不仅抓荒山造林大工程，同时也紧抓关乎群众生活质量的城市生态建设，努力提升城市园林绿化水平，打造休闲宜居的绿色家园。按照"县城融入森林、森林环绕县城"的大绿化格局，先后完成南苑公园、西湖公园、海城公园、西山洼绿化等市民休闲场所高标准绿化。筑牢县城"一绿地四公园"园林绿化景观效果，绿化总面积达6 000余亩。同时，海原县按照"一街一品、一居一特色"的绿化思路，对县城内"四纵八横"街道及海盛国际、四季花城、育才小区等居民小区进行绿化，绿化总面积达1 500亩，绿化率全部达标。

城市越来越美，乡村也不能落后。海原县为打造产业兴旺、生态宜居、乡风文明、治理有效、生活富裕的乡村生活环境，按照"道路林荫化、庭院林果化"的思路，坚持基础设施修到哪，绿化苗木栽到哪的原则，以乡镇机关、中心学校、卫生院、农户房前屋后等区域为重点，加大乡村绿化步伐。截至目前，乡村绿化面积达6 500亩，筑起以村镇绿化为点、道路绿化为线的绿化格局。特别是以福银高速、黑海高速以及县、乡、村三级公路为载体的绿色通道防护林全部贯通。以西安镇付套村、史店乡田拐村等为代表的美丽村庄示范点绿化效果明显，不仅实现了乡村振兴，同时也起到了增强群众"植绿、爱绿、护绿"的生态文明意识。

（记者马彦军）

2020-06-04《中卫日报》

海原县林业志

（下册）

苗吸旺 主编

黄河出版传媒集团
阳光出版社

目　录

（下册）

第十章

海原县林业典型规划

林业规划是指对国土以林业为目的中长期生产力布局。海原县林业发展也离不开中长期发展规划，本章列出了1951—2019年具有典型意义的规划（包括区划），这些规划对海原县生态林业建设起到了积极的促进作用。

第一节　海原县"四五"农业发展规划和"五五"设想

林业部分——充分发动群众大搞植树造林。

毛主席教导我们："农、林、牧三者互相依赖，缺一不可，要把三者放在同等地位。"在搞好农、牧业建设的同时，大力植树造林，对改变海原县干旱面貌，促进农牧业生产的发展关系很大。"四五"和"五五"期间各社队要坚决贯彻"自采种、自育苗、自造林"的方针。本着先近后远，先易后难的原则，认真落实毛主席"一切能够造林的地方，都要植树造林，逐步绿化我们的国家，美化我国人民劳动、工作、学习和生活的环境"的教导，充分发动群众，掀起绿化海原县河山的新高潮，取得新成绩。

1. 大搞四旁绿化。在"四五"和"五五"期间把海原县八条公路干线，173座水库，183条干支渠，1600多个自然村庄都要种起树来，要鼓励社员在房前屋后植树，谁种谁有。"五五"期间力争绿化一切宅旁、村旁、水旁、路旁。1980年每人平均有零星树木100株。

2. 干旱风沙地区的西安、兴仁、李旺、高崖、兴隆5个公社的部分地区，应以农田防护林为主，大搞林网条田。1980年建成林网条田面积15万亩，初步抵御风沙危害。

3. 水土流失严重，燃料奇缺的城关、杨坊、关桥、郑旗、贾塘、罗川、树台、盐池、蒿川、徐套10个公社，应以营造水土保持林和薪炭林为主，积极发展用材林和经济林，力争"五五"期间初步控制水土流失，解决社员烧柴问题。

4. 阴湿地区的李俊、杨明、红羊、关庄4个公社应重点营造以杨树为主的速生用材林，兼顾经济林。"四五"期间民用木材自给，并提供一定数量的商品木材。

5. 大力办好国营林场和社、队办林场，全县在抓好现有6个国营场圃，两个连队的基础上1973年新建500亩的园林场一处，成立西华山林管所，管好现有天然次生林。城关、李俊苗圃、曹洼连队、方堡园艺站，积极引种培育适合海原县的优良树种，蒿川林场以营造薪炭林为主，兼顾水保林、用材林；兴仁连队选育并举，积极营造防风林带；牌路山林场、灵光寺林管所要造管并举，造育结合，巩固提高现有林质量，逐步扩大面积。积极营造针叶用材林。各社队都要因地制宜办好、管好社队林场，增加集体收入，巩固集体经济。

种苗是植树造林的物质基础。要充分发动群众采集榆树、沙枣，柠条、紫穗槐及各种果树种子。县、社、队都要有计划地培育母树林和采条林。每个生产队每年育苗3～5亩，留床苗木保持在10亩左右。"四五"期间牌路山林场，徐套、嵩川、罗川等公社要建立以柠条为主的薪炭林基地；关桥、杨坊、城关等公社要更新老果园，发展新果园，建成以果树为主的经济林基地；李旺、高崖、兴仁等地应积极发展枣园，为干旱地区提供枣苗。

　　毛主席教导我们："植树要以成活为标准。"发展林业生产必须坚决执行"三分造，七分管"的原则，建立健全护林组织和护林制度。社有专人抓，队有专职护林员，认真做到春抓造、夏抓管、秋抓采、冬抓护。造一片，护一片，巩固一片，发展一片，争取在"四五"和"五五"期间，林业生产有一个较大的发展。

表 10-1　海原县"四五"到"六五"林业发展规划

五年规划	年代	造林/亩										四旁树/株	育苗/亩	次生林改造/亩	幼林抚育/亩	封山育林/亩
		合计	用材林	防护林	水保林	薪炭林	经济林									
							小计	苹果	梨	红枣	核桃等					
历年累计		8 605.4	1 406		6 400	650	149.4	131	18			5 000			886	
四五	1970 年												245			
	1971 年	216	48	40	5	—	123	80	43	—	—	2.168	56.7	15	1 126	—
	1972 年预计	560.7	450	—	38	10	62.7	30.2	—	20	12.5	0.268	262	25	828	1 300
	1973 年达到	9 790	2 124	50	6 516	700	406.1	290.5	61.1	42	12.5	3.2	554.7	55	4 304	1 300
	当年新增	408	220	10	67	40	71	49	—	22	—	0.26	221.8	15	1 464	—
	1974 年达到	10 177	2 364	65	6 610	713	425	290.1	70.1	42	22.5	3.2	855	75	5 724	1 300
	当年新增	387	240	15	100	13	19	—	9	—	10	—	300	20	1 420	—
	1975 年达到	16 032	2 584	80	6 780	753	435	290.5	70.1	52	22.5	3.3	10 629	380	7 799	1 700

五年规划	年代	造林/亩										四旁树/株	育苗亩	次生林改造/亩	幼林抚育/亩	封山育林/亩
		合计	用材林	防护林	水保林	薪炭林	经济林									
							小计	苹果	梨	红枣	核桃等					
历年累计		8 605.4	1 406		6 400	650	149.4	131	18			5 000			886	
"五五"	"五五"达到	12 812	3 234	80	7 980	1 083	435	290.5	70.1	52	22.5	3.3	1 957	980	13 933	3 788
	五五增加	2 180	650	—	1 200	330	—	—	—	—	—	—	895	600	6 134	2 088
六五	六五达到	14 802	3 684	80	8 980	1 623	435	291	70.1	52	22.5	3.3	2 908	1 600	23 971	3 838
	六五增加	1 440	400	—	1 000	540	—	—	—	—	—	—	950	620	10 038	50

第二节　国营林场"四五"规划及"五五"发展设想

毛主席语录：备战、备荒、为人民。绿化祖国。实行大地园林化。

为了进一步贯彻毛主席"备战、备荒、为人民"的伟大战略方针，更好地落实毛主席"绿化祖国""实行大地园林化"的伟大号召，在地区林业局和林建师的指导下，作了如下规划。

一、基本情况

海原县现有6个国营林场（两个在连队不在规划内），分布在4个公社（城关、关桥、蒿川、李俊），其中，有林场2个、苗圃2个、园艺站1个、林管所1个。共有总土地面积40 090亩，其中，林地8 605亩、苗圃地700亩、宜林荒山地28 765亩、沟壑2 000亩、其他20亩。

这些场圃分布的特点：有严重干旱地区的蒿川林场，有半干旱地区的牌路山林场，有水利插花区的城关苗圃和方堡园艺站，有阴湿地区的灵光寺林管所和李俊苗圃。各场圃多是1957年以后建立起来的。

各场圃建场以来，尤其经过史无前例无产阶级"文化大革命"以来，广大革命职工积极响应伟大领袖毛主席"绿化祖国"的号召，加速发展林业，为实现"全国农业发展纲要"和全国林业发展规划对海原县林业的要求而努力奋斗。

二、规划的主要内容

1. 经营方针

在"以林为主，多种经管"的方针指引下，根据各场圃的特点和经过充分讨论，现分述如下。

牌路山林场和蒿川林场以造林和旱地育苗为主，在造林上着眼一个"快"字，狠抓一个"造"字，突出一个"管"字。结合水土保持，大搞水土保持林兼薪炭林，在山沟坝地发展用材林，试种经济林。

城关苗圃和李俊苗圃以育苗为主，面向社队，大育乡土速生用材树种，适当培育经济林苗木，积极引种，进行科学试验，推广先进技术，向社队提供苗木。

灵光寺林管所主要是在管护好现有森林的基础上，做好次生林抚育改造和宜林荒山荒地的造林，扩大森林资源。

方堡园艺站在管好现有果园的基础上，大育果树苗，供应社队。搞好果园管理，病虫防治，引种等科学试验、示范，支援、指导社队经济林的发展。

2. 主要生产指标

在规划期内（1971—1985年）造林5596.7亩，其中，防护林80亩，水保林2580亩、薪炭林973亩，用材林1678亩，经济林285.7亩。"四五"期间内造林9205.5亩，加上1971年以前的历年造林至1985年的造林累计，则各场圃共有造林14802.2亩，其中，水保林8980亩、薪炭林1623亩、用材林3684亩、经济林435.2亩、其他80亩。

规划期内育苗2680亩，（其中"四五"期内720亩），四旁绿化33000株（"四五"期内33000株）。

3. 树种规划

城关、李俊二苗圃在育杨树等乡土速生用材树种的同时，适当育一些松、柏、复叶槭、白蜡、榆树、果树、五角枫、楸树等苗木，少量引种（试种）板栗、柿子、法国梧桐、天山云杉等树种。

蒿川林场以种柠条为主，大力发展文冠果、红枣等木本粮油树种，适当种植紫穗槐、山桃、杏、榆、杨、柳等树种。

牌路山林场在沟底、坝地、阴坡的缓坡地发展杨树；在阳坡陡坡种柠条、文冠果、紫穗槐等，直播造林；在山头、缓坡等地以榆树为主，适当种植山杏、山桃、沙枣等树种。

灵光寺在次生林改造上，以种植桦树、松、柏、野柳为主，并试种云杉、油松等树种，在阴坡、陡坡种植榆树和柠条。

园艺站以引种后同社队订立合同进行育苗，品种区域化试验作为以后推广树种、品种的依据。

三、效益计算

"六五"期末，在完成上述指标后，各场将向社队提供苗木1 240万株（当年净增114万株），木材蓄积量517.8 m³、薪柴156.25万 kg（当年净增7.5万 kg）、饲料50万 kg（当年净增6万 kg）、水土保持面积14 802亩，生产果品21万 kg（年产量0.5万 kg），总产值80万元。

四、措施

为了确保上述任务的胜利完成，必须在县、团、（局）党委的正确领导下，以毛主席对发展林业的一系列指示为指针，走政治建场的道路，在"以林为主，多种经营"的方针下，同时狠抓四个方面。

1. 加强党的一元化领导，认真学习马列、毛主席著作，狠抓路线教育，搞好全体职工的思想革命化。

2. 狠抓采种育苗工作。种苗是造林的物质基础。为保证海原县各场圃，各社、队造林任务的完成，必须首先保证种苗任务的完成。对已有榆、杏、山桃、柠条等树种，力争颗粒归仓，实行自采种、自育苗、自造林和支援指导社队造林。

3. 保证林业生产的所需劳力和物资：在规划期内，共需用工92万个（"四五"期间18万个）购置各种物资共需30万元。

根据毛主席"农业的根本出路在于机械化"的教导，在"四五"至"六五"期间，购置大拖拉机1台，手扶拖拉机7台，打机井4眼，抽水机6台，汽车1辆，显微镜1台，经纬仪、平板仪、罗盘仪各1部。

4. "植树要以成活为标准"，坚持"三分造、七分管"的原则，加强苗圃和森林管护，做好护林，中耕除草，病虫防治工作，加强对杨树腐烂病，天牛、芳香木蠹蛾、柳树剑纹夜蛾等病虫害的防治工作，总结经验，推广社队。做好林种、树种的合理配置等工作。

5. 广泛开展群众性的科学试验活动；根据生产中存在的问题，大搞技术革新和技术革命，实行领导、群众、技术人员三结合。总结推广林业科学技术经验，实行科学种树，加速林业生产的发展。

上述任务是光荣而艰巨的，我们一定要发扬"不到长城非好汉"的革命精神，努力完成这一光荣而艰巨的任务而奋斗。

"我们的目的一定要达到"。"我们的目的一定能够达到"。

附《海原县林业"五五"计划》

1975年计划造林面积3.5万亩，果园9700亩；1980年增加到23万亩，比1975年增长170%，果园3.6万亩；1985年造林面积达到30万亩，果园面积6万亩，共计36万亩，每人有林1.38亩，折合7500万株，每人平均290株，其中用材林每个生产队有70亩，平均每人有50株。经济林每人有18株，其中果树4.5株。零星植树2710万株，每人平均有零星树100株。（海革委会海发〔1974〕48号）。

第三节　海原县（1976—1985）林业发展十年规划

一

林业是国民经济的重要组成部分。积极发展林业，是战备的需要，是保证工农业生产的需要，是提高人民生活的需要。

毛主席历来十分重视林业的发展，多次做了重要指示，为我国林业建设指明了方向。

在毛主席革命路线指引下，海原县同全国一样，林业生产取得了很大成绩，造林保存面积达60 910亩，并涌现出了一些先进社队。

但是，由于修正主义路线的干扰和破坏，海原县林业发展仍很缓慢，全县尚有220余万亩宜林荒山荒地还未造林，四旁绿化很差，干旱多灾的自然面貌改变不大。为了加快海原县林业建设步伐，迅速改变干旱少林面貌，落实毛主席"绿化祖国""实行大地园林化"的指示和四届人大会议精神，对海原县10年林业发展规划提出如下意见。

二

在"五五"和"六五"期末，造林面积分别达到23万亩和48万亩，人均有林分别为1亩和2亩。森林覆被率达2.7%和5.7%。其中用材林分别达4万亩和10万亩，经济林分别达到9万亩和13万亩，农田防护林分别达到2万亩和3万亩，水保林和薪炭林分别达到8万亩和22万亩，四旁植树分别达到2100万株和3700万株，人均有树分别为100株和150株；果园面积分别达到2万亩和3万亩，产果量分别为125万 kg 和250万 kg。

（一）大搞"四旁"绿化

广泛开展群众性的四旁植树运动，力争1980年每人四旁植树100株，1985年150株，实现《海原县"六五"造林绿化纲要》所规定的"在一切宅旁、村旁、路旁、水旁，只要是可能的，都要有计划地种起树来"的要求，"逐步绿化我们的国家，美化我国人民劳动、工作、学习和生活的环境"。解决社员自用材问题。

（二）积极营造农田防护林

农田防护林，是风沙、干旱地区建设稳产高产基本农田的可靠保障。海原县兴仁、兴隆、高崖、李旺、西安公社和徐套、城关公社的部分大队风沙危害农田十分严重，要全面规划，发动群众，准备种苗，调整土地，积极营造农田防护林，争取在1980年对风沙危害严重的土地基本营造起农田防护林，1985年全部实现耕地林网条田化。

（三）积极开展荒山荒地的植树造林

海原县森林覆被率很低，只占6‰，风沙、干旱等自然灾害频繁，水土流失严重，少林缺材，燃料困难，以粪当柴，严重影响了农业生产和群众生活。为了解决上述问题，全县各地都要本着因地制宜，农林牧全面发展的原则，大力开展绿化荒山荒地运动。各公社都要发动群众，大力营造用材林，每个生产队舍出10亩好地造用材林，着重解决住房困难，争取1985年民用材基本自给；水土流失严重，烧柴困难的社队，要大搞以沙柳、山桃、柠条、沙枣等为主的薪炭林和水土保持林，逐步改变自然面貌，促进农业生产的发展，争取1985年解决烧柴问题。

（四）抓紧木本粮油基地建设

大力发展木本粮油树，是提高抗灾能力，增加集体收入，巩固集体经济，支援出口，换取外汇的一个重要方面。海原县土地辽阔，有着集中连片发展木本粮油树的先决条件。南部山区和中部地区，应大力发展以大扁杏、核桃、木瓜等为主的木本粮油树，北部干旱地区，要积极发展以红枣为主的木本粮油树，有碱水地的公社，还可以推广枸杞。各地都要因地制宜，选好基地，坚持不断，逐年扩大。要求1985年每人有木本粮油树10株。

（五）大搞果园建设

海原县有发展果木生产的悠久历史和自然条件，特别是中部地区和南部河道地区，果树生长很好，今后应向集中连片的方向发展，公社、大队可以办100~500亩果园，建设商品水果基地，生产队应根据当地条件，积极发展小果园，主要解决社员自食水果。

三

为了确保规划胜利实现，必须狠抓如下几个方面。

（一）认真学习毛主席关于理论问题的重要指示

毛主席关于理论问题的重要指示，是我们各项工作的指路明灯，为林业建设指明了方向。发展林业的问题，从根本上讲，也是个路线问题。我们必须以党的基本路线为纲。深入开展"批林批孔"运动，批判阻碍林业发展的各种错误思想，对资产阶级实行全面专政，严厉打击阶级敌人破坏林木的罪恶活动，保证林业大干快上。

（二）进一步落实党的林业政策

"政策和策略是党的生命"。进一步落实党的林业政策，是发展林业的保证。各公社要认真宣传落实毛主席亲自主持制定的有关林业政策，坚决纠正乱砍滥伐、乱收林木的现象，要有计划、有领导、有组织地进行采伐抚育工作。林权不清的要按照政策规定，尽快处理结束，以促进林业发展。

（三）切实抓好种苗工作

种苗是发展林业的物质基础，各地都要自力更生，解决这个问题，大搞四级（县、公社、大队、生产队），三季（春、夏、秋）育苗。大队要搞好50亩育苗基地建设，生产队要有3~5亩苗圃，公社可根据任务和条件，兴办良种采条苗圃，推广良种。

（四）办好国营林场和社队林场

国营林场必须认真贯彻以林为主，多种经营的方针，积极扩大林地面积，引进良种和针叶树，提高林木质量。"六五"末，国营造林达2万亩，育苗面积保持1 000亩，牌路山林场实现万亩林，灵光寺乔木林达到5 000亩，其中松树1 000亩，水冲寺新造林5 000亩，其中针叶树1 000亩。将城关苗圃改为良种繁育苗圃，引进培育优良品种，兴仁林场建成以枣树为主的五百亩经济林。"五五"期间，建五百亩园艺场两处，一是把西安林场改为园艺场，需扩大土地300亩。二是把李俊林场改为园艺场，需扩大土地370亩。新建兴隆柠条种子繁殖场一处。国营林场要积极推广植树机械和化学药物，防治病虫，消灭杂草，要认真开展科研工作，真正起到示范和骨干作用。

"五五"期间各社队都要办起社、队办林场，可抽调3%~5%的劳力组成林业专业队伍，坚持常年管护，加快绿化步伐。

（五）全面规划，加强领导

各社队从现在起，进行一次全面调查，搞清底细，找出规律，通盘考虑，合理布局，全面安排。生产队、大队、公社自下而上层层规划。要把规划落实在地块、种苗、劳力、时间和具体行动上，坚决纠正"天天规划，月月变，年年不按规划办"的工作作风。各公社党委、大队党支部，要把林业生产列入重要议事日程，加强领导，把林业当作硬仗来打。年年抓，一抓到底，抓出成效。建议县上成立"县绿化指挥部"，指导全县绿化工作，保证规划胜利实现。

"十年林业发展规划"是海原县林业建设的壮丽图景，是社会主义建设的一件大事。只要我们在毛主席革命路线指引下，坚持走社会主义道路，大批促大干，大干促大变。随着阶级斗争，生产斗争和科学实验三大革命运动的深入发展，全县人民一定能够在"六五"期间，完成这光荣而又艰巨的任务！

表 10-2　全县十年林业发展规划（1975—1986）

项目		1975 年		1976 年		"五五"计划		"六五"设想	
		新增	达到	新增	达到	5 年合计	1980 年达到	5 年合计	1985 年达到
1. 造林面积	亩	19 100	80 000	25 000	105 000	150 000	230 000	250 000	480 000
2. 育苗面积	亩	7 000	—	7 000	—	35 000	—	35 000	—
3. 零星植树	万株	280	—	280	—	—	2 100	1 600	3 700
4. 次生林改造	亩	50	—	50	100	250	300	700	1 000
5. 果树面积	亩	2 500	9 700	4 300	14 000	10 300	20 000	10 000	30 000
6. 果树产量	万 kg	—	60	—	75	60	125	125	250

第四节　树台公社林业规划

一、树台公社全面规划说明书

在毛主席无产阶级革命路线的指引下，在全党动员大办农业，苦战5年为普及大寨县而奋斗的高潮中，根据固地林发〔1976〕1号文件精神，于1976年参与了树台公社党委、海原县林业局主持的对该社区域综合规划工作。

二、规划的指导思想

以阶级斗争为纲，认真贯彻全国农业会议精神和党在农村中的各项政策。狠批专家治山、业务挂帅、脱离群众、脱离生产、脱离实际的修正主义路线。坚持书记挂帅，党委把关定向，贫下中农和规划人员一起组成三结合规划队伍。共同研究该社"五五"期间农、林、牧、副、渔的主攻方向与山、水、林、田、路综合治理的战略布局。认真总结贫下中农，在战天斗地中的先进经验。使规划来源群众、服务群众，成果资料切实可行，既要立足当前生产现状，又展出未来共产主义蓝图。处理好当前与长远、需要与可能、局部与整体、重点与一般、数量与质量、先与后各个环节之间的关系。为水土流失地区大综合治理奠定基础，为社会主义农业发展创造条件。

三、树台公社基本概况

树台公社区域面积528 000亩，其中现有耕地88 186亩。总人口3 200人。8个大队、60个小队、4所中学、52所小学、11个合作医疗站、8个大队林场、8个大队牧场。公社直属单位有卫生院、拖拉机站、牧场。

该社整个范围，在海拔2 504 m以下的黄土丘陵区，四周与关庄、盐池、红羊、城关、西安及甘肃省相邻。年降水量205.2~433.1 mm。年平均气温7.2~8.4 C°，无霜期126~180 d，地形南高北低，由五条主要沟系汇入张湾水库。

中华人民共和国成立前，这个地方根本没有治理，加之植被不良、树木稀少、土质松散及雨水长期冲刷等原因，为此。地形破碎、梁峁起伏、沟壑纵横、水源缺乏，土壤侵蚀剧烈，水土流失严重。四料（饲料、肥料、燃料、木料）欠缺，自然灾害频繁。过去群众有这样的谚语："山上和尚头，山下鸡爪沟；无雨旱如火，下雨洪水吼。"这句谚语是对旧社会真实的写照和对统治阶级深刻的揭露！

中华人民共和国成立后，在党和毛主席的英明领导下，广大贫下中农发扬"自力更生，艰苦奋斗"的精神，对山区开展了建设。但由于修正主义路线的干扰和破坏，使山区发展造成很多不利因素。经过"无产阶级文化大革命"后，当地党组织和贫下中农，抓路线促大变，大批促大干，近几年来，使山区建设取得了可喜成绩。目前在大干快上的形势下，全社"农业学大寨"的群众运动，正进入新的阶段，展开着宏伟战役。决心在1980年建成大寨式的公社，耕地面积达88 186亩，其中，井灌9 200亩、喷灌800亩、自流灌溉380亩、洪漫地10 000亩、水平梯田450亩、压砂田130亩、草田轮作66 976亩；塘坝8个、农灌井128眼、造林82 100亩、育苗860亩、果园1 710亩、果产量48 500 kg、四旁植树1 250 000株。

大家畜4455头、羊24519只、猪1180头，养鱼水面150亩，产量1500kg。副业收入3000元、社队企业收入22400元。治好5道川、10面坡，农电简易公路通大队。

四、基本农田建设（略）

五、林业

林业建设是落实毛主席"深挖洞、广积粮、不称霸"。"备战备荒为人民"战略方针。是"绿化祖国"，"实行大地园林化"的重要内容，是改善自然条件、防止水土流失、解决群众用材、燃料及建设商品粮基地的主要措施之一。为此搞好林业建设、发展林业生产，是客观形势的需要，战备的需要。其"五五"期间发展情况分述如下。

1. 林业概况

树台公社属黄土丘陵区，土层深厚。植被盖度60%左右。主要草本植物：羊胡子草、冰草、车钱子、黄花草苜蓿、骆驼蓬、白蒿。灌木有散生锦鸡儿，近期新造幼林有箭杆杨、北京杨、八里庄杨、小叶杨、杏、榆、沙枣、苹果。现有幼林16000亩。1980年达到32100亩。在此期间加强大队林场机构、生产建设，并在碱滩口附近林区，进行提水灌溉，试验用苦水绿化荒山以及在余家沟建成草林间作公社直属林场，实行林牧结合。

2. 苗圃地建设

苗圃地是苗木培育基地。其圃地建立要慎重选择，大田苗圃应设在造林区内，背风向阳、地势比较平坦，土层深厚、土壤肥沃以及不易被山洪冲刷淹没的地方，以育耐干旱、生长周期性长的树种。精细苗圃应设在有水灌条件，交通便利，土壤肥沃作为母树条基地和培育速生、经济林树种。

3. 造林树种选择

为摸清适合该区生长的树种，1976年8月以随机抽样方法，对相洞大队荒山、川道幼林，广泛进行了生长量和成活率调查，结果见表10-3。

表 10-3　树台公社造林情况

造林时间	立地条件	树种	种苗来源	规格	造林方法	株行距 /m	平均高 /m	均地径 /cm	成活率 /%
	有水灌溉	箭杆杨	外地	二年生	植苗	1 × 1	3.12	2.10	71
	川地农田	箭杆杨	外地	二年生	植苗	1 × 1	0.65	1.50	70
1974 年春	荒山	榆	外地	二年生	植苗	1 × 3.5	0.47	0.68	67
	荒山	杏	外地	二年生	植苗	1 × 3.5	0.99	0.10	59

综上调查材料分析与贫下中农意见，1980年以前荒山造林阴坡以山杏、旱柳、柠条、沙枣为主，阴坡以榆树、大扁杏、紫穗槐为主。川道路边、渠边和一定面积的农田以箭杆杨、八里庄初、北京汤、小叶杨、苹果、花椒为主，并建议试引新疆杨、枸杞、臭椿、国槐、刺槐、油松、落叶松。

4. 整地

根据地形特点按坡度，该社宜林荒山，概括划为4个立地类型：3°~15° 全面整地；15°~25° 带状整地；25°~35° "品"字形整地；35°~45° 鱼鳞坑整地；45°以上封护。有关上述整地的规格见表10-4。

表 10-4　树台公社不同立地类型整地方式和规格

坡度	整地方式	整地规格
3°~15°	全面整地成反坡梯田	反坡宽水平距 4m，反坡深 13cm
15°~25°	带状整地成反坡梯田	反坡宽水平距 1m，带间水平距 2m，反坡深 30cm
25°~35°	"品"字形整地成反坡梯田	反坡宽水平距 1m，"品"字形水平距 2m，左右距 1m，梯田埂长 2m，反坡深 38cm
35°~45°	鱼鳞坑整地	半径 30cm，穴上下间距 2m，左右间距 1.5m，穴外沿高 9.4cm
45° 以上		封育管护

不同整地形式截流计算公式

（1）全面整地

$H=（M-F）×2+A$

式中，M 为一次最大降水量，mm；F 为渗透系数，4mm；A 为保险系数，30mm；H 为反坡深度，mm。

（2）带状整地

$$H=（M-P）（B+S）×2/B+A$$

式中，S 为带间水平距，m；H 为反坡深度，m；B 为反坡梯田水平距，m。

（3）"品"字形整地

$$H=〔（M-F）（B+S）×L+M×（B+S）×E〕/（B×L）×2+A$$

式中，H 为反坡深度，m；B 为反坡梯田水平距，m；S 为反坡梯田上下带水平距，m；E 为株距水平间距度，m；L 为反坡深，m。

（4）鱼鳞坑整地

$$H=〔（M-F）×B〕×2+A/R2/2$$

式中，B 为每鱼鳞坑接受流域面积，m；M 为一次最大降水量，mm；F 为渗透系数，4mm；A 为保险系数，30mm。

整地的目的是改善人工林立地条件，保持水土、拦截径流，含蓄水分。因而对造林地必须深翻日晒。进行蓄水保墒，是提高干旱区荒山造林成活率的基本措施之一。根据相桐大队林场调查，深翻后隔年造林、与无深翻当年整地当年造林，成活率差异很大，其调查情况见下表10-5。

表 10-5　树台公社两种造林方式成活率

整地方法	树种	造林时间	调查方法	成活率/%
反坡梯田深翻	杨树	头年整地，第二年造林	随机抽样	85
反坡梯田无深翻	杨树	当年整地当年造林	随机抽样	41

5. 造林方法及规格

因地制宜，因需选用，具体树种具体对待，树台公社属干旱缺水地区，今后荒山造林榆树、杏树采取植苗直播相结合，株行距3m×3m。柠条、紫穗槐、旱柳采取直播，株行距1.5 m×3.0 m，各树种适宜立地条件与直播时覆土深度见表10-6。

表10-6　树台公社造林方法及规格

立地条件	树种	株行距/m	播种量/粒	覆土深度	造林季节	备注
荒山	榆树	3×3	3~4	2 mm	雨季	种子催芽处理，雨后抢墒播种
	杏树	3×3	1~2	6~7 cm	雨季	
	沙枣	3×3	1~2	2~3 cm	雨季	
	柠条	1.5×2	5~8	3~4 mm	雨季	
	紫穗槐	1.5×2	3~5	3~3.5 cm	雨季	
	旱柳	1.5×2	2~3	3~3.5 cm	雨季	

6. 营造中的几项措施

（1）保苗保湿　对外地苗木运输时，要把苗根蘸上泥浆，根对着根，苗稍朝外，在苗根处要填些湿草，用草袋包扎成捆，防止苗根外露，途中时常检查，及时补充苗木水分。苗木运到造林地后，选择湿润土地挖沟假植。对本地苗木要做到随起苗、随造林，尽量缩短从起苗到造林时间，做到保苗保湿才能提高造林成活率。

（2）苗木分级截干修根　在植苗造林时，将苗径粗细相等的树苗进行分级，避免幼树生长过程中出现被压木现象。在苗木分级的同时对弱苗、病苗、虫蚀苗和分根破皮生长不健壮的苗木，一律剔除不予造林。所选用的苗木应剪去劈伤的根系及过长的主根和侧根。以防植树时根曲折，影响幼树生长。为减少地上部分水分蒸发，造林时要截干，高保留15~20 cm。

（3）细致栽植　栽树前根据苗木大小挖坑，其原则保证苗根舒展，挖坑时将表面干土、湿土分别放置，栽树时将苗木放于坑中心，随即埋上湿土、向上轻轻地提一下苗木、防止苗根卷曲和缠结，然后踏实、接着二次填土踏实，最后填土埋到苗木地径以上5~6 cm再踏实。这样分次填土逐层踏实，使土壤和苗根紧密结合、不留空隙，促进根系生长，提高造林成活率，露出地面的苗茎，用细土将苗茎埋上，培成馒头形，苗茎上端似露不露，以减少水分蒸发和风干。

（4）加强抚育保护　为了促进幼林生长，尽快郁闭成林。必须本着"三分造七分管"的精神，对幼林加强抚育保护。其具体做法下述。

定期抹、摘芽：苗木成活后，往往从地茎上长出许多萌条，当这些萌条长到15~20cm高时，从中选留一根生长粗壮的条，培养成主干，其余全部剪去，同时在幼树生长期间，要及时摘去侧芽和根部发出的小萌条，以加速幼树高生长，提高幼树的木质化程度，摘芽时防止撕裂树皮和叶片。

修枝：在幼树郁闭后，侧枝交叉横生，影响林木生长发育，这时应进行弱度修枝。修枝强度为树高的1/3较适宜。修枝时要做到不留茬，伤口要平。修剪时间一般在春天树液流动前进行。对幼树进行合理修剪，不仅可以促进生长发育，而且能培养圆满通直的良材。

植保：随着幼林郁闭，病虫害逐渐发生。应根据"预防为主积极消灭"的方针。采取人工、生物和农药相结合，改进林地卫生。认真开展护林宣传工作，健全护林组织和制度，加强护林设施，防止牲畜破坏和人为乱砍盗伐，使幼树迅速生长成林。

第五节　1982年海原县林业区划

林业区划是林业生产建设的基础工作，同时也是农业总体规划的组成部分，编制具有一定科学性和可行性的林业规划方案。对加快和开创海原县林业生产建设新局面，改善和提高农业生态系统功能，促进大农业协调发展，实现海原县农业进入稳产高产有着十分重要的意义和作用。

一、概述

林业区划是一项综合性的科研任务和实践任务相结合的工作，也是林业生产建设的基础工作，中华人民共和国成立30多年来像这样全面的、科学的林业区划还是第一次，根据国务院〔1979〕142号文件和自治区人民政府〔1979〕152号文件精神，在区、地党政组织的亲切关怀和区划办公室的具体指示下，在县委和县人民政府的直接领导下，于1981年12月至1983年7月，历时20个月完成了全县林业区划工作。

海原县林业区划是根据县农业区划的总体要求而进行的，在全面清查林业资源的基础上，根据自然和经济规律划分林业立地类型，绘制了林业现状分布图，宜林地分布图和林业区划图，并编写了《海原县人工林调查报告》;《海原县林业资源调查报告》;《海原县果树资源调查报告》;《海原县天然林调查报告》和《海原县林业发展方向和林种布局》6篇专题报告。

二、林业区划的内容

为了详情了解林业区划原则、方法和内容，海原县综合农业区划办公室林业组撰写了《海原县林业区划报告》。

三、《海原县林业区划报告》

（一）前言

海原县是宁夏林牧业基地，三北防护林体建设重点县，遵照自然和经济规律，确定林业建设方向，合理布局林业建设，对改善生态环境，促进"四化"建设，提高人民精神及物质生活水平均具有重要意义。

根据县区划办对海原县林业区划总体要求。1982年组成林业区划小组，在查清资源的基础上，整理分析有关资料，进行了农业区划。

在整个区划过程中，我们得到区、地各有关单位的大力支持，行署林业局林勘队受行署委托，具体帮助我们完成这一工作，他们跋山涉水不辞辛劳，为海原县林业建设作出了贡献。

资源调查中，人工林以1980年人工林普查资料为基数，仅作补充调查。对天然次生林（包括灌木）划了75个小班，同时作了75个样地，对面积和蓄积进行了清查，在此基础上，完成了如下报告：

1.《海原县林业区划报告》，施洪亮编写，瞿仰高统稿。

2.《海原县林业资源调查报告》，王善麟编写，翟履渊统稿。

3.《海原县人工林调查报告》，翟履渊编写，郭功杨统稿。

4.《海原县天然次生林调查报告》，王正勇编写。

5.《海原县果树资源调查报告》，田忠明编写。

6.《海原县苗木调查报告》，瞿仰高编写。翟履渊统稿。

并绘制了1∶200 000资源图和20万分之一区划图。

（二）自然概况（略）

（三）社会经济与林业

海原县总面积5 516.456 km²。其中耕地146万余亩、林地面积208 304.7亩（占2.5%、森林覆被率2.5%）、自然草原380余万亩。20个公社，162个大队，12个国营林业场圃，农、牧场各一个。总人口22.7万余人，人口密度每平方千米约40余人。劳力71 480个，劳动日值0.38元；人年均口粮158.95 kg。

综上所述，农林牧用地严重失调。干旱、冰雹、风沙，霜冻等自然灾害频繁，除水地有抗旱能力外，其余各地均受自然灾害威胁，虽每个劳动力负担耕地20余亩，产量低而不稳，经济收入不高，特别是遇到灾年，粮食减产，牧草枯竭。生活不能自立。1980年就吃返销粮437余万千克。造成这种局面的主要原因，生态系统失调，形成恶性循环的结果。

森林是一种再生资源，不仅有生产木材和各种林副产品的直接作用，而且还有涵养水源、保持水土、调节气候、防风固沙、保护农田、美化环境等多种间接效益，其间接效益比直接作用大得多。据报道，美国森林的间接效益比直接作用大10倍，日本森林的间接效益比直接作用大25倍。根据海原县自然灾害情况分析，缺乏森林的作用是主要原因。林业在海原县农业经济中的地位。

表 10-7　农、林、牧用地结构

项目	总面积	农业	林业	牧业	其他
全国 / 亿亩	144.00	15.00	18.30	53.10	57.30
构成 /%	100.00	10.40	12.70	37.10	39.80
海原县 / 万亩	827.47	403.42	20.77	374.84	28.44
构成 /%	100.00	43.70	2.50	45.30	3.50

表 10-8　农业总产值比重

单位：%

年份	农业	林业	牧业	副业	渔业
1971	74.06	2.28	20.94	2.71	0.01
1972	74.53	1.99	20.75	2.71	0.01
1973	49.00	2.78	44.54	3.66	0.22
1974	81.55	3.25	12.88	2.22	—
1975	69.77	5.46	22.42	2.42	—

从表10-7、表10-8数据中可充分看出：其一，土地利用不合理，林业仅占总土地的2.5%；其二，1971—1975年的五年中，林业产值仅农业总产值的3.27%。这就说明现有的农业经济结构极不合理，林业在海原县大农业中尚未得到应有重视和发展。

（四）划分大区主导因子

大区主导因子确定。区域差异的因子复杂。某一因子的主导作用，其他因子的相应变异。导致树种分布、生长、发育的区域性明显。根据地貌、海拔、气候、土壤、植被等因子之间互相联系，互相影响，互相制约的关系，有主有从，影响区域差异的主导因子是海拔。海拔高低产生区域差异，有以下几个方面。

1. 从年降水量角度分析

海拔1400~1600m区域，年降水量250~300mm。海拔1600~1800m区域，年降水量300~400mm。海拔1800m以上区域，年降水量400mm以上。降水量分布随海拔升高而增大。

2. 从≥10℃积温角度分析

海拔1400~1600m区域，≥10℃积温2500~3200℃；海拔1600~1800m区域，≥10℃积温2000~2500℃；海拔1800m区域，≥10℃积温2000℃以下。积温随海拔升高而降低。

3. 从年平均无霜期角度分析

海拔1400~1600m区域，无霜期150d以上；海拔1600~1800m区域，无霜期125~150d；海拔1800m以上，无霜期100~125d。

综上所述降水量、积温、无霜期天数主要受海拔高差的影响。根据降水量划分气候区的原则，海原县海拔1400~1600m风沙干旱区；海拔1600~1300m为干旱区；海拔1800m以上为半干旱区。

在一个区内海拔高度处在同一幅度。但其他因子的影响不同，它使林业生产的经营方向产生局部性差异，树种林种就有所不同，从而在大区外再划分亚区。

（五）分区原则

分区的目的是为分类指导林业生产创造条件，对林种布局、树种选择、经营措施均具有全面性、方向性、战略性的作用。不仅是当前生产任务，而且是未来发展基础，既涉及资源现状，又影响将来的生产效益。在分区时，除根据主导因子外，必须把地貌、土壤、气候、植被、社经等因子有机地联系在一起，权衡轻重，综合分析，分区原则如下。

1. 自然经济条件的相似性

自然条件衡量指标：降水量、气候、霜期、植被、土壤等。

社经衡量指标：劳动月经济值、群众温饱等。

2. 林业资源分布的共同性

衡量指标：林种配置、树种选择、人均蓄积、人均面积，尤其是对林业的特殊需要，如烧柴等。

3. 经营措施的一致性

衡量指标：适宜林种、树种、营林技术等。

4. 区域地块的完整性

衡量指标：不打破大队界，并与毗邻县相吻合。

5. 农林牧协调性

林业区划是综合农业区划的组成部分，与其他专业区划关系密切，分区时要妥善处理下述关系。

（1）纵观全局因地制宜，在土地使用中，宜林则林、宜牧则牧、宜农则农，全面考虑统筹安排。

（2）海原县林业区划对宁夏林业区划来说，有从属性和基础性这两重关系，在分区原则上、分区方法上、成果规格上均保持自治区对县级林业区划的要求。

（3）县分区界与相邻省县分区外，必须达到南北相接、东西吻合，严防交叉，为促进区、县林业区划体系完整奠定基础。

（六）分区

按区分主导、原则与协同关系，并结合地域差异性，海原县划"三个大区""四个亚区"。

1. 北部风沙干旱丘陵防护林区；

2. 中部干旱丘陵沟壑水保林区；

3. 南部山地区丘陵水源涵养林区；

第一大区划二个亚区：

①北部风沙、干旱防护林。

②清水河川台农田防护林。

2. 第二大区划二个亚区：

①园河前后河流域水保经济林。

②中部丘陵沟壑水保薪炭林。

第三大区不划亚区。

（七）分区概述

1. 北部风沙干旱丘陵防护林

（1）基本情况　这个大区将包括蒿川公社、兴仁公社、徐套公社、高崖公社、兴隆公社、盐池公社（北山、沙沟）大队、关桥公社（脱场、八斗）大队、李旺公社，总区域面积2 296 629亩，有林面积48 288.8亩，其中，用材林8 989.8亩，占19%；防护林26 077亩，占54%；经济林3 715.8亩，占7%；其他9 506.2亩，占20%。林地盖度2%；苗圃1 910.3亩。农业单产每亩20.75 kg，劳动日值0.26元，人均口粮54 kg。

（2）自然条件　该区海拔1 400~1 600 m，地貌：风沙干旱丘陵。年降水量250~300 mm，≥10℃积温2 500~3 200℃，无霜期150 d以上。植被为荒漠草原。土壤为灰钙土。主要限制因子是雨少风多，本着因地制宜，因害设防的原则，该区林业建设方向为防护林。因风沙干旱与引黄水利工程在大区内部形成差异，把该区划分两个亚区。

2. 北部风沙干旱防护林

这个亚区包括盐池公社（北山、沙沟）大队、蒿川公社、兴仁公社、徐套公社、关桥公社（脱场、八斗）大队。兴隆公社的肖口、黄谷、冯湾三个大队，区域面积182 055亩，有林面积29 128.8亩，其中，用材林8 846.8亩，占30%；防护林11 216亩，占30%；经济林2 044.8亩，占7%；四旁林3 441亩，占12%；水保林3 580.2亩，占12%；林地盖度1.6%；苗圃799.9亩。

（1）自然条件　主要灾害因子风大多沙，据宁夏23年年平均气象资料反映，西北风19 m/s。23 d，风沙日数217.4 d。为防治风沙灾害，该区林业建设方向为根治风沙的防护林。

（2）生产结构配置　梁峁坡地以草为主"草灌"混交。沟间平地土壤水分条件较好，以灌为主"乔灌草"并举，宜灌则灌，宜草则草、宜乔则乔。防护体系设置：以网为主"网、带、片"结合，宜网则网、宜带则带、宜片则片，建成综合的防护体系。

（3）适宜树种　梁峁坡地，主要草种紫花苜蓿、沙蒿；主要树种：沙冬青、沙枣、花棒，部分地区可种柽柳。土壤水分条件较好的地方可种植紫花苜蓿；主要树种：柠条、沙柳、山杏、红枣、白榆、河北杨、旱柳。

3. 清水河川台农田防护林

这个亚区包括高崖公社、兴隆公社（王团、李堡、兴隆、王大套）大队，李旺公社区域面积766 640亩，有林面积19 166亩，其中用材林143亩，占0.7%；防护林2 485亩，占13%；水保等其他林16 538亩，占80%。林地盖度2.5%；苗圃1 110.4亩。

自然条件：主要有利因素是引黄水利资源，这是当前与未来农业生产的基地，为促进农业增产，该区林业建设方向为山区农田防护林，农田防护林不仅防风防沙，而且能改变小气候。提高气温土温，大气相对湿度，并减少土壤水分蒸发。随着林木生长、进行林带修枝、间伐、更新可提供燃料、椽材、檩条具有多种效益。在以农为主的前提下，抓好防护林体系建设，积极发展多种经营，提高经济效益。

生产配置结构：川台农田以速生乔木与经济树种为主，梁峁坡地以草为主"草灌"结合，沟坡河滩以灌为主"灌乔"混交，防护体系以网为主"网、带、片"结合，建成综合防护体系。

适宜树种：有水灌条件的地方主要树种是北京杨、八里庄杨、新疆杨、苹果、梨；无水灌条件地类主要是草种紫花苜蓿，主要树种有沙枣、柠条、沙柳、白榆、树柳。

4. 中部丘陵沟壑水保林

（1）基本情况 该大区包括城关公社、九彩公社、郑旗公社、贾塘公社、杨坊公社、罗川公社、西安公社、盐池公社（团庄、南山）大队、树台公社（树台、二百户、韩庄、）大队、关桥公社（麻春、罗山、冯湾、王湾、关桥、贺堡、方堡、马湾、张湾）大队、李旺公社的罗全大队，区域面积5061924亩。有林面积107361.9亩，其中，用材林15346.7亩，占14.3%；水保林82582.2亩，占76.9%；经济林5292亩，占4.9%；四旁林1149亩，占1%；天然次生林2992亩，占2.8%；林地盖度2.1%；苗圃5388.8亩。农业单产43kg，劳动日值0.42元，人年均口粮127.95kg。

（2）自然条件 该区位于海拔1600~1800m，地貌以丘陵沟壑为主。年降水量300~400mm、≥10℃积温2600~2500℃，无霜期125~150d，植被为旱生草原植被。土壤黑垆土。主要突出因子是水土流失严重，是园河、麻春河、贺堡河等6条河系流域区。每年有1208.1万t肥土从地表流走。为防治水土流失，该区林业建设方向为水保林。根据水资源与燃料亟待解决的区域性差异，把该区划分成两个亚区。

①园河流域经济林 这个亚区包括盐池公社的团庄、南山大队，树台公社的200户、韩庄大队，西安公社，关桥公社的麻春、罗山、冯湾、王湾、关桥、贺堡、方堡、马湾、张湾大队。区域面积2530972亩，有林面积35346亩。其中，用材林2850亩，占8%；水保林28063亩，占80%；经济林3461亩，占10%；四旁林774亩，占2%；天然次生林198亩，占0.6%。林地盖度1.3%，苗圃1468.5亩。

自然条件：主要灾害因子水土流失严重。有利因子水资源相对比较丰富。根据自然因子，本着因地制宜、扬长避短、趋利避害，发挥地区优势原则，林业建设方向为水保经济林。

　　生产结构配置：梁峁坡地以灌为主，"灌草"结合；沟坡、河滩以灌为主"灌乔"混交；沟台、川台以乔为主，"乔、果"结合，宜乔则乔，宜果则果。

　　适宜树种：梁峁坡主要草种为紫花苜蓿，主要树种有沙柳、柠条、山桃；沟坡、河滩主要树种有白榆、柳、青杨、河北杨、黑刺、柠条；沟台、川台主要树种有八里庄杨、北京杨、新疆杨、苹果、梨。

　　②中部丘陵沟壑水保薪炭林　这个亚区包括城关公社、九彩公社、郑旗公社、贾塘公社、杨坊公社、罗川公社、李旺公社的罗全大队，区域面积2530952亩。有林面积72015.9亩。其中，用材林12496.7亩，占17%；水保林54519.2亩，占76%；经济林1831亩，占3%；四旁林375亩，占0.5%；天然次生林2794亩，占4%。林地盖度0.4%，苗圃3920.3亩。

　　自然条件：主要突出因子是水土流失严重，群众燃料奇缺。为防治水土流失，解决群众对燃料的要求，该区林业建设方向为水保薪炭林。

　　生产结构配置：梁峁坡地以灌为主"灌草"结合，沟坡、河滩以灌为主"灌、乔"结合。

　　适宜树种：梁峁坡地主要草种为紫花苜蓿，主要树种是沙棘、山桃、柠条，沟坡河滩主要树种为沙棘、沙柳、柠条、白榆、河北杨、杜梨、树柳。

　　③南部山地水源涵养林

　　A. 基本情况　这个大区包括关庄公社、红羊公社、杨明公社、李俊公社、树台公社的浪塘、大嘴、相桐、新庄、垄湾、红并大队，南华山牧场。区域面积1682032亩。有林面积52645亩，其中，用材林8754亩，占17%；防护林26203.5亩，占49.8%；经济林705.5亩，占1%；水源涵养林2236亩，占4%；天然次生林14763亩，占28%；林地盖度3%；苗圃1554.6亩。

　　B. 自然条件　该区海拔多在1800m以上，地貌为山地丘陵。年降水量400mm以上，≥10℃积温2000℃以下，无霜期100~125d。土壤暗灰褐土、黑垆土。植被森林草被与草甸草被。水源涵养相对优越，是园河、苋麻河主要水系发源处。特别是南华山"四桥、五桥"沟水资源，是海原县城用水的唯一来源。因天然水资源有限，目前用水量与含水量发生矛盾。在干旱季节，这种矛盾更显得尖锐突出，在此期间，海原县城用水感到紧张，随着"四化"建设，用水量越来越大，现有水源涵养条件，适应不了"四化"发展需要，为解决海原县城用水和积极发展灌溉农业，该区林业建设方向为水源涵养林。

　　C. 生产结构土壤水分　植被条件相对比较好的地区以乔为主；土壤水分、植被条件较差，以灌木为主，"灌乔"结合；土壤水分、植被条件差的地类以灌为主，"灌、草"混交。

　　D. 适宜树种　土壤水分、植被较好地类，主要树种有油松、落叶松、云杉等；土壤水分、植被较差地类，主要树种有白榆、河北杨、沙棘、山桃、杞柳；土壤水分、植被差的地类主要树种有柠条、杞柳、沙棘等。

（八）实施区划的关键措施

1. 健全组织加强领导

实施区划，是一项长期艰巨的任务。要完成这个任务，从上到下必须有一个坚强的组织机构，把全面的、系统的林业区划落实到基层，只有靠山区人民的智慧和集体力量，才能完成林业区划的各项内容。

2. 提高群众对林业区划的认识

群众是实施区划的主人，一定要使群众从思想深处认识到林业区划的必须性、重要性、科学性和可靠性，从而自觉地想着区划、关心区划，落实区划。

3. 加速苗木、种子基地建设

使苗木、种子品种满足区划设计树种发展需要，要把住就地育苗、就地造林关，杜绝长距离调运苗木。

4. 正确处理林牧关系

对现在荒山、荒地合理安排、妥善解决，把造林后的林地短期封护，待封闭成林之后，在不影响林木生长的前提下，可以开放林区放牧，把原来的放牧地植树造林以林促牧，以牧促农。用生物措施解决林牧矛盾。使林牧在发展中，变对立为统一、共同发展、各得其所。

5. 规划造林

（1）实施区划落实区划　区划是规划的基础，规划是区划的继续，要实现区划必须搞好规划。

（2）提高造林速度　重视发展灌木。海原县地广人稀，自然条件差，加之劳力负担耕地较多。要迅速完成绿化荒山，扩大森林面积有一定困难。为加速林业发展应突出灌木造林，采取人工造林与飞播造林同时并举。

6. 在营林技术上

造林地要重视土壤保墒，提前一个季度乃至先年整地，是防治干旱，提高造林成活率，改善林木生长条件的重要环节，造林前整地好坏，是决定造林成败的关键因素。造林前必须经过这一关，整地隔年造林，给土壤蓄水保墒，要留有一定时间。

7. 要放宽林业政策

积极发展责任林和自留山，要像农业上的责任田和自留地那样长期固定下来，落实分成，允许继承。

第六节　海原县南华山10万亩水源涵养林规划

人类面临的缺水问题，已引起了世界性的关注，我国有150个城市用水极为紧缺。

海原县水资源的缺乏已严重地影响着人们的生存，制约着经济、社会的发展，每到夏季，水流量猛减与需水量剧增已形成一对尖锐的矛盾。仅县城区域日缺水量达2202m³，枯水期海原县城区到处是提桶找水的人群，到处是缺水的议论。地势低的居民区整天是"车水马龙，桶来桶往。"家庭尚且如此，更何况大单位和需水量大的工厂、企业。县上领导一直在苦苦思考并极力想办法解决这个问题。1979年，海原县责成林业局组建了五桥沟林场，经过十多年的封山育林，有效地改变了五桥沟的生态环境，水量趋于稳定，水头已经延伸，但由于林木面积有限，远远不能适应周围乡村生存与发展的需要，人口与用水矛盾十分明显。为应急用水，1988年县政府挤出资金打了两眼机井，以缓解县城的缺水矛盾，但仍不能解决根本问题。针对南华山周边乡（镇）经济、社会发展的需求，围绕南华山林牧关系的变化，经全县上上下下各级领导、干部群众长期反复地不断总结、认识、统一，终于得出了治理南华山，改善生态环境，促进经济、社会发展的正确结论，从而使全县上下，特别是"四套班子"领导和业务部门的负责人信心倍增，决心苦干十年，大力营造水源涵养林，建立"绿色银行，地上水库"，把南华山作为一项荫及子孙、造福后代的社会工程，坚持不懈地抓下去，逐步改变海原县的生态、社会环境。自治区领导来海原县视察工作时也对此十分重视，并指出南华山营造水源涵养林迫在眉睫，南华山已到非治理不可的地步了。1992年春，县委、县政府决定抽调有关人员和技术干部对南华山的发展趋向进行研究和规划，为上级提供建设南华山水源涵养林工程做出正确决策的依据。

在南华山建设10万亩的水源涵养林。这是一项艰巨而复杂的工程，要根据不同条件，实行多树种、多林种、多形式、多功能相结合，带、网、片、点相结合，从规划到施工等一系列程序都严格按照工程造林标准进行。同时，在经营与管护上也采取相应的配套措施，使这项伟大的绿色工程得以顺利建成并发挥出其相应的效益。

一、可行性研究报告

（一）基本情况

1.自然概况

（1）地形、地貌、地理位置　南华山属海原县南部半干旱丘陵牧、林、农区，南华山林牧亚区。山脊东西走向，地势起伏，河谷稀疏，属中山地貌，海拔在1905.5~2955.3m。相对高差1049.8m。牧场和五桥沟林场位于该区中心地带，西部是灵光寺林场，东部是水冲寺林场，四周相连的有海城镇、高台乡、西安乡、术台乡、红羊乡、杨明乡、曹洼乡、史店乡、罗山乡、关桥乡、郑旗乡10乡1镇，20世纪50年代全境草场面积42万亩。

（2）土壤　南华山土壤呈垂直分布，自下而上依次分布着黑垆土（2000m以下）和山地灰褐土（2000m以上），少数地点有侵蚀性灰钙土，全境以山地灰褐土为主。

（3）气象因子　本区平均气温5.5℃，≥0℃的有效积温是2400℃，≥10℃的活动积温1600℃，无霜期107d，平均年降水394mm，蒸发量2136mm左右，干燥度2.0。

（4）生物因子　主要乔木有落叶松、白桦、山柳、油松等，灌木有沙棘、西北枸子、中华野山楂、野刺玫等。草本植物有莎草、道生、穿地蒿、黄花棘豆等314种。动物有野鸡、猫头鹰、狼、狐狸、鼢鼠等。

（5）水文　南华山属清水河系，有几股主要的泉水保持常年细流，地表地下径流主要靠降水补给。1991年测定，泉水平均流量：五桥沟0.0143m³/s，泉域范围44.9km²，年出水量44.5万m³，水温是9.2℃，水质矿化度0.647；灵光寺0.05m³/s，泉域范围13.8km²，年出水量是15.77万m³，水温8.4℃，水质矿化度1.33。

（6）主要灾害因子　鼠害、冻害严重，海拔高、风大，冰雹也频繁发生，给农牧业生产造成很大损失。

2.社会经济概况

（1）国营林场概况　该区的三个封山育林林场，总土地面积4.77万亩，职工人数（包括干部）69人，"七五"森林资源清查，有林面积0.99万亩。灵光寺和水冲寺地处偏僻，五桥沟有"中静"公路贯穿，给封山育林带来了困难。三个林场以封山育林为主，各场距农队较近，与农民来往较多，封山育林有利有弊。

（2）南华山牧场经济现状　据1991年统计，全场有163户922人，其中，在职职工21人、退休24人、行政干部2人。耕地面积0.72万亩，大家畜存栏532头，羊0.103万余只。

（二）南华山土地利用及发展状况对生态环境的影响

土地的合理利用与否直接影响着其生态环境的演变。

1. 南华山牧场的发展演变及生态变化

史书记载,南华山在宋时,森林茂密,林区面积北至西华山南至李俊、九彩。20世纪40年代前,还是一个牧草茂盛的天然草场。

南华山牧场是1958年6月组建的,场部设在四桥,属区直属单位,当年有职工30人,1962年场部迁至关门山,将场名改为地方国营海原县马场。1982年由于草场退化等原因,将马场改为牧场,决定淘汰马匹、发展牛羊。

牧场经济呈"低—高—低"的发展趋势。从发展阶段来看,后期经济滑坡明显,在1980—1989年的10年中,总亏损17万余元,92年前4个月净支出1.5余万元,另外,1979—1991年,国家在该场草场改良项目上投资37.3万元。1982年后财政平均每年补贴1.2万元。

表 10-9　南华山牧场历年投资情况

单位:元

年度	收入	支出	盈利	亏损
1962	18 756	23 665	5 691	—
1963	46 652	37 002	9 650	—
1964	144 005	133 636	10 396	—
1965	50 671	19 680	20 991	—
1966	964 628	847 393	17 235	—
1967	122 283	96 143	26 140	—
1968	72 476	36 767	35 709	—
1969	54 585	43 034	11 551	—
1970	164 263	115 001	49 262	—
1971	95 316	64 232	31 084	—
1972	90 958	38 873	52 085	—
1973	49 290	48 300	990	—
1974	18 000	53 000	—	25 000
1975	73 024	52 064	20 960	—
1976	86 024	113 909	—	27 885
1977	104 578	86 990	17 588	—
1978	86 023	82 038	3 985	—

年度	收入	支出	盈利	亏损
1979	128 249	126 491	1 758	—
1980	133 971	131 620	2 351	—
1981	97 164	131 473	—	39 709
1982	115 239	154 930	—	39 692
1983	54 354	143 750	—	89 396
1984	112 217	81 218	30 999	—
1985	123 688	98 583	25 105	—
1986	70 143	84 527	—	14 384
1987	47 537	80 376	—	32 839
1988	144 400	148 900	—	4 500
1989	73 400	88 200	—	14 800
1990	98 000	89 200	8 800	—
1991	102 000	108 200	—	6 200

据固原畜牧兽医站1954年调查，全境草场面积42万亩，20世纪60年代，草层高度为30~40 cm，盖度70%~85%，亩产草量达250~494.5 kg，由于严重开荒、过度放牧，草场面积减少，牧草严重退化。南华山牧场在牧场范围内测定，20世纪70年代末可载牧1.35万个绵羊单位，现在只能载牧1万个绵羊单位，常年超载2 600多个绵羊单位。盛夏季节牧场周围放牧羊只高达10万只左右，导致草场加速退化，优质牧草减少，毒草丛生。毒草在南华山主要分布区盖度可达20%以上，可食牧草面积大减，据1980年调查，草层高度只有15~20 cm，盖度为40%~60%，亩产草量只有160 kg，可利用牧草产量比过去下降36%~67.5%。

气候恶化，已成为该地区的主要灾情，毁林、毁草，过度放牧，生态环境遭到严重破坏，据调查1949—1989年的40年中，大旱12次，中旱13次，近几年频率逐渐增高，旱期更加延长。1991年是有气象资料记载以来最旱的一年，1992年比1991年干旱更加严重。雹灾在这40年中发生频繁，共计80多次，给本地农牧业生产造成很大损失。

严重开荒、过度放牧，使草山面积减少，植被盖度下降，生态环境脆弱，一遇到中雨就会产生地表径流，一有暴雨就会造成严重的水土流失，并可导致成灾，同时也失去了地下水的补充来源。五桥沟的水源主要靠五桥沟和南华山牧场及周围的天然降水渗入地下来补充。随着生态的恶化，水源逐年减少，据调查，五桥沟泉水在1949年以前为0.08㎥/s，20世纪70年代测定为0.065㎥/s，90年代的测定值0.0143㎥/s。

2. 五桥沟林场的发展演变及生态环境

五桥沟林场位于海城镇与南华山牧场交界处，1979年以前还是天然草场，1979年4月，县委为了保护水资源和治理水污染，决定在南华山二桥到五桥之间封山育林，营造人工水源涵养林，并建立了五桥沟林场，总土面积为2.2万亩。次年开始整地、育苗等工作。建场以来总作业面积达1.97万亩，据"七五"清查，由于牧场周围人畜、鼢鼠等危害，现有成林面积3807.8亩，未成林地和散生木林地近2000亩，对涵养水源发挥了重要的作用。

五桥沟泉水近十年来流量为0.0143㎥/s，但夏季枯水季节水流量更少。自封山育林以来，林场小区域内植被保护较好，盖度达85%左右，1980年后，水流量较稳定，四桥水头已延伸了200多m。

3. 灵光寺林场的发展演变及生态环境

灵光寺是海原县的一块风景宝地，前人对此地曾有"四时春不断，十里水忧香"的赞咏，过去曾以"华山叠翠"列为海原县八景之一。在20世纪30年代，灵光寺林木荫郁，牧草茂盛，是甘美的天然牧场，中华人民共和国成立前夕，该地尚有天然次生林千余亩，因过度载牧及滥肆砍伐，林木所剩无几。1960年农建局在该地设置林场，经过多年管护使仅有山林获得复苏，当时林场仅有正式职工1人，临时工3人，1974年开始大面积营造针阔叶林，累计面积达0.9万亩，天然次生林资源也得到迅速恢复，在20世纪80年代后期，由于各种原因，致使人工林和天然林遭到破坏，但较之建场初期仍有很大发展。现有白桦469.6亩、蓄积1421.34㎥、榆树92.8亩（平均胸径在4cm）、灌木林3014.3亩，这些林木资源的经济价值和生态效益都十分可观。

据水利局调查，灵光寺泉水流量平均为0.05㎥/s，无冬夏变化，常年稳定，呈上升趋势。据气象部门观测，灵光寺年降水量保持在500~600mm，比整个南华山亚区的降水量高106~206mm，高出26.6%~51.9%。由此看出，该林区对地下水源和空气湿度的影响是明显的。

4. 南华山周围农队概况及对生态环境的影响

南华山外围与南华山相连、相关的10乡1镇，总人口近15万人，耕地面积5万多亩、羊14余万只、大家畜18000头，主要以农牧业生产为主。

近年来，开荒由南华山外围逐渐向内蚕食。据调查，开荒面积达数十万亩。牲畜、羊只拥挤在牧场境内和林场外围放牧，并不时进入林区践踏啃食林木。据五桥沟林场调查，每天林区边缘都有千余只羊。进山挖柴、挖药、采蕨菜的人平均每年高达1万多人次，对植被践踏破坏十分严重。

（三）海原县城的发展与供水的关系

水是人类赖以生存和发展的基本条件，供水不足，限制着海城的生产和发展，威胁着海城的生存。

1. 海城镇生活用水和建设用水及供需关系

（1）生活用水　城镇人口剧增与水流量减小的反差非常明显，据自来水公司统计，1980—1990年的11年中，固定人口由7192人猛增到29619人，再加上海城镇用自来水的农户、住校学生、外来流动人口，总计人数达51300余人，按每人每天供水0.025 m³的最低用水标准计算，每天正常生活用水达1283 m³，其他各乡农民平均每天拉水40 m³，本地及外来车辆平均每天用水60 m³，总计1383 m³。

表 10-10　海城生活用水情况

人口组成	固定非农业人口	固定农业人口	住校学生	流动半流动人口	拉水	车辆用水	合计
人数 / 人	29619	5720	9000	7000	—	—	51339
每天用水量 /m²	740	143	225	175	40	60	1383

（2）城镇建设用水工业　用水只能限制在1890 m³/d以内，建筑用水在477 m³/d以内，绿化用水和街道洒水在220 m³/d以内，总计2587 m³/d，再加上无法控制的用水和水耗620 m³/d。每天用水量达3200 m³。

（3）用水与供水的关系　据自来水公司反映，夏季枯水季节，五桥沟出水量1236 m³/d，加上两眼机井补充抽出水量1152 m³/d，共出水为2388 m³/d，目前最少需水量是4590 m³/d。

表 10-11　用水与供水比较

单位：m³/d

项目	用水及供水	数量	合计
用水	生活用水	1 383	—
	建筑用水	477	—
	工业用水	1 890	—
	绿化、街道	220	4 590
	无法控制的用水和水耗	620	—
出水	泉水	1 236	2 388
	机井	1 152	—
缺水			2 202

　　鉴于这种情况，自来水公司只能采取分片限水的办法和一些应急措施来调节供水。如夏季枯水季节每个街道一周只能供水3 d，有些街道因地势过高，即使是供水的3 d仍然无水，居民只好提桶去各处找水。庭院土地不能充分利用，据城建局统计，现因缺水不能利用的庭院土地为1 500亩。缺水限制了城区一些工业的发展，有些工厂因缺水导致了生产间断或停滞。我们调查了海原县粉丝厂，日需水量为50 m³，生产粉丝2 500 kg，而实际日供水只有30 m³，影响了该场的正常生产，日产量仅有1 200 kg。海城镇机砖厂每月最少需水量300 t，而实际只能供给250 t。供水不足，城镇建设、绿化等发展缓慢，到枯水季节，特别是园林、树木灌水，街道洒水受到限制，建筑因缺水只好延长工期。

　　自来水公司采取以上种种节水措施之后，日生活用水尚缺2 202 m³。

　　2. 南华山附近村庄农牧业用水和供水的关系

　　南华山周围10乡1镇的近5万口人、14万只羊、近2万头大家畜都依赖于南华山的地下水，西安、术台、史店等乡的井灌区的井水也来自南华山水系，南华山地下水动储量的下降，对10乡1镇的生存及各业的发展有十分严重的影响。据调查，南华山周围的井眼有20%的干枯，有40%的临近干枯。这一切给南华山周围的生产造成了巨大的损失。如城关苗圃在20世纪80年代初，灌溉条件较好，40亩果园和242亩苗圃地年收入达5万元以上，近些年来，由于生活用水十分紧张，苗圃生产用水已被停止，处于瘫痪状态，1/3的果树已枯死，剩余的树势衰弱，临近死亡。果园产量由原来的1万多千克优质果下降到1500多千克没有商品价值的劣质果。

李庄行政村在20世纪60年代，果树总面积为270亩，间作蔬菜，每亩产值达800元，由于供水不足，70年代有50%的果树退化枯死，80年代以后果园全部退化，变为旱地，亩产值降到100元以下。

综合上述，水源不足，供水严重短缺直接威胁着县城的生存，影响着海原县的精神文明和物质文明建设。

（四）解决水源的根本途径

鉴于南华山的现实情况，解决水源的根本途径是营造水源涵养林。县上"四套班子"提出建设南华山水源涵养林工程是十分正确的，是造福子孙的百年大计。

1.营造南华山水源涵养林的可行性

（1）有营造水源涵养林的优越条件　①土地资源丰富。仅南华山牧场就有7.5万余亩，再加上五桥沟林场2.2万亩，灵光寺林场1.59万亩及周围宜林地，共17万亩。沿灵光寺、南华山牧场、五桥沟林场一直到水冲寺可以建设一条庞大的水源涵养林体系，其中五桥沟林场和南华山牧场是关键地带。②土壤有机质含量高，质地疏松，有利于降水的渗透和贮存，从而提高造林成活率和加快林木生长。③降水量高，当地年降水量在400mm左右，马万山周围达400mm以上，能满足西北各树种的要求，具有营造针叶林和针阔混交林的有利条件。

（2）有水源涵养林成功的实例　该地带造林成活率高、林木生长发育好，特别是一些针叶树种和灌木及个别阔叶树种。据调查，五桥沟林场十年生油松高3.3m、胸径5.0cm，十年生落叶松树高8.1m、胸径8.3cm；1984年在沟底撒播的沙棘现在高4m、杆插沙柳树高4m、直播山桃高3m，牧场下属农队牙儿湾1981年栽植的榆树高5.2m、胸径4.7cm，四年生杏树高2.4m、胸径2.9cm。

五桥沟林场1992年春栽植的4000亩落叶松、沙棘和部分白桦，在旱情十分严重的情况下成活率仍达80%~90%。可以看出，该地带林木生长量大，生长发育好，造林成活率高，特别是针叶树种很有发展前途。

（3）有调节降水和增加地下水源的典型地带　1980年以前，五桥沟水流量平均每年以每秒0.0001m³的速度下降，造林以后，水量稳定，四桥水头延伸了200多米。

在灵光寺森林区年降水量为500~600mm，而南华山亚区年降水量只有394mm。如果南华山一带造林后植被盖度与灵光寺一致，年降水量也相应增加。根据有关资料介绍，同一区域造林成林后比造林前地下水蓄量平均多20t。可见，南华山10万亩水源涵养林工程建成后可增加地下水200万 t。

2. 营造南华山水源涵养林的效益分析

（1）生态效益　①森林在涵养水源、净化水质、保持水土流失方面具有很大的作用。林分可使透过的降水强度降低，有利于保持水土，并能提高土壤透水力。林地上的枯枝落叶能吸收大量的降水，使地表径流量减小，一般枯枝落叶层吸水可达自身重量的40%~260%。枯枝落叶转变为腐殖质后，吸水量可提高到2~4倍，另外，森林能使冬季降雪分布均匀，春季融雪，林内较林外缓慢，因土壤冻结较浅（比林外浅2/3），积雪融化易被土壤吸收和渗透，利于补充地下水源。

利用森林净化水质是一个有效的措施，有关材料证明，有森林覆被的山涧水流中，每平方千米含有溶解的物质为6.4 t，而无森林的山涧水流中，每平方千米含有溶解的物质为16.9 t，相差几倍；又如，以桦树林为例，过滤1 L水所含细菌数比无林地过滤的水减少50%，过滤1 L水所含 NH_3 比无林地减少75%。以上事实充分说明，森林的这种涵养水源、净化水质、保持水土的作用非常明显。

②森林对水分因子的影响。首先看森林对水平降水的作用，在水汽丰富，云雾较多的情况下，林木使云雾凝结成水滴的作用比较突出，这种情况在山地森林中更为明显。森林内的雾滴降水可达20%，林缘部可达50%。其次，看森林对垂直降水的影响。国内外大量研究结果表明，森林能够参与水分的小循环，增加垂直降水。林木蒸腾作用强，林区上空湿度高，气温较低，上空空气涡动较盛，交流更为强烈，有利于水汽的凝结，林区较无林区增加降水约30%。这种效益在灵光寺和南华山的对比上更为明显。森林的其他生态功能如净化空气、降低噪声、阻碍风力等效应都是很明显的。

（2）经济效益　根据规划设计预算，10万亩共投资971.25万元，15年后，效益额为5 003万元（存在价值），纯利润按80%计，利润4 003万元，15年中平均每年纯利润266.8万元。

（3）社会效益　南华山的地下水资源日趋减少，直接威胁着南华山周围10乡1镇的生存与发展。这一工程的建成将大大有利于扩大和补充水资源，为周围10乡1镇的生存提供基本的条件。否则，其后果可想而知。这无疑显示出了其巨大的社会效益。由于在建设此项目工程中，需要大量的人力，南华山周围乡（镇）的大多数农民还很贫穷，又没有经济来路，这样正好集中人力治理南华山，提高农民的经济收入，起到项目扶贫的作用。由此还可以解决一部分待业青年。在这项工程建成后，还可以沿灵光寺、五桥沟、水冲寺开辟一处旅游区。

二、规划设计

（一）规划设计的指导思想、总体布局

南华山属海原县半干旱丘陵牧、林农区，自然条件良好，生态环境脆弱，地下水位下降，水源存贮量减少，日趋严重地影响着海原县城的生存，限制了城镇5万人及附近10乡1镇人民的正常生活。为此，建设南华山水源涵养林工程，是一项海原县物质与精神文明建设的"基础"工程，要把规划实施方案落到实处，抓到根本，立足于现在，考虑到长远，这便是本规划设计的指导思想。

南华山山系总土地面积42万亩，宜林地17万亩，规划区10.879万亩，除去8%的道路和不可利用地，70亩苗圃地，营造林地面积10万亩。面积分别区划为4个立地条件类型、14个林班、202个小班、分立地条件小班重点营造耐旱、耐寒、耐阴、抗病虫等树种。强调多林种（水源涵养林，水土保持林、用材林、经济林）、多树种、多功能（水源涵养、水土保持、开发旅游）、多种形式营造水源涵养林。在规划布局上，针对干旱、缺水、水土流失严重、生态环境恶化，以水源涵养林为主导，结合水土保持林、用材林、经济林，实行沟、岇、梁、塬综合整治，理论与实践紧密结合。树种搭配防止单一，强调"针阔混交、乔灌混交"齐上的原则。

（二）造林立地条件的划分及造林树种的布局

1. 划分原则

自然条件的相对一致（如地形、土壤、植被等）和差别是划分立地条件类型的根本，另外地域上的相连与否是划分立地条件类型的重要因素。

2. 划分的方法

造林立地条件类型，就是将立地条件因子（如光、水、热、坡向、坡度等）影响林木生长效果近似的造林地段称为一个立地条件类型，按立地条件类型编制造林典型设计。

3. 划分的依据和标准

立地条件类型的划分，是在一个造林类型区内，以综合影响林木生长的主导因子为基本依据，根据造林的目的、生产条件、经济水平等实际情况划分立地条件类型。

在本山内，地貌既有中山、丘陵，又有谷地、低洼地。山地及丘陵地貌对造林地立地条件影响很大，除了海拔对气候条件的影响外，坡度、坡向的影响亦很显著。山顶上部寒冷、瘠薄、多风，而山腹以下，尤其是沟谷附近的土壤深厚、湿润肥沃。坡度越大，水土流失越严重，土层浅。阳坡干旱，阴坡湿润保墒，随着地形的变化，光、水、热等条件都会引起错综复杂的变化，而确定本区造林立地条件类型的主导因子为海拔、坡向、坡度。

（1）海拔　划分两界

①>2 600 m；②≤2 600 m。

（2）坡向

①阴坡半阴坡；②阳坡半阳坡。

（3）坡度

①斜坡 >16°；②缓坡 <16°。

（4）划分结果见表10-12。

表 10-12　立地类型划分

编号	海拔 /m	坡向	坡度
Ⅰ	≥ 2 600	不分	—
Ⅱ	≤ 2 600	阴坡半阴坡	>16°
Ⅲ	≤ 2 600	阳坡半阳坡	>16°
Ⅳ	≥ 2 600	不分	<16°

4.树种的布局

海拔2 600 m 以上，气候寒冷、阴湿，应栽植高山特有树种，如云杉；在海拔2 600 m以下，斜坡地、阴坡半阴坡可选用耐阴树种，阳坡半阳坡可选用喜光、向阳树种；在低海拔沟谷主要营造灌木树种。

（三）造林典型设计

1.设计原则

以立地条件类型为依据，紧密结合经营目的、水平和运用先进造林技术以及树种特性。

2.造林树种选择与配置

选择原则"适地适树"，选择已经在此安家落户的树种，引进一些有发展潜力的、耐寒、耐旱、耐阴、抗病虫能力强的树种。如针叶树：落叶松、云杉、油松；阔叶树：白桦、辽东栎、山杨；灌木树：沙棘、枸子、山毛桃、山杏、康定柳。

3.造林密度

造林密度要适中，过大过小都不宜，落叶松、油松、云杉、白桦、辽东栎、山杨、沙棘、枸子、康定柳、山毛桃、山杏株行距2 m×2 m。

4. 整地方式

造林前细致整地是提高树木成活率，促进林木生长的基本措施之一。该措施可蓄水保墒，疏松土壤，增加肥力，为幼树的成活率和生长创造有利条件。

（1）全面整地 适宜于平坦或缓坡地，采用机械或畜力进行全面整地；最好在上一年进行翻地，深度20~30cm，休闲时耙地、松土（苗圃地适于全面整地）。

（2）水平阶整地 在山地坡度小于16°的丘陵、山坡进行水平阶整地，水平阶宽度1.5m，带间距2m，定植穴深40cm，栽树1行，沿等高线进行，阶呈反坡。

（3）穴状整地 在缓坡地可采用穴状整地，一般穴径50~60cm，深30cm以上。

（4）鱼鳞坑整地 在坡度大于16°的荒山秃岭、土壤瘠薄、水土流失严重，采用鱼鳞坑整地，规格直径50~80cm，深30cm以上，"品"字形排列。坑沿呈反坡。

整地时间：春、雨、秋三季。全面整地推广"生荒硬地先翻后造，秋造春翻，春造上年翻"的原则，穴状、水平阶、鱼鳞坑应在伏天或秋季、雨季进行，严禁现整地现造林。

5. 造林方法

（1）植苗造林 用已经形成根系和基干的大苗，栽植在林带上长大成林的办法，它比播种发芽出土的小苗抵御外界不利因素的能力强、见效快。

（2）混交林 合理的混交造林是由几个树种组成的生物群体，它可以发挥种间互助作用，充分利用空间，合理利用自然光照和土地肥力，增强对火灾、病虫害的抵抗力，是提高林地生产潜力，加快林木生长，增加林分蓄积的有效措施。

①混交方式 带状混交、块状混交；

②混交类型 针阔混交、乔灌混交；

③混交比例 混交比例采用5：5或3：3：4的窄带混交，增强抗灾能力。

6. 造林技术措施

（1）整地 以水平阶整地，鱼鳞坑整地为主。

（2）造林 坚持"先易后难，先近后远，先低海拔后高海拔，先速生后慢生"的原则。

造林季节在春、雨、秋三季均可，春季以阔叶树种为主，秋季可大量栽植针叶树种。对落叶树种进行越冬埋土防寒。植苗造林宜强调适当深栽或深栽浅覆，保证苗木根系能利用深层比较稳定的水分，确保成活率。针叶树种春季造林可应用蒸腾抑制剂，另外推广容器苗带土栽植。

（3）幼树抚育管理 由于本地区干旱，给幼林松土保墒极为重要，在雨季松土除草应进行培修田埂、扶正苗木，对阔叶和灌木树种的修枝、除蘖、平茬等工作应逐年进行

1~2次，时间6—8月。

7. 苗圃地

营造10万亩水源涵养林工程，种苗需求量大，为了节约开支，坚持"本地育苗、本地栽植"，按提高成活率的原则，建立苗圃地200亩，其中，灵光寺20亩、五桥沟50亩、城关苗圃130亩。

8. 使用典型设计的方法

（1）施工者接到造林任务后，首先在规划图上找到其分配造林地点，根据立地条件类型、林班、小班对应表，查找出对应的立地条件类型，小班面积。

（2）在立地条件表中查出小班适宜典型设计图式。（整地典型和造林典型设计）（相同的典型设计小班对苗木进行汇总）。

（3）参照典型设计进行具体施工。

（四）工程量、投资预算、年进度安排及资金来源

1. 工程量

工程量分立地条件、树种分别统计如下。

（1）立地条件类型对应面积见表10—13。

表 10-13　立地条件类型对应面积

立地条件	面积 / 亩	备注
Ⅰ	35 256×8%=2 820.5	
Ⅱ	33 773×8%=2 710.8	8% 为道路和不可利用地。合计面积中含 70 亩苗圃地
Ⅲ	31 523×8%=2 521.8	
Ⅳ	8 238×8%=659	
合计	8 712.1	

（2）分树种面积统计见表10-14。

表 10-14　分树种面积

树种类型	树种	面积/亩	备注
针叶树	云杉	10813	
	落叶松	15525	
	油松	17026	
阔叶树	白桦	15525	
	辽东栎	14500	树种比例见典型设计 1-4
	康定柳	10812	
	枸子	10812	
灌木	沙棘	2526	
	山毛桃	2526	
合计		100086	

2. 造林典型设计

第1号

A. 立地条件：Ⅰ；

B. 整地方式：坡度大于16°，鱼鳞坑整地；坡度小于16°，水平阶整地；

C. 造林方法季节：春、雨、秋三季植苗造林；

D. 每亩种苗量计算见表10-15。

表 10-15　每亩种苗量计算

树种类型	树种	混交方式	亩需苗量/株	苗木规格	备注
乔木	云杉	带状	184	5年生	每亩增加10% 补植苗
灌木	康定柳	带状	184	1年生	
灌木	枸子	带状	184	1年生	

E. 混交比例：3∶3∶4，每个树种3行，交替进行。

第2号

A. 立地条件：Ⅱ；

B. 整地方式：鱼鳞坑整地；

C. 造林方法季节：春、雨、秋三季植苗造林；

D. 每亩种苗量计算见表10-16；

表 10-16　每亩种苗量计算

树种类型	树种	混交方式	亩需苗量/株	苗木规格	备注
乔木	落叶松	带状	184	3年生	每亩增加10%补植苗
乔木	白桦	带状	184	1年生	

E. 混交比例：3∶3，每个树种3行，交替进行。

第3号

A. 立地条件：Ⅲ；

B. 整地方式：鱼鳞坑整地；

C. 造林方法季节：春、雨、秋三季植苗造林；

D. 每亩种苗量计算见表10-17；

表 10-17　每亩种苗量计算

树种类型	树种	混交方式	亩需苗量/株	苗木规格	备注
乔木	油松	带状	184	3年生	每亩增加10%补植苗
乔木	辽东栎	带状	184	1年生	

E. 混交比例：3∶3，每个树种3行，交替进行。

第4号

A. 立地条件：Ⅳ；

B. 整地方式：水平阶整地；

C. 造林方法季节：春、雨、秋三季植苗造林。

D. 每亩种苗量计算见表16-18；

表 10-18　每亩种苗量计算

树种类型	树种	混交方式	亩需苗量 / 株	苗木规格	备注
乔木	油松	带状	184	3 年生	
灌木	沙棘	带状	184	1 年生	每亩增加 10% 补植苗
灌木	山桃	带状	184	1 年生	

E. 混交比例：3：3：4，每个树种3行，交替进行。

3. 总投资预算及年进度安排

由于海原县成片大面积造林才起步，条件差、底子薄，没有苗圃地，前2年造林需向外购苗；交通不便，苗木造价高；上山造林，路途较远；地形复杂，整地不易等。为此，增加了造林难度，增大了造林投资。

表 10-19　工程量及投资预算

工期	年度	工程量 / 万亩	投资 / 万元		
			合计	直接造林费	间接造林费
总计		10	971.25	600	371.25
前 5 年	小计	5.0	515.90	30	215.90
	1993	0.5	40.00	30	10.00
	1994	1.5	182.50	90	9.25
	1995	1.0	113.00	60	53.00
	1996	1.5	141.40	90	51.40
	1997	0.5	39.00	30	9.00
后 5 年	小计	5.0	455.35	300	155.35
	1998—2002	5.0	455.35	300	155.35

（1）10万亩直接造林费

①整地费　平均投资30元 / 亩，10万亩投资300万元。

（整地包括鱼鳞坑和水平阶整地）

②苗木费　199.8808万元。

表 10-20　苗木投资

树种	规格	亩需苗量 / 株	面积 / 亩	株价 / 元	投资 / 万元	备注
云杉	3~5 年生	184	10813	0.50	99.4704	
落叶松	2 年生	184	15535	0.10	28.5844	
油松	2 年生	184	17026	0.10	31.3278	
白桦	1 年生	184	15535	0.05	14.2922	每亩需苗 167 株，增加 10% 补植苗每亩达到 184 株
辽东栎	1 年生	184	14500	0.05	13.3400	
康定柳	1 年生	184	10812	0.05	9.9470	
枸子	1 年生	184	10812	0.01	1.9894	
沙棘	1 年生	184	2526	0.01	0.4648	
山毛桃	1 年生	184	2526	0.01	0.4648	
合计			100086		199.8808	

③造林费　造林投资10元／亩，计100万元。

④直接造林费　直接造林投资600万元，平均亩投资60元。

（2）年进度及投资预算　按照"总体规划、总体设计、分期实施"的原则，10万亩工程分两期实施，从1993—2002年，前5年5万亩，后5年5万亩，年进度及投资预算如下：1993—1997年投资预算。

1993年投资40万元。其中，直接造林费30万元，造林面积0.5万亩，60元／亩，投资30万元；间接造林费，不可预计费4万元（包括宣传等费）；规划设计费投资6万元，按10万亩直接造林费的1% 计，600×1%=6万元。

1994年投资182.5万元。其中，直接造林费90万元，造林面积1.5万亩，60元／亩，投资90万元；间接造林费92.5万元；苗圃地投资7.5万元。建立200亩苗圃地，其中，灵光寺20亩、五桥沟50亩、城关苗圃130亩。70亩机械整地，60元／亩，计0.42万元；200亩渠系配套和其他附属设施204元／亩，计4.08万元。每亩周转金150元，计3万元，合计7.5万元。

护林点投资6万元。护林点2处，90㎡／处，0.03万元／㎡（包括办公桌椅、附属器材等计5.4万元；每处风力发电机1台，0.3万元／台，计0.6万元，合计6万元。

幼林抚育投资22.5万元。面积1.5万亩（包括1993年营造）抚育3年，5元／亩，合计22.5万元。

通电、交通投资52万元。通电，从山门—四桥8km高压电，2万元/km，计16万元；四桥—五桥2km低压电，1万元/km，计2万元。

为便于森林管护、巡逻，解决生活运输困难，3个场部配巡逻摩托车3辆，运输四轮车3辆，各投资2.4万元、3.6万元，计6万元。为便于造林运输和以后采伐利用，修林区公路1条，路线从五桥沟—灵光寺山地4级公路，长14km，2万元/km，计28万元。

病虫害防治费投资4.5万元。主要防治中华大鼢鼠，亩投资3元，1.5万/亩，计4.5万元。

1995年投资113万元，其中，直接造林费投资60万元，造林面积1万亩，60元/亩，计60万元；间接造林费投资53万元。护林点投资6万元，护林点2处，90m²/处，0.03万元/m²，计5.4万元；每处风力发电机1台，0.3万元/台，计0.6万元。

幼林抚育投资22.5万元。面积1.5万亩，抚育3年，5元/亩，计22.5万元；通信投资15万元。县城—四桥15km电话线，1万元/km，计15万元；护林防火、防鼠道10km，防护道规格1.5m×2.0m，0.5万元/km，计5万元。

病虫害防治费投资4.5万元。防治面积1.5万亩，3元/亩，计4.5万元。

1996年投资141.4万元。其中，直接造林费投资90万元，造林面积1.5万亩，60元/亩，投资90万元；间接造林费投资51.4万元。护林点投资6万元，护林点2处，90m²/处，0.03万元/m²，计5.4万元；每处风力发电机1台，0.3万元/台，计0.6万元。

幼林抚育投资22.5万元。抚育面积1.5万亩，抚育3年，3元/亩，计22.5万元。

防火设施投资18.4万元。防火器材成套灭火器70个，0.12万元/套，计8.4万元；防护、防火、防鼠道20km，规格1.5m×2.0m，0.5万元/km，计10万元。

病虫害防治费投资4.5万元。3元/亩，面积1.5万亩，计14.5万元。

1997年投资39万元。其中，直接造林费投资30万元，造林面积0.5万亩，60元/亩，投资30万元；间接造林费幼林抚育，投资7.3万元，抚育面积0.5万亩，抚育3年，5元/亩，计7.5万元。

病虫害防治投资1.5万元。面积0.5万亩，3元/亩，计1.5万元。

前5年总投资515.9万元。

1998—2002年投资预算直接造林费用300万元。

整地费面积5万亩，平均30元/亩，计150万元。苗木费面积5万亩，平均20元/亩，计100万元。造林费面积5万亩，平均10元/亩，计50万元。

间接造林费用155.35万元。幼林抚育投资75万元，抚育面积5万亩，抚育3年，5元/亩，计75万元。

护林点投资12万元。建护林点4处，90 m²/处，0.03万元/m²，计10.8万元；风力发电机1台/处，计4台，0.3万元/台，计1.2万元，合计12万元。

防火设施投资18.4万元。成套灭火器70个，0.12万元/个，计8.4万元；防护、防火、防鼠道20 km，规格2.0 m×1.5m，0.5万元/km，计10万元。

通电、通信设施投资31.95万元。通电，四桥—灵光寺10 km，2万元/km，计20万元；通信四桥—灵光寺电话线10 km，1万元/km，计10万元10个护林点，三个场部各配对讲机一台，共13台，0.15万元/台，计1.95万元。

病虫害防治费投资15万元。面积5万亩，平均3元/亩，计15万元。不可预计费3万元。

后5年总投资455.35万元。资金来源采取国家投资和义务植树相结合。

①县直机关职工上山造林1万亩，针对谁种、谁管护、保成活的办法，包点包片、验收合格后交付林业局管理。

②申请上级部门投资　10万亩预算投资971.25万元，前五年（1993—1997年），投资515.9万元（见工程量及投资预算表），后五年（1998—2002年）投资455.35万元。

实需上级部门投资971.25万元。

（五）效益分析

南华山10万亩水源涵养林建成后，有三大效益，即经济效益、生态效益和社会效益。

1. 经济效益

南华山10万亩涵养林建成15年后的直接经济效益。

（1）针叶林　面积43 372亩，167株/亩，保存率按50%计，成橼数362万株，每株销价10元，效益额3 620万元。

（2）阔叶林　面积30 035亩，167株/亩，保存率按50%计，成橼数250万株，株价5元，效益额1 250万元。

（3）灌木林　面积26 674亩，亩产薪柴1 000 kg，按5元/100kg，亩产薪柴50元，效益额133万元。

（4）效益总额　效益总额=3 620+1 250+133=5 003万元

（5）投资回收期　10万亩水源涵养林建成15年后的直接经济效益5 003万元（存在价值），纯利润按80%计，利润4 002万元，15年中平均每年纯利润266.8万元。

投资回收期=建设期年限+总投资额/年平均利润=10+971.25/266.8=13.5（年）

10万亩水源涵养林10年建成后，3年半就可回收全部投资。

2. 生态效益

（1）森林对涵养水源，净化水质，保持水土流失具有重大作用。

（2）森林能调节降水分布，增加水平降水和垂直降水。

增加水量20t/亩，10万亩增加200万t。

（3）森林有净化空气、降低噪声、阻碍风力等作用。

3. 社会效益

（1）解决了海原县城及附近10乡1镇的人畜用水，当扩大周围农田灌溉面积，增强经济林建设，增加农民收入。

（2）解决一部分待业青年，减轻海原县城就业难的问题。

（3）南华山10万亩水源涵养林工程建设。投资高、规模大。遵照人员、劳力就近组织，就近施工的办法。这样节约劳力费用支出，又便于群众共同参与管理，保证成活率。同时也给当地人民增加了经济收入，起到了扶贫的作用。

（4）此工程建成后通电线路20km，通信线路25km，这样既方便了工作，也改善了群众的生活条件。

三、经营管理措施

（一）造林措施

1. 造林方针

以立地条件类型为依据，根据工程造林要求，以针叶林为主，针阔混交，乔灌结合，采取多树种、多林种、多种方式、多种功能的综合一体的造林。

2. 造林原则及目的

本着"适地适树"的原则，实行先易后难、先近后远、先阴坡后阳坡、先海拔低后海拔高的、先便于管护的后管护难的，其目的是确保造林成活率，提高造林质量，增加植被，改善生态环境，涵养水源。

3. 造林形式

此项工程的主体是造林，为提高造林速度，保证造林质量，利用多种形式进行造林，实行国家、集体、个人一起上，国家投资与自力更生相结合，依靠各级组织，发动千家万户，多层次、多方面进行造林，主要采取以下几种形式。

（1）推行合同承包责任制。南华山相连的有10乡1镇，劳动力充足，将大量的造林地划区分段，集中连片，以行政村或自然村为单位，签订合同，承包整地、造林。

（2）将林区边缘离村庄较近的造林地承包给个人造林，国家适当投资造林费用。实行谁造、谁管护、谁受益，具有经营使用权，签订合同，发给林权证，允许子女连续经营，成材后的采伐更新按有关政策规定办理，收益二八分成，个人拿大头。

（3）机关单位职工义务整地。近几年县直单位职工义务植树都在五桥沟林场，其特点是整地不好、栽植差、成活率低。因此，从明年起，改职工义务植树为义务整地，这样既可节约一部分投资，又能保证整地质量，具体指标，届时请县绿化委制定。

（4）林业局内部，在牌路山、城关苗圃、五桥沟、灵光寺林场育苗。管护以外的人员，集中到南华山，划地块、定任务，坚持长年整地、季节造林，实行工资、奖金和任务相挂钩。

4. 抓典型，总体推进

南华山立地条件复杂，无论海拔、降水量、地表土层厚度都有相当大的差异，特别是季风对林木的生长影响更大。所以，根据不同类型选择四种典型，以科学示范点带动和指导长期治理南华山的样板。

（1）灵光寺林场、马场湾示范点2000亩，其目的为综合性样板，乔灌结合1000亩，针阔混交1000亩。

（2）五桥沟林场场部洼（阳坡）1000亩，乔灌混交，从山根到山脊。

（3）五桥沟（指石窑子以上，海拔2600~3000m）山地治理示范点1000亩，以云杉树种为主的治理区。

（4）山门村1000亩林草间作示范点，主要指个人造林，要求距离村庄近，长期效益与眼前利益相结合，以解决群众的牧畜饲草为目的。抓好示范典型是一项意义重大、工作艰苦、业务技术水准高的工作，特别是10万亩水源涵养林工程建设本身就是一项艰巨工作。为达到预期的目的，调动上上下下各方面的积极性，全力以赴投入到工作之中，必须采取相应的政策措施，对于有突出贡献的科技、施工及其他人员要给予破格晋升职称、物质奖励，具体标准和办法另定。

5. 管理措施

南华山10万亩水源涵养林工程建设是一项周期长、难度大、技术性强的艰巨工程，为确保工程按规划顺利进行，并达到预期的目的，结合海原县实际情况，拟定以下管理措施。

（1）严格工程管理，包括整地、苗木（籽种）、造林成活率，病、虫防治。

（2）鼠害防治等各个程序和环节都要按规划设计进行，并制定实施办法，明确奖罚，严格管理。

（3）推广先进科学技术，要在造林、育苗及病、虫、鼠害防治等方面进行试验，推广运用各种先进科学技术，选育良种、培育壮苗，实行科学造林，努力提高造林质量和科学技术管理水平。

（4）严格投资款的管理，为管好、用好工程投资款，切实做到专款专用，保证工程的连续性，投资款实行集体研究，一支笔审批，杜绝任何形式的乱开滥支。

（5）为了加强工程的统一领导和总体管理，成立南华山水源涵养林工程指挥部，由县领导牵头，林业局负责人任副指挥，抽调工作责任心强、具有组织能力的人员和技术骨干，负责工程的管理和技术设计、具体施工及技术承包等。

6. 验收及款项兑现办法

（1）验收内容　全部按《宁夏回族自治区工程造林验收办法》进行。

（2）验收程序　主要验收对象是整地、植苗（播种）、成活率、保存率、病、虫、鼠害防治等，由验收小组签发合格证，合格后方可进行下一项工作，以确保工程质量。

（3）补助款项兑现办法　补助款按照施工程序分期兑现，在阶段性验收合格后，先兑现款80%，待第二年9月底前验收合格后（指全部承包造林）再兑现20%的款项，对于个人承包造林，只补助苗木费和部分整地费，补助款仍实行阶段性验收，分期兑现的办法。

（二）营林措施

1. 病、虫、鼠害的防治

（1）建立病、虫害的预测预报系统。

（2）对本地已发生的，如中华鼢鼠或可能发生的病虫害制定相应的防治措施。

2. 采伐方式

采取抚育间伐，包括：

（1）透光伐　由于林分密度过大，为解决林内光照所采取的采伐方式；

（2）疏伐　透光伐后，对于成材后过密林木所采取的采伐方式；

（3）卫生伐　对林分中林木残破、枯朽及不能正常生长的林木所采取的采伐方式。

3. 林分改造

由于采伐密度小，或有严重的病虫害，没有培育前途的林分。其目的是调整林分结构，增大林分密度，提高林分郁闭度和林地的利用率。

（1）改造对象

A. 郁闭度在0.3以下的疏林地；

B. 生长衰退的多代萌发林；

C. 天然更新不良的残破近熟林；

D. 遭受严重火灾及病虫害的残破林分。

（2）林分改造的技术措施

A. 林冠下人工造林　在林冠下采用植苗或播种更新造林办法；

B. 带状改造　在被改造的林地上间隔一定距离，伐除防火带上全部乔灌木，然后秋整地春造林，待幼苗在林墙（保留带）的庇护下成长起来后，根据幼树对环境的需要，逐渐将保留带上的林木全部伐除，最终形成针阔混交林。

（四）封山育林

采取"全封"，禁止一切人为活动。

第七节　海原县天然林资源保护工程规划

20世纪80年代以后，由于人口、资源、环境等问题对国家、区域社会经济可持续发展的制约作用，迫使人类不得不重新审视过去的消费观念与发展模式，各国政府把可持续发展与环境保护放到统一的思维高度。近年，我国在发展经济的同时，非常重视生态环境建设，于1999年制定并颁布《国家生态环境建设规划》，退耕还林、天然林保护工程就是其中的主要内容。要做好这项安民兴邦，造福子孙的千秋伟业，不但需要一定的人力物力，更需要科学合理的工程实施方案，根据宁林发〔2001〕289号《关于编制天然林资源保护工程实施方案的通知》精神，结合海原县实际，现编制海原县天然林资源保护工程实施方案。

一、工程实施范围及基本概况

（一）实施范围

海原县这次实施的天然林保护工程，重点布设在六盘山外围的月亮山、南华山、西华山天然林和人工林区，其次包括县北部青龙寺山的人工灌木林，总面积14万亩，另外将在这些地域封山育林20万亩。

（二）自然概况

海原县位于宁夏南部山区，地处六盘山北，北纬36°46′46″~37°04′32″，东经105°09′46″~106°10′00″。这里地形复杂，地貌类型多样，黄土丘陵与侵蚀中、低山脉交错分布，地势由西南向东北倾斜，海拔1336~2955m。属典型的内陆大陆性气候，全年日照总时数2766h，日照率61%，年总辐射量567.06kJ/cm²，年平均气温3.6~8.6℃，≥0℃的积温为1837.2~2694.1℃，无霜期150d左右，年降水量360~450mm，年径流0.065亿m³，占年降水总量的3.45%，地下水动储量为3807万m³，土壤以黑垆土为主。自然灾害以干旱、霜冻、沙尘暴、冰雹为主。

（三）社会经济概况

全县24个乡镇，1104个自然村，36.8万人，其中农业人口34.3万人。农业用地269万亩，占总土地面积的32.7%。人均耕地7.5亩。现有林地20万亩，森林覆盖率仅为1.5%。人工种草11万亩，占总土地面积的1.3%；天然草场387.2万亩，占总土地面积的47%。2000年国内生产总值38154万元，人均国内生产总值1054元，农民人均收入890元。农林牧总产值30724万元，其中，农业24560万元，占79.9%；林业342万元，占1.1%；牧业5798万元，占19%。工业总产值8813万元。1998年年底已解决温饱的占83.5%，剩余贫困人口5.5万人，占16.5%。

二、实施天然林资源保护工程的重要性

天然林资源保护工程是我国林业的一次革命，是由传统林业向现代林业转变的过程，是实现我国林业跨越式发展的一个主要途径和措施。要实现由传统林业向现代林业的转变，首先涉及天然林资源的保护和恢复。天然林保护工程是国家林业局实施的六大重点林业工程之一，天保工程的主要内容是禁止天然林采伐；恢复天然林区的休养生息；分流安置富余人员。

海原县是一个缺林少草的地方，这里山大沟深，水土流失严重，加上风沙、干旱，生态环境极为恶化，我们不但要大力开展退耕还林、荒山造林，更要重视和保护现有的森林资源，要紧紧抓住国家实施天然林资源保护工程的机遇、乘势而上，为海原县林业跨越式发展奠定基础。

三、规划的指导思想和主要原则

（一）工程实施的指导思想和主要原则

1. 指导思想

高举邓小平理论伟大旗帜，以江泽民"三个代表"重要思想为指导，充分发挥国家投资建设的主导作用，调动社会各方面的力量，坚持从海原县的县情出发，遵循自然规

律和经济规律，紧紧围绕本县生态环境面临的突出矛盾和问题，以改善生态环境，实现林业的可持续和跨越式发展为目标，以科技为先导，以重点地区治理为突破口，处理好长远与当前，全局与局部的关系，促进生态、社会、经济的协调发展。

2. 主要原则

坚持统筹规划、分步实施的原则，优先抓好现有森林资源的保护；坚持因地制宜的原则，能管则管、能封则封、能造则造；坚持保护和治理相结合的原则，依靠科技进步加快建设进程，建立科技支撑体系。

（二）工程实施的目标与步骤

1. 工程实施目标

通过天然林资源保护项目的实施，使海原县现有的14万亩森林资源得到有效保护，并新增封山育林面积20万亩，使区域内的灌草植被得到恢复和保护，安排林业转产人员225人，其中，安排森林管护人员34人、营造林人员191人，并安排养老统筹金644.36万元。

2. 步骤

（1）制订实施方案。

（2）停伐林木。

（3）加强现有林木管护，安排好富余林业人员。

（4）搞好基础设施建设，包括护林点、种苗基础设施建设。

（5）搞好生态公益林建设。

3. 主要建设内容

全面停止森林、林木采伐，建种苗基地1 000亩，管护好14万亩的现有森林资源，封山育林20万亩，并安排林业富余人员225人，搞好科技支撑体系建设。

四、天然林停伐与森林资源管护

（一）天然林停伐

海原县的天然林主要分布在月亮山的拐洼，南华山的灵光寺和西华山的老爷寺，过去由于种种原因，林地一直呈萎缩状态，截至2000年年底，天然林林分蓄积不足4 373 m³，由此可见，禁止砍伐迫在眉睫。将项目区森林资源自然消耗控制在最低限量，由1997年的0.91万 m³，调整到2000年的0.26万 m³，以后10年保持这一限量，森林资源消耗量调减71.64%，商品用材林调减100%。

（二）切实加强森林资源管护

海原县现有森林14万亩，全部集中在国有林区，都属国有林场管辖。因此，只有加强国有林场管理工作，才能切实加强森林资源管护。森林资源分布见表10-21。

表 10-21　海原县现有森林资源分布

单位：万亩

项目区	合计	天然林	人工生态林	灌木林	幼林
拐洼林场	1.6	0.6	—	1	—
南华山林场	0.8	0.2	0.6	—	—
西华山林场	4.7	0.2	0.5	2	2
青龙寺林场	3	—	—	2	1
月亮山林场	3	—	—	2	1
谢家沟林场	0.4	—	0.4	—	—
牌路山林场	0.5	—	0.5	—	—

1. 任务分解

由于海原县森林资源呈现大集中，小分散趋势，林区周边居住着大量的农民，因此管护较为困难，传统意义上人均3000~4000亩的管护任务对海原县来说确实任务量太大，根据多年的管护经验，海原县森林资源管护人均以2000亩为宜，共需护林员70人。

2. 分片包干，责任到人

各场要将林地按小班（或地域）分解到每个职工，做到责任明确，分片包干，谁的地块出问题谁负责。

3. 签订各级责任书

县林业局与各场长签订目标管理责任书，场长与职工签订责任书，做到一级向一级负责，对完不成任务的，要进行处罚或调岗。

4. 以法管理

要动员社会各方面的力量，利用广播、电视、学校等一切可宣传工具向森林周边的群众宣传《中华人民共和国森林法》《中华人民共和国野生动物保护法》《中华人民共和国草原法》等法律法规和天然林保护工程的重大意义，使群众明白天然林资源保护的重要性、紧迫性。自觉执行天然林保护的有关规定。要严厉查处破坏天然林保护工程的案件，发生一起，查处一起，做到查一禁百。

五、生态公益林建设

（一）封山育林面积与位置

海原县这次天然林保护工程建设的生态公益林主要涉及20万亩封山育林，2001—2005年封育10万亩，2006—2010年封育10万亩，见表10-22。

表 10-22　海原县封山育林情况

封育地	封育时间	面积/万亩	对应林班号
月亮山	2000—2005	2	3
拐洼	2000—2005	2	1
西华山	2000—2005	6	2
西华山	2006—2010	10	4

（二）封山育林基础设施建设及资源管护

1. 护林点

在西华山的条子沟、盐池乡境内修护林点2处各40m²，砖混结构；在月亮山的上窑修护林点1处10m²；在青龙寺山林场修护林点2处各40m²。共计5处170m²。

2. 修封育公路

在西华山修封育公路8km（从老爷寺山顶至条子沟）

六、富余人员分流安置及职工养老保险

（一）林场富余人员分流安置

海原县林业局现有在职职工321人，除正常的工作岗位，富余人员225人，计划安排森林资源管护34人，营造林191人，并成立专业常年整地造林队，具体分解如下。

表 10-23 海原县林业局造林队人员构成

单位：人

场名	森林管护	造林
西华山林场	12	10
月亮山林场	12	10
青龙寺山林场	10	8
专业造林队	—	163
合计	34	191

（二）职工基本养老保险社会统筹

2000—2010年，海原县将一次性安排林业富余人员225人，其中森林管护34人，加上原来的51人（包括14名管理人员）共84人，整地造林安排191人，总计276人。这部分人员的养老保险社会统筹将纳入本项目预算之中，经计算，月人均工资982元，月工资总额为27.1万元，月养老保险为4.88万元，年养老保险为58.56万元，11年为644.16万元。

七、种苗生产基地建设

（一）种子、苗木需求量测算及林业生产规模

按照宁夏的统一安排和海原县"十五"及中长期规划，到2010年全县林业的发展思路：以南华山、月亮山水源涵养林、北部荒漠化治理、西华山封山育林和全县退耕还林草为重点，共造林140万亩，其中，水源涵养林20万亩、荒漠化治理10万亩，三北防护林10万亩，退耕还林草92万亩，封山育林人工辅助造林8万亩（说明，这是个中长期规划10年），即每年均造林14万亩，其中种子造林6万亩，植苗造林8万亩。

1. 种子需求量

每年需以柠条为主的造林种子6万 kg，需以山杏、山桃为主的育苗种子1.8万 kg。

2. 种苗需求量

每亩按200株计（含补植），8万亩需种苗1600万株。

（二）苗圃基地建设

1. 面积

为了保证每年1600万株就地苗木的供应，并做到良种壮苗，海原县种苗基地全部放在有育苗基础的国营场圃，共计面积1000亩，其中，城苗圃400亩、兴隆林场200亩、高

崖林场100亩、西安林场200亩、李俊苗圃100亩，另外在城关苗圃建1000m²的温棚，进行温棚营养袋针叶育苗。

2. 主要设施

（1）渠系配套　共配制30cm×30cmU型砼渠1600m，其中，西安500m、李俊苗圃300m、兴隆600m、城关苗圃200m。另外，在城关苗圃配置低压管道150m。

（2）打机井，在城关、李俊苗圃各打机井1眼，井深各150m。

（3）建滴灌地50亩，可用于温棚移苗用。

（4）建1000m³塑料温棚。

（5）一套办公自动化设备。

（6）在城关苗圃建种苗贮藏库100m²。

（7）城关苗圃购移动式喷灌设备1套。

（8）在林业局建种苗检测室50m²。

（9）维修李俊、西安、兴隆、高崖、城关等场圃办公室195m²。

通过以上基本建设，年产各种乔木苗400万株、针叶苗600万株、灌木苗600万株。

3. 采种基地建设

（1）柠条基地　在牌路山建柠条采种基地0.23万亩，在兴仁青龙寺山建柠条采种基地3万亩。3.23万亩柠条基地年产柠条种子6.3万kg。

（2）山杏、山桃基地　在牌路山林场建山杏、山桃采种基地0.28万亩，生产山杏、山桃种子1.5万kg。

（3）在谢家沟、五桥沟建沙棘采种基地0.05万亩，年产沙棘种子0.2万kg。

（4）在西安林场，牌路山林场、谢家沟林场建榆树、臭椿、沙枣等采种基地0.02万亩，年产各种种子0.3万kg。

共建采种基地3.58万亩，年产种子8.3万kg。主要辅助设施有种实集运车1辆，生产用水池10m³4个（兴仁2个、牌路山1个、谢家沟1个）。在林业局建种子晾晒场1000m²。

八、科技支撑体系建设

依靠科技支撑和科技进步来振兴和发展海原县林业，是摆在林业人面前的一项刻不容缓带有根本性、方向性和战略性的任务。

（一）要积极推广

要积极推广在海原县成功运用的林业新技术如"88542"工程整地，截干深栽技术，地膜育苗技术，温室容器育苗技术以及林草结合型生态经营技术。

（二）开展关键技术的科技攻关

开展植树造林、封山育林对生态环境的影响——降水、径流、蓄水、泥沙流量，天然林经营的划分，退化天然林恢复与重建技术，天保工程的社会影响及对策，野生动植物种群数量的变化等项目的研究与攻关。

（三）加强质量管理和技术培训

1. 质量管理

质量管理也是现代林业建设的核心，我们只有紧紧抓住这一中心工作，才能搞好其他辅助工程。"天然林保护工程"严格执行国家基本建设程序，按规划立项，按项目进行动态管理，按工程进度安排资金，按效益考核。每一个项目都要有项目质量负责人，实行质量负责终身制，没有特殊情况项目未完成前，不得更换项目质量负责人。要实行项目监理制，监理人员现场跟踪，进行事中控制，把质量事故扼制在生产建设过程中。

2. 建立技术培训机制

（1）依靠现有的林业技术推广体系，积极引进推广在海原县行之有效的先进林业技术。

（2）建立一支天然林工程技术推广与培训队伍。

（3）建立海原县各级领导定期培训机制，认真学习有关天保工程的政策、意义、技术等。

（4）建立主要针对林业科技人员具体技术定期培训机制。

（四）建立工程技术支撑体系

（1）成立海原县天然林保护工程技术领导小组。

（2）设立海原县天然林保护工程技术应用与研究课题组。

（3）在月亮山、西华山、南华山各建0.5万亩的科技示范地。

九、 工程建设投入测算与效益分析

（一）投入测算标准及扶持原则

1. 投入测算标准见表10-24

表 10-24　投资预算

项目名称	单位	每单位投资额 / 元	备注
护林点	m²	500	砖混结构
机井	m	700	150 m 以内
护林公路	km	5 000	6 m 宽
30 × 30U 型水渠	m	300	U 型砼渠砖结构
温室	m²	200	
办公设备	套	2 000	微机及其他设备
滴灌	亩	800	
喷灌	套	20 000	
蓄水池	m³	300	
种苗冷藏库	m²	800	
种苗检测室	m²	600	
种苗检测设备套	套	30 000	
种子晒场	m²	200	
低压管道	m	200	
场圃办公室维修	m²	200	

2. 扶持原则

坚持重点优先的原则，坚持保护现有森林资源优先的原则，坚持种苗基础工程建设优先的原则；坚持科学技术优先的原则。

（二）工程建设投资测算

1. 基本建设投资169.1万元

（1）封山育林投资30万元（除14万元外，剩余部分由2000年的管护经费支付16万元）。

（2）种苗建设投资139.1万元。

喷灌设备1套，2万元 / 套，计2万元；蓄水池4个计40 m³，300元 /m³计1.2万元；办公自动化设备1套，2万元 / 套计2万元；种苗冷藏库100 m²，0.8万元 /m²计8万元；种苗检测室50 m²，0.6万元 /m²计3万元；种苗检测设备1套，3万元 / 套 计3万元；种实集运车一辆，10万元 / 辆 计10万元；种子晒场1 000 m²，0.010万元 /m²计10万元；低压管道150 m，0.002

万元 /m 计3万元；维修场圃办公室195㎡，0.02万元 /㎡计3.9万元。

2. 资金投入

财政资金投入1 033.81万元，职工社会养老保险每年为58.58万元，11年为644.36万元，森林管护金费前6年每年23.24万元，后五年每年24.6万元，计262.45万元。社会性支出前6年每年11万元，后5年每年12.2万元，计127万元。

综上，整个工程总投资1 188.75万元，一期（2000—2005年）投资711.84万元；二期（2005—2010年）投资476.91万元。

3. 资金来源

总投资1188.75万元，其中，中央投资949.86万元、地方配套238.89万元。

（三）效益分析

项目如期完成，可有效保护14万亩森林资源；可封山育林20万亩，增加森林面积70万亩；可年产各种种苗160万株，10年1 600万株。年产种子近13万 kg，10年130万 kg。每年增加幼林14万亩，10年后可有效改善海原县的生态环境。

十、工程组织管理保障措施

（一）组织管理

天然林保护工程是一项影响面广，工程任务艰巨，工作难度大，要求很高的社会系统工程，因此，必须有一个强有力的组织领导机构，今年海原县已成立了海原县天然林保护工程领导小组，主管农业的副县长任组长，下设办公室于林业局，局长任办公室主任，主持日常工作。层层落实任期目标责任制，每一个项目都要责任到人。

（二）保障措施

1. 建立领导目标责任制，切实加强领导。

宁夏天然林工程管理中心负责政策、资金的落实，并负责项目的监督，县上要层层签订责任书，做到责任明确。

2. 认真编写年度实施方案，严格工程建设程序。

3. 认真做好监督和检查工作，县林业主管部门组织项目的实施，抓好阶段性的检查验收。要求监理人员对项目的全过程进行检查、核查、稽查。项目竣工监理人员要签字。

4. 建立健全相应的科技支撑体系。

5. 严明奖惩机制，对完不成任务的有关责任人视情节追究相关责任。对工作突出的要重奖。

表 10-25　工程区林业用地统计

单位：万亩

工程区总面积	林业用地								无林地宜林荒山	非林地
	合计	有林地			灌木林地	疏林地	未成林地			
		小计	天然林	人工林						
823	74	3	1	2	8	—	3		60	749

表 10-26　工程建设森林资源消耗及商品材产量调整

单位：万 m³

实施单位	1997 年		2000 年					
	森林资源消耗量	商品材产量	森林资源消耗量	商品材产量	调减量（比 2017 年）		调减幅度	
					森林资源消耗量	商品材产量	森林资源消耗量	商品材产量
海原县	0.91	0.17	0.26		0.65	0.17	71.64	100
拐洼	0.21	0.03	0.10		—	0.03	—	—
灵光寺	0.12	0.01	0.09		—	0.01	—	—
老爷寺	0.08	0.00	0.04		—	—	—	—
其他	0.50	1.13	0.03		—	0.13	—	—

表 10-27　工程投资分期汇总

单位：万元

合计	总投资合计			
	小计	一期		二期
		2000 年	2001—2005 年	2006—2010 年
1188.75	711.84	142.05	569.79	476.91
合计	中央投资			
	小计	一期		二期
		2000 年	2001—2005 年	2006—2010 年

总投资合计				
949.86	569.05	113.94	455.11	380.81

地方投资				
合计			一期	二期
	小计	2000 年	2001—2005 年	2006—2010 年
238.89	142.79	28.11	114.68	96.1

表 10-28　分年度建设内容及投资

分期	年度	主要内容	单位：万元
一期	2000		94.65
	2001	西华山护林点 200 m² 10 万元，西华山公路 12 km 6 万元；社会养老统筹 58.58 万元，森林管理 7.24 万元，其他社会性支出 11 万元	92.82
	2002	李俊机井 10.5 万元，城关苗圃温室 20 万元，自动办公设备 2 万元，种苗检测室及设备 6 万元，运输车 10 万元，水泥渠 12 万元，社会养老统筹 58.58 万元，森林管理 23.24 万元，其他社会性支出 11 万元	153.32
	2003	城关苗圃机井 10.5 万元，滴灌 4 万元，喷灌 2 万元，种苗冷藏库 8 万元，水泥渠 12 万元，低压管道 3 万元，社会养老统筹 58.58 万元，森林管理 23.24 万元，其他社会性支出 11 万元	132.32
	2004	4 个蓄水池 1.2 万元，种子晒场 10 万元，场圃维修 3.9 万元，水泥渠 24 万元，社会养老统筹 58.58 万元，森林管理 23.24 万元，其他社会性支出 11 万元	131.92
	2005	修封山育林公路 8 km 4 万元，护林点 200 m² 10 万元，社会养老统筹 58.58 万元，森林管理 23.24 万元，其他社会性支出 11 万元	106.82
二期	2006	社会养老保险统筹 58.58 万元，森林管护 24.6 万元，社会性支出 12.2 万元。	95.38
	2007	社会养老保险统筹 58.58 万元，森林管护 24.6 万元，社会性支出 12.2 万元。	95.38
	2008	社会养老保险统筹 58.58 万元，森林管护 24.6 万元，社会性支出 12.2 万元。	95.38

分期	年度	主要内容	单位：万元
二期	2009	社会养老保险统筹 58.58 万元，森林管护 24.6 万元，社会性支出 12.2 万元。	95.38
	2010	社会养老保险统筹 58.58 万元，森林管护 24.6 万元，社会性支出 12.2 万元。	95.38
合计			1188.75

表 10-29　2000—2010 年投资分项汇总表

单位：万元

年份	2000—2010							
合计	基本建设投资				财政资金投资			
	小计	封山育林	人工造林	种苗基地设施	小计	森林管护	养老统筹	社会性支出
1186.91	153.1	14		139.1	1033.81	262.45	644.36	127

附：《关于调整海原县天然林保护工程领导小组成员的通知》

各乡镇、党委、政府，县委、县政府各部门，县直（区属）各单位，各群众团体：

因人事变动，现将县天然林保护工程领导小组成员调整如下。

组　　长：由县人民政府主要领导担任

成　　员：李正虎　县人大常委会副主任

　　　　　田风桐　县政协副主席

　　　　　安兴平　县委办公室主任

　　　　　穆风山　政府办公室主任

　　　　　李增祥　县纪委副书记、监察局局长

　　　　　刘学智　县发展计划与经济贸易局局长

　　　　　马成宝　县财政局局长

　　　　　韩志荣　县环境保护与林业局局长

　　　　　马如虎　县畜牧局局长

　　张全清　县农业局局长

　　马云春　县国土资源局局长

　　马　鹰　县教育与科学技术局局长

　　张汉红　县水务局局长

　　马建林　县扶贫办主任

　　郭兆祥　县审计局局长

领导小组下设办公室于县环境保护与林业局，办公室主任：韩志荣（兼），副主任汪万文。

中共海原县委办公室　海原县人民政府办公室

2003年5月21日

第八节　海原县"三北"防护林四期规划

一、总论

（一）项目提要

1. 项目名称：宁夏海原县"三北"防护林四期建设规划

2. 项目建设单位：宁夏海原县林业局

3. 项目主管单位：宁夏回族自治区林业局

4. 建设目标及建设宗旨

以弥补海原县农田防护林建设这一薄弱环节为宗旨，通过项目的建设至2007年，完成生态农田防护林6万亩。

5. 项目区范围

项目区地处北纬36°06′40″~37°04′32″，东经105°09′45″~106°10′00″，涉及全县18个乡镇。

6. 建设内容及规模

总规模6万亩，其中扬黄库井灌区农田防护林2万亩，机整地地埂林3万亩，地埂经济林1万亩。

7. 建设期限与进度

建设期3年，2005—2007年，其中2005年2.45万亩，2006年1.8万亩；2007年1.75万亩。

8. 项目总投资

项目总投资2 801.12万元，其中，国补资金1 040.62万元、地方配套资金215.5万元、群众投劳折资1 545万元。

（二）主要技术指标及依据

表 10-30　主要技术指标

工程项目	建设内容	单位投资	用工量/（工日·hm⁻²）									材料费/（元·hm⁻²）						备注
			合计		种苗运输	整地	栽植	施肥	灌溉	病虫害防治	抚育管理	合计	种苗	肥料	保水剂	农药	水电费	
			用工量	金额														
农田防护林		9 094	160	4 800	1	60	30	15	15	9	30	4 294	3 454	210	—	30	600	
机整地埂林		2 994	83	2 490	1	60	15	—	—	1	6	504	495	—	—	9	—	
生态经济林		10 527	209	6 270	1	50	15	35	12	6	90	375	2 412	400	—	40	900	

注：种苗费中含15%的补植费，每个工日30元。

（三）该可行性报告编写的依据

《宁夏回族自治区地方造林标准》DB/T　1998

《宁夏六盘山土石山区造林技术规程》DB64/T　203—1998

《造林技术规程》GB/T　15776—95

《林木种子质量分级》GB　7908/—99

《主要造林种苗木质量分级》GB　6000—99

《宁夏"三北"四期规划》

《宁夏"十一五"林业规划》

《海原县"十一五"林业规划》

（四）直接经济效益指标

枣：7 500 kg/hm²，单价：1.5元/kg。

木材：蓄积量120 m³/hm²，产材率：75%，单价300元/m³。

1.生态效益指标

（1）活立木储备效益 平均按90 m^3 计算；

（2）每公顷固沙林可保护5 hm^2 农田，每公顷增加效益150元；

（3）每公顷阔叶树滞尘量192 t；

（4）每公顷森林每天释放氧气0.15 t；

（5）每公顷森林可使固沙区有机质提高0.15%。

（五）有关费用计算标准

1.预备费10%；

2.工程监理费2%；

3.工程管理费3%；

4.勘查设计费1%。

（六）综合评价

海原县位于宁夏南部山区北缘，地处宁夏中部干旱带，这里干旱少雨，风大沙多，自然灾害频繁，水土流失严重，植被稀疏，生态环境恶劣，近年通过退耕还林、三北防护林工程建设，生态环境明显改善，但引黄灌区、库井灌区、机整地、压砂地的农田防护林建设较为滞后，有必要通过该工程的建设，有效改善上述地区的生态环境及小气候环境，提高海原县产粮区的粮食产量。促使其生态效益、社会效益、经济效益有明显提高。

二、项目背景及建设的必要性

（一）项目由来及形成

三北防护林是我国六大生态林业项目建设工程的主要组成部分，随着林业工程由高速度的数量型向调整结构、稳步发展的质量型转变，三北防护林工程也由下达计划任务到项目申报，从而使"三北"四期工程建设全面实行项目管理。

（二）项目区生态环境及自然灾害现状

全县境内地形复杂，地貌类型多样，总的特征是具有山间洼地的黄土丘陵与侵蚀中、低山脉交错分布，丘陵起伏，沟壑纵横，地形支离破碎，海拔1 336~2 955 m，平均沟壑密度3.2 km/km^2，以荒漠草原，干旱半干旱草原植被为主，总面积823万亩，人工种草面积40.2万亩，林地面积124万亩，造林绿化率达到15%，林地以幼林为主。防护林总面积3.3万亩，占林地总面积的2.7%，尤其是引黄灌区和库井灌区的防护林面积更小，质量较差，与海原县整体林业建设格局与结构极不协调。

海原县是典型的大陆性季风气候，干旱少雨，自然灾害频繁，十年九旱，年降水量300~450 mm，蒸发量却高达2 000 mm以上，风大沙多，年平均大风日29 d；水土流失严重，流失面积4 488 km²，占总土地面积的81%，年流失表土1 417万 t，霜冻、冰雹时有发生；致使土地沙化、退化，植被稀疏、生态环境脆弱。

（三）项目建设的必要性、目的和意义

随着天然林保护工程、退耕还林工程、三北防护林三期工程在海原县的相继启动实施，海原县林业迎来了新的发展契机，1999—2003年累计完成人工造林113.83万亩，包括退耕还林90.7万亩，其中，退耕36.3万亩、荒山54.4万亩；完成以水源涵养林为主的三北四期工程23.13万亩，林地总面积中有80万亩以柠条为主的灌木林地占总面积的64.5%，经济林0.12万亩不到林地总面积的0.1%；实施封山育林15万亩，造林绿化率占全县总面积的15%。综观海原县林业建设，存在以下突出的问题。

一是造林品种单一，森林蓄积量增加较慢，通过上面的介绍，不难看出海原县近年造林以灌木柠条为主，且集中在山地，由于受降水等因素的影响，生长较慢，林分结构单一。

二是造林林种单一，只注重水源涵养林和水保林。近几年海原县造林的林种单一，水源涵养林23万亩，水保林近35万亩，防护林只有0.75万亩，经济林0.12万亩，由此可见，林种较为单一。造林树种、林种单一，致使生态极不稳定、林分质量差、森林资源增长慢，更重要的是粮食生产无生态屏障，退耕还林后续产业严重缺陷。

海原县各种防护林起步较晚，20世纪70年代到80年代初，全县在引黄、库井灌区营造了大面积的农田防护林。进入20世纪80年代中期，林带已葱郁成林，开始发挥防护林效益，但到80年代末90年代初，因管理不善，产权不明，加之天牛等危害，林带遭到近乎毁灭性破坏，没有了林带，农田失去了保护伞，自然灾害加剧，导致粮食相对减产。

随着扶贫工程的不断深入，海原县近年机修农田的面积达到了30.5万亩，但因保护工程设计不到位，几乎所有的机修地埂没有绿化造林，许多地方已造成了新的水土流失。

随着退耕还林工程的不断深入，林业后续产业的问题愈来愈被人们重视，海原县除了要搞好柠条的加工利用外，还应利用三北防护林增加农田地埂经济林，如在海原县的北部发展枣粮间作、枣瓜间作，既可起到农田防护作用，也可增加经济收入。

综上，在海原县适时进行林种与树种结构调整与国家注重增长质量而非快速增长数量的价值取向是吻合的，加快各种防护林的建设，既符合海原县的县情，又具有林业可持续发展的特性，因此，该项目建设很可行，也很有必要。

三、建设条件分析

（一）自然环境条件

1. 行政区划，地理位置

海原县地处宁夏南部山区，在北纬36°06′40″~37°04′32″，东经105°09′45″~106°10′00″，原为固原市管辖，2004年3月划归中卫市，东与固原、同心县相连，南与西吉县接壤，西邻甘肃会宁、靖远两县，北靠中卫市，县境跨度东西宽80km，南北长约90km，全县现有18个乡镇。

2. 地形地貌

海原县地形由南西向北东方向倾斜，海拔高度1336~2955m，一般为1600~1800m，最高处是马万山山顶海拔高度为2955m，最低兴隆乡李家湾1336m，总的特点是山间盆、塘、川地的黄土丘陵和中低山交错分布。山地形成孤立突起的块状，被黄土丘陵包围，地形高低起伏，被冲沟划得支离破碎。全县地形按其形成条件和分布规律及主要特征，可分为土石山地，黄土丘陵，川、塘、盆地和河谷冲积平原等4种类型。土石山区，包括李俊、杨明、红羊、关庄、树台、曹洼、史店、海城、西安、兴仁、兴隆、高崖、李旺、关桥、罗山等乡镇的一部分地区，面积222.56万亩，占26.9%；河谷川台地包括西安、兴仁、兴隆、高崖、李旺等乡镇的川区，总面积76.63万亩，占9.26%，地势平坦，有灌溉条件；黄土丘陵沟壑区包括徐套、蒿川、关桥、海城、史店、贾塘、郑旗、罗川、九彩、兴仁、盐池、西安、兴隆、高崖、李旺等乡镇的一部分面积528.27万亩，占63.84%。

3. 河流水系

全县有三大水系，包括清水河水系，祖历河水系，盆湖水系。流域面积最大的为清水河水系，在县内5567km²；祖历河水系84km²，盆湖水系270km²。全县流域总面积5516km²，年降水量364.4mm，降水总量20100亿m³，年径流量8396万m³。详见表10-31。

4. 水文

海原县水文条件的主要特点：大部分河流地表径流小，季节性变化大，暴雨季节洪水猛涨、流量增大，甚至成灾，雨后流量突减，无雨季节干涸，只有园河、麻春河、贺堡河、杨明河、清水河常年有水。主要水源有河谷流水（包括清水河系、祖历河水系、库水、泉水、地下水和以及引黄水）。

表 10-31 海原县河流水系资源统计

河流	流域面积		多年平均降水量		多年平均径流量		径流系数 /%
	小计 / km²	县内 / km²	降水 / mm	降水总量 / 亿 m³	径流深 / mm	径流量 / 万 m³	
合计	5921	5516	364.4	20100	14.2	8396	3.9
一清水河水系	5567	5162	367.7	19010	14.4	8005	3.9
1. 西河	3048	2772	328.1	10000	13.4	4077	4.0
①园河	1600	1324	380	4829	13.0	2013	3.4
②贺堡河	287	287	380	1090	22.4	643	5.9
③杨坊河	183	183	380	695	13.5	247	3.6
④马营河	560	560	360	2016	13.5	756	3.3
⑤沙沟河	418	418	320	1338	10.0	418	3.1
2. 苋麻河	664	664	420	2789	17.5	1162	4.2
①撒台河	395	395	—	—	—	—	—
②郑旗河	269	269	—	—	—	—	—
3. 杨明河	559	491	450	2210	26.0	1453	5.3
4. 金鸡儿沟	604	543	280	1520	8.0	483	2.9
①凉风崖沟	304	304	—	—	—	—	—
②其他短沟	239	239	—	—	—	—	—
③其他短沟	392	692	360	2491	12.0	830	3.3
二、祖历河水系	84	84	430	0.361	19.0	160	4.3
三、盆湖水系	270	270	—	0.758	—	231	—
1. 盐池盆湖	52	52	310	0.161	10.0	52	3.2
2. 兴仁洼地	218	218	273.8	0.597	8.2	179	3.0

河谷水系前面已经提及，这里重点介绍库水、湖水、地下水和引黄水。

库水：全县有中小型水库35座，塘坝24座，集水面5 019.7 km²，总库容25 292 m³，现有库容16 307 m³，灌溉面积6万多亩，主要集中在清水河水系各支流上，一般矿化度0.52 g/L。

湖水：盐湖在盐池（现归西安乡），内陆碱水湖，面积0.5 km²，矿化度65.19 g/L；海子湖在李俊乡，面积1 km²，湖水主要靠地面径流补充，矿化度2.15 g/L。

地下水：地下水动储量3 807 m³，南、西华山周边储量3 163万 m³，占总储量的83%。

引黄水：固海扬水工程每年分配海原县水量2 400万 m³。

5. 气象

年平均温度3.6~8.6℃，关庄最冷年平均温度3.6℃，兴隆最高温度8.6℃，1月平均温度为−6.9℃，7月平均温度为19.8℃，从南到北≥0℃的积温2 889~3 065.9℃，≥10℃的积温2 329~2 672.3℃，年降水量270~400 mm，南华山高达600 mm，南部高于北部；蒸发量南部2 136 mm，是年降水量的5.3倍，北部2 368.8 mm，是年降水量的8.8倍；无霜期从南到北142~169 d；年日照平均时数2 716.6 h，日照百分率为61%。

6. 土壤

海原县土壤受地貌、生物、气候及人为活动的综合影响，具有明显的地带性，全县共9个土壤类型共823万亩。

黑垆土是分布于县内最大的土壤共467万亩，占56.5%，主要分布在南华山周边，月亮山北部的广大地区；灰钙土分布在盐池的北山、西安的白古路、罗山的麻春河、双河的杨坊村、李旺的李果园，面积257万亩，占总面积的32%。草甸土0.084 5万亩、盐土3.44万亩、垫土12.32万亩、山地灰褐土51.17万亩、山地灰钙土9.16万亩、山地粗骨土4.27万亩，这些土壤占总土壤的11.5%。

7. 植被

海原县有4个植被类型：一是荒漠草原植被，主要分布在县北部的兴仁、徐套、蒿川、高崖等乡，占总面积的20%，盖度26%~50%；代表植物刺旋花、荒漠锦鸡儿、冷蒿等。二是干草原植被，分布在县南部的红羊、李俊、杨明、关庄、贾塘等乡占总面积的32%，盖度40%~60%，代表植物长芒草、星毛委陵菜、大针茅等；三是草甸草原植被，分布在月亮山、西华山、西华山南坡，占总面积的0.4%，盖度80%~90%，代表植物丁香、枸子、蕨类、珠芽蓼；四是盐生植被主要分布在盐池的盐湖周围，代表植物白刺、芨芨草。

（二）社会经济条件

1. 面积、人口及其结构

全县总面积823万亩，2003年年底总人口37.7215万人，其中农业人口36.1854万人，占总人口的95.87%；当年出生人口7850人，死亡1507人，净增长6343人，人口自然增长率为17.67%。回族26783人，占总人口的71.05%；汉族109332人，占总人口的28.95%。

2. 工农业生产情况

2003年，海原县地区生产总值61220万元，较2002年增长11%，其中，第一产业22714万元、第二产业18282万元、第三产业20224万元；人均全县生产总值1625元，人均农业总产值1089元，其中，种植业558元、牧业281元、林业218元；人均工业总产值420元，农民人均纯收入1154元，比上年增加5.2%；人均地方财政收入36.1元。农民人均纯收入最高的海城镇1604元，其次是李旺、兴仁、西安、史店分别为1310元、1250元、1205元、1142元；排在最后的是关庄、红羊、李俊、九彩，分别是1180元、1202元、1150元、1140元。

3. 经济发展水平和生活水平

海原县经济发展速度较慢，地区生产总值61220万元，财政总收入1610万元，人均426.8元。2003年，家庭总收入5038.2元，可支配收入4917.60元，工薪收入4242.72元，经营收入109元，财产性收入79.56元，转移性收入606.72元。家庭总收入5340.84元，消费性支出4062.12元。人均住房23.4 m^2，城镇居民人均可支配收入1918元。由此可见，发展林业工程还有一定的基础。

（三）林业生产、经营管理机构，人员技术力量

海原县林业局有职工286人，有高级林业工程师1人、工程师26人、助理工程师34人，下设14个国营林场，管理着60多万亩的国有林地。指导18个乡级林业站，管理、指导全县的年度造林，2002年造林26.2万亩，2003年造林59.5万亩，均通过了区级和国家的验收，因此具有规模造林的能力和技术。

（四）土地资源条件

1. 各类土地面积

2003年年末，全县总面积823.3万亩，其中林地124.4万亩，占15.1%；草原248.8万亩，占30.2%；人工种草79.5万亩，占9.7%；耕地238.7万亩，占29%；其他地131.9万亩占16%。实有耕地面积238.7万亩，其中水浇地18.9万亩，旱地219.8万亩，占总面积的82.8%；有机修坡耕整地基本农田30.5万亩。

2. 营造生态公益林的土地资源分布状况及立地条件

（1）机整地 一般坡度在6°~10°，总面积30.5万亩，机整田面宽20~30 m，地埂占总机耕面积的11%，地埂土壤通透性较差。

（2）北部风沙地 北部风沙地67.71万亩，这一地区近年退耕面积较大有28万亩，主要以柠条为主，光热资源丰富。土地坡度一般在10°以下，大部分为缓坡或平原地，土壤为灰钙土。

（3）引黄、库井灌区多为平整农田，主要集中在兴隆、高崖、李旺、郑旗、西安、曹洼等乡镇，总面积18.9万亩，可栽培农田防护林2万亩，土壤多以黑垆土为主。

综上海原县实施三北防护林有足够的土地面积。

（五）劳动力资源

海原县总人口37.7万人，农村劳动力17.328万人，其中农业牧业人员13.68万人，初中以上文化程度占农林劳动力的78%。综上，海原县对实施三北防护林四期工程有足够的劳动力资源。另外，经过4年以退耕还林为主的林业工程建设的实施，75%的农村劳动力掌握了各种造林技术，因此，对实施三北防护林四期工程，有基本技术保障。

（六）种苗供应

随着各种造林工程在海原县的相继启动，一个以6个国有场圃即李俊、高崖、西安、城关、方堡、兴隆等苗圃为龙头，以个体育苗为辅助的育苗体系已基本形成，所育苗木有以国槐、垂柳为主的各种绿化用苗，有以柠条、沙棘为主的灌木苗，以抗旱造林为主的山杏、山桃、臭椿、刺槐苗。据统计，海原县2003年育苗面积达到1710亩，能够满足32万亩植苗造林。出圃各种苗木5200万株，苗木自给率达到95%，其中，一级苗占27%、二级苗占69%；有各种留床苗，胸径2 cm以上的乔木20多万。只有枸杞、枣树苗木尝不能自给。

2004年海原县的育苗面积超过2000亩，计划出圃各种苗木4000多万株（以山杏、沙棘、柠条为主），留床苗600万株，为以后的防护林工程造林储备了足够的苗木。

由上面的分析不难看出，海原县今后2~3年的三北防护林四期工程的苗木完全可以自给。

（七）基础设施条件

1. 交通运输条件

海原县境内的柏油路主要有海原—西吉公路，经过海城镇的西部，术台乡的东部，红羊乡；海原—同心路，经过关桥、兴隆乡；海原—静远公路经过兴仁、蒿川、西安、罗山、史店、曹洼、九彩、李俊等乡镇；海原—黑城公路，经过贾塘、郑旗；银川—平凉公路，经过兴隆、高崖、李旺乡；西安—红羊公路经过西安、术台、关庄、红羊。正在修建中的海原—李旺公路、红羊—李俊公路将经过双河、李旺、杨明、李俊。另外，海原县县乡级砂粒路也达到373.9 km，村村通公路，各种种苗运输、拉水车基本都能到达造林地点。

2. 通信条件

随着西部大开发战略的实施，海原县的邮电通信水平迅速提高，公众通信能力继续增强，邮电业务迅速扩大。全县共有邮电所18个，年完成邮电业务1000万元，县城及农村电话用户18158户，占全县总户数74941户的24%，移动电话用户19141部，各个自然村都有联通或移动通信覆盖。另外，一些偏远山村都拉上无线电话，可以说各种通信覆盖了整个县境，为整地造林，病虫害防治，森林防火提供了可靠的通信保障。

四、建设方案

（一）项目建设的指导思想和原则

1. 建设的指导思想

认真贯彻《中共中央 国务院关于加快林业发展的决定》《宁夏回族自治区关于加快林业发展的决定》，为全面建成小康社会，加快推进社会主义现代化，必须走生产发展、生活富裕、生态良好的文明发展道路，实现经济发展与人口、资源、环境的协调，实现人与自然的和谐相处。

2. 项目建设的原则

第一，坚持"以生态建设为主的林业发展观，把科学发展观与林业发展的具体实践相结合，坚持以人为本，全面协调的可持续发展观"，统筹人与自然的和谐发展。

第二，坚持统筹规划，突出重点，先易后难，分步实施，集中人力、物力和财力优先安排重点建设的防护林，有点有面，以点带面，稳步推进。

第三、坚持把防护林建设与生态环境治理，农民脱贫致富相结合，与区域经济发展相结合。

（二）项目区范围

项目区涉及全县18个乡镇45个行政村，包括兴仁乡的王团、兴仁、郝集、高庄、西里、拓寨，徐套乡的徐套、原套，蒿川乡的蒿川、周套，关桥乡的罗山、冯湾，贾塘乡的双河、王塘、南河，李俊乡的团结，史店乡大川，九彩乡的马湾、马圈，关庄乡的涝塘、庙湾，红羊乡的刘套、红羊，曹洼乡的冶套、南川，树台乡的浪塘、红井、二百户，李旺乡韩府、团庄、红圈、七百户，高崖乡的高湾、联合、香水，兴隆乡的兴隆、李堡，西安镇的白吉、小河、园河、付套，海城镇的高台，郑旗乡的吴湾、中坪。

（三）项目建设规模

项目建设总规模6万亩，其中引黄灌区、库井灌区发展农田防护林2万亩，基本农田机整地地埂林3万亩，生态经济地埂林1万亩。

（四）项目建设布局

1. 项目布局的依据

海原县扬黄灌区、库井灌区二代林网急需恢复建设，农民有建设的强烈愿望。从1995年开始，海原县的机修农田的地埂林几乎没有绿化，现急需绿化，这些绿化都将弥补海原县三北防护林总体规划。海原县北部光热土地资源较丰富，近年退耕还林面积较大，但以生态林为主，为寻求后续产业新的增长点，依据中卫市2005—2008优势林产业的发展规划，计划发展枣树地埂林。

2. 项目布局方案

（1）项目区区划　根据海原县国家重点生态公益林区划

重点公益林区涵盖了海原县除川台地以外广大地区，这次造林面积4.3万亩。一般公益林区主要是扬黄灌区的兴隆、高崖、李旺，这次造林面积1.7万亩。

（2）项目区布局

①库井、扬黄灌区农田防护林2万亩　分布在李旺镇的韩府、红圈、团庄、七百户共0.6万亩，高崖的香水、联合、高湾0.3万亩，兴隆乡的李堡、兴隆0.3万亩，郑旗乡的吴湾、中坪0.3万亩，西安镇的小河、园河、付套、白吉0.5万亩。

②基本农田机整地埂林3万亩　分布在贾塘乡王塘、双河、南河0.4万亩。徐套乡徐套、原套0.25万亩，蒿川乡的蒿川、周套0.25万亩，关桥乡的罗山、冯湾0.25万亩，李俊乡的团结0.1万亩，史店的大川0.1万亩，九彩乡的马湾、马圈0.25万亩，关庄乡的涝塘、庙湾0.25万亩，红羊乡的蒿滩、红羊、刘套0.4万亩，曹洼乡的冶套、南川0.25万亩，海城镇的高台0.2万亩，术台乡的浪塘、红井、二百户0.3万亩。

③地埂经济林　分布在兴仁乡的王团、兴仁、郝集、高庄、西里、拓寨地埂枣瓜间作1万亩。

（五）项目建设内容

农田防护林：在库井扬黄灌区营造农田防护林，每2 000 m设一主林带，宽10 m，5行，500 m设2行林网。树种以新疆杨、河北杨、樟河柳、刺槐、臭椿为主。地埂林以柠条为主，每道地埂栽1~2行；地埂经济林在种西瓜的压砂地地埂，株行距为1 m×10 m。

五、森林保护与环境保护

（一）森林保护

1. 森林防火的主要措施

海原县虽然有林地面积不大，但森林防火却常抓不懈。首先从县政府到村委会有三级森林防火指挥部，由主管农业的副县长、副乡长和村主任任组长，各相关部门的领导为成员。每年县、乡、村都要签订防火责任书，将集体、个人林地分山头、分林地、分地块落实到人，做到责任明确，国营林场结合天然林保护工程全部责任到人，防火期间做到死看死守，另外，随着退耕还林面积的不断扩大，各自然村都成立了20~50人的义务扑火队，全县有义务扑火队1465个，由于领导重视，责任明确，近20年，海原县还没有发生大的森林火灾。因此，这次营造的防护林，将按照上述办法做好防火工作。

2. 森林病虫害防治的主要措施

海原县第一代农田防护林被破坏的一个主要原因就是各种天牛的危害。从1989年开始，海原县林业局就对以黄斑星天牛和光肩星天牛的防治进行了大量的调查、防治和研究。提出了合理林分结构、化学防治农药应交替使用、加强林木检疫等综合防治手段。正是我们坚持以上做法，无论是疏林、防护林和各种有林地，近年还没有出现较为严重的森林病虫。近年又开展了大规模的防治鼢鼠工作，2003年就人工捕杀鼢鼠10.2万只，另外，还积极尝试生物防治，2003年南华山放养狐狸6只。另外，每到冬季，广泛动员群众，对农田地埂林，道路林，庄前屋后的树木进行涂白保护，据调查，2003年冬季海原县对各种零散的树木进行涂白（包括农田防护林），占总数83%。今后我们更应注意造林的林分结构，包括这次三北四期营造的农田防护林，多造混交林。

3. 森林管护的主要措施

（1）有林地有专职护林员，做到分片包干。

（2）集体林地纳入天然林保护工程，聘请专职护林员进行管护。

（3）个人林地全部登记造册，力争不留死角和空白。

（4）继续加大封山禁牧工作的力度。

（5）通过人工拉网围栏，减轻管护压力，今后，海原县将通过各种渠道，增加封山围栏面积。

六、项目组织与经营管理

（一）经营管理形式

海原县2005—2007年三北防护林工程，全部集中在个体耕地的地埂上，林地、林木的所有权归群众个人，因此，林木的管护经营全部由个体负责。地方政府和林业主管部门负责规划的编制、技术培训、林木种苗、种子的供应，并做好检验检疫工作。

（二）项目管理机构

1. 机构设置

县上专门成立三北四期（2005—2007年）工程领导小组，技术负责组：

组长：一名副县长

组员：各项目乡镇长、林业局局长

技术负责组

组长：县林业总站站长

成员：各项目乡镇林业站站长

2. 机构职责

领导小组：负责项目的总体规划，种苗的组织供应，项目资金的管理，协调项目建设中出现的各种问题，负责各种责任制的落实，从而保证项目的顺利实施。

技术负责组：负责实施方案的编制、技术培训、指导农民按技术规程作业，负责新技术的引进和推广。

（三）项目管理

1. 计划管理

项目严格实行计划管理，按照批复的可行性报告，编制实施方案和作业设计，并严格按作业设计施工。造林计划一经下达，不得更改。做好劳动力、物力、财力以及生产季节等的安排，从而做到有目标、有计划、有组织、有安排、有措施的生产经营管理活动。

2. 工程管理

三北防护林工程也应严格按工程管理的办法，实行项目法人责任制，林业局局长为该工程的项目法人，各乡镇长为各个项目区的法定代表人。聘请宁夏林业主管部门的林业专家作为工程监理，对整个项目实行监理制，所有工程，只有工程监理签字后方可进行总体验收。工程项目实行投标制和技术承包制，实行合同管理，项目所用种苗实行公开招标采购。

3. 资金管理

项目投资采用国家、地方和个人三方筹集资金的办法，对国补资金和地方配套资金，建立专账，实行专款专用，封闭运行，先建设、再验收，后付款，以提高项目资金的利用效率。年度要由县级审计部门审计，项目结束后有上级财务主管部门和县级审计部门的审计报告。

4. 信息管理

建立项目信息管理机制，由乡林业站将项目实施过程中出现的各种问题、矛盾和经验及时向项目主管部门进行反馈，以供决策。要建立三北四期建设计算机信息管理系统，随时掌握管理（资金）控制信息、质量管理、进度信息、合同管理信息，积极推广应用3S技术，特别是GPS技术。严格实行县、乡、村级的造林档案管理制度，没有档案的不进行验收。

5. 经营技术管理

由乡林业站负责整个工程的经营技术管理，制订详细的培训计划，力争1~2年内使项目区每户最少有一个人懂得造林、营林技术，积极引进先进的管理技术，并通过林业站总结进入推广，要监督农户严格按技术规程进行林业生产，建立技术服务制度，实行林业技术员包村、包户、签定技术承包合同，做到利益共享。

七、项目投资估算

（一）项目投资估算原则

1. 坚持主、辅投资划分明确的原则，分清国补、地方配套和县级自筹的数额。

2. 坚持"全面规划，科学发展，分期实施，经济合理，注重实效"的原则。

3. 坚持合理使用建设资金，充分发挥投资效益的原则。

（二）投资估算依据

投资估算的主要依据为国家每亩补助50元的种苗费和当地的劳力价格，物资价格，培训投资价格等，具体见表10-32。

表 10-32　当前影响造林因素

项目	劳动力 /工日	薄膜 /kg	拉水 /m³	经济林苗 /株	造林苗 /株	柠条种子 /kg
现价 / 元	30	8	6	2.5	1.2~1.5	11~12

注：2004年市场价格。

（三）项目建设投资估算

营造2万亩的防护林，按2m×2m的株行距需2年生的各种苗木334万株，按新疆杨、河北杨、刺槐、臭椿、樟河杨的比例为2∶1∶1∶1∶1.1则需各种苗木110万株、55万株、55万株、55万株和59万株；营造3万亩的地埂林，每亩需毛条和柠条种子各0.5kg，则需柠条种子15000kg，毛条种子15000kg；地埂经济林株行距1m×10m，每亩67株，1万亩67万株。

营造1万亩地埂枣树，每次每株灌水40kg，2次需水13600m³；2万亩防护林每次每株浇水20kg，2次需水66800m³，科技支撑包括覆膜、套袋、技术培训费等。

1. 投资估算

项目总投资2801.12万元，其中，种苗费654.32万元、整地费702万元、肥料费55万元、农药费8.5万元、水电费140万元、栽植费240万元、施肥用工费129万元、灌水人工费284万元、病虫防治费54万元、水费56.4万元、抚育管护费336万元、种苗运输费12万元、工程监理48.3万元、工程管理费57.5万元、勘察设计费24.1万元。

（四）资金筹措

1. 资金来源

项目总投资2801.12万元，申请国家林业专项资金1040.62万元，主要用于种苗、工程监理、工程管理、工程勘察设计等费用，占总投资的37.2%；地方配套215.5万元，主要用于水电、农药、肥料、种苗运输等费用，占投资的7.7%；项目区群众投劳折资1545万元，用于整地、栽植、灌水、施肥、病虫防治、抚育管理等人工费，占总投资的55.1%。

2. 资金使用计划

2005年投资1143.78万元；2006年投资840.33万元；2007年投资816.99万元。

八、项目建设进度

（一）项目建设期限

项目建设期限2005—2007年共3年

（二）建设进度安排

2005年2.45万亩农田防护林：李旺镇0.6万亩、高崖乡0.3万亩，共0.9万亩；机整地地埂林：贾塘乡0.4万亩、徐套乡0.25万亩、蒿川乡0.25万亩、关桥乡0.25万亩，共1.15万亩。地埂经济林：兴仁镇的郝集、兴仁0.4万亩。

2006年1.8万亩农田防护林：兴隆乡0.3万亩、郑旗乡0.3万亩，共0.6万亩；机整地埂林：李俊乡0.1万亩、史店乡0.1万亩、九彩乡0.25万亩、关庄乡0.25万亩、海城镇0.2万亩，共0.9万亩。地埂经济林：兴仁镇的王团、高庄0.3万亩。

2007年1.75万亩农田防护林：西安乡0.5万亩；机整地埂林：红羊乡0.4万亩、曹洼乡0.25万亩、术台乡0.3万亩，共0.95万亩；地埂经济林：兴仁的西里、拓寨0.3万亩。

九、效益分析与评价

（一）生态效益分析与评价

在引黄、库井灌区高规格、大面积营造农田防护林，能有效的遏制风沙，抵御各种自然灾害，为灌区粮食生产建起一道绿色的保护屏障，国内外大量的生产实践及科学研究表明林带对农作物的增产效果十分明显，一般增产幅度10%~30%。

1. 防风固沙效益

海原县北部风沙较大，这次规划的1万亩枣树地埂林，能有效防止沙化，沙割等现象，能有效保护这里的西瓜等经济作物。

2. 改善气候作用

农田防护林能减少风速15%~30%。春季增温0.1~0.6℃。夏季空气温度提高7%~10%，蒸发量减少15%~30%，耕作层含水量增加1%~8%，提高土壤地温3℃，增加土壤有机质0.15%。

3. 改善环境质量效益

6万亩农田防护林每天释放氧气600t，滞尘76.8万t，有效改善局部环境质量。

3万亩农田地埂林可有效防止30万亩农田地埂的水土流失。

（二）社会效益评价

海原县引黄、库井灌区生产条件较好，因此人口密度相对较大，而发展农田防护林有利于改善这里的生态环境，营造农田防护林，能提高土壤肥力、改善小气候、节省农业成本，为农业生产创造有利条件。同时还能减少农村地方病的流行。

（三）经济效益评价

1. 直接经济效益

规划实施的1万亩枣树地埂林，2年后可亩产鲜枣20kg，亩收入51元；第四年亩产60kg，亩收入90元，1万亩为90万元；成龄后可亩产达到500kg以上，亩产值750元，1万亩为750万元。

2. 其他效益

（1）林木储备效益　规划实施2万亩农田防护林，可有效增加海原县的森林储备，

5年后，活立木可达到12万 m³（每亩6 m³）。产材率按75%计算，可产材9万 m³，总产值2700万元。

（2）防护功能转化效益　工程的实施可有效保护农田51.9万亩，提高该地区30万亩农田的生产效益，按亩增收益10元，30万亩增收益300万元，全县人均增收88元。

（四）综合评价

海原县生态环境恶化，尤其是农田防护林建设滞后，该项目规划的实施，有效保护18.9万亩的水浇地，30万亩的机修农田和3万亩的瓜田，集生态、社会、经济效益于一身，有百利而无一害，因此，它的建设很可行也很有必要。

十、项目支持保障措施

（一）项目支持保障措施

国家近年实施的六大林业工程其中之一就是三北防护林工程，因此，申请三北防护林四期工程符合国家林业政策，另外，适当发展生态经济林也符合国家林业产业政策。

（二）资金筹措与投入保障措施

该项目工程申请国家林业建设资金300万元，主要用于种苗费，地方配套应纳入区、县级财政预算予以配套，并鼓励社会、企业或个人积极参与投资建设。

工程建设资金采用专门账户，专款专用、严禁挤占挪用和转移建设资金，实行先施工，后验收，再付账的付款程序，使工程建设者以生态质量换经济效益，各级审计部门要做好年度审计和工程结束的审核，没有财务审计报告不做最后验收。

（三）施工组织保障措施

首先加强项目工程领导，成立项目工程领导小组，做到责任明确，把三北防护林建设工程作为乡镇领导年度考核的主要内容。

推行工程监理制，严格工程质量，坚持工程从开工到竣工全程的监理，保证工程质量。

要做好工程项目的实施方案和作业设计，实施方案和作业设计报区林业主管部门批准后方可实施，建设方案一经批复不得随意改变。

（四）科技服务与推广保障措施

县林业总站负责工程建设的技术工作，林业总站要与各项目乡镇林业站签订工程施工技术合同，从而保证工程按技术要求进行。另外，要加强科技培训，力争3年将项目区20%的群众组织培训，力争每户有一个林业科技的行家里手；林业技术推广总站要积极引进新技术、新品种，力争使工程建设有较高的技术含量。

（五）信息管理保障措施

所有建设必须建档立卡，并建立定期统计和建设执行情况汇报制度，林业主管部门要积极接受专家和群众提出的合理化建议，及时调整工程建设中失误的决策。工程建设必须进入县级微机管理，以便及时掌握建设进度和监测动态，从而保证项目有据可查。

（六）种苗供应保障措施

严格实行造林的良种壮苗制度和"一签三证"制度，要发挥县级种苗站的职能作用，杜绝没有"一签三证"的种苗和人情苗、劣质苗进入造林工地，从今年开始，县林业主管部门要同国营苗圃签订工程所用种苗用量合同，一可保证质量，二可有的放矢，避免有什么苗，造什么林的弊端。

（七）苗木检疫保障措施

海原县的农田防护林几乎毁于各种天牛，这与当时的检疫工作滞后有直接的关系，我们要记取这个教训，加大林木种苗的检验检疫力度，以确保三北防护林工程建设成果。

（八）项目经营保障措施

该工程全部在个体土地上实施，政府和林业主管部门只是负责规划、资金和技术的落实，经营权由农民自己负责，因此，责、权、利比较明确，这样也有利于工程建设的顺利实施。

表 10-33　项目区各类土地面积统计

项目	总面积	草原	林地	多年草地	旱坡地			水浇地			其他
					小计	坡耕地	机整地	小计	引黄灌区	井灌区	
面积/万亩	823.3	248.8	124.4	79.5	219.8	189.3	30.5	18.9	13.7	5.2	131.9
占比/%	100	30.2	15.1	9.7	26.7	23	3.7	2.3	1.7	0.6	16.0

表 10-34　项目内容、进度一览表

单位：万亩

项目建设内容	建设进度			合计
	2005	2006	2007	
农田防护林	0.9	0.6	0.5	2.0
机整地地埂林	1.15	0.9	0.95	3.0

项目建设内容	建设进度			合计
	2005	2006	2007	
地埂经济林	0.4	0.3	0.3	1.0
合计	2.45	1.8	1.75	6.0

表 10-35　营造林任务量

单位：万亩

项目乡镇	面积	农田防护林	机整地地埂林	地埂经济林
兴仁乡	1.0	–	—	1.0
兴隆乡	0.3	0.3	—	—
高崖乡	0.3	0.3	—	—
李旺镇	0.6	0.6	—	—
西安镇	0.5	0.5	—	—
郑旗乡	0.3	0.3	—	—
徐套乡	0.25	—	0.25	—
蒿川乡	0.25	—	0.25	—
贾塘乡	0.4	—	0.4	—
关桥乡	0.25	—	0.25	—
李俊乡	0.1	—	0.1	—
史店乡	0.1	—	0.1	—
九彩乡	0.25	—	0.25	—
关庄乡	0.25	—	0.25	—
海城镇	0.2	—	0.2	—
红羊乡	0.4	—	0.4	—
曹洼乡	0.25	—	0.25	—
术台乡	0.3	—	0.3	—
合计	6.0	2.0	3.0	1.0

表 10-36　种苗需求量

年度	品种数量							
	新疆杨 / 万株	河北杨 / 万株	樟河柳 / 万株	刺槐 / 万株	臭椿 / 万株	毛条种子 / kg	柠条种子 / kg	枣树 / 万株
2005	49.5	24.75	26.555	24.75	24.75	5750	5750	13.6
2006	33	16.5	17.7	16.5	16.5	4500	4500	10.2
2007	27.5	13.75	14.75	13.75	13.75	4750	4750	10.2
合计	110	55	59	55	55	15000	15000	34

表 10-37　营造林总成本费用

单位：万元

序号	项目	防护林		地埂林		地埂经济林		总金额
		投资	元 / 亩	投资	元 / 亩	投资	元 / 亩	
一	材料费	460.52	230.26	33	11	160.8		857.82
1	种苗种子费	28	14	—		27		654.32
2	肥料	4	2	1.8	0.6	2.7		55
3	农药	80	40	—		60		8.5
4	水电费	—	—			–		140
二	用工量	240	120	360	120	102		1813.4
1	整地费	120	60	90	30	30		702
2	栽植费	60	30	—		69		240
3	施肥用工	60	30	—		24		129
4	水费及用工	36	18	6	2	12		340.4
5	病虫防治	120	60	36	6	180		54
6	抚育管理	4	2	6	2	2		336
7	种苗运输	—	—	—		—		12
三	工程监理费	—	—	—		—		48.3
四	工程管理费	—	—	—		—		72.4
五	工程勘察设计费	—	—	—		—		24.1
六	合计	—	—	—		—	—	2801.12

表 10-38 投资估算明细

	项目	单位	数量	单价/元	金额/万元	备注
	合计				2414.82	
	小计		334		1212.52	亩投资 606.26 元
	一、种苗费				460.52	
	1.新疆杨	株	1100000	1.50	165.00	
	2.河北杨	株	550000	1.50	82.50	
	3.刺槐	株	550000	1.25	68.75	
	4.臭椿	株	550000	1.25	68.75	
扬黄库井灌区农田地防护林	5.樟河柳	株	590000	1.28	75.52	
	二、其他材料				112.00	
	1.肥料肥	亩	20000	14.0	28.00	
	2.农药费	亩	20000	2.00	4.00	
	3.水电费	亩	20000	40.00	80.00	
	三、用工量				640.00	
	1.种苗运输	工日	1334	30.00	4.00	
	2.整地	工日	80000	30.00	240.00	
	3.栽植	工日	40000	30.00	120.00	
	4.施肥	工日	20000	30.00	60.00	
	5.灌溉	工日	20000	30.00	60.00	
	6.病虫防治	工日	12000	30.00	36.00	
	7.抚育管理	工日	40000	30.00	120.00	

	项目	单位	数量	单价/元	金额/万元	备注
	小计				532.8	177.6元/亩
	一、种子费				3933.0	
机整地地埂林	1. 毛条	kg	15000	12.00	18.00	
	2. 柠条	kg	15000	10.00	15.00	
	二、农药	亩	30000	0.60	1.80	
	三、用工量				498.00	
	1. 种子运输	工日	2000	30.00	6.00	
	2. 整地	工日	120000	30.00	360.00	
	3. 种植	工日	30000	30.00	90.00	
	4. 病虫防治	工日	2000	30.00	6.00	
	5. 抚育管理	工日	12000	30.00	36.00	
	小计				669.50	
	一、种苗费	株	370000	2.40	160.80	76株/亩
	二、其他材料				89.70	
	1. 肥料	亩	1000	27.00	27.00	
	2. 农药	亩	10000	2.70	2.70	
生态经济林	3. 水电费	亩	10000	60.00	60.00	
	三、用工量				419.00	
	1. 种苗运输	工日	667	30.00	2.00	
	2. 整地	工日	34000	30.00	102.00	
	3. 栽植	工日	10000	30.00	30.00	
	4. 施肥	工日	23000	30.00	69.00	
	5. 灌溉	工日	8000	30.00	24.00	
	6. 病虫防治	工日	4000	30.00	12.00	
	7. 抚育管理	工日	60000	30.00	180.00	

第九节　海原县林业"十一五"发展规划

树立科学的发展观，实现小康社会、和谐社会，必须高度重视和切实加强林业和生态建设。生态环境是人类生存和社会、经济发展的基础，保护和建设好生态环境，实现可持续发展，是西部大开发的切入点。海原县生态环境恶化，生态脆弱，其结果直接影响宁夏林业建设的进度和质量。海原县近年造林进度虽较快，但与整体的生态建设目标相差很远，因此，我们应锲而不舍地抓好林业建设。

一、海原县生态环境现状与建设

（一）生态现状

海原县位于宁夏中部干旱带，地处黄土高原鄂尔多斯盆地过渡带，年降水量300~450 mm，蒸发量2 000~2 700 mm，温热的不同步常常导致"十年九旱"，"三年两头旱"；风大沙多，全年平均大风日数29 d；水土流失严重，流失面积4 488 km²，占总土面积的81%；平均沟壑密度3 km/ km²，每年流失地表土1 417万 t；水资源短缺，地下水动储量3 807万 m³，人均仅102 m³；干旱地区人口密度临界值7~12人 /km²，而到2003年年底海原县的人口密度已超过了50人，造成土地垦殖面积居高不下，土壤退化，植被稀疏，生态环境脆弱。

（二）林业建设

海原县林业经过起伏式发展，到1998年"九五"森林资源清查时，有林地面积12.83万亩，天然林4.36万亩，人工林8.47万亩，其中，乔木林地2.8万亩、灌木林地5.6万亩。近年来，随着我国西部大开发战略的实施，特别是对生态环境建设的重视，先后启动实施了天然林保护工程、退耕还林工程、三北防护林四期工程等三大林业工程，海原县林业迎来了新的发展契机。1999—2005年，累计完成人工造林170.08万亩，其中"十一五"完成人工造林163.43万亩，退耕还林149万亩（其中，退耕77.8万亩、荒山71.2万亩），完成以水源涵养林为主的三北四期工程14.43万亩，造林绿化率提高到19.8%。5年累计增加林业产值38 974万元（2005年按2004年计算），年平均7 795万元；5年林产品收入9 272万元，年平均1 854万元，农民人均51元，退耕还林补助性收入17 772万元（每千克粮按1.4元计）；5年年均3 554万元，年人均98元。另外完成了南华山区级自然保护区的申报工作，并经宁夏人民政府批准实施。完成天然林保护、生态公益林的补偿界定160万亩，2005年纳入地方生态公益林2万亩。

（三）基本经验

1. 坚持把林业建设放在全县经济社会发展的大局来规划

"十五"期间，县委、县政府始终站在全局和战略的高度，从促进全县经济和社会发展的大局出发，谋划全县林业的发展，把林业建设与加快农业结构调整，增加农民收入，发展县域经济紧密结合，为推动海原县的社会发展做出了贡献。

2. 坚持项目带动，大力实施重点林业工程

"十五"期间，海原县坚持实施项目带动战略，以大工程带动林业的整体发展，通过集中力量，抓好退耕还林、天然林保护、南华山水源涵养林建设，加强对林业工程的管理，提高了林业的投资使用效率，集中治理了一批生态脆弱的重点区域，改善了局部地区的生态条件，提高了造林质量和工程建设的成效。

3. 坚持依靠科技加快林业发展

围绕退耕还林等重点工程大力推广抗旱造林、雨季造林、模拟飞播、生根粉、保水剂、覆膜、套袋、截干深栽等林业新技术，通过这些技术的使用，不断增强科技对林业的支撑能力，在实用林业技术推广、重点林业技术的研究、科技示范区建设方面都迈出了坚实的步伐。

（四）存在的问题

1. 林业发展的客观条件差

海原县生态环境恶化、干旱少雨、林木资源严重匮乏，植树造林难度大，成活保存率低。

2. 林业生产发展层次较低，市场竞争力弱

海原县林业受自然条件的限制，产业发展速度慢，林业产业化水平低，产业在国民经济中所占的比重低，对经济增长的贡献率不高。

3. 主观上对林业发展的重要性认识不足

有一部分群众对林业的生态性、社会性、公益性的认识不足。重眼前利益而忽视长远利益，对林业的支持力度不够。

4. 森林资源保护资金严重短缺

林业是一个高投入，低产出的行业，财政投资与效益矛盾突出。尤其是生态效益补偿制度建设滞后，森林资源管护缺乏资金保障。

二、发展规划

（一）指导思想

以邓小平理论和"三个代表"重要思想，以党的十六大和十六届五中全会精神为指导，深入贯彻《中共中央　国务院关于加快林业发展的决定》精神为指导，以生态建设、生态安全、生态文明为发展方向，坚持从海原县的县情出发，遵循自然规律、经济规律、社会规律，紧紧围绕海原县生态建设面临的突出问题，以科技为先导，以治理水土流失、涵养水源、农田防护、绿色通道为重点，以生态环境的根本好转和生态文明为最终目标。

（二）基本原则

第一、坚持统筹规划，突出重点，先易后难，分步实施。集中人力，物力和财力，优先安排生态环境治理工程重点区域和重点工程建设，稳步推进，力争"十一五"期间有明显的林业建设成效。

第二、坚持从实际出发，因地制宜，采取生物、工程与农业措施相结合，实行山、水、田、林、路综合治理。

第三、坚持治理与保护、建设与管理并重，实行"边建设，边保护"，力争治理一片，保护一片，发挥效益一片。

第四、坚持生态环境建设与资源开发相结合，与农民脱贫致富相结合，与区域经济发展相结合。

第五、坚持依靠广大群众，广泛动员全社会力量共同参与，多渠道筹集资金。

第六、坚持工程建设管理制度化，科学规划，高质量建设，高标准管理，为尽快实现山川秀美做贡献。

（三）"十一五"林业建设目标和任务

1."十一五"林业发展目标

经过不懈努力，到2010年，在全县初步形成布局较合理、功能增强、结构较为稳定的林业体系，实现森林资源大幅度增加，林业产业健康发展，生态文明不断提高的目标，具体表现为：

一是森林资源不断增加，"十一五"期间造林100万亩。使全县的有林地、灌木林地面积达到260万亩，森林覆盖率达到15%左右，同全区"十五"森林覆盖率平均值持平。

二是生态体系建设较为明确。在海原县的南、中、北部和兴隆、高崖、李旺引黄灌区建设不同的生态体系，北部的防风固沙林，中部以南华山为主的自然保护区，南部的水土保持和水源涵养林，引黄灌区的防护林体系。另外，建设高标准的县城生态公园及街道、单位、住宅小区的绿化体系。

三是林业产业健康发展。加快培育枸杞产业、仁用杏产业和柠条饲料加工产业。到2010年林业总产值比"十一五"末翻一番达到2亿元。

四是加强森林病虫害的预报预测和防治工作。使森林病虫害监测覆盖率达到90%，防治率达到95%，种苗产地检疫率达到90%，成灾率控制在15%。

五是加强种苗工程建设。"十一五"期间，使造林育苗良种使用率达到70%，造林一级苗使用率达到70%，种苗"一签三证"100%。

六是加强乡镇林业站建设。力争使海原县的合格林业站向示范林业站建设迈进，示范林业站达到50%，示范达标率为27.7%。

七是加快国有林场脱贫步伐。通过工程定点育苗等扶贫项目，"十一五"期间，力争使海原县的贫困国有林场脱贫。

八是森林资源管护办法更加完善，手段更加先进。通过天然林保护工程和生态效益补偿基金项目建设，使得重点生态公益林由国家投资管理，一般地方公益林由地方财政投资管理，产业经济林由集体或个人出资管理，并实现森林资源的微机联网管理。

2."十一五"建设任务

"十一五"期间完成各种造林100万亩，其中，退耕还林60万亩、水土保持林12万亩、水源涵养林15万亩、农田防护林4万亩，完成枸杞基地为主的经济林4万亩，其他造林5万亩；完成仁用杏嫁接10万亩，完成生态公园前期建设，主要是造林4.7万 m^2（40万株），建环境监测站2处、瞭望塔10座、景观保护5处，以及其他建设共计4000 m^2；完成南华山自然保护区和大六盘生态经济圈近50万亩的保护工程，购仪器设备80套、修路1850 km，建隔离带200 km。届时，这些林业项目可使海原县林业基础设施和生态环境有明显改善。

三、"十一五"林业建设的总体布局

按照规划的基本原则，根据海原县不同的自然条件，将全县划分为南部半干旱黄土丘陵沟壑区，中部干旱丘陵区，南华山自然保护区，北部风沙干旱区和兴隆、高崖、李旺引黄灌区5个区域。中、南部以退耕还林、天然林保护工程为主，涵养水源、防治水土流失；中部部分地区以南华山自然保护区建设和大六盘生态经济圈建设为依托，继续实施好退耕还林工程和水源涵养林建设工程；北部干旱带通过退耕还林、三北防护林建设，完善和巩固"十五"建设成果；引黄灌区以农田防护林建设为主，进一步改善引黄灌区的生态条件。

退耕还林60万亩，红羊7万亩；李俊、九彩、郑旗、关庄各5万亩，计20万亩；海城、高崖各1万亩，计2万亩；兴仁、徐套、蒿川各1万亩，计3万亩；其他8乡镇各3.5万亩计28万亩。水土保持林12万亩，以中南部黄土丘陵沟壑区为主，其中，红羊、李俊、九彩三乡各2万亩，计6万亩；曹洼、贾塘、树台、西安、海城、关桥六乡各1万亩，计6万亩。水源涵养林15万亩，主要集中在各国有林场，其中，南华山8万亩、西华山4万亩、月亮山3万亩。农田防护林4万亩，其中，兴隆、高崖、李旺、兴仁各0.8万亩，西安、郑旗各0.3万亩，贾塘0.2万亩。经济林4万亩，其中，兴隆、高崖、李旺、关桥、兴仁五乡各0.5万亩，其他各乡0.5万亩。其他造林5万亩，主要包括海原县城绿化0.5万亩，村庄、乡镇绿化1万亩，小流域、河道治理3.5万亩；在中南部培育改造10万亩仁用杏基地。

水土保持林，以沙棘、柠条、山杏、山桃为主；水源涵养林，以沙棘、云杉、落叶松、桦树为主；农田防护林，以柠条、杞柳、新疆杨、河北杨、刺槐、臭椿、白榆、各种速生杨为主；经济林，以枣树、枸杞、香水梨为主；县城绿化，以云杉、落叶松、油松、侧柏、刺柏、河北杨、各种柳树、榆树和其他绿化树种为主；村庄、乡镇绿化以速生用材林为主；小流域、河道治理，以柠条、沙棘、山杏、各种杨树为主。

四、"十一五"林业建设重点工程

（一）退耕还林工程

"十一五"期间，海原县将稳步推进退耕还林工程，计划退耕还林60万亩，使全县的陡坡耕地全部退耕还林。

（二）天然林保护工程和生态公益林补偿工程

通过天然林保护工程和生态公益林补偿基金项目的实施，切实加强森林资源管护，结合大六盘生态经济圈、南华山区级自然保护区建设，力争有160万亩的林地纳入生态公益林补偿范围，其中，国家级105万亩、地方级55万亩。建立生物隔离带200km，防火道路150km，瞭望塔10座，购置卫星电话3部，建立比较完善的森林病虫防治系统和森林防火系统。

（三）三北防护林工程

以兴仁、兴隆、高崖、李旺、西安、郑旗等乡引黄灌区和库井灌区的农田为防护林建设的重点，加强农田防护林的建设，建设面积为4万亩。

（四）林业产业工程

在兴隆、高崖、李旺、兴仁的引黄灌区，库井灌区发展以枸杞产业为主的枸杞基地

4万亩；在中南部培育10万亩以山杏、仁用杏为基地的杏树产业；在各国有林场积极探索有机果品的生产；培育柠条基地120万亩，年加工柠条粗饲料10000t。到"十一五"末，这几项林业产业工程总产值达到2亿元。

（五）大六盘生态工程和南华山自然保护区建设工程

围绕大六盘和南华山自然保护区建设工程，完成森林管护50万亩。完成各种造林33万亩，其中，水源涵养林15万亩、沟道治理造林等18万亩。封山育林20万亩，完成生态移民1万人。

（六）城镇大环境绿化

以建设生态城市为目标，围绕海原县生态公园、体育场绿化以及街道、机关单位绿化，5年绿化植树120万株。

（七）科技支撑基础设施建设

在城关苗圃建低温冷藏库一处1000m²，建成海原县兴隆种子源母树林、种质资源圃800亩，在林业局建生态监测总站300m²，在兴仁建生态监测分站200m²，在城关苗圃建容器育苗日光温室1000m²。

五、投资估算及资金来源

计划总投资88040万元。

①造林投资87240万元；

②森林管护投资（包括封山围栏等建设）200万元；

③生态公园建设240万元；

④基础设施240万元；

⑤仪器购置120万元。

资金来源，总投资88040万元，其中，国家专项资金80000万元、地方配套8040万元。

六、效益分析

（一）生态效益

森林是陆地生态系统的主体，是实现环境与发展相统一的纽带，海原县"十一五"林业建设其生态效益主要表现在，保持水土，减少流失200多万t。涵养水源，新增水源涵养林15万亩，每年可增加蓄水500万t。另外，还可防风固沙、庇护农田、调节气候、净化空气、改善环境、保护生物的多样性。

（二）社会效益

工程建设可使海原县的生态环境和生产条件得到明显改善。另外，工程建设从整地、造林、抚育、管护等需大量的人力投入，可使一部分农村剩余劳动力就地安排，随着林业产业的发展，将吸纳更多农村剩余劳力。

（三）经济效益

规划顺利实施后，海原县的林业总产值将超过2亿元，其中，林业产业项目实现产值1.6亿元、农民人均增收450元。

七、保障措施

1. 组织保障

建立健全各种组织机构，尤其是要加大退耕还林，天然林保护工程项目领导小组的工作力度。项目管理要按照"统一领导，分工负责，各司其职"的原则，对林业重点建设项目都要成立相应的领导小组，建立"责、权、利"统一的管理体制。完善项目投标制、合同制、法人制、监理制，实行目标管理责任制和考核奖励制。

2. 科技保障

到"十一五"末，海原县的林地面积将超过200万亩，如何巩固建设成果，提高林分质量，提供有力的科技支撑是十分必要的，要合理配置人力资源，建立一支技术过硬的科技队伍，要建立气象、水文等生态监测网络，进行基础研究，强化示范成果推广力度，扩大示范规模。一是充分发挥县、乡林业技术人员的作用，加强林业技术指导。二是加大林业技术培训力度，不断提高农民素质。根据林业产业化的要求，积极引进、推广普及现代林业管理知识。三是选择一些积极性高、基础好、自然条件适宜的乡、村、户，抓样板，树典型，依靠典型引路，由点到面辐射推广。建立信息管理系统和信息反馈制度，力争管理科学化、信息系统化，引进先进技术，开展同行业同部门的经验交流，使得信息共享。

3. 资金保障

林业建设项目严格采用资金报账制度和年度审计制度，建立专账专户，实行专款专用，严禁挪用占用项目资金，要对资金的来源、使用、节余及使用率，成本控制做出详细计划。项目实行先实施，做好验收，再付款，以质量求效益。积极争取林业项目，实施项目带动战略，在争取国家投资的基础上，也要争取自治区财政的支持，同时也应把县级地方配套资金纳入县级财政预算，从而保证生态建设有一定的资金支持。

4. 宣传教育保障

海原县生态环境建设近年取得了明显成效。但人们对人与自然和谐相处仍然缺乏足够的认识。宣传教育应从中小学生抓起，从课堂抓起。要统筹经济与生态的发展，进一步提高老百姓对生态经济可持续发展的认识，明确生态经济建设是在更高层次上巩固退耕还林草成果，是更高层次上的退耕后续产业的培育。

表 10-39 海原县"十一五"林业发展投资计划

项 目	规模	单位投资/元	总投资/万元	年 度 投 资									
				2006 年		2007 年		2008 年		2009 年		2010 年	
				规模/万亩	金额/万元	规模/万亩	金额/万元	规模/万亩	金额/万元	规模/万亩	金额/万元	规模/万亩	金额/万元
退耕还林	60 万亩	1390	83 400	18	16 680	10	13 900	10	13 900	10	13 900	8	11 120
其他造林	32 万亩	90	2970	9	810	6	540	6	540	6	540	6	540
农田护林	4 万亩	120	480	0.5	60	0.5	60	1	120	1	120	1	120
经济林	4 万亩	130	390	1	130	0.5	65	0.5	65	0.5	65	0.5	65
森林管护	50 万亩	4	200	10	40	10	40	10	40	10	40	10	40
基础设施	4 000 m²	600	240	1000	60	1000	60	1000	60	500	30	500	30
仪器购置	80 套	15 000	120	20	30	20	30	20	30	10	15	10	15
生态公园	120 万株	20	240	30	60	30	60	20	40	20	40	20	40
合计			88 040		17 870		14 755		14 795		14 750		11 970

第十节 海原县"十一五"森林防火总体规划

"十一五"是我国林业加快发展的重要战略期，也是提高林业发展的质量与效益，全面提升林业综合生产能力的关键时期。为此，我们要按照科学发展观的要求，统筹林业发展大计，把加强森林保护、巩固绿化成果放在一个更加重要的位置去谋划，以充分发挥林业在建设社会主义新农村中的巨大作用，确保海原县小康建设目标的顺利实现。

一、"十五"森林防火工作回顾

（一）基本情况

1. 自然社会概况

海原县位于宁夏中部干旱带，隶属中卫市管辖，总土地面积6 899 km²，境内有清水河、祖厉河和内陆河水系，多年平均降水量382.5 mm，降水由南至北递减，且集中在7—9月，气候恶劣，干旱、风沙、霜冻、冰雹时有发生，境内地貌类型可分为黄土丘陵区、土石山区和川台区3种，且沟、梁、峁纵横交错，水土流失严重，山地面积约占90%，植被稀疏，大体可分为干草原植被、草甸草原植被和山地森林植被。盖度在26%~60%，地下水储量3 807万 m³。

全县18个乡镇163个行政村，2005年年底在册总人口38.7万人，其中农业人口35.5万人。人口密度56人 /km²，人均土地26.7亩，农业人口平均耕地7.7亩。大家畜8.4万头，羊40.2万只。

2. 林业发展情况

"九五"森林资源清查时，海原县有林地12.83万亩，其中，天然林4.36万亩、人工林8.47万亩。近年来，随国家对生态建设的高度重视以及广大务林人的不懈努力，海原县林业得到了长足的发展，近年累计完成人工造林170万亩（其中，乔木林地15万亩，灌木林地70万亩，未成林地75万亩，疏林地10万亩)，"十五"造林绿化率为19.83%，生态公益林占98%。生态建设效益显著，在建设生态林的同时，加大了枸杞、香水梨、仁用杏等经济林的建设步伐，形成经济林、生态林、防护林局面较为合理，功能较为完善的林业体系。

（二）森林防火基本经验

近年来，海原县没有发生大的森林火灾、火警次数不断下降，受害森林面积大幅度减少，全民防火意识普遍增强，森林防火体系不断健全，防灾减灾管理全面加强，综合防控能力得到提高，最大限度地减少了灾害损失，为保护森林资源，巩固生态建设成果，保障人民群众生命财产安全，维护社会稳定做出了积极贡献，回顾这5年的工作，取得了以下基本经验。

第一，预防为主，积极扑救。森林防火责任重于泰山，鉴于海原县自然条件差，造林难度大，各级领导及业务部门都对护林防火高度重视，把森林防火摆到了一个重要的位置，真抓实干，坚持发展与保护并重，积极预防森林火灾。一是成立了海原县森林防火指挥部，由主管县长作总指挥，各相关部门负责人为成员，下设森林防火办公室。各乡镇也分别成立了森林防火领导小组；二是划分了森林防火辖区，各乡镇退耕还林区为森林防火管辖区，每个辖区都组建巡逻队，定期对林区各种火灾隐患进行细致彻底的排查，做到早发现、早排除、不留死角、防患于未然。

第二，广泛宣传，加强管理。森林防火重在预防，为了尽最大限度地减少火灾事故，降低损失，林业及各有关部门都加大了宣传力度，通过制定乡规民约，张贴告示，树立警戒牌，利用集市散发传单等有效形式，加强对《中华人民共和国森林法》《中华人民共和国草原法》《中华人民共和国草原防火条例》及林火知识的宣传，尽量做到家喻户晓，使广大群众具备以预防和安全扑救各类火灾的意识。为了提高对火灾的综合防控能力，海原县积极组建了多支业务精湛、训练有素的森林防火队伍，它们分布在靠近林区的各乡镇行政村，一旦发生森林火险，能快速集合并按熟悉的地点、路线上快速进入火险现场，同时，海原县加强了火灾监测预报制度，设立了森林防火举报电话，努力实现全方位监测，尤其在各大林区如南华山、西华山、月亮山等实行24小时值班制，与场长签订防火责任书，一旦发生火险，及时上报，确保了防火不留空白和死角。

第三，密切配合，通力协作。森林防火涉及面广，任务繁重，而且公益性、社会性也很强，需要各有关部门密切协作才能做到安全防范，海原县森林防火指挥部各成员单位（气象、交通、公安、供电）都认真履行职责，对森林防火需要的气象、通信、交通、物资及人员都给予了必要的保证，建立和完善了森林防火监测体系，同各乡镇、各林场签订了森林防火责任书，落实了防火领导责任制，使各项扑火措施真正落到实处。

（三）存在的问题

1. 主观上对森林防火的重要性认识不足

林业具有"三分造七分管"的特点，管护跟不上，生态建设的成果就难以巩固。海原县自然条件差，造林难度大，造成一片林很不容易，要满足人们对林业目前增长的多种需求，必须开源和节流并举，发展和保护并重，要重视森林防火，加强森源保护，巩固生态建设成果，但是在林业建设上，我们普遍存在重造林，轻管护，管护投入远远落后于造林投入，所以造林规模虽大，但成效不明显。

2. 野外火源管理难度大

由于退耕还林草工程、三北防护林四期工程、天然林保护工程及生态重点县项目等在海原县的相继实施，使得林地面积逐年扩大，林区可燃物增多，加之林区社情复杂，受干旱等自然灾害的影响，使得发生火灾的危险性越来越高，但是由于防火设施的落后等原因，目前，海原县还没有控制火灾的有效手段，随着生产用火及生活用火的明显增多，火源管理的难度也明显加大，一旦发生火灾，局面很难控制。

3. 消防队伍建设跟不上

截至目前，海原县还没有正规的森林消防队伍，各乡镇及各林地的扑火队都是业余组建的，没有经过专门的正规化训练，扑救火灾的整体能力差。通过此项目的实施，有望建立覆盖全方位、全天候运行、快速反应的森林防火队伍，全面提高森林火灾的应急扑救能力。

4. 森林防火措施有待于进一步落实

目前，国家出台的各项森林防火政策都很明确，但是很难真正落实到基层，落实到山间地头。究其原因也许与基层政府工作不力有关，但主要有以下两点：一是警员编制少，森林消防队伍跟不上，若按护林面积设置消防员，这种比例还严重失调。二是护林防火投入不足，护林是一项十分艰辛的工作，要做到万无一失，必须严防死守，好多护林员都是长年吃住在山上，辛苦自然是可想而知。因此，要提高护林人员的待遇，使他们积极热情地奉献于护林事业。

二、项目实施的必要性

森林防火是一件关系国计民生、社会稳定和可持续发展的大事，是林业生态建设的重要内容。近年来，随着生态建设的深入推进，海原县森林防火面临的形势和任务越来越重，如何控制火灾，减少损失，已成为林业工作的重中之重。

1. 森林防火是林业发展的基础

森林可以提供各种林产品，满足人民群众的多种需要，还可以涵养水源、保持水土、防风固沙、调节气候，减少风、沙、洪、雹危害，保护农田，净化空气，增加降水等。因此，森林一旦遭到破坏，人类将失去可持续发展的基础。保护好森林资源，预防和减少森林火灾，对整个社会的发展都具有十分重要的意义。

2. 森林火灾破坏性极大

森林火灾是当今世界上发生面广、突发性强、危害性大、处置救助极为困难的自然灾害。海原县境内气候干旱、地形复杂（90% 为山地），而且防火设施落后，缺乏有效的监测和预警信息，给护林防火工作带来了严峻的挑战。因此，如何控制和减少火灾已显得十分迫切和需要。

3. 有利于依法治林，使林业走上又快又好的良性发展轨道

在森林防火中坚持依法治林，在林区各道口设立检查站、哨卡及防火标识牌，能有效地制止人畜等随意进入林区，减少砍伐破坏及牲畜啃食践踏，有利于森林的生长发育和休养生息，是迅速恢复植被和培育优良林分的基础。

4. 有助于社会办林业

在护林防火中，为了有效应对突如其来的火灾，最大限度地减少人民群众生命财产损失，林业、气象、水利、民政、公安等多部门组成森林防火指挥部，并在各乡镇设立了领导小组，形成了一个上下联动、齐抓共管的森林防火格局，使社会对护林防火的重大意义有了深刻认识，同时能自觉地加入护林防火的队伍中来，维护林区社会治安，同毁林行为作斗争，使全社会掀起爱林护林和参与生态建设的良好氛围，有助于引导企业及个人通过投工投资等方式参与生态建设，支持社会办林业。

三、项目建设的原则和指导思想

（一）原则

1. 坚持以人为本，预防为主，积极扑救的原则；

2. 坚持依靠科学、依靠群众、依靠法治的原则；

3. 坚持政府全面负责，部门齐抓共管，社会广泛参与的原则；

4. 坚持因地制宜、分类指导、分区施策的原则；

5. 应建立科学化、规范化的护林防火机制，争取各方支持的工作原则。

（二）指导思想

以邓小平理论和"三个代表"重要思想，以及党的十六大和十六届五中全会精神为指导，深入贯彻《中共中央 国务院关于加快林业发展的决定》精神，坚持以人为本，全面协调可持续的科学发展观，围绕"预防为主，积极扑救"的森林防火工作方针，把维护人民群众的生命财产和保护国家生态安全作为全部工作的出发点和落脚点，加强森林防火基础设施建设，完善森林防火装备，壮大森林消防队伍，建立森林防火长效机制，协调部门配合，提高森林防火综合监测能力，实现生态环境的根本好转和生态显明改善的最终目标。

四、项目建设的主要内容及布局

（一）主要内容

"十一五"期间，海原县森林防火建设的主要内容有：建防火道路180km、护林点

20处800m²、防火检查站15处、防火林带2.5万亩、瞭望塔5座、购置管护摩托车50辆、购灭器180台、防火指挥车1辆、运兵车1辆及其他设备。

（二）建设布局

1. 护林点

建护林点20处800m²，其中，西华山林场4处160m²、拐洼林场4处160m²、月亮山林场3处120m²、青龙寺林场3处120m²、其他乡镇6处240m²。

2. 防火检查站

共建防火检查站15处，其中，西华山、拐洼林场各3处，月亮山林场、青龙寺林场各2处，其他乡镇5处。

3. 防火道路

共建防火道路180km，其中，西华山、拐洼、月亮山、青龙寺各20km，红羊、李俊、贾塘、树台、西安5乡镇各20km。

4. 防火隔离带

建防火隔离带2.5万亩，其中，西华山、拐洼各1万亩，月亮山0.5万亩。

5. 其他建设

五、主要项目建设进度安排

2006年，建防火气象站1座、瞭望塔1座、防火道路30km、检查站3处、护林点4处；2007年，建防火气象站1座、购计算机网络系统1套、瞭望塔1座、防火道路40km、检查站3处，护林点4处；2008年建气象站1座、瞭望塔1座、防火道路40km、检查站3处、护林点4处；2009年，建瞭望塔1座、防火道路40km、检查站3处、护林点4处；2010年，建瞭望塔1座、防火道路30km、检查站3处、护林点4处。另外每年营造防火隔离带0.5万亩，并购置一定数量的设备。

六、投资概算及资金来源

（一）投资概算

项目总投资913万元，其中，火险预测预报系统24万元、火情瞭望监测系统130.7万元、林火阻隔系统430万元、防火信息指挥系统43万元、扑火设备85.3万元、基础设施建设180万元、森林防火管理费20万元。

（二）年度投资

2006年146.1万元，2007年233.3万元，2008年222.8万元，2009年105.5万元，2010年145.3万元。

（三）资金来源

项目总投资913万元，其中，国家补730万元、宁夏配套183万元。

七、效益分析

（一）生态效益

"十一五"海原县林业建设的重点依然是生态治理和生态保护，通过森林防火等保护措施的实施，可有效缓解本区森林防火措施落后、指挥被动的局面，大大提高防火能力，加快造林绿化步伐，发挥森林保持水土、防风固沙、保护生物多样性等多重功能。

（二）社会效益

通过防火宣传、组织实战演习、设置防火警戒牌等措施，使森林防火形成社会共识，有助于唤醒社会对林业的高度重视，大大提高森林防火效益，并能形成爱林护林、人人参与林业建设的良好氛围，以吸引更多投资。另外，工程的建设可带动部分群众解决就业问题，能产生积极的社会效益。

（三）经济效益

按多年平均一般受灾面积计算，海原县每年直接经济损失达7.5万元，同时，还影响了海原县的生态环境建设及周边地区生态安全。随着防火道路、护林点等基础设施的建设，可有效地改善林业生产条件，大大提高林业抵御森林火灾等自然灾害的能力。

八、保障措施

（一）切实加强对森林防火的领导

各级政府及业务主管部门要树立科学的发展观和可持续发展的战略思想，充分认识森林防火在林业建设和社会发展中的地位和作用，增强责任感和使命感，切实加强对森林防火工作的组织领导。一是要进一步强化森林防火指挥部的职能，加强沟通、协调及应急处理能力，确保防火工作万无一失。二是继续落实森林防火问责制。林业部门及各乡镇森林防火领导小组要明确任务，各负其责、各司其职，切实加强对辖区的火源管理，一旦出现火险，要保证信息及道路的畅通，迅速集合，整体出动，快速扑灭火险。对因失职、渎职引起森林火灾或造成巨大损失的，要依法严肃追究责任。

（二）要加大对森林防火的投入

森林防火是一项公益性事业，要建立以政府投入为主的经费保障机制，把森林火灾预防和扑救经费纳入各级财政预算。今后还要重点在森林防火基础设施、森林火险预警监测、森林消防队伍建设及扑火技能设备研发上加大投入，提高科学决策水平，确保森林防火工作有力、有序、有效地开展。

（三）坚持依法治林，切实做到"严管林"

森林防火工作光荣而任务艰巨，只有做到严防死守，才能确保万无一失。林业及相关部门，特别是工作在一线的森林消防员及护林员，要以高度的责任感和强烈的使命感，扎扎实实做好森林防火工作。要进一步贯彻《森林防火条例》等防火法律法规，依法严肃查处各类火灾案件，加大责任追究力度，切实保障林区群众生命财产安全，有效保护森林资源，巩固林业建设成果。

（四）要加大森林防火宣传力度

森林火灾，绝大多数是人为因素引起的，所以进行宣传教育，做好人的思想工作，严格控制火源，就可以大大减少和杜绝森林火灾的发生。把森林防火宣传教育纳入公民素质教育整体规划，让防火知识进课堂、上山头，同时加强对安全灭火及紧急避险技能的培训，使森林防火宣传深入人心，让广大群众自觉遵守防火规章制度，切实保障森林安全。

第十一节　海原县仁用杏基地建设总体规划

一、概要

1. 项目建设范围及规模

项目建设涉及11个乡镇，总建设面积20万亩。

2. 项目建设进度

项目建设从2006年开始试点，2011年结束共6年。2006年试点1万亩，2007—2010年每年4万亩，2011年3万亩。

3. 投资规模及资金来源

项目总投资487.2万元，其中，申请财政专项资金413.45万元、地方配套资金73.75万元。

4. 项目建设效益

项目建成后年产值36 000万元，解决农村剩余劳动力6万人。

二、项目建设的背景

（一）背景

海原县地处宁夏中部干旱带，风大沙多，干旱少雨，水资源短缺，植被稀疏，生态环境脆弱。本世纪末，全县森林覆盖率仅1.5%。近年来，随着天然保护工程、三北防护林四期工程、退耕还林工程的实施，海原县林业建设突飞猛进，成效显著。

截至2005年年底，造林总面积达到了160万亩，其中退耕还林138万亩。如何巩固这一建设成果，防止退耕不反弹，我们不但要提高和巩固林地质量，提高造林保存率，让其真正发挥生态效益，更要注重退耕还林后续产业的培育，从根本上解决农民的后顾之忧，以确保退耕及其他生态林业建设成果。

林业生态建设是国民经济与社会发展的组成部分之一，国民经济的整体是林业的生存之基，发展之源，生态建设只有融入国民经济与社会发展的整体之中，才能获得不竭的动力。海原县社会经济发展落后，生态林业建设必须与经济社会发展相吻合。造林面积达到了160万亩，但要很好地保护，只有不断地改善农业生产条件，调整农业结构，增强农业发展的后劲，吸纳农村剩余劳动力，增加农民收入，否则，只是一句空话。

（二）项目的由来

随着退耕还林工程的不断深入，海原县中南部地区的山杏面积越来越大，截至2005年年底有近25万亩，且成活率高、生长良好。我们知道，退耕还林的关键是如何防止不反弹，因此，从中央到地方，对退耕还林后续产业的培育也非常重视。近年来，宁夏党委、政府、人大、政协和林业主管部门，多次来海原县调研，探讨退耕后续产业的培育。海原县的人大代表、政协委员和一些有识之士，也多次提出后续产业的培育，特别是山杏嫁接仁用杏基地建设。为此，海原县林业局从2003年开始就组织技术人员，对海原县仁用杏基地建设进行广泛调查研究和论证，认为仁用杏在海原县栽培，大有可为。

（三）项目建设的必要性

贫穷与生态环境退化的恶性循环是制约海原县经济社会可持续发展的一个重要原因，解决这一问题还得从生态建设做起，必须扎扎实实地实施好退耕还林等林业重点工程，并以此为契机，为农民开辟更多的生产途径和生活出路，建立海原县退耕还林长效机制，走出一条"生态增效、农民增收"双赢的路子，真正实现"退得下、稳得住、能致富、不反弹"的目标。因此，后续产业如何搞、搞得如何就成了海原县林业持续发展的瓶颈所在。山杏在海原县的退耕还林面积中占有较大的分量，但山杏在海原县只能视为生态林，利用价值不高。如何利用山杏嫁接仁用杏，增加林业产值，也应是海原县林业发展的当务之急，很有必要。

（四）项目建设的可行性

1. 栽培环境条件较适宜

仁用杏的生长发育与环境条件密切相关。在长期的生长发育过程中，形成了对环境条件的适应性，特别是耐寒、耐旱、耐瘠薄、喜光照等特点，适宜气温年平均6~12℃，有效积温1000~3500℃，日照时数1800~3400h，海原县的气象指标接近中值，显然是较理想的栽植区。一般在其他果树不宜栽植的干旱山坡，杏树都能正常生长。多年实践证明，无论是山杏还是仁用杏，具有广泛的适应性，已成为海原县的优势树种。

2. 市场前景看好

仁用杏童龄期短，结果期早，是生长和发育龄都较快的果树。由于果实成熟期早，采收后有足够的时间积累营养形成下年的花芽，所以能连年丰产。仁用杏寿命长，盛果期也较长。杏仁经济价值高，每千克售价30元以上，亩栽60株以上，成龄后株产杏仁1kg，亩产值1800元。

杏仁含蛋白质23%~27%，粗脂肪50%~64%，糖类10%，每100g杏仁中有人体需要的钙111mg，铁7mg，还含有胡萝卜素、硫铵素、烟酸（尼克酸）、抗坏血酸和含多种维生素，是上好的滋补品，其保健品的开发大有市场潜力。杏仁也是重要的中药材，具有润肺、散寒、祛风、止泻、润燥的功能。

我国是仁用杏唯一生产的出口的国家，为我国特产，但生产面积和生产水平在国内还较低。仁用杏是食药兼用的佳果，开发价值很高。仁用杏不但国内销量大，日本、韩国、德国、东南亚、北欧等国家和地区都大量从我国进口，中国港、澳、台市场也频频向内地要货，需用量逐年增加。我国出口仁用杏呈逐年上升趋势，每年保持在2000t以上，且供不应求，创汇率高于其他干果。由此可见，仁用杏有广阔的市场前景。

3. 群众有管理经验且积极性较高

据1991年固原地区杏树品种资源调查，海原县有杏树地方品种11个，引进品种和优良食生单系共有16个，栽培区域以山坡或者房前屋后为多，60%的农户都栽过或正在栽培，栽培历史有300多年。因此，海原县栽培杏树有大量的群众基础且具有丰富的栽培经验。由于杏树适应性强，好管理、效益高，当前，群众发展杏树生产的积极性很高，尤其是对仁用杏的发展。

4. 干旱山区杏树栽培技术已自成体系

山杏改接仁用杏技术、截干深栽技术，以"88542"整地模式为主的径流截集、水土保持技术，良种繁育技术、栽培管理技术已自成体系，为海原县今后发展仁用杏产业提供了技术保障。

5. 已积累了成功的经验

从2005年开始，海原县在树台乡的韩庄进行了试点，2006年除在树台韩庄继续进行试点外，还在贾塘的双河扩大试点面积。两年共完成嫁接近万亩，通过两年的嫁接，我们已积累了许多成功的经验，为以后大面积的嫁接奠定了基础，积累了经验。

三、项目区基本情况

1. 自然地理概况

项目区在海原县城以南的11个乡镇，地处北纬36°6′~36°35′，东经105°20′~106°10′，地貌以峁状地形为主，绝对高程1600~1800m，南有月亮山、北有南华山，冲沟发育，侵蚀严重。另外间有梁状地形和黄土残塬地形。年平均温度5.5~7.7℃，≥10℃的有效积温1972~2621℃。年降水量400~450mm，年蒸发量2136mm，日照2716h，无霜期156d左右。土壤以黑垆土居多。

2. 社会经济概况

项目区总面积470.32万亩，占全县总面积823万亩的57.1%；耕地面积146.53万亩，占全县耕地238.75万亩的61.4%；总人口24.13万人，占全县总人口37.7万人的64%。农民人均收入1346元，高于全县1318元的平均水平。

表 10–40　项目区基本情况

地点	总面积/万亩	耕地面积/万亩	人口/人	劳动力资源/万亩	经济总收入/万元	农民人均收入/元
海城镇	40.19	17.68	48349	26678	13295	1604
树台乡	53.99	12.27	24742	10902	8796	1315
西安乡	68.09	24.96	32885	13419	9462	1348
史店乡	28.05	12.96	19738	7499	1500	1256
曹洼乡	32.24	8.92	11741	7093	1222	1309
贾塘乡	59.85	19.38	27540	12098	328	1414

地点	总面积/万亩	耕地面积/万亩	人口/人	劳动力资源/万亩	经济总收入/万元	农民人均收入/元
郑旗乡	61.49	17.66	22822	9442	2096	1252
九彩乡	23.68	6.61	11412	5008	916	1278
李俊乡	26.99	4.86	9804	5201	1626	1317
关庄乡	19.65	7.82	10316	4675	1406	1385
红羊乡	56.10	13.41	21986	9523	2594	1338
合计	470.32	146.53	241335	111538	46199	

3. 项目区林业建设情况

项目区林业用地面积150.16万亩，其中，有林地2.49万亩（含四旁树）、疏林地0.12万亩、灌木林地52.81万亩（包括山杏）、未成林地21.75万亩（山杏6万亩）、宜林地72.99万亩（见表10-41）。

表 10-41　项目林业建设情况

地点	林业用地/万亩	有林地/万亩	疏林地/万亩	灌木林地/万亩	未成林造林地/万亩	宜林地/万亩	四旁树 折合面积	四旁树 总株数/万株
海城镇	4.578	0.019	0.006	1.495	0.032	2.922	0.104	17
树台乡	15.168	0.063	—	2.471	3.429	9.062	0.143	28
西安乡	31.769	0.125	0.032	15.044	3.563	12.837	0.168	29
史店乡	8.416	0.008	—	1.429	1.875	4.979	0.125	18
曹洼乡	9.274	0.023	—	2.952	0.983	5.235	0.081	14
贾塘乡	18.552	0.092	—	6.503	4.196	7.572	0.189	32
郑旗乡	8.749	0.023	—	6.489	1.604	0.537	0.096	16
九彩乡	6.981	0.031	0.021	1.725	1.655	3.48	0.069	11
李俊乡	13.101	0.732	—	6.694	0.003	5.615	0.057	33
关庄乡	5.020	0.019	0.006	1.495	0.475	2.922	0.103	17
红羊乡	28.556	0.071	0.051	6.514	3.932	17.834	0.154	24
合计	150.64	1.206	0.116	52.811	21.747	72.995	1.289	239

4. 项目区退耕山杏面积

项目区山杏总面积25.7万亩，其中，阳坡20.2万亩、阴坡5.5万亩（详见表10-42）。

表 10-42　项目区山杏种植情况

单位：万亩

		合计	海域	树台	西安	史店	曹洼	贾塘	郑旗	九彩	李俊	关庄	红羊
山杏 面积	总面积	25.7	1.5	3.3	2.2	2.4	1.7	3.5	2.5	2.3	1.3	1.4	3.6
	阳坡	20.20	1.28	2.82	1.71	1.80	1.55	2.98	1.91	1.66	0.92	1.00	2.57
	阴坡	5.50	0.22	0.48	0.49	0.60	0.15	0.52	0.59	0.64	0.38	0.40	1.03

四、项目总体布局及规模

1. 项目建设指导思想

以"三个代表"重要思想统揽全局；以生态环境建设与保护的可持续发展为前提，在搞好生态环境建设的同时；以增加林业产业效益发展地方经济和建设新农村为目标；以培育退耕还林后续产业为新的经济增长点、增加农民收入为目的。

2. 项目建设的原则

项目建设坚持生态恢复与经济效益同步的原则，坚持市场导向的原则，坚持科技先导的原则，坚持因地制宜的原则。

3. 项目布局

项目分布在县中南部11个乡镇的退耕还林区域，主要集中在阳坡，总面积20万亩，其中，海城1.28万亩、树台2.82万亩、西安1.71万亩、史店1.8万亩、曹洼1.55万亩、贾塘2.88万亩、郑旗1.91万亩、九彩1.66万亩、李俊0.92万亩、关庄1.0万亩、红羊2.47万亩。

4. 采穗园建设

计划在方堡园林场建采穗园20亩，西华山林场建采穗圃30亩，共50亩。年生产优质穗条10万根，采穗圃定植密度为1m×1m，亩栽666株，定植前挖宽60、深1m的定植槽，底部施足有机肥。春季定植。建立时间2007年春季。主要引进品种优一、龙王帽、一窝蜂、三杆旗、新四号等品种。

5. 项目建设进度

项目从2006年开始试点，2011年结束，共6年。具体实施进度见表10-43。

表 10-43　实施进度安排

单位：万亩

年份	合计	海城	树台	西安	史店	曹洼	贾塘	郑旗	九彩	李俊	关庄	红羊
合计	20	1.28	2.82	1.71	1.8	1.55	2.88	1.91	1.66	0.92	1.0	2.47
2006	1	—	0.60	—	—	—	0.4	—	—	—	—	—
2007	4	0.3	0.4	0.3	0.3	0.4	0.5	0.4	0.5	0.2	0.2	0.5
2008	4	0.3	0.5	0.3	0.3	0.4	0.5	0.4	0.4	0.2	0.2	0.5
2009	4	0.3	0.4	0.4	0.4	0.3	0.5	0.3	0.5	0.2	0.2	0.5
2010	4	0.3	0.4	0.4	0.4	0.3	0.74	0.3	0.26	0.2	0.2	0.5
2011	3	0.08	0.52	0.31	0.4	0.15	0.24	0.51	—	0.12	0.2	0.47

五、投资估算与资金筹措

（一）投资估算的依据

1. 依据当地劳动力资源报酬；

2. 依据农膜等生产资料的市场价格；

3. 依据近两年仁用杏接穗和仁用杏种苗的市场价格。

表 10-44　仁用杏嫁接工具及苗木价格

项目	工日	加厚薄膜 /kg	剪刀 / 把	手据 / 把	嫁接刀 / 把	接穗 / 根	种苗 / 株
现价 / 元	30	10	18	5	2	0.2	2.0

注：按当年市场价格估算。

（二）项目投资估算

1. 采穗园投资13.7万元

整地费：整地50亩，200元 / 亩，50亩，计1万元；

施肥费：农家肥（羊粪）300方，100元 /m³，计3万元；

定植费：定植3.3万株，0.2元／株，计0.66万元；

种苗费：种苗费3.4万株，2元／株，计6.8万元；

农药费：300元／亩，50亩，计1.5万元；

其他不可预见费：0.74万元。

2. 接穗费用172.5万元。

2007年接穗费由于采穗圃当年还不能利用，2007年仍需外调接穗，每亩接75株，每株3个枝接点，需接穗75根（每个接穗截3小节），4万亩为300万根，每根0.2元，计60万元。

2008—2011年接穗费用2007年后每根接穗只付0.1元的管理费。

2008年4万亩，300万根，0.1元／根，计30万元；

2009年4万亩，300万根，0.1元／根，计30万元；

2010年4万亩，300万根，0.1元／根，计30万元；

2011年3万亩，225万根，0.1元／根，计22.5万元。

3. 工时费

每人每天嫁接200株，每亩75株，4万亩为300万株，需人工15 000个，30元／个计45万元，前4年为180万元，2011年为11 250个工日，计33.75万元，总工时费为213.75万元。

4. 工具费

手锯400把，5元／把，计0.2万元；手剪400把，18元／把，计0.72万元；嫁接刀400把，2元／把，计0.08万元。共计1万元。

5. 地膜费

每株0.05元，每亩75株，19万亩为14 250株，为71.25万元。

6. 技术推广及培训费

每年3万元，5年，计15万元。

7. 项目投资及进度安排

项目总投资487.2万元（不含2006年），其中，采穗圃13.7万元，占总投资28%；接穗172.5万元，占35.4%；工时费213.75万元，占总投资的43%；地膜费71.25万元，占总投资的14.6%；科技推广费16万元，占总投资的3.3%。

2007年投资137.7万元，其中，财政资金122.5万元，地方配套15万元；2008—2010年每年投资93万元，其中，财政资金78万元，地方配套15万元；2011年投资70.5万元，其中，财政资金56.75万元，地方配套13.75万元。

8. 项目资金来源

项目总投资487.2万元，其中，申请财政专项资金413.45万元、地方配套73.75万元。

六、效益分析与评价

（一）生态效益分析

海原县2002—2004年退耕还林山杏种植全部集中在"88542"（开挖80 cm宽，80 cm深的沟，土放外沿打埂，埂高50 cm、埂宽40 cm，后用上坡1.2 m的表土填沟，最后沟槽面宽2 m）整地模式内，为了尽早发挥其生态效益，一般主栽树种为山杏，"88542"的外坡种植了柠条或沙柳，内埂下种植了沙棘，这几个树种成活率都较高，近年生长良好，其生态效益正在凸显，因此进行山杏改接换头嫁接仁用杏，不会破坏生态环境，相反，通过山杏嫁接改造，可以提高林分质量，有利于生态的平衡与稳定。

（二）社会效益

改善生态环境，最终目的是实现人与生态环境的和谐相处，实现资源可持续利用。海原县计划建设仁用杏基地20万亩，可有效地调动农民的积极性，参与生态环境建设。另外20万亩仁用杏基地建设，可每年接纳农村剩余劳动力6万人，能有效缓解农村剩余劳力的就业压力。

（三）经济效益

把退耕还林20万亩的山杏改嫁成仁用杏，其经济效益十分明显。项目建成后，每亩可收益1800元，20万亩为36 000万元，项目区人均增收745元。

（四）综合评价

海原县20万亩仁用杏基地的建设其生态效益、社会效益、经济效益都十分明显，是一个一举三得的利民工程。退耕还林能否"退得下、稳得住、不反弹、能致富"，应该说关键在于抓好后续发展，该工程是在确保生态效益的同时，探索规模林业经营方式，探索林业产业发展途径，探索干旱贫困山区林业生态建设与经济发展的关系，真正把退耕还林工程建设成国家的生态工程和农民的致富工程，最终实现人与自然的和谐相处。

七、保障措施

（一）项目的经营管理形式

项目实行县级总体规划，乡镇负责实施，谁退耕、谁管理、谁受益，林业主管部门负责技术指导和新技术、新品种引进、技术培训、种条供应。

（二）项目管理措施

1. 项目管理

项目严格按上级主管部门的批复的总体规划，编制年度实施方案，不得随意改变项目实施地点和实施规模、投资计划及实施时间。确需改变的，须报请主管部门批准备案。

2. 工程管理

项目建设严格按林业项目工程建设，并建立目标和质量管理体系，建设项目监理制度和定期检查制度，针对建设中出现的不同问题，采取不同的措施，从而保证项目的顺利实施。

3. 资金管理

采用资金报账制度和年度审计制度。建立专账专户，实行专款专用，严禁挪用占用项目资金，对资金的来源，使用、节余及使用率，成本控制做出详细计划。项目实行先实施，做好验收，再付款，以质量求效益。

4. 信息管理

建立信息管理系统。建设信息的反馈制度，力争管理科学化、信息系统化，积极引进先进技术，开展同行业同部门的经验交流，使得信息资源共享。

（三）项目管理机构及主要职责

成立海原县仁用杏项目建设领导小组，组长由主管农业的副县长担任，成员由林业局、发改局、财政局、畜牧局、环保局、土地局、工商局的局长担任，下设办公室于林业局，办公室主任由林业局局长兼任。其主要职责是帮助制定中长期发展目标，年度发展计划，帮助农户分析市场需求，从政策、环境、社会服务方面不断完善，在投资担保体系等方面创造条件，大力吸引民间资金，外来资金，帮助农户提高管理水平。

第十二节　海原县牌路山森林公园总体规划

一、基本情况

（一）地形地貌特征

牌路山位于县城东南与县城接壤，自南向东北方向倾斜，是典型的黄土丘陵地貌，海拔1896~1937 m，县城段自杨家沟延伸至殷家山全长6.25 km，以牌路山口为界分两段，北段至殷家山长2.6 km，南段至杨家沟长3.65 km，是县城的天然绿色屏障。

（二）森林现状

牌路山南端3.65 km，纵深平均1.79 km，总面积4371亩，该处森林条件较好，目前绿化面积为1010亩（其中，有林地447亩、灌木林地118亩、疏林地445亩），植被较好；北段2.6 km，纵深平均1.9 km，总面积3295亩，目前绿化面积为1541亩，（其中，有林地178亩、灌木林地231亩、疏林地637亩、其他495亩）。目前牌路山处于森林恢复阶段，主要树种有山杏、山桃、沙枣、柠条、臭椿等，建设森林公园具有一定的基础。

（三）土壤及土地综合利用评价

牌路山土质大部分为黏黄土，少量为黑垆土。土质较好，适宜多种耐旱的乔灌木生长，由于连年干旱，墒情较差，目前除已有的人工林外，还有相当一部分山地裸露，山地为海城镇几个行政村的集体承包土地。近年来，坡度较大的山头地和坡地都实施了退耕还林（草），成活率较低，成效不明显，坡度较缓的仍然在耕种农作物。据统计约有5323亩的土地为荒山和山前耕地（其中荒山面积840亩），规划为森林公园绿化和建设用地。

二、牌路山森林公园建设的必要性

建设牌路山森林公园对提升县城品位，改善县城环境，凸显特色风貌，实现森林、景观、环境、经济和社会等多重效益具有重要意义。

1. 是构建和谐社会的必然要求

构建和谐社会，首先要实现人与自然和谐。随着社会经济的不断发展，人们回归自然的心理要求愈来愈迫切，森林公园的筹建无疑是让人们在工作之余享受到较高的森林产品和文化产品。因此，森林公园的建设是社会发展的必然要求。

2. 能有效地保护林地资源

建立牌路山森林公园，能有效地保护现有林地的游憩环境，实现可持续利用。森林公园是一个完整的森林系统，它对海原县的森林平衡与保护具有重要的现实意义。

3. 可以倡导绿色文化

牌路山森林公园是海原县的社会公益事业，通过广泛宣传和共同倡导，可以使森林意识深入人心，从而促进环保、加强森林建设，同时它也是普及自然科学知识和森林环境知识的重要场所。

三、总体目标和思路

（一）总体目标

牌路山森林公园建设主要是以改善县城环境面貌，改善森林环境，体现县城特色风貌，建设森林旅游景点为目的，提升县城品位，加速经济、社会发展的总体目标。

（二）发展思路

利用牌路山的地形和地貌，结合现有的人工林，用2~3年时间，在规划控制范围内加大绿化，提高绿化覆盖率，在山坡地种植耐旱、易活的园林景点树种，如臭椿、桦树、榆树、杨树、云杉、旱柳、紫穗槐等乔木树种，以及沙棘、柠条、刺梅等灌木树种。同时建设亭廊、园，修筑石阶、椅凳，铺路搭桥，使牌路山森林公园成为"春有桃花映红，夏有林荫翠绿；秋有硕果金黄，冬有松柏挂雪。"的四季景观。

四、规划方案

（一）规划范围及规模

据现场勘测及地形图量算，牌路山林业管护区和退耕还林区总占地面积18 760.5亩。其中规划公园占地7 666亩，南起杨家沟，北至殷家山南北长6 250 m，纵深东至洪水沟为界平均为1 840 m，中静公路将公园分为南北两区，规划区内现有公墓一处占地200亩，位于牌路山以东第二山峰中静路北侧山坡地段，现有林地4 800亩，退耕还林地5 887亩。

（二）规划建设时间

牌路山森林公园规划分近、远期进行建设，近期2007—2009年，集中力量进行南北两区的绿化和设施配套建设，远期2010—2020年进行南北区规划区的绿化、道路和设施配套建设以及续建项目。

（三）规划布局

牌路山森林公园分南北两区，其中南区规划总面积为4 371亩，北区规划总面积为3 295亩，将山下半坡地带100 m范围以内（除广场、大门、道路用地外）为近期规划用地（其中南区768亩，北区480亩），其余半坡地带为远期规划用地（其中，南区3 603亩、北区2 815亩），规划在牌路山口建设天桥一座，将两区连为一体。

南区是公园的核心，近期以绿化为主，同时沿山顶修建亭廊、林荫小道、机井等，远期在平缓地段建设游乐园、花卉观赏区、修建与新区连通的道路，种植榆树、杨树、桦树、臭椿等园林景观树木，并在新区行政中心广场两侧建设地震博物馆、综艺馆等大型建筑物。

北区近期建设以绿化为主，同时建设入口景观区、亭廊、道路、机井、烈士陵园，远期建设苗圃及修建东环路等，同时种植榆树、杨树、桦树、臭椿等园林景观树木，形成四季森林景观。建成后森林覆盖率有望达到91.3%。

南北两区入口景观大道宽5 m，两侧植松柏，台阶直通山顶主亭，整个园区山头亭亭相连，造型独特，风格异同，园内林荫小道，蜿蜒曲折，其间石椅、石凳可供人们休息，同时配套公厕、垃圾箱等卫生设施。

（四）公园定性

牌路山森林公园是县城的重要组成部分，建成后，将成为县城东南的绿色森林屏障，公园主要以森林绿化建设为重点，配套建设亭廊、林荫小道，建设园林景点、苗圃、花卉观赏区、游乐园等公共活动场所，使牌路山森林公园成为集森林景观、文化旅游、休闲娱乐、观光游玩于一体的综合性公园。

五、实施内容

牌路山森林公园建设本着"先易后难，先绿化后设施"的原则进行建设，计划3年成形，绿化面积为3 390亩。根据地形特征，将森林公园从北到南依次分为七个区，分区内的绿化和基础设施建设（包括林荫小道、亭廊、公厕、垃圾桶、指示牌等）计划完成植树525 000株，其中，乔木215 000株、灌木310 000株。

北区包括三个区共植树309 000棵，面积为2 060亩。

一区占地1 299亩，共种植乔木62 000株、灌木134 000株（为原退耕地），建设凉亭4座、连廊4处、林荫小道1 800 m、200立方蓄水池3座、公厕2座、垃圾桶12个。

二区占地471亩，共种植乔木41 000株、灌木17 000株、建设凉亭3座、连廊3处、林荫小道1 400 m、200 m³蓄水池1座、公厕1座、垃圾桶5个。

三区占地290亩，共种植乔木25 000株、灌木30 000株、建设凉亭2座、连廊2处、林荫小道1 300 m、200 m³蓄水池1座、公厕1座、垃圾桶3个、烈士陵园1处（占地15亩）。

南区共4个分区植树216 000株，其中：乔木87 000株、灌木129 000株、面积为1 330亩。

四区占地165亩，共种植乔木10 000株，灌木30 000株，建设凉亭1座，连廊1处，林荫小道500 m，200 m³蓄水池1座，公厕1座，垃圾桶3个，天桥1座。

五区占地272亩，共种植乔木15 000株、灌木23 000株、建设凉亭2座、连廊1处、林荫小道1 000 m、200 m³蓄水池1座、公厕1座、垃圾桶3个。

六区占地437亩，共种植乔木31 000株、灌木7 599株、建设凉亭2座、连廊1处、林荫小道1 000 m、200 m³蓄水池1座、公厕1座、垃圾桶5个。

七区占地457亩，只种植乔木31 000株，建设凉亭1座、连廊1处、林荫小道1 100 m、200 m³蓄水池1座、公厕1座、垃圾桶4个。

完成主干道路建设2 500 m²、停车场8 000 m²、大门2处、机井4眼（南北区各2眼）、泵站4座（南北区各2座）、200 m³蓄水池9座、地埋PE管网约14 520 m，（其中北区7 920 m，南区6 600 m）管径110 mm，同时配套阀门井，可沿管道铺设范围上下浇灌。2009—2010年完成公园内道路建设和配套设施建设。

对苗木的种类、规格及种植，严格按照林业部门的技术规范进行选购和栽培，杨树、松树、臭椿、桦树、旱柳等树种要求胸径在3 cm以上，2~3年生苗木，云杉等常青树种高度为1.5 m以上。

六、时间安排

（一）2007年

2007年春季开园建设，主要内容如下。

1. 进行森林公园建设宣传及总动员；

2. 完成绿化植树298 000株（其中，乔木122 000株、灌木176 000株）和林区整治；

3. 搬迁坟墓297座；

4. 建蓄水池9座。

（二）2008年

1. 春、秋两季完成公园内绿化植树227 000株，其中，乔木93 000株、灌木134 000株；

2. 建设南区公园大门、机井、泵站及配套设施。

（三）2009年

修道路、停车场、桌凳、亭廊。

（五）2010年

建厕所、管理房和天桥。

七、投资估算及资金来源

（一）投资概算

本工程总投资2 552.55万元，其中，种苗1 968万元、水利设施233.38万元、其他基础设施351.17万元。

（二）投资期限

投资期限为4年，2007年1152.7万元，2008年1077.59万元，2009年214.26万元，2010年108万元。

（三）资金来源

申请林业专项资金2552.55万元

七、组织领导

为了加强牌路山森林公园建设的组织领导，确保规划建设任务顺利完成，成立牌路山森林公园建设工程指挥部和工程项目监督组。

（一）工程建设指挥部

总指挥：县长

副总指挥：县四套班子分管领导

成　员：发改局、财政局、建环局、林业局、民政局、国土局、海城镇等部门负责人。

职　责

1. 在县委、县政府领导下，对牌路山森林公园建设工程进行指导、督促和检查。

2. 根据牌路山森林公园建设规划审定的建设方案，审定的年度建设计划，组织各成员单位按照年度建设计划实施完成建设任务。

3. 指挥部要定期召开会议，研究解决建设过程中存在的问题，向县委、县政府提出推进工程建设的建议。

4. 指挥部负责牌路山森林公园建设的考核、验收工作。

指挥部下设办公室于建环局，办公室主任由分管城建的副县长兼任，副主任由建环局局长和林业局局长担任。负责：森林公园建设日常工作，及时向指挥部上报建设进展情况，编制森林公园年度建设计划及任务分配。

（二）工程项目监督组

组　长：县委书记

副组长：县人大常委会主任、政协主席

成　员：县委办、组织部、监察局、宣传部、督查室、广电局等部门负责人。

职　责：督促检查牌路山森林公园工程建设质量和进度，对工程建设中存在的问题提出建设性意见和建议。

八、措施及要求

1. 林业主管部门要统一思想，提高认识

把牌路山森林公园作为城市建设、森林绿化的重点工程来抓，作为民心工程来抓，不能以资金困难为由，延误项目建设工期，要按照所分配的任务，迎难而上，积极争取项目，多方筹资，广泛动员，全民参与，并确定专人负责，做好施工现场管理工作，做到安全、文明施工，确保规划建设任务如期完成。

2. 项目建设期间管理

由责任单位按照任务分工自行管理维护（包括：苗木成活率、基础设施等），项目建成后由项目建设指挥部办公室抽调有关部门人员组成验收组进行验收，经验收合格后，填写验收合格单，森林公园移交有关部门管理。

3. 由县委办、政府办组织有关部门组成督查组

加大督促检查力度，实行日督查日通报制度，对无安排、无措施、无专人负责、不能按期完成任务和验收不合格的单位，除在全县通报批评、县有线电视上曝光外，同时追究单位领导责任，并责成其在规定的时限内完成建设任务，直至达到规划设计标准。

表 10-45　牌路山森林公园建设总投资估算（2007—2010 年）

序号	工程内容	数量	单位造价 / 元	总投资 / 万元	备注
	合计			2 552.55	
1	道路工程	2 500 m²	75	18.75	含护坡和排水设施
2	卵石道路工程	8 100 m²	15	12.15	
3	乔木	215 000 棵	80	1 720	含劳务费
4	灌木	310 000 棵	8	248	
5	停车场	8 000 m²	120	96.0	含配套设施
6	大门	2 座	100 000	20.0	
7	石桌凳	58 套	580	3.36	含指示牌、垃圾桶
8	管理用房	400 m²	500	20.0	
9	公厕	200 m²	400	8.0	
10	亭廊	28 座	30 000	84.0	

续表

序号	工程内容	数量	单位造价 / 元	总投资 / 万元	备注
11	机井	4 眼	200 000	80.0	
12	泵站	4 座	80 000	32.0	
13	蓄水池	9 座	30 000	27.0	
14	110 mmPE 管	14 520 m	65	94.38	含阀门井、阀门
15	天桥（吊桥）	1 座	800 000	80.0	
16	坟墓迁移费	297 座	300	8.91	

表 10-46　牌路山森林公园建设分年度投资估算（2007—2010 年）

序号	工程内容	数量	单位造价 / 元	总投资 / 万元	年度投资 / 万元			
					2007 年	2008 年	2009 年	2010 年
	合计			2 552.55	1 152.71	1 077.58	214.26	108
1	道路工程	2 500 m²	75	18.75	—	—	18.75	—
2	卵石工程	8 100 m²	15	12.15	—	—	12.15	—
3	树木	525 000 棵		1968	1 116.8	851.2	—	
4	停车场	8 000 m²	120	96.0	—	—	96	—
5	大门	2 座	100 000	20.0	—	20	—	—
6	石桌凳	58 套	580	3.36	—	—	3.36	—
7	管理用房	400 m²	500	20.0	—	—	—	20
8	公厕	200 m²	400	8.0	—	—	—	8
9	亭廊	28 座	30 000	84.0	—	—	84	—
10	机井	4 眼	200 000	80.0	—	80	—	—
11	泵站	4 座	80 000	32.0	—	32	—	—
12	蓄水池	9 座	30 000	27.0	27	—	—	—
13	110 mmPE 管	14 520 m	65	94.38	—	94.38	—	—
14	天桥	1 座	800 000	80.0	—	—	—	80
15	坟墓迁移	297 座	300	8.91	8.91	—	—	—

第十三节　海原县新区凤凰山绿化规划

一、项目建设背景及必要性

（一）建设背景

宁夏党委、政府决定在黑城镇以西地域建设海原县新区。按照新区总体规划，新建城区控制面积为30km²，人口容量8万人，为海原县行政、文化教育及商贸中心。新区位于黑城镇凤凰山前东南面，凤凰山的绿化工程被列为县委、县政府新区建设的首要工程，其绿化成效直接关系着新区的城市形象和环境质量。按照海原县委、县政府的要求，对凤凰山绿化工程进行了总体规划。

（二）建设的必要性

1. 是改善生态环境的需要

凤凰山绿化可营造1.2万亩的山地森林，是城市区最为重要的生态屏障，可起到防风固沙、防止水土流失和调节气候、净化空气、改善生态环境的重要作用。

2. 是城市景观建设的需要

新区规划西北面紧靠凤凰山，是城市最重要的景观面，山体的绿化、美化对树立城市形象，提高城市品位具有十分重要的意义。

3. 是提升城市功能的需要

凤凰山的绿化可有效改善人居环境，为人们提供游憩娱乐，休闲度假和文化、体育活动的空间场所，也可为发展生态旅游和招商引资提供良好的环境。

二、项目区基本情况

（一）地理位置

海原县新区位于黑城镇西北，凤凰山东南山脚下，此次规划的凤凰山绿化工程区为凤凰山前山，地处北纬36°24′，东经106°10′，山地面积约1.5万亩。

（二）自然概况

凤凰山属黄土丘陵地貌，海拔高度1518~1845m，有较大的沟道4条，地形较为复杂。土壤以缃黄土和灰钙土为主，坡度较缓的地带为机修或人修梯田，土壤肥力较好。项目区为典型的大陆性气候，年均气温7.8℃，1月份平均气温 -6.9℃，7月平均气温19.6℃，

≥10 ℃的有效积温2 686 ℃，气温最大日较差26.5 ℃，无霜期150 d左右，年降水量300 mm左右，年平均蒸发量2 016 mm，干燥度2.1，日照时数2 700 h，日照百分率61%，年太阳总辐射3 079.97 kJ/cm^2，日照充足，光热条件较好。

（三）植被情况

1. 野生植被

项目区属于干旱荒漠生态系统，主要代表植物有锦鸡儿、秦艽、铁杆蒿 、华北驼绒藜，猪毛菜、骆驼蓬，羊茅、冰草等。

2. 人工植被

自2002年以来在局部地区实施了退耕还林工程，主要分布在规划的前山，其中，退耕还林2 000亩、荒山造林（地埂造林）3 000亩，树种为柠条、山杏。

三、规划指导思想与原则

1. 规划依据

（1）《海原县新区总体规划》

（2）《宁夏生态环境建设规划》

（3）《海原县"十一五"林业发展规划》

（4）《造林技术规程 GB/T　5132—1995》

（5）《森林公园总体规划 GB/T　5132—1995》

（6）《宁夏南部干旱山区造林技术规程》

（7）宁夏平原城镇绿地植物景观种植设计规程

2. 规划指导思想

以科学发展观为指导，以城市发展及社会的多种需求为导向，以改善生态环境、营建森林景观为目标，以项目区现有林地为基础，从项目区的实际情况出发，营造以绿为主，季相分明，布局合理，可持续经营的宁南山区山地森林景观。

3. 规划原则

（1）坚持因地制宜，适地适树的原则；

（2）坚持师法自然，营造生态景观的原则；

（3）坚持统筹规划，突出重点，分期实施的原则；

（4）坚持生态优先，生态效益、社会效益与经济效益相结合的原则。

四、规划内容

1. 功能定位

新区绿色屏障，山地森林公园。

2. 目标任务

（1）自2008年至2010年用3年时间完成造林绿化12 795亩，再用2年时间进行补植和抚育，到2012年实现凤凰山山体能造林的区域全部造林绿化，森林覆盖率达到40%以上，初步形成冬季有青、春夏有花、秋季有色、层次丰富、季相分明的山地森林景观效果。在此基础上再用3年时间进行景区建设，力争到2015年建成山地森林公园。

（2）分年度计划　2008年完成造林绿化2 264亩，其中，行政办公区后山绿化核心区4、5号林班造林绿化1 136亩，两翼的重点绿化区3、6、7号林班造林1 128亩。

2009年完成造林绿化3 027亩，其中，8、9号林班重点绿化区造林绿化1 806亩，1、2号林班一般造林区的荒山造林1 221亩。

2010年完成10号林班一般造林区的荒山造林7 504亩。

2011—2012年对前三年造林绿化进行全面补植和完善提高，达到山体森林覆盖率50%的目标。

3. 规划布局

（1）绿化景观布局　绿化景观展示，主要在前山可视范围内采取"三带三区"的布局方法，力求达到层次分明，季相变化，色彩丰富的森林景观效果。

"三带"，是以山体垂直方向划分的植物景观带，分别为山体中下坡的"山脚针阔乔木带"，山体中部的"山腰桃杏灌木带"和山体上部的"山顶生态灌木带"。"山脚针阔乔木带"区域范围为海拔1 600 m以下的缓坡地，地势较缓，多为机修梯田或反坡带子田，立地条件相对较好，在位置上又紧邻城市区，因此在树种布局上主要以侧柏、云杉、油松等常绿树和旱柳、河北杨、刺槐、臭椿、火炬树等乔木树种为主，实行常绿树与落叶乔木团状混交及乔木树种与柠条、花灌木等落叶树种行间混交的方式，形成树种相对丰富，苗龄相对较大的山体基部绿化带。"山腰桃杏灌木带"区域为海拔1 600~1 630 m的山腰地带，立地条件中等，在树种布局上以山杏、山桃等小乔木和柠条等灌木为主，实行乔灌行间混交，交叉布局小面积的侧柏等常绿树种，实行团状混交，形成山杏、山桃缠腰，春有花，秋有果的带状景观带。

"山顶生态灌木带"区域为海拔1 630 m以上的山顶地带。土层较薄，立地条件相对较差，在树种布局上以沙棘、柠条为主，局部点缀云杉和榆树等乔木树种，形成沙棘戴帽，云杉点绿，白榆勾画山脊线的景观效果。

"三区"是以山体横向布局的植物季相景观区，分别为南部的"春花冬青景观区"，中部的"秋叶绚丽景观区"，北部的"夏翠流花景观区"。

"春花冬青景观区"的范围为兰家沟东南面，行政办公规划区北面的山体区域，包括3、4、5号林班，树种布局由河北杨片林，柳树片林，侧柏、云杉片林和山杏、山桃片林，柠条灌木林组成，形成桃红柳绿、松柏苍翠、山花烂漫的山野春季植物景观。

"秋叶绚丽景观区"的范围为栾家沟至疙瘩沟之间的山体区域，包括6、7号林班，树种布局由火炬树组团、桦树组团、山杏组团和沟道两侧的刺槐、臭椿、沙棘组团组成，适当增加金银木、卫矛、枸子等观叶树种，实行乔灌混交，形成火炬树、卫矛、地锦的红叶与山杏、桦树、刺槐的黄叶交相辉映的秋季色彩效果。

"夏翠流花景观区"为疙瘩沟以北的山体区域，包括8、9号林班，树种布局主要是臭椿、刺槐、河北杨乔木组团，云杉、侧柏等常绿树组团，山杏、山桃组团及珍珠梅、互叶醉鱼草等夏季开花的灌木树种组成，形成绿树成荫，夏花点缀的夏季山林景观。

（2）造林规划布局　造林地以山体走向和自然沟道及山势划分林班，以坡度、坡向、沟汊、土层等地位及立地条件划分造林小班。规划区计划造林面积12795亩，共规划设计10个林班、81个小班，以林班作为划分植物景区，布置林道的基础，以小班作为设计林种、树种的基本单元。

4.灌溉规划

本规划区属大陆性干旱气候，年平均降水量300mm，年平均蒸发量达2016mm，规划区水资源匮乏，在无灌溉条件下，灌木树种可以生长，个别干旱年份造林成活率低，乔木树种难以成活成林。因此，为保证规划树种的正常生长和尽快形成景观效果，规划灌溉方式为补充灌溉，可利用固海扩灌工程的扬黄水实行管道灌溉。补充灌溉的区域主要是绿化核心区和重点区，面积约为4000亩，一般造林区，主要树种为沙棘和柠条，可不考虑灌溉。补灌用水季节主要是4—6月份和10月份。具体灌溉布局设计和供水方案由水利部门完成和实施。2008年春季造林，在灌水工程未实施之前，应采取拉水穴状补灌的方式进行，以保证树木成活。

根据规划区周边林木灌水量定额和林木灌溉实验资料，并考虑到该区域天然降水和土壤有效利用水分的因素，估算灌木林地净灌溉定额数为50 m^3/亩，乔木林地净灌溉定额数为70 m^3/亩。规划灌溉区4000亩林地年需水量为26万 m^3。

5. 道路及观景平台规划

（1）道路规划　道路规划分为两级，一级路是指核心区从环山公路通向山顶以及沿核心区、重点区山脊修建的通道，路面设计宽度6m，总长约13km；其他区与区之间的连接通道及公园游览通道设计为二级道路，路面宽3m，总长约20km。

道路两侧布置行道树，树种规划在海拔1630m以下为河北杨、旱柳、臭椿等；海拔1630m以上以榆树为主。

（2）观景平台　该规划的终期目标是建成山地森林公园，为给以后的旅游和景点建设打好基础，此次规划在前山山顶和山包相对平缓的地方设计预留了一些观景平台，以便在后期建设中设置亭、台、塔、廊等景观建筑（具体位置见道路规划图）。

6. 树种规划

（1）树种设计　根据规划区的立地条件和生态、景观需要，本着选择抗旱性强、景观效果好的乡土树种的原则，规划核心区和重点区域的造林绿化骨干树种为侧柏、云杉、油松、河北杨、旱柳、榆树、刺槐、臭椿、火炬树、桦树、山杏、山桃、柠条、沙棘等；一般树种为杜梨、黄刺玫、珍珠梅、互叶醉鱼草、金银木、玫瑰等。一般造林区的树种为沙棘、柠条、山杏、山桃。

（2）苗木规格　根据规划区的立地条件和建设要求，苗木规格设计以下几种类型：①常绿树种在山坡下部的区域高度为1.8~2.0m；山坡中上部的区域高度为1m，均需带土球栽植。②落叶乔木中河北杨、旱柳、榆树、刺槐、臭椿等树种胸径3~4cm；火炬树、桦树等树种胸径2~3cm；山杏、山桃、杜梨等树种地径≥1.5cm。③黄刺玫、珍珠梅等花灌木在5~6分枝以上。④柠条、沙棘用二年生苗木。

五、营造林技术设计

根据立地条件、整地方式、株行距及混交方式的不同，海原县新区凤凰山绿化工程分为九个造林模式：

1. 造林设计模式 Ⅰ

（1）整地方式：鱼鳞坑整地。

（2）造林树种：榆树、柠条、枸子、山杏、山桃、沙棘等。

（3）造林密度：2m×3m。

（4）混交方式：块状混交。

（5）造林季节：春季 秋季。

（6）造林方式：植苗造林。

2. 造林设计模式Ⅱ

（1）整地方式：鱼鳞坑整地。

（2）造林树种：榆树、柠条、山杏、山桃、沙棘、刺槐、臭椿、旱柳、杜梨、云杉等。

（3）造林密度：2m×3m。

（4）混交方式：行间混交或块状混交。

（5）造林季节：春季、秋季。

（6）造林方式：植苗造林。

3. 造林设计模式Ⅲ

（1）整地方式：鱼鳞坑整地。

（2）造林树种：云杉、侧柏、旱柳、河北杨、白桦、火炬、臭椿、刺槐等。

（3）造林密度：3m×3m。

（4）混交方式：块状混交。

（5）造林季节：春季、秋季。

（6）造林方式：植苗造林。

4. 造林设计模式Ⅳ

（1）整地方式：鱼鳞坑整地。

（2）造林树种：云杉、醉鱼草、山杏、白桦、火炬、臭椿等。

（3）造林密度：3m×3m。

（4）混交方式：片状混交。

（5）造林季节：春季、秋季。

（6）造林方式：植苗造林。

5. 造林设计模式Ⅴ

（1）整地方式：反坡带子田。

（2）造林树种：山杏、山桃、珍珠梅、黄刺玫、枸子、金银木、沙枣等。

（3）造林密度：2m×3m。

（4）混交方式：块状混交。

（5）造林季节：春季、秋季。

（6）造林方式：植苗造林。

6. 造林设计模式Ⅵ

（1）整地方式：反坡带子田。

（2）造林树种：油松、旱柳、云杉等。

（3）造林密度：3m×3m。

（4）混交方式：带状混交。

（5）造林季节：春季、秋季。

（6）造林方式：植苗造林。

7. 造林设计模式Ⅶ

（1）整地方式：反坡带子田。

（2）造林树种：刺槐、侧柏等。

（3）造林密度：3m×3m。

（4）混交方式：片状混交。

（5）造林季节：春季、秋季。

（6）造林方式：植苗造林。

8. 造林设计模式Ⅷ

（1）整地方式：穴状整地。

（2）造林树种：刺槐、臭椿、河北杨、旱柳。

（3）造林密度：3m×3m。

（4）混交方式：行间混交。

（5）造林季节：春季、秋季。

（6）造林方式：植苗造林。

9. 造林设计模式Ⅸ

（1）整地方式：穴状整地。

（2）造林树种：臭椿、榆树。

（3）造林密度：3m×3m。

（4）混交方式：行间混交。

（6）造林季节：春季、秋季。

（6）造林方式：植苗造林。

六　投资概算

1. 预算定额

苗木价格以市场行情为准，一级道路为6m宽砂砾路，每千米定额约为3万元，二级道路为3m宽砂砾路，每公里定额约为2万元，植苗补水定额为20元/m³。

2. 投资概算

项目总投资1206.189万元，其中：

（1）种苗费859.953万元

沙棘0.1元/株，1499512株，计14.9951万元；

山杏3元/株，351737株，计105.5211万元；

柠条0.1元/株，1491940株，计14.9194万元；

山桃3元/株，82059株，计24.6177万元；

刺槐10元/株，21882株，计21.882万元；

侧柏高度1.8m，50元/株，4483株计22.415万元；

侧柏高度1m，20元/株，3631株计7.262万元；

油松80元/株，4681株，计37.448万元；

旱柳6元/株，18817株，计11.2902万元；

珍珠梅18元/株，2208株，计3.9744万元；

黄刺玫18元/株，2608株，计4.6944万元；

枸子18元/株，4646株，计8.3628万元；

金银木18元/株，1200株，计2.16万元；

沙枣10元/株，1056株，计1.056万元；

云杉高度1.8m，130元/株，25684株计333.892万元；

云杉高度1m，50元/株，11214株计56.07万元；

榆树10元/株，19596株，计19.596万元；

河北杨12元/株，14368株，计17.2416万元；

臭椿10元/株，11234株，计11.234万元；

白桦10元/株，4803株，计4.803万元；

火炬10元/株，8703株，计8.703万元；

杜梨2元/株，2742株，计0.5484万元；

醉鱼草3元/株，2653株，计0.7959万元；

玫瑰15元／株，914株，计1.3710万元；

卫矛20元／株，1450株，计2.9万元。

道路绿化每边两行，共需河北杨、旱柳、刺槐、臭椿、榆树等苗木44000株，10元／株，计44万元。

（2）种苗补植费　按当年造林成活80%，需补植10%计算，需苗木补植费78.2万元。

（3）道路合计投资79万元　一级道路3万元/km，13 km 计39万元；二级道路2万元/km，20 km 计40万元；

（4）整地造林合计投资157万元，一般造林区40元／亩，8725亩计34.9万元；重点造林区300元／亩，4070亩，计122.1万元。

（5）补水合计投资60.236万元，补水投资按重点造林区每亩需水7.4 m^3 水计算，按4070亩计算共需补水30118 m^3，20元/m^3，计60.236万元。

（6）其他费用50万元包括勘查设计费、前期工作费等。

3. 年度投资

2008年共投资561.1007万元；

2009年共投资431.2076万元；

2010年共投资213.8807万元。

七、保障措施

1. 加强宣传，提高公众的参与意识

新区造林绿化建设是一项影响面广，工程任务艰巨，工作难度大，公众参与性很强的工作，因此我们要充分利用电视、广播、学校、农村党员活动室、黑板报、宣传标语等各种场所和媒体，进行广泛的宣传，切实提高公众的参与意识。

2. 强化组织领导，推进法治建设

建立领导目标责任制，强化组织领导，成立项目建设领导小组，组长由主管县长担任，下设办公室于林业局，局长兼办公室主任。层层落实任期目标责任制，每个项目责任到人。要深入宣传《中华人民共和国森林法》《中华人民共和国野生动物保护法》，从而提高干部群众依法保护生态的法治意识。要严肃查处各类乱砍滥伐、乱垦滥牧、乱捕滥猎、破坏公共设施等违法行为。发现一起严肃查处一起。做到有法必依、执法必严、违法必究，切实保护造林绿化成果。

3. 政策保障

要充分利用西部大开发、生态建设作为切入点的长期政策、西部绿化行动的现行政策、建设新农村的宽松政策、新区建设的优惠政策和义务植树的政策，多方筹集资金，组织各部门和广大群众参与。利用退耕还林、荒山承包造林及现行土地政策落实林地、林权，保证绿化建设的顺利实施。

4. 科技保障

项目建设依靠宁夏发改委、科技厅、林业局并在其指导下工作。并成立海原县新区绿化建设技术专家组，每项工程实施前，必须由专家组论证审定。要制订技术方案，严把技术关。培训专业管理人才，参与绿化的建设与管理。工程建设要有针对性地引进一些适用于工程建设和区域特点的先进技术加大工程建设科技含量。科技支撑要紧紧围绕工程建设的重点、难点问题，突出重点，筛选一批技术成熟、适用面广、投资少、见效快、效益好的科技成果为工程建设服务。

5. 资金保障

本项目建设资金筹集坚持多渠道的办法，到位的资金必须专款专用、建立专户，严禁挤占挪用，资金使用实行报账制，以提升资金的使用效率和建设质量。

八、效益分析与评价

1. 生态效益

通过本项目的实施可使新区增加1.2万亩造林面积，使新区森林覆盖率增加8%；也可起到防风固沙，防止水土流失的作用，能有效改善新区气候条件，绿化成林后每年可吸收新区温室气体1.2万 t。

2. 社会效益

可以充分满足人们回归自然的心理需求，使人们享受自然、认识自然、热爱自然，同时能消除疲劳，达到修身养性之目的。县城绿化建设的好坏，标志着一个地方文明程度的高低，森林县城建设也是一个地区精神文明的窗口，是实现生态和谐的有效载体，通过这些窗口可有效地进行爱国主义教育，进行科普教育，通过项目建设，更加科学合理地处理好山、林、水、城之间的功能和空间关系。

3. 综合评价

新区荒山绿化建设，属社会公益事业，它是对自然资源的保护性利用，即可持续利用。海原县新区荒山绿化建设能有效增加新区的森林资源，提高人口的文化素养，改善海原县新区的投资环境和人居环境，提升其城市品位、知名度、信誉度，能够体现生态文化特色，是一项功在当代，造福子孙的工程，因此该工程在海原县的建设可行，也很有必要。

第十四节　海原县红枣产业建设规划

一、提要

1. 项目规模：基地建设总规模10万亩，打机井3眼，配拉水罐1780个，水管178 000 m；建蓄水池6座，水泵及配套8套。

2. 项目总投资：项目总投资987.6万元。

二、自然概况

1. 地理位置

海原县地处宁夏中南部干旱带，北纬36°06′40″~37°04′32″，东经105°09′45″~106°10′10″，东与本区同心、固原区（县）相连，南与西吉县接壤，西邻甘肃省所辖的靖远、会宁县，北与本区所属中卫市城区相接，总面积6 899 km²。

2. 气候条件（略）

三、规划建设

1. 指导思想

按照宁夏党委、政府关于红枣产业"五年规划3~4年完成的目标"，坚持以人为本，全面贯彻落实科学发展观，采取综合措施，加大扶持力度，逐步建立起促进生态改善、农民增收和经济发展的红枣产业发展机制，促进全县经济社会的可持续发展。

2. 编制依据

（1）根据《自治区林业局关于上报红枣产业发展规划的通知》（宁林（办）发〔2009〕23号）文件的通知精神。

（2）《自治区林业局关于加快枣树苗木繁育方案》（宁林（办）发〔2008〕272号）文件的通知精神。

（3）《中卫市优势特色农业发展五年规划》。

（4）《海原县林业"十一五"发展规划》。

（5）《同心圆枣栽培技术规程》《中宁圆枣栽培技术规程》《干旱带压砂地枣树栽培技术规程》。

（6）《宁夏南部干旱地区造林技术规程》DB64/T 201—1998等。

3. 建设原则

（1）坚持统筹规划、合理布局的原则。把枣产业的发展与地方经济和农民增收紧密结合起来，突出为地方特色和基地化建设。

（2）坚持为适地适树，品种更新服务的原则。为合理配置品种，重点发展市场潜力大、适应性强的同心圆枣、中宁圆枣等品种，提高产品的市场竞争力。

（3）坚持为市场开发与产业发展相结合服务的原则。逐步形成龙头带基地，基地连农户，一、二、三产业协调发展的特色红枣产业体系。

（4）坚持以科技为依托的原则。积极推广和应用新技术、新成果，提高科技含量，努力实现高产、优质、高效的红枣产业化格局。

4. 建设期限

建设期限：2009—2013年，以前3年为主。

5. 建设范围

以县内福银高速公路两侧、清水河两岸为重点，包括全县所有的压砂地，涉及高崖、李旺、七营、三河、关桥、西安、郑旗、贾塘8个乡镇。

6. 建设目标

2009—2013年海原县红枣产业发展的总体目标是新增种植面积达到10万亩，其中，水浇地1.1万亩、旱地8.9万亩。

7. 基地建设任务及布局

（1）福银高速海原县段5.1万亩（其中水浇地1.1万亩），总里程70 km。其中三河镇境内1万亩（其中水浇地0.22万亩），在三河镇扬水站附近建蓄水池1处9万 m^3，3寸（1英寸 =2.54 cm）水泵1台（42 T/h），配拉水罐156只，1寸水管15 600 m；七营镇境内1万亩（其中水浇地0.35万亩），在七营扬水站附近建蓄水池1处7万 m^3，3寸水泵1台（42 T/h），配拉水罐130只，1寸水管13 000 m；李旺镇境内1.4万亩（其中水浇地0.27万亩），在李旺、红中弯扬水站附近建蓄水池各1处7万 m^3，3寸水泵2台，配拉水罐226只，1寸水管22 600 m；高崖乡境内1.6万亩（其中水浇地0.26万亩），建蓄水池2处各8万 m^3，配拉水罐268只，3寸水泵2台（42 T/h），1寸水管26 800 m。

（2）压沙地旱地5万亩，其中关桥2.4万亩，在关桥张弯水库建供水点1处，3寸水泵

1台（42 T/h），配拉水罐480只，1寸水管48 000 m；西安0.9万亩，在西安园河水库建供水点1处，3寸水泵1台（42 T/h），配拉水罐180只，1寸水管18 000 m；贾塘1.2万亩，打机井2眼并配套，配拉水罐240只，1寸水管24 000 m；郑旗0.5万亩，打机井1眼并配套，配拉水罐100只，1寸水管10 000 m。

8. 年度建设任务

（1）2009年建设任务　2009年建设任务3万亩（水浇地0.6万亩），主要分布在福银高速公路两侧的高崖、李旺、七营、三河4乡镇。补灌工程：建蓄水池6处46万 m³，配拉水罐480只，水管48 000 m，水泵6台（含配套）。

（2）2010年建设任务　2010年建设任务4万亩（水浇地0.5万亩），主要分布在高崖、李旺、七营、三河、贾糖、郑旗6乡镇。补灌工程：打机井3眼，配拉水罐700只，水管70 000 m。

（3）2011年建设任务

2011年建设任务3万亩，主要分布在关桥、西安、贾塘3乡镇。补灌工程：建供水点2处，配拉水罐600只，水管60 000 m，水泵2台（含配套）。

四、投资估算及资金来源

1. 投资估算

项目总投资987.6万元，其中：

（1）蓄水池：建蓄水池6座，80万元／座，计480万元；

（2）拉水罐：拉水罐1780只，0.14万元／只，计249.2万元；

（3）水管：水管178 000 m，8元/m，计142.4万元；

（4）打机井：打机井3眼，12万元／眼，计36万元；

（5）水泵费：水泵8台及配套，10万元／台（包括水泵2万元，变压器2万元，电路3万元，50 m²管理用房3万元）计80万元。

2. 资金来源

共需资金987.6万元，其中，申请区财政900万元、县自筹87.6万元。

3. 年度投资

（1）2009年投资　2009年投资645.6万元。建蓄水池6处，480万元；配拉水罐480只，67.2万元；水管48 000 m，38.4万元；配套水泵6台，60万元。

（2）2010年投资　2010年投资190万元。打机井3眼,36万元；配拉水罐700只,98万元；

水管70 000 m，56万元。

（3）2011年投资　2011年投资152万元；建供水点2处，20万元；配拉水罐600只，84万元；水管60 000 m，48万元。

五、效益分析

1. 经济效益分析

到2011年全县发展枣产业10万亩，届时全县枣树基地面积达15万亩左右，产量达30 000 t左右，产值达6 000万元，全县农民人均受益150元

2. 社会效益分析

通过红枣产业基地建设可有效调整海原县农业产业结构，促进高效农业发展，改善农业生产条件，使更多的人走上富裕之路，促进人与自然的和谐发展。

六、保障措施

1. 组织保障

强化领导、明确责任，加强各级政府对工程建设的领导，为项目的实施提供组织保障。各级政府要把项目建设工作纳入各级人民政府的任期目标责任制，定期进行考核。把执行规划预定目标作为考核的主要内容，通过一级抓一级，层层签定责任书、层层落实责任。

2. 监督机制

强化监督、狠抓落实，充分发挥人大、政协的监督作用，为项目的顺利实施提供强有力的监督机制。定期对项目建设工作进行督查，督促各级政府和有关部门认真落实项目区发展规划的建设目标。项目区主管部门要通过定期检查制度，针对具体情况采取不同措施，促进保护建设走向合法、良性发展道路。项目决策部门针对反馈意见，积极修改决策，同时接受上级部门的监督、检查，利用媒体、有线电视以及民众的社会舆论进行监督。

3. 政策落实

一是落实林业政策。实行"谁建设、谁受益、长期不变、允许继承、合法转让"的政策，放活经营权，稳定所有权，充分调动社会各方面的积极因素，参与红枣产业建设，允许单位、企业和群众在荒山荒地大力发展红枣。二是争取项目资金扶持。凡在规划区域内发展红枣的，由县林业部门统一供苗，苗款在争取区上资金扶持的同时，鼓励农民

筹措部分苗木款，由镇（乡）统一收取，上缴林业部门用于购苗。三是争取水利部门支持。海原县属中部干旱带，发展红枣产业，争取县水利部门在安排农田水利设施建设项目时，统筹考虑红枣产业补水、蓄水工程建设。

4.科技支撑

由乡镇林业站负责整个工程的技术管理工作，制定详细的技术培训计划，力争使项目区每户至少有一个是懂得经营管理的明白人。积极引进先进的管理技术，并通过县林业技术推广中心进行推广，并指导农户严格按技术规程进行标准化生产。建立乡镇技术服务制度，实行乡镇林业技术人员包村、包户、签订技术承包合同，常年指导农户科技生产。

第十五节　西部大开发海原县林业建设十年规划

树立科学发展观，实现小康社会、和谐社会，必须高度重视和切实加强林业和生态建设。生态环境是人类生存和社会、经济发展的基础，保护和建设好生态环境，实现可持续发展，是西部大开发的切入点。胡锦涛总书记在出席联合国气候变化峰会时庄严承诺，到2020年中国将再造林4000万 hm^2。根据这一承诺，到2020年宁夏将造林2000万亩，海原县生态环境恶化，生态脆弱，其结果直接影响宁夏林业建设的进度和质量。海原县近年造林进度虽较快，但与整体的生态建设目标相差很远。因此，我们应锲而不舍地抓好林业建设，到2020年，森林覆盖率达到18%。

一、林业现状

截至2009年林地总面积121万亩。其中，有林地面积4.4万亩、灌木林61.6万亩、未成林地51万亩、其他林地4.5万亩。

二、发展规划

（一）指导思想

以邓小平理论和"三个代表"重要思想，深入贯彻科学发展观和《中共中央　国务院关于加快林业发展的决定》精神为指导，以生态建设、生态安全、生态文明为发展方向，坚持从海原县生态立县的县情出发，遵循自然规律、经济规律、社会规律，紧紧围绕海原县生态建设面临的突出问题，以科技为先导，以治理水土流失、涵养水源、农田防护，绿色通道为重点，以生态环境的根本好转和生态文明为最终目标。

（二）基本原则

第一、坚持统筹规划、突出重点、先易后难、分步实施。集中人力、物力和财力，优先安排生态环境治理工程重点区域和重点工程建设，稳步推进，力争"十二五"期间有明显的林业建设成效。

第二、坚持从实际出发，因地制宜，采取生物、工程与农业措施相结合，实行山、水、田、林、路综合治理。

第三、坚持治理与保护、建设与管理并重，实行"边建设，边保护"，力争治理一片，保护一片，发挥效益一片。

第四、坚持生态环境建设与资源开发相结合，与农民脱贫致富相结合，与区域经济发展相结合。

第五、坚持依靠广大群众，广泛动员全社会力量共同参与，多渠道筹集资金。

第六、坚持工程建设管理制度化，科学规划，高质量建设，高标准管理，为尽快实现山川秀美做贡献。

（三）整体布局

根据海原县自然、地理现状，未来十年新增造林面积170万亩，封育20万亩。东北部以防风固沙、经济林、农田防护林为主，造林面积33万亩，主要包括西安、关桥、高崖、李旺、七营、三河、甘城等乡镇；中部以南华山水源涵养林为核心、辅以退耕还林，老城新区绿化，造林面积96万亩，封山育林20万亩，主要包括南华山，海城、树台、史店、曹洼、贾塘、郑旗等乡镇和三河镇的一部分；南部以水土保持林为主，造林面积41万亩，主要包括关庄、红羊、李俊、九彩等乡镇。

（四）十年林业建设目标和任务

1. 建设目标

经过不懈努力，到2020年，在全县初步形成布局合理、功能增强、结构较为稳定的林业体系，实现森林资源大幅度增加，林业产业健康发展、生态文明不断提高的目标。具体表现为：

一是森林资源不断增加，"十二五"期间造林107万亩。使全县的有林地、灌木林地面积达到180万亩，森林覆盖率达到16%左右。到2020年再造林63万亩，使全县的有林地、灌木林地面积达到230万亩，森林覆盖率达到18%左右。

二是生态体系建设较为明确。在海原县的南、中、北部和高崖、李旺引黄灌区建设不同的生态体系，北部的防风固沙林，中部以南华山为主的自然保护区、水源涵养林体系，南部的水土保持，引黄灌区的防护林体系。另外，建设高标准的新、老县城生态公园及街道、单位、住宅小区的绿化体系。

三是林业产业健康发展。加快培育枸杞产业、红枣产业和柠条饲料加工产业。到2020年林业总产值比"十一五"末翻三番达到5.5亿元。

四是加强森林病虫害和森林防火的预报预测和防治工作。使森林病虫害监测覆盖率达到95%，防治率达到95%，种苗产地检疫率达到100%，成灾率控制在15‰。

五是加强种苗工程建设。使造林育苗良种使用率达到80%，造林一级苗使用率达到80%，种苗"一鉴三证"100%。

六是加强乡镇林业站建设。力争使海原县的合格林业站向示范林业站建设迈进，示范林业站达到50%，示范达标率为27.7%。

七是加快国有林场脱贫步伐。通过工程定点育苗等扶贫项目，"十二五"期间，力争使海原县的贫困国有林场脱贫。

八是森林资源管护办法更加完善，手段更加先进。通过天然林保护工程和生态效益补偿基金项目建设，使得重点生态公益林由国家投资管理，一般地方公益林由地方财政投资管理，产业经济林由集体或个人出资管理，并实现森林资源的微机联网管理。

2. 主要建设任务

共完成人工造林170万亩，其中，乔木林70万亩（针叶林40万亩、阔叶林30万亩）、封山育林20万亩、天保公益林面积达到100万亩。"十二五"期间完成各种人工造林107万亩，其中，水源涵养林40万亩、退耕还林50万亩、其他造林12万亩、封山育林5万亩、天保公益林面积达到60万亩；2016—2020年再造林63万亩，封山育林10万亩，增加天保公益林40万亩，使天保工程管护面积最终达到200万亩。

二、林业工程

未来10年，海原县将围绕造林工程、培育工程、生态修复与生物多样性保护工程、生态文明示范工程、科技支撑体系建设等五大林业工程和三北防护林工程、退耕还林工程等22项子工程，南华山水源涵养林建设等13项重点工程，全面开展生态建设与修复，使海原县生态环境得到根本改善。

（一）造林工程

未来10年海原县将围绕国家两大林业工程，大力开展人工造林，使森林资源不断扩大。

1. 三北防护林工程

建设三北防护林工程70万亩，前5年47万亩，后5年23万亩。

（1）南华山水源涵养林工程 完成南华山水源涵养林工程60万亩（重点造林20万亩）。未来10年，海原县将稳步推进南华山水源涵养林工程，"十二五"计划造林40万亩，使全县的水源涵养林工程初具规模；后5年造林20万亩。

（2）农田防护林工程 以三河、七营、高崖、李旺、西安、郑旗等引黄灌区和库井灌区的农田防护林建设为重点，加强农田防护林的建设，建设面积为6万亩，其中在西安镇完成地埂花椒0.4万亩。前5年5万亩，后5年1万亩。

（3）沙漠化治理工程 以西安、关桥、高崖等乡镇为主进行沙漠化治理总面积2万亩。前5年1万亩，后5年1万亩。

（4）小流域治理工程 完成以水保林为主的小流域治理2万亩。前5年1万亩，后5年1万亩。

2. 退耕还林工程

完成退耕还林工程100万亩，其中，退耕80万亩，西安、贾塘、关庄、红羊、树台5乡镇各6万亩；李俊、九彩、郑旗、关桥、甘城、海城、史店、曹洼8乡镇各4.5万亩；高崖、李旺、七营、三河4乡镇各3.5万亩。荒山及其他造林20万亩。

前5年60万亩，后5年40万亩。

（1）退耕还林 完成退耕还林80万亩，前5年50万亩，后5年30万亩。

（2）特色经济林 完成特色经济林10万亩，其中，枸杞3万亩、红枣3万亩、苹果3万亩、香水梨1万亩，节水灌溉。前5年5万亩，后5年5万亩。

（3）城乡绿化 城乡绿化5万亩，前5年5万亩，其中，老城绿化1万亩，新区绿化2万亩，乡村绿化1万亩，绿色通道1万亩。

（4）荒山造林 完成荒山造林5万亩，后5年完成。

（二）培育工程

未来10年，海原县将加大以林地管护为主的林业生态培育工程。

3. 天然林保护工程

（1）封山育林工程 计划完成封山育林20万亩，前5年10万亩，后5年10万亩。

（2）天保工程管护 将50万亩林地纳入天保工程管护范围，坚持10年。

4. 生态公益林

将100万亩林地纳入国家生态公益林工程范围，前5年60万亩，后5年40万亩。

5. 种苗基地建设工程

林业要发展，种苗是基础。未来10年，计划完成凤凰山林场林木良种基地建设1处300亩，完成城关苗圃、李俊苗圃、六窑林场、李旺林场、西安林场、五桥沟林场育苗基地建设6处1200亩，重点建设城关、李俊苗圃两个乡土树种育苗基地，积极鼓励个体私营育苗；完成五桥沟、灵光寺、水冲寺、西华山、牌路山林木采种基地建设2万亩。前5年全部完成。

6. 林业产业工程

（1）加工贮藏体系建设　建成海原县香水梨深加工企业1家，年加工能力1000万kg；建成以柠条饲料加工为主的小型企业10家，年加工能力2000万kg；建成以枸杞叶茶为主的小型企业4家，年产能力4万kg；建成以沙棘深加工为主的中型企业1家；在老城、新区各建年储存能力500万kg的水果冷藏库1个。

前5年建成小型企业7家、中型企业1家、冷藏库1个；后5年完成小型企业7家、大型企业1家、冷藏库1个。

（2）信息交易平台建设　建成经济林产品交易市场4处，包括关桥香水梨、红枣批发市场年交易额3000万元；高崖乡苹果交易市场，年交易额3000万元；三河镇经济林综合交易市场年交易额3000万元；2016年在海城镇建成经济林综合交易市场年交易额5000万元。

前5年完成3个3000万元的交易市场，后5年完成1个5000万元的交易市场。

（3）设施园艺　建成以高效节水为主的设施园艺1.5万亩，前5年1万亩，后5年0.5万亩。

7. 低效林改造工程

海原县有50万亩的低效林，主要是退耕荒山造林。为了让其发挥生态效益，需进行补植改造。

前5年改造30万亩，后5年改造20万亩。

（三）生态修复与生物多样性保护工程

1. 森林防火工程

森林防火事关生态安全。因此，防火工程应与生态建设同步。项目以建设森林防火管护工程体系为主，主要是"四网两化"的建设包括森林火险预测预报系统、火情瞭望监测系统、防火阻隔系统、林火信息及指挥系统、扑火机具装备、防火专业队伍营房、基础设施。

森林火险预测预报系统建设林火气象站3座600㎡、气象监测计算网络设备2套。前5

年完成火情瞭望监测系统建设防火、巡护摩托车300辆、瞭望塔5座、GPS卫星定位仪100部、望远镜100架、永久性宣传牌50块，前5年完成。

林火阻隔系统防火道路350 km。前5年200 km，后5年150 km。

防火隔离林带4万亩。前5年2万亩，后5年2万亩。

林火信息及指挥系统购置卫星电话10部、对讲机100部，指挥车2辆、宣传车2辆。前5年完成。

扑火机具装备购置风力灭火机2000台、扑火服2000套、2号工具2000把、3号工具2000把、灭火水枪2000台、割灌机2000台、帐篷1000顶，运兵车2辆。前5年完成。

基础设施建设护林点100处4000 m²、防火检查站100处4000 m²。前后5年各2000 m²。

地理信息系统1套，林火影像传输系统1套。后5年完成。

2. 有害生物防治

既要防治本地有害生物，又要防止外来有害生物入侵。主要防治对象有中华鼢鼠、云杉象鼻虫、落叶松叶蜂、苹果吉丁虫等，每年防治50万亩；建有害生物测报点40处，前5年20处，后5年20处；购置防治仪器2000台，前5年1000台，后5年1000台。

3. 野生动植物保护

建成南华山50万亩、西华山20万亩、月亮山20万亩、凤凰山5万亩的四大野生动、植物保护基地95万亩；围栏保护780 km，前5年390 km，后5年390 km；建月亮山野生植物园1处，前5年完成；建南华山野生动物园1处，后5年完成。

4. 生态移民

在海原县生态核心区、生态脆弱区的南华山、月亮山生态移民3万人，前5年2万人，后5年1万人；生态恢复30万亩。前5年完成。

5. 国有林场基础设施建设

国有林场是海原县林业建设的主战场和窗口，海原县现有国有林场12个，60%的林地在国有林场。因此，加强国有林场基础设施建设，就是发展海原县林业。10年计划改善职工住房5000 m²，前5年3000 m²，后5年2000 m²；修林场通外道路260 km，前5年完成；铺设引水管道120 km，打机井5眼，前5年完成。

6. 生物多样性保护

生物多样性是人类社会赖以生存和发展的基础。所谓生物多样性就是地球上所有生物——植物、动物和微生物及其所构成的综合体。它包括遗传多样性、物种多样性和生态系统多样性三个组成部分。海原县地处宁夏中部干旱带，是典型的由干草原植被向荒漠化植被的过渡地带，具有丰富的生物种类，其生物多样性在宁夏占有相当重要的位置。

建牌路山种质资源圃1000亩，建动植物展览馆1处；在南华山、月亮山建气象观测站2处，建水文观测站2处。在县域建标准化实验室2000㎡。

完成珍稀濒危物种就地保护技术的推广，动植物园引种繁育、显性物种技术的推广、自然保护区管理、规划技术的推广、三污染控制技术的推广、环境保护技术推广、农村能源综合开发建设技术、生物遗传资源收集，保存、鉴定和保护的推广。后5年完成。

7. 湿地保护工程

海原县湿地较少，但生态区位很重要。主要有张湾水库湿地，郑旗苋麻河湿地，李俊海子湿地，关桥方堡湿地，盐池盐湖湿地5大湿地。前5年完成张湾水库、郑旗苋麻河、李俊海子3大湿地保护；后5年完成关桥方堡、盐池盐湖湿地2大湿地保护。

（四）生态文明示范工程

1. 森林公园建设

完成牌路山、凤凰山两处森林公园，前5年完成牌路山森林公园，后5年完成凤凰山森林公园。

2. 生态旅游建设

完成海城至老爷寺、哨马营，海城至灵光寺，海城至新区至寺口子，海城至九彩坪4条旅游线路的生态建设，主要是林相改造、风景林建设1.2万亩，旅游步道硬化300 km。前5年完成海城至老爷寺、哨马营和海城至九彩坪2条；后5年完成海城至灵光寺和海城至新区至寺口子2条。

3. 南华山国家级自然保护区

积极争取将南华山区级自然保护区晋升为国家级自然保护区。

（五）科技支撑体系建设工程

1. 乡镇林业站建设

完成17个乡镇林业站基础设施建设和一个中心县站建设，每个站建办公室200㎡，中心站500㎡；购置办公自动化设备18套、宣传车18辆。前5年完成8个乡站，一个县站建设；后5年完成9个乡站建设。

2. 技术培训

每年有0.5万人参与各种乡村技术培训，有0.1万人参加县级培训，有500人参加区级培训，有20人参加国家级培训。

3. 新技术引进

每年至少引进一项林业新技术。推广1~2项林业新技术。

4. 科技示范园建设

完成高崖红古、七营张堡、高崖、三河代店4个万亩枸杞示范园区建设，完成高崖三分湾万亩苹果示范园区，完成高崖草场、关桥罗山2个万亩枣瓜间作示范区，完成关桥万亩香水梨示范区，完成树台韩庄万亩山杏、仁用杏示范园；前5年完成枸杞、红枣、苹果、香水梨8个，后5年建成山杏、仁用杏示范园。建成西华山万亩集雨节水旱作草原示范区，后5年完成。

5. 基础科学研究

同有关大专院校、科研单位紧密合作，加强林业基础研究，主要包括中华鼢鼠防治研究，抗旱树种选育研究，香水梨高产优质栽培研究，生物多样性保护研究，海原县野生动、植物分布及分类研究，植被恢复与降水、径流研究等课题研究。前5年3项，后5年4项。

三、投资估算

（一）单位投资

造林1 000元/亩，封山育林100元/亩，林地管护5元/亩，种苗基地、采种基地5 000元/亩，低效林改造500元/亩，修路20 000元/km，野生动、植物保护园2 000万元/个，生态移民20 000元/人，房屋建设15 000元/m²，森林公园1.2亿元/个，办公自动化20 000元/个，示范园建设2 000万元/个，生物多样性保护2亿元，围栏封育2万元/km，设施园艺40 000元/亩，防火设备2 000元/套，博物馆5 000万元/处，旅游线路景观林建设1.5亿元/条，技术培训2 000元/人次，技术引进200万元/项，基础研究500万元/课题，加工企业小型1 000万元/个、中型3 000万元/个、大型5 000万元/个，冷藏库5 000万元/个，瞭望塔50 000元/个，交易市场1 000万元/个，设施园艺9.5万元/亩。

（二）总投资

计划总投资74.49亿元。前5年44.425亿元，后5年30.065亿元。争取国家投资68.7亿元。

四、效益分析

（一）生态效益

森林是陆地生态系统的主体，是实现环境与发展相统一的纽带，其生态效益主要表现在，保持水土，减少流失400多万t。涵养水源，新增水源涵养林40万亩，每年可增加蓄水1000万t。另外，还可防风固沙，庇护农田、调节气候、净化空气、改善环境、保护生物的多样性。

（二）社会效益

工程建设可使海原县的生态环境和生产条件得到明显改善。另外，工程建设从整地、造林、抚育、管护等需大量的人力投入，可使一部分农村剩余劳动力就地安排，随着林业产业的发展，将吸纳更多的农村剩余劳动力。

（三）经济效益

乔木林的经济效益主要体现在林地上林木的木材储备效益。据研究资料，针叶林按60年一个经营周期，蓄积量按15 m^3/hm^2、出材料率70%，木材价格按800元 $/m^3$ 计；阔叶林按20年一个经营周期，蓄积量4.5 m^3/hm^2、出材料率50%，木材价格按800元 $/m^3$ 计。本项目共营造针叶林约2.6万 hm^2、阔叶林2万 hm^2，则树木材储备效益约为24.5亿元，平均每年2.45亿元。

经济林5万亩，5年后枸杞4000元/亩，红枣2000元/亩，苹果、梨3000元/亩，计3亿元。

规划顺利实施后，海原县的林业总产值将超过5.45亿元，农民人均增收1300元。

第十六节　大六盘生态经济圈海原县林果业发展规划

一、项目概况

1.项目基本情况

规划年限：5年（2009—2013年）

规划目标：到2013年，发展枸杞5万亩、两杏20万亩（其中高接换头改良10万亩，新造10万亩）、香水梨2万亩、红枣2万亩（曹洼1万亩，海城1万亩）。全县经济林面积将增加30万亩。

项目投资：2009—2013年投资3100万元。

项目效益：通过发展枸杞、两杏、红枣、香水梨等特色林果业，实现产值8 000万元。发展特色林果业具有很好的生态、经济和社会效益。将对改善生态环境，促进农林产业结构的协调发展，农村社会稳定和社会经济的快速发展都有较大的推动作用。

2. 项目建设背景及必要性

海原县地处宁夏中部干旱带、干旱频繁、生态环境脆弱，加之人口过多、产业结构单一，经济发展与人口、资源、环境之间的关系严重失衡，致使经济发展缓慢，群众生活水平低下，已成为宁夏经济发展最落后的地区。大六盘生态经济圈建设经宁夏党委和政府有关领导的充分肯定和支持，总体规划由甘肃省林业调查规划院规划，宁夏发改委批准实施。大六盘生态经济圈建设是促进人与自然和谐、改善生态环境，维持可持续发展的需要，是全面建成小康社会，建设社会主义新农村的需要，是调整区域产业结构和经济结构，帮助群众脱贫致富，实现经济快速发展的有效途径，因此，项目建设很有必要。

二、基本情况

1. 产业发展现状

枸杞发展现状分析：海原县栽培枸杞已有50年的历史，现有清水河流域的兴隆、高崖、李旺三个乡镇7个行政村20个自然村；库井灌区的兴仁、西安、关桥、徐套4乡镇6个行政村15个自然村进行枸杞种植，2003年被列入"宁夏林业优势果品产业带建设"，现种植面积达2万亩，年产量288万 kg，年产值1 923万元。

海原县发展枸杞有一定的基础，至2006年10月，枸杞种植面积达2万亩，在产区已成为农民增收的一项支柱产业，且枸杞种植区内有90%是水浇地，土地肥沃、地势平坦、气候适宜，因此发展枸杞产业，建立无公害枸杞示范园区潜力大、前景好，具有得天独厚的条件。其次是技术服务有保障，通过枸杞南移工程共培训林业技术人员和茨农7 000人次，集体观摩学习十余次，以及无公害枸杞的标准化起步和产地认定，枸杞生产已由传统的粗放型转为标准化管理，产地认定和产品认证正在积极申报之中。

杏发展现状分析：海原县是杏树的适生区，栽培历史悠久。美其名曰"金豆豆，小银行，不吃草的羊，不占地的粮"，据统计，截至2005年年底杏树保存面积23万亩。乡土树种山杏适应性强，既具有较好的生态效益，又具有较高的经济价值，是重点工程建设中的当家树种。由于海原县没有环境污染，是生产绿色食品的理想基地。退耕还林后续产业仁用杏、肉用杏嫁接的示范推广，为海原县发展杏产业带来了难得的历史机遇，杏树发展速度快，对现有的山杏进行高接换头、品种改良发展前景乐观。经过近几年的造林实践，总结摸索出了山杏截干深栽技术，杏树嫁接技术等，为海原县杏产业的发展提供了坚强的技术保障。

红枣产业发展现状：枣树在海原县的面积有6000余亩，主要分布在兴仁、徐套二乡，其他乡镇也有零星栽植。借鉴中卫香山地区枣瓜间作经验，共完成枣瓜间作3000亩，不仅解决了老沙地收入渐低的问题，而且摸索出了干旱山区优化农业结构的模式。红枣富含维生素及多种微量元素而著称，享有"活维生素丸"之美誉，现代医学研究证明，红枣中大量芦丁是预防和治疗高血压的有效成分。枣树为耐旱树种，产品的市场需求量大，但由于品种较少，经营粗放及人们在思想上不够重视，至今未形成一定的规模。

香水梨发展现状：香水梨在海原县栽培已有近两百年的历史，是海原县人民在长期栽培过程中，经当地的土壤和气候条件孕育、自然杂交和人工选育而获得的地方优良品种，衍变出丰富的栽培品系，有汁液型、香味型、大果型等，主要分布在关桥、西安、罗山、史店、海城镇等乡镇，栽植在房前屋后呈零星分布，总面积约1000亩，香水梨食用清凉爽口，而且有清热解毒、抗感冒、止咳化痰、解酒之功效，在医药和保健领域具有广泛的开发价值。

2. 存在问题

一是经营管理粗放、品种老化，资源利用率不高、初级产品多、加工数量少，基地布局不合理，群众认识不足；

二是专业技术人员不足，基础设施落后，产业发展投资标准过低，造成工程资金不足；

三是有些地方自然条件差，不具备产业发展的条件；

四是林产品加工效益低，龙头企业少，产业无发展潜力。

三、建设内容及目标

1. 规划原则

坚持特色林果业开发建设与社会主义新农村建设，与扶贫开发相结合的原则；坚持长远兼顾、科学布局、分期实施的原则；坚持产业结构调整，发挥资源优势，因地制宜的原则；坚持以科技为依托，科技兴林的原则；坚持合理开发，注重生态、经济、社会效益有机统一，确保农民增收的原则。

2. 规划依据

（1）《自治区关于加快林业发展的意见》（宁党发〔2004〕12号）。

（2）宁夏人民政府办公厅《宁夏林业优势果品产业带建设实施方案》（宁政发〔2003〕）。

（3）甘肃林业调查规划院《宁夏大六盘生态经济圈总体规划》。

（4）《海原县国民经济和社会发展第十一个五年规划》。

3. 建设总体目标、分区布局及总体布局

（1）建设的总目标 "十一五"期间（2006—2010年），新增经济林面积29万亩，其中，发展枸杞5万亩、两杏20万亩、红枣2万亩、香水梨2万亩。经济林面积将超过30万亩。

（2）分区布局及目标

枸杞：2006—2010年主要在黑城、七营、高崖、李旺发展宁杞一号为主的枸杞优质品种园5万亩。

两杏：2006—2010年主要在海城、树台、西安、史店、曹洼、贾塘中部黄土丘陵以优质山杏为主，适量发展仁用杏，建设山杏采种基地及仁用杏良种基地10万亩；南部的郑旗、九彩、李俊、关庄、红羊的阳坡发展鲜食接杏，建鲜杏贮藏窖，建杏子产品加工厂，共改接和发展杏基地10万亩。

红枣：2006—2010年主要在关桥、李旺乡发展2万亩，品种以同心圆枣为主。

香水梨：主要安排在距县城30 km范围内的关桥、树台、西安、史店、海城镇等香水梨老产区，共发展2万亩。

4. 规划期限及分步实施的步骤

规划分5年完成，其中，2009年完成枸杞1万亩、两杏5万亩、香水梨0.5万亩、红枣1万亩；2010年完成枸杞1万亩、两杏5万亩、香水梨0.5万亩、红枣1万亩；2011年完成枸杞1万亩、两杏4万亩、香水梨0.4万亩；2012年完成枸杞0.5万亩、两杏4万亩、香水梨0.4万亩；2013年完成枸杞0.5万亩、两杏2万亩、香水梨0.2万亩。

四、项目投资概算及年度投资

1. 投资概算

项目总投资3100万元。

2. 资金来源

项目总投资3 100万元，其中，申请国家林业专项资金900万元、申请国际金融组织贷款2 200万元。

3. 年度投资

2009年850万元，2010年850万元，2011年635万元，2012年447.5万元，2013年317.5万元。

五、效益分析

1. 经济效益

枸杞产值0.5亿元，两杏从第三年挂果产值0.2亿元，红枣从第三年挂果产值0.03亿元，香水梨定植5年后进入盛果期，产值0.08亿元。全县经济林总产值将接近1亿元，人均林果纯收入228元。

2. 社会效益

改善生态环境，最终目的是实现人与生态环境和谐相处，实现资源的可持续利用。工程完成后，海原县将增加森林面积近30万亩，人居环境明显改善，为从根上改变山区贫穷面貌发挥重要作用。同时，每年可接纳农村剩余劳动力6万余人，拓宽了农村剩余劳动力就业渠道。

3. 生态效益

项目规划实施后，有林地面积增加42万亩，海原县森林覆盖率将提高3个百分点，可防治沙化面积35万亩，生态环境得到进一步改善。

六、保障措施

1. 机构管理保障

成立海原县特色林产业建设领导小组，组长由政府县长担任，主管县长任副组长，成员由农业、水利、发改、财政、畜牧等单位负责人组成，在县林业局设办公室，办公室主任由林业局局长担任。其主要职责是负责协调与领导项目实施，解决产业发展中的重大问题，制定年度计划和长远规划，负责资金的落实，帮助农户提高管理水平。

2. 技术管理保障

科技是第一生产力，每年利用冬闲时间，结合百万农民培训工程，加大培训力度，培训农民2万人左右，全面提高管理水平。在技术上依托区林业局果树站和市林业局，引进先进的管理技术，提高技术干部和栽植农户的专业知识水平和管理水平。为特色林果业建设的顺利实施提供技术保障。

3. 工程管理保障

项目建设严格按照林业项目工程建设，并建立目标和质量管理体系，建立项目监理制度和定期检查制度，坚持"谁栽种，谁受益"的政策，保证项目的顺利实施。

4. 资金管理保障

采用资金报账制度和年度审计制度，建立专账专户，实行专款专用，严禁挤占和挪用，对资金的来源、使用、节余及使用率，成本控制做出详细计划。项目实行先实施，再验收，后付款。

表 10-47 特色林果产业发展规划主要指标

项目	2005 年	"十一五"期间				
		2006 年	2007 年	2008 年	2009 年	2010 年
产值 / 万元	400	720	1 100	1 540	1 790	2 013
总收入 / 万元	150	245	360	588	802	1 012
人均收入 / 元	11.25	19	26	30	36	59

表 10-48 特色林果产业建设项目投资概算

项目名称	规模 / 万亩	单位投资 / 元	总投资 / 万元	分年度投资 / 万元				
				2009 年	2010 年	2011 年	2012 年	2013 年
枸杞	4	375	1 500	375	375	375	187.5	187.5
两杏	20	50	1 000	250	250	200	200	100
香水梨	2	150	300	75	75	60	60	30
红枣	2	150	300	150	150	—	—	—
合计	29	—	3 100	850	850	635	447.5	317.5

第十七节 海原县关桥乡香水梨建设规划

一、规划提要

（一）建设地点及范围

项目区位于海原县北部的关桥乡，沿海同公路自东北向西南呈带状分布，北起关桥村，南至贺堡村，项目建设范围总面积1.17万亩。

项目区南北长21 152 m，东西宽200~900 m，地理坐标为：北纬36° 37′ 31″ ~36° 47′ 04″，东经105° 39′ 29″ ~105° 47′ 32″。

（二）建设目标

计划利用3年时间，在海原县关桥乡采用规范化建园、规模化生产、集约化经营建成万亩香水梨生产基地，到盛果期年生产优质香水梨等2万t左右，亩产达到2 000 kg以上，总产值达6 000万元，一级果率70%以上，果品分级、包装、贮藏等采后商品化处理率90%以上，产品加工率10%以上。

通过香水梨生产基地建设，促进贺堡河流域生态环境整治和基础设施建设，使关桥乡万亩有机香水梨生产基地成为海原县融香水梨特色种植、技术示范、生态旅游、休闲观光为一体的综合性农林产业示范园区，成为海原县美丽、富饶的北大门。

（三）主要建设内容及规模

项目建设范围总面积1.17万亩，其中，①香水梨种植：10 200亩（新栽植8 500亩、更新改造1 700亩），香水梨种苗基地200亩。②基础设施建设：修筑主干道23.9km，连接道路5.2km，修整生产道路150km，道路绿化150亩；建设气调冷藏库4 000 m²，建设果品批发市场6 670 m²等。③技术创新与能力建设：香水梨生产技术研究与推广、编制生产技术规范、农民技术培训等。④生态旅游工程：建设游客服务中心、入口大门及广场、生态旅游设施、农家餐厅等。

（四）建设期限

项目建设期限为3年，即2015—2017年。

（五）投资规模

海原县关桥乡万亩有机香水梨生产基地总体规划总投资估算为9 483.49万元。

1. 工程费用为8 442.78万元，占规划总投资的89.03%，其中，①香水梨种植工程投资3 210.00万元，占总投资的33.76%；②基础建设工程投资3 886.20万元，占总投资的40.98%；③技术创新与能力建设投资292.58万元，占总投资的3.09%；④生态旅游工程投资1 054万元，占总投资的11.11%。

2. 工程建设其他费用为589.12万元，占总投资的6.21%。

3. 不可预见费为451.59万元，占总投资的4.76%。

（六）资金来源

香水梨种苗、贮藏库、道路、大门、广场、市场等基础建设工程资金申请财政投资，投资金额为5 731.47万元，占总投资的60%；香水梨种植和抚育管理由农民投工投劳自己解决，生态旅游餐厅、住宿等由旅游开发公司筹措资金解决，自筹资金金额为3 752.02万元，占总投资的40%。

（七）编制依据

（1）《中华人民共和国土地法》

（2）《中华人民共和国森林法》

（3）《国务院关于进一步促进宁夏经济社会发展的若干意见》（国发〔2008〕29号）

（4）《中央财政林业补助资金管理办法》

（5）《宁夏回族自治区国民经济和社会发展第十二个五年规划纲要》

（6）《加快推进农业特色优势产业发展若干政策意见》（宁政发〔2013〕11号）

（7）《宁夏生态移民迁出区生态修复工程年度实施方案》（宁政发〔2014〕56号）

（8）《宁夏黄土丘陵区梨树栽培技术规程》DB64/T　420—2005

（9）《海原县经济社会"十二五"规划》

（10）《海原县林地保护利用规划》

（11）《海原县香水梨栽培管理技术》（宁夏农林科技2007年5月）

（12）相关农业、林业、水利、电力、建筑等规划技术规范。

（八）项目主要技术经济指标

表 10-49　主要技术经济指标

序号	项 目	单位	单位投资：元	备注
I			直接工程费	
一	香水梨种植	亩		
1	香水梨种植	亩	3 000	
2	更新改造	亩	500	
3	苗圃	亩	5 000	
二	基础设施建设			
1	道路工程			
1.1	主干道	km	600 000	路宽6m，柏油路面
1.2	连接道路	km	600 000	路宽6m，柏油路面
1.3	生产道路	km	30 000	路宽4m，修整土路
1.4	道路绿化	亩	5 000	主干道、连接道路两侧绿化
2	气调冷库	m²	2 300	包括土建和制冷设备
3	批发市场	m²	1 000	
4	宣传牌	块	20 000	

序号	项 目	单位	单位投资：元	备注
5	网站	个	200 000	
6	宣传资料	册	5	
三	技术创新与能力建设			
1	产业技术研究	项	200 000	
2	编制技术规范	项	100 000	
3	能力建设		53 600	
3.1	农民培训	人	600	
3.2	技术人员培训	人	3 000	
3.3	聘请技术专家	人	50 000	
四	生态旅游工程建设			
1	游客服务中心	m^2	1 800	
2	入口大门	处	100 000	
3	小广场	m^2	400	包括广场绿化
4	生态旅游设施	套	100 000	包括草亭、座椅、垂钓设施
5	农家餐厅	m^2	1 000	
6	农家休闲屋	m^2	1 000	
II			工程建设其他费用	
一	建设单位管理费		以财政部建字〔2002〕394号文计算	
二	可研咨询费		以国家发改委〔1999〕1283号文计算	
三	设计费		以国家发改委、建设部〔2002〕10号文计算	
四	工程监理费		以国家发改委、建设部〔2007〕670号文计算	
五	工程招标费		以国家发改委〔2002〕1980号文计算	
III	不可预见费		直接工程费和工程建设其他费用之和的5%	

（九）结论

（1）项目建设符合国家发展壮大农村经济和西部大开发战略，符合当前农业生产结构的调整，符合海原县经济社会发展的总体要求；项目建设有利于关桥乡农林业产业结构的调整，有利于农民增收致富奔小康，对促进海原县经济社会可持续发展、维护农村社会稳定具有重要意义。因此项目具有建设的必要性。

（2）通过对项目区的自然地理条件、社会经济状况、香水梨资源现状、项目区基础设施以及其他相关条件的调查，经过详细必要的论证和分析，项目建设具有政策导向、土地资源、种质资源、劳力资源、科技支撑、市场前景等优势条件，虽然项目建设存在一定的制约因素和不利条件，但均能通过采取适当措施予以消除或缓解。

（3）该项目建设在充分考虑地形地貌、土地资源和水源条件的基础上，应用当前经济林建设的先进技术和成功经验，项目建设采用了科学、合理的种植方式和技术措施，既满足香水梨种植管理的要求，又兼顾种植农民当年的经济收入，技术方案切合实际、科学合理，措施具体有效，项目具有很好的可行性。

（4）项目区有适于有机香水梨栽培的土壤条件、水资源条件；项目区空气清新质量好，无危险病虫、菌害。周边无污染性工矿企业，这些条件为项目建设有机香水梨基地提供了良好的生态环境条件，项目采用规范的有机农产品生产技术，并充分利用当地传统的管理技术，完全可以建成万亩有机香水梨生产基地。

综上所述，项目建设符合国家、自治区的林业产业政策，项目立项依据充分，制订建设方案合理，技术措施可行，具有很好的可操作性，项目的经济效益、社会效益、生态效益突出，社会影响广泛，建议按有关程序上报立项。

二、建设建设背景及必要性

（一）建设背景

我国是梨的主要起源地之一，已有3000多年的栽培历史，是世界第一产梨大国。梨是我国仅次于苹果、柑橘的第三大水果，种植范围较广，除海南省、港澳地区外其余各省（市、区）均有种植。我国梨产量约占世界总产量的2/3，出口量约占世界总出口量的1/6，中国梨在世界梨产业发展中有举足轻重的位置。

我国梨在长期的栽培和发展过程中，逐渐形成了以秋子梨、白梨、砂梨和西洋梨四大系统为主的多个品系的梨主产区。香水梨又名香水、老香水、软儿梨、化心梨，属秋子梨系统，栽植历史极其悠久。西北地区主要分布于甘肃兰州、白银、靖远、宁夏海原县。

据考证海原县种植香水梨的历史有一百多年（于清宣统年间1909年前后由甘肃靖远县引进香水梨和花红），其主要分布在海原县的关桥、树台、西安、史店、海城等乡镇，总种植面积3000多亩，绝大部分栽植在房前屋后呈零星分布。以关桥乡、史店乡等沿河流域种植面积较大，产出的香水梨色、香、味独特，清凉爽口，深得广大群众喜爱。

海原县香水梨是在长期的生产过程中，经当地的土壤和气候条件孕育和人工不断选育而成为地方的优良品系。海原县香水梨因其独特的风味和特殊的功效受到越来越多消费者的青睐，销售价格出现大幅提高，也吸引了区内外各地客商纷纷前来订货。

海原县关桥乡万亩有机香水梨生产基地位于关桥乡贺堡河流域，境内环境优美、生态良好，又是海原县的北大门。香水梨成为当地农民的特色产业和重要经济来源，由于种植分散、分布零星，一直没有得到应有的重视，多年来香水梨一直以庭院经济为发展方向，生产规模小、技术落后、管理粗放，其价值一直没有得到充分的认可。近年来，随着市场经济的发展，香水梨越来越受到周边群众和客商的青睐，售价愈来愈高，使香水梨成为当地农民增收的重要来源。

海原县党委、县政府根据"人无我有，人有我优，人优我特"的思路，坚持"围绕增收调结构，突出特色闯市场，依靠科技增效益"的战略，提出在海原县香水梨种植历史悠久，种植基础较好的关桥乡建设万亩有机香水梨生产基地，以调整农业产业结构，促进农民增收致富。

受海原县林业局的委托，宁夏绿丰源咨询有限公司邀请相关专家，对项目区进行了认真的考察和调研，在广泛征求意见以及结合海原县关桥乡香水梨种植现状的基础上，编制了《海原县关桥乡万亩有机香水梨生产基地建设项目可行性研究报告》。

（二）项目建设的必要性

1.项目建设是增加农民收入，促进新农村建设的需要

近几年，海原县香水梨价格大幅提高，每千克价格达到3~4元，比前几年翻了近两倍。价格的上涨使香水梨种植农民收入明显提高，2010年全县香水梨种植面积不足1000亩，产量约有200万kg，年产值400万元；2013年香水梨种植面积增加到3000亩，产量450万kg，产值900万元，香水梨的收入是当地农业（小麦、玉米、豆类等）收入的2~3倍，香水梨已成为当地部分农民增收致富的"摇钱树"。这些农民已从种植香水梨中得到了实惠，他们对种植香水梨的积极性很高，他们很希望通过香水梨种植增加收入，改变贫困面貌。因此，种植香水梨是增加当地农民收入，建设社会主义新农村的需要。

2. 项目建设是充分利用当地资源，将资源优势转化为经济优势的需要

海原县关桥乡种植香水梨已有一百多年的历史，当地的气候和土壤条件非常适合香水梨的生长，农民亦有种植香水梨的传统和经验。境内的马湾水库和张湾水库，为香水梨种植提供了优质的水源。关桥乡所生产出的香水梨色、香、味独特，清凉爽口，深得区内外各地客商的青睐，每到收获季节，南来北往的商贩纷至沓来，特色香水梨繁荣了当地的经济。

在海原县关桥乡建设万亩有机香水梨生产基地，是充分利用当地的优势产业和优质资源，按照"人无我有，人有我优，人优我特"的发展思路，大力培养和发展有机香水梨特色产业，将当地的资源优势逐步转化为经济优势，促进当地经济社会的健康发展。

3. 项目建设是调整农业产业结构，实现区域经济社会的可持续发展的需要

目前我国农业发展进入了新的阶段，农产品的供求关系发生了重大变化，农业的发展必须适应市场需求，调整农业产业结构，优化产业布局，才能实现农民增收、农村经济稳步、快速发展。海原县政府高度重视农业产业发展和布局，确定关桥乡农业结构调整定位为"突出发展生态农业和特色产业，积极发展香水梨特色优势产业"，同时充分开发生态旅游资源，大力发展观光农业，将海原县的北大门——关桥乡建设成为梨花烂漫、梨果飘香的世外桃源。

海原县关桥乡发展香水梨有适宜的土壤和气候条件，当地群众具有丰富的栽培管理经验和发展香水梨的积极性，香水梨具有广阔的潜在市场，通过调整农业产业结构，优化产业布局，使其向产业化、规范化方面发展，可成为带动地方群众脱贫致富奔小康的主导产业，实现关桥乡社会经济的可持续发展。

4. 项目建设是提高农林产业化水平、发展特色农林产业的必然选择

我国经济林产业发展已走出了以扩大面积、提高产量为主的粗放式经营管理模式，走向以提高质量、优化区域布局为主的内涵式发展之路，注重果品质量和市场需求，以特色求发展，以质量求效益的新阶段。

海原县香水梨栽培历史长，具有丰富的可供开发的香水梨优良品系资源，已形成了具有地方特色的产业。当地农民在香水梨种植过程中积累了丰富的栽培管理技术，总结出了一套比较适用的管理技术。在市场开发营销方面积累了一定的经验，巩固了一批运销客户。但由于农民种植比较分散、种植规模小、贮藏加工设施不足、网络销售不完善，因而制约了香水梨在当地的迅速发展。

香水梨产业是海原县关桥乡的特色优势产业，具有一定的发展基础和资源优势。因此，在海原县关桥乡发展香水梨产业，是提高当地农林产业化水平，发展特色优势农林

产业的必然选择。

5. 项目建设发展有机香水梨产业是推广绿色生产，确保食品安全的需要。

近年来，由于经济的高速发展和生态环境的恶化，引发了一系列食品污染问题，食品安全问题成为人们热切关注的焦点问题之一。水果生产也不例外。由于大量施用化肥、农药等农用化学物质，人们长期食用这些受污染的水果后会影响身体健康，水果的食用安全也成为人们关注的问题。

本项目建设的关桥乡有机香水梨生产基地，充分利用关桥乡优良的生态环境和没经污染的土壤、水源以及传统的香水梨种植技术，遵循自然规律和生态学原理，采用规范的有机农产品生产技术，使用绿肥、粪肥和利用非化学药剂的驱赶和利用害虫天敌抑制病虫害的方法，消除了一般水果种植中大量使用化学杀虫剂和化学肥料对环境的污染和破坏，提高香水梨的内在品质和食品安全，保护了生态环境。既符合生态文明建设要求，又向社会提供了有机绿色安全的香水梨。同时利用市场上普通水果和有机水果巨大的差价，实现农民增收。

三、项目建设条件分析

（一）自然地理条件

1. 地理位置

海原县地处宁夏南部山区，原为固原市管辖，2004年3月划归中卫市，东与固原、同心县相连，南与西吉县接壤，西邻甘肃会宁、靖远两县，北靠中卫市，县境跨度东西宽80km，南北长约90km，土地总面积5018km²。

关桥乡位于海原县中北部，北接同心县兴隆乡，东与高崖乡、贾塘乡、史店乡接壤，西靠沙坡头区蒿川乡，南邻海城镇和西安镇，全乡土地总面积615km²。

地理坐标36° 46′ 46″ ~37° 04′ 32″，东经105° 09′ 45″ ~106° 10′ 00″。

2. 地形地貌

海原县地形由西南向东北倾斜，南部为六盘山北延伸段，有南华山、西华山和月亮山。中北部为黄土丘陵沟壑区，受水蚀影响，冲沟发育、地面支离破碎、切割较深，水土流失严重，地貌类型复杂多样，有沟谷台地、黄土残垣、丘陵坡地、河滩地等。

关桥乡为黄土丘陵沟壑区，海拔高度1485~1710m，地形以黄土梁峁为主，残塬次之，沟壑展布其间，植被稀疏、水土流失严重。贺堡河、麻春堡河自南向北纵贯乡境，二河在乡境东北汇入石峡口水库。沿河两岸形成大片河滩地和阶地。

3. 气候条件

海原县深居内陆，大陆性季风气候特征明显。夏季受东南季风的影响，冬季受干冷的蒙古高原控制，形成春暖迟、夏热短、秋凉早、冬寒长、四季分明，干旱少雨的气候特点。

关桥乡年平均气温7.7℃，≥10℃有效积温2400℃，无霜期156~165d，极端最高温度34.2℃，极端最低气温−24℃；气温日较差11.7~15.3℃；年平均降水量268.4~450mm，降雨集中于7、8、9月份。年平均蒸发量2136~2368.8mm，干燥度1.8~3.2。年平均日照时数2716h，年日照率61%，年太阳辐射总量5661J/m²。

主要自然灾害有干旱、大风、冰雹、霜冻等，对农林生产影响较大。

4. 土壤条件

关桥乡土壤受地形地貌、生物、气候与人类活动的综合影响，具有明显的地带特征，主要有黄绵土、新积黄绵土和残余盐土。

黄绵土：主要分布在二河（贺堡河、麻春河）两侧的黄土丘陵区，分布面积广，为侵蚀黄绵土，其成土母质为第四纪风积黄土，表层有一定有机质积累，地质疏松、风蚀水蚀明显，水土流失严重。土质为砂壤土或轻壤土，含盐量低，含碳酸钙较高。

新积黄绵土：主要分布于二河流域的河川、沟台、河滩及平缓低地，其成土母质为侵蚀黄绵土，经河水冲积、洪积形成，其土层深厚，经长期耕作和人为措施，土壤较肥沃，有机质、微量元素及可溶性钙含量较丰富，是本项目主要利用的土地。

残余盐土：主要分布于二河交汇处关桥村的河滩、河川低地和麻春河中下游地段。其土质质地黏重，上游土壤中淋洗的盐分在此淀积，虽经降水淋溶，但脱盐不彻底，土壤含盐量大。

5. 水资源

项目区相对海原县的其他乡镇，其地表水资源尚属丰富，乡境内的贺堡河和麻春堡河，其流域面积不大，水量并不丰富，但经拦蓄解决了全乡两万余亩的农田灌溉和人畜饮水。

贺堡河发源于贺堡村的鸦儿沟，流经贺堡村、方堡村、马湾村，径流长度32km，沿途有龙池水库、马湾水库、张湾（鹦哥湾）水库等，在关桥乡北与麻春堡河汇合，流入石峡口水库。贺堡河是本项目主要利用的水源，其河道修建水库两处，分别为马湾水库和张湾水库，年平均蓄水量分别为200万m³和70万m³。

麻春堡河发源于西安镇的陈家湾，流经麻春村、陶堡村、陈家湾、王湾等村，至关桥乡北汇入贺堡河,径流长35km,沿途有陶堡等水库。其水源有限、土壤偏碱,不在本次规划之中。

根据水文地质部门资料,关桥乡地下水储量相对丰富,地下水埋藏较浅,虽矿化度较高,盐分略大于地表水,但亦能开采灌溉农田。

目前项目区有机井38眼,井深50~100m,年抽取水量为100万 m^3。

6. 植物资源

关桥乡区域属干草原植被,主要为丛生草禾干草原和长芒草草原,其主要建群种为短花针茅、长芒草和大针茅,伴生植物为风毛菊、艾蒿、冰草、茅香、川青锦鸡儿等。受自然气候的制约,自然植被稀疏,盖度只有20%~40%。二河下游局部地区有盐生植被。如怪柳、盐爪爪等。

人工栽培作物主要有小麦、玉米、莜麦、糜子、谷子、荞麦等,豆科作物主要有豌豆、扁豆、苜蓿等,薯类作物主要有马铃薯,经济作物主要是胡麻、茴香、西甜瓜、蔬菜等。

人工种植的乔木主要树种有油松、云杉、新疆杨、臭椿、刺槐、柠条、山杏、山桃等。栽培果树主要以香水梨、苹果、花红为主,其次有红枣、葡萄、杏、李子、枸杞等,多在庭院栽植。

（二）社会经济条件

1. 社会经济

海原县隶属中卫市,经过2008年行政辖区调整后,现辖17个乡镇,3个管委会和1个省级自然保护区,168个行政村1175个自然村8个社区。

关桥乡是海原县中北部的一个乡镇,土地总面积615km²,辖11个行政村95个自然村,有8919户32517人,其中回族人口20518人,占总人口的63.1%。

2013年全乡社会生产总值达到2.15亿元,农民人均纯收入3567元。关桥乡涉及万亩有机香水梨生产基地建设的行政村有5个,分别为关桥、张湾、马湾、方堡和贺堡村,其社会经济信息如表10-50。

表 10-50　香水梨种植行政村社会经济情况

项目	行政村					
	合计	贺堡	方堡	马湾	张湾	关桥
土地面积 / 亩	317 940	44 370	52 305	85 515	49 365	86 385
自然村数 / 个	48	10	10	11	6	11
总户数 / 户	3 363	661	1 008	794	216	684
总人口 / 人	16 566	3 376	4 510	4 215	1 315	3 150
其中：回族人口 / 人	15 209	3 376	4 510	4 173	0	3 150
耕地面积 / 亩	47 933	8 676	20 675	10 209	3 990	4 383
其中：水浇地 / 亩	18 700	5 200	4 500	4 000	1 500	3 500
现有香水梨 / 亩	1 700	100	1 500	100	—	—
2013 年人均收入 / 元	3 567	3 560	3 760	3 500	3 300	3 500

2. 交通运输

项目区地处海同公路交通干线上，区域东有宝中铁路、福银高速和省道101，北有京藏高速和国道109，另有银平公路、海西、中静、黑海、海靖公路分布于项目区周边，交通较为便利。即将开工建设的海同高速公路，与项目区其他道路一同将构成项目区的便利交通网络，为项目建设的顺利实施提供便利交通条件。

关桥乡是海原县交通运输大乡，现有交通运输车辆576辆，其中客运车辆23辆，其余全部为货运车辆。

3. 水电供应

项目区供电由海原县供电局统一供电，由关桥乡供电所负责供电和维修管理，项目区所有行政村和自然村均已进行了农村电网改造，110kV 变电线并网运营，行政村全部通电，自然村通电率达83%，10kV 及10kV 以下供电充足。

项目区地下水埋藏深，矿化度较高，不能饮用。农村居民饮水主要依靠窖水和河水。

4. 邮电通信

项目区邮电通信服务设施健全，数字移动通信信号覆盖全范围，程控电话、互联网等电信网络系统均已接通，对外信息交流、沟通便捷方便。

（三）香水梨种植现状

1. 种植面积及分布

关桥乡现有香水梨种植总面积1 700亩，按种植类型划分：庭院种植1 000亩，大部分种植在房前屋后，分布比较零散；2012—2013年在耕地中新套种700亩。

按种植行政村划分：方堡种植面积1 100亩（庭院400亩、套种700亩）；马湾种植面积400亩（庭院400亩）；贺堡种植面积200亩（庭院200亩）。

香水梨主要分布在关桥乡的方堡村，既有庭院种植，也有一定面积的香水梨果园；贺堡村和马湾村庭院种植较多，大面积的种植均为最近两年实施的农田间作。

2. 品种资源

关桥乡种植香水梨已有一百多年，在长期的人工栽培中，选育出了适应当地气候和土壤的香水梨优良品系，总结出了相应的栽培管理措施。

现有的香水梨种植品种以当地香水梨为主，冬果梨、早酥、长把梨等作为授粉树，2013年引进了玉露香等新品种，种植面积30亩。

3. 技术管理现状

关桥乡农民有种植香水梨的传统和经验，但香水梨一直是当地农民的副业，当地农民主要以种植粮食为主，没有把香水梨作为一个产业进行经营。除农田间作和较少规模的果园种植外，香水梨大多生长在庭院、沟坎、边坡和林间等不占耕地的地方，管理较粗放，很少进行整形和修剪，果品质量也参差不齐。但在长期人工栽培过程中，选育出了个别适应当地气候和土壤的优良品系。

4. 土地资源条件

关桥乡规划种植香水梨的行政村主要是贺堡村、方堡村、马湾村、张湾村和关桥村，这5个村耕地总面积为47 933亩，其中水浇地面积18 700亩。这些水浇地通过种植结构的调整，虽然营造香水梨，但采取的是"果粮间作"，前期并不影响农民收益，也不需另外开发新土地。

目前海原县水务局已制定出贺堡河流域治理方案，争取列入2015年宁夏小流域治理的重点工程。通过贺堡河河道综合整治、裁弯顺直、河道砌护等工程建设，既可增加贺堡河三个水库的拦蓄水量，又可新增水浇地3 000亩，完全可以满足万亩有机香水梨生产基地建设土地需求。

5. 水资源条件

项目可利用水库两处，分别为马湾水库和张湾水库，水库水源主要来自贺堡河水和雨季洪水，水库总蓄水量为270万 m³。机井年抽取水量为100万 m³。项目区可利用总水量为370万 m³，灌溉着全乡1.87万亩农田。

项目计划种植香水梨总面积10 200万亩，依据宁夏不同灌区各种作物田间灌溉定额表（宁夏水利厅），以每亩年灌溉4次，每次用水量70 m³计算，年总需水量为280万 m³，项目区水资源基本能够保障项目区香水梨和农田种植的需水量，实现水资源平衡。

贺堡河各水库的水质较好，流域内没有工业污染源，仅有极少量的农村生活污水流入，完全满足香水梨灌溉对水质的要求。

6. 种苗供应条件

关桥乡当地群众亦有香水梨种苗培育的传统和相应技术，但目前主要以根蘖苗培育为主，由于根蘖苗主根短，侧根不发达，栽植后不易发旺，生长量小，在本基地建设中应尽可能少用或不用。目前应推广用杜梨做砧木培养种苗。2013年县林业局已在方堡村等地规划建设香水梨种苗基地，为下一步大面积推广香水梨种植打下了基础。

根据调查，2014年秋季，海原县能出圃香水梨苗不足1万株，缺口较大。其他品种的种苗，如玉露香、早酥、锦丰需从外地产区购入。

7. 基础设施条件

关桥乡由于自然地理、经济条件的限制，农业基础设施落后，没有一条连结各村农业生产区的主干道，生产作业道较少，水利灌溉设施亦不完善，基本上处于农民"各自为政"的状况，不利于香水梨规范化生产和集约化经营。

8. 销售状况

关桥乡香水梨由于种植面积小、种植分散，没有形成规模，其销售还是农户自主零星销售为主，商贩集中采购量较少。这两年随着种植面积的逐步扩大和产量的增加，使香水梨具有了一定的影响力，已有部分商贩在香水梨采收季节前来订货。总体上香水梨产量较小，每年11月份后，市面上基本上无香水梨供应，造成供货短缺。

（四）市场分析

1. 梨市场调查

我国是世界第一产梨大国。据美国农业部的调查数据显示，2012—2013年世界梨总产量达到了2 100万 t，其中的1 600万 t产量（约76%）产自中国，中国梨在世界梨产业发展中有举足轻重的位置。我国梨主要出口到俄罗斯、东南亚和供应港澳地区。

我国梨种植已经历了扩大面积、提高产量为主的扩张型生产阶段，进入了以提高质量、优化区域布局为主的内涵式发展之路，果品质量明显提高。

2012—2013年，我国梨栽培面积基本稳定，总产量略有增长。随着人民生活水平的提高，消费者对梨的质量要求不断提高，外观漂亮、色泽艳丽、风味醇厚的优质鲜梨受到消费者的青睐，特色梨和名、优、新品种梨种类繁多。同时，梨的营养保健价值被越来越多的人所认识，市场对梨的加工产品需求也在不断上升。

河北是我国的产梨大省，其次为山东、安徽、四川、辽宁、河南、陕西、江苏、湖北和新疆等省（区）。宁夏梨树栽培面积小，全区尚无大型集约化栽培梨园，宁夏梨品消费绝大部分由外省（区）进入，主要消费品种有河北的鸭梨、大果水晶（原产日本），甘肃河西走廊的苹果梨，新疆的库尔勒香梨等。海原县关桥香水梨由于规模小、产量低，在银川等市场上难觅其踪。

2. 市场预测

从当前水果产业发展看，随着经济全球化、我国农业产业结构调整、西部大开发、退耕还林等大环境背景下，我国水果产业正在迎来新的发展时期。

一是农业产业结构的调整，在保障国家粮食安全的前提下，加强果菜业，重点是大力发展特色果品；二是西部大开发和退耕还林给水果产业发展带来了历史机遇，梨树因其抗性强，效益稳定，在退耕还林地发展梨产业，可兼收生态和经济效益，实现国家战略和农民增收目标的协调统一；三是随着人民生活水平的提高，市场开发空间大，水果需求量会增加；四是经济全球化将为水果产品走出国门创造了条件，今后相当长一段时间内，我国仍将是世界上最大的梨生产国和出口国。

3. 海原县香水梨发展前景

海原县关桥乡香水梨以其肉质绵软、汁液多、香味浓郁，特别是其具有止咳、化痰、清肺、解热的功效而深受广大消费者的喜爱。

据调查统计海原县香水梨近几年的种植面积、产量和销售情况呈现逐年稳步上升的良好局面，产品的销售价格也是稳中有升。2010年前海原县香水梨种植面积为1000亩，产量为100万kg，产值为77万元；到2013年年底，香水梨发展到3000亩，总产量达到300万kg，产值提高到900万元。

香水梨销售价格出现明显的地域效应，关桥乡香水梨销售价格呈现逐步提高的趋势，价格提升的幅度较大，已达到每千克4~5元。

从海原县香水梨产业发展趋势分析看，其产量、价格和产值呈现出上升的趋势。从产品的发展趋势可以看出海原县的香水梨产品正处于产品的增量期，产品的销量属扩张阶段。

海原县关桥乡香水梨生产基地位于海原县中北部，海同公路两侧，交通便捷，加之种植香水梨历史悠久，果品在周边城市具有一定的知名度，有一批固定的老客户，果品销售的网络正在逐步建立，只要健全销售体系，向银川、中卫、吴忠、固原等城市打开市场，其生产的香水梨销售是没有问题。

4. 市场营销策略

通过分析海原县关桥乡香水梨市场销售状况和生产基地条件，确定关桥乡香水梨销售为产品差异化战略，从特色产品上创建自己的有机香水梨品牌，从品质上获得较高的利润。

①确定关桥乡香水梨生产基地销售总体策略为鲜销、贮藏为主，即采收当季销售或冷藏后销售为主，占总产量的70%；剩余的残次品、等外品进行深加工，生产香水梨饮料、香水梨膏等，占总产量的30%。

②培育一支懂经营、熟悉市场、敢于闯市场的香水梨营销队伍。

③积极学习新疆库尔勒香梨的市场营销理念，加大香水梨食用方法和特殊功效的宣传力度，扩大香水梨销售渠道。

④积极引进香水梨深加工企业1~2家，进行香水梨精深加工系列产品（如香水梨饮料、梨膏保健品等）的开发生产。延长香水梨产品产业链，挖掘香水梨产品潜在商品经济价值。

⑤在种植较集中的方堡、马湾建设气调式保鲜冷藏库，另外积极支持农户自己建设小型节能冷藏库，使香水梨贮藏保鲜总量占香水梨总产量的50％以上，以延长销售期，实现香水梨的周年供应。

⑥争取在全国各大中型城市布有一定量的销售网点。

⑦到2020年，把海原县打造成全国香水梨特色品种原产地、香水梨生产、研发、加工、贮藏和营销为一体的示范基地，使香水梨产业成为海原县经济发展的又一支柱产业。

6. 市场营销风险

市场营销风险主要有产品风险、品牌风险、定价风险、分销渠道风险。海原县香水梨因其品种特点，在贮存一段时间后表皮会变黑，果肉会化成果汁，因此其存放必须有缸或盆罐等。这种商品特性成为其贮存和销售的短板，既要利用其特殊性，又要解决其销售难题，探索较好的贮藏方法和销售包装方式，充分发挥其产品优势，降低市场销售风险。

另外在市场定价上，要经过大量的市场调查，灵活掌握，巧打时间差、地域差，确定香水梨销售价格，防止因定价不当带来的销售风险。

海原县关桥乡香水梨在果品市场上一直有较好的声誉，随着关桥乡生产基地的建成，香水梨果品会随着产量的增加大量上市销售，需要加强品牌保护意识，要及早注册"海原县有机香水梨"品牌，使海原县香水梨地方品牌得到很好的维护，防止被一些不法商家侵权，以假乱真，扰乱市场，造成海原县香水梨信誉受到严重损害。

（五）生产基地建设有利条件分析

1. 产业政策优势

随着农业产业结构的调整，国家出台一系列产业优惠政策，如：《国务院关于进一步促进宁夏经济社会发展的若干意见》、宁夏回族自治区人民政府《加快推进农业特色优势产业发展若干政策意见》《宁夏生态移民迁出区生态修复工程年度实施方案》等，相关政策的导向和支持为项目顺利实施奠定基础。

2. 产业格局优势

关桥乡是海原县的农业大乡，目前已经培育形成了四大产业分布格局，以硒砂瓜、拱棚甜瓜、香水梨、冷冻蔬菜为区域特色产业，农业的产业化格局初步形成。

3. 区位交通优势

项目区地处海原县的中北部，是海原县的北大门，海同公路南北向纵贯境内，可直达海原县和同心两县城，并与周边的福银高速、京藏高速、109国道、101省道等相连接，区位优势明显，交通便捷。

4. 环境资源优势

项目区位于黄土丘陵区，贺堡河自南向北纵贯项目区，两山相对，河川谷地相连，形成了独特的小气候环境。空气清新，土壤无污染，水资源有保障，生态环境良好，植被丰富多样，果树天敌资源种类繁多，果树基本不进行药剂防治，具有发展有机香水梨产业基地得天独厚的环境资源优势。

6. 人文资源优势

项目区位于海原县西北部的关桥河谷地，与同心县接壤，交通便利，红军长征在将台堡会师后的11月1日，朱德、张国焘、彭德怀、贺龙、任弼时、刘伯承等齐聚关桥堡总部，举行了三军会师后的第一次军事会议，解决了红军统一指挥的问题。这里绿树成荫，有100多年香水梨种植历史，村庄和谐安逸，人文资源独特，有较好的旅游资源开发优势。

（六）生产基地建设不利条件及解决对策

1. 自然灾害频繁

香水梨的产量和质量受自然灾害影响较大，项目区自然灾害主要有低温冻害、花期霜冻、生长期的干旱和采收期的连阴雨，这些因素均能影响香水梨的树体生长、开花、授粉、果实生长，进而影响其产量和品质。这些自然气候不利因素危害大，可控性差，造成的损失较大，存在较大种植风险。

解决对策：

①加强综合肥水管理，培育健壮树体，增加抗逆性，保障树体枝干、花芽不因低温冻害而受伤害；②冬季对梨树树干涂白，定植当年幼树采用埋土越冬，预防主干日灼和冬春苗木新枝抽干；③春季花期霜冻前及时灌水，增加土壤温度，减缓土壤热量散失，延迟花期，预防花期晚霜冻，减缓损失；④秋季果品成熟要适时采收，减少早霜带来的损失。

2. 技术管理落后

项目区香水梨种植管理较为粗放，果农有种植香水梨的热情，但无栽培管理的先进理念和技术，果品产量和质量不高，大小年严重，整体效益难以发挥。

解决对策：

①加强对果农的素质培养，举办各类技术培训班，提高果农的果园管理水平；②加强梨树种植新技术的引进和推广，与原有技术组装配套，形成规范的有机香水梨生产技术规程；③建设示范园，使之成为带动基地果农发展的样板。

3. 基础设施薄弱

关桥乡由于自然地理、经济条件的限制，农业基础设施落后，道路、贮藏设施和水利灌溉设施均不完善，不利于基地的规范化生产和集约经营。

解决对策：

①加强生产基地主干道、连接道路和生产道路建设，构建良好的基地道路交通网络；②建设生产基地气调式贮藏库，延长香水梨的销售周期；③加强香水梨生产基地水利灌溉设施建设，保障基地生产用水。

4. 缺少销售市场

关桥乡香水梨缺少销售专业市场，仅靠个别商贩上门收购或种植户自己放置路边销售，销售量小、价格低，效益差。缺少销售市场作为平台，使产业难以做大做强。

解决对策：

①建设集中销售的市场，以此为平台；②发挥农民专业合作社和种植企业的优势，开拓周边城市市场；③积极研究和开发香水梨深加工系列产品，使梨果产品丰富多彩，满足市场需求。

四、建设指导思想及目标任务

（一）项目建设指导思想

认真贯彻落实党的十八大会议精神和科学发展观，以市场为导向，以增加农民收入为核心，以提高林业产业综合生产能力和改善区域生态环境为目标，以科技为支撑，立足区域资源优势，构建优势特色产业，积极推进海原县关桥乡万亩有机香水梨生产基地生产、经营和管理，做大做强宁夏中部干旱带香水梨产业，进一步促进海原县经济社会的可持续发展。

（二）发展思路

1. 生态为本，发展绿色有机产业

以保障项目区的生态安全和治理贺堡河流域的生态环境为契机，建设万亩有机香水梨生产基地，构建海原县的生态绿色有机产业。

2. 农民致富，产业发展

项目建设以农民致富为目标，以发展有机香水梨产业为途径，最终实现产业发展、农民致富。

3. 打造文化，创建品牌

利用各种媒介，大力宣传香水梨和当地特色文化，建设产量高、风味独特的有机香水梨生产基地，创建地方优势品牌，推动香水梨产业发展。

4. 以梨产业为主，辅以生态旅游

海原县关桥乡有机香水梨生产基地环境优美、空气清新、土壤水源无污染，在发展香水梨产业的同时，引导村民开展基地生态旅游，带动基地产业发展，提高当地农民的收入。

（三）建设原则

1. 坚持统筹规划、产业化发展的原则

坚持统筹规划、产业化经营的原则，将香水梨生产基地与其他产业统筹规划，使其与地方经济发展和农民增收紧密结合，突出地方特色和产业化经营水平，逐步形成一、二、三产业协调发展的新格局。

2. 坚持以人为本，农民自主的原则

坚持农村基本经营制度，稳定和完善土地承包关系，充分尊重农民生产经营自主权，保障在农民市场中的主体地位。通过政策引导、市场带动、信息服务等途径，调动农民自觉自愿发展香水梨特色优势产业的积极性和创造性。

3. 坚持因地制宜、择优选择品种的原则

坚持因地制宜、择优选择梨树优良品种和品系，确定合适的配置比例和种植密度，提高产品的质量和数量。

4. 坚持市场导向、科技引领的原则

立足现有市场，积极开拓新市场，坚持提质、扩量、增效并举，以提高科技创新为突破口，促进香水梨种植技术研发、示范、推广的有机结合，推动香水梨产业持续健康发展。

5. 坚持果粮间作，弥补前期收益的原则

香水梨种植前3年树体较小、郁闭度低、树下空间较大。为了有效解决项目区果树和粮食争地矛盾，规划调整香水梨种植密度，推广果粮间作，以弥补果农前期无收益的矛盾。

（四）建设目标

规划利用3年时间，在海原县关桥乡建成万亩有机香水梨生产基地，采用规模化建园、规模化生产、集约化经营，到盛果期年生产优质香水梨2万 t 左右，亩产达到2 000 kg，总产值达6 000万元，一级果率70% 以上，果品分级、包装、贮藏等采后商品化处理率90%以上，产品加工率10% 以上。

通过香水梨生产基地建设，促进贺堡河流域生态环境整治和基础设施建设，使关桥乡万亩有机香水梨生产基地成为海原县融香水梨特色种植、技术示范、生态旅游、休闲观光为一体的综合性农林产业示范园区，最终成为海原县美丽、富饶的北大门。

（五）项目建设主要内容

依据市场需求、生态环境、基础设施和产业现状，关桥乡万亩有机香水梨生产基地的主要建设内容如下。

1. 香水梨种植工程

规划新增香水梨8 500亩，其中贺堡村种植1 491亩、方堡村种植2 094亩、马湾村种植2 525亩、张湾村种植1 422亩、关桥村种植938亩。更新改造香水梨1 000亩。

建设种苗基地200亩，位于贺堡村。

2. 基础设施建设工程

修建香水梨生产基地道路网络，包括修筑主干道23.9 km，连接线路4.2 km，拓宽整修生产道路150 km。建设气调式贮藏冷库3座，总面积4 000 m²。

建设香水梨销售市场一处。制作香水梨生产基地宣传牌3块。引导村民成立香水梨合作社，制作香水梨宣传片和宣传资料。

3. 技术创新与能力建设工程

进行香水梨栽培技术研究，筛选香水梨地方优良品系2~3个。编制《海原县有机香水梨栽植技术规范》；加强生产基地农民的技术培训，推广香水梨高产、优质栽培技术。

4. 生态旅游工程

成立关桥香水梨生态旅游服务公司，引导村民建设农家餐厅、农家休闲屋，开展基地生态旅游活动。

表 10-51 项目主要建设内容

序 号	项 目	单位	数 量	备 注
一	香水梨产业	亩	11400	
1	香水梨种植	亩	10200	
2	更新改造	亩	1000	
3	苗圃	亩	200	
二	基础设施建设			
1	道路工程			
1.1	主干道	km	23.9	路宽6m，柏油路面
1.2	连接道路	km	5.2	路宽6m，柏油路面
1.3	生产道路	km	150	路宽4m，修整土路
1.4	道路绿化	亩	150	主干道、连接道路两侧绿化
2	气调冷库	m²	3000	包括土建和制冷设备
3	批发市场	m²	6667	
4	宣传牌	块	3	
5	网站	个	1	
6	宣传资料	册	5000	
三	技术创新与能力建设			
1	产业技术研究	项	3	
2	编制技术规范	项	1	
3	能力建设			
3.1	农民培训	人	3363	
3.2	技术人员培训	人	36	
3.3	聘请技术专家	人	2	

序号	项目	单位	数量	备注
四	生态旅游工程建设			
1	游客服务中心	m^2	300	
2	入口大门	处	5	
3	小广场	m^2	5 000	包括广场绿化
4	生态旅游设施	套	5	包括草亭、座椅、垂钓设施
5	农家餐厅	m^2	2 000	
6	农家休闲屋	m^2	5 000	

五、项目建设方案

（一）项目区范围

项目区位于海原县北部的关桥乡，沿海同公路自东北向西南呈带状分布，北起关桥村，南至贺堡村，规划总面积10 700亩。

项目区南北长21 152 m，东西宽200~900 m；地理坐标：北纬36°37′31″～36°47′04″，东经105°39′29″～105°47′32″。

（二）项目总体布局

依据关桥乡万亩有机香水梨生产基地的地理位置、现状条件、功能定位和发展思路，总体布局为"一轴、两心、五区"。

"一轴"以贺堡河为主轴，沿河两岸区划布设香水梨种植基地。

"两心"指以关桥乡为行政中心，统筹管理香水梨生产基地；以方堡村为生产基地中心，向南、向北布设香水梨生产基地。

"五区"将香水梨生产基地按行政村区划为五个种植区，其分别为贺堡村种植区、方堡村种植区、马湾村种植区、张湾村种植区和关桥村种植区。

（三）香水梨种植方案

规划在海原县关桥乡种植香水梨总面积10 200亩，其中原有香水梨1 700亩，新种植面积8 500亩；建设香水梨种苗基地200亩。

1. 香水梨种植区划

根据行政村和道路区划，将整个生产基地划分为5个种植区，每个种植区依自然行政村界、沟渠、生产道等划分为若干果园，每个果园种植面积不等。

详见香水梨种植区划表。

表 10-52　香水梨种植区划表

单位：亩

序号	种植区	面积				
		小计	原有	新增	更新改造	苗圃
1	关桥村	968	—	968	—	—
2	张湾村	1422	—	1422	—	—
3	马湾村	2925	400	2525	400	—
4	方堡村	3494	1100	2094	400	200
5	贺堡村	1691	200	1491	200	—
合计	5个	10400	1700	8500	1000	200

2. 新建梨园

品种选择及配置比例

本基地栽培品种不宜过多，考虑到梨树为异花授粉的树种，须配置相应的授粉树，才能保证授粉和丰产的目标。

（1）品种选择　根据项目区的气候特点，本项目选择栽培品种为香水梨、玉露香、锦丰和早酥。

①香水梨　又名软儿梨，化心梨，为秋子梨种系的品种，为关桥乡的特色品种。海原县香水梨树势强健，成枝力、萌芽力均高，干性强，抗性强。3~4年始果，易丰产，有大小年现象。果实呈圆形或扁圆形，平均单果重70~120 g。9月下旬至10月初成熟，常温下，后熟期10 d左右，后熟后果肉变软，汁液多，味酸甜可口，具芳香，品质上等。贮藏至春季，梨果化为一包水，香甜可口，称为香水，具有清心润肺、止咳化痰之功效。

②玉露香梨　以山西农科院果树所以库尔勒香梨为母本，雪花梨为父本杂交选育而成的优质耐藏中熟梨新品种，近年引入宁夏。树势强健，萌芽率高，幼树生长势强，结果后树势转中庸。幼树3~4年结果，易成花，坐果率高，丰产、稳产。果实大，平均单果重236.8 g，9月上中旬成熟，果实卵圆形，阳面具红条纹，果面光洁，细腻具蜡质，皮薄果核小，石细胞少，口感极佳。果实极耐贮藏，恒温冷库可贮8个月以上。

③早酥梨　为中国农科院果树所以苹果梨为母本，身不知为父本杂交育成。1972年

引入宁夏栽培,为早熟品种。树势健壮,萌芽力高、成枝力中,抗寒力强。幼树定植后3~4年结果,腋花芽结果能力强,盛果期以短果枝群结果为主。早期丰产性强。果实8月上旬成熟,平均单果重240g,果实倒卵形,果皮绿黄色,果肉白色,品质上乘,贮藏期短,仅10~15d。

④锦丰梨 为中国农科院果树所以苹果梨为母本,慈梨为父本杂交育成。1972年引入宁夏栽培,树势强劲干性强,萌芽力、抗寒、成枝力均强。幼树定植后4~5年结果,短果枝结果为主,具有腋花芽结果习性,单果重约250g,果实为不正扁圆形;果皮黄绿色。9月中旬成熟,风味酸甜味浓,品质上乘,耐贮藏,普通半地窖可贮藏至次年4—5月。

(2)品种配置比例 生产基地梨品种配置比例为:香水梨配置比例为50%;玉露香配置比例为30%,锦丰梨配置比例为10%,早酥梨配置比例为10%。

本项目由于采用果粮间作栽植方式,行距较大,应采取行内按比例,互为授粉树,也便于昆虫授粉。

①苗木规格 经过对关桥乡苗木的现状调查,今秋海原县出圃香水梨苗较少,仅不足万株,难以适应2015年春季栽植要求。故本方案采用成品苗建园和杜梨实生苗建园两种方式。

苗木采用2年生的嫁接苗,苗高1.5m,地径1cm以上,主根长35cm以上,15cm以上的侧根5根以上。按品种比例,行内混交进行栽植。

②杜梨实生苗建园 杜梨实生苗选择2年生苗,地径1.5cm左右,主根长35cm以上,15cm长以上侧根5~8条。植后定干80cm,剪口下留5~7个饱满芽,以利抽生新枝。

加强砧木苗管理,待7月份新梢生长旺盛时,选取优质香水梨母树的枝条,取用"丁"字形芽接方法,在抽生新梢中选定主枝和领导枝,在新梢基部进行嫁接。

对当年嫁接未成活的接芽可于翌年春天用"嵌芽接"或"腹接"(均为带木质芽接)方法补接。

(3)栽植密度 根据关桥乡的立地条件、种植品种、整形方式、管理水平和管理模式,采用果粮间作,南北行种植,株行距为4m×6m,亩栽植28株。

(4)整地要求 采用穴状整地,定植穴80cm×80cm×80cm。定植时在穴内施入有机优质农家肥30~40kg。

(5)苗木处理和栽植 栽植前,对苗木根系先用1%硫酸铜溶液浸泡5min进行消毒,栽植时用50mg/kg生根粉液蘸根。

(6)苗木栽植 栽植时将根系舒展开,苗木扶正,嫁接口一律向南,侧根舒展;栽植程序：填土—轻轻提苗—填土—踏实。栽植深度嫁接口与地面齐平为宜，杜梨实生苗栽植深度以原土痕线与地面齐平。

（7）栽后管理　春季栽植后定干0.8 m，用塑料袋套在苗的主干上，袋基部用土封闭固定，苗木萌发后去除塑料袋，去袋最好在阴雨天或早、晚进行。

对当年栽植的幼树应埋土越冬，将苗木主干一律向南拉下埋土，培土厚度30 cm左右，第二年春季4月初出土放苗。

（8）水肥管理　根据土壤含水量适时灌水，一般年份灌水4~5次，8月初开始控水、控肥，防止枝条徒长，预防冬春枝芽抽干。根据苗木生长状况，适时追施有机肥。

（9）间作作物　间作作物应与梨树无共性病虫害的浅根、矮秆、秋季需水肥量少的作物。以豆科作物、马铃薯、地膜西瓜、地膜甜瓜、茴香等为主。

（10）整形修剪

①主要树形　树形以主干疏层形为主。

②整形　树高在4 m以内，主干高度60~70 cm。主枝数一般为6~7个，第一层3个，第二层2个，第三层1~2个。

一、二层间距100~120 cm，二、三层间距60 cm左右。主枝张开角度70°左右。

第一层3个主枝间距离在40 cm左右，主枝间水平夹角120°为宜。

第二、三层主枝，应分别于下层主枝的空间选留，使上、下层主枝不重叠，而且第二层主枝应尽量朝向北侧。

第一层每个主枝上留2~3个侧枝，各主枝的第一侧枝应留在同一个方向，主枝上侧枝间距为50 cm左右，相互分生，与主枝同向延伸。在主、侧枝上着生各类结果粗枝组。

第二、三层主枝一般留2个侧枝。

③修剪

A.幼树修剪　定干以后，不抹芽，发出的枝条尽量留用，多发枝，适当轻剪，凡作为骨干枝用的，截留长度40~50 cm，主枝基角要开张70°左右。对非永久性枝条、强枝，使其角度张开，先截后放，多发枝，采用环割、环切、拉枝等方法，促其形成花芽，及早结果。主枝妨碍永久枝生长时，逐步疏缩。弱枝、中庸枝开张平放，不短截。对部位过低的裙枝，根据具体情况，控制长势，适时疏除。

B.盛果期修剪

a.大枝组的修剪　培养大型枝组，可采用先截后放的办法，形成大型单轴延伸的枝组，分叉较少，如需改造，可使角度开张，用目伤、环切、别枝等方法促发新枝，削弱先端优势。在改造过程中，要逐年进行，有放有缩，切忌同年一次缩修。使每一枝组的延伸部位保持一定的生长势力，延长果枝寿命。

b.小枝组修剪 小枝组一般是短果枝群，应去弱留强。一般一个短果枝群上，留壮枝3~5个，每年结2~3个果。凡单轴延伸的小枝组，要堵花修剪。小枝组结果正常时也可不剪，枝上短枝，疏弱留强，到不能形成正常花芽时回缩更新。无法更新时，缩至基部瘪芽处，使萌发新枝。

C.衰老期修剪

a.骨干枝修剪 应根据衰弱程度，进行回缩，要回缩到较好分枝处，同时对大枝上的多年生枝，也相应回缩。对过弱树、过弱枝应多留枝叶，培养一两年后再回缩。

b.对其他枝修剪 对衰老大枝回缩更新时，全树其他枝条也要相应短截。结果较好的小枝，可暂缓更新，可结果或短截作预备枝。对于已衰老，无使用价值的可重截或疏去；对外围枝、枝组上较好的枝，可分批短截，轻重适度。在更新复壮过程中，新发的枝，分用途，进行修剪。用于结果的仍要轻剪长放；对回缩更新的主枝延长枝，修剪可与整形时一样，逐步延伸更替骨干枝。对后部发生的徒长枝，要充分利用，缺枝处应短截。需培养枝组的，应开张角度加以培养，占领空间，增加结果部位。

（11）果实采收 根据品种特性、用途、运输条件，应用淀粉指数、果实硬度和可溶性固形物含量等成熟度指标，确定适宜采收期。轻摘、轻放，防止一切机械伤害，保证果实完整、无损伤。套袋梨果采收时，连同果袋一并摘下，装箱时去袋分级。

（12）病虫害防治 梨树主要的病害有黑心病、炭疽病、叶斑病等；主要虫害有卷叶蛾、苹果巢蛾、梨星毛虫、梨小食心虫等。

①防治原则 预防为主，综合防治。以农业和物理措施为基础，提倡生物防治，按照病虫害的发生规律和经济阈值，科学使用化学防治技术，有效控制病虫害。

②防治方法

A.农业防治 合理修剪，保持树冠通风透光良好；合理负载，保持树体健壮。剪除病虫枝、清除枯枝落叶、翻树盘、地面秸秆覆盖、地面覆膜，科学施肥等措施抑制或减少病虫害发生。

B.物理防治 根据病虫生物学特性，采取糖醋液、黑光灯、树干缠草把、黏着剂和防虫网等方法诱杀害虫。

C.生物防治 保护瓢虫、草蛉、捕食螨等天敌；利用有益微生物或其代谢物，利用性外激素诱杀。

D. 化学防治　根据防治对象的生物学特性和危害特点和有机农产品生产规范，提倡使用生物农药、矿物农药（如石硫合剂和硫悬浮剂）。

使用化学农药时严格按照 GB/T　4285、GB/T　8231的要求控制施药量与安全间隔期，并遵照国家有关规定。

禁止使用剧毒、高毒、高残留农药和致畸、致癌、致突变的农药和其他国家规定禁止使用的农药。

3. 更新改造

对原有种植的香水梨进行调查，针对梨树生长状况进行管理，对退化品种进行品种更换，对树势弱、产量低的品种加强管理，增强树体，促其健康生长。

（1）品种更新　对品质退化的香水梨进行品种更新，主要采取高接换头的方式更新品种，品种选择应以市场为导向，选择适宜当地栽植的梨树品种，主要以香水梨、玉露香、锦丰和早酥梨为更新改造品种。

（2）加强管理，增强树体

①对缺株不多，且有一定树冠、能萌发出健壮枝条，有一定产量的果园，采取改造的方法。利用新萌发的健壮枝条，培养或恢复衰弱树体的树冠。重截或疏除弱枝、枯死枝，刺激潜伏芽萌发，以逐步恢复树势。通过低产园改造，逐步恢复低产园树体，使其达到2 000 kg以上产量。

②在缺株较大的空间，栽植大规格梨苗，精心培育，促其迅速扩大树冠，早期结果。

③对产量低、果品品质差，树体病虫害严重、缺株达50%以上的果园，应采取全园清挖，重新定植的方法。

④对灌溉条件差的梨园，要加强水利设施建设，保障梨树的水肥需求，避免其缺水干枯衰死。

4. 苗圃建设方案

（1）育苗地的选择　选择背风、平坦、土层深厚、肥沃、排灌条件良好的砂壤土或壤土作育苗地。本项目育苗基地选择在方堡村，以充分利用该村的香水梨优质资源和当地群众的育苗技术。

（2）砧木苗的培育　砧木选用杜梨。砧木种子要充分成熟、纯度在95%以上、发芽率在90%以上。种子质量达到 GB/T　7908规定的二级以上标准。

杜梨种子须用经过沙藏处理。沙藏处理在1~5 ℃室内进行，先将种子在清水中浸泡1 d，使其充分吸水，再与清洁河沙按1∶4~1∶5的比例拌匀，河沙湿度以用手能捏成团不滴水，落地不散为宜，种子沙藏处理过程中要经常翻动，防止霉变和鼠类啃食。沙藏期40~50d，待种子有1/3露白时可进行播种。

播种前年秋，苗圃地施入腐熟农家肥每亩3~5t，耕翻和精细整地，灌足冬水，耙糖保墒。在土壤解冻后进行播种，播种量2~3kg/亩。

播种方法采用宽窄行沟播法。宽行行距60~70cm，窄行行距30cm，播种沟深2~3cm，播种后覆土镇压、覆盖地膜。

幼苗出土后，顺沟向揭膜，幼苗长出2~3片真叶时间苗，5~6片真叶时定苗，亩留苗量0.8万~1.0万株。定苗后，加强水肥管理，及时中耕除草。

定苗后第一次追肥，施尿素8~10kg/亩，第二次在7月，施复合化肥15~20kg/亩。生长季可结合喷药叶面喷施0.3%尿素水溶液2~3次。

（3）嫁接　嫁接时间为7月份，在海原县林业局技术人员已选出的优系香水梨母株上采取接穗。接穗选用已木质化的当年生枝，随采随用，剪去叶片，留下叶柄，在小水桶中用湿布包好备用。

采用"丁"字形芽接法，用拉韧力强的塑料条绑扎，芽接时间：7月上旬至7月底。

（4）嫁接苗管理　嫁接后7~10d检查成活率，未成活的及时进行补接；成活后30d左右解除绑缚物。8月中旬用断根铲或长方形铁锹在苗木一侧20cm处，斜下（45°）切断主根，深度30~35cm，断根后及时浇水，促进形成丰富的侧根。

芽接成活苗于翌春发芽前在接芽上方0.5cm处剪砧，促其接芽萌发，及时抹除砧木萌芽。

早春剪砧后，追施尿素10~15kg/亩，并及时浇水、松土保墒。生长期喷施0.3%~0.5%的尿素或磷酸二氢钾水溶液2~3次。及时防治蚜虫、红蜘蛛、卷叶蛾、金龟子、立枯病等苗木病虫害。

（5）出圃　在苗木落叶至土壤封冻前或翌春土壤解冻后至萌芽前出圃。起苗前应浇透水，起苗时保证苗木根条不受伤，主、侧根系完好。苗木每50株一捆，根部蘸泥浆，并进行包装，苗捆应挂标签，注明品种、等级和数量。按国家有关法规执行苗木检疫。

（6）苗木质量分级　见梨树苗木质量基本要求表10-53。

表 10-53　梨树苗木质量要求

项目		规格	
		一级	二级
根	侧根数量	≥5条	≥3条
	侧根长度	≥20cm	≥20cm
	侧根基部粗度	≥0.45cm	≥0.4cm
	侧根分布	均匀，有较多小须根	均匀，有较多小须根
茎	高度	≥100cm	≥80cm
	粗度	≥1cm	≥0.8cm
	木质化程度	充分木质化	充分木质化
	整形带内饱满芽	≥7个	≥6个
	嫁接口愈合程度	完全愈合	完全愈合
	苗木机械损伤	无	无

（四）基础设施建设方案

海原县关桥乡万亩有机香水梨生产基地基础设施建设包括道路工程、贮藏工程和市场营销工程。

1. 基础设施建设布局

基础设施根据香水梨种植布局、现状基础设施，按行政村进行布局。详见香水梨生产基地基础设施布局表10-54。

表 10-54　香水梨生产基地基础设施布局

序号	行政村	主干道/km	连接路/km	生产道路/km	气调库/m²	批发市场	备注
合计		23.9	5.2	150	4000		
1	关桥村	3	0.8	22	1000	市场1处、面积10亩	乡政府所在地，大型宣传牌1块
2	张湾村	3.4	1.2	28	—		

序号	行政村	主干道 / km	连接路 / km	生产道路 / km	气调库 / m²	批发市场	备注
3	马湾村	6	1.4	45	1 500		
4	方堡村	6.2	1.1	25	1 500		大型宣传牌 1 块
5	贺堡村	5.3	0.7	30	—		大型宣传牌 1 块

2. 道路工程

道路工程包括主干道、连接道路和生产道路。通过基地道路工程建设，构建基地便捷的道路交通网络，方便基地生产资料和果品等运输，降低生产成本，提高综合效益。

（1）主干道与连接道路　主干道沿贺堡河西岸布设，平行于海同公路。主干道设计宽度 6 m，沥青路面。在每个行政村建设主干道与海同公路的连接线路，连接线路建设标准同主干道。

主干道建设总长度 23.9 km，分布于 5 个行政村；连接线建设长度 5.2 km。

对主干道和连接道路两侧进行绿化，树种选择河北杨和香花槐。单行种植，株距 5 m，每隔 1 000 m 调换树种，形成富于变化的景观效果。

（2）整修生产道路　关桥乡万亩有机香水梨生产基地现有的生产道路约 200 余千米，大部分生产道路宽度小于 3 m，大型运输车辆和耕作车辆很难进入田间地头，车辆错车、掉头很困难。为了改善生产基地道路现状，规划拓宽、整修生产道路 150 km，以构建良好的内部道路交通网络。

生产道路规划加宽至 4 m，平整路面、压实，修整路两侧的路肩和排水沟，保障道路两侧排水功能。

3. 贮藏工程

规划建设气调式冷库 3 座，建设面积 4 000 m²。通过香水梨贮藏保存，延长销售期，提高香水梨的销售价格。

由于香水梨具有自然存放易融化的特性，要存放香水梨必须采用低温，延迟其表皮变色，果肉融化。为了延长香水梨的贮藏时间，延伸销售季节，在关桥村、方堡村和贺堡村各建气调式冷藏库一座，其中关桥村建筑面积 1 000 m²，方堡村和马湾村各建设面积 1 500 m²。

冷库为单层建筑，层高为 8 m，钢结构，墙体和屋顶采用双层压型保温彩钢板。冷库内可根据需要分隔成独立的小库房。

冷库采用温控系统温度调节，其设备主要包括压缩机、风冷机组、制冷剂、管道、自动温度检测器、中控系统及相应辅材。温控系统采用自动或人工调节冷库内温度，使其达到香水梨贮藏的温度要求，以保障贮藏效果。

4. 市场营销工程

按照"一个产业一个物流营销"平台的要求，加强香水梨产地专业批发市场建设，提高产地集散速度，形成产地市场、批发市场和终端消费市场相衔接，农资供应、产品销售相配套的市场网络。实行香水梨产品的连锁经营、统一配送和电子商务等现代交易方式，拓展外销通道。

规划建设香水梨专业批发市场一处，建设大型宣传牌3块，建设香水梨销售专业网站，推行电子商务。印制海原县香水梨宣传资料和宣传册，拍摄相关的影像资料。

（1）综合批发市场　为了充分利用当地的香水梨资源优势，建设香水梨销售综合市场，培养香水梨市场经纪人和种植经营大户，促进香水梨产业化进程，实现生产基地的产、供、销一条龙服务。

香水梨专业市场占地面积10亩（6667 m²），主要包括交易大棚、仓库、管理服务区等。

市场建成运营后，可吸纳经营业主50户，带动周边村民发展香水梨，使关桥香水梨成为海原县香水梨重要的交易集散地。

（2）大型宣传牌　为了有效宣传关桥乡的香水梨，沿海同公路在关桥乡南、贺堡村南、方堡村南各设置一块大型宣传牌，宣传关桥乡香水梨悠久的历史和独特的风味，生产基地种植规模，管理单位等信息，向过往客商和行人宣传关桥乡的香水梨，增加其知名度。

（3）其他市场营销设施

①建设关桥乡香水梨专业网站，充分利用电子商务进行网上香水梨宣传和销售。

②引导村民自愿成立香水梨合作社，以村为单位成立4~5家，由合作社组织村民进行香水梨的生产和销售。

③制作香水梨生产基地宣传影像片，在专业网站、电视频道等播放，加大香水梨宣传力度。

④编写香水梨宣传资料，制作统一的果品包装箱。

（五）技术创新与能力建设方案

关桥乡香水梨虽然种植时间长，当地农民有一定的管理经验。但是从基地和产业的角度来看，关桥乡香水梨面积偏小，果品质量不稳定，管理水平粗放，产后保鲜、加工、贮藏等环节严重滞后。要发展香水梨产业，必须加强科技攻关，增加科研投入，加快开发新品种、新技术和新工艺，为香水梨产业发展提供技术保障。加大科技成果的推广力度，促进科技成果转化。加强技术培训和指导，提高果农的综合素质及果园管理和产后处理及营销的技术水平。

1. 香水梨产业技术研究

为了促进香水梨产业科学发展，必须进行优良品种的选育、管理技术和贮藏技术研究，以科技引领产业发展，促进香水梨产业走可持续发展道路。

（1）品种选育 香水梨品种选育要依托本地种质资源优势，筛选适合当地的优良香水梨品种，为当地香水梨产业发展提供换代和更新品种，促进香水梨产业持续发展。

充分利用现有的香水梨品系资源，优选出汁液型、香味型和大果型等特色优良品系2~3个，为大面积种植提供品种资源。

优系香水梨选择标准为耐寒、抗旱、抗盐碱、抗病虫害，而且结果早、坐果率高、果实大，便于管理、容易稳产、丰产、品质风味好的品系。

对选出的优良香水梨品系，做好标记，加强保护与管理，以观察其物候适应性、经济性状、商品性状、市场表现等。此项工作应于今秋开始。

（2）管理技术研究 关桥乡种植的香水梨品质优良、市场看好、有地域特色，是当地村民增收致富的支柱产业。如何提高香水梨种植的产出水平，使其创造出更好的经济效益，就必须加强科学栽培管理，实现"稳定、优质、高效"的产业目标。

①香水梨管理技术研究工作要在县林业局林业技术推广站技术人员的基础上，积极同相关研究、教学等单位合作，进行香水梨优质稳产管理技术研究，积极推广应用新技术，规范香水梨管理的技术措施，以提高果品产量和品质。为香水梨产业发展提供技术支撑。

②香水梨管理技术研究从优质稳产的管理目标出发，重点研究与推广：有机种植、种植密度、树体结构、肥水管理、花果管理、病虫防治等一系列科学、规范的管理技术措施，以提高果品产量和品质。

③严格执行有机香水梨生产技术规范，积极探索和完善香水梨质量安全标准，申请有机农产品认证。

（3）贮藏技术研究 由于香水梨具有贮存后果肉可融化，汁液较多，营养丰富，食如甘蜜，有清肺醒酒之功效，是馈赠亲友的珍品。果实不易久存，而且对贮存容器有特殊的要求。

为了提高香水梨的贮藏效果，延长销售期，要进行香水梨贮藏技术的研究，积极探索较好的贮藏方法、贮藏温度、贮存容器、包装等，以便提高贮藏效果，实现香水梨四季供应市场的目标。

2. 编制《海原县有机香水梨栽培管理技术规范》

为了规范香水梨生产基地技术管理，组织相关专家和技术人员编制《海原县有机香水梨栽培管理技术规范》，以规范制定生产基地生产管理工作。

技术规范要在总结关桥乡香水梨栽培管理技术的基础上，结合有机香水梨相关技术的研究和示范种植户的先进管理经验总结而成，包括园地选择、整地、施肥、定植、灌水、修剪、抚育、病虫害防治、采收、贮藏等技术环节。规范要有科学性和可操作性，能够指导实际生产管理。

3. 技术培训

为加大科技成果的推广力度，促进科技成果转化，要加强技术培训和指导，提高果农的综合素质及管理技术水平，应由海原县林业局成立香水梨产业技术服务中心，中心要加强相关人员的能力培养，以进一步提高产业的管理水平。

（1）果农培训　项目计划每年进行基地果农培训1次。

培训对象为关桥乡万亩有机香水梨生产基地的种植农户，使其接受香水梨栽植的综合技术培训。每户培训1人，培训人数为3 363人。

培训方式：采用多层次、多途径、灵活多样的方式进行培训工作。使室内教学与田间实际操作相结合；集中教学与分散、个别教学相结合；定点培训与巡回、观摩学习相结合。

培训内容：①有机香水梨标准化生产技术；②香水梨早期丰产、稳产、优质、高效栽培管理技术；③香水梨病虫害防治技术；④香水梨贮藏加工技术。

培训教材：根据培训对象和培训内容，编制不同的培训教材；并编印有关有机香水梨栽植技术规范、病虫害防治、采摘处理、经营管理等实用技术手册，把技术信息、市场信息及时传递到果农手中。

（2）技术及管理人员培训　为保证项目建设的顺利实施，对参与项目生产基地建设的管理人员进行能力培养，以进一步提高生产基地的建设质量和管理水平。

计划拟培训技术人员30人次、管理人员培训6人次。

培训内容：①生产基地建设与管理技术；②有机香水梨栽培管理综合技术；③香水梨贮藏加工技术和市场开发等。

通过对管理人员的培训，提高了他们综合业务素质，能处理和解决生产基地实施中出现的具体问题，胜任项目的技术和管理工作。

（3）聘请专家

依托区内高等院校、农林科研部门，开展多部门、多专业、多形式的合作，并聘请2名专业的技术专家，开展项目的技术咨询服务活动，处理项目建设中遇到的各类技术问题。

（六）生态旅游方案

海原县拥有悠久的历史人文资源和美丽的南华山自然景观资源，是宁夏南部六盘山生态旅游线路的重要组成部分。关桥乡位于海原县的北部，是海原县的北大门，其境内的贺堡河造福了沿岸的百姓，呈现出一幅美丽的田园自然景观画卷。

生态旅游可依托海原县的自然、人文景观资源，以香水梨生产基地为中心，以周边人文自然景观为补充，科学规划，优化配置，重点建设，为旅游者提供一处集林果生产、科普示范、休闲体验、餐饮服务等多种功能于一体的绿色生态旅游示范基地，实现海原县关桥乡的生态、经济、社会的和谐发展。

1. 生态旅游资源及现状

海原县历史悠久，文化灿烂，境内存有4000多年前被称为"世界窑洞之祖"的菜园新石器遗址，西夏李元昊避暑行宫遗址和1920年"环球大地震"遗迹。海原县也是民间艺术"花儿"家乡，刺绣、剪纸等手工艺品远近闻名。

海原县各级政府非常重视生态旅游，依托境内资源优势，以生态观光旅游为基础，以休闲度假旅游为导向，以专题旅游为补充，实施"生态—休闲—人文"联动一体的旅游开发战略，充分挖掘红色、地震、蒙元文化资源，重点打造了南华山生态旅游区、灵光寺、海城古镇、"菜园文化"遗存，天都山石窟等旅游景点。

海原县现有的生态旅游地大多数位于海原县城南部，以南华山旅游区为中心，旅游项目以自然和人文观光旅游为主，缺少体验和参与式旅游项目，游客停留时间短，其旅游带动的衍生产品和其他旅游服务收入较少。

2. 关桥乡生态旅游市场分析与预测

（1）旅游现状分析　关桥乡香水梨生产基地是海原县的北大门，其历史悠久，自然景观优美；既有黄土高原丘陵沟壑的典型地貌，又有"三山夹两河"的独特景观。既有贺堡河、马湾水库等水域资源，又有大片的香水梨果园，区域内空气清新、溪流潺潺。

多年来当地村民以农业种植和进行运输、外出打工等为主要经济来源，没有开展生态旅游。但该地区山清水秀，村庄和谐安详，景色秀丽宜人，可谓"世外桃源"，很适宜开展生态旅游项目。

（2）客源市场分析　关桥乡万亩有机香水梨生产基地生态旅游要融入海原县的旅游网络，与宁夏南部六盘山旅游系统相衔接开展生态旅游活动。

①基础市场　从客源市场的区位来看，关桥香水梨生产基地的生态旅游主要是以海原县为核心基础市场，以银川市、固原市、中卫市、吴忠市等相邻市游客为补充基础市场，主要发展特色节庆游、周末自驾游、度假休闲游等。

②未来发展市场　未来发展生产基地周边的外省区，如甘肃平凉庆阳、陕西西安、内蒙古包头等地的游客。这些目标市场的规模较大，经济发展水平较高。未来发展的市场主要以自驾、度假休闲、商务度假等为主。

③机会市场　将国内其他地区作为机会市场，一方面将海原县的旅游项目融入宁夏旅游体系和主要线路，成为宁夏乃至全国的重要旅游景点之一；另一方面利用海原县丰富的旅游资源、优惠的商贸政策等优势招商引资，拓展高端商务旅游项目。

（3）游客规模分析　根据周边相似区位和等级的生态旅游区起步期的游客规模，结合关桥乡的旅游资源特点、区位优势，预测规划期内旅游规模。

①前期（2015—2017年）游客规模预测　前期香水梨生产基地各项工程建设的阶段，游客主要以区内周边城市为主要发展对象，因此近期内游客量呈逐渐上升趋势。预计2015年开放伊始年，生产基地将吸引游客约2000人次，2016年游客量将达到1万人次。预计到2017年，游客量2万人次。

②后期（2018—2020年）游客规模预测　后期当香水梨生产建设基本结束，生态环境得到较好改善，各项旅游设施基本完备，在客源地形成特色鲜明的旅游形象，游客量由快速上升阶段逐步进入稳定增长期，生态旅游基本进入稳定发展阶段。则预计2018年将吸引游客约3万人次，预计到2020年年末，其游客量预计5万人次。

3. 生态旅游建设项目

香水梨生产基地旅游活动要结合当地的自然景观特点和生产基地的生态特点，确定旅游项目和旅游设施建设内容，开发旅游产品。主要以梨花节、中秋节、香水梨采摘节等节庆为主题，开展特色旅游活动，让游客尽享世外梨园美景和乡土风情；以农家生活体验为主题的梨园农事体验、采摘体验等为主题的体验活动，让游客享受劳动的辛苦和收获的快乐；以周末自驾休闲娱乐为主题的农家生态休闲游，乐享休闲垂钓、乡村野趣和农家菜肴，放松身心，放飞思想。

为了较好地开展生产基地旅游活动，成立关桥香水梨生态旅游服务公司，引导村民建设农家餐厅、农家休闲屋，开展基地生态旅游活动。

（1）关桥香水梨生态旅游服务公司　由香水梨生产基地领导小组协调，注册成立关桥香水梨生态旅游服务公司，公司组织生产基地旅游设施建设和开展旅游活动。公司可为股份制，由生产基地行政村集体入股和旅游企业入股等股份构成，聘请旅游专业管理人员进行策划和经营运作。

（2）建设生态旅游设施　修建生态旅游基础设施，主要包括游客服务中心、垂钓台、农家餐厅、农家休闲屋等。游客服务中心由旅游服务公司建设和管理，主要为游客提供旅游服务和销售旅游产品。在马湾水库堤岸建设垂钓台和烧烤设施，为喜欢垂钓的游客提供休闲垂钓场所。

成立关桥香水梨生态旅游服务公司，建设入口大门、小广场、垂钓设施等，引导村民建设农家餐厅、农家休闲屋，开展基地生态旅游活动。

六、项目实施进度

（一）项目建设期限

项目拟于2015年元月开始实施，至2017年12月完工，建设期为3年。

（二）年度建设任务

1. 2015年建设任务

香水梨新植任务：2500亩，其中，贺堡村完成400亩、方堡村完成800亩、马湾村完成500亩、张湾村完成500亩、关桥村完成300亩。

更新改造任务：400亩，安排在方堡村。

种苗基地建设任务：200亩，安排在方堡村。

能力建设任务：聘请技术专家2人，完成农民培训1490人，技术管理人员培训16人。

2. 2016年建设任务

（1）结合已整治完成的贺堡河小流域治理，完成修筑主道23.9 km，连接道路5.2 km，生产作业道150 km，完成主道路、连接道路两侧150亩绿化任务。

（2）香水梨种植3000亩，其中，贺堡村545亩、方堡村647亩、马湾村1012亩、张湾村471亩、关桥村334亩。

（3）更新改造　更新改造梨树600亩，其中，贺堡村200亩、马湾村400亩。

（4）能力建设　完成农民技术培训1120人，技术管理人员12人，编制完成《海原县有机香水梨栽培管理技术规范》。

3. 2017年建设任务

（1）香水梨种植任务3 000亩，其中，贺堡村546亩、方堡村647亩、马湾村1 013亩、张湾村471亩、关桥村334亩。

（2）能力建设　完成农民技术培训753人，技术管理人员8人。

（3）完成生态旅游工程。

表 10-55　项目建设年度实施进度

序号	项目	单位	合计	地点	类型	2015 年	2016 年	2017 年	备注
一	香水梨种植								
1	香水梨种植	亩	1491	贺堡	新植	400	545	546	
		亩	400		更新	—	400	—	
		亩	2094	方堡	新植	800	647	647	
		亩	400		更新	400	—	—	
		亩	2525	马湾	新植	500	1012	1013	
		亩	200		更新	—	200	—	
1	香水梨种植	亩	1422	张湾	新植	500	461	461	
		亩	—		更新	—	—	—	
		亩	968	关桥	新植	300	334	334	
		亩	—		更新	—	—	—	
2	苗圃	亩	200			200	—	—	均安排在方堡村
二	基础设施建设								
1	道路工程								
1.1	主干道	km	23.9				23.9		路宽6m，柏油路面
1.2	连接道路	km	5.2				5.2		路宽6m，油路面
1.3	生产道路	km	150				150		路宽4m，修整土路

序号	项目	单位	合计	地点	类型	2015年	2016年	2017年	备注
1.4	道路绿化	亩	150				150		主干道、连接道路两侧绿化
2	贮藏工程								
2.1	气调冷库	m²	4000					4000	包括土建和制冷设备
3	批发市场	m³	6667					6667	
4	宣传牌	块	3					3	
5	网站	个	1					1	
6	宣传资料	册	5000					5000	
三	技术创新与能力建设								
1	编制技术规范	项	1				1		
2	能力建设								
2.1	农民培训	人	3363			1490	1120	753	
2.2	技术人员培训	人	36			16	12	8	
2.3	聘请技术专家	人	2			2			
四	生态旅游工程建设								
1	游客服务中心	m²	300					300	
2	入口大门	处	5					5	
3	小广场	m²	5000					5000	
4	生态旅游设施	套	5					5	
5	农家餐厅	2	2000					2000	
6	农家休闲屋	m²	5000					5000	

七、消防、安全与卫生、节能节水措施

（一）消防

火灾是危害林木、果园的灾害之一，森林防火是林业生产管理中一项极其重要的工

725

作，对保护林木、果树资源，促进林业产业发展，维护生态平衡意义重大。

1. 高度重视消防安全工作

项目区森林防火工作要统一纳入海原县防火工作体系，在防火指挥部的统一领导下，加强项目区护林防火工作，严格执行当地防火条例，加强领导，把防火工作落到实处。尤其是冬春干旱季节要加大防火力度，增加护林人员，提高巡护频率，加强靠近居民庄点的巡护，严防火灾发生。

2. 建立健全消防制度

建立消防管理档案，制定防火安全制度、灭火紧急疏散预案，绘制防火重点部位图等。

建立由关桥乡领导和相关部门负责人参加的定期消防安全生产检查制度，并经常配合海原县消防部门对本地区的消防安全工作进行检查，对提出的整改意见认真落实，及时消除火灾隐患。

3. 加强消防宣传工作，提高人民的消防意识

为了提高项目区广大农民的消防安全意识和掌握一定的消防知识，经常组织工作人员、企业、农民参加学习《中华人民共和国消防法》及相关消防知识，组织消防灭火演练，更好地提高防火、灭火的技能。

4. 强化野外火源管理

火灾多数是人为引起的，真正把野外火源管住，是预防工作的重点。春秋防火期内，严禁一切野外用火，严格执行《森林防火条例》的有关规定。

（二）劳动安全与卫生

1. 安全

从项目实施到后期管护等方面分析，其工程建设是比较安全的，但也存在潜在的危害因素，例如防护林、果树在进行化学防治时，由于选择农药不当或不规范的喷药操作等将会危害人畜健康；主干道、作业道建设过程中的噪声，以及建筑材料、苗木运输过程中汽车噪声会对周边的居民产生一定的噪声、扬尘等危害。

应采取以下措施：

（1）建立健全各项安全工作制度，定期进行安全工作教育，提高工作人员和农民的安全意识。

（2）化学防治病虫害时尽量选择生物农药、低毒高效农药，并做好操作人员的身体保护，配备手套、口罩等。

（3）建筑建设中供配电设计中采用过载保护、短路保护等，选用安全可靠的电气设

备和合理适当的导线布置。设计中充分考虑防雷、防静电的需要。

（4）道路工程施工阶段尽量选用低噪声机械设备，设置防护设施，临时施工道路洒水降尘，保护好周边环境。

（5）在项目实施及运营过程中购买一定量的野外必需的药品，并随身携带。

2. 劳动保障制度

按《中华人民共和国劳动法》等国家有关法律、政策及林业行业规定，制定用电设备安全、野外作业安全等防护制度，落实安全使用农药等防护措施，保障施工人员的人身安全和健康。

3. 施用农药时的保护措施

（1）配置农药应选择远离饮用水源、居民点的安全地方，要用专人看管，严防农药丢失或被人、畜、家禽误食。

（2）配制农药时，操作人员要戴胶皮手套，必须用量具按照规定的剂量称取药液或药粉，不得任意增加用量，严禁用手拌药。

（3）施用过农药的地方要竖立标志，在一定时间内禁止放牧、割草、挖野菜等，以防人、畜中毒。

（4）施药人员应选拔工作认真负责，身体健康的青壮年担任（严禁孕妇参加喷药工作），并应经过一定的技术技能培训。

（5）喷洒农药时必须戴保护口罩、保护眼镜、穿保护服，防止吸入农药散发的气体及农药喷洒或溢漏产生的皮肤灼伤。

（三）节水

1. 前期灌溉方式

本项目建设由于采用的粮果间作的方式进行经营，所以目前只能采用大水漫灌形式，但也要根据项目区立地条件、自然降水量、树种特性等，计算其正常生长所需最低需水量，根据计划进行水量的合理配置，减少"淹滩漫路"浪费水资源，并适时灌溉，以降低用水定额，节约水资源。

2. 后期灌溉方式

后期（进入盛果期）果园已不再间作，为节约水资源，可采用穴灌、沟灌等节水灌溉的方法。以满足梨树生长结果的需要，节约水资源。

八、环境影响评价

（一）项目建设对环境影响分析

该项目种植万亩有机香水梨，大大提高项目区的植被覆盖率，增加林地面积和林业资源，对区域防治水土流失，改善村容村貌、保障区域生态安全发挥积极的作用，项目建设对改善关桥乡生态环境、整合旅游资源、增加农民收入、推动海原县经济社会可持续发展具有重要意义。

1.对空气质量的影响

项目的建设对空气的不利影响是运输建筑材料、苗木的机动车辆产生的尾气和扬尘，以及修筑主干道、生产道时产生的机械尾气和扬尘，这种影响是短暂的，随着项目工程的结束逐渐消失。因此，项目建设对空气质量的不利影响是暂时的、短暂的，随着工程施工的结束，大面积梨树的健壮生长，项目建设将会对生态环境起到正面、积极的作用。

2.土地整理对水土流失的影响分析

该项目规划种植前，须先进行土地整理。土地整理过程中的种植穴开挖，肥料、苗木的转运，修筑主干道、生产道等，以及材料运输过程中，会破坏土地表土和附生的植被等，使土壤裸露，加重了土壤的风蚀和水蚀，并碾压了耕作层，造成土壤板结，降低了土地生产力。

3.化肥农药的不当使用对环境的影响分析

在果园抚育经营过程中，为提高生产力，促进果树生长，势必使用一定量的化学肥料。在化肥施用过程中。若超量使用，或在预防病虫害过程中，如违规采用高效、高毒、高残留的农药，使农药中的有机磷、有机氯会长期残留在土壤中，这些因素都会对空气、土壤、水域产生污染。

（二）项目建设的环境保护措施

1.依法保护生态环境，加强生态保护监管

项目建设必须严格执行国家现有的环境保护和资源管理法律、法规，依法行政，严格监管。在项目建设及经营过程中，应认真学习贯彻《中华人民共和国环境保护法》《中华人民共和国水污染防治法》等国家和地方相关法律、法规，建立健全地方性保护制度，采用行之有效的保护和治理措施，要规范施工和经营活动，注重社会效益、经济效益和生态效益的统一。项目建设要建立和完善生态保护责任制，杜绝项目建设对生态环境造成破坏的现象发生。

2. 尽量减少动土范围和减少土壤裸露的时间

项目建设中的平整土地、种植穴开挖、路基开挖、土方填埋等工序，要依据种植要求，将全面整地变为穴状整地；道路修筑尽量减少动土范围，不破坏或影响周边植被；土方开挖可分段进行，尽量减少土壤裸露的时间和面积；临时便道的开通要严格控制，以减少对周边植被的破坏和土地的碾压。

3. 病虫害防治要坚持"预防为主，综合防治"的原则

果树林木病虫害的防治，要认真贯彻执行《森林病虫害防治条例》，还要根据有机农产品生产规范，加强预测预报和统防统治，要以生物防治为主导，保护天敌，规范合理使用化学农药，采取综合防治措施，进行统防统治。

病虫害防治原则上少使用农药，严禁使用剧毒、长残留的农药，尽量使用各类植物源、微生物源、矿物源农药，以减轻对环境的污染。

4. 改进栽培管理技术，保护林地凋落物

在果园的抚育和管理中，要使用有机肥料，以降低环境特别是对土壤的不良影响。应将枯枝落叶等归还给林地，并可有目的地经营管理树下植被，改善土壤结构，增加土壤有机质。

5. 施工中的废料杂物、生活垃圾等定点放置

项目建设施工中的废弃杂物、生活中产生的生活垃圾要集中处理，及时清理，塑料袋类难分解垃圾要分类处理，生活、生产垃圾在统一收集后，要及时运至指定的垃圾填埋场内统一处理。

（三）环境影响评价

项目在果园建设的过程中，采用穴状整地方式，以及道路修筑、原材料运输中等，其施工期会对土壤风蚀和水土流失有一定的影响，但这种影响是短期的，随着项目施工的结束，这些不利影响将减缓和消失。

根据环境影响评价法，将建设项目对环境影响类型按影响程度分为四类。

A类：很少引起重大不利影响的项目；

B类：项目可能对环境造成不利和重大环境影响，但采取现有的防治措施可避免或减缓其影响；

C类：项目可能对环境造成不利和重大影响；

D类：以改善和保护环境为目的的环境保护项目。

海原县关桥乡万亩有机香水梨建设项目实施后，将大幅度增加该乡森林植被盖度，

增加生物多样性，充分发挥净化空气、调节地表径流和地下水资源，改良区域小气候、减缓水土流失，从而改善区域生态环境，增强生态系统服务功能和抵御自然灾害的能力。从项目建设内容以及项目建设采取的措施和实施后产生的环境效应分析。本项目建设属于 D 类。

综上所述，该项目建设对保护生态环境具有积极的促进作用。

九、招标方案

为确保项目的施工质量，保证项目建设工期和投资者的利益，项目建设应按照《中华人民共和国招标投标法》的规定，在道路工程、贮藏工程、市场工程、绿化工程、勘察设计、监理和苗木采购等环节实行招标。

（一）招标依据

（1）《中华人民共和国招标投标法》；

（2）国家发展计划委员会《招标公告发布暂行办法》；

（3）七部委联合发布《评标委员会和评标办法暂行规定》。

（二）招标原则

公开、公平、公正、诚实信用、独立及接受行政监督。

（三）招标组织形式

1. 招标机构

招标人应是独立的法人单位，在招标过程中，应自主决策，不受外界任何因素的干涉。建议本项目建设单位采取委托具有编制招标文件和组织评标能力的招标代理机构代理招标。

2. 评标组织

评标不能由招标人或其代理机构独自承担，应依法组成一个评标委员会，评标委员会由招标人负责组织。参加评标委员会的专家有严格的资格限制，建议招标人聘请区、市各级林业及湿地保护主管部门的专家组成。

（四）招标方式

1. 招标方式

项目建设将严格按照《中华人民共和国招投标》的有关规定，面向区内外有资质的企事业单位、公司进行公开招标。

2. 招标程序

（1）编制标底及招标文件；

（2）在《宁夏建设工程招投标信息网》《宁夏公共资源交易网》等媒体上面向社会公开发布招标信息；

（3）市场调查、选择投标单位并进行资格审查；

（4）投标单位索取招标文件资料；

（5）投标单位询价，解答招标文件，组织现场调查；

（6）投标单位送达投标书，投标情况汇总；

（7）组织招标评委会，招标会议开标、评标；

（8）采用综合评估法进行评标，选择最高综合得分的投标单位中标；

（9）公开招标结果，发放《中标通知书》；

（10）与中标单位签订施工合同、缴纳工程建设保证金。

（五）主要项目招标

1. 设计、监理招标

设计、监理招标都属于咨询招标范畴，鉴于该项目的特点，建议采用邀请招标或采用竞争性谈判等形式选择专业技术水平高、技术实力强、有类似丰富工作经验的单位为设计人和监理人。

2. 工程施工招标

该项目建设的工程施工主要包括道路工程、贮藏工程、市场工程和绿化工程等，工程施工招标可以进行总体招标，也可以分标段进行招标。

每一项工程招标应首先确定工程招标范围，然后按照《中华人民共和国招标投标法》规定的工程项目招投标程序，认真实施各项招投标工作。

鉴于该项目工程量较大，施工质量要求较高，采用公开招标的方式选择施工单位。选择综合实力强、信誉好、近年业绩突出，特别是有类似项目施工经验的施工企业作为投标候选人。

十、基地管理与保障措施

（一）组织机构

1. 机构设置

为了确保本生产基地的顺利建设，由海原县人民政府统一部署，成立"海原县关桥乡万亩有机香水梨生产基地建设"领导小组，组长由海原县人民政府主管领导担任，副组长由海原县林业局局长和关桥乡乡长担任，成员单位由海原县发改委、林业局、财政局、国土资源局、水务局、农牧局、交通运输局等部门组成，各部门负责人为领导小组成员。基地建设领导小组下设基地建设办公室，办公室地点安排在海原县关桥乡政府内。办公室主任由关桥乡乡长担任。

2. 机构职责

基地建设领导小组是本生产基地规划的决策和领导机构，负责制定本基地建设的有关方针、政策，组织审批项目的总体规划和可行性研究报告；负责筹集、配套资金，协调相关部门之间的关系。

基地建设办公室，为项目日常办事机构。其主要职能：根据领导小组审批的总体规划、项目可行性研究报告、年度计划等，编制、报批、下达年度计划和有关文件；负责基地建设实施和项目资金管理；协调同级相关部门的合作；负责组织工程实施和技术指导；制定基地管理办法、制度和奖罚条例；解决规划执行中的具体问题；组织安排科研工作、做好技术推广、服务工作；培养生产基地管理人员、技术人才，推广先进技术和管理经验；做好生产基地的检查评价、信息管理，并负责起草工程合同、种苗质量管理。

（二）工程管理

1. 计划管理

基地建设办公室根据领导小组和专家的建议，委托具有设计资质的设计单位编制项目的可行性研究报告和作业设计；依据可行性研究报告和作业设计编制年度实施计划，严格按照年度计划组织工程实施和质量检查验收。编制年度资金使用计划，实行统一管理，专款专用。

2. 工程管理

（1）严格按照基本建设程序办事，建立项目法人责任制，签订目标责任书，做到目标明确，责任到人。同时要加强检查监督，建立通报和奖惩制度，确保基地建设质量。

（2）工程管理应严格履行国家、自治区基本建设项目管理程序和有关标准，施工设计要符合有关技术规程，施工安排要科学合理。实行按规划立项，按项目管理，按计划施工，按效益考核。

（3）严格实行建设项目招投标制和工程监理制，由基地建设办公室组织，在招投标管理部门指导下进行招投标工作；在施工过程中由监理部门派员进行监理，并加强工程建设的监督检查，确保工程建设质量。

（4）切实加强工程建设的技术管理，从设计到施工必须严格执行工程建设技术管理规程。

（5）每年基地建设领导小组组织相关单位对工程建设，包括基地种植面积、生长状况、管理状况、销售情况等进行检查和评比，以表彰先进、激励后进，促进工程的顺利进行。

3. 资金管理

（1）资金使用

①健全内部财务管理制度，配备专职财务人员，严格执行项目建设资金管理办法和财经纪律，建立资金管理和控制系统。

②严格执行基本建设财务管理办法，独立设置项目资金专用账户，实行专户储存、专户管理、专款专用和严格的审计制度。

③项目资金使用严格按照专项资金计划执行，并按月份将资金使用计划落实到工程项目，任何单位和个人不得任意截留、挤占和挪用。

（2）资金报账制度　在资金使用上采用报账制，即建设工程实地验收合格后，按项目资金管理办法申请报账，由项目建设办公室出具报账单据，法定代表人审签，从制度上规范资金的高效运作。

（3）资金审计和监督

①财政、主管部门要加强对项目建设资金的监督与检查，及时了解掌握资金到位、使用和项目建设进度情况、督促建设单位加强资金管理，对监督检查发现的问题要及时纠正；对截留、挤占和挪用项目建设资金，擅自变更投资计划造成资金损失浪费的，要追究当事人和有关领导的责任，情节严重的，追究其法律责任。

②建立健全外部财务监督和内部财务约束相结合的机制，把各项财务活动纳入法制化轨道。设立资金监督部门负责对资金使用情况的核查、审计和监督工作。从而切实提高资金审计和监督有效性，保证各项资金使用合法合理，提高资金安全利用率。

4. 奖罚管理

基地建设领导小组应与各责任区负责人签订项目目标责任书。责任书内容应包括：香水梨种植面积、苗木成活率、存活率、生长状况、管理措施、资金拨付、奖罚细则等。基地建成后，领导小组经检查合格后与实施部门一一兑现。

（三）运行管理

（1）积极支持发展香水梨农民专业合作组织　农民专业合作社是带动农户进入市场

的基本主体，是发展农村集体经济的新型实体，是创新农村社会管理的有效载体。本项目建设应按照"农民自愿、积极发展、逐步规范、提升素质"的要求，加大力度、加快发展香水梨农民专业合作社，切实提高其引领带动农户能力和市场竞争能力。

对纳入基地建设范围的香水梨种植园，要与种植户签订种植协议，规范财政对种植香水梨的补贴形式、金额和年限；规定种植农户对香水梨管理措施及标准，以促进种植基地的管理，提高农民种植的积极性。

（2）积极引导土地承包经营权有序流转 积极引导土地承包经营权有序流转，鼓励和支持承包土地向香水梨种植大户、家庭林场、农民专业合作社流转，发展多种形式的适度规模经营。结合贺堡河的综合整治建设，解决整治后承包地块细碎化问题，鼓励农民采取互利互换方式。土地流转不能搞强迫命令，确保不损害农民的合法权益。规范土地流转程序，建立严格的准入和监管制度。

（3）积极招商引资，培育龙头企业 要以关桥乡万亩有机香水梨生产基地为平台，加大招商引资的力度，吸引企业参与园区建设，按照"自主经营、自负盈亏"的原则，适度规模地进行土地流转，充分发挥企业资金、产业和技术优势，建立企业化管理机制。同时应制定相应的优惠政策，培育和壮大龙头企业，带动关桥乡万亩有机香水梨生产基地的健康发展。

（四）保障措施

1. 组织和政策保障

（1）加强组织领导 海原县政府要把发展香水梨特色优势产业作为解决"三农"问题的大事要事来抓，突出规划目标的导向作用，进一步统一思想、加强领导、精心部署、强力推进。依据生产基地总体规划，层层建立目标责任制，加强督查考核。要按照香水梨生产基地布局，以村为基本单位，定期召开联席会议，研究解决基地生产中的困难和问题，加强基地协作，实现整体推进。海原县农牧、林业、发展改革、财政、科技、水利、扶贫等有关部门要强化大局意识，加强协调配合，各司其职、各负其责，进一步完善扶持措施，积极做好指导、协调和服务工作，确保本规划顺利、有效实施。

（2）加大扶持力度 根据《自治区人民政府关于印发加快推进农业特色优势产业发展若干意见的通知》（宁政发〔2013〕11号）文件精神，制定经济林生产基地产业相关政策，在种苗、肥料等生产资料方面给予补贴；积极争取国家、自治区有关林业项目，进一步整合各级财政支农、农业综合开发、扶贫、农业基本建设、科技专项等项目资金，扶持香水梨产业基地建设和产业化经营。

引导农民增强市场主体意识，积极加大投入，探索当地农民通过资金、技术、土地承包经营权、劳务等生产要素入股，发展香水梨特色优势产业。加大招商引资力度，吸引工商资本、企业资本和其他社会资本投资开发香水梨特色产业。

进一步完善农业政策性担保、财政贴息贷款等政策，加大对香水梨产业化企业、农民专业合作组织、种植大户等经营主体的金融扶持力度，重点解决香水梨产品收购、贮藏、运销、加工等环节的资金需求。通过承贷承还方式资助农户，为农户提供小额信用贷款。扩大政策性农业保险实施范围和覆盖面，提高财政对保费的补助标准。逐步建立多元化、多渠道投融资机制，打造各类生产要素集聚平台，形成广泛参与、共同推进香水梨特色优势产业发展的新格局。

（3）税收政策保障　对于从事香水梨种植的公司和合作社在香水梨销售和贮藏加工税收政策上，按照《中共中央　国务院关于深入实施西部大开发战略的若干意见》精神制定相关的优惠税收政策。

2. 资金保障

积极鼓励有实力的企业投身到香水梨生产基地建设中，实行果农、合作社、企业等多元化投资。建立起国家、地方政府、企业和个人投入机制，充分调动当地果农投工投劳的积极性，形成多层次、多渠道、多元化的资金渠道，以保证生产基地建设和后期抚育管理的资金投入。

3. 科技保障

（1）在海原县林业局专门成立海原县香水梨技术服务中心，应由从事经济林生产和管理具有相应理论水平和丰富实践经验的技术人员组成，专门对香水梨种植区进行技术培训和生产管理指导。推广应用经济林建设中的成功经验和技术成果，在生产基地建设和实施过程中，不断总结新经验，研究新技术，进一步提高香水梨生产基地建设的科技含量。

（2）聘请宁夏葡萄花卉产业发展局、大专院校和科研院所的农业、林业、水利、环保等行业的专家为项目进行技术咨询和服务，及时处理本项目建设中遇到的技术问题。

（3）为了加快林果业科技成果的转化，并针对香水梨生产基地的具体情况，组装配套现有成熟技术，并对项目区的果农进行系统的技术培训，确保果林新技术在实际操作中的运用。

（4）提高香水梨产品的质量安全水平。健全农产品质量安全监管体系，突出香水梨的产地生态环境、果品质量、基地生产、市场准入、市场监测等关键环节，强化果品检验监测手段，加大例行监测和监督抽查力度，实现香水梨从农田到餐桌的全程控制，确保果品、产品的质量安全。

4. 宣传保障

加强宣传，提高认识。加大宣传力度，增强销售商和消费者对香水梨价值的认识。充分利用各种宣传媒体，广泛开展形式多样的宣传活动，进一步提高当地村民对建设香水梨生产基地的认识和建设的积极性。

十一、投资估算与效益分析

（一）投资估算依据

（1）《建筑工程技术经济参考指标》；

（2）《林业工程建设预算编制办法》；

（3）《宁夏回族自治区建筑安装工程概算定额》；

（4）《宁夏回族自治区林绿化工程预算定额》；

（5）可研咨询费：以国家发改委计价格〔1999〕1283号文计算；

（6）勘察设计费：以国家发改委、建设部计价格〔2002〕10号文内插法计算；

（7）建设单位管理费：以财政部建字〔2002〕394号文计算；

（8）工程监理费：以国家发改委、建设部计费字〔2007〕670号文内插法计算；

（9）招投标费：以国家发改委计价格〔2002〕1980号文计算；

（10）基本预备费：以工程费用和其他费用之和的5%计取。

（11）相关部门提供的其他有关技术经济指标；

（12）有关设备、仪器、材料按市场现行价格计算，并计入市场运杂费。

（二）投资估算

海原县关桥乡万亩有机香水梨生产基地总体规划总投资估算为9 483.49万元，其中，

（1）工程费用为8 442.78万元，占规划总投资的89.03％，其中，①香水梨种植工程投资3 210.00万元，占总投资的33.76％；②基础建设工程投资3 886.20万元，占总投资的40.98％；③技术创新与能力建设投资292.58万元，占总投资的3.09％；④生态旅游工程投资1 054万元，占总投资的11.11％。

（2）工程建设其他费用为589.12万元，占总投资的6.21%。

（3）不可预见费为451.59万元，占总投资的4.76%。

（三）资金筹措

香水梨种苗、贮藏库、道路、大门、广场、市场等基础建设工程资金申请财政投资，

投资金额为5731.47万元，占总投资的60%；

香水梨种植和抚育管理由农民投工投劳自己解决，生态旅游餐厅、住宿等由旅游开发公司筹措资金解决，自筹资金金额为3752.02万元，占总投资的40%。

十二、效益风险

（一）经济效益

香水种植基地经济效益包括直接经济效益和间接经济效益。

1. 直接经济效益

直接经济效益为香水梨种植收入和生态旅游收入，其中香水梨种植10 200亩，盛果期亩产量2 000 kg，单价3元/kg，亩收入6 000元/亩，亩成本1 500元/亩，亩利润4 500元/亩，总利润为4 590万元；年生态旅游人数2万人次，每人消费200元，生态旅游收入400万元，生态旅游成本费100万元，生态旅游利润300万元。年总直接经济效益为4 890万元。

2. 间接经济效益

间接经济效益包括香水梨生产带动的交通、运输等相关产业的经济效益，以及开展香水梨基地生态旅游活动带动的交通、餐饮服务等第三产业的发展带来的经济效益。

（二）社会效益

海原县关桥乡万亩有机香水梨生产基地项目的实施，优化了关桥乡产业布局，调整了农林产业结构，促进地方经济发展；通过种植香水梨拓宽了关桥乡农林发展空间，促进了关桥乡果农增收致富的步伐；利用关桥乡优美的自然环境，发展香水梨特色生态旅游，将增加当地果农就业机会，提高他们的收入，通过生态旅游，带动关桥乡交通运输和餐饮等第三产业快速发展，使关桥乡形成新的经济增长点。

（三）生态效益

海原县关桥乡万亩有机香水梨生产基地项目的实施，较好地治理了贺堡河流域生态环境，加强了生态建设；通过大面积种植香水梨增加了关桥乡林地面积，提高了森林覆盖率，控制了贺堡河流域水土流失；通过推广绿色有机香水梨种植，减少了农业面源污染，推动绿色无公害农产品的生产。

十三、结论和建议

（一）结论

1. 项目建设符合国家发展壮大农村经济和西部大开发战略，符合当前农业生产结构的调整，符合海原县经济社会发展的总体要求；项目建设有利于关桥乡农林业产业结构的调整，有利于农民增收致富奔小康，对促进海原县经济社会可持续发展、维护农村社会稳定具有重要意义。因此项目具有建设的必要性。

2. 通过对项目区的自然地理条件、社会经济状况、香水梨资源现状、基础设施以及其他相关条件的调查，经过详细必要的论证和分析，项目建设具有政策导向、土地资源、种质资源、劳力资源、科技支撑、市场前景等优势条件，虽然项目建设存在一定的制约因素和不利条件，但均能通过采取适当措施予以消除或缓解。

3. 该项目建设在充分考虑地形地貌、土地资源和水源条件的基础上，应用当前经济林建设的先进技术和成功经验，项目建设采用了科学、合理的种植方式和技术措施，既满足香水梨种植管理的要求，又兼顾种植农民当年的经济收入，技术方案切合实际、科学合理，措施具体有效，项目具有很好的可行性。

4. 项目区有适于有机香水梨栽培的土壤条件、水资源条件；项目区空气清新质量好，无危险病虫、菌害。周边无污染性工矿企业，这些条件为项目建设有机香水梨基地提供了良好的生态环境条件，项目采用规范的有机农产品生产技术，并充分利用当地传统的管理技术，完全可以建成万亩有机香水梨生产基地。

综上所述，项目建设符合国家、自治区的林业产业政策，项目立项依据充分，制订建设方案合理，技术措施可行，具有很好的可操作性，项目的经济效益、社会效益、生态效益突出，社会影响广泛。

（二）建议

1. 本项目建设符合国家、宁夏林业产业政策和海原县产业发展总体布局，是加强关桥乡新农村建设，引导农民增收致富较好的产业项目，建议尽快按有关程序上报立项。

2. 基于本项目建设规模大、涉及的部门多、农户多，需要的种苗量大，建议尽早开展前期苗木储备等准备工作。

第十八节　海原县林地保护利用规划

　　林地是森林资源的重要组成部分，是林业产业发展和林业生态建设的基础。编制林地保护利用规划是依法履行林地资源管理职责、提升林地管理水平、保障林业可持续发展的需要，规划好、保护好和利用好林地，对建立森林植被为主体的国土生态安全体系，处理好生态建设与经济发展、长远利益与当前利益，全面推进以生态建设为主体的林业现代化建设具有十分重要的意义。海原县林地比重大，随着近年来社会经济的迅速发展，建设用地规模逐年增大，林地征占用数量日益增多。为贯彻落实国务院提出"要把林地与耕地放在同等重要的位置，高度重视林地保护"和"十分珍惜、合理利用土地"的基本国策，科学、高效、合理利用林地资源，保障社会经济的可持续发展，必须从空间上和时间上对全县林地资源的保护、利用和开发作出总体安排。为此，十分有必要开展林地保护利用规划工作。

　　规划以《中华人民共和国森林法》《中华人民共和国森林法实施条例》《中共中央　国务院关于加快林业发展的决定》《宁夏回族自治区林地保护管理办法》《宁夏回族自治区林地保护利用规划》等为法律法规和技术规范依据，以2009年完成的海原县森林资源二类调查成果数据为规划基础数据。规划期限分近期（2010—2015年）和远期（2015—2020年）。在对全县林地资源现状、利用特点、存在问题、消长趋势进行综合分析的基础上，提出了林地保护利用规划的指导思想、原则和目标（到2020年林地面积达到138 228.28 hm²、成林面积达到77 300 hm²、森林覆盖率达到15.4%），从林地总量、林地结构、林种结构、区域布局等方面作出了规划安排，对林地保护及建设工程作出了规划设想，提出了保障规划实施的主要措施。

　　受海原县林业局的委托，国家林业局西北林业调查规划设计院抽调专业技术人员，与海原县林业局有关人员共同组成项目组，开展海原县林地保护利用规划编制工作。

一、现状分析与评价

（一）自然地理概况（略）

（二）社会经济概况

1. 行政区划与人口

海原县隶属中卫市，经过2008年行政界限调整后，辖17个乡镇3个管委会和1个自然保护区，168个行政村1175个自然村8个社区。截至2009年总人口46.37万人，其中农业人口和回族等少数民族分别占92%和69.2%。地区生产总值21.45亿元，其中，第一产业7.43亿元、第二产业3.28亿元、第三产业10.96亿元；农民人均收入3111元。全县公路通车里程1 882.3 km，其中，国道73.8 km、省道329.2 km、县道160.1 km、乡道659 km、村道619.5 km。有宝中铁路、109国道、银平公路等基本干线分布，海同、海西、中静、黑海、海靖公路网线纵横沟通。行政村基本达到村村通公路，城乡程控电话，移动通信网逐步开通。110 kV变电线并网运营，自然村通电率达83%。全县大中专以上文化程度3 549人，占总人0.9%；高中以上文化程度75 706人，占总人口的19.2%，小学初中文化程度294 936人，占总人口的74.8%；文盲2011人，占总人口的5.1%。

2. 生态状况

海原县位于宁夏中部干旱带，中卫市南部山区。县境内平均海拔1951.3 m，地貌多属于黄土丘陵沟壑地带，属典型的大陆季风气候，常年干旱少雨，风大沙多，素有"十年九旱"之称。自然条件恶劣，水土流失严重，生态环境极其脆弱。受地理位置和生态环境制约，自然植被稀疏，盖度只有26%~60%，主要有针茅类、蒿类、刺旋花、锦鸡儿等，呈干旱草原和荒漠草原景观特征。天然林具有植物地理温带性质鲜明，植被区系成分及群落结构简单、植被群落单一，旱生生态特征显著，植被分布规律明显等基本特点。

3. 矿产资源

境内主要矿产资源有3种，其中大理石分布于南华山的油房院，地质储量550万 m^3；花岗闪长岩位于油房院；白云岩矿床位于南华山东北麓，地质储量13 000万 t，C级储量138.84万 t，D级储量42.88万 t，镁含量21%。

4. 旅游资源

按照"以生态观光旅游为基础，以休闲度假旅游为导向，以专题旅游为补充"的思路，实施"生态—休闲—人文"联动一体的旅游开发战略，充分挖掘红色、地震、民族文化资源，建设南华山生态旅游景区，重点打造南华山、灵光寺、海城古镇、"环球大地震"遗址、"菜园文化"遗存、天都山石窟等景点。

灵光寺：位于南华山西北角，建于宋夏时期，面积3.0 hm²，寺庙已毁，遗迹尚存。灵光寺周围为天然次生林区，涓涓溪流、风景秀丽，为本县旅游观光胜地。

天都山石窟：天都山（亦称西华山）石窟位于本县西安镇西7.5 km处，依山势筑台建寺，削壁凿窟，龙王殿下的一泉水古称"观音湫"，水从龙头中涌出，甘洌爽口。该窟群融佛、道、儒三家于一体，据旧志载"1046年西夏王李元昊在此曾建避暑行宫"。此为县级文物保护单位。

菜园新石器文化遗址：位于西安镇菜园村南（南华山北麓坡地上），面积61.8 hm²，"菜园遗址"囊括了新石器时代遗存基本组成元素，有居址、墓葬等。据推断，菜园新石器文化遗址距今3 980—4 240年，相当于中原仰韶文化晚期，是一支农畜并重、崇尚简朴、兴盛蓝纹素陶的土著文化，具有浓厚的地域特征。

（三）林业发展概况

1. 林业建设情况

海原县林业建设在县委、县政府的正确领导下，在区、市业务部门的大力支持下，在历届林业局领导班子和全体干部职工的共同努力下，取得了显著成绩。特别是2000年实施退耕还林工程以来，林地总面积由"九五"清查时的9 236.2 hm²增长到126 803.28 hm²，增长了13倍。其中，有林地4 451.72 hm²，以防护林为主；灌木林地40 122.92 hm²，以水土保持林为主；未成林造林地12 933.22 hm²，无立木林地49 568.28 hm²，宜林地19 598.99 hm²，苗圃地126.32 hm²，辅助生产林地1.83 hm²。

2. 林业机构和人员

海原县林业局所属林业服务中心、森保站、林木种苗管理站、国有林场管理站、森林派出所、退耕办等6个股室，城关苗圃、李俊苗圃、牌路山林场、西华山林场、月亮山林场、瓜瓜山林场、拐洼林场、西安林场、李旺林场、高崖林场等10个国营林场，七营、三河、甘城、西安、树台、关庄、红羊、李俊、九彩、曹洼、贾塘、史店、海城、兴隆、关桥、高崖、李旺、郑旗等18个乡镇林业站。现有职工187人，其中高级林业工程师3人、工程师8人、助理工程师59人、技术员80人。

3. 森林资源管理

1999—2007年森林资源管理基本实现资源稳定增长的永续利用这一管理目标。在取得这一结果的管理过程中，尽管存在不可回避的林地垦毁和过量消耗蓄积等问题，但不难看到，新增林地和蓄积增长速度正常，净增有林面积106 669 hm²，净增林分蓄积43 793 m³，林分单位面积的蓄积水平由"九五"末的3.05 m³/亩提高到16.92 m³/亩，森林资源管理成效显著。

（四）林地保护利用现状

1. 林地资源现状

根据《中华人民共和国森林法实施条例》第二条规定：林地包括郁闭度0.2以上的乔木林地以及竹林地、灌木林地、疏林地、采伐迹地、火烧迹地、未成林造林地、苗圃地和县级以上人民政府规划的宜林地。根据此次林地保护规划落界结果：截至2009年年底全县林业用地面积126 803.28 hm²，占土地总面积的25.27%；全县森林覆盖率为8.88%。

（1）林地面积按地类划分 在林业用地面积中：有林地面积4 451.72 hm²，占林业用地总面积的3.5%；灌木林地面积40 122.92 hm²，占31.6%；未成林造林地面积12 933.22 hm²，占10.2%；宜林地面积19 598.99 hm²，占15.5%；无立木林地面积49 568.28 hm²，占39.1%；苗圃地126.32 hm²，占0.09%；辅助生产林地面积1.83 hm²，所占比例不足0.01%。

有林地面积中全部为乔木林。灌木林地面积中全部为国家特别规定灌木林。

宜林地面积中：宜林荒山荒地19 525.48 hm²，占99.6%；其他宜林地73.51 hm²，占0.4%。

海原县土地总面积按地类分布情况详见表10-56。

表 10-56 各类林地面积分权属统计

统计单位	全县 /hm²	国有		集体		个人	
		面积 /hm²	占比 /%	面积 /hm²	占比 /%	面积	占比 /%
合计	126 803.28	35 798.45	28.23	91 004.83	71.77		
有林地	4 451.72	2 864.59	64.35	1 587.13	35.65		
疏林地	—	—	—	—	—		
灌木林地	40 122.92	16 412.00	40.90	23 710.92	59.10		
未成林地	12 933.22	1 274.83	9.86	11 658.39	90.14		
苗圃地	126.32	117.31	92.87	9.01	7.13		
无立木林地	49 568.28	13 545.71	27.33	36 022.57	72.67		
宜林地	19 598.99	1 582.18	8.07	18 016.81	91.93		
辅助生产林地	1.83	1.83	100	—	0		

（2）林地面积按分类经营体系划分 林地面积按生态公益林地和商品林地两类经营体系划分：①生态公益林地面积 海原县现有生态公益林地121 988.1 hm²，占全县林地总面积的96.2%。公益林地面积按保护等级划分：一级保护公益林地14 000.58 hm²，占11.5%；二级保护公益林地17 412.35 hm²，占14.3%；三级保护公益林地90 575.17 hm²，占74.2%。

按事权等级划分：国家级公益林面积14 076.97 hm²，占公益林总面积的14.3%；地方级公益林104 575.75 hm²，占85.7%。

按地类划分：有林地面积2 955.49 hm²，占公益林面积的2.4%；灌木林地面积40 122.92 hm²，占公益林面积32.9%；未成林造林地面积9 742.42 hm²，占公益林面积8%；宜林地面积19 598.99 hm²，占公益林面积的16.1%。无立木林地面积49 568.28 hm²，占公益林地面积40.6%。

生态公益林地有林地面积中全部为乔木林。

表 10-57 公益林按事权等级统计

单位：hm²

统计单位	总面积	有林地	疏林地	灌木林地	未成林地	无立木林地	宜林地
生态公益林	121 988.1	2 955.49	—	40 122.92	9 742.42	49 568.28	19 598.99
国家级公益林地	14 076.97	—	—	3 891.6	2 751.12	7 434.25	—
地方级公益林地	107 911.13	2 955.49	0	36 231.32	6 991.3	42 134.03	19 598.99

表 10-58 公益林保护等级面积统计

保护等级	合 计	Ⅰ级保护	Ⅱ级保护	Ⅲ级保护	Ⅳ级保护
面积 /hm²	121 988.1	14 000.58	17 412.35	90 575.17	—
占林地比例 /%	100	11.5	14.3	74.2	—

②商品林地面积 全县现有商品林地4 687.03 hm²，占全县林地面积的4%。商品林地面积按地类分：有林地面积1 496.23 hm²，占32.4%；未成林造林地3 190.8 hm²，占67.6%。商品林地中有林地全部为乔木林。

（3）林种结构分布 海原县现有林种结构分为防护林和经济林2大类。全县有防护林面积43 078.41 hm²，占纳入林种范围的林地面积的96.6%；经济林面积1 496.23 hm²，占

3.4%。有林地、疏林地和灌木林地合计面积44 574.64 hm²，占全县林地面积的35.2%。另有82 228.64 hm²未成林林地、苗圃地、无立木林地、宜林地和辅助生产用地，未纳入林种结构的面积范围，占全县林地面积的64.8%。

表 10-59　林种结构现状

	林种	计	防护林	特用林	用材林	薪炭林	经济林
现状	面积 /hm²	44 574.64	43 078.41	—	—	—	1 496.23
	比例 /%	100	96.6	—	—	—	3.4

2. 林地保护利用现状

（1）保护林地资源已成为全民共识　经舆论宣传，营造全社会"植绿、爱绿、护绿、兴绿"的浓厚氛围，切实增强全社会参与植树造林的责任感和使命感。以义务植树和重点林业工程建设为重点，全方位开展植树造林宣传，在全社会形成了关注林业、建设林业的良好氛围；结合县上组织的安全生产等大型宣传活动，组织了开展森林防火、林业法律法规、林业科技知识等专项宣传；围绕科技三下乡活动、"3·12"植树节，科技宣传活动周等，在南门广场、新区物流中心、乡镇集市等人口密集区，通过发放宣传材料，播放光碟、刷写标语，设立咨询台等多种形式，大力宣传《中华人民共和国森林法》《森林防火条例》《中华人民共和国野生动物保护法》《退耕还林条例》《中华人民共和国宪法修正案》等法律法规以及特色产业栽培管理技术等；通过广播电视、新闻媒体报道刊登林业建设取得的成就，向国家森防网、宁夏林业信息网等网站发送林业建设动态信息，近年来见报见刊等宣传文章达到120余篇，扩大了宣传覆盖面；为了更好地展示林业建设成果，搭建宣传平台，增加宣传渠道，还开通了海原县林业局自己的门户网站，营造了全民植树、护树、爱树的良好氛围。

（2）安全生产责任落实到人　海原县每年由县林业局组织召开"全县森林草原防火会议"，一是签订年度森林防火目标管理责任书，明确任务，落实责任。认真贯彻落实区、市、县有关安全生产会议精神，结合林业实际，及时制订下发《林业系统"安全生产年"活动实施方案》和《林业安全生产宣传教育行动实施方案》。近年来林业系统从未发生重特大安全事故和森林火灾。二是健全安全保卫工作机制。认真落实"人防、物防、技防"责任机制，严格门卫值班登记制度，及时对存在安全隐患的部门或单位进行排查整治，力争把安全隐患消灭在萌芽状态，杜绝安全事故的发生。

（3）林政执法力度较大　为进一步加强林木资源保护，巩固生态建设成果，海原县人民政府出台《关于进一步加强林木资源保护的通告》〔2010年〕，森林派出所进村入户张贴散发5 000余份。2010年累计出车206辆次，出警630人次，严惩毁坏林木案件1起，有效遏制破坏林木现象发生。按照上级部门的统一部署，制定"绿盾三号行动"方案，启动打击在全县范围内森林资源流转不规范引发的盗伐、滥伐林木，非法移植大树，非法收购、运输木材，毁林开垦、开矿、采石、挖沙等违法占用林地的行为。

（4）造林可利用空间较大　海原县林地面积126 803.28 hm²，其中，森林面积44 634.75 hm²；未成林地面积12 933.91 hm²；无立木林地面积49 580.08 hm²；宜林地面积19 654.51 hm²占林业用地面积的15.5%；全县无立木及宜林地面积总量达到69 167.27 hm²，这部分面积可作为今后除退耕还林以外的造林空间，另外全县耕地面积239 818.38 hm²，可用于退耕还林工程造林的面积占耕地面积的30%左右。经分析可用于林业增长空间的面积达到141 112.78 hm²，完全可以满足规划期内林地增长的用地需求。另外，海原县"十二五"期间，计划生态移民5万人，这部分也可纳入林地范围。

3. 林地保护利用存在的问题

（1）森林资源管护形势严峻　随着西部大开发的机遇，退耕还林工程项目的实施，使全县林地面积增长加快。由"九五"森林资源清查的9 236.2 hm²增加到现在的126 803.28 hm²，增长了13倍，森林覆盖率由原来的1.5%提高到现在的8.8%。森林资源管护将面临严重挑战，护林形势日益加剧。

（2）林地分布不均，呈明显大区域格局　县内森林面积集中分布于南部山区的4个乡镇，约24 145.55 hm²，占全县森林面积的54.2%，其中，西安镇森林面积9 514.47 hm²，森林覆盖率为16.29%；红羊乡森林面积5 187.99 hm²，森林覆盖率为14.81%；李俊乡森林面积7 655.98 hm²，森林覆盖率为17.38%；南华山自然保护区森林面积为19 105.3 hm²，森林覆盖率为30.05%。其他14个乡镇森林面积占全县森林面积的45.8%。

（3）经济发展与林地资源矛盾日益突出　发达的林业是经济发展的重要保障，经济要发展离不开良好的生态环境，而林业发展也需要经济提供财政保证。近几年，城乡建设、交通、水利建设高速发展，矿产资源开发利用稳步推进，这些大型建设项目的建成，加快了县社会经济的发展，提高了人民生活水平。但同时，建设项目占用林地的数量也在快速增长。随着县经济的进一步发展，建设项目征占用林地的面积还会有较大的增加。如何将林地资源数量保持在一个合理水平，既满足县经济发展，又能满足生态环境建设的需要，是摆在我们面前需要进一步研究的问题。

（4）林地保护利用需要统一的规划管理　长期以来，海原县虽注重管理但缺少基础性工作，一直没有编制过林地保护利用规划，致使林地管理无法做到统筹规划、科学管理，定量控制、定额管理，突出重点、强化效益。由于缺少统一规划，林地保护利用存在顾此失彼，不合理地征占用林地，破坏森林和野生动植物资源事件时有发生。随着海原县经济社会的快速发展、生态县建设的不断推进，如何加强依法保护和合理利用林地资源的管理，已成为当地林业主管部门一项十分紧迫的任务。林地资源是不可再生资源，要从源头抓起，因此，迫切需要一个统一的规划，依法履行林地资源管理，科学合理地规划林地保护与利用，保障林业的可持续发展和生态安全，实现生态、社会、经济效益的有机统一。

（五）林地保护利用综合分析

1.SWOT 分析

用 SWOT 分析方法对海原县现代林业地理环境、基础设施、林地资源、森林资源发展自身具有的优势、劣势及外部面临的机会、威胁进行分析。结果表明，海原县现代林业发展优势明显，机会大于威胁，宜采取增长性发展战略，应充分利用突出的内部优势和众多的机会，增加投资，加快发展。

①加快林业后续产业的培育，林业后续产业的培育，是巩固森林资源成果的基础和关键；②以工程项目带动林业发展；③以封山禁牧、封山育林和强化护林防火为主要措施，切实加强现有次生林和野生动植物的保护，促进天然更新、恢复和扩大林草植被，提高水源涵养能力。

2. 林地增长潜力分析

海原县林地面积126 803.28 hm²，占土地总面积25.27%。全县符合退耕还林条件的面积较大，未利用地面积及符合退耕还林条件的面积可达53 719.98 hm²，"十二五"期间规划实施生态移民6 721 hm²，所以林业的发展空间较大。预计至2020年全县可补充林地11 425 hm²，占现在林地的9%。

表 10-60 林地保护利用 SWOT 分析

因素	S（优势）	W（劣势）	O（机遇）	T（挑战）
地理环境	1. 地域辽阔，为全区第三大县；2. 名胜古迹丰富多彩；3. 野生动植物资源繁多	1. 地貌多属于黄土丘陵沟壑地带，属典型的大陆季风气候，常年干旱少雨，风大沙多；2. 县域内旅游项目缺乏统筹规划	1. 生态旅游前景广阔；2. 通过防沙治沙控制水土流失，造林潜力巨大	自然条件恶劣，水土流失严重，造林难成活
基础设施	林业局、管理站、护林组管理体系完备，生活、办公设施得到改善	防火林带、防火道建设尚未完全实施到位	进一步加大森林防火、森林病虫害防治体系和设施建设	森林防火压力巨大
林地资源	1. 林地权属明晰；2.《中华人民共和国森林法》《森林防火条例》《中华人民共和国野生动物保护法》《退耕还林条例》《中华人民共和国宪法修正案》为林地保护和利用提供强有力的法律支撑	1. 林地保护利用缺乏统一规划；2. 自然条件差，干旱少水，林地生产力不高；3. 城镇建设速度加快	1. 百姓对退耕还林工程造林的积极性非常高；2. 加大对林地保护力度和投入；3. 编制切实可行的林地保护利用规划	建设用地与林地之间的矛盾日益突出
森林资源	无立木、宜林地面积大，资源增长潜力大	1. 林龄结构不合理，乔木林优势树种单一，龄组以幼、中龄林为主，近、成、过熟林面积小；2. 林种结构比较单一；3. 资源分布不均	1. 森林生产力提高潜力大；2. 可加大风景林和防护林建设力度	以封山禁牧、封山育林和强化护林防火为主要措施，促进天然更新、恢复和扩大林草植被，提高水源涵养能力

3. 建设用地对林地的需求分析

随着海原县工业化和城市化进程的推进，各项建设对土地的需求量将不断增加，由于国家实行严格的耕地保护政策，势必造成各类建设用地向滩涂和林地转移，因此对林地的需求将呈不断增加的趋势。预计海原县2010—2020年林地需求量为379.54hm²，年均

$37.95\,hm^2$，可见在规划期，林地需求比以前有大幅度增加。

二、规划总则

（一）规划依据、期限及范围

1. 规划依据

（1）法律法规 《中华人民共和国森林法》（1998年4月29日，修正）、《中华人民共和国森林法实施条例》（国务院第278号令，2001年1月29日）、《中华人民共和国土地管理法》（1998年8月29日，修正）;《中华人民共和国土地管理法实施条例》（国务院第256号令，1998年12月27日）、《中华人民共和国自然保护区条例》《林地管理办法》《征占用林地实施规范》《国家林业局、财政部重点公益林区划界定办法》（2010年1月1日起实施）、《宁夏回族自治区林地管理办法》（宁夏回族自治区人民政府第78号令，2005年8月1日实施）。

（2）政策文件 《中共中央 国务院关于加快林业发展的决定》（中发〔2003〕9号，2003年6月25日）、《国务院关于保护森林资源，制止毁林开垦和乱占林地的通知》（国发明电〔1998〕8号，1998年8月5日）、《国务院关于深化改革严格土地管理的决定》（国发〔2004〕28号，2004年10月21日）、《中共中央 国务院关于全面推进集体林权制度改革的意见》（中发〔2008〕10号，2008年6月8日）、《国家林业局关于开展全国森林分类区划界定工作的通知》（林策发〔1999〕191号，1999年7月1日）、《国务院关于全国林地保护利用规划纲要（2010—2020年）的批复》（国函〔2010〕69号）、《自治区林业局关于编制自治区及县级林地保护利用规划的通知》〔宁林（办）发〔2010〕631号，2010年11月2日〕。

（3）规范规程及参考资料 《林地保护利用规划林地落界技术规程》LY/T 19955—2011、《县级林地保护利用规划编制技术规程》LY/T 1956—2011、《县级林地保护利用规划制图规范》;《宁夏土地利用总体规划（2006—2020年）》（2009年）、《宁夏旅游总体规划（2006—2020年）》（2009年）、《宁夏水利总体规划（2006—2020年）》（2009年）、《宁夏交通总体规划（2006—2020年）》（2009年）、《宁夏回族自治区森林资源规划设计调查实施办法》（2006年）、《宁夏森林资源规划设计调查成果报告》（2006年）、《海原县水利发展"十一五"规划》（2006年）、《海原县电网"十一五"规划及远景发展目标》（2006年）、《海原县森林经营管理现状分析评价报告》《海原县森林经营规划》《海原县特色经济林产业发展规划》《海原县林业西部发展发展规划》《海原县林业区划》（1985年）、《海原县林业发展"十一五"规划》（2006年）、《海原县森林资源规划设计调查成果报告》（2008年）。

2. 规划期限

规划期限：2010—2020年。

3. 规划范围

林地保护利用的规划范围依附于海原县行政区域范围，土地总面积501 826.91 hm²，林地总面积126 803.28 hm²。

（二）规划指导思想与原则

1. 规划指导思想

以《中华人民共和国森林法》《森林法实施条例》等法律法规为依据，认真贯彻"把林地与耕地放在同等重要的位置，高度重视林地保护"和"十分珍惜、合理利用每一寸土地"的政策方针，以科学发展观为指导，根据今后一个时期经济、社会发展和环境建设的需要，确保重要工业区和城镇发展的需要，全面统筹安排林地利用的结构与方向，正确处理林地保护和利用的关系，林地规划和其他规划的关系，当前和今后的关系，科学保护、合理配置、集约利用好林地资源，体现多用途，发挥多功能，实现多效益，促进社会经济的可持续发展。

2. 规划原则　根据上述指导思想，编制海原县林地保护利用规划应贯彻以下原则：

（1）坚持可持续发展战略原则。科学协调好林业两大体系建设与全社会经济社会可持续发展的关系，使林地的保护利用既能满足当代人发展的要求，又不损害后代人生存发展的需求。

（2）坚持以保护为主的科学性原则。在科学分析和综合多种利用需求的基础上，根据各类林地的适宜性表现，体现以保护为主、合理确定林地的利用结构与方向，促进林地资源的优化配置和利用效益的提高。

（3）坚持以人为本、生态优先原则。从人与自然协调发展的需求出发，优先保障生态建设用地，并对生态林地实行用地管制，以充分满足人们日益增长的提高生活环境质量的需要，同时又使生物的多样性得到有效保护。

（4）坚持因地制宜、统筹安排原则。根据具体所处的自然因素和区位条件，对林地实行科学的分类分区管理，如土质优良可规划为经济林地，有潜在水土流失及地质灾害危险地段应规划为水土保持林地。

（5）坚持与相关规划相协调原则。林地保护利用规划要与当地的土地利用规划、城镇体系规划、生态建设规划等相协调，应体现出地方经济社会的当前与长远发展需要，而不能与之产生矛盾。

（6）坚持生态、社会、经济效益相统一原则。林地保护利用规划要与森林分类经营、林业产业化结构调整相结合，在确保生态建设用地的前提下，发展多种商品林业，促进解决林区的"三农"问题，实现生态、社会和经济效益的有机统一。

3. 规划目标

（1）规划总目标　海原县林地保护利用规划的总目标：根据现代林业建设的性质、定位和要求，突出森林分类经营主线，优化林地资源配置，提高林地使用效益，使林地的保护利用工作既能符合林业自身发展的特点和规律，又能为当地经济社会的持续、稳定、协调发展提供有力的支持，从而顺利实现林业发展的战略性转变。

（2）具体指标　根据区规划总目标，海原县林地保护利用规划确定如下具体指标：

①全县非林业用地面积375 023.63 hm²，占全县土地总面积74.73%，其中耕地面积239 818.38 hm²，符合退耕还林条件的在2%左右，此外还有部分未利用地49 568.28 hm²，"十二五"期间生态移民建设6 721 hm²。这些都是林地增长的可利用空间，总面积达到53 719.98 hm²。至规划期结束（2020年）时，林地保有量达到138 228.28 hm²，较期初增加11 425 hm²，增长空间完全可以满足规划期内林业建设的需求。

②以林业重点生态工程建设为重点，以全民造林绿化为补充，加大宜林荒山荒地造林绿化力度，加快城乡绿化步伐，实施低产低效林改造、生态脆弱区治理工程，全县林业生态工程总任务量47 592 hm²，其中，人工造林39 442 hm²、封山育林6 150 hm²、低产低效林改造2 000 hm²。规划期内，新增森林面积32 725.36 hm²，森林保有量达到77 300 hm²，完全可满足森林覆盖率从8.88%到15.4%的区规划目标。

③生态公益林地　对生态公益林地实行用途管制，确保生态公益林地面积总量稳定。至2020年，增加生态公益林地面积8 092 hm²，达到130 080.1 hm²。

④商品林地　其规划面积增加幅度较大，至2020年调整增加到8 020.03 hm²，较期初增加3 333 hm²；完成全区商品林比率0.42%的目标。

⑤通过封山禁牧、封山育林和强化护林防火措施，促进天然林更新，提高森林质量和效益、优化结构布局，使全县林地生产率由15.11 m³/ hm²达到19.64 m³/ hm²。

⑥林地转为建设用地面积控制　根据各部门规划的用地分析，海原县在规划期间（2010—2020年）建设项目对林地的需求为379.54 hm²。由于区规划未将占地指标分配给各县，所以暂不作控制。海原可根据规划中的需求量，向区林业主管部门提出申请，由区主管部门统一调配。

表 10-61　林地保护利用的主要规划指标

属性	指标	现状	2020 年
约束性	森林保有量 /hm²	44 574.64	77 300
	征占用林地定额 /hm²	—	—
预期性	林地保有量 /hm²	126 803.28	138 228.28
	林地生产率 /m³/ hm²	15.11	19.64
	公益林地比率 /%	6.78	6.77
	商品林地比率 /%	0.26	0.42

（3）规划任务　林地保护利用规划的主要任务是根据社会经济发展规划、国土规划、林业发展规划和相关区域规划的要求，结合区域内的自然生态和社会经济条件，建立符合区域特点和林地资源利用效益最大化要求的林地保护利用优化体系。具体有以下几个方面。

①以严格保护为前提，确保林地规模适度增长。通过严格林地用途管制，严厉打击毁林开垦和违法占用林地等措施，防止林地退化，减少林地逆转流失数量；通过生态自我修复和加大对工矿废弃地、生态重要区域的治理等，有效补充林地数量，严格保护和积极拓展绿色生态空间，确保县域林地资源动态平衡、适度增长。

②以提高林地利用率为重点，确保森林覆盖率目标实现。采取重点生态工程带动、激励社会力量参与生态建设和林业发展等措施，强化宜林荒山荒地造林绿化力度，加强生态脆弱区的生态治理，实施退化林地修复工程，大规模增加森林面积，提高林地利用率，为促进生态文明、实现现代林业和森林覆盖率目标提供基础保障。

③以提高林地生产率为核心，逐步实现森林可持续经营。加强中幼龄林抚育和低产低效林改造力度，实施国有林、重点公益林经营工程，加强对集体林区森林经营的指导与扶持，加快森林可持续经营进程，提高森林资源质量和林地产出，培育健康稳定的森林生态系统，增强林地的综合效益。

④以优化林地保护利用结构布局为手段，统筹区域林地保护利用。在全县范围内分区、分类、分级确定林地保护利用方向、重点、政策和主要措施；按照推进形成主体功能区的要求，对不同区域林地实行有针对性的差别化保护利用政策，规范林地利用秩序，

促进林地利用的区域协调，确保全县林地保护利用整体效益最大化。

⑤以管理制度创新为突破口，构建完善的规划实施保障体系。综合运用法律、经济、行政和技术等手段，改革和完善林地保护利用的制度、机制，建立和完善分级保护、用途管制、定额转用、差别管理等节约集约使用林地的基本制度，加大林地保护和利用调控能力，构建较完善的规划实施保障体系，确保林地保护利用规划顺利实施。

三、生态布局与分类区划

（一）生态布局

1. 分区方法

在县级《土地利用总体规划》的生态建设与环境保护布局的基础上，分析区域生态特征、生态服务功能与生态敏感性空间分布规律，确定不同地域单元的主导生态功能，确定生态布局方案，对贯彻落实科学发展观，牢固树立生态文明观念，维护区域生态安全，促进生态建设发展具有重要意义。采用如下分区方法进行布局。

（1）按照海原县的气候地貌等自然条件，将海原县分为3个大区：干旱生态大区、自然保护区和引黄灌区。然后根据主导服务功能类型、生态功能重要性和地形差异等将全县生态布局划分为5个区域，即南华山自然保护区、北部风沙干旱区、南部半干旱黄土丘陵沟壑区、中部干旱丘陵区和引黄灌区。

（2）根据生态系统的自然属性和所具有的主导服务功能类型，将全县划分为生态调节、产品提供与人居保障3类生态功能一级区。

（3）在生态功能一级区的基础上，根据生态功能重要性划分生态功能二级区。生态调节功能包括水源涵养、土壤保持、防风固沙；产品提供即为林产品提供。

（4）生态功能三级区是在二级区的基础上，按照生态系统与生态功能的空间分布特征、土地利用的组合来划分生态功能区。

2. 分区生态特点与保护利用方向

（1）水源涵养生态功能区 全县水源涵养生态功能区1个，位于海原县南7 km处的南华山自然保护区，地处北纬36°22′~36°33′，东经105°31′~105°44′，山势呈东南—西北走向，长约35 km、宽25 km。此区总面积22 625.37 hm²，占全县土地总面积的4.5%。

①该区的主要生态问题 A.南华山属于我国温带山地草原区，地处宁夏中部干旱带核心区域，年有效降水量400 mm左右；B.自然灾害的侵袭比较严重，由于南华山处于草甸化草原向干草原过渡地段，年降水量本来就少，再加上近年来的持续干旱和年季降水

不均，导致了林木保存率过低。

②该区的林地资源现状　该区包括南华山自然保护区的6个村，国土面积22 625.37 hm²，林地14 184.8 hm²，其中，有林地面积为1 879.42 hm²，灌木林地面积4 920.5 hm²，未成造林地1 081.04 hm²，无立木、宜林地面积为6 260.67 hm²；森林覆盖率达30.05%。

③该区林地保护利用方向　A. 对重要水源涵养区建立生态功能保护区，加强对水源涵养区的保护与管理，严格保护具有重要水源涵养功能的自然植被，限制或禁止各种不利于保护生态系统水源涵养功能的经济社会活动和生产方式，如无序采矿、毁林开荒、开垦草地等；B. 继续加强生态恢复与生态建设，治理土壤侵蚀，恢复与重建水源涵养区森林、草原、湿地等生态系统，提高生态系统的水源涵养功能；C. 严格控制水污染项目建设，减轻水污染负荷，禁止导致水体污染的产业发展，开展生态清洁小流域的建设。

（2）防风固沙生态功能区　全县防风固沙生态功能区1个，位于海原县北部风沙干旱带，包括西安镇和关桥乡两个乡镇。此区总面积106 447.91 hm²，占全县土地总面积的21.2%。

①该区的主要生态问题　水资源严重短缺与水资源过度开发导致植被退化土地沙化等。

②该区的林地资源现状　该区涉及两个乡镇。国土面积为106 447.91 hm²，林地面积为27 853.65 hm²；其中，有林地216.53 hm²，灌木林地10 427.58 hm²，未成林造林地875 hm²，无立木、宜林地面积为16 296.92 hm²；森林覆盖率为9.8%。

③该区林地保护利用方向　A. 在沙漠化极敏感区和高度敏感区建立生态功能保护区，严格控制放牧和草原生物资源的利用，禁止开垦草原，加强植被恢复和保护；加大生态移民力度；B. 调整传统的畜牧业生产方式，大力发展草业，加快规模化圈养牧业的发展，控制放养对草地生态系统的损害；C. 调整产业结构、退耕还林、退牧还草，恢复植被；D. 加强内陆河流域规划和综合管理，禁止在干旱和半干旱区发展高耗水产业。

（3）水土保持生态功能区　全县土壤保持生态功能区2个，分别是南部半干旱黄土丘陵沟壑区、中部干旱丘陵区。面积280 359.17 hm²，占全县土地总面积的55.9%

此功能区位于海原县中南部干旱带，涉及树台、红羊、李俊、史店、九彩等11个乡镇。

①该区的主要生态问题　不合理的土地利用，特别是陡坡开垦，以及矿产开发、城镇建设、森林破坏、草原过度放牧等人为活动导致地表植被退化、土壤侵蚀和石漠化危害严重。

②该区的林地资源现状　水土保持生态功能区涉及11个乡镇，国土总面积为280 359.17 hm²，林地面积为62 882.05 hm²，其中，有林地1 649.83 hm²，灌木林地

19 486.01 hm²，未成造林地6 870.24 hm²，无立木、宜林地面积34 830.8 hm²；森林覆盖率达到7.53%。

③该区林地保护利用方向　A.调整产业结构，加速城镇化和社会主义新农村建设的进程，加快农业人口的转移和生态移民，降低人口对土地的压力；B.全面实施天然林、退耕还林、退牧还草工程，禁止陡坡垦殖和过度放牧；C.开展石漠化区域和小流域综合治理，协调农村经济发展与生态保护的关系，恢复和重建退化植被；D.严格资源开发和建设项目的生态监管，控制新的人为土壤侵蚀；E.发展农村新能源，保护自然植被。

（4）林产品提供生态功能区　全县林产品提供生态功能区1个，位于海原县东北部引黄灌溉区，涉及高崖、李旺、七营、三河4个乡镇。此区总面积92 394.46 hm²，占全县土地总面积的18.4%。

①该区的主要生态问题　特色林产业受立地条件的影响，农民增收不明显，导致造林积极性不高；林地退化，抵御灾害能力低。

②该区的林地资源现状　该区涉及4个乡镇，国土面积为92 394.46 hm²，林地面积为21 882.78 hm²，其中，有林地面积705.94 hm²，灌木林地面积5 288.83 hm²，未成林造林地4 106.94 hm²，无立木、宜林地为11 778.88 hm²；森林覆盖率达到5.21%。

③该区林地保护利用方向　A.加强对林农的技术支持，提高林木生产力；B.改善农村能源结构，减少对林地的压力。

（二）林地分类

林地结构分为生态公益林地和商品林地两大森林分类体系，林地结构规划按照这两大用地体系进行规划。

据海原县林地落界调查结果表明，全县现有林地面积126 803.28 hm²，其中，生态公益林地面积121 988.1 hm²，商品林地面积4 687.03 hm²；生态公益林地与商品林地面积之比为96∶4。

规划至2020年，海原县林地保有面积138 228.28 hm²，较期初增加11 425 hm²。其中，生态公益林地面积130 080.1 hm²，较期初增加8 092 hm²；商品林地面积8 020.03 hm²，较期初增加3 333 hm²。生态公益林地与商品林地面积之比为94∶6。

1. 生态公益林地

（1）生态公益林地规划　海原县现有生态公益林地包括国家级公益林地和地方级公益林地。其中，国家级公益林地全部为重点公益林地，地方级公益林地部分为重点公益林地。根据重点公益林"生态优先、确保重点""因地制宜、因害设防""集中连片、合理布局""稳定林权、体现自愿"的界定原则，重点公益林地加强管制，重点公益林面积不变。

按照前述规划技术路线和林地资源消长分析，在规划期内生态公益林地将逐年增加，其增加面积主要来自海原县有关生态体系建设规划增加部分林地纳入生态公益林地面积。

生态林地面积的增加来自城镇绿地系统建设和通道防护林带建设。通过城镇绿地系统建设可增加林地面积1 257 hm²，其中，近期增加林地628 hm²，远期再增林地629 hm²；通道防护林建设可增加114 hm²，其中，近期规划建设65 hm²，远期规划建设49 hm²；退耕还林工程建设可增加6 721 hm²，其中，近期规划建设3 000 hm²，远期规划建设3 721 hm²。由此推算，到规划期末将增加生态公益林地面积8 090 hm²。

近期规划结果：期初公益林地面积121 988.1 hm²，其间，增加林地面积3 693 hm²。至期末公益林地面积为125 681.1 hm²，由于商品林增长比例大，生态公益林的比例由期初的96.3%减少到95.3%。

远期规划结果：期初公益林地面积125 681.1 hm²，其间，增加林地面积4 399 hm²。至期末公益林地面积为130 080.1 hm²，由于商品林增长比例大，生态公益林的比例由期初的95.3%减少到94.2%。

（2）生态公益林用途管制 全县林地划分为生态公益林林地和商品林林地两大体系，实行森林分类经营，分类确定管理体制。对于生态林林地实行如下用途管制措施。

①生态公益林实行统一规划、挂牌立标、分级负责、科学经营、严格管护的方针。经批准的生态公益林体系建设规划不得擅自变更，确需变更的，必须经原审批机关批准，并报上一级林业行政主管部门备案。

②生态公益林区内的林地是供保护和改善生态环境之用，严格控制各类建设征用占用生态公益林地，不得擅自变更、改变林地用途。如确需改变林地用途的，必须依法办理征用、占用林地审核、审批手续。同时，为确保生态公益林面积不因征占用林地而减少，凡依法经批准的征占用生态公益林地，必须按照等量置换的原则，实行生态公益林地面积的占补平衡，补划公益林的地块要落实到具体的山头、小班和位置。

③依据《中共中央 国务院关于全面推进集体林权制度改革的意见》（2008年6月8日）精神，对于公益林地，在不破坏生态功能的前提下，可依法合理利用林地资源，开发林下种养业，利用森林景观发展森林旅游业等。同时设定两个条件，一是不破坏生态功能，也就是不同类型的公益林，其所发挥的生态功能不因经营活动而受到破坏；二是依法，也就是经营活动不得违背法律法规的规定。

④生态公益林区内现有的针叶纯林、郁闭度0.2以下的疏残林，应进行补植、套种或更

新改造，以此促使生态公益林的郁闭度达到0.5以上。区内的各类迹地应于当年或次年完成造林更新。在有林地内，可根据地形地势状况，开设防火线或营造生物防火林带。

⑤自然保护区（小区）、森林公园、风景名胜区、国防林等的林地管制按国家和区有关规定严格执行。

⑥违反生态公益林建设管理有关法律、法规的单位和个人，要依法进行处理。

2. 商品林地

（1）商品林地规划　海原县现有商品林地主要是经济林地。按照前述规划技术路线和林地资源消长分析，在规划期内商品林地面积增加来自实施退耕还林工程。根据海原县有关生态体系建设规划有部分公益林地将被调整为商品林地。

近期规划结果：期初商品林地面积4 687.03 hm²，工程造林增加面积1 500 hm²。至期末商品林地面积6 187.03 hm²，其比例由期初的3.7% 增加到4.7%。

远期规划结果：期初商品林地面积6 187.03 hm²，退耕还林增加林地面积1 833 hm²。至期末商品林地面积8 020.03 hm²，其比例由期初的4.7% 增加到5.8%。

（2）商品林地经营流转　依照《中华人民共和国物权法》《中华人民共和国农村土地承包法》《中华人民共和国森林法》等法律规定以及《中共中央 国务院关于全面推进集体林权制度改革的意见》精神，要完善制度建设和深化林业体制改革，保障农民和其他林业经营者依法占有、使用、收益、处分林地林木的权利，放活经营权、落实处置权、保障收益权。

因此对于商品林地，一要增加投入，提升集约经营水平，实行科学经营，以取得尽可能多的经济效益；二要实行资产化与市场化管理，允许进行使用权流转。为此，实行如下管理措施。

①商品林地经营以市场为导向，按照市场经济规律进行运作。要引导并提倡全社会办林业，鼓励高科技、高投入、高产出和规模经营、企业化管理。政府及其主管部门对商品林基地实行宏观调控，搞好基础设施建设，创造良好发展环境，培育市场体系，监督市场运作和维护公平竞争。

②对商品林的林木、林地实行有偿使用制度，允许进行使用权流转。按照《中华人民共和国森林法》规定，用材林、经济林及其林地使用权可以依法转让，也可以依法作价入股，或者作为合资、合作造林、经营林木的出资条件。

表 10-62　公益林地和商品林地结构规划

结构		合计	公益林	商品林
现状	面积 /hm²	126 675.13	121 988.1	4 687.03
	比例 /%	100	96.3	3.7
2015 年	面积 /hm²	131 868.13	125 681.1	6 187.03
	比例 /%	100	95.3	4.7
2020 年	面积 /hm²	138 100.13	130 080.1	8 020.03
	比例 /%	100	94.2	5.8

③加强对森林、林木和林地使用权的流转管理，规范流转行为。按照"产权归属明晰、经营主体到位、权责划分明确，利益保障严格、流转规范有序、服务监管有效"的现代林业产业制度要求，坚持"稳定所有权、完善承包权、搞活经营权"的原则，积极引入市场竞争机制，推进自留山、承包山和集体统管山使用权的合理流转。凡发生使用权的变更流转，双方应签订流转合同，并依法向林业主管部门申请办理森林、林木和林地使用权变更登记手续或换发林权证。

④商品林林地的经营和流转，不得将林地改为非林地。因项目建设需要征占用林地的，要依法办理征占用林地审核、审批手续。

四、林地保护规划

（一）林地保护

为加强林地的保护管理，规划根据生态的脆弱性、生态区位的重要性、经济的重要性和其他相关因子，结合海原县的实际情况，对海原县林地实行分级保护，划分不同的林地保护等级，并制定相应的保护管理措施。生态脆弱性是指森林生态环境经破坏后，恢复的难易程度或生态环境因自然条件的改变而造成偶发或多发性自然灾害。生态区位重要性是指具有重点生态价值及需要提供森林保护的森林生态系统、濒危动植物种类和各类社会设施的重要程度。经济重要性是指商品林地经济的重要程度。

海原县林地保护等级分为四个，具体保护等级的划分及其相应的保护措施，规划如下。

1. 一级保护林地

（1）区域范围 是重要生态功能区内予以特殊保护和严格控制生产活动的区域，以保护生物多样性、特有自然景观为目的。考虑到全县功能区划的实际情况，将南华山自然保护区划为一级保护林地。现有一级保护林地为14 184.8 hm²，规划期末一级保护林地面积14 509.94 hm²，占全县林地面积的10.5%。

（2）保护措施 实行全面封育，尽量使其保持自然状态，遵循自然演替规律，实行严格保护。划定管护责任区，配备专职防林员，建立由专人负责的重点公益林管理网络，禁止开垦、采石、挖沙、取土、筑坟等损坏生态公益林的行为。原则上特殊保护林地不得转为建设用地，确因重点工程、公益性基础设施等建设项目需要，不得不征占用地，则必须实行"占一补一"，即征占用多少就要补划相同数量、质量的重点生态公益林，经同级人民政府批准，并按相关程序报省级以上林业主管部门依法办理相关审批手续。

2. 二级保护林地

（1）区域范围 二级保护林地是我国重要生态调节功能区内予以保护和限制经营利用的区域，以生态修复、生态治理、构建生态屏障为主要目的。包括除一级保护林地外的国家级公益林地、军事禁区、国家森林公园、沙化土地封禁保护内的林地。据此，将除自然保护区以外的国家公益林地划为二级保护林地。现有二级保护林地为14 076.97 hm²，规划二级保护林地14 076.97 hm²，占全县林地面积的10.18%。

（2）保护措施 实施局部封禁管护，鼓励和引导抚育性管理，改善林分质量和森林健康状况，禁止商业性采伐。除必需的工程建设占用外，不得以其他任何方式改变林地用途，禁止建设工程占用森林，其他地类严格控制。在不破坏生态功能的前提下，可以依法合理利用林地资源，开展适度的森林经营活动和非木质森林资源培育与利用。非木质森林资源培育与利用应当采用现有成熟技术，科学确定培育利用的方式、强度和规模。森林游憩应当科学确定生态承载容量、经营规模和经营形式。

3. 三级保护林地

（1）区域范围 三级保护林地是维护区域生态平衡和保障主要林产品生产基地建设重要区域。包括除一、二级保护林地以外的地方公益林地、一级国家、地方规划建设的丰产优质用材林培育基地。现有三级保护林地为93 910.55 hm²，规划三级保护林地101 710.83 hm²，占全县林地总面积的73.58%。

（2）保护措施 严格控制征占用林地。适度保障能源、交通、水利等基础设施和城市建设用地，以严格控制商业性经营设施建设用地，限制勘查、开采矿藏和其他项目用地。重点商品林地实行集约经营、定向培育。公益林地在确保生态系统健康和活力不受威胁或损害下，允许适度经营和更新采伐。

4.四级保护林地

（1）区域范围　四级保护林地是需予以保护并引导合理、适度利用的区域，包括未纳入上述一、二、三级保护范围的各类林地。现有四级保护林地4630.96hm²，规划四级保护林地7930.54hm²，占全县林地总面积的5.74%。

表 10-63　林地保护等级面积统计

	保护等级	合 计	Ⅰ级保护	Ⅱ级保护	Ⅲ级保护	Ⅳ级保护
现状	面积/hm²	126803.28	14184.8	14076.97	93910.55	4630.96
	占林地比例/%	100	11.19	11.10	74.06	3.65
2020年	面积/hm²	138228.28	14509.94	14076.97	101710.83	7930.54
	占林地比例/%	100	10.50	10.18	73.58	5.74

（2）保护措施　严格控制林地非法转用和逆转，限制采石取土等用地。推行集约经营、农林复合经营，在法律允许的范围内合理安排各类生产活动，最大限度地挖掘林地生产力。

（二）森林保护

1.森林保有量规划

以退耕还林、天然林资源保护、三北防护林体系建设等重点工程为基础，通过人工造林、封山育林，稳步提高森林保有量。

规划到2020年，新增森林面积32725.36hm²，森林保有量达到77300hm²，确保全县森林覆盖率从8.88%到15.4%的规划目标。

2.森林保护措施

严格保护现有森林，适度增加森林保有量。对全县现有44574.64hm²森林资源加强管护，加强森林"三防"体系建设，防止乱砍滥伐、防止森林火灾、防治森林病虫害，确保森林资源安全，把依法护林、依法兴林贯穿于资源保护、林地使用、林木采伐更新、森林防火及森林病虫害防治等各个方面。继续实施国家重点林业生态建设工程，扩大林地面积提高森林质量。到2020年森林面积达到77300hm²以上，森林覆盖率达到15.4%以上。并切实加强对有林地和生态脆弱地区灌木林地的保护，提高林地利用率，确保森林面积、蓄积总量稳步增加，到2020年建成功能完备的生态屏障。

增加森林面积的途径和措施：全县到2020年森林面积增加32725.36 hm²。目前有未成林造林地12933.22 hm²（据最新的二类资源统计数据），到规划期末部分未成林造林地可达到森林标准；规划期新造林45592 hm²，到规划期末部分可达到森林标准；另外通过低产林改造、人促更新等措施，部分疏林地、盖度30%以下灌木林地达到森林标准。同时提高林地利用率，将无立木林地转化为有林地、灌木林地，从而提高森林保有量，因此在今后10年只要加强抚育管护，增加补植补造面积，可实现森林保有量的规划目标。

表 10-64　海原县森林保有量规划

单位：hm²

单位	森林面积
全县	77300.00
甘城乡	928.89
七营镇	3501.74
三河乡	2739.67
高崖乡	290.38
关桥乡	5387.91
贾塘乡	5774.37
李旺镇	3701.04
西安镇	16259.50
史店乡	2632.50
海城镇	1742.06
郑旗乡	1882.94
树台乡	6967.14
曹洼乡	2440.58
红羊乡	6639.00
九彩乡	1861.50
关庄乡	1213.25
李俊乡	3196.97
南华山自然保护区	10140.56

3. 林地恢复措施

（1）灾毁林地恢复　"预防为主、科学防控，依法治理、促进健康"，提高森林灾害的预防，强化森防目标管理，落实防治责任，实现减灾控灾的目标。对灾毁林地及时通过抚育更新、重新造林、封育管护等措施进行恢复。

（2）退化林地修复　推广应用先进科技成果和实用技术，防止并减少林地退化；对已经退化为疏林地、灌丛和荒山荒地的林地，有针对性地实施退化林地修复工程。

（3）临时占用地恢复　强化对征占用林地的控制和引导，实行建设项目所在行政区域内的森林（有林地和国家特别规定的灌木林）占补平衡。临时占用林地期满后及时恢复林业生产条件，制定规划，尽快恢复森林植被。县级林业行政执法部门依法监管，确保临时占用地按规定恢复。恢复的林地面积不得减少，并且不降低林地生产力。

（4）毁林开垦林地恢复　对毁林开垦行为必须依法打击，迅速查清毁林开垦林地的数量与分布，制定限期还林规划。县级林业行政执法部门依法监管，恢复的林地面积不得减少，并且不降低林地生产力。

（三）补充林地规划

林地资源的增长是通过一部分非林地转为林地的方式实现。从海原县实际情况分析，今后林地面积的增长潜力主要来自四条途径：一是通过实施退耕还林工程；二是通过生态移民进行植被恢复；三是通过发展城镇林业；四是通过通道防护林建设。

1. 退耕还林

对于部分坡度大于25°生态敏感区的耕地，因其水土流失比较严重、产量低，根据有关政策要求，应逐步退耕还林。退耕还林工程的实施，有利于增加森林植被，保持水土、减少灾损，改善生态环境脆弱地区的生态状况。根据土地利用现状更新调查的坡度分级调查结果，以及海原县生态县建设的需要，确定规划期内退耕还林面积为3 333 hm²。因此，经退耕还林项目实施后，到规划期末可增加林地面积约3 333 hm²。

2. 生态移民

"十二五"期间，全县规划实施移民搬迁安置12 775户55 595人，其中，县内移民3 832户16 675人，县外移民8 943户38 920人。涉及全县16个乡（镇）1个管委会，1个自然保护区的79个行政村、201个自然村。共计面积为6 721 hm²。

3. 城镇林业

近几年，城镇化建设进程加快。森林进城，城镇森林化是经济发展和人民生活水平提高后对环境改善的迫切要求，城镇林业发展将是海原县增加林地面积的重要途径。根据《海原县生态县建设规划》《海原县林业发展规划》等相关资料分析，海原县城乡建设增加了生态绿地，同时也发展了城乡林地，其次村庄绿化是城镇绿化的延伸，美化家园的重要内容，也纳入城镇林业建设范围。经分析测算，城乡绿化可增加1257 hm²，前5年628 hm²；后5年629 hm²。这部分增加的林地面积可归入为特用林建设范围。

4. 通道防护林

近年来，海原县已建主要交通干线绿化美化工作基本完成。因此，通过道路防护林带建设途径增加林地面积的潜力，主要是以新、改建交通干线绿化为主，主要有福银（福州—银川）高速公路、平（川）海（原）70 km高速公路等工程，以及其他改建县道公路。据《海原县土地利用总体规划大纲》和《海原县公路水路交通建设规划》等材料分析，2010—2015年全县新、改建公路里程将达到746 km；2015—2020年全县新、改建公路里程达到564 km。

参考历年通道绿化建设情况，扣除新、改建交通干线两侧非宜林路段和原有林地路段，确定规划期通道防护林带建设长度为新、改建公路里程总数的14.5%左右，建设平均宽度为路段两侧各6 m。由此推算，规划期末可增加林地面积114 hm²，其中，近期增加林地面积65 hm²，中远期再增林地面积49 hm²。这部分增加的林地面积应归入防护林建设范围。

表 10-65　海原县林地保有量规划

单位：hm²

单位	林地面积
全县	138 228.28
甘城乡	9 600.94
七营镇	9 606.68
三河乡	7 434.44
高崖乡	782.45
关桥乡	9 059.56
贾塘乡	8 520.79
李旺镇	5 169.91
西安镇	19 968.03
史店乡	5 731.43
海城镇	2 659.14

单位	林地面积
郑旗乡	5089.84
树台乡	11315.43
曹洼乡	3489.13
红羊乡	12756.86
九彩乡	2718.75
关庄乡	3106.95
李俊乡	6599.99
南华山自然保护区	14617.96

（四）建设用地对林地的需求

根据国民经济对各行业的要求，以及海原县相关部门提供的各类建设用地对林地的需求预测，测算规划时段建设用地对林地的需求规模。在各部门预测的基础上，考虑历年林地征占用相关统计数据和今后土地保护利用的政策导向，进行综合平衡分析，作出如下预测。

1. 城镇建设用地

根据海原县历年建设用地审批数据统计新增城镇建设用地中林地所占比例为0.2%~0.3%，为了切实保护好更为稀缺珍贵的耕地资源，今后各类建设项目利用林地为主体的低丘缓坡土地比例将会适度提高。按照新一轮土地利用总体规划大纲等相关资料的城镇建设用地需求量预测分析，结合本县低丘缓坡林地资源分布情况，采用分项目估计方法，确定规划期间新增城镇建设用地中占用林地的比例为2%左右。

据此推算，海原县2010—2015年的城镇建设用地需求量为13 hm²，其中占用林地约为0.03 hm²；2015—2020年新增城镇建设用地为135 hm²，其中占用林地约为3.51 hm²；2010—2020年新增城镇建设用地，共计需要占用林地面积约为3.54 hm²。

2. 农村居民点用地

根据《海原县土地利用总体规划大纲》建设用地需求量预测分析专题报告，在中心村建设、农村居民点整理等村庄建设规划的实施过程中，需要占用一定数量的农用地作为启动指标或周转指标。在2010—2020年规划期间，预计要安排1694 hm²农用地用于农村居民点建设，其中，2010—2015年期间占用1120 hm²，2015—2020年期间占用574 hm²。

参照历史经验数据，规划期间被占用农用地中林地所占比例按0.8%计算，则规划期内新增农村居民点用地对林地的需求量为14hm²。

3. 城镇规划区外独立工矿用地

根据新一轮海原县土地利用总体规划用地项目安排，新增加工业用地大部分位于城镇工业功能区块，和城镇建设用地重复的部分应当扣除。预计在2010—2020年规划期间，城镇规划区外独立工矿用地需要安排88hm²，其中，2010—2015年需求量为56hm²，2015—2020年为32hm²。如果新增城镇规划区外独立工矿用地中占用林地的比例为87%左右，则规划期内其对林地的需求量为77hm²。

4. 交通用地

根据海原县公路交通建设规划纲要，县域公路网规划建多类等级公路网1240km，主要项目有福银（福州—银川）高速公路、平（川）海（原）70km高速公路及类似公路网络工程。

据此预测，规划期交通用地对林地的需求量约为115hm²，其中，中期需求68hm²、远期需求47hm²。

5. 水利设施用地

水利设施用地主要包括水库用地和水工建筑用地。水库用地指人工修建总库容不小于10万m³，正常蓄水位以下的面积；水工建筑用地指农田水利用地以外的人工修建的沟渠（包括渠槽、渠堤、护堤林）、闸、坝、堤路林、水电站、扬水站等常水位岸线以上的水工建筑用地。

根据《海原县水利发展"十二五"规划》及土地利用总体规划专题研究报告预测，海原县2010—2015年新增水利设施用地为360hm²，2015—2020年新增270hm²，共新增水利设施用地约为90hm²。经分析测算，规划期内新增水利设施建设用地对林地的需求量约为18hm²，其中，中期需求13hm²、远期需求5hm²。

6. 其他用地

海原县的其他用地主要是指特殊用地，包括旅游用地、墓葬、庙宇等占地。

按照"以生态观光旅游为基础，以休闲度假旅游为导向，以专题旅游为补充"的思路，实施"生态—休闲—人文"联动一体的旅游开发战略。充分挖掘红色、地震、农耕文化资源，建设南华山生态旅游景区，重点打造南华山、灵光寺、海城古镇、"环球大地震"遗址、"菜园文化"遗存、天都山石窟等景点。扩展旅游线路，丰富旅游内容，加强与周边地区的旅游合作，开辟中卫寺口子—天都山石窟—菜园文化遗存—南华山生态公园（灵光寺）—农家乐（海城镇）—须弥山石窟等精品旅游线路。预计在2010—2020年规划期间，海原县旅游用地项目新增建设用地面积120 hm²，旅游用地除外的其他用地新增面积33 hm²。因此，规划期新增其他用地总面积将达到153 hm²。

根据历年其他用地审批数据统计新增其他用地中林地所占比例为45%左右。因此，规划期间其他用地对林地的需求总面积将达到69 hm²，其中，中期需41 hm²、远期需28 hm²。

综上所述，通过对各部门的用地需求预测，根据建设项目、发展区域的规划，再综合考虑海原县生态型工业建设的实际需求。规划确定以上述各类建设用地对林地需求总量的15%，作为全县规划期间预留机动使用面积，主要供本次规划没有预测到的、且对海原县社会经济发展具有深远意义的重大基础设施项目建设使用，预留新增建设使用林地面积为83 hm²，中期为50 hm²，远期为33 hm²。

表 10-66　规划期建设用地对林地需求

单位：hm²

规划期	合计	城镇建设用地	农村居民点用地	城镇规划区外独立工矿用地	交通用地	水利设施用地	其他用地	预留机动地
合计	379.54	3.54	14	77	115	18	69	83
中期	230.03	0.03	9	49	68	13	41	50
远期	149.51	3.51	5	28	47	5	28	33

建设用地项目征占用林地是导致林地资源减少的主要形式。因此，征占用林地必须做到依法、有序，并有所节制。

根据规划期内林地增长潜力和建设项目对林地的需求分析，确定规划期内建设占用征收林地规模在379.54 hm²左右。其中，2010—2015年，征占用林地规模在230.03 hm²左右，年均使用林地面积约为38.4 hm²；2015—2020年，征占用林地规模在149.51 hm²左右，年均约29.9 hm²。

通过对海原县各部门建设项目对林地需求的分析，测算出规划期内征占林地面积。但必须指出，由于区林业部门未将林地征占用指标分解到各县，所以具体使用时，根据林地征占用数额，向区林业主管部门申报，由区林业主管部门统一调配使用。

（五）用途管制

1. 严格限制林地转为建设用地

严格限制林地转为建设用地。林地必须用于林业发展和生态建设，不得擅自改变用途；进行勘查、开采矿藏和各项建设工程，应当不占或者少占林地，必须占用或者征用林地的，应当依法办理审核手续。根据国家有关规定，每5年编制或修订一次征占用林地总额。

2. 严格控制林地转为其他农用地、加大对临时占用林地和灾毁林地修复力度

严格控制林地转为其他农用地。禁止毁林开垦等将林地转化为其他农用土地。在农业综合开发、耕地占补平衡、土地整理过程中，不得挤占林地。对已经开垦种植、破坏的林地要逐步还林。

临时占用林地期满后必须按要求恢复林业生产条件，及时植树造林，恢复乔灌植被。加强林地和森林生态系统的防灾、抗灾、减灾能力建设，减少自然灾害损毁林地数量，对灾毁林地应及时进行修复治理。

3. 严格保护公益林地

全面落实森林生态效益补偿基金制度和管护责任制。严禁擅自改变国家级公益林的性质、随意调整国家级公益林地的面积、范围或降低保护等级。禁止在国家级公益林地采石、采砂、取土，严格控制勘查、开采矿藏和工程建设占用征用国家级公益林地。除国务院有关部门和区级人民政府批准的基础设施建设项目外，不得占用征用一级国家级公益林地。

五、林地利用规划

（一）规划技术路线

林地利用结构的规划，应根据新时期林业的性质和定位发生的变化，根据海原县国民经济与社会发展的近期和中远期规划以及土地保护利用规划、森林分类区划界定规划等相关规划要求，突出可持续发展这个主线，使海原县林地利用的结构更加符合国民经济和社会发展的要求，更加符合林业自身功能的特点和规律，不断推动林业两大体系建设的向前发展。为此，确定以下技术路线进行林地利用结构规划。

（1）海原县2009年完成的新一轮森林资源二类调查，在资源调查时已基本考虑到今后一个时期林地利用结构的安排问题。因此，近期规划原则上只对林地利用结构作适当的技术性调整；远期规划以近期期末的林地利用结构为起点，根据中远期林业发展的预测分析，对林地利用结构做出规划展望。

（2）以现有林业用地面积作为近期规划的起点面积，根据林地面积动态变化分析结果，确定近期期末和远期期末的林地面积保有量，以各规划期的面积保有量为控制数值，作出林地利用结构的规划。

（3）林地利用结构规划，既包括森林分类经营意义上的"地"的规划，也包括林种结构意义上的"林"的规划，但"地"与"林"又不能完全等同，如商品林地内并非全部为建成商品林，有些商品林地可能尚为宜林地。因此，在具体规划时按如下两方面的范畴进行：一是先从"地"的范畴，将林地规划为生态林地和商品林地；二是再从"林"的范畴，对各林种结构和林地质量两个方面做出规划。

（4）新增林地面积一般以"林"的形式增加，主要来自退耕还林、城镇林业和通道防护林带建设等途径。退耕还林部分林地面积可纳入商品林地，城镇林业和通道防护林带增加的面积全部纳入公益林地。

（5）减少林地面积一般以"征"的形式减少，即林地被征占用成为建设用地。由于经批准的公益林建设规模不得擅自改变，确因征占用林地等原因减少公益林的，应当及时通过等量置换保持面积平衡。

（6）海原县生态公益林地面积规划以2004年重点公益林区划界定成果及2009年森林资源二类调查结果为依据，保持现有国家级公益林面积总量不变。

（7）林种调整中的生态公益林建设根据海原县生态环境建设和旅游发展规划等需要，适度提高防护林面积；商品林建设结合当地林业产业发展规划，加大经济林面积比重。

（二）林种结构规划

据2009年海原县森林资源二类调查结果表明，全县现有防护林面积121 988.1 hm²，经济林面积4 687.03 hm²，合计林种结构面积126 675.1 hm²。防护林、经济林的面积比例为96：4。

表 10-67　林种结构

林种		合计	防护林	经济林
现状	面积 /hm²	126 675.1	121 988.1	4 687.0
	比例 /%	100	96.3	3.7
2020 年	面积 /hm²	138 100.1	120 226.5	17 873.6
	比例 /%	100	87.1	12.9

规划至2020年，全县林种结构面积138 100.13 hm²，其中防护林130 080.1 hm²，较期初增加8 092 hm²；经济林8 020.03 hm²，较期初增加3 333 hm²。规划期末全县形成防护林、经济林两大林种结构，其林种结构比例依次调整为94∶6。

1. 防护林规划

海原县现有防护林的二级林种包括水源涵养林、水土保持林、护路林等，其中水源涵养林22 804.12 hm²，占18%；水土保持林90 861.99 hm²，占71.7%；防风固沙林8 058.17 hm²，占6.4%；护路林243.54 hm²，占0.2%；护岸林14.38 hm²，所占比例不足0.1%

（1）近期规划结果　在规划近期，各类防护林面积发生下列变动：

A. 生态移民区生态恢复造林，增加面积3 000 hm²；

B. 因通道防护林建设，增加面积65 hm²；

C. 因城镇林业建设，增加面积628 hm²。

规划结果：期初防护林面积121 988.1 hm²，其间，工程建设增加面积3 693 hm²。至期末防护林面积125 681.1 hm²。

（2）远期规划结果　在规划远期，各类防护林面积发生下列变动：

A. 生态移民区生态恢复造林，增加面积3 721 hm²；

B. 因通道防护林建设，增加面积49 hm²；

C. 通过城镇林业建设，增加面积629 hm²。

规划结果：期初防护林面积125 681.1 hm²，其间，调整增加面积4 399 hm²。至期末防护林面积130 080.1 hm²。

表 10-68　防护林结构规划表

林种		防护林						
		合计	水源涵养林	水土保持林	防风固沙林	护岸林	护路林	其他防护林
现状	面积 /hm²	121988.1	22804.12	90861.99	8058.17	14.38	243.54	5.9
	比例 /%	96.3	18.0	71.7	6.4	—	0.2	—
2020 年	面积 /hm²	130080.1	22804.12	87729.39	19168.77	14.38	357.54	5.9
	比例 /%	94.2	16.5	63.5	13.9	—	0.3	—

2. 经济林规划

海原县现有经济林二级林种包括果树林、食用原料林、林化工业原料林、药用材和其他经济林。其中，果树林面积3 145.07 hm²，占2.5%；药用材面积1 541.96 hm²，占1.2%。

（1）近期规划结果　在规划近期，通过实施退耕还林，可增加面积1 500 hm²。规划结果：期初经济林面积4 687.03 hm²，至期末经济林面积6 187.03 hm²。

（2）远期规划结果　在规划远期，可通过退耕还林工程建设增加面积1 833 hm²。规划结果：期初经济林面积6 187.03 hm²，至期末经济林面积8 020.03 hm²。

表 10-69　经济林林种结构规划

林种		经济林			
		合计	果树林	药用林	其他经济林
现状	面积 /hm²	4 687.03	3 145.07	1 541.96	—
	比例 /%	3.7	2.5	1.2	—
2020 年	面积 /hm²	8 020.03	3 145.07	541.96	3 333
	比例 /%	5.8	2.3	1.1	2.4

（三）林地分等

1. 林地质量分等标准

根据与森林植被生长密切相关的地形特征、土壤等自然环境等因素结合相关经营条件，对林地质量进行综合评定。选取林地土壤厚度、土壤类型、坡度、坡向、坡位和交通区位等6项因子，采用层次分析法，按下式计算林地质量综合评分值。

$$EEQ = \sum_{i=1}^{n} VW_i \ (i=1, \ 2, \ \cdots, \ n)$$

式中，EEQ 为林地质量综合评分值；V_i 为各项指标评分值；W_i 为因子的权重。

根据林地质量综合评分值，划分为 I 级（分值≤2），II 级（2~4），III 级（4~6），IV 级（6~8），V 级（分值 >9）。林地质量等级划分条件见表10-70。

表 10-70　林地质量等级划分条件

因子	权重	等级值				
		2	4	6	8	10
土层厚度	0.3	土层深厚（≥100 cm）	土层厚（51~100 cm）	土层中（31~50 cm）	土层薄（≤30 cm）	土层薄，且坡度≥45°
土壤类型	0.2	无	黑垆土	黄绵土	无	无
坡度	0.2	平、缓坡（坡度≤15°）	斜坡（坡度16°~25°）	急坡（坡度36°~45°）	急坡（坡度36°~45°）	险坡（坡度≥46°）
坡向	0.1	无坡向	阴坡	半阴坡	半阳坡	阳坡
坡位	0.1	平地、全坡	山谷、下坡	中坡	上坡	脊部
交通区位	0.1	全部评定为三级				

2. 林地质量分等

全县林地质量等级划分为Ⅱ、Ⅲ、Ⅳ三个等级，质量等级Ⅱ级的林地23 960.68 hm²，占总面积的18.9%，多分布在甘城乡、七营乡、三河乡，在引黄灌溉区也有零星分布，土壤类型以黄绵土为主，土层厚度60~80 cm，坡度平缓，以阴坡、半阴坡为主；质量等级Ⅲ级的林地91 611.66 hm²，占总面积的72.2%，该质量等级的林地在保护区分布最广，南华山水源涵养林区、树台乡、西安镇分布最多，土壤类型多为黄绵土，南华山保护区多为黑垆土，土层厚度60~80 cm，坡度以斜坡、陡坡为主，以阴坡、半阴坡、半阳坡为主；质量等级Ⅳ级的林地11 230.94 hm²，占总面积的8.7%，分布比较零散，涉及关桥乡、红羊乡、关庄乡等，包括黄绵土、黑垆土两个土壤类型，土层厚度60~70 cm，坡度以斜坡、陡坡为主，以阳坡、半阳坡为主。

表 10-71 质量等级统计

单位：hm²

统计单位	合计	Ⅰ级	Ⅱ级	Ⅲ级	Ⅳ级	Ⅴ级
海原县	126 803.28	0.00	23 960.68	91 611.66	11 230.94	0.00
甘城乡	8 687.52	0.00	8 162.83	524.69	0.00	0.00
七营乡	9 243.74	0.00	9 224.00	19.74	0.00	0.00
三河镇	7 092.32	0.00	6 229.18	863.14	0.00	0.00
高崖乡	588.65	0.00	153.68	434.97	0.00	0.00
关桥乡	8 596.77	0.00	0.00	7 748.38	848.39	0.00
贾塘乡	7 414.96	0.00	13.68	6 597.04	804.24	0.00
李旺镇	4 958.07	0.00	122.97	3 899.78	935.32	0.00
西安镇	19 256.88	0.00	32.64	16 379.30	2 844.94	0.00
史店乡	4 888.26	0.00	0.00	4 627.93	260.33	0.00
海城镇	2 420.41	0.00	8.81	2 353.15	58.45	0.00
郑旗乡	4 426.13	0.00	0.00	3 413.30	1 012.83	0.00
树台乡	10 254.47	0.00	10.94	9 396.57	846.96	0.00
曹洼乡	3 274.04	0.00	0.00	3 217.29	56.75	0.00
红羊乡	10 854.61	0.00	0.00	9 142.83	1 711.78	0.00
九彩乡	2 571.26	0.00	0.00	2 542.44	28.82	0.00
关庄乡	2 580.82	0.00	1.95	2 274.82	304.05	0.00
李俊乡	5 509.57	0.00	0.00	4 201.68	1 307.89	0.00
南华山保护区	14 184.80	0.00	0.00	13 974.61	210.19	0.00

3. 分等管理措施

基于林地质量等级，确定适宜的森林经营目标和经营利用程度，做到适地适树，选好经营方式，充分发挥林地潜力。质量等级高的林地规划经营商品林，质量等级差的林地培育公益林。实行与林地质量等级对应的森林经营模式和利用方式，制定差别化的林地、林木指导价格体系，好地高价用、差地一般用，指导科学经营。

Ⅱ级质量林地各方面条件比较好，适宜培育丰产用材林、珍贵树种用材林和高效经济林。适宜绿色通道及新农村环境绿化建设，美化人居环境；发展以果木为主的经济林基地建设，丰富城市鲜果市场。海原县应加强生态经济林、农田林网和绿色通道建设，构建生态屏障。

Ⅲ级质量林地立地条件一般，适宜发展一般用材林、经济林等商品林。逐步减少城市建设、工矿建设和农村建设占用林地数量；禁止可能威胁生态系统稳定、生态功能正常发挥和生物多样性保护的各类林地利用方式和资源开发活动；通过生态脆弱区和退化生态系统修复治理，积极扩大和保护林地。

Ⅳ级质量林地条件较差，风蚀及水土流失明显，生态环境趋于恶化，适宜发展各种生态公益林。海原县应以水土保持林、防风固沙林建设为主，保护现有植被，提高林灌覆盖率，控制水土流失，保护物种多样性。

（四）重要林业工程用地规划

为了科学合理地利用林地资源，充分发挥林业的三大效益，必须对海原县重点林业工程进行规划。重点林业建设工程包括无林地绿化工程、生态体系建设工程、商品林体系建设工程以及森林生态旅游建设工程，通过加强森林经营，提高林地效益，增加森林覆盖率和森林蓄积量，对实现森林生态效益、社会效益、经济效益的协调发展具有重大的现实意义。

1. 造林工程

（1）三北防护林工程　根据林业"十二五"计划到2020年完成三北防护林工程28 017 hm²。

①南华山水源涵养林工程　海原县将稳步推进南华山水源涵养林工程，规划期间造林23 844.26 hm²（其中重点造林5 961.06 hm²），使全县的水源涵养林工程初具规模。南华山14 902.66 hm²，南华山周边乡镇海城、西安、树台、曹洼、史店各596.11 hm²；西华山2 980.53 hm²；月亮山1 788.32 hm²，红羊乡596.11 hm²，李俊乡596.11 hm²。

②农田防护林工程　以三河、七营、高崖、李旺、西安、郑旗等引黄灌区和库井灌区的农田防护林建设为重点，加强农田防护林的建设，建设面积为2 980.53 hm²。

③沙漠化治理工程　以西安、关桥、高崖等乡镇为主进行荒漠化治理总面积596.11 hm²。

④小流域治理工程　完成以苋麻河流域以水保林为主的小流域治理596.11 hm²。

（2）退耕还林工程　完成退耕还林工程3 333 hm²。

①特色经济林　完成特色经济林3 333 hm²。

②培育工程　"十二五"期间，将加大以林地管护为主的林业生态培育工程。

（3）天然林保护工程

①封山育林工程　计划完成封山育林6 150 hm²，主要在西华山、南华山、月亮山进行。

②天保工程管护　将33 333 hm²林地纳入天保工程管护范围，坚持5年。

（4）低效林改造工程　全县现有33 333 hm²的低效林，主要是退耕荒山造林。为了让其发挥生态效益，需进行改造。"十二五"期间改造20 000 hm²。

2. 林业产业工程

（1）加工贮藏体系建设　建成以柠条饲料加工为主的小型企业5家，年加工能力2 000万 kg；建成以枸杞叶茶为主的小型企业2家，年加工能力4万 kg；建成以沙棘深加工为主的中型企业1家；在老城、新区各建年储存能力500万 kg的水果贮藏冷库1个。

（2）信息交易平台建设　经济林交易市场，建海原县关桥香水梨、红枣批发市场年交易额3 000万元；建成高崖乡苹果交易市场，年交易额3 000万元；建成三河镇经济林综合交易市场年交易额3 000万元。

（3）设施园艺　在高崖、各国有林场建成设施园艺667 hm²。

3. 生态修复与生物多样性保护工程

（1）森林防火工程　森林防火事关生态安全。因此，防火工程应与生态建设同步。项目以建设森林防火管护工程体系为主，主要是"四网两化"的建设包括森林火险预测预报系统、火情瞭望监测系统、防火阻隔系统、林火信息及指挥系统、扑火机具装备、防火专业队伍营房、基础设施。

森林火险预测预报系统建设林火气象站3座600 m²、气象监测计算网络设备2套。

火情瞭望监测系统建设，购置防火、巡护摩托车300辆，GPS卫星定位仪100部、望远镜100架，建瞭望塔5座、永久性宣传牌50块。

林火阻隔系统防火道路200 km。防火隔离林带1 333 hm²。

林火信息及指挥系统建设，购置卫星电话10部、对讲机100部，指挥车2辆、宣传车2辆。

扑火机具装备建设，购置风力灭火机2 000台、扑火服2 000套、2号工具2 000把、3号工具2 000把、灭火水枪2 000台、割灌机2 000台、帐篷1 000顶，运兵车2辆。

基础设施建设，护林点50处2 000 m²，防火检查站500处2 000 m²。

地理信息系统1套，林火影像传输系统1套。

（2）有害生物防治 既要防治本地有害生物，又要防止外来有害生物入侵。主要防治对象有中华鼢鼠、云杉象鼻虫、落叶松叶蜂、苹果吉丁虫等，每年防治33333 hm²；建有害生物测报点20处，购置防治仪器1000台。

（3）野生动植物保护 建成南华山33333 hm²、西华山13333 hm²、月亮山13333 hm²、凤凰山3333 hm²的四大野生动、植物保护基地63332 hm²；围栏保护390 km。

（4）生态移民 在生态核心区、生态脆弱区生态移民25万人，2011年计划搬迁安置移民5093户22252人，县外移民3628户15791人。其中，沙坡头敬农、康乐2个项目区计划安置857户3771人；中宁县宽口井项目区计划安置1665户7260人，中宁工业园区劳务移民项目区计划安置300户1290人；渠口农场太阳梁项目区计划安置806户3470人。县内移民计划建设安置区7个，安置移民1465户6461人，其中七营南堡有土安置区1个，安置移民242户1074人；海城镇山门、三河坪路无土适度集中安置区2个，安置移民413户1856人；七营镇七营、老城区、贾塘乡贾塘、关庄乡关庄小城镇劳务移民项目区4个，安置移民810户3531人。经过一年的建设，已经取得了阶段性成效。现已完成301户县内移民搬迁安置和1093户县外移民搬迁安置。

2012年，全县计划搬迁安置移民2938户12914人，县外移民1703户7769人。其中沙坡头敬农项目区502户2375人，隆湖项目区120户509人，渠口农场太阳梁项目区300户1400人，连湖农场分场项目区781户3485人。县内移民计划建设移民安置项目区6个，安置移民1235户5145人，其中，七营下套项目区170户725人，海城山门（二期）生态移民项目区160户638人，海城山门劳务移民项目区116户533人，工业物流园区生态移民项目区239户919人，三河镇黑城劳务移民项目区323户1339人。

（5）国有林场基础设施建设 国有林场是林业建设的主战场和窗口，现有国有林场12个，60%的林地在国有林场，因此，加强国有林场基础设施建设，就是发展海原县林业。规划期间计划改善职工住房3000 m²，修林场通外道路260 km，铺设引水管道120 km，打机井5眼。

（6）生物多样性保护 生物多样性是人类社会赖以生存和发展的基础。所谓生物多样性就是地球上所有生物——植物、动物和微生物及其所构成的综合体。它包括遗传多样性，物种多样性和生态系统多样性三个组成部分。海原县地处宁夏中部干旱带，是典型的由干草原植被向荒漠化植被的过渡地带，具有丰富的生物种类，其生物多样性在宁夏占有相当重要的位置。

规划期间在牌路山建种质资源圃67hm²，建动植物展览馆1处；在南华山、月亮山建气象观测站2处，建水文观测站2处，在县城建标准化实验室2000m²。

（7）湿地保护工程　全县湿地较少，但生态区位很重要。主要有张湾水库湿地，郑旗苋麻河湿地，李俊海子湿地，关桥方堡湿地，甘盐池盐湖湿地5大湿地。在2015年前完成张湾水库、郑旗苋麻河、李俊海子3大湿地保护。

4. 生态文明示范工程

（1）森林公园建设　规划期间完成牌路山森林公园建设。

（2）生态旅游建设　规划期间完成海城至老爷寺、哨马营，海城至九彩坪2条旅游线路的生态建设，主要是林相改造和风景林建设。

（3）南华山国家级自然保护区　积极争取将南华山区级自然保护区晋升为国家级自然保护区。

5. 科技支撑体系建设工程

（1）乡镇林业站建设　规划期间完成7个乡镇林业站基础设施建设和一个中心县站建设，每个站建办公室200m²，中心站500m²；购置办公自动化设备8套。

（2）技术培训　规划期间每年有0.5万人参与各种乡村技术培训，有0.1万人参加县级培训，有500人参加区级培训，有20人参加国家级培训。

（3）新技术引进　规划期限内每年至少引进一项林业新技术。推广1~2项林业新技术。

（4）科技示范园建设　将在规划期限内完成高崖红古，七营张堡、高崖，三河代店4个万亩枸杞示范园区建设；完成高崖三分湾万亩苹果示范园区，完成高崖草场、关桥罗山2个万亩枣瓜间作示范区，完成关桥万亩香水梨示范区。

（五）优化林地结构

1. 起源结构

（1）现状　宁夏海原县的天然林资源相对较少。天然林资源总面积4035.84hm²，占全县林木资源（有疏灌及未成造林地）的7.01%。其中，天然乔木林面积为496.18hm²，占天然林面积的12.2%；天然起源国家特别规定的灌木林面积3530.65hm²，占天然林面积的87.7%；封育未成林地面积9.01hm²，占天然林面积的0.1%。

海原县人工林总面积53472.02hm²，其中，人工乔木林面积3955.54hm²，占人工林面积的7.4%；人工灌木林面积36592.27hm²，占人工林面积的68.4%；未成林造林地面积12924.21hm²，占人工林面积的24.2%。

（2）规划目标　到规划期末，天然林资源达到总面积10185.84hm²，其中，天然乔木林面积为1 496.17 hm²，天然起源的国家特别规定的灌木林面积8 530.65 hm²，未成林地159.01 hm²。

到规划期末，人工林总面积达到92 914.02 hm²。其中，人工乔木林面积为2 548.28 hm²，人工灌木林地面积24 177.08 hm²，未成林造林地12 316.64 hm²。

表 10-72　按林分起源面积规划

年 度	总面积 /hm²	天然林 /hm²	人工林 /hm²	森林覆盖率 /%
2010	57 507.86	4 035.84	53 472.02	8.88
2020	103 099.86	10 185.84	92 914.02	15.4

2. 树种结构

（1）现状　水源涵养林以沙棘、云杉、落叶松、桦树为主；农田防护林以柠条、杞柳、新疆杨、河北杨、刺槐、臭椿、白榆、各种速生杨为主；经济林以枣树、枸杞、香水梨为主；新、老县城绿化以云杉、落叶松、油松、侧柏、刺柏、河北杨、各种柳树、榆树和其他绿化树种为主。村庄、乡镇绿化以速生用材林为主，乔木林中云杉面积比例较大，面积为1 357.54 hm²，占2.36%；落叶松面积为1 149.84 hm²，占2%；桦类面积为459.13 hm²，占0.8%；其他乔木林面积为4 341.04 hm²，占7.54%。

灌木林按树种组成统计，其中柠条所占比例最大，柠条林地面积39 879.96 hm²，占69.35 %；沙棘林面积4 329.53 hm²，占7.53 %；枸杞面积1 541.96 hm²，占2.68%。其他树种面积为4 448.86 hm²，占7.74%。

表 10-72　各优势树种现状构成

优势树种	面积 /hm²	比例 /%
合计	57 507.86	100.00
柠条	39 879.96	69.35
沙棘	4 329.53	7.53
枸杞	1 541.96	2.68
云杉	1 357.54	2.36

续表

优势树种	面积 /hm²	比例 /%
落叶松	1 149.84	2.00
桦类	459.13	0.80
其他乔木	4 341.04	7.54
其他灌木	4 448.86	7.74

（2）规划目标　到规划期末，造林总面积103 099.86 hm²，其中乔木林13 097.73 hm²，包括云杉面积为2 433.51 hm²，占7.75%；落叶松面积为2 061.68 hm²，占2%；桦类面积为823.87 hm²，占0.8%。其他乔木林面积为7 778.68 hm²，占7.54%，灌木林地面积90 002.13 hm²，包括柠条林地面积71 498.01 hm²，占7.74%。沙棘林面积7 762.61 hm²，占7.53 %；枸杞面积2 763.83 hm²，占2.68%。其他灌木面积为7 977.68 hm²，占7.74%。

表 10-73　各优势树种规划构成

优势树种	面积 /hm²	比例 /%
合计	103 099.86	100.00
柠条	71 498.01	69.35
沙棘	7 762.61	7.53
枸杞	2 763.83	2.68
云杉	2 433.51	2.36
落叶松	2 061.68	2.00
桦类	823.87	0.80
其他乔木	7 778.68	7.54
其他灌木	7 977.68	7.74

3.龄组结构

（1）现状　乔木林中，幼龄林、中龄林是主体，其中，幼龄林面积2 893.88 hm²，占乔木林总面积的65.01%；中龄林面积1 064.31 hm²，占乔木林总面积的23.91 %；近熟林面积4.24 hm²，占乔木林总面积的0.1%；成熟林面积479.8 hm²，占乔木林面积的10.78%；过熟林9.49 hm²，占乔木林面积的0.21%。

表 10-74　乔木林各龄组面积构成

龄组	面积结构	
	面积 /hm²	比例 /%
合计	4451.72	100
幼龄林	2893.88	65.01
中龄林	1064.31	23.91
近熟林	4.24	0.1
成熟林	479.8	10.78
过熟林	9.49	0.21

（2）规划目标　规划期加大人工造林和抚育力度，通过植树造林快速增加幼龄林面积比例，通过对幼龄林、未成林地的抚育管护增加中龄林面积比例，通过抚育伐、间伐等措施改良过熟林，优化林木龄组结构。

（六）林地生产力规划

1. 林地生产力概况

海原县乔木林面积 4 451.72 hm²，蓄积 69 669.42 m³。乔木林单位蓄积平均为 15.11 m³/hm²。远低于全区及全国平均单位蓄积，相当于全区林地生产力 39.01 m³/hm² 的 39%，不到全国林地生产力 85.9 m³/hm² 的 18%。

2. 林地生产力提升途径

规划到 2020 年全县林地生产力增加到 19.64 m³/hm² 以上，森林蓄积量增加到 87 431.78 m³ 以上。通过以下途径提升林地生产力。

（1）通过扩大有林地规模、合理确定培育周期等措施，增加森林资源的数量、丰富木材及林产品供给、提高森林碳汇功能。

（2）加强现有有林地及未成林地的管护工作，加强中幼林抚育管护，控制消耗和森林经营管理，努力提高森林质量。

（3）坚持封山育林、低产林改造等措施促进疏林地、低产低效林地转化为有林地，使林地资源得到进一步合理配置和优化。

（4）对林地质量等级高的林地，以集约经营、基地化管理为主，重点发展优良、珍贵、高价树种培育基地，形成相对速生、丰产、优质、高效的森林资源，缓解木材及林产品供应的结构性矛盾。

（5）对生态脆弱地区的林地，以培育混交、异龄复层林为主，丰富生物多样性，增强生态系统稳定性；对生态区位重要地区的林地，以培育大径级、长周期的森林资源为主。

3. 林地生产力规划与管理

对应不同林地生产力提升途径，进行林地生产力规划和管理。

（1）海原县现有有林地面积4451.72hm²，蓄积69669.42m³。规划期通过人工造林增加乔木林面积3548.28hm²，成林后将大幅增加县域森林资源及蓄积量。

（2）海原县现有有林地中中幼林面积2893.88hm²、未成林地中乔木树种面积1206.99hm²，合计面积为现有乔木林地面积的92%。通过中幼林抚育管护，必将迅速提升海原县林木蓄积量。

（3）低产低效林地面积33333hm²。通过封山育林、低产林改造等措施逐步提高林木郁闭度及蓄积量。

（4）对生态脆弱地区和生态区位重要地区的林地，培育樟子松、侧柏等乔木树种和灌木树种混交的异龄复层林，增强生态系统稳定性，以培育大径级、长周期的林木资源为主，实现林地生产力稳步增长。

（七）保护利用措施

1. 采取林政资源管理新措施调整林政管理政策

在加快林业发展决定中，对生态公益林提出了分区管理，探索生态公益林限制性利用的路子；为切实执行好国家、自治区决定中的新政策，制定具体贯彻意见，对决定中涉及林政资源管理的内容进行细化。

2. 创新森林保护机制，确保了保护成效

按照宁夏的部署，坚持以封禁保护、自然恢复为主的生态环境建设思路，大力抓好森林资源培育与保护。

3. 建立有效的生态公益林管护机制和监督机制，切实管护好已划定的生态公益林

进一步加强生态公益林建设，有计划地改造县内的低质低效林分，提高水源涵养能力。严厉打击乱砍滥伐、乱征滥占、乱采滥挖、乱捕滥猎、毁林开垦等破坏生态公益林的违法犯罪行为。同时，充分发挥林政稽查和林政资源管理机构在保护生态公益林中的作用，严格落实生态公益林保护管理制度，从严查处破坏生态公益林森林资源的林业行政案件。

4. 做好生态公益林限制性利用工作

对生态林做到控制总量、做好局部调整；突出区位，实施分级管理；发挥功能，优化树种结构；兼顾利益，有利保护发展。

5. 强化建设和管理及建立生态功能保护区

加强海原县林业建设，提高造林质量。严格执行有关林地保护利用管理规定，清理整顿现有的各种破坏自然资源和生态环境的开发建设活动。

六、实行区域差别管理

（一）区域功能定位及差别管理

主体功能区是推进海原县城市战略化格局、农业战略格局、生态战略格局的主要支撑，推进形成主体功能区，必须明确县域层面优化开发、重点开发、限制开发、禁止开发四类主体功能区的功能定位、发展目标、发展方向和开发原则。提出适宜相应开发区域的林地保护与建设政策和措施。

根据《宁夏回族自治区主题功能区规划》，海原县属于宁夏以红寺堡为中心的中南部开发区，县域内南华山自然保护区属于禁止开发区。本次林地保护利用规划依据县域资源环境承载能力、现有开发密度和发展潜力，统筹考虑生态环境功能和经济社会发展方向，将海原县划分为重点开发区、限制开发区和禁止开发区。其中，重点开发区包括海城镇、西安镇、七营镇、三河镇、高崖乡、李旺镇等6个乡镇，限制开发区包括李俊乡、关桥乡、九彩乡、红羊乡、曹洼乡、史店乡等11个乡镇，禁止开发区为南华山自然保护区。

表 10-75　海原县主体功能分区

功能分区	包含乡镇（场）	面积 /hm²
重点开发区	海城镇 七营镇 三河镇 高崖乡 李旺镇 西安镇	193 000.85
限制开发区	李俊乡 关庄乡 九彩乡 红羊乡 曹洼乡 树台乡 贾塘乡 史店乡 甘城乡 关桥乡 郑旗乡	286 200.69
禁止开发区	南华山自然保护区	22 625.37

1. 重点开发区

（1）区域范围　重点开发区以城关镇为中心，包括海城镇、城七营镇、三河镇、高崖乡、西安镇和李旺镇等6个乡镇，区域面积193 000.85 hm²，占全县总面积的38.46%。

（2）发展方向和管制措施　积极支持城镇化、工业化及城市基础设施建设使用林地的需求，支持主导产业及配套建设、循环经济产业使用林地，尽力保障海原县城镇建设对林地的需求；限制高能耗、高污染产业使用林地。鼓励建设郊野公园，建设宜居环境；加强农区的农田林网建设，构建生态屏障。

2. 限制开发区

（1）区域范围　限制开发区包括李俊乡、关桥乡、九彩乡、红羊乡、曹洼乡、史店乡等11个乡镇，区域面积286 200.69 hm²，占全县总面积的57.03%。

（2）发展方向和管制措施　以涵养水源、保持水土和保护生物多样性为重点，大力建设水源涵养林，保护水源、保持水土；保持自然生态系统的稳定与安全，维护生态平衡和生物多样性，保护森林生态环境。生态服务功能增强，生态环境质量改善。地表水水质明显改善，主要河流径流量基本稳定并有所增加。水土流失得到有效控制。天然林面积扩大，森林覆盖率提高，森林蓄积量增加。野生动植物物种得到恢复和增加。保障全县生态安全的重要区域，人与自然和谐相处的示范区。除国家能源、水利、交通、通信等重点基础设施建设项目外，未经批准严格限制占用区内土地进行非林地建设，不得占用区内林地进行开垦、采矿、挖沙、取土等破坏森林以及植被的活动。规划期内限制林地转为建设用地，控制林地转为其他农用地，保护公益林地，加大对临时占用和灾毁林地的修复力度。

3. 禁止开发区

（1）区域范围　禁止开发区包括南华山自然保护区，区域面积22 625.37 hm²，占全县总面积的4.51%。

（2）发展方向和管制措施　充分保护森林风景资源、生物多样性和现有森林植被，在保护的基础上进行旅游开发，提升景区形象。根据资源状况和环境容量对旅游规模进行有效控制，不得对森林及其他野生动植物资源等造成损害。对禁止开发区内的森林，积极采用抚育采伐和林分改造等措施，不进行主伐。除必要的保护设施和附属设施外，禁止从事与资源保护无关的任何生产建设活动。

（二）强化调控

强化县级林地保护利用责任。建立林地保护利用目标管理责任制，约束性指标森林保有量、征占用林地定额作为林业局目标考核的重要内容，明确县林业局林地保护利用责任，建立并落实考核体系和考核办法，由宁夏林业局作为责任主体组织实施、严格落实。预期性指标通过经济和必要的行政手段加以引导，逐步实现。

增强规划的约束力，落实区域林地保护利用管理政策。按照经宁夏林业局批准后的《宁夏回族自治区海原县林地保护利用规划》（以下简称《规划》）保护、管理和使用林地。宁夏海原县林业局在《宁夏回族自治区林地保护利用规划大纲》（以下简称《大纲》）指导和控制下，积极配合全区区域发展战略的实施，切实落实区域内的林地保护利用政策和差别化管理政策，加强本行政区域内林地保护利用的统筹协调，做好各级林地保护利用的相互衔接，促进形成统筹协调的林地保护利用秩序。

七、保障措施

《海原县林地保护利用》是统筹海原县行政辖区林地保护利用的纲领性文件，是建立高效、透明、科学、有序的林地资源经营管理体系的重要载体，是实现林业可持续发展的一项重要工作。做好这项工作既要有国家林业政策法规的保障，也需要林地经营主体不断完善管理体制和制度建设，用有力的保障措施确保规划目标得以实现。

（一）健全规划实施管理制度，加强规划管理协作力度

1. 落实林地保护利用目标考核责任制

县、乡两级政府要切实加强对林地保护利用规划的管理职能，政府主要负责人要对本行政区域内的林地保护管理负总责。把规划确定的森林保有量、征占用林地定额作为地方各级政府森林资源保护和发展目标责任制考核的重要内容，把全面保护林地、节约集约用地作为地方经济社会发展评价的重要因素，建立并落实考核体系和考核办法。

2. 建立林地保护利用协作管理机制

县林业、国土、农业等部门要依据《中华人民共和国森林法》《中华人民共和国土地管理法》等法律法规，建立协作机制，加强沟通，密切配合，形成林地保护利用管理工作的合力。

县级林地保护利用规划由县级人民政府组织编制、颁布实施和监督管理。各部门编制的城乡、交通、水利、能源、旅游、工业、农业、环保和生态建设等相关规划，应与林地保护利用规划相衔接，符合林地保护利用的方向和要求，切实落实各项林地保护利用制度和政策。规划的衔接工作由县级人民政府负责统筹落实。

3. 建立林地保护规划实施监管机制

建立健全监督检查制度，实行专项检查与经常性检查相结合，及时发现、制止违反林地保护利用规划的行为，定期公布检查结果。加大执法力度，对擅自修改林地保护利用规划的行为要严肃查处，追究责任；对违反规划使用林地的行为，依法查处，限期整改。

（二）建立健全调节机制，确保规划顺利实施

1. 建立林地保护利用的稳定投入机制

积极争取国家对林地保护利用的大力支持，对生态地位极为重要和生态极为脆弱地区的林地，加大保护资金投入力度，防止毁林和森林退化；对退化林地修复、规划的宜林地造林的，按照其恢复难度，给予必要的财政补贴；积极鼓励和引导社会资金用于补充森林及林地资源。确保林地确权、定界、调查、监测、档案管理以及林地执法、管护、用地审核等资金投入。加强无立木林地的转化利用，通过地方财政投入，将无立木林地转化为有林地或灌木林地。

2. 强化建设项目节约使用林地的价格调节机制

建立林地分等评级体系，健全征占用林地补偿和安置机制，制定补偿政策，实行林地优质优价、不同林地利用方向差别化经济调控制度。收缴森林植被恢复费应根据项目性质、林地的区位和用途等制定不同的标准，促进建设项目科学、节约用地。

3. 完善公益林地补偿制度

不断完善森林生态效益补偿基金制度，多渠道筹集公益林补偿基金，逐步提高中央和地方财政对森林生态效益的补偿标准。建立种苗、造林、抚育、保护、管理投入补贴制度。

（三）加强能力建设，提高林地管理水平

1. 完善林地调查和定期监测

加强和完善现有森林资源调查监测网络，定期组织开展林地调查和动态监测，并建立林地资源数据库和信息管理系统，统一管理林地数据。加强林地档案管理，在国家、区级宏观指导或控制下，以县级行政区域为单位划定林地范围，逐块登记造册，建立林地地籍档案。运用遥感等现代技术手段，做好年度林地变更调查，及时更新林地档案和利用数据库，全面掌握林地变化状况。

2. 强化林地保护管理队伍建设

健全林地林权管理机构、基层林业工作站、林业行政执法等机构和队伍建设，强化教育培训，提高队伍素质和能力。

（四）加大宣传力度，形成社会共识

面向社会、面向大众，利用各种媒体，采取多种形式，让社会各阶层了解本规划，增强严格保护、积极发展、科学经营、持续利用林地的重要性的认识，达成共识，使实施规划成为全社会的自觉行动。各级各部门、各单位要提高规划意识，树立长远发展观

念，自觉以规划指导各项工作，增强工作的系统性和连续性，确保规划提出的任务目标能够如期顺利实现。

林业部门要积极向党委政府做好汇报，确保各级党政领导对林地保护利用规划大力支持，把规划编制和实施落到实处。

第十九节 南华山水源涵养林工程建设四期规划

海原县位于宁夏中部干旱带，气候干旱，水土流失十分严重，水资源短缺，这不仅制约着当地经济社会的健康发展，同时严重影响到城乡居民的正常生产生活。南华山地处海原县中西部，翠草青青，树茂林丰，山泉潺潺，鸟语花香，以其独特的涵养水源效果，被海原县人民亲切地称为"母亲山"，长期以来为当地城乡居民的生活提供着水源保证。

多年来，海原县政府一直致力于保护这块"旱塬绿岛"，1993年专门成立了海原县南华山水源涵养林建设指挥部，加大了南华山的造林和保护力度，使南华山水源涵养功能得到极大的提升。2000年宁夏回族自治区将南华山列入区级自然保护区，使南华山的管理进入了规范化时代。2003年年底中卫市成立，海原县被划归中卫市管理，中卫市依据海原县退耕还林、移民搬迁的实施情况，提出在南华山周边六个乡镇建设150万亩水源涵养林，用以彻底解决南华山周边的生活用水。

目前，南华山核心区已实施了三期水源涵养林工程造林，造林面积21万亩，并建设了一批护林设施，其周边地区实施退耕还林6.5万亩，小流域综合治理工程7.0万亩，移民搬迁1.5万人，森林保有量41.9万亩，森林覆盖率达到13.2%。由于各项生态建设工程的实施，使南华山生态环境明显改善，森林植被得到一定程度的恢复。

2011年6月22日，宁夏党委书记张毅在南华山考察水源涵养林建设时指出，海原县南华山是海原县城及其周边地区的蓄水库，也是海原县南部、西吉县西北部地区地下水的补给站，在解决群众饮水、家禽饮水、发展农业、林业以及工业方面具有特殊的、十分重要的战略地位，各级林业部门要加快水源涵养林建设步伐，以解人畜饮水的燃眉之急。他特别强调，一定要坚持适地适树、因地制宜、尊重自然规律的原则，把这件事办成一个经得起时间考验，长期造福于这一地区的惠民工程。

根据张毅书记的指示精神，2011年6月27日，宁夏林业局召开了局长办公会议，专门研究贯彻落实张毅书记指示精神。经过认真讨论研究，提出了贯彻落实张毅书记指示精神的九条措施，决定立即成立由宁夏林业局局长任组长，其他局领导任副组长、其他相关部门负责人为成员的宁夏海原县南华山水源涵养林建设工程领导小组，负责项目的组织管理与协调。决定由宁夏林业调查规划院负责《宁夏海原县南华山水源涵养林建设项目总体规划》的编制工作。

根据宁夏林业局部署，2011年6月29日，成立《宁夏海原县南华山水源涵养林建设工程总体规划》编制小组，与海原县林业局、海原县南华山自然保护区管理处的技术人员一起，对南华山自然状况、森林资源概况、社会经济状况进行了调查，并收集了大量相关资料。经过反复论证、讨论和研究，确定了工程实施范围、建设内容及规模。经过一个多月的辛勤努力，编制完成了《宁夏海原县南华山水源涵养林建设工程四期总体规划》。

一、综述

（一）工程概要

规划范围：宁夏海原县南华山自然保护区及周边西安、史店、海城、树台、曹洼、红羊六乡镇。

规划期限：十年（2011—2020年）。

建设内容及目标：完成营造林工程70.75万亩，其中，人工造林62.30万亩、封山育林8.45万亩、建设种苗繁育基地1700亩。通过该项目的建设使海原县南华山水源涵养林工程得以完善，森林生态系统得以重建和恢复；水源涵养效能得到明显的提高，使人畜饮水紧张的局面得到缓解。通过工程的逐步实施，最终从根本上解决海原县南华山周边居民饮水问题。

投资概算：工程建设总投资4.36亿元。

（二）规划依据

《中华人民共和国森林法》《中华人民共和国森林法实施条例》《中华人民共和国自然保护区条例》《森林和野生动物类型自然保护区管理办法》《中华人民共和国土地管理法》《森林资源规划设计调查主要技术规定》（国家林业局2003年4月）、《宁夏林业建设"十二五"规划》《造林技术规程》（GB/T 15776—1995）、《宁夏干旱山区造林技术规程》（DB64/T 201—1998）、《生态工程投资概算经济指标》《宁夏回族自治区林业局会议纪要》（2011年6月30日）、《宁夏南华山自然保护区综合科学考察报告》《六盘山水源涵养林生态服务功能研究》。

（三）工程建设的背景、目的和意义

南华山水源涵养林建设工程是保障海原县及周边居民饮水安全的一项惠民工程，工程的实施可最大限度地改善生态系统内部的各种不合理关系，提高系统的自我调节能力，使生态系统更加稳定，森林结构更趋合理，其涵养水源的生态效益发挥更为充分，对于缓解水资源紧缺的局面，改善人畜饮水状况、改善群众生产生活条件、维护社会稳定、促进经济可持续发展意义深远。

南华山被海原县人民亲切地称为"母亲山"，长期以来为当地城乡居民的生活提供着水源保证。近年来的持续严重干旱，给南华山周边群众生产生活带来严重威胁，生活用水的极度紧缺直接影响着人们的正常生活。

2011年6月29日，宁夏党委书记张毅在宁夏林业局《关于贯彻张毅书记指示加速在南华山建设海原县城及南部人畜饮水水源涵养基地的报告》上作出重要批示："林业局在南华山水源地植树问题上，行动迅速，措施有力，望认真抓好、抓实、抓出成效"。2011年7月11日，国家林业局贾治邦局长在张毅书记指示的报告上批示："宁夏党委、政府特别是张毅书记、王正伟主席长期以来一直对林业发展和生态建设很重视，在宁夏林业局的精心组织下，宁夏林业发展特别是防沙治沙取得显著成效。南华山水源地的植树造林工程，望各部门大力支持，积极推进。"

2011年7月14日，宁夏林业局召开了党组扩大会议，局长在传达宁夏党委书记张毅和国家林业局局长贾治邦的批示精神时指出，宁夏林业建设"十一五"的辉煌已成为历史，"十二五"的里程碑已经树立，我们要紧紧抓住张毅书记和贾治邦局长高度重视林业的战略机遇，再次腾飞，有所作为。要采取科技创新机制，加快造林进程，全力把这件事做好、做实、做出成效。

南华山水源涵养林建设工程是情为民所系的具体实践，是长期造福于这一地区的惠民工程，是有效解决长期困扰海原县南华山缺水问题、解决海原县南部人畜饮水问题、解决海原县和西吉部分地区地下水补给问题的有效方法。工程的实施对于缓解水资源紧缺的局面，改善人畜饮水状况、改善群众生产生活条件、维护社会稳定、促进经济可持续发展意义深远。

二、基本情况

（一）地理位置

宁夏海原县南华山水源涵养林工程以南华山自然保护区为核心向四周辐射，包括周边西安、史店、海城、树台、曹洼、红羊6个乡镇。地理位置北纬36°46′~36°8′，东经105°11′~105°49′。核心区南华山位于海原县南7km处，地处北纬36°22′~36°33′，东经105°31′~105°44′，山势呈东南—西北走向，长约35km、宽25km。

（二）地形地貌

项目区以土石质山区地貌和黄土丘陵沟壑地貌为主。南华山为六盘山余脉，山体呈东南—西北走向，山地呈孤立的块状隆起，中有南华山、南有月亮山、西有西华山，为黄土丘陵所包围。地势由西南向东北倾斜，海拔1536~2955m，最高峰为南华山的马万山，海拔2955m。南华山外围为黄土丘陵地貌，由于黄土层积作用和地壳升降的不匀性，形成了川盆塘地、沟坝地、沟谷台地、黄土残塬、丘陵坡地、山麓洪积扇等地貌类型。

（三）水文概况、气候概况、土壤概况（略）

（四）植被概况

项目区现有的天然植被主要为长芒草、短花针茅、百里香、冷蒿等建群种组成的干草原（典型草原）群落。在南部降水量接近500mm的地区，阴坡常分布草甸草原性质的群落，局部丘陵地阴坡残留有落叶灌丛。在南华山海拔2000m以上的山地分布以长芒草及中生类杂草组成的草甸草原群落及部分中生草甸植被，其中灵光寺残留有小面积杨、桦落叶阔叶林及部分杂灌木落叶灌丛群落。

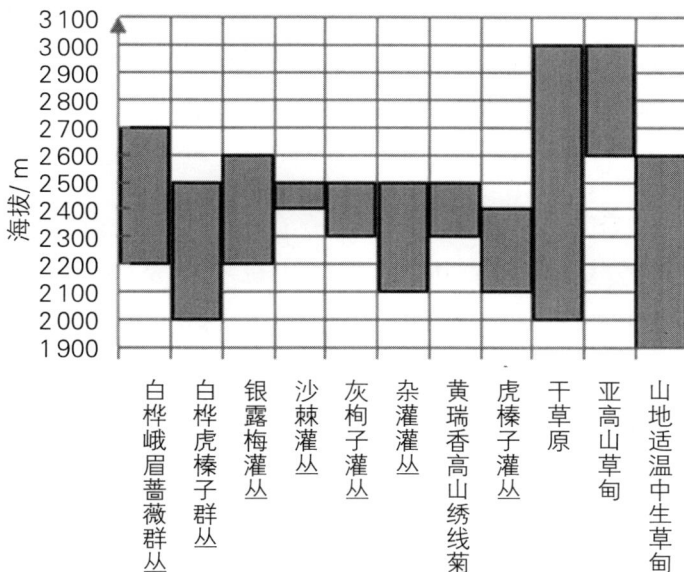

图10-7　海原县南华山植被类型垂直分布

南华山及外围水源涵养林区，共有5个植被类型，14个群系、15个群丛。阔叶林以白桦林为主有两个群丛：白桦—峨眉绣线菊—黄花蒿群丛和白桦—虎榛子—乳白香青群丛。落叶灌丛有虎榛子灌丛、华北丁香灌丛、沙棘灌丛、银露梅灌丛、灰栒子灌丛、黄瑞香—高山绣线菊灌丛和杂灌木灌丛。南华山干草原有大针茅草原，草原草甸分为短叶羊茅—星毛委陵菜草甸，中生杂类草草甸，黄花棘豆、杂类草草甸，石生蓼、杂类草草甸和蕨、杂类草草甸。

（五）社会经济条件

截至2009年年底，全县总人口40.33万人，项目区总人口25.17万人，其中农业人口22.5万人。项目区全年实现地区生产总值5.72亿元，其中，第一产业2.37亿元、第二产业1.06亿元、第三产业2.29亿元。农民人均纯收入2990元。

由于长期以来农业基础薄弱、结构不合理，种植业在整个生产结构中占主导地位，高投入低产出，现有资源利用程度低，农业生产效益低下，经济运行质量较差。

三、建设条件分析与评价

（一）土地利用现状

项目区土地总面积316万亩，其中，林业用地120.6万亩，占项目区总面积的38.2%，非林业用地195.5万亩，占项目区总面积的61.8%。

在林业用地中，有林地2.7万亩、灌木林地39.2万亩、未成林造林地29.8万亩、无立木林地14.3万亩、宜林地34.3万亩、苗圃地0.17万亩，森林覆盖率为13.2%。

结合当前实施的生态移民工程，对生态移民后的耕地实施人工造林，拟实施退耕地造林13.7万亩。

（二）南华山水源涵养林工程建设回顾

海原县南华山地理成分复杂多样，并具有明显的过渡性，从南到北位于草甸化森林草原到干草原向荒漠草原的过渡地带。历史上的南华山曾是分布地域广阔，植被繁茂的大草原。但由于长期超载过牧、管理无序，致使草原逐步退化，草地生态系统被破坏，其草地生态功能和载畜功能几乎丧失殆尽，使南华山周边村舍居民和县城居民生活用水受到严重威胁。为改变这一现状，尤其是解决海原县城供水严重不足的问题，自治区计划委员会和自治区林业厅于1993年组织专家对南华山生态环境建设问题进行了深入研究和讨论，确立了南华山水源涵养林在海原县的重要生态作用，改南华山传统的牧业用地为林业用地，根据南华山当时的基本情况和生态作用，建立海原县水源涵养林基地。

1994年，自治区计划委员会批准在海原县南华山建设水源涵养林基地。纵观17余年海原县南华山水源涵养林的建设历程，既有成功的经验，也有失败的教训，但随着西部大开发战略的实施，全社会对环境生态重要性认知程度的提升和工作过程实践经验的不断积累，科学总结前期工作得失，为南华山森林生态功能定位，明确水源涵养的目标定向及其技术路线的确定等，都起到了决定性的重要作用。

1. 工程建设成就

（1）水源涵养林面积稳定增长　南华山在工程期内共完成水源涵养林26.5万亩，保存面积15.46万亩，面积保存率58.3%，其中，乔木林地2.16万亩、疏林地面积0.05万亩、灌木林地6.77万亩、未成林地6.48万亩。造林树种结构趋于合理，针、阔、混比例为逐步增加，与工程前的人工纯林形成鲜明对比。目前南华山森林覆盖率达26.5%，环境状况明显改善。历经漫长岁月人为破坏殆尽的一片荒山秃岭，短短17年就达到全境范围被林草覆盖，森林覆盖率由一期工程前的0.2%提高到目前的26.5%，增长了120.3%。

（2）林区基础设施条件大为改善　工程实施期内，南华山林区在原基础设施建设从无到有，基础保护建设有了新的飞跃，三期工程共投资4000万元，建设小流域治理7万亩，建设苗圃200亩，培育各种苗木4620.5万株；建设护林点20处，土建工程850 m²；建设工程办公用房100 m²，修筑林区道路95 km；建设防火、护林沟30 km，架设输电线路35 km，购置运输工具小四轮3辆等。极大地改善了林区的基础设施状况，基本满足了保护林区安全的条件，为维护林区安全提供了条件保障。

（3）涵养水源、改善水质成效显著　森林及其草原被誉为"绿色海洋"，它的一大功能就是涵养水源。森林、草原中的土壤像"海绵"一样可以吸收大量的降雨，据测定每公顷森林涵蓄降水约1000 m³，1万 hm²森林的蓄水量相当于1000万 m³的水库，南华山林场的核心区近102000亩，其水源涵养的蓄水量相当于680万 m³。经过前三期水源涵养林工程的建设，项目区所涉及的多条干涸多年的沟岔涌出了清泉，下游水库水量增多，洪灾发生频率显著降低，洪水含沙量也明显下降。涵养水源效益的发挥缓解了海原县人畜饮水和城市供水的压力，扩大了灌溉面积，促进了地方区域经济的发展。

（4）生态恢复、水土保持成效显著　水是生命之源，土是生存之本，林是大地之衣，三者都是人类生存和发展的基础资源，而水土流失是人们破坏生态环境的严重后果。自然力作用下形成1cm厚的土壤需要100~400年的时间。林地是土壤最有效的保护层，据测定，在340mm降水的情况下，每公顷林地的土壤冲刷量仅为60kg，而裸地高达6750kg，流失量比有林地高出110倍。南华山仅核心区102000亩的面积，一年可保护土壤免受冲刷4.59万 t。通过水源涵养林工程的实施，并对项目区内实行移民搬迁，使得人为活动对南华山生态环境的压力明显减轻，区域内原有植被得到有效恢复，森林覆盖率显著提高，也为野生动物的栖息和繁衍创造了条件，近几年一些动物的种类和数量都不断增加，该区域范围内的生物多样性明显增加。

（5）环境改善、经济发展成效显著　随着项目区森林、草原资源的保护和建设，加速改善了周边的生态环境，使南华山周边的农业生产条件也得到有效的改善，直接增加农民收入。通过封造结合，南华山次生林得到恢复，一些濒临绝种的珍稀植物及珍贵药材等得到保护和繁育，同时也为群众拓宽了致富门路。现每年山野菜、药材的采收量达到1000 t以上，增加经济收入100多万元。随着区域林草植被的增加，群众逐渐也由过去的放养改为舍饲圈养，使林牧矛盾得到缓解，同时也使畜牧业得到较快发展，为山区农村脱贫致富和经济发展奠定了环境基础。

2. 工程建设成功经验

（1）领导重视、群众支持是工程取得成功的前提　海原县南华山水源涵养林是整个海原县的生命线，关系着全县及周边地区人民的饮水与生存。南华山水源涵养林建设的成绩是与各级领导的重视分不开的。工程建设得到了各级领导的高度重视，本着"目标统一、部门协作、整合项目、突出重点"的原则，在项目安排、资金投放、技术服务等多方面给予倾斜；在工程建设中，区、市、县主要领导先后多次赴造林现场检查指导工作，对工程建设顺利实施起到了极大的推动和促进作用。随着水源涵养林一期工程的建设，使得该区域用水紧缺问题的缓解，使广大干部、群众对森林生态系统的认识从简单的木材产出逐渐向水源涵养、维护生态等方面转变；使得群众也从一开始的不理解、不配合逐步转变为热情支持、积极配合，同时也促使他们积极投身到二、三期工程建设中，对水源涵养林面积的进一步扩大和造林成果的维护起到重要的作用。

（2）保护优先、生态优先是工程取得成功的基础　南华山涵养林建设工程，是海原县城及周边五乡镇10多万人的生命工程，也是该地区水资源可持续利用的战略性工程。根据南华山的资源特点和生态功能，本着"保护优先、生态优先"的原则，建立起稳定、高效的水源涵养生态系统，并通过不断扩大国家级保护植物蒙古扁桃等稀有植物的数量和质量，从而使得南华山森林生态系统的多样性和脆弱性得到有效的恢复；通过积极引进适宜的动植物资源，使得生态系统内的生物链不断加长，使得种质资源不断丰富。随着南华山水源涵养林工程的建设与发展，"保护优先、生态优先"的原则的重要性也就不言而喻。该区域在涵养水源、保护物种、保持水土、调节气候、净化大气、维持生态平衡等方面重要作用日益凸显正是受益于这一原则的充分体现。

（3）准确定位、合理规划是工程取得成功的核心　1993年以来，随着西部大开发战略的实施，当地政府充分认识到南华山林区的森林植被资源是海原县的重要生态屏障，其涵养水源、调节气候、稳定区域生态环境的作用不可替代，是区域经济社会发展的重要基础，其生态地位必须得到加强。大量事实说明，恶劣的生态环境尤其是水资源短缺严重制约着该区域经济的发展，经济发展缓慢又制约着生态环境的改善。要加快区域经济的发展速度，就必须从解决水资源短缺严重的方向下手。海原县南华山水源涵养林工程建设正是从人口、资源、环境与发展之间的关系入手，准确定位了南部山区区域发展的战略模式，即采取生态建设与经济建设结合，走生态经济的发展道路，其生态建设是以水源涵养林建设为核心，恢复植被，保持水土，构建区域生态保障体系；生态经济建设重点发展与生态建设相适应的优势特色农业、农产品加工业和生态旅游业，实现资源的优化配置和生产力的合理布局，协调区域经济发展与人口、资源、环境之间的关系，建立具有地方特色的生态经济发展体系，形成区域生态经济建设的新格局，为宁夏南部黄土丘陵区谋求发展指明了方向。

（4）科学造林、封造结合是工程取得成功的关键　南华山水源涵养林一、二、三期工程在立项批复后，所有工程均委托区内外具有相应资质的设计单位进行科学规划设计，并严格检查和审批制度，严把"设计关"。在工程实施时按照规划设计科学造林，在规划布局上，遵循适地适树的原则，不同的立地条件栽植适宜的树种；在树种搭配上，因地制宜，灵活使用各种混交方式，加大混交比例，这样既防止鼠害，又能防止森林火灾；先整地后造林，并建立造林示范样板；在苗木培育上，不仅培育当地土生土长的优势乡土树种苗木，还对外调苗木进行移植，使其在一年后能够更好地适应当地的环境。在工程实施中，严格按照规划设计施工，坚持"宜林则林，宜草则草，林草结合"的方针，采取"能造则造，能封则封，封造结合"的措施，使南华山植被得到极大的恢复。通过各种人工营林措施对现有的幼林进行抚育，在一定程度上满足了该区域群众用材、用药的需求，同时在一定基础上缓和了目前农林牧生产关系的矛盾问题。

（5）加强领导、严格管理是工程取得成功的保证　高度重视、周密部署、认真做好组织协调工作是确保项目建设顺利进行的保证。该项目建设是一项跨部门、跨行业的系统工程，项目组织协调工作量大、任务重。自项目建设以来，相关领导以高度的政治责任感和改变山区面貌、造福山区人民的历史使命感，把项目建设作为全县上下的一件大事，列入重要议事日程，建立分产业分项目的专门班子，明确工作职责，细化工作措施，落实工作任务，认真组织实施。并按照"统一领导、归口管理，分工负责、各司其职"的原则，建立权、责、利相统一的管理体制，层层量化分解任务，做到区、市、县联动，各有关部门全力配合，上下左右协同作战，扎扎实实地完成各项建设任务。

严格按照项目建设和管理程序抓好各个环节工作，认真研究制订科学有效的实施方案，建立严格的管理制度，组建技术过硬、责任心强的队伍，精心组织实施好项目。严格执行国家基本建设程序，做到建设程序不乱、资金渠道不变，按规划立项，按设计施工，按项目进行动态管理，按工程进度安排资金，建立专户专账，做到专款专用。建立项目法人制和工程质量监理制，强化责任，定期检查、考核和评估，确保工程质量。在项目建设当中，更加重视以科技为支撑，综合应用工程措施、生物措施和农艺措施，建立健全生态服务网络，从规划设计、工程实施、检查验收等各个环节实行整套科学的监管，确保项目区建成一片、见效一片、示范一片、带动一片。加大执法力度，依法打击各种破坏生态环境建设的违法犯罪行为，保护项目成果，确保了该项目发挥应有的效益。

（三）存在问题与对策

1. 存在的问题

（1）自然条件干旱　南华山属我国温带山地草原区，地处宁夏中部干旱带核心区域，年降水量400mm左右，且分布极不均匀，有效降水不足200mm，是西北地区典型性的山地草原生态系统。通过前三期造林经验，造林必须结合补水措施、水保工程才能有效提高成活率和保存率，使林地转化率有效提高。

（2）林木保存率不高　在南华山水源涵养林工程建设过程中，造成林木保存不高的主要原因：一是由于病、虫、兔、鼠害的严重危害，导致了目前"边栽边毁，常补常缺"的结果；二是受到客观条件的制约，依靠现有苗木进行造林，造成树种不适应当地环境而影响了林木的保存率；三是由于人工种草的数量不足，满足不了当前畜牧业发展的要求，造成"林牧争地，放牧毁林"的结果；四是南华山周边群众居住位置紧靠南华山，甚至有部分群众居住在林区内，人为因素对林木的破坏较严重；四是自然灾害的侵袭比较严重，由于南华山处于草甸化草原向干草原过渡地段，年降水量本来就少，再加上近年来的持续干旱和年季降水不均，导致了保存率低的结果。

（3）林木管造难度加大　南华山周边相毗邻的有4乡2镇，由于人为因素而直接影响到南华山林木管护的就涉及30多个自然村。这些村的居民生产方式以放牧为主，由于这些村民的思想水平落后、生活观念一时无法从根本上改变，对封山禁牧的政策不理解不支持，导致偷牧、强行放牧的现象非常严重，加之目前尚无有效的管理机制和处罚措施，这就给南华山水源涵养林的管护工作带来了极大的难度。另外现有的防火设施差，没有组建专门的防火队伍，对突发的火灾预应力差，在一定程度上也增加了林木管护的难度。为了确保涵养林建设成果，需要对核心区内以及直接影响到涵养林建设的村进行搬迁移民。随着造林进度的发展，该区域造林立地条件发生变化，造林难度也随之加大。

（4）营造林资金不足　南华山水源涵养林前三期工程中，人工造林项目每亩投资为50元，如按规划进行造林，每亩造林经费实际需要为200元（包括栽植费30元／亩、整地费50元／亩、种苗费100元／亩、补植费8元／亩、病虫害防治费2元／亩、抚育管理费10元／亩），资金配置严重不足；而且在前三期工程建设中，管护经费始终没有列入工程计划，这在很大程度上影响到了南华山水源涵养林的造林与管护成效。

（5）造林管理机制单一　由于项目区造林经费主要是造林补助性质，在南华山造林仅仅进行义务植树，造林往往是"规模大、质量低"。成为制约本地区造林成活率主要因素之一，后续管理跟不上需要，抚育和补植补造工作不能到位，使林木保存率偏低。因此，在造林时要引进新的造林机制，使造林模式多元化，以保障造林保存率。

2. 对策

（1）加强水保工程、提高造林成活率　南华山有效降水量极少，造林后的三年内，苗木基本处于缺水状态，因此在造林时要抓住主要环节，在整地时就要根据造林地点的土层、坡度进行有水保措施的方法整地，保证能够将有效降水拦蓄，同时要及时对苗木进行补水，尤其是在干旱、苗木蒸腾作用强烈的季节更要及时补水，确保苗木正常生长所需水分，才能确保造林质量。

（2）加大抚育补植力度，提高造林保存率　南华山地处宁夏中部干旱带，造林难度大，当年造林成活率低，一次造林能够有效转化为有林地和灌木林地的比例较低。因此，在人工造林工程实施后，对造林地实时进行的补植补造工作，是确保造林保存率的重要手段。同时通过开展定期的抚育，积极开展病虫鼠害防治工作，可有效改善苗木生长环境，提高造林质量和保存率。

（3）实施生态移民，降低管护难度　南华山地处海原县人为活动频繁地区，与周边地区的居民交错分布，周边居民靠山吃山，严重影响南华山的造林管护。对本区域实施生态移民，是解决林木管护问题的有效途径。

（4）加大资金投入、确保造林质量　依靠国家下拨的造林补助资金远远不能满足工程建设的需要，要充分发挥各级政府的职能作用，协调发改、财政、水利、环保、农牧、林业等部门、整合项目、捆绑资金、形成合力。前期水源涵养林工程由于资金不足直接影响到工程质量。因此要多方式、多渠道筹措资金满足工程建设的需要，确保造林质量。

（5）创新造林机制，提升造林管理水平　对营造林工程实施专业的造林和招投标制，借鉴中卫市枣树造林机制，有条件有步骤地将人工造林、封山育林、补植补造等工程公开向社会招标，由承包方全面负责工程质量，同时引入监理机制，对工程全过程进行监理。工程结束后经自治区林业局验收保存率达到合格标准后，再由承包方将工程移交当地林业主管部门进行管理。

（四）综合评价

南华山属我国温带山地草原区，是西北地区典型性的山地草原生态系统，具有阔叶林、灌丛、疏林草原、草原、草甸、干草原和荒漠化草原等植被型。南华山自然保护区的核心区是落叶阔叶林、灌丛、草原和草甸的集中分布区，也是多种鸟类和动物栖息和繁殖的场所，具有较高的水源涵养、水土保持生态价值。

总结南华山十多年的造林经验，南华山水源涵养林建设工程既有有利的一面，也有其不利因素。有利的方面是南华山自然分布的植被类型较为丰富，有阔叶林、灌丛、疏林草原、草原、草甸、干草原和荒漠化草原等植被型，具备了实施水源涵养林工程的客观条件；同时通过多年以来南华山水源涵养林工程及南华山外围各项工程的实施，积累了许多宝贵经验。不利因素是南华山地处干旱带、水土流失极为严重、降水的时空变化大且利用率低、鼢鼠危害严重、造林资金严重不足等。因此，在南华山营造林工程建设中要遵循自然规律，充分利用好有利条件，解决好制约生态建设的不利因素，统一规划、科学设计、合理布局，使南华山水源涵养林工程效益得到充分发挥。

四、规划的建设指导思想、原则与目标

（一）指导思想

以提高生态系统水源涵养效能为核心，以南华山现有植被体系为基础，采取人工造林、封山育林、补植补造、人工抚育等手段，加速森林生态系统的恢复进程。通过一系列的措施，使本区域森林资源总量不断增加，森林植被的蓄水、截流能力得到不断提高，南华山生态系统的供水能力得到加强，海原县城乡居民生活用水困难的局面得到一定程度缓解。随着项目的进一步实施，形成功能较为完善的森林生态体系，森林生态系统的水源涵养能力得到充分发挥。

（二）规划原则

1. 坚持封造结合、强化管护的原则

以提高森林涵养水源效能为核心，在巩固现有林业建设成果的基础上，采取人工造林、封山育林和抚育管护相结合的原则，加速生态恢复进程。

2. 坚持因地制宜，适地适树的原则

采用树冠大、根系发达、水源涵养能力强的乡土树种为主要造林树种的原则，确保营造林工程质量和效益。

3. 坚持科学规划、合理布局的原则

采取集中连片、规模治理，提高森林生态效能。

4. 坚持科学治理，依法治理的原则

依靠科技进步，大力推广和应用先进的实用技术，提高造林成效。

5. 坚持生态移民与流域综合治理相结合的原则。

（三）规划目标

1. 总体目标

完成南华山水源涵养林建设总面积70.75万亩，其中，人工造林62.30万亩、封育面积8.45万亩。建设种苗繁育基地1700亩，实施补植补造32.2万亩，人工林抚育65.5万亩，病虫鼠害防治83.4万亩。

随着营造林工程巩固措施的逐步落实，人工造林质量得到进一步提高，有林地、疏林地、灌木林地面积达到134万亩，森林覆盖率最终达到42%，森林生态系统的涵养水源能力得到显著加强，使城乡居民生活用水紧缺的局面得到明显改善，为经济社会的可持续发展提供保障。

2. 分期目标

2011—2015年，完成人工造林38万亩，封山育林8.45万亩，建成1700亩的良种繁育基地。一期工程完成后，使项目区森林植被得到丰富，有林地、疏林地、灌木林面积达到66.4万亩，森林覆盖率达到21%。

2016—2020年，完成人工造林24.3万亩，有林地、疏林地、灌木林面积达到82.2万亩，森林覆盖率达到26%。

五、总体布局

（一）总体布局

按照南华山地形地貌、土壤、气候及植被状况等自然因素及森林资源现状，确定项目区为三区一线的总体布局。规划总面积70.8万亩，其中，人工造林62.3万亩、封山育林8.5万亩。三区指南华山南坡区、南华山北坡区和南华山外围为黄土丘陵沟壑区；一线指穿越南华山的海西公路为一线。

（二）三区

1. 南华山北坡区

该区为土石质山区，坡向以阴坡和半阴坡为主，自然条件优越，森林资源较为丰富，是南华山的主要蓄水区，土地总面积18.1万亩，占项目区总面积的5.7%。规划总面积6.2万亩，其中人工造林6.2万亩。本区以营造乔灌混交林为主，以巩固现有林业建设成果为核心，加大补植补造力度，提升水源涵养效益。

2. 南华山南坡区

该区为土石质山区，坡向以阳坡和半阳坡为主，干旱少雨，植被盖度低于北坡区，生态环境恶劣，植物生长不良，土地总面积15.8万亩，占项目区总面积的5%。规划总面积4.62万亩，其中，人工造林4万亩、封山育林0.62万亩。本区以发展灌木林为主，同时加大封山育林力度，加强对天然植被的保护，促进森林生态系统自然修复。

3. 南华山外围黄土丘陵沟壑区

该区以西安、史店、海城、树台、曹洼、红羊六乡镇为主体，总面积282.1万亩，占项目区总面积的89.3%。规划总面积57.38万亩，其中，人工造林49.54万亩、封山育林7.84万亩。本区为黄土丘陵沟壑地貌，干旱少雨，生态环境恶劣，水土流失极为严重。结合目前实施的生态移民工程，开展荒山造林和退耕还林，并对造林难度大的地段实施封山育林。

通过人工造林、封山育林和加强管护等措施，提高森林生态系统涵养水源和保持水土能力，使人工林的涵养水源作用得到充分发挥，水土流失得到进一步遏制，人居环境得到改善。

（三）一线

以海西公路两侧防护林为一线，总长13km，该线将三区连在一起，规划在其两侧各300m以上的范围内建设组团状防护林，规划人工造林面积2.56万亩。

公路两侧由于立地条件有较大差异，工程实施过程中要因地制宜，宜乔则乔、宜灌则灌，混交优先，着力打造多个示范点，在生态优先的前提下，兼顾景观效果功能。

六、建设内容

（一）人工造林工程

1. 建设任务

人工造林总面积62.30万亩，其中在南华山北坡区实施人工造林6.20万亩，占人工造林总面积的10%；南华山南坡区实施人工造林4.00万亩，占人工造林总面积的6.4%；南华山外围黄土丘陵沟壑区实施人工造林49.54万亩，占人工造林总面积的79.5%；海西公路两侧实施绿化面积2.56万亩，占人工造林总面积的4.1%。

在人工造林总面积62.3万亩中，有13.7万亩的面积为规划实施生态移民后的退耕地面积。

2. 林种规划

南华山北坡区、南坡区及海西公路两侧，营造水源涵养林12.80万亩。

南华山外围黄土丘陵沟壑区，营造水土保持林49.20万亩。

南华山外围黄土丘陵沟壑区，在避风向阳的缓坡地营造经济林0.3万亩。各林种规划面积及所占比例见表10-76。

表 10-76　林种规划面积

	合计	水源涵养林	水土保持林	经济林
面积 / 万亩	62.3	12.8	49.2	0.3
比例 /%	100.0	20.5	79.0	0.5

3. 树种选择

海拔对林木的生长影响显著，因此在树种的选择上，将海拔作为主要因素，确定造林树种。

南华山北坡区和南坡区：海拔2700m以上，选择白桦、云杉为主要造林树种；海拔2500~2700m，选择云杉、油松、白桦、沙棘、山楂为主要造林树种；海拔2200~2500m，选择云杉、白桦、落叶松、樟子松、山杏、旱柳、山楂、杜梨、山桃、沙棘、枸子、蒙古扁桃为主要造林树种；海拔1900~2200m，选择油松、樟子松、白桦、山杏、旱柳、刺槐、臭椿、山桃、沙棘、枸子、蒙古扁桃、柠条为主要造林树种；海拔在1900m以下的山麓缓坡地段，选择油松、樟子松、白桦、山杏、旱柳、刺槐、臭椿、山桃、沙棘、枸子、

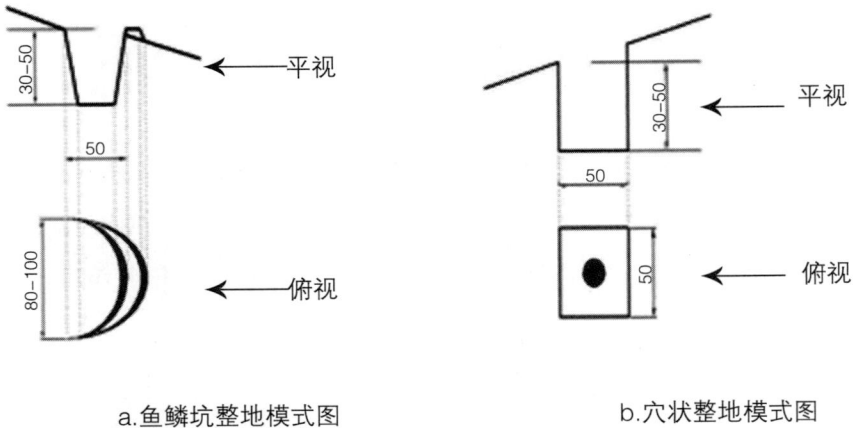

a.鱼鳞坑整地模式图　　　　　　b.穴状整地模式图

图10-2　造林整地模式

蒙古扁桃、柠条为主要造林树种；

　　南华山外围黄土丘陵沟壑区：海拔在2000m以上，选择山杏、山桃、沙棘、柠条为主要造林树种；海拔1800~2000m，选择刺槐、旱柳、臭椿、山杏、山桃、沙棘、柠条为主要造林树种；海拔1800m以下，选择山杏、山桃、枸杞、梨为主要造林树种。

　　4.营林措施。

　　（1）南华山北坡区由于自然条件好，因此造林以乔木树种为主，适地适量选用灌木树种。以针阔混交、阔阔混交、乔灌混交的方式营造混交林，强化森林生态系统功能。

　　（2）南华山南坡区，由于自然条件较差，造林以灌木树种为主，个别适地适量选用乔木树种。

　　（3）南华山外围黄土丘陵区自然条件极差，水分严重不足是制约造林的重要因素，因此在造林树种的选择上以耐旱性强的灌木树种为主，在立地条件较好的地段适量选择山杏、刺槐、杨树、柳树等乔木树种进行造林。

　　（4）公路两侧的自然条件南北差异显著，北坡水分条件好，可选择树冠大，景观效果好的树种进行造林。造林以乔木树种为主，增加一些花灌木树种，达到美化效果。乔木树种以云杉、桦树、旱柳为主，灌木树种选择丁香、黄刺玫、沙棘、山桃等树种。

　　（5）选择水肥条件较好、避风向阳的地段营造经济林。树种以山杏、枸杞、梨树为主。

　　5.整地

　　（1）整地时间　选择春、秋两季进行整地，以秋季为主。

　　（2）整地方式　以鱼鳞坑整地为主，穴状整地为辅的整地方式。

鱼鳞坑整地：挖掘近似半月形的坑穴，"品"字形排列，用生土围成半环状高20~25 cm的土埂，并在上方左右两角各斜开一道小沟，因小地形和栽植树种的不同，一般坑长0.8~1.0 m，宽0.5 m，深0.3~0.5 m。

穴状整地：一般为圆形，面积较小，穴的直径0.5~1.0 m。穴面在山地与坡面平行，在平地与地面平。

5. 造林

（1）造林时间　植苗造林时间主要在春秋两季进行，以春季造林为主。容器苗造林在雨季进行。直播造林的主要树种为柠条，播种季节在雨季到来之前适时抢播。

（2）造林方式　南华山土石质山区采用植苗造林，选用裸根苗和容器苗进行造林。南华山外围黄土丘陵沟壑区采用植苗造林与直播造林相结合的方式进行造林。

（3）造林密度　造林密度以167株/亩为主（株行距2 m×2 m）。南华山北坡区或灌木树种造林，可选择222株/亩（株行距1 m×3 m）的造林密度。

（4）混交类型及方式　以乔灌混交为主，针阔混交、阔叶混交为辅，采取带状混交和块状混交的方式进行造林。

（5）混交比例　采取1∶1的混交比例。

（二）封山育林工程

对于立地条件差，造林很难成功的地段实施封山育林。封山育林与人工辅助相结合，促进植被恢复。规划实施总面积8.5万亩，占营造林总面积的12%，其中在南华山南坡区

图10-3　造林现场

实施面积0.7万亩，占封山育林任务的8.2%；南华山外围黄土丘陵区实施面积7.8万亩，占封山育林任务的91.8%。

（三）苗木生产基地建设工程

苗木质量是关系到造林质量的重要环节，为确保人工造林质量，拟在南华山北坡区的灵光寺、南华山南坡区的水冲寺，西安镇园河村、海城镇李庄村各建一个苗木生产基地，建设总面积1700亩，为工程提供优质苗木。

根据工程需苗量，乔木与灌木的比例为35%：65%。规划培育山桃、沙棘、丁香、蒙古扁桃等灌木树种面积970亩，面积比例为3：3：2：2。各树种每亩出苗量按4000、50000、3000、3000株计算，预计每年出圃两年生苗840万株，基本能够满足人工造林对灌木树种的需求。乔木树种培育总面积520亩，出苗量按6000株／亩计算，预计每年可出圃2~3年生苗125万株。灌木出苗量基本能够满足人工造林的需求，乔木树种苗木需求量尚有较大缺口，需要外调才能满足工程需要。

（四）抚育管理工程

1. 补植补造工程

补植补造是提高造林保存率的有效手段，补植补造工程实施范围包括历年的未成林造林地和新造林地（总面积92万亩），按35%的面积比例进行补植，补植面积32.2万亩，其中，南华山北坡区实施面积3.8万亩，占补植补造总面积的11.8%；南华山南坡区实施面积2.0万亩，占补植补造总面积的6.2%；黄土丘陵沟壑区实施面积25.5万亩，占补植补造总面积的79.2%；海西公路两侧实施面积0.9万亩，占补植补造总面积的2.8%。

2. 人工林抚育工程

通过对林地松土、除草、修枝、浇水等人工抚育措施，为林木生长创造良好的环境条件，规划人工抚育总面积65.5万亩，其中，南华山北坡区实施面积9.6万亩，占人工林抚育总面积的14.7%；南华山南坡区实施面积6万亩，占人工林抚育总面积的9.2%；黄土丘陵沟壑区实施面积47.3万亩，占人工林抚育总面积的72.2%；海西公路两侧实施面积2.6万亩，占人工林抚育总面积的3.9%。

3. 病虫鼠害防治工程

工程区内对植被造成较大危害的有三种：一是以甘肃鼢鼠为主的鼠害，二是以落叶松叶蜂和球蚜为主的食叶性害虫，三是以沙棘木蠹蛾为主的蛀干害虫。

甘肃鼢鼠主要分布在未成林造林地，对华北落叶松、油松危害最为严重，直接影响造林质量，是制约水源涵养林建设的主要因素。工程规划防治面积83.4万亩，其中，南华山保护区33.9万亩进行全面防治，黄土丘陵沟壑区对规划人工造林地全面防治，防治面积49.5万亩。防治方法采取物理防治、化学防治与生物防治相结合的方法进行防治。

（1）物理防治 地弓与地箭相结合、鼠铗与烟熏相结合。

（2）化学防治 南华山为周边提供着水源，在化学防治上，必须选择无公害的农药开展防治工作。

（3）生物防治 主要方法有乔灌密植法、营林预防及天敌灭鼠等。

（五）科技示范推广

1. 引种造林实验示范

积极开展引种实验工作，选择树冠大、生长快、蓄水能力强的树种进行引种，建立引种造林实施示范区，丰富当地树种。

2. 鼠害防治示范

积极推广物理、生物防治、结合化学防治，开展鼢鼠防治工作。加强乔灌密植驱鼠法、土炕肥壮苗驱鼠法、苗木蘸根栽植驱鼠法、烟油驱鼠法等鼠害防治方法在工程中的应用，建立鼠害防治示范区。

3. 抗旱造林综合示范

着力推广保水剂、生根粉、覆膜套袋、容器苗等一系列技术在工程中的应用，打造抗旱造林综合示范点，为水源涵养林工程提供技术支撑。

4. 病虫鼠害监测点建设

建立5个病虫鼠害监测点，其中南华山北坡区1个、南坡区1个、外围黄土丘陵沟壑区3个。通过监测，及时上报病虫鼠害发生情况，为防治工作提供依据

七、建设进度安排

（一）项目建设期限

根据项目建设内容与投资规模，确定南华山水源涵养林建设工程分两期实施，5年为一个周期，2011—2015年为第一期，2016—2020年为第二期。

（二）建设进度安排

南华山水源涵养林工程规划总面积70.75万亩，其中，人工造林62.30万亩、封山育林8.45万亩。

抚育管理工程规划实施面积181.1万亩，其中，补植补造32.2万亩、病虫鼠害防治83.4万亩、人工抚育65.5万亩。

第一期（2011—2015年）完成营造林工程46.5万亩，占总任务的65.7%。其中，人工造林38.0万亩，占人工造林面积的60.8%；封山育林8.45万亩，占封山育林任务的100%。

抚育管理工程完成面积125.3万亩，占总任务的69.2%。其中，补植补造19.3万亩、病虫鼠害防治面积66.7万亩、人工抚育39.3万亩。

2011年完成人工造林4.00万亩，其中，完成海西公路两侧绿化2.56万亩，南华山外围黄土丘陵区实施人工造林1.44万亩，封山育林4.65万亩。建成4个种苗基地，总面积1 700亩，为工程建设提供苗木保障。实施补植补造1.9万亩，鼢鼠及其他病虫害防治20万亩，人工林抚育7.9万亩。

2012年完成人工造林5.60万亩，封山育林2.71万亩。实施补植补造2.9万亩，鼢鼠及其他病虫害防治20万亩，人工林抚育9.8万亩。

2013年完成人工造林7.2万亩，封山育林1.09万亩。实施补植补造4.8万亩，鼢鼠及其他病虫害防治13.3万亩，人工林抚育9.8万亩。

2014年完成人工造林9.20万亩。实施补植补造5.8万亩，鼢鼠及其他病虫害防治6.7万亩，人工林抚育5.9万亩。

2015年完成人工造林11.94万亩。实施补植补造3.9万亩，鼢鼠及其他病虫害防治6.7万亩，人工林抚育5.9万亩。

第二期（2016—2020年）完成营造林工程24.30万亩，占总任务的34.3%；其中人工造林24.30万亩，占人工造林总任务的39.2%。

抚育管理工程实施面积55.8万亩，占总任务的30.1%；其中实施补植补造12.9万亩，鼢鼠及其他病虫害防治16.7万亩，人工林抚育26.2万亩。

八、环境影响评价

项目建设拟在巩固和完善南华山的生态体系，扩大水源涵养林规模，将南华山建成生态系统结构趋于稳定、水源涵养效能突出、生态效益明显的生态示范区。项目建设对环境产生最重要影响的就是生态影响，这包括有利影响和不利影响。

（一）有利影响

1. 对涵养水源的影响

项目建设在开展人工造林的同时，也对现有森林资源进行有效保护，扩大了森林资源总量，使森林植被的蓄水、截流能力得到不断提高，南华山生态系统的供水能力得到不断加强。

2. 对生态系统健康的影响

通过项目建设，可以改善和调节项目区生态系统内部各种不合理的生态关系，提高土地的生产力和承载力，提高系统的自我调节能力；使生态系统健康、稳定、持续发展。

3. 对生物多样性的影响

项目建设会引起植被类型和结构的变更，部分植物种类会增加或减少，但总体上可使项目区的天然植被得到恢复，随着林区面积进一步扩大，动植物的种类和数量都会不断增加，因此工程建设对项目区生物多样性具有积极意义。

（二）不利影响

工程建设过程中由于整地及一些工程设施建设，会使地表原有植被（灌丛、草甸等）遭到破坏，使植被保护的土壤直接暴露，局部小范围内可能增加土壤发生水蚀、风蚀的概率。同时在工程建设过程中产生的建筑垃圾和生活垃圾，如果处理不当会对环境造成污染。

（三）项目建设对环境影响分析

南华山水源涵养林建设工程是以涵养水源为主要目的的生态建设工程，人工造林和封山育林是工程的主要建设内容，同时开展补植补造工程、人工林抚育工程、病虫鼠害的防治工程。随着工程的逐步实施，森林生态系统功能得到加强，生物多样性得到进一步丰富，森林的涵养水源能力得到有效提高，生态环境得到明显改善。在工程建设过程中，加强对实施过程中产生的建筑垃圾及生活垃圾的管理，不会对环境造成污染。总体来讲，工程建设对改善生态环境将产生积极影响。

九、投资概算

（一）概算依据

《森林培育技术标准汇编》（宁夏回族自治区林业局）、《造林作业设计规程》《自然保护区工程项目建设标准》（2002）、林业建设工程概算编制办法、项目规划具体建设内容、《生态工程投资概算经济指标》。规划设计费按投资额的3%计算，基本预备金按投资额的5%计算。

（二）投资概算

项目建设总投资43686万元。其中，工程费用39066万元，占建设总投资的89.4%；其他费用2539万元，占建设总投资的5.8%；基本预备金2080万元，占建设总投资的4.8%。

工程费用39066万元中：营造林工程投资20611万元，占工程费用的52.8%；补植补造投资7602万元，占工程费用的19.4%；人工林抚育6550万元，占工程费用的16.8%；病虫鼠害防治834万元，占工程费用的2.1%；苗木生产基地建设费用2314万元，占工程费用的5.9%；科技示范推广项目费用1155万元，占工程费用的3.0%。

其他费用2539万元中：勘察设计费用1172万元，占其他费用的46.1%；咨询费195万元，占其他费用的7.7%；工程监理费781万元，占其他费用的30.8%；工程管理费391万元，占其他费用的15.4%。

（三）投资来源

项目建设总投资43686万元。其中，申请国家林业补助投资26085.0万元，占总投资的59.7%；宁夏财政专项补助9601万元，占总投资的22.0%；水保设施配套5000万元，占总投资的11.4%；中卫市财政配套2000万元，占总投资的4.6%；海原县财政配套1000.0万元，占总投资的2.3%。

十、效益分析

（一）生态效益

南华山水源涵养林建设工程是改善群众饮水条件和生态环境状况的建设项目，项目实施后，生态工程建设区内林草植被将得到一个良好的休养生息时期，天然森林植被将逐渐向良性演替方面转化，林分质量逐步提高，涵养水源的功能更加强大，森林生态系统结构趋于完善，生物多样性更加丰富。其生态效益主要表现在涵养水源、保持水土、净化空气、固碳制氧、降低噪声等方面。

1. 涵养水源

（1）调节水量　涵养水源是森林的重要生态功能之一。森林与水源之间有着非常密切的关系，主要表现在森林具有截留降水、减少蒸腾、增强土壤下渗、抑制蒸发、缓和地表径流、改变积雪和融雪状况以及增加降水等功能。

根据《六盘山水源涵养林生态服务功能研究》（中国林业科学研究院森林生态环境与保护研究所）对森林涵养水源功能的研究方法，用以下公式计算森林涵养水源物质量和价值量：

物质量公式 $G_调=10A（P-E-R）$

价值量公式 $U_调=10C_库A（P-E-R）$

式中，$U_调$为水源涵养林涵养水源功能的总价值，元/a；

$G_{调}$ 为水源涵养林涵养水源功能的物质量，m^3/a；

$C_{库}$ 为水库库容造价，元 $/m^3$；

P 为林外年降水量，mm/a；

E 为不同森林类型年蒸散量，mm/a；

R 为不同森林类型年地表径流量，mm/a；

A 为不同森林类型面积，hm^2；

南华山自然保护区年降水量为430mm，乔木林分涵养降水量61.07%，灌木林分涵养降水量59.9%。灌木林面积为疏林、灌木与未成林之和。

（2）净化水质

价值量公式 $U_{水质}=10KA（P-E-R）$

式中，$U_{水质}$ 为净化水质总价值，元 $/a$；

K 为单位体积水的净化费用，元 $/m^3$；

P 为林外年降水量，mm/a；

R 为不同森林类型年地表径流量，mm/a；

A 为不同森林类型面积，hm^2；

物质量公式同调节水量公式。

南华化山基本无地表径流，水库库容造价为4.2551元 $/m^3$，净化水按每吨工业废水运行成本2.2225元计算。将数据代入公式得到调节水量、净化水量总量及价值。

南华山水源涵养林涵养水源能力计算结果

表 10-77 南华山水源涵养林涵养水源能力

植被类型	面积/公顷	调节水量价值/元	净化水量价值/元	价值合计/元	调节水量/m^3	净化水量/m^3
乔木	12 500	89 037 436	46 505 535	135 542 971	20 924 875	20 924 875
灌木	29 000	212 774 999	111 135 446	323 910 445	50 004 700	50 004 700
合计	41 500	301 812 435	157 640 980	459 453 415	70 929 575	70 929 575

根据计算结果，南华山水源涵养林工程按人工造林4.15万 hm^2（62.3万亩）计算，工程建成后每年调节水量3.01亿 m^3，净化水质1.57亿 m^3，涵养水源总价值为4.59亿元。

2. 调节气候

森林调节气候的作用主要表现在增加水平和垂直方向的降水量、增加空气湿度、通过地面覆盖减少水分蒸发和降低林中温度等方面。在调节气候方面，主要从减少蒸散量进行分析水源涵养林的生态效益。采用下面的公式进行计算：

① 价值量公式 $U_{蒸发}=10C_库 A（E_外-E_林）$

② 物质量公式 $G_{蒸发}=10A（E_外-E_林）$

式中，$U_{蒸发}$ 为林区减少蒸发散价值。单位：元 /a；

$G_{蒸发}$ 为林区减少的蒸发量，单位：m^3/a；

$E_外$ 为林区之外无林地区的年蒸发散，单位：mm/a；

$E_林$ 为林区年蒸发散，单位：mm/a；

蒸散量按降水量的60.2%进行计算，南华山林区蒸散量为259 mm/a。非林区按农田全年蒸发量510 mm/a 计算。

表 10-78　南华山蒸散量及价值估算

面积	蒸散量 /（mm · a⁻¹）		减少蒸发价值 / 万元	减少蒸发量 / 万 m³
	林区	非林区		
41 500	259	510	44 323	10 417

南华山水源涵养林工程按人工造林4.15万 hm²（62.3万亩）算，工程建成后每年减少地表水分蒸散量和价值分别为1.04亿 m³和4.4亿元。

3. 保育土壤

森林保育土壤可分为减少土地面积损失、减少土壤肥力和减少泥沙淤积三个方面。根据我国三北防护林固土效益的统一测算指标。

（1）林地土壤泥沙流失比无林地减少33.9t/hm²，水保工程每拦截1t 土壤的工程造价为8元。

（2）平均每吨森林土壤中 N、P、K 养分折合标准化肥为2kg，标准化肥价格为2元 /kg。

表 10-79　保育土壤计算结果

面积 / hm²	价值合计 / 元	防止泥沙 流失量 /t	价值 / 元	防止土壤养分 损失量 /kg	价值 / 元
41 500	16 882 200	1 406 850	11 254 800	2 813 700	5 627 400

通过计算，水源涵养林工程建成后，每年可防止泥沙流失量为140.7万 t，防止土壤养分损失量为281万 kg，保育土壤价值总量共计1 688万元。

4. 固碳制氧

据研究，每公顷森林年可释放氧气2.02t，项目新建人工林面积41 500 hm²，在成林后可释放氧气83 830t，根据市场替代法，按工业制造氧气的现行价格600元 /t 计算，则每年产生的氧气价值为5 030万元。

5. 净化空气

森林空气的机能主要表现在4个方面，即吸收空气中的有害气体、杀除空气中的细菌、阻滞粉尘及降低噪声等。森林净化空气按有效吸收 SO_2、氟化物、吸附空气中的粉尘、降低噪声价值进行估算，效益数量化如下。

（1）吸收有害气体

A. 吸收 SO_2

计算公式：

①价值量公式：$U_硫=C_硫AQ_硫$

②物质量计算公式：$G_硫=AQ_硫$

式中，$U_硫$为水源涵养林吸收 SO_2总价值，元 /a；

$G_硫$为水源涵养林吸收 SO_2数量，kg/a；

$C_硫$为 SO_2排污费收费标准，元 /kg；

A 为林分类型面积。hm²；

$Q_硫$为不同树种吸收 SO_2能力，kg/hm²。

据测定，针叶树平均每年吸收 $SO_2$521.9 kg/hm²，阔叶树（包括灌木林）平均每年吸收 $SO_2$91.6 kg/hm²。本项目按阔叶林计算，每年可吸收 $SO_2$3 801 400 kg，排污费标准按1.2元 /kg 计算，共计456万元。

B. 吸收氟化物

计算公式：

①价值量公式：$U_氟 = C_氟 A Q_氟$

②物质量计算公式：$G_氟 = A Q_氟$

式中，$U_氟$ 为水源涵养林吸收氟化物总价值，元/a；

$G_氟$ 为水源涵养林吸收氟化物数量，kg/a；

$C_氟$ 为氟化物排污费收费标准，元/kg；

A 为林分类型面积，hm^2；

$Q_氟$ 为不同树种吸收氟化物能力，kg/hm^2。

根据研究表明，针叶树、阔叶树每年平均吸收氟化物为20kg/hm^2，排污费标准按0.6元/kg计算，共吸收氟化物83万kg，总价值为49.8万元。

（2）滞尘　林木可以截获空气中的灰尘和杂质微粒，提高空气质量，利于人类健康。根据《六盘山水源涵养林生态服务功能研究》（中国林业科学研究院森林生态环境与保护研究所）计算公式：

①价值量公式：$U_{滞尘} = C_{滞尘} A Q_{滞尘}$

②物质量计算公式：$G_{滞尘} = A Q_{滞尘}$

式中，$U_{滞尘}$ 为水源涵养林滞尘总价值，元/a；

$G_{滞尘}$ 为水源涵养林滞尘数量，kg/a；

$C_{滞尘}$ 为一般性粉尘排污收费标准，元/kg；

A 为林分类型面积。hm^2；

$Q_{滞尘}$ 为不同树种滞尘能力，kg/hm^2。

根据研究表明，针、阔叶树滞尘能力为每年平均33 200kg/hm^2，根据排污费收费标准，一般性粉尘排污费收费标准为0.15元/kg。南华山水源涵养林工程完成后，每年滞尘总量为1 377 800 000kg，滞尘价值为20 667万元。

（3）降低噪声

价值量公式：$U_{噪声} = C_{噪声} A Q_{噪声}$

式中，$U_{噪声}$ 为水源涵养林降低噪声总价值，元/a；

$C_{噪声}$ 为单位面积降低噪声费用，元/hm^2；

A 为林分类型面积。hm^2；

$Q_{噪声}$ 为不同树种林分降低噪声效果权重，%。

根据高速公路单位面积降低噪声费用为40 000元/hm²，隔音效果按70 dB噪声降低10 dB的14.29%计算。工程完成后其隔音价值为2.37亿元。

根据以上计算，工程完成后其每年的生态效益为14.2亿元。

（二）经济效益

水源涵养林的木材储备效益主要体现在生长在林地上的林木蓄积量增加。据研究针叶林按60年一个经营周期，蓄积量按150 m³/hm²，出材率按75%计算，则每公顷出材112.5 m³/hm²，木材价格按800元/m³计算；阔叶林按30年一个经营周期，蓄积量按40.5 m³/hm²计算，出材率按50%计算，则每公顷出材20.3 m³/hm²，木材价格按400元/m³计算。

本项目按阔叶林标准进行计算，规划营造人工林41 500 hm²，一个经营周期木材储备效益为3.37亿元。平均每年经济效益为1 123万元。

经济树种果品收入

项目规划为了使营造的人工林在改善生态环境的同时，能够有一些经济果品收入，树种选择时按照适地适树的原则，安排了200 hm²有经济收入的树种，如枸杞、仁用杏、鲜食杏、甘肃山楂、梨等。但由于规模小，其经济效益甚微，不再另行计算。

（三）社会效益

随着南华山水源涵养林建设工程的实施，生态环境将得到明显改善，南华山群众生活用水的紧张局面将得到有效缓解，对维护社会稳定、建设生态文明、促进经济繁荣、构建社会和谐起到重要作用。

1. 项目的实施将在一定程度上改善项目区及其周边地区群众生活用水状况，为有效缓解目前生活用水紧张局面发挥重要作用。

2. 随着建设项目的逐步实施，生活环境得到绿化和美化，提高人们对生态保护和建设的认识，增强环境保护意识，充分调动群众参与生态建设的积极性，初步形成全社会参与生态建设的良好社会氛围，为全面推进水源涵养林建设工程，改善生态环境创造了良好的社会基础。

3. 项目的实施将从根本上改善南华山投资环境，对经济社会的健康发展具有积极的促进作用。

4. 项目实施过程中采用的各种新技术、新手段对促进林业快速、健康发展具有积极的推动作用。

5. 项目的实施将改善项目区及下游农业生产条件，促进了农、林、牧业的综合、快速发展。

十一、保障措施

（一）资金保障

海原县南华山水源涵养林建设工程是生态型、社会公益型的建设项目，直接关系到生态民生，现有的投资渠道已无法满足工程建设的需要，因此在资金筹措上要充分发挥各级政府的职能作用，协调发改、财政、水利、农牧、林业、扶贫等部门，积极向国家申请专项资金，发挥中央资金的主渠道作用，同时地方各相关部门要整合目前实施的项目，将资金向南华山水源涵养林工程倾斜，加强地方配套资金的落实。在建设过程中，通过相关部门密切协作，整合项目和资金，形成合力，为南华山水源涵养林建设工程的实施提供资金保障。

（二）科技保障

1.坚持"因地制宜、适地适树，宜乔则乔、宜灌则灌"的原则，选择耐旱、适应性强的树种，以营造乔灌混交林、针阔混交林、阔叶混交林为主，增加混交林比例。

2.围绕鼠害防治、抗旱造林技术开展科技攻关研究，完善抗旱造林技术标准和鼠害防治技术。

3.加强应用技术的推广，积极组织施工人员开展造林技术和造林设计标准的培训，提高队伍的综合素质。

4.加强干旱山区造林技术的推广与探索，积极开展引种工作，选择一些树冠大、耐旱性强、效果好、生长快的树种进行造林，丰富南华山造林树种，为营造林工程的健康发展提供理论依据。

（三）组织保障

为确保工程顺利实施，成立由宁夏林业局局长任组长、相关部门负责人为成员的宁夏海原县南华山水源涵养林建设工程领导小组，负责宁夏海原县南华山水源涵养林工程的组织领导和检查指导。领导小组下设办公室，由宁夏林业局纪检书记担任办公室主任，负责组织协调工作。

海原县人民政府同时成立相应的领导小组，主管县长任组长，发改、财政、农牧、国土、水利、扶贫、林业等部门为成员，负责对海原县南华山水源涵养林建设工程的组织管理和统筹协调工作。海原县领导小组下设办公室，设在林业局，负责海原县南华山水源涵养林工程的组织实施，并定期向领导小组汇报工程的实施情况。

海原县人民政府要将南华山水源涵养林建设工程纳入本县国民经济和社会发展规划，并列入重要议事日程，建立健全工程建设责任制，层层签订责任状，将建设目标和任务纳入考核各级领导政绩的重要内容，形成各部门配合、全社会共同参与的机制，全面推进宁夏海原县南华山水源涵养林建设工程规划目标的顺利实现。

（四）管理保障

加强项目管理，理顺管理体制，建立长期有效的工作机制。"统一领导、归口管理，分工负责、各司其职"，建立"责、权、利"统一的管理体制。工程建设引入招投标制，公开向社会招标，选择有资质的公司承担项目建设，并定期开展验收，资金分期兑现，第三年总验收，经验收合格后兑付剩余资金。

加强工程质量管理，在建设过程中引入监理机制，对工程质量和资金使用情况进行全过程监理，及时发现和解决工程实施过程中存在的问题，并定期向领导小组汇报工程进展情况。

（五）巩固措施保障

积极开展补植补造、苗木补水、保水措施、人工林抚育、病虫鼠害尤其是鼠害的防治工作。

补植补造工程实施范围包括历年营造林工程的未成林造林地和本期水源涵养林工程的人工造林地，实施周期与人工造林同步。鼠害防治工程实施范围为整个项目区，防治时间应根据其繁育期确定，以提高防治效果。

对于交通便利的造林地，要积极开展补水措施，定期对苗木进行浇水，确保苗木成活。

积极开展人工林抚育工作，加大松土、除草和造林地管护力度，确保苗木正常生长。

（六）宣传保障

全面开展南华山水源涵养林建设工程的重要性及战略意义的宣传工作，提高群众对保护森林植被、保护生态环境的认识，在全社会形成良好的生态建设氛围，形成部门负责、全民参与植树造林、参与生态建设的良好局面，为水源涵养林建设工程提供宣传保障。

第二十节　海原县黄土高原综合治理林业示范项目规划

一、项目概要

（一）项目概要

1.项目建设地点

海原县杨明河流域。

2.项目建设的目标

2013—2017年主要治理杨明河流域，面积491 km²，营造林15.7万亩，其中，人工造林13.7万亩、封山育林2万亩。造林成活率达到85%，森林覆盖率提高3.07%，减少泥沙流量127万 t。

3.项目建设的主要内容及规模及期限

2013年完成人工造乔木林1.7万亩。

2014年完成人工造林4万亩，其中，乔木林0.2万亩、灌木林3.8万亩。

2015—2020年完成人工造林8万亩，其中，乔木林0.2万亩、灌木林7.8万亩。

4.项目投资

海原县综合治理林业示范建设年工程总投资4000万元。

（二）项目编制的依据

1.依据

国家林业局《关于开展黄土高原地区综合治理林业示范建设的通知》（林规发〔2013〕162号）、《宁夏生态环境建设规划》、《关于下达"三北"防护林工程2013年中央预算内投资计划的通知》（宁发改农经〔2013〕747号）、《宁夏黄土丘陵区造林技术规程》（DB64/T　421—2005）。

（三）项目建设的重要性和可行性

海原县地处宁夏中部干旱带，这里十年九旱，年降水量300 mm 左右，且极不规律，风大沙多，年大风日数超过30 d。受人口压力的驱使，大面积垦荒，受过载放牧的影响，植被破坏严重，这里生态环境恶化，植被稀疏，水土流失和土地荒漠化严重。近年随着天然林保护工程、三北防护林工程、退耕还林工程的实施，生态恶化的趋势得到了有效遏制，生态建设特别是植树造林取得了前所未有的成绩，截至2012年年底，林地面积达到170万亩。但治理效果和治理经验呈现出以南华山为主的局部性和局限性。在干旱半干旱的海原县，降水稀少，蒸发量大，地面蒸发是降水的2倍多，而且降水集中，黄土高原的特性决定了其水土流失十分严重，水资源供求矛盾日益突出，海原县今后的治理重点应在南部的月亮山地区。加快黄土高原地区综合治理步伐，尽快改善生态环境，建设生态文明，是贯彻落实党的十八大精神的具体行动，标志着发展理念的升华，对发展与环境关系认识的飞跃。2010年，海原县就被国家有关部门批准为黄土高原综合治理示范县，加之，造林工程又是综合治理的主要措施。

1. 黄土高原地区综合治理有利于维护县域生态安全

海原县总土地面积5018km²，黄土丘陵地区面积为3821km²，占总土地面积76.1%，海原县中南部黄土丘陵地区面积3088km²，占总土面积61.5%，其中侵蚀模数大于3000t/（km²·a）的强度以上水蚀面积为1120km²，主要集中在南部，因此，海原县今后林业建设的主要区域应在以南华山、月亮山为主的中南部山区。该项目建设有利于维护县域生态安全。

2. 黄土高原地区治理有利于促进新农村建设

海原县黄土丘陵地区是社会主义新农村建设的重点和难点。黄土高原地区的生态综合治理，是当地社会主义新农村建设的重要措施。首先，通过实施综合治理措施，加大投入力度，在保持水土、改善生态环境的同时，也改善了农业生产条件，提高农业综合生产力，保证农业高产稳产，推动了"生产发展"目标的实现。

3. 海原县黄土高原地区治理项目有利于生态稳定

海原县生态恶化的趋势暂时虽然被遏制，但由于造林技术手段简单，仅以雨季种子点播为主，生态系统脆弱，生态恢复和恶化的平衡随时可能逆转。该项目增加整地质量，有利于生态系统的平衡与稳定。

4. 为海原县流域综合林业生态建设总结经验

海原县林业生态建设今后的主要地点是南部山区，这里自然条件相对较好，有大面积的宜林地，该项目可为海原县林业生态建设南移总结和积累经验。

（四）项目建设可行性

1. 有政策保障

海原县早在2010年就被国家有关部门批准为黄土高原综合治理示范县，因此，项目建设有国家政策保障。

2. 有资金保障

项目建设可申请国家现行造林补助，乔木林300元/亩，灌木林120元/亩的补助标准，项目建设资金基本有保障。

3. 地方积极性高

近10年，通过三北防护林工程、退耕还林工程、天保工程的实施，一是县域生态环境明显改善，二是农村剩余劳动力可通过植树造林、管护就地转移，可谓一举两得。因此，当地干部群众对实施林业工程积极性很高。

4. 有土地资源

这次规划造林区域全部为生态移民迁出区的闲置耕地，造林有土地资源做保障。

5. 有技术保障支撑

《宁夏黄土丘陵区造林技术规程》使该项目有了技术规范。另外，海原县有一批实践经验丰富的林业技术人员，可为工程建设提供技术服务。

6. 降水条件相对较好

海原县南部年降水量超过400mm，相对于中北部条件较好。造林成活率、保存率较高，封育效果明显。

二、项目建设条件

（一）项目区基本情况

1. 自然地理概况

项目区位于宁夏中南部干旱山区，北纬36°14′~37°1′，东经105°37′~105°44′，东缘本县李俊、郑旗乡，南与西吉县接壤，西邻本县关庄乡，北靠西华山。总面积3639km²。其生物主要栖息于中南部的南华山、月亮山。南华山最高峰2995m，月亮山最高峰2632m。

行政区域涉及红羊、李俊、曹洼、西安4乡镇和南华山自然保护区。

2. 地形地貌

黄土丘陵沟壑区是该项目区的典型地貌单元之一。以峁状、梁状丘陵为主，沟壑纵横、地形破碎，15°以上的土地面积占40%，沟壑密度高达2~4.6km/km²，主要以沟蚀和面蚀为主。

受剥蚀构造作用，形成中山和低山地形，绝对高程1956~2632m。

项目区Ⅰ号林班位于杨明河流域，与县内主要的清水河关系密切，清水河位于南华山东南部，中河为其主要支流，清水河流域面积5 162 km²，年径流总量8 005万 m³。中河位于县南部，干流发源于月亮山东坡红羊乡胡家地湾，流经原杨明乡，在李俊乡汇入海子沟，到红星村湾湾子自然村汇入苦水河后称中河。杨明河全长38.1 km，流域面积491 km²，年径流量1 453万 m³，侵蚀模数3 440 t/（km²·a），年输沙量192万 t。涉及红羊、李俊、曹洼3乡。

Ⅱ号林班属园河流域，位于县境内中部，干流发源于月亮山东北坡红羊乡的魏家脑，海拔2 433 m，流向东偏北，汇集南、西华山的冲沟，过西安镇洼地至麻春河。流域面积1 324 km²，年径流量2 013万 m³，侵蚀模数2 888 t/（km²·a），年输沙量462万 t。涉及南华山、西安镇。

3. 气候

项目区属典型的大陆性季风气候，夏季受东南季风的影响，冬季受干冷的蒙古高压控制，形成春暖迟，夏热短，秋凉早，冬寒长，四季分明，年较差和日较差较大。年平均日照时数为2 716 h，日照率61%，年平均气温5.5~7.7℃，≥10℃积温为1 972℃（红羊）~2 621℃（西安），无霜期150 d左右，年降水量400~450 mm，且集中在7、8、9三个月。

4. 植被

项目区共有维管植物64科218属429种（包括亚种和变种），其中蕨类植物2科2属4种，生于向阳山坡的杂草草甸中和山谷林下；裸子植物3科7属8种均为栽培种或人工造林树种，被子植物59科209属417种（包括亚种和变种），被子植物占绝对优势，达97.2%。属干草原植被。

5. 土壤

项目区土壤类型可分为两大类，一是在干旱草原生物气候条件下山麓形成的黑垆土，面积4 760 hm²，占总面积68%；二是以母质砂岩、页岩和泥岩的残积物和坡积物为主，土层较薄的灰褐土，面积2 240 hm²，占总面积的32%。造林地全部为黑垆土。

（二）土地资源

1. 杨明河流域

杨明河流域涉及红羊、李俊、曹洼3乡。3乡总土地面积70 301 hm²，耕地17 383 hm²、林地19 638 hm²（其中有林地943 hm²、灌木林地8 306 hm²、未成林造林地1 347 hm²、宜林地2 087 hm²、其他林地5 614 hm²），仅红羊、李俊2乡生态移民迁出区可造林地19 230 hm²。

2. 园河流域

园河流域涉及西安镇。总土地面积58 405 hm²，耕地12 972 hm²、林地19 256 hm²（其中，有林地14hm²、灌木林地9500hm²、未成林造林地371hm²、宜林地1170hm²、其他林地8201hm²），生态移民迁出区可造林耕地1388hm²。

（三）社会经济概况

1. 人口

截至2012年年底，红羊、李俊、曹洼、西安4乡镇共有38个行政村，总人口8.23万人，其中劳动力人口3.37万人。

2. 社会经济状况

2012年年底，农作物总面积29932hm²，粮食总产量38894t，以秋粮和马铃薯为主，全县农民人均纯收入3791元。项目区红羊乡3683元、李俊乡3375元、曹洼乡2970元，西安镇3631元，低于全县水平。

3. 劳力资源

2012年年底，项目区有劳动力3.37万人，每年有剩余劳动力1.2万人。这些剩余劳动力通过近几年三北防护林工程、退耕还林工程的实施，掌握了一定的造林技术，经验丰富。

4. 种苗供应

海原县项目区现有苗圃3个，面积73.2hm²，其中，城关苗圃40hm²、李俊苗圃26.6hm²、西安林场6.6hm²。针叶苗圃13hm²，3年一个周期，每公顷年出苗20000株，13hm²每年出苗400万株；灌木苗圃26hm²，1年一个周期，每公顷年出苗50000株，26hm²每年出苗2000万株；乔木苗圃13hm²，2年一个周期，每公顷年出苗12000株，13hm²年出苗120万株。每年可在六盘山林管局调进针叶苗20万~100万株。该项目建设苗木资源有保障。

5. 项目建设条件

（1）基础设施条件　项目区杨明河流域有西海省级公路（西吉—海原）在中部经过，总长70km，与项目区有村村通水泥路相连，交通方便；项目区园河流域有县级小红公路（西安小河桥—红羊乡）穿过，总长58km，与项目区有村村通水泥路相连，交通也方便；项目区村村通电；联通、移动通信能全覆盖，信息畅通。

（2）工程实施的有利条件

①土地资源丰富　造林地全部为生态移民迁出区的闲置耕地，面积3万亩，造林有土地资源。

②有群众的积极支持　全社会对环境的关注，是搞好封山育林、营造水源涵养林的

基础。生态环境问题，不仅是发展问题而且直接影响我们的生存问题，只有坚持生态恢复才是唯一的选择。农民最容易接受直观教训，20世纪六七十年代造林，80年代后期毁林，到近10年的再造林。正反两方面的经验教训是沉痛的，如今广大老百姓认识到植树造林的重要性、紧迫性，人民群众有改变恶劣生态环境的强烈愿望。

③自然条件较好 月亮山其间有少量的天然次生林分布，主要有沙棘、丁香、枸子等，土壤以黑垆为主，质地疏松，降水量400mm以上，平均土层厚度180cm，如坚持封山整地，一般苗木都能成活，并生长成林。

④有政策保护 海原县早在2010年被国家有关部门批准为黄土高原综合治理示范县，因此，项目建设有国家政策保障。

⑤封山禁牧有利项目实施 海原县和全区一样，坚持封山禁牧工作，成效显著，该项目有封山禁牧先决和有利条件。

⑥技术力量强 海原县林业局有林业技术人员128人，其中，高级林业工程师3人、工程师32人，有雄厚的技术实力，有能力完成项目任务。另外，还可聘请著名林业专家，进行技术指导。

三、项目建设

（一）项目建设指导思想

以党的十八大思想为指导，坚持依靠群众、依靠科学技术、依靠体制机制创新，以改善生态环境、实现可持续发展为目标，以水土保持和土地整治、森林植被保护和建设，以小流域为治理单元，统一规划，突出特色。"造、管、补"并举，建设以森林植被为主体的国土安全体系，增加月亮山的水源涵养能力，创造良好的生活环境。实现生态防护、绿化美化、环境保护与经济发展的高度协调统一，为海原县经济、社会的可持续发展提供生态保障。争取经过长期不懈的奋斗，使海原县生态环境得到明显改善。

（二）项目建设原则

一是坚持以《宁夏林业生态环境建设规划》和《海原县林业生态工程建设规划》为指导，使造林工程充分发挥治理作用，以达到防灾减灾，改善环境，促进农村经济发展的目的。

二是统一规划，科学布局，先易后难，分步实施。

三是坚持综合治理，因地制宜，突出重点，注重实效。营造水源涵养林要乔、灌相结合，形成多功能、高效益的综合生态林体系，发挥综合治理的功效。

四是科学配置、多种效益相协调原则。以水保林为骨架，结合水源涵养林等，形成带、片、面、点相结合的综合森林防护体系，达到生态防护、绿化美化、农业结构调整与发展和谐统一。

五是工程建设遵循"林权随地权走"的原则，以地方建设为主，按年度计划任务分级负责，各级主要领导为工程建设的责任人。

六是项目建设应以获取最大生态、社会、经济效益为原则。

七是坚持依靠科技加快林业发展。在工程造林中大力推广抗旱造林、雨季造林、模拟飞播、生根粉、保水剂、覆膜、套袋、截干深栽等林业新技术，不断增强科技对林业的支撑能力。

（三）建设目标

1. 造林目标

完成人工造林13.7万亩，人工造林成活率达85%以上，保存率达80%以上。

2. 森林增长目标

3年后项目区森林覆盖率达到12%以上。

3. 改善生态环境目标

项目完成后，可大力恢复当地的生态植被，有效改善生态环境，提高防灾减灾能力，维护月亮山区生态系统的稳定。

（四）建设任务

完成人工造林13.7万亩，完成封山育林2万亩。

（五）建设内容

以云杉为主的水源涵养林3.341万亩；以柠条为主的灌木水保林10.3万亩，以新疆杨为主的乔木水保林0.059万亩。

（六）项目布局

1. 布局的依据

（1）以流域治理为单元　海原县黄土高原综合治理林业示范项目将主要分布在杨明河流域。

（2）项目区内的地形地势情况　在海拔高度相对较高、坡度12°~20°、地形破碎的地方，以营造水源涵养林为主。在地形平坦的地方以水保林为主。

（3）项目区内的立地条件　因地制宜，适地适树地配置树种，以便提高土地的水源涵养能力，同时通过造林及改良土壤，使立地质量提高。

（4）项目区内自然灾害分布状况　主要是重力侵蚀、水流冲刷引起的水土流失，项目布局要针对灾害情况因害设防，突出重点、难点。

2. 布局原则

（1）生态效益的最大化原则　充分发挥水源涵养林涵养水源作用，同时发展一定数量的生态用材林。

（2）各种治理措施协调统一原则　人工造林，增加植被，减少水土流失；水土流失治理，生物措施要乔、灌相结合。

（3）建设程序上造林先行，基础设施紧随其后的原则　坚持新造、封育并举，结合实施退耕还林工程，改变土地利用结构中农田比例过大、经济单一化的问题，最终实现农林配置适宜。

（4）科学实用原则　短期效益与长期效益兼顾，以生态效益为主。

3．2013年造林布局方案

根据以上依据和原则，布局方案具体如下。

杨明河流域：Ⅰ号林班，红羊乡郑脑村，5个小班，面积4 159亩；Ⅱ号林班，红羊乡湾湾崖村，6个小班，面积3 874亩；Ⅲ号林班，红羊乡北渠沟村，2个小班，面积2 234亩；Ⅳ号林班，红羊乡安家庄村，6个小班，面积5 547亩；Ⅴ号林班，曹洼乡白崖村，3个小班，面积1 186亩。

（七）进度安排

2013年完成人工造林1.7万亩，2014年完成人工造林4万亩。2015—2020年完成人工造林8万亩、封山育林2万亩。

四、营造林设计

（一）立地条件划分

在降水、气温基本一致时，立地主要依托坡向来划分，根据实地条件，本规划可划分3个立地类型。

（二）树种选择

1.树种选择原则

① 优先选用抗寒、抗旱、抗风沙及抗病虫害强的优良乡土树种；

② 坚持多树种科学配置，因地施策，防止栽植盲目性；

③ 种苗必须在工程领导小组指导下公开竞价，杜绝劣质苗用于工程建设；

④ 苗木必须符合国家质量检验、检疫标准；

⑤ 为确保质量，苗木尽量就近调剂，防止运输过程中失水、风干、发霉等不必要的损失。

2. 树种选择

树种选择以云杉、山杏（柠条）、新疆杨、旱柳、榆树等乡土树种为主。

3. 整地

整地是造林前改良土壤条件的重要措施，通过整地一方面可以拦截降水、减少径流、蓄水保墒，还可以改善光照条件、调节土温、提高土壤肥力、消灭杂草，提高造林成活率，促进幼苗正常生长。此次设计均采用鱼鳞坑和穴状方式整地。

鱼鳞坑整地：挖掘成近似半月形的坑穴，呈"品"字形排列，把表土堆放在坑的上方，把生土堆放在坑的下方，大鱼鳞坑口径1.0 m×0.8 m，小鱼鳞坑口径0.8 m×0.6 m，深通常为0.3~0.5 m（一般根据土壤厚度、造林树种、苗木情况来确定）；按要求规格挖好后，再把熟土垫入坑内，然后用取上来的生土打埂，在下坡围成半圆形，土埂高20~25 cm。

穴状整地：规格0.8 m×0.8 m×0.8 m。

4. 树种配置及苗木规格

根据现有植被及造林经验，树种配置以针阔混交、乔灌混交。

Ⅰ树种：云杉、新疆杨、榆树

混交方式：带状混交

混交比例：3∶4

种植点配置："品"字形

株行距：3 m×3 m

初植密度：74株

苗木规格：云杉苗高大于150 cm，新疆杨、榆树胸径大于3 cm

Ⅱ树种：新疆杨、旱柳

混交方式：带状混交

混交比例：5∶5

种植点配置："品"字形

株行距：3 m×3 m

初植密度：74株

苗木规格：新疆杨、旱柳胸径大于3 cm

Ⅲ树种：新疆杨、榆树

混交方式：带状混交

混交比例：5∶5

种植点配置："品"字形

株行距：3 m×3 m

初植密度：74株

苗木规格：新疆杨、榆树胸径大于3 cm

Ⅳ树种：山杏、柠条

株行距：2 m×3 m

初植密度：110株

苗木规格：山杏地径0.6 cm，柠条Ⅱ级种子

5. 造林方法

根据当地实际，造林一般设计在春季和雨季，造林成活率高，苗木生长旺盛。工程建设所需苗木，由项目领导小组根据制定的采购计划书，林业部门具体负责，苗木合格，要通过质量、技术负责人及项目监理人的检验。为加快苗木生长，造林均采用植苗方式。考虑到林分的生长、发育和稳定性，株行距设计为2 m×3 m或3 m×3 m。栽植前苗木最好用水浸根24~36 h，剪掉腐烂或过长的根系和折断枝。栽植时必须采用"三埋二踩一提苗"，栽植深度比原地略深一些，苗木直立穴中，保持根系舒展。苗木在运输途中要防止失水暴晒，减少根部水分蒸发，运到造林地后要及时假植，栽植时要求扶正踩实。本项目种苗必须严格执行国家强制性标准及宁夏地方标准，所需苗木应生长健壮、发育良好，组织充实，色泽正常，根系完整发达，无病虫害和机械损伤，也无枯枝干梢现象，种苗要有检疫证、检验证、生产经营许可证和标签，也就是"一签三证"，做到谁经手、谁签字、谁负责。施工单位所需的种苗要由监理和种苗管理人员共同把关后才能造林。造林时间安排在春、秋两季。

苗木标准执行DB64/T　051-91中的Ⅰ、Ⅱ级苗木。

苗木的质量检验和起苗包装、运输、贮藏等执行GB　6000—85的规定。

6. 典型设计（略）

7. 幼林抚育

为提高造林成活率和保存率，必须贯彻"造管并举"的原则，从造林当年夏季开始，根据不同的树种，抚育的次数不同，针叶树连续抚育2年，每年2次；阔叶树连续3年，每年2次；灌木林连续3年，每年2次，主要包括松土、除草、平茬、培土、补植、修枝等措施，

为幼树正常生长创造良好条件，满足其对光、热、水、肥、气等的要求，使之迅速生长，为速生、丰产、优质奠定良好基础。管护通常包括防火、防病及人畜危害等，要成立护林防火组织，制定严格的护林防火和病虫害监测制度，加强内外宣传教育，促进林木管护。通常荒山造林地，按照"定人员、定地块、定责任、定报酬"的办法，由所辖的国有林场或集体林地承包者加以管护。复验成活率达85%为合格。

五、投资估算

（一）投资概算依据

《造林绿化工程造林技术经济指标》《全国生态公益林建设标准（一）》；当地现行的劳务费：100元／工日个；苗木市场招标价格：新疆杨、旱柳、榆树胸径3cm，16元／株；云杉高0.5m，8元／株，1.5m，65元／株；山杏0.3元／株；柠条种子Ⅱ级，25元／kg。

（二）种苗需求

根据造林设计，项目建设需柠条种子110504kg，共需种苗263650株。

1. 投资概算

项目总投资1595.7349万元，其中，种苗、种子费457.5126万元、整地费655.262万元、造林费258.2558万元、补水费68.7505万元、抚育管理费154.254万元、其他费1.7万元。

2. 资金来源

项目总投资1595.7349万元，其中，林业专项资金1500万元、县自筹95.734万元。

3. 资金使用管理

工程项目建设必须严格执行财政部《基本建设财务管理若干规定》和国家林业局有关文件精神，加强资金使用的追踪检查和审计监督工作，严格财务制度，强化资金管理。项目建设资金按分项目、分资金类型进行管理，明确法人和承担单位，保证专款专用，任何单位和个人不得以任何理由挤占或挪用，工程实行先建设，验收后付款。

六、保障措施

（一）组织保障

生态移民区生态恢复工程是一项政策性强、涉及面广的系统工程，为切实做好该项工作，确保项目顺利实施，成立由县主管县长任组长，人大、政协分管领导任副组长，县委办、政府办、发改、财政、审计、监察、住建、国环、交通运输、文广、扶贫、水务、农牧、林业等有关部门和各乡镇为成员单位的海原县黄土高原综合治理项目领导小组，领导小组下设办公室于林业局。

（二）资金保障

项目总投资1595.7349万元，除1500万元纳入林业建设资金外，其余资金申请生态移民生态恢复资金，以确保项目按期保质保量完成。

（三）技术保障

成立海原县林业局海原县黄土丘陵综合治理造林示范项目技术服务小组，制订技术方案，严把技术关。工程建设要有针对性地引进一些适用于工程建设和区域特点的先进技术，加大工程建设科技含量。科技支撑要紧紧围绕工程建设的热点、难点问题，突出重点，筛选一批如截干造林、覆膜造林、生根粉等适用面广、投资少、见效快、效益好的成熟的技术、科技成果为工程建设服务。

（四）宣传保障

海原县黄土丘陵综合治理造林示范是海原县今后一个时期林业建设的主要工程，是全面建成小康社会的重大系统工程，要切实加强宣传动员和舆论引导工作。要充分利用各种会议和广播、电视、网络等新闻媒体，加大生态移民区生态建设政策的宣传，提高社会各界对该项目必要性、紧迫性和重要性的认识，营造生态恢复的良好氛围。

七、效益分析

（一）生态效益分析

该生态林业工程建设可以体现多重效益，主要体现在涵养水源、保持水土、调节气候、净化空气等生态效益方面。

1. 森林涵养水源效益

森林植被可以涵养水源。据测定，每公顷森林可以涵养降水 $1000\,m^3$，1万 hm^2 的森林的蓄水量相当于 1000 万 m^3 的水库，该项目 $3000\,hm^2$ 的森林年蓄水 3000 万 m^3。

2. 防止泥沙流失效益

由于森林的保土功能，保障了农田、水库不被淹没和淤塞，保障了公路、桥梁、河道不被冲垮，减少了农田和土壤中有机质、N、P、K等养分元素的流失。据测定在年降水量 $340\,mm$ 的情况下，每公顷林地的冲刷量仅 $60\,kg$，而裸地高达 $6750\,kg$。

森林的活地被物层和枯枝落叶层的存在，基本消除了雨滴对表土的溅蚀和地表径流的侵蚀作用，存在显著的固土效能。

3. 净化空气的效益

森林通过吸收同化、吸附阻滞等形式成为污染物的归宿地，能使污染物离开对人畜产生危害的环境而转移到另外一个环境。据测定，树木每年生产1kg 干物质可以过滤3 111m³的空气；每公顷阔叶林每天可吸收二氧化碳1.0t，释放氧气0.73t；污染空气经过森林反复洗涤过程后，便变成清洁的空气；有些树木产生一种挥发性物质能杀死伤寒、副伤寒原菌、痢疾杆菌、链球菌、葡萄球菌等，森林外细菌含量为3万~4万个/m²，而森林内仅为300~400个/m²，相差约100倍。

（二）社会效益分析

项目的实施，使多余劳力得到妥善安置；为进一步招商引资提供了良好的环境条件，为广大人民的生活起居提供了健康、优美的理想园区；提高了工程区人民的生态环境意识，为项目区国民经济持续、快速、健康发展创造了良好的生态环境条件。

项目的实施可改善月亮山区投资环境，加大了招商引资的吸引力，促进生态旅游业的发展，并对区域经济发展有一定的促进作用。

第二十一节　南华山外围区域水源涵养林建设提升工程规划

一、规划概要

（一）建设地点及范围

规划范围涉及海原县南华山国家级自然保护区、西华山林场、月亮山林场、拐洼林场及树台乡、西安镇、红羊乡、李俊乡的土石山区，西吉县月亮山林场、扫竹岭林场、火石寨丹霞地貌景观国家级自然保护区，总土地面积140万亩。

（二）建设期限

工程规划期限5年，即2018—2022年完成。

（三）建设宗旨

通过南华山、月亮山、西华山水源涵养林提升工程的实施，加快海原县、西吉县主要河流源头的生态修复步伐，达到缓解水资源压力、改善生态环境、促进区域经济社会环境的协调发展的目的。

（四）规划目标

通过新造林以及改造提升，以月亮山—南华山—西华山主山脉为中心，沿河流、山脊向两侧辐射，将规划区打造成结构稳定，景观多样，功能完备的水源涵养林基地。工程完成后，规划营造林60万亩，至2022年，规划区新增森林面积24万亩，森林覆盖率由目前的22.75%提升至39.86%以上，提高17.11个百分点，为全区森林覆盖率贡献0.3个百分点。

（五）建设规模

规划营造林60万亩，其中，人工造林20万亩、封山育林20万亩、改造提升20万亩（其中未成林补造10万亩，退化林修复10万亩）。

（六）投资及来源

1. 投资估算

估算总投资4.24亿元，其中，人工造林投资3.00亿元、封山育林投资0.24亿元、改造提升投资1.00亿元（其中，未成林补造投资0.60亿元、退化林修复投资0.40亿元）。

2. 资金筹措

中央投资1.14亿元，占总投资的27.0%；自治区投资1.55亿元，占36.5%；县区投资1.55亿元，占36.5%。

（七）工程效益

工程建成后，将大力改善规划区水源涵养林体系质量，完善林地结构，增加林地郁闭度和盖度，可以进一步增加防护林水源涵养能力、缓解土地沙化、防止土壤侵蚀、净化水质、减缓水土流失，增加土壤肥力，改善小气候条件，对当地生态效益将起到极大的改善作用，推进当地旅游业快速发展，对区域经济社会发展起到重要的推动作用。

二、工程建设背景及必要性

（一）工程建设背景

规划区位于宁夏中部干旱、半干旱带，气候干旱、水土流失严重、水资源短缺，这不仅制约着当地经济社会的健康发展，同时也严重影响了城乡居民的正常生产生活。月亮山、南华山、西华山土石质山区为六盘山余脉，地处海原县中西部，西吉县西北部，该区域为海原县境内主要河流的发源地。特别是南华山翠草青青、树茂林丰、山泉潺潺、鸟语花香，以其独特的涵养水源效果，被亲切地称为"母亲山"，是当地城乡居民生活的唯一水源。

为了改善日益恶化的生态环境，解决南华山周边群众的吃水问题，多年来，海原县、西吉县政府一直致力于保护这块"旱塬绿岛"，实施了三北防护林、退耕还林、天然林保护等国家重点工程，南华山、月亮山水源涵养林一期至四期工程，各项生态建设工程的实施，使南华山森林植被得到一定程度的恢复，生物多样性显著改善。截至目前，月亮山—南华山—西华山土石质山区及其外围已完成水源涵养林工程造林43.54万亩，区域内森林保有量31.92万亩，森林覆盖率达到22.75%。但由于该区域内生态系统本底过于脆弱，要实现"植被良好、生态功能稳定"还需要付出更大的努力。

2016年习近平总书记考察宁夏时做出了关于建设西部生态屏障的重要讲话，国务院总理李克强在宁夏调研时提出中央重点支持宁夏生态建设，宁夏第十二次党代会提出生态立区战略，明确提出构筑西北生态安全屏障。把山水田林湖作为一个生命共同体，统筹实施一体化生态保护和修复，全面提升自然生态系统稳定性和生态服务功能。为落实习近平总书记、李克强总理重要讲话精神和自治区第十二次党代会精神，提升南华山及其周边土石质山区水源涵养林的建设质量与水平，宁夏林业厅，海原县和西吉县委、县政府决定在月亮山、南华山、西华山实施新一轮的水源涵养林工程建设。

（二）工程建设的必要性

1. 水源涵养林工程的实施是落实生态立区战略的重要举措

宁夏第十二次党代会提出，要大力实施生态立区战略，深入推进绿色发展，打造西部地区生态文明建设先行区。要构筑以贺兰山、六盘山、罗山自然保护区为重点的"三山"生态安全屏障，六盘山区突出构建水源涵养和水土保持生态屏障，带动南部山区绿岛生态建设，形成山清水秀、环境优美的生态廊道。因此，在南华山、西华山、月亮山以造林绿化和水土流失治理为重点，开展新一轮水源涵养林工程建设既符合宁夏十二次党代会精神，同时也是落实生态立区战略的重要举措。

2. 水源涵养林建设是推动宁南山区生态文明建设的需要

党的十八大着眼于全面建成小康社会，把生态文明建设纳入经济建设、政治建设、文化建设、社会建设"五位一体"的总体布局当中，赋予了林业重要地位。月亮山—南华山—西华山为六盘山脉的余脉，同时月亮山—南华山—西华山又是麻春堡河、苋麻河（均为清水河一级支流，黄河二级支流）和祖厉河（黄河的一级支流）等主要河流的发源地，生态区位极为重要，其水源涵养林建设工程为六盘山及其外围水源涵养林基地主要组成部分，工程建设不仅仅对改善海原县、西吉县的生态环境有重要意义，还对下游的同心、中宁等地的社会经济发展产生重要影响，而且对黄河流域生态文明具有积极的贡献作用。因此，以南华山为中心，沿月亮山—南华山—西华山建立起一道美丽的"绿色生态屏障"，以青山常在、碧水长流为目标，这既是海原县、西吉县人民的迫切需要，更是深入贯彻落实习近平总书记、李克强总理重要讲话精神和自治区第十二次党代会精神的具体行动。

3. 水源涵养林建设是缓解海原县水资源紧张根本性措施

规划区大气降水、地表水和地下水都十分贫乏，水资源的主要特点为量少、质差、时空分布不均。水资源严重不足已成为海原县、西吉经济社会发展最主要的瓶颈。月亮山—南华山—西华山从南向西北穿越海原县，是海原县内唯一的水源供给基地，只有加大以南华山为核心区域的水源涵养林建设力度，提升涵养水源能力，才能从根本上缓解全县水资源短缺的局面，促进海原县经济社会的全面可持续发展。

4. 水源涵养林工程建设是经济社会可持续发展要求

植树造林、加强生态建设是我国的一项基本国策，是全面建成小康社会，实现经济、社会可持续发展的一项战略任务。绿色是城市建设的重要资源，是城市文明程度的标志，农村、农业、农民问题，是党中央、国务院十分关心的问题。规划的实施，可以有效解决广大群众生活、生产用水问题，对加快现代生态农业示范区建设，促进区域支柱产业发展将发挥积极的推动作用。同时，在改善生态环境的同时，也将使投资环境得到改善，吸引更多外来客商到海原县、西吉投资，对促进经济社会的可持续发展具有深远的影响。

5. 水源涵养林建设对于推动生态旅游具有重要的战略意义

南华山及其外围是宁夏中部干旱带生物多样性中心，分布有国家二级保护植物3种，国家Ⅰ级重点保护动物1种，国家Ⅱ级重点保护动物21种。同时，南华山及其外围还分布有众多的自然、人文景观，主要景点有南华山北麓地震形变带、袁家窝窝哺乳动物群、菜园新石器文化遗址、灵光寺风景区，西华山的李元昊避暑行宫等。然而，由于区域森林生态系统脆弱，严重影响了海原县、西吉县旅游资源的开发利用，导致旅游产业难以繁荣。通过水源涵养林工程建设的实施，可以全面提高地区森林覆盖率，大幅增加区域生物多样性，从而激活以南华山为核心区域的旅游潜力，推动海原县、西吉县全域旅游业的发展，吸引更多的游客前来观光旅游，带动第三产业的发展，促进地方经济的腾飞。并将使海原县、西吉县成为宁夏旅游网络上的重要节点。

6. 水源涵养林建设对于推动区域精准扶贫工作具有重要作用

南华山西华山月亮山水源涵养林工程规划设施，其用苗量达到5 000万株，规划区苗农苗木直接收入在2亿元以上，规划区劳务收入达到2亿元以上，将带动规划区近10万人受益，工程建设对于海原县、西吉县精准扶贫工作具有重要作用。

三、建设条件

（一）自然条件

1. 地形地貌

规划区包括月亮山区、南华山和西华山区三部分，处于秦岭—祁连山活动带，祁连山—北秦岭褶皱系的北祁连加里东褶皱带南华山断褶带，该断褶带晚新生代以来持续上升，构成月亮山—西华山—南华山弧形构造山地。

月亮山为西吉县和海原县界山，北麓属于海原县，其东南沿西吉县境内的刘家山、田家梁，原州区境内的上马场梁、盐泥、香炉山与六盘山主脉相接，西北与南华山接界，主峰海拔2632.8m，呈西北—东南走势，长约40km，宽21~37km，山体呈窄条鱼脊状，两侧坡度较缓，一般在40°~60°。南华山为月亮山余脉，位于月亮山的北侧，属海原县，其南沿杆杆梁、石岘子、魏家脑、后石窝窝与月亮山主脉相连，主峰马万山海拔2955m。西华山位于月亮山的西侧，属海原县，其东沿墩墩梁、崛吴山、冯家山与月亮山主脉相连。

月亮山、南华山、西华山外围为黄土丘陵地貌，由于黄土层积作用和地壳升降的不匀性，形成了川盆塘地、沟坝地、沟谷台地、黄土残塬、丘陵坡地、山麓洪积扇等地貌类型。

2. 气候

按照全国气候区划，规划区地处中纬度内陆中温带半干旱区，属山地气候，气温由山麓向山顶逐渐降低。南华山（包括月亮山、西华山）最冷月在1月份，月平均气温为 −9.8℃；最热月在7月，月平均气温为10.9℃。全年平均气温为0.8℃，最冷月与最热月平均气温变幅20.7℃。年平均年降水量为400~500mm，降水主要分布在植物生长季的5~9月份，占全年降水量的77.15%。

同时，南华山（包括月亮山、西华山）属于典型的内陆性气候，具有冬长夏短、春迟秋早、冬寒夏凉、无霜期短、云雾多、气温低、温度日，年较差大等大陆性气候的特点。

3. 水文

月亮山—南华山—西华山山涧河谷及山洪沟较多，但地表径流不大，多为间歇性河流，季节性变化大，遇到暴雨即发洪水，雨后基本干涸，部分降水渗入地下，以泉水的形式溢出。地下水受地质构造的影响，大气降水是地下水的重要补给来源。

4. 土壤

由于海拔高度的不同，阴坡和阳坡所接受的阳光不同、降水和相对湿度的不同、植被类型的不同，规划区内形成了灰褐土—黑垆土—侵蚀黄绵土的垂直地带性土壤类型。

灰褐土一般分布在海拔2000~2955m，其下部与水平地带性土壤黑垆土衔接，成土母质为红色、紫红色和杂色砂岩、灰绿色云母片岩的风化物，土壤有机质含量高，腐殖质层较厚，有轻度淋溶现象发生，土壤剖面中下部质地较表层土黏，有石灰淀积。分为暗灰褐土和石灰性灰褐土。暗灰褐土主要分布在海拔2600m以上的山脊和阴坡中上部比较平缓处；石灰性灰褐土大部分分布在海拔2600m以下的阴坡及山谷两旁。

黑垆土类是南华山的基带土壤，多分布在海拔2000m以下的山麓或低山丘陵区，成土母质多为第四纪黄土。最显著的特征是剖面中有比较深厚、暗灰色的有机质层和明显的石灰质假菌丝体，整个剖面质地均一，土壤比较肥沃。

5. 植被

规划区位于六盘山北延余脉，属黄土高原上的石质中山，植被发育以草原为基础、森林灌丛为骨架，植被类型主要包括阔叶林、落叶灌丛、草原、草甸、沼泽、人工植被等6类。

规划区最低处海拔约2100m，最高处海拔2954.6m，相对高差为500~800m，植被垂直分布较为明显，可以分为山麓草原带、浅山森林灌丛草甸带和中山森林带三个带。山麓草原带主要分布于海拔在2300m左右的山麓地带，以大针茅典型草原为代表；浅山森林、灌丛、草甸带主要分布于2000~2600m山麓，浅山森林主要为桦木林，灌丛以华北丁香、黄瑞香、虎榛子、栒子、绣线菊等为主，草甸为山地适温中生草甸；中山灌丛草甸带主要分布于海拔2600m以上的山地，是由耐寒的银露梅、高山绣线菊等组成的耐寒中生落叶灌丛和短叶羊茅、星状委陵菜等组成的耐寒草甸植被构成。

规划区植被除具有植被垂直分布特征外，坡向和坡度对植被分布有明显的影响。山地阳坡基本没有白桦林分布，灌丛植被也是零星分布，主要出现大针茅、铁杆蒿等组成的典型草原和草甸草原，黄花棘豆、石生蓼及其他多种杂类草组成的山地适温中生草甸，因而在阳坡以海拔2400~2700m为界，下部为山地草原带，上部为山地灌丛草甸带。

（二）社会经济情况

1. 海原县

海原县现辖12乡5镇165个行政村，全县国土总面积4989km²，截至2015年年底，全县常住人口为396938人，其中，城镇人口87009人、乡村人口309929人。全县城镇化率达21.92%。

全县实现地区生产总值43.75亿元，同比增长10.8%（可比价，下同），较上年上升1.7个百分点，高于全年目标1.8个百分点。其中，第一产业实现增加值11.23亿元，同比增长4.1%，较上年下降0.7个百分点；第二产业实现增加值13.68亿元，同比增长21.2%，较上年下降4.7个百分点；第三产业实现增加值18.84亿元，同比增长8.4%，较上年上升4.3个百分点。

三次产业对GDP的贡献率分别为10.1%、34.8%、55.1%，分别拉动经济增长1.1、6.0、3.7个百分点，三次产业结构为25.6：31.3：43.1。其中，一产对GDP的贡献率下降5.3个百分点，二产对GDP的贡献率下降7.4个百分点，三产对GDP的贡献率上升12.7个百分点。

（三）林业建设情况

1. 林业生产现状

（1）森林资源现状　海原县各类土地面积总计为752.7万亩，其中，林地面积190.2万亩，占土地总面积的25.3%；非林业用地面积562.5万亩，占全县总土地面积的74.7%。全县森林覆盖率8.88%。全县林地面积按地类分，有林地面积6.7万亩，占林地面积的3.5%；国家特别规定灌木林地面积60.2万亩，占林地面积的31.6%；未成林造林地面积19.4万亩，占林地面积的10.2%；苗圃地面积0.2万亩，占林地面积的0.1%；宜林地面积29.4万亩，占林地面积的15.5%；无立木林地面积74.4万亩，占林地面积的39.1%。

（2）造林立地质量评价

①分级标准　根据与森林植被生长密切相关的地形特征、土壤等自然环境因素结合相关经营条件，对林地质量进行综合评定。选取林地土壤厚度、土壤类型、坡度、坡向、坡位和交通区位等6项因子，采用层次分析法，计算林地质量综合评分值。

$$EEQ = \sum_{i=1}^{n} V_i \times W_i \, (i=1,2,\cdots,n)$$

V_i为各项指标评分值；

W_i为因子的权重。

根据林地质量综合评分值，划分为Ⅰ级（分值≤2），Ⅱ级（2~4），Ⅲ级（4~6），Ⅳ级（6~8），Ⅴ级（分值>9）。见表10-80。

表 10-80　林地质量等级划分条件

因子	权重	等级值				
		2	4	6	8	10
土层厚度	0.3	土层深厚（≥100cm）	土层厚度（51~100cm）	土层中（31~50cm）	土层薄（≤30cm）	土层薄，且坡度≥45°
土壤类型	0.2	无	灰褐土、黑垆土	黄绵土	无	无
坡度	0.2	平、缓坡（坡度≤15°）	斜坡（坡度16°~25°）	陡坡（坡度26°~35°）	急坡（坡度36°~45°）	险坡（坡度≥46°）

因子	权重	等级值				
		2	4	6	8	10
坡向	0.1	无坡向	阴坡	半阴坡	半阳坡	阳坡
坡位	0.1	平地、全坡	山谷、下坡	中坡	上坡	脊部
交通区位	0.1	全部评定为Ⅲ级				

②质量评价　根据上述分级标准和划分条件，项目区（含自然保护区）林地质量等级划分为Ⅲ、Ⅳ。Ⅲ级的林地69.7万亩，占总面积的49.6%，该质量等级的林地主要分布在月亮山、南华山、西华山的核心地带，土壤以黑垆土、灰褐土为主，土层厚度60~80 cm，坡度级以平坡、缓坡为主，坡向以阴坡、半阴坡为主。

Ⅳ级的林地70.6万亩，占总面积的51.4%，该质量等级的林地主要分布于月亮山、南华山、西华山及其衔接地带，土壤以侵蚀性黄绵土、灰褐土为主，灰褐土的土层厚度60~70 cm，黄绵土土层厚度80 cm以上，坡度级以斜坡、陡坡为主，坡向以阳坡、半阳坡为主。

（3）规划区立地类型划分　规划区小班海拔、坡度、坡向、土壤等立地因子，共划分14种立地类型。（表10-81）

表 10-81　林立地类型组成面积统计

序号	立地类型组	土壤	坡向	坡度	立地类型
1		黄绵土、黑垆土	阴坡	平坡、缓坡	阴坡平坡缓坡地
2		黄绵土、黑垆土	阴坡	斜、陡、急、险	阴坡斜坡陡坡地
3		黄绵土、黑垆土	半阴坡	平坡、缓坡	半阴坡平坡缓坡地
4	黄土区	黄绵土、黑垆土	半阴坡	斜、陡、急、险	半阴坡斜坡陡坡地
5		黄绵土、黑垆土	阳坡	平坡、缓坡	阳坡平坡缓坡地
6		黄绵土、黑垆土	阳坡	斜、陡、急、险	阳坡斜坡陡坡地
7		黄绵土、黑垆土	半阳坡	平坡、缓坡	半阳坡平坡缓坡地
8		黄绵土、黑垆土	半阳坡	斜、陡、急、险	半阳坡斜坡陡坡地

序号	立地类型组	土壤	坡向	坡度	立地类型
9		黄绵土、黑垆土	平坡地	平地	平地
10		石灰性灰褐土、暗灰褐土	阴坡	平坡、缓坡	阴坡平坡缓坡地
11		石灰性灰褐土、暗灰褐土	阴坡	斜、陡、急、险	阴坡斜坡陡坡地
12		石灰性灰褐土、暗灰褐土	半阴坡	平坡、缓坡	半阴坡平坡缓坡地
13		石灰性灰褐土、暗灰褐土	半阴坡	斜、陡、急、险	半阴坡斜坡陡坡地
14	土石质山区	石灰性灰褐土、暗灰褐土	阳坡	平坡、缓坡	阳坡平坡缓坡地
15		石灰性灰褐土、暗灰褐土	阳坡	斜、陡、急、险	阳坡斜坡陡坡地
16		石灰性灰褐土、暗灰褐土	半阳坡	平坡、缓坡	半阳坡平坡缓坡地
17		石灰性灰褐土、暗灰褐土	半阳坡	斜、陡、急、险	半阳坡斜坡陡坡地
18		石灰性灰褐土、暗灰褐土	平坡地	平地	平地

2.营林生产存在问题

（1）投资标准过低，工程建设资金不足　海原县和西吉县地方财力不足，林业生态工程建设及日常的各项营林生产、管护、灾害防治工作难以正常开展，营林生产资金仍需以国家和自治区投资建设为主。南华山前期水源涵养林工程建设国家虽有一定的补贴，但与造林和管护实际所需的费用相比，仍存在较大差距。工程区地处干旱地区，降水不足，环境条件严酷，苗木不易成活，需要反复补植，连续抚育管护，造林成本很高。

（2）生态环境治理难度大　月亮山—南华山—西华山区域气候干旱，常年降水量少，立地条件差，导致种植成活率低，保存率低。加上长期受人为活动干扰，植被退化与水土流失现象严重，导致生态治理难度加大。林业生态工程建设受自然条件限制，具有投资多、耗工时、周期长、见效慢、管理难等特点，虽具有很强的公益性，但直接经济效益表现较差，难以充分调动群众主动造林和护林的积极性。因此，生态环境恢复和治理困难重重，仍需要长期不懈的努力。

（3）森林保护任务艰巨，管护资金不足　随着水源涵养林工程建设规模的扩大，森林火灾、病虫害的隐患也不断增加，但后期森林抚育管护资金、设备设施、人员不能按期落实，导致造林保存率降低，无法达到一次性成林，需要延长补植年份长，造成后期抚育、补植任务重，管护难度大。

四、总体思路

（一）指导思想

认真贯彻落实《中共中央　国务院关于加快推进生态文明建设的意见》和习近平总书记系列重要讲话精神，牢固树立"绿水青山就是金山银山"的理念，以生态立区战略为宗旨，以保护存量、扩大增量为基本要求，从月亮山、南华山、西华山实际出发，在巩固已有建设成果的基础上，统筹规划，突出重点，加大水源涵养林建设力度，增加森林植被，提高森林质量和森林涵养水源能力，为周边地区广大群众创造良好的生活环境，实现生态防护、绿化美化、环境保护与经济发展的高度协调统一，为宁夏的经济、社会的可持续发展提供生态保障。

（二）基本原则

1. 科学布局，分步实施

结合海原县、西吉县"十三五"林业发展规划，统筹兼顾，合理布局，突出重点，分步实施。以河流源头水源涵养林建设为重点，逐步完成规划区整体建设任务。

2. 适地适树，管造并重

着重做好实地调查，宜造林则造林、宜补植则补植、宜封育则封育，确保造林一片、成活一片，提高造林质量，不断改善树种组成和林相结构，提高经营管理强度，坚持管造并重，将水土保持林和水源涵养林建设逐步提高到更高的水平。

3. 统筹兼顾，综合治理

以水源涵养效益为主，生态、经济及社会效益协调发展，把生态环境治理同群众脱贫致富奔小康以及区域经济社会发展紧密结合起来，建设优质高效的生态林业体系。

4. 科技支撑，提质增效

不断加大林业科技成果的转化和应用力度，不断采用林业新兴技术引进新品种、优化树种结构、提高造林成活率和保存率、保证工程质量和工程建设效率。

（三）建设目标

根据月亮山—南华山—西华山区域森林资源情况，规划完成营造林60万亩，至2022年，规划区森林覆盖率由目前的22.75%提升至39.86%以上。月亮山—南华山—西华将成为宁夏中部干旱带上结构稳定、景观多样、功能完备、效能突出的水源涵养林示范区。

（四）规划范围

规划范围涉及海原县南华山国家级自然保护区、西华山林场、月亮山林场、拐洼林场及树台乡、西安镇、红羊乡、李俊乡的土石山区，西吉县月亮山林场、扫竹岭林场、火石寨丹霞地貌景观国家级自然保护区，总土地面积160万亩。

（五）海原县建设任务

完成营造林总任务50万亩，其中，新建35万亩（人工造林17万亩、封山育林18万亩）、改造提升15万亩（未成林补造5.4万亩，退化林修复9.6万亩）。

（六）规划期限

规划期限5年（2018—2022年）。

五、规划布局

（一）总体布局

科学布局是实现造林的基础，布局要求同一区域在树种设计、技术措施、抚育管理等方面差异较小，不同区域间在以上方面的差异较大，根据这一原则，依据该区域不同的地形地貌、土壤、降水量等因素，项目区域按月亮山区、西华山区、南华山自然保护区三大区进行布局。这三个区域土地总面积共计140.3万亩，其中林地面积90.7万亩。本次规划的用地面积为50万亩。

（二）分区布局

1. 月亮山区

本次规划区域包括海原县月亮山林场、拐洼林场、红羊乡、李俊乡。

本区地势高寒，海拔1950~2633 m，相对高度170~370 m。阳坡山势陡峭、岩石裸露、植被稀疏，土壤多为粗骨土或风化母质；阴坡山势一般较缓，植被茂密，盖度在80%~95%，土壤多为山地灰褐土，肥沃湿润，但土层较薄（0.5~2.0 m）。年降水较多，一般在450~500 mm，气温低，年均温4.7℃，蒸发量小，空气湿度大，无霜期125 d。本区自然条件对农业发展限制较大，但有利于林业和牧业的发展。植物类型主要有落叶阔叶林、落叶阔叶灌丛、草原、草甸等。

本区域现有林地面积近39.7万亩，其中，森林面积13.8万亩、未成林地面积7.4万亩、宜林地18.3万亩。

月亮山区规划营造林19.4万亩，占总任务的49%。其中，人工造林8.1万亩、封山育林6.3万亩、改造提升5.0万亩。（见表10-82）

表 10-82 月亮山区营造林规划任务

单位：万亩

单位		任务	人工	封山	改造提升		
					小计	未成林补造	退化林修复
海原县	小计	19.4	8.1	6.3	5	2.6	2.4
	月亮山林场	4.8	2.4	1.2	1.2	0.4	0.8
	拐渠林场	1.5	0.2	0.3	1.0	0.2	0.8
	红羊乡	8.7	3.5	3.6	1.6	1.1	0.5
	李俊乡	4.4	2.0	1.2	1.2	0.9	0.3

2. 南华山区

本次规划区域为南华山自然保护区。

南华山自然保护区地势起伏较大，属中山地貌，最高峰海拔2955m，平均海拔2600m，相对高差500~1000m，全境土壤以山地灰褐土为主，间杂黑垆土；本区年均气温6.5~7.9℃，≥10℃积温1638~2400℃，无霜期130d左右，年降水量484~530mm，且集中在7、8、9三个月。南华山地处六盘山的外围水源涵养林区，共有5个植被类型，14个群系、15个群丛。阔叶林以白桦为主的有白桦—峨眉绣线菊—黄花蒿和白桦—虎榛子—乳白香青2个群丛。落叶灌丛有虎榛子灌丛、华北丁香灌丛、沙棘灌丛、银露梅灌丛、灰枸子灌丛、黄瑞香－高山绣线菊灌丛和杂灌木灌丛。南华山干草原有大针茅草原，草原草甸分为短叶羊茅－星毛委陵菜草甸，中生杂类草草甸，黄花棘豆、杂类草草甸，石生蓼、杂类草草甸，蕨、杂类草草甸。

本区域现有林地面积25.6万亩，其中森林面积8.1万亩，未成林地面积2.5万亩，苗圃地0.1万亩，宜林地15.0万亩。

南华山区规划营造林9.5万亩，占总任务的16%。其中，人工造林3万亩、封山育林4万亩、改造提升2.5万亩（表10-83）。

表 10-83　南华山区营造林规划任务

单位：*万亩*

单　位		任务	人工造林	封山育林	改造提升		
					小计	未成林补造	退化林修复
海原县	南华山保护区	9.5	3.0	4.0	2.5	1.0	1.5

3. 西华山区

本次规划区域包括西华山林场、西安镇、树台乡等乡（镇、场）。

西华山区域地势起伏较大，属中山地貌，海拔1905.5~2954.5 m，全境土壤以山地灰褐土为主。本区年均气温5.5℃，≥0℃的有效积温2400℃，≥10℃的活动积温1600℃，无霜期138 d，年降水量400 mm左右，蒸发量2136 mm左右，干燥度2。本区生物因子，主要乔木有落叶松、云杉、油松、白桦等；灌木有沙棘、山毛桃、丁香、枸子等；草本植物有莎草、道生、穿地蒿、黄花棘豆等。动物有野鸡、猫头鹰、狐狸、兔子等。

本区域现有林地面积25.4万亩，其中森林面积10.0万亩，未成林地面积1.8万亩，宜林地13.7万亩。

西华山区规划营造林21.1万亩，占总任务的35%。其中，人工造林5.9万亩、封山育林7.7万亩、改造提升7.5万亩。（见表10-84）

表 10-84　西华山区营造林规划任务表

单位：*万亩*

单　位		任　务	人工造林	封山育林	改造提升		
					小计	未成林补造	退化林修复
海原县	合　计	21.1	5.9	7.7	7.5	1.8	5.7
	西华山林场	16.6	5	5.4	6.2	1.7	4.5
	树台乡	2.8	0.5	1.6	0.7	0.1	0.6
	西安镇	1.7	0.4	0.7	0.6	—	0.6

六、技术方案

（一）造林树种的选择

1. 选择原则

（1）优先选择优良乡土树种；

（2）根据树种的生态学特性，选择与造林立地条件相适宜的树种；

（3）根据森林主导功能选择适合于经营目标的树种。

2. 造林树种

依据以上树种选择原则，本区域选择的主要造林树种如下。

针叶乔木：青海云杉、油松、华山松、樟子松。

阔叶乔木：白桦、红桦、辽东栎、刺槐、旱柳、榆树、河北杨。

常用灌木：山杏、山桃、柠条、沙棘等。

其他灌木：金花忍冬、珍珠梅、水栒子、柽柳、蒙古扁桃、胡枝子、陕甘花楸、鼠李、球花荚蒾等。

3. 栽植

造林时间分春秋两季，春季造林应于土壤解冻树苗萌动前进行，一般造林在3月下旬至5月上旬为宜，秋季造林要在树木停止生长后和土壤结冻前进行，一般造林在10月中旬至11月下旬为宜。

起苗时要保持根系完整，最好是当天起苗，当天造林，随起苗随造林，如当天不能造林，要及时假植。

苗木运输中要做好包装措施，不使苗根外露失水。

油松、云杉等针叶树起苗要求是带直径为35 cm左右的土球，不带土球苗木栽植时要带水桶浸根；栽植时要做到根系舒展，培土踏实，严防苗木窝根、露根。在带水有困难的地块，造林时要将苗木提前蘸好泥浆，保证苗木不露根，不脱水。

苗木当年成活率低于85%时，于当年秋季或翌年春季用同龄大苗补植，成活率＜40%时应重新造林。

造林次年以后每年对缺损、死亡林木采用同龄大苗补植。

4. 抚育管理

造林后雨季及时松土除草，做到里浅外深，坡地应浅，平地应深。一般以5~20cm为宜。造林后，第一年要求抚育两次，时间为5—6月、9—10月，主要进行松土除草，保持树穴完好无损，及时扶正苗木，逐年进行补植；第二年及以后每年抚育一次，及时防治各类病虫鼠害，加强护林防火，有效巩固造林成果。

（二）造林整地集雨技术

1.集雨整地技术

（1）穴状集雨整地　破土面圆形或方形，栽植坑周围围成一个集水区。适用于地形破碎、土层较薄的平地整地。

规格和方法：采用穴状整地，大穴的口径0.5~1.0m，深度0.4~0.6m；小穴的口径0.3~0.5m，深 0.3~0.5m。挖坑后，以坑为中心，将坑周围修成120°~160°的边坡，形成一个面积4~6m²的漏斗状方形坡面（或圆形）集水区，并将坡面做硬化处理拍实。（图10-4）

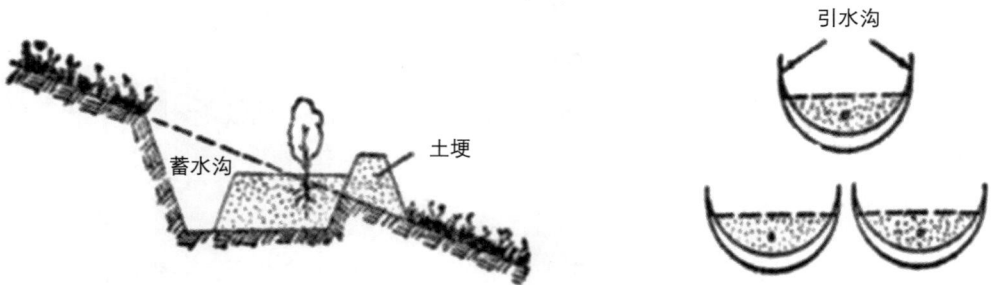

图10-4　造林集雨整地

（2）鱼鳞坑集雨整地　随自然坡形，沿等高线，按一定的株距挖近似半月形的坑，坑底低于原坡面30cm，保持水平或向内倾斜凹入。适用于地形破碎，土层较薄的坡地整地，呈"品"字形排列。（图10-5）

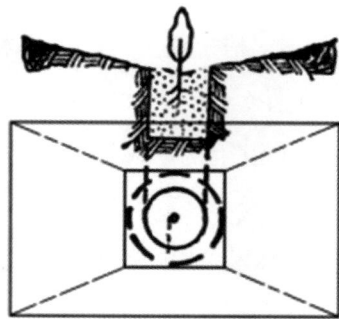

图10-5　鱼鳞坑整地示意图

（3）反坡水平阶集雨整地　根据地形，自上而下，里切外垫，沿等高线开挖宽

1.0~1.5m的田面，田面坡向与山坡坡向相反，田面向内倾斜形成8°~10°的反坡梯田。适用于坡面完整、坡度在10°~20°的坡面整地。（图10-6）

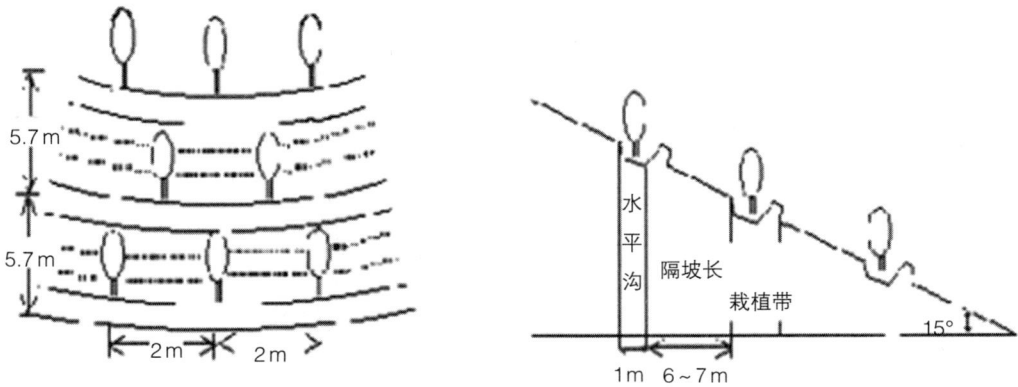

5.7m

5.7m

2m 2m

水平沟 隔坡长 栽植带 15°

1m 6~7m

图10-6　反坡梯田整地示意图

（4）反坡水平沟集雨整地　反坡水平沟整地技术用于坡面较整齐，坡度小于30°，土层深厚的坡地，采取人工或机械沿等高线连续开挖出长度不限的沟槽。

规格和方法：带间宽度视降水和坡度大小而定，一般5~7m，根据地形沿等高线人工或机械开挖沟槽，沟宽60~80cm，沟深60~80cm，长不限，每隔5m留50cm挡埂，表土活土回填，用生土在沟外侧下坡筑成高50cm、埂宽60cm的地埂。（图10-7）

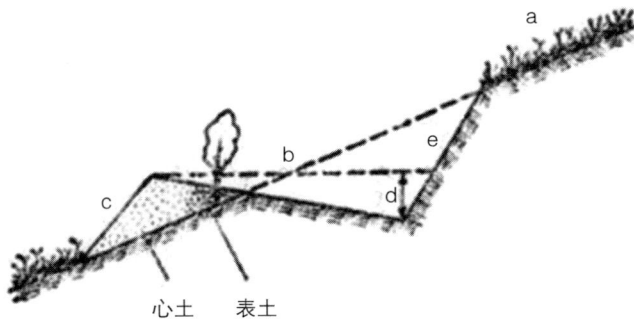

a b e c d

心土　表土

a.自然坡面　b.田面宽　c.埂外坡　d.沟深　e.内侧坡

图10-7　反坡水平沟整地示意图

2. 贮水灌溉造林技术

建立贮水窖，将秋闲水、洪水、雪水就地拦蓄、贮存起来，通过人为重新分配，进行灌溉造林。

3. 覆盖造林技术

造林后在苗木周围铺设地膜、覆盖秸秆、平铺石块、喷洒生化抗蒸发剂等，抑制土壤水分蒸发，保持土壤水分。

4. 保水剂造林技术

苗木定植时，施用10~50g的保水剂洒埋于树苗根部，在一次浇水或降水后便可将水分吸附于土壤中，供林木长期吸收。也可用50~100g抗旱保水剂兑50kg水，充分搅拌溶解成糊状，栽植时每株苗木浇该溶液0.5kg后迅速盖土，其后可视干旱情况进行灌水。

5. 秋季截干造林技术

造林时一般采用1年生易萌生树种苗木（山杏、山桃、沙棘、刺槐等），截去主干，根上部留杆10cm，秋季土壤封冻前进行栽植，栽植时地上留2cm，栽植后用表土将地上部分完全覆盖，形成一个小土堆，来年发芽时再刨开。

6. 容器苗造林

针叶树带土球，灌木推广容器苗造林。

（三）造林模式

1. 土石质山区

（1）造林模式一

立地条件：阴坡（下）、山谷（山洼）、平地。

整地方式：鱼鳞坑。

混交方式：不规则混交。

树种配置：云杉、油松（华山松）、白桦（红桦、辽东栎）。

苗木规格：针叶树（H≥1m）、阔叶树（D≥2cm）。

初植密度：110株／亩（针阔8∶2或7∶3）。

（注：h代表苗高，D代表胸径，d代表地径）

（2）造林模式二

立地条件：阴坡（上）、半阴坡（下）。

整地方式：鱼鳞坑。

混交方式：不规则混交。

树种选择：云杉、油松（华山松）、白桦（红桦、辽东栎）、金花忍冬（水枸子）等。

苗木规格：针叶树（H≥0.5）、阔叶树（D≥2cm）、灌木裸根苗（d≥1cm）或容器苗。

初植密度：110株／亩（乔木针阔8：2，乔灌7：3）。

（3）造林模式三

立地条件：半阴坡（上）、半阳坡（下）。

整地方式：鱼鳞坑。

混交方式：不规则混交。

树种配置：油松、华山松（云杉）、白桦（红桦、辽东栎）、沙棘（山桃）、蒙古扁桃、胡枝子（球花荚蒾、水枸子）等。

苗木规格：针叶树（H≥0.5m）、阔叶树（D≥2cm）、灌木（d≥1cm或H≥1m）。

初植密度：110株／亩（乔木针阔8：2，乔灌6：4或5：5）。

（4）造林模式四

立地条件：半阳坡（上）、阳坡（下）。

整地方式：鱼鳞坑。

混交方式：不规则混交。

树种配置：油松（云杉、樟子松）、白桦（红桦）、山桃（沙棘）、蒙古扁桃、珍珠梅（胡枝子、水枸子、鼠李）。

苗木规格：针叶树（H≥0.5）、阔叶树（D≥2cm）、灌木（d≥1cm或H≥1m）。

初植密度：110株／亩（乔木针阔8：2，乔灌6：4或5：5）。

（5）造林模式五

立地条件：阳坡、半阳坡。

整地方式：鱼鳞坑。

混交方式：不规则混交。

树种配置：山桃、沙棘、蒙古扁桃、珍珠梅（水枸子、鼠李）。

苗木规格：灌木（d≥1cm或H≥1m）。

初植密度：110株／亩（1~3株／穴）。

2. 黄土丘陵区

（1）造林模式一

立地条件：阴坡（下）、山谷（山洼）、平地。

整地方式：鱼鳞坑、水平沟（坡面完整、土层厚黄土区）。

混交方式：行间、或不规则混交。

树种配置：云杉、油松、山杏、刺槐、山桃（沙棘、金花忍冬等）。

苗木规格：针叶树（H≥1m）、阔叶树（D≥2cm）、灌木（d≥1cm 或 H≥1m）。

初植密度：110株／亩（乔木针阔3∶7，乔灌6∶4或5∶5）。

（2）造林模式二

立地条件：阴坡（上）、半阴坡（下）。

整地方式：鱼鳞坑、水平沟（坡面完整、土层厚黄土区）。

混交方式：行间、或不规则混交。

树种配置：云杉（油松、樟子松）、山杏（刺槐）、山桃（珍珠梅、水枸子、陕甘花楸、蒙古扁桃等）。

苗木规格：针叶树（H≥1m）、阔叶树（D≥2cm）、灌木（d≥1cm 或 H≥1m）。

初植密度：110株／亩（乔木针阔2∶8，乔灌5∶5）。

（3）造林模式三

立地条件：半阴坡（上）、半阳坡（下）。

整地方式：鱼鳞坑、水平沟（坡面完整、土层厚黄土区）。

混交方式：行间混交。

树种配置：刺槐、山桃（山杏）、柠条（沙棘、珍珠梅、胡枝子、蒙古扁桃）。

苗木规格：阔叶树（D≥2cm）、灌木（d≥1cm 或 H≥1m）、柠条点播。

初植密度：110株／亩（乔灌5∶5）。

（4）造林模式四

立地条件：阳坡、半阳坡（上）。

整地方式：鱼鳞坑、水平沟（坡面完整、土层厚黄土区）。

混交方式：行间、或不规则混交。

树种配置：柠条、山桃、沙棘（细枝枸子、胡枝子、蒙古扁桃）。

苗木规格：灌木（d≥1cm 或 H≥1m）、柠条点播。

初植密度：110株／亩（1~3株／穴）。

（四）封山育林

1. 封育类型

根据封育小班的立地条件和封育主要目的，工程区封山育林的类型主要有两种，即乔木型和灌木型。

2. 封育方式及年限

封育采用全封的方式。

封育年限为5~7年。

3. 封禁措施

（1）设置固定标牌、界桩　在封育区周界明显处，如主要入山口、沟口、河流交叉点、主要交通路口等树立坚固的标牌，标牌上书写封禁范围、面积、封禁措施、封禁年限及责任人等内容。为明确封育界限，也可在边界上设立界桩。

（2）设置围栏　在牲畜活动频繁地区，可采用刺丝、石料垒墙、开沟挖壕、垒筑土墙等设置机械围栏或栽植有刺乔、灌木设置生物围栏，进行围封。

（3）人工巡护　根据封禁范围大小和人畜危害程度，设专职或兼职护林员进行巡护，必要时可在山口、沟口及交通要塞设卡，加强封育区管护，每个护林员管护面积一般为100~300 hm^2。

4. 人工辅助育林

（1）补植补播　对封育区内自然繁育能力不足或幼苗、幼树分布不均的间隙地块，可按封育类型成效要求进行补植或补播。

（2）平茬复壮　对封育区内有萌蘖能力的乔、灌木幼树、母树，可根据需要进行平茬或断根复壮，以增强萌蘖能力。

（五）未成林补植补造

对造林成活率达不到要求的未成林造林地，要进行补植或补造。补植技术要求按新造林标准执行，尽量补植其他树种形成混交林，补植作业时不能损害林分中原有幼苗幼树和林下植被。

（六）退化林修复

1. 更替改造

对重度退化乔灌木防护林采取小面积块状或带状采伐更新进行改造，种植适宜该立地条件的树种。

2. 择伐补造

对中度退化乔灌木防护林，根据枯死、濒死木分布状况，可采用块状择伐、带状择伐、单株择伐等方式，伐除枯死、濒死木，并补植补造，营造混交林，优化林分结构。

3. 抚育改造

对轻度退化的乔木防护林，可采取疏伐、透光伐、生长伐、卫生伐，修枝、除草等方式，清除死亡和生长不良的林木，调节密度、改善通风和光照状况，促进林木生长，提高林分质量。

（七）抚育管护

1. 修枝平茬

（1）乔木林　人工修枝时段为每年秋季树木落叶后到次年春季萌发前。该时期为树木休眠期，养分供给基本停止，树体水分蒸腾下降，修枝后水分和养分消耗量少，不会对树木生长产生较大影响，另外，该时期为森林病虫害低发期，修枝亦可以有效避免森林病虫害的感染和蔓延。修枝工具要求刀刃锋利，修枝切口平滑，不撕裂树皮，切口紧贴枝条基部，修枝后切面与树干平；尽量少去枝，防止一次修枝过重，以免造成伤疤过多，难以愈合，影响到树木的生长。幼龄林修枝高度不超过树高的1/3，中龄林修枝高度不超过树高的1/2。应修去枯死枝和树冠下部重叠轮生枝。

（2）灌木平茬　灌木林每4~5年平茬一次。对灌木林地进行更新复壮，截去根颈上部的枝条，使之重新发出通直而粗壮的主干，促进林木恢复生长势，清除病害枝条，促进林分植被健康苗壮生长。

2. 除草

林地内杂草及其他灌木因其繁殖力强、适应性强，易快速形成大面积的灌草植被密集覆盖区域，夺取并消耗林地内大量水分、养分，同时容易滋生病、虫、鼠害。清除杂灌草是保证幼林成活、林木长期旺盛生长的基本条件，亦可有效预防森林火灾和病虫害。每年应至少进行一次除草作业，应在杂灌草旺盛生长之前进行，时间为6—7月。采取人割、铲埋等不同方式，清除妨碍树木生长的杂灌草。

3. 补植补造

对于林隙面积较大、缺株较多的空地进行人工补植，补植密度以立地条件设计合理密度，缺株的可选择补植其他树种形成混交林，补植点应配置在林间空地、林隙处。补植作业时不能损害林分中原有幼苗幼树和林下植被。

4. 林木管护

严格执行宁夏《禁牧封育条例》（自治区人大常委会第八十五号公告）的精神，禁止牲畜进入林地啃食践踏幼苗和灌木；配备专（兼）职护林人员，对林地进行全天候看护。

5. 护林防火

（1）设立防火隔离林道，营造混交林分。利用公路、护林道路设立防火隔离道，在造林设计上合理规划防火带。道路及防火带两侧各15~20 m的范围内，在冬春季节，彻底清除各类杂草植被，以防火势彼此蔓延。同时营造针阔混交林，以抑制森林火灾的发生、发展和蔓延。

（2）成立护林防火队伍，健全护林防火规章制度。县林业局防火指挥部门要加强林地管理，协调周边各乡镇及林场组建专职护林防火队伍，建立健全护林防火规章制度，制定奖罚措施。县森林公安派出所要加强森林防火工程建设，配套完善森林防火设施。

（八）林业有害生物防治要求

1. 加强监测预警工作

地方各级林业部门要认真做好林业有害生物本底调查，根据有害生物发生发展规律，结合当地历年有关资料及当年具体情况，预测鼠兔害和病虫害发生动态和发生趋势，及时发布预报预警信息，提高防治的针对性和有效性。做到早发现早防治。

2. 要将林业有害生物防治措施贯穿到营造林的各个环节

在林业鼠（兔）害发生地区，造林前应先防治后造林，发生严重的地方应暂缓造林。造林后要在鼠（兔）害繁殖高峰期和危害高峰前期采取综合措施及时进行防治，降低危害损失，巩固造林成果。

3. 严禁使用高毒高残留的化学农药，大力推广高效低毒环保型防治药剂和生物农药。有效保护有害生物天敌，保障生态环境和人畜安全。

（九）鼢鼠防治

1. 防治时间

防治时间应选择在春、秋两季进行，应以春季防治为主（4—6月）。春季是鼢鼠的取食、交配、繁殖季节，鼢鼠活动频繁，在田间掘洞觅食形成了明显的顶土痕迹，易于捕杀和投饵诱杀。秋季为鼢鼠储粮期（9—11月），为越冬准备食物，此时加强防治，对降低越冬鼢鼠数量，减轻来年树木危害，具有一定效果。

2. 防治方法

防治方法：营林措施、生物措施、物理措施和化学药剂措施。

（1）营林措施

树种选择：营造林时可选择栽植鼢鼠厌食树种云杉、刺槐、榆树、柳树等，并采取多树种栽植方式营造混交林；

造林整地：可结合鱼鳞坑、深坑栽植整地进行深翻，破坏鼢鼠栖息环境，并合理密植以促进郁闭成林；

营林管护：科学实施抚育措施，及时清除林内杂草，破坏鼢鼠的栖息场所和食物来源，改善林分卫生状况；

其他措施：在鼢鼠危害较重的地区，可在造林地边缘种植一定数量的鼢鼠喜食的非靶标树种，达到保护造林树种的目的。在造林时可在栽种苗木上施用防啃剂或拒避剂，降低危害程度。

（2）生物措施

保护天敌：招引并保护黄鼬、艾虎等鼢鼠天敌，并实行禁捕、禁猎措施；人工释放黄鼬、蛇等鼢鼠天敌；

招引天敌：在人工林内垒积石堆、枝柴堆或者草堆等招引鼬科动物。

生物制剂控制：使用生物灭鼠剂和不育剂等生物制剂防治、控制鼢鼠种群长期保持在低密度。

（3）物理措施

器械捕杀：可使用弓箭、鼠夹等器械捕杀。

驱避法：造林时使用拒避剂和抗旱驱鼠剂等对树根浸蘸、浇灌、喷施处理。

根部套网法：造林树木根部套网，实现鼢鼠与树木根系的物理空间隔离，保护树木不受危害。

（4）无公害化学药剂措施

在林业害鼠（兔）小面积成灾时，可使用溴敌隆、敌鼠钠盐等化学药剂进行局部应急防治。

毒饵诱杀春季出蛰期和秋季储粮期采用开洞法、插洞法向鼠洞内投放毒饵进行诱杀。

（十）科技示范推广

本项目科技推广的主要项目和内容

1. 干旱地区造林技术

重点推广抗旱造林技术、SAP抗旱保水剂、PT菌根剂的推广应用，加大容器苗造林比例。

2. 森林保护技术

重点推广以生物技术为主的预防保护技术，营造混交林、加强林木病虫害的预测预报。森林有害生物防治重点推广国家及自治区级森林检疫对象的综合防治技术和主要造林树种的重大病虫害综合防治技术，森林防火重点推广现已成熟的森林防火的预警、预报和扑救技术。

七、进度安排

1. 建设期限

5年（2018—2022年）。

2. 建设进度安排

（1）人工造林　人工造林17万亩。每年实施3.4万亩。（表10-85）

表 10-85　人工造林实施进度

	合计	2018	2019	2020	2021	2022
海原县／万亩	17.0	3.4	3.4	3.4	3.4	3.4

（2）封山育林　封山育林18万亩。2018—2020年每年实施6万亩。

（3）改造提升　改造提升15万亩。2018—2020年每年实施5万亩。其中，未成林改造每年1.8万亩，退化林修复每年3.2万亩。

八、环境影响评价

（一）环境现状

规划区地处月亮山—南华山—西华山弧形山地北麓，是麻春堡河、苋麻河、中河的发源地。规划区属南华山自然保护区范围内水土流失较轻，规划区其他地区属水土流失严重区。

（二）工程建设对环境影响分析

1. 对水土流失的影响

工程建设过程中由于要进行营造林整地，会使地表原有植被（灌丛、草甸等）遭到局部破坏，造成土壤的直接暴露，局部小范围内暂时可能增加土壤发生水蚀、风蚀的概率。

2. 对森林防护功能的影响

工程建设过程中，由于采取人工造林及封山育林等植被恢复措施，加强了对现有森林资源的保护，扩大了森林资源总量，使森林植被的蓄水、截流等防护功能不断提高，工程建设总体上增强了森林的防护功能。

3. 对野生动物栖息环境的影响

工程建设会引起植被类型和结构的改变，部分植物种类会增加或减少，但总体上可使工程区天然植被得到恢复，人工植被面积随着林区面积不断扩大，动植物的栖息环境都会得到不断改善。同时由于工程的实施，使六盘山及其外围地区的各类自然保护区通过生物廊道连接起来，为各种大型动物迁徙提供了安全迁徙通道，工程建设对维护项目区生物多样性具有积极意义。同时工程实施过程中，造林整地采用人工整地方式，基本无施工噪声，对声环境基本无影响，不会扰乱动物正常生活。

（三）环境保护措施

1. 保护生物多样性

造林地应选择规划区内宜林荒山地，以尽量减少对生物多样性的破坏。在造林树种的选择上要多元化，增加物种的多样性；在整地方式的选择上，以鱼鳞坑为主，尽量保持原貌、原植被为原则。

2. 防止水土和土壤肥力的流失

为了防止水土和土壤肥力的流失，坡地造林应沿等高线穴状整地，"品"字形布穴，带（穴）间保留原有植被，严禁采用炼山方式清理林地。幼林抚育采用扩穴、砍灌、松土方式，尽量保留周围植被，并将砍下的杂草留于原地。对林内凋谢物加以保留。对于需更新采伐的林木，采伐方式、采伐面积和集材方式应根据林地状况和坡度大小谨慎确定。采伐后次年必须进行更新。

3. 其他保护措施

为了切实做好环境保护，本工程所用的种子苗木无论是外地调入还是自行培育等，均须严格遵照植物检疫规定，避免用有病虫害的苗木造林；在幼林抚育和营林中，应尽量使用有机肥料，化肥采用穴施法；农药的使用应谨慎，以减少环境污染；建立环境监测点，做好病虫害及环境监测工作。

（四）环境影响评价

根据规划区环境现状和生态环境发展趋势，结合六盘山生态长廊项目建设特点和性质，预测项目建设对环境的影响。工程的实施，有利于充分发挥森林的多功能和效益，特别是将明显增加工程区森林面积，改善森林结构，提高森林质量，改善区域生态环境。它对于增加森林生物多样性、减缓和遏制土地退化，防治水土流失以及净化空气都将产生积极影响。

工程建设具有显著的生态效益、社会效益和经济效益，有利影响是主要的，不利影响主要是工程施工暂时破坏局部范围的植被，可能造成轻微的水土流失，但该工程建设是以恢复森林植被为最终目的，从环境保护角度总体评价认为工程建设是可行的。

九、投资估算与资金筹措

（一）投资估算

1. 估算依据

（1）参考已建、在建同类工程项目的经济指标；

（2）通过市场调查取得的有关材料现行价格。

2. 估算范围

本工程投资估算范围主要包括苗木费、整地费、种植费、管护费等工程建设直接费用。

表 10-86 投资标准

单位：元/亩

资金来源	人工造林	封山育林	改造提升	
			未成林补造	退化林修复
合计	1500	120	600	400
种苗费	800	50	300	100
人工费	500	50	200	200
其他费	200	20	100	100

表 10-87　投资构成

单位：元／亩

资金来源	人工造林	封山育林	改造提升	
			未成林补造	退化林修复
合计	1500	120	600	400
中央投资	500	70	—	—
自治区投资	500	25	300	200
县（区）配套	500	25	300	200

3. 投资估算

估算总投资3.474亿元，其中，人工造林投资2.55亿元、封山育林投资0.216亿元、改造提升投资0.708亿元（其中未成林补造投资0.324亿元，退化林修复投资0.384亿元。（表10-88）

表 10-88　投资估算汇总

单位	建设类型		面积／万亩	投资／万元
	合计		50.0	34740.0
海原县	人工造林		17.0	25500.0
	封山育林		18.0	2160.0
		小计	15.0	7080.0
	改造提升	未成林补造	5.4	3240.0
		退化林修复	9.6	3840.0

（二）资金筹措

总投资3.474亿元中，其中，中央投资0.938亿元，占总投资的27.0%；自治区投资1.268亿元，占36.5%；县投资1.268亿元，占36.5%。

十、效益分析

（一）效益分析

1. 生态效益

通过本工程项目建设，到2022年新增森林面积17万亩，规划区森林覆盖率提高17.11个百分点，为全区森林覆盖率贡献0.3个百分点。将大力改善规划区水源涵养林体系质量，完善林地结构，增加林地郁闭度和盖度，可以进一步增加防护林水源涵养能力、缓解土地沙化、防止土壤侵蚀、净化水质、减缓水土流失，增加土壤肥力，改善小气候条件，促进规划区生态环境的良性循环，提高防护林抗逆性能，保障区域生态安全。

2. 经济效益

规划区主要为月亮山、南华山、西华山地区水源涵养林，构成宁夏生态保护的大骨架，防护林质量的提升，还可增强森林对道路、河道的防护作用和维护其生态安全，延长使用寿命，节约社会成本。营造林工程实施后，将有效减缓水土流失，增强水源涵养能力，能够有效发挥其涵养水源、保持水土的功能。通过改造提升，促进林木生长，增加规划区林木蓄积量，增加林木资源储备。

3. 社会效益

该项目建设工程任务量大，持续周期长，需要投入一定的劳动力，这有利于社会就业和吸纳社会剩余劳动力，有利于提高社会群体的就业，增加收入。项目建设将增加全区森林覆盖率，有效改善生态环境和景观，同时能降低乡村道路噪声和粉尘颗粒物，从而提高宁南地区的人居生活环境。项目实施需投入苗木、材料等多项内容，涉及多项产业，对区内相关产业的发展将起到重要拉动作用，促进多项产业的共同发展。规划的执行用苗量近0.5亿株，规划区苗农苗木直接收入在2亿元以上，另外工程建设使用当地劳力，预计规划区劳务收入近2亿元，将带动规划区近8万人受益。

（二）综合评价

工程建成后，将极大地改善规划区生态环境，水源涵养和水土保持功能明显提高，优质高效、可持续经营的森林群落和结构稳定、景观多样、功能完备的水源涵养林基地基本形成，为宁夏西南部"三山"生态安全屏障的全面建成，提供了可靠的保障，为打造西部地区生态文明建设先行区，推进林业现代化做出更大的贡献。

十一、保障措施

（一）组织保障

加强组织领导，成立由宁夏林业厅主管副厅长担任领导小组组长，相关部门负责人为成员的领导小组，负责对工程建设的领导、组织协调和监督管理工作。海原县政府相应成立由主管县长为组长的领导小组，加强对本工程的组织实施和管理工作。建立健全工程建设责任制，层层签订责任状，将建设目标和任务纳入考核各级领导政绩的重要内容。同时建立政府负责、各部门配合、全社会共同参与的机制，确保建设目标的顺利实现。

海原县林业局为工程实施单位，负责工程实施方案（作业设计）的制定，工程招投标管理，检查验收，工程后续管理等。

严格落实《党政领导干部生态环境损害责任追究办法（试行）》，制定实施细则，建立领导干部任期生态文明责任制，编制自然资源资产负债表，实行领导干部自然资源资产和环境责任离任审计，健全生态环境重大决策合法性审查及生态环境损害责任终身追究制度。

（二）政策保障

一是建议划转生态移民迁出区林业用地，合理规划退耕还林用地，为工程建设提供林地空间，二是建议安排生态扶贫资金，将生态移民迁出区内贫困人口中能胜任护林工作的农民就地转为护林员或生态保护人员。

（三）机制保障

一要建立部门协作配合机制和全社会共同参与机制，合力推进工程建设；二要建立土地、水资源利用制度，健全工程管理、管护和受益制度；三要强化乡镇林业站建设，恢复基层林业站管理机构，稳定基层林业队伍，提高管理和服务水平；四要落实管护机构和管护队伍，确保造一片，活一片、成一片；五是推动补助造林向工程造林转变，采取工程招投标制，一年造林，三年验收的办法，确保造林成活率和保存率。

（四）资金保障

本项目造林技术要求高、部分苗木规格大，从造林到成林全过程投入，造林投资标准高。此项目为生态建设工程，投资主要以中央、自治区、市、县投资为主，建议中央、自治区及市、县按照一定的比例投入，各级政府应将造林经费纳入同级财政预算。工程建设严格资金管理，强化资金绩效评价，确保资金的专款专用和使用效益的最大化。

（五）科技保障

依托林业科技计划、科技支撑专项、科技成果推广与转化等项目，加大对造林工作的支持力度。针对造林中的关键技术难题，重点推广优良乡土树种繁育、抗旱造林、病虫鼠兔害综合防治、标准化高效栽培等技术。大力推广先进实用的营林模式，推广集流整地、截干深栽、保水剂、覆膜套杆等成熟抗旱造林技术的应用；开展林分结构优化、灾害防控等领域基础性、前沿性技术的推广；加强交流合作，密切跟踪造林新技术、新方向和新趋势，学习借鉴国内外先进技术和管理经验，将科技创新贯穿于精准造林的规划、设计、施工、管理全过程，切实提升营造林的科学化水平。拟委托宁夏农林科学院固原分院为技术服务单位，并对年度实施方案（作业设计）进行审查。

（六）苗木保障

在营造林实施中，苗木需求量大、标准高，一定要做好苗木的储备和调剂工作。坚持适地适树原则，造林苗木必须是当地苗圃生产的良种壮苗，且以乡土树种为主，确需从外调入苗木，要充分考虑适生性，做好出产地和使用地的苗木检验检疫。在苗木树种的选择上，严格按规划设计栽植，应尽量避免行政干预。

（七）宣传保障

各级林业部门要强化舆论宣传，开展形式多样、内容丰富的宣传活动，宣传营造林的作用和意义，提高社会各界积极支持和参与营造林工作的积极性。同时加强全民生态道德教育，提高全民维护生态、热爱生态的责任意识、法治意识、绿化意识，调动社会参与林业建设的积极性、主动性，形成全社会办林业的良好氛围。

第二十二节　海原县现有人工混交林模式

1. 云杉＋桦树混交模式

海拔1900~2500m，年降水量450mm以上，典型代表南华山灵光寺。

2. 云杉＋沙棘混交模式

海拔1800~2400m，年降水量450mm以上，典型代表月亮山、南华山。

3. 云杉＋丁香混交模式

海拔1800~2400m，年降水量450mm以上，典型代表月亮山、南华山。

4. 云杉 + 山杏混交模式

海拔1800~2200m，年降水量450mm以上，典型代表牌路山。

5. 云杉 + 新疆杨混交模式

海拔1700~2100m，年降水量450mm以上，典型代表曹洼冶套移民区。

6. 油松 + 沙棘混交模式

海拔1800~2500m，年降水量450mm以上，典型代表月亮山。

7. 油松 + 侧柏混交模式

海拔1800~2100m，年降水量400mm以上，典型代表凤凰山。

8. 油松 + 刺槐混交模式

海拔1800~2100m，年降水量450mm以上，典型代表县城西山洼。

9. 云杉 + 刺槐混交模式

海拔1800~2100m，年降水量450mm以上，典型代表县城西山洼。

10. 山杏 + 沙棘混交模式

海拔1700~2300m，年降水量380mm以上，典型代表树台韩庄退耕还林。

11. 侧柏 + 柠条混交模式

海拔1800~2100m，年降水量360mm以上，典型代表凤凰山。

12. 油松 + 山杏混交模式

海拔1800~2300m，年降水量400mm以上，典型代表牌路山。

13. 刺槐 + 新疆杨混交模式

海拔1800~2300m，年降水量360mm以上，典型代表海兴开发区。

14. 刺槐 + 榆树混交模式

海拔1800~2300m，年降水量360mm以上，典型代表海兴开发区。

15. 新疆杨 + 榆树混交模式

海拔1800~2300m，年降水量360mm以上，典型代表海兴开发区。

16. 河北杨 + 榆树混交模式

海拔1800~2400m，年降水量380mm以上，典型代表小红公路两侧。

17. 河北杨 + 刺槐混交模式

海拔1800~2400m，年降水量380mm以上，典型代表小红公路两侧。

18. 云杉 + 华北落叶松混交模式

海拔1900~2500m，年降水量450mm以上，典型代表南华山五桥沟。

19. 油松＋华北落叶松混交模式

海拔1900~2500m，年降水量450mm以上，典型代表拐沟林场。

20. 云杉＋紫穗槐混交模式

海拔1800~2300m，年降水量400mm以上，典型代表县城三叉河。

21. 柠条＋山杏（山桃）混交模式

海拔1800~2300m，年降水量330mm以上，典型代表双河退耕还林。

第十一章

海原县林业
科学技术应用

第一节　影响海原县造林关键因子

海原县是严重的干旱山区，造林成活的关键是土壤水分，经过几代人的努力，总结出了一套完整的抗旱造林理论，下面逐一总结。

一、径流

（一）地形地貌

海原县地处黄土高原水土流失严重区，受降水量的影响和限制，干旱地区植被覆盖率为10%~20%，部分地区更少；地貌复杂，山、川、沟、坎共有，梁、峁、坡、塬并存。

1. 山地

海原县山多沟多，北部山地较为平缓，沙化严重；南部山高，一般高程1 800~2 900，坡陡侵蚀严重，有的甚至岩石裸露。阴坡土层较厚、阳坡较薄。

2. 丘陵

（1）峁状地形　冲沟发育，侵蚀严重，坡陡沟深，沟系呈树枝状展布，地形支离破碎，峁顶呈圆形和梁相间分布，坡度大难耕作，高程1 600~1 800 m。

（2）梁状地形　坡度一般在7°~25°之间，梁间横断面呈"U"形，形成很多的沟壕和沟台地，梁的腰部沟纹发育，一般梁顶比较平坦，坡度小于7°，阴坡比阳坡平缓，阴坡植被较好，阳坡侵蚀严重，高程1 700~2 000 m。

（3）黄土残塬地形　主要有宽顶缓坡梁状残塬和窄顶陡坡梁状残塬。宽顶缓坡梁状残塬塬面比较平坦，有微坡状起伏，塬冲沟发育，高程1 800~1 900 m；窄顶陡坡梁状残塬塬面顶端比较平坦，坡陡沟深，呈斜坡状，高程1 800~2 000 m。

（4）沟台沟掌地形　受冲积和洪积作用，在冲沟两岸形成的沟台或沟掌地，地形平坦。高程1 600~1 800 m。

3. 山间盆、塘、川地形

一般为山前断陷洼地，面积较大，地势平坦。

4. 河谷冲积平原

一般包括河床，一、二级阶地和山前洪积高阶地等地形。高程1 600~1 700 m。

（二）径流

植被差、地形复杂，是水土流失的主要原因，夏季降水量少但较为集中，灾害性降水频率大，常以暴雨形式出现，由于地面难以及时接纳吸收，便形成了地表径流，加剧了水土流失。据北京林业大学1981年在宁夏西吉测定，坡耕地土壤侵蚀模数达12 000 t/（km²·a），地面冲刷深度0.2~2.0 cm，且有加剧的趋势。另外，径流与坡面及降水强度的关系密切。

房正纶等研究认为，年降水量对年径流影响不大，而只有强降水才对径流有影响。坡度是影响径流的主要因素，10°~28°，坡度越大，径流越大。一般来说，荒山比坡耕地径流要大。另外，土壤含水量低，径流量也小。综上，如何充分利用干旱地区的降水与径流，是海原县造林成活的关键。

二、影响造林成活土壤水分动态变化

（一）降水

在干旱半干旱的海原县，大气降水是土壤水分的唯一来源，不同季节降水量是决定土壤水分条件好坏的最直接因子。

（二）气候因子

太阳辐射反映地表接受太阳能时间的长短，它是一切生命活动的原动力。它的变化使得地温、气温、空气湿度升高或降低，蒸发量增大或减少。蒸发强度的大小集中表现在净辐射在土壤热通量、湍流热通量和蒸发耗热量3个部分的分配比例。日照长，地表接受的太阳能增加，导致气温上升，水气压梯度增大，从而使得蒸发强度增大。净辐射（日照）的作用可通过温、湿度的变化得到体现。

风速在水汽扩散过程中起着重要作用。当风速较大时，叶面和土壤蒸发面的水汽扩散加强，土壤水分损失多，土壤湿度变小，在春季大风天气里，植物容易干旱，部分原因就是由此造成的。

地面湿度的高低决定了地面以潜热形式损失热量的多少。当地表湿度高时，潜热损失就多，土壤蒸发就大，从而使土壤水分降低。

（三）立地因子

海原县属黄土高原丘陵沟壑区地面破碎，地形复杂，干旱是本地区农业、牧业、林业的主要限制因子。降水是极为宝贵的自然资源。当发生降水时，由于地形的影响，地面各处接收的降水量和发生的径流量各不相同，同时坡向、坡位不同，微气候条件也不同，从而蒸发大小也不同。

1. 坡向

对于山区来说，由于坡向不同，造成云量和云的分布不同，接受太阳辐射不同，日照时间也就不同。凡是接受太阳辐射多的坡地，其温度一般也高，如阳坡；凡是接受太阳辐射少的坡地，其温度一般也低，如阴坡。同时，不同坡向坡地上的风速差异很大，这样就会在不同程度上加强或减弱由辐射分布特点所造成的温度差异。在一般情况下，坡向不同，降水分布不同，地面保水情况不同，这样空气湿度及土壤湿度也随之变化，蒸发消耗水分的强弱也就不同。

2. 海拔

在山地，因为云、雾的影响，实际日照时间随海拔高度的改变变化比较复杂。一般说来，在山的下部如海城山门，特别是在低洼的山谷和盆地中日照较少，在向风的湿坡和阴坡上日照也少，在山的上部和背风向阳的坡上日照较多如马万山南坡。在山地随着海拔高度的增加，一方面由于大气层变薄，空气密度、空气中的灰尘和水汽含量减少，大气透明度增加。另一方面云雾分布的变化使辐射到各地的量也会发生改变。一般说来，山地的散射、辐射随着海拔高度的增加而减少，而直达辐射、总辐射和辐射差额都随海拔高度的增加而增大。

在山地，一般温度随地形条件及海拔高度的不同而不同。在相同的地形条件下，一般都是随着地方海拔高度升高，空气温度降低。南华山下的县城年平均温度7℃，而华山顶只有2.5℃。

在山地，也像在自由大气中一样，绝对湿度随着海拔高度的增加而逐渐减少。在山地，在相同地形条件下，离地面一定高度上的风也是随着海拔高度的抬升而增大。由此可见，海拔高度不同，气象条件不同，蒸散量也就不同。

三、海原县抗旱造林的概念

抗旱造林是以林学、生态学和生态控制系统等为主要内容的综合工程，涉及知识面广，复杂多变，但总的是以水分的有效利用为主线而展开的。径流林业就是我国在抗旱造林技术研究过程中诞生的概念，它是以径流利用为基础，以降水的合理时空分配为手段，在干旱的气候、土壤环境中为林木的生长创造出相对适宜的土壤水环境，使降水较少的干旱、半干旱地区也能建立起相对稳定的、生长快速的人工林生态系统。在这个技术系统中，对降水的高效利用是核心，一切技术措施都是围绕着提高降水资源的有效利用、降低水分的无效损失而展开的。通过人工和生物措施改变地表性状使比较小的降水也能产生地表径流，从而提高降水的地表产流率，增加林木根系分布区域的供水量，同时通过一系列的蓄水保墒措施尽可能地减少地表的无效蒸发损失，延长土壤水分的使用时间，使有限的水分主要通过林木根系的吸收参加林木的生理生长活动之后再返回大气，提高水分的利用效率。

四、海原县径流林业技术

径流林业综合育林技术是以径流利用为基础，以降水的合理时空分配为手段，在干旱的气候、土壤环境中为林木的生长创造出相对适应的土壤水环境，使降水较少的海原县也能建立起相对稳定、生长快速的人工林生态系统，提高经济林的产量和品质。在这个技术系统中，对降水的高效利用是核心，一切技术措施都是围绕着提高降水资源的有效利用、降低水分的无效损失而发展的。通过人工措施改变地表性状使比较小的降水也能产生地表径流，从而提高降水的地表产流率，增加林木根系分布区域的供水量，同时通过一系列的蓄水保墒措施尽可能地减少地表的无效蒸发损失，延长土壤水分的使用时间，使有限的水分主要通过林木根系吸收参加林木的生理生长活动之后再返回大气，提高水分的利用效率。通过这种措施的应用，基本上要解决这样两个问题，一是通过有效的水分调节措施，在一般年份使土壤水分基本维持在林木生长发育所需的适应范围之内；二是在短期天气干旱的情况下，土壤含水量不低于苗木的凋萎湿度以维持林分的稳定性。

径流林业技术措施的核心技术是集水整地。集水整地系统由微集水区组成，一是生产径流的集水面，二是渗蓄径流的植树穴。根据地形条件，以林木为对象在全林地形成不同的集水与栽植区，组成一个完整的集水、蓄水、水分利用系统。在树木的栽植区自然降水不能满足树木正常发育的需求，在不同的时间里土壤水分有一定的亏缺量，通过集水面积、径流系数来调节产流量，弥补土壤水分的不足，保持水分供需的基本平衡。因此集水面积大小、集水面上的产流率直接影响径流林业技术的综合效率。在海原县土壤水分是制约林木生长的关键因子，在确定一系列技术措施时必须考虑到水分对其他因子的制约作用。首先应当选择较耐干旱的树种，做到适地适树，其次，要采取一系列的抗旱造林技术措施，其中造林密度的确定是非常重要的环节。在该地区造林密度一定要控制在降水资源环境容量允许的范围之内，也就是所确定的造林密度，应当依据水量平衡的原则，综合考虑树木的生长速度、蒸腾耗水需求、降水量及树木可能的利用水量及土壤的蒸发、渗漏损失，估计出每一棵树木所需的水分营养面积，作为确定造林密度的主要依据。径流林业技术正是以林木分布与林木个体的水量平衡为基础确定造林密度，保持造林密度在水资源环境容量允许的范围之内。

第二节　海原县造林规划设计

一、造林规划设计的目的意义

造林规划设计是造林的基础工作，造林规划设计又称造林施工设计、造林作业设计或造林施工调查设计。其目的主要是在于通过现场调查研究，深入全面了解各造林地块上的立地条件和环境状况，根据自然规律和经济规律，运用已有的造林学知识、经验和科研成果，再结合当地经济需要，对宜林荒山、荒地及其他绿化用地进行调查的基础上因地制宜、科学实用地编制出一整套最佳造林技术措施方案，保证造林质量，完成造林任务。海原县造林实践证明，一个好的、切合实际的规划设计，一定能达到郁郁葱葱的目的。

二、造林规划设计的特点

"规划"与"设计"是在内容上既有区别又有联系的不同阶段的两项工作。从顺序上说，先搞规划，后搞设计。规划是设计的前提和依据，设计是规划的深入和体现。规划反映长远设想、大的布局，设计体现近期的具体安排，是造林施工的依据。通俗地说，就是先要有个打算（规划），然后再考虑具体怎么办（设计）。

造林规划设计并非可有可无，它是林业建设的先行和基础，是科学造林、抚育的依据。造林规划设计有两种情况。一种是以确定经营方向、合理生产布局、制定原则措施等为主要内容的造林规划。这种造林规划，只解决大的战略方针，不落实具体的实际造林地块，随着造林的进展，逐年提前安排造林地的设计工作。另一种是在造林地上详细调查的基础上，规划与设计一并完成，既有原则布局，又有施工依据，或者对远期项目做规划方针，对近期项目进行具体设计。第一种情况一般适用于较大区域，或者宜林地面积较大，造林年限较长的地区，比如《海原县南华山水源涵养林规划》。第二种情况适用于规划设计范围不大如一个林场、一个乡，造林面积较小，近期就可以完成的造林任务。开展造林规划设计，应在当地的土地利用规划（或综合规划、区划）或上一级造林规划设计原则的基础上，在山、水、田、林、路综合治理中统筹安排。造林规划设计既要科学可靠，又要切实可行，切不可生搬硬套。海原县地形复杂，立地条件多样，只有造林地的环境条件适合了树种的生物学和生态学特性，满足了树种的适生条件的要求，林木才能正常生长。造林地环境条件怎样，哪些地方宜林，哪些地方宜乔、宜灌、宜草，比如海原县南部的月亮山适合造针叶林，而北部只能种柠条等灌木；不同立地条件适宜什么林种、树种，又如海原县南部山区适合水源涵养林，而北部适合防沙治沙林等；采取什么样的造林、育林措施，如何考虑长短结合，怎样安排造林速度，以及经济和其他效益怎样等内容，这些正是造林规划设计所要解决的问题。

三、造林规划设计的步骤

造林规划设计大致分准备工作、外业调查和内业设计三个步骤进行。

（一）准备工作

在外业开始前必须充分做好准备工作，其主要内容：成立组织机构，学习有关文件、指示，明确任务要求，制订内业、外业计划，安排好时间、步骤与方法。其次组织施工设计队，并进行必要和可能的培训工作，准备好仪器设备。此外，搜集造林施工地区有关自然条件，社会经济条件和有关规划设计、造林经验资料以及可用的图和材料等，必要时要进行摘录或复制，准备好1∶2.5万或1∶5万地形图、铅笔、橡皮、GPS，现在多用掌上电脑。

（二）外业调查

外业调查是内业设计的基础，因此，必须强调要有科学态度，防止"粗枝大叶"，其主要内容包括踏查和外业调查两大方面。踏查，由林业技术人员或熟练技术工人组成踏查小组，对宜林地进行踏查。通过踏查，初步落实造林地块和边界范围，大体确定外业调查路线，了解地形、地势、地类和山脉，河流、道路的分布走向等。外业调查的主要内容包括造林规划设计地区和以小班为单位的地形、地貌、气候、土壤、植被和病虫害等。要在所带地形图上确定林班、划分小班。最好用卫星打坐标点确定林班、小班。能用GPS计算出面积的要计算出面积。

（三）内业设计

将外业调查和搜集到的资料加以整理分析，外业已计算出面积的过去要用求积仪或方格纸重新核定面积，现在多用地理信息系统软件ArcGis编制方案。包括林种布局与树种选择，造林技术设计（或造林典型设计），种苗规划与苗圃设计，用工与投资概算，以及预期效益分析等，并提交全部造林规划设计成果，编写造林规划设计说明。造林规划设计方案一经审议批准，即应遵照执行，并在生产活动中依此进行检查验收。在实施方案过程中，如确有不当之处，经审批部门同意，才许变动。

四、造林规划设计的主要内容

（一）造林规划设计的任务

造林规划设计的任务，一是制订造林总体规划方案，为各级领导部门制定林业发展计划和林业发展决策提供科学依据；二是提供造林设计，指导造林施工，加强造林科学性，保证造林质量，提高造林成效。从而扩大森林资源，改善生态环境，满足社会和经济持续发展对林业的要求。

1. 查清规划设计区域内的土地资源和森林资源，森林生长的自然条件和发展林业的社会经济情况。

2. 分析规划设计地区的自然环境与社会经济条件，结合地方经济建设和社会的需求，对造林、种苗、幼林抚育、现有林经营管理和森林保护等提出规划设计方案，并计算投资、劳力和效益。规划设计的造林面积和营林措施要落实到山头地块。

3. 根据实际需要，对与造林有关的附属项目进行规划设计，包括造林灌溉工程、防火瞭望台、营林区道路、通信设备、林场和营林区址的规划设计等。

4. 造林规划设计还必须确定林业发展目标、造林经营方向、安排生产布局，落实造林任务，提出保证措施，编制造林规划设计文件。

（二）造林立地条件调查

宜林地的环境条件是多种多样的，立地条件调查的目的在于通过立地条件调查和综合分析，将非常复杂的立地条件划分成内部条件相似，而外部条件又有明显差别的立地条件类型。然后，按立地条件类型的特点进行造林地区规划和造林技术设计或造林典型设计。立地条件调查及立地类型划分，一般应在造林地的区划调查之前进行（局部小面积造林设计，可结合造林地调查时进行）。这主要是为了在逐块进行造林地调查时，便于按照不同立地条件类型划分出不同的造林地块。也就是说，便于把大面积千差万别的造林地，归纳划分为几类或十几类不同的立地条件类型。这不仅能较系统地掌握造林地的自然特点，而且也可以为其他技术设计的调查研究提供条件。大面积造林地区，不可能对每块造林地都逐一进行立地条件调查，因而必须考虑到，既不能使野外的工作量过大，又要使调查材料较为全面地反映不同立地条件的特征。通常是在充分搜集与分析当地现有资料的基础上，采用线路调查和典型调查相结合的方法进行。

1. 搜集有关资料

（1）收集本地区或邻近地区的地貌、地质、土壤、水文、气象、植被等方面的文献资料或图面资料。

（2）收集有关社会经济、综合农业区划、林业区划及有关方面的规划文献资料。

（3）收集有关地形图、平面图，行政区划图，航片以及有关现状图与规划图等。

（4）收集有关土地资源、森林资源调查复查材料。

2. 线路调查

线路调查就是在规划设计区域内选择一些具有代表性的路线，沿线进行一些概括性的调查，划分出不同立地条件的线段，并逐段进行详细调查记载。

（1）选择调查线路，尽可能较多地通过各种不同自然条件的造林地。调查线路的数量，应根据当地具体情况而定，以能反映立地条件的变化规律。

（2）划分调查段，根据立地条件明显变化的特点，准确地划定变化界限，区分出不同立地条件的调查段，并按顺序进行编号。在调查段内选择有代表性的地段，进行详细调查记载。

（3）绘制线路调查图，内容包括线路长度、地形条件、土壤条件、植被条件、调查段距离和海拔高度。

3. 典型调查

典型调查是在线路调查的基础上，进行一些必要的典型补充调查，或在主要立地类型上进行调查。典型调查，应根据所需补充调查的对象和数量，在该类型具有代表性的地段进行。

4. 立地条件调查的内容

（1）地形地貌　主要有海拔高度，坡向、坡位、坡度、坡形，裸岩比例，侵蚀状况，母质母岩，地表水，地下水，小气候特点等。

（2）土壤因子　土壤类型、土壤层次划分、土层厚度、土壤颜色、土壤质地、土壤结构、土壤水分、土壤肥力等。

（3）植被调查　乔木灌木的种类、数量、分布、生长状况等。

5. 划分立地类型编制

这主要是对外业调查的材料整理汇总，根据当地的自然条件和生产上的实际需要确定。划分立地类型时，一般不宜过多过细，以免给生产上带来不必要的繁琐。划分立地类型的原则和方法与前面介绍的相同，根据资料搜集的程度，采用切实可行的划分方法。

五、人工林的种类

根据现行《中华人民共和国森林法》，我国将森林划分为防护林、用材林、经济林、薪炭林及特种用途林等五大类。

（一）用材林

以生产木材为主要目的的森林和林木称用材林，是林业可持续发展的主要渠道之一。

（二）经济林

以生产果品、调料、工业原料等为目的的林木称经济林。这些树具有较大的经济价值，能增加当地农民的收入，是林业可持续发展的首要渠道之一。

（三）薪炭林

以生产燃料为主要目的的林木称薪炭林，是发展循环能源的主要途径之一。

（四）特种用途林

以国防、环境保护、科学实验为主要目的的森林和林木称特种用途林。

（五）防护林

以防护为主要目的的森林、林木和灌木丛称防护林。包括水源涵养林，防风固沙林，水土保持林，农田、牧场防护林，护岸林，护路林。

六、造林规划设计

（一）林地选择设计

造林地区划就是将宜林荒山、荒地，荒滩等造林地进行区划。主要内容有经营权属区划，经营规模区划，林班小班区划等。然后计算各区，林班、小班的面积，统计造林面积，绘制林班图，小班图等。每个树种对环境都有一定的适应范围，只有在最适宜的环境中才能生长良好。气候条件是树种分布的主要条件，凡是在一个地区天然分布广，生长正常，群众有栽培经验的树种称"乡土树种"，"乡土树种"适合当地的自然条件，抗逆性强，林分稳定，成活率高。引进树种，要先试验，获得成功后再推广。土壤与树木生长的关系密切，一般来说，土壤水分适宜，肥力强，微酸性或中性都适宜树木生长，柽柳、刺槐、胡杨、紫穗槐、枸杞抗盐碱，而大部分针叶树喜欢酸性土壤。另外，地形也影响树木的生长。

1. 用材林

用材林造林地一般选在有一定的灌溉条件或年降水量在400 mm以上，土壤质地较好，海拔2500 m以下的平原，沟壑，村庄四旁，阴湿、半阴湿荒山。

2. 经济林

经济林造林地一般选在有一定的灌溉条件或降水量在400 mm以上，光照充足，能满足果树生长发育的积温条件。

3. 薪炭林

选择离村庄较近的河道、荒沟、荒坡。

4. 防护林

防护林的选地范围较广，视栽培用途而定，有平原、沟道、河道、农田、荒山、荒坡等。

（二）树种选择设计

不同树种具有不同的生物学特性，和对环境条件的适应性，并发挥其独特的功能。根据立地条件类型的特点和经营目的划分不同的林种。主要林种有用材林、防护林、经济林、薪炭林、特种用途林等。树种选择主要也是根据立地条件和经营目的进行。

1. 用材林

培育用材林不仅有利于树高、直径和林分材积生长及形成优质木材的群体结构而且要求树种具有生长快、成材早的速生性；单位面积林分蓄积量高的丰产性；树干通直圆满，分枝细小的优质性。树种选择主要有新疆杨、河北杨、青杨、小叶杨、毛白杨系列、中林杨系列、旱柳、榆树、刺槐、臭椿、水渠柳、柠条、怪柳等。

2. 经济林

由于栽植的目的不同，对树种的要求也不同。一般来说，应是生长快、收益早、产量高、质量好、抗性强的树种如：苹果、梨、桃、李、杏、葡萄、枸杞、红枣、山楂等。

3. 薪炭林

要求速生、抗逆性强、萌蘖力强、生长速度快、生物量大（产柴量高）的树种。如柠条、怪柳、沙棘等。

4. 防护林

防护林选择一般要求具有生长快、郁闭早、寿命长、防护作用持久、耐干旱瘠薄、落叶丰富、易繁殖。主要有果树类（苹果、梨、桃、李、杏、葡萄、枸杞、红枣、山等）、杨树类、柳树类、槐树类、榆树类、针叶类（云杉、油松、落叶松、华山松、樟子松）臭椿、水曲柳。

（三）造林技术设计

造林技术设计，是在造林立地条件调查及有关经验总结的基础上，根据林种规划和造林主要树种的选择，制定出一套完整的造林技术措施。它是造林施工和抚育管理的依据。造林技术设计的主要内容：造林任务量、造林期限的安排、造林整地、造林密度、造林树种组成、混交比例、造林季节、造林方法等。

1. 整地设计

整地设计主要包括整地方法、整地的时间（详见第三章）。

2. 造林时间设计

造林时间设计主要包括造林的季节、时间及任务量。

3. 按坡向设计

坡向不同，选择的树种也不同，一般低山阳坡应选择喜暖喜光耐干旱的树种如山杏、山桃、刺槐、沙枣等；阴坡以云杉、油松、侧柏、沙棘为主。

4. 按海拔设计

海拔1 000~1 600 m以经济林苹果、梨、桃、杏、李、葡萄为主，1 000~1 800以农田防护林为主，1 500~2 500 m以上，营造水源涵养林、水保林。

5. 按坡位设计

坡位一般指山地，可分上位、中位、下位，上位设计喜冷凉树种，如云杉、桦树等，下位设计喜温树种油松、山桃等。

6. 按混交比例设计

为了保护林分的稳定性、生物多样性和提高林木的抗旱性，干旱山区营造水源涵养林、水土保持林、农田防护林，必须进行混交造林，一般2个或2个以上的树种。可分为块状混交、行间混交、带状混交林，大面积造林，采用带状混交较为科学，一个带状混交一般面积控制在200~300亩，有针阔混交，如云杉与桦树混交；乔灌混交，如云杉与沙棘混交，落叶松与沙棘混交，刺槐与紫穗槐混交等。

7. 按密度设计

造林密度应依据林种、树种和当地的立地条件合理设置。一般防护林大于用材林，速生树种大于慢生树种，密度过大，降低生长速度；过小，延长郁闭时间，浪费土地资源。海原造林初植密度荒山一般亩栽80~120株为宜，但必须补栽1~2次；防护林旱地亩栽120株左右，有灌溉条件亩栽160株左右。

七、幼林抚育设计

幼林抚育主要包括幼林抚育和补植补造。

（一）幼林抚育

幼林抚育是为幼树生长创造出优越的外界环境，提高幼林生长率和保存率，是促进幼林提早郁闭的关键营林措施。一片林地，一般要求栽后连续抚育3~4年，每年最少一次，做到"时间适当、科学安排"。抚育的做法通常是在幼树周围1.2 m范围内进行铲草、松土、扩穴，修埂。幼林抚育，一是对林分中的杂草全面砍光，在砍杂的同时及时清除妨碍幼树生长的攀援植物，不得伤幼树，在除草的同时，及时松土，树穴小的适当扩穴，对水毁的穴埂，要及时修补；二是对主干死亡萌芽更新抽出的新枝，在母本的上坡位置保留1~2株健壮萌芽条，其余全部清除；三是及时剪除干枯枝。

5—7月是一年抚育的最佳时间，因为此时杂草幼嫩，雨水充足、气温较高，杂草清除后易腐烂成肥，为林木生长提供必要的养分。

（二）补植补造

在海原县，一片新造林地，很难一次达到成活保存要求，一般要补栽2~3年，可进行春节植苗补植，雨季种子直播补植、营养容器苗补植，秋季植苗补植。

八、种苗规划和苗圃设计

根据造林技术设计所选择的树种，每年造林任务量的安排计划，对需要的种子、苗木作出相应的规划和苗圃设计。内容主要有种苗量的计算、种子来源、育苗面积、苗圃地布局、苗圃地选择和面积大小、生产区区划设计、辅助用地区划设计及苗圃地管理等项措施。

九、造林检查验收设计

根据造林规划设计的内容和有关合同文本、技术规程进行。主要目的是贯彻有关造林技术规定，保证造林质量，掌握造林进程。在各造林主要生产环节作业结束时，都应当进行检查验收。通过检查，了解执行计划合同情况，总结经验，分析成败原因从而对各作业环节作出正确的评价并提出改进办法。造林检查验收主要内容有造林资金来源、经费使用情况、造林整地情况、苗木质量、栽植标准、造林密度是否按要求、造林面积大小、造林成活率、保存率、幼林抚育保护情况、检查成果评定等。

验收工作要与项目下达与管理权限相衔接，是区级主管部门下达任务的，先由县级主管部门、林场组织进行自查验收，总结验收成果，并报请区级主管部门检查验收，县级检查验收是基础，是基础就要实事求是，不能弄虚作假，否则就失去验收的意义；属县级主管部门下达任务的，先由乡、林场进行自查验收，总结验收成果，并报请县主管部门检查验收。无论哪级验收，都要无条件接受国家主管部门的核查验收。

十、建立造林档案

造林档案就是记载实行造林规划设计的每一片人工林的栽培历史，包括造林地的造林规划设计、造林施工、造林检查验收、幼林抚育、幼林检查及人工林生产等情况和结果。造林档案的项目一般有小班经济卡片，林班、工区各类面积，蓄积统计表，固定标准地卡片，图面材料以及各类资源变化统计表等。在这些项目中，又以小班经营卡片、图面材料（主要是基本图）、固定标准地卡片等尤为重要。它是造林最基础的档案材料，又是档案建设的主要内容。

当前，我国建立造林档案主要有两种形式，即规格化卡片和非规格化文件。它们的作用是相同的，只是使用上有所区别。非规格化文件主要有造林项目申报书、总体规划设计、造林技术设计及有关经验总结、会议文件、各种统计报表、图面资料等。这些文件材料要分类装订成册归档，以供考察和使用。规格化卡片有小班经营卡片、造林技术档案卡片、施工卡、固定标准地卡片，造林登记簿等。总之，不论哪种卡片形式，卡片均应以中心突出，记载内容多，又较系统、完整，正确地反映生产活动和变化情况，而且可连续使用一定年限和便于管理为原则。　此外，计算机的出现和使用，为各行各业的工作人员提供了一个现代化的管理工具。可利用电子计算机的数据库管理系统建立各种造林档案和森林资源档案，储存和处理造林档案中的各种数据，可以大量节省人力和提高工作效率，还可以根据人们的需要与以后的经营措施挂钩，起到指导生产的作用。

十一、造林规划设计说明书的编写

造林规划设计说明书，是造林规划设计的重要内容，是合理安排生产、指导施工等方面的综合性文件。要求论据充分、文字简练、通俗易懂。内容主要如下。

（一）前言

简述造林规划设计的经过，任务来源，工作依据的文件和要求，规划设计人员组织，工作方法，存在问题等。

（二）基本情况

简述造林规划设计地区的地理位置、范围、面积，自然条件和社会经济条件的特点等（项目区）。

（三）区划

简述造林规划设计地区的区划原则、方法和结果。

（四）划分立地条件类型

阐明划分立地条件类型的依据和方法及所划分的立地条件类型特征等。

（五）造林技术设计

论证造林技术的科学性，合理性及各项技术措施。

（六）造林总工作量和年度施工任务量的安排。

（七）种苗规划及种苗需要量及年度育苗量。

（八）安排生产环节中各种用工量和总的用工量

（九）典型设计

（十）投资概算。

（十一）效果分析。

（十二）附录

各种图表、专项调查报告或研究报告。

第三节　海原县林业工程建设技术参数

一、森林覆盖率

（一）计算公式

1. 森林覆盖率

根据森林资源规划设计调查主要技术规定，森林覆盖率计算公式如下。

森林覆盖率（%）＝有林地面积／土地总面积 ×100+ 国家特别规定灌木林面积／土地总面积 ×100

海原县"十三五"末森林覆盖率9.45%，"十四五"末达到13.22%。

2. 林木绿化率

根据森林资源规划设计调查主要技术规定，林木绿化率计算公式如下。

林木绿化率（%）＝有林地面积／土地总面积 ×100+ 灌木林面积／土地总面积 ×100+ 四旁树占地面积／土地总面积 ×100

（二）新增森林覆盖率

主要有三个途径：

1. 规划范围内的未成林造林地进入有林地、特灌林地，应考虑每个树种的成林年限、常年调查的保存率后综合确定；

2. 有造林条件的宜林地，营造（封、造）乔木或灌木树种（符合特灌林认定标准）进入有林地、特灌林地，应考虑每个树种的成林年限、常年调查的成活率与保存率后综合确定；

3. 疏林地、灌木林地改造进入有林地，包括补植改造、采伐改造后重造等，应考虑每个树种的成林年限、常年调查的成活率与保存率后综合确定。

这3条是海原县今后10~20年森林覆盖率提高的主要途径。

通过统计到某某年可以成为有林地、特灌林的面积之和，来计算森林覆盖率的增加。

1. 成林年限

参照《生态公益林建设导则》（GB/T　18337.1—2001），分别不同成林方式和建设类型确定成林的最低年限，见表11-1。

表 11-1　不同营造方式成林年限

单位：年

营造方式			成林年限
封山育林	育乔		8~15
	育灌		5~8
飞播造林	播乔		7~10
	播灌		5~7
人工造林	直播	造林	5~10
		造灌	4~8
	植苗	造林	4~8
		造灌	3~6

注：1. 慢生树种取上限，速生树种取下限；2. 高寒山地不作要求。

2. 成林标准

当乔木林郁闭度达到0.2（含）以上或灌木林盖度达到30%（含）以上（2019年国土三调把盖度调到了40%）、未发生林业有害生物，进入成林。

3. 特灌林地

特指分布在年均降水量400 mm以下的干旱（含极干旱、干旱、半干旱，海原县大部分属这类）地区，或乔木分布（垂直分布）上限以上，专为防护用途，且盖度大于30%的灌木林地，以及以获取经济效益为目的进行经营的灌木经济林。

二、海原县沙化土地

根据防沙治沙技术规范（GB/T 21141—2007），海原县沙化土地分

1. 极端干旱、干旱沙化土地类型区

干旱多大风，年均降水量小于200mm，无植被或以荒漠植被为主，植被极其稀疏、矮小，植物种类简单，以旱生或超旱生灌木或小乔木为主。主要在关桥、西安以北。

2. 北方干旱、半干旱沙化土地类型区

年均降水量200~250mm；植被类型为荒漠草原、干草原、典型草原、草甸草原、森林草原，沙化土地类型有半固定沙地、固定沙地、流动沙地，以及沙化草原、沙化耕地等。海原县主要在关桥、西安以南，海城以北。

三、海原县水土流失

（一）水土流失

水土流失是指在水力、风力、重力及冻融等自然引力和人类活动作用下，水土资源和土地生产能力的破坏和损失，包括土地表层侵蚀及水的损失。

（二）土壤侵蚀分区

根据土壤侵蚀分类分级标准（SL 190—2007），全国分为水力、风力、冻融3个一级土壤侵蚀类型区。海原县的土壤侵蚀属于水蚀一级土壤侵蚀类型区。

（三）土壤侵蚀等级

1. 水力侵蚀

（1）根据土壤侵蚀分类分级标准（SL 190-2007），水力侵蚀强度分级见表11-2。

表 11-2　水力侵蚀强度分级

	平均侵蚀模数 / (t · km⁻² · a⁻¹)	平均流失厚度 / (mm · a⁻¹)
微度	<200，<500，<1000	<0.15，<0.37，<0.74
轻度	200，500，1000~2500	0.15，0.37，0.74~1.9
中度	2500~5000	1.9~3.7
强烈	5000~8000	3.7~5.9
极强烈	8000~15000	5.9~11.1
剧烈	>15000	>11.1

注：本表流失厚度系按土的干密度1.35g/cm³折算，各地可按当地土壤干密度计算。

（2）其面蚀（片蚀）、沟蚀分级指标应符合以下规定。面蚀（片蚀）分级指标见表11-3。

表 11-3　面蚀（片蚀）分级指标

地类	坡度	5°~8°	8°~15°	15°~25°	25°~35°	>35°
非耕地林草盖度 / %	60°~75°	轻度				强烈
	45°~60°	轻度				强烈
	30°~45°		中度		强烈	极强烈
	<30°			强烈	强烈	强烈
坡耕地		轻度	中度			

（3）沟蚀分级指标见表11-4。

表 11-4　沟蚀分级指标

沟谷占坡面面积比 /%	<10	10~25	25~35	35~50	>50
沟壑密度 / (km · km²)	1~2	2~3	3~5	5~7	>7
强度分级	轻度	中度	强烈	极强烈	剧烈

（四）有效控制

有效控制是指为治理土壤侵蚀采取的措施，其治理效果可以达到该区域的容许土壤侵蚀量标准。

不同的侵蚀类型区，采取不同的容许土壤侵蚀量，详见表11-5。

表 11-5　不同区域容许土壤侵蚀量

类型区	容许土壤侵蚀量 / ($t \cdot km^{-2} \cdot a^{-1}$)
西北黄土高原区	1000
东北黑土区	200
北方土石山区	200

四、农田林网化

（一）农田林网化

农田林网由多条林带构成的网格状的农田防护林体系，农田林网化指林网控制的农田面积和农林间作面积之和占全部农田面积的90%以上，且林网的林木整齐，分布均匀，结构合理。即：

$$\frac{林网控制的农田面积}{农田总面积} + \frac{农林间作面积}{农田总面积} > 90\%$$

（二）林网控制指标

结合海原县的实际情况，参照相关国家、行业、地方标准，一般规划中农田林网控制的具体指标要求如下。

（1）农区一般采取窄林带小网格，网格面积一般农区在300亩以内，风沙区不超过150亩。

（2）林带结构与具体使用范围参见表11-6。

表 11-6　林带结构与适用范围

类型	主要特点	适用范围
紧密结构	一般由乔灌木树种组成，带幅较宽，行数较多，造林密度较大。疏透度 <0.3，透风系数 <0.3	用作果园、种植园防护林，或风沙危害严重沙区和农牧区风沙前缘，2~3 个网格配置使用
疏透结构	由乔灌木树种组成，行数较少，带幅较窄。灌木只在林带外侧或内外两侧配置一行。疏透度 0.3~0.4，透风系数 0.3~0.5	广泛用于风沙危害较轻的沙区和冬季有风吹雪的农牧区内部配置使用
通风结构	一般由乔木组成，行少带幅窄。疏透度 0.4~0.6，透风系数 >0.5	用于风沙危害较重沙区和冬季多暴风雪的农牧区内部配置使用

（3）农林间作株行距以不同树种分别确定，以不影响农作物生长为原则。乔、灌结合的农田林网应占10%以上（不作硬性要求）。

（4）造农田林网（含间作）的苗木必须是1级苗，且良种率在85%以上。造林成活率在95%以上，保存率在90%以上。

五、工程造林

工程造林要根据县域自然条件和社会经济条件，造林技术水平、宜林地条件的差异性，确定工程造林的建设规模、造林方式、林种结构和树种组成，已形成多林种、多功能的林种体系。

（一）建设对象

工程造林任务主要针对宜林地，包括宜林荒山荒地、宜林沙荒地，通过工程造林可以形成新的森林资源，增加有林地和灌木林地面积。

（二）造林方式

根据《造林技术规程》《生态公益林建设技术规程》等规程和标准，海原县造林方式主要采取人工造林、封山育林两种方式。

1. 人工造林

按山系、流域、通道、地区集中连片、成规模营造。土层厚度一般不少于30cm，坡度一般在25°以下，土壤中石砾含量一般在30%以下；水资源能满足造林成活的需要。海原县造林最后保障浇一次定根水。

2.封山育林

主要选择有天然下种或萌蘗能力的疏林、灌丛、草地、采伐迹地，人工造林困难的高山、陡坡以及风沙危害大、水土流失严重及生态环境脆弱的地区，采取封、改、造、管相结合的方式，通过封禁和人工辅助手段，将可望封育成林或增加林草盖度的资源尽快封育起来，地块要保持相对集中连片；海原县主要在月亮山东南坡进行。

（三）林种结构

以建造防护林、用材林、经济林、薪炭林、特种用途林为主，海原县现以防护林、经济林为主。

（四）树种组成

以乡土树种为主，大力引进和推广培育新树种，适地适树，实行多树种，乔、灌、草结合。

六、现有林管护

（一）现有林

现有林主要是在县域内达到成林标准的乔木林和灌木林。

（二）管护模式

现有林主要实行集中管护、合同管护和自包管护三种管护模式。

集中管护主要针对国有林场的公益林，在交通不便的地方可以采取设立固定管护点，实行封山管护；承包管护主要针对集体林，海原县多以与护林员签订管护合同为主要方式；自行管护针对商品林。

（三）建设内容

现有林管护主要包括林木管护、林地管理、森林防火、病虫鼠害防治、气象灾害预防等。

现有林管护要合理安排管护站点和必要的基础设施建设，配备必要的管护设备如远程监控、GPS终端等。森林防火、病虫鼠害防治的建设内容纳入全区防火规划和全区病虫鼠害防治规划。

七、退化林分修复

（一）退化林分

退化林分包括两部分：一是老残林带，指超过防护成熟年龄或残缺严重的防护林带，包括农田防护林、护岸林和护路林；二是低效林，指防护功能低下的各类防护林分。

1. 老残林带

（1）防护成熟年龄　根据造林技术规程（GB/T 15776—2006），农田防护林防护成熟更新，在海原县乔木新疆杨、刺槐30年以上，旱柳、榆树40年以上。

（2）残缺严重　残缺严重是指单位面积保留株数不及初植密度的30%（21株）；或濒死木超过30%。

2. 低效林

防护功能低下，是指因经营管理不科学形成的单层、单一树种，防护功能低下；因病虫鼠害、火灾等自然灾害危害形成的病残林。

（二）修复

退化林分修复主要是对老残林带进行更新，对低效林进行改造。

（三）低效林改造

低效林符合下列条件之一时可以进行改造：

一是林木分布不均，林隙多，郁闭度不到0.3；二是年近中龄而仍未郁闭，林下植被盖度<0.4；三是单层纯林，林下植被盖度<0.2，土壤结构差，枯枝落叶层厚度<1 cm；四是每公顷蓄积小于90 m³；五是天牛、鼢鼠等病虫鼠害或其他自然灾害危害严重，病腐木超过20%。

（四）老残林带更新

主要树种平均年龄（防护成熟龄）达到规定标准，或濒死木超过30%，或单位面积保留株数不及初植密度的30%，都可以进行更新。

八、中幼林抚育

（一）中幼林

根据海原县的实际情况，中幼林抚育是指对防护林的中幼林进行抚育。对过密、过纯的林分进行定株抚育、生态疏伐和卫生伐抚育，改善生长条件，促进生长发育。

（二）抚育条件

目的树种多、有培育前途，并且抚育不会造成水土流失和风蚀沙化的防护林分，符合下列情况之一时应列为抚育对象。

一是人工幼龄林郁闭度0.9以上，林木分化明显，林下立木或植被受光困难；

二是人工中龄林郁闭度0.8以上，林木分化明显，林下立木或植被受光困难。

（三）抚育方式

1. 定株抚育

在幼龄林出现营养空间竞争前进行，目的是调整树种结构。

2. 生态疏伐

在中龄林至近成熟林阶段进行，伐除生长过密和生长不良的林木，将立木密度调整合理，使保留木具有较好的营养空间，促进林木的干形生长，培育优良林木。

对坡度小于25°、土层深厚、立地条件好，兼有生产用材的防护林采用生态疏伐法。

生态疏伐可采用上层疏伐、下层疏伐、综合疏伐三种方法。

（1）下层疏伐　用于同龄纯林。以扩大了保留木的营养空间，有利于促进保留木的生长。

（2）上层疏伐　适用于阔叶混交林、针阔混交林，尤其是复层混交林。主要砍除居于林冠上层的非目的树种，或虽为目的树种，但干形不良，分权多节，树冠庞大的林木，以形成复层林，有利于充分利用光照，促进自然整枝。

3. 卫生伐

在遭受病虫害、风折、风倒、雪压、森林火灾的林分中进行，坡度大于25°的防护林原则上只进行卫生伐。

十、新农村建设

搞好锁边工程，重点做好"五边绿化"，即村边、宅边、渠边、田边和路边，推动开展乡村环境绿化美化和身边增绿，建立生态防护型、生态经济型和生态景观型等适宜发展模式。

1. 生态防护型

生态防护型发展模式是在进行"五边绿化"等新农村建设过程中，造林重点考虑能发挥防护功能的造林树种、造林模式、抚育方式等，充分发挥森林的生态防护功能。

2. 生态经济型

生态经济型发展模式是在进行"五边绿化"等新农村建设过程中，造林重点考虑能发挥经济功能的造林树种、造林模式、抚育方式等，充分发挥森林的生态经济功能。

3. 生态景观型

生态景观型发展模式是在进行"五边绿化"等新农村建设过程中，造林重点考虑能发挥景观功能的造林树种、造林模式、抚育方式等，充分发挥森林的景观功能。

十一、生态林业工程的效益评估

（一）基本要求

（1）根据《生态公益林效益评价指标与方法》中的指标和计算公式分生态效益、社会效益和经济效益三部分进行计算。

（2）估算效益值需以物理量和货币量两种形式表述，货币量按现行价格及有关部门标准计算。

（3）在提交规划成果时，应同时附上估算投入和估算产出的技术经济指标。

（二）指标体系

工程建设的效益分为生态效益、社会效益和经济效益等3类，包括13个指标类别，23个指标，详见表11-6。

表 11-6　效益评价指标体系

效益分类	指标类别	指标
1. 生态效益	1.1 生物多样性保护	1.1.1 物种多样性
		1.1.2 珍稀濒危物种数比例
		1.1.3 森林生态系统多样性
	1.2 涵养水源	1.2.1 调节水量
		1.2.2 净化水质
	1.3 保育土壤	1.3.1 固土
		1.3.2 保肥
	1.4 固碳释氧	1.4.1 植被固碳
		1.4.2 土壤固碳
		1.4.3 释氧
	1.5 净化大气环境	1.5.1 提供负离子量
		1.5.2 吸收污染物
		1.5.3 滞尘

效益分类	指标类别	指标
	1.6 改善和调节气候	1.6.1 灾害性天气减少率
		1.6.2 改善气候所增加的农牧业产量
2. 社会效益	2.1 创造就业机会	2.1.1 增加就业人数
	2.2 生态文化	2.2.1 森林游憩
		2.2.2 科普教育
	2.3 林业科技进步	2.3.1 林业科技贡献率
	2.4 国土保安	2.4.1 国防林面积及覆盖国境线长度
3. 经济效益	3.1 林地	3.1.1 林地
	3.2 林木	3.2.1 活立木
	3.3 非木材林产品	3.3.1 非木材林产品

（三）计量方法

1. 生态效益

（1）生物多样性保护　生物多样性保护用物种多样性、珍稀濒危物种数比例和森林生态系统多样性三个指标来计量。

①物种多样性　物种多样性采用物种丰富度和多样性指数计量。

——物种丰富度 = 物种数量。

——多样性指数采用 Shnnon-Weiner 指数计算，公式如下：

$$H' = -\sum_{i=1}^{n} (P_i)(Log_2 P_i)$$

式中，H' 为数值；S 为物种的总数；P_i 为样本中属于 i 种的所有个体的比重；$Log_2 P_i$ 为 i 物种所占比重以2为底的对数。

②珍稀濒危物种数比例（%）　珍稀濒危物种是指《国家重点保护野生动物名录》《国家重点保护野生植物名录》（第一批）及《中国珍稀濒危植物名录》中所规定的动植物种。珍稀濒危物种数比例是指评价区域内珍稀濒危物种占区域内物种数的百分比，计量公式如下：

$$珍稀濒危物种数比例（\%）= \frac{珍稀濒危物种数}{物种总数} \times 100$$

③生态系统多样性（％）　某一群落类型面积占评价区域的总面积的比例，计算公式如下：

$$生态系统多样性（％）＝\frac{某一群落类型面积}{评价区域总面积}×100$$

（2）涵养水源　公益林对降水的截留、吸收和贮存，将地表水转为地表径流或地下水的作用，主要表现为调节水量和净化水质。

①调节水量——调节水量的计算公式如下：

$G_{调}＝10A（P－E－C）$

式中，$G_{调}$为生态公益林年调节水量，$m^3·a^{-1}$；P为降水量，$mm·a^{-1}$；E为蒸散量，$mm·a^{-1}$；C为地表径流量，$mm·a^{-1}$；A为评价区域公益林面积，hm^2。

——调节水量价值

公益林调节水量与水库蓄水的本质相同，根据水库工程的蓄水成本来确定的调节水量的计算公式如下：

$U_{调}＝10C_{库}A（P－E－C）$

式中，$U_{调}$为林分年调节水量价值，元·a^{-1}；$C_{库}$为水库建设单位库容投资（占地拆迁补偿、工程造价、维护费用等等），元·m^{-3}；P为降水量，$mm·a^{-1}$；E为蒸散量，$mm·a^{-1}$；C为地表径流量，$mm·a^{-1}$；A为林分面积，hm^2。

②净化水质　净化水质量为年调节水量，净化水质价值采用净化水质成本计算，计算公式如下：

$U_{水质}＝10KA（P－E－C）$

式中，$U_{水质}$为公益林年净化水质价值，元·a^{-1}；P为降水量，$mm·a^{-1}$；E为林分蒸散量，$mm·a^{-1}$；C为地表径流量，$mm·a^{-1}$；K为水的净化费用，元·t^{-1}；A为公益林面积，hm^2。

（3）保育土壤　选用固土和保肥2个指标来反映保育土壤功能。

①固土——年固土量的计算公式如下：

$G_{固土}＝A（X_2－X_1）$

式中，$G_{固土}$为林分年固土量，$t·a^{-1}$；A为林分面积，hm^2。X_1为林地土壤侵蚀模数，$t·hm^2·a^{-1}$；X_2为无林地土壤侵蚀模数，$t·hm^2·a^{-1}$。

——年固土价值的计算公式如下：

$U_{固土}＝AC_土（X_2－X_1）/ρ$

式中，$U_{固土}$ 为林分年固土价值，元·a^{-1}；A 为林分面积，hm^2；$C_{土}$为挖取和运输单位体积土方所需费用，元·m^{-3}；X_1为林地土壤侵蚀模数，t·hm^2·a^{-1}；X_2为无林地土壤侵蚀模数，t·hm^2·a^{-1}；ρ 为林地土壤容重，t·m^{-3}。

②保肥　确定的保肥指标为 N、P、K，通过计算年固土量中的 N、P、K 数量，再换算为化肥的价值即为公益林的保肥价值。

——年保肥量

$G_N=AN（X_2-X_1）$

$G_P=AP（X_2-X_1）$

$G_K=AK（X_2-X_1）$

式中，G_N 为减少的氮流失量，t·a^{-1}；G_P 为减少的磷流失量，t·a^{-1}；G_K 为减少的钾流失量，t·a^{-1}；N 为土壤含氮量，%；P 为土壤含磷量，%；K 为土壤含钾量，%；A 为林分面积，hm^2；X_1为林地土壤侵蚀模数，t·hm^{-2}·a^{-1}；X_2为无林地土壤侵蚀模数，t·hm^{-2}·a^{-1}。

——年保肥量价值

$U_{肥}=A（X_2-X_1）（NC_1/R_1+PC_1/R_1+KC_2/R_3+MC_3）$

式中，$U_{肥}$为林分年保肥价值，元·a^{-1}；A 为林分面积，hm^2；X_1为林地土壤侵蚀模数，t·hm^{-2}·a^{-1}；X_2为无林地土壤侵蚀模数，t·hm^{-2}·a^{-1}。R_1为磷酸二铵化肥含氮量，%；R_2为磷酸二铵化肥含磷量，%；R_3为氯化钾化肥含钾量，%；C_1为磷酸二铵化肥价格，元·t^{-1}；C_2为氯化钾化肥价格，元·t^{-1}；C_3为有机质价格，元·t^{-1}。

（4）固碳释氧　采用固碳和制氧2个指标来计算公益林的固碳释氧功能和价值。

①固碳——固碳量

固碳量包括植被固碳和土壤固碳。

植被年固碳量的计算公式如下：

$G_{植被固碳}=1.63R_{碳}AB_{年}$

式中，$G_{植被固碳}$为植被年固碳量，t·a^{-1}；$R_{碳}$为 CO_2中碳的含量，为27.27%；$B_{年}$为林分净生产力，t·hm^{-2}·a^{-1}；A 为林分面积，hm^2。

土壤年固碳量的计算公式如下：

$G_{土壤固碳}=AF_{土壤}$

式中，$G_{土壤固碳}$为土壤年固碳量，t·a^{-1}；$F_{土壤}$为单位面积林分土壤年固碳量，t·hm^{-2}·a^{-1}；A 为林分面积，hm^2。

——固碳价值

年固碳价值的计算公式如下：

$U_{碳}=AC_{碳}(1.63R_{碳}B_{年}+F_{土壤碳})$

式中，$U_{碳}$为林分年固碳价值，元·a^{-1}；$B_{年}$为林分净生产力，t·hm^{-2}·a^{-1}；$C_{碳}$为固碳价格，元t^{-1}；$R_{碳}$为CO_2中碳的含量，为27.27%；$F_{土壤碳}$为单位面积林分土壤年固碳量，t·hm^{-2}·a^{-1}；A为林分面积，hm^2。

②释氧——年释氧量

公益林年释氧量的计算公式如下：

$G_{氧气}=1.19AB_{年}$

式中，$G_{氧气}$为林分年释氧量，t·a^{-1}；$B_{年}$为林分净生产力，t·hm^{-2}·a^{-1}；A为林分面积，hm^2。

——年释氧价值

公益林年释氧价值的计算公式如下：

$U_{氧}=1.19C_{氧}AB_{年}$

式中，$U_{氧}$为林分年释氧价值，元·a^{-1}；$B_{年}$为林分净生产力，t·hm^{-2}·a^{-1}；$C_{氧}$为氧气价格，元·t^{-1}；A为林分面积，hm^2。

（5）净化大气环境　采用负离子提供量、污染物吸收量和滞尘等3个指标来表述生态公益林净化大气环境的功能。

①负离子——年提供负离子量的计算公式如下：

$G_{负离子}=5.256×10^{15}×Q_{负离子}AH/L$

式中，$G_{负离子}$为林分年提供负离子个数，个·a^{-1}；$Q_{负离子}$为林分负离子浓度，个·cm^{-3}；H为林分高度，m；L为负离子寿命，min；A为林分面积，hm^2。

——年提供负离子价值的计算公式如下：

$U_{负离子}=5.256×10^{15}×AHK_{负离子}(Q_{负离子}-600)/L$

式中，$U_{负离子}$为林分年提供负离子价值，元·a^{-1}；A为林分面积，hm^2。H为林分高度，m；$K_{负离子}$为负离子生产费用，元·个$^{-1}$；$Q_{负离子}$为林分负离子浓度，个·cm^{-3}；L为负离子寿命，min；

②吸收污染物　纳入本标准计算的污染物包括二氧化硫、氟化物、氮氧化物和重金属。

——污染物吸收量计算公式如下：

$G_{污染物}=Q_{污染物}A$

式中，$G_{污染物}$为林分年吸收污染物量，$t \cdot a^{-1}$；$Q_{污染物}$为单位面积林分吸收污染物量，$kg \cdot hm^{-2} \cdot a^{-1}$；$A$为林分面积，$hm^2$。

——吸收污染物价值的计算公式如下：

$$U_{污染物} = K_{污染物} Q_{污染物} A$$

式中，$U_{污染物}$为林分年吸收二氧化硫价值，元·a^{-1}；

$K_{污染物}$为二氧化硫治理费用，元·kg^{-1}；$Q_{污染物}$为单位面积林分年吸收二氧化硫量，$kg \cdot hm^{-2} \cdot a^{-1}$；$A$为林分面积，$hm^2$。

③滞尘　采用面积—吸收能力法评价生态公益林的滞尘功能和滞尘价值。

——年阻滞降尘量的计算公式如下：

$$G_{滞尘} = Q_{滞尘} A$$

式中，$G_{滞尘}$为林分年滞尘量，$t \cdot a^{-1}$；

$Q_{滞尘}$为单位面积林分年滞尘量，$kg \cdot hm^{-2} \cdot a^{-1}$；$A$为林分面积，$hm^2$。

——年阻滞降尘价值的计算公式如下：

$$U_{滞尘} = K_{滞尘} Q_{滞尘} A$$

式中，$U_{滞尘}$为林分年滞尘价值，元·a^{-1}；$K_{滞尘}$为降尘清理费用，元·kg^{-1}；$Q_{滞尘}$为单位面积林分年滞尘量，$kg \cdot hm^{-2} \cdot a^{-1}$；$A$为林分面积，$hm^2$。

（6）改善和调节小气候　采用灾害性天气减少率（%）和改善气候所增加的农牧业产量2个指标来评价生态公益林改善和调节小气候的功能和价值。

①灾害性天气减少率（%）　灾害性气象因子包括大风、干热风、沙暴、暴雨、冰雹、海啸、冻害等，灾害性天气减少率的计算公式如下：

$$灾害性天气减少率（\%）= \frac{评价期灾害性天气日数}{参照期灾害性天气日数} \times 100$$

②改善和调节气候所增加的农牧业产量　把公益林改善风速、温湿度、调节气温等小气候而产生的农牧业净增产的效益作为公益林改善和调节气候的效益。

——改善和调节气候所增加的农牧业产量计算公式如下：

$$T_{调节气候} = A Q_{调节气候}$$

式中，$T_{调节气候}$为改善和调节气候所增加的农牧业产量，$kg \cdot a^{-1}$；$Q_{调节气候}$为因改善和调节气候增加的单位面积农作物、牧草等年产量，$kg \cdot hm^{-2} \cdot a^{-1}$；$A$为林分面积，$hm^2$。

——改善和调节气候所增加的农牧业产值的计算公式如下：

$$U_{调节气候} = A Q_{调节气候} C_{调节气候}$$

式中，$U_{调节气候}$为改善和调节气候所增加的农牧业价值，元·a^{-1}；$Q_{调节气候}$为因改善和调节气候增加的单位面积农作物、牧草等年产量，kg·hm^{-2}·a^{-1}；C调节气候为农作物、牧草等价格，元·kg^{-1}；A为林分面积，hm^2。

2. 社会效益

（1）创造就业机会　创造就业机会采用因生态公益林建设增加的就业人数来表述，创造就业机会价值的计算公式如下：

创造就业机会价值（万元）= 就业人数 × 人均工资（元）

（2）生态文化　生态文化采用森林游憩和科普教育2个指标来评价。

①森林游憩　森林游憩价值的计算公式如下：

森林游憩价值（万元）= 接待人数 × 门票价格（元）

②科普教育　以生态公益林中的自然保护区林、森林公园里的森林等为载体，对大中小学生及社会民众进行科普教育是森林生态文化的重要内容。

（3）林业科技进步　因生态公益林建设而促进的林业科技进步是公益林社会效益重要的组成部分，用林业科技贡献率来表达林业科技进步，计算公式如下：

$$E_A = \frac{a}{y} \times 100$$

式中，E_A为科技进步对产值增长速度的贡献，即在产值增长速度中科技进步因素所占比重，它是反映科技进步对经济增长作用大小的一项综合指标；a为科技进步年平均增长速度；y为产出的年环比增长速度。

（4）国土保安　采用国防林面积及覆盖国境线长度来评价公益林的国土保安功能和价值，公益林国土保安价值的计算公式如下：

$$V_{保安} = \sum S_i P_i$$

式中，$V_{保安}$为公益林国土保安价值；S_i为各类林分的活立木蓄积量（m^3）；P_i为各类林木的活立木林价（元 / m^3）。

3. 经济效益

生态公益林的经济效益价值主要包括林地价值、林木价值和非木材林产品价值。

（1）林地价值　林地价值是指林地转让或租赁价格，不是土地买卖本身的价值，各类型林地价值按标准序列林地价格计算。林地价值计算公式如下：

$$V_{林地} = \sum S_i P_i$$

式中，$V_{林地}$为林地价值（元 / hm^2）；S_i为各类林地面积（hm^2）；P_i为各类林地的单位价格（元 /1 hm²）。

（2）林木价值　林木价值采用活立木蓄积量计算，活立木价值按各树种的标准序列林价计算，计算公式如下：

$$V_{林木} = \sum S_{ij}P_{ij}$$

式中，$V_{林木}$为活立木价值；S_{ij}为各树种序列各龄组蓄积量；P_{ij}为各树种序列各龄组的单位价格（元 /1 hm²）。

（3）非木材林产品价值　非木材林产品是指来自公益林中的木材产品以外的所有林产品，主要包括干鲜野果、油料、药材、花卉等。价值按当地市场计算。

第四节　"3S"技术在造林中的应用

随着"数字林业"建设步伐的加快，"3S"技术已成为科技兴林的重要手段，并从为林业服务发展到了直接参与林业生产的全过程。海原山大沟深、地形复杂，"3S"技术广泛应用，使林业工作中的作业设计、总体规划、资源调查管护、图等过去无法用常规技术或手段解决的问题，现在由于高新技术的介入开始变得相对容易。"3S"的使用不但提高了我们工作的精准性，而且提高了林业工作的精度和效率。

一、"3S"的简介

"3S"系统是地理信息系统 GIS、遥感 RS、全球定位系统 GPS 三大技术系统的总称。

GIS 是在计算机硬件与软件支持下，科学管理和综合分析具有空间内涵的地理数据，为规划、管理、决策和研究提供信息的空间信息系统，GIS 的特点是能够管理空间位置数据，反映地理分布特征及其之间拓扑关系。

RS 是利用遥感器从空中来探测地面物体性质，最早为航空遥感，随着陆地卫星的发展，航天（卫星）遥感迅速崛起进入各个应用领域，航天遥感是根据不同物体对波谱产生不同响应的原理来识别地物，它具有宏观、动态性、信息丰富等特点。

GPS 是由美国历经20年的开发于1994年部署完毕的空间导航系统，GPS 通过同时对多颗卫星进行距离测量来计算接收机的位置，实现全球、全天候、高清晰度的定位，作为一种现代化的技术手段，现已成为全球公用信息资源，得到广泛研究和应用。中国北斗系统将逐渐进入这一领域。

二、"3S"系统使用优点

1. 节约经费

原来完成一张规划图从调查到出图需要几天，如果用"3S"技术，只用几个小时就可以出图，费用大大降低；同时利用"3S"技术，用已有的资源数据随时可以制作林业的各种专题图。节约专题图的制作费用；能节约外业调查经费。

2. 提高效率

首先提高经营决策的效率；同时提高各种调查的时间，制图出图速度——使经营管理更加科学化。

3. 动态管理

对林业资源的空间属性数据进行动态的管理，随时改变数据，准确地掌握林业资源状况，为决策者提供动态数据，便于作出科学的决策。

4. 方案准确

制作专题地图，提供形象化的模型和方案，使经营管理方案更加精准。

三、"3S"在林业建设中的应用

1. 在林业工程验收中利用

GPS能够准确地掌握点、面、线的位置，精准地计算面积。

2. 利用"3S"能完成森林资源调查

例如，海原县2006年10月在宁夏林业主管部门的统一安排下，在西北林业勘察设计院和宁夏林业勘察设计院的指导下，利用"3S"技术，13名技术人员经过1年多的时间完成区划、判读、外业调查、数据拓扑等。共完成小班区划26 265个。

3. "3S"技术在林业规划设计中的运用

在林业规划设计中可以直接利用GPS测量的数据，实现GIS、GPS技术的有机结合，从空间电子图形上实现林业工程的造林小班地块的综合信息管理。主要包括电子图形的图层分类、信息编码、电子底图的数字化、GPS经纬点位数据的自动生成图形、图形的编辑、数据存储、图形修饰、数据格式转换、空间分析、图形输出等信息。

4. 利用GIS软件的绘图功能

在电子地图上人工矢量图形数据后绘制电子图形（在电子图形的选用上将采用1∶25 000或1∶10 000两种比例尺的图形）。

5. 在电子地图上

实现图形与数据交互管理查询，即在电子图形中的造林地块图形上点击，将会自动调出地块的有关详细资料，包括乡、村、组、户主、小班号、造林地面积、林种、树种和栽植年限等信息；同时也可通过相应的数据信息直接查询定位小班图形的地理位置，并且自动定位所查询的位置，查询结果的输出采取文字、图形、图表相结合，达到直观、清晰的效果。

6. 在电子地图上能够定位某一点

统计、查询、分析周边的造林地及周边林地信息和荒山荒地变化情况。

7. 各种带有地理信息的专题图的输出

对于整个造林地的小班地形图的输出，按国家统一的林业专题图的规定输出（包括自动生成指北针、图标题、比例尺、经纬度坐标、海拔高度的自动标注、图例、图签、等信息），即要有图标题、图例、图签、比例尺以及其他必要注释性信息，这些信息要在一定程度上支持用户的自定义功能（编辑、调整、设置不同地物的颜色等）。专题图要不仅能在一般打印机上输出，而且还能在绘图仪上输出。

四、"3S"应用前景展望

随着我们对"3S"中 GIS、GPS、RS 单项的应用，"3S"技术越来越熟悉，同时也被林业工作者逐渐掌握。在国家林业局提出"数字林业"的实施中，可以预见，"3S"会更加成熟地为我们的森林资源管护、森林防火、林火的预测预报、火灾面积的计算、野生动物的保护、防火指挥、森林病虫害预测预报及防治，快速的制作各种规划图、方案图、作业设计图。林业工作者有能力、有信心迎接它的到来。同时，"3S"也会走进土地调查、农业、水利、统计、交通运输等各行业中。它将成为林业跨越式发展的助推器。

第五节　造林整地技术

一、集水整地措施

抗旱造林技术措施的核心是集水整地。集水整地系统由微集水区组成，一是产生径流的集水面，二是渗蓄径流的植树穴。根据地形条件，以林木为对象在全林地形成不同的集水与栽植区，组成一个完整的集水、蓄水、水分利用系统。在树木的栽植区自然降水不能满足树木正常生长发育的需求，在不同的时间里土壤水分有一定的亏缺量，通过集水面积、径流系数来调节产流量，弥补土壤水分的不足，保持水分供需的基本平衡。因此集水面积大小、集水面上的产流量直接影响抗旱造林技术的综合效率。在干旱、半干旱地区土壤水分是制约林木生长的关键因子，在确定一系列技术措施时必须考虑到水分对其他因子的制约作用。首先应当选择较耐干旱的树种，做到适地适树，其次要采取一系列的抗旱造林技术措施，其中造林密度一定要控制在降水资源环境容量允许的范围之内，也就是所确定的造林密度，应当依据水量平衡的原则，综合考虑树木的生长速度、蒸腾耗水需求、降水量及树木的生长速度、降水量及树木可能的利用水量及土壤的蒸发、渗漏损失，估算出每一株树木所需要的水分营养面积，作为确定造林密度的主要依据。

（一）栽植区面积

首先，要确定整地的规格大小，包括整地的深度、松土区域的面积，断面形式。整地的深度主要考虑当地的气候、土壤及产流条件。在干旱半干旱条件下，一般要求深整地，以便降低土壤紧实度、促进土壤熟化、增强土壤蓄水能力，在土层比较厚的情况下，对于防护林和用材林一般最好整地深度60~80 cm，经济林80~100 cm。

确定栽植区面积主要考虑三个因素，一是树木的生物与生态学特性，主要考虑水分需求、个体大小、根系分布等；二是聚集径流的贮存、下渗需求，主要考虑所收集的径流水能有效地贮存在树木根系周围，不产生较大的渗漏损失；三是施工的难易程度与费用，主要考虑整地的规格大小、投入的劳力、费用。在海原县，为了增加土壤有效水量，应当采取较大规模的整地，但是整地规格加大破土面增加地表蒸发也随之增加，而且径流后渗蓄的深度也相应减少，也增加了地表蒸发量。因此，栽植区域面积的大小，应考虑生物经济兼顾的原则，既考虑到树木的根系生长发育及对养分和水分的需求，又要考虑到地形、土壤等自然与经济条件。

经济林树种一般对水分养分的需求比较高，根系的水平分布比较宽，单株栽植区的面积宜大一些，其宽度一般在1.4~2.0 m，长度主要由造林的株距决定，一般在2.0~3.0 m左右；水土保持用材林的阔叶树因根冠较大，一般栽植区宽度在1.0~1.6 m，长度在1 m，针叶树的根系相对比较集中，一般栽植区的宽度在1.0~1.4 m，但若是培育速生用材林，则整地宽度可适当加大；薪炭林、防护林等以灌木为主的水土保持林，栽植区面积可适当小一些，一般宽为0.6~0.8 m，长度可依据地形条件而定。

林木的栽植一般都是沿等高线走，因此栽植区的宽度受地形、土壤条件的制约，当坡度比较大时栽植区不宜太宽，否则一方面施工困难，工程量增加，另一方面在幼林期也容易引起水土流失，降低集水效果。当土壤紧实时，对林木的根系生长有影响，其宽度可大一些，如果坡面土壤非常疏松时则可以适当小一些，以免由整地引起坡面水土流失。

（二）集水面积

在确定栽植面积的大小，即径流渗蓄与水分消耗区面积大小之后，即确定集水面积的大小。集水面积的大小主要根据栽植区面积、降水量、地表的产流率、栽植区水分消耗需求、树木需水量、土壤水分短缺量等因素来确定，其目标是所产的径流水能弥补土壤水分的短缺量。

降水量与降水性质是影响集水面积大小的重要因素。一般降水量大、降水强度高则产流率也高，相应的集水面应小一些，否则应大一些；天比较旱，土壤水分亏缺严重时，集水面应大一些；地表产流率与地表的性状有关系，产流率越高则收集的水量也就越多，相应的集水面应小一些，否则如果地表比较粗糙或疏松、有裂缝等则产流率比较低，相应的集水面应大一些；如果所栽植的是需水量较大的经济林木，则集水面应大一些，所栽植的是较耐旱的树种则集水面可以小一些；如果在栽植区采取了蓄水保墒的技术措施有效降低了土壤的水分消耗时，则可以适当减少集水面积。

栽植区面积大则集水区面积也应大一些，以满足栽植区的水分储蓄与消耗，一般栽植区与集水区的面积比例由栽植区的水分亏缺量与进入栽植区的径流量来确定，总的原则是所亏缺的水分基本上等于径流补充的水分。在黄河上中游地区降水量一般在300~600 mm，蒸散需求量一般在700~1 000 mm，据此栽植区与集水区的面积（或宽度）比例，对于经济林一般为4∶1~8∶1，对于防护林一般在2∶1~6∶1，具体的比例要考虑当地的立地与树种来确定。当然，如果条件许可的话可以通过水量平衡计算出较准确的比例。

（三）蓄水工程

通过集水面所产生的径流直接流入栽植区并渗入土壤中供林木吸收利用，但是如果有较强的降水发生径流量太大时径流来不及渗入土壤中，有可能冲毁坡面整地工程造成水土流失，因此与集水面相配套，在径流渗蓄区要修筑比普通整地规格更高的蓄水工程，以保证有一定的拦蓄暴雨的能力，保证坡面安全。

蓄水工程的断面形式在山坡地一般有反坡梯田、水平沟、鱼鳞坑等形式，在平缓地有穴状、条带状等形式。在修筑时要考虑本地区可能发生的暴雨量、暴雨强度及所产生的最大径流量，同时还要考虑幼林覆盖时地表土壤侵蚀造成的每年可能的蓄水容积损失量。例如，如果栽植区有效蓄水面积为2.0 m²，集水面积为8.0 m²，24 h最大暴雨量为100 mm，最高径流系数为0.6，则降水所产生的总径流量为0.6 m³，降落在栽植区的降水总量为0.2 m³，加上径流量则在这一次降水过程中进入栽植区的总水量为0.8 m³，考虑到降水过程中土壤的入渗，所修筑的蓄水容积应在0.4~0.8 m³，即在宽1.0 m、长2.0 m 栽植区，其外埂的高度应在0.2~0.4 m。

（四）集水整地施工

1. 整地

在干旱半干旱、水土流失严重的海原，由于土壤瘠薄、紧实度又高，致使造林苗木的根系初期生长不良，不仅影响成活率而且也影响后期的生长发育，通过整地措施可以改善林木生长的土壤环境条件，减少幼树生长的阻力。在进行整地施工时，一定要到达预先设计的长、宽、深的标准。开挖时，应将表层熟土堆放在坡上方，生土堆放在坡下。当开挖到要求深度时，再回填上方的熟土，连同上方的表层土一起回填到坑内，直至填平为止。在回填的过程中，应适当进行人工踩实，以有利于蓄水保墒。如果是经济林，则结合整地可以施足底肥。同时在回填的过程中可以在土壤中加一些绿肥、有机肥、复合肥、土壤改良剂、蓄水保墒材料等，以增加土壤养分改良土壤结构。当然所施肥的数量与种类主要由所选的造林树种所决定。为了减少地表蒸发的损失，栽植区表面的形式以在阳坡的造林地能造成小阴坡为较理想，可以降低下半年的土壤蒸发；在阴坡的造林地修成水平面较为理想，可以改善春季地温，促进林木根系的生长。

2. 蓄水

蓄水工程是栽植区的主要组成部分，是彻底拦蓄坡面径流，保证坡面安全的重要技术措施。蓄水工程的修筑与栽植区整地同时进行，以防止因长时间土壤蒸发使湿度降低影响施工质量。按照整地的断面形式，一定要满足设计蓄水容积所要到达的外埂高度，注意外埂一定要修结实，不能有虚土，与原地表土一定要结合紧密。特别是修反坡梯田时，一定要在外侧修加固埂。外埂的顶宽一般为40 cm 左右。整修的方法是利用堆积在坡下放的生土，结合整地开挖面，形成所需要的断面形式，注意与埂的高度、宽度要一致通顺均匀。用人工的方法踩实外埂的土壤，当外埂的高度达到要求后即可用铁锹压实拍光外埂的内侧和外侧及顶部，检查合格后整理好栽植区表面。为了使径流能均匀地分配到各个林木，在整修外埂时应于等高线垂直每隔一株或几株树木修一横挡，以起到防止因径流蓄水区过长不水平而使径流水向一侧过分集中冲毁蓄水工程。一般可以每隔3 m 左右修一个横挡，高度与外埂平齐，定宽30 cm。

3. 集水面理论

集水面的主要作用是把降水径流聚集到树木根系分布区。在该地区由于土层比较深厚、表层土壤比较干燥，其产流形式主要是超渗产流，需要把集水区修成一定的形式并尽量减少降水的地表损失。一般来说，集水区应当修成一定的坡度，地表较结实、平整、不易产生水土流失。集水面的整修可分为坡面和梯田地两种情况。在坡地上整修集水面比较简单，如果是利用自然坡面直接集水，则对坡面凸凹不平的地方进行处理使坡面基本保持平整通直即可，一般不做进一步的处理。如果要增加径流系数，则对集水区地表要进行修整。修整的方法是清除杂草后，把坡面整修平整，然后用机械或人工的方法把坡面表层土壤压实拍光。集水面的整修最好结合整地同时进行，以雨后土壤湿度较高时为宜。当集水区地表比较干燥的表土与杂草被清除并回填到栽植区后，趁露出的湿土没被风干之前应立即进行整修。首先把集水区的形状整修好，坡面弄平整，不能有凸凹不平，然后用人工踩实表土，再用铁锹拍光。用铁锹拍打集水区地表时，最好使用平板锹，要用力均匀，从上到下一行一行拍。或用小平板夯（压实拍光机）等机械的方法进行压实拍光作业，可以提高功效数倍到数十倍。对于压实拍光的集水面，杂草的生长蔓延会极大降低集水效果并破坏集水面，所以在进行集水面杂草清除时要彻底，结合植树带整修把杂草连同根系、种子等一起回填到植树带底部，较彻底地预防集水面杂草再生。同时，如果集水面拍得较光滑时，草籽也不易落在坡面上，也可以起到防止杂草滋生的作用。原则上集水区是以每株林木为对象修筑的，但是在坡面较平整的情况下也可以以两三株树木为对象修筑。集水区边界由15~20 cm高的垂直于等高线的土埂组成，目的是防止因小地形变化引起坡面径流过分集中，把径流均匀地分散导入每一株林木。如果是在平坦地面上整修集水面，如梁峁顶部或弃耕的水平梯田等，其主要任务是要把集水面修成一定的坡度，一般要求8°以上，根据地形条件和施工难易程度，可以把集水面修成带状或"回"字形。施工时以集水面长的中点为界线，靠近植树带一侧的为挖方，另一侧为填方。结合整地将地表熟土回填而深层生土留下。在完成任务后，随即整修集水面，以填方土壤能与表层土壤紧密结合。将挖方一侧的土壤填到填方一侧，直到所要求的坡度为止，然后平整集水面，再用人工的方法或机械的方法将集水面压实、拍平即可。在整修过程中应当注意不要破坏植树带，集水面坡度不要过小，整地回填时就要注意回填土的高度，预留要挖去的高度，保证集水面能形成的坡度、植树带有足够的蓄水容积。

4.高科技集水面防渗措施

在海原县，提高小雨、强降水量的产流率是增加旱季林木水分供应量的重要手段之一，也是提高降水利用率的重要措施。在黄土地区年降中小雨、强降水分别占总降水次数和降水量的80%和70%以上，一般很难引起地表径流，强烈的水土流失主要是由出现频率极低的大暴雨径流所引起的。在该地区最严重水分缺乏主要是在春季，而此时不仅降水量小而且降水强度也低，再加上地表土壤极为干燥，经过冬季的冻融、膨胀、冷缩的影响之后，表层土壤结构疏松，在迅速回升的气温和强西北风的影响下土壤失水极为强烈，小降水量只能湿润地表层并很快被蒸发回大气，很难形成径流。因此，通过一系列的地表防渗技术对集水进行处理，不仅可以增加降水的利用率，减小土壤的无效蒸发，而且可以提高土地的生产力和经济效益。到底选用什么样的地表防渗技术对集水区进行处理，要根据降水特性、林木对水分需求量和林种而定，依据当地的经济条件作出合理选择。

（1）压实拍光处理　压实拍光是一种以紧实地表土壤，减小孔隙度，增加土壤黏结力，形成一层高密度入渗阻力层为特点的地表防渗措施。表土层压实拍光的程度与土壤机械组成、有机质含量、施工时的土壤含水量、压实力大小与均匀程度等因素有关。表层土壤密度越高，水分的入渗阻力越大，降水产流率也越高，在条件允许的情况下应尽量增强压实力，提高表层密度。在整修时先把地表的杂草连同干燥土层一起铲除回填到栽植区，裸露出湿土，按预定的形状整修好集水面后，根据需求即可进行压实拍光处理。采用人工方法时先用双脚在集水面上全部踩压一遍后用铁锹自上而下拍打一遍，使表层密实而光滑。如果使用机械的方法，踩实集水面之后用小平板夯全面镇压一遍，并做平滑处理。小平板夯是专为整修集水面而设计制造的，体积小、耗油省，移动方便，镇压力大，可代替20~30人的体力劳动，宜在施工中推广使用。压实后表层紧实度和表面光滑是衡量压实效果的主要措施，在施工中应认真执行设计标准。

（2）渗剂处理　在极干旱或林木需水量较大的情况下，依照压实拍光已不能满足林木生长发育对水分的需求，必须对地表进行适当的防渗处理，以进一步提高降水的产流率，增强对降水的空间分配强度。目前国内外常用的防渗化学材料有钠盐、乳胶、蜡状物、沥青及YJG-1、YJG-2、YJG-3和生物材料如地衣等。其中YJG系列和生物材料是最近几年国内开发使用的几种材料，特别是生物材料是国内外首次应用，为防渗处理开辟了新的材料领域。

在选用集水区地表处理材料时要遵循这样几个原则：首先所选用的材料应当无任何污染，长久使用不会破坏土壤结构，即对土壤、水质、果实、林木和动物不能有任何污染，也不能对施工人员的健康造成威胁；其次，防渗性能较高，即处理后径流系数恒定的产流量；第三，有较长的使用寿命，耐雨滴的打击和径流的冲刷，在高温、寒冷气候条件下老化或分解速度较慢，使用寿命应在3年以上；第四，与土壤有紧密的结合性，在自然条件下不易和土壤分离；第五，具有可靠的材料来源和合理的价格，性能价格比较适宜，使用后投入产出比较高。在干旱黄土地区建议使用 YJG 系列材料和生物材料。

地表面越平、紧实度越高，防渗剂的处理效果越好、使用寿命也越长。因此，对要进行防渗剂处理的集水区应事先仔细地压实拍光，除去浮土，平滑表面，而且一般应在苗木栽植后再进行处理，这样可以避免栽植时人为地破坏集水面。

在集水面压实拍光并整理好后即可进行防渗处理。如使用 YJG-1，可取 YJG-1 原液加水按照 1∶10~1∶15 的浓度配置好喷洒液，装入喷雾器内备用。喷洒时应选在无风晴朗的天气进行，否则因风吹散，雾化的喷洒液会造成材料浪费而且很难喷匀，如果有雨时喷洒还没有等膜形成与土壤接触牢固便会被雨水冲失。

在面积较大时可使用大容量喷雾器，例如摇臂式喷雾器，面积较小或补喷时可以使用一般的农用喷雾器。在喷洒时调节好喷雾器的流量，喷头离地面 30~40 cm，喷头移动的速度要均匀，应当以地面有微集水为宜，注意不要漏喷。在喷洒后半小时内地表层即可形成防渗层。在喷洒时应该注意喷洒成功，否则当地表干燥防渗剂成膜之后很难再加后膜，这是由于原来喷洒的防渗剂变成地表径流流失。喷洒完后，严禁人畜践踏破坏集水面，注意日常保护。

YJG-2 和 YJG-3 也是液体防渗剂，YJG-2 要加入 70% 的酒精稀释，并加入适量固化剂后再用喷雾器喷洒，而 YJG-3 则可加入固化剂后直接喷洒，要注意的是两种溶液配置好后要立即喷洒，否则就会因时间长凝固而无法喷洒。其操作方法与要领与 YJG-1 相同。

（3）生物防渗处理　与化学防渗相比，生物防渗处理有无法比拟的优点和更广阔的应用前景。在对集水效率要求较高的地方可以使用化学防渗剂，但在对径流系数要求不高时则可以用生物材料来代替。此外，在压实拍光的集水区表面也可以使用生物材料，以对集水面起到保护作用。

对集水区地表进行处理的生物材料，经过室内实验和野外实验观测，使用一种自然存在于干旱黄土高原地区的地衣——石果衣。这种地衣紧密贴身于土壤表面，耐干旱，在合适的温度、湿度条件下可以进行营养繁殖。繁殖好的地衣营养碎片，喷洒在集水面上，利用夏季的有利条件，经过 1~2 年即可形成地衣保护层。

石果衣的集水效果虽然不如化学材料，但它是一种纯生物材料，又具有极好的水土保持效果，对促进全林地生态环境的改善具有积极的作用。

（4）其他处理方法　除了上面介绍的几种防渗处理方法和材料之外，还有一些材料也在试验研究中应用了。其中有水泥和 107 胶混合起来喷洒在集水面上，也具有较高的径流系数和较长的使用寿命；在干旱地区还使用了在集水面上铺设油毡纸、塑料薄膜的方法。此外，还试验了沥青、拒水粉等材料的防渗性能和使用方法。

二、整地的技术标准

各种整地方法，都是一定的断面形式和技术指标具体规格的体现或表达。确定造林整地的断面形式和技术规格应有科学依据，也就是应在自然条件可能和经济条件允许的前提下，力争最大限度地改善立地条件和避免造成不良危害为原则。这样才能获得较大的经济效益和生态效益。

这里所说的技术规格，主要是指造林整地的断面形式、深度、宽度、长度，以及间距等，也涉及与这些规格有关的整地质量要求。

（一）断面形式

断面形式是指整地时翻垦部分与原地面（或原坡面）构成的断面形状。断面形式一般应与造林地区的气候特点、造林地的立地条件相适应。

在干旱地区，整地的主要目的是更多地储蓄大气降水，增加土壤湿度，防止水土流失，翻土面可低于原地面（或原坡面），也可与原地面（或原坡面）构成一定交角。

（二）深度

深度是整地技术规格中最主要的一个指标。整地适当增加深度，往往比单纯扩大整地面积更有利于林木的生长发育，特别是根系的发育。据中国林业科学院盛炜彤在湖南朱亭林区调查，不同整地深度的6~12年生杉木，其根系的分布有明显差别：当整地深度为25 cm以下时，44%~46%的细根集中于20 cm以上的表层；整地深度为30~45 cm时，41%的细根集中于20~50 cm的中层；而整地深度为50 cm以上时，42%的细根集中于50~100 cm的下层。同时树高也随整地深度的增加而增加。

一般在确定整地深度时，应考虑如下条件：

1. 气候特点

干旱地区的整地深度一般较大，以便更好地保蓄水分。

2. 立地条件

阳坡和海拔低的地方，整地深度应比阴坡、海拔高的地方稍大；土层薄或岩石分化差的地方，整地费工、费力，深度不可能太大，而土层虽薄，但母岩疏松的地方，整地深度就可以适当加大；壤质厚薄不一、所处位置不同的沙地，整地应力求达到使粗沙与细沙或沙土与壤土相互掺和的深度；具有影响林木根系发育的钙积层的草原土壤，应尽可能加大整地深度，以松动或破除紧实土层。

3. 苗木和林木根系特点

一般苗木的主根长度20~25cm，故整地深度应略大于其长度，并以此作为整地深度的下限；绝大多数树种的成年林木，其根系主要集中分布于40cm以上土层，故整地深度的上限在一般情况下可为40cm；培育速生丰产林及使用大苗造林时，整地深度可以增加到50~60cm，甚至1m以上，但整地深度的无限增加，所获经济利益未必能抵偿施工费用的高额支出，而且整地技术上也有困难，难以在大面积造林中普遍采用。

4. 经济造林

整地是一种很费工的繁重劳动，整地深度太大，必然是造林成本增高，而林木的生长又不会随整地深度的增加而无限地增加。所以，从海原干旱区目前造林地整地仍以人工为主的情况看，过分地加大整地深度是不必要的。

（三）宽度

宽度是整地技术规格中比较重要的一个指标。以反坡带子田为例，据甘肃省定西地区林场实验，在同一条件下不同宽度的反坡梯田，土壤0~100cm的土壤湿度，依田面宽度2.0m，1.5m，1.0m和0.7m的顺序递减，其中2.0m宽的比0.7m宽的土壤湿度高出5%以上。

确定整地宽度一般需要考虑下列条件：①引起水土流失的可能性。整地既是水土保持措施，又是引起水土流失的因素。因此，整地宽度越大，破坏自然植被越严重，发生水蚀和风蚀的可能性也就越大。②坡度。陡坡如果整地宽度太大，不仅断面内切过深，施工既费工，又费力，而且土体不稳，容易坍塌，诱发水土流失。反之，缓坡的整地宽度就可以适当增大。海原县坡度为10°~20°、21°~30°、31°~45°及45°以上的坡度，反坡梯田的田面宽度应为3.0m、2.5m、2.0m及1.5m。③植被状况。造林地上的灌木、杂草等较高，盖度大，遮阴范围广，为保证苗木、幼树不被天然植被压抑，并在竞争中处于有利地位，整地宽度应大一些；反之，则可以窄一些。④树种。经济林经营比较集约，树种要求营养面积较大，整地宽度应比培育用材林大些。⑤经济条件。整地宽度越大，花费的劳力、资金越多。盲目地无限增大整地宽度，实际上是趋向于全面整地，就无所谓整地宽度了。

（四）长度

长度是指各整地方式翻垦部分的边长，其在生物学上的意义远不如深度、宽度那样重大，但它关系到种植点的配置均匀程度。一般在确定整地长度时应根据如下条件：山地、采伐迹地的面积破碎，影响施工的裸岩、伐根多，长度宜稍小；反之，则可适当延长。为了充分发挥整地机械的工作效率，长度不能过大或过小，因为长度过小，机具往返空转多，造成燃料、时间浪费，降低工作效率，而长度过大，又会给机具加油、加水带来不便。

（五）间距

间距是指带状地间或块状地间的距离。间距的大小主要视设计的造林密度、种植点配置方式，以及造林地的坡度、植被状况而定。坡度大、植被稀少、水土流失严重的地方，带（或穴）间保留的宽度可以大一些，最好能将坡面上的地表径流全部或大部截蓄。一般翻垦部分的宽度与保留植被部分的宽度之比为：灌木、杂草高度不大的山地1∶1或1∶2。

此外，整地技术规格还涉及土埂、横挡、反坡的有无等。一般在带（块、穴）的外缘修筑土埂可以蓄水拦泥，在带中修留横挡能够防止水流汇集。整地的各项整地技术规格通过整地施工得到落实，因此，整地一定要严格按照有关技术规程或技术规定操作，做到深度、宽度、长度合乎标准，石块、树根、草根拣净，土埂、横挡修牢，表层肥土、底层心土放置有序，不打乱土层等，这样才能保证整地的质量。

三、整地的方法

造林整地的方式有全面整地（全垦）和局部整地两种。

（一）全面整地

全面整地是翻垦造林地全部土壤的整地方法。海原县前几年退耕还林工程中经常运用。这种方式改善立地条件的作用显著，清除杂草彻底，便于实行畜力耕作、机械化作业，进行林粮间作，苗木容易成活，幼林生长良好，但花工多、投资大，易发生水土流失，在使用上受地形条件（如坡度）、环境状况（如岩石）和经济条件的限制较大。全面整地幼林生长较好，但水土流失严重，用工量较高。

全面整地可用于平原，退耕还林、草地、盐碱地及无风蚀危险的固定沙地。可实行雨季前全面翻耕，耕深30~40 cm，雨季松土，秋季复耕，当年秋季或翌春耙平的休闲整地方法；盐碱地可以利用雨水或灌溉淋盐洗碱，栽植绿肥植物等改良措施的基础上深耕整地。

全面整地也可在限定的条件下用于石质山地土壤质地疏松、植被稀疏的地方，限定在坡度8°以下应用；如坡度超过规定的标准，须在全垦后修筑水平阶。全垦整地对水土流失的影响随山地坡度而变化，即在坡度25°以下时，径流量坡度增大而缓慢增加，坡度25°以上时，则随坡度的增大急剧增加。

（二）局部整地

局部整地是翻垦造林地部分土壤的整地方式。局部整地又可分为带状整地（带垦）和块状整地（块垦）两种方法。

1. 带状整地

在海原县用于坡度15°~25°的地带，坡形较为平直的坡耕地和土层较厚的土石质山地。是呈长条状翻垦造林土壤，并在翻垦部分之间保留一定宽度的原有植被的整地方法。这一方法改善立地条件的作用较好，预防土壤侵蚀的能力较强，便于机械或畜力耕作，也较省工（20世纪六七十年代常用）。

山地进行带状整地时，带的方向可沿等高线保持水平，带宽一般为1m左右，但变化幅度较大。带长应在可能的条件下长些，但过长则不易保持水平，反而可能导致水流汇集，引起冲蚀。带的断面形式可呈与原坡面平行，或构成阶状、沟状。

缓坡地进行带状整地时，带的方向一般可为南北向，如风害严重，可与主风方向垂直；带宽与山地基本相同；带长大多较长，以充分发挥机械效能；带的断面形式为与地面持平、低于地面呈沟状，或高于地面呈垄状。

带状整地主要用于地势平坦、无风蚀或风蚀轻微的造林地，坡度平缓或坡度虽陡但坡面平整的山地，以及林中空地和林冠下的造林地。

（1）山地带状整地方法　主要有水平沟、反坡梯田、撩壕等。

①"88542"水平沟整地　先用仪器以不大于6m为间距测设等高线，再沿等高线开挖宽0.8m、深0.8m的水平沟，用底土筑成埂高0.5m、顶宽0.4m的拦水埂，并筑实拍光，后将内侧1.2m处的表土斜铲入沟，回填至拦水埂基部，再将田面整修成2m外高内低的反坡状（反坡度5°~8°），在横向开挖时，每隔10m再留置一纵向拦水埂（埂高0.4m，顶宽0.3m），沟长视地形而定。

②"66431"水平沟整地　先用仪器测设等高线，水平沟开挖深度0.6m、宽0.6m，平坡，拦水埂高0.4m、顶宽0.3m，修整后的田面宽1m，两沟间距为3m，自然集水面宽1.7m。适宜坡度较陡的坡地。

③"16541"水平沟整地　先用仪器测设等高线，后沿等高线开挖宽1m、深0.6m的水平沟，将表土堆于内侧上方，用底土筑成埂高0.5m、顶宽0.4m的拦水埂，并筑实拍光，再将内侧上方表土回填至拦水基部，修整成内低外高宽1m的反坡，使自然集水面达到1m，多用于坡度较陡的斜坡地和土层较厚土石质山地。

④"16542"水平沟整地　先用仪器测设等高线，后沿等高线开挖宽1m、长6m，深0.6m的水平沟，反坡，拦水埝高0.5m、顶宽0.4m的拦水埝，两沟间距为4m，自然集水面达到2m，多用于20°～25°坡地。

⑤"26543"水平沟整地　先用仪器测设等高线，延等高线开挖底面宽2m、长6m，深0.6m的水平沟，反坡，将表土堆于内侧上方，用底土筑成埝高0.5m、顶宽0.4m的拦水埝，深翻实土田面0.3m，两沟中间距离6m，使自然集水面达到3m，多用于20°以下坡地。

⑥水平带状　也称连续长带状。带面与坡面基本持平；带宽0.3~3.0m不等，保留带与翻垦部分等宽或稍宽；带长一般较长；整地深度25~30cm。此法适于植被茂密，土壤较深厚、肥沃荒山的中缓坡。

⑦水平阶，又称水平条　为断续或连续带状。阶面水平或稍向内倾斜成反坡（约5°）；阶宽随地区而异，山地一般为1~6m，土石山地及黄土地区达1.5m；阶长视地形而定，一般为1~6m；深度为30cm以上；阶外缘培修土埝或无埝。此法应用比较灵活，如地形破碎或裸露岩石较多，可适黄土山地，其中包括石质山地植被稀疏或较茂密、土层薄或较薄的中缓草坡，植被茂密、土层较厚的灌木陡坡，或黄土山地的缓中陡坡。

⑧反坡梯田，又叫三角形水平沟　为连续带状。田面内向约60°；长度不限，每隔一定距离修筑土埝，以预防水流聚集；深度为40cm以上，保留带可略窄于梯田内倾斜呈3°～15°反坡，面宽1~3m；埝内外侧坡一样宽。

这种整地可以蓄水保肥，抗旱保墒，但整地投入劳力较多，成本较高。黄土高原地形破碎的丘陵区可用于中缓坡，坡面完整的地方也可用于陡坡。

⑨撩壕　又叫倒壕、抽槽整地，为连续或断续带状。壕沟沟面保持水平；宽度、深度依不同的方法而异，其中大撩壕宽约0.5m，上下两壕相距约2.5m，而小撩壕宽约0.5m，深0.30~0.35m，两壕相距约2m，长度不限。

⑩带状整地　先用仪器以3m为间距测设等高线，然后沿等高线开挖宽0.6~1.2m外高内低反坡带状阶地，带长视地形而定。

（2）平原带状整地方法　平原应用的带状整地方法有带状、高垄等。

①带状　为连续长条状。带面与地表平，带宽0.5~1.0m，带间距离等于或大于带面宽度，深度约25cm，或根据需要增加至40~50cm，长度不限。

带状整地是平原整地常用的方法。一般用于无风蚀或风蚀不严重的沙地、荒地和撂荒地、平坦的采伐迹地、林中空地和林冠下的造林地以及平原缓坡。

②高垄　为连续长条状。垄宽0.3~0.7m，垄面高于地表0.2~0.3m，垄长不限，垄向

应便于垄旁犁沟排水。高垄整地是某些特殊立地条件的整地方法。一般用于水分过剩的各种迹地、荒地及水湿地。盐碱地有类似于高垄整地的台田、条田等方法。

2. 块状整地

块状整地有较好的改善立地条件作用和一定的保持水土效能，并且定点灵活，比较省工。一般山地可用于植被较好、土层较厚的各种坡度，尤其是中缓坡。地形较破碎的地方，可采用较小的规格；坡面完整的地方，可采用较大的规格，供培育经济林或改造低价值林分。平原可用于沙地造林。

块状整地是呈块状翻垦造林地土壤的整地方法。块状整地灵活性大，可以因地制宜地应用于各种条件的造林地，整地比较省工，成本较低，同时引起水土流失的危险性较小，但改善立地条件的作用相对较差。

块状整地时，块状地的排列方向应与种植行一致；山地沿等高线或顺坡成行；平原呈南北向。块状地的边长或穴径一般为0.5~0.8 m，很少超过1 m，但营造经济林或进行群状造林，可采用更大的规格。块状整地的断面形式与带状整地相同。

块状整地可用于山地、平原的各种造林地，包括地形破碎的山地、水土流失的坡地、伐根较多且有局部天然更新的迹地、风蚀严重的草原荒地和沙地。

山地应用的块状整地方法有：穴状、块状、鱼鳞坑等；平原应用的方法有：块状、集水坑等。

（1）穴状　为圆形坑穴。穴面与原坡面持平或稍向内倾斜，穴径0.4~0.6 m，深度50 cm 以上。

穴状整地可根据小地形的变化灵活选定整地位置，有利于充分利用岩石裸露山地土层较厚的地方和采伐迹地伐根间土壤肥沃的地方，整地投工数量少，成本较低，但其改善立地条件的作用较其他方法为差。一般石质山地可用于裸岩较多、植被稀疏或较稀疏、中薄层土壤的缓坡和中陡坡，或土层较厚的中陡坡；也可用于植被比较茂密、土层较厚的中陡坡；以及某些林区植被茂密、水分充足易发生冻害的山地和采伐迹地。

（2）鱼鳞坑

①一般鱼鳞坑　挖掘成近似半月形的坑穴，呈"品"字形排列，把表土堆放在坑的上方，把生土堆放在坑的下方，大鱼鳞坑口径1.0 m×1.2 m，小鱼鳞坑口径0.8 m×1.0 m，深通常为0.3~0.5 m（一般根据土壤厚度、造林树种、苗木情况来确定），按要求规格挖好后，再把熟土垫入坑内，然后用取上来的生土打埂，在下坡围成半圆形，土埂高20~25 cm。并将坑面修整成外高内低的反坡状。

为近似于半圆形的坑穴。坑面低于原坡面，保持水平或向内倾斜凹入。有时坑内侧有小蓄水沟与坑两角的引水沟相同。

鱼鳞坑整地有一定的防止水土流失的功效，并可随坡面径流量多少有意识地调节单位面积上的坑数和坑的规格。施工比较灵活，可以根据小地形的变化定位挖坑，动土量小，省工，成本较低，但其改善立地条件及控制水土流失的作用都有限。一般主要用于容易发生水土流失的地区，规模较小的鱼鳞坑可用于地形破碎、土层薄的陡坡，而规格较大的鱼鳞坑用于植被茂密、土层深厚的中缓坡。

②"15143"鱼鳞坑整地　先用仪器以3m为间距测设等高线，然后沿等高线连续开挖长1.5m、宽1m、深0.4m的半月形坑穴，将表土堆置于内侧上方，用底土筑成高0.4m、顶宽0.3m的弧形拦水埂，（两埂接合部宽度为0.4m），并筑实拍光，将侧上方表土回填至拦水埂基部，再将坑面修整成外高内低的反坡状。

（3）块状穴　为正方形、矩形坑穴。块状地穴面与原坡面（或地面）持平或稍向内侧倾斜，边长0.4~0.5m，有时可达1m，深30cm左右，外侧有埂。

（4）圆形穴　根据栽植要求直径30~100cm不等，深40~100cm，穴面与原坡面（或地面）持平或稍向内侧倾斜，表土和底土放两边，穴挖好后，表土回填在下边，底土放在上边，根据需要，可打埂，也可不打埂。

（5）集水坑

①"3316"漏斗式集水坑整地　先在地面上放出3m×3m的正方形网格线，在方格中心开挖1m×1m×1m的坑，将底土放在格线上打埂（埂高0.4m，埂顶宽0.3m），并筑实拍光，后将格内表土斜铲入坑，使正方形格内呈外高内低"漏斗"状，最后使口面定格为2.6m×2.6m，底面1m×1m、垂直深度0.6m左右的微型集水坑。适宜于平坡地营造护路林和经济林。

②"1534"隔带漏斗式集水坑整地　以1.5m为间距，隔带放出1.5m×1.5m的正方形网格线，再将方格中心开挖0.55m×0.55m×0.55m的坑，将底土放在格线上打埂（埂高0.1m，埂顶宽0.3m），并筑实拍光，后将格内表土斜铲入坑，使正方形格内呈外高内低"漏斗"状，最后使口面定格为1.2m×1.2m，底面0.3m×0.3m、垂直深度0.4m左右的微型集水坑。适宜于平坡地营造林。

四、整地的季节

选择适宜的整地季节，是充分利用外界有利的条件，回避不良因素，以取得较好整地效果的一项措施。在分析造林地区自然条件和社会经济条件的基础上，选定适宜的整地季节，对提高整地质量，节省经费开支，减轻劳动强度，降低造林成本，以及确保苗木成活、促进幼林生长，具有相当重要的意义。

就全国范围来讲，一年四季都可以进行整地，海原县却只能在春、夏、秋三季进行整地。各地区的适宜整地季节不尽相同。

整地如果与造林同时进行，叫做随整随造。这种做法由于整地的有利作用尚未充分发挥就造林，故在通常情况下，苗木受益不多，而且还常因整地不及时，丧失造林的良好时机，所以一般最好不要随整随造。但是在土壤深厚肥沃、杂草不多的熟耕地上，土壤湿润、植被盖度不高的地方，以及风蚀比较严重的沙地或草原荒地，随整随造也能收到良好的效果。这主要因为是熟耕地、新采伐迹地立地条件优越，过早进行整地往往可导致整地部位损失水分过多；而沙地过早整地，经过冬季大风吹蚀，易造成土壤细粒散失，肥力下降。

如果整地与造林不是同时进行，而是比造林时间提早1~2个季节，可叫做提前整地或预整地。提前整地的优点是：①改善土壤水分状况，在干旱、半干旱地区可以充分利用大气降水，蓄水保墒，提高造林成活率。据海原县南华山调查，1995年整地，翌年4月栽植的云杉，成活率达98%，而1996年同时整地造林的，成活率仅76%；②有利于植物茎叶、根系残体的分解，增加土壤中的有机质，特别是经过雨水多、湿度大、温度高的夏季，分解速度更快，同时可以调节土壤水、气状况，使含水量过高的土壤有较多的新鲜空气进入；③便于从容地安排造林生产，到了造林季节无须临时突击整地，可以不误时机地完成造林任务。

提前整地的"提前"时间不能过短、过长。过短，"提前"的作用不显著；过长，即整地后久置而不造林，会使已经有所改善的立地条件重新劣化，失去提前的意义。如中国科学院黄河中游水土保持综合考察报道，固原上黄地区整地后休闲时间过长的造林地，根茎性的赖草又大量迅速地串生，土壤水分、养分恢复到荒山荒地的水平。在某些情况下，"提前"的时间应该稍长，如盐碱地造林为充分淋洗有害盐分，沼泽地为使盘结致密的根系及时分解，都需要提前1年以上的时间进行整地。

一般在干旱和半干旱地区，提前整地最好使整地与造林之间有一个降水较多的季节，以利尽可能地多截蓄雨水。因此，准备秋季造林时，整地可提早到雨季前；准备春季造林时，整地可提早到上一年雨季前、雨季或至少一年秋季。在这些地区雨季是整地良好季节，除可以大量地蓄水、有效地灭草外，土壤湿润松软，作业比较省力，工效高。

整地季节、时间与造林季节的配合，是一个技术问题，但在实际工作中，也是一个经济问题，因为这关系到劳动力的来源和使用。所以要搞好造林整地，这两方面必须都要兼顾。

第六节　造林技术总结

一、造林技术体系

完整的造林技术体系由：造林树种选择、造林整地方法、造林植树时间、造林植树方法与技术、造林后管理五部分组成。当然也要考虑造林树种配置与密度等因素。

二、苗木栽植成活原理

苗木成活的关键首先要保证苗木本身具有旺盛的生活力。苗木体内的水分含量是影响生活力的最主要因素。苗木成活率的关键在于保持体内的水分平衡。因此从起苗、分级、处理、包装运输到假植、造林等一系列工序都应当围绕如何减少苗木体内水分的丧失进行。

为使栽植成活，首先要求苗木本身具有旺盛的生活力，苗木生活力的强弱受许多因素的影响，其中苗木体内的含水率是影响生活力的最主要因素，众多林学家研究认为，体内含水率与成活率呈线性正相关，苗木栽植成活关键是体内水分是否平衡，当苗木在苗圃地正常生长时，苗木通过枝、干、叶失水，通过根系及时吸水补充，维持水分平衡。起苗后苗木开始失水，体内含水率下降，定植后根系开始恢复生长吸水补充，若失水过多而根系又不能及时补充便不能成活（失去水分平衡），相反，失水过程中，根系快速恢复生长，使体内含水率保持在极限（WL）含水量以上，苗木便能成活，也就是说，苗木起出后到栽植时的含水量的多少，决定苗木栽后能否成活，如果根系含水量高，根系有足够的时间恢复生长，供应水分，保持体内水分平衡。为提高造林成活率而采取的各种措施的目的就是使栽植时的苗木体内含水量增大并尽量减少水分的耗损，以维持正常的水分平衡，为成活打下良好的基础。

三、影响造林成活率的因素分析

造林工程也是一项复杂的系统工程，涉的内容、因素、层次都很多，因此成活率的分析也要从系统的角度出发。评价造林工程的最主要指标是成活率，造林的最终目标是成活，从前面的分析中可知，苗木栽植后能否成活与保持水分平衡有关，栽植后根系的吸水量＋栽植前体内的含水量＝失水量＋极限含水量。当失水量过多，体内含水量必然下降，则苗木会死亡，因此，怎样加快栽植后根系的吸水，提高栽植前体内含水量，减少体内失水量是保持水分平衡的关键。

所希望的是栽植后体内含水量大于极限含水量（WL），只有这样才能使树木成活。同时，应尽力减少栽植前体内含水量的损失，所以采用了截干、修枝、断根、大穴深栽等技术措施，目的就在于减少苗木地上部分的水分蒸发量（即失水量），缩小蒸腾面积，保持地上地下部分相对均衡，创造一个水、肥、气、热相对良好的条件，以利根系快速恢复再生，有利于保持水分平衡，为苗木成活打下良好的基础。

无论是降水也好、集水也好，只有贮存在土壤中才能被树木有效的利用。土壤的蓄水保墒能力是决定林木生长好坏的重要因素，也是抗旱造林所要解决的重要技术问题之一。土壤的蓄水保墒措施主要包括两个方面，一是改变土壤的大气蒸发条件，从而降低地表的潜在蒸发速度；二是改良土壤结构，增强土壤自身的持水能力。另外，抗旱造林的另一特点就是减少树体水分蒸发。

四、造林技术

（一）种苗培育与管理

要加强苗圃现有苗木的管理，主要是水分管理。根据天气和土壤墒情及时灌溉。灌溉次数，对于喜湿树种，如杨树、柳树等幼苗，应少量多次进行灌溉；对刺槐等耐旱幼苗，灌溉的次数可适当少些。灌溉时间，以早晨或傍晚为好，这样不仅可以减少水分蒸发，而且不会因土壤温度发生急剧变化而影响苗木的生长。此外，要及时给苗圃地松土、除草保墒。对要出售和移植的苗木，起苗和移植时要选择无风的阴天或早晚时间。土壤过于干燥，应在起苗前一周先灌水，一般当土壤含水量为其饱和含水量的60%（即土不粘锹）时即可起苗或进行移植。

（二）生长调节剂造林技术

1. 保水剂的应用

（1）保水剂的概念　目前国内外的保水剂共分两大类，一类是丙烯酰胺－丙烯酸盐共聚交联物（聚丙烯酰胺、聚丙烯酸钠、聚丙烯酸钾、聚丙烯酸铵等）；另一类是淀粉接枝丙烯酸盐共聚胶联物（淀粉接枝丙烯酸盐）。

①聚丙烯酰胺　聚丙烯酰胺呈白色颗粒状，主要成分：丙烯酰胺65%~66%+丙烯酸钾23%~24%+水8%~10%+交联剂0.5%~1.0%。在国际上，法国、德国、日本、美国和比利时等国所产生的保水剂大多属于这类成分的产品。该产品的特点：使用周期和寿命较长，在土壤中的蓄水保墒能力可维持4年左右，但其吸水能力会逐年降低。据黄土区造林实验观察，使用该类保水剂造林后的当年，其吸水倍率维持在自重的100~120倍，第二年吸水倍率降低20%~30%，第三年降低约40%~50%，第四年降低更多。

②聚丙烯酸钠　聚丙烯酸钠为白色或浅灰色颗粒状晶体，主要成分：聚丙烯酸钠88%（其中含钠24.5%）+水8%~10%+胶联剂0.5%~1.0%。国内生产的保水剂大多是这种成分的产品。其主要特点：吸水倍率高，吸水速度快，但保水性能只能保持2年有效。据造林实验观察，这类产品的吸水能力和吸水速度明显高于聚丙烯酰胺产品，在土壤中如遇充分给水，0.5 h后便迅速吸收自重的130~140倍的水分；但第二年的吸收倍率要降低60%左右。由于聚烯酸钠会造成土壤中钠离子含量的递增，林业和农业用保水剂的生产厂家大多改为生产聚丙烯酸钾或聚丙烯酸铵。

③淀粉接枝丙烯酸盐　淀粉接枝丙烯酸盐为白色或淡黄色颗粒状晶体，主要成分：淀粉18%~27%+丙烯酸盐62%~71%+水10%+交联剂0.5%~1.0%。这种产品在用于造林地其吸水速度等性状极佳。据实验室对黄土浸提液的吸水对比试验，该类保水剂在遇水后的15~20 min内即可吸收自重150~160倍的水分。

保水剂是一种高吸水性树脂，这类物质含有大量结构特异的强吸水集团，在树脂内部可产生高渗透缔合作用并通过其网孔结构吸水。它的最大吸水力高达每平方米13~14 kg，可吸收自身重量的数百倍至上千倍的纯水，并且这些被吸收的水分不能用一般的物理方法排挤出来，所以它又具有很强的保水性。由于树木根系的吸水力大多为每平方米17~18 kg，一般情况下不会出现根系水分的倒流，而林木根系却能直接吸收贮存在保水剂中的水分，这一特性决定了保水剂在农林业抗旱节水植物栽培技术中的广泛应用。

造林绿化工程中，保水剂一般的使用方法是，在植树穴内将保水剂与土壤充分均匀混合后再栽植苗木，当土壤中的保水剂遇到下渗水后，可以有效蓄储水分供苗木利用。要注意的是保水剂并不是造水剂。经过一个雨季的充分吸水，便可使当年的雨季或秋季造林成活率至翌年春季造林的成活率提高15%~20%，生长量提高25%左右。

而在干旱少雨且又无灌溉条件的情况下，例如春季造林，当土壤含水量不足10%时，施用保水剂前应将其投入大容器中充分浸泡，使之充分吸水呈饱和凝胶后再与土壤混合使用，否则结果将适得其反。当然，如条件允许，各造林季节尽量使用浸泡吸水后的保水剂，效果会更好，因为干保水剂在土壤中遇水膨胀时，由于周边土壤的压力会降低其吸水的能力；而使用先吸水膨胀后的保水剂，特别是大颗粒的保水剂，既可保证其释水缩小后再遇水膨胀的有效空间，还可增大土壤空隙和通气性能。

通过对各类保水剂的多年使用对比，造林绿化适宜采用0.5~3.0mm粒径的大颗粒保水剂产品，这样既能满足土壤空隙空气通畅的要求，又可保证所贮存水分的80%~85%被林木高效利用；一些粉状保水剂产品，使用时若与土壤混合不均匀，吸水后容易在局部产生糊状凝胶，造成相当范围的土壤蓄水过高，严重影响土壤通气和林木生长，甚至造成林木枯死。

应用保水剂时，施入量一般情况下以占施入范围（植树穴）干土重的0.1%为最佳。施入量过大，不但成本高，而且雨季常会造成土壤储水过高，引起土壤通气不畅而导致林木根系腐烂。在具体造林绿化中，保水剂的单位面积工程施用量取决于造林密度、树种、整地方式和植树穴规格等诸多因素。

根据对降水量为400mm左右黄土半干旱区的适宜造林密度的研究，针对树种每公顷1200~1500株，阔叶树种每公顷750~900株，经济树种每公顷500株的造林密度比较合理。在考虑上述合理密度和具体整地方式的基础上，经数年不同保水剂施用量的实地造林对比试验和成本核算，确定出主要树种造林的保水剂合适用量。若采用2~3年生针叶苗，植树穴规格为30cm深、30cm穴底直径，保水剂合理的用量为每株25g，按平均价格计算成本，折合每公顷600~750元；若采用1~2年生阔叶树苗木，植树穴深40cm、穴底直径40cm，保水剂用量每株60g，每公顷折合900~1050元；2年生经济林苗木，采用50cm深、50cm穴底直径植树穴，用量每株120g，成本每公顷1200元。

配合其他技术措施，保水剂一般广泛应用于各种植苗造林。

为防止苗木栽植前在运输过程中根系失水，可采用保水剂蘸根的方法。具体方法：将0.1~0.2mm粒径的粉粒状"淀粉接枝丙烯酸盐"类型保水剂的产品，按0.1%浓度投入浸根用的容器中，充分搅拌均匀，20min后使用；裸根苗在保水剂中浸泡0.5min后即可取出，最好再用塑料薄膜包扎。这样完全可以保证苗木根系在10h内不失水。经对比测定，采用保水剂蘸根法处理的苗木，造林成活率可相应提高15%以上。

保水剂同样也可用于大苗移植造林。1999年春季，北京林业大学在头年反坡梯田整地后的造林地，进行了5年的针叶树种侧柏、油松的带土坨大苗移植造林对比试验，植树穴规格为50 cm×50 cm，土壤墒情一般，含水量为10%~11%。使用保水剂的植树穴，在大苗移植前施用了事先经充分浸泡吸水呈饱和状态的大颗粒保水剂10 kg（相当于干保水剂83 g），而后与植树穴内的土壤充分搅拌、均匀混合；植树后为避免紫外线对保水剂的降解作用，同时为了降低土壤蒸发量，所有植树穴的表面部覆盖了虚土或3 cm厚的作物秸秆。经测定，造林后施用保水剂的大苗移植造林成活率仍然高达90%，其他仅为71%。为了简化使用，降低造林成本，近两年北京林业大学摸索出一种造林时携带方便、操作简单的保水剂使用方法。做法是将塑料纱网缝制成直径8 cm、长50 cm的棒状网袋，承装前述已吸足水分的凝胶状大颗粒保水剂1.3~1.4 kg（相当于干保水剂10.7~10.8 g），造林时，针叶树苗木根系旁只需垂直放置1个；其网袋中保水剂贮存的水分可缓慢向土壤释放，涉及直径范围25~30 cm，其周边的土壤含水量在20~30 d内可维持在12%~13%。如若该期间无降水过程，可在造林后的第25天左右，将该网袋抽出，放入水桶中重新吸水，然后再放回原处。采用这种方法，造林成活率仍可保持在90%左右。

（2）保水剂的使用方法

①拌土　拌土采用粒径0~3 mm（L型）或0.1~1.0 mm（M型）的保水剂，以耕作层干土（容重1.25~1.35）重量的0.1%拌匀，再浇透水；或让保水剂吸足水成饱和凝胶以土与饱和凝胶体积比10%~15%拌匀。再覆盖至少5 cm的表土，以免保湿剂在阳光下过早分解。植树时，依大小每株需要L型保水剂10~30 g。果树幼苗40~120 g，针叶类幼苗10~25 g，阔叶类幼苗40~60 g。成年树在株间或依树冠垂直位置挖坑，分三层放入保水剂，每层夯实和铺上干草。成年果树每株需150~180 g。为使保水剂首次完全发挥吸水效果，在拌土前先吸足水成饱和凝胶，均匀拌土后再拌肥，此法树坑不必再浇水。

②包衣　保水剂与营养、农药和细土等混合成种衣剂，一般在5%~20%，保水剂粒度一般在120目以上，种衣剂再做拌种或丸衣化。可大大提高出苗率，且使根系发达，苗壮、节水、省工和增产。

③蘸根　让40~80目的保水剂以0.1%比例放入盛水容器中，充分搅拌和吸水约20 min后使用，裸根苗浸泡30 s后取出。最好再用塑料薄膜包扎。1 kg保水剂至少可处理2 000株幼苗。可以防止根部干燥，延长萎蔫期，便于长途运输，提高成活率15%~20%。

拌土使用保水剂可节水50%~70%，节肥30%以上。还可提高土壤透气性，改善土壤结构和抗板结，并有一定的保水效果。采用保湿剂的最大直观效果是植物粗壮有力。包衣种子可提高出苗率，作物增产10%以上。

但保水剂并非造水剂。首次使用时一定要浇透水，少雨地区以后还要定期补水。除非特别干旱，树木不必再浇水，秋水春用。含盐较高地区，保水剂吸水能力和寿命会有所下降。应根据土质、植物特点和雨水情况科学使用。

适宜干旱和半干旱地区造林，可大大提高造林成活率。

（3）具体应用

① SA 型高效保水剂使用技术

蘸根处理：在造林24 h前把保水剂配置成2%的水溶液，在苗木栽植前浸泡5 min后及时栽植。根据造林实验，利用此法可提高造林成活率5%~20%，重点用在经济林栽植中。

树穴喷洒：先用20 g左右的保水剂喷洒在树穴或回填的土中，而后进行植树浇水。适于沙漠地植树或经济林，风景林及名贵苗木栽植。

种子涂抹：用1%的水溶液浸种，浸种后把种子摊在塑料布上晒干，使种子表面形成一种薄膜，而后进行播种。

种子选粒：先将种子用0.5%浓度的保水剂溶液浸种，使种子表面具有一定黏性，再将过60目筛下的土壤（包括腐殖土和耕作土）与0.5%~1.0%（重量）的保水剂掺和均匀，以种子和土壤重量比为1：2到1：4的比例进行选粒。

②西沃特保水剂蘸根技术　将西沃特保水剂与土按1：25的比例搅拌均匀，然后加水200份混合搅拌，静止溶液2 h后呈浆状，即可用于油松、刺槐、侧柏、沙棘等苗木的蘸根造林。使用该保水剂的造林地比对照区保墒时间延长10~20 d。造林成活率比对照区提高14%~20%。很适宜在干旱、半干旱地区推广应用。

③高效吸水剂应用技术　高效吸水剂的标准溶胀度一般为1：400。在干旱瘠薄的荒山荒地造林及苗木长距离运输中，为提高吸水剂的保水性能，采用1：200~1：300的浓度为宜。在干旱不十分严重或湿润肥沃的土壤上造林，或者苗木运输距离较近的情况下，可采用1：400~1：600的浓度。苗木在圃地起苗后，将苗木以捆为单位将根部浸入吸水剂中，根据周围形成吸水剂凝胶薄膜，供给苗木水分，然后用草帘打包运输。苗木运到造林地后不必假植，以免因为假植造成细根的损伤，将苗木放在阴凉潮湿处，24 h以内不会影响造林成活率。利用该剂处理苗木之后再栽植，可以减少在栽植前一段时间内苗木自身体内水分的损耗，也能保证在栽植后相当长时间内获得较充足的水分供应，达到延长苗木存活月数，可提高造林成活率15%左右，节约造林投资13.6%。

④ TCP 植物蒸腾抑制剂的应用技术　选择日最低气温不低于 −5℃的无风、晴朗的早晨或傍晚，将本药稀释后，均匀喷洒于叶面、枝干上，以滴水为度。起苗前5 d 在苗圃喷施一次，栽植后连续喷施2~3次，每次间隔20 d。稀释倍数为1年生针叶苗木稀释500倍，2年生针叶苗木稀释300倍，阔叶树苗木稀释200倍。

TCP 植物蒸腾抑制剂是山西省林业科学研究院的研究成果。该制剂主要作用是通过缩小植物气孔开张度而抑制蒸腾，减少植物水分散失。同时还可以增加叶面叶绿素含量，促进根系生长，提高抗旱、抗寒能力。通过在退耕还林中使用该制剂，针叶树木造林成活率提高10%~20%。油松容器育苗喷施 TCP 蒸腾抑制剂后，容器苗越冬保存率达95% 以上。

2. 生根剂的应用

（1）ABT3生根粉　ABT 生根粉是中国农科院王涛院士研制的一种新型的广谱高效系列绿色植物生长调节剂，其中 ABT3用于苗木栽植，用它处理苗木根系，能显著提高苗木成活率，促进根系发育，加速幼苗生长，增强抗逆能力。

使用方法：浸根。取1 gABT3号生根粉，加75% 酒精0.5 kg，并不断搅拌，约经30 min，药品全部溶解后，加水39.5 kg，即配成25 μg/gABT3号生根粉溶液。于造林前取该溶液浸泡苗木根部60 min，然后用于造林。油松、侧柏、落叶松、樟子松、刺槐、沙棘、枣、核桃等苗木均可用该液浸泡。

叶面喷施。取1 g/ABT3号生根粉，加75% 酒精0.5 kg，并不断搅拌，约30 min，药品全部溶解后，加水99.5 kg，即配成10 μg/gABT3号生根粉溶液。于造林前2~3 d，取该液对油松、樟子松、落叶松、侧柏等容器苗进行叶面喷施，以药液滴下为度，喷后即可用于造林。

使用效果：造林前用3号生根粉溶浸根，油松、侧柏、落叶松、樟子松、沙棘、枣等造林成活率普遍提高，均比对照提高10.0%~22.5%，且苗木生长健壮。用3号生根粉溶液进行叶面喷施后造林，苗木生长健壮，抗旱能力强，成活率明显提高。

（3）其他制剂

①固体水　由深圳市艾德迈尔科技有限公司推出的"春之霖"固体水抗旱造林新成果，是采用高新技术手段使普通水的物理性质发生变化，固化为不流动、无蒸发、无渗漏、0℃不结冰、100℃不气化的固态水，能在常温和低湿环境下长期保存和使用，并可以通过与植物根系的接触，在土壤微生物作用下发生生物降解还原为自由水，缓慢地释放水分，以有效的、极少量的水分保证植物正常存活生长。因供水方式和植物吸水过程同步，该固体水被植物的吸收率接近100%。同时，该固体水的含水量高达98%，并可根据不同种类的植

物特点、不同地区的气候条件，为植物提供30 d、60 d、90 d 或更长的时间生长所需水分。

②抗旱造林粉　一定的药物，达到对植物有效生理调节，通过促进根部的吸水作用，抑制林木的生长状态。该技术与广泛应用的土壤保水剂的不同之处在于抗旱造林粉不是对土壤保水，而是以植物体保水为目标，采用多种组分复配，降低植物体失水速度，具有一定的创造性。

抗旱造林粉在防沙治沙中发挥了重要作用。在近两年春秋两季的植树造林活动中，该产品先后在陕西延安、甘肃天水、河北张家口、青海格尔木、内蒙古科尔沁沙地等区域进行了大面积推广应用，在宁夏海原县也进行了试验，抗旱效果十分明显，在中部干旱带很有前景。

③土壤增墒剂　在果树树盘下土壤施入5 g 强力增墒剂，可明显提高土壤的吸水、保水能力，相当于在树冠周围形成一个"蓄水池"可有效抗御干旱，改良土壤，防止水土流失。目前我国生产的土壤增墒剂有中国科学院兰州化学物理研究所研制的LPA-1、LPA-2、LSA-3等。LPA-1为粉状，LPA-2为块状，吸水量为自重的1 000~2 000倍，LSA-3为淡色透明胶冻状，吸水率为数百倍。

3. 截干造林技术

对有萌生能力的树种，如沙棘、柠条、山杏、山桃、刺槐、白榆、臭椿、杨树、柳树等，进行截干造林。1~2年生截干可在挖苗时或栽植后进行，苗桩保留高度5~10 cm，以便萌发新条。栽植后培土成堆（高20 cm 左右），经过对比试验，沙棘、刺槐截干造林成活率要比不截干造林高出40%~75%，保存率高出50%~80%。其主要原因是截干后苗木水分消耗减少、蒸发面积减少，有效保存了苗木体内赖以生存的水分。胸径大于3 cm 的刺槐、榆树、臭椿、杨树、柳树等绿化用苗截干高度应以绿化需要确定。

4. 覆盖造林技术

改变土壤蒸发条件的最有效方法是进行覆盖，其中利用泥沙、卵石、秸秆、树叶、枯草、粪肥等材料。覆盖技术在我国有悠久的历史，最近几十年开始利用地膜、乳化沥青、土面增温保墒剂等。覆盖能有效地提高地温、减少蒸发、保持土壤水分。改善土壤结构的措施主要有整地松土、增施肥料与土壤改良剂等，其中以施用有机肥为主，配合施用能胶结土壤颗粒形成一定结构的各种土壤改良剂。同时，对于黄土地质由于结构性差，深层渗漏比较严重，配合土壤改良措施要采取一定的防渗漏措施。通过土壤结构的改良可以起到受墒、蓄墒、保墒三个方面的作用，减少土壤水分无效消耗，提高水分的利用效率。

地表防蒸发措施　改变土壤表面蒸发条件的最有效的方法是覆盖。覆盖栽培能有效地改变农田小气候条件，改变土壤水热状况，从而促进农作物和林木生长，提高产量。目前，国内外普遍使用的几种地表覆盖材料有地膜、草纤维膜、秸秆、沥青和天津轻化所研制的土面覆盖剂6号和65号。

（1）地膜覆盖　地膜覆盖因其保墒作用明显，自1978年从日本引进我国以来到1989年覆盖面积已达到近200万 hm^2，并以每年15%~20% 的速度在全国扩大。这一技术在我国的应用，特别是在那些人均耕地比较少的地区和寒冷、高原地区以及那些热量和水资源相对不足的广大北方地区，是对自然环境进行适当改造和对自然资源进行弥补的行之有效的手段。它有效地提高了地温、调节了植物的生长季节、保持了土壤水分，使这些因素的组合更加适合林业生产和林木的生长发育，在我国农林业的生产中起到了重要作用，但是成本较高。

地膜的主要作用是提高地温、保墒、改善土壤理化性质、提高植物光合效率。在选择地膜时要注意选用无色、透明的地膜，膜的厚度可根据使用方法选择，如果是直接铺在地表则宜选用较厚的膜，如果是铺在地下则可选用较薄的膜。对于造林苗木来说膜的大小可以选择1 m × 1 m 或60 cm × 60 cm。如果是既要提高地温又要蓄水保墒时，地膜直接铺设在表面，如果是以蓄水保墒为主时则适宜把地膜铺设在表土层下面，即把地膜铺设好后在上面压2~3 cm厚的土壤，这样还可以极大地延长地膜的使用寿命。

栽苗之后，在坑内覆盖一层地膜，使穴面低于地面，达到既保墒，又能提高地温，也不影响蓄水，有利于苗木生长的效果。采用地膜覆盖措施，造林成活率比对照高出10~18个百分点，保存率高出35~47个百分点。没有条件的地方，也可以用盖草和覆砂来防止水分蒸发，也能起到一定效果。

（2）草纤维　草纤维是采用麦秸、稻草和其他含纤维素的野生植物为主要原料生产的一种农用纤维膜。其性能接近聚乙烯地膜的使用要求，同时能被土壤微生物降解，是一种很有希望取代聚乙烯地膜的无污染覆盖材料。但其韧性差、横向易裂，所以后期的增温效应和保墒性能远低于聚乙烯地膜；覆草和秸秆覆盖增产的机理在于覆盖后土壤温度变化小，有利于根系生长，提高蒸腾效率，减少覆盖区内干物质无效损耗，不论在丰水年还是欠水年都有明显的保墒作用。

（3）保墒覆盖　土面增温保墒剂，为黄褐色或棕色膏状物，是一种田间化学覆盖物，又称液体覆盖膜，属油型乳液，成膜物质有效含量为30%，含水量为70%，加水稀释后喷洒在土壤表面能形成一层均匀薄膜。土面增温保墒剂的作用主要包括三个方面，一是用其直接覆盖土壤表面，由于其成膜性可以直接阻挡土壤水分蒸发，减少无效耗水；二是通过减少土壤水分蒸发消耗，从而减少了汽化的热量消耗，因而起到了提高地温的作用；三是它具有一定的黏着性，与土壤颗粒紧密结合，覆盖地表等于涂上一层保护层，能避免或减轻林地土壤风吹水蚀。

（4）其他覆盖　改变土壤蒸发条件的最有效方法是进行覆盖，其中利用泥沙、卵石、秸秆、树叶、枯草、粪肥等材料。一些经济林园中常用秸秆或杂草覆盖，既能有效地提高地温、减少蒸发、保持土壤水分，还能增施肥料、改良土壤等。

5. 带土球造林技术

大规格苗木造林时，根系带土球造林可显著提高成活率。应根据苗木的大小，确定所带土球的大小。一般和树冠成正比。根据我们的经验，高1~2 m，土球为树冠的2/3；树高2~4 m，土球为树冠的1/3；树高4 m以上，土球为树冠的2/5；为了防止土球掉落，较大的土球要用麻袋、塑料袋或草绳捆绑。

6. 泥浆蘸根造林

浸根造林是指在造林前对裸根苗木根系进行浸水处理（一般浸水24 h），提高苗木含水量和造林成活率。蘸根造林是指造林时对裸根苗木根系进行蘸泥浆处理，是一种简单易行的方法。泥浆稀稠以能"吊线"为宜，泥浆中可添加菌根剂、生根粉，效果更好。但要把握好时机，在造林地现场进行，防止损伤根系。一般苗木起挖后，边蘸泥浆边装车，落叶松等苗木栽植时，应再蘸泥浆。

7. 坐水泥浆法造林

坐水泥浆造林就是改变传统的造林方式变先栽苗后浇水为先浇水的造林方法，操作环节如下。

（1）向预先挖好植树坑内填些表土（一般要10 cm左右厚）。

（2）向坑内倒水，一般50 cm坑7.5~10 kg，60 cm坑12.5 kg；生产上提法是50 cm坑大半桶，60 cm坑近一桶水，然后搅拌成泥浆，此时泥浆深一般为12 cm左右。

（3）将苗木直接插入泥浆中。

（4）向坑四周靠壁填土，将泥浆挤向苗木根部，使泥浆呈尖塔形与根幅相似。

（5）用土把坑填平并沿坑四周向里踩实，之后加盖一层虚土以防干裂。这种方法的特点一是减少水分渗漏，防止蒸发，二是可使苗木根系与泥土充分接触，促进成活。

8. 树干保护造林技术

早春干旱季节，造林时可采用农用薄膜、牛皮纸、报纸等材料，将地上树干缠绕或包裹起来，可有效防止苗木失水，提高造林成活率。当发芽或放叶后，可适时去掉树干保护材料。另外，对一些经济林苗，大规格绿化苗可进行树干套袋。根据树干的粗度和高度，确定塑料筒袋的规格。塑料袋要紧贴树干，防止风裂。树干1m以下，可选用上端不封口的袋，先将袋套住树干，下端埋好，然后在袋内装上湿土，扎好上端，这样既能防风裂，又能增加水分的供应。

下面重点介绍地膜缠干。把农用地膜裁剪成宽10cm左右，长度根据树干高度而定，一般地膜宽度为80cm可裁8条。缠膜可在栽树前，也可在栽树后，如果树木高大一般在栽植前缠膜。缠膜起始位置多在树干顶部，下部打结捆扎或埋在土中。缠膜时一定缠紧，膜与树干间的空隙越小越好。这样可以避免因温室效应而对树干造成日灼和增加苗木水分的蒸发，同时也不至于被大风吹烂。树干缠膜抗旱造林是一项新型抗旱造林技术，它可以明显减少树木地上部分的水分蒸腾，从而提高造林的成活率和保存率。在气温较高的时候，我们可以看到膜内全是水珠，如果不缠膜这些水分就会大量散失到空气中，影响树木成活。

9. 造林前浸泡苗木

在干旱地区造林，往往出现抽梢或苗木不死不活、不发芽现象，其主要原因之一是苗木缺水。因此，苗木定植前，首先在造林地附近挖一个或几个可容纳所需苗木的浸泡坑，坑内铺设塑料布，注入半坑水，以淹没苗根为准，然后把刚运到的苗木投入坑内，浸泡时间一般在48h以上每天换水，保证苗木吸足水分，是提高造林成活率的简单易行、行之有效的关键措施之一。

10. 喷施保水层

其操作方法是用生石灰配制成混合液，在起苗前用喷雾器洒在苗木的枝干上，各方位都要喷洒周到，需要贮存的假植苗，可先起苗，捆成捆后，把枝干部分放在上述混合液中浸一下，经过上述混合液处理过的苗木，半小时后可见一层白色药层覆盖在苗木枝干表面，据测试，喷施混合液保水层的苗木可减少水分消耗量30%~60%，对苗木抗旱，提高造林成活率有很大帮助。

11. 容器盛水造林技术

选用抗逆性强、生长快的优良乡土树种和品种。一般选用1~2年生，直径为1.5~2.0cm，长度为1.5m左右的沙棘、沙柳等。与常规造林整地相同，随造林随整地，采取人工挖坑整地，坑径40~60cm，栽植坑深度为1m左右。选好苗后，按直径分级打捆，用清水、活水全株浸泡48min以上。将废弃的酒瓶、无孔食品小袋及其他低值容器内装满水，将选好的苗条插入容器内。将容器连同苗条一起放入栽植坑内，分层培土、踏实。

宜在县北部沙地等地区推广。

12. 注射灌溉节水造林技术

注射式节灌技术，是将有限的水通过水压泵、机压泵或高位水差增压后，经长软管连接根部注射器，将水注入植物根部土壤，供植物吸收利用，是一种移动式局部精确节水灌溉技术。

用手压泵、机动泵或高压水池为注射器注水提供水压，软管连接注射器和泵，将压力水输至注射器，并与注射器一起移动。注射器将水注入植物根部土壤。其主要特点：一是节省投资，与喷、滴、渗灌相比，注射式节水灌溉设备投资仅为10%左右；二是节水，用量为漫灌的1/16~1/23，为灌溉的1/8；三是安装操作简便，与一般灌水支管相接即可进行灌溉作业；四是用途广，可用于叶面和根部施肥防治病虫害，提高肥、药效力。

采用注射灌溉，减少了水分浪费，节约造林效果好。在干旱半干旱地带均可推广应用。

13. 冬贮苗木等雨造林技术

冬贮苗木等雨造林技术是为实现等5月降水后再造林采取的一项技术，采用本项技术可以延缓苗木萌动，推迟造林时间，提高造林成效。其主要技术措施如下。

（1）苗窖准备　在造林地附近，选择交通方便，东西走向的农斗渠作临时苗窖，窖址要为黏土。顺渠挖窖深50cm，长宽按每窖3000~5000株而定。

（2）苗木入窖　按苗木的不同品种，不同苗龄，不同规格分级，于11月上旬大地封冻前分别贮入不同苗窖。

将苗木倾斜放入窖内，每次放苗厚度20~30cm，用湿土埋实，不留空隙，不漏枝梢，两层相互搭压2/3。

实际操作过程中，还有三种具体方法可供选择。

斜埋法：选择较为背风向阳的干燥地块，南北各开沟，南60cm、北100cm，宽根据苗高而定（2~5m），常规苗木多少而定。坑挖好后，将分级的苗木南北向斜放沟底，即根北、梢南，放一层苗后，用湿土把根空隙填实，再放第二层（一般放2~3层，每层苗不能放得太厚）。每隔1.5~2.0m在沟中央立一草把，以便通气。苗按层放好后，用湿土覆盖成鱼脊形，苗稍不要露出地面。沟四周垫10cm高的土埂，以排雪水。

平埋法：在背风向阳较为干燥的地块，挖80cm左右深，长、宽同斜埋法，将分级的苗木平放于坑底，然后用湿土填实，一层苗木，一层湿土，上下层苗木可头末倒置。

窖洞埋斜法：选择比较像样的闲散窖洞，若窖内干燥时，需用水洒湿地面后，铺一层10 cm左右的湿土（或湿砂），将分级的苗木斜埋于窖内墙壁两侧，覆细湿土至苗木2/3处，一层苗木一层湿土，中间需留一走道，最后封闭窖门。每隔30 d检查一次，如发现覆土过干，可洒水补墒。

苗窖封顶：11月下旬封冻前，用厚度不小于60 cm的湿黏土封窖。

苗窖检查：第二年3、4月份气温回升期间，一般要检查3次，发现窖内温度高于5℃或窖顶覆土开始消融，要在窖顶加土或盖麦秸等遮阴，以控制温度回升。

注意事项及技术要点：对于根系含水量较大的苗木，树苗出圃后，需晾晒2 d左右，至损根伤口干结后窖藏，以防腐烂，翌春定植时，对发霉根要剪除。苗木窖藏前的起用过程要严防苗皮机械损伤。开春后要严格控制土壤湿度，从5月中旬以后，土壤湿度应控制在2%~3%，以防止芽萌动。

苗木冷冻贮藏的做法与技术要点：A. 苗木冷冻贮藏的温度严格控制在1~4℃，这样苗木既不发芽生长，又不至于因表面裸根部分受冻而影响成活。B. 贮藏的苗木应将根部向内搭叠堆放，每单元堆长4 m，自然成长条状。C. 苗木冷藏后，每隔5~7 d喷洒一次水，增加冷库内的空气湿度，以防止苗木因失水而干枯死亡。洒水量要适度，一般以表层苗木不干燥为宜。D. 冷冻贮藏应在苗木未萌芽之前。贮藏时由于室内外温差较大，苗堆表面散热较快，而堆内苗木自热一时难以散尽，形成堆内外温度悬殊，核心部分容易发霉变质。最好在堆放后的3~5 d内翻垛一次，以后还要定期检查随时调节库内温度。E. 冷冻贮藏的办法只限于造林季节内干旱无雨时采用。

冷冻贮藏的优点：一是苗木经过冷藏，可延长造林时间，形成反季节造林。海原造林一般在3月下旬至4月中旬，利用冷藏苗造林，时间可延长到5月中旬降水后栽植。如果此时还没有降水，冷藏可延续到6月初。这样缓解了春耕与造林争劳力的矛盾，时间已接近雨季，有利于苗木生根发芽；二是苗木冷冻贮藏，可控制其发芽和生长，延长苗木休眠期，待降水墒情较好后再进行造林，提高造林成活率。苗木出库栽植后，若遭受连续干旱，出现罕见的雨季无雨现象，苗木生长会受到了严峻的考验。但由于造林时地温高，墒情较好，栽植后的苗木很快扎根生芽，顶住了长期干旱的煎熬。秋季验收结果表明，成活率均在80%以上。而造林季节内（4月中旬）坐水栽植的苗木成活率远远不及经冷藏降水后栽植的苗木成活率高。利用冷冻贮藏方法进行抗旱造林，可节省其他抗旱造林过程中刨窝、拉水、浇灌等的工时与费用。

14. 幼林抗旱管理技术

对近两年的幼树可采取培土、修剪、平茬等措施予以救护。修剪枝条：轻度受旱的幼树，可及时剪除枯死枝和芽干瘪但未受害的枝条，减少水分散失，避免旱情加重。平茬：对于地上部分旱害严重，但树干基部及根系仍然良好，且萌蘖能力强的树种，可采取平茬措施。平茬高度一般控制在距地表面10 cm左右。培土：对于因栽植深度不够的杨树和旱情严重的阔叶树种，可在幼树周围采取培土措施。松土除草：通过松土除草，减少土壤水分的损失。覆盖：可根据实际情况分别采用多种材料覆盖地表，一是就地取材把松土除草清理下的灌草铺于幼树周围；二是用塑料薄膜覆盖于幼树周围或整个行间；三是石块覆盖，适用于山地造林的幼树。集水保墒：山坡造林地通过抚育措施增加集水面，在树两侧开挖集水沟槽，形成翼式鱼鳞坑。灌溉补水：有灌溉条件的幼林和新造林地，尽快采取灌溉措施；旱情严重且价值较大的幼树应采取人工浇水措施。补植或重造：对于因苗木旱死的幼林地，应在具备造林条件时及时补植和重造。在补植或重造时，要适地适树，调整树种组成，形成合理的混交林。

15. 盐碱地抗旱造林技术

海原是土壤盐碱危害较严重的县之一，引黄灌区11.5万亩土地中，盐渍化土地就占了10%。海原地区约75.6%的耕地是盐渍化土壤，其他的主要分布在干旱地区，土壤次生盐渍化是影响植物的生长，土壤盐碱化目前已经成为影响当地可持续发展和生态环境建设的主要因素，开展盐碱土改良与耐盐树种选择，是盐碱地抗旱造林技术关键。

（1）盐碱地对树木生长的影响主要表现为：

①引发生理干旱；

②危害树体组织；

③滞缓营养吸收；

④影响气孔开闭。

（2）树木遭受盐碱危害的形态表现主要出现在叶片

①叶色异常　叶面出现盐碱危害的斑点，由树冠基部的老叶先出现。

②叶片枯焦　受害叶片自顶端或叶缘开始枯焦，慢慢向叶基扩展；树种不同，叶片枯焦的颜色也不同。

③叶片脱落　多发生在高温季节，叶片枯焦色加剧发展，进而脱落。

④枯叶萎蔫　高温炎热天气，叶片急速萎蔫，但不脱落，不变色。

（3）盐碱地造林树种选择

盐碱地造林，主要通过在树种选择、整地技术、栽植技术等方面来确保苗木成活与生长。

一般树木的耐盐力为0.1%~0.2%，耐盐力较强的树种为0.4%~0.5%，强耐盐力的树种可达0.6%~1.0%。

胡杨：能在含盐量1%的盐碱地生长。

新疆杨：在含盐量0.3%的盐土上生长良好，是荒漠盐土上的主要绿化树种。

柽柳：能在含盐量0.5%的盐碱地上生长，叶可分泌盐分，有降低土壤含盐量的效能，为重盐碱地园林绿化骨干树种。

火炬树：原产北美，为林缘生长的灌木或小乔木，浇根且萌根力强，是盐碱地栽植的主要园林树种。

紫穗槐：适应性广、能抗严寒、耐干旱，在含盐量1%的盐碱地也能生长，根部能固氮根瘤菌，落叶中含有大量的酸性物质能中和土壤的碱性，改善土壤的理化性质，也可增加土壤腐殖质，为盐碱地绿化的先锋树种。

沙枣：具根瘤，对风沙、盐碱、低温、干旱、瘠薄等有抗性，对硫酸盐的抗性强，在盐量1.5%以上时尚能生长；对氯化物的抗性较弱，盐量0.6%以下时才适于生长；而在硫酸盐氯化物盐土上，则盐量超过0.4%就不适于生长。

沙棘：可在pH9的重碱性土以及含盐量达1.1%的盐碱地上生长。

枸杞：特别耐盐碱，为内陆重盐碱地的优良绿化材料。

白蜡：根系发达，萌蘖性强，在含盐量0.2%~0.3%的盐土生长良好，具耐水湿能力强，是极好的滩涂盐碱地栽植树种。

合欢：对硫酸盐的抗性强，耐盐量可达1.5%以上，适宜于盐量0.5%的轻盐碱土栽植，根部具根瘤，被誉为耐盐碱栽植的宝树。但耐氯化盐能力弱，超过0.4%则不适生长。

另外，如文冠果、枣、国槐、垂柳、刺槐、侧柏、木槿、臭椿等都具有一定的耐盐能力，是耐盐碱土栽植的优良树种。

16.沙地柽柳造林技术

选10~15年生、生长健壮、无病虫害的柽柳树种上截取1—2年生的枝条做插条。柽柳插条截成长0.6m，直径1cm以上。于4月上旬将插条放在水中浸泡10d左右，直至树皮呈现白色、浅黄色凸起时，用ABT生物根粉处理，方可取出造林。

从5月中旬开始进行栽植，深度1m。栽前去掉植树范围内的干沙层，随挖坑随栽植，扶正埋好，分层踏实。在流动沙丘的迎风坡2/3高度以下栽植，在丘间地按3m×3m的株距进行栽植。用砾石沙障按2m×2m设置成方形，沙障高度0.2m，宽0.2m，在沙障内深栽造林。另外，要用围栏封育保护。

在平缓沙丘或丘间低地实施怪柳深栽造林，在流动沙丘设置砾石沙障后进行柠条、沙蒿直播造林，隔行在沙障内深栽造林，在无灌溉条件下，当年成活率在85%以上。该技术适宜于沙荒漠区推广。

17. "88542"隔坡反坡水平沟整地造林技术

（1）技术要点　在退耕还林工程征整地中，对地形完整、小于25°的缓坡地段，按"88542"标准搞反坡水平沟整地，"等高线，沿山转，宽2m，长不限，死土挖出，活土回填"，即沿等高线开挖宽0.8m、深0.8m的水平沟，拍实外埂，埂高0.5m、宽0.4m，将沟内侧上方表土回填，做成10到200m反坡田面，田面宽2m左右，带间距6m。

（2）使用效果　蓄水保墒。据测定，从地表到1m深土层内的平均含水"88542"反坡水平沟是18.4%，鱼鳞坑是13.1%，荒山是9.3%，同时，反坡水平沟拦蓄径流的效果好，经过观测，平均220m的水平沟24h降水117mm，整地带0.6m深含水量超过120%，水平沟整地工程仍完好无损，实现了水不下山泥不出沟的治理目标。

改善土壤理化性质。田面宽大，疏土层深，易形成土壤团粒结构，反坡水平沟改变了小地形，使原来的坡地变为台地，改变了坡向，南向坡可遮阴，北向坡可挡风，减少了土壤蒸发，改善了光照和温度，为微生物的活动创造了良好条件，加速了土壤营养物质的分解，从而提高了土壤的肥力。据测定，"88542"水平沟整地同荒坡相比，80cm土壤内有效磷增加3%~5%，有效钾增加15%~30%，造林成活率提高19%。

促进幼树生长，缩短郁闭年限。整地带内水、肥、光、热等条件优于荒山，可以加快幼树生长。据测定，"88542"水平沟整地栽植山杏的主枝年平均生长量达1m、平均地径达2.8cm，分别比荒山高154%和18.2%。

第七节　林业技术承包

从1988年开始，海原县积极贯彻"宁夏林业科技人员技术承包办法"，对造林、育苗、森林抚育、果树管理、病虫害防治等以乡、国有林场为单位，通过技术小组承包，合同一签三年，到期兑现。造林成活率为85%，育苗，杨树0.6万株/亩，刺槐、臭椿等1.5万株／亩，沙棘、柠条2万株／亩。造林成活率超85%，每提高10%，亩奖励1元，育苗达到标准每亩奖励4元。这一工作先后有122人参加，国有林场技术集团80人，陈来勤为集团负责人，有工程师8人，助理工程师37人，技术员35人。社会集团42人；田宗明为集团负责人，有工程师5人，助理工程师4人，技术员33人。工程激发了工程技术人员的积极性，造林、育苗成效明显。1993年林业技术承包参加214人，完成种桑养蚕30亩，香水梨优系建园300亩，沙棘造林1800亩、育苗100亩，地埂经济林1500亩。

第八节　学术论文及专著集录

从1977年至2019年，在海原县工作、学习、生活的111名同志，在国内《宁夏农林科技》等36种公开发行的刊物共发表论文178篇，其中在《现代园艺》发表37篇、《宁夏农林科技》33篇、《现代种业》发表25篇、《中国林业》发表13篇、其他70篇，其中发表论文最多的是苗吸旺，其次是李海宁、李玉鼎、马自良、高启平等。

共出版专著6本（除调离的李玉鼎），其中独著3本，苗吸旺著有《干旱半干旱地区抗旱造林技术》（黄河出版传媒集团阳光出版社，2012年）；虎卫军著有《宁夏南华山动植物图谱》（黄河出版传媒集团阳光出版社，2015年）；张国芳著有《海原县林木昆虫图鉴》（黄河出版传媒集团阳光出版社，2015年）；苗吸旺、段富强等合编《宁夏南华山自然保护区综合科学考察报告》（宁夏人民出版社，2015）；韩崇选、张国芳合编《宁夏啮齿动物地理区系区划及分类管理》（阳光出版社，2019年）；仇智虎、黄泽云、马廷贵、杨占虎合编《宁夏核桃资源调查编目》（阳光出版社，2019年）。

表 11-8-1　论文集录

序号	论文题目	发表期刊	发表时间期刊数	作者
1	《提高元帅坐果率几项措施的比较试验》	《宁夏农林科技》	1977 年 6 期	李玉鼎
2	《果园天敌的初步调查》	《宁夏农林科技》	1979 年 4 期	李玉鼎
3	《梨星毛虫诱蛾试验初报》	《宁夏农林科技》	1979 年 6 期	李玉鼎　陈一新
4	《海原地区梨树主要害虫防治》	《固原科技》		何世龙
5	《海原县灵光寺野生果树资源调查》	《固原科技》	1981 年 2 期	李玉鼎

序号	论文题目	发表期刊	发表时间期刊数	作者	
6	《海原县引种麦香、京红等新品种桃的初步观察》	《宁夏农林科技》	1982 年 3 期	李玉鼎	
7	《苹果、桃花芽分化物候期观察》	《宁夏农林科技》	1983 年 5 期	李玉鼎	
8	《黄土丘陵区柠条沙打旺草苜蓿间作立体草场实验初报》	宁夏回族自治区固原地区林学会	1985 年	张　荣	
9	《对海原发展林业的一些建议》	《宁夏农林科技》	1985 年 3 期	蔡大亨	
10	《几种化学农药防治杨笠园盾蚧药效的试验》	宁夏林学会第三届优秀论文	1987 年	陈来勤	
11	《杨树细胞微缩鉴定方法》	宁夏自治区区划成果三等奖	1986 年	张智孙	
12	《多菌灵防治金冠苹果早期落叶病效果》	《宁夏农林科技》	1992 年第 3 期	苗吸旺	
13	《宁夏固海扬黄灌区苹果冻害调查》	《宁夏农林科技》	1993 年第 5 期	苗吸旺	
14	《可降低农药残毒的碱处理枸杞制干工艺》	《宁夏农林科技》	1994 年第 3 期	邵金鱼　韩清芳苗吸旺　邵仁里	
15	《克服营养障碍提高枸杞坐果率之研究》	《干旱地区农业研究》（陕西）	1995 年第 4 期	韩清芳　苗吸旺贾志宽	
16	《海原大粒鲜食葡萄引种初报》	《宁夏农林科技》	1996 年第 1 期	苗吸旺	
17	《多效唑在锦丰梨上的应用》	《宁夏农林科技》	1998 年第 3 期	苗吸旺　姜　昌	
18	《防止宁南干旱山区苹果树抽条的措施》	《西北园艺》（陕西）	2002 年第 4 期	高启平　苗吸旺	
19	《宁夏高速公路绿化刍议》	《宁夏农林科技》	2002 年第 5 期	刘红强　姜　昌沈德花	
20	《浅议宁夏高等级公路建设中的取土场及其植被恢复》	《宁夏农林科技》	2002 年第 6 期	姜　昌　马德滋温凤玲	
21	《干旱山区滴管育苗初探》	《宁夏农林科技》	2003 年第 4 期	李希惠　杨立云田进生　苗吸旺	
22	《宁夏海原县南华山区级自然保护区野生动物资源》	《西部论坛》	2004 年第 1 期	韩志荣	
23	《海原县退耕还林后续产业发展调查》	《宁夏农业经济》	2005 年第 2 期	高启平　张荣	
24	《退耕还林工程对海原社会经济发展的影响》	《科技展望》（宁夏）	2005 年增刊	高启平　尚海慧	
25	《当前沙棘木蠹蛾研究中存在的主要问题》	《中国森林病虫》	2006 年第 2 期	刘自林	

序号	论文题目	发表期刊	发表时间期刊数	作者	
26	《凯特杏早期丰产技术》	《宁夏农林科技》	2006 年第 3 期	朱晓梅	
27	《宁夏中部干旱带压砂地红枣栽植关键技术》	《现代种业》（陕西）	2006 年第 4 期	李海宁	薛振华
28	《宁夏中部干旱带压砂地红枣栽培初探》	《船山学刊》	2006 年第 4 期	高启平 张　荣	章慧霞
29	《海原县南华山植被类型调查》	《宁夏农林科技》	2006 年第 4 期	段富强 李清红	张　旭
30	《苗木露地扦插死苗原因及对策》	《宁夏农林科技》	2006 年第 5 期	朱晓梅	
31	《宁杞 4 号枸杞品种区域试验总结》	《北方果树》	2006 年第 6 期	金小平 薛冠明	陶文科 张廷苏
32	《海原县枸杞引种试验研究初报》	《现代种业》（陕西）	2006 年第 8 期	刘明君 刘自林	马　恒
33	《宁南山区应用多效抗旱驱鼠剂防治鼠害效果调查》	《宁夏农林科技》	2007 年第 2 期	何　燕 魏志红	陶永鑫 何更强
34	《海原县退耕还林山杏嫁接仁用杏改良技术要点》	《现代种业》（陕西）	2007 年第 3 期	马自良	李海宁
35	《海原压砂地红枣栽植的关键性技术》	《宁夏农林科技》	2007 年第 3 期	田喜荣 李海宁	蒲正鹏
36	《海原县生态环境建设对策》	《宁夏农林科技》	2007 年第 4 期	沈　萍	
37	《继续推进海原县退耕还林工程之思考》	《现代种业》（陕西）	2007 年第 6 期	段凤娟 张　有	李海宁
38	《浅谈海原县林业资源变化及发展思路》	《宁夏农林科技》	2007 年第 6 期	李玉宝	
39	《海原县山地容器育苗造林试验》	《现代种业》（陕西）	2008 年第 1 期	马永军 李海宁	张国芳 马　芳
40	《浅谈"3S"技术在海原林业建设中的应用》	《现代种业》（陕西）	2008 年第 2 期	张　旭	张　骞
41	《借鉴经验 促进海原林业产业快速发展》	《宁夏林业通讯》	2008 年第 2 期	高启平	陈亚萍
42	《巩固海原县退耕还林成果的对策》	《现代种业》（陕西）	2008 年第 2 期	李玉宝	田小武
43	《海原县引黄灌区低产苹果园的改造技术》	《现代种业》（陕西）	2008 年第 3 期	李玉宝	
44	《鼢鼠生物学习性及预防治理》	《现代种业》（陕西）	2008 年第 3 期	田小武 马　恒	雷永华
45	《海原县香水梨可持续发展对策》	《现代种业》（陕西）	2008 年第 3 期	雷永华	田小武

续表

序号	论文题目	发表期刊	发表时间期刊数	作者	
46	《干旱山区灵武长枣栽培技术》	《现代种业》（陕西）	2008 年第 3 期	包永香　尚海慧	雷永华
47	《海原县枸杞引种试验研究》	《现代种业》（陕西）	2008 年第 3 期	刘明君　刘自林	马　恒
48	《新形势下海原林业发展之我见》	《内蒙古林业科技》	2008 年第 4 期	马忠江	
49	《海原县内生态移民造林绿化建议》	《现代种业》（陕西）	2008 年第 5 期	苏进禄	
50	《蒙古扁桃在海原的分布特征》	《现代种业》（陕西）	2008 年第 5 期	李清红	
51	《对海原县林业跨越式发展的思考》	《现代种业》（陕西）	2008 年第 5 期	马治忠	马自良
52	《退耕还林工程后续产业问题探索》	《现代种业》（陕西）	2008 年第 5 期	张　荣	
53	《海原香水梨栽培技术》	《宁夏农林科技》	2008 年第 5 期	蒲正鹏　李海宁	田喜荣
54	《海原县古树名木调查及保护》	《中国林业》	2008 年第 5 期	张　骞　张晓红	陈亚萍
55	《完善海原县退耕还林工程的对策与建议》	《宁夏农林科技》	2008 年第 6 期	赵惊奇　张晓红	高启平
56	《浅谈海原县林业资源变化及发展思路》	《宁夏农林科技》	2008 年第 6 期	李玉宝	
57	《林业发展问题探索》	《现代种业》（陕西）	2008 年第 6 期	徐守宝	
58	《哨马营古柳复壮保护措施》	《现代种业》（陕西）	2008 年第 9 期	张晓红	张　骞
59	《海原林业产业发展调研报告》	《现代种业》（陕西）	2008 年 9 期	张　骞　马永军	刘明君　刘亚珺
60	《城乡绿化一体化是生态文明建设之需》	《中国林业》	2008 年 9A 期	马自良	
61	《压沙地枣树栽培技术》	《中国林业》	2008 年第 10 期	李清红	
62	《林业与生态环境保护息息相关》	《中国林业》	2008 年第 10A 期	苗吸旺　张　骞	段风娟
63	《保护森林 合理利用》	《中国林业》	2009 年第 5A 期	张　荣	
64	《枣树的田间管理》	《中国林业》	2009 年 5A 期	李海宁	
65	《浅谈南华山造林保存率低的原因及对策》	《现代种业》（陕西）	2009 年 5 期	马　鹏	

序号	论文题目	发表期刊	发表时间期刊数	作者	
66	《宁夏海原森林资源规划设计调查成果评价及建议》	《中国林业》	2009 年 9A 期	张　荣	高启平
67	《海原干旱带沙棘整地造林》	《中国林业》	2009 年 10B 期	马　芳	
68	《干旱山区山杏栽培》	《中国林业》	2009 年 10B 期	范红荣　苗吸旺	于武琴
69	《无公害枸杞栽培技术》	《甘肃林业》	2010 年 1 期	胡志香	
70	宁夏海原县南华山自然保护区造林整地植树技术应用	《农业科学研究》	2010 年 4 期	田彦国	
71	《沙棘半干旱山区水土保持好树种》	《中国林业》	2010 年 6 期	李清红	
72	《浅议国有林区林权制度改革》	《宁夏农林科技》	2010 年第 6 期	田彦国	
73	《打造生态园林山城，建设绿色海原新区》	《中国林业》	2010 年第 10A 期	张　旭	
74	《成林枸杞优质高产综合栽培技术》	《甘肃林业》	2011 年第 2 期	胡志香	
75	《对海原县退耕还林工程实施十年来取得的成效分析》	《现代种业》（陕西）	2011 年第 4 期	李海宁	张　荣
76	《杨树造林技术的几项关键技术》	《中国林业》	2011 年 7B 期	张晓红	
77	《荒漠植物蒙古扁桃在海原县西华山繁育探讨》	《宁夏农林科技》	2011 年 9 期	田小武	雷永华
78	《干旱山地容器育苗造林技术研究——以海原县为例》	《宁夏农林科技》	2011 年 9 期	雷永华	田小武
79	《如何让森林实现可持续发展——森林调查和经营》	《现代园艺》（江西）	2011 年 11 期	程进福	
80	《浅谈海原县退耕还林草发展方略》	《农业科技与信息》	2011 年 22 期	李银霞	
81	《试探海原县林业建设的做法及今后工作措施》	《农业科技与信息》	2011 年 24 期	李银霞	苗润奇
82	《干旱山区柠条生态效益分析及推广应用》	《甘肃林业》	2012 年 1 期	张　有	李海宁
83	《杏树高接换头技术》	《中国林业》	2012 年 4A 期	田小武	雷永华
84	《旱柳覆膜育苗技术》	《现代种业》（陕西）	2012 年 4 期	罗固生	
85	《海原县南华山植物资源的保护与利用》	《中国林业》	2012 年 6 期	雷永华	
86	《宁夏海原县生态移民迁出区生态恢复与重建探讨》	《宁夏农林科技》	2012 年 9 期	马自良	

序号	论文题目	发表期刊	发表时间期刊数	作者
87	《山区引黄灌区苹果园的改造技术》	《现代园艺》（江西）	2012 年 11 期	徐守宝
88	《宁夏海原县特色林产业快速发展的思考》	《现代园艺》（江西）	2012 年 11 期	杨占虎　马自良　杨正福
89	《山区压沙地红枣栽培技术》	《现代园艺》（江西）	2012 年 12 期	徐守宝
90	《旱作节水农业（林业）在海原县的应用》	《现代园艺》（江西）	2012 年 12 期	杨占虎
91	《海原县集体林权制度改革工作调查报告》	《现代园艺》（江西）	2012 年 22 期	刘明君
92	《海原县林业发展对策》	《大观周刊》	2012 年 49 期	刘自林
93	《提高枣苗嫁接成活率的关键技术》	《宁夏农林科技》	2013 年 1 期	马自良
94	《海原县关桥乡香水梨发展前景初探》	《现代园艺》（江西）	2013 年 1 期	张学军
95	《文冠果栽培管理技术》	《现代园艺》（江西）	2013 年 1 期	张学军
96	《关于海原县林业增效、农民增收的探讨》	《现代园艺》（江西）	2013 年 1 期	杨占虎
97	《海原县森林防火实现突破的思考》	《甘肃农业》	2013 年 24 期	张廷苏
98	《海原县七营镇枸杞种植面临的问题及对策》	《农业科技与信息》	2013 年 24 期	张廷苏
99	《注重宣传教育做好森林防火工作》	《华章》	2013 年 34 期	苗润奇
100	《黄土丘陵半干旱区集流整地模式》	《现代园艺》（江西）	2014 年 1 期	王振彪
101	《干旱山区沙棘播种育苗技术》	《现代园艺》（江西）	2014 年 1 期	张　骞
102	《一起一般森林火灾引发的思考》	《森林防火》	2014 年 1 期	虎卫军
103	《海原县枸杞产业发展现状及对策》	《现代园艺》（江西）	2014 年 2 期	张　骞
104	《温棚育苗实用技术》	《现代园艺》（江西）	2014 年 6 期	周海霞
105	《梨树栽培管理关键技术》	《现代园艺》（江西）	2014 年 7 期	周海霞
106	《干旱山区山桃栽培技术》	《现代园艺》（江西）	2014 年 7 期	马宏福
107	《苹果套装方法技术措施》	《中国科技投资》	2014 年 7 期	罗彦刚
108	《枣树枝叶病害识别及防治技术措施》	《中国科技投资》	2014 年 7 期	王治生

序号	论文题目	发表期刊	发表时间期刊数	作者
109	《如何提高南华山造林保存率》	《现代园艺》（江西）	2014 年 8 期	马宏福
110	《果树栽培技术与果实品质相关性研究》	《北京农业》	2014 年 9 期	沈　萍
111	《宁夏海原县的古树名木及保护》	《现代园艺》（江西）	2014 年 9 期	周海霞
112	《宁夏南部干旱山区枣树栽培技术探讨》	《现代园艺》（江西）	2014 年 9 期	哈兰红
113	《宁夏海原县南华山建立国家级自然保护区的重要性》	《现代园艺》（江西）	2014 年 9 期	哈伟贵
114	《蒙古扁桃在海原南华山的人工繁殖育苗及栽培技术探讨》	《现代园艺》（江西）	2014 年 10 期	哈伟贵
115	《宁夏南华山自然保护区生态旅游规划研究》	《林业资源管理》	2014 年 10 期	虎卫军
116	《苹果树栽培与冻害预防技术》	《现代园艺》（江西）	2014 年 10 期	沈　萍
117	《宁夏引黄灌区低产苹果园的综合改造措施》	《农村经济与科技》（湖北）	2014 年 10 期	李澜涛
118	《海原县天然林保护工程的问题及对策》	《北京农业》	2014 年 11 期	李澜涛
119	《海原县主要林产业发展现状及对策》	《现代园艺》（江西）	2014 年 11 期	王振彪
120	《海原如何利用农业措施应对气候变暖》	《现代园艺》（江西）	2014 年 12 期	田喜荣
121	《宁夏中部干旱地区苹果改形管理技术》	《现代农村科技》（河北）	2014 年 13 期	赵小军
122	《天牛的危害及综合防治技术的应用实践探微》	《农家致富顾问》	2015 年 2 期	缑国林
123	《宁夏海原县森林资源发展思路》	《北京农业》	2015 年 5 期下	马　芳
124	《浅议森林防火方针》	《北京农业》	2015 年 5 期	虎卫军
125	《自然保护区建设探讨》	《现代园艺》（江西）	2015 年 5 期	田仲华
126	《枣果保鲜贮藏管理技术》	《农技服务》（贵州）	2015 年 5 期	马效忠
127	《浅析海原县森林资源现状与人为活动的影响》	《科学种养》	2015 年 6 期	田贵林
128	《浅谈中华鼢鼠的危害及防治》	《科学种养》	2015 年 6 期	田贵林
129	《宁夏南华山自然保护区北坡主要泉水量调查》	《农业与技术》	2015 年 7 期	虎卫军

续表

序号	论文题目	发表期刊	发表时间 期刊数	作者
130	《保护南华山——铸就旱塬上的绿色明珠》	《北京农业》	2015 年 7 期	虎卫军
131	《青海云杉在南华山林区的大苗移栽技术》	《现代园艺》（江西）	2015 年 8 期	任晓芳
132	《宁夏中部半干旱区沙棘营林技术初步探讨》	《现代园艺》（江西）	2015 年 8 期	张建明
133	《宁夏林权抵押贷款现状及发展对策》	《现代农业科技》（安徽）	2015 年 8 期	张　有
134	《海原县生态建设存在的问题及解决办法》	《现代园艺》（江西）	2015 年 9 期	任晓芳
135	《南华山自然保护区生态效益分析》	《现代园艺》（江西）	2015 年 9 期	张建明
136	《牧区沙棘种植及饲用》	《现代畜牧科技》	2015 年 10 期	蒲正鹏
137	《宁夏海原县七营镇枸杞采摘后管理中存在的误区》	《北京农业》	2015 年 10 期	马　恒
138	《南华山自然保护区建设前景》	《现代园艺》（江西）	2015 年 10 期	田仲华
139	《南华山国家级自然保护区病虫害诊断与防治探讨》	《现代园艺》（江西）	2015 年 10 期	曹军虎
140	《庭院经济林整形改造技术措施的探讨》	《现代园艺》（江西）	2015 年 10 期	田喜荣
141	《金叶榆在宁夏海原县县域绿化中的重要作用》	《北京农业》	2015 年 11 期	马　恒
142	《宁夏海原县林业发展在新农村建设中的地位和使命》	《北京农业》	2015 年 11 期	马　芳
143	《新常态下海原林业发展的思考》	《现代园艺》（江西）	2015 年 12 期	买玉玺
144	《浅谈海原县生态文明建设》	《农技服务》（贵州）	2015 年 12 期	贺桂霞　苗吸旺
145	《羊场周围柠条的种植及饲用》	《现代畜牧科技》	2015 年 19 期	蒲正鹏
146	《黑枸杞育苗技术》	《宁夏农林科技》	2016 年 2 期	苗永军
147	《浅论苹果套装的技术要点》	《农技服务》（贵州）	2016 年 3 期	田进明
148	《宁夏回族自治区城市草坪种植与养护探讨》	《南方农业》	2016 年 3 期	苗润奇
149	《宁夏林业发展现状及发展策略》	《乡村科技》	2016 年 7 期	罗固生
150	《创新方法宁夏地区植树造林工作成效显著》	《乡村科技》	2016 年 8 期	罗红梅

序号	论文题目	发表期刊	发表时间 期刊数	作者
151	《宁夏集体林权制度改革工作措施》	《乡村科技》	2016 年 8 期	李银娥
152	《宁夏全区造林绿化工作取得的成效》	《乡村科技》	2016 年 8 期	陈福霞
153	《南华山森林火灾的特点及应对措施》	《现代园艺》（江西）	2016 年 11 期	王　林
154	《宁夏南华山自然保护区气候特征监测与分析》	《现代园艺》（江西）	2016 年 12 期	王　林
155	《探析海原县实现林业可持续发展的基本要求》	《种子科技》	2016 年 12 期	张信平
156	《现代林业建设分析探讨》	《中国科技投资》	2016 年 12 期	唐艳红
157	《西北干旱地区油松栽植技术》	《现代农村科技》（河北）	2016 年 15 期	师雪梅　师雪村
158	《浅析林业资源的利用和开发》	《农业服务》	2016 年 17 期	何海莹
159	《海原县林业有害生物防治情况及发生趋势》	《现代农村科技》（河北）	2016 年 19 期	刘自林
160	《无公害苹果园病虫害综合防治技术》	《现代农村科技》（河北）	2016 年 19 期	田彦国
161	《海原县鼢鼠生物习性及防治措施》	《现代农村科技》（河北）	2016 年 20 期	刘自林
162	《探讨少数民族贫困地区林业科技推广》	《魅力中国》	2016 年 34 期	唐　斌
163	《苗圃嫩枝幼干害虫综合防治技术》	《农业科技与信息》	2016 年 34 期	田彦国
164	《海原县非林业有害生物名录》	《宁夏农林科技》	2017 年 3 期	张国芳
165	《宁夏海原县重要林业有害生物种类及其防治》	《宁夏农林科技》	2017 年 6 期	李海宁
166	《林业生产中生态环境建设策略分析》	《速读》	2017 年 6 期	单　明
167	《柠条在养畜业中的应用及其种植关键技术》	《现代畜牧科技》	2017 年 9 期	冯　龙
168	《优良饲料——柠条主要病虫害的防治措施》	《现代畜牧科技》	2017 年 10 期	冯　龙
169	《宁夏南华山落叶松病虫害防治技术方法探讨》	《现代园艺》（江西）	2017 年 11 期	刘　智
170	《天保政策的实施对林业的积极作用》	《现代园艺》（江西）	2017 年 12 期	刘　智

续表

序号	论文题目	发表期刊	发表时间期刊数	作者	
171	《香水梨病害防治技术》	《农业与技术》	2017 年 12 期	李海宁	
172	《苗圃刺儿菜高效低毒防除技术研究》	《绿色科技》（湖北）	2018 年 5 期	杨新智 杨彩霞	张国芳
173	《青海云杉在南华山林区的营造林技术》	《现代种业》（陕西）	2008 年 5 期	任晓芳 杨永虎	田贵林
174	《改善生态现状的对策》	《现代种业》（陕西）	2008 年 5 期	任晓芳 哈伟贵	田贵林 张建明
175	《森林防护存在问题以及应对措施》	《农家参考》	2018 年 11 期	陈福伟	
176	《海原县树木名录》	《宁夏农林科技》	2019 年 6 期	苗吸旺 蒲彦珍	张国芳
177	《海原县南华山甘肃鼢鼠综合防治技术》	《宁夏农林科技》	2019 年 6 期	蒲彦珍	张国芳
178	《海原县南华山落叶松红腹生物学特性及综合防治》	《现代园艺》（江西）	2019 年 12 期	张国芳	
179	《干旱半干旱地区抗旱造林技术》	阳光出版社	2012 年	苗吸旺	
180	《宁夏南华山自然保护区综合科学考察报告》	阳光出版社	2015 年	苗吸旺	段富强
181	《宁夏南华山动植物图谱》	阳光出版社	2015 年 11 月	虎卫军	
182	《海原县林木昆虫图鉴》	阳光出版社	2017 年 12 月	张国芳	
183	《宁夏啮齿动物地理区系区划及分类管理》	阳光出版社	2019 年 1 月	韩崇选 石建宁等 张国芳	
184	《宁夏核桃遗传资源调查编目》	阳光出版社	2019 年 11 月	仇智虎 马廷贵	黄泽云 杨占虎

第十二章

机构沿革、
大事记及人物

第一节　林业局机构沿革

海原县林业局是海原县人民政府的职能部门，属全额拨款事业单位。其主要职责：负责生态环境建设与保护工作，监督对生态环境有影响的自然资源开发利用活动，重要生态环境建设和生态破坏恢复工作，监督检查指导各种类型自然保护及风景名胜区环境保护工作；监督检查生物多样性保护，野生动植物保护、湿地环境保护，荒漠化防治工作。组织编报县林业建设中长期规划报告书；参与编制县可持续发展纲要。贯彻执行《中华人民共和国森林法》，森林资源保护和国土绿化的方针、政策和法律法规。组织开展全县植树造林和封山育林工作；组织指导全县退耕还林草工作；指导国有林场（苗圃）的建设和管理。组织、指导森林资源的管理；组织森林资源调查，动态监测和统计；审核并监督森林资源的使用；组织、指导林地、林权管理。拟定及调整全县重点保护的野生动物、植物名录。组织协调、指导监督全县森林防火工作，指导森林公安工作；组织、指导全县森林病虫害的防治、检疫。组织，指导林业科技、教育工作；承担指导全县林业队伍建设，承办县人民政府交办的其他工作。

从1953年成立林业站到2019年成立林业局前后几经变革：

1953年成立隶属县建设科林业站。

1958年变为林业股，原隶属县建设科。

1959年变为农业水牧部的林业股直至1961年。

1962年为农业科的林业站直至1968年。

1969年为农业服务站，即五站：农、林、水、牧、气象。

1972年4月成立海原县革委会林业局，同年与林建三师合并成林五团，与林业局两块牌子一套人马。

1974—1986年为林业局。

1988年将海原县林业局更名海原县林业科，直至1991年10月。

1991年11月将海原县林业科又更名海原县林业局直至2002年。

2002年，将县城建局环保中心归属到县林业局，同时将海原县林业局更名为海原县环境保护与林业局直至2005年2月。

2005年3月撤销海原县环境保护与林业局，恢复海原县林业局直至2018年12月。

2019年1月，机构改革，把海原县林业局、海原县国土资源和环境保护局，海原县农业局下属草原站、海原县住房和城乡建设局下属城乡规划服务中心合并，成立海原县自然资源局，并加挂海原县林业和草原局牌子。

第二节　林业局下属机构

1974年，林业局下属12个场（圃），有城关苗圃、李俊苗圃、方堡园艺站、灵光寺林管所、蒿川林场、牌路山林场、李俊林场、水冲寺林场、郝集林场、高崖林场、李旺林场、西安林场。

1985年，县林业科及下属各单位在职人员281名，其中，县林业科36名、林业站26名、五桥沟林场23名、兴隆林场37名、牌路山林场26名、西华山林场6名、水冲寺林场15名、李旺林场12名、谢家沟林场14名、西安林场15名、灵光寺林场13名、方堡园艺站15名、城关苗圃28名、李俊苗圃15名。

1991年2月，县政府批准成立兴仁、曹洼、海城、高台、蒿川、徐套、罗川、关桥、盐池、双河、九彩、西安、树台、罗山14个乡镇林业站和南华山农牧场。5月，成立科属林业派出所，将林政股并入林业派出所。

1993年10月，成立海原县南华山十万亩水源涵养林基地建设指挥部，将林业局所属的五桥沟、水冲寺、灵光寺3个林场划归涵养林指挥部管辖。1994年，成立陶乐、月牙湖吊庄林业站。

1996年8月，成立秦巴项目林业技术指导站，同年，撤销西华山林场。

1998年，对林业局属内设机构进行调整，将资料室更名为项目办，增设国营总场办公室。将经济林站、森防站并入林业总站，一套人马，三块牌子。同年，恢复西华山林场。

2000年5月，成立月亮山、青龙寺山两个林场。6月，成立退耕还林草办公室。

2002年，将县城建局环保中心归属到县林业局，同时将海原县林业局更名为海原县环境保护与林业局并增设环保办公室。2005年3月15日，中共海原县委文件（海党发〔2005〕17号），《关于政府机构改革的实施意见》撤销原环境保护与林业局内设的环境保护办公室，所属环境保护服务中心整建制划转建设与环境保护局，同时恢复"海原县林业局"。

2006年进行事业单位机构编制清理整顿和实名制管理，林业局内设机构有林业技术推广服务中心（属副科级事业单位）、林木检疫站、国有场圃管理站、森林公安派出、经济林站5个机关股室，城关苗圃、李俊苗圃、月亮山林场、西华山林场、拐沟林场、牌路山林场、青龙寺林场、方堡园艺场、高崖园艺场、兴隆园艺场、李旺园艺场11个国有林场。海编发〔2006〕8号、28号文件明确了林业局所属事业单位有海原县公安局森林派出所、海原县国有场圃管理站、海原县林木检疫站、海原县林业技术推广服务中心4个局属机关股室，海原县青龙寺封山育林场、海原县月亮山封山育林场、海原县牌路山林场、海原县西华山林场、海原县拐沟林场、海原县方堡园艺场、海原县兴隆园艺场、海原县高崖园艺场、海原县李旺园艺场9个基层场圃和经济林场，李俊苗圃、城关苗圃等暂保留单位。共核定编制150个。

2007年由于行政区划调整，兴隆园艺场划归同心县管辖，2008年，青龙寺林场划归沙坡头区管辖，同时固原市六窑林场划归海原县管辖，隶属林业局。

2008年年底，林业局内设事业单位有林业技术推广服务中心、林木检疫站、国有场圃管理站、森林公安派出所、经济林场5个机关股室，辖月亮山、西华山、拐沟、牌路山4个封山育林场；方堡、高崖、李旺、六窑4个园艺场；李俊、城关2个苗圃；17个乡镇林业工作站。

2018年，机构改革后，林业局行政编制18人，在岗17人；局属事业机关编制189人，在岗178人。具体包括海原县林业局技术推广服务中心、海原县国有林场建设服务中心、海原县林木检疫站，编制54人，在岗50人；局属国有林场包括海原县凤凰山林场、海原县瓜瓜山林场、海原县拐沟林场、海原县牌路山林场、海原县西华山林场、海原县月亮山封山育林场等6个林场编制77人、在岗71人。

海原县曹洼林业工作站、甘城林业工作站、高崖林业工作站、关桥林业工作站、关庄林业工作站、海城林业工作站、红羊林业工作站、贾塘林业工作站、九彩林业工作站、李俊林业工作站、李旺林业工作站、七营林业工作站、三河林业工作站、史店林业工作站、树台林业工作站、西安林业工作站、郑旗林业工作站等17个林业站编制58人，在岗57人。

表 12-1　2018 年林业局编制情况

单位：人

编制性质		单位名称	核定编制	实有人数	空编数
行政	局机关	局机关	11	10	1
		森林派出所	6	6	—
		局机关后勤	1	1	—
	小计		18	17	1
事业	局属机关	海原县林业局技术推广服务中心	23	20	3
		海原县国有林场建设服务中心	21	19	2
		海原县林木检疫站	10	11	-1
	小计		54	50	4
	国有林场	海原县凤凰山林场	17	17	—
		海原县瓜瓜山林场	14	14	—
		海原县拐洼林场	10	8	2
		海原县牌路山林场	16	13	3
		海原县西华山林场	13	12	1
		海原县月亮山封山育林场	7	7	—
	小计		77	71	6
	乡镇林业站	海原县曹洼林业工作站	2	2	—
		海原县甘城林业工作站	4	4	—
		海原县高崖林业工作站	3	2	1
		海原县关桥林业工作站	4	4	—
		海原县关庄林业工作站	2	2	—
		海原县海城林业工作站	3	3	—
		海原县红羊林业工作站	4	4	—
		海原县贾塘林业工作站	4	4	—

编制性质	单位名称	核定编制	实有人数	空编数
乡镇林业站	海原县九彩林业工作站	2	2	—
	海原县李俊林业工作站	3	3	—
	海原县李旺林业工作站	6	6	—
	海原县七营林业工作站	3	3	—
	海原县三河林业工作站	5	5	—
	海原县史店林业工作站	3	3	—
	海原县树台林业工作站	3	3	—
	海原县西安林业工作站	4	4	—
	海原县郑旗林业工作站	3	3	—
小计		58	57	1
合计		207	195	12

第三节　人员结构

随着林业机构不断扩大，林业生产建设日益发展，林业职工队伍从1964年的51人发展到1987年年底的328人，增加6倍多，其中，行政干部17人、技术干部30人、固定职工231人、合同工25人、临时工25人。全系统328人中，男性183人、女性145人，汉族186人、回族142人，党员27人占全系统总职工数的8.2%，技术干部30人占总人数的9.1%。

2005年林业从业人员最多为443人，以后退休人员不得增加，加之从业人员转岗乡镇等原因，2008年年底林业从业人员有编制237个，行政编制16人，事业编制221人。有专业技术人员155人，其中，高级工程师2人，工程师16人，助理工程师、技术员137人。

2018年通过定岗核编行政编制18人、在岗17人，事业编制189个、在岗178人；总从业人195人。有专业技术人员156人，其中，正高级工程师1人，副高级工程师22人，工程师76人，助理工程师、技术员57人。

表 12-2　1964—2018 年海原县林业局人员变动情况

年代	总人数	其中										
		性别		技术人员				从业人员				
		男	女					行政编	行政在岗	事业编	事业在岗	干部
1964	51	—	—	—	—	—	—	—	—	—	—	—
1983	319	162	157	—	—	4	14	—	14	—	273	46
1987	328	183	145	—	—	—	—	—	14	—	281	47
2002	223	135	88	—		8	33	10	8	—	215	58
2005	443	—	—	—	—	—	—	—	—	—	—	—
2008	237	—	—	—	2	16	—	137	16	—	221	—
2010	236	—	—	—	—	—	—	—	—	—	—	—
2015	213	—	—	—	—	—	—	—	—	—	—	—
2018	195	—	69	1	22	78		18	17	189	178	

第四节　大事记

由于时间跨度较大，资料收集极为困难，敬请谅解。

1942年

海原县遵照甘肃省国民政府各县局一律设立苗圃的指令，海原县建立了第一个国营苗圃。

1943年

海原县根据甘肃省国民政府训令第一次将古木列册编号上报，开创了树木的统计工作。

1953年

甘肃平凉专署决定海原县建立林业工作站，曹维元为站长。

1955年

海原县人民政府组织县级机关和城关公社几千人开始大搞牌路山水保林，开展植树整地的群众性造林工作。

1956年

在高崖、城关和关桥三个区建立林业站，当时由冯少文、杨廷邦等负责。

县委书记马玉贵出席团中央在延安召开的青年造林大会。

1958年

1. 修建石峡口水库时撤销关桥、高崖两个区的林业站。

2. 牌路山水土保持林受到国务院的表彰。

3. 在学习甘肃定西林业典型后，海原县出现的水土保持先进典型有大梁山负责人马学良、法兰英，李旺二道沟负责人黑生玉，牌路山负责人单文礼，关桥凤凰山负责人李百全，郑旗西沿负责人李国才。

4. 马学良出席北京召开的全国民兵林业群英会。

1962年

1. 海原县首次开始从山东烟台引进苹果苗。

2. 固原行署组织海原、固原、西吉、隆德、泾原五县民工进入泾原大雪山林区砍伐原始天然林，累计集材1082立方、投入3.1万工日，劈山修路因陡坡路滑，无法行车，所砍的木材堆积在深山沟底，最后全部腐烂，从此六盘山林区成片天然林绝迹。

3. 中华人民共和国林业部副部长惠中权视察海原县牌路山林场，并给予高度评价和肯定。

1964年

1. 海原县在兴仁公社首先开始营造农田防风林工作。

2. 在海原县石峡口成立林建三师水保连属固原二团。

1966年

撤销石峡口水保连成立石峡口苗圃。

1969年

西安苗圃移交农业局成立西安良种繁殖场（当时有地600亩，负责人陈来勤、李宗仁）。

1972年

1. 1972年4月林建三师连队编排，五团（海原县），一连（水冲寺）、二连（张家湾）。

2. 1972年5月，海原县完成春季造林9 906亩，占总任务39.6%。

1972年7月，宁夏农林局，林建三师及固原地区、有关县的负责同志，林业干部参观了王团农场造林和郑旗西沿的育苗工作。

是年，海原县完成造林11 422亩，占任务45.7%。用材林9 835亩，经济林1 587亩。育苗947亩，零星植树138.4万株。

1973年

1. 单文礼等四人参观学习青海大通县针叶林营养代育苗。

2. 区农业局和农科院专家来海原县城关公社团结大队涧沟堡生产队、王团农场检查林业工作。

3. 成立李旺、西安两个国营林场（圃）。

1973年5月，海原县林五团（林业局）机关党支部成立，黄维生任党支部书记。

1974年

1. 原林建师第三团机关及所属一、二连，牌路山、灵光寺、李俊、蒿川、城关等林场（圃）统交海原县林业局。树台队办林场成立。

2. 县人民政府向全县发出县、公社、大队、生产队四级育苗的号召，要求以大队为重点每年育苗50亩的要求。

1974年1月，林建三师海原县王团连撤销建制。

1974年8月，海原县"五五"规划下发（海原县革命委员会，海发〔1974〕50号）。

1975年

1. 县林业局局长温俊华出席在陕西西安市召开的黄土高原造林规划会。

2. 县林业局从山东、陕西第一次引进杨树新品种八里庄杨和新疆杨。现这两个品种已成为海原县用材林的主要树种。

3. 灵光寺林管所针叶林全光育苗获得成功并受到区政府的表彰。

4. 1975年11—12月，县"五七"学校开办林业专科班，培训当地林业人才，60人参加。

5. 县林业局局长温俊华出席甘肃张掖召开的黄土高原造林技术交流会。

6. 1975年达到万亩林的有城关、蒿川、树台和关庄4个公社。

是年，完成造林27 568.3亩（国营1 066亩），占计划的132%；育苗5 352亩，占计划的66.9%；四旁植树84.2万株。

1976年

1. 宁夏农林局在海原县召开山区林业现场会并参观了城关苍湾、史店、山门等大队，据会议统计当时树台和关庄两个公社实现了一人一亩林的指标。

2. 县林业局局长温俊华出席山西省黄土高原造林技术交流会（9月2日—9月6日）。

3. 全县林业系统在城关苗圃搞大会战。

4. 宁夏林业老前辈蔡学周工程师和宁夏林业厅戈振原在海原县树台公社蹲点为该公社林业建设的发展做出了积极贡献，并受到国务院的表彰。

5. 1976年4月，固原地区林业局发文《关于大力开展水库上游及区旁绿化的》通知（固地林发〔1976〕015号）

6. 1976年4月，防治光肩星天牛工作在全县展开。

是年，完成造林56640亩、育苗9643亩、四旁植树159万株。大队兴办林场由77个增加到120个。

1977年

1. 3月7日，宁夏农林局、外贸局在海原县召开全区杏仁生产收购工作座谈会，会议制定杏树科研协作计划，研究课题是：杏树优良品种选育；杏扁早期结果；丰产技术；小老树的更新复壮。总结了由于管护上的原因致使大杏扁栽培造成的失败原因。

2. 5月13日，海原县科委下发《黄土高原大面积植树造林技术研究实施方案》。（海科发〔1977〕7号）。

3. 6月21日，海原县开展果树检疫对象苹果吉丁虫等普查。

4. 10月27日海原县计委下发拟定的树苗价格（海计发〔1977〕61号）。

表 12-3　1971 年海原县苗木价格

苗木名称	苗木规格	单位/株	单价/元
榆树	0.3 m 以上	株	0.002
榆树	0.3 m 以上	株	0.005
榆树	1 m 以上	株	0.020
杨树	1 m 以上	株	0.020
杨树	1~2 m	株	0.050
杨树	2~3 m	株	0.100
杨树	3 m 以上	株	0.150
杨树	1 m 以内	株	0.005

苗木名称	苗木规格	单位/株	单价/元
杨树	1~2 m	株	0.02
杨树	2~3 m	株	0.08
杨树	3 m 以上	株	0.05
洋槐（刺槐）	1 年生	株	0.01
中槐（国槐）	1 年生	株	0.01
杏树	1 年生	株	0.01
桃树	1 年生	株	0.01
核桃	2 年生	株	0.05
木瓜	2 年生	株	0.07
核桃	1 年生	株	0.03
木瓜	1 年生	株	0.03

是年，全县完成造林50 572亩、育苗4 759亩、四旁树112万株。

1978年

1. 海原县首次开展系统性的林业资源"六五"清查工作。

2. 石峡口苗圃于7月撤销。

3. 6月15—29日国家林业总局副局长梁昌武等五人来宁夏视察工作时，对海原县的育苗成功经验予以鼓励和肯定。

4. 5月30日，原一〇四干校撤销，成立谢家沟农林场。

5. 1978年7月，海原县上报五桥沟林场设计。

是年，完成造林55 804亩，育苗5 309亩，四旁植树110.7万株，新建果园498亩。

1979年

1. 3月，五桥沟林场成立。

2. 9月5—27日，固原地区进行造林总结评比会，海原县西安公社林场受表扬（林场造林1 400亩）。

3. 10月25日，海原县秋季植树造林动员会召开，县长王志珍发表了"全县动手，全民动员，打一场秋季造林的人民战争"。

1980年

1. 5月26日宁夏林业局发出《关于认真做好柠条种子采集收购工作的紧急通知》，并规定了收购价格：大柠条一等0.4元/kg，二等0.225元/kg，海原县林业局领导亲自挂帅并固定了专人，安排劳力，开设收购网点，组织学校，动员社会劳力积极采收，共采收柠条种子2.5万kg，为海原县发展柠条基地建设起到了积极作用。

2. 秋季开始全县发放林权证工作。

3. 在五桥沟林场开始修建塑料大棚与小拱棚，开展针叶林育苗。

4. 7月份区园艺学会专家在海原县园艺站召开引进桃新品种鉴定会。

5. 9月9—17日固原地区森林病虫害普查工作在海原县开展。

6. 10月中旬，海原县开展《森林法》宣传活动。

1981年

1. 海原县副县长张汉儒参加西北黄土高原造林现场经验交流会。

2. 4月兴仁郝集林场撤销。

3. 固原地区组织各县局分管林业的负责人参观了陕西淳化、山西吉县林业先进典型。

4. 在西华山、五桥沟、水冲寺、灵光寺、牌路山修建护林点近20个，加强护林工作。

1982年

1. 4月6—8日县绿化委员会召开各公社主管林业负责人、部分大队代表、先进单位（林业）负责人及林业专干会议，并参观学习城关公社段原大队的林业先进典型。

2. 秋季县人民政府掀起认真贯彻中央有关林业的紧急指示的宣传活动，并翻印中央指示2500份发至生产队，抽调干部123人组织工作组到重点公社、大队、生产队进行广泛的宣传，接宣10万人次。

3. 秋季县政府发出规定，严格执行林木的采伐审批手续，规定中指出，公社集体林木采伐权限：椽材500根，檩材50根以下。超此限均须报县林业局审批。

4. 五月召开了全县林业生产工作会议，听取了社队建立生产责任制的情况汇报，研究讨论了存在问题，并总结了西安、城关武原、树台相桐上关马路生产队林业生产责任制的典型经验。

5. 春季谢家沟林场引种山楂20亩2532株，成活率70%，获得成功。

6. 截至3月底全县共发林权证37009张，给4092户社员划自留山220亩。

7. 10月份全县开始了农业区划工作，林业区组由瞿履渊负责。

8. 在固原地区林业处支持和大力协助下，海原县李俊林场、谢家沟林场开展了新疆杨地膜育苗工作，并取得成功。

1983年

1. 10月10日海原县成立林业规划领导小组，组长：王志珍；副组长虎尚礼、吴秀泉（西北勘察队）。组员：温俊华、贾希岚、李耀宗、马登岳、马德明、王学义。

2. 春季县政府决定对重点林区采取封山育林的护林措施，当时，五桥沟、西华山、灵光寺三个国营林场管辖的林区为封山育林区。

3. 春季林业局修建300 m²的房屋，解决了多年来基层各场圃职工子女在县城上学的住房问题，排除了广大林业职工的后顾之忧。

4. 实行区林业厅《造林规划设计》《造林封山育林规划设计》的审批拨款制度，使造林工作走上正规化。

1984年

1. 成立县绿化委员会，主任：温俊华；副主任：马福龙、但振林。

2. 贯彻《固原地区林草验收施行办法》，制定了海原县造林验收制度和细则。

3. 7月20—8月20日，连续7次雹洪灾害毁成片林7 879亩、柠条31 225亩、零星植树630 806株。

1985年

1. 1月15日灵光寺大子湾、柳树湾封山育林的阴坡有48亩荒山失火。

2. 7月中旬，宁夏科委和地区科技处领导和专家在五桥沟林场检查灭鼠工作，有关部门领导30余人参加了现场会。

3. 县林业局从永宁引进合作杨1 207 929株，从青铜峡引进134 350株，总计1 342 279株。

4. 8月31—9月3日海原县召开了林草建设会议，会议内容：赴西吉县参观学习林草建设经验；学习胡耀邦同志视察西北时在延安的讲话；传达固原地委林草建设会议精神，参加会议的有：县四套班子领导，农工部、团委、农建办、科委、科协、农口各单位负责人等，以及各乡镇、农牧场的书记和乡（场）长。

5. 秋季县政府组织各乡负责人及林业局基层场圃负责人去西吉参加林草建设，为期两天共50余人。

6. 固原地区林业处组织各县有关人员在海原县兴隆乡召开农田防护林现场会议。

7. 县林业科马福龙等3人参加了全区组织的在盐池县召开的柠条造林经验会议，海原县获得柠条造林50万亩先进典型。

8. 8月，九彩乡被县委、县政府确定为种草种树发展畜牧试点乡，林业用地由2.5%调整到3.59%。

9. 9月28—10月6日罗川乡为翌年造林整地7000多亩。当年全县秋季荒山整地6.38万亩，造林2.39万亩。

1986年

3月，海原县兴隆、李旺、西安等场圃分别改为园艺场。

4月，林业厅科技处在五桥沟林场开展灭鼠培训现场会，共培训48人。

7月7日，海原县政府组织各乡镇领导和农业各单位领导到兴隆、高崖、李旺三乡进行林业观摩，县四套班子一把手参加了观摩评比会。

8月，林业科专门组织《中华人民共和国森林法》普法宣传队下乡巡回宣传。

8月份五桥沟林场发生一起因小孩玩火引起的森林火灾，火灾面积313亩，成灾面积207亩，救火用工150个，受伤3人。

10月，海原县扬黄灌区的黄元帅获宁夏优质苹果称号。

11月，海原县第二次成立绿化委员会。

是年，《工程造林管理办法（试行）》在海原县正式实行。三北防护林体系第二期工程开始在海原县实施。

1987年

8月，宁夏林学会和固原地区林学会组织青少年夏令营活动，海原县回中和海中共8名同学参加了此夏令营。

是年，完成造林82715亩，占计划的36.35%，成活率85%以上28760亩，其中个人造林20106亩占总造林61.5%，主要以果树为主。全县查处毁林案件24起，追回经济损失5100元。在南华山扑杀鼢鼠17800只。

1988年

1月，海原县护林防火指挥部成立，杨树青任指挥，李存俊、田宗明任副指挥（海政发〔1988〕1号）。

3月，李旺、高崖、兴隆乡林业站成立（海政发〔1988〕23号）。

是月，林业局组织在兴隆、高崖、李旺举办果树技术培训班，500多人参加培训。

4月，在高湾园艺场栽培苹果树350亩，以秦冠、富士为主。

11月，根据宁夏林业厅有关通知精神，林业科组织力量，在"六五"森林资源清查的基础上，对1986—1988年森林资源变化情况进行了调查，结果显示，1988年年底，全县现有天然林45 556亩，人工林271 550亩，总面积317 106亩，其中，用材林10 413亩、防护林42 129亩、经济林16 392亩、灌木林50 433亩、未成林191 226亩、疏林地6 513亩。

通过调查，这三年，除经济林面积增加外，其他林地都有减少，共损失面积164 153亩，其主要原因：连年大旱，林木枯死严重，约占总损失面积的80%；管护不善，乱砍滥伐；林牧矛盾，牲畜羊只危害严重；林木病虫害蔓延迅速；修路、修渠、居民搬迁占用林地等。

是月，海原县五桥沟林场二桥坡发生森林火灾，烧毁落叶松幼林61亩7 984株，损失2 714元，由西门队青年田广福等3人上山玩火引起。

是年，全县造林19 817亩，完成计划的45%，其中经济林5 092亩。破获各种毁林案件20起，追回椽材650根，罚款2 000多元。收购黄斑星天牛40 000头，病、虫、鼠害防治面积4 000亩。

11月21—24日全区护林防火会议在固原召开。

1989年

4月14日，全县义务植树动员大会召开。在五桥沟义务植树8.9万株。

5月，固原中河流域指挥部下达海原县中河流域李俊、红羊治理造林1900亩。

5月，固原至海原县公路改线占用牌路山林场林地100亩。

6月，县人民政府下发《关于坚决制止非法占地滥垦草原和破坏林木行为的紧急通知》（海政发〔1989〕50号）。

7月，全国绿化委员会下发通知，要求领导干部带头办绿化点。

8月26日，1989年县级造林自查验收开始。完成造林41 549亩。

12月，海原县林业局林产品经销部成立，属全民性质。

1990年

3月，国有林场承包责任制，造林417亩，育苗161亩，采种2 000 kg，封山育林30 000亩，果园管理1 124亩，产量165.4 t。园艺场、苗圃实行差额工资。

3月，县人民武装部获全区全民义务植树先进集体。

4月10日，县委、县政府主持召开全县植树造林动员大会，县委书记王安蔚参加，全年计划造林6万亩。

4月，《全区森林资源管理工作安排意见》在海原县执行。

是月，海原县国营林场经营方案编制工作进行，包括五桥沟林场、谢家沟林场、西华山林场、牌路山林场、水冲寺林场、灵光寺林场、拐洼林场。

5月，宁夏林业厅下达海原县三北防护林建设专项资金10.5万元。

7月，林业科向乡村印发"防治天牛的措施办法"。

9月，陈来勤任林业科科长。

10月，田凤义任林业科书记。

11月26日，召开林业系统工会代表大会，工会代表43人。

12月29日，在牌路山林场召开护林防火联防会，旨在加强牌路山林场管理。

1991年

1月，县委表彰1990年造林先进双河乡，奖金500元。

3月1日，宁夏林业厅与海原县林业局签订1991年造林工程任务书。

3月，兴仁、曹洼、海城、高台、蒿川、徐套、罗山、罗川、关桥、盐池、双河、九彩、西安、术台、南华山农牧场15个林业站由县政府批复成立（海政函〔1991〕04号）。

4月，林业局向乡镇发放柠条种子56.16 t。

4月，高崖园艺场场长李自昌获县五一劳动奖章。

5月，林业部资源司通知，海原县1990年造林国家核查验收面积25 662亩。

6月，林业局森林派出所成立，田宝任第一任所长。

7月，由海原县林业局承担，赵建国主持的《海原县昆虫普查》和《黄斑星天牛综合防治技术研究》通过成果鉴定。

7月15—17日，县林业局举办"七五"森林资源清查培训班。

8月，宁夏林业厅下达海原县造林经费140.4万元（宁林发〔1991〕116、116号）。

10月，完成国有林场"八五"期间造林育苗规划。造林21 582亩，育苗215亩。

10月26—28日，由县委书记、县人大常委会主任马兴玉带队的县人大代表视察组对全县林业工作进行视察，对林业工作给予肯定，但也指出不足和改进。

11月25日，宁夏日报刊文——海原县林业建设出现新起色。

12月4日，全县护林防火会议在县招待所举行。

12月，林业部转发《国务院关于陕甘宁蒙晋五省区杨树天牛防治工作的批复》的通知。

1992年

1月26日，在县城召开全县林业工作会议。

1月30日，县总工会到拐洼等8个林场慰问林业一线职工141人。

2月，从20日开始林业局组成10人的果树咨询服务队，到灌区各乡镇开展为期30 d的技术服务，办培训班70场次，参加人员1 586人，修剪果树7 900余株。

3月，林业局组织林业科技项目进村活动，包括兴隆李堡村、李旺二道村、李俊联合村、史店史店村。

是月，县人民政府下文表彰1991年造林先进集体，西安乡、兴仁乡、徐套乡、史店乡、罗山乡、曹洼乡榜上有名，奖金各300元。（海政发〔1992〕32号）。

再是月，由赵建国等人完成的"海原县昆虫普查及主要林木防治技术研究""海原县国有林场发展战略研究"获林业厅首届科学技术进步奖二等奖。

4月，转发全国绿化委员会关于印发《关于进一步加强全民义务植树工作的意见》和《关于加强部门造林绿化的通知》。

是月，全县42个单位3 306人在五桥沟参加义务植树3万多株。

7月18日，术台乡堡子村公路两旁树木被盗伐499株。

8月11日，县人民政府发文，《关于坚决制止在牌路山林场边缘地带毁林建场的紧急通知》，要求林业局、土地局、公安局等部门联合，采取有力措施。

是月15日，县林业局组织国有林场工作检查评比会。

9月，县林业局牌路山林场支部成立，吴文秀任支部书记。

12月10日，海原县林业局获宁夏林业厅1992林业科技承包造林奖励费1747元。

12月15日，在县城召开全县国有林场（圃）改革会议。

1993年

2月21日，全年国有林场（圃）工作会议在县城召开，布置1993年工作，表彰了李旺园艺场、李俊苗圃，史店乡、郑旗乡林业站等10个先进集体，田彦林、杨治忠等8位先进个人。

3月，海原县绿化委员会被宁夏绿化委员会、宁夏林业厅授予1991—1992义务植树先进单位（宁绿字〔1993〕09号）。

是月，全县林业系统干部职工组织学习林业专业法律、法规。

4月5日，县人大视察国有林场工作。

5月，彭阳县经果林栽培经验在海原县推广。

是月，县人民政府批复《林业局林场改革方案》。园艺场、苗圃实行差额工资（海政发〔1993〕40号）。

再是月，林业局向全县各乡镇发放柠条种子22.2 t，计划造林29 600亩，育苗800亩。

7月，林业局总支书记田风义被海原县委评为优秀党务工作者。

8月3日，县政府召开了南华山周边5乡8村的联防会议，传达学习了《南华山林区管护办法》和《海原县护林公约》。旨在加强海原县林地管护。

8月，林业局转发林业部《关于进一步加强林业站工作充分发挥林业站职能》的通知。既有服务职能、又有管理职能，还有监督职能。

9月，田进华任林业局党总支书记。

9月24日，海原县破获巴基斯坦人 Arshad.Ali 收购鹰隼案，缴获鹰隼17只。事后17只鹰隼放归自然，Arshad.Ali 被罚款700元、并责令限期离开海原县。

10月11日又破获巴基斯坦人 Shahada 等人收购鹰隼案，缴获鹰隼16只。事后16只鹰隼放归自然，Shahada 被罚款400元，并责令10月27日离开海原县。

12月10日，全年林业总结工作会议在县城召开。全年完成造林24 260亩，合格面积2376亩。

1994年

3月，县计委批复南华山水源涵养林一期实施方案，造林5万亩，投资400万元（海计发〔1994〕06号）。

4月，调整县绿化委员会组成人员，主任杨德昌，副主任田宗明、马聪明。

是月，全县开展1990年造林保存率和1993年造林面积复查核实。

5月，《关于下达1994年全区林业生产计划的通知》（宁林发〔1994〕61号），下达海原县造林4万亩，其中针叶林1万亩，经济林0.2万亩，其他种造林2.8万亩。

5月2—5日，海原县发生晚霜冻，果园减产70%。

6月16—21日，海原县林业局组织全县夏季果树修剪和病虫害防治培训班。

7月，县计委批复林业推广中心大楼建设，面积1511 m²，投资70万元（海计发〔1994〕16号）。

8月，林业系统开展向孔繁森同志学习活动。

11月，林业局总支转发县委文件，要求学习贯彻党的十四届四中全会精神－《中共中央关于加强党的建设的几个重大问题的决定》。

是月，海原县林业局开展林业系统干部职工超计划生育清理工作。

12月，全县1994年林业总结会召开，马林福等8人获先进个人、李旺林场等3场（圃）获先进集体。自查完成当年造林41 299亩。

1995年

2月，全县林业系统组织学习周生贤副主席在全区林业工作会议上的讲话，围绕加快农村致富奔小康的目标发展林业。

3月，在全县开展打击破坏森林资源的专项斗争，这在海原县属首次。

4月，固原行署林业处确定海原县兴隆李堡村、菖川后套村为1995—1996年"四佳"建设村。

是月，宁夏林业厅下达海原县1995年造林计划，人工造林1.4万亩，其中针叶林1万亩，经济林0.4万亩。

7月，在全县开展三北防护林二期工程验收。海原县成立以田宗明为组长的验收小组。

是月，宁夏林业厅下达海原县1995年三北防护林工程0.45万亩，育苗300亩，投资9万元。

10月，在银川举行林业干警岗位培训，海原县部分干警参加。

11月2—3日，海原县在牌路山开展机关单位秋季义务整地工作，119个单位，3336人参加，整地1668亩。

1996年

1月，宁夏林业局下达2016年经果林以工代赈项目，涉及关庄、红羊、杨明、李俊、九彩、曹洼、郑旗7乡镇，面积5 000亩，投资20万元（海林发〔1996〕4号）。

2月，海原县林业局派人参加全区果树修剪培训班。

4月，宁夏林业厅下达海原县造林任务20 000亩（宁林发〔1996〕116号）。

7月，海原县林业局申请成立两杏一果扶贫开发工程领导小组。

8月5日，宁夏林业厅下发《关于认真贯彻落实林业部"富山计划"》的通知（宁林发〔1996〕116）号，海原县重点抓好两杏一果工程。

8月，海原县秦巴项目技术指导站成立，林业项目田宗明任组长，组员陈亚萍、方成明、马明祥（海秦项目发〔1996〕01号）。

12月17日，林业局完成20万元的年度创收，受到县政府表扬。

12月，海原县林业统计年报显示，全年完成造林22 410亩，其中经济林6 480亩，育苗220亩，杨树防虫害面积1 323亩，防鼠害面积1 673亩、灭鼠2 060只，林业总产值544万元，职工总人数443人。

1997年

3月，县绿化委员会下达全县2017年义务植树任务33 152株。（海绿字〔1997〕01号）。

4月，宁夏林业厅下达海原县造林任务20 000亩（宁林发〔1997〕42号）。

4月23—25日，县人大常委会主任马骏骥带领县有关人大代表视察林业工作。

4月30日，李俊苗圃获县五一劳动奖状。

8月，完成海原县北部乡镇沙漠综合治理项目报告，造林60 000亩，投资859万元。

9月，南华山水源涵养林二期方案上报1998—2020年造林5万亩，投资400万元。当月，完成1997年造林县级自查验收。

9月19日，在县招待所召开林业工作会议，王正强主持，县领导邓向贵、杨德昌出席。

是月，海原县完成人工造林20 000亩，其中南华山10 000亩。

11月，成立海原县防火指挥部，指挥杨德昌，副指挥王正强、罗彦俊、田风义。

是月，宁夏林业厅李赞成副厅长来海原县检查林业工作。

12月，海原县林业局首次在全县开展乡林业站41名工作人员考核与岗位津贴挂钩，优秀15名，合格16名，较差的10人。

12月26日，林业技术推广服务中心大楼验收。

1998年

2月，在兴隆、李旺、高崖、李俊、关庄、树台、西安成立林业技术咨询服务部（海林发〔1998〕11号）。

是月，《海原县林业生态环境20年发展战略》呈文上报林业厅、县委、县政府。

3月，宁夏林业厅下达海原县造林任务27 000亩（宁林发〔1998〕51号）。

是月，启动海原县旱作生态林业示范区建设项目，在关庄乡的关庄、捞塘、窑儿三个村进行，规划地埂林3 002亩、水保林3 058亩、四旁树、护路林等1 572亩，计划投资173万元。

3月23日，全县林业工作会议在县政府礼堂举行，总结前一年工作，部署当年工作。

5月18日，全县"九五"森林资源清查工作启动。60名技术人员参加。

6月，全县林业系统超计划生育工作展开。

7月16日，海原县举办全国人大常委会九届二次会议通过的《中华人民共和国森林法》培训班，75人参加。

7月，国有林场开展向全国造林绿化劳动模范吴志胜学习活动。

8月，林业局组织在牌路山、城关苗圃、谢家沟林场进行柠条、山桃种子采集，女职工柠条每人50 kg、山桃25 kg。

是月，启动全县二类林业资源清查工作。

9月，海原县开展全区森林检疫对象普查，主要包括杨干透翅蛾、黄斑星天牛、落叶松种子小蜂等36种虫、病害。

10月，全县开展毁林开垦和乱占林地工作，经查有8.8万亩林地被毁。

是月，调整海原县森林防火指挥部，马尚吉任指挥，于养利、王正强任副指挥。（海政办发〔1998〕82号）。

11月3日，海原县林业局开展《中华人民共和国野生动物保护法》颁布10周年宣传活动。

是月，在城关苗圃打机井一眼，为开始规模育苗奠定基础。

12月，林业年报显示，林业下属10个国有林场，24个乡镇林业站、林业总站等7个股室，在职职工377名，女职工152名、干部73名、技术人员60名。规划林地面积114万亩，当年完成造林18793亩、育苗526亩，完成绿色通道33 km，完成"两杏一果"工程525亩。

1999年

1月，完成《牌路山森林公园项目建议书》并报自治区林业厅、海原县委、县政府。

1月9日，宁夏回族自治区全国人大代表马昌裔、韩有为等在地区人大联络处主任丁有禄、县委书记王洪界、县长马存玉、县人大常委会主任杨有贵、常委贺言旺、副县长马尚吉的陪同下，视察南华山二期工程的启动情况和一期工程的效益。

是月，海原县"九五"森林资源清查报告完成，报告显示，全县林地总面积199832亩，其中，森林28074亩、疏林地2553亩、灌木林地77619亩、无立木林地90920亩，苗圃666亩。森林123048亩，森林覆盖率1.5%。

3月8日，宁夏计委、林业厅在海原县召开观摩调研会议，观摩南华山水源涵养林工程一期成果和二期工程的启动情况。参加会议人员有宁夏林业厅厅长孙长春、副厅长李赞成、造林处处长张浩、宁夏计委农经处长马明，地区副专员马三刚、办公室主任杨树青、林业局局长王立保，县委书记王洪界及固原地区各县主管林业的副县长、林业局局长。

3月13—14日，全县林业工作会议在县城举行，共有120人参加，会议总结1998年工作，安排1999年工作，表彰1998年度先进集体和先进个人。

是月，《宁夏六盘山土石山区造林技术规程》发布实施。

是月，宁夏计委、林业厅在海原县召开南华山水源涵养林一、二期建设现场会。

4月19日，宁夏回族自治区副主席刘仲在林业厅副厅长刘荣光、地区副专员马三刚、张玉罩，政府县长马存玉、县委副书记田治富的陪同下视察涵养林工程。

5月10日，宁夏党委书记毛如柏在地委书记余今晓、专员马金虎、副书记郭干文、副专员马三刚和县委书记王洪界，县长马存玉的陪同下视察涵养林工程。

6月，海原县退耕还林工程试点在兴仁展开，主要集中在毁林开垦地，面积3500亩。

6月3日，宁夏计委主任项宗西、农经处长马明在县长马存玉，县计经局长南武征陪同下视察南华山涵养林二期工程

6月29日，宁夏党委副书记任启兴在地委副书记卢彦程、县委书记王洪界的陪同下视察涵养林工程。

7月29日，宁夏政协原副主席强锷在县委副书记田治富、政协主席周彦奎、副县长宋

广禄的陪同下视察涵养林工程。

8月，海原县林业民兵应急管理分队成立。

8月11日，宁夏农建委主任黑保举一行在县人大常委会副主任田彦财陪同下视察涵养林工程。

10月23日，国家林业局科技司李东升巡视员带领科技司、林科院、北京林业大学等单位的有关人员在宁夏林业厅张全礼、徐绍光处长，县长助理马兰的陪同下，来海原县调研天然林保护工程。

10月，经1年努力，海原县森林检疫对象普查工作结束，结果显示，国家森检对象黄斑星天牛寄主面积11785亩，危害面积7061亩，涉及24乡镇；宁夏森检对象苹小吉丁虫寄主面积6941亩，危害面积1055亩，涉及兴隆、李旺、高崖、关桥、海城5乡镇；其他桃小食心虫、苹小卷叶蛾、落叶松秋蚜、杨树锈病受害面积3381亩。

11月，全县开展"提倡不食野生动物，树立饮食新观念"科普宣传活动。

12月12日，海原县森林防火指挥部人员调整，马兰任指挥，李德亮、王正强、虎尚选任副指挥。

12月9日，宁夏人大常委会副主任刘兴中，地区人大联络处主任丁有禄在县人大常委会主任务杨有贵、副主任马百科，县长助理马兰、副县长宋广禄的陪同下视察涵养林。

12月，林业年报显示，当年完成造林26003亩、育苗526亩，完成绿色通道16km，完成两杏一果工程579亩。

2000年

2月，国家生态重点县项目在海原县实施。计划营造林27500亩，其中育苗1000亩；经济林4500亩，包括兴仁枣树1000亩、关桥香水梨500亩，李旺枸杞450亩，牌路山等山杏2550亩；中静路绿化4.16公里2000亩；封山育林20000亩。

3月2—4日，县林业工作会议在县林业局举行，会议确定加强国有林场育苗力度。

3月26日，南华山灵光寺发生草原大火，过火面积134亩。

4月，宁夏林业厅公安处因海原县林业派出所查获野生动物474只成绩突出，授予集体三等奖。

6月22日，海原县委编办通知，成立月亮山林场、青龙寺林场，恢复西华山林场。（海编发〔2000〕7号）。

6月29日，月亮山海原县境内20万亩土地被确定为国有林区，包括红羊5.1万亩，杨明14.9万亩。（海政发〔2000〕64号）。

是年，完成两杏一果工程5 997亩。

2001年

1月，海原县机构编制委确定林业系统事业单位机构编制，总编制270人。其中乡镇林业站94名；李旺、兴隆、高崖、方堡、西安、城关、李俊、拐洼、牌路山、谢家沟、西华山、月亮山、青龙寺山等13个林场（园艺场、苗圃）146人；林业总站、经济林站、国有总场办、森保检疫站、林政股、林业派出所等6个局机关股室30人。

5月8—6月1日，完成2001年7万亩退耕还林草工程整地任务。

5月15—16日，举办海原县森林分类区划培训班。

5月31日，固原地委书记王安蔚等一行人视察海原县退耕还林工程。

7月15日，涵养林总场五桥沟发生落叶松叶蜂虫害，受害面积达8 000亩。

7月26日，海原县人民政府召开全县退耕还林草工作会议。

8月2日，海原县委书记王正升检查林业工作。

9月5日，海原县林业局成功将一受伤野生动物狍子，抢救护送到宁夏贺兰山国家级自然保护区野生动物急救中心。

9月1—30日，完成2002年退耕还林草工程7万亩整地任务。

2002年

3月27日，召开全县退耕还林（草）现场观摩会。

3月29日，县人民政府召开全县义务植树动员会。

5月1日，林业局形成并上报了《宁夏中部干旱带植树种草改善生态环境现状的历史总结与发展对策（海原县篇）》。

5月25日，宁夏党委书记陈建国视察海原县南华山水源涵养林基地建设。

6月9日，宁夏林业局生态管理中心景佩玉处长检查海原县封山育林工作。

6月28日，国务院体改办调研海原县退耕还林草工程。

是月，全国政协副主席钱正英来海原县南华山视察。

10月19日，在海原县政府常务会议室召开了2002年全县秋季造林工作会议。

12月5日，海原县退耕办下发了《关于兑现2002年退耕还林草补助粮款的通知》。

10月21日—31日，完成了退耕还林草工程秋季造林和补植任务59 007.1亩。

2003年

3月31日，海原县人民政府召开全县春季义务植树造林动员大会。

5月4日，宁夏林业局局长韩陕宁调研海原县退耕还林工程。

6月10日，森林公安派出所破获一起非法猎杀野生动物（狍子）案件，并对当事人进行了林业行政处罚。

7月16—19日，完成退耕还林草工程雨季补植造林工作。

8月20—9月30日，对2003年以及历年退耕还林草工程进行了全面系统的核查验收。

10月9日，县人民政府召开了全县机关干部职工秋季义务整地动员大会。

11月3—15日，对全县27.6万亩退耕还林进行补植造林工作。

11月12日，宁夏退耕还林验收组对海原县退耕还林工程进行了复查验收。

11月21日，《海原县退耕还林档案管理办法（试行）》讨论通过并予以印发。

12月1日，国家林业局对海原退耕还林工程进行核查。

2004年

4月12日，宁夏环保局自然生态处处长马勇一行来海原县考察申报南华山区级自然保护区项目。

4月15日，海原县人民政府研究通过并印发了《海原县退耕还林草工程实施意见》。

4月28日，海原县委、县政府通过并印发了《海原县退耕还林草办法》。

5月21—6月1日，国家林业局核查组苟学瑛一行对海原县退耕还林工程进行核查，并顺利通过。

6月16日，海原县委常委会议审议通过了《退耕还林草工程2004年复查验收及粮款兑现方案》。

7月1日，海原县林业局组织开展绿色通道抗旱补水工作，共137km。

7月12日，宁夏植物学专家马德滋、动物学专家傅景文、土壤学专家詹硕仁来海原县考察南华山区级自然保护区申报事宜。

10月12日，海原县人民政府召开全县2004年秋季造林动员大会。

10月14—15日，海原县人大常委会检查组对海原县《退耕还林条例》执行情况进行了检查。

10月31—11月8日，海原县2004年度退耕还林工程顺利通过区市林业局复查验收。

11月3日，海原县南华山区级自然保护区综合考察报告和总体规划通过自治区专家评审会。

12月4日，宁夏林业局李月祥副局长调研海原县林业生产建设任务完成情况。

12月13日，宁政函〔2004〕批复了成立了海原县南华山区级自然保护区，保护区总面积20100公顷。

2005年

2月1日，林业局在牌路山林场举行了森林防火实战演习。

3月15日，在海原县林业局二楼会议室召开枸杞种苗招标会议。

4月11日，全海原县干部职工义务植树活动在南华山五桥沟一带全面展开。

7月18日，按照海原县委召开的关于2005年雨季抢墒播种工作紧急会议及海退办发〔2005〕3号《关于对历年退耕造林地雨季补播造林的通知》精神，自7月19日，全县抢墒播种工作已全面展开。

7月26日，海原县森林资源连续清查工作全面展开。

8月10日，海原县人民政府印发了《海原县退耕还林2005年复查验收及粮款兑现方案》的通知。

9月9日，南华山区级自然保护区县级领导小组第一次会议召开。

10月12日，海原县2004年退耕还林6.48万亩的秋季造林开始。

10月12—13日，宁夏林业局局长韩陕宁一行来海原县检查林业建设工作，海原县委书记王学宽、县长马力等县领导陪同。

10月13日，宁夏人民政府批复南华山区级自然保护区（宁政函〔2004〕150号）。

10月24日，海原县林业局召开秋季补植造林工作会议。

10月29日，宁夏林业局副局长王洪界、科技处处长张浩一行前来海原县调研相持阶段林业科技工作情况。

11月2日，宁夏林业局森防总站站长许效仁一行来海原县调研森林病虫害生物防治工作。

11月中旬，宁夏林业局退耕办主任马学军及市农牧林业局有关负责人一行对海原县2005年退耕还林工程进行了检查验收。

12月12—13日，国家林业局退耕办副主任李青松及宁夏林业局副局长刘荣光一行，在县领导及有关部门的陪同下，对海原县2005年退耕还林工程管理实绩进行了核查，对海原县退耕还林工作给予了高度评价。

2006年

2月18日，宁夏林业局果树站赵世华站长带领林业总站、种苗站的负责人一行来海原县检查2006年特色林产业落实情况，并实地察看了兴仁镇的枸杞种植、枣瓜间作及关桥乡的香水梨基地建设的落实情况，同时也对海原县特色林产业发展提出了一些具体的要求和建议。

2月21—22日，宁夏林业局副局长、森林公安局局长侯建海及政委王以瑞、森防总站站长许效仁一行来海原县调研林业建设情况。

3月15日，召开2006年全县林业工作会议。会议提出了"十一五"林业规划，布置了2006年造林任务。

4月10日，全县义务植树工作全面展开。3000多人参加植树8725株。

6月5日，海原县林业局召开了关于加强对封山育林区集中整治动员大会。

6月12日，全县绿色通道工程造林2006年复查验收工作开始。

6月15日，海原县人大常委会党组书记、副主任李正虎及政协副主席王汉宝一行调研林业建设情况，并就林业工作召开了座谈会。

6月26日，海编发〔2008〕8号、28号文件明确了林业局所属事业单位有海原县公安局森林派出所、海原县国有场圃管理站、海原县林木检疫站、海原县林业技术推广服务中心4个局属机关股室，海原县青龙寺封山育林场、海原县月亮山封山育林场、海原县牌路山林场、海原县西华山林场、海原县拐浪林场、海原县方堡园艺场、海原县兴隆园艺场、海原县高崖园艺场、海原县李旺园艺场9个基层场圃和经济林场、李俊苗圃、城关苗圃3个暂保留单位。共核定编制：150个。

7月22日，县林业局召开抢墒补播造林紧急会议，对全县境内补播造林工作进行了安排部署。

9月1日，海原县森林资源二类清查全面展开。

9月3日，海原县查处一起非法猎捕国家重点保护野生动物案件，截获16只猫头鹰和一只鹰隼。

9月5日，宁夏林业局森防总站督查组来海原县检查鼢鼠防治及监测工作情况。

9月13日，海原县林业局召开全县退耕造林地复查验收技术培训动员会，会后验收工作全面铺开。

9月29日，宁夏发改委副主任马明一行来海原县调研大六盘生态经济圈项目工程建设情况并召开了座谈会。

9月30日，宁夏林业勘察设计院陈茜等一行5人，对海原县森林资源二类清查工作人员进行了技术培训，标志着海原县清查工作全面展开。

10月11日，牌路山生态公园奠基仪式隆重举行。海原县委书记张存平等四大机关领导参加。

11月22日，中卫市委常委、海原县委书记张存平在县领导李正虎、张汉宏、马彦军、茹小侠、李雪琴陪同下，调研了海原县重点林业工作和2007年工作思路。

11月23日，宁夏林业局局长韩陕宁一行调研海原县林业工作，中卫市委常委、海原县委书记张存平，县长马力，副县长马彦军陪同。

11月31—12月4日，宁夏林业局核查验收组对海原县2006年度各项林业建设情况进行了全面验收。完成造林合格面积12.52万亩。

2007年

2月25日，海原县林业局聘请宁夏第二测绘院对牌路山森林公园进行了1：1000地形图实地测量。

2月28日，海原县林业局聘请中宁县7名枸杞种植能手，深入海原县高崖乡红岸村，对当地茨农枸杞栽培技术进行了培训，把林业科技送到了田间地头。

3月14日，在海原县委常务会议室召开牌路山森林公园总体规划论证会，县委、人大、政府、政协主要领导及分管联系领导、相关部门负责人参加了论证会。

3月29日，海原县第十四届人民代表大会常务委员会第三十五次会议于2007年3月29日任命徐虎为海原县林业局局长。

4月2日，宁夏退耕办主任余峰、副主任朱继平对海原县退耕还林工程进展情况进行了调研。

4月10日，牌路山森林公园春季义务植树活动正式拉开了帷幕。当天2700余人参加。

4月12日，海原县公安局森林派出所在贾塘乡黄坪行政村上湾子自然村一居民住宅内查获一非法猎捕野生动物窝点，当场查获国家二级保护动物猎隼3只，抓获犯罪嫌疑人1名。

4月23至24日，县人大常委会党组书记、副主任李正虎一行对海原县牌路山森林公园建设及大六盘生态林业项目实施情况进行了检查，副县长田仲锋、县长助理黄伟清参加。

6月29日至7月12日，圆满完成了海原县林业局基层林业技术推广人员竞争上岗和分流安置工作。

6月底，南华山自然保护区树木遭受松象鼻虫危害。

7月11日，县林业局召开林业工作会议，会议总结了上半年林业建设成就，对下半年林业重点工作进行了安排部署。

7月19日，由县林业局承办的"绿色大地"专场文艺晚会在县城海喇都广场演出。

9月7日，宁夏林业局资源管理处韩泽平处长一行对海原县林权证发放工作进行了调研。

9月26日，县政协王汉宝、李万和副主席带领政协委员一行视察海原县退耕还林草工程管护情况。

10月19日，宁夏林业局经济林服务中心副主任一行来海原县检查红枣产业种植和管护工作。

10月31日，中卫市爱卫会检查组一行对海原县林业局创建达标"市级卫生先进单位"进行验收，林业局以95分的优异成绩顺利通过"市级卫生先进单位"达标验收。

11月13日，宁夏森防总站副站长宝山一行对海原县2007年度林业有害生物防治及野生动物疫源疫病监测防控工作进行了考核，林业局顺利通过区级验收。

11月21日，海原县委常委马彦军、人大常委会副主任张全清、副县长马明祥一行带领相关部门对我县林业下半年重点工作及重点项目完成情况进行了督促检查。

12月6日，海原县人大常委会副主任李平、政协副主席李万和带领县部门工作考核组成员一行对海原县林业年度工作进行了全面检查考核。

12月11日，宁夏森林公安局考核组一行四人，对海原县的森林防火和森林公安业务工作进行了考核，对海原县今年的森林防火工作和森林公安派出所的业务工作取得的成绩给予了肯定。

12月13日，宁夏防火办副主任、区森林公安局局长侯建海同志检查指导海原县森林防火和森林公安派出所基础建设工作。

12月25日，由林业局负责人主持召开了各股室（场）2007年度工作汇报会。

是年，海原县林业局获中卫市文明单位。

2008年

3月12日，宁夏林业局组织开展了以"创建绿色家园，建设生态文明"为主题的植树宣传活动。

3月20日，组织召开了春季植树造林及城乡绿化动员大会，以此拉开了全县春季义务植树的序幕。

3月31—4月1日，宁夏防火办主任一行来海原县检查指导森林防火工作。

4月14—15日，宁夏森防总站副站长杜小明一行检查海原县森林植物检疫执法工作。

4月16日，新区凤凰山核心区绿化开工建设。

4月17—18日，宁夏发改委生态办主任程赟一行带领区发改、林业等相关部门组成的检查验收组，对海原县2006、2007年度大六盘生态经济圈林业生态工程进行了检查，海原县顺利通过区级验收。

5月7日，中卫市委常委、海原县委书记李学文、副书记钟伟东一行对林业部门工作进行了调研。

5月12日，宁夏林业局纪检书记郭玉堂一行到海原县检查2008年城乡绿化、新区凤凰山绿化及特色产业完成情况。

5月12日，宁夏林业总站站长薛继志一行5人在海原县林业局负责人的陪同下调研海原县设施园艺发展情况。

5月15日，宁夏林业调查规划设计院书记赵惊奇、院长张全科一行带领核查验收组对海原县历年退耕地造林展开全面核查。

5月15日，宁夏林业局退耕还林工程核查验收组进驻海原县，对海原县2000—2006年退耕还林工程退耕地造林进行为期70天的核查验收。

5月16日，林业局积极组织全体干部职工开展向地震灾区捐款活动。

6月10，宁夏林业局召开了上半年工作小结及下半年重点工作安排会议。

6月14日，宁夏林业局副局长李月祥一行来海原县检查指导新区绿化工作。

8月5—6日，宁夏森防检疫总站许效仁站长带领北京林业大学林学院骆有庆院长、北京林业大学资源与环境学院宗世祥博士、宁夏森防总站防治科曹川健科长等一行四人来海原视察疑似云杉叶象监测、防治情况。

8月12日，海原县委、县政府印发了《海原县集体林权制度改革方案》（海党发〔2008〕67号，标志着海原县集体林权制度改革正式拉开序幕。

8月13—15日，国家林业局生态管理中心满处长一行在宁夏林业厅有关领导的陪同下，对海原县天然林保护工程实施情况进行了全面核查。

8月14日，海原县县长马新民同志带领县四套班子分管领导及发改、财政、水务、城建、海城街道办事处等相关部门负责人来林业局调研林业工作。

8月27日，国家林业局造林司防治处王晓华处长、中科院动物所张润志研究员、中国林科院植保所张永安所长、国家林业局森防总站防治处柴守权高工、宁夏森防检疫总站许效仁站长、宝山副站长、检疫科李德家科长、中卫市林木检疫站雷银山站长等8名专家学者齐聚海原县，就防治疑似云杉叶象工作进行实地监测、防治。

10月10日，海原县委、县政府组织召开了全县今秋明春植树造林城乡绿化暨森林草原防火工作会议。

10月27日，海原县大南华水生态造林工程建设正式启动。

2009年

2月10—20日，海原县林业局抽调10名林业技术人员进行"科技三下"乡活动。

2月17日，海原县林业局局长徐虎被宁夏林业局评为2008年度林业建设先进个人。

2月26日，海原县人民政府办公室转发宁夏林业局关于迅速贯彻落实陈建国、王正伟重要批示精神，进一步加强林区禁牧封育工作的紧急通知。

3月2日，中卫市委常委、县委书记王文宇在四大机关主管领导、分管领导及有关部门负责同志的陪同下调研新区建设，要求林业部门实施好春季造林绿化工作。

3月5日，在海原县林业局举行由主管副县长刘希宁以及发改、财政、监察、审计、公证等部门有关人员参加的2009年海原县工业物流园区绿化工程和造林绿化苗木招标会议。

3月12日，上午，海原县林业局组织在县南门广场开展以"创建绿色家园，建设生态文明"为主题的全县义务植树和城乡绿化活动集中宣传。

3月18日，召开2009年全县植树造林暨城乡绿化工作动员大会，会上中共海原县委员会、海原县人民政府表彰奖励了海原县林业局、红羊乡等13个单位（乡镇）2008年南华山造林先进集体。

3月20日，海原县林业局委托银川鸿利建设工程咨询有限公司在海原县林业局四楼会议室举行工业物流园区3 035m²林业办公大楼建设招标会，浙江万达建设集团有限公司以590.76万元中标。

3月20日，在海原县林业局四楼会议室举行林业系统深入学习实践科学发展观活动动员会。

3月26—4月15日，海原县委、县直各部门在县城原宁鲁中学对面进行义务植树，人均11株，共植树16 588株。

4月10日，海原县争区南华山生态造林工程项目领导小组成立。

4月28日，贾塘乡后塘村发现一只狼。

5月20日，海原县人民政府下发《关于进一步加强林木资源保护的通告》。

5月26日，海原县人大常委会党组书记、副主任带领有关人员视察2009年林业重点工程。

6月1日，宁夏林业局、自治区公安厅联合下发《关于在全区开展打击破坏森林资源违法犯罪专项行动的紧急通知》。

6月19—29日，国家林业局西北林业调查规划设计院对海原县2001年退耕还林、2007年、2008年营造林工程进行了核查验收。

7月14日，海原县委2010年第13次常委会研究决定成立海原县凤凰山生态治理示范林场，林业局所属事业单位，编制6人。

8月4日，海原县人民政府办公室转发宁夏林业局关于认真贯彻陈建国书记痛斥"活人栽死树"，要求提高造林成活率的紧急通知。

8月15日，国务院办公厅下发《关于进一步推进"三北"防护林体系建设的意见》。

10月10日，海原县林业局举行由全体职工和林场场长参加的秋季造林及森林防火工作会议。

11月16日，海原县人民政府专题会议研究，将方堡园艺场林地划归关桥乡方堡村，承包期限与第二轮土地承包对接。

12月8日，林业局张旭、苗吸旺、李玉宝、段风娟被海原县直属机关工委授予个人党员先锋岗。

12月17日，苗吸旺被宁夏绿化委员会评为林业生态建设先进个人。

12月23日，林业局被县委、县政府评为2009年度综合贡献奖、特色产业建设先进集体，并给予奖励。

2010年

1—12月，海原县集体林权制度改革进行试点工作。

3月13日，在林业局举行由发改、财政、监察、审计、公证等部门有关人员参加的2010年海原县工业物流园区绿化工程和造林绿化苗木招标会议。

3月4日，海原县人民政府办公室下发《关于开展2010年3·12植树节和城乡绿化宣传活动工作方案的通知》。

3月24日，海原县人民政府办公室下发《关于印发海原县2010年度退耕还林补植补造方案的通知》（海政办发〔2010〕42号），全县补造林18万亩。

4月21日，海原县人民政府办公室下发《关于进一步加强退耕还林补植补造和封山禁牧工作的紧急通知》（海政发〔2010〕66号）。

4月19—21日全县有效降水16mm，能抢墒补播柠条。

5月12日，海原县成立以时任县委副书记王学军为组长、副县长马自贵为副组长，相关单位主要领导为成员的海原县集体林权制度改革领导小组，办公室下设林业局，时任林业局局长徐虎兼办公室主任。

5月15日，海原县人大常委会党组书记、副主任李正虎带领有关人员视察2010年春季林业工作。

5月13—22日，国家林业局西北林业勘察设计院对海原县2002年退耕还林、2005年经济林、2009年营造林工程进行了核查验收。抽查2002退耕4.1万亩，7个乡镇24个村，占总面积50%，结果保存率97.6%。

6月12日，宁夏林业局下发宁夏松材线虫防治技术方案，海原县属未发生地区，每年要复查1次。

7月14—8月30日，海原县林业局抽调6名林业技术骨干，开展全县森林资源连续清查工作，共清查样地612个，其中复查固定样地317个，新增设固定样地294个，涉及全县18个乡镇（场）。

9月2日，海原县退耕还林2010年复查验收开始，复查范围包括历年退耕627651.3亩，其中，2000年4863.2亩、2001年31703.4亩、2002年89673.5亩、2003年245118.3亩、2004年241266.2亩、2005年5726.7亩、2000年9300亩。

9月2日，海原县人大常委会决定任命李秉平为林业局局长。

10月25日：海原县人民政府办公室下发《关于编制"十二五"生态移民工程建设方案的通知》（海政办发〔2010〕155号），林业局负责9个移民区村庄、道路绿化方案编制；完成经济林树种的选择；迁出区退耕还林及植被恢复。

12月6日，县人民政府办公室下发《海原县处置森林草原火灾应急预案的通知》（海政办发〔2010〕182号）。

12月11日，举行由海原县2010年冬季森林扑火实战演习现场观摩会，宁夏森林防火办公室、中卫市森林防火办公室、固原市森林防火办公室、六盘山林管局森林防火办公室，以及中卫市所属的中宁县、沙坡头区，固原市所属原州区、西吉、彭阳、隆德、泾源县森林防火办公室的有关负责人参加了观摩会，参会人员达到230多人。

12月16日，海原县在全区林业有害生物防治工作考核中排名第4。

12月22日，海原县人民政府办公室下发《海原县人民政府森林草原防火戒严令》（海政发〔2010〕182号）。

2011年

2月，海原县生态移民工作领导小组成立，县委书记王文宇任组长。

3月9日，全县2011年植树造林动员会在县政府礼堂进行，县四大机关领导，各乡镇党政主要负责人，林业局相关人员参加，巫磊主持。

3月3日，海原县林业局被宁夏林业局评为林业有害生物防控先进集体予以表彰。

3月7—14日，宁夏林业局副局长王志强带领有关专家到高崖三分湾进行了果树管理培训。是年支持该村发展优质苹果4033亩181485株。

是月，海原县林业局组织开展苹果蠹蛾监测工作，共设6个监测点。

4月，宁夏党委副书记于革胜调研海原县林业工作。

4月，海原县林权制度改革领导小组调整，县委副书记巫磊任组长。

是月，林业系统组织向杨善洲同志学习活动。

5月9—15日，全县完成2003、2004年14.2万亩退耕还林柠条补植任务。

5月，成立海原县林地保护利用规划编制领导小组，杨树春任组长，李秉平任办公室主任。

6月，成立海原县南华山水源涵养林五期项目领导小组，县委副书记巫磊任组长。

是月，海原县林业局组织120人合唱团，歌唱中国共产党90岁生日。

6月22日，宁夏党委书记张毅来南华山视察水源涵养林工程。

7月1日，林业局组织收看胡锦涛同志在庆祝中国共产党成立90周年大会上的讲话。

是月，区林业局对海原县抗旱种植资源建设项目进行了验收。项目完成较好，但个别推广地块需补植，内业资料要完善。

8月，月亮山林场纳入国有贫困林场扶贫项目，建管护用房80 m²，修林区道路20 km，投资55万元。

8月16日，南华山水源涵养林工程建设首次使用桦树容器苗在平岘顶、驴儿梁进行。当日，县委书记王文宇进行现场调研。

是月，宁夏发改委下达海原县2011年巩固退耕还林成果项目。建设基本口粮田20 600亩，节柴灶1 415台，太阳灶1 000台，太阳能热水器600台，日光温室600亩，退耕补造29 000亩，投资3 826万元。

12月，海原县天然林资源保护二期工程实施方案批复，面积146.7万亩，国有78.9万亩（含南华山33万亩），集体67.8万亩（宁林天保〔2011〕17号）。

是月，县统计年报显示，2011年海原县完成人工造林43 500亩，退耕补造14万亩，森林覆盖率8.1%。捕打鼢鼠23 760只。实施国家公益林17.1万亩。

再是月，海原县林业局获县委、县政府项目建设年先进集体奖。

2012年

2月，海原县林业局被评为2011年度全区林业生态建设先进单位。

是月，召开全县林业工作会议，总结上年工作，部署当年工作，表彰奖励杨占虎等22名先进个人、拐洼林场等9个先进集体。

3月24日，海城镇山门发生森林火险。

3月27日，海原县委2012年4次常委会审议通过《海原县全民推进集体林权制度改革实施细则》《海原县全民推进集体林权制度改革工作实施方案》。

4月1日，在南华山、月亮山、拐洼、凤凰山、西华山设立临时防火检查站。

是月，《绿盾2012林业检疫执法检查行动》在全县展开，活动9月底结束。旨在加强林业植物检疫执法工作，遏制如松材线虫等有害生物传播扩散的严峻态势。

5月，海原县开展野生动物及鸟类H5N1高致病性禽流感监测防控工作。

7月，海原县政府办公室印发《海原县2012年鼢鼠防治实施方案》，明确了灭鼠的时间、方法，任务6万只，专项资金18万元。这是县政府关于防鼠的第一个方案（海政办发〔2012〕101号）。

8月，为保护环境，海原县林业、公安等部门积极开展禁止采集发菜和乱挖甘草行为的活动。

是月，海原县委机构编制委员会下发《海原县林业局属事业单位机构编制》通知。通知明确林业技术服务推广中心核定事业编20名；检疫站事业编13名；国有场圃管理站事业编28名；西华山林场事业编15名；月亮山林场事业编12名；牌路山林场事业编10名；拐洼林场事业编10名；李旺园艺场事业编3名；六窑林场事业编33名。

10月，海原县在南华山、月亮山、拐洼实施森林重点火险区综合治理项目，包括瞭望塔、视频监视系统等。

12月，经县委常委会讨论，《海原县林业重大生态破坏事故应急预案》和《海原县处置森林火灾应急预案》形成。

是年，完成人工造林55 158亩；经济林9 890亩，其中，枸杞5 850亩、红枣1 475亩、苹果等2 565亩；李俊、城关、六窑3个林场育苗留床面积400亩，主要苗木有新疆杨、河北杨、榆树、云杉、刺槐、沙棘、山杏等，预计出苗550万株。

2013年

1月，黄土高原综合治理海原县林业示范建设2013—2020年实施方案上报区林业局。

是月，宁夏绿化委员会下达海原县2013年造林6.5万亩。

1月25日，海原县林业局在树台韩庄举行退耕还林后续产业培训会。

3月，海原县林业局2013年林业项目定任务、定责任、定人员、定时间、定技术"五定"方案形成，全年完成人工造林6.8万亩。

是月，根据海原县政府下发通知要求，明确谁管辖谁负责的原则，对老城、新区、乡村绿化137.12万株树木进行春季补水，每株50 kg。

4月1日，在南华山、月亮山、拐洼、凤凰山、西华山连续第二年设立临时防火检查站。

4月3日，海原县直机关春季义务植树工作在南华山进行，完成植树2 000亩，1 826人参加。

是月，海原县林业局完成三河红城村、七营高崖村、高崖三分湾村、李旺红圈村等4

个幸福村庄的绿化，共植云杉、垂柳、国槐25 869株。

6月，海原县关桥枸杞发生枸杞黑果病。

是月，海原县人民政府下发《海原县保护发展森林资源目标责任制》的通知（海政发〔2013〕131号）和《海原县保护发展森林资源目标责任制考核奖惩办法》的通知（海政发〔2013〕132号），所涉数据以上级林业主管部门考核数据为准。

7月，海原县南华山风电项目开始施工。

是月，海原县展开以银平公路、福银高速两侧的主干道路大绿化大整治工程，完成主干道路抚育4 475亩。

8月，林业系统及国有林场棚户区改造项目156户集中在海城山门进行，意在解决林业职工危房长期得不到解决的问题。

9月，全国经济普查在海原县展开，为做好这项工作，林业局成立了领导小组。全县开始新一轮禁牧封育督查。

是月，海原县人民政府下发《海原县绿化树木管理暂行办法》通知（海政发〔2013〕215号），办法规定树木管护实行"一把手"负责制。

再是月，海原县人民政府下发《海原县造林质量管理暂行办法》的通知（海政发〔2013〕235号）。

10月，海原县林业有害生物防治示范站建成投入使用，配备了办公室、实验室、药械库及办公设施。

11月，海原县绿化委员会组成人员调整，徐海宁任主任、王兴文等任副主任，县委办、林业局等21个单位负责人为成员。

12月，海原县人民政府批复《海原县2010-2020年林地保护利用规划》，到2020年，森林保有量115.95万亩（海政发〔2013〕156号）。

是年，海原县完成人工造林68 349亩（包括黄土高原综合治理杨明河流域人工造林1.7万亩）。其中，经济林3 700亩、乔木林2 000亩。

2014年

1月，海原林业局获宁夏林业局2013年度全区林业工作先进单位。

2月，海原县林业局属海原县城市园林绿化中心成立，核事业人员编制30名（海编发〔2014〕5号）。

3月，海原县林业局2014年林业项目定任务、定责任、定人员、定时间、定技术"五定"方案形成，全年完成人工造林7.16万亩。

是月，海原县林业局参与生态移民迁出区土地确权工作，加强迁出区生态保护。

是月，林业局获2013年度工作目标管理考核先进集体三等奖。

是月，海原县主干道大整治大绿化第三阶段开始实施。

是月，宁夏林业局审核通过海原县牌路山市民休闲森林公园总体规划，公园总面积7500亩。

再是月，宁夏绿化委员会授予西华山林场全区绿化先进集体，张旭全区绿化先进个人。

4月，环县城西山洼绿化工程开始建设，当年完成造林2860亩，树种有云杉、山桃、山杏、刺槐等。

5月，《海原县国有林场经营方案》形成上报海原县委、县政府审定。

6月，南华山马万山森林防火通信瞭望塔开始建设，该项目建成能实时监控林区火情动态。

7月，2013—2014宁夏财政森林防火项目在南华山、月亮山实施，防火检查站3处100 m²，防火道路5 km，永久宣传牌7座等，投资62万元。

是月，为保护移民迁出区树木资源，海原县生态移民迁出区"四旁树"核查工作启动，12月按一卡通兑付补偿资金。共清查树木167 453株，兑现补偿资金314万元。

8月，林业局组织技术人员并邀请宁夏大学李吉宁教授指导考察月亮山植物群落。

9月16日，县政协副主席带领部分政协委员视察林业工作，肯定成绩的同时，希望加强林木管护，确保建设成果。

是月，海原县第二轮退耕还林总体方案上报宁夏林业厅，计划退耕16.32万亩。

10月，海原县林业局获宁夏人民政府全区主干道路大整治大绿化工程先进集体。

是年，完成人工造林6.35万亩（包括黄土高原综合治理杨明河流域人工造林2.84万亩）。重点完成道路绿化，完成银福高速、小红公路等绿化1 664亩。关桥乡栽种香水梨1 000亩。

2015年

1月，海原县委办、政府办发文，确定林业局职能：

（一）贯彻实施有关法律、法规、规章，执行国家林业及其生态建设的方针、政策和标准、规程。拟订海原县林业及其生态建设中长期规划、年度计划并组织实施。

（二）负责林业及其生态建设的监督管理。组织开展森林资源、陆生野生动植物资源、湿地和荒漠地调查、动态监测和评估。承担林业生态文明建设的有关工作。

（三）组织、监督造林绿化工作。指导各类公益林和商品林的培育。组织、监督植树造林、封山育林、退耕还林和植树种草等生物措施防治水土流失工作。监督全民义务植树、造林绿化工作。指导林业产业建设。承担林业应对气候变化的相关工作。承担城市园林绿化工作。承担海原县绿化委员会的具体工作。

（四）承担森林资源保护发展监督管理的责任。组织编制并监督执行宁夏森林采伐限额。监督检查林木凭证采伐、运输。组织、指导林地、林权管理。组织实施林权登记、发证工作。拟订林地保护利用规划并指导实施，依法承担应由海原县人民政府批准的林地征用、占用的申报工作。承担涉林违法行政案件的协调、查办工作。组织、协调、指导和监督湿地保护工作。

（五）组织、监督荒漠化防治工作。组织拟订荒漠化防治和沙化土地封禁保护区建设规划。根据国家标准和规定监督沙化土地的合理利用。组织、指导建设项目对土地沙化影响的初审。

（六）组织、指导陆生野生动植物资源的保护和合理开发利用。依法组织、指导陆生野生动植物的救护繁育、栖息地恢复发展、疫源疫病监测。监督管理陆生野生动植物猎捕或采集、驯养繁殖或培植、经营利用。负责濒危物种和国家、自治区保护的野生动物、珍稀树种、野生植物的保护工作。

（七）负责区级林业自然保护区的监督管理。在宁夏自然保护区区划、规划原则的指导下，指导森林、湿地、荒漠化和陆生野生动物类型自然保护区的建设和管理。监督管理林业生物种质资源、植物新品种保护。负责林业生物多样性保护的有关工作。

（八）承担推进林业、林权改革，维护农民经营林业合法权益的责任。拟订集体林权制度、国有林场等重大林业改革意见并指导监督实施。拟订农村林业发展、维护农民经营林业合法权益的政策措施。指导、监督农村林地承包经营和林权流转。指导林权纠纷调处和林地承包合同纠纷仲裁。指导国有林场（苗圃）和基层林业站工作。

（九）监督检查各产业对森林、湿地、荒漠和陆生野生动植物资源的开发利用。贯彻执行国家、区、市林业资源优化配置政策和相关规定，拟订配套政策措施，并监督实施。组织指导林产品质量监管。

（十）承担组织、协调、指导、监督森林防火工作的责任和林业行政执法监管的责任。承担海原县森林防火指挥部的具体工作。指导森林公安派出所工作，管理森林公安派出所队伍。指导林业重大违法案件的查处。指导林业有害生物的监测和防治、检疫工作。

（十一）参与拟订海原县林业及其生态建设的财政、金融、价格、贸易等经济调节政策，组织、指导林业及其生态建设的生态补偿制度的建立和实施。监督管理林业资金。

（十二）组织指导林业及其生态建设的科技、教育工作。

（十三）承办海原县人民政府和上级部门交办的其他事项。

2月，海原县林业局参与全县针对城乡一体化、丰富文化生活、提升农民综合素质、解决实际问题的文化、科技、卫生、法律"四下乡"活动。

是月，宁夏绿化委员会下达海原县2015年人工造林8.5万亩。

3月，海原县林业局2015年林业工程项目建设"五定"方案下发，标志着海原县2015年造林工程启动，当年计划营林12.5万亩。

4月3—6日海原县2015年春季义务植树活动在牌路山开展，共植树18600株，83个单位931人参加。

4月，海原县展开核桃种质资源调查。结果显示，海原县核桃以麻皮和香玲表现较好。

是月，海原县在高崖、李旺、七营开展苹果蠹蛾监测。

5月15日县委书记金生平主持林业专题会议，研究县城牌路山、西山洼绿化、史店红梅杏建设相关事宜。

6月，海原县林业局开展《海原县森林资源连续清查第五次复查》工作，样地总数1137个，调查样地743个、复位样地664个。森林资源连续清查是国家森林监测体系的主要组成部分。

8月，海原县西湖公园开始建设，总面积540亩。

9月，海原县第二轮退耕还林启动，当年计划完成造林2.8万亩。

12月，海原县牌路山森林休闲公园一期改造完成，向市民开放。

是年，完成人工造林74784亩。县城西山洼2000亩绿化是重点，史店5000亩红梅杏是亮点。林业年报显示，林业局核定编制231人，其中，行政编15人、事业编216人，截至年底有行政编15人、事业编123人，共138人。

2016年

1月，由宁夏林源汇苗木有限公司、宁夏金创源枸杞商贸公司、宁夏森淼枸杞科技开发有限公司、海原县天牧农林科技开发公司、海原县元丰种植专业合作社等七家公司（合作社）成立了宁夏宁南枸杞产业协会，旨在促进枸杞产业的发展。

2月，《海原县2016年生态建设实施方案》明确海原县当年人工造林80070亩。

是月，海原县开展精准造林规划编制，以提高森林覆盖率。

3月，林业系统干部职工脱贫攻坚联系帮扶人工作展开，共113人帮扶以甘盐池为主的建档贫困户460户。

3月5日，为进一步发挥国有林场在生态建设中的重要作用，根据《中共中央　国务院关于印发国有林场改革方案》（中发〔2015〕6号），海原县成立以孙志刚为组长的国有林场改革领导小组。

3月19日，宁夏林业厅组织专家对《海原县牌路山市民休闲公园总体规划》进行了评审，建议分三期进行到2020年结束。

是月，海原县国有林场经营方案编制完成。

再是月，《幸福家园2016(宁夏)海原县》枸杞建设项目在七营、高崖、三河启动实施。

7月，宁夏发改委下达海原县第二轮退耕还林2016年任务3.4万亩。

7月15日。中卫市产业发展和重点工作现场观摩到西湖公园进行观摩。

9月，海原县开始900名建档立卡贫困人口生态护林员选聘工作。年人工资1万元。

10月《海原县国有林场改革实施方案》下发，明确国有林场管护面积、林场属性、管理机构及编制等。（海党发〔2016〕35号）。

11月，县人民政府出台政策，将苹果等经济林补贴与抚育管护挂钩（海政办发〔2016〕213号）。

12月，海原县林业资产分析报告显示，2016年收入240 316 585.14元，其中财政拨款为199 792 053元。其他收入为40 524 532.14元；2016年支出201 027 623.45元，其中，基本支出为21 169 482.6元、项目支出为179 858 140.85元。单位2016年固定资产账面总价值为10 866 037.95元（其中土地名义价值10元，在决算报表中没有反映出来）。其中，专用设备1 605 999.5元，通用设备5 193 445.36元，土地房屋及构筑物3 799 833.09元，家具、用具、装具及动植物266 760元。2016年新增固定资产759 300元，减少（盘亏）78 774元；实有价值10 787 263.95元。

是年海原县完成人工造林107 183亩。县城绿化是重点工程之一。当年 ArcGIS 技术开始在海原县林业验收工程中应用。

2017年

1月，海原县林业局获2016年度全区林业建设先进集体。

1月14日，宁夏绿化委员会下达海原县造林5.75万亩。

2月18日，当日20：54左右，南华山二岔沟发生草山火灾，面积3 200亩，有小部分灌木林，先后有400多人参与灭火。市委、市政府分管领导马世军、陈加先、刘学智，海原县委、县政府徐海宁、许正清亲临现场指导。

2月，宁夏人民政府办公室下发2017年生态建设方案，海原县完成营林9.65万亩，其中造林8.65万亩、封育1万亩，投资12 911万元。

3月，林业局2017年林业工程项目"五定"方案下发，当年完成造林8.65万亩。

3月，南华山外围水源涵养林提升工程在月亮山林场实施，当年计划造林2万亩。

3月20日，海原县委机构编制委员会下发文件（海编办发〔2017〕4号），撤销李旺林场，设立海原县瓜瓜山林场，撤销六窑林场，设立海原县凤凰山林场，保留西华山林场、牌路山林场、月亮山林场、拐洼林场。是年，海原县林业局属不定级别事业单位6个。

4月17日，海原县机构编制委员会下发文件（海编办发〔2017〕12号），成立海原县国有林场建设服务中心，林业局所属事业单位，同时，撤销海原县国有林场管理站。

4月，海原县苗木检疫把美国白蛾纳为重点对象。

是月，海原县人民政府出台第二轮退耕还林整地造林标准，高标准造林综合价每亩480元（含水费）；一般造林综合价每亩130元；生态经济林综合价每亩294元（含水费）。

是月，海原县引进的首家中沙绿城农业科技企业在西安镇园河村流转土地6000亩，发展枸杞产业。

5月，海原县人大常委会主任罗成玉带领部分人大代表，视察海原县2017年春季造林工作。

6月，根据中央、区市有关精神，海原县林业局开展生态环境专项治理行动，重点整治南华山、西华山、月亮山等区域的乱开乱采行为。

是月，县发改局批复海原县月亮山400mm雨线造林初步设计，造以云杉为主乔木林20651亩（属南华山外围水源涵养林提升工程的前身）。

8月，海原县南华山国家级自然保护区生态环境综合整治开始，主要完成崾岘、青阳山、刺儿沟、方庄沟、白头沟、石沟、黄石崖沟采石场8处。主要措施清矿渣，恢复生态。

9月27日，县政府办公室下发"蓝天碧水，绿色城乡"方案，要求"300米见绿、500米见园"。

9月30日，海原县2017森林防火培训和演练在南华山举行，有关人员105人参加。

11月，海原县新增建档立卡贫困护林员100名。

12月，海原县国家级公益林区划界定完成，符合国家公益林面积198111亩。按地类分，乔木林22809亩、灌木林175302亩；按权属分，国有林102665亩、集体林95446亩。

是年，年报显示，当年海原县完成人工造林57762亩，其中，乔木林12185亩、灌木林45577亩。

2018年

1月22日，在海原县召开的2018年经济工作会议上，县委、县政府对海原县2018年生态建设工作进行了安排部署，制订并出台了《海原县2018年生态建设实施方案》。确定2018年造林任务11.8万亩（海政办发〔2018〕7号）。

2月5日，中卫市印发《加强封山禁牧及森林资源管护实施方案》，要求山有人管，林有人护、责有人担。

2月23日，海原县林业局聘请吴忠林场果树技术服务团专家冯骥及团队，抽调局机关相关工作人员组成专业队伍，在海原县三河、七营、李旺、高崖、关桥、海城、史店等乡镇举办为期72天的海原县2018年果树示范园修剪及病虫害防治交流培训班。

是月，宁夏绿化委员会转发住房和城乡建设部《园林绿化工程建设管理规定》。

是月，南华山水源涵养林外围提升工程方案上报，完成新造林2万亩，未成林补栽1万亩，退化林分改造2万亩。

是月，海原县林业局事业编制核减10名（海编发〔2018〕2号）。

3月14日，中卫市委常委、县委书记徐海宁一行在海原县林业局、住建局、国环局等相关部门单位及项目乡镇负责人的陪同下对海原县2018年生态建设情况进行实地调研。

3月，海同高速公路两侧绿化进行，设计造林1800亩，树种新疆杨、河北杨、刺槐、山杏、云杉、油松等。

3月，海原县林业局资产分析报告显示，机制编制管理部门核定编制人数221人，其中，行政编制人数15人、事业编制人数206人。截至2017年12月31日止在职人数146人，其中，行政人数16人、事业人数130人。2017年收入198 010 842.96元，其中，财政拨款为183 923 851元、其他收入为14 086 991.96元；2017年支出205 292 566.65元，其中，基本支出为21 687 273.02元、项目支出为183 605 293.63元。

我单位2017年固定资产账面总价值年初为10 866 027.95元，年末为10 583 533.95元（其中，专用设备1 605 999.5元，通用设备4 860 642.36元，土地房屋及构筑物3 799 823.09元，家具、用具、装具及动植物317 070元）。2017年新增固定资产325 710元，减少固定资产（处置下账）608 204元。在资产存量中总价值为10 583 543.95元。

总资产115 752 253.37元，其中，流动资产105 168 709.42元，固定资产10 583 533.95元，占总资产9.14%（其中，房屋3 323 588.8元，占固定资产31.40%；专用设备1 605 999.5元，占固定资产15.17%；通用设备4 860 642.36元，占固定资产45.93%；土地及构筑物476 224.29元，占固定资产4.50%；家具、用具、装具及动植物317 070元，占固定资产3.00%），无形资产10元，负债13 471 659.98元，净资产102 280 593.39元。

3月29日，海原县林业局组织召开2018年春季造林绿化动员会议。林业局班子成员，全体干部职工，绿化企业、供苗企业以及监理公司代表共80余人参加了会议。

4月，海原县启动美丽乡村绿化，当年纳入绿化的行政村有史店田拐村、高崖红岸村、西安付套村，绿化60亩，投资106万元。

4月19—20日，全县义务植树活动在王井村进行，县直属74个单位800多人参加，共植树16 540株。

4月24—26日，宁夏林业厅厅长助理张建带领造林处一行在海原县委副书记、政法委书记汪万文、政府副县长邢连平及县林业局负责人的陪同下对海原县2018年春季造林工程建设情况进行为期3天的实地调研。

是月，生态护林员每户种植30株果树，户均投资400元发展庭院经济林，海原县100户作为试点。

5月，海原县林业局加大臭椿沟眶象防治，以黑海、中静公路沿线为主，面积138亩，以树干绑扎捕虫网防治为主。

5月22日，中卫市人大常委会副主任郭亮一行在政府副县长及县林业局负责人等相关工作人员的陪同下对海原县生态林业建设进行专题调研。到西山洼实地检查海原县林业建设。

6月，把关桥、红羊、树台、曹洼、西安等乡镇造林、绿化、抚育项目纳入脱贫攻坚项目库建设，投资600万元。

7月，林业系统开展共产党员不信教、不参与宗教活动的活动。

7月12日，宁夏林业厅厅长张柏森一行在县委副书记、县长许正清，县林业局负责人及南华山管理处负责人的陪同下对海原县生态林业建设进行专题调研。

7月17日，县人大常委会主任罗成玉一行在政府分管领导及县农业、水利、林业部门相关负责人的陪同下对海原县农业、水利、林业建设情况进行检查。林业方面，检查组一行先后深入西山洼、王井至麻春公路及西安镇文化广场等项目点进行实地查看。

8月1日，国家林业局来海原县开展了为期3天的天然林资源管理核查。

9月，海原县森林资源督查工作领导小组成立，副县长邢连平任组长，负责抽取森林图斑的核查。

10月10—11日，为确保今冬明春森林防火工作顺利开展，进一步提高海原县对森林火灾的应对处置能力，县森林防火指挥部办公室在海原县委党校组织举办了海原县2018年度森林防灭火业务培训班。

10月，海原县新增扶贫建档立卡护林员80名。

是月，县人民政府发布森林草原防火禁令，从2018年10月—2019年5月，林地距林缘

500 m 内，禁止任何形式的用火。

10月23日，海原县国家重点生态功能区县域生态环境质量监测评价工作方案下发，林草、湿地覆盖率纳入考评指标。

12月，海原县人民政府下发《海原县天然林资源保护工程森林管护管理暂行办法》，明确了组织管理、管护职责、护林员的选聘等。（海政办规发〔2018〕9号）。

12月18日，上午10时，县林业局组织全体干部职工收听收看了庆祝改革开放40周年大会和中共中央总书记、国家主席、中央军委主席习近平在大会上的重要讲话。

是年，海原县共完成人工造林49 335亩，其中，乔木18 069亩、灌木31 266亩。当年，县人大常委会视察了海原县2018年生态建设造林绿化情况，包括县城绿化、海同高速路绿化、移民迁出区造林、经济林、乡村绿化及林地资源管护情况，并对《海原县林业生态建设情况报告》进行了审议，在肯定成绩的同时指出海原县林地管护体系不够完善，经济林发展缓慢等问题。

2019年

1月24—25日，海原县林业局、县森林派出所一行5人组成森林防火督查组，对全县6个国有林场森林防火工作和海原县春节前森林防火工作进行了全面督查。

1月28日，上午10点，根据中央、区市县机构改革的统一安排部署，海原县自然资源局正式挂牌揭牌。

2月，宁夏绿化委员会下达海原县2019年营造林11万亩，其中，人工造林3.4万亩、未成林补造4.6万亩、退化林分改造1万亩、封山育林2万亩。

3月5日，海原县2019年助推脱贫攻坚果树修剪管理技术培训班拉开序幕。

3月12日上午，海原县自然资源局联合广播电视台在南门广场开展了以主题为"共建美好家园，我为海原县增绿"的宣传咨询活动。

3月25日上午，海原县林业局组织帮扶责任人参加了由甘盐池管委会举办的2019年第一季度帮扶责任人培训会，并开展入户帮扶工作。

是年，是全面深化机构改革的关键之年，也是中华人民共和国成立70周年。一年来，在县委、县政府的坚强领导下，林草局积极开展大规模国土绿化行动和经济林建设工程，全年累计完成林草建设任务12.05万亩，完成下达计划109.5%。

完成南华山外围区域水源涵养林建设提升工程11万亩（人工造林3.4万亩、未成林补植补造4.6万亩，退化林分改造1万亩，封山育林2万亩），项目建设地点涉及红羊、树台、西安、关庄、郑旗、贾塘、李俊等11个乡镇及月亮山和西华山2个林场。

完成经济林建设6 200亩，其中在三河、七营、高崖、关桥、郑旗4个乡镇完成枸杞种植3 000亩，在李旺镇集中连片种植苹果200亩，在关桥、史店2个乡镇完成香水梨1 500亩，在西安、史店、三河、李旺4个乡镇完成庭院经济林1 500亩。

完成城乡绿化2 200亩，其中完成县城及周边绿化300亩，涉及万福路北延伸段、西河路南延伸段、海同公路改线段；完成乡村绿化1 220亩，主要是为各乡镇供应苗木22万株，完成甘盐池管委会、曹洼乡脱烈村2个美丽村庄绿化。

完成主干道路绿化680亩，涉及国道341海兴开发区段、省道204线曹洼段、预西公路李俊段。

完成2016年度新一轮退耕还草续建工程2 100亩，其中，甘盐池1 300亩、红羊乡230亩、树台乡590亩，认真做好2015—2018年度新一轮退耕还林成果巩固，并顺利通过国家级核查验收。

探索建立生态保护补偿机制。争取生态护林员公益性岗位1 662名，其中，建档立卡贫困人口生态护林员1 270名、天保护林员331名、重点公益林护林员61名。按照严格的选聘程序和管理办法，建立了森林草原资源网格化监管体系，靠实了森林草原资源管护责任，与各国有林场签订森林资源管护目标责任书6份，与全县护林员签订森林资源管护协议1 662份，确保了林地保护面积、四至界线和责任人职责"三落实"。

严格落实森林防火、封山禁牧及有害生物防治。争取森林草原防火信息化建设资金560万元，建成森林草原防火指挥部1处，森林草原监测瞭望塔2座，为护林员人手配备了巡护记录仪，切实增强了森林草原防火信息化建设能力。成立禁牧防火督察组，开展禁牧防火督察110余次，下发整改通知书36份，对全县生态移民迁出区养殖棚圈和羊只数量进行了摸排登记，督促乡镇进行限期拆除。积极开展森林草原病虫害防治工作，落实鼢鼠防治10万亩，病虫害防治5万亩。协助开展了全县第三次国土调查工作，对全县耕地、园地、林地、草地、城镇及工矿用地等自然资源进行了全面调查。

积极开展集体林地确权登记工作。编制印发了《海原县关于完善集体林权制度实施方案》《海原县集体林地"三权分置"改革试点工作方案》《海原县2019年林下经济建设方案》等文件，正在积极开展集体林地"三权分置"改革试点工作，编制完成《海原县关于支持鼓励社会资本投资林业的指导意见》和《海原县集体林地经营权流转登记颁证管理办法（试行）》等文件，完成林权抵押贷款370万元。正在积极巩固国有林场改革成果，准备迎接国家考核验收。

积极做好部门帮扶工作。由单位班子成员带队，先后6次到甘盐池管委会盐池村、高崖乡三分湾村和联合村进行专题调研，通过与村"两委"班子座谈交流，详细了解贫困户的困难和需求，梳理制定了详细的帮扶措施，筹措资金20万元，帮助甘盐池村进行基础设施建设、村部绿化、发展产业。

以扫黑除恶专项斗争为契机，严厉整治自然资源行业乱象。以中央扫黑除恶专项斗争第20督导组督导宁夏为契机，加大自然资源乱象整治和违法行为查处力度。涉及森林资源图斑70个，立案处理68个、未立案2个（其中1个为林业生产附属用地、1个为农民危房改造用砂图斑）；涉及矿产资源图斑8个，完成拆除6个、立案查处2个。

扎实开展"不忘初心、牢记使命"主题教育。海原县林业局"不忘初心、牢记使命"主题教育工作部署会议于9月16日召开，主题教育工作开展以来在县委主题教育工作领导小组办公室的坚强领导下，在县第六巡视指导组的正确指导下，严格按照"守初心、担使命，找差距、抓落实"总体要求，把学习教育、调查研究、检视问题、整改落实贯穿主题教育全过程。组织党员为期一周的读书班，重点对《习近平关于"不忘初心、牢记使命"重要论述摘编》《习近平新时代中国特色社会主义思想学习纲要》以及习近平总书记有关重要讲话精神进行集中学习并交流研讨。

2019年，海原县荣获全国生态建设突出贡献奖。

第五节　林业局（站、科）书记、局长名录

1949—2019年，海原县先后有黄维生、杨德昌等9名同志担任林业局专职（站、科、局）书记，主持党务工作；有温俊华、马生香等5名同志担任过书记兼局长（科长），主持党务与业务工作；有曹维元、温俊华等9名同志担任过林业局（站、科）局长，主持业务工作。有胡永康、芦建全等21名同志担任过副局长（副科长），（详见表12-4）。

表 12-4　海原县林业局书记、局长名录

姓　名	性　别	民　族	出生年月	职　位	任职时间
曹维元	男	汉	—	站长	—1974 年 1 月
黄维生	男	汉	—	书记	1973 年 5 月—1974 年 2 月
温俊华	男	汉	1933 年 9 月	书记、局长	1974 年 2 月—1986 年 3 月

马福龙	男	回	1954 年 6 月	局长	1986 年 4 月—1988 年 8 月
杨德昌	男	回	1946 年 11 月	书记	1985 年 6 月—1988 年 8 月
马生香	男	回	1946 年 12 月	书记、局长	1988 年 9 月—1990 年 8 月
陈来勤	男	汉	1938 年 8 月	局长	1990 年 9 月—1992 年 2 月
田凤义	男	回	1948 年 6 月	书记	1990 年 10—1993 年 8 月
田宗明	男	回	1948 年 1 月	局长	1992 年 7 月—1997 年 6 月
田进华	男	回	1948 年 7 月	书记	1993 年 10 月—1997 年 6 月
罗永清	男	回	1948 年 7 月	书记	1997 年 8 月—2001 年 7 月
王正强	男	汉	1950 年 8 月	局长	1997 年 8 月—2001 年 7 月
李风荣	男	回	1962 年 1 月	书记	2001 年 11 月—2006 年 9 月
韩志荣	男	汉	1966 年 6 月	局长	2001 年 8 月—2005 年 3 月
华万里	男	汉	1962 年 11 月	局长	2005 年 4 月—2007 年 3 月
单进虎	男	回	1963 年 7 月	书记	2006 年 10 月—2008 年 5 月
徐虎	男	汉	1964 年 2 月	局长	2007 年 3 月—2010 年 8 月
田埂	男	回	1965 年 4 月	书记	2009 年 2 月—2009 年 8 月
马志高	男	回	1963 年 5 月	书记	2009 年 10 月—2016 年 8 月
李秉平	男	汉	1967 年 1 月	局长	2010 年 8 月—2012 年 3 月
安思奇	男	汉	1968 年 3 月	书记、局长	2012 年 3 月—2017 年 5 月
黄占斌	男	汉	1963 年 1 月	书记、局长	2017 年 5 月—2019 年 1 月
罗成礼	男	回	1967 年 1 月	书记、局长	2019 年 1 月—
田小武	男	回	1979 年 1 月	副局长（主管）	2019 年 4 月—

注：曾任副局长（按任职时间）胡永康、芦建全、吴文新、但振林、翟履渊、瞿仰高、马福龙、陈来勤、田宗明、张智生、赵建国、韩志荣、杨林、汪万文、田埂、马明祥、高启平、张兴平、田智俊、李永刚、田建彪、田小武、李静。

第六节　先进集体名录

1980 年，宁夏党委、人民政府授予海原县林业建设先进县。

2005 年开始，海原县林业局（包括林业科、环境保护与林业局、林业和草原局）先后获得国家林业和草原局、宁夏人民政府、宁夏林业局、中卫市委市人民政府、海原县委县人民政府的各种表彰奖励32次。

2014年被宁夏人民政府授予的"全区主干道路大整治、大绿化先进集体";于2010年、2012年、2013年、2014年、2016年分别被宁夏林业厅（局）5次评为"全区林业建设先进单位"（生态建设先进集体）；2010年被中卫市委、市人民政府授予"2010年春季造林先进集体"，2014年被中卫市委、市人民政府授予"文明单位"称号；先后获得海原县委、县人民政府的"文明单位"等各种表彰奖励16次；2019年被国家林业和草原局授予"全国生态建设突出贡献先进集体"（详见表12-5）。

表12-5　海原县政府、林业局
（包括林业科、环境保护与林业局、林业和草原局）获奖情况

序号	单位	先进单位名称	授予单位	授予时间
1	海原县人民政府	林业建设先进县	宁夏党委、政府	1980年
2	海原县人民政府	扬黄灌区黄元帅优质称号	宁夏林业厅	1980年
3	海原县林业局	无毒单位奖	海原县人民政府	2005年4月
4	海原县林业局	社会治安综合治理先进单位	海原县委委员会	2007年1月
5	海原县林业局	2009年度生态建设与保护先进单位	海原县人民政府	2009年12月
6	海原县林业局	2009年度综合贡献奖	海原县委、县人民政府	2009年12月
7	海原县林业局	2009年度项目建设工作先进集体	海原县人民政府	2010年1月
8	海原县林业局	平安模范单位	中卫市社会治安综合治理委员会	2011年
9	海原县林业局	2009年度优秀妇联组织奖	海原县委、县人民政府	2010年3月
10	海原县林业局	全区"十一五"期间森林防火工作先进单位	宁夏森林防火指挥部	2010年12月
11	海原县林业局	2010年度禁毒工作先进单位	海原县委、县人民政府	2010年6月
12	海原县林业局	2010年春季植树造林先进集体	中卫市委、市政府	2010年7月
13	海原县林业局	2010年魅力海原激情广场文化活动优秀组织奖	海原县委、县人民政府	2010年9月

序号	单　　位	先进单位名称	授予单位	授予时间
14	海原县林业局	2010 年度林业有害生物防治工作先进集体	自治区林业局	2011 年 1 月
15	海原县林业局	2010 年度全区林业生态建设先进集体	宁夏林业局	2011 年 2 月
16	海原县林业局	2010 年度部门社会综合治理目标管理考核第二名	海原县委、县人民政府	2011 年 2 月
17	海原县林业局	2011 年度全区林业生态建设先进集体	宁夏林业局	2012 年 2 月
18	海原县林业局	2012 年度全县综治工作先进集体	海原县委、县人民政府	2012 年 3 月
19	海原县林业局	绿动中国网络植树活动先进集体	宁夏林业局	2013 年 7 月
20	海原县林业局	2013 年度工作目标管理考核先进集体三等奖	海原县委、县人民政府	2014 年 3 月
21	海原县林业局	获自治区林业局 2013 年度全区林业工作先进单位	宁夏林业厅	2014 年 1 月
22	海原县林业局	文明单位	中卫市精神文明建设指导委员会	2014 年 8 月
23	海原县林业局	全区主干道路大整治大绿化工程先进集体	宁夏人民政府	2014 年 10 月
24	海原县林业局	文明单位	中卫市委、市人民政府	2014 年 12 月
25	海原县林业局	文明单位	海原县委、县人民政府	2015 年 1 月
26	海原县林业局	2014 年信访工作先进集体	海原县委、县人民政府	2015 年 3 月
27	海原县林业局	获自治区林业局 2014 年度全区林业工作先进单位	宁夏林业厅	2015 年 2 月
28	海原县林业局	全县信访工作先进集体	海原县委、县人民政府	2015 年 3 月
29	海原县林业局	2014 效能考核先进集体	海原县委、县人民政府	2015 年 3 月
30	海原县林业局	庆祝建党 95 周年暨"两学一做"知识竞赛优秀奖	海原县直机关工委	2016 年 7 月
31	海原县林业局	2016 年度全区林业建设先进集体	宁夏林业厅	2017 年 1 月
32	海原县林业局	2016 年度农村环境综合整治工作先进单位	海原县委、县人民政府	2017 年 3 月
33	海原县林业局	全国生态建设突出贡献奖先进集体	国家林业和草原局	2019 年 9 月

牌路山林场1958年被中华人民共和国林业部授予"水土保持林先进单位"；兴仁三道沟林场、树台公社于1964年被国务院授予"林业建设先进集体（公社）"；树台公社、城关公社、李俊苗圃于1980年被宁夏党委政府授予"林业先进集体"；段原大队于1983年被自治区党委政府授予"林业先进集体"；西华山林场于2014年被宁夏绿化委员会授予"全区绿化先进集体"；武原大队等先后被固原行署给予表彰奖励。

第七节　先进个人名录

一、省部级以上奖

从1956年开始至2019年的63年中，海原县先后有单文礼、马学良等2人次获国务院表彰；有温俊华、段清海等38人次先后被全国绿化委员会等省部级单位授予"林业劳动模范""林业先进工作者""造林专业户""少数民族地区科技工作者""中国林业劲松奖"，"全国绿化奖章""三北防护林建设贡献奖""全国林业有害生物防治先进个人"等奖项。（详见表12-6）。

表 12-6　个人获奖省部级以上奖名录

序号	姓名	奖项	授奖单位	获奖时间
1	段清海	林业劳动模范	甘肃省人民政府	1956 年
2	田　成	林业劳动模范	甘肃省人民政府	1956 年
3	单文礼	农业先进个人	中华人民共和国国务院	1958 年
4	马学良	林业民兵先进个人	中华人民共和国国务院	1958 年
5	法兰英	林业积极分子	全国妇联	1958 年
6	田　成	先进林业工作者	宁夏人民政府	1965 年
7	杨万柱	林业生产先进个人	宁夏党委、政府	1982 年
8	温俊华	少数民族地区林业科技奖	中华人民共和国民委	1983 年
9	郭安录	少数民族地区林业先进工作者	中华人民共和国劳动人事部	1983 年
10	陈来勤	少数民族地区林业先进工作者	中国科协	1983 年

序号	姓名	奖项	授奖单位	获奖时间
11	尚发宜	少数民族地区林业先进工作者	中国科协	1983 年
12	郭德璧	少数民族地区林业先进工作者	中国科协	1983 年
13	张理绅	林业科技推广先进工作者	中华人民共和国劳动人事部	1983 年
14	马凤有	少数民族科技工作者	中华人民共和国民委	1983 年
15	李自昌	林业先进生产者	宁夏党委、政府	1983 年
16	穆凤川	林业先进生产者	宁夏党委、政府	1983 年
17	撒有仁	林业先进生产者	宁夏党委、政府	1983 年
18	徐根堂	少数民族地区科技工作者	中华人民共和国国家民委	1983 年
19	温俊华	林业科技推广先进工作者	中华人民共和国林业部	1984 年
20	温俊华	林业科技推广成绩优异者	中华人民共和国经委、科委	1984 年
21	温俊华	林业先进工作者	农牧渔业部、林业部	1984 年
22	段清海	造林专业户	宁夏党委、政府	1985 年
23	撒有仁	造林专业户	宁夏党委、政府	1985 年
24	丁德祥	林草专业户	宁夏党委、政府	1985 年
25	温俊华	中国林业劲松奖	中国林学会	1985 年
26	撒有仁	三北防护林工程劳模	中华人民共和国林业部	1986 年
27	温俊华	林学会工作先进	中国林学会	1986 年
28	张理绅	中国林业劲松奖	中国林学会	1987 年
29	瞿仰高	中国林业劲松奖	中国林学会	1987 年
30	徐根堂	中国林业劲松奖	中国林学会	1987 年
31	陈来勤	中国林业劲松奖	中国林学会	1987 年
32	田凤义	全区优秀共产党员	宁夏党委	1995 年 7 月
33	田凤义	全国绿化奖章	全国绿化委员会	1998 年 5 月
34	田凤义	全区先进工作者	宁夏党委、政府	2000 年 5 月

续表

序号	姓名	奖项	授奖单位	获奖时间
35	苗吸旺	三北防护林建设突出贡献者	全国绿化委员会、人社部、国家林业局	2008年11月
36	虎卫军	2007—2009年度 获全国森林防火工作纪念奖章	国家森林防火指挥部国家林业局	2010年3月
37	田小武	"十一五"全国林业有害生物防治先进个人	全国绿化委员会、国家林业局	2011年7月
38	苗吸旺	全国绿化奖章	全国绿化委员会	2013年4月
39	虎卫军	"十一五"期间森林防火先进个人	国家森林防火指挥部国家林业局	2013年3月
40	安思奇	全国绿化奖章	全国绿化委员会	2015年7月
41	刘明君	全国集体林权制度改革先进个人	国家林业局	2017年9月
42	李海宁	全国绿化奖章	全国绿化委员会	2019年7月

二、地厅级奖

1975年开始，先后有撒有仁、田进宝等49人次先后获宁夏农林局、固原行署、中卫市委、市政府授予的全区林业先进个人等荣誉称号。（详见表12-7）。

表 12-7　个人获得市厅级奖名录

序号	获奖个人	奖项	授奖单位	获奖时间
1	单文礼	针叶林全光育苗先进个人	宁夏林业局	1975年
2	撒有仁	林业先进个人	固原行署	1982年
3	撒有仁	先进植树专业重点户（50元）	宁夏林业局	1982年
4	温俊华	林业科技推广30年先进（150元）	宁夏农林局	1982年
5	张理绅	林业科技推广25年先进（150元）	宁夏农林局	1982年
6	田进宝	全区护林模范（50元）	宁夏林业局	1982年
7	穆凤川	先进植树林业重点户（50元）	宁夏林业局	1982年
8	撒有仁	农林生产先进个人	固原行署	1984年
9	田进宝	林草建设先进个人	固原行署	1984年

序号	获奖个人	奖　项	授奖单位	获奖时间
10	赵永昌	小流域治理先进个人	宁夏水利厅	1985 年
11	撒有仁	农林致富带头人	固原行署	1987 年
12	马振宇	农林致富带头人	固原行署	1987 年
13	王树林	农民企业家（经济林）	固原行署	1987 年
14	姜　昌	"六五" 资源清查先进个人	宁夏林业厅	1987 年
15	瞿仰高	"六五" 资源清查先进个人	宁夏林业厅	1987 年
16	徐根堂	"六五" 资源清查先进个人	宁夏林业厅	1987 年
17	田宗明	"六五" 资源清查先进个人	宁夏林业厅	1987 年
18	高　山	农田防护林建设先进个人	固原行署	1987 年
19	李玉山	先进护林员	固原行署	1987 年
20	邹占生	先进护林员	固原行署	1987 年
21	苗吸旺	全区林木种苗行政执法先进个人	宁夏林业局	2005 年 4 月
22	苗吸旺	中卫市委、市政府优秀科技工作者	中卫市委、市人民政府	2006 年 11 月
23	杨应兴	"十五" 期间全区森林防火先进个人	宁夏回族自治区森林防火指挥部	2006 年 12 月
24	虎卫军	2017 年度全区森林防火工作先进个人	宁夏回族自治区森林草原防火指挥部	2008 年 2 月
25	张　骞	2008 年度全区林业科学创新改革先进个人	宁夏回族自治区林业局	2009 年 2 月
26	徐　虎	2008 年度全区林业建设先进个人	宁夏林业局	2009 年 2 月
27	苗吸旺	全区林业科技创新改革先进个人	宁夏林业局	2009 年 2 月
28	杨应兴	2008 年度全区森林资源保护先进个人	宁夏回族自治区森林防火指挥部	2009 年 2 月
29	陈亚萍	2008 年全区林业产业建设先进个人	宁夏林业局	2009 年 2 月
30	张　旭	全区森林资源调查先进个人	宁夏林业局	2009 年 7 月
31	李玉宝	全区森林资源调查先进个人	宁夏林业局	2009 年 7 月
32	苗吸旺	全区林业生态建设先进个人	宁夏绿化委员会	2009 年 12 月
33	田小武	全区 "十一五" 有害生物防治先进个人	宁夏林业局	2010 年 3 月
34	虎卫军	"十一五" 期间森林防火先进个人	宁夏回族自治区森林草原防火指挥部	2011 年 4 月
35	马自良	中卫市爱岗敬业道德模范	中卫市委、市政府	2010 年 6 月

序号	获奖个人	奖　项	授奖单位	获奖时间
36	张　骞	中卫市春季造林先进个人	中卫市委、市政府	2010 年 7 月
37	李清红	自治区林业统计工作先进个人	宁夏林业局	2010 年 12 月
38	田智俊	全区"十一五"森林防火先进个人	宁夏森林防火办公室	2011 年 3 月
39	苗吸旺	全区天然林保护工程先进个人	宁夏绿化委员会	2011 年 2 月
40	徐守宝	2010 年全区森林资源连续清查工作先进个人	宁夏林业局	2011 年 2 月
41	张　荣	2011 年度全区退耕还林工程阶段验收工作先进个人	宁夏林业局	2012 年 3 月
42	苗永俊	优秀村级森防员	国家林业局森林病虫害防治总站	2012 年 12 月
43	田小武	村级森防员培训工作先进个人	国家林业局森林病虫害防治总站	2012 年 12 月
44	尚海慧	绿动中国网络植树活动先进个人	宁夏林业局	2013 年 7 月
45	张　旭	全区绿化先进个人	宁夏绿化委员会	2014 年 3 月
46	苗吸旺	中卫市十周年建设突出贡献个人	中卫市委、市人民政府	2014 年 4 月
47	王　彪	2014–2015 年《宁夏林业通讯》优秀通讯员	宁夏林学会	2015 年 12 月
48	苗吸旺	中卫市政府特殊津贴奖	中卫市人民政府	2017 年 2 月
49	马少林	2017 年度全区森林防火先进个人	宁夏森林草原防火指挥部	2018 年 2 月

附表 12-8　个人获县级奖名录

序号	获奖个人	奖项	授奖单位	获奖时间
1	陈来勤	全县先进工作者	海原县委、县人民政府	1958 年
2	田成	全县林业先进工作者	海原县委、县人民政府	1963 年
3	田成	全县先进工作者	海原县委、县人民政府	1965 年
4	杨万柱	两个文明建设先进个人	海原县委、县人民政府	1982 年
5	翟履渊	建设社会主义精神文明奖	海原县委、县人民政府	1983 年
6	温俊华	林业科技先进工作者	海原县委、县人民政府	1984 年
7	翟履渊	林业科技先进工作者	海原县委、县人民政府	1984 年

序号	获奖个人	奖项	授奖单位	获奖时间
8	郭安录	林业科技先进工作者	海原县委、县人民政府	1984 年
9	温俊华	林业科技先进工作者	海原县委、县人民政府	1984 年
10	田进宝	种管结合林业发展奖	海原县委、县人民政府	1985 年
11	段清海	种树育人奖	海原县委、县人民政府	1985 年
12	郭安录	两个文明建设先进个人	海原县委、县人民政府	1987 年
13	秦宪甫	两个文明建设先进个人	海原县委、县人民政府	1987 年
14	赵建国	两个文明建设先进个人	海原县委、县人民政府	1987 年
15	孙正国	2006 年度共产党员先进性教育先进个人	中共海原县委员会	2006 年 7 月
16	张骞	2008 年海原县新区建设先进工作者	海原县委、县人民政府	2008 年 8 月
17	田智俊	2009 年全县安全生产先进个人	海原县委、县人民政府	2010 年 1 月
18	田智俊	2010 年度全县矛盾调解工作先进个人	海原县委、县人民政府	2011 年 2 月
19	田小武	宁夏林业有害生物防控工作先进工作者	宁夏森林病虫防治检疫总站	2011 年 3 月
20	马志高	2012 年度全县信访工作先进人	海原县委、县人民政府	2013 年 3 月
21	杨立云	2012 年度全县安全生产工作先进人	海原县人民政府	2013 年 3 月
22	李海宁	全县信访工作先进个人	海原县委、县人民政府	2015 年 3 月
23	张旭	基层优秀共产党员	海原县委	2016 年 6 月
24	王彪	2016 全县优秀通讯员	海原县委宣传部	2017 年 3 月
25	田智俊	连续 3 年优秀公务员记功表彰	海原县委	2018 年 12 月

三、县委、县政府奖励

1958年开始，有陈来勤等25人次先后得到海原县委、县政府的表彰奖励。（详见表12-8）。

四、科（局）级奖

据不完全统计，从2003年开始，有孙正国等149人次获得县委组织部、宣传部、林业科（局）等单位的表彰奖励。（详见表12-9）。

附表 12-9 个人获科级奖名录

序号	姓名	奖项	授奖单位	授奖时间
1	孙正国	林业系统 1994 年优秀工作者	中共海原县委组织部、海原县人事劳动局保障局	1995 年 12 月
2	孙正国	林业系统 1995 年优秀工作者	中共海原县委组织部、海原县人事劳动局保障局	1995 年 12 月
3	马晓峰	1995 年林业工作三等奖	海原县林业局	1995 年 7 月
4	苗吸旺	县 "五一劳动奖章"	县总工会	1997 年 5 月
5	孙正国	林业系统 1996 年优秀工作者	中共海原县委组织部、海原县人事劳动局保障局	1997 年 3 月
6	孙正国	林业系统 1997 年优秀工作者	中共海原县委组织部、海原县人事劳动局保障局	1998 年 3 月
7	孙正国	林业系统 1998 年优秀工作者	中共海原县委组织部、海原县人事劳动局保障局	1998 年 12 月
8	孙正国	林业系统 1999 年优秀工作者	中共海原县委组织部、海原县人事劳动局保障局	1999 年 12 月
9	苏志业	林业系统 1999 年先进工作者	海原县林业局	2000 年 3 月
10	苏进禄	林业系统 2000 年先进工作者	南华山涵养林总场	2001 年 2 月
11	孙正国	林业系统 2000 年优秀工作者	中共海原县委组织部、海原县人事劳动局保障局	2000 年 12 月
12	苏进禄	林业系统 2000 年优秀工作者	中共海原县委组织部、海原县人事劳动局保障局	2000 年 12 月
13	孙正国	林业系统 2001 年优秀工作者	中共海原县委组织部、海原县人事劳动局保障局	2002 年 3 月
14	苏进禄	林业系统 2001 年先进工作者	南华山涵养林总场	2002 年 3 月
15	田小武	林业系统 2002 年优秀工作者	中共海原县委组织部、海原县人事劳动局	2002 年 12 月
16	张 荣	林业系统 2002 年先进个人	海原县环境保护和林业局	2003 年 3 月
17	孙正国	2003 年度优秀工会工作者	海原县总工会	2003 年 3 月
18	田小武	林业系统 2003 年先进个人	海原县环境保护和林业局	2004 年 2 月
19	张 荣	林业系统 2003 年先进个人	海原县环境保护和林业局	2004 年 2 月
20	苏进禄	林业系统 2005 年优秀工作者	中共海原县委组织部、海原县人事劳动局保障局	2005 年 12 月

序号	姓名	奖项	授奖单位	授奖时间
21	张　荣	2005 年度优秀共产党员	海原县林业局总支部委员会	2006 年 3 月
22	孙正国	2005 年度优秀共产党员	中共海原县林业局总支部委员会	2006 年 3 月
23	杨应兴	林业系统 2006 年优秀工作者	中共海原县委组织部、海原县人事劳动局保障局	2006 年 12 月
24	苏进禄	林业系统 2006 年优秀工作者	中共海原县委组织部、海原县人事劳动局保障局	2006 年 12 月
25	田小武	林业系统 2007 年优秀工作者	中共海原县委组织部、海原县人事劳动局保障局	2008 年 1 月
26	杨应兴	林业系统 2007 年优秀工作者	中共海原县委组织部、海原县人事劳动局保障局	2008 年 1 月
27	田小武	林业系统 2008 年优秀工作者	中共海原县委组织部、海原县人事劳动局保障局	2009 年 1 月
28	张　骞	2008 年海原县新区建设先进工作者	中共海原县委员会、海原县人民政府	2009 年 1 月
29	张　骞	林业系统 2008 年优秀工作者	中共海原县委组织部、海原县人事劳动局保障局	2009 年 1 月
30	苏进禄	林业系统 2008 年先进工作者	海原县林业局	2009 年 1 月
31	杨应兴	林业系统 2008 年先进工作者	海原县林业局	2009 年 1 月
32	张　荣	林业系统 2008 年先进工作者	海原县林业局	2009 年 1 月
33	张　骞	林业系统 2009 年先进工作者	海原县林业局	2010 年 1 月
34	苏进禄	林业系统 2009 年优秀工作者	中共海原县委组织部、海原县人事劳动局保障局	2009 年 12 月
35	张　骞	林业系统 2009 年优秀工作者	中共海原县委组织部、海原县人事劳动局保障局	2009 年 12 月
36	田小武	林业系统 2009 年先进工作者	海原县林业局	2010 年 1 月
37	苏进禄	林业系统 2009 年先进工作者	海原县林业局	2010 年 1 月
38	张　骞	林业系统 2010 年优秀工作者	中共海原县委组织部、海原县人事劳动局保障局	2010 年 12 月
39	杨应兴	林业系统 2010 年优秀工作者	中共海原县委组织部、海原县人事劳动局保障局	2010 年 12 月
40	李国栋	林业系统 2010 年先进工作者	海原县林业局	2011 年 1 月
41	田小武	林业系统 2010 年先进工作者	海原县林业局	2011 年 1 月

续表

序号	姓名	奖项	授奖单位	授奖时间
42	苏进禄	林业系统 2010 年先进工作者	海原县林业局	2011 年 1 月
43	张骞	林业系统 2010 年先进工作者	海原县林业局	2011 年 1 月
44	张荣	2010 年林业先进工作者	海原县林业局	2011 年 1 月
45	李澜涛	2011 先进工作者	中共海原县委组织部	2011 年 12 月
46	杨正忠	林业系统 2006—2010 年法治宣传先进个人	海原县林业局党支部委员会 海原县林业局	2011 年 7 月
47	田小武	发改系统 2011 年先进工作者	海原县发改局	2012 年 1 月
48	张荣	2006–2010 年法制宣传教育先进个人	海原县林业局党支部委员会 海原县林业局	2011 年 7 月
49	张荣	2011 年林业先进工作者	海原县林业局党支部委员会 海原县林业局	2012 年 2 月
50	田智俊	2012 年度优秀工作者	海原县人事劳动局保障局	2013 年 2 月
51	田彦彪	2012 年度优秀工作者	海原县人事劳动局保障局	2013 年 2 月
52	杨占虎	2012 年度优秀工作者	海原县人事劳动局保障局	2013 年 2 月
53	马芳	2012 年度优秀工作者	海原县人事劳动局保障局	2013 年 2 月
54	冯龙	2012 年度优秀工作者	海原县人事劳动局保障局	2013 年 2 月
55	段凤娟	2012 年度优秀工作者	海原县人事劳动局保障局	2013 年 2 月
56	杨应兴	2012 年度优秀工作者	海原县人事劳动局保障局	2013 年 2 月
57	陈少峰	2012 年度优秀工作者	海原县人事劳动局保障局	2013 年 2 月
58	范红荣	2012 年度优秀工作者	海原县人事劳动局保障局	2013 年 2 月
59	田进军	2012 年度优秀工作者	海原县人事劳动局保障局	2013 年 2 月
60	田春喜	2012 年度优秀工作者	海原县人事劳动局保障局	2013 年 2 月
61	蒲正鹏	2012 年度优秀工作者	海原县人事劳动局保障局	2013 年 2 月
62	张永宏	2012 年度优秀工作者	海原县人事劳动局保障局	2013 年 2 月
63	马自良	2012 年度优秀工作者	海原县人事劳动局保障局	2013 年 2 月
64	苗永俊	2012 年度优秀工作者	海原县人事劳动局保障局	2013 年 2 月
65	王振彪	2012 年度优秀工作者	海原县人事劳动局保障局	2013 年 2 月

序号	姓名	奖项	授奖单位	授奖时间
66	张　旭	2012 年度优秀工作者	海原县人事劳动局保障局	2013 年 2 月
67	闫向红	2012 年度优秀工作者	海原县人事劳动局保障局	2013 年 2 月
68	沈　萍	2012 年度优秀工作者	海原县人事劳动局保障局	2013 年 2 月
69	田智俊	2015 年度优秀工作者	海原县委组织部、海原县人事劳动局保障局	2016 年 4 月
70	田德俊	2015 年度优秀工作者	海原县委组织部、海原县人事劳动局保障局	2016 年 4 月
71	杨立云	2015 年度优秀工作者	海原县委组织部、海原县人事劳动局保障局	2016 年 4 月
72	张　骞	2015 年度优秀工作者	海原县委组织部、海原县人事劳动局保障局	2016 年 4 月
73	张　荣	2015 年度优秀工作者	海原县委组织部、海原县人事劳动局保障局	2016 年 4 月
74	马　恒	2015 年度优秀工作者	海原县委组织部、海原县人事劳动局保障局	2016 年 4 月
75	周海霞	2015 年度优秀工作者	海原县委组织部、海原县人事劳动局保障局	2016 年 4 月
76	刘明君	2015 年度优秀工作者	海原县委组织部、海原县人事劳动局保障局	2016 年 4 月
77	苗吸旺	2016 年度优秀工作者	海原县委组织部、海原县人事劳动局保障局	2016 年 4 月
78	苗永俊	2015 年度优秀工作者	海原县委组织部、海原县人事劳动局保障局	2016 年 4 月
79	买玉玺	2015 年度优秀工作者	海原县委组织部、海原县人事劳动局保障局	2016 年 4 月
80	张廷苏	2015 年度优秀工作者	海原县委组织部、海原县人事劳动局保障局	2016 年 4 月
81	田进军	2015 年度优秀工作者	海原县委组织部、海原县人事劳动局保障局	2016 年 4 月
82	赵小军	2015 年度优秀工作者	海原县委组织部、海原县人事劳动局保障局	2016 年 4 月
83	杨正忠	2015 年度优秀工作者	海原县委组织部、海原县人事劳动局保障局	2016 年 4 月
84	李海宁	2015 年度优秀工作者	海原县委组织部、海原县人事劳动局保障局	2016 年 4 月
85	刘亚珺	2015 年度优秀工作者	海原县委组织部、海原县人事劳动局保障局	2016 年 4 月
86	徐　平	2015 年度优秀工作者	海原县委组织部、海原县人事劳动局保障局	2016 年 4 月
87	沈　萍	2015 年度优秀工作者	海原县委组织部、海原县人事劳动局保障局	2016 年 4 月

续表

序号	姓名	奖项	授奖单位	授奖时间
88	赵海安	2015年度优秀工作者	海原县委组织部、海原县人事劳动局保障局	2016年4月
89	舒斌	2015年度优秀工作者	海原县委组织部、海原县人事劳动局保障局	2016年4月
90	张骞	2016年度优秀工作者	海原县委组织部、海原县人事劳动局保障局	2017年8月
91	杨应兴	2016年度优秀工作者	海原县委组织部、海原县人事劳动局保障局	2017年8月
92	田进军	2016年度优秀工作者	海原县委组织部、海原县人事劳动局保障局	2017年8月
93	李海宁	2016年度优秀工作者	海原县委组织部、海原县人事劳动局保障局	2017年8月
94	张荣	2016年度优秀工作者	海原县委组织部、海原县人事劳动局保障局	2017年8月
95	刘亚珺	2016年度优秀工作者	海原县委组织部、海原县人事劳动局保障局	2017年8月
96	赵海安	2016年度优秀工作者	海原县委组织部、海原县人事劳动局保障局	2017年8月
97	李澜涛	2016年度优秀工作者	海原县委组织部、海原县人事劳动局保障局	2017年8月
98	田彦彪	2016年度优秀工作者	海原县委组织部、海原县人事劳动局保障局	2017年8月
99	张旭	2016年度优秀工作者	海原县委组织部、海原县人事劳动局保障局	2017年8月
100	杨占虎	2016年度优秀工作者	海原县委组织部、海原县人事劳动局保障局	2017年8月
101	徐守宝	2016年度优秀工作者	海原县委组织部、海原县人事劳动局保障局	2017年8月
102	黄斌	2016年度优秀工作者	海原县委组织部、海原县人事劳动局保障局	2017年8月
103	尚海慧	2016年度优秀工作者	海原县委组织部、海原县人事劳动局保障局	2017年8月
104	马自良	2016年度优秀工作者	海原县委组织部、海原县人事劳动局保障局	2017年8月
105	张国芳	2016年度优秀工作者	海原县委组织部、海原县人事劳动局保障局	2017年8月
106	张有	2016年度优秀工作者	海原县委组织部、海原县人事劳动局保障局	2017年8月
107	李玉宝	2016年度优秀工作者	海原县委组织部、海原县人事劳动局保障局	2017年8月
108	杨立云	2016年度优秀工作者	海原县委组织部、海原县人事劳动局保障局	2017年8月
109	李国军	2016年度优秀工作者	海原县委组织部、海原县人事劳动局保障局	2017年8月

序号	姓名	奖项	授奖单位	授奖时间
110	陈少峰	2016 年度优秀工作者	海原县委组织部、海原县人事劳动局保障局	2017 年 8 月
111	苗润奇	2016 年度优秀工作者	海原县委组织部、海原县人事劳动局保障局	2017 年 8 月
112	李澜涛	2017 年度优秀工作者	海原县委组织部、海原县人事劳动局保障局	2018 年 8 月
113	田智俊	2017 年度优秀工作者	海原县委组织部、海原县人事劳动局保障局	2018 年 8 月
114	徐守宝	2017 年度优秀工作者	海原县委组织部、海原县人事劳动局保障局	2018 年 8 月
115	刘亚珺	2017 年度优秀工作者	海原县委组织部、海原县人事劳动局保障局	2018 年 8 月
116	赵海安	2017 年度优秀工作者	海原县委组织部、海原县人事劳动局保障局	2018 年 8 月
117	徐 平	2017 年度优秀工作者	海原县委组织部、海原县人事劳动局保障局	2018 年 8 月
118	沈 萍	2017 年度优秀工作者	海原县委组织部、海原县人事劳动局保障局	2018 年 8 月
119	张信平	2017 年度优秀工作者	海原县委组织部、海原县人事劳动局保障局	2018 年 8 月
120	蒲彦珍	2017 年度优秀工作者	海原县委组织部、海原县人事劳动局保障局	2018 年 8 月
121	王小岩	2017 年度优秀工作者	海原县委组织部、海原县人事劳动局保障局	2018 年 8 月
122	李小兵	2017 年度优秀工作者	海原县委组织部、海原县人事劳动局保障局	2018 年 8 月
123	王正彪	2017 年度优秀工作者	海原县委组织部、海原县人事劳动局保障局	2018 年 8 月
124	苏志业	2017 年度优秀工作者	海原县委组织部、海原县人事劳动局保障局	2018 年 8 月
125	杨占虎	2017 年度优秀工作者	海原县委组织部、海原县人事劳动局保障局	2018 年 8 月
126	余武琴	2017 年度优秀工作者	海原县委组织部、海原县人事劳动局保障局	2018 年 8 月
127	冯 龙	2017 年度优秀工作者	海原县委组织部、海原县人事劳动局保障局	2018 年 8 月
128	黄希林	2017 年度优秀工作者	海原县委组织部、海原县人事劳动局保障局	2018 年 8 月
129	马 琪	2017 年度优秀工作者	海原县委组织部、海原县人事劳动局保障局	2018 年 8 月
130	苗润奇	2017 年度优秀工作者	海原县委组织部、海原县人事劳动局保障局	2018 年 8 月
131	李玉宝	2017 年度优秀工作者	海原县委组织部、海原县人事劳动局保障局	2018 年 8 月

序号	姓名	奖项	授奖单位	授奖时间
132	田智俊	2017年度优秀工作者	海原县委组织部、海原县人事劳动局保障局	2018年8月
133	田小武	2018年度优秀工作者	海原县委组织部、海原县人事劳动局保障局	2019年7月
134	张 荣	2018年度优秀工作者	海原县委组织部、海原县人事劳动局保障局	2019年7月
135	张信平	2018年度优秀工作者	海原县委组织部、海原县人事劳动局保障局	2019年7月
136	杨占虎	2018年度优秀工作者	海原县委组织部、海原县人事劳动局保障局	2019年7月
137	周海霞	2018年度优秀工作者	海原县委组织部、海原县人事劳动局保障局	2019年7月
138	李玉宝	2018年度优秀工作者	海原县委组织部、海原县人事劳动局保障局	2019年7月
139	张学军	2018年度优秀工作者	海原县委组织部、海原县人事劳动局保障局	2019年7月
140	刘亚珺	2018年度优秀工作者	海原县委组织部、海原县人事劳动局保障局	2019年7月
141	黄 斌	2018年度优秀工作者	海原县委组织部、海原县人事劳动局保障局	2019年7月
142	王 彪	2018年度优秀工作者	海原县委组织部、海原县人事劳动局保障局	2019年7月
143	许秀花	2018年度优秀工作者	海原县委组织部、海原县人事劳动局保障局	2019年7月
144	张国芳	2018年度优秀工作者	海原县委组织部、海原县人事劳动局保障局	2019年7月
145	叶永军	2018年度优秀工作者	海原县委组织部、海原县人事劳动局保障局	2019年7月
146	唐 斌	2018年度优秀工作者	海原县委组织部、海原县人事劳动局保障局	2019年7月
147	何海莹	2018年度优秀工作者	海原县委组织部、海原县人事劳动局保障局	2019年7月
148	陈少峰	2018年度优秀工作者	海原县委组织部、海原县人事劳动局保障局	2019年7月
149	蒙建利	2018年度优秀工作者	海原县委组织部、海原县人事劳动局保障局	2019年7月

第八节　副高级以上职称人员名录

截至2019年12月31日，海原县先后有64人被宁夏劳动人事部门评定为副高级以上职称，其中，正高级林业工程师2人、副高级林业工程师62人，男性47人、女性17人。（详见附表12-10）。

12-10　林业从业人员副高级以上职称名录

序号	姓　名	性别	出生年月	工作单位	职　称	聘任时间
1	苗吸旺	男	1963年3月	海原县林业局	正高级林业工程师	2012年7月
2	虎卫军	男	1966年5月	南华山管理处	正高级林业工程师	2018年4月
3	张鹏群	男	1942年8月	海原林业局	林业高级工程师	1992年11月
4	翟履渊	男	1936年7月	海原县林业局	林业高级工程师（管理）	1994年6月
5	温俊华	男	1933年9月	海原县林业局	林业高级工程师（管理）	1994年6月
6	陈来勤	男	1938年8月	海原县林业局	林业高级工程师（管理）	1994年6月
7	马福龙	男	1954年6月	海原县林业局	林业高级工程师（管理）	1994年6月
8	马明祥	男	1963年5月	海原县林业局	林业高级工程师	1999年9月
9	马安义	男	1966年12月	南华山管理处	林业高级工程师	2004年9月
10	韩志荣	男	1966年6月	海原县林业局	林业高级工程师	2005年8月
11	汪万文	男	1967年1月	海原县林业局	林业高级工程师	2005年8月
12	李希惠	男	1954年8月	海原县林业局	林业高级工程师	2006年9月
13	李玉宝	男	1968年8月	海原县林业局	林业高级工程师	2009年11月
14	朱晓梅	女	1971年12月	三河镇林业站	林业高级工程师	2009年11月
15	胡志香	女	1970年5月	三河镇林业站	林业高级工程师	2011年11月
16	李清红	女	1970年12月	海原县林业局	林业高级工程师	2012年7月
17	苏进禄	男	1966年1月	海原县林业局	林业高级工程师	2012年7月

18	张旭	男	1972 年 9 月	海原县林业局	林业高级工程师	2012 年 7 月
19	陈亚萍	女	1970 年 1 月	海原县林业局	林业高级工程师	2012 年 7 月
20	张晓红	女	1971 年 11 月	海原县林业局	林业高级工程师	2012 年 7 月
21	李海宁	男	1978 年 7 月	海原县林业局	林业高级工程师	2012 年 7 月
22	张学军	男	1972 年 1 月	海原县林业局	林业高级工程师	2014 年 9 月
23	张国芳	女	1975 年 5 月	海原县林业局	林业高级工程师	2014 年 9 月
24	张荣	男	1963 年 1 月	海原县林业局	林业高级工程师	2014 年 9 月
25	段凤娟	女	1977 年 4 月	海原县林业局	林业高级工程师	2014 年 9 月
26	张廷苏	男	1973 年 5 月	凤凰山林场	林业高级工程师	2014 年 9 月
27	薛冠明	男	1962 年 1 月	七营镇林业站	林业高级工程师	2014 年 9 月
28	徐守宝	男	1978 年 11 月	海原县林业局	林业高级工程师	2015 年 12 月
29	李澜涛	男	1975 年 4 月	海原县林业局	林业高级工程师	2015 年 12 月
30	王振彪	男	1972 年 5 月	海原县林业局	林业高级工程师	2015 年 12 月
31	马自良	男	1978 年 11 月	海原县林业局	林业高级工程师	2015 年 12 月
32	马永军	男	1972 年 3 月	海原县林业局	林业高级工程师	2015 年 12 月
33	杨永虎	男	1978 年 12 月	海原县林业局	林业高级工程师	2015 年 12 月
34	尚海慧	女	1971 年 10 月	海原县林业局	林业高级工程师	2015 年 12 月
35	张有	男	1977 年 9 月	海原县林业局	林业高级工程师	2016 年 12 月
36	杨占虎	男	1976 年 10 月	海原县林业局	林业高级工程师	2016 年 12 月
37	张骞	男	1975 年 10 月	海原县林业局	林业高级工程师	2016 年 12 月
38	刘亚珺	男	1976 年 9 月	海原县林业局	林业高级工程师	2016 年 12 月
39	周海霞	女	1974 年 10 月	海原县林业局	林业高级工程师	2016 年 12 月
40	沈萍	女	1970 年 5 月	海原县林业局	林业高级工程师	2016 年 12 月
41	雷永华	女	1978 年 10 月	海原县林业局	林业高级工程师	2016 年 12 月
42	马恒	男	1975 年 12 月	海原县林业局	林业高级工程师	2016 年 12 月

43	刘明君	男	1970 年 10 月	海原县林业局	林业高级工程师	2016 年 12 月
44	李百龙	男	1967 年 7 月	海原县林业局	林业高级工程师	2016 年 12 月
45	田贵林	男	1974 年 7 月	南华山管理处	林业高级工程师	2016 年 12 月
46	任小芳	女	1974 年 2 月	南华山管理处	林业高级工程师	2016 年 12 月
47	买玉玺	男	1970 年 2 月	李旺镇林业站	林业高级工程师	2016 年 12 月
48	刘自林	男	1973 年 9 月	海原县林业局	林业高级工程师	2017 年 12 月
49	苗润奇	男	1972 年 10 月	海原县林业局	林业高级工程师	2017 年 12 月
50	马　芳	女	1981 年 4 月	海原县林业局	林业高级工程师	2017 年 12 月
51	豆晓霞	女	1974 年 10 月	西安镇林业站	林业高级工程师	2017 年 12 月
52	范红荣	女	1969 年 11 月	西华山林场	林业高级工程师	2017 年 12 月
53	蒲正鹏	男	1969 年 10 月	红羊乡林业站	林业高级工程师	2017 年 12 月
54	赵成宝	男	1979 年 9 月	甘城乡林业站	林业高级工程师	2017 年 12 月
55	田希荣	男	1975 年 4 月	农业综合办	林业高级工程师	2017 年 12 月
56	哈为贵	男	1979 年 8 月	南华山管理处	林业高级工程师	2017 年 12 月
57	张建民	男	1972 年 4 月	南华山管理处	林业高级工程师	2017 年 12 月
58	王　林	男	1977 年 7 月	南华山管理处	林业高级工程师	2017 年 12 月
59	马宏福	男	1965 年 12 月	南华山管理处	林业高级工程师	2017 年 12 月
60	李占明	男	1977 年 7 月	史店乡林业站	林业高级工程师	2017 年 12 月
61	刘　智	男	1979 年 11 月	南华山管理处	林业高级工程师	2018 年 11 月
62	马　梅	女		南华山管理处	林业高级工程师	2018 年 11 月
63	吴　科	男	1980 年 5 月	七营乡政府	林业高级工程师	2018 年 11 月
64	包永香	女	1975 年 10 月	不动产管理中心	林业高级工程师	2018 年 11 月

第九节 林业职工名录（1949—2019年，以姓氏笔画排列）

二画：

丁义连　丁义安　丁成莲（女）　丁海红（女）　丁义珍（女）　丁秀红（女）　丁生明
丁海林　丁占琴（女）　丁成海　丁占发　丁成云　丁汉珍（女）　卜瑞莲（女）

三画：

于武琴（女）　万红梅（女）　马　浩　马今是　马风有　马丙华　马成玉　马成仁
马成龙　马发贵　马付花（女）　马金花（女）　马金梅（女）　马菊兰（女）　马俊英（女）
马良秀（女）　马生霞（女）　马梅英（女）　马应花（女）　马如兰（女）　马彦兰（女）
马秀英（女）　马万江　马维明　马维贤　马希兰（女）　马希英（女）　马玉花（女）
马月兰（女）　马义林　马兆安　马治花（女）　马有兰（女）　马风德　马忠仁　马忠万
马富龙　马福龙　马付华　马光荣　马林福　马生祥　马占明　马秀莲（女）
马彦花（女）　马有芳（女）　马　翰　马青山　马彦林　马有成　马富财　马应胡
马洪才　马文彪　马洪福　马建国　马元智　马秉华　马鹤玲（女）　马仲仁　马仲万
马忠良　马俊虎　马小珍（女）　马贵仁　马生香　马应强　马启财　马明祥　马安义
马文剑　马孝峰　马落宝　马志高　马建政　马　芳（女）　马　恒　马自良　马永军
马少林　马　军　马长明　马琪　马建兰（女）　马宏财　马治忠　马晓英（女）　马晓荣
马晓东　马福军　马忠江　马旭宝　马玉兰（女）　马彦英（女）　马红梅（女）
马玉琴（女）　马治国　马风花（女）　马彦贵　马　兰（女）　马　楠（女）　马晓燕（女）
马权伟　马建英（女）　马治忠　马文琴（女）　马永胜　马青兰（女）　马晓云
马怀玉（女）　马有成　马慧仙（女）　马秀梅（女）　马建福　马生莲（女）　马　福
马宏福　马春雷　马　鹏　马效忠　马晓云　马晓莉（女）　马海银　马维虎　马尚财
马贵山　马全能　马　飞　马国仁　马宏文　马　媛（女）　马　伟

四画：

仇德孝　仇文录　仇玉艳（女）牛金发　牛玉莲（女）毛玉辉（女）　开俊明　牛新民

牛金发　太升　尹保光　尹志明　尹保宁　尹洪德　尹洁（女）　尹保萍（女）

尹　军　尹海军　文福玉　文成杰　文学智　王　成　王　林　王永年　王新芳（女）

王宝森　王春义　王春玉（女）　王少文　王海保　王荣喜　王风花（女）　王兰花（女）

王国俊　王海鸣　王惠兰（女）　王淑兰（女）　王惠霞（女）　王琳　王进海　王善麟

王　莲（女）　王　琼（女）　王学慧（女）　王雪花（女）　王玉兰（女）　王惠珍（女）

王淑芳（女）　王桂芳（女）　王静云　王明亮　王玉荣　王玉镛　王玉贵　王文元

王文选　王文英　王义贵　王元忠　王元国　王占英（女）　王连升　王建忠　王义成

王秀云　王秀珍（女）　王秀莉（女）　王志福　王存仁　王成琴（女）　王桂香（女）

王菊霞（女）　王菊红（女）　王菊莲（女）　王太瑞　王殿珍　王振祥　王彦连

王会芬（女）　王维梅（女）　王兴龙　王忠生　王治生　王正强　王正勇　王小岩　王效帅

王万科　王有海　王有军　王　斌　王振彪　王　彪　王春林　王存英（女）

王文斐（女）　王菊兰（女）　王树军　王　林　王　涛　巨万选　任玉霞（女）

邓崇基　孔淑兰（女）　孔学礼　孔学华　孔相华　孔繁江　方　荣　方立波（女）

方成明　方海军

五画：

申庆林　兰永琛　叶永军　白录俊　白志文　白永君（女）　白菊秀（女）　白　敏（女）

白海宝　白文贤　宁海红（女）　冯少文　冯昌元　冯昌红（女）　冯瑞霞（女）

冯平霞（女）　冯桂霞（女）　冯秀珍（女）　冯秀玲（女）　冯丽华（女）　冯彦江

冯彦祥　冯增武　冯昌平　冯龙　龙进芳（女）　田顺强　田成虎　田彦虎　田　宝

田百中　田百林　田大祥　田风德　田风贵　田风和　田风录　田风荣　田风云

田风花（女）　田玉英（女）　田成银　田成华　田成英（女）　田风有　田进德

田进礼　田进明　田进忠　田进忠（林三师）　田进贵　田进兰（女）　田进花（女）

田瑞花（女）　田术兰（女）　田兴梅（女）　田兴兰（女）　田风英（女）　田彦福

田彦梅（女）　田玉秀　田玉清（女）　田玉虎　田秀梅（女）　田彦英（女）　田士忠

田进海　田海东　田兴东　田宗明　田巧玲　田术吉　田彦江　田彦宝　田志年

田玉秀　田　埂　田希荣　田春喜　田进生　田彦林　田彦彪　田智俊　田德俊

田进军　田　妍（女）　田　艳（女）　田智宏　田风义　田风林　田彦宝　田彦科

五画：

田志平　田治贵　田治全　田玉生　田彦智　田宗玉　田进福　田进忠　田彦刚

田忠明　田进国　田进生　田成玉　田进忠　田进宝　田玉明　田彦宝　田兴旭

田海君　田德智　田玉国　田玉有　田贵林　田庆宝　田风国　田维秀（女）

田彦兰（女）　田仲华（女）　田进兰（女　涵养林）　田彦国　田进明（涵养林）

田亚蓉（女）　田　莹（女）　田树珍　田志强　田风兰（女）　田应坡　包武清

包永香（女）　卢彦明　卢海燕（女）　卢文奇

六画：

江孝生　江风云（女）　江海涛　乔彦荣　乔菊霞（女）　乔菊梅（女）　乔菊萍（女）

任恒瑞　任进文　任海宁　任有喜　任有青　任晓芳（女）　任富艳（女）　师学梅（女）

师学军　孙玲（女）　孙秀华（女）　孙金玲（女）　孙志杰　孙长兴　孙开田　孙黑志

孙正国　孙有性　孙小虎　刘志仁　刘风英（女）　刘会芳（女）　刘光间　刘继红（女）

刘梅香（女）　刘向萍（女）　刘晓琴（女）　刘振川　刘幸洲　刘学兰（女）　刘占先（女）

刘翠华　刘尚杰　刘克芳（女）　刘淑芳（女）　刘伟英（女）　刘　岗　刘宗师

刘永贤　刘永明　刘小龙　刘振花（女）刘希卿（女）　刘康林　刘自林　刘明君

刘亚珺　刘进和　刘　鹏　刘萍（女）　刘　智　刘思宁　许宗孝　许彦林　许秀花（女）

伊生伟　朱国立　朱立贵　朱　军　朱　兰（女）　朱晓梅（女）　朱朝曦　巩淑兰（女）

巩文录　邢卫玲（女）　邢水群（女）　邢音华（女）　米永成　米风英（女）　米　岚（女）

安思奇　买风山　买玉玺　买德花（女）　买向前　闫向红　闫菊珍（女）　吕云军　权晓宏

七画：

陈福祥　陈概男　陈一新　陈富珍（女）　陈　鹏　陈　瑞　陈国权　陈来勤　陈忠兰

陈新华（女）　陈建强　陈文明　陈少峰　陈福伟　陈福霞（女）　陈志玺　陈亚萍（女）

陈东彪　陈春剑　何世龙　何　红（女）　何庆英（女）　何寅兴　何庆荣　何海莹（女）

何宁生　李国才　李会荣　李廷荣　李玉鼎　李景林　李成英（女）　李宗仁

李慈贤（女）　李存鑫　李敏洲　李德花（女）　李明秀（女）　李有省　李德林

李志昶　李风英（女）　李福刚　李付才　李国民　李汉华　李生玉　李淑兰（女）

李树田　李文仓　李希惠（女）　李秀芳（女）　李秀兰（女）　李秀珍（女）　李荣春

七画：

李术福　李术贵　李术莲（女）　李雪花（女）　李雪兰（女）　李义全　李俊伟

李玉花（女）　李玉仁　李炳军　李占有　李治红　李志荣　李芝花　李志华（女）

李志华（女、河北籍）　李志元　李华武　李自昌　李淑琴（女）　李淑敏（女）

李海梅（女）　李梅兰（女）　李桂珍（女）　李成东　李桂兰（女）　李风花（女）

李惠贤（女）　李英华　李应春　李永春　李得全　李钊　李成贵　李长胜

李清红（女）　李颖宇（女）　李成鹏　李成奎　李应秀（女）　李雪玲（女）　李银霞（女）

李银娥（女）　李百龙　李澜涛　李玉宝　李海宁　李　成　李国栋　李国俊

李国芳（女）　李国梅（女）　李小兵　李小霞（女）　李彩芳（女）　李志英（女）

李玉红（女）李治荣　李西忠　李世荣　李德林　李德花（女）　李占明　李百龙

李沁园（女）　李俊珍（女）　李　浩　李　杰　李　杰（女）　李　钰　李梅（女）

李树海　李玉成　李国蓉（女）　李富花（女）　李红梅（女）　李岳财　李风义

李小龙　李风福　李　智　李成虎　李永刚　李向福　李　瑞　李彦军　李海东

李志贵　李　鑫　李风刚　李　平　李　静　苏培万　苏全忠　苏文林　苏志业　苏进禄

吴小平（女）　吴昌秀（女）　吴富环　吴金宝　吴锦荣　吴　平　吴淑芳（女）

吴万江　吴文秀　吴维新　吴红霞（女）　吴秀信（女）　吴守信　吴幼宝　吴秀珍（女）

吴连珍（女）　吴小东　吴　科　吴　斌　吴习文　吴邦森　吴建勋　姚玉琴（女）

杨爱梅（女）　杨发麦（女）　杨色麦（女）　杨　福　杨立福　杨文学　杨生录

杨生梅（女）　杨秀兰（女）　杨秀春　杨正忠　杨治忠　杨志贵　杨志玉　杨连荣

杨连海　杨世全　杨景春　杨银邦　杨德昌　杨德育　杨守信　杨世雄　杨淑英（女）

杨小霞（女）　杨宝林　杨耀升　杨应春　杨美英（女）　杨金江　杨万俊　杨万里

杨万柱　杨文保　杨文全　杨文云　杨常林　杨永旭　杨世军　杨正录　杨凳朝

杨有山　杨梅兰（女）杨应兴　杨彩霞（女）　杨　旭　杨　斌　杨万宝　杨万寿

杨　健　杨　村　杨　林　杨占虎　杨更生　杨莉蓉（女）　杨生全　杨正福　杨生虎

杨生秀　杨　旭　杨有贵　杨立云　杨佐奇　杨炳华　杨万财　杨世录　杨常元

杨玲玲（女）　杨桂英（女）　杨永虎　杨左荣　杨生昌　杨旭东　杨巨荣　杨树成

杨正保　杨彦虎　张政文　张希武　张文海　张铸芳　张炳梅（女）　张文广　张希武

张彩霞（女）　张竹春　张友斌　张龙奎　张世全　张家政　张学智　张从贤（女）

张风梅（女）　张泽兰（女）　张风英（女）　张风兰（女）　张金平　张兰英（女）

七画：

张　磊（女）　张丽萍（女）　张孝义　张　平（女）　张　汉　张全斌　张万兰（女）

张兆勉　张国福　张学福　张国付　张　妍（女）　张志桂（女）　张永祥　张花珍（女）

张治中　张玉云　张志梅（女）　张志强　张生英（女）　张宝森　张智生　张智孙

张志彦　张凯瑞　张鹏群　张鹏君　张鹏举　张理绅　张　玺　张海燕（女）

张玉玲（女）　张贵芳　张爱华　张宁芳（女）　张海红　张海平　张永琴（女）　张运旭

张宏科　张庆凤　张金凤（女）　张晓英（女）　张秀玲（女）张兆录　张善堂　张克剑

张笃敬　张忠林　张永祥　张　凡　张海荣　张廷苏　张正涛　张正鹏　张治伟

张信平　张信繁　张广锋　张　有　张　旭　张　荣　张　骞　张学军　张国芳（女）

张晓红（女）　张彩贤（女）　张永宏　张淑霞（女）　张　霞（女）　张　明　张建明

张国华（女）　张海红　张国亮　张海新　张小平　张霞海　张　霞（女）　邹棉玲（女）

邹玉兰（女）　邹吉刚　宋金香（女）　宋守仪　宋香珍（女）　宋绍秀（女）　宋龙菊（女）

宋志杰　宋永强　佟景民　芦建全　邵裕疆　余小庆　余　芳（女）　余万平

余桂红（女）　余海云　汪玉兰（女）　汪秀兰（女）　汪万文　沈胜来　沈　萍（女）

沈德花（女）　冶东芳（女）　庞丽娜（女）　豆小霞（女）　佐彦文　沙玉峰　闵玉芳（女）

但振林　芦志文

八画：

林瑛（女）　明占珊　范贵森　范彦文　范彦荣（女）　范红荣（女）　苑娟英（女）

金志孝　金建朴　金汉霞（女）　金玉玺　金殿浦　金彦明　金晓雄　金晓宁　金汉强

金汉福　罗晓燕（女）　罗明岐　罗成花（女）　罗成梅（女）　罗成玉　罗成旺

罗成福　罗玉远　罗万广　罗彦兰（女）　罗永清　罗永虎　罗固生　罗红梅（女）

罗成礼　罗正军　罗成兰（女）　罗彦明　罗　雄　罗彦刚　罗建明　罗玉秀（女）

罗成梅（女）　罗义英（女）　尚桂荣（女）　尚凤义　尚发宜　尚海林　尚海慧（女）

岳廷海　周洪祥　周明岐　周洪秀（女）　周进兰（女）　周满莲（女）　周晓玲（女）

周晓宏（女）　周学英（女）　周洪兰（女）　周琴娟（女）　周治祥　周占清　周治国

周继光　周继伟　周继光　周海霞（女）　周　梅（女）　周　燕（女）　周　哲

周江波　单文礼　单惠莲（女）　单进虎　单进忠　单　明　单广梅（女）　单惠霞（女）

八画：

封达章 郑远泉 郑海峰 苗吸旺 苗润奇 苗永俊 虎建林 孟庆莲 孟庆林
孟芳萍 金彦明 金会平 宗 娟（女） 宗占虎 虎尚奎 虎卫军 虎建林 武坚功
武玉兰（女） 武小刚

九画：

段海清 段维刚 段 霞（女） 段风娟（女） 段富强 段玉东 段风山 郝养荣
胡聚群 胡炳兰（女） 胡万盈 胡荣斌 胡荣伟（女） 胡有德 胡志香（女）
胡玉蓉（女） 胡荣刚 姜 昌 姜月华（女） 席治国 席小荣 席小玲（女）
赵铁义 赵仙英（女） 赵国兰（女） 赵志宏 赵建国 赵培山 赵永昌 赵登先
赵国中 赵 宁 赵 霞（女） 赵志珍（女） 赵海安 赵小军 赵廷虎 赵宗学
赵宗仁 赵宗义 赵兴智 赵成宝 赵志仁 赵玉珍（女） 赵红梅（女） 赵宗礼
武坚功 贺玉花（女） 贺 喜 贺学武 贺桂霞（女） 贺应信 贺玉华 贺孝忠
贺玉贵 施毅君（女） 施志政 施洪亮 姚玉琴（女） 姚启明 姚国龙 洪桂花（女）
相志玉 相秀春 相爱梅 相秀兰（女） 阎志平 阎增悦 柏连荣 南清水（女）
哈为贵 哈兰红（女） 钟晓芳（女） 钟 军

十画：

班风仁 高连和 高孝 高应昌 高玉兰（女） 高馥玉（女） 高 忠 高 敏
郭汉宗 郭安禄 郭立新（女） 郭秀霞（女） 郭惠霞（女） 郭海生 郭吉贵 郭功杨
郭德壁 郭 宪 郭明虎 郭占选 郭立娟（女） 海锦霞（女） 贾友谦 贾学英（女）
贾学霞（女） 顾仙娣（女） 顾 贤（女） 顾玉珍（女） 顾学文 栾淑芳（女）
栾永琛 唐明玉 唐如宾 唐学仁 唐顺卿 唐艳红（女） 唐 斌 陶德胜
徐改亭（女） 徐生祥 徐根堂 徐 平 徐文才 徐文彩（女） 徐耀祖 徐 虎
徐守宝 徐慧琴（女） 徐宏伟 袁益心 袁德海 袁葆华 秦宪浦 秦思义
秦守霞（女） 秦淑慧（女） 耿贵巧（女） 耿秀英（女） 聂丽俊（女） 夏德来
夏京平 殷孝莲（女） 柴正武 晁俊平 党丽燕

十一画：

梅冬盛　梅月霞（女）　曹维元　曹　岗　曹金英（女）　曹立栋　曹守英（女）

曹淑敏（女）　曹新萍（女）　曹维民　曹军虎　崔　璀（女）　崔秀芝（女）崔保才

崔永宁　崔家宁　崔发明　崔彩霞（女）　黄爱荣（女）　黄绍文　黄选芬（女）

黄秀兰（女）　黄玉兰（女）　黄维生　黄玉会　黄　斌　黄希林　黄选东　黄占兴

黄占斌　黄艳（女）　黄　诚　梁尚萍（女）　蒲秉清　蒲正鹏　蒲正梅（女）　蒲彦珍

麻秀竹（女）　常正蕊（女）

十二画：

董道英（女）　葛开雄　韩德英　韩志荣　韩智秀（女）　韩小每（女）　韩　驷

黑生金　黑付义　黑义贵　黑保杰　黑小东　黑富梅（女）　黑占武　蒋正明

蒋正芳（女）　蒋瑞明　谢文忠　谢贵东　谢学安　谢苏青　谢国安　谢　玲（女）

谢　军　温俊华　温如福　温如意　温向东　温　蕊（女）　曾庆梅（女）　程　俊

程进福　彭志芳（女）　惠怀民　葛　元　童凳超　猴海升　猴国林　锁鹏珠

十三画：

摆文英（女）　摆玉梅（女）　摆小红（女）　窦海霞（女）　解苏定　雷振廷　雷建军

雷建秀（女）　雷永华（女）　雷国鹏　靳大翠（女）　鲍凤翔　蒙建利（女）惠令明

雍　刚

十四画：

管宗智　翟履渊

十五画：

穆成英（女）　穆玉川　穆卫兵　穆少文　穆凤岐　穆义民　潘永鑫　潘永兰（女）

撒玉花（女）　撒秀花（女）　撒云峰　撒有祥　撒彦龙　黎志福

十六画：

霍志文　霍　雷　霍　斌　霍　军（女）　薛冠明　薛彦彬　薛玉兰（女）

十七画：

魏　星　魏国俊　魏同绪　魏学礼　樊　军

十八画：

瞿仰高　瞿东泓（女）

　　从1949年到2019年，先后有1213人参与或从事过林业工作，有些人时间较短，可能几个月、几年，有些人几十年或终身把青春、心血、汗水留在了海原县山山水水、沟沟梁梁，奉献给了海原县林业事业（人员如有遗漏，敬请谅解，可及时通知海原县自然资源局，下次修志，可补缺）。

第十节　人物

一、温俊华

　　温俊华同志，男，汉族，1933年9月生，2012年去世，甘肃会宁人，中专毕业，1953年入团，1955年入党，1965年甘肃兰州农校毕业后分配到海原县林业站工作，由于他热爱本职工作，积极肯干，于1960年先后被提升为农、林、水牧部副部长，林业站站长，农业服务站站长，水电局局长、林业科长，1981年晋升为林业工程师。

　　温俊华同志在海原县林业建设事业上工作了30年，为了迅速发展海原县的林业生产，几十年如一日在林业科技普及推广，种苗建设，造林护林和解除林业职工后顾之忧等方面都作出了杰出的贡献。

　　1. 坚持林业科技的推广和应用，改变封闭式的林业生产

　　中华人民共和国成立初期，海原县的森林覆被率极低，林业生产极为落后，树种单一，分布不均，林木稀少，造林成活率极差。加上当时广大干部和群众对林业生产的观念大为封闭，温俊华同志来海原县后经多年的调查，掌握了大量的第一手资料，制定了海原县林业发展的规划设想，广泛推广林业科技，改小叶杨直苗造林为大苗截干造林这一简易措施很快提高了造林成活率并为广大群众接受，20世纪70年代在他的建议下又从山东、陕西、安徽等省区调进大批八里庄杨、新疆杨、北京杨、大观杨等优良杨树新品种，这些新品种曾成为海原县用材林绿化的主要树种深受广大群众喜爱。彻底改变了海原县小叶杨独行的单一局面，20世纪60年代又从山东烟台调进6万余株苹果苗并亲自领导组织人员栽植。一举获得成功，当时海原县的苹果已发展到10余万株，改变了海原县不能种苹果的传统观念，从此苹果树成为海原县广大干部最喜爱树种之一。

　　温俊华同志一贯坚持"因地制宜，适地适树。"的科学态度，认为海原县林业的发展必须以营造灌木林为主，乔灌结合的方针，到20世纪80年代初他的这一想法才得到证实，是正确的，1983年从陕西调进柠条籽15余万千克，营造成活面积近16万亩，为了提高柠

条营林成活率，他在营造柠条实践中总结了"因地制宜，及时抢摘，边沿均匀，浅播轻镇压"的一套成功经验。

2. 狠抓种苗基础建设，加快林业发展

由于海原县林业基础极差，种苗严重缺乏是海原县发展林业生产中的主要矛盾，温俊华同志抓准了这个主要矛盾提出"三季"（春、夏、秋），四级（县、社、大队、生产队）育苗的方法在全县范围内开展育苗工作，到20世纪70年代末就把苗木工作抓了上去，种苗已基本达到自给自足。同时使广大群众掌握了育苗的林业技术。

3. "三分造，七分管"说明护林的重要性

温俊华同志几十年来始终坚持"护重于造"的观点，见领导向领导宣传，见群众向群众宣传，并得到县政府的支持，各公社建立护林组织，各大队，生产队配有护林员，并佩戴"护林员"标记，各国营场设立护林点，实行封山育林等措施为海原县护林工作做出了贡献。

可以说，温俊华为奠定海原县林业发展的基础做出了贡献。

二、田风义

在海原县有这样一位名不见经传的人物，他使南华山更加秀美，他就是被人们亲切地称为南华山上的实干家田风义。

20世纪90年代初，海原县城闹起了严重的水荒，其周边七乡镇绝大多数泉溪断流，37%的机井枯竭，仅县城每日缺水量就达2 000方之多。人们盼水、找水、议论水，缺水已经严重威胁到县城和周边乡村的生存和发展。

在这种情况下，1993年10月，县委、县政府下决心，决定成立海原县南华山水源涵养林建设指挥部。封山育林，保护植被，涵养水源，田风义被任命为常务副指挥，具体负责实施这项"功在当代，利在千秋"的宁夏山区最大的生态富民工程。经宁夏计委批复立项，涵养林一、二期共安排造林任务10万亩，建设期限1993—2000年。

南华山距县城十多公里，林地分散，海拔高、气候异常，又是全国18个重点鼠疫源，鼠害严重，再加上周边垦荒种地，毁林挖药，取柴放牧，是获取眼前利益的重要资源地，这些都是工程建设所面临的主要矛盾，面对困难，被委以重任，寄予厚望的他没有气馁，1994年元月，他调精兵强将，进驻冰雪封冻的南华山，开始森林摸底清查工作。经过两个月的艰苦努力，整理出了资源、营林和施工三种方案，绘制出了规划、现状和施工图，形成了真抓实干，自己育苗、科技造林，强化管护，尽快成林的工作思路。

涵养林开工建设初，由于条件艰苦，职工造林积极性不高，造林队伍不稳定。他想，要圆满完成党和人民交给的任务，必须首先建立一支稳定的造林队伍，因此，他想方设法为多年固守在山林中的职工改善生活条件，支持有条件的地方养栈羊，鼓励工人承包部分苗木培育和树种采集任务，以增加职工收入，指挥部从农业银行担保为职工贷款38万元，购买摩托车52辆，既方便了职工上山难的问题，又方便了林木管护。同时每年吸收周边困难群众上山整地植树及时兑付劳务工资，从而形成了一支稳定的造林队伍。

"三分营造、七分管护"。根据以往的造林经验，田凤义将林木管护放在突出位置来抓，"提出一分营造九分管护"的方针，组建起强大的护林队伍。他组建的护林队伍有林警、工人、有周边村支部村委会成员，也有宗教人士和学校师生，编内编外，专职兼职，颇有特点，很见成效。施工初他用"以理服人、依法治人"，打开局面。先后深入南华山周边30个村庄宣传《中华人民共和国森林法》和《海原县人民政府关于封山育林的通告》，印发张贴各种宣传材料1万多份，向群众讲解封山育林的道理。在加大宣传力度的同时，还依据《中华人民共和国森林法》加强林木管护。1993年11月马场牦牛多次进入林区破坏幼林，指挥部采取措施对一头长期无人管的公牛决定宰杀，宰牛事件在全县引起轰动效应，同时公开拍卖了长期无人管的骡马4匹头，这样一来有力地刹住了因管而不严，有禁不止的恶习，为封山育林打开了新局面。与此同时，他还采取"以情动人，以利引人"策略，走访周边村队，学校，宗教场所，林区凡主要会议邀请他们参加，与他们通气，组建篮球队与群众开展友谊赛；向周边小学赠送学习用品，对生活困难的特困户送面送米，广交朋友，联络感情。这些以诚待人，以情动人，让利群众的做法赢得了群众自觉自愿爱林护林的实际行动。一些村级组织、宗教人士和学校师生主动进行护林爱林的宣传活动。他也因此受到群众的尊重和信赖。

在他的辛勤努力下，南华山林区外围出现了"马有缰绳牛跟人，羊把式不离羊群"的喜人景象，为林区造林护林创造了良好的环境。

在涵养林建设过程中，他带领技术人员常年奔波于大山峻岭中，克服了许多实际困难，为涵养林建设付出了大量心血和才智。在育苗和营造林方面取得了多项成果。在营林上，采取适地适树的原则，在海拔2 500 m以下，阴坡种植落叶松、桦树，在阳坡种植山毛桃、华山松、山杏。在海拔2 600 m以上，阴坡种植云杉，阳坡种植沙棘。采取异地移植适应性原则，将外调苗木先移植在海拔较低的阳坡适应一年后再上山造林，以提高成活率，见效很好，同时采取针、阔、乔、灌混交的方式也有利于防火防病虫害。2000年营造的混交林获得宁夏回族自治区科技造林一等奖。在苗木培养上，坚持自采种、自育苗，6年共育苗500多万株，这样既节约了资金，又提高了造林成活率。

在工程建设中，大胆放手使用技术人员，充分发挥他们的骨干作用，并创造条件，让技术人员外出学习考察，调动他们的积极性。通过多年的辛勤耕耘，他向县委、县政府交上了一份满意的绿色答卷。

经宁夏林勘院对南华山水源涵养林一、二期工程的全面验收，共封造10.4万亩，超额完成了任务，并取得了社会、经济、生态三大效益。据县自来水公司统计，五桥沟泉水由工程建设初期的每日1903 m³增加到1997年每日3208 m³，缓解了县城用水的困境。通过封山育林，蕨菜、药材资源大幅度增加，林区周边村民每年出售蕨菜、药材收入达50万元。为了确保水源涵养林工程的顺利开展，他不怕山高沟深，亲自勘察、设计，用三年时间修通了林区道路42 km，修建护林点10处。

他在南华山水源涵养林工程建设中的出色成绩得到了区、市、县各级领导的肯定。指挥部连续三年受到海原县委、县政府的表彰奖励。1995年6月他被宁夏党委授予"自治区优秀共产党员"称号；1998年被全国绿化委员会授予"全国绿化奖章"；1998年10月南华山水源涵养林总场被宁夏党委、政府和国家民委授予民族团结进步模范单位；2000年4月被宁夏党委、政府评为全区先进工作者。军用球鞋穿破了一双又一双，面对成绩，他感到很欣慰。

三、李玉鼎

李玉鼎，男，1965年7月毕业于北京农业大学园艺系果树专业。1967年3月社教结束后，被分配到海原县工作。1970年以前在县林业水保站工作。1970至1981年到关桥方堡园艺站当技术员。1981年8月调到宁夏农学院园林系任教。后任系主任、教授，农学院院长。

李玉鼎真正从事果树技术工作应该说就是在园艺站工作期间。当时海原县科学技术委员会主办了《海原县科技》杂志，他经常结合生产实际发表一些有关果树技术的文章和翻译俄文杂志刊载的有关果树技术（王希蒙教授校阅）。结合生产做了许多试验研究。这期间公开发表的论文有《提高元帅坐果率几项措施的比较试验》《海原县灵光寺野生果树资源调查》、《海原县引种麦香、京红等新品种桃的初步观察》《苹果、桃花芽分化物候期观察》等10多篇。

李玉鼎在园艺站工作期间，从1972年到1975年连续4年从北京农科院林果研究所（国家桃树育种中心）引进桃树新品种55个，接穗4 169根，培育桃树苗22 500株。开创了盛夏、远途采集接穗、保鲜、运输、保存、嫁接、繁育新品种的方法。当时为了节省差旅费，田间采接穗、包装、在火车上、汽车上洒水降温。当时都不准买卧铺票。从银川坐班车到海原县，要三天时间。从接穗离开母体，到达园艺站嫁接，至少要五天时间，他没有帮手，可想而知引种遇到的困难。如果引种失败，接穗抽干了，后果将会怎样？

桃树新品种引进和繁育丰富了山区优良桃树品种资源。在那个年代很少有人从事果树新品种引种和繁育工作。宁夏农学院园林系1975年春到园艺站引进了20多个新品种桃苗，建立了实习农场的新品种桃园。从此，园艺站在全区也有了一定的知名度。除了引种新品种桃树外，还先后引进了苹果、杏树、李子、鲜食葡萄、核桃、花椒等果树新品种。

此外，他还多次独自到灵光寺林区考察野生果树资源。在林区的中心遇到过大蛇和小鹿。把林区边缘生长的东方草莓引种到园艺站试栽；在灵光寺山上的枸子上嫁接苹果，观察枸子作为苹果矮化砧木利用的可能。他根据灵光寺附近的老乡指点，进行野生葡萄的研究。

四、大学生服务西部志愿者

2003年7月，海原县环境保护与林业局来了5名志愿服务西部计划的大学生，他们是王刚（山西临汾）、张超前（福建福州）、陆丽霞（山西大同）、陈滢（宁夏固原）、任慧君（宁夏海原）。

作为新一代的大学生，无论是在思想上，工作上，生活上都处处严格要求自己；作为大学生志愿者不畏艰难，敢于创新，刻苦学习，不断实践，一心一意干好各级组织交给的各项任务；作为初涉林业工作的参与者，时刻不忘记党的教诲、不忘所学，甘把汗水洒荒山。

随着退耕还林、三北防护林工程、天然林保护工程在海原县的相继启动实施，海原县林业迎来了新的发展机遇，每年的造林绿化任务都是几万亩、十几万亩，技术人员少，工程量大，2003年7月上级派来的5名青年志愿者可谓雪中送炭，他们工作扎实，为人正派，勤学好问，成绩突出，成为海原县环境保护与林业局的多面手，哪里需要哪里就有他们的身影，退耕规划，造林现场，工程验收，资源调查，农民培训，文艺演出，演讲比赛，文秘书稿，特别是独立完成水沟洼5000亩造林工程的规划与实施。他们干一行，爱一行，干一行，精一行，干一行，出色一行，立足平凡岗位，忠实地实践"三个代表"重要思想，实现着共产党员、青年志愿者的人生价值。由于他们出色的工作成绩，2003、2004年连续两年被海原县环境保护与林业局评为先进工作者。他们虽然在海原县的时间不长，但他们青春、勤奋的身影留在了海原县林业人的心里。

参考文献

1.海原县统计局.海原县统计年报,1976.

2.海原县统计局.海原县统计年鉴,2009.

3.海原县县志编纂委员会.海原县志.银川:宁夏人民出版社,1999.

4.海原县县志编纂委员会.海原县志(1991—2008).银川:宁夏教育出版社,2010.

5.海原县农业区划办公室.海原县农业区划报告.1983.

6.海原县统计局.海原县经济要情手册(2005—2019年).2010.

7.政协海原县文史资料委员会.乾隆盐茶厅志.银川:宁夏人民出版社,2007.

8.政协海原县文史资料委员会.明清民国海原史料汇编.银川:宁夏人民出版社,2007.

9.马德滋,刘惠兰,胡福秀.宁夏植物志.2版.银川:宁夏人民出版社,2007.

10.苗吸旺.干旱半干旱地区抗旱造林技术.银川:阳光出版社,2011.

后 记

　　《海原县林业志》编写工作分两个阶段进行，第一阶段1989—1991年，第二阶段2019—2020年。

　　第一阶段：根据县志办的编目提纲和区林业厅编写的林业志编目结合本县林业的具体情况经林业局领导多次开会研究于1989年抽调林业局的老同志、工程师、助理工程师组成编写小组，由尹志民负责撰写《植树造林》，陈来勤负责编写《经营保护》，钟军负责撰写《改革法令、科技》，张权斌负责撰写《计划财务》，尚发宜负责编写《机构沿革》。为了加快海原县林业志的编写工作经局研究在上述各组的基础上，又采用承包办法，由原林业局工程师张智孙同志执笔，抽调局林业工程师徐根堂同志从1990年3月开始资料收集、整理串编到10月底，完成《海原县林业志》1950—1989年的部分初稿草印本，现已丢失。

　　第二阶段：2019年12月，为了回顾历史、总结经验、继往开来，留住海原林业的文化遗产，在林业局与国土局合并成立海原县自然资源局与共和国成立70周年之际，自然资源局决定成立《海原县林业志》编写领导小组，由罗成礼任组长，苗吸旺任主编，在第一阶段工作的基础上，全面补充完善了1989年前30年的部分材料，搜集整理了1989后40年的所有材料。

　　因水平有限，加之缺乏编志经验，疏漏和错误在所难免，请予指正。

《海原县林业志》编写领导小组

2020年12月

曹洼乡堡子村生态恢复

曹洼乡曹洼村南山 2003 年退耕还林

曹洼乡脱烈村 83 年生白榆

曹洼乡脱烈村退耕还林工程

曹洼乡西河村庄绿化

曹洼乡白崖村反坡带子田整地

臭椿、柠条乔灌混交造林

城关镇武源村 25 年生榆树

拐洼林区灰伯劳

甘城乡荒山鱼鳞坑整地

高崖三分湾苹果树整形改造

拐洼 40 年生人工油松

拐洼 35 年生华北落叶松

拐洼华北落叶松 30 年生长状

拐涧辽东栎单株生长状

拐涧林场 70 年生木梨（酸梨）

海原县直部门 3·12 义务植树

拐涧林场拐涧林区

拐沮林场枸子、忍冬灌木丛

拐沮林场永丰林区

拐洼林场桦－枸子群丛

拐洼林场天然辽东栎－枸子群丛生长状

拐沺林场原始蒙椴

关桥梨花如雪

关桥6年生河北杨

关桥乡方堡 150 年香水梨——古梨参天

关桥乡方堡湿地

关庄乡宋庄村绿化

果实丰韵——海棠

果实丰韵——柠条

果实丰韵——山桃

海城镇五源 100 多年古榆树

海城移民迁出区造林

海兴开发区 5 年生刺槐

海棠——红肥唤绿

海棠——小巧娇羞

海兴开发区 5 年生馒头柳

海兴开发区 10 年生刺槐

海兴开发区 8 年生五角枫

牌路山戴胜鸟

海原广袤宜林地

三河镇红城 1978 年造油松生长良好

红羊乡 6 年生新疆杨造林

红羊乡老庄移民区生态恢复

红羊乡马场村 2005 退耕还林

红羊乡山头村移民迁出区生机盎然

红羊乡强子沟生态移民区新疆杨造林

红羊乡孝家庄村绿化

红羊乡湾湾崖移民区生态恢复

红羊乡谢套生态移民区

红羊乡张元 68 年生臭椿

花棒造林

红羊乡张元村二轮退耕还林

环县城绿化

贾塘 18 年生柠条

贾塘王塘 2004 年退耕还林

九彩乡马湾移民区耧播柠条造林效果

九彩百年侧柏

九彩乡南山绿化

九彩乡绿化

蓝天邀约——桃

李俊乡 115 年生旱柳

李俊乡海子湿地（1920 年地震堰塞湖）

李俊乡湿地保护区

李俊乡团结村 2006 年退耕还林

李俊乡团结二轮退耕还林

李旺林场 45 年生新疆杨

灵光寺原始林区

绿染牌路山

美人梅——韵深圆润

蒙古扁桃容器育苗

南华山 40 年落叶松——松姿挺拔

南苑公园——冬霜覆盖

南华山 42 年生华北落叶松

南苑公园白蜡——秋叶迷人

海城西湖公园——月季盛开

南苑公园——红刺梅

南苑公园——秋日海棠

柠条条播

牌路山 67 年生山杏

牌路山 2017 年绿化

牌路山臭椿结果状

牌路山公园

牌路山引进樟子松绿化

牌路山——桃花开无主

牌路山黄刺梅——争相竞放

苹果纺锤形整形

牌路山夏景

西湖公园夏景

牌路秋韵

全景西湖公园

三河镇红城 70 年代造油松

史店 4 年生红梅杏

西华山三月蒙古扁桃——妙笔生花

史店田拐万亩红梅杏基地

树台韩庄 2003 年 8000 亩退耕还林

树台乡陈庄绿化

天保工程拐洼封山育林区丁香怒放

天保工程红羊乡张元村古榆树群保护

庭院丁香——并蒂盛开

马蔺花开

退耕还林"88542"整地模式

拐涧永丰林区——微风送香

西安镇 10 年生臭椿

西安镇小河公园

西湖公园东眺

西湖公园复叶槭

西湖公园桃花怒放

西华山林场 40 年杜梨结果状

西华山林场天都山林区

西华山水枸子花状

西华山天然灰榆

西华山文冠果——荒坡独秀

县城东还路绿化

县城三叉河绿化

县城西湖公园一角

县城周边绿化

县招待所 60 年生核桃

县招待所 60 年生梓树

乡土树种沙枣在南苑公园

6 年生梨树在三河镇结果状

海原林业局院内绿化——相得益彰

香花槐开花状

雪压榆叶梅

香水梨——枯干新枝

艳与绿影

徐套乡 20 世纪 50 年代水侵蚀沟壑

引进 5 年生丝棉木

引进 5 年生五角枫（林业局院内）

引进的贴梗海棠（牌路山）

引进 15 年生皂角

引进的杜仲（南苑公园）

引进品种美国黑核桃（拐洼）

引进火炬树——秋涂谁红（海兴区）

引进珊瑚柳（南苑公园）

引进香花槐 5 年生开花状

引进珍珠梅——花如珍珠（牌路山）

引进紫花醉鱼草（西湖公园）

引种 3 年生圆冠榆（县第六小学）

引种复叶槭（西湖公园）

引种重瓣榆叶梅（西湖公园）

月季——玲珑剔透

兴仁镇王团 2001 年退耕柠条

徐套乡移民区枣树

月亮沟 2019 年生态现状

月亮山大坝沟生态现状（2020 年 7 月）

郑旗瓜瓜山 15 年生柠条

中静公路西安小河段绿化

林业工程附照

凤凰山栾家沟综合治理（左）

凤凰山中央财政造林项目

海原至郑旗道路绿化

红羊生态移民迁出区造林

黄土高原综合治理红羊项目区

九彩乡 2004 年退耕还林工程

李俊乡团结村以育代造工程

南华山"三北"防护林三期工程

南华山山门移民迁出区生态恢复

南华山水源涵养林二期工程

南华山水源涵养林一期工程

南华山退耕还林荒山造林工程

南华山以工代赈工程

牌路山森林公园

三河镇红城村沟道治理油松造林

特色经济林工程——甘城红梅杏

天保工程李俊团结林区

退耕还林工程——2004 年贾塘双河柠条

西安镇 5000 亩枸杞基地

西安镇白吉生态治理

谢家沟小流域综合治理

银平路绿色通道

月亮山生态重点县建设工程

月亮山"三北"防护林四期工程

月亮山水源涵养林工程

中央财政凤凰山造林工程（右）

灵光寺——蓝天绿树

灵光寺——林下听泉

灵光寺——石树相伴

灵光寺——雾绕林海

灵光寺——遥相呼应

南华山——并肩高歌

南华山——冬春相叠

南华山——耕耘树艺

南华山——桦迎秋色

南华山——林丰草茂

南华山——落日余晖

南华山——绿海黄晕

南华山——绿厚露腹

南华山——绿景如仙

南华山——绿托白云

南华山——绿映蓝天

南华山——秋风桦香

南华山——雨后秋山

南华山——郁郁葱葱

南华山——云雾缭绕

南华山——云罩山韵

五桥沟——林木葱郁

五桥沟——绿景如织

五桥沟——绿沁心脾

五桥沟——绿树成荫

五桥沟——秋染四桥

五桥沟——山下绿浪

牌路山春韵（1）

牌路山春韵（2）

牌路山春韵（3）

牌路山——沐浴阳光

牌路山——老骥伏枥

牌路山——绿吻云天

牌路山——鸟瞰胜景

牌路山——清淡如水

牌路山秋色（1）

牌路山秋色（2）

牌路山秋色（3）

牌路山秋色（4）

牌路山秋色（5）

牌路山秋色（6）

牌路山秋色（7）

牌路山秋色（8）

牌路山秋色（9）

牌路山秋色（10）

牌路山——秋韵山冈

牌路山——山杏花繁

牌路山——相约春韵

牌路山——享受雪浴

牌路山——悠然自得

震柳（1）

震柳（2）

震柳（3）

震柳（4）

震柳（5）

震柳（6）

震柳（7）

县城生态建设

县城生态建设（1）

县城生态建设（2）

县城生态建设（3）

县城生态建设（4）

县城生态建设（5）

县城生态建设（6）

县城生态建设（7）

县城生态建设（8）

县城生态建设（9）

县城生态建设（10）

县城生态建设（11）

县城生态建设（12）

造林前后对比照

1987 年的红羊乡北渠沟

2019 年的红羊乡北渠沟

曹洼乡冶套生态移民区造林当年秋景（2013 年）

曹洼乡冶套生态移民造林现状（2019 年）

红羊老庄移民迁出区造林时现状（2012 年）

红羊乡老庄移民迁出区林木生长情况（2019 年）

红羊乡黑角湾生态移民迁出现场（2009 年）

红羊乡黑角湾生态移民迁出区生态恢复状况（2019 年）

1996 年黄石崖造林现场

2015 年黄石崖造林绿化效果

九彩乡马套村生态移民迁出前生态现状

九彩乡马套村生态移民区生态恢复状

李俊乡瓦房村生态移民现场（2010 年）

李俊乡瓦房村生态恢复（2019 年）

南华山财山沟 2012 年造林现场

南华山财山沟 2019 年现状

南华山四桥南山（2019 年）

牌路山公园二期状况建设前

2006 年牌路山公园一期绿化工程（海原二中对面）现状

2018 年牌路山公园二期绿化工程现状

2019 年牌路山公园一期绿化工程（海原二中对面）现状

县城河北杨绿化

西湖公园建设时现状（1）

西湖公园建设前现状（2）

西湖公园建设一年后现状

西湖公园建设效果

西华山老爷寺沟生态治理前状况（2000 年）

西华山老爷寺沟生态治理后状况（2019 年）

县城西山洼 1997 年现状

县城西山洼绿化现状（2019 年 7 月）

五桥沟林场路边绿化（1996 年）

五桥林场路边绿化（2019 年）

月亮山林场月亮沟 2019 年现状

月亮山顶 2019 年现状

月亮山林场月亮沟 2000 年造林现场

郑旗堡台柠条播种造林现场状况

郑旗堡台柠条播种造林 5 年后状况

关桥生态环境建设

树台百年国槐

史店百年香水梨

红羊70年生小叶杨

李俊70年生臭椿

曹洼60年生新疆杨

海城80年生油松

建成的南苑公园——群众在健身